Buchners Kompendium

Politik

Politik und Wirtschaft für die Oberstufe

Bearbeitet von
Helmut Becker
Stephan Benzmann
Johannes Heuser
Jennifer Mock
Helmuth Müller
Petra Reiter-Mayer
Kersten Ringe
Inan Yesilgül

Mehr Informationen
www.ccbuchner.de/politik-hybrid

UpdateCodes
InfoCodes
Digitale Aufgabenkästen

C.C.Buchner Verlag · Bamberg

Buchners Kompendium Politik

Politik und Wirtschaft für die Oberstufe

Bearbeitet von Helmut Becker, Stephan Benzmann, Johannes Heuser, Jennifer Mock, Helmuth Müller, Petra Reiter-Mayer, Kersten Ringe, Inan Yesilgül

Zu diesem Lehrwerk sind erhältlich:
Digitales Schulbuch click & study, Einzellizenz, WEB-Bestell-Nr. 720031
Digitales Lehrermaterial click & teach Einzellizenz, WEB-Bestell-Nr. 720131
Weitere Lizenzformen (Einzellizenz flex, Kollegiumslizenz) und Materialien unter www.ccbuchner.de.

1. Auflage, 2. Druck 2026

Alle Drucke dieser Auflage sind, weil untereinander unverändert, nebeneinander benutzbar.

Dieses Lehrwerk folgt den aktuellen Regelungen für Rechtschreibung und Zeichensetzung. Ausnahmen bilden Texte, bei denen künstlerische, philologische oder lizenzrechtliche Gründe einer Änderung entgegenstehen. Teile des Lehrwerks wurden mithilfe gängiger Large Language Models erstellt oder bearbeitet. Sämtliche Inhalte wurden anschließend redaktionell geprüft, überarbeitet und verantwortet. Weitere Informationen finden Sie auf www.ccbuchner.de/ki-leitlinie.

Die Mediencodes enthalten ausschließlich optionale Unterrichtsmaterialien. An keiner Stelle im Schülerbuch dürfen Eintragungen vorgenommen werden. Auf verschiedenen Seiten dieses Buches finden sich Verweise (Links) auf Internetadressen. Haftungshinweis: Trotz sorgfältiger inhaltlicher Kontrolle wird die Haftung für die Inhalte externer Seiten ausgeschlossen.

produktsicherheit@ccbuchner.de

Redaktion: Daniel Adler, Andreas Beyer
Layout und Satz: tiff.any GmbH & Co. KG, Berlin
Illustrationen / Grafiken: tiff.any GmbH & Co. KG, Berlin
Druck und Bindung: Mohn Media Mohndruck GmbH, Gütersloh

www.ccbuchner.de

ISBN 978-3-661-**72003**-6

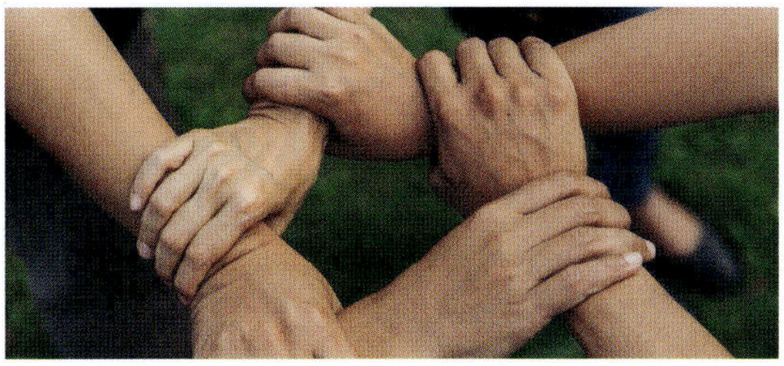

1 Die moderne Gesellschaft in Deutschland

2 Grundlagen der Wirtschaftspolitik

3 Politische Theorie und Demokratie

4 Das politische System der Bundesrepublik Deutschland

5 Die Europäische Union

6 Internationale Beziehungen

Doppelauftaktseiten

Jedes Kapitel beginnt mit einer **Doppelauftaktseite**. Material und offene Aufgaben ermöglichen Ihnen eine erste Annäherung an die Inhalte des neuen Kapitels.

Die Kompetenzen zeigen Ihnen, was Sie nach der Bearbeitung des Kapitels können sollten.

Basisseiten und Digitale Aufgabenkästen

Auf unseren Basisseiten finden Sie ausführliche Wissenstexte, um sich ein Kapitelthema zu erarbeiten. Leitfragen strukturieren das Kapitel vor und aktivierende Lernaufgaben führen Sie durch die Materialien.

Über den QR-Code in jedem Aufgabenkasten können Sie digitale Erweiterungen (Abstimmungen, Lernkontrollen, Methoden) ansteuern.

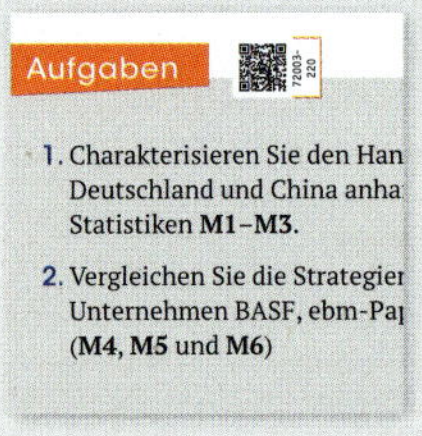

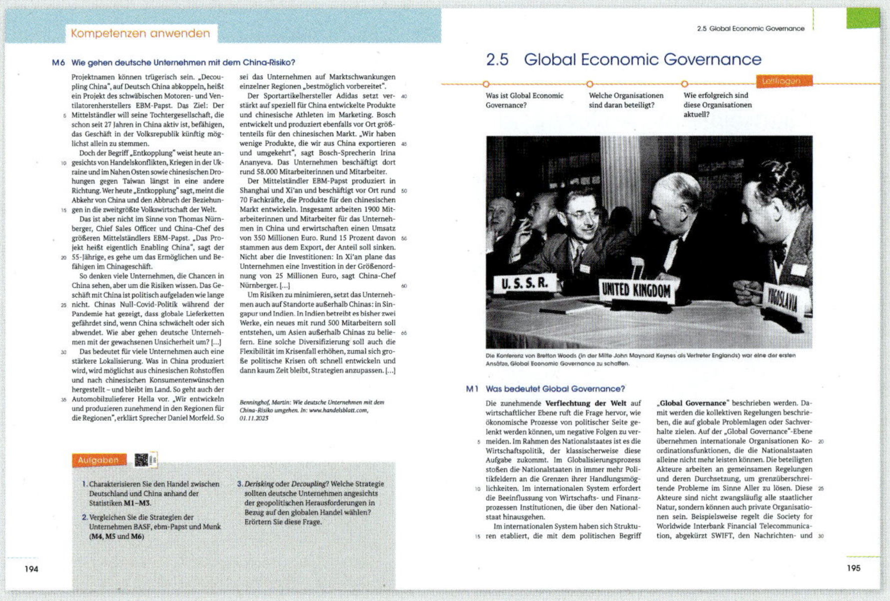

Methodenkompetenz

Ins Kapitel eingebunden sind speziell hervorgehobene Sonderseiten, mit denen Sie sich methodisches Rüstzeug aneignen.

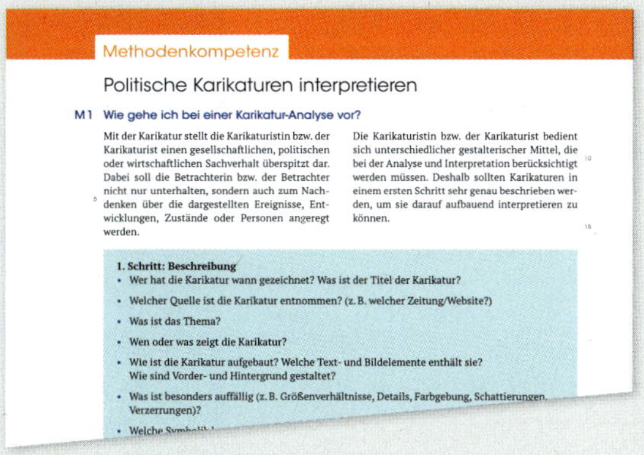
Methodenkompetenz

Politische Karikaturen interpretieren

M1 Wie gehe ich bei einer Karikatur-Analyse vor?

Mit der Karikatur stellt die Karikaturistin bzw. der Karikaturist einen gesellschaftlichen, politischen oder wirtschaftlichen Sachverhalt überspitzt dar. Dabei soll die Betrachterin bzw. der Betrachter nicht nur unterhalten, sondern auch zum Nachdenken über die dargestellten Ereignisse, Entwicklungen, Zustände oder Personen angeregt werden.

Die Karikaturistin bzw. der Karikaturist bedient sich unterschiedlicher gestalterischer Mittel, die bei der Analyse und Interpretation berücksichtigt werden müssen. Deshalb sollten Karikaturen in einem ersten Schritt sehr genau beschrieben werden, um sie darauf aufbauend interpretieren zu können.

1. Schritt: Beschreibung
- Wer hat die Karikatur wann gezeichnet? Was ist der Titel der Karikatur?
- Welcher Quelle ist die Karikatur entnommen? (z. B. welcher Zeitung/Website?)
- Was ist das Thema?
- Wen oder was zeigt die Karikatur?
- Wie ist die Karikatur aufgebaut? Welche Text- und Bildelemente enthält sie? Wie sind Vorder- und Hintergrund gestaltet?
- Was ist besonders auffällig (z. B. Größenverhältnisse, Details, Farbgebung, Schattierungen, Verzerrungen)?

Kompetenzen anwenden

Diese Seiten beenden einen Themenbereich und fragen ihr erworbenes Wissen und Können mit umfangreichen Materialien und Transferaufgaben ab.

Kompetenzen anwenden

Jack Ma ist der Gründer von Alibaba und einer von Chinas bekanntesten Milliardären.

der Planwirtschaft versuchen sie zu entkräften, indem sie eine einfache Input-Output-Tabelle [...] mit einer Handvoll Wirtschaftssektoren wie Landwirtschaft, Fischerei, Industrie und Energie, Bau und Dienstleistungen als Grundlage heranziehen. Dabei solle permanent die Nachfrage der Verbraucher abgefragt werden. [...] Auch moderne Internetplattformen [kennen] unser Bestellverhalten; die Supermärkte könnten die über Barcodes erfassten Verkäufe automatisch weitermelden, wie sie es heute gegenüber ihren Firmenzentralen tun. Ausgehend von ...

miert wird? Das bestreiten [die Gegner eines solchen Modells]. Auch moderne Rechner ändern daran nichts. Die Planer können nicht die wahren Preise kennen und damit nicht die Kosten, darunter die Opportunitätskosten, die durch Verzicht auf andere Tätigkeiten entstehen. Diese echten Preise entstehen nur in unzähligen dezentralen Prozessen der Marktwirtschaft, basierend auf Entscheidungen einzelner Verbraucher und Produzenten. Nur dort komme es zur „Entdeckung von Wissen, das in einem spezifischen Kontext durch den Austausch von Eigentumsrechten entsteht". Denn das dezentral entstandene Wissen könne auch gar nicht an eine Zentrale übermittelt werden; was im Kopf eines Unternehmers vorgeht, wie viele Überlegungen er trifft und verwirft, bis er zu einer Investitionsentscheidung kommt; das Gleiche bei einem Konsumenten, bis er kauft oder nicht kauft – all das ist extrem von spezifisch lokalen und persönlichen Zusammenhängen abhängig. Es gehe um „Wissen, das aufgrund seiner Natur nicht in Statistiken einfließen kann", schrieb schon Hayek. [...]

[Ein politik-philosophisches Grund...]

UpdateCodes

Zahlreiche Grafiken, Tabellen und Diagramme mit dem Icon werden regelmäßig aktualisiert und stehen mithilfe eines QR- und Mediencodes neben der jeweiligen Grafiküberschrift kostenfrei zum Download zur Verfügung. Die Grafiken sind wie folgt konzipiert:

- Unter der Grafiküberschrift findet sich der jeweilige Stand der Grafik-Aktualisierung, z. B. „Stand: 2025". Dieser Stand zeigt immer die letzte Datenüberprüfung an.
- Die Quellenangabe unter der Grafik informiert über den jeweiligen Datenerhebungszeitpunkt.
- Weitere Informationen zu den UpdateCodes finden sich im nebenstehenden QR- und Mediencode.

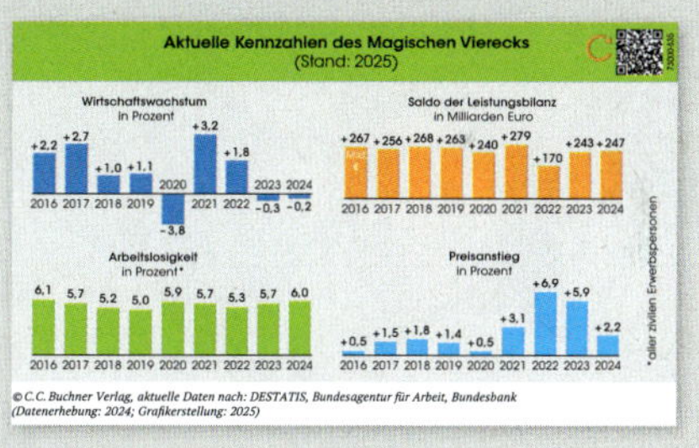

© C.C. Buchner Verlag, aktuelle Daten nach: DESTATIS, Bundesagentur für Arbeit, Bundesbank (Datenerhebung: 2024; Grafikerstellung: 2025)

Lesebeispiel zur Grafik: Die Daten stammen von DESTATIS, der Bundesbank und der Bundesagentur für Arbeit. Die letzte Überprüfung, ob es neuere Daten gibt, fand im Jahr 2025 statt.

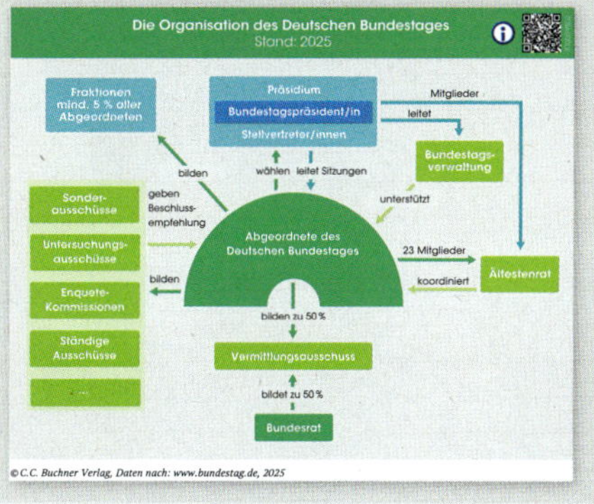

© C.C. Buchner Verlag, Daten nach: www.bundestag.de, 2025

InfoCodes

InfoCodes ermöglichen den Zugriff auf digitale Zusatzinformationen zu spezifischen Aspekten der jeweiligen Grafik durch die Verwendung von QR- und Mediencodes. In der digital hinterlegten Grafik lassen sich über die hinzugefügten -Icons zusätzliche Erklärkästen aktivieren, die Informationen zu den gekennzeichneten Begriffen oder Phänomenen bereitstellen.

Hybrid unterrichten mit C.C.Buchner

QR- und Mediencodes in Buchners Kompendium Politik

72003-001

URL aller verwendeten Materialien aus dem Internet

72003-002

Kompetenzen

Am Ende dieses Kapitels sollten Sie Folgendes wissen und können:

- erläutern, wie man ein Mitglied der Gesellschaft wird
- an einzelnen Beispielen den sozialen Wandel in Deutschland erklären
- die Individualisierungstheorie als eine Theorie des sozialen Wandels beschreiben
- erläutern, was man unter sozialer Ungleichheit versteht und ihre Dimensionen beschreiben
- beurteilen, inwiefern die Gesellschaft der Bundesrepublik durch soziale Mobilität gekennzeichnet ist
- einzelne Modelle sozialer Ungleichheit voneinander unterscheiden

1

2

Die moderne Gesellschaft in Deutschland 1

3

4

72003-100

Aufgabe

Die Collage zeigt einige Facetten der bundesdeutschen Gesellschaft und stellt gleichzeitig Aspekte des sozialen Wandels dar. Beschreiben und erläutern Sie diese.

1.1 Individuum und Gesellschaft

1.1.1 Soziales Handeln und der Prozess der Sozialisation

Leitfragen

- Was beeinflusst das menschliche Handeln?
- Wie verläuft die Sozialisation eines Menschen?
- Wie bildet sich die menschliche Identität heraus?

M1 Was ist soziales Handeln?

„Hand vor den Mund!" – nicht erst seit der Corona-Pandemie werden viele Kinder mit dieser schroffen Ermahnung daran erinnert, dass ein offenes Niesen oder Gähnen beim Gegenüber unerwünscht ist. An diesem Beispiel zeigt sich gut, dass sich das menschliche Handeln oft auf das Verhalten anderer Menschen bezieht, welches vor oder während der Handlung antizipiert wird: Da es das Gegenüber ekelig finden könnte oder Angst hat sich anzustecken, niest man in die Armbeuge, in ein Taschentuch oder die Hand und dreht sich vielleicht zusätzlich weg.

Als **soziale Interaktion** beschreibt man in der Soziologie diese Abfolge von Situationen, in denen sich Menschen in ihrem Handeln absichtsvoll aufeinander beziehen und auf das Handeln anderer reagieren. ‚Sozial' impliziert mehr als eine beteiligte Person, ‚Interaktion' verweist auf die gegenseitige Beeinflussung der Personen durch Handlungen.

Menschen lernen soziales Handeln vorwiegend mittels sozialer Beziehungen. Darin eignen sie sich die Sprache, Werte und Normen einer Gesellschaft an.

M2 Wie funktionieren Werte als Grundprinzipien?

Im pazifischen Inselstaat Papua-Neuguinea lebt das Volk der Tangu. Von ihm ist bekannt, dass es ein Spiel namens „taketak" spielt. Dabei werfen zwei Mannschaften aus einer getrockneten Frucht hergestellte Diskusscheiben auf eine bestimmte Anzahl von Kokosnusspflöcken, die wie Kegel aussehen. Getroffene Kegel werden aus dem Spiel genommen. Das Ziel des Spiels ist – anders als aus westlicher Perspektive vermutet – nicht, möglichst viele Kegel aus dem Spiel zu werfen. Ein Spiel dauert so lange, bis beide Mannschaften gleich viele Kegel abgeräumt haben. Denn den Tangu ist Gleichwertigkeit sehr wichtig.

Das Beispiel verdeutlicht, wie **Werte** unser Handeln prägen. Werte kann man soziologisch als eine gemeinsam geteilte Vorstellung einer Mehrheit einer Gruppe von Personen definieren. Diese ordnen Handlungen oder Ansichten in Kategorien wie gut oder böse, wichtig oder bedeutungslos, falsch oder richtig ein. Im obigen Beispiel z. B. ist für die Tangu Gleichwertigkeit eine zentrale Vorstellung, während aus westlicher Perspektive Konkurrenz und Wettbewerb häufig das Handeln (im Spiel) bestimmen.

Dabei können Werte je nach persönlicher Situation variieren: So kann in der Jugend z. B. der Wert der Freiheit zentral sein, während mit Gründung einer Familie der Wert (finanzieller) Sicherheit stärker in den Vordergrund tritt. Auch die Zugehörigkeit zu einer Gruppe oder das Geschlecht können die Bedeutung von Werten für das eigene Handeln beeinflussen. Werte können sich dabei gegenseitig verstärken. So ist in modernen Industriegesellschaften z. B. Wohlstand ein wichtiger Wert, der das Streben nach materiellem Komfort durch Leistung (also Erfolg im Beruf) verstärkt. Gleichzeitig können Werte auch in Konflikt stehen. So lassen sich die Werte „Individualität" und „Konformismus" nicht vereinbaren – was dazu führt, dass sie in unterschiedlichen Situationen unterschiedlich stark gewichtet werden, um den Konflikt (zumindest teilweise) aufzulösen. Es gibt aber auch Wertkonflikte, die sich nicht auflösen lassen.

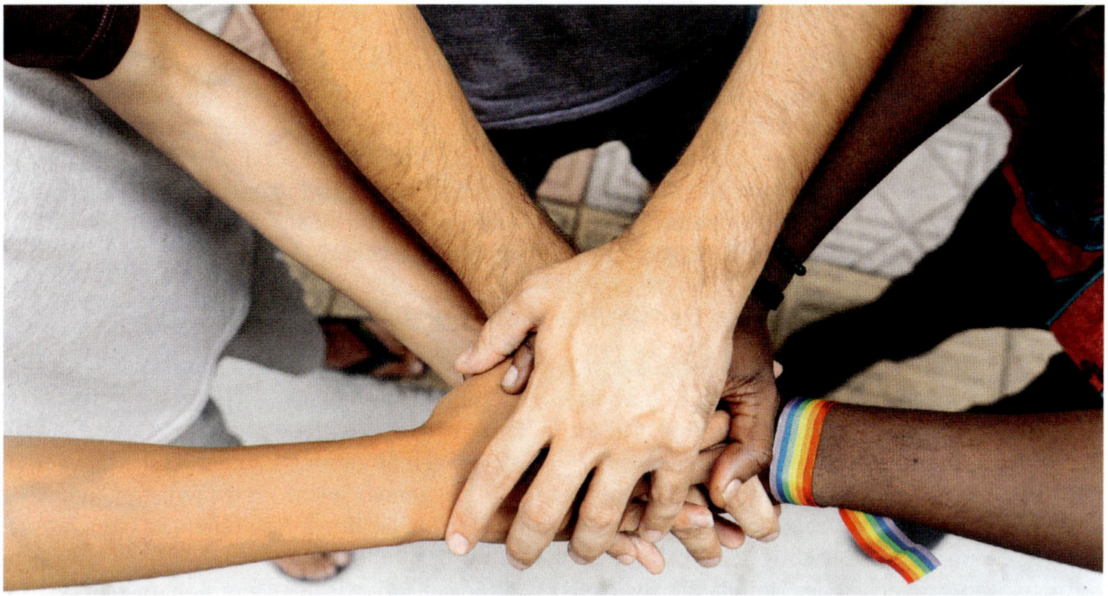

Werte wie Toleranz, Respekt und Rücksichtnahme werden über die Sozialisation in Gruppen kommuniziert.

Gesellschaften verständigen sich immer wieder neu darüber, welche Werte als Grundprinzipien und Leitbilder der Handlungsorientierung dienen. Man unterscheidet zwischen

- **moralischen Werten** (z. B. Treue, Wahrheit, Aufrichtigkeit, Gerechtigkeit),
- **materiellen Werten** (z. B. Wohlstand, Eigentum),
- **religiösen Werten** (z. B. Gottesfurcht, Nächstenliebe),
- **politischen Werten** (z. B. Freiheit, Gleichheit, Toleranz, Frieden, Gemeinwohl) und
- **ästhetischen Werten** (z. B. Schönheit, Kunst, Mode und Design).

Werte entstehen nicht aus dem Nichts, sondern erwachsen vielmehr aus einer Kultur und können sich im Laufe der Zeit ändern. Ein Beispiel: Erzog man Kinder früher zu Gehorsam und Unterordnung, bilden heute Werte wie Mitbestimmung und Gleichwertigkeit die Basis für den Umgang mit Kindern und Jugendlichen.

Innerhalb einer Gesellschaft wirken Werte aber keineswegs nur ordnend oder verbindend. Sie können auch Konflikte hervorbringen: Insbesondere in modernen Gesellschaften haben Menschen unterschiedliche Ziele und orientieren sich an unterschiedlichen Werten. So können Werte den Zusammenhalt innerhalb einer Gruppe fördern, andere aber auch ausgrenzen.

M3 Was sind Normen und Verhaltensregeln?

Neben Werten bestimmen auch **Normen** unser Handeln. In der Soziologie ist eine Norm eine Regel für das richtige Verhalten in einer sozialen Situation. Einander bekannte Menschen begrüßen sich (je nach Situation und Beziehung nur verbal, per Handschlag oder auch mit einer Umarmung), im Kino wird während des Films nicht gesprochen, das Trinken aus einem Glas sollte geräuschlos erfolgen usw.

Normen können zwischen verschiedenen Gesellschaften, aber auch innerhalb einer Gruppe variieren und und sich verändern. Ein gutes Beispiel hierfür ist das Rauchen: War es in den 1950er Jahren gesellschaftlich noch unproblematisch, in öffentlichen Räumen eine Zigarette anzuzünden, werden Raucherinnen und Raucher heutzutage (z. B. auf Bahnhöfen) in Raucherzonen verwiesen. Auch gibt es seit 2007 generelle Rauchverbote in Restaurants, Kneipen, Discotheken und Bars.

Viele Normen sind als Gesetze oder Verordnungen schriftlich fixiert und dadurch formalisiert. Ein solches Normensystem wird als **Recht** bezeichnet.

M4 Was versteht man unter Sozialisation?

Menschen müssen sich Werte und Normen, aber auch Symbole und Wissensbestände ihrer Bezugsgruppe (z. B. der Gesamtgesellschaft, der eigenen Clique) aneignen. Diesen Prozess nennt man Sozialisation. Er unterscheidet sich deutlich von dem pädagogischen Begriff der **Erziehung**, der vor allem die bewusst geplanten und zielgerichteten Bemühungen von Eltern sowie Lehrerinnen und Lehrern meint, die Persönlichkeitsentwicklung eines Kindes oder Jugendlichen zu beeinflussen. Der Prozess der Sozialisation schließt die Erziehung zwar mit ein, aber dem heranwachsenden Individuum wird nichts „beigebracht", vielmehr eignet es sich die Welt an.

M5 Welche Phasen und Instanzen der Sozialisation gibt es?

Die Sozialisation eines Menschen findet an unterschiedlichen Schauplätzen statt. Viele Menschen und Organisationen sind daran beteiligt. Diese **Sozialisationsinstanzen** spielen unterschiedliche Rollen: Sie können sich bei der Sozialisation eines Menschen unterstützen, sich aber auch gegenseitig hemmen. Die wichtigsten Sozialisationsinstanzen sind neben der Familie die Gleichaltrigengruppe *(peer-group)*, die Schule und die Medien.

> Gewöhnlich wird der Prozess der Sozialisation in drei Phasen unterteilt:
> - die **primäre Sozialisation**: Herausbildung der Grundstrukturen der Persönlichkeit, Entwicklung von Grundmustern für soziales Verhalten. Instanzen*:* i.d.R. Eltern bzw. Familie, Kindergarten, Vorschule;
> - die **sekundäre Sozialisation**: Erlenen von neuen und Weiterbildung bestehender Verhaltensweisen (Rollen). Instanzen*:* Schule, peer-groups, kirchliche oder berufliche Gruppierungen, Medien;
> - die **tertiäre Sozialisation**: Weiterentwicklung im Berufs- und Privatleben („lebenslanges Lernen"). Instanzen*:* Berufsgruppen, politischen Organisationen, Medien.

Die primäre Sozialisation wird als wichtigste Phase angesehen, weil in ihr alle entscheidenden Weichen für die spätere Entwicklung gelegt werden. Das Kind übernimmt Werte und Normen des Elternhauses, wobei die Vermittlung über die Sprache eine zentrale Rolle spielt. So verinnerlichen Kinder bis zum Eintritt in das Schulalter eine Vielzahl von Normen, Werten und Überzeugungen, wobei sie häufig auch ihre eigenen Vorstellungen, ihre spezifischen Normen und Werte entwickeln, die sie mit Gleichaltrigen teilen. Die Entscheidung, welche Normen und Werte in verschiedenen Situationen zu berücksichtigen sind, ist nicht immer leicht zu treffen. Die Fähigkeit, solche Entscheidungen zu fällen, ist jedoch zentral für das Rollenhandeln im Erwachsenenleben. Die Sozialisation in der peergroup ist auch wichtig für die Ausbildung einer eigenen **Identität**, d. h. der Art und Weise, wie Menschen sich selbst vor dem Hintergrund ihrer eigenen Biografie und in Auseinandersetzung mit ihrer sozialen Umwelt wahrnehmen. Zum Ausdruck dieser einmaligen und unverwechselbaren Identität werden eine Reihe von Symbolen – z. B. Kleidung, Musik, Sprache – sowie symbolische Handlungen entwickelt.

Die Identität entwickelt sich heute aber nicht mehr nur durch die Erfahrungen, die ein Mensch im direkten Zusammensein mit anderen macht, sondern auch in der Welt der Medien. Denn dort findet man eine Vielfalt an Identifikationsangeboten. So können Serien auf Streaming-Plattformen wie *Netflix* die Internalisierung (Verinnerlichung) sozialer Normen und Werte fördern, indem es von den Kindern verlangt, das Wissen über Fiktion und Wirklichkeit, über Gut und Böse sowie über Rollen und Rollenverhalten (› Kap. 1.1.2) kennenzulernen und zu festigen.

Besonders soziale Netzwerke sind (neue) Räume der Identitätsbildung. So bieten z. B. Rollenbilder, die den Heranwachsenden durch Influencerinnen und Influencer nähergebracht werden, Möglichkeiten der Orientierung und Identifikation. Gleichzeitig dienen soziale Netzwerke auch als Orte der Inszenierung der eigenen Identität und neuen Formen der Gruppenbildung. Doch entspricht das „digitale Ich", das die Menschen hier darstellen, auch dem „realen Ich"? Viele Wissenschaftlerinnen und Wissenschaftler gehen mittlerweile davon aus, dass sich die meisten Userinnen und User in den sozialen Netzwerken nicht „verfremden“ und ihre virtuelle mit ihrer realen Identität weitgehend übereinstimmt. Gleichwohl darf nicht übersehen werden, dass immer nur ein kleiner Ausschnitt dieser Identität im Netz präsentiert wird.

Auch im Berufsleben werden Menschen weiter sozialisiert. Jeder Eintritt in eine neue Funktion oder der Wechsel des Arbeitsplatzes erfordert die Aneignung weiterer Fähigkeiten, Normen oder Rollen. Der Sozialisationsprozess setzt sich somit das ganze Leben hindurch fort. Dabei sind die Übergänge von einer Lebensphase in die andere von besonderer Bedeutung, wie z.B. Heirat oder Familiengründung.
Die Sozialisation des Individuums wird entscheidend durch die Gesellschaftsstrukturen bestimmt. So gibt es in einer Gesellschaft unterschiedliche Sozialisationsmuster: Kinder werden je nach dem ihnen bei Geburt zugeschriebenen Geschlecht (s.u.) anders sozialisiert, Kinder aus bildungsnahen anders als Kinder aus bildungsfernen Schichten usw. Man spricht deshalb auch von einer **geschlechtsspezifischen und schichtspezifischen Sozialisation.**

M6 Was ist sexuelle Identität?

Auch die sexuelle Identität trägt wesentlich zur Identitätsbildung eines Menschen bei. Damit ist in der Soziologie das Gefühl der Zugehörigkeit zu einem Geschlecht gemeint. Dieses Geschlecht kann, aber muss nicht, mit dem Geburtsgeschlecht deckungsgleich sein. Die sexuelle Identität setzt sich zusammen aus:

- **dem biologischen Geschlecht** (Englisch „sex“), das vor allem anhand der körperlichen Merkmale (v.a. der Geschlechtsorgane) definiert wird. Gemeinhin wird damit eine natürliche Binarität von Mann/Frau konstruiert, die sich nach Erkenntnissen der Forschung nicht (mehr) halten lässt.
- **dem sozialen Geschlecht** bzw. der Geschlechterrolle (Englisch „gender“), die bestimmt, wie sich ein „typischer“ Mann bzw. eine „typische“ Frau zu verhalten haben. Diese Erwartungen und Anforderungen sind abhängig vom jeweiligen gesellschaftlichen und kulturellen Umfeld und können sich historisch ändern.
- **dem psychischen Geschlecht**, d.h. der Überzeugung eines Menschen, weiblich, männlich, weder noch oder beides zu sein.

Fühlen sich Menschen dem Geschlecht zugehörig, das ihnen bei der Geburt zugewiesen wurde, werden sie als „**cisgeschlechtlich**“ bezeichnet. Ist dies nicht der Fall, spricht man von **Transgeschlechtlichkeit**. Transgeschlechtliche Menschen sind beispielsweise Männer, die bei der Geburt den Geschlechtseintrag „weiblich“ erhalten

Die sexuelle Identität besteht aus biologischem, sozialen und psychischem Geschlecht und kann in unterschiedlichen Zusammensetzungen existieren.

haben. Dagegen bedeutet **Intergeschlechtlichkeit**, dass Menschen körperliche Geschlechtsmerkmale haben, die sich nicht als nur männlich oder nur weiblich einordnen lassen. Das betrifft zum Beispiel die Geschlechtsorgane, die Hormonproduktion oder den Chromosomensatz, die Figur, Haarverteilung oder Muskelmasse.

Um der Vielfalt sexueller Identitäten gerecht zu werden, gibt es in Deutschland seit 2019 die sogenannten „dritten Option“ beim Geschlechtseintrag im Personenstammregister des jeweiligen Standesamtes, aber auch bei vielen (behördlichen) Formularen: Seither können Personen zwischen den Einträgen „männlich“, „weiblich“ und „divers“ wählen. Außerdem können sie sich dafür entscheiden, den Geschlechtseintrag ganz zu streichen.

M7 Was bedeutet sexuelle Orientierung?

Während sich die sexuelle Identität auf das Selbstverständnis einer Person bezieht, beschreibt der Begriff der **sexuellen Orientierung**, zu welchem Geschlecht oder welchen Geschlechtern sich eine Person (sexuell wie emotional) hingezogen fühlt. Zu den sexuellen Orientierungen zählen z. B. Heterosexualität, Homosexualität, Bisexualität, aber auch Pansexualität und Asexualität.

Die Vielfalt sexueller Identität und Orientierung drückt sich auch in sprachlichen Veränderungen aus. Zum Beispiel werden häufig die deutsche Abkürzung „LSBTIQ" („Lesben, Schwule, Bisexuelle Trans, Inter und Queers") oder das englische Pendant „LGBTIQ" verwendet. Manchmal ist an die jeweilige Abkürzung ein Sternchen oder ein Pluszeichen angefügt und dient als Platzhalter für weitere, nicht benannte Identitäten. Als Sammelbegriff für LSBTIQ+-Personen wird außerdem der Begriff „**queer**" verwendet.

Auch die **geschlechtergerechte Sprache** (umgangssprachlich auch „**Gendern**" genannt) versucht, die Vielfalt sexueller Identitäten einzubeziehen. Statt „Bürger" schreibt man z. B. „Bürger:innen" oder „Bürger*innen", wobei das Sonderzeichen in der Wortmitte jeweils für eben diese Diversität steht. Die gendergerechte Sprache wird in der öffentlichen Debatte häufig kritisiert und ist z. B. in bayrischen Behörden, Schulen und Hochschulen seit 2024 verboten.

Die Versuche, sexuelle Identitäten und Orientierungen wahrzunehmen und anzuerkennen, dürfen allerdings nicht darüber hinwegtäuschen, dass Menschen aus der LSBTIQ+-Community weiterhin Diskriminierungen im Alltag ausgesetzt sind.

Zu welchem Geschlecht oder zu welchen Geschlechtern sich eine Person sexuell wie emotional hingezogen fühlt, beeinflusst die Identitätsbildung maßgeblich.

Aufgaben

72003-101

1. Die Soziologie geht davon aus, dass auch die politische Ordnung ein Faktor im Sozialisationsprozess ist. Erläutern Sie diesen Zusammenhang (**M1–M5**).
2. Erläutern Sie anhand von Beispielen, wie Kinder geschlechtsspezifisch sozialisiert werden (**M6–M7**).
3. Gestalten Sie eine Mindmap (digital oder analog) zur Situation der LGBTIQ+-Community in Deutschland (**M4, M5**). Sie können dazu › Kap. 1.2.5 als Ausgangspunkt für Ihre Recherche nehmen.
4. Erörtern Sie die Verwendung gendergerechter Sprache.

Wie ändert man sein Geschlecht?

M1 Was ändert das Selbstbestimmungsgesetz (SBGG) ab 2024?

Mit dem Selbstbestimmungsgesetz können Geschlechtereinträge leichter geändert werden.

Das „Gesetz über die Selbstbestimmung in Bezug auf den Geschlechtseintrag“ (SBGG) löst ab November 2024 das Transsexuellengesetz (TSG) ab, das seit 1980 galt. Das SBGG ermöglicht Transmännern und -frauen sowie intergeschlechtlichen Menschen, die von Geburt an sowohl männliche als auch weibliche Geschlechtsmerkmale haben, ihren Geschlechtseintrag und (wenn gewünscht auch den Vornamen) in offiziellen Dokumenten zu ändern. Dasselbe gilt für Menschen, die sich weder dem männlichen noch dem weiblichen Geschlecht zuordnen.

Wer den eigenen Geschlechtseintrag und ggf. Vornamen ändern will, muss dies drei Monate vorher beim Standesamt anmelden. Beim Standesamt gibt man dann eine „Erklärung mit Eigenversicherung“ ab, in der man bestätigt, dass der gewählte Geschlechtseintrag sowie ggf. der neue Vorname der eigenen Geschlechtsidentität am besten entsprechen. Außerdem muss die jeweilige Person versichern, dass sie die Tragweite der Folgen dieser Änderung kennt. Zur Wahl stehen als Geschlechtseintrag die Kategorien „männlich“, „weiblich“ und „divers“. Auch eine Streichung des Eintrags ist möglich.

Der Vorname muss nicht zwingend geändert werden, aber er muss zum gewählten Geschlecht passen. Nur wer zum Beispiel den Namen Kim trägt, der für beide Geschlechter gebraucht wird, könnte diesen Namen behalten.

Nach der Änderung von Geschlechtseintrag und Vornamen gilt eine einjährige Sperrfrist: Erst nach deren Ablauf kann eine erneute Erklärung abgegeben werden. Damit soll vermieden werden, dass die Entscheidung vorschnell getroffen wird.

Auch Minderjährige ab einem Alter von 14 Jahren können ihren Geschlechtseintrag nach einer Beratung ändern, wenn die Eltern bzw. Sorgenberechtigten zustimmen. Sollten sie dies nicht tun, können Minderjährige ihr Anliegen vor ein Familiengericht bringen. Dies entscheidet dann im Sinne des Kindeswohls. Das Familiengericht hat die Möglichkeit, die Entscheidung der Eltern zu überstimmen.

Kinder und Jugendliche bis zum Alter von 14 Jahren können ihren Geschlechtseintrag nicht anpassen, aber die Eltern bzw. Sorgeberechtigten könnten es. Dazu muss das Kind ab einem Alter von fünf Jahren zustimmen und beim Standesamtstermin anwesend sein.

Damit wird es gegenüber dem alten Transsexuellengesetz von 1980 deutlich einfacher, den eigenen Geschlechtseintrag zu verändern: Zuvor mussten einem Gericht zwei Gutachten von zwei verschiedenen Sachverständigen vorgelegt werden, welches dann über die Zulässigkeit der Änderung entschied.. Viele Betroffene empfanden dieses Verfahren entwürdigend. Das Bundesfamilienministerium schätzt, dass rund 4.000 Bürgerinnen und Bürger jährlich einen Antrag zur Änderung des Geschlechtseintrags stellen werden. Nach alter Gesetzeslage waren es jährlich etwas über 3.000 Bürgerinnen und Bürger.

M2 Dringend notwendiges Update

Mit der Verabschiedung des Selbstbestimmungsgesetzes stärkt der Bundestag die Rechte von Menschen, die sich nicht mit dem ihnen bei der Geburt zugewiesenen Geschlecht identifizieren. Betroffenen wird es künftig möglich sein, durch eine einfache Erklärung beim Standesamt den Geschlechtseintrag und Vornamen ändern zu lassen. Für transsexuelle, intergeschlechtliche und nichtbinäre Menschen ist das eine große Erleichterung. Denn bisher mussten sie zu diesem Zweck zwei psychologische Gutachten einreichen.

Leider hat [das neue Gesetz] aber einige Schwächen. Es bietet deshalb auch eine Angriffsfläche für Populisten […].

Das fängt bei der Regelung an, dass Menschen demnächst einmal pro Jahr neu entscheiden dürfen, ob sie männlich, weiblich oder divers sind. Dass Personen von dieser Möglichkeit wiederholt oder sogar jährlich Gebrauch machen, dürfte eher selten vorkommen. Trotzdem provoziert diese Regelung nicht nur bei Unionspolitikern die Befürchtung, dass Geschlechtseinträge künftig willkürlich geändert werden könnten.

Problematisch ist auch, dass es bereits Jugendlichen ab 14 Jahren ermöglicht wird, ihr Geschlecht auf dem Papier selbst zu bestimmen; wenn auch nur mit dem Einverständnis ihrer Eltern. Das geschieht in einem Alter, in dem junge Menschen oft noch mit sich und den körperlichen Veränderungen durch die Pubertät hadern. Kritiker forderten deshalb richtigerweise, eine Beratungspflicht für Minderjährige ins Gesetz aufzunehmen.

Vorberg, Laura: Dringend notwendiges Update – mit einigen Schwächen. In: www.rp-online.de, 12.04.2024

M3 Diskriminierender Passus

Dass die Diskussion [um das SBGG] solche Wellen schlug, zeigt, dass hier grundlegende und identitätsstiftende Elemente der Gesellschaft berührt sind: Wir können uns Menschen nicht als Menschen vorstellen, wenn sie nicht zugleich ein Geschlecht repräsentieren. Dass wir dies an zwei, drei körperlichen Merkmalen festmachen, […] ist eine Identitätszwangsjacke. Die kommt nun endlich in die Mottenkiste.

Neue Freiheiten bringen neue Lernerfahrungen. Einige gesellschaftliche Gruppen, dazu gehören auch einige Feministinnen, dürfen sich nun von einem biologistischen Geschlechterbild verabschieden […]. Solche Lernerfahrungen blockiert man allerdings wieder, wenn man ins Gesetz schreibt, Hausrecht, Vertrags- und Satzungsfreiheit blieben unberührt von den neuen Regelungen. Das klingt, als dürfe man transidenten Personen den Zugang zur Frauensauna verwehren, nur weil sie andere irritieren könnten. […] [D]ieser diskriminierende Passus […] ist des Gesetzes nicht würdig.

Oestreich, Heide: Diskriminierender Passus soll verschwinden. In: Das Parlament, 17.11.2023

Aufgaben

72003-102

1. Erläutern Sie den Hauptunterschied zwischen dem alten Transsexuellengesetz (TSG) und dem neuen Selbstbestimmungsgesetz (SBGG) (**M1**).
2. Beschreiben Sie, was Personen ab 14 Jahren tun müssen, um ihren Geschlechtseintrag zu ändern (**M1**).
3. Erörtern Sie ausgehend von **M1–M3**, ob Menschen ihren Geschlechtseintrag und Vornamen ändern dürfen sollten, so wie es im Selbstbestimmungsgesetz (SBGG) festgelegt worden ist.
4. Entwickeln Sie eine eigene Ergänzung zum SBGG, die auf die in **M1–M3** angesprochene Kritik eingeht.

1.1.2 Gruppen und soziale Rollen

Leitfragen

- Was sind die Merkmale einer Gruppe?
- Was bedeutet der Begriff der sozialen Rolle?
- Welche Bedeutung haben die Gruppen für das Individuum?
- Was versteht man unter dem Modell des Habitus?

M 1 Was sind Merkmale einer Gruppe?

Im Mittelpunkt der ersten Staffel der erfolgreichen Netflix-Serie „Stranger Things“ stehen vier befreundete Jungen und das Mädchen Elfi (im Original: Eleven) im Mittelpunkt, das ihre Umwelt mit ihren Gedanken manipulieren kann. Die Jungen sind dabei von Beginn an befreundet und „Nerds“, die gemeinsam oft das Pen & Paper-Rollenspiel „Dungeons & Dragons“ oder Videospiele in der örtlichen Spielhalle spielen. Als einer von ihnen, Will Byers, verschwindet, machen sich seine Freunde Mike Wheeler, Dustin Henderson und Lucas Sinclair auf die Suche nach ihm. Im Wald stoßen sie dabei auf das mysteriöse Mädchen Elfi, das sie bei sich aufnehmen.

Die Jugendlichen von „Stranger Things“ können damit als ein Beispiel für eine **soziale Gruppe** gelten. Eine Gruppe hat vier Eigenschaften. Sie ist geprägt durch

- die **regelmäßige Interaktion** zwischen den Gruppenmitgliedern;
- unterschiedliche **Status und Rollen** der Gruppenmitglieder, die sich informell herausbilden;
- gemeinsame **Normen**, **Werte** und **Ziele**,
- ein Gefühl der gemeinsamen **Identität** („Wir-Gefühl“).

M 2 Was sind soziale Rollen?

Die Soziologie definiert eine Rolle als eine Sammlung von Pflichten, Privilegien, Einstellungen und Erwartungen eines Gruppenmitglieds.

So nimmt Mike Wheeler in „Stranger Things“ z. B. die Rolle des Anführers ein, denn er beeinflusst die Entscheidungen und die Ausrichtung der Gruppe maßgeblich. Dustin Henderson wiederum ist der Spaßvogel und gleichzeitig der schlaue Kopf der Gruppe, der mit seinem Humor und seinen kreativen Lösungen für Probleme die Gruppe bereichert. Lucas Sinclair dagegen ist der Skeptiker der Gruppe: Er ist oft die Stimme der Vernunft und hinterfragt Entscheidungen. Gleichzeitig wird er im Verlauf der Serie zu einem wertvollen Strategen, besonders wenn es um die Planung und den Kampf gegen Bedrohungen geht. Will Byers nimmt in der ersten Staffel die Rolle des Opfers ein, während Elfi die Rolle einer Art Schutzengel innehat.

Millie Bobby Brown spielt Elfi in der Serie „Stranger Things“.

So klar die Rollen in diesem Beispiel definiert sind, darf man sich Gruppen nicht als statische Gebilde vorstellen – vielmehr befinden sie sich in einem stetigen Prozess der Veränderung, der Entwicklung oder des Konflikts. So stößt in der zweiten Staffel von „Stranger Things“ z. B. das Mädchen Max Mayfield hinzu, die das Gruppengefüge verändert. Außerdem gibt es innerhalb der Freundesgruppe mehrere Konflikte, die sich im Verlauf der Serie entwickeln. Ein Beispiel sind dabei die Meinungsverschiedenheiten gegenüber Elfi zu Beginn von Staffel 1: Während Lucas ihr zunächst sehr misstrauisch begegnet, wird sie von Mike von Anfang an unterstützt, was zu Spannungen zwischen den beiden Jungen führt. Die moderne Soziologie geht davon aus, dass jeder Mensch innerhalb der Gesellschaft und in Gruppen ganz bestimmte soziale Positionen einnimmt, z. B. in der Familie, in der Schulklasse, in der Clique usw. So nimmt Mike Wheeler in seiner Clique die Rolle des Anführers ein. Zu Hause hat er dazu die Rolle des beschützenden großen Bruders von Holly inne, während er in seiner Rolle als kleiner Bruder von Nancy selbst Schutz und Unterstützung erfährt.

Manchmal haben Menschen jedoch Schwierigkeiten, die Pflichten einer Rolle oder eines Rollen-Sets zu erfüllen. Ist man mit der Erfüllung einer Rolle bzw. der Rollenerwartungen überfordert, spricht die Soziologie von einer **Rollenüberforderung**. Sind verschiedene Rollen bzw. die Erwartungen, die von ihr ausgehen, nicht in Übereinstimmung zu bringen, spricht man dagegen von einem **Rollenkonflikt**. Man unterscheidet unter anderem zwischen Intra- und Interrollenkonflikten. Ein **Intrarollenkonflikt** besteht, wenn einzelne Rollensegmente nicht vereinbar sind, d.h. wenn die Erwartungen unterschiedlicher Personengruppen an eine bestimmte Rolle gegensätzlich sind. Um einen **Interrollenkonflikt** handelt es sich, wenn die Erwartungen verschiedener Rollen einer Person in Konflikt miteinander geraten bzw. unvereinbar sind. In letzterem befindet sich Elfi in „Stranger Things“: Sie möchte einerseits ein normales Leben führen und sich in die Gesellschaft integrieren, andererseits wird sie aber von den anderen als eine Art Superheldin wahrgenommen, was diesen Wunsch konterkariert.

M3 Was sind Gruppendynamik und Gruppenzwang?

Die Clique in einer Schule ist eine Sekundärgruppe mit ihrer eigenen Gruppendynamik.

Des Weiteren unterliegen Gruppen einer **Gruppendynamik** im Sinne von regelmäßig wiederkehrenden Interaktionsmustern zwischen Mitgliedern einer Gruppe. Sie wird durch mehrere Faktoren beeinflusst, wobei die Gruppengröße einer der wichtigsten ist. Weitere wichtige Aspekte sind die Durchsetzung von geteilten Normen der Gruppe (durch Konsens oder Zwang), Führung und Entscheidungsfindung.

Gruppen grenzen sich außerdem von anderen Gruppen ab. **Gruppengrenzen** haben die Funktion, Mitglieder „innerhalb“ der Gruppe zu haltenund Nichtmitglieder „draußen“ zu halten. Diese Grenzen werden auch markiert oder durch Symbole dargestellt. Oft bildet sich innerhalb einer Gruppe ein spezielles Vokabular heraus (z.B. das Rollenspiel-Vokabular in „Stranger Things“), das ebenfalls zur Abgrenzung und Stärkung des „Wir-Gefühls“ beiträgt. Daneben hilft ein „gemeinsamer Gegner“ – wie z.B. das „Hawkins National Laboratory“, das Elfi in der ersten Staffel von „Stranger Things“ aufspüren will, die Zusammengehörigkeit zu stärken.

Die Mitgliedschaft in einer Gruppe muss für ihre Mitglieder aber nicht nur Zugehörigkeit und Geborgenheit bedeuten. Vielmehr empfinden viele Menschen einen **Gruppenzwang**, auch **Konformitätsdruck** genannt, bei dem sich das Individuum (bewusst oder unbewusst) dem Verhalten der Mehrheit der Gruppe anpasst, selbst wenn nicht bewusst und willentlich Druck von ihr ausgeht.

M4 Was sind Primär- und Sekundärgruppen?

Menschen identifizieren sich mit einer Reihe unterschiedlicher Gruppen. Gleichwohl interagieren sie nicht unbedingt mit allen Mitgliedern einer Gruppe und kennen z. T. auch nicht alle Mitglieder persönlich. Gruppen, die durch eine enge, persönliche Bindung geprägt sind, werden als **Primärgruppen** bezeichnet. Der Begriff wurde vom Soziolgen Charles Horton Cooley geprägt, nach dem Primärgruppen fünf Eigenschaften besitzen:

- kontinuierliche persönliche Interaktion
- starke persönliche Verschmelzung mit der Gruppe
- starke Bande der Zuneigung zwischen den Gruppenmitgliedern
- vielfältige Kontakte
- relativ lange Dauer.

Zusätzlich gilt, dass es ich Individuen ihre Primärgruppe nicht selbst auswählen können und ihre Zugehörigkeit zur Gruppe nicht einfach aufheben können.

Die bedeutendste Primärgruppe ist die (Kern-) Familie, in der das Individuum seine grundlegenden sozialen Erfahrungen macht und in der sich seine Identität formt.

Sekundärgruppen weisen konträre Eigenschaften auf. In ihnen sind die Beziehungen der Mitglieder zueinander stärker durch rechtliche und formale Regelungen bestimmt. Die sozialen Beziehungen sind unpersönlicher und zweckorientiert. Wir finden sie in Betrieben, Schulen und Organisationen wie Gewerkschaften und Parteien.

Allerdings ist die Unterscheidung zwischen Primär- und Sekundärgruppen nicht immer einfach. Im realen Leben überschneiden sich beide Typen oft. So finden sich z.B. innerhalb einer Schulklasse (als Sekundärgruppe) auch enge und herzliche Beziehungen.

M5 Was bedeutet Habitus?

Ein anderes soziologisches Modell, das versucht, das Verhältnis des Menschen zu seiner Umwelt zu erklären, ist der Habitus. Der Begriff wurde wesentlich von dem französischen Soziologen Pierre Bourdieu geprägt und beschreibt erlernte Verhaltensmuster in bestimmten sozialen Situationen. Bourdieu geht davon aus, dass Menschen soziale Akteure sind, als Gewohnheitstiere Muster von Handlungen, Denkweisen und Wahrnehmungen in bestimmten Situationen lernen und dann reproduzieren, also in gewisser Weise trainieren. Dabei werden im Habitus eines Menschen diejenigen Handlungen verankert, die einmal ein positives Feedback bekommen haben, also passend in der jeweiligen Situation waren. Der Habitus umfasst dabei Gewohnheiten, das Denken und Fühlen und das gesamte Auftreten, also auch Lebensstil, Sprache, Kleidung und (Essens-, Musik-, Kunst-) Geschmack usw.

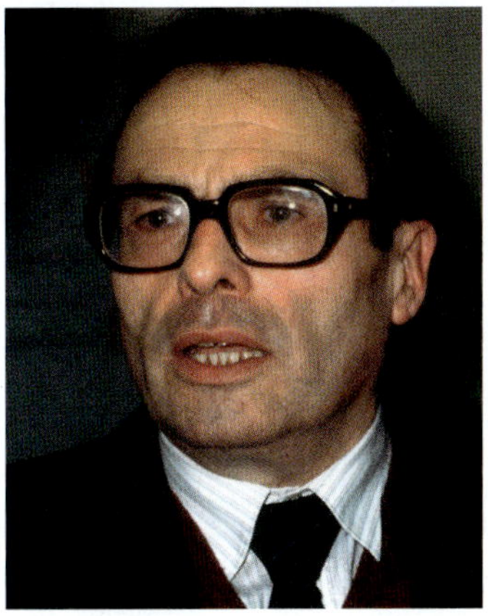

Der Soziologie Pierre Bourdieu (1930–2002) ist unter anderem für seine Arbeiten zum Habitus bekannt.

Durch die Wiederholung der Handlungen wird das Handlungsmuster zu Gewohnheit und später zum Habitus. Somit wohnt der Habitus laut Bourdieu nicht dem Geist oder Wesen eines Individuums inne, sondern dem Körper. Er ist deshalb dem Bewusstsein entzogen und gleichzeitig die Grundlage bewusster Handlungen.

Der Begriff des Habitus ist in zweifacher Hinsicht klassenspezifisch: Zuerst wird der Habitus als Gewohnheit in einem sozialen Milieu etabliert, welches je nach Klasse unterschiedlich funktioniert. Für Mitglieder einer Klasse sind die Bedingungen ähnlich, daher resultiert für sie alle ein ähnlicher Habitus als Ergebnis. Daraus ergibt sich die Einheit von sozialer Stellung bzw. Klasse, Habitus und Lebensstil. Mitglieder einer Klasse erkennen sich damit untereinander an ihrem Habitus und können damit auch Nichtmitglieder schnell identifzieren – denn diesen fehlt der passende Habitus. Bourdieu geht also davon aus, dass die Laufbahn eines Menschen durch den Habitus eine bestimmte Richtung erfährt. Je länger ein Individuum in einem sozialen Milieu seinen Habitus ausbildet, desto stärker prägt dies sein Leben.

Aufgaben

72003-103

1. Erläutern Sie an einem Beispiel aus der (Pop-) Kultur oder Ihrem Alltag die sozialen Rollen in einer Gruppe (**M1–M4**).
2. Nennen Sie weitere Beispiele für Intra- und Interrollenkonflikte (**M2**).
3. Vergleichen Sie die soziologischen Konzepte von Identität, Rolle und Habitus (**M5**, › Kap. 1.1.1).

Wie rekrutieren sich Eliten in Deutschland?

M 1 Deutschland – der bürgerliche Habitus ist ausschlaggebend

*Michael Hartmann (*1952) ist ein deutscher Soziologe und Elitenforscher. In seiner Monografie „Die Abgehobenen. Wie die Eliten die Demokratie gefährden“ wirft er u. a. die These auf, dass die Eliten in den großen westlichen Industriestaaten überwiegend sozial exklusiv und homogen seien und sich von der Lebenswelt der restlichen Bevölkerung entfremdet hätten. Dadurch hätten die Eliten zunehmend Schwierigkeiten, die Probleme der Bevölkerung zu erkennen und die Folgen ihrer Entscheidungen für die Bevölkerung zu verstehen. Das Ergebnis dieser Entfremdung seien Politikverdrossenheit und Rechtspopulismus.*

Im folgenden Auszug aus „Die Abgehobenen“ beschäftigt sich Hartmann mit den Rekrutierungsmechanismen innerhalb der Wirtschaftselite.

Der Soziologie-Professor Michael Hartmann 2008 in einer Talkshow.

Die mit der Bildungsexpansion verbundene soziale Öffnung der höheren Bildungsinstitutionen und die in den letzten Jahrzehnten zu konstatierende starke Zunahme von sozialen Aufsteigern unter den Hochschulabsolventen haben sich [...] nicht in einer sozialen Öffnung der Wirtschaftselite niedergeschlagen. Wie eine eigene Studie ganzer Promoviertenkohorten aus vier Jahrzehnten gezeigt hat, bleibt die soziale Herkunft aus einem bürgerlichen oder noch besser großbürgerlichen Elternhaus entscheidend für den Zugang zu den Spitzenpositionen in den Großunternehmen. Selbst wenn man als Arbeiter- oder Mittelschichtkind alle Hindernisse im Bildungssystem überwunden und einen Doktortitel in den für solche Stellungen wesentlichen Ingenieur-, Rechts- oder Wirtschaftswissenschaften erworben hat, ist bei ansonsten gleichen Studiencharakteristika (Studiendauer, Universität, Auslandssemester etc.) die Chance auf eine Vorstandsposition in einem Großkonzern für Großbürgerkinder mehr als doppelt so hoch wie für eine Person aus der breiten Bevölkerung. In den Extremgruppen fällt die Differenz noch weit größer aus. Die Promovierten aus Familien von Vorständen oder Geschäftsführern haben sogar eine 17-mal höhere Chance als ihre Kommilitonen aus Arbeiterfamilien. Dafür sorgen die mit dem Elternhaus verbundenen Persönlichkeitsmerkmale. Deshalb kommen heute wie schon in den vergangenen fünf Jahrzehnten vier von fünf Vorstandschefs aus einem bürgerlichen oder großbürgerlichen Elternhaus.

Um welche Merkmale es sich handelt und wie sie wirken, haben zuvor schon andere eigene empirische Untersuchungen über die Rekrutierung von Führungskräften und Topmanagern gezeigt. Zwar findet man auch immer wieder Mitglieder der Eigentümerfamilien in den Spitzenpositionen, sie machen aber nur einen kleinen Teil der Vorstandschefs aus. Würde man sie unberücksichtigt lassen, ginge der Anteil der Bürger- und Großbürgerkinder nur um wenige Prozentpunkte zurück. Ihre eindeutige Dominanz in den Chefetagen bliebe erhalten. Der maßgebliche Grund für die hohe soziale Exklusivität der Wirtschaftselite ist nicht in der direkten Vererbung von Führungspositionen zu suchen, sondern in den spezifischen Rekrutierungsmaßstäben und -mechanismen in diesem Bereich.

Letztlich geht es [...] hier [...] vor allem um eines: um Ähnlichkeit. Die Entscheider suchen Personen, die im Kern so sind wie sie selbst. Man hält sich ja selbst für den richtigen Mann für eine solche Position. Ähnlichkeit sorgt für ähnliche Verhaltens- und Denkmuster, ähnliche Interessen und Hobbys, das heißt letztlich für gegenseitige Sympathie [...]. Pierre Bourdieu spricht in dieser Beziehung von Personen, „die über einen entsprechenden Blick verfügen, die gleichen Kategorien der Wahrnehmung, des Urteilsvermögens und des Denkens besitzen, kurz, einen bestimmten Habitus haben, so daß sie in der Lage sind, überhaupt wahrzunehmen, was denn diese Merkmale hervorhebt“.

Letztlich ausschlaggebend ist dabei ein Merkmal, die persönliche Souveränität. Sie macht klar, wer schon familiär zu diesen Kreisen gehört oder ihnen nahesteht und wer nicht. Das zeigt sich bereits in der Körpersprache und der Art der Gesprächsführung. [...] Die interviewten Topmanager sprachen diesbezüglich immer wieder vom offenen Blick, dem starken, männlichen Händedruck und dem ruhigen, festen Schritt beim Betreten eines Raumes sowie von der klaren Artikulation und der gelassenen Aufmerksamkeit während des Gesprächs. Souveränität beweist man aber in erster Linie beim Umgang mit den geschriebenen und (vor allem) den ungeschriebenen Regeln. Nur wer die Codes der „besseren Kreise" verinnerlicht hat, kann souverän mit ihnen umgehen, das heißt, sie in Teilen auch bewusst ignorieren und daraus dann einen wichtigen Vorteil ziehen. [...]

Souveränität [ist] immer kontextgebunden. Wer sich in großbürgerlichen Kreisen oder unter Spitzenmanagern völlig souverän und locker bewegen kann, muss in einer anderen Umgebung wie etwa am Spielfeldrand des örtlichen Fußballvereins [...] durchaus nicht immer souverän wirken. Wer in der Lage ist, auf der Hauptversammlung eines DAX-Unternehmens problemlos eine Rede zu halten, kann sich in der Bütt des Kölner Karnevals sehr unwohl fühlen und erbärmlich scheitern. Das alles spielt für die Frage, wer es in Toppositionen der großen Unternehmen schafft, aber keine Rolle, weil das Milieu dort ganz überwiegend bürgerlich, großbürgerlich geprägt ist. [...] Ähnliches gilt im Übrigen in abgeschwächter Form auch für die anderen wichtigen Sektoren [wie Justiz, Verwaltung oder Medien]. Einzig Politiker sollten, zumindest mehrheitlich, auch bei solchen Gelegenheiten wie Karnevalssitzungen oder Schützenfesten halbwegs überzeugend sein, denn sie müssen letztlich von der breiten Bevölkerung gewählt werden. Unter anderem deshalb ist die politische Elite unter den wichtigen Eliten sozial auch am offensten und Aufstiege [...] sind dort deutlich häufiger anzutreffen als in den anderen Bereichen.

Zur Souveränität gehört ganz unverzichtbar auch der souveräne Umgang mit Macht. Macht auszuüben sollte ein selbstverständlicher und unaufgeregter Bestandteil des ganz normalen Alltagsverhaltens sein. [...] Wer [z. B. vom Vater die Ausübung von Einflussnahme und Macht vorgelebt bekommt], der gewinnt dadurch [...] nicht nur ein selbstverständlicheres Verhältnis zu Einflussnahme und Macht, er erlernt quasi nebenbei – wenigstens in Teilen – auch ihre Grundregeln. All das gilt umso mehr, je exklusiver die Herkunft ist. Trotz dieser internen Unterschiede unterscheidet es Kinder aus bürgerlichen oder großbürgerlichen Verhältnissen aber generell von denen aus der übrigen Bevölkerung und verschafft ihnen einen (mehr oder minder) großen Vorsprung vor all jenen, die dieses Wissen erst während ihres Berufslebens erwerben, häufig in Form leidvoller Erfahrungen und der damit verbundenen Enttäuschungen.

Alles in allem kann man sagen, dass für den Aufstieg in die Vorstandsetagen der deutschen Großkonzerne zwei zentrale Voraussetzungen existieren: Man sollte sehr gute Leistungen erbringen [...] und die mit einer Herkunft aus Bürger- oder Großbürgertum verknüpften richtigen Persönlichkeitsmerkmale aufweisen. Das Erstgenannte wird auch öffentlich immer als entscheidend gepriesen, das Letztgenannte dagegen lieber verschwiegen.

Hartmann, Michael: Die Abgehobenen. Wie die Eliten die Demokratie gefährden. Bonn: Bundeszentrale für politische Bildung 2020, S. 65–75

Aufgaben

72003-104

1. Beschreiben Sie die Entwicklung der sozialen Durchlässigkeit im Bildungssystem (› auch 1.3.2) im Vergleich zur Wirtschaftselite, wie sie in **M1** dargestellt wird.

2. Erläutern Sie, was Pierre Bourdieu meint, wenn er von einem „bestimmten Habitus" spricht und warum dieser laut Hartmann (**M1**) für den Aufstieg in die Wirtschaftselite relevant ist.

3. Beurteilen Sie ausgehend von den Annahmen in **M1** die Aufstiegschancen von Frauen oder queeren Menschen in die Wirtschaftselite.

4. Entwickeln Sie einen Maßnahmenkatalog, wie der Zugang zu Spitzenpositionen in der Wirtschaft für Personen aus der breiten Bevölkerung erleichtert werden könnte.

1.2 Aspekte gesellschaftlichen Wandels

1.2.1 Demografischer Wandel

Leitfragen

- Welche Bereiche sind vom sozialen Wandel betroffen?
- Welche Faktoren verursachen gesellschaftliche Veränderungen?
- Wie könnten zukünftige Entwicklungen aussehen?
- Durch welche Merkmale zeichnet sich die „moderne Gesellschaft“ aus?

M1 Was bestimmt die Struktur der Bevölkerung?

Spätestens seit dem Jahr 1998 – als das Wort „Rentnerschwemme“ zum Unwort des Jahres gekürt wurde – ist in Politik und Medien immer häufiger von einer „Überalterung der Bevölkerung“, einer „ergrauten Gesellschaft“ oder gar einer „Herrschaft der Alten“ die Rede. Immer wieder wird auch ein Generationenkonflikt zwischen der Gen Z (geboren zwischen 1995 und 2010) und der Boomer-Generation (geboren zwischen ca. 1945/50 und 1965) thematisiert. Damit sind die Veränderungen der deutschen Bevölkerungsstruktur aus der öffentlichen Diskussion nicht mehr wegzudenken.

Die oben genannten Schlagwörter beschreiben dabei schon zentrale Merkmale des demografischen Wandels, den man nicht nur Deutschland, sondern auch in vielen westlichen Gesellschaften (z. B. in Europa, Nordamerika), aber auch z. T. in Asien (z. B. Japan), in ähnlicher Form feststellen kann. Für seine Beschreibung nutzen Bevölkerungswissenschaflerinnen und Bevölkerungswissenschaftler drei Kennziffern, die mitunter flapsig unter den Begriffen „sex, death and travel“ zusammengefasst werden:

- **Fertilität** (Geburtenzahlen, Anzahl der Kinder pro Frau),
- **Mortalität** (Lebenserwartung, Sterblichkeit),
- **Migration** (Zu- und Abwanderung).

Von diesen drei Größen hängt ab, wie sich die Bevölkerung einer Gesellschaft zahlenmäßig und in ihrer Alters- und Geschlechterstruktur entwickelt.

M2 Wie hat sich die Bevölkerungsstruktur entwickelt?

Mithilfe der drei demographischen Kennziffern lässt sich die deutsche Bevölkerungsstruktur wie folgt beschreiben:

a) Geburtenrückgang

Seit der Industriellen Revolution im 19. Jahrhundert sind die Geburtenraten in Deutschland und den meisten Industrienationen ständig gefallen. Unterbrochen wurde dieser Geburtenrückgang durch den sog. **„Baby-Boom“** (auch „Post-War-Baby-Boom“) ab Mitte der 1950er Jahre, der unmittelbar auf die Folgen des Zweiten Weltkrieges zurückzuführen ist: Junge Soldaten kehrten von der Front zurück und gründeten Familien, die ihnen während der Kriegszeit verwehrt geblieben waren. Das kinderreichste Jahr war 1964 mit durchschnittlich 2,53 Kindern pro Frau (das entspricht 1,36 Millionen Geburten in diesem Jahr). Nach dem sog. **„Pillenknick“**, dem Rückgang der Geburtenrate ab Mitte der 1960er Jahre, der der Erfindung der Antibabypille zugeschrieben wird, schwankt die Geburtenhäufigkeit ab Mitte der 1970er Jahre um den Wert von 1,4 (2023: 1,35). Damit hat Deutschland weltweit eine der niedrigsten Geburtenraten – was insofern verwundert, da eine aktuelle Umfrage ergab, dass der Kinderwunsch bei jungen Menschen zwischen 18 und 29 Jahren bei durchschnittlich 1,9 Kindern liegt.

In der DDR lagen die Geburtenraten etwas über den westdeutschen, was die Forschung auf umfangreiche staatliche Fördermaßnahmen für Familien mit Kindern (z. B. kontinuierlicher Ausbau der Ganztagesbetreuung, sog. „Babyjahr“) zurückführt. Unmittelbar nach dem Ende des sozialistischen Systems 1989/1990 brachen die ostdeutschen Geburtenraten allerdings ein und erreichten im Jahr 1994 ein historisches Tief mit 0,77 Kindern je Frau. Für diese Entwicklung wurden verschiedene Gründe, wie Unsicherheiten und Umbrüche auf dem ostdeutschen Arbeitsmarkt oder ein nachgeholter Wertewandel (› Kap. 1.2.7) diskutiert. Die Ursachen für den Geburtenrückgang insgesamt sind vielfältig und lassen sich grob in persönliche, medizinische, politische und gesellschaftliche/wirtschaftliche Gründe aufschlüsseln:

Mögliche Gründe für den Geburtenrückgang in Deutschland

Persönliche Gründe
- Erwerbstätigkeit und Emanzipation der Frau
- Gestiegener Bildungsgrad
- Lange Ausbildungszeiten
- Allgemeine Lebenslage
- Lebensstandard
- Fehlender Partner bzw. fehlende Partnerin
- Zukunftseinschätzung
- Kind wird als Störung oder Last empfunden
- Erfüllung des Kinderwunsches wurde zu lange herausgeschoben

Medizinische Gründe
- Empfängnisverhütung
- Alter (von Mann / Frau)
- Erkrankung

Politische Gründe
- Steigerung der Lebensansprüche
- Hohe Kosten für Bildung und Ausbildung der Kinder
- Wohnungsgröße
- Geringes Familieneinkommen
- Arbeitslosigkeit
- Multiple Krisen (z. B. Corona-Pandemie, Klimawandel, Krieg in der Ukraine)

Gesellschaftliche / wirtschaftliche Gründe
- Steigerung der Lebensansprüche
- Hohe Kosten für Bildung und Ausbildung der Kinder
- Wohnungsgröße
- Geringes Familieneinkommen
- Arbeitslosigkeit
- Ökonomische Krisen (z. B. Energiekrise, Inflation).

Nach: Wildfeuer, Wolfgang / Beutel, Wolfgang: Wochenschau Sekundarstufe I, Heft 3/4, 2005, Sozialer Wandel, S. 105

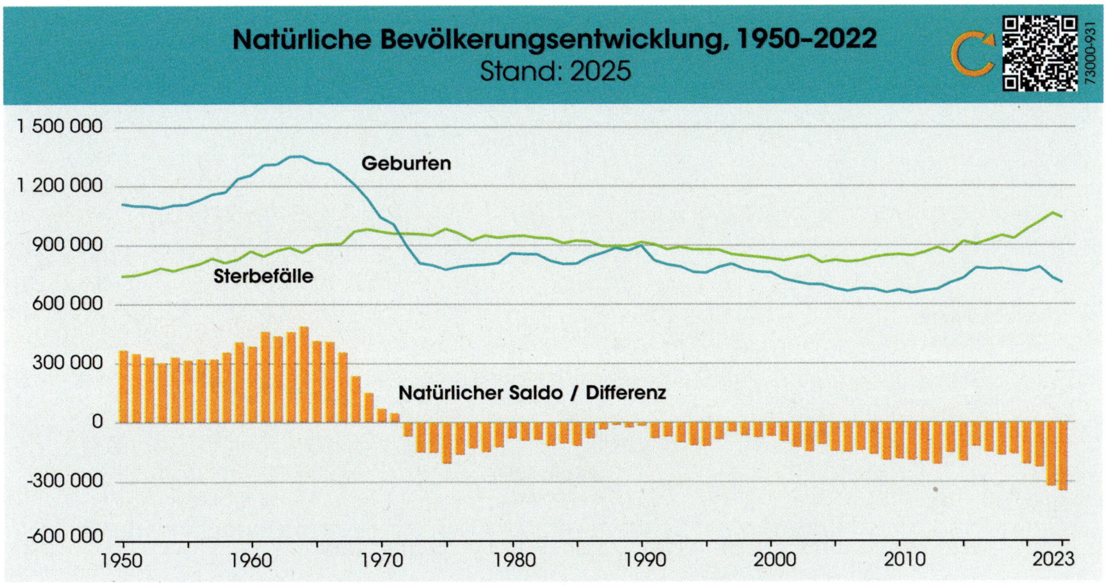

© C.C. Buchner Verlag, aktuelle Daten nach: DESTATIS (Datenerhebung: 2024; Grafikerstellung: 2025)

b) Höhere Lebenserwartung

Als zweiter Faktor, der den demografischen Wandel in Deutschland mitbestimmt, ist der Anstieg der Lebenserwartung zu nennen.. Als Ursachen gelten

- der medizinische Fortschritt,
- die verbesserte Gesundheitsversorgung der Bevölkerung,
- die verbesserte Hygiene,
- eine bessere Ernährung und Wohnsituation,
- verbesserte Arbeitsbedingungen und
- die allgemeine Steigerung des Wohlstands.

Seit Ende des 19. Jahrhunderts hat sich die Lebenserwartung der Menschen in Deutschlandbei Geburt mehr als verdoppelt. 2024 beträgt die durchschnittliche Lebenserwartung von Frauen 83,5 Jahre und von Männern 78,9 Jahre. Dabei ist die Lebenserwartung seit der Corona-Pandemie um mehr als ein halbes Jahr gesunken.

Die höhere Lebenserwartung der Frauen lässt sich nicht eindeutig erklären. Forscherinnen und Forscher gehen davon aus, dass der Geschlechterunterschied einerseits auf einen biologischen Nachteil von Männern zurückzuführen ist: Das Y-Chromosom kann bei Männern im Laufe des Lebens bei der Zellteilung verloren gehen und verschiedene Krankheiten wie Alzheimer oder Herz-Kreislauf-Erkrankungen zur Folge haben. Bedeutender scheint jedoch der ungesündere und stärker risikobehaftete Lebensstil der Männer: Sie haben einen höheren Alkohol- und Nikotinkonsum und betreiben weniger Gesundheitsvorsorge als Frauen. Außerdem ist ihr Unfallrisiko höher als das der Frauen. Nicht zuletzt spielen auch die Arbeitsbedingungen eine Rolle, üben Männer doch häufiger gefährliche und körperlich belastende Berufe aus.

c) Migration

Migration, also die räumliche Verlegung des Lebensmittelpunkts eines Menschen, ist ein zentrales Thema der Gesellschaft. Die internationale Migration, also die Verlegung des Wohnortes über Staatsgrenzen hinweg, ist ein wichtiger Faktor der Bevölkerungsentwicklung. Diese Wanderungen beeinflussen maßgeblich die Sozial- und Altersstruktur der Gesellschaft. In Deutschland spielten

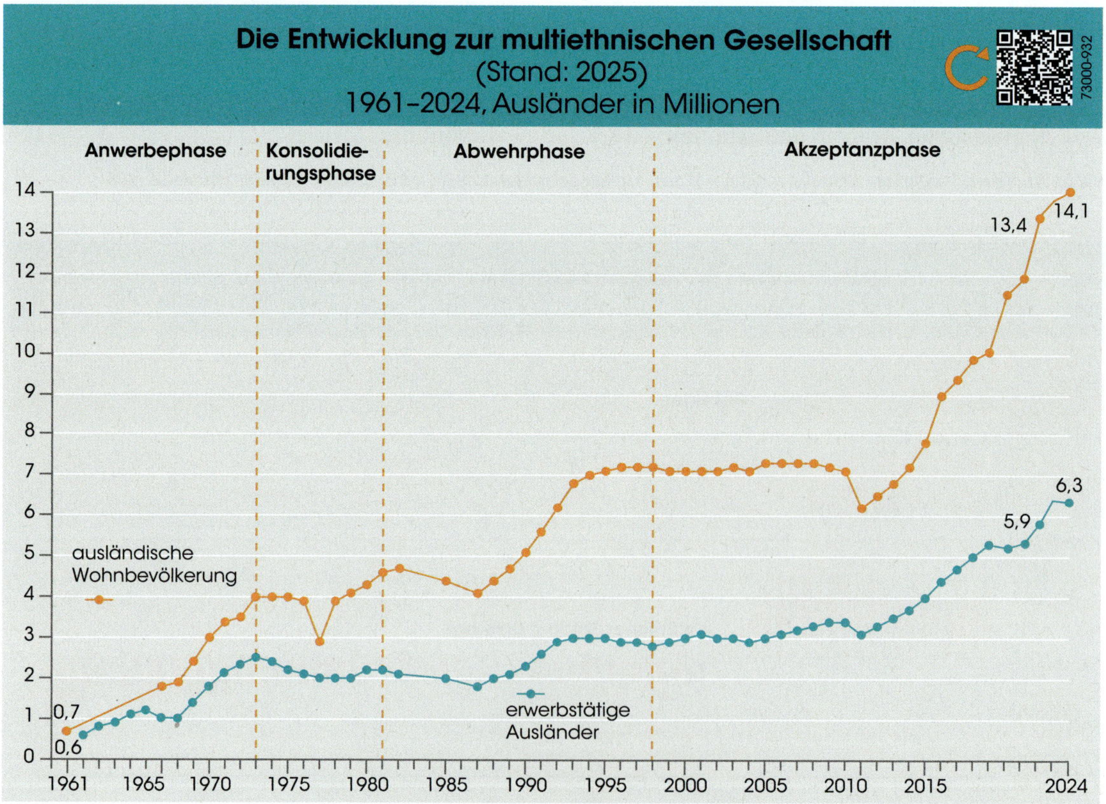

© C.C. Buchner Verlag, aktuelle Daten nach: DESTATIS, eigene Berechnungen (Datenerhebung: 2025; Grafikerstellung: 2025)

Die ersten 55 von insgesamt 400 Bergarbeitern aus der Türkei kommen 1961 auf dem Düsseldorfer Flughafen an.

sie immer eine besondere Rolle. So kam es infolge des Zweiten Weltkrieges zu massiver Flucht und Vertreibung von Menschen aus den ehemaligen Ostgebieten des Deutschen Reiches. Diese Ost-West-Wanderung war von großer Bedeutung für die Nachkriegsentwicklung beider deutscher Staaten. So galt es zunächst, die Geflüchteten in die Gesellschaften zu integrieren, was im Westen nach anfänglichen Schwierigkeiten gut gelang. Die „Vertriebenen“, wie man diese Menschen fortan nannte, wurden zu einem wesentlichen Faktor des westdeutschen „Nachkriegswirtschaftswunders“.

Ab Anfang der 1960er-Jahre gewann die Zuwanderung von ausländischen Personen durch die Anwerbung von Arbeitsmigrantinnen und -migranten aus Staaten wie Italien (ab 1955), Spanien und Griechenland (ab 1960), der Türkei (ab 1961), Marokko (ab 1963), Portugal (ab 1964), Tunesien (ab 1965) und dem damaligen Jugoslawien (ab 1968) an Bedeutung. Sie erhielten den Namen **„Gastarbeiterinnen und Gastarbeiter“**, weil ihr Aufenthalt eigentlich nur als temporär geplant war. Ihre Zuwanderung löste in der Bundesrepublik ein Bevölkerungswachstum aus und wirkte positiv auf die wirtschaftliche wie soziale Entwicklung.

Erst mit dem sogenannten „Ölpreisschock“ und steigenden Arbeitslosenzahlen wurde die Anwerbung 1973 mit dem sog. „Anwerbestopp“ beendet. Von 1950 bis 1973 kamen rund 14 Millionen Arbeitsmigrantinnen und -migranten nach Deutschland. Von ihnen kehrten 11 Millionen wieder in ihre Heimat zurück. Die anderen blieben jedoch dauerhaft in der Bundesrepublik und holten ihre Familien nach. Dadurch entwickelte sich die Zahl der ausländischen Erwerbstätigen von 2,6 Millionen im Jahr 1973 auf 1,6 Millionen im Jahr 1989 zurück – gleichzeitig stieg die Zahl der Ausländerinnen und Ausländer insgesamt im selben Zeitraum von 3,97 Millionen auf 4,9 Millionen Menschen.

Während die Zuwanderung in den 1980er Jahren eher gering blieb, kamen zu Beginn der 1990er Jahre wieder mehr Menschen in das wiedervereinigte Deutschland. In den Jahren 1990 bis 1995 lag die Zahl der Zuzüge jährlich bei mehr als eine Million. Vier Gründe waren für diese Entwicklung verantwortlich:

- Seit Ende der 1980er stieg die Zahl der Aussiedlerinnen und Aussiedler, die nach Deutschland einwanderten, stark an. Insgesamt kamen im Zeitraum von 1990 bis 2021 rund 2,5 Millionen (Spät-) Aussiedlerinnen und Aussiedler in die Bundesrepublik.
- Es kamen überdurchschnittlich viele Asylbewerberinnen und -bewerber nach Deutschland (z. B. aus den kurdischen Gebieten der Türkei).
- Viele Kriegs- und Bürgerkriegsflüchtlinge aus dem ehemaligen Jugoslawien (vor allem Menschen aus dem heutigen Kosovo und Bosnien-Herzegowina) suchten in Deutschland Schutz.
- Die zeitlich begrenzte Arbeitsmigration (insbesondere von Werksvertragsarbeitnehmerinnen und -arbeitnehmern sowie Saisonarbeitskräften) nahm zu.

Insgesamt wanderten von 1990 bis 1995 rund 7,4 Millionen Menschen nach Deutschland ein und knapp 4,2 Millionen Menschen aus. Das **Wanderungssaldo** lag damit bei rund 3,2 Millionen Menschen – das sind 540.000 im Jahresschnitt. Zwischen 1995 und 1998 sank der Wanderungsüberschuss von knapp 400.000 auf rund 47.000 Menschen. Der Grund dafür war der sogenannte

„Asylkompromiss", der 1993 in Kraft trat. Seitdem haben Asylbewerberinnen und -bewerber, die aus „verfolgungsfreien" Ländern kommen oder über sogenannte „sichere Drittstaaten" einreisen, keine Chance mehr, als Asylsuchende anerkannt zu werden.

Wanderungssaldo: Differenz zwischen Zuzügen nach Deutschland und den Fortzügen ins Ausland.

Auch um die Jahrtausendwende sank das Wanderungssaldo weiter bis auf rund 23.000 Personen im Jahr 2006. Danach verzeichneten die Jahre 2010 bis 2015 wieder größere Wanderungsüberschüsse.

In der DDR verlief die Entwicklung der Migration anders: Hier schrumpfte die Bevölkerung seit den 1950er-Jahren durch Abwanderungen. Nicht zuletzt war die Massenflucht von DDR-Bürgerinnen und Bürgern Ende der 1980er-Jahre ursächlich für den Zusammenbruch des Staates. Seit der Wiedervereinigung von 1990 bis 2016 waren die Fortzüge von Ost- nach Westdeutschland kontinuierlich höher als die Zuzüge. Da vor allem junge Erwachsene Ostdeutschland verließen, alterte die ostdeutsche Bevölkerung schneller als die westdeutsche.

Seit 2017 ist der die Differenz zwischen Zu- und Fortzügen für Ostdeutschland dagegen positiv. Allerdings lässt sich in Ostdeutschland seit 2016 ein Wanderungsverlust bei den 18- bis unter 25-Jährigen beobachten, den Forscherinnen und Forscher vor allem auf die Abwanderung zum Zwecke der universitären und beruflichen Ausbildung zurückführen.

Für die gesamte Bundesrepublik stellt seit 2015 die Einwanderung von Geflüchteten aus (Bürger-)Kriegsgebieten Staat und Gesellschaft vor neue Herausforderungen. So betrug das **Wanderungssaldo** im Jahr 2015, als viele Schutzsuchende aus Krisenregionen wie Syrien nach Deutschland kamen, 1,14 Millionen Menschen. 2022 erreichte das Wanderungssaldo mit 1,46 Millionen Menschen einen historischen Höchststand seit Beginn der Erhebungen im Jahr 1950. Dieser ist vor allem auf die Zuwanderung vieler Menschen aus der Ukraine zurückzuführen, die vor dem russischen Angriffskrieg flohen. 2023 ging das Wanderungssaldo wieder auf 0,7 Millionen Menschen zurück.

Insgesamt lebten 2023 24,9 Millionen Menschen mit Migrationserfahrung in Deutschland (› Kap. 1.2.2).

Wie sich die Zuwanderung langfristig auswirken wird, bleibt abzuwarten (› Kap. 1.2.2 und 6.2.5).

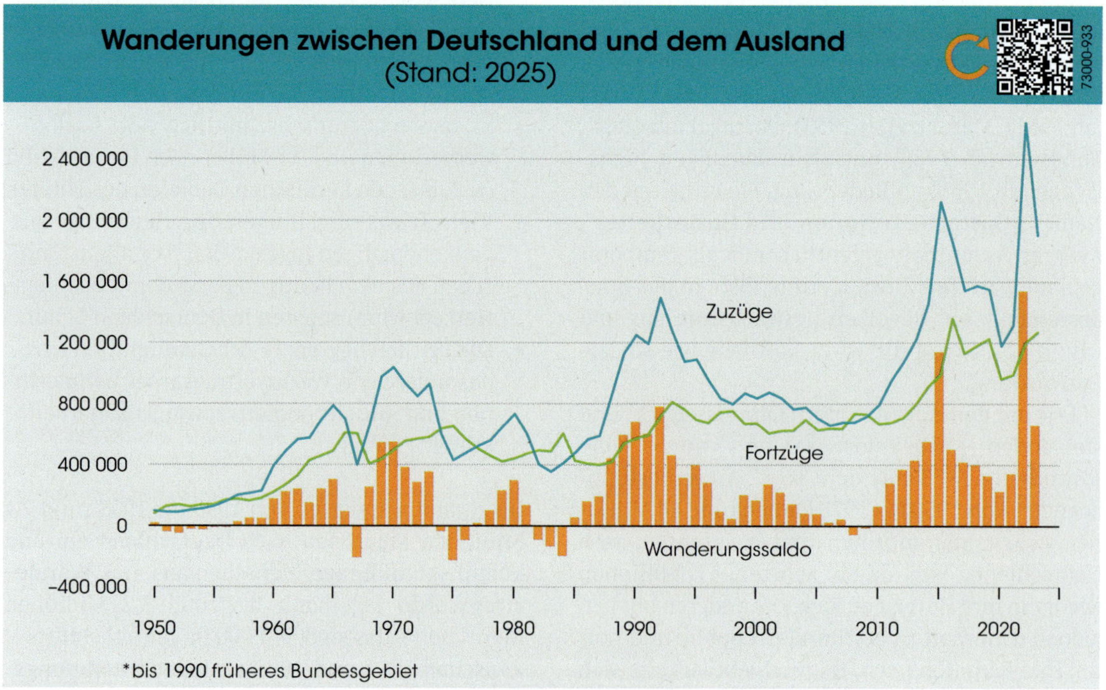

© C.C. Buchner Verlag, aktuelle Daten nach: DESTATIS (Datenerhebung: 2024; Grafikerstellung: 2025)

M3 Wie wird sich die Bevölkerung in Zukunft entwickeln?

Ausgehend von moderaten Veränderungen bei der Fertilität, Mortalität und Migration rechnet das Statistische Bundesamt in seiner Bevölkerungsvorausberechnung aus dem Jahr 2020 mit folgenden Entwicklungen der deutschen Bevölkerung:

- **Die Gesellschaft altert**: Das Durchschnittsalter in Deutschland lag 2021 bei 45 Jahren und damit sechs Jahre höher als im Jahr der Wiedervereinigung 1990. Der Anteil der unter 20-Jährigen an der Bevölkerung ging zwischen 1970 und 2020 von 29,7 auf 18,4 Prozent zurück, während der Anteil der Personen, die 67 Jahre und älter sind, von 11,1 auf 19,5 Prozent anstieg. Für 2070 prognostiziert das Statistische Bundesamt einen Anteil der Über-67-Jährigen von 25,6 Prozent an der Gesamtbevölkerung. Die Lebenserwartung wird bis 2070 weiter ansteigen und könnte bei Frauen im Durchschnitt je nach Szenario zwischen 86,1 und 90,1 Jahren liegen, bei Männern zwischen 82,6 und 86,4 Jahren. Diese Trends kann auch ein moderates Wanderungssaldo nicht abwenden.

- **Der Anteil der Hochaltrigen an der Bevölkerung nimmt zu**: Liegt er bis 2030 bei ca. rund 6 Millionen Menschen, wird er bis 2070 auf 11,1 Prozent ansteigen.

- **Der Anteil der Menschen im Erwerbsalter (20 bis 66 Jahre) an der Gesamtbevölkerung sinkt.** Lag er 2020 noch bei 61,8 Prozent der Bevölkerung, wird er 2070 auf 55,5 Prozent zurückgehen.

- **Die Bevölkerung könnte leicht schrumpfen:** Bis 2030 rechnen die Expertinnen und Experten damit, dass die Bevölkerung von rund 84,7 Millionen im Jahr 2023 noch auf 85 Millionen Menschen wachsen und dann bis 2070 auf 83 Millionen zurückgehen wird. Ob diese Entwicklung tatsächlich eintritt, hängt stark vom jährlichen Wanderungssaldo ab: Fällt er niedriger aus (laut Vorausberechnung mit durchschnittlich ca. 180.000 Menschen pro Jahr), würde die Bevölkerung auf 75 Millionen Menschen schrumpfen. Mit einem hohen Wanderungssaldo (von durchschnittlich 400.000 Menschen pro Jahr) könnte sie aber auch auf 90 Millionen Menschen ansteigen.

Die beschriebenen Trends wirken sich in vielfältiger Weise auf die Gesellschaft aus:

- Die Menschen werden aufgrund der höheren Lebenserwartung länger Rente beziehen. Diese Entwicklung kann den **Generationenvertrag** belasten. Kamen 2020 100 Erwerbstätige für die soziale Absicherung von 35 Altersrentnerinnen und -rentnern auf, so müssen sie 2060 schätzungsweise 45 Altersrentnerinnen und -rentner versorgen.

Eine alternde Bevölkerung bedeutet auch starke Nachfrage nach Pflegekräften.

- Die steigende Zahl der Hochaltrigen bedeutet gleichzeitig eine zunehmende Anzahl an Pflegebedürftigen. Dies bedeutet steigende Kosten für die gesetzliche Kranken- und Pflegeversicherung.
- Das Angebot an Arbeitskräften wird sich deutlich verringern, was den bereits jetzt zu beobachtenden Fachkräftemangel verschärfen wird. Deshalb müssen Unternehmen den Arbeitsplatz und die Arbeitsbedingungen für ihre Belegschaft möglichst attraktiv gestalten, damit sich die Beschäftigten möglichst langfristig an das Unternehmen binden.
- Ältere Arbeitnehmerinnen und -arbeitnehmer werden in Unternehmen einen größeren Anteil der Belegschaft ausmachen. Die Unternehmen müssen die Arbeitsbedingungen an diese anpassen, um die Gesundheit und Leistungsfähigkeit der älteren Beschäftigten zu erhalten.

- Seniorinnen und Senioren haben bereits heute als Wählergruppe das stärkste Gewicht. Dieser Trend wird sich fortsetzen. Damit werden die Motive und Lebenslagen der Älteren im politischen Meinungsbildungs- und Entscheidungsprozess ein überproportionales Gewicht bekommen, weswegen z. T. von einer „Seniorendemokratie“ die Rede ist. Die Interessen der jüngeren Generation (z. B. für mehr Klimaschutz) könnten dagegen ins Hintertreffen geraten, was ein Konfliktpotential zwischen den Generationen darstellt.
- Für die Lebensplanung bedeutet die zunehmende Lebenserwartung, dass für das Leben und Wohnen im Alter zunehmend neue Modelle entwickelt werden müssen.

Gleichzeitig werden in der gesellschaftlichen Diskussion immer häufiger auch die Chancen betont, die mit dem demografischen Wandel verbunden sind. So eröffne die längere gesunde und aktive Lebensspanne der Bevölkerung nicht nur zusätzliche Wachstumspotentiale für die Wirtschaft, da viele Menschen auch im hohen Alter arbeiten könnten und wollten (› auch das Interview auf der nächsten Seite).

Wie reagiert die Politik auf den demografischen Wandel?

Seit geraumer Zeit versuchen Politikerinnen und Politiker, auf den demographischen Wandel zu reagieren und diesen zu gestalten. Maßnahmen sind z. B.:

- Reform der Alterssicherung (Renten- und Pflegeversicherung, Anhebung des Rentenalters, Förderung der Eigenvorsorge);
- stärkere Anreize für die Familiengründung (Kindergelderhöhung, Ausbau der Kinderbetreuungseinrichtungen und der Ganztagesschule, Anhebung der Steuerfreibeträge, Elternzeit, Elterngeld, flexiblere Arbeitszeitmodelle);
- kontrollierte Zuwanderung (z. B. Fachkräfteeinwanderungsgesetz);
- öffentliche Debatte und Aufklärung.

Generationenvertrag: Politische Bezeichnung für das Grundprinzip der gesetzlichen Rentenversicherung in Deutschland, dem zufolge immer der gerade (i.d.R. nicht-selbstständig) arbeitende Teil der Bevölkerung für die Rentenzahlungen an den nicht mehr arbeitenden Teil aufkommt, d. h., die im Laufe eines Erwerbslebens gezahlten Rentenbeiträge summieren sich nicht zu einem Kapitalstock, von dem die spätere Rente bezahlt wird, vielmehr wird durch die gezahlten Rentenbeiträge lediglich eine Anwartschaft auf Rentenzahlung erworben.

Schubert, Klaus / Klein, Martina: Generationenvertrag, In: Das Politiklexikon – Begriffe, Fakten, Zusammenhänge. Bonn: Dietz, 2016, S. 128

Aufgaben

72003-105

1. Stellen Sie den Altersaufbau der Bevölkerung in Deutschland dar (**M1–M3**).
2. Erläutern Sie drei familienpolitische Maßnahmen zur Steigerung der Geburtenrate in Deutschland.
3. Bewerten Sie eine Maßnahme zur Stabilisierung der gesetzlichen Rentenversicherung.

Demografie – Zeitbombe für den Sozialstaat?

M1 „Dass ein alternder Staat schlecht sein soll, ist Blödsinn."

Bevölkerungsforscher Professor Gerd Bosbach

Demnächst gehen die Babyboomer in Rente [...] Trotzdem glauben Sie nicht, dass uns ein demografisches Desaster droht. Warum? [...]
Von 1900 bis 2000 ist die durchschnittliche Lebenserwartung um 30 Jahre gestiegen, der Anteil der Alten hat sich in diesem Zeitraum verdreifacht, der der Jungen halbiert. Wir haben auch die Arbeitszeit verkürzt, heute schuftet keiner mehr wie früher 60 Stunden die Woche, sondern 40 Stunden, es gibt sechs Wochen Urlaub statt zwei Wochen, und die Menschen arbeiten in der Regel nicht von 14 bis 70 Jahren, sondern von 20 bis 65 Jahren. [...] Ist dieses Land ärmer geworden? Nein. Der Wohlstand ist enorm gestiegen und der Sozialstaat ausgebaut worden.

Danke für die Geschichtsstunde. Heute ist die Lage doch anders.
Keineswegs. Zwischen 1991 und 2021 stieg die Lebenserwartung um 5,2 Jahre, der Anteil der über 64-Jährigen wuchs von 15,0 auf 22,1 Prozent, der Anteil der unter 20-Jährigen sank von 21,5 auf 18,5 Prozent. Also mehr Alte, weniger Junge und gut fünf Jahre mehr Lebenszeit. Und das Drama? Der Wohlstand, gemessen am Bruttoinlandsprodukt, wuchs in der Zeit real, also nach Abzug der Inflation, um 45,2 Prozent, fast die Hälfte. Deutschland bewältigte dabei Einheit, Finanzkrise und den wirtschaftlichen Einbruch wegen Corona. Die Demografie ist oft nur eine Ausrede für eigene Fehler oder die Kürzung von Sozialleistungen.

Sie können doch nicht bestreiten, dass ein Arbeitnehmer immer mehr Rentner finanziert. 2010 lag das Verhältnis bei drei zu eins, 2035 soll es bei 2,3 zu eins liegen. Und wer weiß, wie es danach weitergeht.
Aber Sie müssen doch sehen, wo wir herkommen: 1900 kamen auf einen Rentner noch 13 Arbeitnehmer, 1950 waren es sechs. Wir mussten uns in der Vergangenheit also viel stärker anpassen, als wir uns in der Zukunft anpassen müssen. Und wir vergessen in der Debatte immer einen Punkt.

Und zwar?
Die Entwicklung der Produktivität. Im Jahr 1900 ernährte ein Bauer acht Menschen, im Jahr 2000 mehr als 80. Wir fahren nicht mehr mit der Pferdekutsche, sondern mit dem Auto oder steigen ins Flugzeug. Handy, Internet, künstliche Intelligenz, wir vergessen, wie produktiv wir geworden sind, und wir vergessen die langen Zeiträume.

Was heißt das?
Viele Studien rechnen über 40, 50 Jahre, doch es entsteht oft der Eindruck, als klopfe der Wandel morgen an unsere Tür. Die Leute blenden die lange Zeit aus, in der wir uns anpassen können. [...]

Wenn wir länger leben, müssen wir auch länger arbeiten, sonst leert sich die Rentenkasse.
Wer sich fit fühlt und länger arbeiten will, soll das tun. Viele Menschen, auf dem Bau, in der Klinik, in der Fabrik, können das aber nicht, sie sind ausgezehrt. Als Gesellschaft müssen wir nicht alle länger arbeiten. Das hat die Geschichte gezeigt: Wir haben weniger Erwerbsfähige, die deutlich weniger arbeiten, und der Wohlstand ist explodiert.

Und warum fordern dann Arbeitgeber, die Chefin des Sachverständigenrats, die Bundesbank, dass wir länger arbeiten? Liegen die alle falsch?
Ja. Sie haben ihre eigenen Interessen. Die Arbeitgeber wollen die alten Verhältnisse zurück: 20 Leute schicken eine Bewerbung, zehn davon laden sie ein, und ein, zwei bekommen einen Job. Die Ökonomen und die Bundesbanker wollen die Rentenzahlungen begrenzen. Das geht nur, wenn die Leute länger arbeiten oder in Frührente gehen, damit sie dann weniger Rente erhalten.

Die Rentenzahlungen zu begrenzen ist doch richtig. Wenn die Babyboomer länger leben, plündern sie die Rentenkasse.

Das stimmt so nicht. Starren Sie nicht auf die absoluten Zahlen. Die steigen immer, auch wegen steigender Preise. [...] Entscheidend ist der Anteil an unserem Wohlstand, und da liegen die Ausgaben für die Rente stabil bei etwa zehn Prozent des Bruttoinlandsprodukts.

Wir buttern jedes Jahr 100 Milliarden Euro Steuergeld in die Rentenkasse, bald sollen es 130 Milliarden Euro sein. Wer soll das bezahlen?
Der hohe Zuschuss liegt nicht daran, dass die Rente schwächelt. Die Politiker haben viele Dinge beschlossen, die die Rentenkasse bezahlen muss, wie etwa die Mütterrente, die Rente mit 63 oder den Aufschlag bei Witwenrenten. [...]

Und die Rentenbeiträge steigen ins Unermessliche.
Zunächst einmal sind die Rentenbeiträge gesunken, von 19,9 Prozent im Jahr 2010 auf 18,6 Prozent 2022, und das, obwohl wir deutlich mehr Rentner haben. Aber selbst wenn die Rentenbeiträge leicht steigen würden, wäre das kein Problem.

Für meinen Geldbeutel schon. Ich hätte dann weniger.
Nicht unbedingt. Angenommen, Sie verdienen 1000 Euro und zahlen zehn Prozent Beitrag, dann haben Sie 900 Euro. Steigt Ihr Lohn auf 2000 Euro und der Beitrag auf 15 Prozent, haben Sie aber trotzdem 1700 Euro übrig. Steigt der Wohlstand, können wir uns auch steigende Beiträge und eine gute Rente leisten.

Bloß nicht die Unternehmen. Die verkaufen dann ihre Produkte nicht mehr wegen der steigenden Lohnnebenkosten.
[...] Ich halte das für eine Mär. In Österreich und in Schweden zahlen die Arbeitgeber höhere Rentenbeiträge als die Arbeitnehmer, in Schweden macht der Unterschied sogar 50 Prozent aus. Die Wirtschaft wächst stärker als bei uns, und der Wohlstand, also das Bruttoinlandsprodukt pro Kopf, ist auch fast 20 Prozent höher. [...]

Wenn die Demografie kein Problem ist, warum fehlen dann überall Fachkräfte? Hunderttausende Stellen sind nicht besetzt. Sind das alles Fake News?
Einige Branchen haben Probleme, ganz Deutschland sicher nicht. Wir haben noch nie so viele Menschen beschäftigt wie im letzten Jahr, und die haben auch noch nie so viele Stunden gearbeitet. Wie soll da Mangel herrschen?

Kliniken und Pflegeheime zum Beispiel suchen verzweifelt Leute. Alles kein Problem?
Doch, aber keine Folge der Demografie. Die Not ist hausgemacht. In der Altenpflege mussten viele Auszubildende, trotz Mangel, bis 2019 Schulgeld bezahlen, und dann erwartete sie ein schlecht bezahlter Beruf. Wer macht das denn? [...]

Gaststätten, Bäckereien, Metzger – überall werden Leute gesucht.
Auch das ist hausgemacht. Die frühere Bundesregierung unter Angela Merkel wollte, dass mehr Leute studieren, und das ist auch gelungen. Die Akademikerquote wuchs, aber dann fehlen natürlich Leute für praktische Berufe. [...]

Haben Sie niemals Angst vor der Zukunft?
Ganz sicher nicht wegen des demografischen Wandels.

Hoffmann, Andreas: Statistiker Gerd Bosbach: „Dass ein alternder Staat schlecht sein soll, ist Blödsinn.“ In: www.stern.de. 21.03.2024

Aufgaben

72003-106

1. Stellen Sie dar, weshalb wir nach Ansicht des Statistikers Gerd Bosbach keine Angst vor dem demografischen Wandel haben müssen.
2. Erklären Sie den Zusammenhang von wirtschaftlichem Wachstum und demografischem Wandel.
3. Gestalten Sie ein politisches Streitgespräch zwischen einer Rentnerin bzw. einem Rentner und einer bzw. einem Jugendlichen zum demografischen Wandel und seinen Folgen für Politik und Gesellschaft.
4. Erörtern Sie, ob eine Verlängerung der Lebensarbeitszeit eine sinnvolle Lösung für die Rentenproblematik darstellt.

1.2.2 Migration und Integration

Leitfragen

- Was ist Migration?
- Wer wandert nach Deutschland ein und warum?
- Welche Folgen hat die Zuwanderung nach Deutschland?
- Welche Modelle der Integration werden diskutiert?

M1 Was ist Migration?

Migration bedeutet ursprünglich Wanderung und wird definiert als dauerhafte Verlagerung des Lebensmittelpunktes über eine größere Entfernung und administrative Grenzen hinweg: etwa von einem Dorf in die Stadt, zwischen Landesteilen oder über Staatsgrenzen hinweg. Damit unterscheidet sich die Migration von anderen Formen menschlicher Mobilität, wie etwa dem Pendeln zur Arbeit oder dem Sommerurlaub, denn dabei wird der Lebensmittelpunkt nicht verändert.

Gründe für die Auswahl Deutschlands als Zielland in Prozent (Stand: 2024)

73000-934

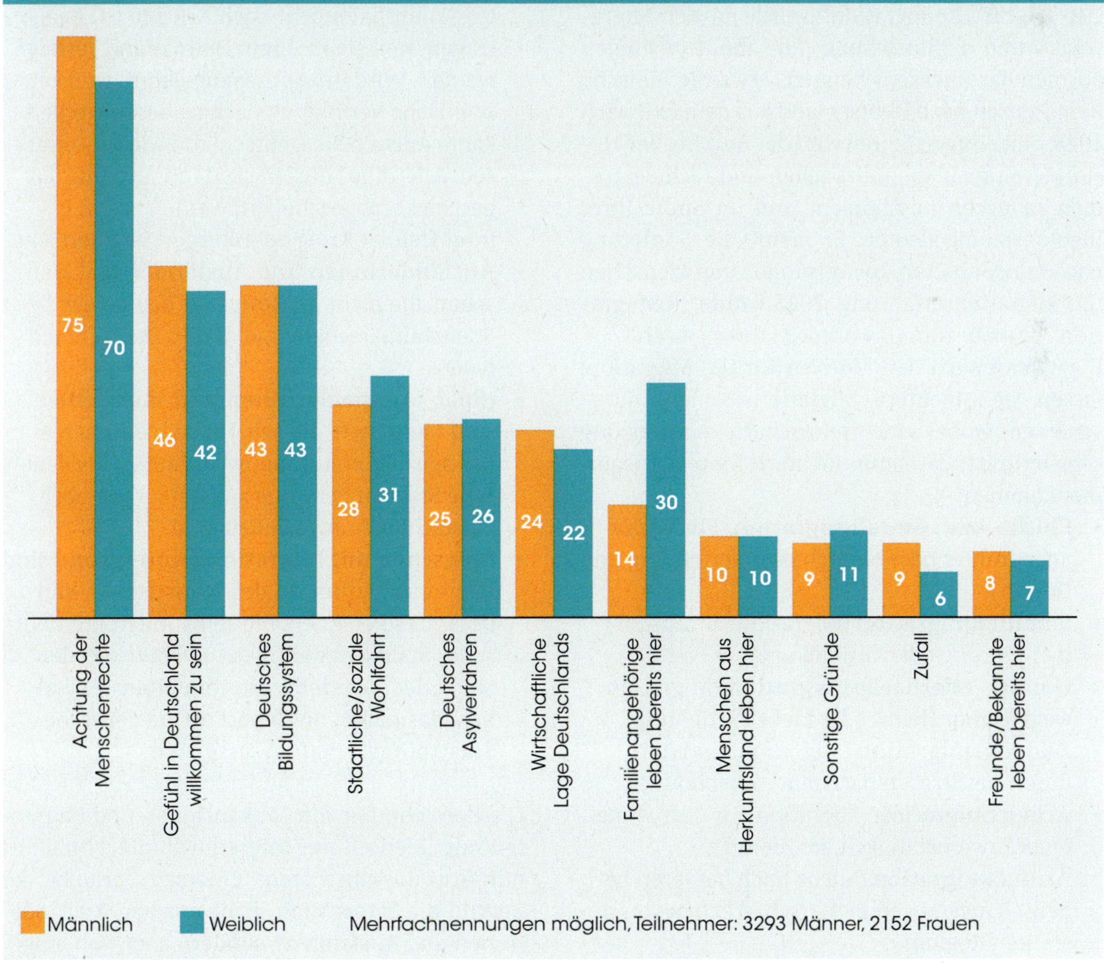

© C.C. Buchner Verlag, aktuelle Daten nach: BMAS (Datenerhebung: 2017; Grafikerstellung: 2024)

Migration ist dabei kein Phänomen der Moderne: Es gibt sie, seit es Menschen auf der Welt gibt. Historische Beispiele sind in der Antike die griechische Kolonisation oder späterdie sogenannte Völkerwanderung, im Mittelalter bzw. früher Neuzeit die Vertreibung der Juden und der Hugenotten, im 19. Jahrhundert die europäische Auswanderung in die USA oder die Einwanderung ins Ruhrgebiet im Zuge der Industrialisierung.
Es gibt unterschiedliche Formen der Migration. Man unterscheidet zum Beispiel:

- **Binnenmigration** (Wohnortswechsel innerhalb eines Staatsgebietes; innerhalb der EU spricht man von EU-Binnenmigration),
- **Emigration** (Auswanderung),
- **Immigration** (Einwanderung),
- **Remigration** (Rückwanderung in das Herkunftsland bzw. an den Ausgangsort der Migration).

Der Begriff „Remigration“ wurde in der Migrations- und Exilforschung für alle freiwilligen Formen der Rückkehr benutzt, etwa die jüdische Remigration nach Deutschland aus dem Exil nach 1945. Seit einigen Jahren wird der Begriff aber verstärkt von rechtspopulistischen und rechtsextremen Akteuren missbraucht und im Sinne ihrer Ideologie umgedeutet: Er meint die Forderung nach massenhaften Ausweisungen von Menschen mit Migrationserfahrung. 2023 wurde „Remigration“ deshalb zum Unwort des Jahres gewählt.
Fragt man nach den Motiven für die Migration, lassen sich mehrere Migrationsformen unterscheiden, wobei eine trennscharfe Abgrenzung schwierig ist, da häufig mehrere Motive zusammenkommen:

- **Flucht- bzw. Gewaltmigration** (Flucht vor angedrohter oder befürchteter Verfolgung und Gewalt),
- **Familienmigration** (Migration zur Zusammenführung oder Gründung einer Familie),
- **Heirats- oder Liebesmigration** (Migration wegen einer Heirat oder Liebesbeziehung),
- **Bildungsmigration** (Migration motiviert durch das Streben nach einer Ausbildung),
- **Arbeitsmigration** (Migration zur Aufnahme einer Erwerbstätigkeit am Zielort),
- **Armutsmigration** (Suche nach besseren Lebenschancen in einer wirtschaftlich besser gestellten Region),
- **Lifestyle Migration** (Suche nach Abenteuer oder nach einem ruhigeren Leben von meist finanziell weitgehend unabhängigen Personen, z. B. Seniorinnen und Senioren).

In der öffentlichen Debatte werden oft verschiedene Begriffe für Migrantinnen und Migranten verwendet, die z. T. mit einem unterschiedlichen rechtlichen Status einhergehen:

- **Flüchtlinge bzw. Geflüchtete** sind nach der Genfer Konvention alle Menschen, die eine begründete Furcht vor Verfolgung haben. Gründe für die Verfolgung können die Ethnie, Religion, Nationalität, politische Überzeugung oder ihre Zugehörigkeit zu einer bestimmten sozialen Gruppe sein. Oft kann ihr Heimatstaat sienicht vor dieser Verfolgung schützen, so dass sie ihr Land verlassen und/oder nicht dorthin zurückkehren können.
- **Asylbewerberinnen und -bewerber** sind Menschen, die in Deutschland ein unbefristetes Aufenthaltsrecht nach Art. 16a GG beantragen, weil sie in ihrem Heimatland verfolgt werden. Wird ihr Antrag abgelehnt, weil keine politische Verfolgung nachgewiesen werden kann, müssen sie Deutschland wieder verlassen. Allerdings dürfen sie dann nicht zurückgeschickt (abgeschoben) werden, wenn in ihrer Heimat Krieg oder Bürgerkrieg herrscht.
- **Ausländerinnen und Ausländer** sind Menschen, die nicht im Besitz der deutschen Staatsbürgerschaft sind und in Deutschland leben.
- **(Spät-)Aussiedlerinnen und -Aussiedler** sind Menschen, die seit 1950 im Rahmen eines speziellen Aufnahmeverfahrens als deutsche Staatsangehörige aus Osteuropa nach Deutschland umgesiedelt sind.
- **Menschen mit Migrationshintergrund** sind laut einer Definition des Statistischen Bundesamtes Personen, die selbst nicht mit deutscher Staatsangehörigkeit geboren worden sind oder die mindestens ein Elternteil haben, das nicht von Geburt an die deutsche Staatsbürgerschaft besessen hat.

Die Bezeichnung von Migrantinnen und Migranten mit „Mensch mit Migrationshintergrund“ ist mittlerweile umstritten: Einerseits erlaubt der Begriff, die Integration nicht nur von Ausländerinnen und Ausländern, sondern auch von eingebürgerten Zugewanderten und ihrer Nachkom-

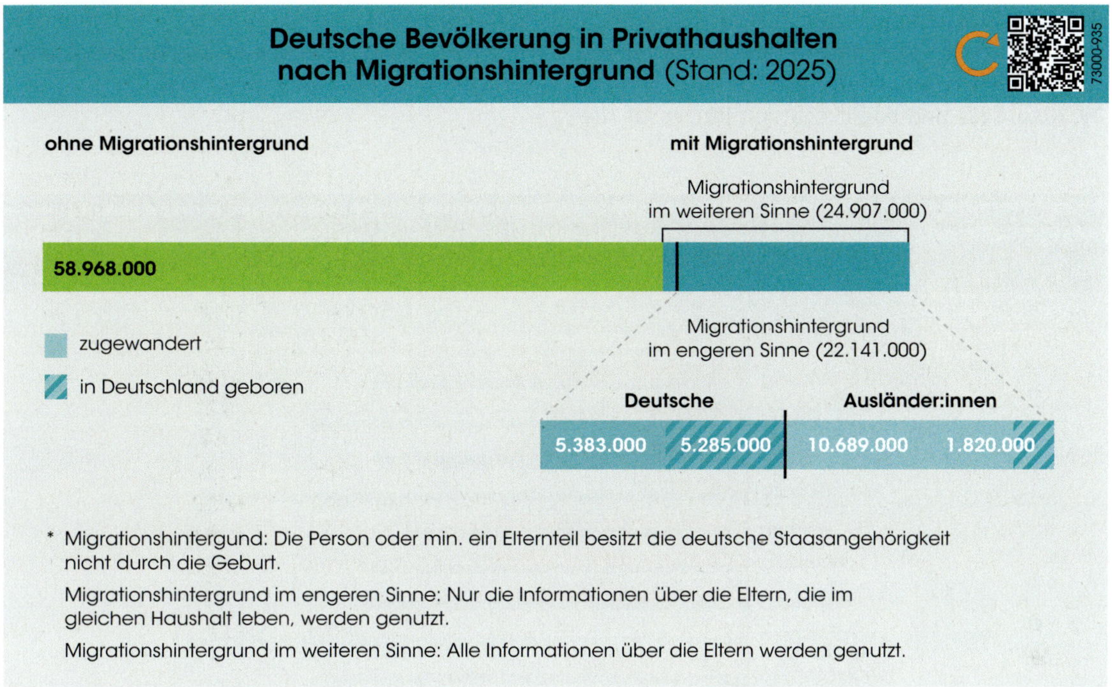

© C.C. Buchner Verlag, aktuelle Daten nach: DESTATIS (Datenerhebung: 2024; Grafikerstellung: 2025)

men (statistisch) zu beschreiben. Dadurch werden auch Benachteiligungen sichtbar, die z.B. strukturell bedingt sind (z.B. ein erschwerter Zugang zu Bildung). Andererseits wird kritisiert, dass der Begriff auch in Deutschland geborene und aufgewachsene Kinder von Zugewanderten einschließt, die damit als „anders“ und „nicht richtig zugehörig“ kategorisiert würden. Als Synonym werden daher z.B. Begriffe wie „Einwanderer und ihre Nachkommen“, „Menschen mit internationaler Geschichte“ oder „Menschen aus Einwandererfamilien“ gebraucht.

M 2 Wer wandert nach Deutschland ein?

Die Zuwanderung hat Deutschland gesellschaftlich stark geprägt (› Kap. 1.2.1) und es zu einem Einwanderungsland gemacht. 2023 waren von insgesamt 83,9 Millionen Einwohnerinnen und Einwohnern in Deutschland 24,9 Millionen Zugewanderte und ihre Nachkommen. Das entspricht einem Anteil von 29,7 Prozent der Bevölkerung. Von den Zugewanderten und ihren Nachkommen waren wiederum die Hälfte Deutsche und die Hälfte Ausländerinnen und Ausländer (49,8 bzw. 50,2 %).

Bemerkenswert ist, dass 2023 94,3 % der Menschen aus Einwandererfamilien in Westdeutschland und Berlin leben. Ihr Anteil an der Bevölkerung ist damit regional sehr unterschiedlich (› siehe Grafik nächste Seite).
Das Wanderungssaldo ist 2023 gegenüber dem Vorjahr deutlich gesunken: Rund 1,93 Millionen Menschen kamen nach Deutschland, rund 1,27 Millionen Menschen verließen es – was einen Wanderungsüberschuss von rund 663 000 Personen bedeutet. Fast zwei Drittel der Zugewanderten kamen aus anderen europäischen Ländern. Am meisten Menschen aus der Ukraine ein, gefolgt von Rumänien, der Türkei und Polen. Von den Nicht-EU-Staaten waren Syrien, Indien und Afghanistan die wichtigsten Herkunftsländer.

Gleichzeitig erreichten die Einbürgerungen 2023 einen Höchststand seit Beginn der Statistik im Jahr 2000: Rund 200 100 Ausländerinnen und Ausländer aus 157 verschiedenen Ländern erhielten in diesem Jahr einen deutschen Pass – das sind rund ein Fünftel mehr als im Vorjahr. Dabei machten vormalige syrische Staatsangehörige mehr als ein Drittel (38 %) der Einbürgerungen aus. Dahinter lagen als häufigste Herkunftsländer die Türkei, der Irak, Rumänien und Afghanistan. Zusammen machten sie über die Hälfte (56 %) aller Einbürgerungen aus. Die Eingebürgerten waren im Schnitt 29,3 Jahre alt und damit deutlich jünger als die Gesamtbevölkerung (44,6 Jahre). Der Frauenanteil bei den Eingebürgerten lag mit 45 % unter dem der Gesamtbevölkerung (50 %).

Anteil der Bevölkerung mit und ohne Migrationshintergrund (Stand: 2025)

73000-936

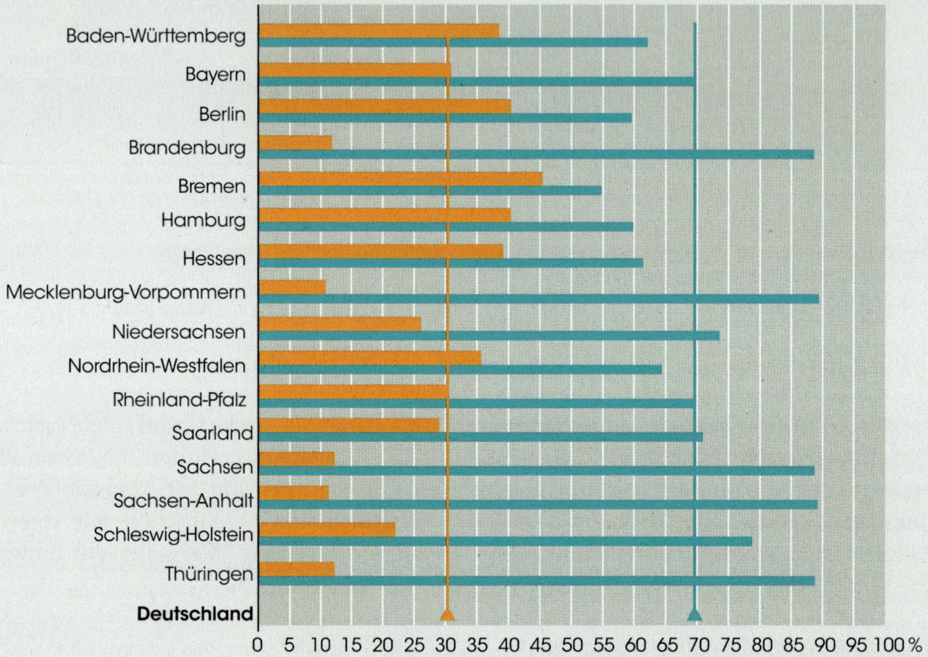

Prozent

■ mit Migrationshintergrund ■ ohne Migrationshintergrund

	mit Migrationshintergrund	ohne Migrationshintergrund
Baden-Württemberg	37,1	62,1
Bayern	30,5	69,5
Berlin	40,6	59,4
Brandenburg	11,9	88
Bremen	45,1	54,9
Hamburg	40,1	59,9
Hessen	38,5	61,5
Mecklenburg-Vorpommern	10,7	89,3
Niedersachsen	25,9	74
Nordrhein-Westfalen	35,4	64,6
Rheinland-Pfalz	30,1	69,9
Saarland	28,5	71,5
Sachsen	12,1	87,9
Sachsen-Anhalt	11,2	88,8
Schleswig-Holstein	22,2	77,8
Thüringen	12,1	87,9
Deutschland	30,4 ▲	69,6 ▲

M3 Zuwanderungspolitik im Wandel der Zeit

Die Zuwanderungspolitik nach Deutschland seit dem Zweiten Weltkrieg lässt sich in fünf Phasen gliedern:

Gastarbeiteranwerbung (1950er-Jahre bis 1973): Nach dem Zweiten Weltkrieg erlebte Deutschland ein starkes Wirtschaftswachstum, das als „Wirtschaftswunder" bekannt wurde. Um den Arbeitskräftemangel zu beheben, schloss die Bundesrepublik Anwerbeabkommen mit verschiedenen Ländern (› Kap. 1.2.1). Die sogenannten „Gastarbeiterinnen und Gastarbeiter" wurden zunächst als temporäre Arbeitskräfte betrachtet, weswegen die Politik keine ernsthaften sozialpolitischen oder infrastrukturellen Konzepte entwickelte. Mit dem Anwerbestopp 1973 endete diese Phase offiziell, wobei viele Gastarbeiter dennoch blieben und ihre Familien nachholten.

Konsolidierung und erste Integrationsbemühungen (1973 bis 1980er-Jahre): Nach dem Anwerbestopp begann die Phase des Familiennachzugs, bei dem viele der ehemaligen Gastarbeiterinnen und Gastarbeiter ihre Familien nach Deutschland holten. Dies führte zu einer dauerhaften Ansiedlung vieler Einwanderer und ihrer Nachkommen, was den Druck auf die deutsche Gesellschaft und Politik erhöhte, Integrationsmaßnahmen zu entwickeln. Zu den ersten Schritten in Richtung einer politischen und gesellschaftlichen Integration gehörten die seit 1973/74 in vielen Gemeinden gewählten „Ausländerbeiräte", die die Belange der Zugewanderten gegenüber den kommunalen Entscheidungsträgern und der Verwaltung vertreten sollten. Insgesamt mangelte es aber an einer klaren und langfristigen Integrationsstrategie. Stattdessen wurde die Integrationsarbeit Wohlfahrtsverbänden und Kommunen überlassen.

Abwehr und Abgrenzung (1980er- bis 1990er-Jahre): Mit dem Fall des Eisernen Vorhangs Ende der 1980er-Jahre und mit dem Jugoslawien-Krieg Anfang der 1990er-Jahre stieg die Zahl der Asylsuchenden in Deutschland wieder deutlich an. Die Zahlen überstiegen zeitweise sogar die aus der Zeit der Gastarbeiteranwerbung. Dies führte zu einer stark polarisierten politischen Debatte, die von gewaltsamen Übergriffen wie den Brandanschlägen in Rostock-Lichtenhagen, Mölln und Solingen auf Asylbewerberunterkünfte und Wohnhäuser von Eingewanderten begleitet wurde. Im Jahr 1993 verabschiedete der Bundestag den sogenannten „Asylkompromiss", der das Asylrecht in Artikel 16a des Grundgesetzes erheblich einschränkte. Die Zahl der Asylbewerberinnen und -bewerber ging in den Folgejahren daraufhin deutlich zurück und erreichte 2008 einen Tiefstand von 28.000 Personen.

Akzeptanz und Integration (2000er Jahre): Diente die Zuwanderungspolitik der 1970er-, 1980er- und 1990er-Jahre weitgehend der Verhinderung weiterer Zuwanderung, war ab 1998 mit der neugewählten Regierungskoalition aus SPD und Bündnis 90/Die Grünen ein erstes Umdenken

Um das zentrale Asylbewerberheim in Rostock-Lichtenhagen (im Hintergrund, „Sonnenblumenhaus") ereigneten sich im August 1992 mehrere nächtelange Straßenschlachten zwischen circa tausend Rechtsradikalen und der Polizei. Das Sonnenblumenhaus und die Polizei wurden mit Brandsätzen und Steinen angegriffen, tausende Schaulustige applaudierten.

Syrische Flüchtlinge beginnen teilweise schnell ihre Integration in den Arbeitsmarkt, hier bei Daimler in Esslingen-Mettingen (Baden-Württemberg).

zu erkennen: Mit der sogenannten Green Card-Initiative wurde die temporäre Zuwanderung von ausländischen IT-Fachkräften in den Jahren 2000 bis 2004 erleichtert. Rund 18.000 dieser Fachkräfte wanderten daraufhin nach Deutschland ein. Im Jahr 2000 wurde zudem das Staatsangehörigkeitsrecht reformiert, wonach in Deutschland geborene Kinder von Zugewanderten bei Geburt automatisch die Staatsangehörigkeit eines Elternteils sowie die deutsche Staatsangehörigkeit erhielten, sich aber bis zum 23. Lebensjahr für eine der beiden entscheiden mussten. Außerdem konnten Ausländerinnen und Ausländer ihre Einbürgerung nun schon nach mindestens acht (bisher 15) Jahren beantragen. Mit dem Zuwanderungsgesetz von 2005 wurde das deutsche Ausländer- und Asylrecht umfassend neu geregelt. Es legte fest, wer unter welchen Bedingungen nach Deutschland einwandern darf, und gab vor wer als qualifizierte Arbeitskraft, Familienangehörige oder Asylsuchende gilt. Erstmals wurde auch die Förderung der Integration von Zugewanderten und ihren Nachkommen als staatliche Aufgabe definiert. Dementsprechend wurden Integrationskurse für Zugewanderte eingeführt, die einen Sprachkurs und einen Orientierungskurs umfassen, wobei letzterer landeskundliche Kenntnisse (u. a. zur Rechtsordnung, Geschichte und Kultur Deutschlands) vermittelt. Zugewanderte können von der entsprechenden Behörde entsprechend des Grundsatzes des „Förderns und Forderns“ bei der Erteilung eines Aufenthaltstitels zur Teilnahme an einem Integrationskurs verpflichtet werden. Seit 2008 müssen Ausländerinnen und Ausländer zur Einbürgerung einen bundeseinheitlichen Test bestehen (sog. „Einbürgerungstest“).

Neue Herausforderungen und vertiefte Integration (2010er Jahre bis heute): 2015 markierte einen (erneuten) Wendepunkt in der deutschen Zuwanderungspolitik. Deutschland nahm aus humanitären Gründen eine bis dato historisch hohe Zahl an Geflüchteten, insbesondere aus Syrien, auf (› Kap. 1.2.1), was sowohl innenpolitische Spannungen als auch internationale Anerkennung mit sich brachte. Das höchste Wanderungssaldo seit 1950 verzeichnete die Bundesrepublik im Jahr 2022 (› Kap. 1.2.1). Gleichzeitig trieben die jeweiligen Bundesregierungen die Förderung der Zuwanderung qualifizierter Fachkräfte in den 2010er und 2020er Jahren weiter voran: Um dem weiter zunehmenden Fachkräftemangel, insbesondere in der IT-Branche und anderen technisch-naturwissenschaftlichen Bereichen, entgegenzuwirken, wurde 2012 die „Blaue Karte EU“ eingeführt, die hochqualifizierten Arbeitskräften aus Nicht-EU-Ländern den Zugang zum deutschen Arbeitsmarkt erleichterte. Das Fachkräfteeinwanderungsgesetz von 2020 stellte eine weitere wichtige Reform dar. Es erleichterte die Zuwanderung qualifizierter Fachkräfte aus Nicht-EU-Staaten nach Deutschland. 2024 wurde die sog. Chancenkarte eingeführt, die Personen aus Nicht-EU-Staaten die Einreise nach Deutschland zur Arbeitsplatzsuche erlaubt. Eine Chancenkarte bekommt, wer als Fachkraft anerkannt ist oder wer in einem Punktesystem mindestens sechs Punkte erreicht. Punkte gibt es dabei etwa für ausreichende Deutschkenntnisse, einen Berufsabschluss oder eine entsprechende Berufserfahrung. Im gleichen Jahr trat ein neues Staatsangehörigkeitsrecht in Kraft. Es ermöglicht eine Einbürgerung bereits nach fünf Jahren, bei „besonderen Integrationsleistungen“ (gute Sprachkenntnisse, ehrenamtliches Engagement oder sehr gute Leistungen in Schule/Beruf) ist eine Einbürgerung bereits nach drei Jahren möglich. Außerdem ist die doppelte Staatsangehörigkeit grundsätzlich möglich – also die Beibehaltung der bisherigen Staatsangehörigkeit bei der Einbürgerung in Deutschland.

Insgesamt hat sich die deutsche Zuwanderungspolitik von einer temporären Strategie gegen den Arbeitskräftemangel hin zu einer umfassenden und differenzierten Auseinandersetzung mit der Zuwanderung und ihren Folgen entwickelt. Die Integration und die Balance zwischen humanitärer Verantwortung und sozialer Akzeptanz bleiben zentrale Themen.

M4 Was sind die Folgen von Migration?

Neben den Folgen der Zuwanderung für die demografische Entwicklung (› Kap. 1.2.1) zeichnen sich weitere Einflüsse der Migration auf die Wirtschaft, Politik und Gesellschaft ab, von denen exemplarisch folgende zu nennen sind:

Wirtschaft: Auf dem deutschen Arbeitsmarkt zeichnet sich ein Fachkräftemangel in verschiedenen Berufen und Regionen ab. 2023 gab es rund 570.000 offene Stellen, für die sich keine passende qualifizierte Fachkraft fand. Dieser Mangel soll sich Prognosen zufolge verschärfen. Die Zuwanderung qualifizierter Arbeitskräfte kann eine Gegenmaßnahme sein. Allerdings ist das Bildungsniveau der Zugewanderten in Deutschland unterdurchschnittlich: Mehr als 35 Prozent der Einwanderer waren einer OECD-Studie zufolge 2020 geringqualifiziert. Arbeiten diese im Niedriglohnsektor, verdienen sie im Schnitt weniger als Deutsche und haben ein höheres Risiko, arbeitslos zu werden. Dadurch erwerben sie im Schnitt geringere Rentenansprüche, was in Zukunft dazu führen kann, dass sie neben der Rente Sozialleistungen wie z. B. Wohngeld beziehen müssen. Andererseits gewinnen sog. **migrantische Ökonomien** für die Wirtschaft an Bedeutung: Die Zahl der zugewanderten Selbstständigen hat sich seit den 1990er Jahren fast verdreifacht und lag 2020 bei 822.000 Personen. 2019 erfolgte jede vierte Existenzgründung durch Zugewanderte und ihre Nachkommen (ca. 160.000 von 605.000 Gründungen insgesamt). In Unternehmen von Zugewanderten arbeiteten 2017 mind. 3,4 Millionen Beschäftigte. Außerdem ist die Migration für Innovationen förderlich: 13 Prozent aller in Deutschland entwickelten Patentanmeldungen gehen inzwischen auf Menschen mit ausländischen Wurzeln zurück – in der Informations- und Kommunikationstechnik trifft das sogar auf fast 23 Prozent der Patente zu.

Politik: Das Thema Migration polarisiert die deutsche Bevölkerung. Forschende sprechen hier von einer **affektiven Polarisierung**, d. h., dass sich Personen bei zentralen gesellschaftlichen Problemfragen mit emotionaler Ablehnung begegnen. Laut einer Studie der Technischen Universität (TU) Dresden aus dem Jahr 2023 sind es vor allem rechte und rechtsextreme Wählergruppen, die Andersdenkende stark ablehnen. Dies spiegelt sich nicht zuletzt in Hass- und Hetzkommentaren in sozialen Netzwerken wieder sowie in gewalttätigen Übergriffen auf Menschen mit (vermuteter) Einwanderungsgeschichte. Im europäischen Vergleich liegt die deutsche Gesellschaft hinsichtlich ihrer affektiven Polarisierung allerdings im Mittelfeld, da v. a. andere gesellschaftliche Themen (wie z. B. die Gleichstellung von Frauen) in Deutschland weniger polarisieren.. Eine weitere Studie der TU Dresden aus dem Jahr 2018 kommt zu dem Schluss, dass Migration den Rechtspopulismus und -extremismus in Deutschland verstärkt (aber nicht verursacht). Parteien wie die rechtsextreme AfD profitieren von der hohen öffentlichen Bedeutung des Themas, das sie zur Mobilisierung von (neuen) Wählerinnen und Wählern nutzen, indem sie es mit anderen Themen auf ihrer politischen Agenda, z. B. der Angst vor einem Identitätsverlust, verbinden.

Gesellschaft: Die **sozialen Ungleichheiten** zwischen Zugewanderten und der deutschen Mehrheitsgesellschaft sind nach wie vor erheblich. Große Unterschiede gibt es etwa bei der Arbeitslosenquote, beim Einkommen, bei der Wohnsituation und dem allgemeinem Armutsrisiko.. Eine wichtige Rolle für die soziale Integration spielt die Bildung. Hier gelang es, viele **Bildungsungleichheiten** für Kinder aus Einwandererfamilien abzubauen. Trotzdem sind Schülerinnen und Schüler mit Migrationsgeschichte im Bildungssystem weiter benachteiligt. Auffällig ist zum Beispiel, dass Jugendliche mit Migrationsgeschichte häufiger die Schule abbrechen: 2022 waren bei den 25-jährigen Deutschen ohne Migrationsgeschichte nur drei Prozent der Männer und zwei Prozent der Frauen ohne einen Schulabschluss – bei Gleichaltrigen mit ausländischen Wurzeln waren es zwölf bzw. zehn Prozent. Wie stark Bildungsbenachteiligung von Kindern aus Einwandererfamilien ausfällt, hängt allerdings davon ab, ob sie selbst im Ausland geboren und (mit ihren Familien) zugewandert sind (1. Generation), ob sie in Deutschland geboren sind, aber ihre Eltern Zugewanderte sind (2. Generation) oder ob nur ihreM Großeltern aus dem Ausland nach Deutschland gekommen sind (3. Generation). So zeigt die PISA-

Migrantische Ökonomien: selbstständige Erwerbstätigkeit von Personen mit Migrationshintergrund sowie abhängige Beschäftigung in Betrieben, die von solchen Personen geführt werden oder einem spezifischen migrantischen Milieu verbunden sind.

Studie von 2018, dass nur 16,1 Prozent der Jugendlichen, die selbst nach Deutschland eingewandert sind, das Gymnasium besuchen, während 30,3 Prozent der Jugendliche der zweiten Einwanderergeneration auf das Gymnasium gingen. Entscheidender für die Bildungschancen der Kinder von Zugewanderten ist aber der soziale Status: Ihre Familien sind in den unteren sozialen Schichten deutlich überrepräsentiert, so dass die Kinder mit einem geringeren „sozialen und kulturellen Kapital" ausgestattet sind. Damit ist gemeint, dass sie (und ihre Eltern) neben sprachlichen Defiziten auch weniger Unterstützungsmöglichkeiten ausschöpfen können, was z.B. ihre Chancen auf einen gymnasialen Abschluss schmälert. Zum anderen erweist sich das Bildungssystem selbst als Hindernis, weil es den Kindern aus Einwandererfamilien zu wenig Zeit lässt, die (sprachlichen) Defizite auszugleichen. Des Weiteren wird in der öffentlichen Diskussion auch immer wieder der **Zusammenhang von Migration und Kriminalität** thematisiert. So geht aus der Polizeilichen Kriminalstatistik (PKS) für 2023 hervor, dass unter allen Tatverdächtigen rund 34 Prozent (in absoluten Zahlen: 695.000 Menschen) keinen deutschen Pass hatten. Damit sind Ausländerinnen und Ausländer in dieser Statistik überrepräsentiert, denn ihr Anteil an der Gesamtbevölkerung macht nur knapp 16 Prozent aus. Die Gründe dafür sind vielschichtig. Zunächst einmal gibt es Faktoren, die die Statistik verzerren, wie z.B. der Umstand, dass Menschen (statistisch betrachtet) eine Tat eher anzeigen, wenn sie als Täter Ausländerinnen und Ausländer vermuten. Außerdem befinden sich Zugewanderte oft in einer prekären sozialen Lage und sehen sich mit Perspektivlosigkeit, geringen Bildungschancen und Armut konfrontiert, was zentrale Risikofaktoren für Kriminalität sind – ganz unabhängig von der Nationalität eines Menschen. Hinzu kommen bei den Zugewanderten nicht selten eigene Gewalterfahrungen und Traumata, die das Risiko für eine Straffälligkeit erhöhen.

M5 Welche Theorien zur Integration von Migrantinnen und Migranten gibt es?

Deutschland hat sich längst zu einer multiethnischen Gesellschaft entwickelt, in der die Integration von Zugewanderten eine wichtige politische wie gesellschaftliche Aufgabe darstellt. In der Migrationsforschung werden dabei verschiedene Theorien diskutiert, die implizit oder explizit in die politische Debatte und öffentliche Diskussion einfließen:

Das Konzept der **Assimilation** (Anpassung), das während der großen Einwanderungsbewegungen in die USA im 19. und frühen 20. Jahrhundert entstand, versteht Integration als einen einseitigen Prozess, der von den Zugewanderten geleistet werden muss: Sie sollen sich in die Aufnahmegesellschaft anpassen und vollständig in ihr aufgehen (US-amerikanisches Modell des „melting pot"). Diese Assimilation muss (so sehen es spätere theoretische Modelle) nicht linear laufen und kann auch komplett ausbleiben, wenn die Bereitschaft der Aufnahmegesellschaft, die Zugewanderten in Politik, Wirtschaft und Gesellschaft Anteil haben zu lassen, fehlt. Das Leitbild der Assimilation steht in der Kritik, weil es sich einseitig auf die Integrationsleistungen der Zugewanderten konzentriert und von einer homogenen Aufnahmegesellschaft ausgeht. Auf die deutsche Integrationspolitik hatte die Integrationstheorie des Mannheimer Soziologen Hartmut Esser einen deutlichen Einfluss. Esser unterscheidet vier Dimensionen im Prozess der Assimilation:

- **kulturelle Assimilation**, d.h. die Übernahme von Wissen, Fertigkeiten, Sprache;
- **strukturelle Assimilation**, d.h. die Übernahme von Rechten und die Position im Bildungssystem oder Arbeitsmarkt;
- **soziale Assimilation**, d.h. die Position in sozialen Netzwerken und der Aufbau sozialer Beziehungen;
- **emotionale Assimilation**, d.h. die Übernahme von Werten und Loyalitäten.

Nach Esser sind diese vier Dimensionen getrennt voneinander zu betrachten, so dass eine Assimilation teilweise (also z.B. nur in einem Bereich) oder vollständig möglich ist. Auch Essers Modell ist der zentralen Kritik ausgesetzt, dass die Integration allein als Aufgabe der Zugewanderten betrachtet wird, während Diskriminierungen und strukturelle Hindernisse für eine Integration ignoriert würden.

Als ein Gegenmodell der Assimilation entwickelte sich in den USA der 1960er-Jahre das Konzept des **Multikulturalismus**. Als Metapher dafür gilt die

„salad bowl“, die im Gegensatz zum „melting pot“ für das Leitbild einer vielfältige(re)n Gesellschaft steht, in der die Zugewanderten ihre Identität und Traditionen erhalten, sich aber zu gewissen gesamtgesellschaftlichen Werten bekennen. Dabei sind die verschiedenen Kulturen gleichberechtigt. Heute wird der Begriff „Multikulti“ in Deutschland oft polemisch und abwertend gebraucht, um der Forderung nach mehr Assimilation Ausdruck zu verleihen oder um den Prozess der Integration von Zugewanderten (oft losgelöst von statistischen Fakten) als gescheitert darzustellen.

Karikatur: Erl: ‚Integration‘, www.toonpool.com, 01.03.2012

Seit der Jahrtausendwende hat sich in der Soziologie außerdem das Konzept der **Inklusion/Exklusion** zur Beschreibung von Integration und Integrationsprozessen etabliert. Unter Inklusion verstehen Wissenschaftlerinnen und Wissenschaftler dabei das Eingebundensein von Individuen in die verschiedenen Teilsysteme einer Gesellschaft (wie z.B. Politik, Wirtschaft, Recht, Erziehung). Die Inklusion kann dabei vollständig, partiell oder gar nicht erfolgen und hängt davon ab, ob das Individuum die Bedingungen und Anforderungen des Teilsystems erfüllen kann. Auch ist es möglich, dass ein Mensch in einem Teilsystem voll inkludiert ist, während es in einem anderen Teilsystem exkludiert ist. So sind z.B. Asylsuchende in den ersten drei Monaten ihres Aufenthalts in Deutschlands vom Arbeitsmarkt komplett exkludiert, weil es ihnen in dieser Zeit rechtlich untersagt ist, ein Arbeitsverhältnis einzugehen.

Insgesamt legt das Modell den Fokus auf die Qualität der gesellschaftlichen Teilhabe eines Menschen und thematisiert Barrieren und Hindernisse für die Inklusion in die verschiedenen Teilsysteme. Inklusion wird dementsprechend als eine gesamtgesellschaftliche Aufgabe betrachtet.

Aufgaben

72003-107

1. Analysieren Sie das Diagramm in **M1** mit Blick auf die vorherrschenden Migrationsmotive der Zugewanderten.
2. Arbeiten Sie die Vor- und Nachteile der Migration für Zugewanderte und für die Aufnahmegesellschaft heraus (**M2–M3**).
3. Nennen Sie Folgen der Migration für die Herkunftsländer der Zugewanderten (**M4**).
4. Erstellen Sie zu jedem Integrationsmodell (**M5**) eine Grafik, das den Grundgedanken der Theorie verdeutlicht.
5. Analysieren Sie die Karikatur in **M5** vor dem Hintergrund der Integrationstheorien (› Methodenkompetenz: Karikaturen analysieren).

Führt Migration zur Desintegration?

M1 Integration ist kein Selbstläufer – Interview mit Professor Andreas Zick

Professor Dr. Andreas Zick, Konfliktforscher

Herr Zick, was bedeutet Desintegration? [...]
Damit kann die Entbindung von Institutionen, aber auch die Entbindung aus sozialen Beziehungen gemeint sein. Desintegration ist demnach ein soziales Phänomen der Entbindung von Gesellschaft und Gemeinschaft. [...]

Welche Formen können Desintegrationsprozesse annehmen?
[...] Desintegration kann Zustand wie Prozess sein. Dies kann alle Mitglieder der Gesellschaft betreffen. Merkmale können zum Beispiel die Nicht-Teilhabe an Kultur, an Bildungs- oder Arbeitsinstitutionen oder an politischen oder kulturellen Institutionen sein. Mit Desintegration können aber auch fehlende emotionale Bindungen beschrieben werden. [...]

Wen betreffen Desintegrationsprozesse?
[...] Wir alle können in einen Zustand gesellschaftlicher Desintegration hineingelangen. Im Kontext von Migration herrscht dafür eine höhere Wahrscheinlichkeit, weil in unserer Gesellschaft viele Gruppen nach ihrer Migrationsgeschichte unterschiedlich beurteilt werden und Migration auch mit größeren Integrationsanstrengungen verbunden ist.

Woher kommen Desintegrationstendenzen?
Es gibt immer zwei Ebenen der Desintegration: Sie kann objektiv sein, das zeigt sich zum Beispiel in einem fehlenden Zugang zu Bildung, Arbeit oder Kultur. Diese objektive Desintegration kann gemessen werden und taucht in vielen Statistiken auf. Auch Armut ist ein harter Desintegrationsfaktor. Desintegration kann aber auch subjektiv sein: Es gibt viele Menschen, nehmen wir zum Beispiel eigentlich gut abgesicherte Mitglieder von Mittelschichten, die sich subjektiv desintegriert fühlen. Ein anderes Beispiel sind Menschen, die meinen, sie hätten politisch keine Stimme und damit keine Bindung an etablierte Institutionen. Auch, wenn sie per Recht eine Stimme haben, können sie sich subjektiv desintegriert fühlen. Die Desintegration ist dann subjektiv, wenn sie die Wahrnehmung von Menschen prägt, auch wenn objektiv eventuell keine klaren Indikatoren für eine Desintegration oder Diskriminierung vorliegen. Die subjektive Dimension ist dennoch wichtig, weil sich beispielsweise viele Protestwähler subjektiv desintegriert fühlen. Sie verlieren die Bindung an die Gesellschaft und wählen deshalb Protestparteien, obwohl sie vielleicht Mittelschichtsangehörige sind. [...] In vielen Studien sehen wir, dass sich Menschen mit Migrationshintergrund aufgrund der Konfrontation mit vielen Vorurteilen Sorgen darüber machen, diskriminiert und damit desintegriert zu werden. Dabei sollten wir unterscheiden zwischen einer individuellen Desintegration, wenn Menschen sich also in bestimmten sozialen Beziehungen nicht integriert fühlen, und eher kollektiven Formen, das heißt wenn Menschen systematisch auf der Grundlage der Zugehörigkeit zu einer bestimmten Gruppe eine höhere Wahrscheinlichkeit haben, objektiv wie subjektiv desintegriert zu werden.

Ist die hohe Zustimmung für die Alternative für Deutschland (AfD) also auch auf Desintegrationstendenzen zurückzuführen?
[...] Würde man nur danach gehen, ob die Leute ökonomisch oder kulturell eingebunden sind, dann haben die meisten Wähler der AfD eine höhere Integrationsquote als viele andere Gruppen in der Gesellschaft. Nur circa 28 Prozent kommen laut einer Studie der Bertelsmann Stiftung von Oktober 2017 aus sozial prekären Milieus. Aber auch wenn eine Gruppe gut situiert ist, kann sich

daraus die Überzeugung bilden, dass man zu einer Opfergruppe gehört und mit dem subjektiven Gefühl verbinden, zu den Nicht-Gehörten, den Unterprivilegierten zu gehören. Das ist eine Dynamik für die Polarisation und Radikalisierung von Meinungen und spielt auch bei der AfD eine ganz große Rolle. Insofern ja, ein Teil der Zustimmung ist auf Desintegrationswahrnehmungen zurückzuführen, die aber auch ideologisch überlagert sind und politischen Zielen dienen sollen. Darin besteht für viele Menschen ja auch der „Zauber“ und der Reiz des Populismus. Er holt Leute, die individuell die Meinung haben, ihre Stimme werde nicht gehört, ab und gibt ihnen vermeintlich eine Stimme. Aber würden wir alle Gruppen in der Gesellschaft einmal miteinander vergleichen, dann würden wir andere Gruppen sehen, die nach objektiven Kriterien eigentlich stärker desintegriert sind.

Kann Zuwanderung Desintegrationstendenzen verstärken?

[...]

Wir könnten eigentlich mit Rückblick auf die Flüchtlingsimmigration meinen, Deutschland genießt ein ungeheures Ausmaß an Anerkennung in der Welt, weil das Land so viele Kriegs- und Elendsflüchtlinge aufgenommen hat. Aber genau das passiert nicht. Das heißt der Selbstwert und die nationale Identität stabilisieren sich nicht durch die Migration, und die Sicherheit nimmt nicht zu. Das liegt nach unseren Studien vor allem [daran], dass viele Menschen Zuwanderung als einen Zustand des Kontrollverlustes, der Kontrolllosigkeit des Staates wahrnehmen. Zugleich empfinden Menschen Angst vor der Globalisierung und auch das erhöht Wahrnehmungen von Regel- und Kontrolllosigkeit. Zuwanderung koppelt sich bei solchen Ängsten leichter an Desintegrationswahrnehmungen und wird als Verlust empfunden. Einmal im Hinblick auf Zugewanderte selbst, die an den Rand der Gesellschaft gedrängt werden und zum Zweiten, indem Stereotype und Vorurteile gegenüber Zugewanderten so stark werden, dass sich tatsächlich auch Einheimische desintegrieren und sich dann vielleicht extremistischen oder populistischen Gruppen anschließen, weil sie denken, dass Zuwanderung ihre eigene Integration in die Gesellschaft gefährdet. [...]

Was hält eine Migrationsgesellschaft also heute (noch) zusammen?

Zum Beispiel das Konzept des „Einheimisch-Werdens“. Wir gucken ja auf kommunale Kulturen und Migration ist nicht nur etwas, das von außen kommt, sondern wir haben auch eine umfangreiche Migration innerhalb Deutschlands – insbesondere zwischen Ost- und Westdeutschland. Solche Erfahrungen binden zusammen, ebenso wie interkulturelle Erfahrungen zwischen ‚Einheimischen‘ mit oder ohne Migrationsgeschichte und Neuankömmlingen in einer Gesellschaft.

Latz, Viktoria: Integration ist keine Einbahnstraße – von der Integration zur Desintegration. In: www.bpb.de, 01.03.2018

Aufgaben

72003-108

1. Erklären Sie, was Zick unter dem Begriff „Desintegration“ versteht.
2. Nennen Sie objektive Desintegrationsfaktoren.
3. Erläutern Sie, wie Desintegration und die hohen Zustimmungswerte für die rechtsextreme Partei „Alternative für Deutschland“ (AfD) laut Zick zusammenhängen.
4. Erläutern Sie, wie Zuwanderung Desintegrationstendenzen laut Zick verstärkt.
5. Entwickeln Sie Vorschläge, wie den Desintegrationstendenzen, die durch die Zuwanderung verstärkt werden, mit konkreten Maßnahmen begegnet werden kann.

Politische Karikaturen interpretieren

M1 Wie gehe ich bei einer Karikatur-Analyse vor?

Mit der Karikatur stellt die Karikaturistin bzw. der Karikaturist einen gesellschaftlichen, politischen oder wirtschaftlichen Sachverhalt überspitzt dar. Dabei soll die Betrachterin bzw. der Betrachter nicht nur unterhalten, sondern auch zum Nachdenken über die dargestellten Ereignisse, Entwicklungen, Zustände oder Personen angeregt werden.

Die Karikaturistin bzw. der Karikaturist bedient sich unterschiedlicher gestalterischer Mittel, die bei der Analyse und Interpretation berücksichtigt werden müssen. Deshalb sollten Karikaturen in einem ersten Schritt sehr genau beschrieben werden, um sie darauf aufbauend interpretieren zu können.

1. Schritt: Beschreibung
- Wer hat die Karikatur wann gezeichnet? Was ist der Titel der Karikatur?
- Welcher Quelle ist die Karikatur entnommen? (z. B. welcher Zeitung/Website?)
- Was ist das Thema?
- Wen oder was zeigt die Karikatur?
- Wie ist die Karikatur aufgebaut? Welche Text- und Bildelemente enthält sie? Wie sind Vorder- und Hintergrund gestaltet?
- Was ist besonders auffällig (z. B. Größenverhältnisse, Details, Farbgebung, Schattierungen, Verzerrungen)?
- Welche Symbolik bzw. Metaphorik haben einzelne zeichnerische Elemente? (Gibt es Personifikationen, Symbole, Mensch-Tier-Vergleiche, politische Metaphern ...?)

2. Schritt: Deutung
- Auf welchen politischen, gesellschaftlichen, ökonomischen usw. Sachverhalt bezieht sich die Karikatur?
- Was sind die Kernaussagen der Karikatur?
- Welchen Standpunkt nimmt die Karikaturistin bzw. der Karikaturist ein?
- Welche Ziele verfolgt die Karikaturistin bzw. der Karikaturist?
- An wen wendet sich die Karikatur? (Adressatenbezug)

3. Schritt: Bewertung
- Wird die Aussage der Karikatur präzise vermittelt?
- Sind die gestalterischen Mittel geeignet, die Ziele zu erreichen?
- Worin ist der Karikaturistin bzw. dem Karikaturisten zuzustimmen?
- Was ist ihr/ihm entgegenzuhalten?

1.2.3 Familie und Pluralisierung der Lebensformen

Leitfragen

- Was sind Merkmale und Funktionen der Familie?
- (Wie) Haben sich die Familienformen in Deutschland gewandelt?
- Wie hat der Staat auf diesen Wandel reagiert?

M1 Was ist eine Familie?

In den späten 1950er und 1960er Jahren war die Beantwortung der Frage: „Was ist überhaupt eine Familie?“ scheinbar einfach: Mit der Formel „Vater, Mutter, Kind“ wurde das (bürgerliche) Ideal beschrieben, das Familie definierte als die Gemeinschaft eines heterosexuellen Ehepaares, das mit seinem biologischen Kind in einem Haushalt lebt, wobei der Mann die Erwerbs- und die Frau die Sorgearbeit übernahm. Statistisch gesehen erfüllten auch in dieser Zeit die wenigsten Familien in Europa und Nordamerika dieses Ideal. Insofern ist die „eheliche Kernfamilie“ in Deutschland zwar ein gesellschaftliches Leitbild, als Definition von Familie jedoch zu eng gefasst, denn es gibt (und gab) schon immer auch viele andere Familienformen.

Folglich gibt es keine einheitliche Definition von Familie. Allerdings kann man Familien anhand von drei Kernelementen von nicht familialen Lebensformen unterscheiden:

- **Die biologisch-soziale Doppelnatur:** Familien sind ein Ort der biologischen Reproduktion und erfüllen wichtige Sozialisationsfunktionen, wie die Kindererziehung, die gegenseitige Fürsorge sowie die Befriedigung von wichtigen Bedürfnissen ihrer Mitglieder (s. u.).
- **Die Generationendifferenzierung:** Zu einer Familie gehören mindestens zwei Generationen.
- **Das besondere Kooperations- und Solidaritätsverhältnis:**
  In Familien herrscht eine bestimmte Rollenstruktur (› Kap. 1.1.2), in der die sozialen Rollen (z. B. Mutter, Enkel, Schwester) mit bestimmten (normativen) Erwartungen (wie Solidarität und Kooperation) verknüpft sind.

Das Statistische Bundesamt definiert den Begriff der Familie in Deutschland als „alle Eltern-Kind-Gemeinschaften, das heißt Ehepaare, nichteheliche (gemischt geschlechtliche) und gleichgeschlechtliche Lebensgemeinschaften sowie Alleinerziehende mit Kindern im Haushalt. Einbezogen sind – neben leiblichen Kindern – auch Stief-, Pflege- und Adoptivkinder ohne Altersbegrenzung. Damit besteht eine Familie immer aus zwei Generationen: Eltern/-teile und im Haushalt lebende Kinder.“

M2 Welche Funktionen erfüllt eine Familie?

Die Familie erfüllt als besondere soziale Gruppe wichtige Aufgaben für fast alle Gesellschaften und Kulturen:

- **Reproduktion:** Die Familie sichert durch die biologische Reproduktion (Fortpflanzung) den Fortbestand der Gesellschaft.
- **Sozialisation:** In der Familie werden Werte und Normen der Gesellschaft weitergegeben. Dementsprechend sind Familien Orte der Erziehung und Bildung, vor allem in den ersten Lebensjahren der Kinder. Außerdem erfüllen Familien wichtige emotional-expressive Bedürfnisse ihrer Mitglieder und sind gekennzeichnet durch Fürsorge und Schutz.
- **Regeneration:** Die Familie dient als Ausgleich zu Beruf und Schule und zur Erholung ihrer Mitglieder.
- **Daseinsvorsorge:** Die Familie übernimmt in schwierigen Lebensphasen (Alter, Krankheit, Armut) (in Teilen oder ganz) die Unterstützung ihrer Mitglieder.

M3 Familienformen im Wandel

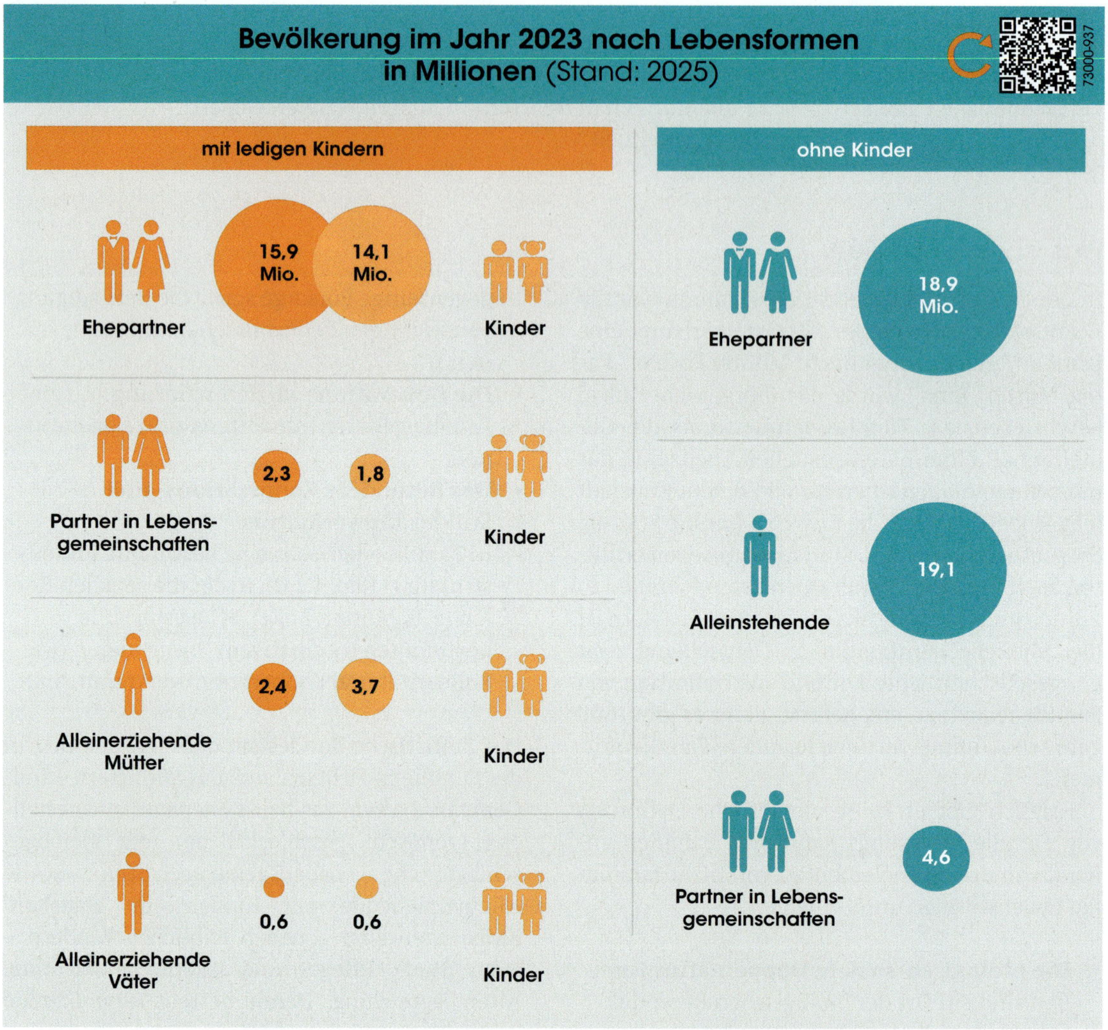

© C.C. Buchner Verlag, aktuelle Daten nach: DESTATIS (Datenerhebung: 2024; Grafikerstellung: 2025)

Faktisch alle Familienformen, die es heute gibt, existierten schon vor hundert Jahren. So kamen beispielsweise Patchwork-Familien relativ häufig vor. Der Hauptgrund dafür war eine geringere Lebenserwartung (durch Krankheit, Unfälle, Kriege, Hungernöte, eine schlechtere gesundheitliche Versorgung) und die daraus resultierende ökonomische Notwendigkeit, die Existenz der Familie durch eine neue Partnerschaft zu sichern. Historisch betrachtet sind diese Familienformen also nicht neu – neu ist nur die Freiwilligkeit, sich für eine Patchworkfamilie zu entscheiden.

Inseminationsfamilie: Familie mit Kindern, die durch künstliche Befruchtung entstanden sind

Patchwork-Familien entstehen heute z. B. nur noch selten, weil ein Elternteil verstirbt, sondern in der Folge einer Trennung oder Scheidung (und sich anschließenden neuen Partnerschaften). Neu sind dagegen gleichgeschlechtliche Familien (sog. Regenbogenfamilien) und Inseminationsfamilien, die es nach der Abschaffung diskriminierender Gesetze bzw. nach wissenschaftlichen Fortschritten im Bereich der Reproduktionsmedizin erst seit einigen Jahrzehnten gibt. Letztere finden in den statistischen Erhebungen zu den Familienformen in Deutschland in der Regel aber keinen Niederschlag.

M4 Was sind die Gründe für den Wandel der Familienformen?

Eheschließungen und Scheidungen
(Stand: 2025)

73000-938

Jahr	Eheschließungen		Scheidungen	
	insgesamt in 1.000	je 1.000 Einwohner	insgesamt in 1.000	je 1.000 Einwohner
1950	750	11,0	135	2,0
1970	575	7,4	104	1,3
1990	516	6,5	155	2,0
2010	382	4,7	187	2,3
2019	416	5,0	149	1,8
2020	373	4,5	144	1,73
2021	356	4,3	143	1,72
2022	390	4,6	137	1,63
2023	360	4,3	129	1,55

© C.C. Buchner Verlag, aktuelle Daten nach: DESTATIS, eigene Berechnungen (Datenerhebung: 2022; Grafikerstellung: 2025)

In Deutschland gibt es inzwischen eine große Diversität der Familienformen. Diese in der Soziologie als **Pluralisierung der Familien und Familienformen** bezeichnete Vielfalt hat verschiedene Gründe.

Zunächst geht die sog. **Individualisierungsthese** davon aus, dass der Lebenslauf eines Menschen weniger festgelegt und damit gestaltbarer ist als noch vor hundert Jahren, was zu einer Aufweichung traditioneller Lebensmodelle geführt hat.

Dadurch hat sich auch die **Rolle der Frau** in der Gesellschaft verändert. Durch eine bessere Bildung und Qualifikation der Frauen sowie der damit einhergehenden Emanzipation sind Frauen heute öfter erwerbstätig und damit finanziell unabhängig, was sich auf die Familienformen auswirkt. Mit steigendem Wohlstand geht zudem die Geburtenrate zurück (› Kap. 1.2.1) und die Scheidungshäufigkeit nimmt zu. So wurde 2023 eine von drei Ehen in Deutschland wieder geschieden – 1960 war es noch eine von zehn.

Der Anstieg der Frauenerwerbstätigkeit seit dem Ende der 1960er Jahre ist auch Ausdruck eines tiefgreifenden gesellschaftlichen **Wertewandels** (› Kap. 1.2.7), der die Einstellung zu Familien deutlich verändert hat. Die Familie ist ein Ort, der partnerschaftliche Beziehungen, Unabhängigkeit und Selbstentfaltung ermöglichen soll und die Selbstaufopferung der Frau für die Familie in der Regel abgeschafft hat.

Emanzipation: Befreiung aus einer Position der Bevormundung und Unterdrückung hin zur Selbstbestimmung. Hier vor allem bezogen auf die Position von Frauen im Vergleich zu Männern.

An die Ehe werden dadurch immer neue und höhere Anforderungen gestellt. Sie wird häufig nicht mehr als eine Lebensgemeinschaft auf Dauer gesehen, sondern vielmehr als Lebensabschnittspartnerschaft. Die Ehe hat als Lebensform nicht an Bedeutung verloren, lediglich ist die Bereitschaft der Menschen geringer geworden, eine unglückliche Ehe zu führen.

M5 Wie reagiert die Politik auf den Wandel der Familien- und Lebensformen?

Auch die Politik hat auf die Pluralisierung der Familien- und Lebensformen reagiert. 2001 wurde per Gesetz die Institution der „**eingetragenen Lebenspartnerschaften**“ für gleichgeschlechtliche Paare geschaffen, welche im Vergleich zur Ehe zwischen Mann und Frau mit den gleichen Pflichten, aber weniger Rechten ausgestattet war. Im Februar 2013 räumte das Bundesverfassungsgericht gleichgeschlechtlichen Paaren das Recht auf die sukzessive Adoption ein. Danach konnten gleichgeschlechtliche Partner ein von ihrem eingetragenen Lebenspartner oder -partnerin adoptiertes oder leibliches Kind nachträglich adoptieren.

Im Sommer 2017 verabschiedete der Bundestag ein Gesetz, das die Ehe auch für gleichgeschlechtliche Paare erlaubt. Durch diese „Ehe für alle“, die es zuvor bereits in 14 europäischen Staaten gab, wurden homosexuelle Paare heterosexuellen Paaren gleichgestellt. Das bedeutet, dass sie im Erb- und Steuerrecht, bei Unterhaltsregelungen oder auch bei der Adoption die gleichen Rechte besitzen. Seit ihrer Einführung wurden in Deutschland 65.600 Ehen zwischen Menschen gleichen Geschlechts geschlossen (Stand: Ende 2021). 2023 machte die „Ehe für alle“ ein Prozent aller Eheschließungen aus.

Karikatur: Stefan Roth, 04.06.2024

Aufgaben

72003-109

1. Erklären Sie, was man unter der Pluralisierung der Familien- bzw. Lebensformen versteht (**M1–M3**).
2. Analysieren Sie die Entwicklung von Eheschließungen und Scheidungen in Deutschland (**M4**).
3. Analysieren Sie die Karikatur oben.
4. Angesichts der vielfältigen Leistungen, die die Familie für die gesamte Gesellschaft erbringt, wird immer wieder darüber nachgedacht, ob man Kinderlose nicht mit einer zusätzlichen Abgabe (Steuer) belasten sollte. Erörtern Sie diese Steuer für Kinderlose.

Die heterosexuelle Ehe – patriarchales Zwangsinstrument?

M1 „Ich will die Ehe abschaffen"

ZEIT Sinn: Es gibt viele gute Gründe, Ungleichheit zwischen den Geschlechtern anzuprangern – ungleiche Bezahlung, sexuelle Belästigung, zu wenig politische Teilhabe. Warum stoßen Sie sich ausgerechnet an einer so privaten Angelegenheit wie der Ehe?

Emilia Roig: Es ist einfacher, Ungerechtigkeit zu benennen, wenn sie außerhalb von intimen Beziehungen geschieht, etwa in der Arbeitswelt.

Patriarchat: Gesellschaftsform, in der Männer eine besonders herausgehobene Stellung in Staat und Familie haben

Aber an die Ehe trauen wir uns nicht ran. Dabei ist sie eine Säule des Patriarchats die gängige Infrastruktur, in der intime heterosexuelle Beziehungen gelebt werden. Deshalb bin ich so kompromisslos: Die Ehe sollte abgeschafft werden, nicht nur reformiert.

Ganz konkret: Wie zementiert die Ehe nach Ihrer Ansicht Ungerechtigkeit?

Sie organisiert die Arbeitsteilung in der kapitalistischen Wirtschaft, zwischen bezahlter Erwerbsarbeit und nicht bezahlter Carearbeit. Ersteres ist traditionell Männer-, zweiteres traditionell Frauensache. Würden wir die Ehe abschaffen und andere Strukturen gleich mit, etwa die steuerliche Begünstigung, dann kämen Lohnarbeit und Sorgearbeit mehr in Balance, die Sorgearbeit würde an Wert gewinnen. Sowohl für die, die sie leisten, als auch für die, die sie bekommen.

[...] Laut Studien der britischen Keele-University und des Deutschen Zentrums für Herzinsuffizienz sterben Verheiratete seltener an Herz-Kreislauf-Erkrankungen, leben länger. Sie erreichen außerdem die höchsten Werte bei der allgemeinen Lebenszufriedenheit – lassen Sie das nicht gelten?

Doch, ich habe keinen Grund, an den Forschungsergebnissen zu zweifeln. Aber zum einen lassen sich auch die negativen Effekte statistisch belegen. Nur ein Beispiel: Während der Lockdown-Zeit [in der Corona-Pandemie] stieg häusliche Gewalt gegen Frauen und Kinder stark an, im Bundesland Thüringen um ganze 24 Prozent, 2021 haben westdeutsche Behörden 161.000 Opfer von

Emilia Roig, Autorin und Politologin

Gewalt durch Partner oder Expartner offiziell registriert. Und zum anderen möchte ich betonen: Ja, die Ehe kann nicht nur Männer, sondern auch Frauen glücklich machen – aber vor allem die, die ihren vorgegebenen Status voll und ganz annehmen. Beruflich zurückstecken, sich mehr um Kinder kümmern, sich finanziell von einem Mann abhängig machen, der das Sagen hat. [...]

[...] Geht es nicht auch um ein Gefühl von emotionaler Sicherheit? Sehnsucht nach Dauer in einer Welt, in der es in vielen anderen Lebensbereichen keine Berechenbarkeit mehr gibt?

Gegenfrage: Warum sollte sich das aus einer Beziehung speisen? Denn ursprünglich war die Ehe nie dafür da, Sicherheit zu schaffen, sondern um die Arbeitskraft der Frauen in einer patriarchalen Gesellschaft zu kontrollieren, Sexualität einzuhegen, Besitz- und Erbverhältnisse zu regeln. Wenn Sie nach Commitment fragen, dem Wunsch nach einer lebenslangen Verbindung: Diese positiven Seiten würden ja nicht verschwinden, wenn es keinen staatlichen Rahmen mehr gäbe. Auch heute gibt es ja dauerhafte Beziehungen ohne Trauschein. Noch mal, ich will die Ehe abschaffen, nicht die Liebe.

Aber damit würde auch ein gesellschaftlich akzeptiertes Ritual wegfallen. Und Rituale für Übergangsphasen des Lebens sind ein kulturübergreifendes Muster, sie scheinen einem menschlichen Bedürfnis zu entspringen, ob

Taufe, Bar-Mizwa, Trauerfeier oder eben eine Hochzeit. Auch wenn sich staatliche Eheschließungen erst nach der Französischen Revolution im 19. Jahrhundert durchgesetzt haben.
Man kann die Liebe feiern, wie man will – aber warum sollte der Staat daran beteiligt sein? Das gilt im übrigen auch für religiös geschlossene Ehen, denn auch in allen großen monotheistischen Religionen ist die Ehe ein patriarchales Instrument zur Kontrolle über den Körper der Frau. Mehr Vielfalt daran, wie Liebe bekundet wird, würde uns sicher nicht schaden. Stattdessen wird die Hochzeit als besonders wichtiger Meilenstein im Leben einer Frau angesehen, mehr noch als im Leben eines Mannes. Der nächste große Meilenstein für Frauen: Mutterschaft. Das sind sehr limitierte gesellschaftliche Rollen.

Und was ist mit dem erhebenden Gefühl, auserwählt zu sein, der eine, ganz besondere Mensch, mit dem man diesen Schritt geht?
Es gibt auch Tierarten, die einander fürs Leben auswählen – brauchen die einen Trauschein? Ich kann jederzeit eine Beziehung für mich selbst als etwas Besonderes definieren. [...]

Die Ehe für alle war für viele ein ersehnter Schritt zur Gleichstellung. Wollen Sie das auch rückgängig machen?
Das ist nur konsequent: Entweder Ehe für alle, oder Ehe für niemanden. Denn bei allem privaten Glück, unter LGBTQIA+-Personen hat die Einführung der Ehe auch zu Problemen geführt, die sie vorher nicht kannten. Erstens: Sie finden sich aufgrund der herrschenden Gesetzgebung auf einmal in Mustern wieder, die zur selben Ungleichheit in der Arbeitsteilung führen wie in Heteroverbindungen. Dagegen wehren sich viele mit Händen und Füßen. Ich kenne zum Beispiel Frauenpaare, bei denen jede ein Kind ausgetragen hat, um nicht plötzlich in der heteronormativen Machtfalle zu landen, mit einer Versorgerin und einer Hausfrau.

Und zweitens?
Zweitens führt es zu einer Spaltung der queeren Szene: Hier die bürgerlichen Ehepaare und Familien, dort diejenigen, die rechtlich benachteiligt sind, weil sie anders leben wollen [...].

Wäre das denn die Alternative zu Ehe und Kleinfamilie, die Ihnen vorschwebt: Wir leben alle in großen Wahlfamilien, unabhängig von geschlechtlicher Identität und sexueller Orientierung, Zweierbeziehungen sind von gestern?

Nein, es stünde ja jedem frei, weiterhin in einem Zweier-Ehekonstrukt zu leben, als legitime, private Entscheidung. Aber das Modell wäre nicht mehr bevorzugt und privilegiert, vom Steuerrecht über Sorgerecht bis Erbrecht. Dann wären alle Lebensformen gleichberechtigt[...].

Reine Theorie? Oder haben Sie konkrete Vorbilder im Kopf?
Wir sehen das schon heute in Großstädten: Wenn Großeltern und erweiterte Familie oft nicht am selben Ort sind, ergeben sich Solidaritätsnetze. Eltern passen gegenseitig auf ihre Kinder auf, fahren zusammen in den Urlaub. Auch gesellschaftliche Gruppen, die diskriminiert werden und wenig bis keine staatliche Unterstützung bekommen, zeigen Wege auf, wie ein gerechteres Leben möglich ist. So hat sich etwa in Schwarzen Communitys in den USA und der Karibik die Ehe und Kleinfamilie als Hauptmodell nie wirklich durchgesetzt, erweiterte Verwandtschafts- und Unterstützungsnetzwerke bleiben die wichtigste Lebensform. [...]

Der Communitygedanke ist also Ihre Utopie des Zusammenlebens?
Ja, mit einer Einschränkung: Wenn diese Communitys sehr patriarchal strukturiert sind, entstehen wieder problematische Strukturen. Das ist kein Allheilmittel. [...]

Carl, Verena: „Ich will die Ehe abschaffen". In: www.zeit.de, 30.03.2023

Aufgaben

72003-110

1. Arbeiten Sie die Argumente, die Roig zur Abschaffung der Ehe vorbringt, heraus.
2. Erläutern Sie, warum Roig die Ehe als Institution sieht, die patriarchale Strukturen unterstützt.
3. Erörtern Sie aus individueller, öffentlicher und systemischer Perspektive, ob die Ehe weiterhin eine erstrebenswerte Lebensform ist.

1.2.4 Der Staat und die Familie

Leitfragen

- Inwiefern ist Familienpolitik Aufgabe des Staates?
- Wer ist für familienpolitische Fragen zuständig?
- Was sind Leistungen des Staates für Familien und wie steht es um ihre Umsetzung?

M1 Was leistet der Staat für Familien?

„Ehe und Familie stehen unter dem besonderen Schutze der staatlichen Ordnung" heißt es in Artikel 6 des Grundgesetzes. Aus dieser besonderen Verantwortung des Staates gegenüber der Ehe und Familie leitet sich die **staatliche Familienpolitik** ab. Allgemein versteht man darunter alle politischen Aktivitäten, die dem Schutz und der wirtschaftlichen sowie sozialen Förderung der Familie dienen.

Familienpolitik wird auch als **Querschnittsaufgabe** bezeichnet, weil sie kein abgegrenztes Politikfeld ist und wirtschafts-, sozial-, bildungs- sowie wohnungsbaupolitische Themen aufgreift. Aufgrund des föderalen Staatsaufbaus „teilen" sich Bund, Länder und Gemeinden die familienpolitischen Aufgaben bzw. ergänzen sich in manchen Bereichen.

Familienpolitik soll als Querschnittsaufgabe unter anderem die Kindererziehung erleichtern.

Seitens des Bundes ist das Ministerium für Familie, Senioren, Frauen und Jugend (BMFSFJ, gegründet 1953) für Familienpolitik zuständig. In den Ländern und Kommunen sind damit die Länderministerien, kommunale Beratungsstellen, Kirchen und Sozialverbände betraut.

Zu den primären familienpolitischen Aufgaben des Bundes zählen beispielsweise:

- die Zahlung von Kindergeld, Kinderzuschlägen, Elterngeld, ElterngeldPlus;
- die Gewährung von Kinderfreibeträgen sowie des Familien- bzw. Ehegattensplittings in der Steuergesetzgebung;
- Die Gewährung und Finanzierung der Elternzeit;
- die Regelung des Kündigungsschutzes für Mütter in der Schwangerschaft und für Eltern in der Elternzeit im Arbeitsrecht;
- Regelungen zur Kinderbetreuung;
- die Anerkennung von Kindererziehungszeiten bei der Berechnung der Rente;
- Die Zahlung von Leistungen nach dem Bundesausbildungsfördergesetz (BAföG).

Länder und Gemeinden sorgen u. a. für

- die Wohnungsversorgung und die Gestaltung eines kinder- und familiengerechten Wohnumfeldes;
- Kinderkrippen und Kindergärten;
- Schulen und Ganztageseinrichtungen;
- öffentliche Spielplätze und Sportstätten;
- Beratungs- und Hilfseinrichtungen für die erziehenden Eltern sowie Kinder und Jugendliche.

Aufgrund der unterschiedlichen Regelungen in den Bundesländern kommt es z. B. bei der Versorgung mit Kinderbetreuungseinrichtungen zu regionalen Unterschieden.

M2 Wie hat sich Familienpolitik im Laufe der Jahre entwickelt?

War die Familienpolitik in den ersten drei Jahrzehnten der Bundesrepublik noch eindeutig am „Ernährermodell" orientiert, ist sie seit ca. 30 Jahren stärker auf die Vereinbarkeit von Familie und Beruf ausgerichtet. So wurde im Laufe der Zeit z. B. ein Mutterschutzurlaubsgeld (1979) eingeführt, das im Jahr 1986 durch das Erziehungsgeld abgelöst wurde, welches formal beide Elternteile in Anspruch nehmen konnten. Die geringe Höhe von nur 600 DM verhinderte aber die Inanspruchnahme durch die Männer, da diese in der Regel. die Haupt- und Besserverdiener in der Familie waren.

Im Zuge der **„Nachhaltigen Familienpolitik"** unter den rot-grünen Regierungen Gerhard Schröders (1998–2005) trat ein neues Ziel in den Fokus der Familienpolitik: Sie wurde fortan nun auch betrieben, um die Geburtenrate zu erhöhen. Die Förderung einer partnerschaftlichen Arbeitsteilung in den Familien und die Änderung des Rollenverständnisses waren allerdings weniger beabsichtigt.

Dies änderte sich im Jahr 2007, als von der Großen Koalition unter Angela Merkel (2005–2009) schließlich das **Elterngeld** eingeführt wurde, das bis zu 67 Prozent (max. 1.800 Euro) des zuvor erhaltenen Nettolohns ersetzt. Diese Lohnersatzleistung können Eltern in den ersten 14 Lebensmonaten ihres Kindes beziehen, wenn sich beide Elternteile an der Betreuung des Kindes beteiligen und dadurch Einkommen wegfällt. Die Eltern können die Elterngeld-Monate frei aufteilen. Neu ist seit April 2024, dass beide Eltern das Elterngeld nur in einem Monat gleichzeitig beziehen dürfen. Die Einkommensgrenze, ab der Eltern keinen Anspruch mehr auf Elterngeld haben, liegt ebenfalls ab April 2024 bei 200.000 Euro zu versteuerndem Einkommen und wird für Geburten ab dem 1. April 2025 auf 175.000 zu versteuerndem Einkommen gesenkt.

Das Elterngeld zeigte rasch Wirkung: So bezogen im Jahr 2010 schon 25,3 Prozent der Väter der in diesem Jahr geborenen Kinder Elterngeld und unterbrachen für mindestens zwei Monate die Berufstätigkeit, um im ersten Lebensjahr der Kinder Elternzeit zu nehmen. Seither stagniert der Anteil der männlichen Bezieher an allen Elterngeldbeziehenden allerdings: Er lag 2019 bei 24,4 Prozent und 2022 bei 26,1 Prozent. Interessant ist dabei, dass die Väter nur unwesentlich länger als vom Gesetzgeber vorgeschrieben in Elternzeit bleiben (2022 im Durchschnitt 3,6 Monate), um den vollen Anspruch auf das Elterngeld zu haben. Dies liegt u. a. daran, dass Männer im Durchschnitt immer noch mehr verdienen – man spricht hier vom sog. **Gender Pay Gap** (› Kap. 1.2.5). Häufig fehlt es bei den Arbeitgeberinnen und Arbeitgebern aber auch an der notwendigen Unterstützung der Väter, auch wenn dort langsam ein Umdenken zu beobachten ist. Anders als die Mütter kehren aber die Väter nach der Elternzeit in die Vollzeitberufstätigkeit zurück, während die Mütter, wenn sie berufstätig sind, häufig Teilzeit arbeiten. Die Frauen kehren früher, in der Regel bereits nach einem Jahr, in den Beruf zurück, wenn sie zuvor berufstätig waren. Das 2015 neu eingeführte ElterngeldPlus soll Familien, die sich schon nach der Geburt für eine Teilzeitbeschäftigung entscheiden, unterstützen. Sie können die Bezugsdauer auf bis zu 28 Monate ausdehnen.

Das Elterngeld stand seit seiner Einführung in der Kritik. So wird bemängelt, dass es vor allem gut und doppelt verdienende Eltern unterstütze, sich nach der Geburt ihrer Kinder eine „Auszeit" zu nehmen. Da Eltern mit geringem Einkommen auch weniger Elterngeld erhielten, könnten diese sich die längere Elternzeit gar nicht leisten. Diese Befürchtungen bestätigten im Laufe der Jahre empirische Daten.

In der Frage der **Kinderbetreuung** wurden ebenfalls gesetzliche Änderungen eingeführt: Auch hier galt lange Zeit, dass es Aufgabe der Frauen sei, sich um Kinder und Familie zu kümmern. Seit 2008 haben alle Kinder ab dem dritten Lebensjahr einen Anspruch auf einen Kindergartenplatz und seit dem 1. August 2013 gilt der **Rechtsanspruch auf einen Betreuungsplatz** für alle Kinder ab dem vollendeten ersten Lebensjahr. Trotz dieser gesetzlichen Verpflichtung ist die Versorgung längst noch nicht in allen Kommunen auf dem gleichen Stand. So fehlen laut einer Studie der Bertelsmann-Stiftung aus dem Jahr 2023 deutschlandweit 429.000 Kita-Plätze, wobei diese Versorgungslücke vor allem Westdeutschland (385.900) betrifft, während im Osten nur 44.700 Plätze fehlen. Gründe dafür sind der gestiegene Bedarf der Eltern sowie der Fachkräftemangel in den Kindertageseinrichtungen.

Erwerbstätigenquote und Teilzeitquote Mütter und Väter mit Kindern unter 18 Jahren (Stand: 2025)

73000-939

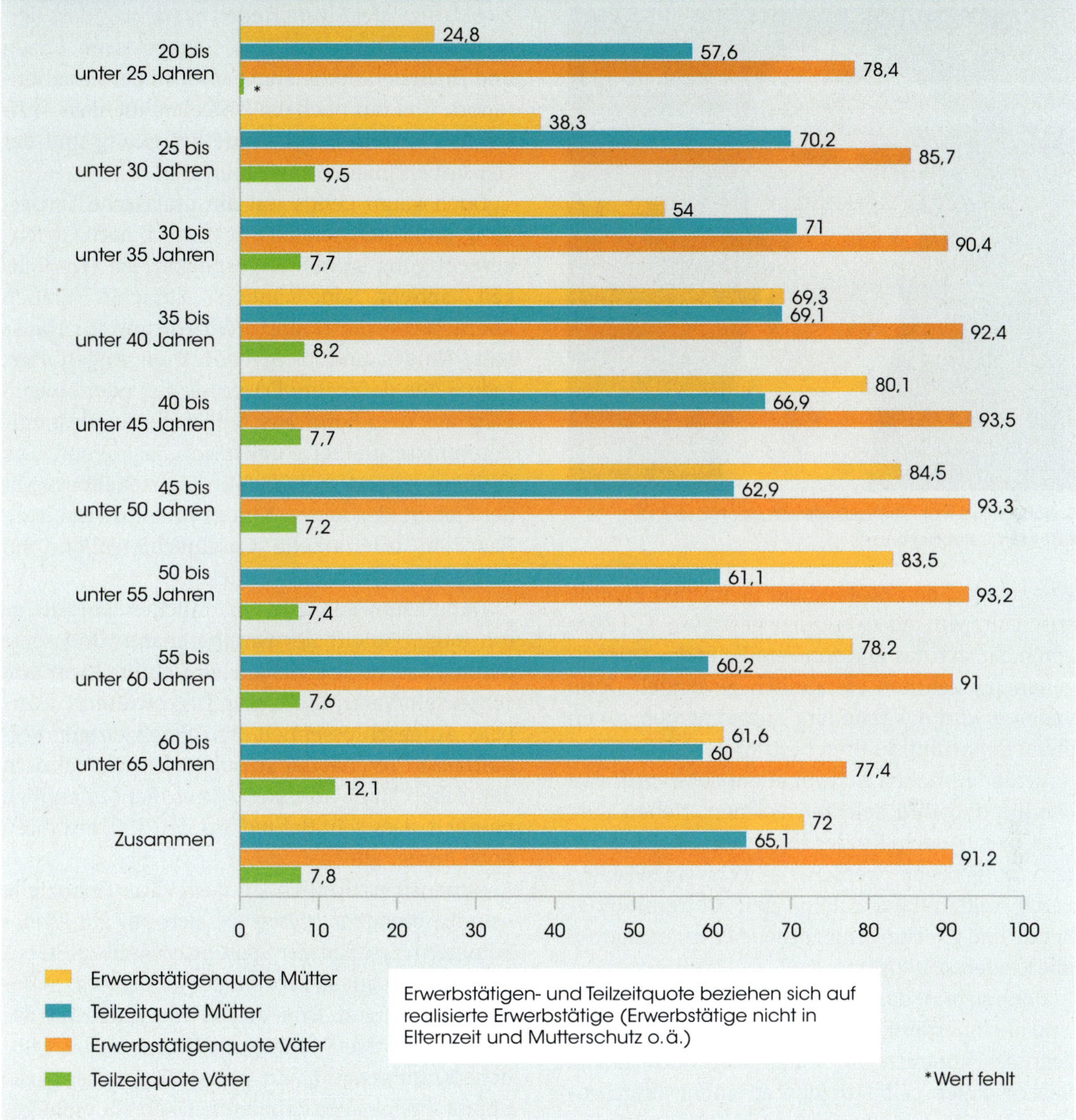

© C.C. Buchner Verlag, aktuelle Daten nach: DESTATIS (Datenerhebung: 2023; Grafikerstellung: 2025)

Aufgaben

72003-111

1. Erstellen Sie eine Mindmap, in der Sie die unterschiedlichen Instrumente der Familienpolitik in Deutschland kategorisieren (**M1, M2**).
2. Analysieren Sie das Diagramm oben zur Erwerbstätigenquote von Vätern und Müttern.
3. Erläutern Sie den Zusammenhang zwischen fehlenden Betreuungsangeboten für Kinder und dem Gender Pay Gap (**M2**).

Wer ist Schuld an Rollenklischees in der Familie?

M1 Familienbild im Wandel – der deutsche Vater ist ein Versager!

Bascha Mika war Chefredakteurin der taz und der Frankfurter Rundschau.

Wer sich […] den Zustand der deutschen Familie anschaut, wird auf zwei Dinge gestoßen. […] Zum einen hat sich das Bild von Familie in den vergangenen Jahrzehnten erstaunlich gewandelt. Zum anderen wird das familiäre Zusammenleben von üblen Beharrungskräften bestimmt.

Verändert haben sich vor allem der Begriff von Familie und ihre gelebten Formen. Neben dem Klassiker, bei dem Kinder von ihren leiblichen Eltern aufgezogen werden, gehören inzwischen Patchworkfamilien, Allein- und Getrennterziehende und gleichgeschlechtliche Partnerschaften mit Kindern zum Alltag.

Doch so bunt das äußere Bild erscheint, so grau sind die innerfamiliären Strukturen. Wie in Beton gegossen kommen die Rollen von Müttern und Vätern daher, seit Jahrzehnten kaum aufgebrochen. In Mittelschichtsgroßstadtkreisen gibt man sich cool als partnerschaftlich, doch die gelebte Realität in den meisten Familien quer durchs Land ist alles andere als cool. Eher gestrig. Und eigentlich völlig out!

Die Daten des Bundesfamilienministeriums untermauern, was niemand laut ausspricht. Der deutsche Vater ist ein Versager! Zwar räumt er, wenn man ihn fragt, der Familie den höchsten Stellenwert ein. Und er beteuert laut, dass er ein partnerschaftliches Modell bevorzugt, bei dem die Erwerbs- und Familienarbeit gerecht geteilt wird. Zwei Drittel der Eltern finden es wichtig, dass beide Partner gute berufliche Perspektiven haben und finanziell unabhängig sind, so der Familienreport. Und nur noch ein Drittel meint, dass Mütter den Hauptteil der Kinderbetreuung und der Hausarbeit übernehmen sollen.

Doch kaum geht's um die praktische Umsetzung, stellt sich heraus: Der Wunsch nach Gleichberechtigung ist nur vorgespiegelt, die Wirklichkeit spricht eine andere Sprache. Frauen übernehmen die Hauptverantwortung für Haushalt, Kinder und pflegebedürftige Angehörige, reduzieren dafür ihre Erwerbsarbeit oder steigen ganz aus dem Beruf aus. Selbst die Bundesfamilienministerin [bei Publikation Lisa Paus, Die Grünen] kommt nicht umhin festzustellen: „Mit der Geburt des ersten Kindes fallen die meisten Paare in traditionelle Geschlechterrollen und Aufgabenverteilungen zurück."

Denn kaum sollen den männlichen Worten Taten folgen, kneift der Familienmann. Und sorgt dafür, dass er sein Leben einrichten kann wie schon sein Vater, Großvater, Urgroßvater … „Verbale Aufgeschlossenheit bei gleichzeitiger Verhaltensstarre", hat der Soziologe Ulrich Beck dem deutschen Mann attestiert. Ist es nicht unendlich peinlich, dass sein Befund aus den 1990er Jahren noch immer gilt?

Genauso erbärmlich ist, dass Väter finanzielle Anreize brauchen, damit sie sich um die Kinder kümmern. Erst seit der Staat Elterngeld zahlt, bequemen sich gut 40 Prozent der Väter, kurz im Beruf auszusteigen. Drei Viertel von ihnen tut das aber nur für zwei Monate. Als Grund wird der übliche Kram genannt: Zu wenig Geld, zu groß die Gefahr, im Job abzuschmieren. Doch gilt nicht genau dasselbe auch für die Mütter? Wie soll die Arbeitswelt je familiengerechter werden, wenn Rabenväter die Regel sind?

Männer ziehen ihr Ding durch – Frauen lassen es zu. Klar, die Macht der mistigen Verhältnisse macht ein partnerschaftliches Leben nicht leicht, das fängt beim Ehegattensplitting an und hört bei fehlenden Kitaplätzen nicht auf. Aber warum sollen allein Frauen die Konsequenzen tragen? Würden sich die Strukturen nicht schneller ändern, wenn Männer stärker betroffen wären?

Mütter verzichten auf vieles zugunsten der Familie. Und sind dabei keineswegs immer glücklich. Zwei Drittel der Berufstätigen beklagen, dass die Zeit für sie selbst zu kurz kommt. Hingegen sind Eltern mit partnerschaftlicher Aufgabenverteilung überdurchschnittlich zufrieden mit ihrem Familienleben. Finnland beweist es. Die Finn:innen teilen Erwerbs- und Familienarbeit gerecht zwischen Männern und Frauen auf – und sind laut Weltglücksbericht auch deshalb die glücklichsten Menschen auf Erden. Geht doch!

Mika, Bascha: Familienbild im Wandel – Der deutsche Vater ist ein Versager. In: www.fr.de, 04.04.2023

M 2 Papa von Mamas Gnaden – worunter moderne Väter leiden

Wenn man auf der Suche nach dem Idealtypus des neuen Papas ist, gibt es vermutlich kaum eine bessere und zugleich klischeehaftere Gegend als Spielplätze im Prenzlauer Berg in Berlin. Jede Menge Daddys, in Elternzeit oder mit flexiblen Jobs gesegnet, bevölkern in dem Viertel mit ihrem Nachwuchs die Klettergerüste, Pekip-Kurse und Parks. Sie tragen ihre Verantwortung wie eine Trophäe im Babytragegurt oder auf der Schulter, sind bestens ausgestattet und abgesichert als Prototypen des progressiven Patriarchats: fröhlich, frech und – dann, ja, dann klingelt das Telefon: „Hey, nee, wir sind spielen, ja sicher, alles gut, ja, mache ich noch, doch, natürlich habe ich ihn eingecremt!" Es könnte so entspannt sein im Vaterland. Aber: Big Mother is watching you. […]

Viele Männer haben in den vergangenen Jahrzehnten aufgeholt in der Familienarbeit. Sie stehen mit im Kreißsaal, sie bilden sich in Väterkursen fort, sie kochen und waschen und wickeln, sie nehmen Elternzeit oder streiten beim Chef für Teilzeit, sie verbringen mehr Zeit mit ihren Kindern als mit den Kumpels. Sie sammeln lieber Statuspunkte als Daddy cool statt Bonusmeilen.

Zugleich erfahren einige, wie ihre Leistung häufig bagatellisiert, ignoriert oder ironisiert wird, nach dem Motto: Ist es nicht süß, wie er sich bemüht, unser Superdaddy? In gesellschaftlichen Diskussionen gelten sie als diejenigen, die sich ändern, die ihre neue Rolle finden müssen. Und zu Hause? Da erleben sie mal subtil, mal sehr direkt Bevormundung, Besserwisserei, Benotung. So macht sich unter diesen Vätern das ungute Gefühl breit, sie wären gar nicht willkommen – sie bleiben der Elternteil zweiter Klasse.

Denn die eigentlich geforderte Ausweitung der Väterzone stößt an ein schwer zu überwindendes Hindernis: die Macht des Matriarchats in der institutionellen Kinderbetreuung und in den eigenen vier Wänden. Die Normen setzt in ihrer Wahrnehmung die Mutter. Sie entscheidet, ob ein Vater „gut" oder „schlecht" ist, wie viel und welcher Spielraum ihm mit den Kindern gelassen wird: Diese Männer, so empfinden viele es, sind nur Papa von Mamas Gnaden.

Cover der Spiegel Ausgabe 33/2021

Wie Familien sich organisieren, ist eine Frage, die in Deutschland Einfluss auf das Leben von 10,7 Millionen Kindern unter 14 Jahren und deren Eltern hat. Eigentlich ist es banal: Familien sind Systeme – verändert sich einer, verändert sich alles. Auf den berechtigten Ruf nach neuen Vätern, schwant nun den Frauen, kann die Antwort der Mütter nicht sein: Ich will so bleiben, wie ich bin. „Frauen leben leider immer noch nach der Ideologie von der guten Mutter und übertragen diese auf den Vater", sagt die renommierte Schweizer Erziehungswissenschaftlerin Margrit Stamm.

Während der Vätermonate wird gekocht, gewickelt und vorgesungen.

Neue Väter aber, so ihre zentrale Forschungserkenntnis, brauchten eben auch neue Mütter. [...]

Die Elternzeitmonate nach der Geburt sind seit ihrer Einführung 2007 so etwas wie der Leitindex für die Bewertung von Vätern geworden. Inzwischen sind 25 Prozent der Elterngeldbeziehenden Männer, die wenigsten beantragen mehr als zwei Monate. Die sind gemeinhin als „Vätermonate" bekannt, was eine irreführende Bezeichnung ist. Es klingt, als müsste die Mutter zwingend mehr Elternzeit nehmen als der Vater. Der Gesetzgeber macht Eltern de facto ein anderes Angebot: Das Paar kann nach der Geburt eines Kindes insgesamt 14 Monate Basis-Elterngeld beziehen – vorausgesetzt, beide Elternteile beantragen die Familienleistung, einer von ihnen für mindestens zwei Monate.

Es hat sich allerdings eine Art Konsens eingeschlichen, dass der Mann derjenige ist, der die nötigen zwei Monate nimmt, um das Maximum an Monaten rauszuschlagen, die Mütter nehmen überwiegend fast das ganze erste Jahr. Vielleicht auch, weil in Paarhaushalten ohne Kinder unter 14 Jahren die Männer im Durchschnitt elf Prozent mehr verdienen. Ein klarer Fall von Ungerechtigkeit, von Gender-Pay-Gap und in der Folge auch Care-Gap?

Die Frage, die unter einigen Paaren zu wenig diskutiert wird: Würde die Mama dem Papa überhaupt zugestehen, die Hälfte der Zeit zu nehmen – ihm, so scheinen es manche Mütter zu sehen, etwas von „ihrer" Zeit abzugeben –, und sie dann umgekehrt den Großteil des Lebensunterhalts erwirtschaften? Manche Mutter bleibt selbst dann noch zu Hause, wenn der Vater nach einem Jahr in Elternzeit geht, statt die Einkommenslücke zu stopfen.

Deggerich, Markus et al.: „Papa von Mamas Gnaden – Worunter moderne Väter leiden", In: www.spiegel.de, 13.08.2021

Aufgaben

72003-112

1. Vergleichen Sie die Positionen der Autoren von **M1** und **M2**.
2. Erläutern Sie ausgehend von **M1–M2**, wie das kulturelle Umfeld (z. B. Klischees über Väter) die Wahrnehmung von Vätern und deren Rolle in der Familie beeinflusst.
3. Erörtern Sie den Vorschlag, dass Eltern gesetzlich dazu verpflichtet werden sollten, ihre Elterngeld-Monate paritätisch (also auf zweimal sieben Monate) aufzuteilen.

1.2.5 Wandel der Geschlechterverhältnisse

Leitfragen

- Wie steht es um die Gleichstellung der Geschlechter in Deutschland?
- In welchen Bereichen sind Frauen immer noch benachteiligt und warum?
- Was unternimmt die Politik gegen die Benachteiligung der Frauen?

M1 Auf dem Weg zur Gleichstellung?

In Deutschland ist die Gleichberechtigung der Geschlechter im Grundgesetz verankert. Art. 3 Abs. 1 GG schreibt fest: „Männer und Frauen sind gleichberechtigt.“ Das Grundgesetz wurde 1994 dahingehend ergänzt, dass die Förderung der „tatsächlichen Durchsetzung“ der Gleichberechtigung von Frauen und Männern sowie die „Beseitigung bestehender Nachteile“ zur **Aufgabe des Staates** erklärt wurde (Art. 3 Abs. 2 GG). Es dauerte aber noch bis zum Jahr 2006, bis ein Allgemeines Gleichbehandlungsgesetz (kurz AGG, auch **Antidiskriminierungsgesetz** genannt) vom Bundestag verabschiedet wurde. Dieses Gesetz hat zum Ziel, ungerechtfertigte Benachteiligungen aus Gründen der ethnischen Herkunft, des Geschlechts, der sexuellen Orientierung oder Identität (› Kap. 1.1.1), der Religion, der Weltanschauung, einer Behinderung oder des Alters zu verhindern oder zu beseitigen. Das Gesetz verbietet dabei Diskriminierung am Arbeitsplatz (z. B. bei Stellenausschreibungen, Bewerbungen) und bei Alltagsgeschäften (z. B. beim Einkaufen oder Kinobesuch). Wer diskriminiert wurde, hat Anspruch auf die Beseitigung der Benachteiligung und kann bei ausbleibender Entschädigung bzw. ausbleibendem Schadensersatz sein Recht auch vor einem Gericht einklagen. Betroffene können sich bei der Antidiskriminierungsstelle des Bundes kostenlos und vertraulich beraten lassen.

Gleichstellung ist für alle Menschen ein wichtiges Thema.

M2 Wer wird benachteiligt?

Wenngleich sich die öffentliche Diskussion um die Gleichstellung der Geschlechter in der Öffentlichkeit immer noch auf die binäre Geschlechterordnung von cis-Mann und cis-Frau konzentriert, erleben auch Menschen aus der **LSBTIQ+-Community** Diskriminierung. So wurden etwa 2020 mehr als 16.000 queere Menschen zu ihrer Schulzeit befragt. 48 Prozent von ihnen gaben an, gemobbt worden zu sein. In einer anderen Umfrage aus dem Jahr 2017 äußerten 30 Prozent der queeren Befragten zudem, dass sie wegen ihrer sexuellen Identität schon mindestens einmal auf der Arbeit diskriminiert worden sind. Dabei erleben transgeschlechtliche und bisexuelle Menschen in der Regel sogar noch mehr Diskriminierungen als andere queere Gruppen. Außerdem haben die Fälle von Hasskriminalität gegen queere Personen zugenommen: 2022 wurden in der Kategorie „Bereich der sexuellen Orientierung“ 1005 Straftaten (davon 227 Gewaltdelikte) und in der Kategorie „geschlechtliche Diversität“ 417 Straftaten (davon 82 Gewaltdelikte) erfasst.

Schon seit mehr als zehn Jahren fordert die LSBTIQ+-Community daher eine Grundgesetz-Änderung zu ihrem besseren Schutz: Art. 3 Abs. 3 GG verbiete zwar die Diskriminierung aufgrund von Merkmalen wie etwa Geschlecht, Herkunft oder Glaube, es fehle aber das Merkmal der sexuellen Identität. Bisher (Stand: Herbst 2024) fand dieser Vorschlag in Bundestag und Bundesrat allerdings nicht die für eine Grundgesetz-Änderung nötige Zweidrittel-Mehrheit.

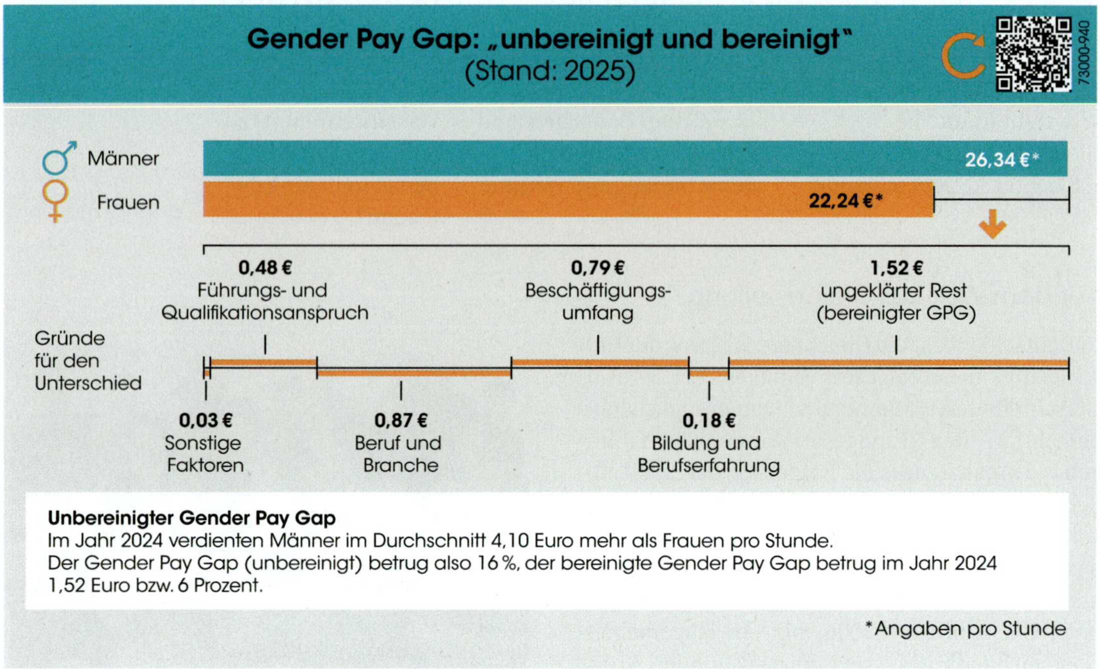

© C.C. Buchner Verlag, aktuelle Daten nach: DESTATIS (Datenerhebung: 2023; Grafikerstellung: 2025)

M 3 Die Diskriminierung der Frauen im Fokus

Der Fokus der Gleichstellungsdebatte liegt heute immer noch auf der **Benachteiligung von Frauen** in vielen Bereichen der Gesellschaft. Obwohl Mädchen und junge Frauen im Bildungssystem besser abschneiden als ihre männlichen Peers (z. B. weil sie häufiger das Abitur machen), können sie ihren höheren Bildungsstand vielfach nicht in bessere Berufschancen umsetzen. Die Situation berufstätiger Frauen ist oft gekennzeichnet durch

- schlechtere Arbeitsbedingungen,
- Arbeitsplätze mit niedrigerem Sozialprestige,
- einen geringeren Bruttostundenverdienst (**Gender Pay Gap**),
- ein geringes Lebenseinkommen (**Gender Lifetime Earning Gap**),
- geringere Einkünfte im Rentenalter (**Gender Pension Gap**),
- eine höhere **Armutsgefährdungsquote**.

Hinsichtlich der beruflichen Aufstiegschancen gilt nach wie vor: Je höher die berufliche Position und je höher das Gehalt sind, desto geringer ist der Frauenanteil. Auch wenn die Frauen zunehmend Leitungspositionen einnehmen, sind die meisten Führungsetagen in Wirtschaft und Verwaltung nach wie vor reine Männerdomänen. Selbst in den traditionell „weiblich" besetzten Berufssparten – etwa im Bildungs- und Gesundheitswesen – werden die meisten Führungspositionen von Männern ausgeübt.

Auch in der Politik sind Frauen nach wie vor unterrepräsentiert: Im Deutschen Bundestag lag der Frauenanteil 2025 bei 32,4 Prozent, in den Landesparlamenten sieht es ähnlich aus: Hier schwankte der Frauenanteil im Jahr 2024 zwischen 43,9 Prozent im Hamburger Senat und 25,1 Prozent im Bayrischen Landtag.

Der Begriff **„Gender Pay Gap"** bezeichnet den Verdienstabstand zwischen Frauen und Männern und wird oft pro Stunde angegeben. Man unterscheidet zwischen bereinigtem und ungereinigtem Gender Pay Gap. Beim unbereinigten Gender Pay Gap werden die durchschnittlichen Stundenverdienste von Frauen und Männern ohne jegliche Anpassung miteinander verglichen. Hier bleibt z. B. außen vor, dass Frauen öfter in schlechter bezahlten Berufen und häufiger in Teilzeit arbeiten. Solche Aspekte berücksichtigt der bereinigte Gender Pay Gap, der dementsprechend niedriger ausfällt als der unbereinigte (6 Prozent gegenüber 18 Prozent im Jahr 2023).

Die Ursachen für die Benachteiligung von Frauen sind vielseitig:

- Die „**klassische“ Rollenverteilung** in der Familie ist nach wie vor ein großes Hindernis für eine weibliche Karriere. Frauen leisten (vor allem in Haushalten mit Kindern) immer noch deutlich mehr unbezahlte **Care-Arbeit** (Kindererziehung, Haushaltsführung, Pflege von Angehörigen) als Männer (**Gender Care Gap**) und verzichten deshalb z. T. auf eine berufliche Karriere, während Männern immer noch häufig (allein) für das Familieneinkommen verantwortlich sind.
- Auch infolge der oft **schwierigen Vereinbarkeit von Familie und Beruf** steigen viele qualifizierte Frauen vorübergehend aus dem Beruf aus oder wechseln in eine Teilzeitbeschäftigung, während ihre männlichen Peers in Vollzeit arbeiten und Karriere machen können.
- Die **Berufswahl vieler Frauen** wird immer noch von Geschlechterstereotypen beeinflusst: Sie entscheiden sich überwiegend für Berufe, die zum eigenen Geschlecht „passen“ (z. B. Pflege, Erziehung, Lehramt, Dienstleistung). Diese werden oft gesellschaftlich weniger anerkannt und schlechter bezahlt als typisch „männliche“ Berufe (z. B. Technik, Management, Wissenschaft, Handwerk).

Geschlechterstereotype sind Zuschreibungen von Merkmalen zu einer Geschlechtskategorie. Sie sind sozial geteilte Annahmen darüber, welche Merkmale eine Person aufgrund ihres Geschlechts hat oder haben sollte.

Einige Wissenschaftlerinnen und Wissenschaftler gehen davon aus, dass Frauen im Laufe ihrer Berufstätigkeit immer wieder an die **Gläserne Decke** (engl. *glass ceiling*) stoßen. Damit wird eine unsichtbare Barriere bezeichnet, die den Aufstieg von Frauen in Führungspositionen verhindert. Als Ursachen werden neben dem fehlenden Zugang zu informellen Netzwerken vor allem stereotype Rollenvorstellungen gesehen, wonach Frauen aufgrund familiärer Verpflichtungen und bestimmter Zuschreibungen (z. B. einer angeblich stärkeren Emotionalität) angeblich weniger für entsprechende Tätigkeiten geeignet sind als Männer. Außerdem werden Frauen auch strukturell von den (reinen) Männergesellschaften in den Führungsebenen ausgeschlossen, weil hier patriarchale Konventionen und Codes vorherrschen.

M4 Was ist Sexismus?

Die Ungleichbehandlung, Benachteiligung, Ausgrenzung, sowie Ab- oder Minderbewertung von Menschen aufgrund ihres Geschlechts durch Personen oder Institutionen wird als Sexismus bezeichnet. Besonders betroffen sind Frauen, aber auch queere Menschen. So zählen z. B. Vorurteile und Geschlechterstereotype (siehe oben) zu den Einzelphänomenen des Sexismus. Außerdem fallen unter Sexismus alle Verhaltensweisen, die eine Person aufgrund ihres Geschlechts diskriminieren, wie beispielsweise sexuelle Belästigung oder das sog. **Catcalling** (d. h. sexuell besetzte Verhaltensweisen gegenüber dem anderen Geschlecht ohne Körperkontakt, wie z. B. anzügliche Bemerkungen, Hinterherpfeifen, obszöne Gesten).

- Sexismus ist in der Gesellschaft in allen Bereichen zu finden. So ergab z. B. eine Studie aus dem Jahr 2018, dass rund 9 Prozent aller befragten Beschäftigten in den drei zurückliegenden Jahren von sexueller Belästigung am Arbeitsplatz betroffen waren. Auch das sog. **Mansplaining** am Arbeitsplatz wird zunehmend kritisch wahrgenommen. Darunter versteht man die zumeist von Frauen als herablassend empfundenen Erklärungen eines Mannes, der fälschlicherweise davon ausgeht, mehr über den Sachverhalt zu wissen als sein weibliches Gegenüber.
- Sexismus schlägt sich nach wie vor in unterschiedlichen Formen auch in den Medien nieder, z. B. in der sexualisierten Darstellung eines Geschlechts (z. B. in der Werbung) oder durch die Verharmlosung von sexualisierter Gewalt (gegen Frauen) in der Berichterstattung.
- Seit dem Herbst 2017 werden vor allem von Frauen Erfahrungen mit sexuellen Übergriffen, Missbrauch und Diskriminierung unter dem **Hashtag #MeToo** zusammengefasst und in den sozialen Medien geteilt. Kontrovers wird dabei diskutiert, ob Sexismus im Alltag und strafbare Handlungen unter diesem Schlagwort vermischt werden sollten.

M5 Wie haben sich die Rollenbilder gewandelt?

Nichtsdestotrotz lässt sich beobachten, dass sich die noch vorherrschenden Geschlechterstereotypen langsam verändern.

Vor allem im Selbstverständnis der Männer und ihrem Verhältnis zu Familie und Kindern sind Veränderungen zu erkennen:

- Zunehmend begreifen auch Männer die Betreuung ihrer Kinder als persönliche Bereicherung und nehmen die Elternzeit für sich in Anspruch (› Kap. 1.2.4).
- Eltern verstehen Haushalt und Kindererziehung als gemeinsame Aufgaben.
- Immer mehr Männer erkennen, dass die Gleichstellung der Geschlechter eine notwendige und positive Entwicklung für die gesamte Gesellschaft darstellt.

Diese Männer kämpfen aber häufig noch um Anerkennung und werden oft als Ausnahmen wahrgenommen, weil die traditionellen männlichen Lebensentwürfe nach wie vor dominieren. Sie machen nicht selten die Erfahrung, dass ihr Abweichen von der traditionellen Rollenzuweisung mit Ausgrenzung und einem Karrierebruch einhergeht. Noch haben sich neue männliche Leitbilder nicht vollständig durchgesetzt.

M6 Was unternimmt die Politik gegen die Benachteiligung der Frauen?

Kann die Politik den gesellschaftlichen Wandel politisch steuern und beispielsweise über Gesetze die Benachteiligung von Frauen abmildern oder gar ganz abschaffen? Darüber wird immer wieder heftig diskutiert. Seit Ende der 1990er Jahre gibt es mit dem **Gender Mainstreaming** eine Strategie in der Politik für eine geschlechtergerechte Gesellschaft. Gender Mainstreaming bedeutet, in allen gesellschaftlichen und politischen Entscheidungsprozessen die Auswirkungen auf die Lebenssituationen und Interessen von Frauen und Männern systematisch zu berücksichtigen. Die Europäische Union hat sich mit dem Vertrag von Amsterdam Ende der 1990er Jahre zum Gender Mainstreaming verpflichtet und wendet es z. B. bei der Vergabe von Fördergeldern an. Auch Bund, Länder und Kommunen setzen Gender Mainstreaming in unterschiedlicher Form um. So haben z. B. Berlin und Bremen das sog. **Gender Budgeting** eingeführt: Das Ziel der Haushaltspolitik ist es, für Frauen und Männer sowie Mädchen und Jungen den gleichen Zugang zu den öffentlichen Haushaltsmitteln sicherzustellen.

Eine weitere Möglichkeit besteht darin, Gesetze zu verabschieden, die die Benachteiligung in einzelnen Bereichen direkt adressieren (**Gleichstellungspolitik**). So wurde beispielsweise lange über die Einführung einer **Geschlechterquote** (umgangssprachlich auch „Frauenquote" genannt) als Mittel gegen die Unterrepräsentation von Frauen in Führungspositionen in der Wirtschaft diskutiert. Befürworterinnen und Befürworter verwiesen dabei auf die Erfolge, die eine solche Quote in den EU-Partnerländern (z. B. in den skandinavischen Ländern, Frankreich, den Niederlanden) erzielt hatte: Der Frauenanteil war ein wirksames Mittel für mehr Chancengleichheit in den Unternehmen, gleichzeitig wurden Vorurteile gegen Frauen und Geschlechterstereotype abgebaut werden. Gegnerinnen und Gegner der Frauenquote sahen darin nur eine Bevormundung der Unternehmen und befürchteten eine Benachteiligung der Männer, wenn nur noch Frauen bei der Besetzung von Führungspositionen zum Zuge kämen. Deshalb setzte die Politik, vor allem die CDU und CSU, lange Zeit auch auf eine freiwillige Selbstverpflichtung der Unternehmen. Seit dem 1. Januar 2016 gibt es allerdings eine feste Geschlechterquote von 30 Prozent für alle neu zu besetzenden Aufsichtsratsposten in den börsennotierten und voll mitbestimmten Unternehmen (mit mehr als 2000 Mitarbeitenden). Darüber hinaus wurden mehr als 2.000 weitere Unternehmen dazu verpflichtet, eigene Zielgrößen zur Erhöhung des Frauenanteils in Aufsichtsräten, Vorständen und obersten Management-Ebenen zu setzen. 2021 wurde die Regelung nochmals verschärft: Nun müssen auch Vorstände börsennotierter und voll mitbestimmter Unternehmen mindestens eine Frau im Vorstand haben, wenn der Vorstand aus mindestens drei Mitgliedern besteht.

Die Einführung der Geschlechterquote hat vor allem in den Aufsichtsräten der DAX-Konzerne bereits eine Wirkung erzielt: 2024 waren mehr als 40 Prozent der dortigen Posten von Frauen besetzt.

Geschlechterverteilung in den Vorständen der Top 200 deutschen Unternehmen (ohne Finanzsektor) (Stand: 2024)

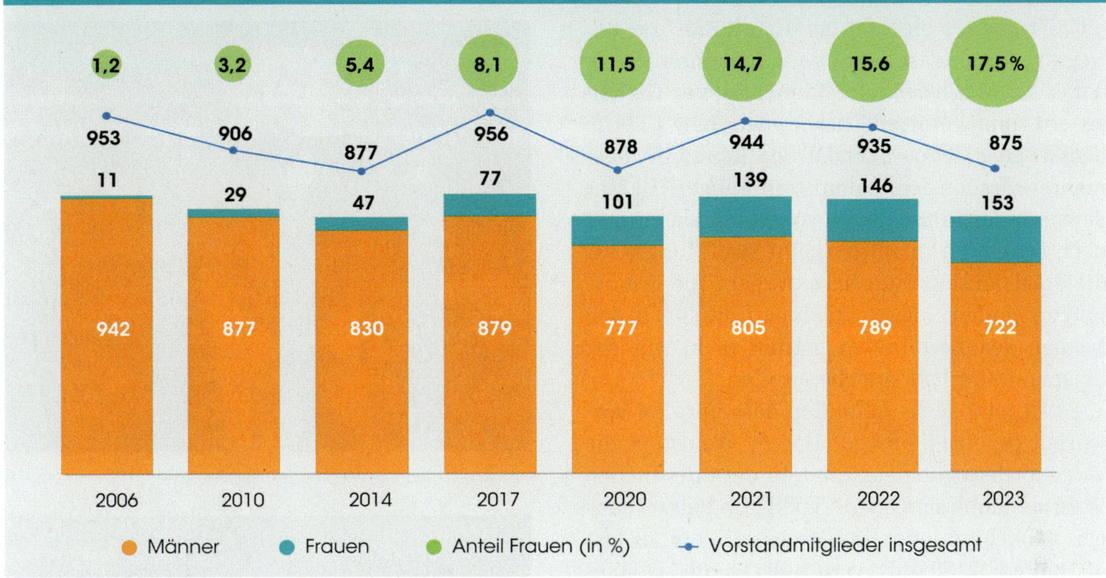

© C.C. Buchner Verlag, aktuelle Daten nach: DIW (Datenerhebung: 2023; Grafikerstellung: 2024)

Dagegen liegt der Frauenanteil in den Vorständen der börsennotierten Konzerne nur bei 19 Prozent. In den 100 größten Familienunternehmen liegt der Frauenanteil in der Geschäftsführung sogar nur bei etwas mehr als 12 Prozent. Ein Grund dafür sei, dass viele Unternehmen der Verpflichtung, eine Zielvorgabe für den Frauenanteil in ihren Vorständen und im oberen Management festzulegen, nicht nachkämen oder ihr Ziel auf Null setzten.

Ein anderes, ebenfalls sehr strittiges Thema ist die **Bekämpfung des Gender Pay Gaps**. Die Lücke zwischen Löhnen und Gehältern verändert sich seit Jahren nicht. Deshalb fordern immer mehr Politikerinnen und Politiker, Gewerkschaften und Verbände die Einführung von mehr Transparenz in den Unternehmen. So ist im Sommer 2017 das „Entgelttransparenzgesetz" in Kraft getreten, das die Forderung nach „gleichem Lohn für gleiche oder gleichwertige Arbeit" umsetzen soll. So müssen Arbeitgeberinnen und Arbeitgeber mit mehr als 200 Beschäftigten auf Anfrage ihren Beschäftigten erläutern, nach welchen Kriterien sie bezahlt werden. In größeren Betrieben bzw. Unternehmen muss regelmäßig über die Einhaltung des Gleichheitsgrundsatzes bei der Bezahlung berichtet werden. Kritikerinnen und Kritiker bemängeln, dass der Auskunftsanspruch nur auf große Unternehmen beschränkt ist und das Gesetz keine direkten Sanktionen vorsieht, wenn Ungleichheiten festgestellt werden.

Aufgaben

72003-113

1. Stellen Sie den Wandel der Geschlechterrollen dar (**M1**, **M3**).
2. Arbeiten Sie mithilfe seriöser Internetquellen aktuelle Zahlen und Statistiken zu den verschiedenen Gender Gaps in Deutschland heraus.
3. Erläutern Sie die verschiedenen Erscheinungsformen des Sexismus (**M4**) mithilfe selbstgewählter Beispiele.
4. Beschreiben Sie Folgen der Unterrepräsentation der Frauen in den Parlamenten (**M6**).
5. Entwickeln Sie ein Konzept, wie Gender Mainstreaming an Ihrer Schule aussehen könnte.

#MeToo – Recht oder Moral?

M1 Warum #MeToo nicht nur ein Fall für die Gerichte, sondern für uns alle ist

[2023] war ein schlechtes Jahr für die #MeToo-Bewegung. Zumindest dann, wenn man ihren Erfolg daran bemisst, wie viele Männer sie vor Gericht gezerrt und verurteilt bekommen hat. [...] Im deutschen #MeToo-Skandal des Jahres, in dem mehrere Frauen dem Rammstein-Sänger Till Lindemann Machtmissbrauch vorwarfen, dauerte es nach den ersten Vorwürfen keine zwei Monate, bis die Staatsanwaltschaft bekannt gab: Die Ermittlungen werden eingestellt. Frauen, die sich in den Medien geäußert hatten, hatten nicht mit der Staatsanwaltschaft sprechen wollen. [...]

Es ist jetzt sechs Jahre her, dass mit den Vorwürfen gegen Filmmogul Harvey Weinstein die #MeToo-Bewegung entstand. In der öffentlichen Wahrnehmung sind nur die knalligen Namen hängen geblieben: Jener von Weinstein, der zu fast 40 Jahren Gefängnis verurteilt wurde, weil er nachweislich mehrere Frauen vergewaltigt hat. Oder der Regisseur Dieter Wedel, dem zwar viel vorgeworfen, am Ende aber nichts bewiesen wurde, weil er starb, bevor es zum Prozess kam. Inzwischen wird #MeToo von vielen als eine Sache der Gerichte gesehen. Dann heißt es oft: Wenn da Straftaten begangen wurden, dann werden das die Ermittlungen schon klären. [...]

Dabei begann #MeToo als digitales Bekenntnis erst tausender und dann hunderttausender Frauen, sexuell belästigt worden zu sein. Es ging um Chefs, die ihre Macht ausnutzten. Um Kollegen, die nachts anzügliche Nachrichten schrieben. Um Bewerbungsgespräche, die in Hotelzimmern stattfanden und, ja, es ging auch um Nötigung und Vergewaltigung und Menschen, die davon wussten, aber nichts davon wissen wollten. Der Kern von #MeToo ist dennoch keine Sache des Rechts, sondern eine Frage der Moral.

Harvey Weinstein hat Schauspielerinnen, die für seine Filme infrage kamen, im Bademantel auf seinem Hotelzimmer getroffen. Das darf er. Till Lindemann soll sich auf seinen Aftershow-Partys gezielt mit jungen Frauen umgeben haben. Das darf er. Männer dürfen Frauen einstellen, weil sie ihnen gerne auf die Brüste glotzen. Nichts davon ist ein Fall für ein Gericht, sondern für unsere Werte.

Wer mehr über Moral erfahren möchte, der kann mit Hanno Sauer sprechen. Der Philosoph lehrt als Professor an der Universität Utrecht Ethik und hat

Produzent Harvey Weinstein vor Gericht

Sänger der Band Rammstein Till Lindemann

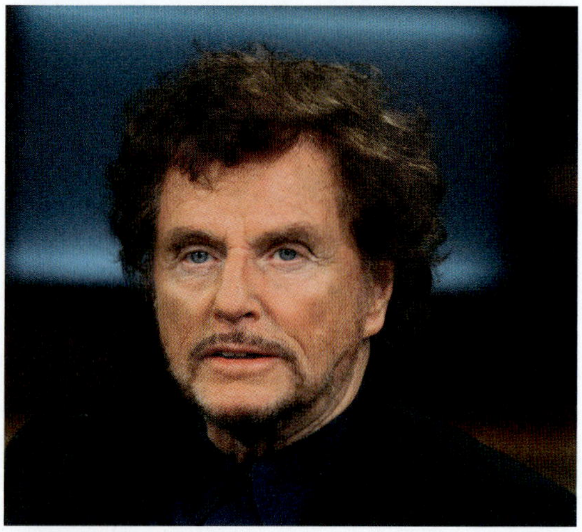

Regisseur Dieter Wedel

einen Bestseller über diese Fragen geschrieben. […] Für ihn ist es „intellektuelle Feigheit", wenn Menschen ihre Haltung ausschließlich an juristischen Normen ausrichten. Also wenn man sich darauf ausruht, dass die Gerichte das schon regeln – und wenn sie nichts zu regeln haben, der Meinung ist, dass es erledigt ist. […] Das Recht ist in unserer Gesellschaft die höchste Instanz. Aber es ist längst nicht die einzige. „Nicht alles, was verboten ist, ist unmoralisch", sagt Hanno Sauer. „Und nicht alles, was unmoralisch ist, ist verboten." […] Das Recht sagt: Alles, was nicht verboten ist, ist erlaubt. Die Moral fragt: Ist alles, was erlaubt ist, auch richtig?

Damit eine Gesellschaft funktioniert, braucht sie gemeinsame Werte. Und die werden nicht durch Gerichtsurteile gebildet, sondern durch öffentliche Debatten darüber, ob man Waffen liefern darf, die Kindergrundsicherung einführt und die Obergrenze für Elterngeldempfänger senkt, oder eben wie damit umzugehen ist, wenn mehrheitlich Frauen von mehrheitlich Männern belächelt, belauert und belästigt werden. […]

Der Rückzug ins Recht ist im Grunde eine moralische Müdigkeit. Ein unterkomplexer Kompass, dessen Nordstern eingestellte Ermittlungen sind. Ob jemand vielleicht trotzdem ein Arschloch ist, auch, wenn er sich juristisch absolut gar nichts hat zu Schulden kommen lassen, fragt man da nicht mehr.

Bevor 1969 das Sexualstrafrecht grundlegend verändert wurde, bestand es aus lauter Gesetzen, die, wenn sie gebrochen wurden, „gegen die Sittlichkeit" waren. Es war verboten, Sex vor der Ehe zu haben. Es war verboten, seinen Ehepartner zu betrügen. Die Moral bestimmte die Gesetze. Es ist gut, dass das heute anders ist. Eine moderne Gesellschaft braucht nicht mehr solche Dinge unter Strafe zu stellen, sondern Vertrauen in sich selbst als wertvolle Instanz. Forscher wissen, dass soziale Sanktionen viel besser wirken als Geldstrafen.

Unsere Werte sind in einer Debatte wie #MeToo auch deswegen so wichtig, weil bestehendes Recht auch bei Straftaten oft nicht weiterkommt. Sexuelle Straftaten sind enorm schwierig zu beweisen, weil sie meistens zwischen zwei Leuten ohne Zeugen geschehen und es am Ende weder Leiche noch gestohlenen Schmuck beim Räuber zu finden gibt. In der Frage, ob Sex einvernehmlich war oder nicht, wird in den meisten Fällen Aussage gegen Aussage stehen. Daran ist nichts zu ändern. „Unser Rechtssystem hat zurecht extrem hohe Standards", sagt Moral-Experte Hanno Sauer. „Aber ich kann finden, dass ein Verfahren korrekt eingestellt wurde und mir trotzdem sicher sein, dass der Mann ein Unhold ist." Und auch dazu kann man sich verhalten. […]

Es ist dann ein gutes Jahr für #MeToo, wenn gesellschaftlicher Wandel erreicht wird, nicht dann, wenn möglichst viele Männer vor Gerichten stehen. Wenn wir es als Gesellschaft eben nicht unbedenklich finden, […] dass niemand mit den Schultern zuckt, obwohl der Chef für die Kollegin nichts als anzügliche Sprüche übrig hat. Ist ja nicht verboten. Dass man eben nicht sagt, dass das ein Fall für die Ermittler ist, sondern als Einzelner und gemeinsam eine Haltung dazu entwickelt, ob so ein Verhalten mit unseren Werten übereinstimmt. […]

Kopatzki, Julia: Warum #MeToo nicht nur ein Fall für die Gerichte, sondern für uns alle ist. In: www.stern.de, 30.12.2023

Aufgaben

72003-114

1. Arbeiten Sie die zentralen Aussagen der Autorin aus **M1** heraus.
2. Erläutern Sie den Zusammenhang von Recht und Moral.
3. Erläutern Sie die Aussage von Hanno Sauer: „Nicht alles, was verboten ist, ist unmoralisch." sowie „Und nicht alles, was unmoralisch ist, ist verboten."
4. Nennen Sie die ausgesprochenen oder unausgesprochenen Regeln gegen Sexismus/sexuelle Diskriminierung an Ihrer Schule und beschreiben Sie, welche ethischen Normen bzw. Grundwerte diese widerspiegeln.
5. Gestalten Sie auf einem Plakat einen Verhaltenskodex für eine sexismusfreie Schule.

1.2.6 Wandel der Arbeitswelt

Leitfragen

- Warum ist Arbeit auch kulturelle Praktik?
- Welche aktuellen Diskussionen und Konflikte gibt es um den Wert der Arbeit?
- Wie fügen sich diese Diskussionen in weitere gesellschaftliche Debatten ein?

M1 Warum ist Arbeit auch kulturelle Praktik?

Arbeit in Form von bezahlter Erwerbsarbeit (Zeit gegen Lohn) ist in unserer Gesellschaft für die meisten Bürgerinnen und Bürger die Regel. Neben diesen rein wirtschaftlichen Aspekten (› Kap. 2.3) ist Arbeit als eine zentrale menschliche Aktivität auch ein wichtiger Gradmesser für gesellschaftliche Debatten und Veränderungen. Ändert sich die Gesellschaft, ändert sich auch der Blick auf Arbeit. Veränderungen der Arbeitswelt haben meistens auch tiefgreifende Auswirkungen auf die Gesellschaft (› Kap. 3.2 Marxismus). Während der Antike und dem Mittelalter sah insbesondere die Oberschicht mit Verachtung auf die profane, langweilige und körperlich anstrengende (Feld-) Arbeit herab und delegierte sie an die unfreie Schicht aus Leibeigenen. Erst später wies der Protestantismus der Arbeit und insbesondere dem mit ihr erreichten materiellen Erfolg eine besondere Bedeutung zu: Arbeit sei göttlich und wer mit ihr wirtschaftlichen Erfolg hat, dem sei Gott gewogen. Lösten neue Produktionsformen wie Fabriken den Handwerksbetrieb ab, schufen sie neue Gesellschaftsgruppen wie Industriearbeiter mit eigenen Milieus und Organisationen wie Gewerkschaften. Mit dem Wandel zur Dienstleistungsgesellschaft entstanden neue, wissensbasierte Berufe wie Investmentbankerin, Informatiker und Unternehmensberaterin. Hier entstanden aus neuen Berufen auch neue, kollaborative Arbeitspraktiken mit flacheren Hierarchien – und auch teilweise entgrenzten Arbeitszeiten gegenüber der zeitlich fixierten Schichtarbeit. Angehörige dieser Berufsgruppen propagierten teilweise die langen Arbeitszeiten als Statussymbol für besondere Leistungsfähigkeit (*work hard, play hard*). Arbeit kann daher vieles sein: unwürdige Tätigkeit, ein Weg zu Gott oder ein Statussymbol. Abseits der rein wirtschaftlichen Tätigkeit ist Arbeit damit auch **kulturelle Praktik**. Denn sie besteht auch aus Ritualen, Sprache und erwarteten Verhalten. Regelmäßige Meetings im Team und mit dem Vorgesetzten, die für Außenstehende teilweise kaum verständliche Fachsprache aus Abkürzungen und Begriffen einiger Berufe sowie auch teilweise ungeschriebene Regeln wie Dresscode sind hier Beispiele.

M2 NiEMand WiLl mEhR ARbeItEn?

Der Konflikt um die Rolle von Arbeit als Wert an sich außerhalb der reinen Lohnarbeit gewann in Deutschland 2025 mit dem Regierungsantritt von Friedrich Merz an Fahrt. Deutschlands Wirtschaftswachstum und Haushaltsüberschuss der Vorjahre hatte sich mit dem Beginn des Angriffskriegs Russlands auf die Ukraine ab 2022 in eine leichte Rezession und ein steigendes Defizit verwandelt. Die neue Große Koalition erbte von der gescheiterten Ampel-Regierung aus SPD, FDP und Grünen nun eine angespannte wirtschaftliche Lage.

Der neue Bundeskanzler stellte in mehreren Interviews grundlegende Änderungen am Arbeitszeitgesetz zur Belebung der Wirtschaft in Aussicht: Der Acht-Stunden-Tag solle durch eine wöchentliche Arbeitshöchstdauer ersetzt werden. Rentnerinnen und Rentner sollen in der Aktivrente noch 2000 Euro steuerfrei pro Monat dazuverdienen können; dies könne auch den Fachkräftemangel abmildern.

Neben diesen Gesetzesinitiativen startete Friedrich Merz noch eine breitere gesellschaftliche Debatte in den Medien. Seine Argumente: Mit Work-Life-Balance dank Teilzeitarbeit, Homeoffice oder gar einer Vier-Tage-Woche sei die Krise nicht zu überwinden. Vielmehr müsse in Deutschland effizienter, aber vor allem auch deutlich mehr und härter gearbeitet werden, um dauerhaft Wirtschaftswachstum und Wohlstand sicherzustellen.

Wirtschaftliche Eckdaten für Deutschland
Stand: 2025

73000-942

	Einheit	2018	2019	2020	2021	2022	2023	2024	2025[5]	2026[5]
Bruttoinlands-produkt[1]	%	3,1	3,1	–3,0	2,6	1,9	–0,3	–0,2	0	1,0
Bruttoinlandsprodukt pro Einwohner[1]	%	2,8	2,9	–4,9	2,8	1,1	–1,1	–0,5	–0,1	0,9
Leistungs-bilanzsaldo[2]	%	6,8	6,4	5,4	4,8	6,1	5,6	5,7	3,6	3,2
Erwerbstätige	**Tausend**	**44.858**	**45.268**	**44.898**	**44.920**	**45.374**	**46.011**	**46.082**	**46.050**	**46.076**
Sozialversicherungs-pflichtig Beschäftig-te	**Tausend**	**32.870**	**33.407**	**33.322**	**33.802**	**34.445**	**34.790**	**34.932**	**34.792**	**35.042**
Registrierte Arbeitslose[3]	Tausend	2.340	2.267	2.695	2.613	2.418	2.609	2.787	2.926	2.872
Arbeitslosenquote[3]	%	5,2	5,0	5,9	6,3	5,3	5,7	6,0	6,2	6,1
Verbraucherpreise[1]	%	1,8	1,4	0,5	3,2	7,9	5,7	2,2	2,1	2,0
Finanzierungssaldo[4] des Staates	%	1,9	1,5	–4,3	–3,6	–2,6	–2,1	–2,8	–2,5	–3,4

[1] = nominales Wachstum gegenüber Vorjahr | [2] = in Relation zum nominalen BIP | [3] = Statistik der Bundesagentur für Arbeit
[4] = in Relation zum nominalen BIP | [5] = Prognose des Sachverständigenrates, Mai 2025

© C.C. Buchner Verlag, aktuelle Daten nach: Prognose Sachverständigenrat Jahresgutachten (Datenerhebung: 2025; Grafikerstellung: 2025)

Erwerbstätigenquote der 65–69-Jährigen in Deutschland in Prozent (Stand: 2025)

73000-943

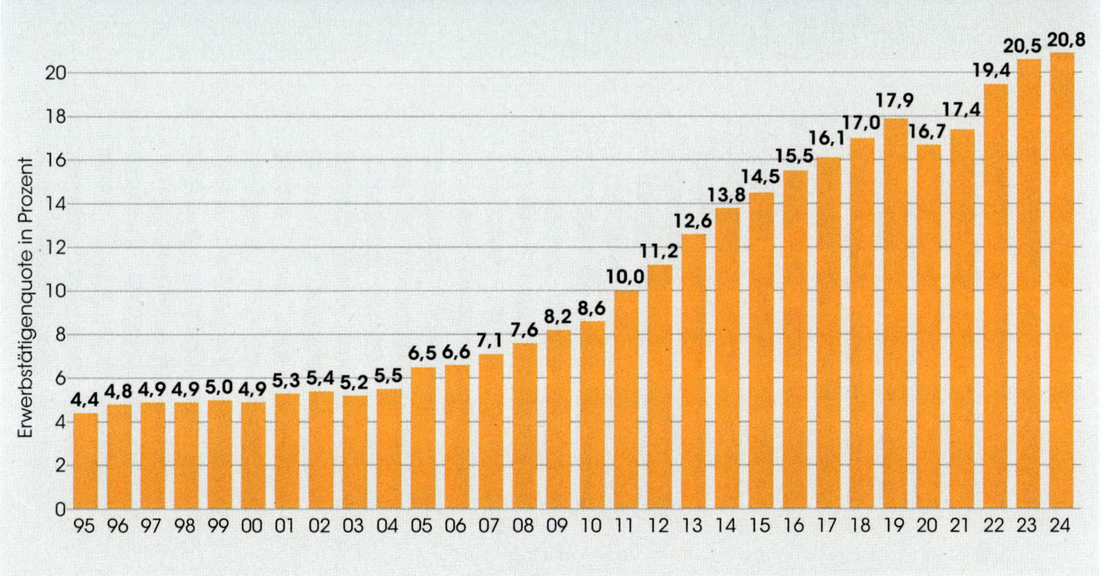

© C.C. Buchner Verlag, aktuelle Daten nach: Eurostat (Datenerhebung: 2024; Grafikerstellung: 2025)

Merz‘ Vorstoß stieß zwar auf Zustimmung bei Arbeitgeberverbänden und einigen Volkswirten, rief allerdings auch zahlreiche Kritikerinnen und Kritiker auf den Plan. Diese warfen ihm mehrere Argumentationsfehler vor, die allesamt ihren Ursprung in Fehlinterpretationen von Statistiken wie auch einer Verengung des Arbeitsbegriffs hätten.

Zunächst habe Merz die große Anzahl aufgelaufener und teilweise unbezahlter Überstunden der Beschäftigten nicht erwähnt. In vielen Branchen mit Fachkräftemangel seien diese bereits die Regel; Mehrarbeit finde also bereits statt. Der Mangel an Arbeitskräften hier sei auch nicht durch eine Aktivrente zu beheben, vielmehr seien Gehälter und Arbeitsbedingungen zu verbessern. Körperlich anstrengende Schichtarbeit in der Kranken- und Altenpflege sei ebenfalls nicht mit diesen Aktivrentnern zu leisten. Ebenso kritisierten Arbeitsmediziner die Abkehr vom Acht-Stunden-Tag als massives Erkrankungsrisiko und Belastung für das Gesundheitssystem.

Darüber hinaus stagniere die Zahl der geleisteten Arbeitsstunden und das erwirtschaftete BIP bei steigender Anzahl von Erwerbstätigen in Deutschland – im Umkehrschluss bedeute dies, dass die Produktivität pro Person sinke. Mehr Arbeit würde dies nicht auflösen, sondern vor allem effizientere Arbeit. Auch warnten Expterinnen und Experten vor einer Fehlinterpretation internationaler Vergleichsstatistiken zu Arbeitsstunden: Diese sagten ebenfalls nichts zur Effizienz der geleisteten Stunden.

Schließlich fokussierten sich Merz und seine Unterstützerinnen und Unterstützer exklusiv auf jene Arbeit, die sich direkt in der Volkswirtschaftlichen Gesamtrechnung und damit im Bruttoinlandsprodukt (› Kap. 2.1) niederschlage: Die insbesondere von Frauen geleistete **Care-Arbeit** in Haushalt, Pflege und Familie tauche in seinen Debattenbeiträgen und auch den Statistiken, auf die er sich bezog, nicht auf. Der Mangel an Kita-Plätzen (vor allem in Westdeutschland) und Ganztagsschulen (› Kap. 1.2.4) zwinge Mütter schlichtweg in die Teilzeitarbeit, dies sei keine Entscheidung des Lebensstils. Ebenso begehren jüngere Arbeitnehmerinnen und Arbeitnehmer gegen eine von der Baby-Boomer-Generation aufgezwungene Arbeitskultur auf: Arbeit um der Arbeit willen und regelmäßige Überstunden seien nicht mehr zeitgemäß und ungesund.

Die Ausführungen zu der Diskussion oben, die vordergründig allein um Wirtschaftswachstum und Arbeitszeiten geführt wird, zeigt die zentrale gesellschaftliche Funktion von Arbeit. Zwar geht es auch um Gehalt und Arbeitsbedingungen, aber auch um Familie, Frauenrechte sowie den Ausgleich zwischen den Generationen und deren Vorstellungen von einem guten Leben.

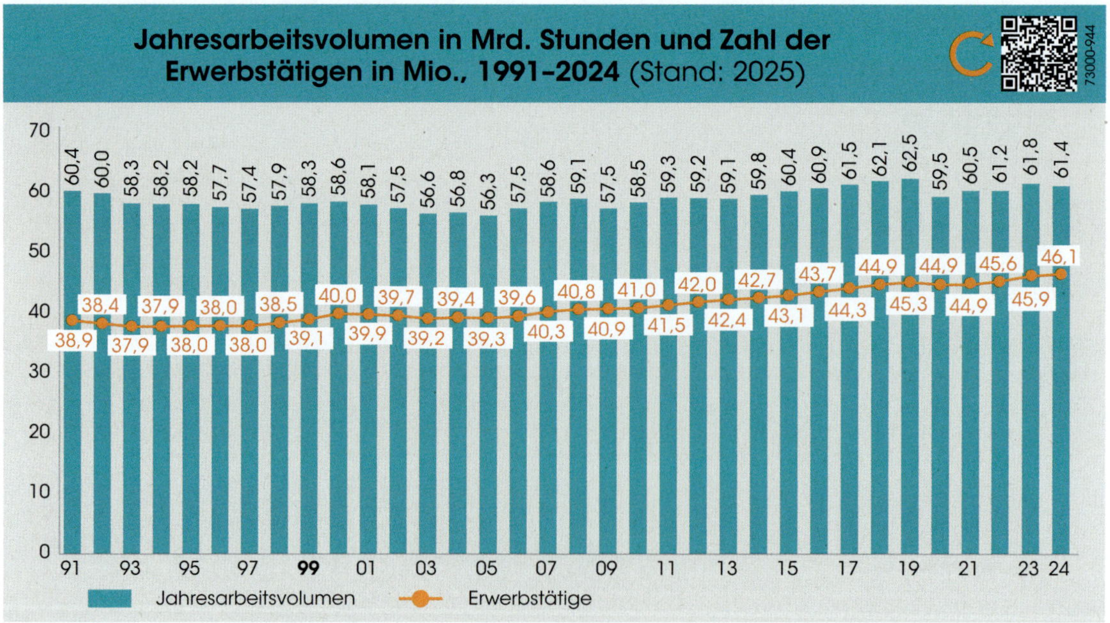

© C.C. Buchner Verlag, aktuelle Daten nach: DESTATIS (Datenerhebung: 2024; Grafikerstellung: 2025)

Durchschnittliche Arbeitsstunden pro Jahr pro Erwerbstätiger (Stand: 2025)

73000-945

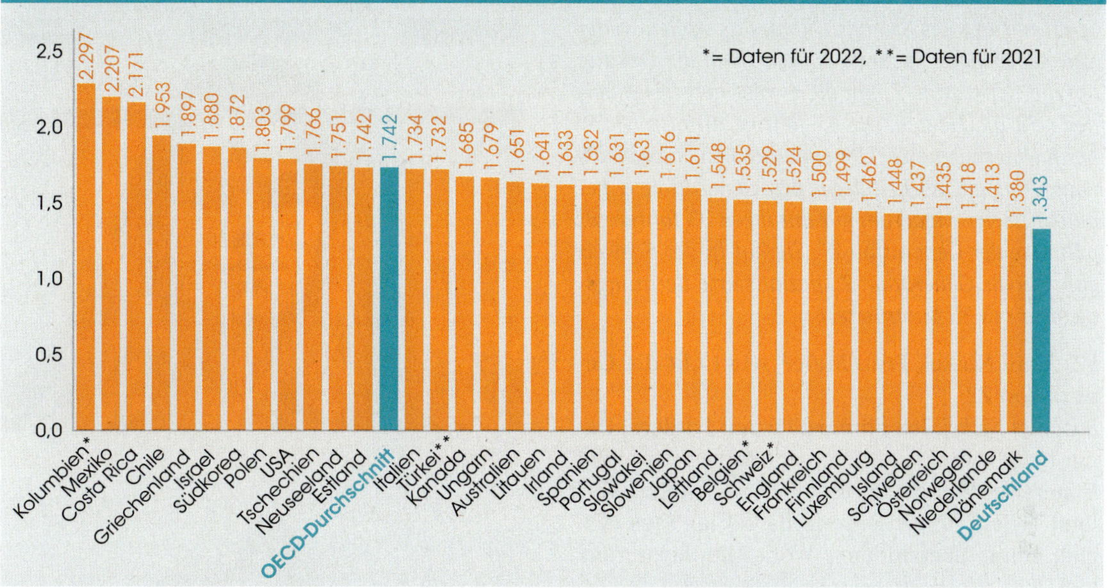

© C.C. Buchner Verlag, aktuelle Daten nach: OECD (Datenerhebung: 2024; Grafikerstellung: 2025)

Fehlende Betreuungsplätze für Kinder unter drei Jahren nach Bundesländern in Prozent (Stand: 2025)

73000-946

Anteil der Kinder unter drei Jahren, die **keinen** Betreuungsplatz haben, nach Bundesländern

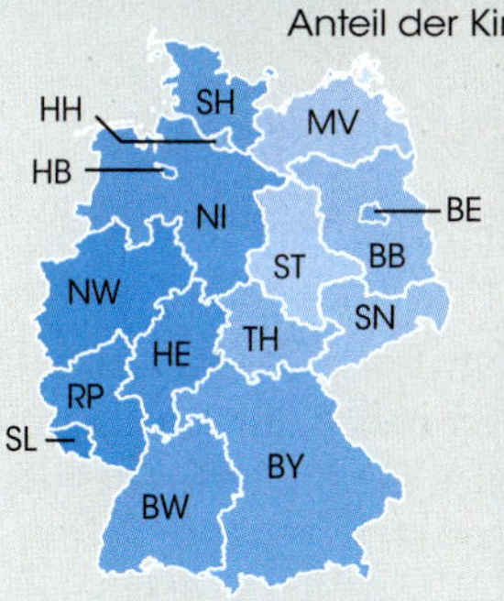

20,5 %	Saarland	13,4 %	Bayern
20,2 %	Bremen	10,8 %	Berlin
19,2 %	Nordrhein-Westfalen	8,3 %	Hamburg
18,9 %	Rheinland-Pfalz	7,9 %	Thüringen
17,4 %	Hessen	5,7 %	Brandenburg
16,6 %	Niedersachsen	5,3 %	Sachsen
14,7 %	Schleswig-Holstein	4,2 %	Mecklenburg-Vorpommern
13,7 %	Baden-Württemberg	4,1 %	Sachsen-Anhalt

Im Jahr 2024 fehlen rund **425 665** Kitaplätze in Deutschland.

© C.C. Buchner Verlag, aktuelle Daten nach: BMFSJ, DESTATIS, eigene Berechungen (Datenerhebung: 2025; Grafikerstellung: 2025)

Aufgaben

72003-115

1. Erläutern Sie Beispiele für Arbeit als kulturelle Praktik (**M1**) aus Ihrem direkten Umfeld (Schule, Familie, Nebenjob).
2. Analysieren Sie die Diagramme in **M2** mit Blick auf die Erwerbstätigenquote, die Erwerbstätigenzahlen und die durch sie geleisteten Arbeitsstunden.
3. Erörtern Sie Merz‘ Vorschlag längerer Arbeitszeiten (**M2**).
4. Gestalten Sie eine politische Rede aus der Perspektive eines Befürworters bzw. einer Gegnerin längerer Arbeitszeiten.

Arbeit – ein Generationenproblem?

M1 „Die Generation Z packt nicht mit an"

Streit nur um des Streites willen, das wollen weder Yaël Meier noch Susanne Nickel. Doch die Debatte um die Generation Z, um die es hier geht, liegt beiden sehr am Herzen. Die 55-jährige Autorin Nickel berät Unternehmen bei Personalthemen. Sie hat sich einen Namen als Kritikerin der Generation Z gemacht. Meier wiederum gilt mit ihren 23 Jahren als „Stimme der Generation Z". Sie hat in der Schweiz eine auf die Generation Z spezialisierte Beratungsagentur mit 35 Mitarbeitern.

Yaël Meier

Susanne Nickel

SZ: Frau Nickel, Frau Meier, wie tickt die Generation Z?
Susanne Nickel: Ich höre bei ihr nur Fordern. Daher heißt mein neues Buch zur Arbeitsmoral der Generation Z auch „Verzogen. Verweichlicht. Verletzt". Viele junge Leute fordern Vier-Tage-Woche, keine Überstunden, Work-Life-Separation, viel Geld, dabei sind sie schnell überlastet und bei der ersten Kritik sofort wieder weg.

Yaël Meier: Junge Leute sind motiviert und ambitioniert. Aber durch den Fachkräftemangel hat sich das Machtverhältnis verschoben. Wir können die Arbeit so gestalten, wie wir das wollen. Eine repräsentative Studie zeigt: Eine Vier-Tage-Woche, flexible Arbeitszeiten oder Work-Life-Balance wünschen sich alle Menschen. Trotzdem werden nur der Generation Z diese hohen Ansprüche vorgeworfen. Daher würde ich nicht sagen, die Generation Z ist fordernd – sie ist laut.

Manche sagen: Die sind vor allem faul.
Nickel: Faul ist das falsche Wort. Es gibt natürlich auch viele, die sehr fleißig sind. Aber die Bedeutung von Arbeit ist eine andere, der Wert von Arbeit hat sich verändert. Die Boomer leben, um zu arbeiten. Die Generation Z hat da einfach eine andere Vorstellung: erst leben, dann arbeiten. Als ich mit meinem Jurastudium fertig war, habe ich hundert Bewerbungen geschrieben, bis ich einen Job hatte. Heute können sich die Absolventen aussuchen, wo sie arbeiten.

Frau Nickel hat gerade sagt, die Generation Z sei „verzogen, verweichlicht, verletzt". Frau Meier, was sind Ihre drei Wörter für Ihre Generation?
Meier: Mutig, optimistisch, unangenehm. Junge Menschen wollen Dinge zum Positiven verändern. Aber sie steigen in einen Arbeitsmarkt ein, der seit Jahrzehnten derselbe ist. Sie akzeptieren den Status quo nicht und stellen eben Forderungen, wie sie arbeiten wollen. Das führt zu Reibungen. Dafür müssen wir gemeinsame Lösungen finden.

Nickel: Bestenfalls ist die Generation Z der Booster des Kulturwandels. Schlimmstenfalls fordert sie,

Die Generationen nach Jahrgang im Überblick:
- Babyboomer: geboren 1945/50 bis 1965
- Generation X: geboren 1965 bis 1980
- Generation Y/Millennials: geboren 1980 bis 1995
- Generation Z: geboren 1995 bis 2010
- Generation Alpha: geboren 2010 bis 2025

Die Zuschreibung der Generationen ist fließend und kann leicht variieren.

was sie will, ohne Rücksicht auf Verluste – nach dem Motto: Welches Sahnestückchen nehme ich jetzt. Da können schnell schon mal Auswahldepressionen entstehen. Die Generation Z darf doch nicht nur ihr eigenes Ego sehen. Da geht die Demut vor der Arbeit verloren, der Respekt vor den anderen Generationen, die viel geschafft haben.

Demut – ein schönes altes Wort, passt das überhaupt?
Meier: Demut ist nicht, was die Wirtschaft und Gesellschaft vorwärtsbringt.

Nickel: Doch, Demut haben heißt, nicht nur mein Ego in den Vordergrund zu stellen. Nur, weil ich es eben kann. Sondern mich auch einmal anzupassen und die Ärmel hochzukrempeln, um Ziele im Unternehmen zu erreichen. Die Generation Z sollte sich auch mal ein Stück zurücknehmen. In meiner Generation hat man erst gearbeitet und dann gefordert, heute ist es plötzlich umgekehrt. Ich glaube, Sie, Yaël Meier, ticken als Unternehmerin eher wie ich und arbeiten sehr viel. Aber das ist in Ihrer Generation nicht die Norm.

Meier: Ich glaube nicht, dass die meisten jungen Leute nicht mehr arbeiten oder leisten wollen. Das sieht man zum Beispiel daran, dass die Jugendarbeitslosigkeit in den vergangenen Jahren auf einem Rekordtief war. Außerdem wollen 60 Prozent der Gen Z einer Studie zufolge mehr Verantwortung im Job. Ich erwarte, dass sich die Wirtschaft wandelt und auch jungen Menschen mehr Verantwortung gibt.

Nickel: Viele junge Leute wollen flexibel arbeiten, mitbestimmen und frei gestalten. Aber sie lehnen es ab, Führungsverantwortung zu übernehmen. Das nämlich heißt: die Extrameile gehen, unangenehme Entscheidungen treffen, mehr arbeiten. Ich berate viele Unternehmen, und die Personalverantwortlichen sagen mir immer öfter, dass junge Leute nicht führen wollen.

Meier: Die Zahlen zeigen aber ein anderes Bild. Von denjenigen der Generation Z, die Verantwortung übernehmen wollen, definiert diese jeder Zweite als Führungsverantwortung. Das ist viel, denn nicht alle müssen Chef oder Chefin werden. An zweiter Stelle steht, sich einbringen zu können. Leider fühlt sich jedoch jeder dritte der Gen Z im Job nicht ernst genommen – und zwar aufgrund seines Alters.

War das nicht früher auch schon so?
Nickel: Jeder sollte ernst genommen werden. Wir müssen gemeinsam das Problem mit dem Fachkräftemangel in den Griff bekommen. Die Boomer gehen in Rente, und es kommen immer weniger junge Leute nach. Wir brauchen Menschen, die mit anpacken. In aktuellen Studien stellt sich die Generation Z selbst ein schlechtes Zeugnis aus. Knapp 50 Prozent bezeichnen sich als nicht so leistungsfähig.

Meier: Es ist doch nicht gut, weil es schon immer so war. Den Fachkräftemangel in den Griff zu bekommen, das heißt doch: Auf junge Talente setzen und sie ernst nehmen. Und deshalb muss man jungen Leuten zuhören und sich mit ihnen und ihren Wünschen auseinandersetzen.

Nickel: Wir müssen schauen, wer will und wer nicht, wer stellt horrende Forderungen? Der Anteil der Generation Z, der zu viel will, zu selbstbewusst und zu fordernd ist, ohne etwas zu leisten, floppt in der Arbeitswelt.

Ist der Wohlstand Deutschlands also in Gefahr mit der Generation Z?
Nickel: Das ist leider die Konsequenz – ja.

Meier: Natürlich nicht. Die Generation Z ist die Antwort darauf, wie wir unseren Wohlstand erhalten und ausbauen können. Keine Generation war je so gut ausgebildet wie wir. Wie sollen wir den Wohlstand gefährden?

Nickel: Wir hatten selten so viele Menschen, die so viel fordern und sich so wenig integrieren wollen. So lösen wir den Fachkräftemangel nicht. Die Generation Z packt eben nicht richtig an. Ich spreche mit vielen Führungskräften, die erzählen mir: Da unterzeichnen die jungen Menschen Arbeitsverträge und tauchen am ersten Arbeitstag gar nicht auf. Das meine ich auch mit Demut. Wenn ich einen Arbeitsvertrag unterzeichnet habe und dann ein besseres Angebot bekomme, dann sage ich doch wenigstens ab.

Frau Meier, was sagen Sie dazu: Warum machen das manche aus der Generation Z?
Meier: Ich verurteile das, das ist kein faires Verhalten. Man kann aber weder von einer Mehrheit ausgehen, die so etwas tun würde, noch es einer gesamten Generation zuschreiben. Grundsätzlich haben hohe Forderungen nichts mit fehlender Leistungsbereitschaft zu tun. Sondern mit den

vielen Möglichkeiten, die Bewerbende haben. In diesem Sinne ist Fordern wie Demut: Beides muss man sich heute leisten können.

Nickel: Mehr als 90 Prozent der deutschen Firmen hatten schon mit so einem Bewerber-*Ghosting* zu tun, zeigen Untersuchungen. Aber wenn ich junge Menschen habe, die gar nicht erst erscheinen oder zu spät kommen, kostet das die Unternehmen viel Geld. Manchmal muss man die jungen Leute „nachbeeltern", weil sie noch nicht so ganz erwachsen sind. Damit werden Unternehmen Reparaturbetriebe für Eltern.

Es gibt auch dieses Klischee: Junge Leute wollen keine Chefs mehr, die wollen Coaches. Stimmt das?

Meier: Diese Entwicklung finde ich total gut. Die Rolle des Chefs oder der Chefin verändert sich, man sollte nicht mehr von oben herab Befehle erteilen. Man sollte die jungen Menschen weiterentwickeln und ihnen Perspektiven aufzeigen. Dann bleiben sie auch motiviert, lange bei einem Unternehmen zu bleiben.

Nickel: Ich bilde seit Jahren Führungskräfte als Coaches aus. Ich sage den Unternehmen: Wenn sie die Generation Z halten wollen, dann müssen sie diese coachen. Weil es eine sehr wertschätzende Art ist, Menschen weiterzuentwickeln. Manche aus der Generation Z kommen aber zu mir und verlangen regelrecht einen Coach. Da frage ich mich: Geht es ihnen darum, sich selbst zu entwickeln? Denkt jeder nur an sein Ego? Es geht ja auch darum, mal ranzuklotzen, Projekte zu schmeißen, mal Überstunden zu machen.

Was könnten andere Lösungsansätze sein?
Nickel: Generationsmediation ist da auch sehr wichtig, also das Vermitteln zwischen allen Generationen. Damit es nicht heißt: „Die anderen ...", sondern damit man auch miteinander spricht. Eine Gen-Z-lerin hat mir mal gesagt: Mir wurde von klein auf gesagt, dass ich sowieso keine Rente bekomme. Wieso soll ich dann so viel arbeiten? Ein Babyboomer sagte mir: Wir haben jahrelang auf ein Fernsehgerät gespart, die jungen Leute haben mit 14 das fünfte iPhone. Da gibt es auch einen Generationsneid. Und diesen Neid kann man mit solchen Gesprächen vermeiden oder vermindern.

Meier: Ich finde *Reverse Mentoring* auch sehr wichtig. Im Kern geht es dabei darum, dass man immer voneinander lernen kann. Heute korreliert Erfahrung ja auch nicht mehr immer mit dem Alter. Junge Menschen können in gewissen Themen erfahrener sein – zum Beispiel bei neuen Technologien. Dann muss man sie aber trotz ihres Alters ernst nehmen und ihnen zuhören. Heute fällt es Menschen noch immer schwer, eine jüngere Chefin zu akzeptieren. [...]

Nickel: [...] Die Generation Z ist die Zukunft, deswegen möchte natürlich keiner öffentlich sagen, dass er sich über sie ärgert. Ich glaube, die Generation Z hat auch eine Verantwortung, diesen Wandel in der Arbeitswelt anzutreiben, aber auch mitzumachen.

Frau Meier, gibt es diese Verantwortung?
Meier: Ich denke schon, dass die Generation Z dieser Verantwortung gerecht wird. Sie steigt aber gerade erst in den Arbeitsmarkt rein und muss da noch hineinwachsen. Dafür brauchen wir erfahrene Menschen, die uns an die Hand nehmen, statt die Faust zu zeigen. [...]

Busse, Caspar/Würminghausen, Paulina: „Die Generation Z packt nicht an". In: www.sz.de, 01.02.2024

Aufgaben

72003-116

1. Vergleichen Sie die Positionen der beiden Interviewten mit Blick auf die Forderungen und die Arbeitsmoral der Babyboomer und der Generation Z.
2. Begründen Sie, ob es gerechtfertigt ist, dass die Generation Z so hohe Anforderungen stellt, bevor sie in die Arbeitswelt einsteigt.
3. Überprüfen Sie, ob Ihre eigene Einstellung zur Arbeit und die damit verbundenen Werte mit denjenigen der Generation Z übereinstimmen.
4. Die Generation Z fordert u. a. eine Vier-Tage-Woche. Erörtern Sie diese Forderung aus individueller, öffentlicher und systemischer Perspektive.

1.2.7 Wertewandel

Leitfragen

Woher wissen wir, an welchen Werten sich die Individuen und die Gesellschaft orientieren?

Wie lassen sich Werte und Wertorientierungen überhaupt messen?

Warum verändern sich Wertorientierungen?

M1 Wie verändern sich Werte?

Werte legen allgemeine Ziele fest und bilden einen Orientierungsrahmen für das Handeln. Wie wir handeln, hängt in hohem Maß von dem ab, was wir als Wert erachten (› Kap. 1.1.1). Jede und jeder von uns hat eigene Wertvorstellungen; was für den einen ein Wert ist, muss für den anderen noch lange nicht wichtig sein. Pünktlichkeit und Verlässlichkeit können beispielsweise dem einen wertvoll sein, der anderen jedoch nicht.

Die individuellen Wertvorstellungen verändern sich i.d.R. im Laufe des Lebens. Dies geschieht vor allem beim Übergang von der Kindheit zum Ju-

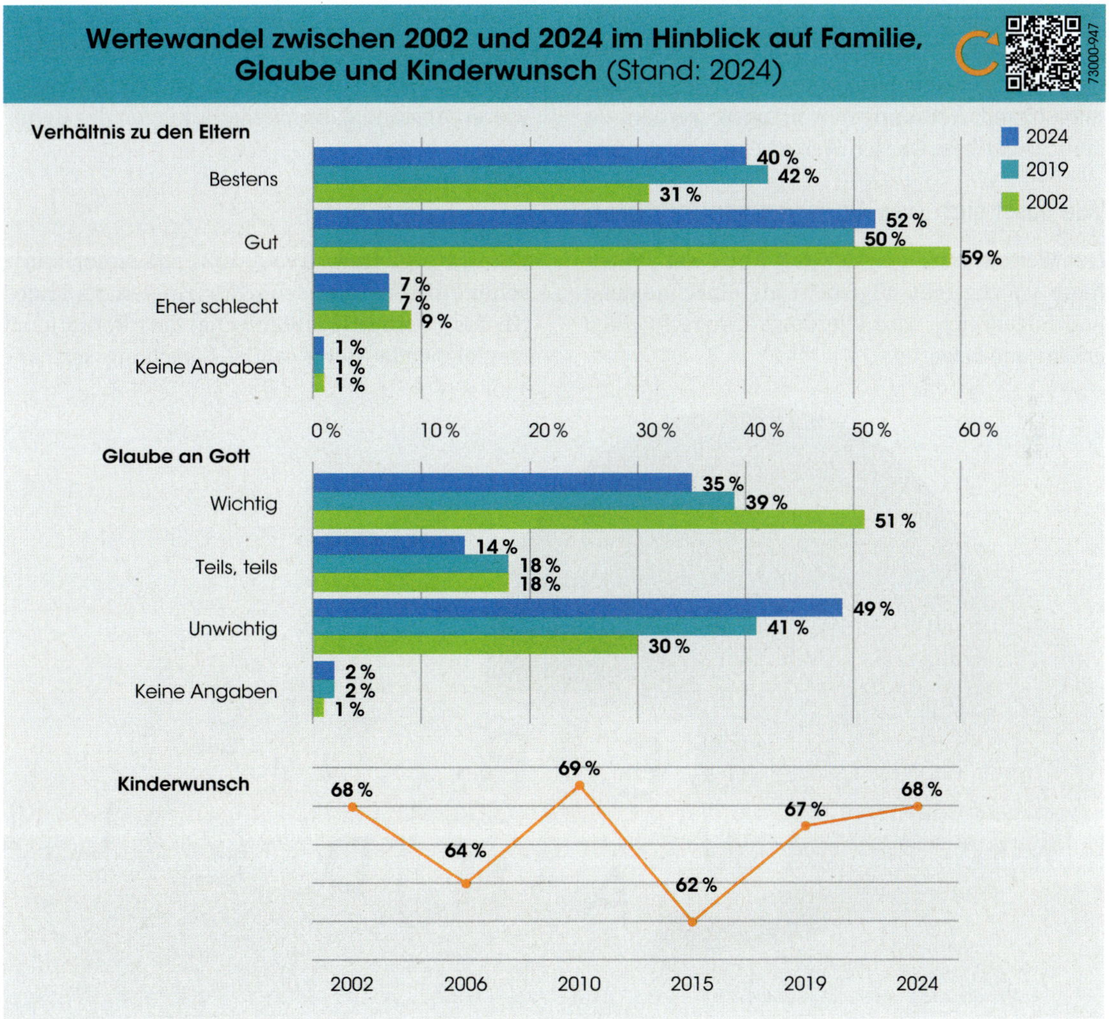

© C.C. Buchner Verlag, aktuelle Daten nach: Shell Jugendstudie 2019, 2024 (Datenerhebung: 2019, 2024; Grafikerstellung: 2024)

gendalter und dann wieder zum Erwachsenenalter. Damit sie wirksam werden, müssen sie von den Individuen internalisiert, d.h. verinnerlicht werden. Werte sind keine unveränderlichen Größen, vielmehr unterliegen sie dem gesellschaftlichen Wandel. Auf die Frage, unter welchen Umständen sie sich jedoch genau verändern, gibt es keine eindeutige Antwort. So kann der Wertewandel z. B. durch staatliches Handeln eingeleitet und vorangetrieben oder auch durch die wirtschaftliche Entwicklung beeinflusst werden. Manche Werte ändern sich schnell, andere hingegen haben eine große Beharrungskraft. Die Wissenschaftlerinnen und Wissenschaftler sind sich jedoch darin einig, dass keine Werte ewig Bestand haben und somit universell gültig sind.

Für das politische System und die sozialen Systeme hat der Wertewandel eine zentrale Bedeutung: Verändert sich das Verhältnis der Gesellschaft zu Werten wie Solidarität, Freiheit oder Gerechtigkeit, beeinflusst dies sowohl den politischen Meinungsbildungs- wie Entscheidungsprozess wie auch den gesellschaftlichen Zusammenhalt.

M2 Kann man Werte messen?

Einstellungen oder Werte lassen sich nicht direkt beobachten oder messen. Dennoch kann man sie erfassen, indem man Wertentscheidungen, die sich in bestimmten Handlungen oder Äußerungen ausdrücken, registriert. Dabei ist es aber notwendig, die soziale Situation, in der diese Handlungen und Äußerungen vollzogen werden, zu berücksichtigen. Ob sich Werte tatsächlich verändern, kann man nur beurteilen, wenn man auch die Veränderungen der gesellschaftlichen Rahmenbedingungen beachtet. Mit einer einmaligen Erhebung von Werten kann man den Wertewandel selbstverständlich nicht nachweisen. Hierzu benötigt man eine Basiserhebung und mit einem gewissen Abstand dann Wiederholungen der Befragung.

M3 Wie lässt sich der Wertewandel erklären?

Der Wertewandel, der sich seit Mitte der 1960er Jahre vollzog, gilt allgemein als einschneidend und folgenreich, wird allerdings unterschiedlich erklärt und bewertet:

Ronald Inglehart (1934–2021, US-amerikanischer Politikwissenschaftler): Ingleharts **Theorie des Postmaterialismus** hat die international vergleichende Wertewandel-Forschung seit An-

Wertewandel kommt nicht so abrupt wie die Würfel aus dem Becher, sondern meist mit einem Generationenwechsel der Bevölkerung.

Professor Ronald Inglehart

fang der 1970er Jahre maßgeblich geprägt. Sie basiert auf einer sehr breiten Datenbasis, die über einen langen Zeitraum erhoben wurde. Er geht von einem tiefgreifenden Wertewandel in den westlichen Industriestaaten aus, der sich zwischen den Generationen beobachten lasse: Während die ältere, in schwierigen Zeiten aufgewachsene Generation „materialistische" Werte (z. B. wirtschaftliches Wachstum, Wohlstand, Preisstabilität, Aufrechterhaltung von Ruhe und Ordnung in Staat und Gesellschaft) vertrete, wende sich die in Wohlstand aufgewachsene Jugend zunehmend „postmateriellen Werten" (z. B. Selbstentfaltung, Autonomie, Demokratisierung, Umweltschutz) zu. Inglehart erklärt diesen Wertewandel mit zwei Hypothesen:

- der **Mangelhypothese**, nach der mit Befriedigung der grundlegend materiellen Bedürfnisse (Abwesenheit von Krieg, wirtschaftlicher Aufschwung, soziale Sicherheit, Bildung), die Neigung zu postmateriellen Werten zunimmt;
- die **Sozialisationshypothese**, wonach die im Wohlstand aufwachsenden Generationen in ihren Kindheits- und Jugendjahren stärker postmaterielle Werte entwickelten und verinnerlichten als „Mangelgenerationen".

Dieser Wertewandel gehe einher mit einer zunehmenden Politisierung der Gesellschaft insgesamt und sei somit ein evolutionäres Ergebnis, das sich so in allen Industriestaaten – also auch in Deutschland – durchsetzen werde. Insgesamt werten Inglehart und die in seinem Sinn forschenden Wissenschaftlerinnen und Wissenschaftler den Wertewandel als gesellschaftlichen Fortschritt.

Helmut Klages (*1930, deutscher Soziologe und Verwaltungswissenschaftler): Auch Klages geht von einem Wertewandel aus. Er leitet seine Theorie aus der Erforschung der elterlichen Erziehungsstile ab, die von dem Meinungsforschungsinstitut EMNID seit mehreren Jahrzehnten untersucht werden. Anders als Inglehart geht er nicht von einer klaren Bipolarität des Wertewandels aus (und kritisiert damit die Eindimensionalität von Ingleharts Theorie), sondern lässt aus beiden Lagern Mischtypen zu. Auch er konstatiert einen Bedeutungsverlust der sog. „Akzeptanz- und Pflichtwerte" (z. B. Ordnungsliebe, Fleiß) zugunsten der Selbstentfaltungswerte (z. B. Selbstständigkeit, Individualität, Spaß), wobei es Werttypen gebe, die beide Dimensionen in sich bärgen. Wertewandel bedeute daher nicht zwangsläufig einen Werteverlust, sondern biete die Chance einer Neukombination von Werten. So könnten z. B. Konservative für Partizipation und Progressive für Pflichterfüllung eintreten. Klages kritisiert an Ingleharts Theorie folglich auch, dass es sich beim Wertewandel nicht um eine evolutionäre Entwicklung handele.

Helmut Klages

Elisabeth Noelle-Neumann

Elisabeth Noelle-Neumann (1916–2010, deutsche Professorin für Kommunikationswissenschaft):

Noelle-Neumann war lange Zeit Leiterin des „Allensbacher Instituts für Demoskopie“. Sie und ihre Mitarbeitenden gingen aufgrund ihrer Forschung lange von einem Verfall der Werte aus und beklagten das Vordringen der Selbstentfaltungswerte in den jüngeren Generationen auf Kosten der Bereitschaft zu Disziplin und Pflichterfüllung, die noch bei den älteren Generationen zentrale Werte gewesen seien. Dementsprechend spricht Noelle-Neumann von einer „Generationskluft“ zwischen Eltern und Kindern, die sie vom Ende der 1960er bis in die Mitte der 1990er Jahre beobachtet habe. Die Ursache für diese Entfremdung zwischen der Elterngeneration und ihren Kindern habe darin bestanden, dass die Eltern wichtige für Werte der Gesellschaft nicht mehr an ihre Kinder weitergeben hätten. Gleichwohl stellte Noelle-Neumann später fest, dass sich die Generationskluft ab Mitte der 1990er Jahren zunehmend geschlossen habe. Von diesem Zeitpunkt an hätten traditionelle Werte (wie Höflichkeit, Fleiß oder Sparsamkeit) wieder an Bedeutung gewonnen, so dass sich die Werte der Jüngeren wieder denen der Älteren anglichen. Nichtsdestotrotz bedeute die Wiederkehr traditioneller Werte nicht, dass der ganze Wertewandel, wie er sich seit den späten 1960er Jahren entwickelt habe, umgekehrt werde. Einige Trends setzten sich ungebrochen fort, z. B. der Trend zum Lebensgenuss oder die Abkehr von Kirche und Religion. Noelle-Neumann und ihr Mitstreiter Thomas Petersen folgern daraus: „Die Verbissenheit [der deutschen Gesellschaft] ist verschwunden, neue Werte bestehen neben alten, der Weltuntergang findet nicht statt.“

Aufgaben

72003-117

1. Nenne Werte, die Ihnen persönlich wichtig sind und erläutern Sie, wie diese Werte von Ihrem sozialen Umfeld beeinflusst werden.
2. Analysieren Sie **M1** und erklären Sie zentrale Befunde mit einer der oben beschriebenen Theorien des Wertewandels (**M2**, **M3**).
3. Erläutern Sie an einem Beispiel, wie staatliches Handeln einen Wertewandel einleiten oder vorantreiben kann.
4. Gestalten Sie ein Poster, das die unterschiedlichen Auffassungen von Ronald Inglehart, Helmut Klages und Elisabeth Noelle-Neumann darstellt.

Statistiken analysieren und interpretieren

M1 Warum sollte ich eine Statistik analysieren und prüfen können?

Statistische Darstellungen spielen in der medialen Berichterstattung zu ökonomischen und politischen Themen eine zentrale Rolle. Somit werden sie auch im Unterricht bei den verschiedensten Themen herangezogen, um z.B. wirtschaftliche oder soziale Problemlagen herauszuarbeiten. Beim Umgang mit Statistiken ist jedoch Vorsicht geboten! Scheinbar objektive Zahlen können Sachverhalte auch verfälscht bzw. einseitig darstellen und damit bestimmten Interessen dienen.

Welche Datengrundlagen sind zu unterscheiden?	
Zahlenarten	absolute Zahlen (Maßeinheit beachten!), relative Zahlen bzw. Prozentwerte, Indexzahlen (Relation zu einem als 100 definierten Bezugswert)
Status der Werte	statistische Ermittlung vergangener Sachverhalte, vorläufige Werte, Prognosen, geschätzte Werte
Sonstiges	exakte Werte vs. gerundete Werte, nominale vs. reale Werte

Welche Darstellungsformen eignen sich?				
Tabelle	Kreisdiagramm	Balkendiagramm	Stapeldiagramm	Kurvendiagramm
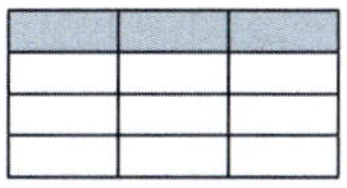	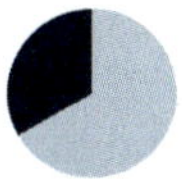	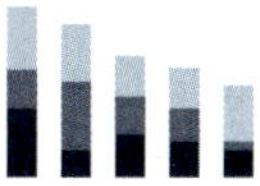		
stellt große Datengrundlagen übersichtlich dar; hilfreich beim kategorialen Vergleich	eignet sich besonders gut, um Anteile an Gesamtmengen darzustellen	stellt Zahlenwerte in ihrer Reihenfolge dar	verdeutlicht besonders gut Zeitreihen-Vergleiche (auch verschiedener Anteile)	kann Entwicklungslinien bzw. Trendkurven im zeitlichen Verlauf verdeutlichen

M2 Wie analysiert man eine Statistik systematisch?

Folgende Schritte dienen einer Auswertung von Statistiken. Die Leitfragen in Fettdruck sollten bei jeder Statistikanalyse geklärt werden. Darüber hinaus ist je nach Besonderheiten einer Statistik auch eine weitergehende Auseinandersetzung notwendig.

Einordnen und prüfen	
Thema bestimmen Bezugsrahmen klären	• Was ist Thema, Erhebungsgegenstand bzw. Zweck der Statistik (Titel, Begleittext)? • Auf welchen Zeitpunkt oder Zeitraum bezieht sich die Statistik (einmalige Erhebung, langfristige Entwicklung, Prognose)? • Auf welches Gebiet bezieht sich die statistische Erhebung?
Quelle und Zuverlässigkeit prüfen	• Wer hat die Statistik veröffentlicht? • Wann wurde die Statistik veröffentlicht bzw. die Daten erhoben? • Wie und durch wen sind die Daten erhoben worden? Lassen sich Aussagen über die Zuverlässigkeit der Daten treffen (Aktualität, Seriosität, Repräsentativität, Form der Datenerhebung...)?

Quelle und Zuverlässigkeit prüfen	• Müssen Begriffe geklärt werden? Anhand welcher Merkmale (Kriterien) werden die dargestellten Sachverhalte verglichen? Was wird in Beziehung zueinander gesetzt?

Beschreiben	
Formale Beschreibung	• Welche statistische Darstellungsform wurde gewählt? • Wie sind die Einzelelemente der Statistik aufgebaut (z. B. Achsen-,-Säuleneinteilung, Einteilung von Spalten und Zeilen einer Tabelle ...)? • Welche Zahlenarten (s.o.) und Maßeinheiten wurden verwendet? • Wie genau sind die verwendeten Zahlenwerte (gerundet, geschätzt, vorläufig, k. A. = keine Angabe, d. h. Zahlen sind nicht verfügbar)?
Inhaltliche Beschreibung	• Welches sind die zentralen Minimal- und Maximalwerte? • Lassen sich charakteristische Verteilungsmuster bzw. zeitliche Entwicklungen in den Daten beschreiben? • Ist eine Einteilung in Phasen möglich (Zu- und Abnahme, Stagnation, Wechselbeziehungen zwischen verschiedenen Variablen)?

Deuten/Erklären	
Teilaussagen herausarbeiten	• (Wie) lassen sich die beschriebenen Besonderheiten und Auffälligkeiten im Material erklären? • Welche Ursachen von Entwicklungstendenzen und Verteilungsmustern lassen sich (mithilfe von Vorwissen oder anderen Materialien) erkennen? (Bilden Sie hier ggf. Arbeitshypothesen.) • Welche Zusammenhänge zwischen den Werten werden deutlich?
Gesamtaussage formulieren	• Welche Hauptaussage(n) lässt/lassen sich aus der Statistikanalyse formulieren (Trends, Tendenzen...)?

Bewerten	
Darstellungsform prüfen Informationsgehalt bewerten	• Sind erkennbare Ungenauigkeiten / Fehler zu bemängeln? • Ist die gewählte Darstellungsart geeignet (Übersichtlichkeit, Klarheit)? • Ist die Statistik bei der Beantwortung der Fragestellung hilfreich? Oder sind weitere Informationen notwendig? • Inwieweit lassen sich die dargestellten Daten (sinnvoll) vergleichen? • Wurden bei relativen Zahlen Bezugswerte genannt? • Lässt sich die Qualität der Daten überprüfen?
Aussageabsicht klären	• Wird eine Interessengebundenheit / der Versuch der Beeinflussung der Leserinnen und Leser deutlich (Quelle, Datenauswahl, Darstellungsweise)?

Aufbau einer Statistikanalyse

Für die (schriftliche) Bearbeitung einer Aufgabe, die eine Statistikanalyse beinhaltet, hat sich folgendes Vorgehen bewährt:

Lösung am Beispiel der Grafik zur Geschlechterverteilung in Vorständen großer deutscher Unternehmen in Kap. 1.2.5

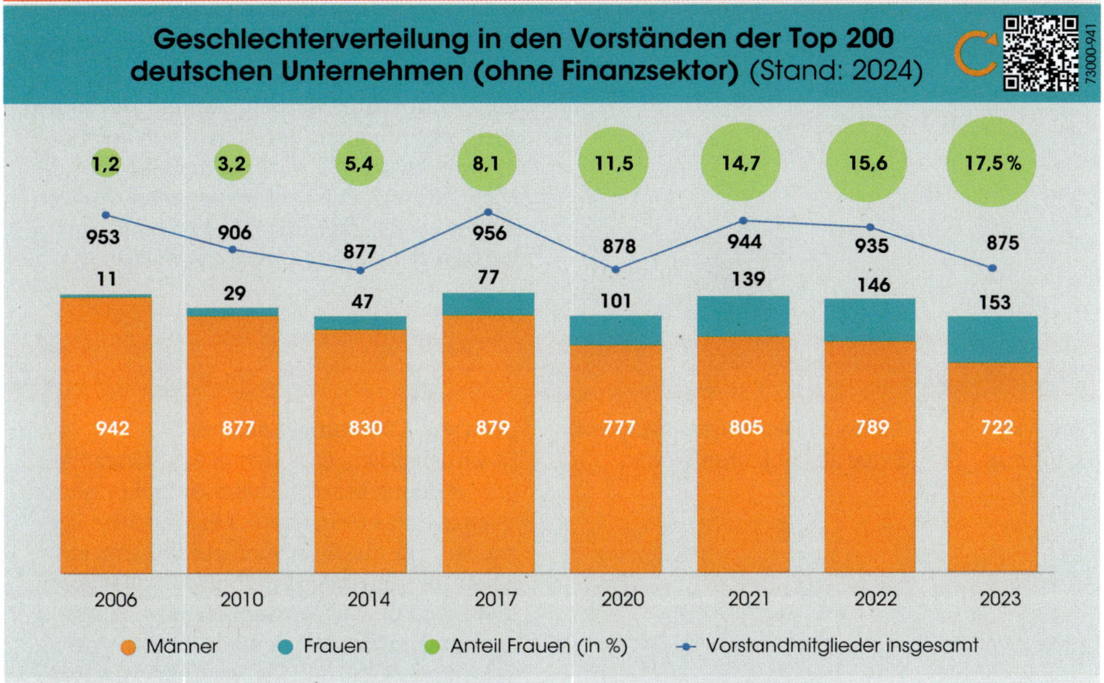

Einleitung	Beginnen Sie die Analyse mit einem Einleitungssatz, indem Sie das Material thematisch und formal exakt (Quelle, Veröffentlichungsdatum, abgebildete(r) Zeit(raum)) vorstellen und mit eigenen Worten formulieren, was Sie im Folgenden tun werden.	Die Statistik basiert auf Daten des DIW, Deutsches Institut für Wirtschaftsforschung. Das DIW ist unabhängig, gilt aber unter den Wirtschaftsforschungsinstituten als eher linksliberal. Die Statistik stellt den Frauenanteil in den Vorständen großer deutscher Unternehmen im Zeitverlauf dar.
Hauptteil Beschreibung, Aufbau und Datenbasis	Arbeiten Sie im Hauptteil Ihre Analyse detailliert aus. Gehen Sie dabei nach dem Prinzip „von außen nach innen“ bzw. „vom Allgemeinen zum Besonderen“ vor, indem Sie zunächst die Statistik allgemein (Aufbau, Datengrundlage) vorstellen, ehe Sie die thematisch relevanten Teilaussagen beispielhaft herausstellen. Belegen Sie dabei Ihre Aussagen am Material.	**[formale Beschreibung]** Als Darstellungsform wurden Säulengrafik, Liniengrafik und eine Variante der Kreisgrafik gewählt. Dies kommuniziert gemeinsam mehrere Inhalte. Die Säulengrafik stellt die Anzahl der Vorstände unterteilt in Männer und Frauen dar. Die Liniengrafik addiert diese Zahlen zur Gesamtzahl an Vorständen. Die Kreisgrafik zeigt die Prozentzahl des Anteils der Frauen an. Der Kreis wächst dabei mit der Prozentzahl.

Beschreibung der Daten	Beachten Sie bei der Analyse die von der Aufgabenstellung vorgegebene Schwerpunktsetzung. Gehen Sie daher im Hauptteil aspektorientiert vor und verdeutlichen Sie diese gedankliche Strukturierung durch Absätze.	**[inhaltliche Beschreibung]** Es lässt sich aus den Daten ablesen, dass seit knapp zwanzig Jahren eine deutliche Zunahme des Frauenanteils unter den Vorständen großer deutscher Unternehmen zu beobachten ist. Die Grafik reduziert die Datenmenge hier deutlich, indem sie für die frühen Jahrgänge deutlich längere Zeitintervalle wählt (vier Jahre statt später jährlich). Auffällig ist zudem auch eine Abnahme der Anzahl von Vorständen von knapp 950 zu deutlich unter 900. Nichtsdestotrotz ist der Frauenanteil von verschwindend klein (unter zwei Prozent) auf mittlerweile über 17 Prozent gewachsen.

Lösung am Beispiel von ‚Geschlechterverteilung in den Vorständen der Top 200 deutschen Unternehmen (ohne Finanzsektor) in Kap. 1.2.5		
Analyse / Deutungsansätze	Analyse / Deutungsansätze mit Beleg an konkreten Werten	**[Analyse / Deutungsansätze]** Es wird deutlich, dass sich in den Vorständen großer deutscher Unternehmen in den letzten zwanzig Jahren ein deutlicher Wandel vollzogen hat. Die absolute Männerdominanz mit einem verschwindend geringem Frauenanteil in diesen Führungspositionen hat sich seitdem stark gewandelt. Auch ist bemerkenswert, dass die Anzahl der Vorstände sich verringert hat, offenbar gab es eine Konsolidierung bei diesen herausgehobenen Leitungsposten. Nichtsdestotrotz bleibt der Frauenanteil mit unter 20 % weiterhin sehr gering im Vergleich zum Frauenanteil in der Bevölkerung mit 50 %.
Fazit/ Schluss Hauptaussage Bewertung der Darstellungsweise	Formulieren Sie am Ende Ihrer Ausführungen ein (aufgabenbezogenes) Fazit, in dem Sie wesentliche Erkenntnisse Ihrer Analyse pointiert zusammenfassen und ggf. in den unterrichtlichen Zusammenhang einordnen. Dabei können Sie auch auf Grenzen der Aussagekraft der Statistik Bezug nehmen.	Insgesamt verdeutlicht die Statistik, dass es zwar zu deutlichen Fortschritten bei der Gleichstellung der Geschlechter im Bereich Führungspositionen in großen Unternehmen gekommen ist. Trotzdem kann keinesfalls von einer Parität gesprochen werden. **[Grenzen der Statistik]** Die Datenquelle des DIW sind die Unternehmensberichte und das Institut ist als seriös einzustufen. Es geht allerdings aus der Statistik nicht hervor, wie lange sich die Frauen als Vorstände halten konnten und welchen Einfluss sie auf ihrem Posten haben. Eine Vorstandsvorsitzende oder ein Finanzvorstand haben mehr Einfluss als beispielsweise eine Personalvorständin.

1.3 Soziale Differenzierung und soziale Ungleichheit

1.3.1 Modelle sozialer Differenzierung

Leitfragen

- Warum und wie kann man die Struktur einer Gesellschaft beschreiben?
- Welche Modelle der sozialen Differenzierung gibt es?
- Wie leistungsfähig sind diese Modelle bei der Analyse unserer Gesellschaft?

M1 Wie und warum kann die Struktur einer Gesellschaft beschrieben werden?

Die Struktur einer Gesellschaft kann durch einen Blick in verschiedene Bereiche beschrieben und analysiert werden. So umfassen demografische Merkmale die Altersstruktur, Geschlechterverteilung sowie ethnische und kulturelle Zusammensetzung. Durch die Untersuchung und Erfassung von u. a. Bildung und beruflicher Position lassen sich modellhaft **Schichten** und **Klassen** erfassen.

Wirtschaftliche Strukturen wiederum beinhalten die Analyse des Wirtschaftssystems und des Arbeitsmarktes, während politische Strukturen das Regierungssystem und die Funktionsweise politischer Institutionen beschreiben. Kulturelle Merkmale umfassen Werte, Normen, Traditionen und Bräuche. Soziale Netzwerke und Gemeinschaften werden durch die Untersuchung von Familienstrukturen und sozialen Bindungen analysiert. Der soziale Wandel und die Mobilität bewerten die Möglichkeiten für soziale Auf- und Abstiege sowie langfristige gesellschaftliche Veränderungen.

Die Erfassung der Struktur einer Gesellschaft ermöglicht das **Verständnis von Ungleichheit und Gerechtigkeit**, indem soziale Ungleichheiten in Bezug auf Einkommen, Bildung, Macht und andere Ressourcen sichtbar gemacht werden. Dieses Wissen nutzen politische Entscheidungsträgerinnen und Entscheidungsträger, um gezielte Maßnahmen zur Förderung von Chancengleichheit und sozialer Gerechtigkeit zu entwickeln. Detaillierte Informationen über die gesellschaftliche Struktur liefern für die Politikgestaltung und -bewertung die Grundlage für politische Entscheidungen. Auch können die Auswirkungen politischer Maßnahmen bewertet und gegebenenfalls angepasst werden, beispielsweise im Bildungsbereich, in dem die daraus gewonnenen Erkenntnisse die Entwicklung von Bildungspolitiken unterstützen, die allen Bürgerinnen und Bürgern gleiche Chancen bieten sollen.

M2 Was sind Klassen- und Schichtmodelle?

Klassen- und Schichtmodelle stellen zwei unterschiedliche Ansätze dar, um die soziale Struktur und Ungleichheit innerhalb einer Gesellschaft zu analysieren. Beide Modelle beschreiben Gesellschaften als hierarchisch strukturiert, in denen Individuen und Gruppen unterschiedliche Positionen einnehmen. Sie erkennen und analysieren soziale Ungleichheiten und berücksichtigen dabei Beruf und Einkommen als wesentliche Merkmale zur Bestimmung der sozialen Position. Darüber hinaus untersuchen beide Modelle, wie verschiedene soziale Gruppen miteinander interagieren und wie diese Interaktionen zur Aufrechterhaltung der sozialen Struktur beitragen.

Klassenmodelle fokussieren sich hauptsächlich auf ökonomische Faktoren wie den Besitz von Produktionsmitteln und die Stellung im Produktionsprozess. Typischerweise wird die Gesellschaft in wenige, klar abgegrenzte Klassen unterteilt, wie zum Beispiel Bourgeoisie und Proletariat in der marxistischen Theorie (› Kap. 3.2). Klassenmodelle legen oft einen stärkeren Fokus auf die strukturellen Barrieren zwischen Klassen und die Schwierigkeit der sozialen Mobilität.

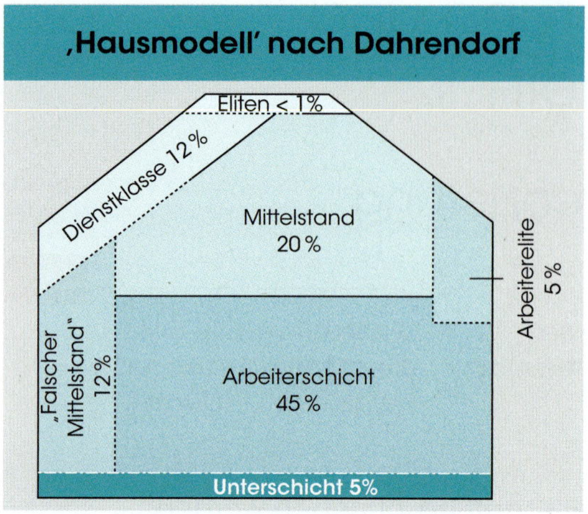

Dahrendorf, Ralf: Gesellschaft und Demokratie in Deutschland. München: Piper/Deutsche Bücherbund 1965, S. 105

Dagegen berücksichtigen **Schichtmodelle** eine breitere Palette von Faktoren, einschließlich Bildung, Beruf, Einkommen, Vermögen und Prestige. Die Gesellschaft wird in mehrere Schichten unterteilt, die fließendere Übergänge und eine größere Differenzierung aufweisen. Schichtmodelle betonen die Möglichkeiten der sozialen Mobilität und die Bedeutung von Bildung und Berufserfolg als Mobilitätsfaktoren.

Während also Klassenmodelle die Bedeutung des ökonomischen Status und die daraus resultierende Machtverteilung betonen, legen Schichtmodelle auf die Vielzahl von Faktoren Wert, welche die soziale Position beeinflussen. Sie betonen die Möglichkeiten und Mechanismen der sozialen Mobilität und erkennen eine feinere Differenzierung der sozialen Positionen an.

M3 Was sind soziale Lagen und soziale Milieus?

Während die Schichtmodelle (Dahrendorf, Geißler) zwar noch auf den klassischen Schicht- und Klassentheorien aufbauen, dabei jedoch zusätzliche Dimensionen sozialer Ungleichheit berücksichtigen, beginnt sich in den 1970er und 1980er Jahren die Analyse sozialer Ungleichheiten weiterzuentwickeln, um den komplexeren und vielfältigeren Lebensbedingungen moderner Gesellschaften gerecht zu werden.

Das **Modell der sozialen Lage** weist eine umfassendere und differenziertere Analyse sozialer Ungleichheit auf. Es berücksichtigt mehrere Dimensionen wie Bildung, Beruf, Einkommen, Wohnverhältnisse, Gesundheit, soziale Netzwerke und kulturelles Kapital. Dadurch wird eine umfassendere Darstellung der sozialen Positionen und Lebensbedingungen ermöglicht und es erfolgt eine stärkere Fokussierung auf die allgemeinen Lebensbedingungen und die Lebensqualität der Menschen, einschließlich Aspekte wie Wohnumfeld, Zugang zu Bildung und Gesundheitsversorgung, Sicherheit und soziale Teilhabe.

Dabei nimmt das **Modell der sozialen Lagen** auch eine dynamische Perspektive ein, indem es die Veränderungen und Übergänge im Lebensverlauf der Individuen berücksichtigt. Ereignisse wie Arbeitslosigkeit, Scheidung oder Gesundheitskrisen werden in die Analyse einbezogen, um die Dynamik und Veränderungen im sozialen Status über die Zeit hinweg zu verstehen. Neben objektiven Indikatoren werden auch subjektive Wahrnehmungen und Bewertungen der eigenen Lebenslage einbezogen, was zu einem vollständigeren Bild der sozialen Realität beitragen soll.

Das **Modell der sozialen Milieus**, eine Weiterentwicklung des Modells der sozialen Lagen, differenziert die sozialen Strukturen und Lebensbedingungen innerhalb einer Gesellschaft weiter aus, mit dem Ziel, ein tieferes Verständnis der gesellschaftlichen Differenzierungen zu ermöglichen. Dafür integriert das Modell der sozialen Milieus die multidimensionale Perspektive aus soziale Ungleichheiten der sozialen Lagen und ergänzt diese durch kulturelle Werte, Lebensstile und Einstellungen.

Soziale Milieus umfassen nun nicht nur die objektiven Lebensbedingungen, sondern auch die gemeinsamen Werte, Einstellungen, Lebensstile und soziale Praktiken von Gruppen innerhalb der Gesellschaft. Diese Milieus spiegeln die kulturellen und subkulturellen Unterschiede wider, die die Art und Weise beeinflussen, wie Menschen ihr Leben führen und ihre soziale Umwelt wahrnehmen.

Dahinter steht die Annahme, dass die soziale Position von Individuen nicht nur durch ökonomische und soziale Ressourcen bestimmt wird, sondern auch durch **kulturelle Praktiken** und den Lebensstil, der mit bestimmten sozialen Gruppen verbunden ist.

Soziale Milieus ermöglichen, die feinen Unterschiede innerhalb der sozialen Lagen zu erkennen und zu verstehen, wie kulturelle Faktoren die so-

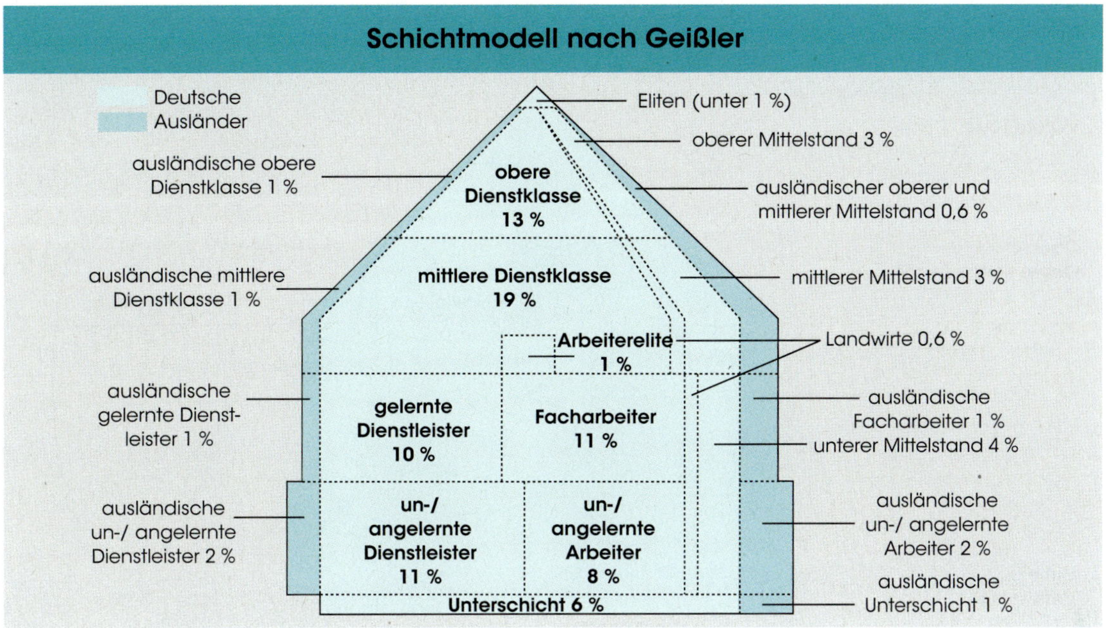

Geißler, Rainer: Facetten der modernen Sozialstruktur. In: www.bpb.de, 16.12.2024

zialen Positionen und Lebensbedingungen von Individuen beeinflussen. Dies führt zu einer tiefergehenden Einsicht in die gesellschaftlichen Dynamiken und ermöglicht eine präzisere Identifikation von sozialen Gruppen und ihrer spezifischen Bedürfnisse und Herausforderungen (› vgl. dazu auch Kap. 1.1.2).

M4 Was sind die Sinus-Milieus?

Die **Sinus-Milieus** sind ein sozialwissenschaftliches Modell, das dazu dient, die Gesellschaft in verschiedene Gruppen mit ähnlichen Lebensauffassungen und Lebensweisen aufzuteilen. Dieses Modell wird in Deutschland und anderen Ländern häufig für Marktforschung, Wahlanalyse und soziologische Studien verwendet.

Das Modell bietet eine differenzierte Methode, die deutsche Gesellschaft in spezifische Gruppen zu unterteilen, die jeweils durch charakteristische Lebensauffassungen, Lebensstile und Wertorientierungen geprägt sind. Die Einteilung dieser Gruppen erfolgt primär entlang zweier Hauptdimensionen: der **sozialen Lage** und der **Grundorientierung**.

Die soziale Lage berücksichtigt den sozioökonomischen Status der Individuen, der Faktoren wie Einkommen, Bildungsniveau und berufliche Position umfasst. Diese Dimension teilt die Bevölkerung typischerweise in Oberschicht, Mittelschicht und Unterschicht ein. Die Grundorientierung hingegen beschreibt die Wertvorstellungen und Einstellungen der Menschen, die sich auf traditionelle Werte, Modernisierung oder Neuorientierung beziehen können. Tradition beinhaltet dabei häufig Werte wie Pflichterfüllung und Ordnung, Modernisierung das Streben nach Erfolg und individueller Selbstverwirklichung und Neuorientierung eine Offenheit für neue Lebensformen und sozialen Wandel.

Die Kombination dieser beiden Dimensionen führt zur Bildung verschiedener Milieus, jedes mit spezifischen Eigenschaften in Bezug auf Lebensstil, Konsumverhalten und Lebensziele. Beispiele hierfür sind das „Konservativ-Gehobene Milieu“ oder das „Neo-Ökologische Milieu“, die jeweils bestimmte Segmente der Gesellschaft repräsentieren. Diese Einteilung ermöglicht es nicht nur, gesellschaftliche Strukturen besser zu verstehen, sondern auch gezieltere Marketing- und Kommunikationsstrategien zu entwickeln. Die regelmäßige Aktualisierung des Modells soll sicherstellen, dass die aktuellen gesellschaftlichen Veränderungen widerspiegelt und relevante Einblicke in die dynamischen Prozesse innerhalb der Gesellschaft angeboten werden.

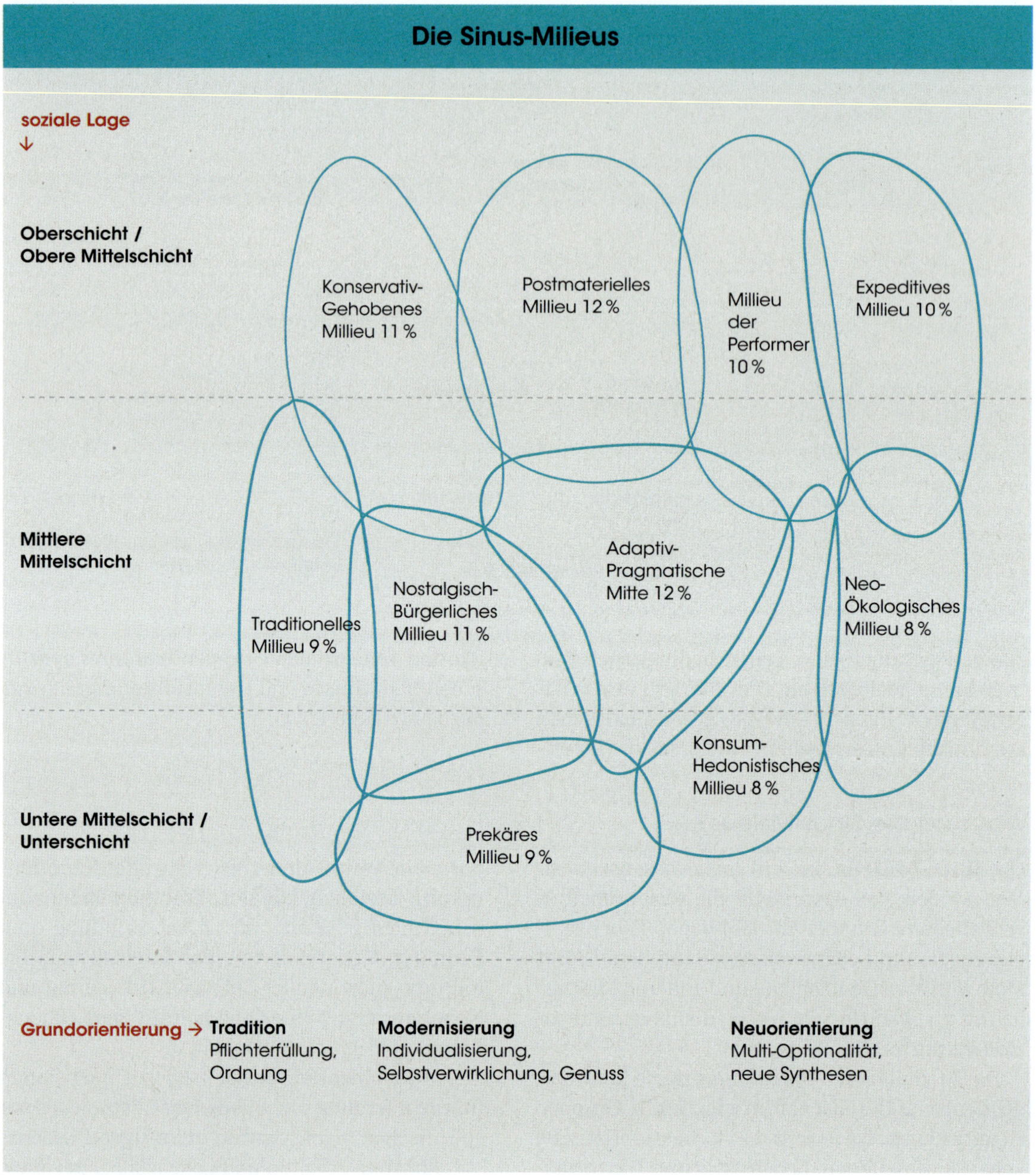

Nach: SINUS Markt- und Sozialforschung GmbH, 2025

M5 Das Modell von Exklusion und Inklusion

Das **Modell von Exklusion und Inklusion** erweitert die bisherigen Modelle der sozialen Lagen und Milieus, indem es die Dynamiken und Mechanismen untersucht, die zur sozialen Integration oder Marginalisierung führen. Es konzentriert sich auf die Prozesse, die Menschen und Gruppen entweder in die Gesellschaft einbinden oder aus ihr ausschließen.

Demnach bezieht sich **Exklusion** auf den Ausschluss von Individuen oder Gruppen von wichtigen gesellschaftlichen Bereichen wie dem Arbeitsmarkt, dem Bildungssystem, dem politischen Leben oder sozialen Netzwerken. Dieser Ausschluss kann sowohl wirtschaftlich bedingt sein, durch fehlende Beschäftigungsmöglichkeiten und Armut, als auch soziale oder kulturelle Ursachen haben, zum Beispiel durch Diskriminierung, mangelnde Teilhabe oder kulturelle Barrieren. Exklusion führt zu einem Mangel an Zugang zu Ressourcen, Rechten und Chancen, was die Betroffenen in eine Randstellung innerhalb der Gesellschaft drängt.

Inklusion hingegen beschreibt die aktive Einbindung von Individuen und Gruppen in diese gesellschaftlichen Bereiche. Es geht darum, allen Mitgliedern der Gesellschaft Zugang zu den notwendigen Ressourcen und Möglichkeiten zu gewähren, damit sie vollständig und gleichberechtigt am sozialen, wirtschaftlichen und politischen Leben teilnehmen können. Um Inklusion gewährleisten zu können, müssen Barrieren beseitigt und unterstützende Strukturen geschaffen werden, welche die Chancengleichheit fördern und soziale Teilhabe ermöglichen.

Das Modell von Exklusion und Inklusion stellt insofern eine Erweiterung der Analyse sozialer Ungleichheiten dar, indem nun die Prozesse und Bedingungen untersucht werden, die zu sozialer Integration oder Ausgrenzung führen.

Soziale Ungleichheit resultiert demzufolge nicht nur aus der Verteilung von Ressourcen und Positionen, sondern hängt auch davon ab, wie soziale Strukturen und Institutionen den Zugang zu diesen Ressourcen regulieren. Die Betonung dieses Modells liegt auf der Bedeutung von sozialer Gerechtigkeit, Menschenrechten und sozialer Kohäsion als zentrale Elemente einer inklusiven Gesellschaft.

Eine nach diesem Modell orientierte Politik muss demnach darauf ausgerichtet sein, inklusive Strukturen zu schaffen, die allen Menschen gleiche Chancen bieten.

	Die Sinus-Milieus	
	Sinus Milieu	**Beschreibung**
Oberschicht / Obere Mittelschicht	Konservativ-Gehobenes Milieu	Klassische Elite mit traditionellen Werten und hohem sozialem Status.
	Postmaterielles Milieu	Gebildete Schicht mit Fokus auf Nachhaltigkeit und Selbstverwirklichung.
	Milieu der Performer	Leistungsorientierte Elite mit globalökonomischem Denken und technologischer Affinität.
	Expeditives Milieu	Kreativ und innovativ, oft in künstlerischen oder technologischen Berufen tätig.
	Neo-Ökologisches Milieu	Engagiert in Umwelt- und Klimafragen, oft in fortschrittlichen Berufen oder Aktivismus.
Mittlere Mittelschicht	Adaptiv-Pragmatische Mitte	Moderner Mainstream, anpassungsfähig und leistungsbereit, typisch für die breite Mittelschicht.
	Nostalgisch-Bürgerliches Milieu	Werte Sicherheit und Tradition, oft in stabilen, aber weniger hoch bezahlten Berufen.
Untere Mittelschicht / Unterschicht	Konsum-Hedonistisches Milieu	Stark konsumorientiert, oft mit niedrigerem Bildungsniveau und geringerer finanzieller Stabilität.
	Prekäres Milieu	Sozial benachteiligt, oft von Arbeitslosigkeit oder prekären Beschäftigungsverhältnissen betroffen.
	Traditionelles Milieu	Ältere Personen, oft mit niedrigerem Bildungsstand und geringerem Einkommen, die traditionelle Werte hochhalten.

Nach: SINUS Markt- und Sozialforschung GmbH

M6 Welche Kritik gibt es an den Modellen der sozialen Differenzierung?

Klassenmodelle fokussieren sich stark auf ökonomische Faktoren wie Besitz und Produktionsverhältnisse und vernachlässigen dabei andere wichtige Dimensionen sozialer Ungleichheit, wie Bildung, kulturelles Kapital und soziale Netzwerke. Auch tendieren Klassenmodelle dazu, soziale Klassen als relativ statisch und homogen zu betrachten, wodurch die Dynamik und Mobilität innerhalb und zwischen Klassen sowie die Vielfalt innerhalb von Klassen nicht ausreichend berücksichtigt werden. Ein weiterer Kritikpunkt ist, dass Klassenmodelle historische und ökonomische Entwicklungen oft als deterministisch betrachten, wodurch individuelle Handlungsspielräume und die Möglichkeit von Reformen innerhalb des kapitalistischen Systems unterbewertet werden.

Schichtmodelle basieren auf der Einteilung in verschiedene soziale Schichten, die oft nicht klar abgegrenzt sind. Eine Kritik besteht darin, dass die Kriterien für die Schichteinteilung variabel und subjektiv sein können, was die Vergleichbarkeit und Konsistenz der Analyse beeinträchtigen. Auch berücksichtigen Schichtmodelle nicht ausreichend die kulturellen und lebensstilbezogenen Unterschiede zwischen den Schichten, die für das Verständnis sozialer Ungleichheit wichtig sind. Sie können auch eine statische Sichtweise auf soziale Mobilität fördern, indem sie die langfristige Dynamik und Veränderlichkeit sozialer Strukturen übersehen.

Das **Modell der sozialen Lagen** ist zwar komplex und umfasst viele Dimensionen als seine Vorgängermodelle, es wird jedoch kritisiert, dass diese Komplexität die Operationalisierung und empirische Untersuchung erschwert und zu methodischen Herausforderungen führt. Auch kann die Einbeziehung subjektiver Wahrnehmungen und Bewertungen als methodisches Problem gesehen werden, da diese schwerer zu messen und zu vergleichen sind als objektive Indikatoren.

Soziale Milieus betonen kulturelle Werte, Lebensstile und Einstellungen, wodurch die Homogenität innerhalb der Milieus überbetont und die milieu-internen Unterschiede und Spannungen vernachlässigt werden. Zudem wird bemängelt, dass das Modell kulturelle Werte und Lebensstile als relativ stabil und determinierend betrachtet. Dadurch werden die individuelle Freiheit und die Möglichkeit des Wandels und der Überschreitung kultureller Grenzen unterschätzt. Identifikation und Abgrenzung von Milieus basiert oft auf komplexen und subjektiven Kriterien, was die Vergleichbarkeit und Konsistenz der Ergebnisse beeinträchtigen kann. Wenn starke Unterschiede zwischen den Milieus betont werden, kann das Modell der sozialen Milieus zu einer Segmentierung der Gesellschaft führen und dafür sorgen, dass die Möglichkeiten für soziale Integration und Kohäsion unterbewertet bleiben.

Das **Modell von Exklusion und Inklusion** fokussiert sich auf die Prozesse der sozialen Integration und Ausgrenzung. Dabei ist ein Kritikpunkt, dass der Begriff der Exklusion oft sehr breit und unscharf definiert ist, was die präzise Analyse und Vergleichbarkeit von Studien erschwert. Da sich das Modell stark auf extreme Formen sozialer Ungleichheit und Marginalisierung konzentriert, können weniger sichtbare Formen der sozialen Ungleichheit übersehen werden. Zudem wird kritisiert, dass das Modell oft stark auf die Defizite und Benachteiligungen ausgegrenzter Gruppen fokussiert, wodurch die Ressourcen und Potenziale dieser Gruppen übersehen werden können.

Aufgaben

72003-118

1. Erläutern Sie, weshalb es wichtig ist, die Struktur einer Gesellschaft zu erfassen (**M1**).
2. Vergleichen Sie die Modelle sozialer Differenzierung (**M2–M4**).
3. Erörtern Sie die Vor- und Nachteile der verschiedenen Modelle der Sozialen Differenzierung (**M5**, **M6**). Gehen Sie dabei wie folgt vor: Stellen Sie dar, wie das Modell von Exklusion und Inklusion die bisherigen Modelle erweitert. Wenden Sie dann die einzelnen Modelle auf ein Analysebeispiel an, etwa auf die Integration von Migrantinnen und Migranten.

Bundestagswahl – Entscheidung nach Milieus?

M1 Die Ergebnisse der Bundestagswahl 2025 nach Sinus-Milieus

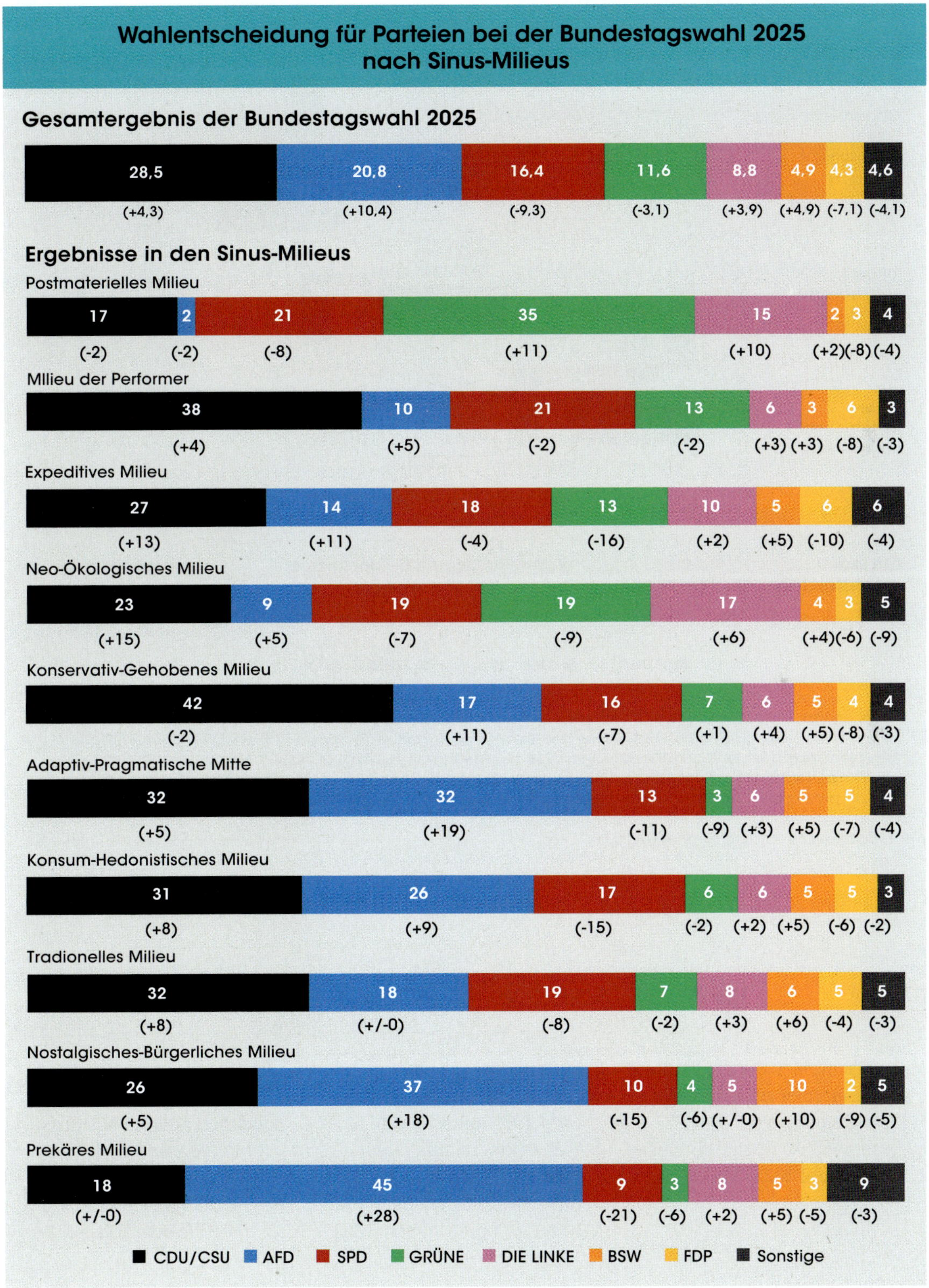

Nach: Bertelsmann Stiftung, Einwurf 01/2025

M2 Die Konfliktlinie der Bundestagswahl 2025 und die Sinus-Milieus

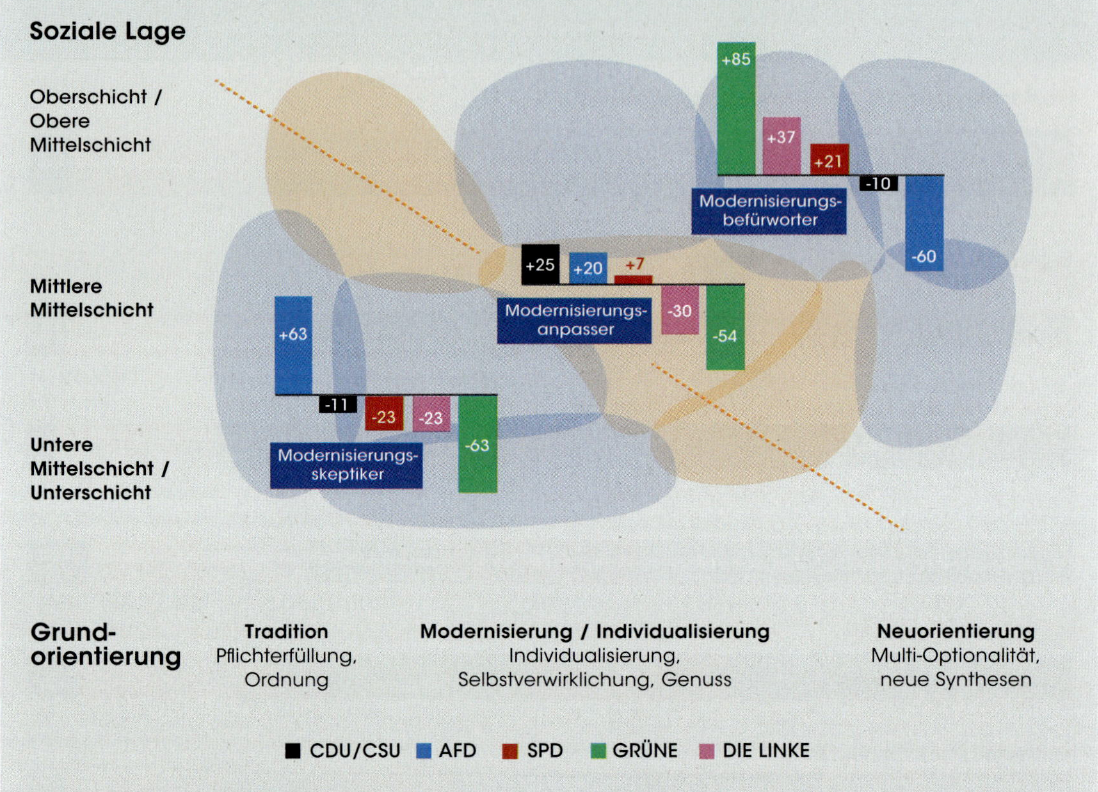

Kurz erklärt: Die Abbildung zeigt, auf welcher Seite der Diagonalen die Wähler der verschiedenen Parteien verortet sind. Die diagonale Konfliktlinie trennt die Gesellschaft grob in zwei Hälften. Die insgesamt zehn sozialen Milieus bilden drei Milieugruppen, die Modernisierungsskeptiker, -anpasser und -befürworter. Die Zahlenwerte zeigen die prozentuale Überrepräsentation der Wähler einer Partei in der jeweiligen Milieugruppe als prozentuale Abweichung vom jeweiligen Gesamtergebnis der Partei.

Nach: Bertelsmann Stiftung, Einwurf 01/2025

Aufgaben

72003-119

1. Beschreiben Sie die Wählerwanderung zwischen den Parteien von der Bundestagswahl 2021 zur Bundestagswahl 2025 (**M1**).
2. Beschreiben Sie die Konfliktlinie der Bundestagswahl 2025 und wie sich die Wählerinnen und Wähler innerhalb der Sinus-Milieus für bestimmte Parteien in Lager gruppiert haben (**M2**).
3. „Das Ergebnis der Bundestagswahl 2025 ist eine selbstbeschädigte Mitte, es droht eine Spaltung in zwei unversöhnliche Lager." Überprüfen Sie diese Aussage mit Hilfe von **M1** und **M2**.

1.3.2 Soziale Ungleichheit und soziale Mobilität

Leitfragen

- Was verstehen wir unter sozialer Ungleichheit und sozialer Mobilität?
- Welche Bedeutung hat soziale Mobilität für eine Gesellschaft?
- Welche Faktoren beeinflussen soziale Mobilität?

M1 Was ist soziale Ungleichheit und wie lässt sie sich messen?

Unter **sozialer Ungleichheit** versteht man die Besser- oder Schlechterstellung von Individuen in einer Gesellschaft. Es sind also explizit nicht die Unterschiede zwischen Menschen in Fähigkeiten, körperlichen Eigenschaften oder Vorlieben gemeint – vielmehr geht es um Möglichkeiten und Ressourcen zur Teilhabe. Diese Ressourcen können materiell sein (Vermögen, Einkommen), aber auch immateriellen Charakter besitzen (Bildung, Kontakte). Der Zugang zu diesen Ressourcen ist entscheidend für günstige oder ungünstige Lebensbedingungen, sprich für ein leichtes oder schweres Leben in unserer Gesellschaft.

Soziale Ungleichheit lässt sich in mehreren Dimensionen beschreiben:

Vertikale Ungleichheit meint die Zuschreibung in einer Anordnung von Rängen oder Wertigkeiten von Eigenschaften in oben und unten. Damit können beispielsweise Bildungsabschlüsse geordnet werden, das Abitur steht über dem Realschulabschluss oder der Master über dem Bachelor an der Universität.

Horizontale Ungleichheit hingegen beschreibt die Unterschiede bei den Lebensbedingungen, die sich nicht eindeutig in besser oder schlechter oder höher- und niederwertig ordnen lassen. Beispielsweise gibt es Ungleichheiten zwischen verschiedenen Regionen eines Landes oder zwischen den Geschlechtern, ohne dass sich diese in besser oder schlechter einordnen lassen.

Bei der Messung sozialer Ungleichheit stehen meistens **Einkommen und Vermögen** im Vordergrund. Dies hängt damit zusammen, dass erstens diese Indikatoren eindeutig quantifizierbar sind und sich damit für die Erstellung und Analyse größerer Datensätze besonders anbieten. Zur Messung der ungleichen Verteilung von Einkommen und Vermögen haben sich mehrere Verfahren und Indizes etabliert, besonders bekannt ist der **Gini-Index**. Dieser kann Werte zwischen null (alle Gesellschaftsmitglieder besitzen gleich viel Ressourcen) und eins (ein Mitglied besitzt alle Ressourcen) annehmen (› Kap. 2.6.2). Zweitens bieten Einkommen und Vermögen die Ressourcen, um sich weitere Möglichkeiten der **sozialen Differenzierung** anzueignen: Höherwertige Bildungsabschlüsse bedeuten auch ohne Studiengebühren zunächst einen Einkommensausfall, der überbrückt werden muss. Man gewinnt mit einem höheren Einkommen Zugang zu anderen sozialen Netzwerken über neue Bekanntschaften und kann sich die Teilhabe an Kulturveranstaltungen (Eintritte etc.) leisten. Über Konsumgewohnheiten (auch bspw. Biogemüse, Urlaube), aber auch Hobbys und sogar Sprache (Hochdeutsch oder Dialekt) kommunizieren wir dann indirekt soziale Ungleichheit (› Habitus in Kap. 1.1).

Balkon mit Pool für die einen, Wellblechhütten für die anderen – nicht nur in São Paulo ist soziale Ungleichheit ein Problem.

Soziale Ungleichheit steht häufig im Mittelpunkt politischer Auseinandersetzungen. Wie sie bewertet wird, hängt vom politischen Standpunkt und auch vom damit implizit verbundenen Menschenbild ab (› Kap. 3.2). Konservative sehen Ungleichheit als gegeben an und bewerten sie grundsätzlich nicht negativ; Progressive hingegen finden eine zu starke soziale Ungleichheit für das Ziel einer möglichst egalitären, demokratischen Gesellschaft nicht hilfreich. Ein starker Sozialstaat soll daher mit Umverteilungspolitik über Steuern und Bildungspolitik zu starke Ungleichheit abmildern und soziale Mobilität ermöglichen (› Kap. 1.4, Kap. 2.6).

M2 Was ist soziale Mobilität?

Unter dem Begriff **„soziale Mobilität"** wird die Bewegung oder der Wechsel von Individuen, Familien oder Gruppen innerhalb oder zwischen sozialen Schichten oder Klassen in einer Gesellschaft bezeichnet. Diese Bewegung kann aufwärts (nach oben) oder abwärts (nach unten) erfolgen und betrifft häufig Veränderungen im Bildungsniveau, Beruf, Einkommen oder Status. Die soziale Mobilität ist ein wichtiger Indikator für die Durchlässigkeit und Gerechtigkeit einer Gesellschaft und zeigt auf, inwiefern die soziale Herkunft das Leben der Menschen beeinflusst. Sie spiegelt die Chancen und Barrieren wider, die in verschiedenen Gesellschaften vorhanden sind, und dient als Maßstab für **soziale Gerechtigkeit** und Gleichheit.

Soziale Mobilität zeigt sich in verschiedenen Formen und wird durch eine Vielzahl von persönlichen und externen Faktoren beeinflusst, welche die individuellen Lebenswege und die Dynamik sozialer Strukturen innerhalb einer Gesellschaft prägen.

Vertikale Aufwärtsmobilität bezeichnet die Bewegung einer Person oder Gruppe in höhere soziale Schichten oder Klassen, verbunden mit einem Anstieg von Einkommen, Bildung oder Berufsstatus. Ein typisches Beispiel ist eine Person aus einer Arbeiterklassefamilie, die als Erste in ihrer Familie ein Universitätsstudium abschließt. Der Zugang zu höherer Bildung öffnet neue berufliche Möglichkeiten, die früheren Generationen verwehrt blieben, unterstützt durch Stipendien, staatliche Förderprogramme oder Mentoring. Mit einem höheren Bildungsabschluss kann diese Person in berufliche Positionen aufsteigen, die nicht nur ein höheres Einkommen, sondern auch bessere Arbeitsbedingungen bieten, was ihren sozialen Status verbessert und zu einem höheren Lebensstandard führt.

Soziale Mobilität ist dort möglich, wo Sprossen vorhanden sind.

Intergenerationelle Aufwärtsmobilität beschreibt den sozialen Aufstieg über Generationen hinweg, bei dem die nachfolgende Generation einen höheren sozialen Status erreicht als die vorherige. Intergenerationelle Aufwärtsmobilität findet sich beispielsweise bei Kindern von Einwanderinnen und Einwanderern, die oft in einem neuen Land ankommen und zunächst in niedrig bezahlten, manuellen Tätigkeiten arbeiten. Deren Kinder nutzen die verfügbaren Bildungsressourcen, um den sozialen und wirtschaftlichen Status ihrer Familie zu verbessern. Etwa durch Stipendien und gut ausgestattete öffentliche Schulen erwerben sie Fähigkeiten und Qualifikationen, die in hochmodernen Sektoren wie Technologie, Gesundheitswesen oder Bildung gefragt sind. Vielfach erhalten sie dabei Unterstützung von Gemeinschaftsorganisationen und speziellen Mentorenprogrammen, die sich auf die Förderung von Einwandererfamilien konzentrieren. Kinder von Einwandererfamilien sind dadurch in der Lage, berufliche Positionen zu erreichen, die weit über das hinausgehen, was ihre Eltern erreichen konnten. Sie erlangen dadurch nicht nur höhere Einkommen, sondern auch ein gesteigertes soziales Ansehen, was zu einer deutlichen Verbesserung ihrer Lebensumstände und der ihrer Familien führt.

Schulbesuch nach allgemeinbildendem Schulabschluss der Eltern im Jahr 2023 (Stand: 2024)

73000-948

	Insgesamt[1] (in 1.000)	Höchster allgemeinbildender Schulabschluss der Eltern[2] (in Prozent)				Ohne allgemeinbildenden Schulabschluss (in Prozent)
		Haupt- oder Volksschulabschluss	Abschluss der polytechnischen Oberschule	Mittlerer Abschluss	Fachhochschul- oder Hochschulreife	
Insgesamt	**10.418**	**10,7**	**1,5**	**26,3**	**53,2**	**8,2**
Grundschule	3.191	9,5	0,5	24,5	57,4	8,1
Hauptschule	283	30,5	/	26,2	21,2	21,0
Realschule	1.027	13,4	1,2	35,8	40,2	9,3
Gymnasium	2.541	3,7	1,3	17,8	74,0	3,2
Sonstige allgemeinbildende Schulen	1.912	13,7	2,1	29,9	43,0	11,3
Berufliche Schule, die einen mittleren Ab schluss vermittelt	75	19,3	/	32,3	29,0	16,6
Berufliche Schule, die zur Fachhochschul-/ Hochschulreife führt	359	10,5	(2,7)	30,1	47,0	9,7
Berufsschule	698	17,7	4,2	35,6	32,8	9,6
Sonstige berufliche Schulen	331	16,8	4,2	34,0	35,9	8,9

Erstergebnis des Mikrozensus 2023. Personen im Alter von 15 Jahren und mehr. [1] Einschl. Kinder, deren Eltern keine Angaben zum höchsten allgemeinbildenden Schulabschluss gemacht haben. [2] Bei abweichendem Schulabschluss der Eltern wird der Elternteil mit dem höchsten Abschluss nachgewiesen. Ohne Schülerinnen und Schüler an Fachschule und Fachakademien (nur in Bayern).

© C.C. Buchner Verlag, aktuelle Daten nach: DESTATIS (Datenerhebung: 2023; Grafikerstellung: 2024)

Vertikale Abwärtsmobilität bezeichnet einen sozialen und wirtschaftlichen Abstieg, bei dem Individuen oder Gruppen eine niedrigere soziale Position als zuvor einnehmen, oft begleitet von einem Verlust an Einkommen oder beruflichem Status. Eine gut ausgebildete Facharbeiterin oder ein gut ausgebildeter Facharbeiter, die oder der aufgrund einer Wirtschaftskrise oder eines Technologiewandels ihren oder seinen Job verliert und gezwungen ist, eine schlechter bezahlte und weniger prestigeträchtige Position anzunehmen, ist ein Beispiel hierfür. Solche Mobilitätsfälle können durch externe Faktoren wie Rezessionen, Unternehmensschließungen oder auch durch persönliche Umstände wie Krankheit oder familiäre Verpflichtungen ausgelöst werden.

Bei der **horizontalen Mobilität** handelt es sich um einen Wechsel innerhalb derselben sozialen Schicht, wo sich zwar das Berufsfeld oder der Arbeitsplatz ändert, aber keine signifikante Veränderung im sozialen Status oder Einkommen stattfindet. Ein Beispiel hierfür ist eine Lehrerin oder ein Lehrer, die oder der ihre oder seine pädagogische Laufbahn verlässt, um als Beraterin oder Berater in einer Unternehmensberatung zu arbeiten. Motiviert durch den Wunsch nach neuen Herausforderungen, besseren Arbeitszeiten oder einer attraktiveren Unternehmenskultur, wechselt diese Person das Berufsfeld, ohne dass signifikante Veränderungen in Einkommen oder sozialem Ansehen eintreten.

M3 Warum ist soziale Mobilität wichtig?

Soziale Mobilität kann eine entscheidende Rolle für den sozialen Zusammenhalt und die wirtschaftliche Dynamik spielen. Sie ermöglicht es Individuen, unabhängig von ihrer Herkunft, durch Bildung, berufliche Leistung und persönliche Anstrengungen, ihre sozioökonomische Position zu verbessern oder zu verändern. Dies fördert das Prinzip der **Meritokratie**, wonach der Zugang zu Ressourcen und Positionen auf der Grundlage von Leistung und Kompetenz erfolgt, und nicht aufgrund von Zugehörigkeit oder Privilegien.

Soziale Mobilität ist eng mit der Idee der **Chancengleichheit** verknüpft. Eine Gesellschaft, die hohe soziale Mobilität fördert, bietet ihren Bürgerinnen und Bürgern die Hoffnung und die realistische Möglichkeit, durch eigene Bemühungen ihren Lebensstandard zu verbessern. Dies wirkt motivierend und kann zu einer höheren individuellen sowie gesellschaftlichen Produktivität führen.

Soziale Mobilität hat auch eine integrative Funktion, indem sie dazu beiträgt, soziale Barrieren zu überwinden. Sie verhindert, dass sich feste soziale Klassen oder Schichten verfestigen, die durch unüberwindbare wirtschaftliche und soziale Gräben getrennt sind. In einer mobilen Gesellschaft wird der soziale Neid, der oft zwischen unterschiedlichen ökonomischen Schichten entstehen kann, abgemildert, da der Aufstieg in höhere soziale Schichten als erreichbar gilt.

Allerdings stellt die Gewährleistung sozialer Mobilität auch eine Herausforderung dar. Es existieren strukturelle Barrieren, wie Bildungsungleichheit und Diskriminierung, die den sozialen Aufstieg erschweren können.

Bildungsherkunft deutscher Studienanfänger und -anfängerinnen (Stand: 2024)

73000-949

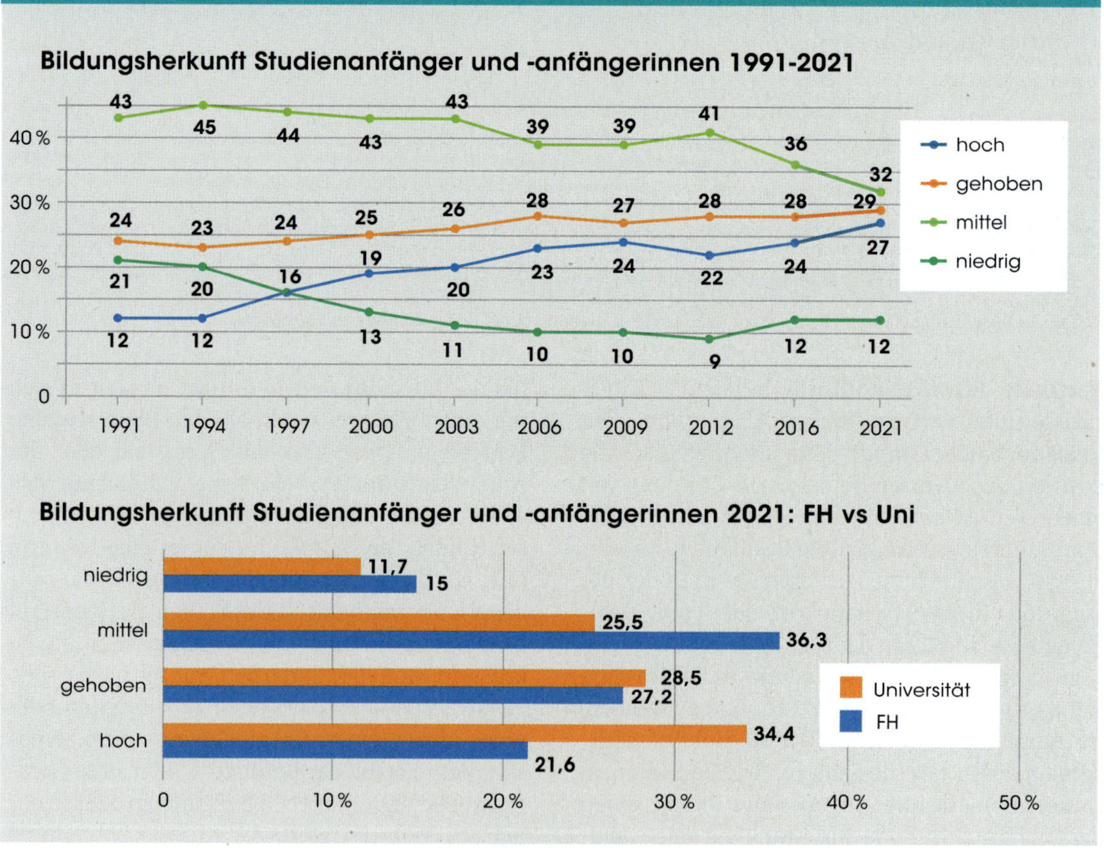

© C.C. Buchner Verlag, aktuelle Daten nach: DZHW (Datenerhebung: 2022; Grafikerstellung: 2024)

M4 Was fördert soziale Mobilität?

Soziale Mobilität in Deutschland wird durch eine Vielzahl von Faktoren beeinflusst, die sowohl individuelle Chancen als auch gesellschaftliche Strukturen prägen. Obwohl diese Einflussfaktoren je nach Region und gesellschaftlichem Kontext variieren können, gibt es grundlegende Aspekte, die in vielen Teilen Deutschlands ähnlich sind.

Bildung als zentraler Faktor: Bildung ist einer der stärksten Einflussfaktoren für soziale Mobilität. In Deutschland eröffnen höhere Bildungsabschlüsse in der Regel den Zugang zu besseren Berufen und höherem Einkommen. Bildungsreformen, die auf Chancengleichheit abzielen, spielen eine entscheidende Rolle bei der Beeinflussung der sozialen Mobilität. Das Bundesausbildungsförderungsgesetz (BAföG) ist ein wichtiges Instrument, das jungen Menschen unabhängig von ihrer finanziellen Herkunft den Zugang zu höherer Bildung ermöglicht. Es bietet finanzielle Unterstützung, die sich nach dem Einkommen der Eltern richtet und ermöglicht es Studierenden, sich auf ihr Studium zu konzentrieren, ohne durch finanzielle Sorgen abgelenkt zu werden.

Wirtschaftliche und kulturelle Einflüsse: Die wirtschaftliche Struktur und Konjunktur Deutschlands spielen eine entscheidende Rolle bei der Förderung oder Einschränkung der sozialen Mobilität. Arbeitsmarktbedingungen, die Verfügbarkeit von Arbeitsplätzen, wirtschaftliches Wachstum und die vorherrschenden Industrien beeinflussen die Mobilitätschancen. Auch kulturelle Faktoren, wie die Werte und Erwartungen der deutschen Gesellschaft, können Bildungs- und Berufsentscheidungen prägen. Diskriminierung aufgrund von Ethnizität, Geschlecht oder Alter kann den Zugang zu Bildung und Arbeitsmarkt für bestimmte Gruppen einschränken. Politische Maßnahmen wie das Allgemeine Gleichbehandlungsgesetz (AGG) und Initiativen zur Förderung der Gleichstellung und Diversität am Arbeitsplatz sind entscheidend, um Diskriminierung entgegenzuwirken und eine inklusivere Arbeitsumgebung zu schaffen.

Technologische und geografische Mobilität: Technologische Veränderungen wie Digitalisierung und Automatisierung verändern die Arbeitswelt in Deutschland und beeinflussen die erfor-

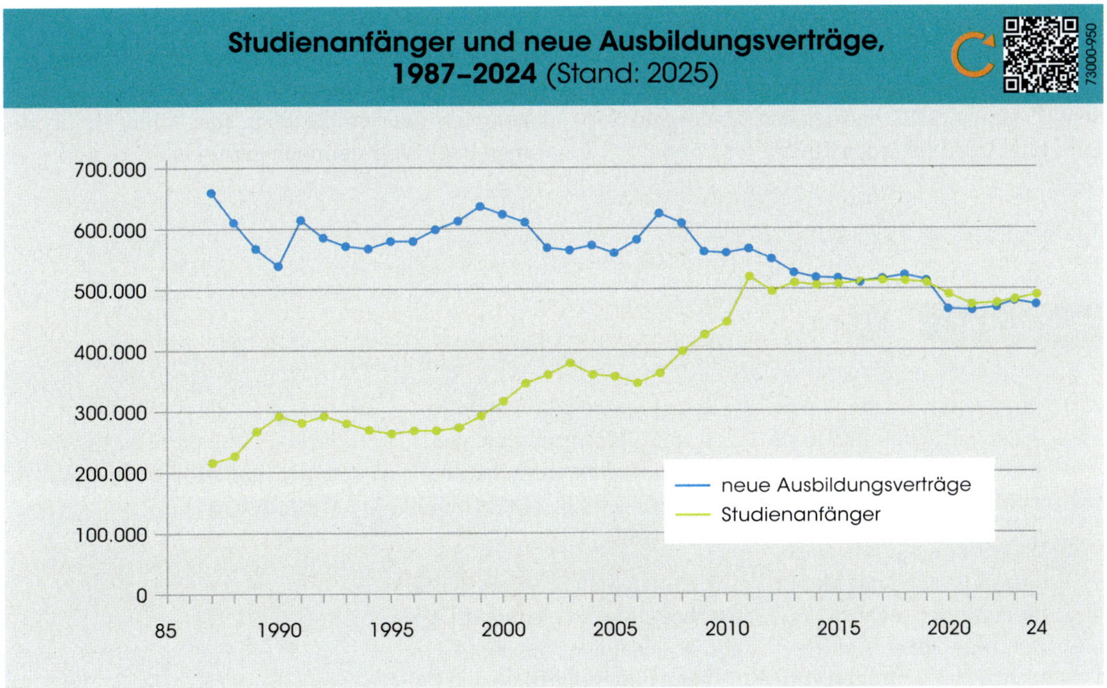

© C.C. Buchner Verlag, aktuelle Daten nach: DESTATIS (Datenerhebung: 2024; Grafikerstellung: 2025)

derlichen Fähigkeiten der Arbeitnehmerinnen und Arbeitnehmer. Um sicherzustellen, dass alle Schichten der Gesellschaft von diesen Veränderungen profitieren können, hat die Bundesregierung Initiativen wie die „Digitale Strategie 2025“ eingeführt, die darauf abzielen, die digitale Infrastruktur zu verbessern und Bildungsangebote im Bereich der digitalen Kompetenzen zu erweitern. Geografische Mobilität, also der Umzug in Regionen mit besseren Bildungs- und Arbeitsmöglichkeiten, spielt eine wichtige Rolle, insbesondere in einem Land mit signifikanten regionalen Unterschieden wie Deutschland. Förderprogramme für strukturschwache Regionen und Anreize für Unternehmen, sich in weniger entwickelten Gebieten anzusiedeln, unterstützen die geografische Mobilität und tragen zur Angleichung der Lebensverhältnisse bei.

Familienstruktur und finanzielle Unterstützung: Die Familienstruktur kann auch in Deutschland die Bildungs- und Berufsaussichten der Kinder beeinflussen. Finanzielle Unterstützungen wie das Kindergeld und der Kinderzuschlag entlasten Familien finanziell und sollen helfen, soziale Ungleichheiten abzubauen. Das Kindergeld ist eine finanzielle Leistung, die allen Familien in Deutschland für ihre Kinder bis zum Alter von 18 Jahren (oder 25 Jahren, wenn das Kind sich noch in Ausbildung befindet) gewährt wird. Es soll Familien finanziell entlasten und dazu beitragen, die Grundbedürfnisse der Kinder zu sichern. Ab dem 1. Januar 2023 beträgt das Kindergeld 250 Euro pro Monat für jedes Kind.

Die Förderung von Sozialer Mobilität erhöht auch die Chancengleichheit von Männern und Frauen.

Der Kinderzuschlag stellt eine zusätzliche Leistung dar, die speziell für Familien mit geringem Einkommen gedacht ist, um zu verhindern, dass diese Familien aufgrund von Kinderkosten in die Bedürftigkeit rutschen. Zum 1. Januar 2024 wurde der Kinderzuschlag auf bis zu 292 Euro pro Monat und Kind erhöht. Diese Leistung wird zusätzlich zum Kindergeld gezahlt, wenn das Einkommen der Familie über dem Mindesteinkommen liegt, aber dennoch gering ist.

Aufgaben

72003-120

1. Vergleichen Sie die Konzepte der vertikalen und intergenerationellen Aufwärtsmobilität (**M1**; **M2**).
2. Überprüfen Sie, wie diese beiden Formen der Mobilität zur gesellschaftlichen Durchlässigkeit und Gerechtigkeit beitragen können (**M3**).
3. Analysieren Sie die Rolle von Bildungsungleichheit und Diskriminierung als Barrieren für soziale Mobilität (**M4**).
4. Entwickeln Sie Vorschläge, wie diese Barrieren effektiv abgebaut werden könnten, um eine höhere soziale Mobilität zu ermöglichen.
5. Bewerten Sie soziale Mobilität als Indikator für die soziale Gerechtigkeit in einer Gesellschaft.

Soziale Ungleichheit in Ost- und Westdeutschland

M1 „Sächsisch ist die Verlierersprache. Die Diskriminierung setzt sofort ein."

SPIEGEL: Herr Oschmann, Sie sind zornig. Warum?

Oschmann: Weil ich finde, dass wir an dem Punkt angelangt sind, an dem die Ungleichheit zwischen Osten und Westen in einem so ungeheuerlichen Ausmaß auf Dauer gestellt ist, dass man das nicht mehr hinnehmen kann.

SPIEGEL: Auf wen sind Sie zornig?

Oschmann: Auf wechselnde Regierungen und ihren mangelnden Willen, an dieser enormen Ungerechtigkeit etwas zu ändern. Jetzt bekommen sie zunehmend durch die Wahlergebnisse die Quittung. [...]

SPIEGEL: Was stellt »man« sich landläufig unter einem Ostdeutschen vor?

Oschmann: »Ostdeutsch sein« ist eine behauptete Identität. Es verbinden sich damit ganz viele negative Konnotationen: dass »die Ostdeutschen« angeblich faul sind, dass sie dumm sind, dass sie unfähig sind, dass sie feige sind, dass sie keine Verantwortung übernehmen wollen, dass sie sich hässlich kleiden, dass sie nicht richtig sprechen können. Und so weiter. Das sind die Stereotype, die immer wieder aufgerufen werden. Ich finde das falsch, und ich finde es unfair. Darüber verliert man die Fähigkeit, die einzelnen Menschen zu sehen, in ihren Lebenszusammenhängen, in ihrem Gewordensein, in den Lebenschancen, die sie hatten oder eben nicht hatten.

SPIEGEL: Sie haben Ihren Kindern angedroht, das Taschengeld zu streichen, sollten sie Sächsisch sprechen. Warum?

Oschmann: Weil die gesellschaftliche Diskriminierung sofort einsetzt, wenn man das tut. Sächsisch ist die Verlierersprache. Das Sächsische ist das, was genommen wird, wenn es darum geht, Leute ins Lächerliche zu ziehen, sie dumm dastehen zu lassen. Es gilt als der hässlichste Dialekt. Eine Kollegin hat mir mal unter Tränen erzählt, dass sie aus dem Erzgebirge kommt, aber nur mit ihrer Mutter und Großmutter noch Sächsisch spricht. Sie hat Schulungen gemacht, um ihr Heimatidiom loszuwerden. [...]

SPIEGEL: Haben Sie auch Ihre Herkunft verschwiegen?

Oschmann: Ja. Wie viele derjenigen aus dem Osten, die gegen alle Widerstände und gegen alle Wahrscheinlichkeit erfolgreich geworden sind, habe ich meine Herkunft verschwiegen oder nur zur Not thematisiert.

SPIEGEL: Wie geht das in Ihrem Kontext? Man nennt bewusst seinen Geburtsort nicht?

Oschmann: Man lässt zum Beispiel die Vita mit dem Studium anfangen. Das ist in der Wissenschaft nicht komplett unüblich, aber es ist trotzdem auffällig, dass der Geburtsort gerade bei ostdeutschen Wissenschaftlerinnen und Wissenschaftlern häufig nicht genannt ist. Wo gegen alle

Demonstration gegen die Abwicklung der ostdeutschen Industrie durch die westdeutsche Treuhand 1991 in Ostberlin

Erwartung ein Aufstieg gelungen ist, war das Verleugnen, Verschweigen, implizite und explizite Distanzieren von der Herkunft aus dem Osten oft die Grundvoraussetzung. [...]

SPIEGEL: Sie sind Professor für Literaturwissenschaft. Angela Merkel war Bundeskanzlerin, Joachim Gauck Bundespräsident und Matthias Sammer Sportchef des FC Bayern München. Widerspricht das nicht Ihren Thesen?

Oschmann: Es sind dann doch nur ganz wenige. Der Anteil Ostdeutscher in Spitzenpositionen in Wissenschaft, Verwaltung, Jurisprudenz, Medien und Wirtschaft beläuft sich auf durchschnittlich 1,7 Prozent. Nur ein kleiner Bruchteil der deutschen Universitäten wird von einer Person ostdeutscher Herkunft geleitet. Wenn Ostdeutsche es doch geschafft haben, dann oft, weil in einer Krise die alten Spielregeln nicht mehr galten. Angela Merkel stieg nach der Spendenaffäre auf, Joachim Gauck wurde nach dem Rücktritt von Christian Wulff Bundespräsident. [...]

SPIEGEL: Warum ist das so?

Oschmann: Es ist so, weil im Osten ein Elitenwechsel nach 1990 zunächst absolut nötig war. Das war ganz wichtig, weil viele Leute entweder politisch korrumpiert waren oder sogar für die Staatssicherheit gearbeitet haben oder weil sie bei den von Westdeutschen durchgeführten Evaluierungen den Kriterien nicht entsprochen haben. Die frei gewordenen Positionen wurden dann von Westdeutschen besetzt, die wiederum den Nachwuchs aus dem Westen mitgebracht haben.

SPIEGEL: Und warum ist das mehr als 30 Jahre lang so geblieben?

Oschmann: Weil Eliten sich aus sich selbst rekrutieren, wenn man nicht gezielt gegensteuert. Es ist einfach die Gleichheit in der Herkunft, die Ähnlichkeit in der Einstellung, die man voraussetzen kann, wenn die anderen aus ähnlichen Zusammenhängen kommen. Professoren aus dem Westen ziehen sowohl wissenschaftliche Mitarbeiter als auch Professoren aus dem Westen nach. Jüngere aus dem Osten beispielsweise, die Anfang der 1990er Abitur gemacht und ein Studium aufgenommen haben, durften im – letztlich naiven – Vertrauen auf eine funktionierende Demokratie mit einem gewissen Optimismus durchaus annehmen, die gleichen Startbedingungen wie ihre gleichaltrigen Kommilitonen aus dem Westen zu haben. Im Nachhinein zeigt sich, dass davon überhaupt keine Rede sein konnte, weil, abgesehen vom Abitur, alles Notwendige gefehlt hat: die finanziellen Voraussetzungen, die Netzwerke, der Stallgeruch, die »Verwandtschaft im Habitus«, die dazu anhält, ein Denken und Handeln ›sympathisch‹ oder ›unsympathisch‹ zu finden. Das gesamte kulturelle, symbolische, soziale und ökonomische Kapital, das ja nur als Westkapital existiert. Deshalb finden Karrieren auch über 30 Jahre nach der Wiedervereinigung ausschließlich entweder im Westen oder über längere Stationen im Westen statt.

[...]

SPIEGEL: Ostdeutsche hätten kein Interesse an Spitzenpositionen, zitieren Sie aus einer Studie.

Oschmann: Ja. Praktische Studie. Die Ostdeutschen sind selbst schuld, weil sie Angst vor Verantwortung haben, generell zu bequem sind und das »Streben in die Elite« nicht gelernt haben.

SPIEGEL: Klingt wieder wie die Begründung für den Frauenmangel in Spitzenpositionen. Aber warum streben so wenige Ostdeutsche zum Beispiel in den Geisteswissenschaften eine Promotion oder Habilitation an?

Oschmann: Viele aus dem Osten studieren Geisteswissenschaften, um Lehrer zu werden. Die soziale Sicherheit ist ein wichtiger Faktor, weil die nicht weitverbreitet ist. Man weiß möglicherweise auch zu wenig über die Finanzierungsmöglichkeiten einer Promotion, oder man rechnet sich als Ostdeutscher keine Chance dafür aus, weil die Rollenvorbilder fehlen. Das ist ein dynamisch wachsender Effekt: Je weniger Ostdeutsche in Spitzenpositionen als Vorbilder sichtbar sind, desto weniger Ostdeutsche können sich vorstellen, auf solche Positionen Anspruch zu erheben oder gar dorthin zu gelangen. Ostdeutsche Eltern haben zudem oftmals keine Möglichkeit, ein langes Studium zu finanzieren.

Ich habe es am eigenen Leib erfahren. Meine Eltern haben überhaupt nicht verstanden, warum ich nach dem Ende des Studiums nicht Lehrer werde. Und als ich erklärt habe, dass ich mehrere Jahre kein richtiges Geld verdienen werde, haben meine Eltern gedacht, ich wäre komplett verrückt geworden. Meine Mutter war zu der Zeit arbeitslos. Mein Vater ist Metallarbeiter. [...]

SPIEGEL: Reden wir über Geld: Die Vermögen sind ungleich verteilt. Im Osten verdient man weniger, und man hat weniger.

Oschmann: Es sei denn, man ist aus dem Westen. Große Teile des Wohneigentums im Osten gehö-

Dirk Oschmann, Publizist und Germanist

ren Westdeutschen. Nirgendwo in ganz Europa gehört den Leuten vor Ort so wenig selbst wie in Ostdeutschland.

SPIEGEL: Ist das für den Mieter nicht egal, wem seine Wohnung gehört? Nehmen Ostdeutsche weniger Miete von Ostdeutschen?

Oschmann: Das weiß ich nicht. Und das würde ich auch nicht glauben. Dem Mieter ist es vielleicht egal, nicht egal ist die generelle Verteilung des Wohneigentums. Das macht ja was mit Leuten, wenn sie sagen können, das gehört den Leuten von hier. Ich verstehe schon die historischen Zusammenhänge. Der Osten hat das Geld nicht gehabt nach 1990, um im großen Stil Wohneigentum nicht nur zu kaufen, sondern es auch zu erhalten und zu sanieren. Dadurch ist die jetzige Schieflage entstanden.

SPIEGEL: Und ist sie reparabel?

Oschmann: Sie ist irreparabel, weil der Osten nach wie vor sehr viel weniger Geld verdient. Das führt dazu, dass man eben weiterhin nicht Einkommen erhöhen und Vermögen aufbauen kann, um dann vielleicht Besitztümer zu erwerben. Es verstetigt sich also das Problem und potenziert sich mit dem Vererben.

Aber natürlich muss es Hebel geben, mehr ökonomische Gerechtigkeit herzustellen. Man kann nicht das mangelnde Demokratievertrauen beklagen und das andere nicht sehen wollen: dass es zwischen der sozialen Frage und der Demokratie einen Zusammenhang gibt. Dass die Leute 22,5 Prozent weniger verdienen und dann weniger Vertrauen in die Demokratie haben.

SPIEGEL: Sie behaupten, dass kaum eine gesellschaftliche Gruppe nach 1990 so diskriminiert worden sei wie die Ostmänner. Was ist mit den Frauen? Und mit den in Deutschland geborenen Migrantenkindern?

Oschmann: Von den Frauen zu reden und von Menschen mit Migrationsgeschichte ist wichtig, erscheint mir hier aber nur als Ablenkungsmanöver. Mein Thema ist nicht der Vergleich, sondern die seit über 30 Jahren währende systematische und belegbare Ausgrenzung der ostdeutschen Männer. Man nimmt ihnen Selbstentfaltungschancen, man verhöhnt sie, macht sie lächerlich und demütigt sie in jeder denkbaren Weise, und anschließend wundert man sich, dass diese Männer eine »Problemzone« bilden. Erst fabriziert man das Problem, dann stellt man überrascht fest, dass es eines ist. Präzise diejenigen, die von den sozialen und leider auch öffentlich-rechtlichen Medien besonders gern als Wutbürger, AfD-Wähler, Nazis, Rassisten oder einfach als unzurechnungsfähige stammelnde Primaten präsentiert werden. Die Beispiele werden von den Medien oft zur Bestätigung der eigenen Vorurteile gezielt gesucht, damit sie im nächsten Schritt als repräsentativ hingestellt werden können.

SPIEGEL: Warum haben Sie das Buch geschrieben: zornig, undifferenziert, pauschal, wie Sie es selbst formulieren? Und das als Professor für Literaturwissenschaft, was ja eigentlich die Spezialdisziplin ist für Zwischentöne und Subtext?

Oschmann: Die Forderung nach Differenzierung ist der charakteristische Ausdruck für das radikale NICHTWAHRHABENWOLLEN der gesamten Situation. Differenzieren heißt hier nichts anderes, als den Wald vor lauter Bäumen nicht sehen zu wollen. Es ist höchste Zeit, den Wald in Erinnerung zu rufen. Eine repräsentative Demokratie, in der man sich nicht adäquat repräsentiert findet, hat mehr als nur ein Problem. Sie ist nämlich keine. Oder nur eine von wenigen für wenige. Und möglicherweise hat derjenige, der im Osten großgeworden ist, ein feineres Empfinden für Spielarten der bloßen Demokratie-Simulation. Und dann wundert sich der Westen, wenn der Osten der Demokratie in Teilen den Rücken kehrt, insbesondere unter den jungen Leuten. Und das finde ich das Gespenstische. […]

Hunfeldt, Frauke: „Sächsisch ist die Verlierersprache. Die Diskriminierung setzt sofort ein". In: www.spiegel.de, 23.02.2023

M2 „Mehrheit der Ostdeutschen tut so, als würden sie unentwegt untergebuttert und ausgebeutet."

Freie Presse: Wenn man die Landkarte nach der Europawahl anschaut, sehen wir die Grenzen von BRD und DDR. Wie erklären Sie sich das?

Ilko-Sascha Kowalczuk: Mich überrascht das nicht. Ich fürchte, bei den nächsten Wahlen fallen die Ergebnisse noch desaströser aus. Da ich antiwestliche, prorussische, antifreiheitliche und antidemokratische Parteien zu einem Block zähle, kommen wir im Osten auf etwa 50 Prozent, die diesem Block ihre Stimme gegeben haben. [...]

FP: Eine innerdeutsche Grenze?

Kowalczuk: Das betrifft auch sozioökonomische Indikatoren, wie Einkommensverteilung, Renten oder wie vererbt wird. Aber es gibt auch Punkte, die mittlerweile relevanter sind, um zu erklären, was in Europa, Deutschland und Ostdeutschland passiert. Der Stadt-Land-Gegensatz ist gesamtdeutsch viel dramatischer als der zwischen Ost und West. Das zweite hört sich etwas paradox an. Gegenfrage: Reden wir über Ostdeutschland oder über Ostdeutsche? Denn wie sähe Ostdeutschland aus ohne die 2,5 Millionen zugewanderten Westdeutschen? Ich will mir das gar nicht ausmalen, da sie heute einen großen Teil des bürgerlichen Milieus im Osten ausmachen.

FP: Sie haben gesagt, man kommt nicht weiter mit einer Debatte, die niemandem zunahe treten will. Meinen Sie Ostdeutsche?

Kowalczuk: Ich mag keine Debatten, in denen man permanent Rücksicht nimmt. [...] Ich beobachte seit Jahren eine Ostdeutschtümelei. Viele tun so, als wären ihre Erfahrungen einzigartig, als wäre nur ihnen etwas geschehen. Dabei hatten die Ostdeutschen vor allem Glück. Sie sind in einem der reichsten und einem der zehn freiesten Länder der Welt ohne eigenes Zutun wach geworden und sozial abgefedert wie 95 Prozent der Weltbevölkerung es nicht sind. Und trotzdem tut eine Mehrheit von ihnen immer so, als wenn sie unentwegt untergebuttert und ausgebeutet würden. Als wären ihre Transformationserfahrungen einzigartig. Das Ruhrgebiet hat die auch. Wir können nach Ostpolen blicken. Daran müsste sich der Osten messen, weil es die gleiche Basis ist, von der auch wir ausgegangen sind. Stattdessen haben die Ostdeutschen 1990 erwartet, dass es ihnen nach fünf Jahren genauso geht wie Leuten in München oder Hamburg.

FP: Es ist ein Fakt, dass Ostdeutsche in Eliten und Führungspositionen unterrepräsentiert sind.

Kowalczuk: Das ist so. Alle Zahlen dazu habe ich auch interpretiert, aber ich weigere mich, bei diesem Opfernarrativ mitzumachen. Wir leben in Freiheit und Demokratie. Da kann und muss man sein Schicksal selbst in die Hand nehmen. In der DDR gab es eine große Scheu davor, Karriere zu machen. Schon der Begriff war negativ besetzt. Es bedeutete ja: man ist angepasst und macht im System mit. Das hat sich jahrzehntelang eingeprägt, da muss man erst mal rauskommen und sagen: Ja, ich will Führung und Verantwortung übernehmen, etwas bewegen. Viele verstehen darunter nur: die haben Macht und Geld.

FP: Das bleibt über Generationen?

Kowalczuk: Sozialisierung wird vererbt, weitergegeben, egal in welchem Kontext. Ich kann als junger Mensch eine Diktaturprägung über Eltern und Großeltern bekommen. Wichtigster Sozialisationspunkt ist nicht die Schule oder Medien, sondern die Familie. Es ist anstrengend, sich mit seinem Elternhaus auseinanderzusetzen. Viele glauben ja, dass der marxistisch-leninistische Propagandaunterricht bei ihnen keine Folgen hatte, nach dem Motto: das ging links rein und rechts wieder raus. Es stimmt aber nicht, weil in einem System, in dem man nichts anderes hört, kann man zwar der Meinung sein: „ich glaube denen kein Wort, nicht mal den Wetterbericht". Trotzdem bleibt ganz viel hängen. Das zu überwinden, kostet viel Arbeit und Selbstdisziplin, weil ich mir erst mal bewusst machen muss, dass ich etwas zu überwinden habe.

FP: Die Menschen verschließen die Augen vor dieser Spätwirkung?

Kowalczuk: Man merkt das auch daran, wie im Osten über Frieden gesprochen wird. Da wird immer von der bösen Nato, dem bösen Westen und den bösen USA geredet, die Russland provoziert hätten. Dass es nicht nur den US-Präsidenten gibt, sondern liberale Milieus wie in New York und Kalifornien, blendet dieser Antiamerikanismus aus. Alles wird zu einer Soße verrührt, die alte Propaganda.

FP: Wie soll sich das mit Blick auf Führungspositionen ändern?

Ilko-Sascha Kowalczuk, Historiker und Publizist

Kowalczuk: Man muss Verantwortung übernehmen, Gestaltungswillen haben und „ich" sagen können. Daran fehlt es vielen. Es gibt mittlerweile Studien, die zeigen, dass das auch ein Grund dafür ist, warum in vielen Führungspositionen Ostdeutsche fehlen. Es reicht nicht, sich permanent in den Vordergrund zu schieben mit Transformationserfahrungen, von denen man glaubt, sie sind einzigartig.

FP: Mit Transformationserfahrungen wird vieles im Osten begründet, auch AfD-Wahlergebnisse.

Kowalczuk: Ich glaube, die These vom Transformationsschock stimmt so nicht. Ich spreche lieber vom Freiheitsschock. Der Umgang mit Freiheit unterscheidet sich in Ost und West massiv. Die Revolution 1989 war eine für die Freiheit, aber wie bei allen Revolutionen hat sich nur eine Minderheit daran beteiligt. Die Masse stand hinter den Gardinen und hat zugeguckt, bis sich die Verhältnisse sortiert hatten. Der Mehrheit wurden Freiheit und Einheit geschenkt, sie musste nichts dafür tun. Viele gingen damit sehr achtlos um. Für mich hieß Freiheit: endlich kann ich mich selbst verwirklichen, lesen und schreiben, was ich will, in Freiheit leben.

FP: Viele behaupten, die Freiheit erkämpft zu haben.

Kowalczuk: In den Jahrzehnten nach 1989 ist der passiven, schweigenden Mehrheit erfolgreich eingeredet worden, dass alle Revolutionäre waren. Bis heute können viele im Osten mit Freiheit nicht umgehen. Wir sehen einen viel ausgeprägteren Staatshass als im Westen, der sich aus Vorstellungen speist, was der Staat zu machen hat und was er nicht zu machen hat. Die sind bezogen auf den liberalen Staat völlig überzogen. Das hat auch mit einer völlig überspannten Erwartungshaltung zu tun, die vor 1989 gegenüber dem Westen in der DDR entstanden ist. [...]

FP: Die Ostdeutschen wollten einen Obrigkeitsstaat?

Kowalczuk: Alle haben gedacht, Freiheit und Demokratie sind selbsterklärend. Aber es ist ein harter Prozess. Ich muss jeden Tag mit mir, mit der Gesellschaft und dem Staat verhandeln und Entscheidungen treffen. Wenn ich das nicht gelernt habe und mir die Angst im Nacken sitzt, dass eine getroffene Entscheidung sich als falsch herausstellt und mir den Rest meines Lebens versauen könnte wie in einer Diktatur, dann habe ich ein

Riesenproblem. Es ist einfacher, in einer Diktatur zu leben. Wenn man sich an deren Regeln hält, passiert einem auch nichts. Das Problem von Millionen Ostdeutschen ist: Sie sind nie in der Freiheit angekommen, eigenständige Entscheidungen selbstbewusst zu treffen, Verantwortung zu übernehmen, sondern haben alles immer an den Staat delegiert. Das machen sie bis heute und glauben, sie sind totale Staatskritiker. […]

FP: Woher kommt dieses Autoritätsdenken ausgerechnet jetzt?

Kowalczuk: Ostdeutsche haben immer die Macht gewählt. Am 8. März 1990 und die ganzen 1990er-Jahre hindurch haben fast immer die Parteien in den Ländern gewonnen, die an der Macht waren. Auch in Sachsen ging es nicht darum, emanzipatorisch voranzugehen. Es war paternalistisch, wie Biedenkopf seine Landeskinder behandelte. Und viele Sachsen haben sich offenbar sehr wohl gefühlt. Nicht wenige denken bis heute: Ihr bösen Wessis wollt uns nur das Schlechte, ihr seid alle ein bisschen blöd, aber wir Ossis sind etwas Besonderes, was Besseres. Das ist ein Erzählmuster, was im Osten landauf, landab gepflegt wird. Das speist sich natürlich auch aus vielen schlechten Erfahrungen, qualifiziert und berechtigt aber noch lange nicht zu solcher Ostdeutschtümelei.

FP: Die Umfrage Sachsen-Monitor ergab, dass viele glauben, in einer Diktatur zu leben, andererseits diese fallweise für die bessere Staatsform halten und einen Führer wollen. Wie passt das?

Kowalczuk: Wenn so viele der Meinung sind, wir leben in einer Diktatur, sind dazu zwei Dinge zu sagen: Erstens ist das eine Verharmlosung echter Diktaturen, wie der nationalsozialistischen und der kommunistischen Diktatur. Zweitens: Wenn man in der DDR öffentlich in kritischer Absicht gesagt hat, „das ist ja eine Diktatur“, ist man dafür sanktioniert worden. Sagt man das hier und heute, zucken alle mit den Schultern nach dem Motto: „Na, du Spinner“ und es passiert nichts. Erhebungen zeigen aber auch, dass etwa zwei Drittel der Ostdeutschen für autoritäre Vorstellungen zu haben sind. Aber nur fünf Prozent der AfD-Wähler haben am Wahlsonntag bejaht, dass sie die Partei für rechtsextrem halten. Die AfD selbst will nicht rechtsextrem oder faschistisch genannt werden. Sie will ja die konservative, bürgerliche Mitte sein. Sie kann ihren Wählern gut einreden, die eigentlichen Verfechter der Demokratie und des Grundgesetzes zu sein, ohne dass die offenkundigen Widersprüche dazu bemerkt werden.

FP: Wie gelingt dieser „bürgerliche“ Anstrich?

Kowalczuk: Dafür hat Alice Weidel sogar Helmut Kohl und die CDU zum Feind erklärt. Wenn man dieses politische Spektrum besetzen will, muss man alle anderen natürlich nach links schieben. Darauf muss man bei Kohl erstmal kommen. Politiker dürfen es nicht öffentlich akzeptieren, Wissenschaftler müssen es: In jeder Gesellschaft gibt es bis zu 25 Prozent Menschen, die für das politische System nicht zu gewinnen sind - in einer Demokratie sind das natürlich andere als in einer Monarchie. In den letzten Jahren haben sich Politik und Medien vorrangig um diese Minderheit gekümmert, statt um jene Mehrheit, die das Land am Laufen hält. […]

Wolf, Tobias: „Historiker zu Wahlergebnissen: Mehrheit der Ostdeutschen tut so, als würden sie unentwegt untergebuttert und ausgebeutet“. In: www.freie-presse.de, 14.06.2024

Aufgaben

72003-121

1. Ordnen Sie die Argumente der Interviewten (**M1, M2**) den Konzepten der horizontalen und vertikalen Ungleichheit zu.
2. Vergleichen Sie die Positionen von Dirk Oschmann (**M1**) und Ilko-Sascha Kowalczuk (**M2**) bezüglich der Sozialen Mobilität in Ost- und Westdeutschland.
3. Beurteilen Sie die unterschiedliche Zuschreibung von politischer Verantwortung durch Oschmann (**M1**) und Kowalczuk (**M2**) für soziale Ungleichheit und soziale Mobilität in Ost- und Westdeutschland.

1.3.3 Theorien sozialer Gerechtigkeit

Leitfragen

Warum diskutiert man in Demokratien über soziale Gerechtigkeit?

Welche Theorien zur sozialen Gerechtigkeit gibt es?

M1 Soziale Gerechtigkeit in Demokratien

„Soziale Gerechtigkeit" ist in der politischen Auseinandersetzung ein häufig benutzter Slogan. Konservative, Liberale, Sozialdemokratinnen und Sozialdemokraten und Linke nutzen den Begriff, er ist positiv besetzt; aber was sie damit inhaltlich meinen, ist unterschiedlich. Eine Diskussion von Gerechtigkeit in einer säkularen, demokratischen Gesellschaft ist immer kontrovers: Es kann nicht auf eine den Menschen unverständliche, höhere, göttliche Gerechtigkeit verwiesen werden. Demokratie ist eine von Menschen gemachte Ordnung, also entscheiden Menschen darüber, was gerecht und ungerecht ist. Aber warum ist die Frage nach sozialer Gerechtigkeit in einer Demokratie überhaupt wichtig?

Schon bei der Beschreibung von Sozialer Ungleichheit und Sozialer Mobilität (› Kap. 1.3.2) taucht implizit immer wieder die Frage nach Rechtmäßigkeit und Gerechtigkeit auf: Demokratien sind freie Gesellschaften. Als Ergebnis dieser Freiheit können aber durchaus krass ungleiche Verteilungen von Ressourcen entstehen – je nach Glück oder Pech, Können oder Unfähigkeit der Individuen. Denn wenn Menschen zweifelsohne ungleich in körperlichen, sozialen und intellektuellen Fähigkeiten sind, fallen ihnen in der Anwendung dieser Fähigkeiten auch eine unterschiedliche Menge an Ressourcen zu. Damit können sie Positionen von Macht und Einfluss auch über Mitmenschen erreichen – und diese Positionen sogar auch dauerhaft halten und vererben. Soziale Ungleichheit und Demokratie können dabei in ein Spannungsverhältnis treten: Auch wenn allen Menschen per Gesetz gleiche Rechte zustehen, kann dies durch eine zu starke soziale Ungleichheit unterminiert werden. Damit können Bürgerinnen und Bürger faktisch ihre Freiheit verlieren: Ist die soziale Ungleichheit nun zu sehr gewachsen und so verfestigt, dass keine Soziale Mobilität mehr vorhanden ist, endet die liberale Gesellschaft gleicher und freier Menschen als hohle Phrase in einer Welt ererbter Ressourcen und ungleicher Privilegien.

Demokratien müssen daher auch um ihrer eigenen Selbsterhaltung willen eine Diskussion um soziale Gerechtigkeit und damit Umverteilung führen. Dabei müssen sie entscheiden, *was* (um) verteilt wird: Ressourcen, Rechte oder Möglichkeiten? Und *wie* wird verteilt: gleiche Anteile, nach Leistung oder nach Bedürftigkeit? Diese Debatten müssen vor der Ausgestaltung konkreter Sozialpolitik (› Kap. 1.4) zunächst auf einer philosophischen Ebene geführt werden.

M2 John Rawls: ‚Gerechtigkeit als Fairness' in ‚A Theory of Justice' (1971)

Der Frage nach Gerechtigkeit in einer modernen, liberalen Gesellschaft ging der US-Philosoph John Rawls (1921–2002) in seinem Buch **‚A Theory of Justice'** von 1971 nach. Rawls verbindet darin Elemente der Vertragstheorie (› Kap. 3.2) mit moderner Spieltheorie. Er dreht dabei das Vorgehen anderer Vertragstheoretiker um: Anstatt erst ein Menschenbild (wie sind wir?) zu entwerfen, daraus einen Urzustand abzuleiten (wie ist die Welt ohne Regeln?) und dann einen Gesellschaftsvertrag als Notwendigkeit abzuleiten, fängt er bei unserer modernen Gesellschaft an. Rawls beobachtet den Streit um Gerechtigkeit und Umverteilung: Jeder Mensch will eine bessere Position in der Gesellschaft haben und Kosten dafür gerne auf andere abwälzen. Die Menschen sind also rational, egoistisch – aber auch risikoscheu: Niemand will Regeln zustimmen, die ihr oder ihm dauerhaft eine schlechtere Position als ihre oder seine Ausgangssituation in der Gesellschaft zur Folge haben.

Professor Dr. John Rawls (1921–2002)

Um Prinzipien für eine gerechte Gesellschaft auf Basis dieser Annahmen zu erreichen, schlägt Rawls ein Gedankenexperiment vor: Eine Menschengruppe entscheidet über Grundsätze sozialer Gerechtigkeit unter dem **Schleier des Nichtwissens**. Niemand weiß, wie sie oder er später in der Gesellschaft gestellt ist und welche Fähigkeiten und Ressourcen sie oder er als Startbedingungen hat. Damit würden Reiche nicht zwingend Umverteilung ablehnen und Arme diese nicht rücksichtslos befürworten.

Stattdessen würde sich die Gesellschaft nach Rawls auf folgende Grundregeln sozialer Gerechtigkeit einigen:

1. Alle Menschen besitzen die gleichen Freiheitsrechte.
2. Soziale Ungleichheiten sind erlaubt, wenn
   a) öffentliche Ämter und Positionen allen zugänglich sind und
   b) die Ungleichheit *allen* Bürgerinnen und Bürgern Vorteile verschafft, auch den Ärmsten (**Differenzprinzip**).

Mit dem Differenzprinzip geht Rawls eindeutig über die klassisch liberale Haltung zu Ungleichheit hinaus: Soziale Ungleichheit wird nicht einfach mit Verweis auf abstrakte Freiheiten, Bürgerrechte und Chancen für alle Menschen akzeptiert oder schlichtweg hingenommen, wenn *möglichst viele* Gesellschaftsmitglieder von ihr profitieren (**Utilitarismus**, die größte Menge Glück für die größte Menge an Menschen). Bei Rawls müssen alle Bürgerinnen und Bürger durch die Ungleichheit bessergestellt sein, sonst ist sie unfair und inakzeptabel.

M3 Kritik der Libertären und der Kommunitaristen

Professor Dr. Robert Nozick (1938–2002)

Robert Nozick (1938–2022), veröffentlichte 1974 mit **Anarchy, State, and Utopia** eine Verteidigung des libertären Minimalstaates. Laut Nozick bedeuten Rawls Vorstellungen von sozialer Gerechtigkeit einen zu starken Eingriff in die persönlichen Freiheits- und Besitzrechte der Bürgerinnen und Bürger. Der Staat dürfe nur die Sicherheit und das Leben wie auch das Eigentum schützen. Ob eine Verteilung von Ressourcen gerecht sei, könne nur mit Blick auf die **Rechtmäßigkeit des Erwerbs** des Eigentums beurteilt werden. Solange dieses durch Arbeit, freiwillige Übertragung durch einen Vertrag oder andere rechtmäßige Verfahren erworben wurde, ist jede (auch sehr ungleiche) Verteilung von Ressourcen gerecht.

Weitere Kritikerinnen und Kritiker sahen in Rawls Theorie eine allzu starke Vereinfachung des Menschenbildes hin zu einer Überbetonung von Individualismus und Rationalismus. Reale Menschen sind nicht Einzelgängerinnen und Einzelgänger, sondern leben in Gemeinschaften wie Familien, Städten und Nationen gemeinsam. Das von Rawls angenommene Verhalten der Menschen unter dem Schleier des Nichtwissens bleibe aber nur logisch konsistent und überhaupt vorstellbar, wenn das Bedürfnis nach Gemeinschaft sowie eine emotionale Bindung und Loyalität zur Gruppe mit einbezogen werde. Denn die von allen Mitgliedern geteilte Idee einer Gemeinschaft, in der überhaupt Ressourcen geteilt und umverteilt werden und Menschen sich hierzu moralisch verpflichtet fühlen, setzt weit mehr voraus als nur Individuen unter dem Schleier des Nichtwissens, sondern bezieht sich auf eine bereits existente Gemeinschaft. Nach Rawls können diese Gemeinschaften nur freiwillig gegründet werden, vorgefundene Gruppen wie eine Familie oder Nation existieren in der Theorie nicht. Das Gedankenexperiment benötigt also zum Funktionieren eine Art bereits funktionierende community, auf die Rawls aber nicht eingeht. Die Betonung dieses Aspekts als Schwäche in der Argumentation (die liberale Grundhaltung wird keineswegs bemängelt) hat diesen Kritikerinnen und Kritikern die Bezeichnung **Kommunitaristen** eingebracht.

Aufgabe

72003-122

1. Beurteilen Sie die Theorien von Rawls, Nozick und der Kommunitaristen (**M2**, **M3**) hinsichtlich ihrer Fähigkeit, eine Anleitung für mehr soziale Gerechtigkeit in Demokratien zu liefern (**M1**).

Soziale Gerechtigkeit für alle?

M1 „Menstruationsurlaub" für Frauen – Sozial gerecht?

In Spanien sollen Frauen jeden Monat wegen Regelschmerzen zu Hause bleiben können. Die Ärztin Stephanie Ströhlein erklärt, warum es das auch in Deutschland geben sollte.

SPIEGEL: Frau Ströhlein, Sie forderten schon vor zwei Jahren zusätzliche freie Tage für Frauen, die unter Regelschmerzen leiden. Spanien diskutiert nun darüber, als erstes EU-Land allen Frauen drei Tage Menstruationsurlaub pro Monat zu gewähren. Jubeln Sie jetzt?

Stephanie Ströhlein: [...] Menstruationsurlaub suggeriert, dass nun alle Frauen drei bis fünf zusätzliche Urlaubstage bekommen sollen, und das jeden Monat. Damit senden wir das falsche Signal. Es geht hier nicht um Urlaub, sondern darum, sich eine Arbeitsunfähigkeitsbescheinigung ausstellen zu lassen, wenn man unter starken Schmerzen während der Periode leidet. [...]

SPIEGEL: Die Frauen schleppen sich trotzdem zur Arbeit?

Ströhlein: Ja, sie nehmen Schmerzmittel und versuchen, ihre Beschwerden so gut es geht zu ignorieren. Ich muss aber darauf hinweisen: Wir reden hier nur von etwa 20 Prozent aller Frauen [die unter besonders starken Regelschmerzen leiden].

SPIEGEL: Wird dann bei dieser Debatte nicht das Frau-Sein pathologisiert? Im Kampf um Gleichberechtigung wollen wir doch erreichen, dass Geschlechtergrenzen aufgelöst werden und nicht für neue Ungerechtigkeiten sorgen.

Ströhlein: Pathologisieren würde ich das nicht nennen. Es geht ja nicht darum, Frauen Vorteile gegenüber Männern zu verschaffen, sondern darum, es Betroffenen leichter zu machen, sich arbeitsunfähig zu melden, wenn sie das tatsächlich sind. [...]

SPIEGEL: Müsste nicht unterschieden werden zwischen den Berufen? Eine Minentaucherin oder eine Leistungssportlerin ist von Menstruationsbeschwerden doch mehr eingeschränkt als jemand, der im Büro arbeitet.

Starke Regelschmerzen können arbeitsunfähig machen.

Ströhlein: Du darfst frei machen, du aber nicht – diesen Ansatz finde ich schwierig. Es gibt durchaus Frauen, die während ihrer Periode zu Höchstleistungen fähig sind. Und wer für den Beruf immer körperlich fit sein muss, kann seine Periodenbeschwerden ja auch positiv beeinflussen, beispielsweise mit einer Hormonspirale oder der Antibabypille.

SPIEGEL: Die wird aber immer unbeliebter. Nur noch ein Drittel der jungen Frauen nimmt sie.

Ströhlein: [...] Da müssen wir viel Aufklärungsarbeit leisten. Denn ja, die Pille erhöht das Thromboserisiko und ist für Raucherinnen oder Übergewichtige keine Option. Aber sie hat auch neben dem sicheren Empfängnisschutz viele positive Begleiterscheinungen, hilft beispielsweise gegen Migräne oder Hautprobleme und reduziert sogar das Risiko für Eierstockkrebs. Und sie hilft Frauen mit Endometriose, die besonders oft von übermäßig starken Regelschmerzen betroffen sind.

Töpper, Verena: ‚Menstruation ist so ein großes Tabu, dass nur die wenigsten Betroffenen um eine Krankschreibung bitten'. In: www.spiegel.de, 19.5.2022.

Aufgabe

72003-123

1. Beurteilen Sie die soziale Gerechtigkeit des Vorschlags einer erleichterten Krankschreibung für Frauen mit starken Regelschmerzen (**M1**) a) nach dem Differenzprinzip John Rawls, b) nach dem Aneignungsprinzip Robert Nozicks und c) aus der Perspektive der Kommunitaristen

1.4 Der Sozialstaat – Grundlagen und Probleme

1.4.1 Grundlagen der Sozialpolitik

Leitfragen

- Was ist ein Sozialstaat?
- Nach welchen Prinzipien funktioniert Sozialpolitik in Deutschland?
- Wer finanziert den Sozialstaat in Deutschland?

M1 Was ist ein Sozialstaat?

Unter einem **Sozialstaat** versteht man im weiteren Sinne ein Gemeinwesen, das durch Einsatz politischer Programme und finanzieller Mittel berechtigte Personen gegen Lebensrisiken (Alter, Krankheit, Behinderung, Armut etc.) absichert. Die Selbstbezeichnung als Sozialstaat an sich ist bereits eine politische Entscheidung, da dadurch eine Bindung an das Konzept der sozialen Gerechtigkeit und die philosophischen Debatten darüber (› Kap. 1.3.3) hergestellt wird.

In der deutschen Diskussion wird der Sozialstaat meistens in einem engeren Sinne als Sammelbegriff für die Gesamtheit der Maßnahmen benutzt, die Bürgerinnen und Bürger zumindest gegen einen Teil der Risiken einer Marktwirtschaft absichert. Seit dem Jahrtausendwechsel sind zu diesen klassischen sozialstaatlichen Versicherungen auch **aktivierende Maßnahmen** im Sinne von Qualifikation und Fortbildung hinzugetreten. International hat sich für Sozialstaaten im weiteren Sinne der Begriff *welfare state* (Wohlfahrtsstaat) etabliert.

Der Blick über die Grenzen ins Ausland erlaubt den Vergleich verschiedener Wohlfahrtsstaaten bezüglich des Grades der Absicherung, des Kreises der Berechtigten und Finanzierung der Maßnahmen. Dabei werden grundlegend **drei Idealtypen der Wohlfahrtsstaaten** unterschieden:

Liberale Wohlfahrtsstaaten sichern nur wenige Risiken rudimentär ab; beispielsweise gibt es in den USA keine verpflichtende Krankenversicherung und auch Arbeitslosengeld wird nur wenige Monate bezahlt. Liberal bedeutet hier in diesem Modell also hauptsächlich der Verweis auf die Verantwortung des Individuums, seine Lebensrisiken selbst abzusichern und ansonsten Marktprozesse möglichst frei laufen zu lassen. Beispiele hierfür sind England und die USA.

Konservative Wohlfahrtsstaaten streben ein höheres Absicherungsniveau an. Dabei verteilen sie mehr Ressourcen um, stützen über die Beiträge der größtenteils pflichtversicherten Erwerbstätigen aber insbesondere deren sozialen Status – wer viel einzahlt, bekommt im Versicherungsfall auch viel ausgezahlt, beispielsweise aus der Arbeitslosenversicherung. Darüber hinaus bestehen diverse steuerliche Anreize und flankierende Sozialmaßnahmen für das Lebensmodell einer Familie mit (meist männlichem) Alleinverdiener. In Deutschland ist dies beispielweise das Ehegattensplitting, bei dem die zu zahlende Einkommenssteuer auf beide Ehepartner gleichmäßig verteilt wird. Damit sinkt insbesondere bei Alleinverdiener-Ehen oder starken Einkommensunterschieden der Partner die Steuerbelastung. Zusammen mit nur wenig verfügbarer Kinderbetreuung besteht hier also ein starker Anreiz, in einer (heterosexuellen) Ehe mit einem männlichen Alleinverdiener zu leben – daher die Klassifikation als ‚konservativ' mit Bezug auf das indirekt geförderte Lebensmodell. Beispiele sind Deutschland und Belgien.

Der **skandinavische** (öfters auch nordische oder sozialdemokratische) **Wohlfahrtsstaat** setzt auf eine sehr umfangreiche Absicherung und großzügige Leistungen, erhebt dafür aber auch recht hohe Steuern. Mit dieser Finanzierungsbasis werden dann staatliche Programme der Daseinsfürsorge in der Gesundheitspolitik, Kinderbetreuung und Qualifizierung angeboten. Dieser Typus findet sich hauptsächlich in Nordeuropa, beispielsweise in Schweden und Dänemark.

M2 Wie funktioniert der Sozialstaat in Deutschland?

Krankenversicherung	**Unfallversicherung**	**Rentenversicherung**	**Arbeitslosenversicherung**	**Pflegeversicherung**
gibt es seit: 1883	gibt es seit: 1884	gibt es seit: 1889	gibt es seit: 1927	gibt es seit: 1995
Beiträge 2023:				
14,6 Prozent des Bruttolohns	unterschiedlich je nach Träger	18,6 Prozent des Bruttolohns	2,6 Prozent des Bruttolohns	3,05 Prozent des Bruttolohns bzw. 3,4 Prozent für Menschen ab 23 ohne Kinder
Zusatzbeiträge 2023:				
durchschnittlich 1,3 Prozent				
Arbeitende bezahlen davon selbst:				
7,3 plus 0,65 Prozent (Zusatzbeitrag)	0 Prozent	9,3 Prozent	1,3 Prozent	1,525 Prozent bzw. 1,775 Prozent (Menschen ohne Kinder) *Hinweis:* Im Bundesland Sachsen gelten Sonderregeln.

Nach: Sozialpolitik Schülermagazin, Ausgabe 2022/2023

Rein rechtlich betrachtet hat der Sozialstaat in der Bundesrepublik Deutschland Verfassungsrang. In Artikel 20 Abs. 1 des Grundgesetzes wird die Bundesrepublik als ‚demokratischer und sozialer Bundesstaat" bezeichnet. In Artikel 28 Abs. 1 geht es weiter: „Die verfassungsgemäße Ordnung in den Ländern muss den Grundsätzen des republikanischen und sozialen Rechtsstaates im Sinne des Grundgesetzes entsprechen." Aber wie wird dieses **Sozialstaatsgebot** in der Praxis umgesetzt?

Der Sozialstaat in Deutschland besteht hauptsächlich aus den Zweigen der **Gesetzlichen Sozialversicherung** und ihrer Leistungen (siehe Grafiken). Die Finanzierung dieses Sozialstaats erfolgt hauptsächlich aus den Beiträgen der pflichtversicherten Arbeitnehmerinnen und Arbeitnehmer (sogenanntes **Bismarck-System**) anstatt vollständig aus Steuermitteln (sogenannte **Beveridge-System**). Die Beiträge der Einzahlenden werden direkt als Auszahlungen an die Beziehenden weitergeleitet (**Umlageverfahren**). Beamte und Selbstständige zahlen nicht ein beziehungsweise haben eigene Vorsorgesysteme (Pension für Beamte, private Vorsorge für Freiberufler).

Der Anteil der Beiträge der Arbeitgeberinnen und Arbeitgeber und Arbeitnehmer ist aber mittlerweile nicht mehr ausreichend, die Ausgaben zu decken und wird mittlerweile auch stark über Zuschüsse aus Steuermitteln finanziert, um die direkten Abgaben auf Löhne und Gehälter nicht zu stark steigen zu lassen. Im Unterschied zu einer privaten Absicherung, wo individuelle Risikoprämien gezahlt werden, machen die Beiträge der Versicherten einen fixen Anteil des Einkommens aus. Einen Grundfreibetrag wie bei der Einkommenssteuer (› Kap. 2.6) gibt es nicht, vielmehr wird alles versicherungspflichtige Einkommen bis zur **Beitragsbemessungsgrenze** herangezogen. Diese lagen 2024 bei 62.100 Euro für die Gesetzliche Krankenversicherung, 90.600 Euro (Westdeutschland) für die Renten- und Arbeitslosenversicherung. Verdienste über diese Grenzen hinaus sind beitragsfrei.

Ansonsten richten sich die Leistungen aus der Renten- und Arbeitslosenversicherung im Versicherungsfall nach den gezahlten Beiträgen (**Äquivalenzprinzip**). Erst wenn Eigenvorsorge und Selbstverantwortung überfordert sind (**Subsidiaritätsprinzip**), greifen Leistungen der Solidargemeinschaft wie das Bürgergeld und Wohngeld (**Solidarprinzip**).

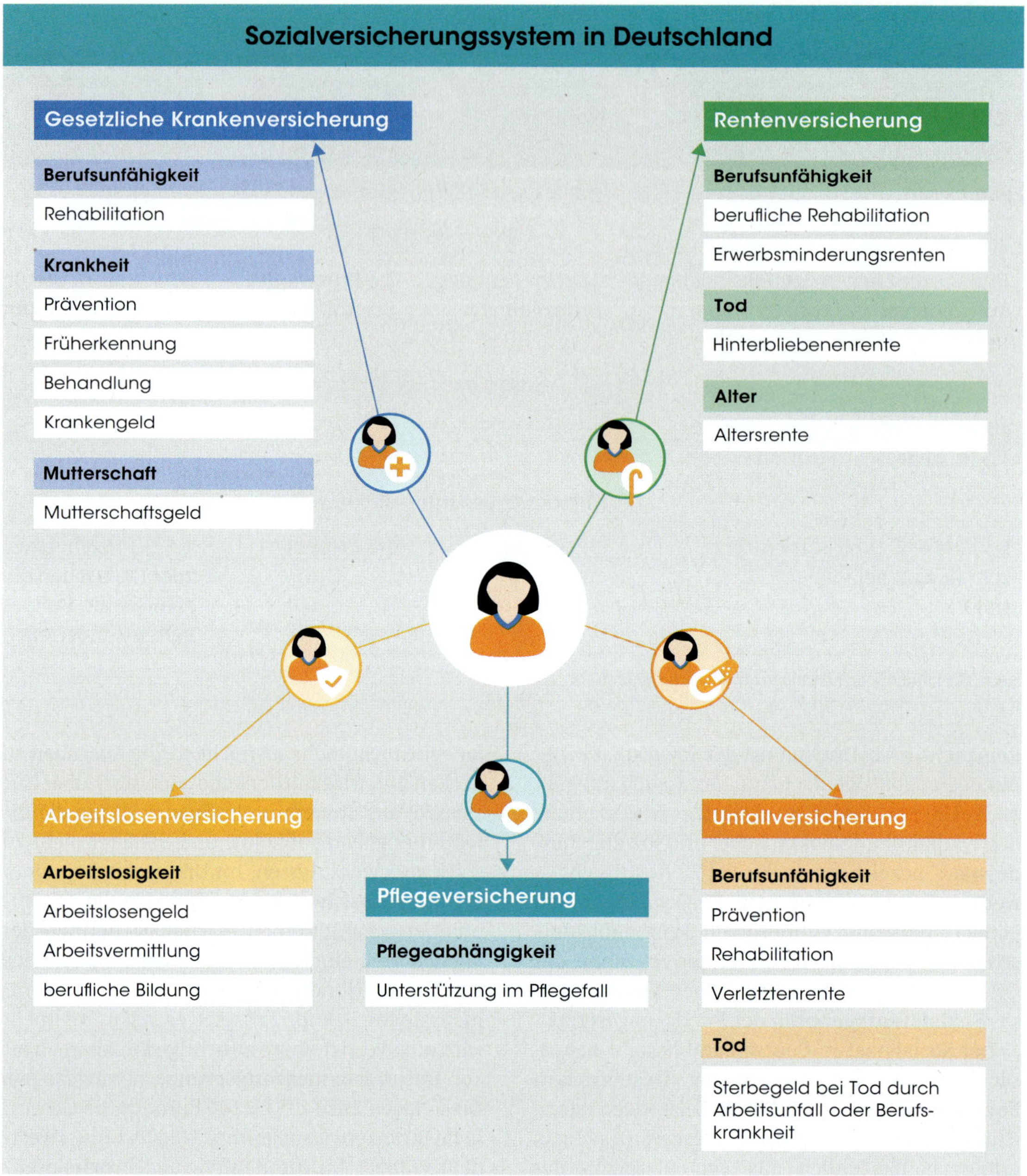

Nach: Bundeszentrale für politische Bildung, 2009; Lizenz: CC by-nc-nd/3.0/de

Aufgaben

72003-124

1. Ordnen Sie den Typen von Wohlfahrtsstaaten (**M1**) begründet den Konzeptionen sozialer Gerechtigkeit von Rawls, Nozick und den Kommunitaristen (› Kap. 1.3.3) zu.

2. „Die Beitragsbemessungsgrenze verstößt gegen das Äquivalenzprinzip, sie führt eine Art regressive Steuer ein und sollte daher abgeschafft werden!" Erläutern und bewerten Sie diese Aussage (**M2**).

1.4.2 Aktuelle Herausforderungen des Sozialstaats

Leitfragen

Welche besondere Herausforderungen gibt es für den deutschen Sozialstaat im Bereich Rente sowie Kranken- und Pflegeversicherung?

Wie könnten zukünftige Entwicklungen und Reformen aussehen?

M1 Der deutsche Sozialstaat – eine endlose Großbaustelle?

Aktuell werden fast 40 Prozent des Bruttogehalts für die verschiedenen Sozialversicherungssysteme abgezogen: Krankenversicherung, Pflegeversicherung, Arbeitslosenversicherung, Rentenversicherung halbieren fast das ausgezahlte Gehalt jeder Arbeitnehmerin und jedes Arbeitnehmers. Und dieser Anteil kann in Zukunft sogar noch stark steigen, wenn man mehreren Modellrechnungen glaubt. Je nach angenommener Entwicklung der Bevölkerung in Deutschland können bis zu 50 oder sogar 60 Prozent in den nächsten Jahrzehnten fällig werden. Der Grund dafür ist die Demografie: Fallende Geburtenraten und die Verrentung geburtenstarker Jahrgänge (‚Babyboomer') lassen die Einzahlenden stark zurückgehen, gleichzeitig steigt die Zahl der Rentner, Pflegebedürftigen und Kranken. Was kommt möglicherweise auf uns zu?

Rentenversicherung

Heute finanzieren circa 2,7 Erwerbstätige eine Rentnerin oder einen Rentner – bis 2070 können nach einigen Modellrechnungen sogar nur 1,9 Erwerbstätige auf eine Rentnerin oder einen Rentner kommen. Die Beiträge könnten dann von aktuell auf 18,6 Prozent auf bis zu 24 Prozent im Jahr 2080

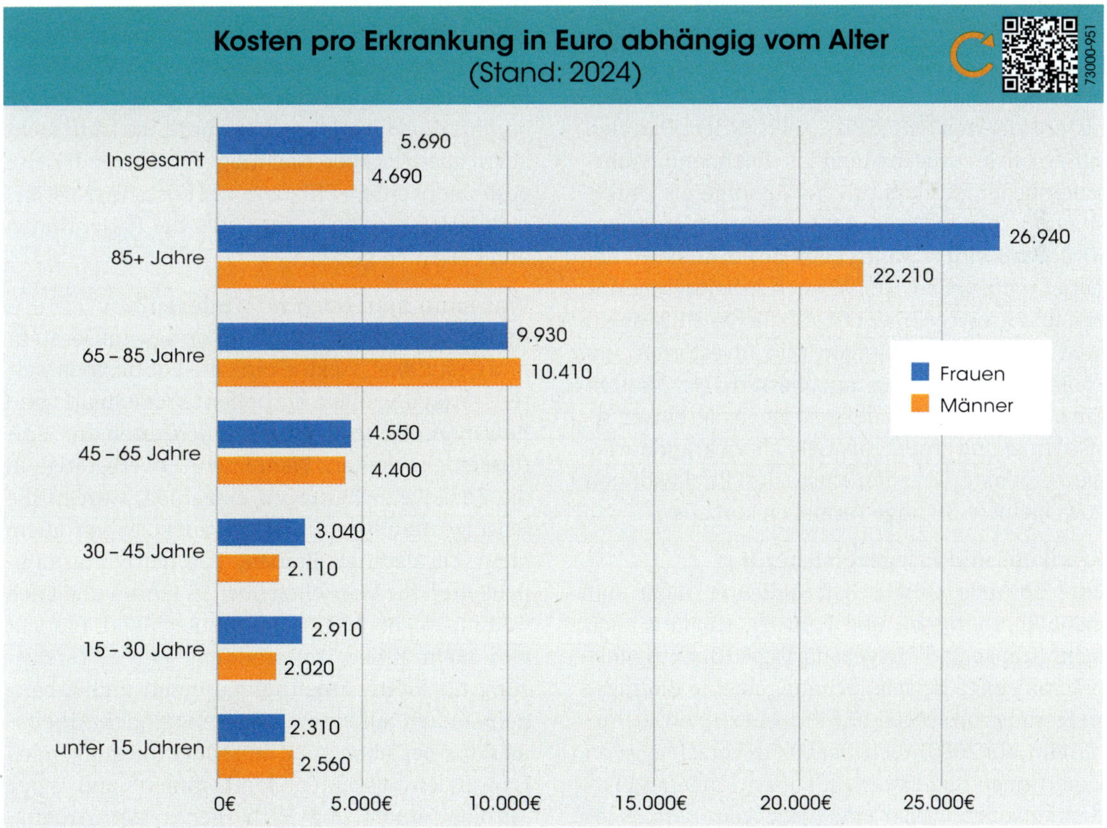

© C.C. Buchner Verlag, aktuelle Daten nach: DESTATIS (Datenerhebung: 2020; Grafikerstellung: 2024)

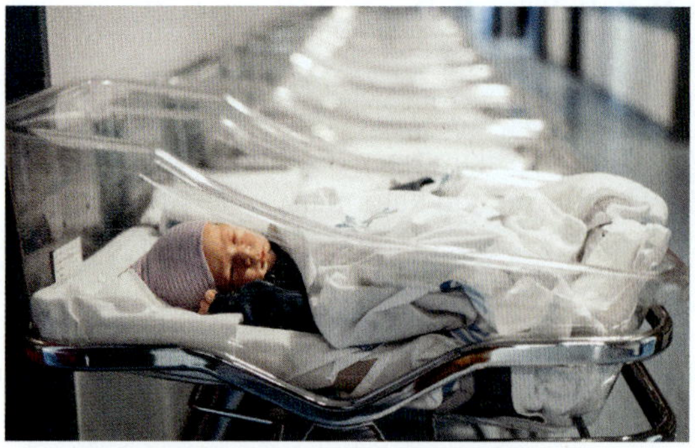

Die Herausforderungen des Sozialstaats betreffen vor allem auch jüngere Generationen.

steigen. Um diese Beitragsexplosion zu verhindern, gibt es verschiedene Vorschläge: Die Renten sollen deutlich sinken, das heutige Rentenniveau von 48 Prozent des Durchschnittsverdienstes bei maximal 20 Prozent Beitragssatz sei damit hinfällig. Ebenso müsste das Renteneintrittsalter an die stetig steigende Lebenserwartung gekoppelt werden. Einige Expertinnen und Experten fordern, für jedes zusätzliche Jahr Lebenserwartung die Rente ein halbes Jahr nach hinten zu schieben: Für Neugeborene im Jahr 2024 würde sich damit der Renteneintritt auf circa 73 Jahre verschieben. Die Politik hat dem Plan schon eine Absage erteilt: Mit der SPD sei dies nicht machbar, sagt Bundesarbeitsminister Hubertus Heil (SPD). Auch andere Parteien äußern sich zurückhaltend bis ablehnend. Wahrscheinlicher ist, dass private Vorsorge als Unterstützung für fallende Renten stärker gefördert wird. Dazu wird es wahrscheinlich ein Modell einer Aktienrente geben. Hier können Arbeitnehmerinnen und Arbeitnehmer mit staatlicher Hilfe in ein breit gestreutes Aktienportfolio investieren, um damit schmale Renten aufzubessern. Der Vorteil: Ein breit gestreuter Indexfond ist ertragreicher, risikoärmer und kostengünstiger als viele andere Finanzprodukte. Über den Zinseszins-Effekt können auch kleinere Beiträge Vermögen aufbauen.

Kranken- und Pflegeversicherung

Eine alternde Gesellschaft bedeutet nicht nur mehr Rentnerinnen und Rentner, sondern auch mehr Kranke und Pflegebedürftige. Hier prognostizieren einige Beispielrechnungen eine Beitragssteigerung von aktuell 19,6 Prozent zu bald 30 Prozent im Jahr 2080. Auch hier gibt es Vorschläge von Expertinnen und Experten: Patientinnen und Patienten sollen wieder eine (gedeckelte) Praxisgebühr pro Arztbesuch zahlen. Digitalisierung soll Kosten im Gesundheitswesen sparen. Und bei der Pflege sollen Leistungen teilweise einfach gestrichen und zur privaten Vorsorge werden. Sozialverbände hingegen fordern eine Abschaffung der Beitragsbemessungsgrenze: Da Einkommen nur bis aktuell 62.100 Euro (Stand: 2024) zur Berechnung der Beiträge herangezogen werden, bleiben Spitzenverdienerinnen und Spitzenverdiener teilweise von proportional mit ihren Verdiensten über diese Schwelle hinaus steigenden Beiträgen verschont. Besonders Wohlhabende zahlen also tendenziell einen prozentual stetig fallenden Beitrag bei steigenden Einkommen. Die Politik hat diese Vorschläge bereits aufgegriffen, die Digitalisierung des Gesundheitswesens und Kostenersparnisse sind Konsensziele – allerdings nicht einfach umzusetzen: Digitalisierung von Arbeitsprozessen ist bei laufendem Betrieb zäh und fällt vielen Arztpraxen bei gleichbleibend hoher Arbeitsbelastung nicht leicht. Bei Kostenersparnissen haben auch die Bundesländer mitzureden – denn als Träger von Krankenhäusern sind deren Schließungen und Zusammenlegungen bei Wählerinnen und Wähler und Landesregierungen nicht populär. Darüber hinaus ist der Medizinsektor nicht einfach ein weiterer Dienstleistungsbereich oder Produktmarkt: Eine angemessene Versorgung und Pflege berührt direkt die Menschenwürde. Sie kann nicht allein über Angebot, Nachfrage, Profite und Preise gesteuert werden. Effizienz und Kosteneinsparungen dürfen hier nicht zu Lasten der Patientinnen und Patienten gehen.

Was kann man noch reformieren?

Außerhalb der konkreten Reformen im Renten- und Gesundheitssektor kann die Politik noch weitere Ansätze wählen, die helfen: Arbeitsmarkt und Zuwanderung sind hier Möglichkeiten für Einflussmöglichkeiten. Wenn mehr Erwerbstätige in die Sozialversicherungen einzahlen, werden die Beiträge stabilisiert. Dafür braucht es vor allem mehr berufstätige Frauen, Beschäftigungsmöglichkeiten für Menschen über 55 Jahren und auch weitaus mehr Migration. Deutschland braucht also mehr Kitas, Weiterbildung und Unterstützung für ältere Arbeitnehmerinnen und Arbeitnehmer, um auf einem sich wandelnden Arbeitsmarkt zu bestehen – und muss auch mit steigenden Einwanderungszahlen klarkommen und neue Mitbürgerinnen und Mitbürger in den Arbeitsmarkt integrieren können.

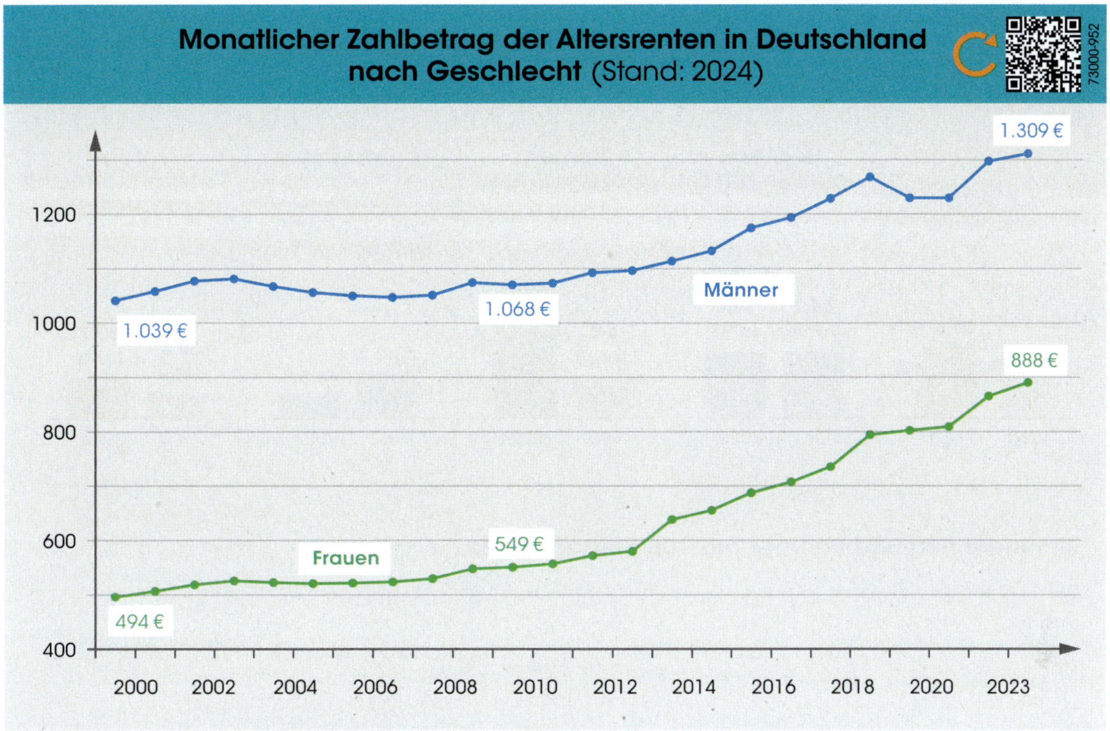

© C.C. Buchner Verlag, aktuelle Daten nach: Deutsche Rentenversicherung
(Datenerhebung: 2024; Grafikerstellung: 2024)

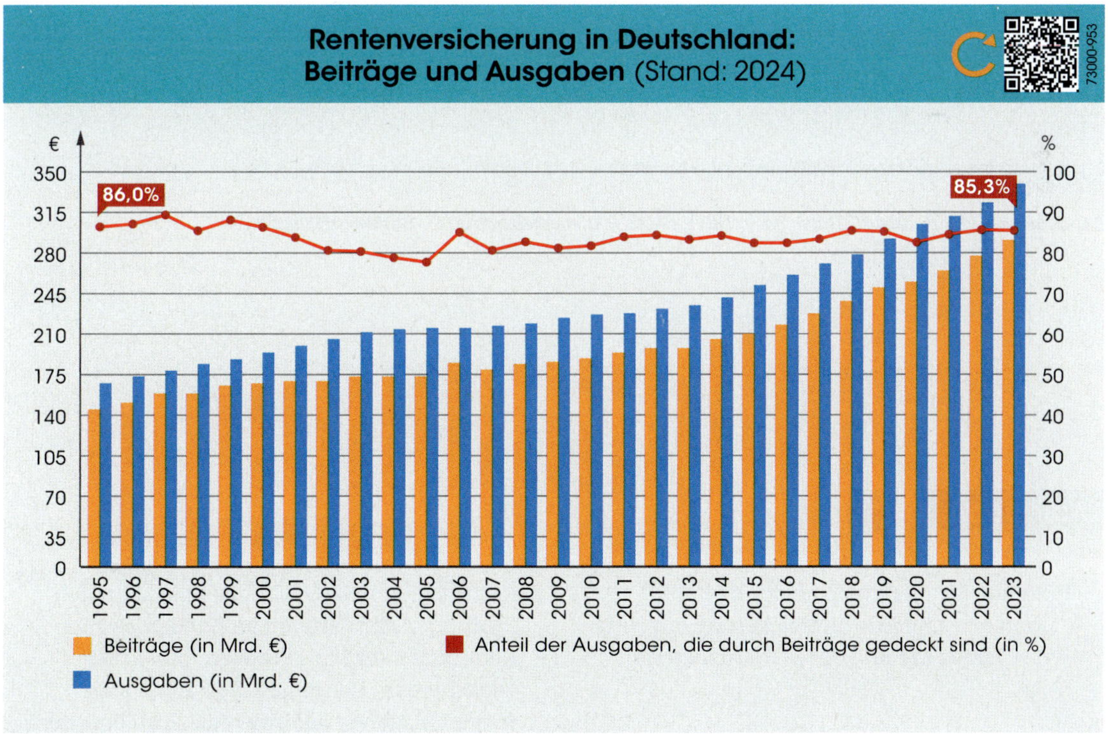

© C.C. Buchner Verlag, aktuelle Daten nach: Deutsche Rentenversicherung, eigene Berechnungen
(Datenerhebung: 2024; Grafikerstellung: 2024)

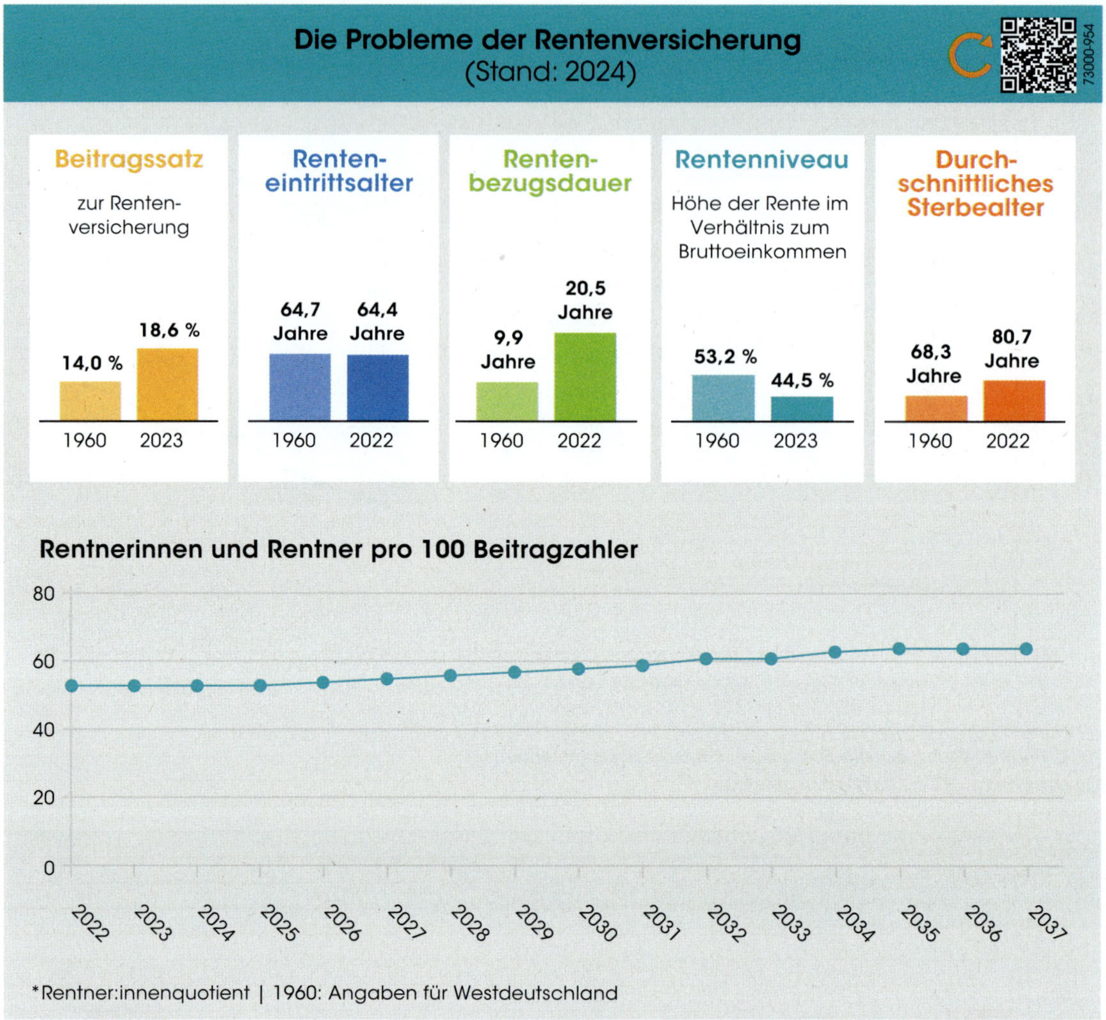

© C.C. Buchner Verlag, aktuelle Daten nach: DRV / BMAS (Datenerhebung: 2023; Grafikerstellung: 2024)

Aufgaben

72003-125

1. Stellen Sie die Probleme der Renten-, Kranken- und Pflegeversicherung mit Hilfe des Textes **M1** und des Statistikmaterials dar.
2. Recherchieren Sie in Gruppen die aktuellen Positionen der Parteien im Bundestag zur Reform der Renten-, Kranken- und Pflegeversicherung. Beurteilen Sie dann, ob die vorgeschlagenen Reformen die Probleme der Sozialversicherungen (**M1**) lösen können. Stellen Sie ihre Ergebnisse dem Kurs vor.

Können wir etwas vom Ausland über Sozialreformen lernen?

M1 Reformen des Sozialstaats in Europa – ein Modell für Deutschland?

In Europa stehen viele Staaten vor demselben Problem: Die Lebenserwartung steigt, das Geld in den Rentenkassen wird knapp. So geht man in Spanien, den Niederlanden und Italien damit um. [...]

Renten zahlt in Spanien die Securidad Social aus.

Spanien

In Spanien ist erst vergangenen Donnerstag eine Rentenreform durch das Parlament gegangen. Trotz Kritik aus der Opposition hat sie eine deutliche Mehrheit abgesegnet. Die Regierung von Ministerpräsident Pedro Sánchez (PSOE) will dadurch die Einnahmen der Rentenkasse langsam, aber stetig verbessern. Vorgesehen ist, dass die Rentenbeiträge allmählich steigen und dass Besserverdienende bereits von 2025 an einen höheren Beitrag zur Sozialversicherung leisten müssen. Gleichzeitig werden die staatlichen Zuschüsse und die niedrigeren Renten erhöht.

An der schrittweisen Anhebung des Renteneintrittsalters auf 67 Jahre bis 2027, die schon vor mehr als zehn Jahren beschlossen wurde, ändert sich nichts. Mit der Reform will die Regierung sicherstellen, dass das Rentensystem finanziell tragfähig bleibt. In diesem Jahr muss der Staat zudem mit 2,9 Milliarden Euro aus Steuermitteln einspringen – und die geburtenstarken Babyboomer-Jahrgänge gehen erst noch in den Ruhestand.

In Spanien fällt die Rentenversicherung unter die *seguridad social*, die allgemeine Sozialversicherung. Um Anspruch auf die gesetzliche Rente zu haben, müssen Erwerbstätige mindestens 15 Jahre in die Rentenkasse einzahlen. Der Beitragssatz liegt derzeit bei 28,9 Prozent des Einkommens, wovon 24,1 Prozent auf die Arbeitgeber und 4,8 Prozent auf die Arbeitnehmer entfallen. Selbstständige konnten die Beitragshöhe bislang selbst festlegen, seit 2023 wird sie anhand der erwarteten Einkünfte berechnet. Seit 2011 fallen auch alle Beamten, die neu in den öffentlichen Dienst eintreten, unter die allgemeine Sozialversicherung, sodass das bisherige Pensionssystem für Beamte langsam beendet wird.

Die Rentenreform war eine Forderung der Europäischen Union, als Voraussetzung, um weitere Hilfen aus dem Corona-Wiederaufbaufonds zu überweisen. Sie ist zunächst als Dekret verabschiedet worden und soll in den kommenden Monaten auch als Gesetzentwurf debattiert werden, damit Änderungen möglich sind. Die konservative Partido Popular (PP) hat bereits angekündigt, das Rentensystem erneut reformieren zu wollen, wenn sie die Parlamentswahlen Ende des Jahres gewinnen sollte.

Rentnerinnen und Rentner in den Niederlanden erhalten häufig eine Grundrente und eine Betriebsrente.

Niederlande

Rentensysteme sind schwierig zu vergleichen. Jedes Land hat andere Bedürfnisse, Traditionen, Finanzreserven. Trotzdem gibt es Ranglisten. Eine von ihnen kommt von der Beratungsfirma Mercer. Bei deren Vergleich der weltweiten Rentensysteme schneiden die Niederlande seit Jahren auffällig gut ab. 2022 kamen sie auf Rang zwei, hinter Island, vor Dänemark. Die untersuchten Kriterien sind Verteilungsgerechtigkeit, Zukunftssicherheit des Systems und Schutz der Einzahler. Auch die Weltbank lobt die niederländische Altersversorgung.

Sie basiert auf drei Säulen: einer Grundrente der gesetzlichen Rentenversicherung (AOW), betrieblichen Pensionsfonds sowie privater Vorsorge, etwa durch eine Renten- oder Lebensversicherung. Die Grundrente greift für alle Einwohner des Landes, abhängig von der Wohnsitzdauer in den Niederlanden. Sie wird im Umlageverfahren durch Arbeitnehmerbeiträge finanziert, ist aber unabhängig von der tatsächlichen Beitragseinzahlung. Arbeitslose und Arme werden beitragslos mitversichert; eine Bedürfnisprüfung gibt es nicht. Die Höhe des Beitrags richtet sich nach der Höhe des Einkommens, aber auch Großverdiener bekommen nicht mehr als die Grundrente von derzeit etwa 1350 Euro für Alleinstehende, sind also zwangssolidarisch. Die Arbeitgeber sind an der Finanzierung nicht beteiligt. Das Renteneintrittsalter wird 2024 bei 67 Jahren liegen und im Jahr 2067 voraussichtlich 71 Jahre erreichen.

Zur Grundrente kommen die Leistungen aus der zweiten Säule, den knapp 300 kapitalfundierten betrieblichen Pensionsfonds. Obwohl sie nicht obligatorisch sind, werden sie von etwa 90 Prozent der Arbeitnehmer bezogen. Sie gelten als eine Form des Lohns. Über die Höhe der Beiträge und Leistungen bestimmen deshalb Arbeitnehmer- und Arbeitgebervertreter in den Tarifverhandlungen. Nach der jüngsten Reform wird die Höhe der Zahlungen aus den Fonds künftig stärker der Wirtschaftsentwicklung angepasst.

Erste und zweite Säule zusammen sollen dazu führen, dass Pensionäre etwa 70 Prozent des letzten Einkommens zur Verfügung haben. Tatsächlich sind es in den Niederlanden 80 Prozent (in Deutschland 52 Prozent, Durchschnitt der OECD-Länder 63 Prozent). Die Altersarmut ist dadurch deutlich niedriger als etwa in Deutschland. Ein Problem bleibt die Genderlücke, die durch die hohe Teilzeitquote von Frauen entsteht.

Italien

In Italien trifft man eine Menge Menschen, die sich über den Aufruhr in Frankreich [Proteste gegen die Anhebung des Renteneintrittsalters] nur wundern. Das gilt für den Anlass – das gesetzliche Renteneintrittsalter in Italien liegt bei 67 Jahren -, ebenso wie für die Wut, die sich im Nachbarland so unvermittelt entlädt. Italiener erwarten, grob verallgemeinert, ohnehin nicht viel von ihren Politikern. Mit Blick auf das Rentensystem heißt das: Es besteht der Wunsch, möglichst rasch Beute zu machen, ehe wieder jemand am Gesetz rumfummelt.

Deshalb, aber auch wegen der privaten Lebensplanung, ist die Idee besonders populär, frühzeitig in Rente zu gehen. Das erklärt, warum in der Rentenpolitik die „Quotas" eine so große Rolle spielen: befristete Sonderregelungen für die Frührente. Für 2023 gilt Quota 103: Danach darf mit 62 in Rente gehen, wer 41 Beitragsjahre vorzuweisen hat (103 = 62 + 41). Bekannt ist Quota 100 aus der vorherigen Legislaturperiode der Links-rechts-Koalition. Dort hatte der damalige und heutige Chef der rechtspopulistischen Lega, Matteo Salvini, die Formel durchgebracht: Rente mit 62 bei 38 Beitragsjahren. Der parteilose Regierungschef Mario Draghi hatte dann Quota 102 eingeführt (64 + 38); jede Maßnahme kostet oder bringt viele Milliarden Euro.

Eigentlich sind die großen Linien des Systems klar. Das Renteneintrittsalter von 67 Jahren, ein Trend zur Einheitskasse, zu der auch die Beamten gehören (allerdings bestehen weiterhin viele Sonderregeln), das Umlageverfahren. Es gibt aber zahlreiche Ausnahmen und ein großes Gefälle: von Renten, die zum Leben nicht reichen, bis zu denen, die Luxus ermöglichen. In Koalitionen mit mehreren Partnern weiß jede Partei, ihre Klientel zu bedienen.

Es ist kein Zufall, dass die letzte echte Strukturreform aus dem Jahr 2011 stammt, als ein Technokratenkabinett unter dem Wirtschaftsprofessor Mario Monti den Staatsbankrott verhindern musste. Damals wurden das Rentenalter angehoben und an die Lebenserwartung gekoppelt, die Rentenanpassung an die Inflation für zwei Jahre ausgesetzt und die Konditionen für Frühpensionierungen verschärft. Die zuständige Ministerin Elsa Fornero, eine Rentenexpertin, brach bei der Verkündung der Maßnahmen in Tränen aus; ein Teil der Maßnahmen wurde später vom Verfassungsgericht gekippt. Die „Fornero-Reform" gilt heute als „soziales Blutbad" und als Blaupause, wie man als Politiker garantiert das Vertrauen des Volkes verliert. Vielleicht deshalb hat die Regierung von Giorgia Meloni, obwohl sie aus drei politisch ähnlich – nämlich rechts – orientierten Partnern besteht, die versprochene Strukturreform bisher nicht vorgelegt.

Beise, Marc.: „Lob für Den Haag, Tränen in Rom". et al.: In: www.sueddeutsche.de, 05.04.2023

Aufgaben

72003-126

1. Vergleichen und erläutern Sie die Reformen der Sozialversicherungen in Spanien, den Niederlanden und Italien (**M1**).
2. Bewerten Sie, welche Reformen aus **M1** für die Probleme des deutschen Sozialstaats (› Kap. 1.4.2) geeignet und welche ungeeignet sind. Verwenden Sie dabei die Kriterien Verteilungsgerechtigkeit, Zukunftssicherheit und Schutz der Einzahlenden.

Kompetenzen

Am Ende dieses Kapitels sollten Sie Folgendes wissen und können:

- Merkmale von Wirtschaftsordnungen erläutern
- Schwankungen im Wirtschaftsablauf analysieren
- wirtschaftspolitische Zielsetzungen bewerten
- wirtschaftspolitische Maßnahmen aus angebots- und nachfrageorientierter Sicht beurteilen
- den Globalisierungsprozess charakterisieren und sich mit seinen Auswirkungen auf den Wirtschaftsstandort Deutschland auseinandersetzen
- das Verhältnis von Ökonomie und Ökologie erläutern

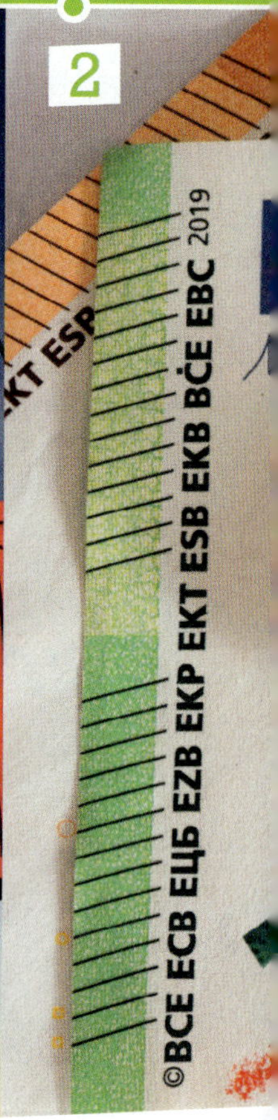

Grundlagen der Wirtschafts-politik 2

3

72003-200

Aufgabe

Stellen Sie im Heft oder mit einem digitalen Tool Ihre Assoziationen zu den Bildern dar - welche Anknüpfungspunkte gibt es zu wirtschaftlichen und politischen Problemen der Gegenwart?

2.1 Wirtschaftsordnungen und Märkte

2.1.1 Wirtschaftsordnungen

Leitfragen

- Wie kann die Güterversorgung in einer Volkswirtschaft gewährleistet werden?
- Was sind die Aufgaben einer Wirtschaftsordnung?
- Welche Wirtschaftsordnungen können unterschieden werden?

M1 Weshalb braucht Wirtschaften Koordination?

Täglich treffen wir Entscheidungen, wie Milliarden Menschen auf der ganzen Welt. Wir entscheiden darüber, was wir essen, welche Kleidung wir tragen, aber auch welchen Job wir bei einem bestimmten Unternehmen annehmen oder nicht. Die persönliche Entscheidung eines jeden Menschen wird auch von anderen Menschen oder Akteuren innerhalb eines Ordnungssystems beeinflusst. Dieser Ordnungsrahmen hat erheblichen Einfluss auf unsere persönlichen Entscheidungen und umgekehrt. Deshalb ist eine Entscheidung immer auch eine Interaktion mit anderen Menschen, mit dem Staat oder mit einem Unternehmen.

Die (neo-)klassische Wirtschaftswissenschaft geht davon aus, dass Menschen ihre Entscheidungen **rational** treffen. D.h., dass sie **Kosten** und **Nutzen** gegeneinander abwägen. Dabei wollen sie mit knappen Mitteln (z.B. Ressourcen) das beste Ergebnis erzielen. Dieses rationale und nutzenmaximierende Handeln basiert in den ökonomischen Verhaltenstheorien auf dem Modell des **„Homo oeconomicus"**. Das Modell unterstellt, dass Menschen auf **Anreize** reagieren und damit eine bessere Alternative einer schlechteren immer vorziehen würden und sich – zumindest teilweise – beeinflussen lassen (Stichwort Nudging).

Durch diese Verhaltensmodelle lassen sich Märkte und Organisationen hinsichtlich ihrer Wirkungen analysieren und Prognosen können erstellt werden. Anreize sind beispielweise für die Analyse von Märkten entscheidend: Steigen die Preise bei McDonalds, entscheiden sich vielleicht mehr Kundinnen und Kunden für Burger King oder Kentucky Fried Chicken (KFC). Da es sich um **Substitutionsgüter** handelt, also um ähnliche Produkte mit einer ähnlichen Bedürfnisbefriedigung, wird die Nachfrage bei Burger King und/oder KFC vermutlich ansteigen. Dies zeigt, dass die Wirkungen von Preisen auf das Verhalten von Kaufenden (Nachfragenden) und Verkaufenden (Anbietenden) in einem Markt – in diesem Fall der Fast-Food-Markt – für die Verteilung von **knappen Ressourcen** in einer Volkswirtschaft von zentraler Bedeutung sind.

Mit dem Wunsch nach Fast Food kommt das Gefühl eines Mangels zum Ausdruck. Mangelgefühle, die dazu führen, dass man den empfundenen Mangel beseitigen möchte, nennt man **Bedürfnisse**.

Der Konsum in einer Fast-Food-Kette bringt einem Menschen also einen individuellen **Nutzen**. Je stärker die Bedürfnisbefriedigung ist, desto größer ist der Nutzen. Vorlieben für bestimmte Güter, die einen höheren Nutzen als andere Güter erbringen, werden als **Präferenzen** bezeichnet.

Doch wie können wir dafür sorgen, dass die Interaktion zwischen Akteuren (z.B. zwischen Haushalten und Unternehmen), der Umfang des Verkaufens und Kaufens in Einklang gebracht wird? Und wie können wir sicherstellen, dass die Bedürfnisse der Konsumentinnen und Konsumenten bestmöglich berücksichtigt und befriedigt werden? Oder wie es Adam Smith schon im 18. Jahrhundert formulierte: „Wie kann die Erwirtschaftung des größtmöglichen Gemeinwohls für eine Volkswirtschaft erzielt werden?"

Es ist die jeweilige Wirtschaftsordnung, die festlegt, wie Menschen ihren Lebensunterhalt verdienen, wie Ressourcen aufgeteilt werden und wie unsere Aktivitäten sich auf unser eigenes Wohlergehen und das anderer Menschen sowie auf die Umwelt auswirken. Dieser Koordinationsmechanismus muss eine Menge an Informationen effizient verarbeiten. Daher spricht man auch vom **Koordinationsproblem einer arbeitsteiligen Wirtschaft**.

Jede Wirtschaftsordnung muss hierzu drei Grundfragen beantworten:

1. **Was, wie viel und wie soll hergestellt werden? › *Koordinationsfunktion***
   Fragen: Welche Sachgüter und Dienstleistungen werden produziert? In welchem Umfang werden sie erstellt? In welchem Verhältnis werden die Produktionsfaktoren (Arbeit, Natur, Kapital) eingesetzt? Welche technischen Verfahren sollen angewendet werden?
2. **Wer entscheidet? › *Entscheidungsfunktion***
   Fragen: Sind es die einzelnen Betriebe und Haushalte oder stellt die politische Führung einen Zentralplan auf? Welche Rolle spielen dabei die Eigentumsverhältnisse?
3. **Für wen soll produziert werden? › *Verteilungsfunktion***
   Fragen: Wie sollen die hergestellten Güter innerhalb der Gesellschaft verteilt werden? Wer soll den Nutzen aus dem Produktionsergebnis ziehen und wie wird das Einkommen verteilt?

M 2 Welche Typen von Wirtschaftsordnungen werden unterschieden?

Staatliche Wirtschaftspolitik legt ein System von Regeln und Institutionen fest, innerhalb derer wirtschaftliche Aktivität abläuft. Mithilfe dieser Regelsysteme lassen sich Wirtschaftssysteme beschreiben, vergleichen und einordnen.

Idealtypisch – da sie in ihrer idealisierten Ausprägung in der Realität so nicht vorzufinden sind – werden die Wirtschaftsordnungen der freien Marktwirtschaft und die der Zentralverwaltungswirtschaft (auch Planwirtschaft genannt) gegenübergestellt. Beide Wirtschaftsordnungen lassen sich auf unterschiedliche Leitbilder zurückführen:

- Das gesellschaftspolitische Leitbild der **freien Marktwirtschaft** ist geprägt vom politischen **Liberalismus** des 18. Jahrhunderts, der der freien Entfaltung der Persönlichkeit absolute Priorität einräumt (› **Individualismus**). Als führender Theoretiker des politischen Liberalismus im 18. Jahrhundert gilt Adam Smith.

In der freien Marktwirtschaft wird die Koordinationsproblematik einer arbeitsteiligen Wirtschaft über den Preismechanismus gelöst. Freie Märkte gehen davon aus, dass durch diese **„unsichtbare Hand“** des freien Spiels von Angebot und Nachfrage Informationen gewonnen und sortiert werden können. Dieser Entdeckungsprozess ist immer klüger als einzelne Akteurinnen und Akteure, die etwas steuern wollen, weil sie nicht über alle Informationen verfügen. Erst die Schnelligkeit des Marktes, in dem jeder nur an seinen eigenen Vorteil denkt, sorgt dafür, dass ein höheres Wissen entsteht. Die jeweiligen Preise bilden dabei das Verhältnis von Angebot und Nachfrage ab. Das Marktgleichgewicht sorgt dafür, dass alle Bedürfnisse der Marktteilnehmerinnen und -teilnehmer bestmöglich befriedigt werden. Man spricht von einer sogenannten **„pareto-effizienten Allokation der Ressourcen“**. Das heißt, dass die verfügbaren Produktionsfaktoren bestmöglich verteilt (= allokiert) und zugewiesen werden.

- Das gesellschaftspolitische Leitbild der **Zentralverwaltungswirtschaft** basiert auf den Ideen des politischen Sozialismus bzw. Marxismus des 19. Jahrhunderts. Dabei steht das Wohl der Gemeinschaft über dem des Individuums. Außerdem werden Gleichheitsrechte höher bewertet als Freiheitsrechte (› **Kollektivismus**). Als führender Theoretiker der sozialistischen Bewegung im 19. Jahrhundert gilt Karl Marx.

In einer Zentralverwaltungswirtschaft wird die Koordinationsproblematik einer arbeitsteiligen Wirtschaft fast ausschließlich über eine zentrale, hierarchische Planung gelöst. Anhängerinnen und Anhänger der Planwirtschaft glauben, dass man nur genug Daten erfassen muss, um vernünftig planen zu können. Nicht Spontanität (bzw. Schnelligkeit des Marktes) ist zuverlässig, sondern die solide Planung. Die Allokation der Ressourcen wird von einer zentralen Planungsbehörde verwaltet. Alle volkswirtschaftlichen Entscheidungen, wie z. B. die Zuteilung von Vorprodukten, die Vergabe von Kreditmitteln oder Produktionsziele werden politisch vorgegeben und durch einen zentralen Plan festgelegt (häufig mittels Fünfjahrespläne).

M3 Marktwirtschaft vs. Zentralverwaltungswirtschaft – wer kann wirtschaftlichen Wohlstand garantieren?

Die Planwirtschaft ließ in der DDR die Regale in den Kaufhallen oft leer bleiben ...

... während in der BRD die Marktwirtschaft Verbrauchern im Supermarkt eine riesige Produktvielfalt bot.

Die marktwirtschaftlich, kapitalistisch geprägte Wirtschaftsordnung hatte sich gegen das planwirtschaftlich kommunistische System mit dem Ende des Kalten Krieges (im Jahr 1991) und dem Fall des Eisernen Vorhangs durchgesetzt. Heute existieren bestenfalls nur formelle Planwirtschaften und Staaten, die sich dazu bekennen. Faktisch sind diese aber längst hybride Mischformen kapitalistischer und sozialistischer Elemente wie die Volksrepublik China.

Planwirtschaften hatten zunehmend immer mehr Probleme, die Produktionspläne einer Vielzahl von Unternehmen in einer arbeitsteiligen Wirtschaft so zu koordinieren, dass sie mit den individuellen Konsumwünschen und Bedürfnissen der Verbraucherinnen und Verbraucher im Einklang standen. Folgende Problematiken dieser Wirtschaftsordnung lassen sich aus verschiedenen Perspektiven beschreiben:

- **Staat:** Die Entscheidungshoheit lag bei den Planungsbehörden, die wiederum nur über unzureichende Informationen verfügten. So waren die Produktionsmöglichkeiten eines Unternehmens bei gegebenem Input den Planungsbehörden nie genau bekannt. Zudem hatten die Verantwortlichen der Planungsbürokratie, verbunden mit einem insgesamt undemokratischen System, nur sehr wenige Anreize, von ihren Produktionsplänen abzuweichen. Da es keinerlei Bestrafungen gab, wurde oftmals der bequeme Weg, und zwar das Festhalten an den einmal festgelegten Plänen, gewählt.
- **Unternehmen:** Auf der Unternehmensebene gab es keine nennenswerten Entscheidungsbefugnisse (z. B. bei der Produktentwicklung, der Finanzierung, den Investitionsentscheidungen). Output-Ziele wurden meist nur in Stückzahlen oder Tonnen fixiert, daher konnten Produktions-Soll-Ziele auch mit qualitativ minderwertigen Produkten oder geringerem Einsatz an Arbeit oder anderen Inputs erreicht werden. Betriebsleiterinnen und -leiter verbrachten ihre Zeit bei Verhandlungen mit der Planungsbehörde zu Zielvorgaben und waren weniger in ihrer Firma vor Ort. Betriebe konnten zwar geschlossen werden, nicht aber in Konkurs gehen.
- **Verbraucherinnen und Verbraucher:** Bedürfnisse der Verbraucherinnen und Verbraucher wurden nur unzureichend befriedigt, da die Allokation von Ressourcen, Waren etc. stark fehleranfällig blieb, insbesondere wenn man Kaufverhalten von Kundinnen und Kunden vorhersagen wollte. Es gab wenig Anreize für Produktenwicklungen und Innovationen. Die Überinvestition in Schwer- und Rüstungsindustrie vernachlässigte die Produktion von Konsumgütern für Verbraucherinnen und Verbraucher. Die Kundenzufriedenheit als Rückmeldesystem bspw. für Änderungswünsche war nicht vorgesehen. Da allgemein häufig eine Knappheit bei Konsumgütern bestand, konnte man auch nicht einfach zu anderen Produkten wechseln.

- **Arbeitnehmerinnen und Arbeitnehmer:** Arbeitslosigkeit existierte offiziell nicht, sondern nur indirekt durch Unterbeschäftigung der Arbeiterschaft. Leistungsanreize waren teilweise ausgehebelt. Aufgrund der Konsumgüterknappheit konnte ein höheres Gehalt nur schwierig in ein besseres Leben umgesetzt werden. Der Verlust des Arbeitsplatzes war meist nicht das Resultat ökonomischer Entscheidungen, sondern eine Bestrafung bei politischem Fehlverhalten.

Im Gegensatz zur Planwirtschaft haben marktwirtschaftliche Wirtschaftsordnungen in den letzten zwei Jahrhunderten dafür gesorgt, den Lebensstandard für Millionen von Menschen zu steigern.

In einer Marktwirtschaft wollen Menschen in der Regel ein individuelles Einkommen erzielen, um sich damit Güter, Dienstleistungen oder Vermögensobjekte (z. B. Immobilien) leisten zu können. Das Motiv, ein Einkommen zu erzielen, schafft Anreize, die eigenen Bedürfnisse zu befriedigen und den eigenen Nutzen zu maximieren. Deshalb werden Personen (Haushalte) für andere arbeiten bzw. etwas leisten und dafür entlohnt werden.- Arbeitnehmerinnen und Arbeitnehmer und Haushalte entscheiden dabei selbst, bei welchen Unternehmen sie einkaufen und wie sie ihr verfügbares Einkommen verwenden (sparen oder konsumieren). Für Unternehmen bietet das Motiv der Gewinnmaximierung hingegen Anreize, Verantwortung zu übernehmen und Risiken einzugehen, um sich im Wettbewerb mit anderen Unternehmen durchzusetzen. Dies führt zu neuen Ideen, Innovationen und neuen Technologien.

Das heißt aber nicht, dass alle Menschen und Akteure in einer marktwirtschaftlichen Wirtschaftsordnung gleichermaßen profitieren. Marktwirtschaftliche Systeme führen häufig zu **sozialen Ungleichheiten** (› Kap. 1.3). Die „unsichtbare Hand“ ist wenig befähigt, ökonomischen Wohlstand auch gerecht zu verteilen, insbesondere wenn moralisch-ethische Wertmaßstäbe berücksichtigt werden sollen. Ihre positiven Wirkungen können Märkte zudem nur auf Grundlage eines **funktionierenden Wettbewerbs** (› Kap. 2.1.3) entfalten. Darüber hinaus entstehen Probleme, wenn es die Marktkräfte allein nicht schaffen, Ressourcen *effizient* zuzuteilen und es aufgrund von **externen Kosten** zu einem **Marktversagen** kommt (› Kap. 2.7.2). Marktwirtschaften brauchen also für ihre reibungslose Funktion und politische Stabilität flankierende Eingriffe in den Markt.

Aufgaben

72003-201

1. Stellen Sie aus der Sicht eines Vertreters oder einer Vertreterin der freien Marktwirtschaft und der Zentralverwaltungswirtschaft die drei Funktionen für die jeweilige Wirtschaftsordnung dar (**M1**, **M2**).
2. Charakterisieren Sie das mit den beiden Wirtschaftsordnungen verbundene Menschen- und Gesellschaftsbild (**M2**).
3. Beschreiben Sie den Ablauf des Planungsprozesseses in einer Planwirtschaft (**M2**, **M3**).
4. Erläutern Sie, mit welchen Problemen eine Planwirtschaft bei der Güterversorgung konfrontiert wird (**M3**).
5. Entwickeln Sie zur freien Marktwirtschaft und zur Zentralverwaltungswirtschaft jeweils ein Schaubild.
6. Bewerten Sie die beiden Wirtschaftssysteme, indem Sie sich entlang des Spannungsfeldes zwischen *mehr Freiheit* und *mehr Gleichheit* positionieren.
7. Analysieren Sie anhand eines Ihnen bekannten, aktuellen Wirtschaftsprozesses (z. B. im Produktion- oder Dienstleistungsbereich), wie sich die Arbeitsteilung in einer freien Marktwirtschaft auswirkt.

Eine Renaissance der Planwirtschaft?

M1 Staatskapitalismus + Künstliche Intelligenz (KI) = Planwirtschaft 2.0?

Xi Jinping und die Führung der KPC feiern in Peking den 70. Jahrestag des Nationalen Volkskongresses. Die Partei regiert die Volksrepublik seit 1949 autoritär.

In China besteht eine Kombination aus staatlicher Lenkung und privatwirtschaftlicher Aktivität. Insgesamt verfügt der Staat über vielfältige Eingriffsmöglichkeiten in das Marktgeschehen, um den Wirtschaftsprozess zu steuern. Er übt damit eine starke direkte und indirekte Rolle bei der Ressourcenallokation aus. Obwohl die Marktkräfte eine wichtige Rolle spielen, nimmt die Kommunistische Partei Chinas (KPC) durch die Zentralisierung der Entscheidungsstrukturen eine lenkende Stellung ein: Bis heute wird die gesamtwirtschaftliche Entwicklung Chinas durch den Fünfjahresplan bestimmt. Dieser legt die zentralen Leitlinien der Wirtschaftspolitik fest. Der Einfluss der KPC erstreckt sich nicht nur auf die zahlreichen Staatsunternehmen, sondern auch auf Privatunternehmen (z. B. bei der Besetzung von Führungspositionen mit Kadern der KPC). Der Staat tritt damit sowohl als Regulator als auch als zentraler Marktakteur auf, der Unternehmens- und Branchenentscheidungen lenkt. Auch aufgrund der staatlichen Industrie- und Innovationspolitik (z. B. durch staatliche Investitionen und Subventionen in Zukunftstechnologien) haben sich private Unternehmen wie Huawei, Tencent oder Alibaba entwickelt, die heute in Bereichen wie künstliche Intelligenz, digitale Transaktionen und nutzerorientierte Dienstleistungen zur technologischen Weltspitze gehören. Darüber hinaus übt der Staat eine weitreichende Kontrolle über sein Finanzsystem aus, indem er Schlüsselbereiche wie Banken, Geldpolitik und Kapitalströme direkt kontrolliert. Ziel dieser Kontrollen ist es, wirtschaftliche Stabilität zu gewährleisten und politische Prioritäten durchzusetzen.

Ein weiterer wesentlicher Aspekt des gegenwärtigen chinesischen Systems ist die umfassende Kontrolle und aktive Steuerung von Gesellschaft und Wirtschaft durch moderne Technologien. Die chinesische Führung arbeitet intensiv daran, durch den massiven Einsatz von Datenerfassungs- und Überwachungssystemen in der Gesellschaft nicht nur die Effizienz der sozialen Kontrolle durch KI und Big-Data-Verfahren weiter zu steigern (z. B. durch den Aufbau eines Social-Scoring-Systems, um Wohlverhalten im Sinne des Staates zu belohnen und Fehlverhalten zu sanktionieren), sondern diese Technologien insgesamt zur Verbesserung zentralwirtschaftlicher Planungsprozesse einzusetzen. So ermöglicht die dynamische Entwicklung von Rechenkapazität und KI das systematische Auslesen und Personalisieren von Verbraucherwünschen. Damit kann das Kaufverhalten der Konsumentinnen und Konsumenten durch datenanalytische Bedarfsprognosen immer besser vorhergesagt und geplant werden. Dies wiederum ermöglicht eine bessere Prognose, wann und wo ein bestimmtes Produkt benötigt wird. Wenn Angebot und Nachfrage durch Datenintelligenz automatisch koordiniert wird, könnte das in Zukunft zu einer hybriden Markt-Plan-Wirtschaft führen, in der ein ausgesteuertes, sich selbst optimierendes, dynamisches System dafür sorgt, dass Angebot und Nachfrage optimal ausbalanciert werden. Datentechnologien könnten damit neue wirtschaftliche Steuerungsmodelle ermöglichen. Es erscheint naheliegend, dass digitale Daten sowohl zur Bevölkerungssteuerung und -kontrolle wie auch als Ressource für wirtschaftsplanerisches Vorgehen im chinesischen Staatskapitalismus eingesetzt werden. Es wird sich zeigen, wie der Aufbau einer sozialistischen Marktwirtschaft mit chinesischer Prägung in Zukunft aussehen wird.

M2 Welche Grundtypen von Wirtschaftsordnungen werden unterschieden?

Grundtypen von Wirtschaftsordnungen			
Anreizstrukturen	**Freie Marktwirtschaft**	**Zentralverwaltungswirtschaft**	**Sozialistische Marktwirtschaft chinesischer Prägung**
Formen der **Planung** und **Lenkung** (Wie wird wirtschaftliches Handeln koordiniert und organisiert?)	dezentral › einzelwirtschaftliche Planung und Lenkung durch Unternehmen und Haushalte	zentral › zentraler Wirtschaftsplan durch (staatliche) Planungsbehörden	zentral & dezentral › unternehmerische und staatliche Planung und Lenkung
Formen des **Eigentums** (Wem gehören die Produktionsmittel?)	Privateigentum (Kapitalismus)	Gemein- oder Staatseigentum (sozialisiertes Eigentum)	Staats- und Privateigentum
Formen der **Preisbildung** (Wie werden Preise gemacht?)	Angebot und Nachfrage (Marktpreisbildung)	Staatliche Preissetzung	Eingeschränkte Marktpreisbildung und staatliche Preissetzung
Formen der betrieblichen **Ergebnisrechnung** (Nach welchen Prinzipien handeln Unternehmen?)	Gewinnmaximierung als Ergebnis der unternehmerischen Aktivität	Planerfüllungsprinzip als Aufgabe der unternehmerischen Aktivität	Gewinnmaximierung; nach staatlichen Vorgaben (industriepolitische Interventionen)
Formen des **Wettbewerbs** (Nach welchen Grundsätzen findet Wettbewerb auf den Märkten statt?)	Wettbewerb unterliegt dem Konkurrenzprinzip als Leistungsanreiz	Kein Wettbewerb auf den Märkten; Wettbewerb um Erfüllung/Übererfüllung der Normen/Planvorgaben	Wettbewerb unter Privatunternehmen; Wettbewerb wird auch als politisches Druckmittel genutzt

M3 Sozialismus durch Technik?

Jack Ma, der Gründer der chinesischen Onlineplattform Alibaba, war sich schon 2016 sicher: Big Data werde „es ermöglichen, eine Planwirtschaft zu errichten", sagte er auf einer Konferenz. Dieser Traum von einer zentral gesteuerten Wirtschaft, der durch mächtige Computer Wirklichkeit werde, ist schon vor Jahrzehnten immer wieder geträumt worden. Dass der Sozialismus auch an einem „Rechenproblem" gescheitert ist, weiß man nicht erst seit dem Fall der Mauer. Angebot und Nachfrage in Übereinstimmung zu bringen und damit die Bedürfnisse einer Bevölkerung zu stillen, überforderte die zentralen Planer. Denn sie konnten die Fülle von Informationen, die ein Markt in jedem Augenblick durch das freie Spiel der Kräfte in Form von Preissignalen entstehen lässt, nicht sammeln und nutzen. Adam Smith [...] oder Friedrich Hayek bewiesen die Überlegenheit dezentraler Marktprozesse.

Heute aber erleben wir Künstliche Intelligenz, gigantische Rechnerkapazität, lernende Maschinen und riesige Unternehmen wie Amazon, Google oder Wal-Mart, die teilweise wie Planwirtschaften funktionieren. Kann das Rechenproblem doch überwunden werden? Der [...] Nebeneffekt wäre, dass die Ungleichgewichte im Kapitalismus wie Wirtschaftskrisen mit Arbeitslosigkeit, Armut, Ungleichheit und der existenzgefährdende Verbrauch natürlicher Ressourcen verschwinden würden. [...]

[Anhängerinnen und Anhänger eines „Cyber-Kommunismus" plädieren] für eine zentrale Verwaltungswirtschaft ohne oder mit nur begrenztem Privateigentum. Das Komplexitätsproblem

Jack Ma ist der Gründer von Alibaba und einer von Chinas bekanntesten Milliardären.

der Planwirtschaft versuchen sie zu entkräften, indem sie eine einfache Input-Output-Tabelle [...] mit einer Handvoll Wirtschaftssektoren wie Landwirtschaft, Fischerei, Industrie und Energie, Bau und Dienstleistungen als Grundlage heranziehen. Dabei solle permanent die Nachfrage der Verbraucher abgefragt werden. [....] Auch moderne Internetplattformen [kennen] unser Bestellverhalten; die Supermärkte könnten die über Barcodes erfassten Verkäufe automatisch weitermelden, wie sie es heute gegenüber ihren Firmenzentralen tun. Ausgehend von dieser Nachfrage würden die Planer die Produktion und die dafür nötigen Inputs bestimmen. [...]

Doch ist das Modell überhaupt ökonomisch, im Sinne von effzient, sodass unter den immer herrschenden Knappheitsbedingungen über eine ganze Volkswirtschaft hinweg Verschwendung minimiert wird? Das bestreiten [die Gegner eines solchen Modells]. Auch moderne Rechner änderten daran nichts. Die Planer können nicht die wahren Preise kennen und damit nicht die Kosten, darunter die Opportunitätskosten, die durch Verzicht auf andere Tätigkeiten entstehen. Diese echten Preise entstehen nur in unzähligen dezentralen Prozessen der Marktwirtschaft, basierend auf Entscheidungen einzelner Verbraucher und Produzenten. Nur dort komme es zur „Entdeckung von Wissen, das in einem spezifischen Kontext durch den Austausch von Eigentumsrechten entsteht“. Denn das dezentral entstandene Wissen könne auch gar nicht an eine Zentrale übermittelt werden; was im Kopf eines Unternehmers vorgeht, wie viele Überlegungen er trifft und verwirft, bis er zu einer Investitionsentscheidung kommt; das Gleiche bei einem Konsumenten, bis er kauft oder nicht kauft – all das ist extrem von spezifisch lokalen und persönlichen Zusammenhängen abhängig. Es gehe um „Wissen, das aufgrund seiner Natur nicht in Statistiken einfließen kann“, schrieb schon Hayek. [...]
[Ein politik-philosophisches Grundsatzthema bestünde auch in der Frage, wer die Computer und die Algorithmen programmiert. Ist es] ein Diktator, ein Technokrat oder eine demokratische Körperschaft?

Schubert, Christian: Sozialismus durch Technik? In: www.faz.net, 02.10.2023,

Aufgaben

72003-202

1. Vergleichen Sie ausgehend von **M1** und **M2** die Rolle der Akteure in der freien Marktwirtschaft und der sozialistischen Marktwirtschaft chinesischer Prägung.
   a) „Die Planer können nicht die wahren Preise kennen und damit nicht die Kosten, darunter die Opportunitätskosten, die durch Verzicht auf andere Tätigkeiten entstehen.“ (**M3**, Z. 55 f.) Erläutern Sie, was damit gemeint ist.
   b) „Big Data wird es ermöglichen, eine Planwirtschaft zu errichten.“ (**M3**) Überprüfen Sie diese Aussage.
   c) Entwerfen Sie anschließend eine schriftliche Stellungnahme in Form eines Positionspapiers.
2. Vergleichen Sie ausgehend von **M1** und **M2** die Rolle der Akteure in der freien Marktwirtschaft mit der sozialistischen Marktwirtschaft (**M3**) chinesischer Prägung.
   a) Erläutern Sie, was damit gemeint ist.
   b) Überprüfen Sie diese Aussage.
   c) Entwerfen Sie anschließend eine schriftliche Stellungnahme in Form eines Positionspapiers.

2.1.2 Märkte und Preise

Leitfragen

- Wie funktioniert die Preisbildung in einer Marktwirtschaft?
- Welche Rolle spielen Angebot und Nachfrage?
- Wie lässt sich der Wirtschaftsprozess modellhaft darstellen?

M1 Wie funktioniert die Preisbildung auf vollkommenen Märkten?

Beim Shoppen denken alle an Spaß und Schnäppchen und nicht an die Konsumentenrente – aber auch hier wirken Marktkräfte.

Märkte sind im Allgemeinen gut geeignet, um wirtschaftliche Aktivitäten zu organisieren. Auf Märkten treffen Anbietende und Nachfragende aufeinander, um miteinander zu handeln. Dies gilt für Wochen- und Flohmärkte ebenso wie für Börsen. Auch die Bestellung eines Menüs bei McDonald's oder das Abonnieren einer Serie über Streaming-Anbieter funktionieren nach diesem Prinzip. Märkte können nach den dort gehandelten Gütern oder Dienstleistungen unterschieden werden. So gibt es unter anderem Märkte für Konsumgüter, Investitionen, Kapital, Geld, Immobilien oder Arbeit.

Ein Markt ist in der Wirtschaftstheorie als Modell zu verstehen, da es – wie jedes andere Modell auch – auf Annahmen basiert, die in der Realität oft nicht gleich abgebildet werden (› S. 137). Es erklärt zum Beispiel, wie Menschen auf Märkten ökonomisch handeln. Aber es hat auch Grenzen. Das Marktmodell geht davon aus, dass die Verteilung der Ressourcen effizient ist. Das heißt:

- **Anbietende (Produzierende)** werden für ihre Produkte einen Preis erzielen wollen, der die Produktionskosten deckt und ihnen noch einen Gewinn einbringt. Als Anbieter:in verhalten sie sich rational. Sie wollen ihre Gewinne maximieren (**Maximierung der Produzentenrente**): Steigt der Preis eines Gutes, werden sie aufgrund der höheren Verkaufserlöse mehr anbieten als bei einem niedrigeren Preis.
- **Nachfragende (Konsumierende)** hingegen wollen für die Güter Preise zahlen, die den Wert und den Nutzen widerspiegeln, den sie aus dem Erwerb der Güter ziehen. Da sie sich ebenfalls rational verhalten, werden sie ihren Nutzen maximieren und daher versuchen, so billig wie möglich zu kaufen (**Maximierung der Konsumentenrente**): Steigt der Preis eines Gutes, so werden die Konsumierenden ihre Nachfrage nach diesem Gut reduzieren und im umgekehrten Fall erhöhen.

Wenn wir diese Annahme auf den Arbeitsmarkt übertragen (› Kap. 2.3), heißt das: Arbeitnehmende wollen für ihre Arbeitskraft möglichst hoch entlohnt werden, und Arbeitgebende wollen die Arbeitskraft und das Know-how und Wissen der Arbeitskräfte möglichst kostengünstig nutzen. Der Ausgleich dieser Interessen findet über den

Funktion von Preisen und Märkten	
Informationsfunktion	**Koordinationsfunktion**
Der Preis gibt Auskunft über die Knappheit eines Gutes oder einer Dienstleistung und spiegelt die Wertschätzung wider. Preisänderungen zeigen die Verschiebung der Knappheitsverhältnisse an.	Auf der Grundlage des Preises planen die Marktteilnehmenden ihr Angebot bzw. ihre Nachfrage. Der Preismechanismus bring Angebot und Nachfrage in Übereinstimmung.
Knappheitsindikator	***Angebot und Nachfrage***
Allokationsfunktion	**Selektionsfunktion**
Preise lenken die Produktionsfaktoren Arbeit und Kapital in die Wirtschaftsbereiche, in denen die erzielbaren Einkommen und Gewinne am höchsten sind. Dadurch entstehen Anreize, die knappen Ressourcen möglichst effizient einzusetzen.	Es können nur Unternehmen auf dem Markt bestehen, die zumindest kostendeckend anbieten, die anderen scheiden aus. Nur Nachfragende, die bereit sind den Preis zu zahlen, erhalten das Gut oder die Dienstleistung.
Anreize und Lenkung	***Zuteilung und Auslese***

Preis statt (auf dem Arbeitsmarkt über den Lohnsatz). Da beide Seiten bestrebt sind, ihre Interessen zu maximieren, kommt es zu einer **Maximierung der gesamtgesellschaftlichen Wohlfahrt** (man spricht auch von einer **Pareto-Optimalität**). Das heißt, dass diejenigen Waren und Dienstleistungen zu einem bestimmten **Gleichgewichtspreis** angeboten (produziert) und gehandelt werden, die am meisten gewünscht und nachgefragt werden. In der Volkswirtschaftslehre erfüllen Marktpreise also verschiedene wichtige Funktionen:

Um ihre Funktion erfüllen zu können, dürfen Marktpreise und Menge nicht von einzelnen Anbietenden bestimmt werden, sondern müssen sich durch alle Marktteilnehmenden und ihr Zusammenwirken im Markt ergeben. Da es auf diesem idealen Markt sehr viele Nachfragende und Anbietende gibt, kann der Einzelne den Marktpreis nicht beeinflussen und weil Anbietende und Nachfragende den gegebenen Marktpreis akzeptieren müssen, bezeichnet man sie als **Mengenanpasser** oder **Preisnehmer**.

Diese Marktform mit vielen Teilnehmenden auf beiden Seiten – auch **Polypol** genannt – gilt als die bestmögliche Marktform in der Marktwirtschaft (im Gegensatz zu Monopolen oder Oligopolen). Polypole auf einem **vollkommenen Markt** führen zu **vollkommener Konkurrenz**, da ein intensiver Wettbewerb zwischen Anbietern und Nachfragern herrscht („Konkurrenzmarkt", „vollständiger Markt", „vollständiger Wettbewerb" werden synonym verwendet).

Die Modellannahme des vollkommenen Marktes (als Idealbild) dienst als Bezugspunkt, wenn es um die Preisbildung auf Märkten geht. Mit dem Modell kann man analysieren, wie Märkte in der Realität funktionieren, auch wenn die in der Realität anzutreffenden Märkte gewöhnlich unvollkommen sind (heterogene Märkte). Beim Modell des vollkommenen Marktes geht man davon aus, dass alle Güter identisch (homogen) sind, dass es keine persönlichen, räumlichen oder zeitlichen Präferenzen bzw. Vorlieben gibt und dass alle Informationen über den Markt bekannt sind (vollständige Markttransparenz).

M2 Wie schlagen sich Märkte im Realitätscheck?

Die Annahmen des vollkommenen Marktmodells helfen uns, auch unvollständige Märkte besser zu verstehen. Denn die Bedingungen eines perfekten Marktes sind in der Realität meistens nicht erfüllt. In der Praxis gibt es viele Ursachen für Marktunvollkommenheiten. Informationsasymmetrien, Marktmacht oder Produktunterschiede führen zu Abweichungen vom Modell. Auch staatliche Eingriffe, Regulierung und Steuern beeinflussen Preise und Mengen. Dennoch können reale Märkte mit Hilfe der Modellannahmen analysiert werden, um Funktionsweisen, Ungleichgewichte und Anpassungsprozesse besser zu verstehen und reale Zusammenhänge ökonomisch fundiert zu erklären. So gibt es zum Beispiel auf dem Arbeitsmarkt gewisse Sonderbedingungen (› Kap. 2.3).

Die Wertpapierbörse bzw. der Aktienmarkt hingegen erfüllt die Bedingungen eines vollkommenen Marktes ziemlich gut. Deshalb kann man sie zumindest als eine Art Annäherung an das Modell des vollkommenen Marktes betrachten.

Märkte: Modell und Praxis		
Bedingungen auf dem vollkommenen Markt	**Bedingungen auf dem Arbeitsmarkt**	**Bedingungen an der Börse (z. B. Aktienmarkt)**
Homogene Güter *Produkte verschiedener Anbieter sind komplett identisch.*	Sowohl Arbeitskräfte als auch die angebotenen Arbeitsplätze sind heterogene „Güter“ und daher nicht gleichartig, z. B. die Arbeitsleistung von ungelernten Arbeitskräften und ausgebildeten Fachkräften.	Die Aktien eines Unternehmens gelten weitestgehend als identische Finanzprodukte.
Keine persönlichen Präferenzen *Konsumentinnen und Konsumenten haben keinerlei Vorlieben für bestimmte Marken bzw. Produkte.*	Auf der Angebots- und Nachfragerseite liegen persönliche Präferenzen vor, z. B. durch Sympathien, dem Unternehmensimage oder dem Qualifikationsniveau.	Es können Präferenzen bestehen, da Börsenspekulationen von persönlichen Vorlieben, Gier, Angst oder Emotionen gesteuert werden.
Keine räumlichen Präferenzen *Kaufende und Verkaufende befinden sich am selben Ort, bzw. der Ort der Transaktion spielt keine Rolle.*	Arbeitskräfte sind eingeschränkt mobil (räumliche Beweglichkeit). Die Nähe des Wohnorts zum Arbeitsplatz spielt abhängig von den Home-Office-Möglichkeiten häufig eine Rolle.	Alle Informationen über Aktien werden an einem Ort gesammelt (an der Börse) und elektronisch gehandelt.
Keine zeitlichen Präferenzen *Es gibt keine Verzögerungen wie Lieferzeiten o.ä. und alle Marktteilnehmerinnen und -teilnehmer sind sofort über Marktveränderungen (z. B. Preisänderungen) informiert und können sofort reagieren.*	Die Beschäftigten sind zeitlich nicht frei verfügbar. Büro- und Produktionszeiten sind zeitlich festgelegt.	Der Aktienhandel läuft elektronisch ab, sodass eine zwar nicht unendlich schnelle, aber sehr schnelle Reaktionsgeschwindigkeit realisiert werden kann.

M3 Wie funktioniert der Marktmechanismus?

a) Märkte im Gleichgewicht

In der Volkswirtschaftslehre wird zur Darstellung des Marktmechanismus ein Standarddiagramm verwendet. Auf der y-Achse steht (fast immer) eine Preisgröße (z. B. Preis eines Gutes, Lohnsatz usw.) und auf der x-Achse eine Mengengröße (z. B. Menge eines Gutes, Beschäftigung usw.). Dieses Diagramm kann auf alle Märkte angewendet werden und sowohl einzelne wie auch alle Anbietende oder Nachfragende aggregiert darstellen.

Die Angebotskurve

Sie gibt an, welche Menge von einem Gut bei einem bestimmten Preis angeboten oder hergestellt wird. In der Regel hat man es fast immer mit einer steigenden Angebotskurve zu tun, da die Kosten für jede weitere produzierte Einheit eines Gutes kurzfristig mit wachsender Produktionsmenge ansteigen (auch als **Grenzkosten** bezeichnet). Das kann unter anderem daran liegen, dass jede zusätzliche Arbeitskraft, die man für die Produktion einstellt, mehr Koordinationsaufwand bedeutet.

Steigt der Preis bestimmter Güter, so ist der Anreiz für die Anbietenden größer, das Angebot zu erhöhen. Fällt der Preis für ein Produkt, dann wird weniger davon angeboten. Immer mehr Anbietende ziehen sich aus dem Markt zurück oder produzieren weniger.

Die Nachfragekurve

Sie gibt Auskunft darüber, welche Menge eines bestimmten Gutes zum jeweiligen Preis nachgefragt oder konsumiert wird.

In der Regel besteht ein negativer Zusammenhang (fallende Kurve), da der Nutzen, den man aus dem Konsum eines Gutes zieht, mit jeder zusätzlichen Einheit zurückgeht (auch **Grenznutzen** genannt). Wenn der Grenznutzen immer geringer wird, dann ist auch die (Grenz-)Zahlungsbereitschaft für eine weitere Einheit des Gutes immer niedriger. Die Grenzzahlungsbereitschaft und der Grenznutzen zeigen also, wie sehr der Kunde oder die Kundin das Produkt haben will.

Gleichgewichtspreis und Gleichgewichtsmenge

Angebots- und Nachfragekurve bestimmen im Schnittpunkt zusammen das Marktgleichgewicht. Dieser Punkt bestimmt dann den (Gleichgewichts-)Preis und die (Gleichgewichts-)Menge, die in diesem Moment für ein Produkt, ein Gut oder eine Dienstleistung üblich sind. Es ist der Punkt, an dem die Menge, die die Nachfragenden zu einem bestimmten Preis kaufen wollen, genau der Menge entspricht, die die Anbietenden zu diesem Preis anbieten wollen. Der Markt bleibt so lange im Gleichgewicht, bis etwas eine Verschiebung bei der Angebots- und/oder Nachfragekurve bewirkt. Abhängig vom jeweiligen Markt braucht es dann Zeit, bis der Markt wieder zum Gleichgewicht findet.

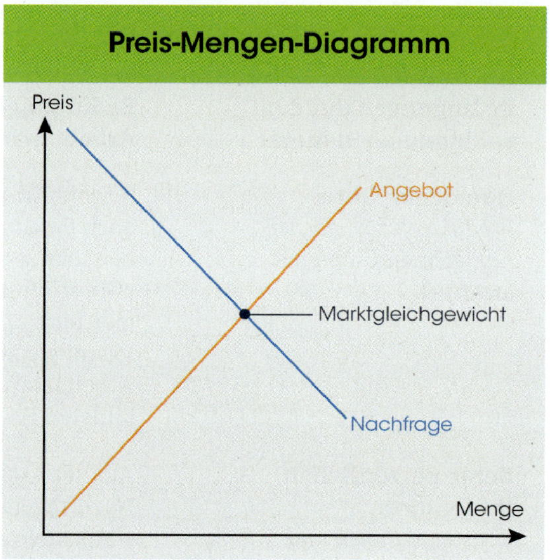

b) Anpassungsprozesse bei Ungleichgewichten

Beim **Angebotsüberschuss** liegt der Preis vorübergehend über dem Gleichgewichtspreis. Dadurch können einige Anbietende weniger absetzen bzw. verkaufen als sie eigentlich wollten. Deshalb werden sie bereit sein den Preis zu senken. Zwar kann ein einzelner Anbietender den Preis nicht nachhaltig beeinflussen, weil aber bei diesem Preis viele Anbietende ihr Produkt/Gut/Diensleistung nicht loswerden, müssen sie ihre Preise senken. Es kommt zu einem Preiswettbewerb der Konkurrenten. Aufgrund der sinkenden Preise verringert sich das Angebot (die angebotene Menge), da die Preise unter ihren Herstellungskosten (Grenzkosten) liegen. Einige Anbietende werden aus dem Markt ausscheiden. Bei sinkenden Preisen werden gleichzeitig mehr Konsumierende nachfragen und die nachgefragte Menge steigt. Der Angebotsüberschuss verringert sich allmählich und der Preis sinkt. Wenn alle Anbietende wieder zum Gleichgewichtspreis verkaufen, findet keine Preissenkung mehr statt. Alle Anbietende, die zu diesem Preis verkaufen wollen, können nun ihre Produkte/Güter/Dienstleistungen absetzen.

Beim **Nachfrageüberschuss** liegt der Preis erst einmal unter dem Gleichgewichtspreis. Ein Teil der Nachfragenden wird das Produkt/Gut/Dienstleistung gar nicht, oder nicht in der gewünschten Menge erwerben können. Nachfragende mit einer höheren (Grenz-)Zahlungsbereitschaft sind dann bereit, einen höheren Preis zu bezahlen. So kommt es dann zu einer gegenseitigen Preisüberbietung. Die höheren Preise locken mehr Anbietende an, die ihr Angebot (die angebotene Menge) ausweiten – z. B. durch eine größere Produktion oder indem neue Unternehmen auf den Markt kommen. Bei steigenden Preisen sinkt gleichzeitig die Nachfrage der Kaufenden, da sie sich das Produkt/Gut/Dienstleistung möglicherweise nicht mehr leisten können. Der Nachfrageüberschuss wird allmählich abgebaut. Wenn der Gleichgewichtspreis erreicht ist, findet keine Preiserhöhung mehr statt, weil alle Nachfragenden, die zu diesem Preis kaufen wollen, ihr Produkt/Gut/Dienstleistung erwerben können.

Nachfrage- und Angebotsüberschuss

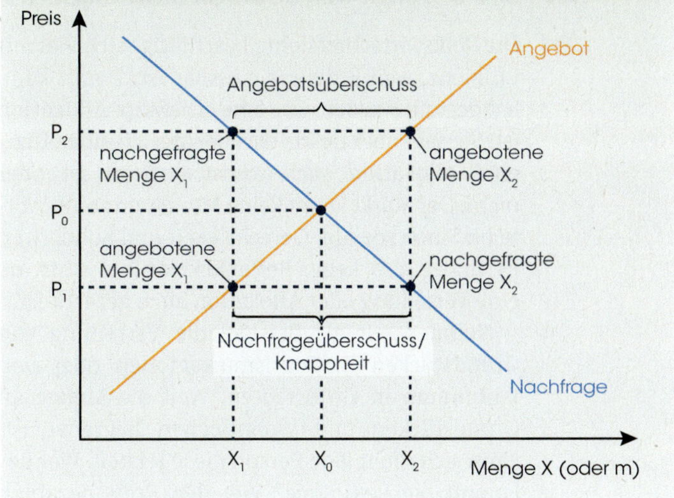

Aufgaben

72003-203

1. Der Grenznutzen nimmt mit zunehmendem Konsum eines Gutes ab. Erklären Sie diesen Zusammenhang anhand eines selbstgewählten Beispiels (**M1**).
2. Erläutern Sie mithilfe des Begriffs der Grenzkosten, warum die Angebotskurve eine steigende Kurve ist (**M1**).
3. Beschreiben Sie die Funktionen von Preisen am Beispiel des weltweiten Kaffeemarktes und am Beispiel des Marktes für Abiturvorbereitungskurse (**M1**).
4. Abhängig vom jeweiligen Markt braucht es Zeit, bis es wieder zum Marktgleichgewicht kommt. Erläutern Sie, auf welchen Märkten eine schnelle Anpassung zu erwarten ist (**M3**).
5. Beschreiben Sie einen weiteren Markt Ihrer Wahl unter den Bedingungen des vollkommenen Marktes (**M2**).
6. Erstellen Sie ein Kreislaufdiagramm, in dem Sie die Entwicklung der Nachfrage nach „Coffee to go" bei einem Bäcker in unmittelbarer Nähe eines Gymnasiums visualisieren. Annahme: Der Bäcker reagiert mit Preisänderungen auf die veränderte Nachfrage (**M1, M3**).
7. Es gibt Fälle, in denen Angebot und Nachfrage unabhängig vom Preis steigen oder fallen. Diese Veränderung der Marktsituation durch externe Faktoren bzw. Einflussgrößen führt zu einer parallelen Verschiebung der Nachfrage- bzw. Angebotskurve nach rechts und/oder links.
   a) Nennen Sie mögliche Bestimmungsfaktoren für die Angebots- und Nachfragekurve, die solche (Rechts- oder Links-)Verschiebungen verursachen können.
   b) Stellen Sie die Änderungen der Angebots- und Nachfragekurve bei Veränderungen ihrer Bestimmungsfaktoren grafisch dar.

Kann Wirtschaft gerecht sein?

M1 Effizient statt fair, oder fair statt effizient?

Die Volkswirtschaftslehre beschäftigt sich viel mit Effizienz, weil Effizienz messbar ist. Damit kann festgestellt werden, was eine effiziente Allokation ist. Sie sagt aber nichts darüber aus, ob eine effiziente Allokation auch wünschenswert ist oder nicht. Der Markt kennt keine Moral und keine Werte im Sinne sozialer Gerechtigkeit und Solidarität. Es findet also keine Reflexion darüber statt, ob eine Verteilung oder Allokation auch gerecht ist.

Nehmen wir als Beispiel die Verteilung von Grundstücken in Tourismusregionen oder von Wohnraum in Großstädten. Weil die Menge an Grundstücken und Wohnflächen begrenzt ist, kann sich nicht jede Person diese leisten. Wer bekommt die Ressource? Wer den Preis bezahlen kann und will, lautet die Antwort. Über den Preis entscheidet der Markt und nicht jeder wird dieses Marktergebnis auch „fair" finden. So dürften Personen, die über mehr Geld verfügen, in einer mächtigeren Position sein, um die schönsten Grundstücke und Wohnungen zu erwerben, so dass das Marktergebnis zu Gunsten der Reichen und Mächtigen verzerrt sein kann. Bereits Adam Smith wies in seinem Buch „Der Wohlstand der Nationen" (von 1776) darauf hin, dass die Kaufkraft über die effektive Nachfrage entscheidet. „So kann man in einem gewissen Sinne sagen, ein sehr armer Mann habe eine Nachfrage nach einem Sechsspänner [damals eine imposante Pferdekutsche mit sechs Pferden, heute etwa ein Lamborghini], da er diesen gern haben möchte, doch handelt es sich hier nicht um eine wirksame Nachfrage".

Effizienz und Gerechtigkeit gehen nicht Hand in Hand. Während es bei der Effizienz darum geht, den Kuchen zu vergrößern und den Saldo (Differenz) aus Vor- und Nachteilen zu maximieren, geht es bei der Gerechtigkeit darum, wer die Vor- und Nachteile zu tragen hat, d. h. wie der Kuchen auf die Mitglieder der Gesellschaft verteilt wird (man spricht auch von Verteilungsgerechtigkeit).

Starke soziale Ungleichheit kann nach den Kriterien der Neoklassik durchaus effizient sein – aber ist sie auch fair?

Die Gerechtigkeit eines Marktergebnisses ist jedoch schwieriger zu beurteilen als seine Effizienz, da verschiedene Bevölkerungsgruppen unterschiedliche Vorstellungen davon haben, was für die Gesellschaft „gut" ist. Ein Beispiel für diese unterschiedlichen Perspektiven ist das Einkommen: Soll das Gesamteinkommen einer Gesellschaft erhöht werden, unabhängig davon, wie es verteilt ist und ob es sich in den Händen weniger konzentriert? Oder braucht es eine staatliche Verteilungspolitik, die das Vermögen gleichmäßiger unter den Bürger verteilt? Diese normativen Werturteile gehen über die Volkswirtschaftslehre hinaus und reichen in den Bereich der politischen Philosophie hinein (› Kap. 1.3.3).

Aufgaben

72003-204

1. Erläutern Sie, inwiefern Gerechtigkeit nach Effizienz verlangt, Effizienz aber nicht ausreicht, um Gerechtigkeit zu garantieren.
2. Erörtern Sie, inwiefern Märkte zu einer gerechten Güterverteilung führen können.

2.1.3 Die Soziale Marktwirtschaft

Leitfragen

- Was ist das Leitbild der Sozialen Marktwirtschaft?
- Welche Aufgaben übernimmt der Staat in einer Sozialen Marktwirtschaft?
- Auf welche Herausforderungen stößt das Konzept der Sozialen Marktwirtschaft?

M1 „So viel Markt wie möglich, so viel Staat wie nötig."

Die Ideen, auf denen die Soziale Marktwirtschaft (SMW) basiert, stammen von verschiedenen liberalen Strömungen. Für die Soziale Marktwirtschaft der BRD war die Denkrichtung des **Ordoliberalismus** (= „ordnender Liberalismus") der sogenannten Freiburger Schule um den Professor für Volkswirtschaftslehre Walter Eucken (1891–1950) prägend. Die praktische Umsetzung dieser Wirtschaftsordnung erfolgte u. a. durch den ersten Wirtschaftsminister der Bundesrepublik Deutschland Ludwig Erhard (1897–1977) und dessen Mitarbeiter und späteren Staatssekretär Alfred Müller-Armack (1901–1978).

Die Soziale Marktwirtschaft basiert auf den Grundsätzen einer Marktwirtschaft, die auf Wettbewerb, Vertragsfreiheit, freier Preisbildung, Privateigentum und Haftung für wirtschaftliche Entscheidungen setzen. In seinem populärwissenschaftlichen Bestseller „**Wohlstand für Alle**" von 1957 stellt Ludwig Erhard fest, dass „[e]ine freiheitliche Wirtschaftsordnung [...] auf Dauer nur bestehen [kann], wenn und solange auch im sozialen Leben der Nation ein Höchstmaß an Freiheit, an privater Initiative und Selbstverantwortung gewährleistet ist." Es geht also darum, dass jeder selbst die Verantwortung für sein Handeln übernimmt und bereit ist, die Risiken des Lebens zunächst selbst zu tragen.

Erhard war jedoch kein Anhänger eines unregulierten Kapitalismus, etwa des Liberalismus früherer Prägung (beispielhaft sei hier der sogenannte „**Manchester-Liberalismus**" genannt). Dieser Typus des Kapitalismus verhinderte nicht die Bildung von Machtpositionen (z. B. die Bildung von monopolähnlichen Unternehmen), welche den Wettbewerb ausschalteten und letztlich dazu führten, dass der Markt versagte.

Übermächtige Unternehmen, die einzelne Märkte alleine bedienen, sind mit der Vorstellung eines freien Wettbewerbs nicht vereinbar. Für die Soziale Marktwirtschaft bedeutet dies, unter allen Umständen sicherzustellen, dass der freie Leistungswettbewerb gewährleistet wird. Zugleich soll die Soziale Marktwirtschaft aber auch für eine staatliche Sozialpolitik sorgen, um den Schwachen in der Gesellschaft zu helfen, ohne die Leistungsanreize zu beschädigen. Die Vertreterinnen und Vertreter einer sozialen Marktwirtschaft erkennen nämlich an, dass Leistungswettbewerb aufgrund fehlender Start- und Chancengleichheit zwangsläufig zu einer ungleichen Einkommens- und Vermögensverteilung führt.

Damit werden dem klassischen Wirtschaftsliberalismus zwei Probleme diagnostiziert:

- Der klassische Liberalismus basiert zwar auf der Leistungsfähigkeit des Wettbewerbs, doch es besteht eine Tendenz zu Wettbewerbsbeschränkungen (Monopol-, Kartellbildung). Es fehlt eine **Wettbewerbsordnung**, um den freien Wettbewerb zu sichern und Machtkonzentration zu verhindern.
- Aufgrund ungleicher Einkommens- und Vermögensverhältnisse haben breite Bevölkerungsgruppen nur unzureichende Möglichkeiten, sich gegen bestimmte Lebensrisiken (z. B. Arbeitslosigkeit, Krankheit, Alter, Berufsunfähigkeit) abzusichern. Im klassischen Liberalismus besteht in dieser Hinsicht eine „Gerechtigkeitslücke". Es fehlt eine spezielle **Sozialordnung**, um diese Lücken zu schließen.

Die Soziale Marktwirtschaft verbindet daher ordnungspolitische Prinzipien mit sozialpolitischen Elementen. Sie sieht den Staat als Schöpfer und Hüter der Wettbewerbsordnung, der zugleich Rahmenbedingungen für soziale Sicherheit, Bildungschancen und geregelte Arbeitsbeziehungen gewährleistet, ohne direkt in Marktprozesse einzugreifen.

M2 Was sind die Prinzipien der Sozialen Marktwirtschaft?

Die Soziale Marktwirtschaft definiert die Rahmenbedingungen und „Spielregeln“ für marktwirtschaftliche Wirtschaftsprozesse. Der Staat hat insbesondere dort die Aufgabe, ordnend und korrigierend einzugreifen, wo die Ergebnisse der marktwirtschaftlichen Prozesse unerwünscht sind. Er darf daher Marktergebnisse beeinflussen und unmittelbar in Märkte eingreifen. Das Ziel ist die Schaffung eines Rahmens, der eine effiziente Produktion, persönliche Freiheit bei gleichzeitigem sozialem Ausgleich unter menschenwürdigen Lebensbedingungen fördert.

Grundsätzlich soll der Staat dann helfend in die Sozial- und Wirtschaftsordnung eingreifen und Funktionen an sich ziehen, wenn die Kräfte der untergeordneten Einheit nicht ausreichen, die Funktion wahrzunehmen. D. h., dass im Zweifelsfall zunächst jede Person selbst die Verantwortung für sein Handeln trägt, bevor kollektive bzw. gemeinschaftliche Lösungen gewählt werden. Es gilt damit der Grundsatz der **Subsidiarität**: Nur Aufgaben, für die es keine individuellen Lösungen gibt, sollen vom Staat übernommen werden. Damit wird der Selbsthilfe der Vorrang vor der Fremdhilfe eingeräumt.

Es gibt also nicht „die“ Soziale Marktwirtschaft, sondern Entscheidungen in der Wirtschaft und Gesellschaft, die innerhalb dieses mehr oder weniger flexiblen Ordnungsrahmens getroffen werden. Diese Entscheidungen müssen Prinzipien berücksichtigen, die teilweise miteinander in einem Spannungsverhältnis stehen, da sich oft nicht alle im gleichen Maß umsetzen lassen. Drei grundlegende Prinzipien lassen sich beschreiben:

Prinzipien der Sozialen Marktwirtschaft

Ludwig Erhard: Marktkonformitätsprinzip

„Es ist […] nicht Aufgabe des Staates, unmittelbar in die Wirtschaft einzugreifen; jedenfalls nicht so lange, als die Wirtschaft selbst diesen Eingriff nicht herausfordert. Auch paßt es nicht in das Bild einer auf unternehmerischer Freizügigkeit beruhenden Wirtschaft, wenn sich der Staat selbst als Unternehmer betätigt.“

Erhard, Ludwig: Wohlstand für alle. 8. Auflage. Düsseldorf: Econ Verlag 1964, S. 138

Ludwig Erhard (1897–1977) führte Westdeutschland auf einen marktwirtschaftlichen Kurs und etablierte die Soziale Marktwirtschaft. Er war vierzehn Jahre Bundeswirtschaftsminister (CDU) und drei Jahre Bundeskanzler der Bundesrepublik Deutschland.

Alfred Müller-Armack: Sozialprinzip

„Auf der Grundlage einer marktwirtschaftlichen Gesamtordnung kann ein vielgestaltetes und vollständiges System sozialen Schutzes errichtet werden. [...] Der marktwirtschaftliche Einkommensprozess bietet der Sozialpolitik ein tragfähiges Fundament für eine staatliche Einkommensumlenkung, die in Form von Fürsorgeleistungen, Renten- und Ausgleichszahlungen, Wohnungsbauzuschüsse, Subventionen usw. die Einkommensverteilung korrigiert."

Müller-Armack, Alfred: Soziale Marktwirtschaft. In: Ders. (Hrsg.) Wirtschaftsordnung und Wirtschaftspolitik. 2. Auflage. Bern/Stuttgart: Haupt 1976, S. 243 ff.

Alfred Müller-Armack (1901–1978) arbeitete als Ökonom im Wirtschaftsministerium unter Ludwig Erhard und leitete dort die Grundsatzabteilung. Er prägte den Begriff der Sozialen Marktwirtschaft.

Walter Eucken: Wettbewerbsprinzip

„Diejenige Marktform, die in der Wettbewerbsordnung dominiert, ist die Marktform der ‚vollständigen Konkurrenz'. Sie ist es, welche die Pläne und Entscheidungen der einzelnen Betriebe und Haushalte koordinieren soll. Wo dies nicht möglich ist, sind besondere wirtschaftspolitische Maßnahmen erforderlich."

Eucken, Walter: Grundsätze der Wirtschaftspolitik. 7. Auflage. Tübingen: Mohr Siebeck 2004, S. 246

Als einer der bedeutendsten deutschen Ökonomen des 20. Jahrhunderts formulierte Walter Eucken (1891–1950) gemeinsam mit anderen Wirtschaftswissenschaftlern der Freiburger Schule die theoretischen Grundlagen der Sozialen Marktwirtschaft.

M3 Was sind Ordnungsmerkmale der sozial-ökologischen Marktwirtschaft?

Das Grundgesetz der Bundesrepublik Deutschland schreibt keine bestimmte Wirtschaftsordnung vor, sondern lässt verschiedene wirtschaftliche Ordnungsformen zu. Aber es gibt zentrale Elemente der Rechtsordnung, die die Grundlage für das Wirtschaftssystem Deutschlands festlegen. Nach Grundgesetzartikel 20 (1) ist die Bundesrepublik „[...] ein demokratischer und sozialer Bundesstaat." Eine Zentralverwaltungswirtschaft oder eine schrankenlose Marktwirtschaft sind daher ausgeschlossen. Man kann davon ausgehen, dass das Modell der Sozialen Marktwirtschaft am ehesten der verfassungsrechtlichen Idee entspricht. Um den Schutz globaler Umweltgüter wie Klima oder die Biodiversität zu gewährleisten, werden die ordnungspolitischen Grundsätze der Sozialen Marktwirtschaft kontinuierlich weiterentwickelt und diese zu einer **sozial-ökologischen Marktwirtschaft** ausgebaut.

Folgende Ordnungsmerkmale einer sozial-ökologischen Marktwirtschaft lassen sich aus dem Grundgesetz ableiten:

Freiheitlich-liberale Elemente der sozial-ökologischen Marktwirtschaft
Art. 2: Entfaltung der Persönlichkeit • Allgemeine Handlungsfreiheit als zentrales Element einer marktwirtschaftlichen Ordnung. • Freiheit Verträge abzuschließen und über deren Inhalte zu bestimmen.
Art. 9: Vereinigungsfreiheit • Arbeitsrechtliche Tarifautonomie der Tarifpartner. • Freiheit zur Gründung von Arbeitnehmer- und Arbeitgeberverbänden. • Recht zur Gründung von Handelsgesellschaften.
Art. 11: Recht auf Freizügigkeit • Recht, sich im gesamten Bundesgebiet aufzuhalten, sich eine Wohnung zu nehmen oder ein Unternehmen zu gründen.
Art. 12: Berufsfreiheit • Die freie Berufswahl, die freie Wahl des Arbeitsplatzes und der Ausbildungsstätte sind gewährleistet. • Gewerbefreiheit als zentrales Elemente einer marktwirtschaftlichen Ordnung. Gewerbefreiheit bedeutet freie Konkurrenz verbunden mit freiem Marktzutritt.
Art. 14: Recht auf Privateigentum • Privateigentum und das Erbrecht als zentrale Säulen der Rechts- und Wirtschaftsordnung. • Privateigentum einschließlich des unternehmensbestimmten Eigentums und seiner wirtschaftlichen Nutzbarkeit (z. B. Gewinnmöglichkeiten einerseits, Verlust- und Haftungsrisiken andererseits) werden garantiert. • Der Gesetzgeber kann durch die Festlegung von Regeln für die Eigentumsordnung dafür sorgen, dass ein fairer Wettbewerb möglich ist. Kartellverbote, Missbrauchsaufsicht und Fusionskontrolle sind daher im Hinblick auf die Eigentumsgarantie grundsätzlich möglich.

Sozialstaatliche Elemente der sozial-ökologischen Marktwirtschaft
Art. 1: Achtung und Schutz der Menschenwürde • Leistungsanspruch gegenüber dem Staat auf Gewährleistung des Existenzminimums (öffentliche Aufgaben der Daseinsvorsorge).
Art. 6 (4): Schutz der Familie • Schutz- und Fürsorgeanspruch der Mutter gegenüber der Gemeinschaft bspw. im Bereich des Arbeitsrechts (z. B. Mutterschutz).

Art. 14 (2): Sozialpflichtigkeit des Eigentums
- Gemeinwohlverpflichtung als Ausdruck der Solidarität. Beinhaltet die Legitimität, dass Einkommensstarke mehr Steuern zahlen müssen als Einkommensschwache (z. B. durch eine progressive Besteuerung).

Art. 14 (3): Enteignung zugunsten des Allgemeinwohls
- Zugunsten des Allgemeinwohles sind Enteignungen zulässig, wenn das Eigentum zur Erfüllung öffentlicher Aufgaben benötigt wird (z. B. das Eigentum an einem Grundstück zum Bau einer Autobahn).
- Die Enteignung muss verhältnismäßig sein, wenn z. B. kein anderes Mittel zur Verfügung steht und die Interessen des Staates höher zu bewerten sind.

Art. 15: Recht auf Überführung in Gemeineigentum
- Bestimmte Bereiche der Wirtschaft können dem Markt gegen entsprechende Entschädigung entzogen werden, d. h. vergesellschaftet, gemeinwirtschaftlich organisiert und verwaltet werden.

Art. 20 (1): Sozialer Bundesstaat
- Das Sozialstaatsgebot verpflichtet zu Zielen des sozialen Ausgleichs und der sozialen Sicherung (› Kap. 1.3).

Art. 20 (2): Umweltschutz
- Verantwortung des Staates, die natürlichen Lebensgrundlagen für künftige Generationen zu erhalten.

Art. 28 (1): Sozialer Rechtsstaat
- Soziale Gerechtigkeit und Sicherheit der Bürgerinnen und Bürger gilt es zu gewährleisten. Dies erfordert gesetzgeberische Maßnahmen sowie materielle Unterstützungsleistungen.
- Bei der Gesetzgebung ist der soziale Ausgleich zu berücksichtigen.

Aufgaben

72003-205

1. Arbeiten Sie tabellarisch die zentralen Merkmale der Sozialen Marktwirtschaft (SMW) heraus. Verwenden Sie dazu die Kategorien: Formen der Planung und Lenkung, Formen des Eigentums, Formen der Preisbildung, Formen des Wettbewerbs (**M1, M2**).
2. Erläutern Sie die im Konzept der SMW angelegten Spannungsverhältnisse (**M2**).
3. Vielfach wird die SMW als „dritter Weg“ zwischen freier Marktwirtschaft und Zentralverwaltungswirtschaft bezeichnet. Beurteilen Sie diese Einordnung mithilfe von **M1** und **M2**.
4. Begründen Sie unter Berücksichtigung der Ordnungsmerkmale des Grundgesetzes (**M3**), warum der Staat in der SMW in Märkte eingreift.
5. In den deutschen Großstädten fehlt es an günstigem Wohnraum. Die seit 2018 aktive Berliner Bürgerinitiative „Deutsche Wohnen & Co enteignen“ will die Wohnungsbestände großer Immobilienkonzerne vergesellschaften, um Teile der Bevölkerung mit leistbarem Wohnraum versorgen zu können.
   a) Überprüfen Sie, welche Möglichkeiten und Grenzen das Grundgesetz aufzeigt (**M3**).
   b) Gestalten Sie ein Streitgespräch zwischen der Bürgerinitiative „Deutsche Wohnen & Co enteignen“ und Vertreterinnen und Vertretern der Immobilienkonzerne. Nutzen Sie auch eigene Recherchen, um die jeweiligen Argumente herauszuarbeiten.

Digitalkonzerne als neue Megakartelle?

M1 Andreas Mundt, Präsident des Bundeskartellamts, im Jahresbericht 2023/24

Wettbewerb ist der Motor für internationale Wettbewerbsfähigkeit und Wachstum. Er begrenzt die Macht einzelner Unternehmen und führt zu niedrigen Preisen, besserer Auswahl und ist Voraussetzung für Innovationen. Um diese Vorteile des Wettbewerbs zu bewahren, bedarf es – ähnlich wie im Sport – eines Schiedsrichters, der auf die Einhaltung der „Spielregeln" achtet. Diese Aufgabe, nämlich den Wettbewerb in Deutschland in allen Branchen zum Vorteil der Verbraucherinnen und Verbraucher zu schützen, erfüllt das Bundeskartellamt seit seiner Gründung vor über 65 Jahren. [...] Das Amt hat viele unterschiedliche Aufgaben, ein Schwerpunkt ist die Kartellverfolgung. [...] Das Kartellverbot wird [...] nicht nur durch Bußgelder, sondern auch in anderer Form durchgesetzt. So wurde im Jahr 2023 aufgrund unseres Verfahrens die wettbewerbswidrige Koordinierung von Preisen bei der Versorgung mit medizinischen Hilfsmitteln beendet.

Eine weitere klassische Aufgabe des Amtes ist die Fusionskontrolle, das zentrale Instrument, um wettbewerbliche Marktstrukturen präventiv zu schützen. In 2023 haben wir wieder über 800 Vorhaben geprüft [...], Fusionen wurden zum Teil nur unter Bedingungen freigegeben. Mit der allgemeinen Missbrauchsaufsicht schließlich kontrollieren wir marktmächtige Unternehmen. Im Fokus standen in letzter Zeit die Bereiche Mobilität sowie die Rüstung mit abgeschlossenen Verfahren gegen Rheinmetall, die Deutsche Bahn und – im Jahr davor – gegen die Lufthansa [...]. Unsere aktuellen Sektoruntersuchungen zielen auf den Mineralölmarkt, E-Ladesäulen und [auf das Onlineshopping]. [...]

Die Digitalwirtschaft ist seit Jahren ein zentraler Schwerpunkt unserer Arbeit. Das Bundeskartellamt zählt bei Verfahren gegen die großen Tech-Konzerne zu den weltweit führenden Behörden. Mit der erweiterten Missbrauchsaufsicht über große Digitalkonzerne – dem § 19a des Gesetzes gegen Wettbewerbsbeschränkungen (GWB) – haben wir seit 2021 konkrete Verbesserungen erwirkt, etwa bessere Kontrollmöglichkeiten für Verbraucherinnen und Verbraucher über ihre Daten bei Google-Diensten. Im April 2024 hat der Bundesgerichtshof unsere Feststellung der überragenden marktübergreifenden Bedeutung Amazons vollauf bestätigt und damit ein erstes und deshalb umso bedeutenderes Urteil zu § 19a GWB gefällt. Für alle laufenden Verfahren – gegen Amazon, Google, Meta, Apple und Microsoft – bedeutet das viel Rückenwind. In Europa unterfallen bestimmte große Internetplattformen seit diesem Jahr der Regulierung des Digital Markets Acts (DMA). Dessen Durchsetzung obliegt der Europäischen Kommission. Neben dem DMA bleibt das Wettbewerbsrecht komplementär [= sich ergänzend] anwendbar und das Bundeskartellamt wird weiterhin eng mit der Europäischen Kommission zusammenarbeiten. [...]

Gerade am Beispiel der Digitalwirtschaft zeigt sich, wie groß der Abstimmungsbedarf mit nationalen und internationalen Behörden ist – seien es Wettbewerbsbehörden, Verbraucherschützer oder Regulierer. Ein besonderes Augenmerk liegt momentan auf der künstlichen Intelligenz. Neben den Auswirkungen auf den Wettbewerb wird es zukünftig auch darum gehen, den Einsatz von KI für uns als Behörde zu prüfen.

Bundeskartellamt: Vorwort Andreas Mundt, Jahresbericht 2023/2024. In: www.bundeskartellamt.de, 26.06.2024

Aufgaben

72003-206

1. Beschreiben Sie aus verschiedenen Akteursperspektiven (Unternehmen, Verbraucherinnen und Verbraucher, Staat) die Auswirkungen von Wettbewerbsbeschränkungen auf die Wirtschaft.
2. Stellen Sie dar, welche Rolle die Wettbewerbspolitik in der Konzeption der Sozialen Marktwirtschaft spielt.
3. Das Bundeskartellamt erwartet, dass digitale Unternehmen wie Google, Amazon und Meta künstliche Intelligenz nutzen werden, um ihre Marktmacht weiter auszubauen. Erläutern Sie unter Zuhilfenahme weiterer Quellen, was damit gemeint ist.

2.2 Konjunktur- und Wirtschaftspolitik

2.2.1 Wirtschaftliche Entwicklung und Konjunkturzyklus

Leitfragen

- Wie wird die wirtschaftliche Entwicklung anhand des Bruttoinlandsprodukts gemessen?
- Welche Schwankungen können im Wirtschaftsablauf unterschieden werden?
- Wie lassen sich die konjunkturellen Schwankungen begründen?

M1 Das Bruttoinlandsprodukt als zentrale Größe in der Volkswirtschaft

Kaum eine andere Kennzahl der Weltwirtschaft erregt so viel Aufmerksamkeit wie das Bruttoinlandsprodukt (BIP). Und kaum ein anderes wirtschaftspolitisches Ziel von Regierungen ist so bedeutend wie die Steigerung des BIP (› Kap. 2.7.4). Schließlich ist es das gängigste Maß für den Wohlstand bzw. das Wohlergehen einer Volkswirtschaft. Die Berechnung des BIP beruht auf dem Einkommen, das insgesamt von den Bürgerinnen und Bürgern eines Landes innerhalb der geografischen Grenzen erzeugt wird. Das Einkommen eignet sich besonders gut als Maß für den Wohlstand, weil damit Grundbedürfnisse gedeckt und Luxuswünsche befriedigt werden können. Je höher das Einkommen, desto höher der Lebensstandard, so die gängige Meinung.

Mit dem gesamtwirtschaftlichen Einkommen kann die jährliche Wirtschaftsleistung eines Landes gemessen und mit dem Vorjahr oder einem Quartal (drei Monate) verglichen werden. Neben den Gesamteinnahmen der Volkswirtschaft misst das BIP auch die Gesamtausgaben für die Produktion von Waren und Dienstleistungen, die ein und dasselbe sind: Das Geld, das beispielsweise eine Verkäuferin einnimmt, gibt ein Käufer wieder aus. Die Entsprechung von Ausgaben und Einnahmen wird auch im Modell des Wirtschaftskreislaufs deutlich (› Methodenkompetenz Kap. 2.2). Eine gängige Definition des BIP lautet daher: ***„Das BIP misst den Marktwert [≈ Marktpreise] aller für den Endverbrauch bestimmten Waren und Dienstleistungen, die in einem Land in einem bestimmten Zeitabschnitt hergestellt werden."***

Um Doppelzählungen zu vermeiden, müssen bei der Berechnung des BIP Vorleistungen oder Zwischenprodukte abgezogen werden. Das BIP enthält nur die Endprodukte. Letztlich führen alle Berechnungen des BIP zum gleichen Ergebnis, unabhängig davon, ob das BIP als Einkommens- oder als Produktionsgröße gemessen wird.

Wer alle hergestellten Endprodukte (Waren und Dienstleistungen) eines Landes in einem bestimmten Zeitraum erfasst, kann das BIP angeben.

M2 Wie setzt sich das Bruttoinlandsprodukt in Deutschland zusammen?

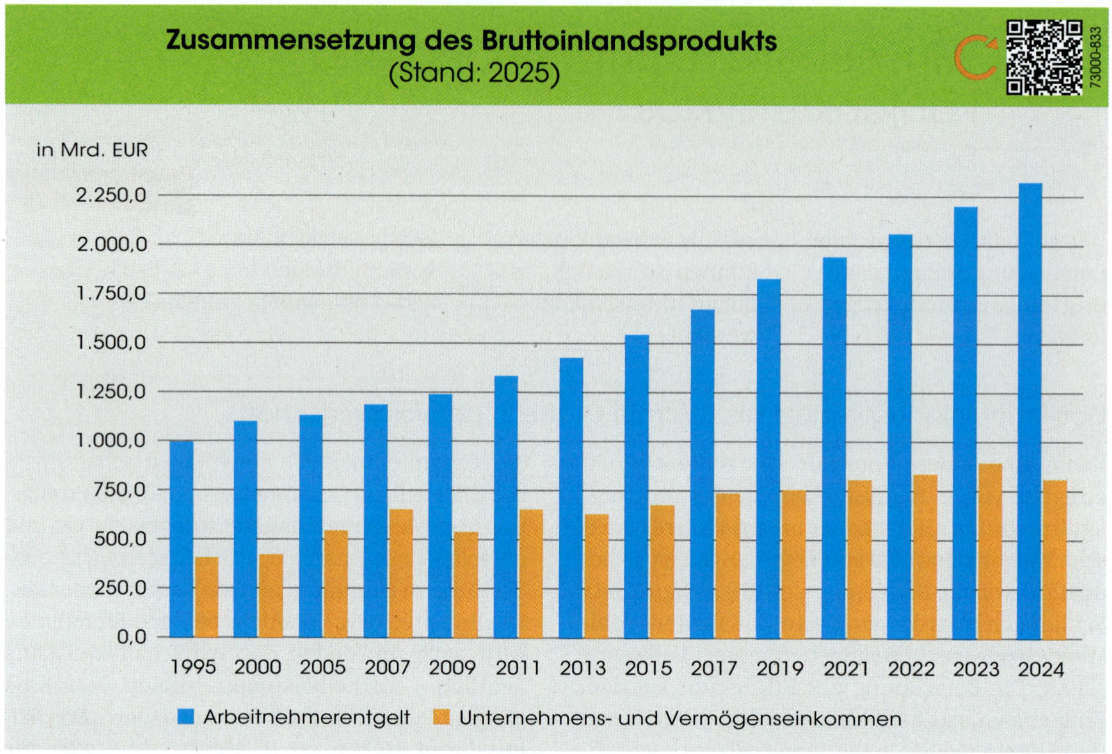

© C.C. Buchner Verlag, aktuelle Daten nach: DESTATIS (Datenerhebung: 2024; Grafikerstellung: 2025)

M3 Wie hängen Arbeitslosenquote und BIP-Wachstum zusammen?

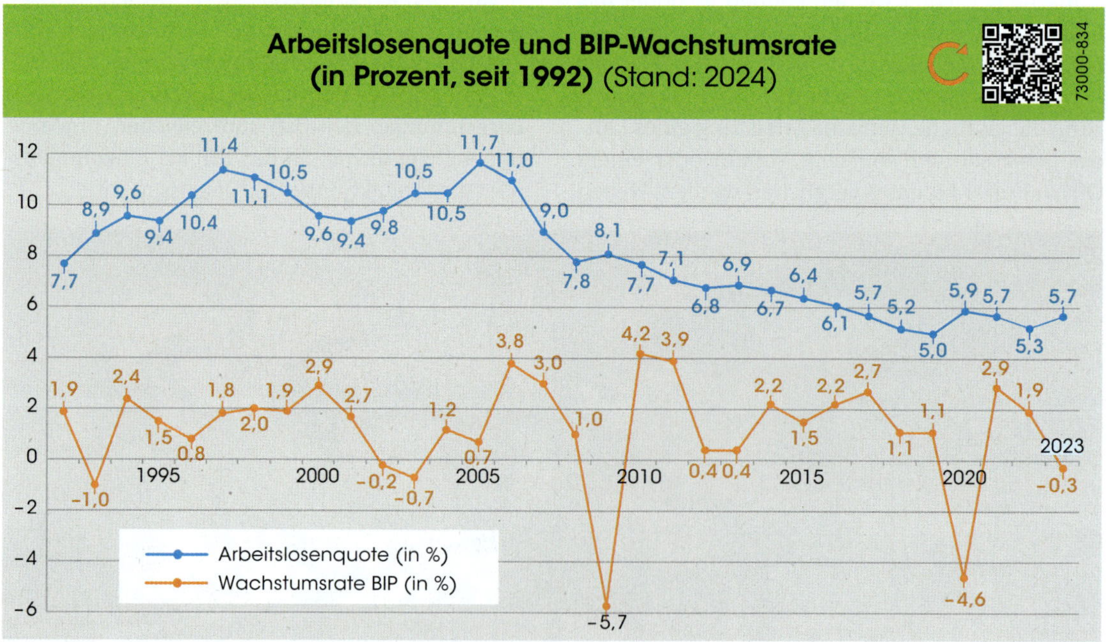

© C. C. Buchner Verlag, aktuelle Daten nach: DESTATIS, Bundesagentur für Arbeit (Datenerhebung: 2023; Grafikerstellung: 2024)

M4 Das Modell des Konjunkturzyklus

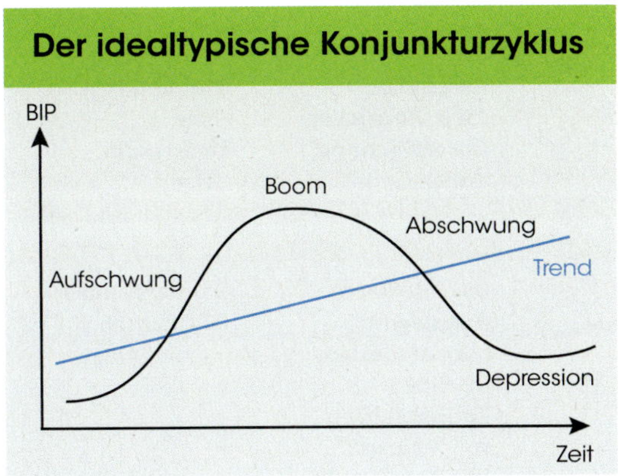

Bearbeitergrafik

Schon im Alten Testament ist von sieben „fetten“ Jahren die Rede, denen „sieben Jahre des Hungers“ folgten (1. Mose 41). Auch in den entwickelten Volkswirtschaften der Neuzeit schwankt die Wirtschaftsentwicklung und verläuft kaum gleichmäßig in eine Richtung. Es gibt Phasen der Wohlstandssteigerung und Phasen der Wirtschaftskrisen. Das mit einer gewissen Regelmäßigkeit auftretende, mehrjährige Auf und Ab der wirtschaftlichen Entwicklung wird als Konjunktur bezeichnet. Konjunkturelle Schwankungen entstehen, wenn sich z. B. Nachfrage und Produktion verändern. Dies ist der Fall, wenn sich die Kapazitätsauslastung ändert und dadurch die Produktionsmittel bzw. das Produktionspotential nicht mehr voll ausgelastet sind. Man könnte auch sagen: Die maximal herstellbare Produktionsmenge, die man herstellen könnte, wird nicht erreicht. Weil man das Produktionspotenzial nicht direkt messen, sondern nur schätzen kann, verwendet man zur Messung der Konjunktur oftmals das Wachstum des BIP.

Die Grafik **M3** zeigt, dass das BIP-Wachstum seit den 1990er Jahren immer wieder Schwankungen unterliegt. Diese Schwankungen folgen bestimmten Mustern, die man in mehrere Phasen unterteilen kann. Das Durchlaufen aller Phasen (1–4) wird als Konjunkturzyklus bezeichnet.

M5 Was sind Konjunkturindikatoren?

Konjunkturprognosen mithilfe von Konjunkturindikatoren werden von der Wirtschaftspolitik und der Öffentlichkeit regelmäßig mit großer Spannung erwartet. Konjunkturindikatoren sind Kennziffern, mit denen man versucht vorherzusagen oder zu analysieren, wie sich die Wirtschaft in einem Land in einem bestimmten Zeitraum entwickelt. Sie sollen Aufschluss über wirtschaftliche Auf- und Abschwünge geben. Für den Staat ist die konjunkturelle Entwicklung beispielsweise für die Berechnung der Staatseinnahmen (insbesondere auch der Steuereinnahmen) von Bedeutung. Man kann drei Gruppen von Konjunkturindikatoren unterscheiden: Früh-, Präsenz- und Spätindikatoren. Je nach Indikator sind die Daten unterschiedlich schnell verfügbar. Sie zeigen, wie sich die Wirtschaft in den vier verschiedenen Konjunkturphasen entwickelt.

Mithilfe von Wirtschaftsstatistiken lassen sich Konjunkturindikatoren ablesen und interpretieren.

M6 Wie verläuft ein Konjunkturzyklus?

Phasen des Konjunkturzyklus				
Phase / **Indikator**	**Aufschwung (bzw. Expansion, Erholung)**	**Boom (bzw. Hochkonjunktur, Anspannung)**	**Abschwung (bzw. Rezession, Abschwächung, Entspannung)**	**Tiefpunkt (bzw. Depression, Krise)**
BIP-Wachstum	Wachstumsraten steigen an.	Zuwachsraten des BIP werden geringer.	Das BIP-Wachstum stagniert oder ist rückläufig. Eine Rezession liegt vor, wenn das BIP-Wachstum in zwei aufeinander folgenden Quartalen zurückgeht.	Das Wachstum fällt stark ab.
Auslastung der Produktion (auch Produktionspotential bzw. Kapazität)	Auslastung nimmt zu (noch unter dem Durchschnitt).	Auslastung über dem normalen Maß, evtl. mit Produktionsengpässen.	Auslastung sinkt (noch über dem Durchschnitt)	Auslastung ist nur unterdurchschnittlich
Investitionstätigkeit der Unternehmen	Investitionstätigkeit nimmt zu (noch unter dem Durchschnitt).	Neuinvestitionen werden weiter erhöht. Gefahr der Überhitzung.	Es werden nur noch Ersatzinvestitionen getätigt.	Es wird nicht mehr investiert.
Nachfrage nach Arbeitskräften (Beschäftigungsstand)	Arbeitskräftezunahme. Personal wird eingestellt.	Alle Arbeitsplätze sind besetzt, es besteht Überbeschäftigung mit Überstunden, Sonderschichten etc.	Arbeitskräfte werden entlassen, oder in Kurzarbeit geschickt. Arbeitslosigkeit nimmt zu.	Arbeitslosigkeit nimmt weiter zu, es herrscht Unterbeschäftigung.
Verbraucherpreise (Inflation)	Preise für Waren und Dienstleistungen beginnen zu steigen.	Preise steigen stark an.	Preisentwicklung stagniert oder sinkt.	Preise sind aufgrund der geringen Nachfrage und des (möglichen) hohen Angebots niedrig.
Kreditnachfrage und Zinsen	Nachfrage nach Krediten für Konsum und Investitionen steigt, da die Zinsen tendenziell niedrig sind.	Nachfrage nach Krediten für Konsum und Investitionen nimmt weiter zu und auch die Zinsen steigen tendenziell an.	Kreditnachfrage lässt deutlich nach und die Zinsen sind rückläufig.	Kreditnachfrage ist gering, oder bleibt ganz aus. Zinsen sind tendenziell niedrig.
Konsum und Sparverhalten	Menschen sparen weniger und konsumieren mehr.	Es wird viel konsumiert und wenig gespart.	Menschen konsumieren zunehmend weniger und sparen mehr.	Menschen konsumieren immer weniger und sparen immer mehr (Angstsparen).

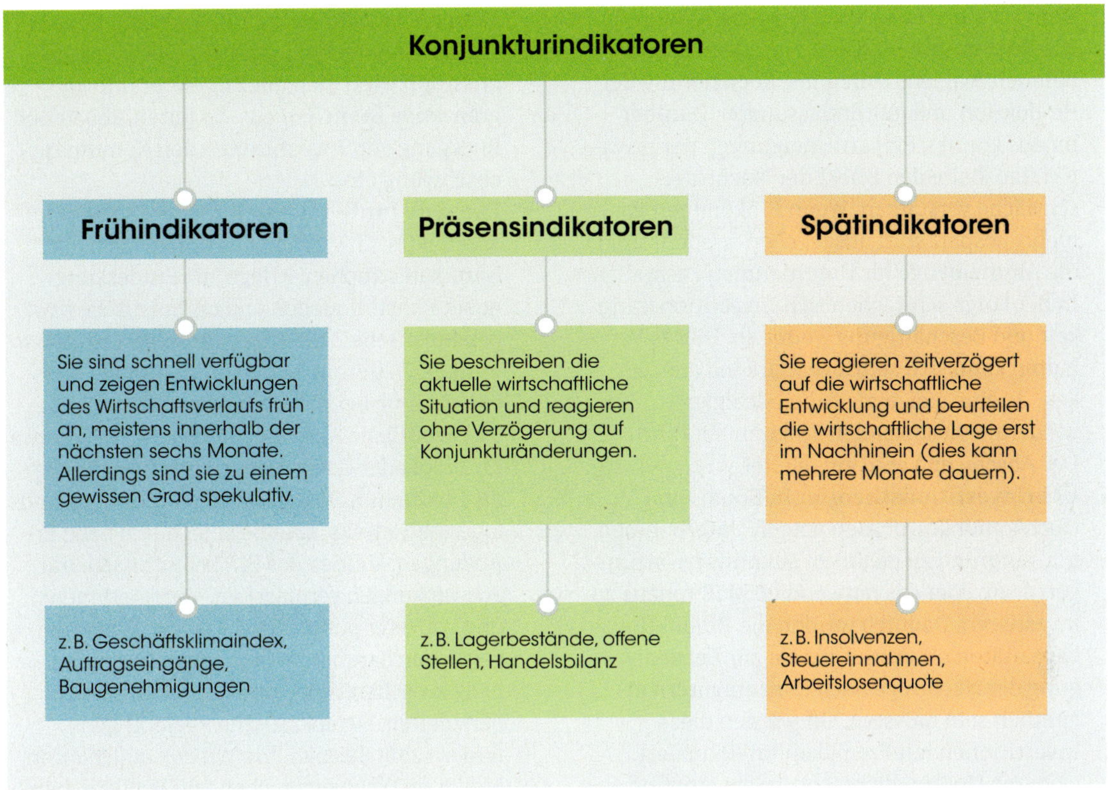

© C.C.Buchner Verlag

M 7 Wie entstehen Konjunkturzyklen?

Es gibt unterschiedliche Meinungen darüber, was Konjunkturschwankungen auslöst. Es gibt keine einheitliche Theorie, die erklären könnte, warum die Wirtschaft manchmal boomt und manchmal nicht. Man kann daher Konjunkturschwankungen auf verschiedene Arten erklären:

- **Monetäre Theorie:** Konjunkturzyklen hängen davon ab, wie viel Geld im Umlauf ist und wie die Zinsen gerade stehen. Wenn die Geldmenge ausgeweitet wird und dadurch mehr Kredite vergeben werden, steigt die Nachfrage und es kommt zu einem Aufschwung. Dies führt aber auch zu einer Inflation, weil die steigende Nachfrage zumindest in einzelnen Wirtschaftsbereichen aufgrund der ausgelasteten Kapazitäten nicht mehr befriedigt werden kann. Reagiert die Zentralbank auf die Gefährdung der Preisniveaustabilität durch steigende Inflationsraten mit einer Begrenzung der Geldmenge und Zinserhöhungen, wird ein konjunktureller Abschwung eingeleitet (› Kap. 2.6.4).

Mal wächst eine Volkswirtschaft, mal schrumpft sie – aber warum?

- **Unterkonsumtionstheorie:** Rezessionen entstehen durch Ungleichgewichte zwischen der Nachfrage nach Konsumgütern und der Produktion, die im Aufschwung ausgeweitet wird. Wenn die Löhne und Gehälter weniger stark steigen als die Gewinne der Unternehmen, dann bleibt die Konsumgüternachfrage hinter den Produktionsmöglichkeiten zurück.

Den privaten Haushalten fehlt die Kaufkraft. Die Nachfrage geht daher zurück und Unternehmen reagieren mit einer Reduzierung der Produktion und mit Entlassungen. Darüber hinaus können Ersparnisneigungen der privaten Haushalte den Effekt der Nachfrageschwäche verstärken. Wenn Einkommen vermehrt gespart statt ausgegeben werden, sinkt die Absatzmenge für Unternehmen zusätzlich. In der Folge schwächen sich Investitionstätigkeit und Beschäftigung weiter ab. Dieses Verhalten kann sich selbst verstärkend auswirken, da eine steigende Arbeitslosigkeit wiederum zu sinkenden Einkommen führt. Der Abschwung wird eingeleitet.

- **Überinvestitionstheorie:** In Boom- und Hochkonjunkturphasen neigen Unternehmen u. a. aufgrund zu positiver Zukunftserwartungen dazu, über das notwendige Maß hinaus zu investieren. Dadurch werden die Produktionskapazitäten oft größer, als sie zur Befriedigung der Nachfrage nach Konsumgütern eigentlich sein müssten. Oft werden diese Investitionen mit Fremdkapital finanziert, wodurch Unternehmen besonders empfindlich auf steigende Zinsen reagieren. Sobald Erträge geringer ausfallen als prognostiziert, kann die Verschuldung zu Liquiditätsengpässen bei Unternehmen führen. Der Investitionsstopp wirkt sich auf Zulieferer und angrenzende Branchen aus. So leiten Abbau und Rückgang von Investitionen den Konjunkturabschwung ein.
- **Exogene (außenwirtschaftliche) Theorie:** Konjunkturschwankungen können auch durch Naturkatastrophen, Kriege, die Entdeckung neuer Rohstoffquellen und optimistische bzw. pessimistische Zukunftserwartungen ausgelöst werden. Weiterhin ist die internationale Preisentwicklung bei Rohstoffen ein Faktor für die wirtschaftliche Aktivität. Steigende Preise, etwa für Erdöl oder Gas, erhöhen so ggf. kurzfristig die Produktionskosten. Auch plötzliche technologische Schocks, zum Beispiel durch neue Erfindungen, können das BIP beeinflussen und Schwankungen verursachen. Vertreterinnen und Vertreter politischer Konjunkturtheorien versuchen darüber hinaus, einen Zusammenhang zwischen Wahl- und Konjunkturzyklus herzuleiten. Demokratische Regierungen fördern zum Beispiel ihre Wiederwahlchancen, indem sie Wahlversprechen und Wahlgeschenke machen. Dazu nutzen sie fiskal- und geldpolitische Maßnahmen (› Kap. 2.6.3).

Aufgaben

72003-207

1. Analysieren Sie die Entwicklung der Wachstumsrate des BIP und der Arbeitslosenquote in Deutschland ab 1992 (**M3**).
2. Stellen Sie
   a) die Einkommensentwicklung bzw. die Entwicklung der Löhne und Gehälter der Arbeitnehmerinnen und Arbeitnehmer;
   b) die Entwicklung der Unternehmensgewinne in den jeweiligen Phasen des Konjunkturzyklus dar (**M5**).
3. Erklären Sie, weshalb es in Zeiten des Aufschwungs und der konjunkturellen Hochphasen zu Preissteigerungen für Güter und Dienstleistungen kommen kann (**M1–M7**).
4. Ordnen Sie die Indikatoren in **M5** den Früh-, Präsenz- und Spätindikatoren zu (**M6**).
5. Erläutern Sie, wie sich positive oder negative Konjunkturprognosen auf das wirtschaftliche Handeln von Konsumierenden, Produzierenden und Staat auswirken können (**M1–M6**).
6. Beschreiben Sie die aktuelle Konjunkturlage in Deutschland mithilfe geeigneter Indikatoren (**M5, M6**).
7. Erstellen Sie ein Schaubild zu den verschiedenen Konjunkturtheorien und beschreiben Sie darin das zentrale Element des jeweiligen Erklärungsansatzes.
8. Erörtern Sie, inwiefern der Staat in der Sozialen Marktwirtschaft die Bürgerinnen und Bürger in Zeiten konjunktureller Krisen entlasten und unterstützen sollte.

Mit Modellen arbeiten

M1 Wie und warum arbeiten wir mit Modellen?

Egal ob Landkarten, Stadtpläne, Klimamodelle oder ökonomische Modelle (z. B. das Marktmodell in Kap. 2.1.2), alle haben eines gemeinsam: Sie stellen eine Verkürzung der Wirklichkeit dar. So lassen sich auch komplizierte Zusammenhänge auf einfache Weise darstellen. Sie zeigen bestimmte Aspekte, die es zu beachten gilt, und blenden andere aus.

Bei ökonomischen Modellen wird oftmals angenommen, dass alle Einflussgrößen und Begleitumstände, die nicht untersucht werden sollen, im Modell unverändert bleiben. Man spricht von der sogenannten **Ceteris-paribus-Annahme**, also der Annahme, dass alle anderen Bedingungen gleichbleiben. Damit haben ökonomische Modelle also eine konkrete Funktion: Sie werden mit einer bestimmten Absicht erstellt und sollen komplizierte Phänomene oder zumindest Teilaspekte bzw. Teilausschnitte der Realität beschreiben, darstellen oder erklären.

Zu den ersten ökonomischen Modellen der Wirtschaftswissenschaften zählt der Wirtschaftskreislauf. Er wurde vom französischen Arzt und Ökonom Francois Quesnay (1694–1774) entwickelt.

M2 Der einfache Wirtschaftskreislauf mit Unternehmen und privaten Haushalten

Der einfache Wirtschaftskreislauf mit Unternehmen und privaten Haushalten geht davon aus, dass es nur Austauschbeziehungen zwischen zwei Sektoren gibt (auch Wirtschaftssubjekte genannt). Man unterscheidet dabei zwischen den Sektoren der „privaten Haushalte“ und der „Unternehmen“.

Die erwerbstätigen Mitglieder der privaten Haushalte arbeiten in den Unternehmen und stellen den Unternehmen ihre Arbeitskraft bzw. ihr Fachwissen zur Verfügung (Faktorleistung Arbeit). Für ihre Arbeit erhalten sie ein Einkommen, also Lohn oder Gehalt.

Die Haushalte geben ihr gesamtes Einkommen für Konsumgüter aus, die die Unternehmen mithilfe der Faktorleistungen produzieren und anbieten. Es fließt also Geld zu den Unternehmen und Güter- und Dienstleistungen zu den Haushalten. Aus dem Konsumgüterverkauf erzielen die Unternehmen Einnahmen zur Zahlung der Löhne und Gehälter an die Beschäftigten.

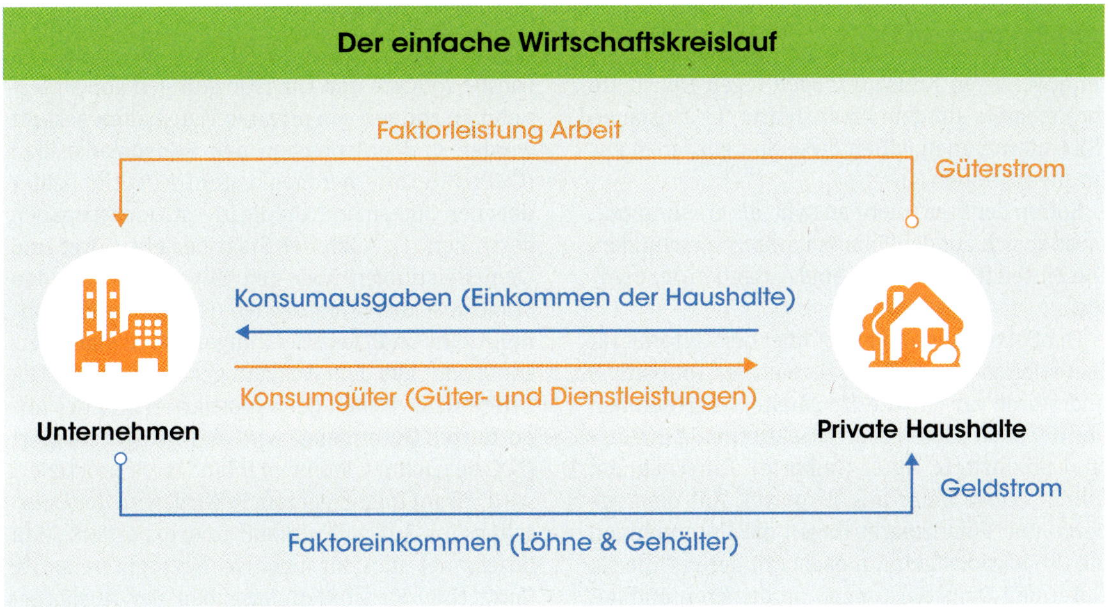

© C.C. Buchner Verlag, Bearbeiter

M3 Der erweiterte Wirtschaftskreislauf mit Staat, Arbeits- und Gütermarkt

Der Staat erzielt Einnahmen über Steuern von Unternehmen und Haushalten. Aus den Einnahmen werden zum Beispiel Sozialhilfe oder Wohngeld für private Haushalte sowie Subventionen an Unternehmen bezahlt. Der Staat stellt auch die Infrastruktur für Bildung, Gesundheit, Verteidigung usw. zur Verfügung. Er ist also selbst Nachfrager nach Gütern und Dienstleistungen auf dem Gütermarkt. Wir unterstellen in der Darstellung, dass der Staat alle Güter und Dienstleistungen von privaten Unternehmen bezieht und nicht selbst Arbeitskräfte beschäftigt. Private Haushalte bieten daher ihre Arbeitskraft (Produktionsfaktor Arbeit) auf dem Arbeitsmarkt an (Arbeitsangebot), die ausschließlich von Unternehmen nachgefragt wird (Arbeitsnachfrage).

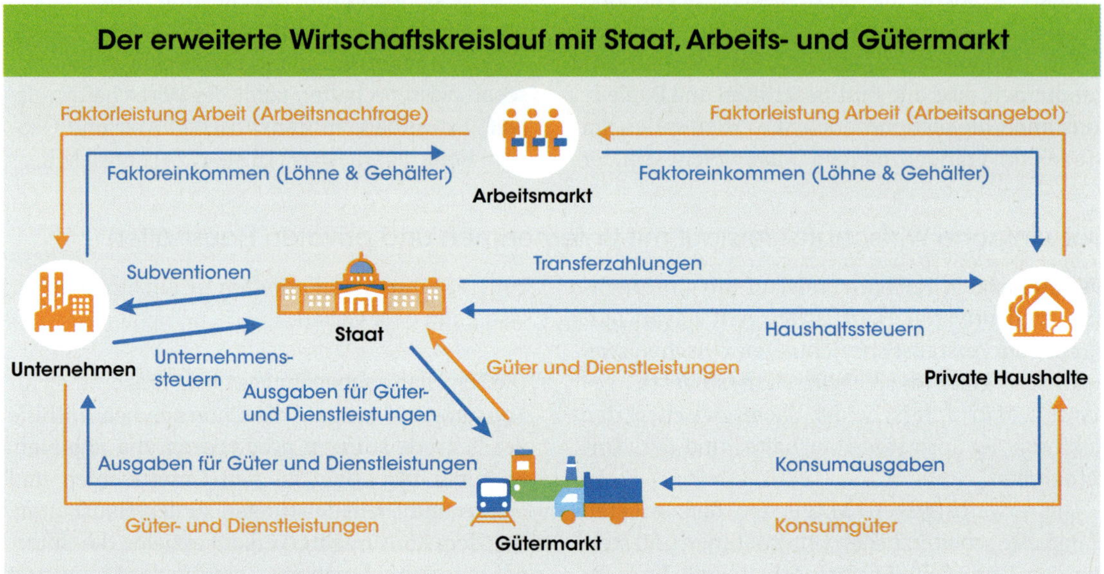

© C.C. Buchner Verlag, Bearbeiter

M4 Der erweiterte Wirtschaftskreislauf mit Staat, Ausland, Arbeits-, Güter- und Finanzmarkt

Im erweiterten Kreislaufmodell legen Haushalte ihr Erspartes auf dem Finanzmarkt für Zinsen an (S). Unternehmen leihen diese Sparguthaben aus für Investitionen (I).

Sofern der Staat mehr ausgibt, als er einnimmt, muss er sich auf den Finanzmärkten verschulden. Die Zinsen für den Kredit sind Ausgaben des Staates.

Der Sektor Ausland bietet über den Gütermarkt Dienstleistungen (z. B. im Bereich des Tourismus) und Waren an. Private Haushalte, Unternehmen und der Staat kaufen über den Gütermarkt im Ausland produzierte Güter (Importe). Unternehmen führen selbst Güter aus (Exporte). Auf dem Arbeits- und Finanzmarkt fragen die Unternehmen die Produktionsfaktoren nach, mit deren Hilfe sie Güter und Dienstleistungen produzieren und auf dem Gütermarkt anbieten. Diese Produkte und Dienstleistungen von Unternehmen können von privaten Haushalten gekauft werden und entsprechen den Konsumausgaben (C). Private Unternehmen kaufen Investitionsgüter über den Gütermarkt, die die Investitionsausgaben darstellen (I). Auch der Staat bezieht Güter und Dienstleistungen über den Gütermarkt, die den Staatsausgaben entsprechen (G). Außerdem können Güter und Dienstleistungen ins Ausland verkauft oder aus dem Ausland gekauft werden. Die Differenz zwischen der exportierten und der importierten Gütermenge wird als Nettogüterexport (NX) bezeichnet. Wenn im Inland mehr produziert wird, als im Inland gebraucht wird, wird der Überschuss ins Ausland verkauft bzw. exportiert. Man bezeichnet dies als positive Nettogüterexporte (kurz NX). Sie stellen Ausgaben der Ausländer bzw. Einnahmen der Inländer dar. Wir unterstel-

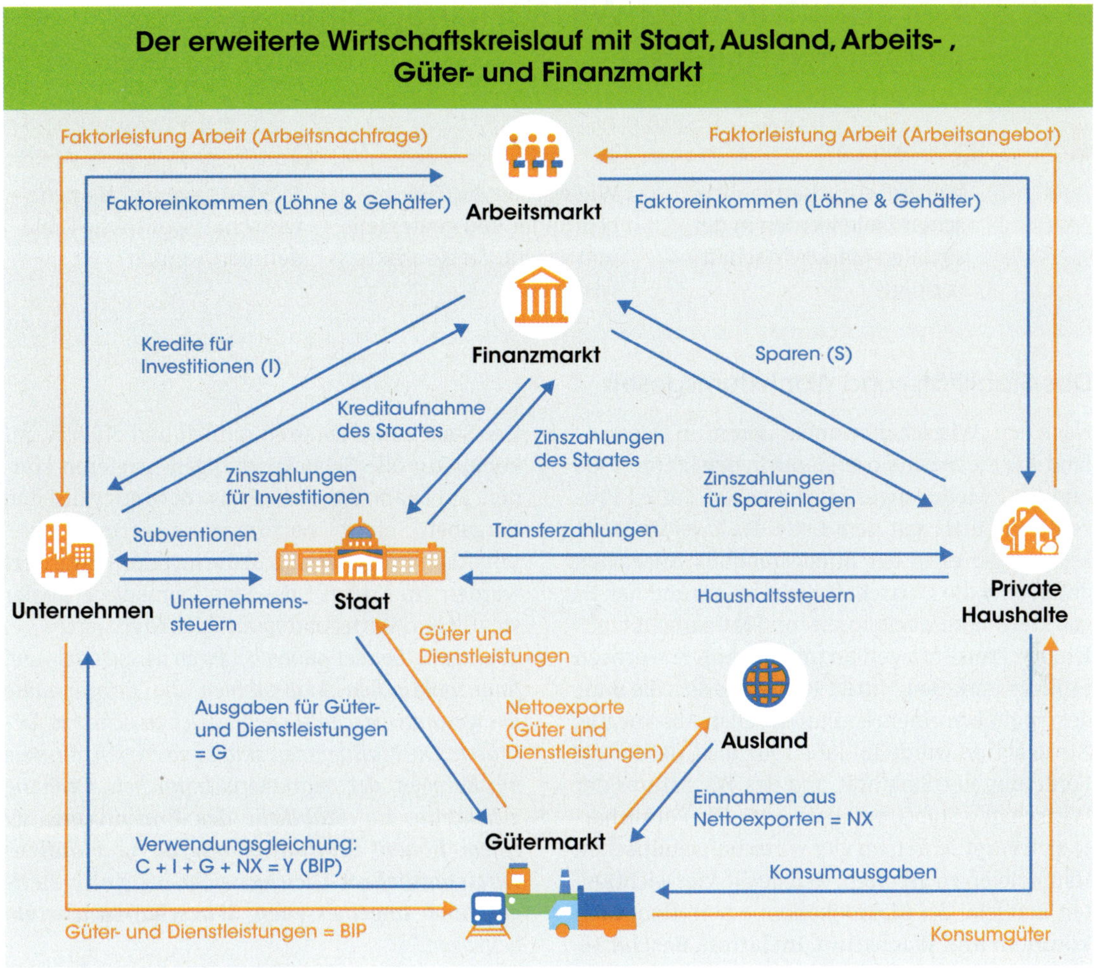

© C.C. Buchner Verlag, Bearbeiter

len in diesem Modell, dass die Nettogüterexporte positiv sind.

Zählt man nun alle Ausgaben zusammen (Verwendungsrechnung), erhält man das Bruttoinlandsprodukt (Y = C + I + G + NX). Oder einfacher gesagt: Die Ausgaben für den Konsum von Waren und Dienstleistungen in den Sektoren „Private Haushalte" sowie „Unternehmen", sowie im Sektor „Staat" und die Einnahmen aus Exporten abzüglich der Ausgaben für Importe im Sektor „Ausland" ergeben zusammen die Höhe des Bruttoinlandsprodukts (BIP).

Aufgaben

72003-208

1. Im Jahr 2025 hat der Bundestag ein Investitionsprogramm in Höhe von mehreren hundert Milliarden Euro für Infrastruktur, Verteidigung und Klimaschutz beschlossen. Dieses wird über Staatsschulden finanziert. Erklären Sie anhand des Modells des erweiterten Wirtschaftskreislaufs die möglichen Auswirkungen
   a) einer Erhöhung der Staatsausgaben für Infrastruktur-, Verteidigungs- und Klimaschutzinvestitionen durch Staatsschulden.
   b) einer Verringerung der Transferzahlungen des Staates an die privaten Haushalte zum Abbau der Staatsverschuldung.

2.2.2 Konjunktur- und Wirtschaftspolitik in Deutschland

Leitfragen

- Welche wirtschaftspolitischen Ziele werden in der sozialen Marktwirtschaft verfolgt?
- Wie werden die Ziele begründet und gemessen und welche Zielkonflikte bestehen?
- Müssen gegenwärtig neue wirtschaftspolitische Ziele definiert werden?

M1 Das Stabilitäts- und Wachstumsgesetz

Nach den „Wirtschaftswunderjahren" in Deutschland war die Arbeitslosenquote in den Jahren 1966 und 1967 wieder angestiegen (von 0,7 auf 2,1 Prozent). Erstmals seit dem Ende des Zweiten Weltkrieges gab es in der Bundesrepublik Anzeichen dafür, dass die Wirtschaft nicht mehr rund lief. Es gab steigende Arbeitslosen- und Kurzarbeiterzahlen, die Preise stiegen an und die Löhne wuchsen weniger stark. Seit Mitte 1965 befand sich die Bundesrepublik in einem konjunkturellen Abschwung. Als Reaktion wurde im Jahr 1967 das „Gesetz zur Förderung der Stabilität und des Wachstums der Wirtschaft" (StabG) verabschiedet. Die Politik hatte sich verpflichtet, an vier wirtschaftspolitischen Hauptzielen zu arbeiten, welche die vier wichtigsten Bereiche der Makroökonomie betreffen: **Einkommen und Wachstum, Inflation, Beschäftigung** und **Außenhandel**.

Der Staat sollte dadurch schnell und effektiv auf konjunkturelle Schockwirkungen reagieren können. Es begann damit die Phase der antizyklischen Vorgaben einer nachfrageorientierten Wirtschaftspolitik (› Kap. 2.2.3) die im StabG verankert wurden. Im Artikel 1 des StabG sind die Ziele der staatlichen Wirtschaftspolitik konkretisiert:
*„Bund und Länder haben bei ihren wirtschafts- und finanzpolitischen Maßnahmen die Erfordernisse des gesamtwirtschaftlichen Gleichgewichts zu beachten. Die Maßnahmen sind so zu treffen, dass sie im Rahmen der marktwirtschaftlichen Ordnung gleichzeitig zur **Stabilität des Preisniveaus**, zu einem **hohen Beschäftigungsgrad** und **außenwirtschaftlichem Gleichgewicht** bei einem **stetigen und angemessenen Wirtschaftswachstum** beitragen."*

M2 Das „Magische Viereck" – vier „magische" Ziele

Das Stabilitätsgesetz definiert vier stabilitätspolitische Ziele für die deutsche Volkswirtschaft, die auch als „Magisches Viereck" bezeichnet werden. Weil zwischen den Zielen wechselseitige Abhängigkeiten bestehen, können sie allerdings nicht alle gleichzeitig erreicht werden (› M3).

a) Stetiges, angemessenes Wirtschaftswachstum (Kennzahl: Bruttoinlandsprodukt)

Das BIP ist eine statistische Kennzahl, die den gesamten Produktionswert einer Gesellschaft ausdrückt. Das BIP ist eine Art Barometer für die wirtschaftliche Entwicklung und den gesellschaftlichen Wohlstand in einer Volkswirtschaft. Ziel einer erfolgreichen Konjunkturpolitik ist es daher, materielle Einbußen durch Wirtschaftskrisen zu vermeiden bzw. ein stetiges Wirtschaftswachstum zu erreichen. Dadurch sollen Planungsunsicherheiten für die verschiedenen Sektoren (z. B. bei Unternehmen) verringert werden.

Was ist Makroökonomik?
Die **Makroökonomik** als Teilgebiet der Volkswirtschaftslehre befasst sich mit der Analyse von größeren wirtschaftlichen Zusammenhängen. Gegenstand der Untersuchung sind dabei das Verhalten verschiedener Sektoren (z. B. private Haushalte, Unternehmen oder Staat) sowie volkswirtschaftliche Kenngrößen (z. B. das Bruttoinlandsprodukt, das Preisniveau etc.).

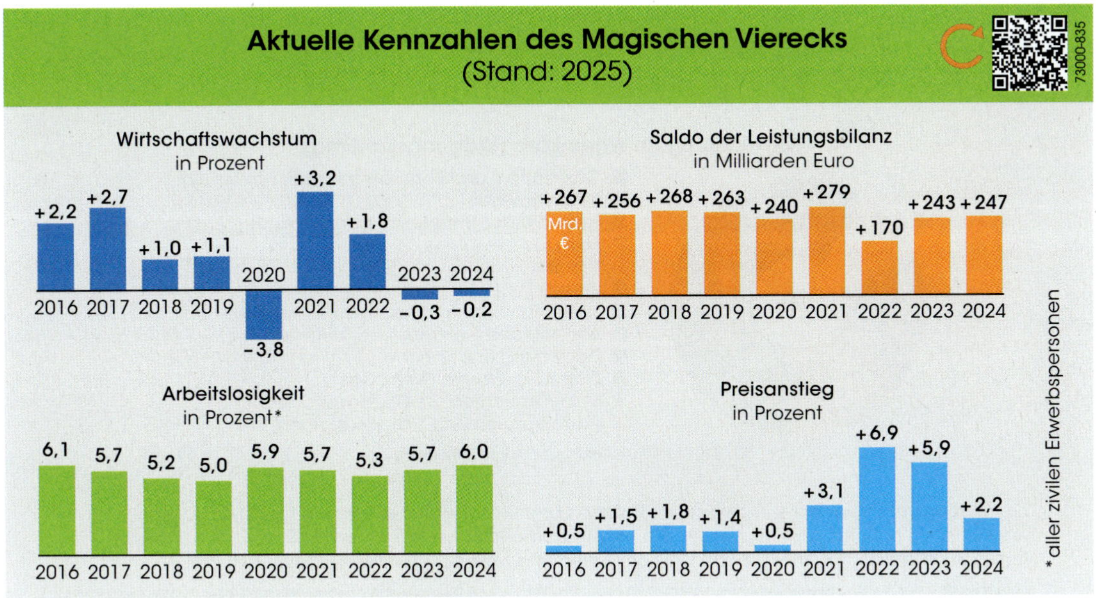

© C.C. Buchner Verlag, aktuelle Daten nach: DESTATIS, Bundesagentur für Arbeit, Bundesbank (Datenerhebung: 2024; Grafikerstellung: 2025)

Umstritten ist allerdings, wie viel Wachstum als „angemessen“ anzusehen ist. Einige Ökonomen nennen Zahlen wie ein bis drei Prozent für Industrieländer, andere konzentrieren sich auf die Verteilung des Wachstums (z. B. eine gerechte Einkommensverteilung). Kritik an der rein materiellen Wohlfahrtsmessung wird insbesondere von Wachstumskritikern geäußert (› Kap. 2.7.3, 2.7.4).

b) Hoher Beschäftigungsgrad (Kennzahl: Arbeitslosenquote)

Ein hoher Beschäftigungsgrad (andere reden von Vollbeschäftigung) ist als eines der wichtigsten wirtschaftspolitischen Ziele weitgehend unbestritten. Erwerbstätigkeit ist mit der Erzielung von Einkommen, dem Ansehen der Person und teilweise der Selbstverwirklichung der Menschen verbunden. Ein hoher Beschäftigungsgrad entlastet zudem die Sozialkassen.

Das Ziel eines hohen Beschäftigungsgrades ist allerdings etwas missverständlich formuliert, da es eigentlich darum geht, eine möglichst niedrige Arbeitslosenquote zu erreichen. Man spricht von Vollbeschäftigung bei einer Arbeitslosenquote von ca. 3–4 %. Eine Arbeitslosenquote von null Prozent ist faktisch unmöglich, da es u. a. immer Arbeitnehmer gibt, die beim Übergang zwischen zwei Arbeitsstellen arbeitslos sind (› Kap. 2.3).

c) Stabiles Preisniveau (Kennzahl: Inflationsrate)

Inflation heißt, dass das allgemeine Preisniveau immer weiter ansteigt. Dies führt zu einem Kaufkraftverlust, da für einen bestimmten (nominalen) Geldbetrag immer weniger Güter und Dienstleistungen erworben werden können. Auch Sparer sind betroffen, denn am Ende des Anlagezeitraums ist ihr Erspartes weniger wert, wenn man die Inflation einrechnet.

Damit das Geld seine Funktionen als Tausch-, Zahlungs- und Wertaufbewahrungsmittel erfüllen kann, ist es wichtig, dass die Preise stabil bleiben. Die Europäische Zentralbank strebt für den Euroraum mittelfristig eine Inflationsrate von 2 % an. Preisniveaustabilität heißt aber nicht, dass die Preise einzelner Güter starr bleiben sollen. In einer Marktwirtschaft sollen sich die Preise für einzelne Produkte bei Veränderungen von Angebot und Nachfrage als Ausgleichsmechanismus der aktuellen Marktsituation nach oben und unten anpassen können.

Auch eine Deflation, also wenn die Preise allgemein und fortlaufend sinken, ist problematisch. Unternehmen und Haushalte werden in Erwartung sinkender Preise Neuinvestitionen oder größere Anschaffungen aufschieben. Dadurch kann es zu einer Verlangsamung des Wirtschaftswachstums oder sogar zu einer Rezession kommen.

Messung der Inflationsrate durch Erstellung des Harmonisierten Verbraucherpreisindex (HVPI) (Stand: 2025)

73000-836

Gewichtung im Warenkorb (Wägungsschema)

(rundungsbedingte Differenz)

Die **Inflationsrate** zeigt an, wie die Preise für Waren und Dienstleitungen, die ein typischer Haushalt in Deutschland kauft, mit der Zeit steigen. Ein Messinstrument für die Inflationsrate ist der Harmonisierte Verbraucherpreisindex (HVPI). Seine Gewichtungen und Methoden werden jährlich aktualisiert.

Das Bundesgebiet wird in ca. 100 Regionen unterteilt. Aus diesen werden repräsentative Städte und Gemeinden als Stichprobe ausgewählt.

Preisdaten werden in diesen ausgewählte Städten im Groß- und Einzelhandel vor Ort abgefragt. Zusätzliche Daten werden im Internet automatisch erfasst (sogenanntes web scraping) und verarbeitet.

300 000 Einzelpreise werden erhoben. Viele durch Beobachter manuell vor Ort, sehr viel mehr Daten zusätzlich online.

Die Daten werden in Waren und Dienstleistungen gruppiert zusammengefasst.

Für den HVPI wird die Gewichtung der Daten jährlich überprüft und an neue Konsumgewohnheiten (bspw. Onlineshopping, Corona) angepasst. Daraus ergibt sich ein gewichteter Warenkorb.

Aus den gesammelten Preisdaten ergibt sich die allgemeine Preissteigerung (Inflation) nach dem Warenkorb des Durchschnittshaushalts. Der HVPI wird in der gesamten EU nach dem gleichen Schema erhoben und macht daher Daten europaweit vergleichbar.

d) Außenwirtschaftliches Gleichgewicht (Kennzahl: Außenhandelsbilanz)

Eine Außenhandelsbilanz ist ausgeglichen, wenn Exporte (im Inland produzierte Waren und Dienstleistungen, die ins Ausland verkauft werden) und Importe (im Ausland produzierte Waren und Dienstleistungen, die im Inland gekauft werden) sich in etwa die Waage halten.

Verkauft Mercedes zum Beispiel ein in Deutschland produziertes Auto in die USA, ist das ein Export für Deutschland und ein Import für die USA. Ein Export von Gütern bedeutet gleichzeitig einen Import von ausländischem Kapital. Ein Import von Gütern folglich ein Export von inländischem Kapital. Sind die Exporte eines Landes höher als die Importe, spricht man von einem positiven Außenbeitrag (Exportüberschuss). Das heißt, die Außenhandelsbilanz ist positiv. Die Begriffe „Außenbeitrag“ und „Nettoexporte“ werden häufig als Synonyme verwendet. Sie hängen eng mit der sogenannten Leistungsbilanz zusammen. Wenn die Nettoexporte bzw. der Außenbeitrag positiv sind, dann verkauft ein Land mehr Güter ins Ausland, als es von anderen Ländern kauft. Man spricht dann von einem Leistungsbilanzüberschuss (positiver Außenbeitrag). Der Export in Deutschland produzierten Autos würde also die deutschen Nettoexporte erhöhen.

Ungleichgewichte in den internationalen wirtschaftlichen Handelsbeziehungen führen jedoch zu Problemen: So erhöhen z. B. Exportüberschüsse zwar das heimische BIP, machen das Land aber auch abhängig vom Ausland. Andere Länder können dann Gegenmaßnahmen ergreifen, zum Beispiel Zölle, um die eigenen Interessen zu schützen (› Kap.l 2.4). Wenn ein Land dauerhaft mehr importiert als exportiert, kann es sich zudem überschulden.

Um sicherzustellen, dass die internationalen Handelsbeziehungen die nationale Wirtschaftsentwicklung nicht negativ beeinflussen, wird eine ausgeglichene Außenbilanz angestrebt.

M3 Ziele des „Magischen Vierecks" im Zielkonflikt

Nicht immer lassen sich die Ziele im „Magischen Viereck" gleichermaßen verfolgen, da die Verwirklichung des einen Ziels die anderen behindern kann. Gibt es also mindestens zwei Ziele, so kann ihre Beziehung in Harmonie oder in Konflikt stehen, oder beide verhalten sich neutral zueinander. Allgemein lassen sich folgende Beziehungen zwischen den Zielen formulieren:

- Eine **Zielharmonie (Zielkompatibilität)** liegt vor, wenn die Förderung und das Erreichen des einen Ziels sich positiv auf das andere auswirkt.
- Eine **Zielneutralität (Zielindifferenz)** liegt vor, wenn die Förderung und das Erreichen des einen Ziels keinen Einfluss auf das Erreichen des anderen Zieles hat.
- Ein **Zielkonflikt (Zielinkompatibilität)** liegt vor, wenn die Förderung und das Erreichen des einen Ziels das Erreichen des anderen Zieles negativ behindert oder gefährdet.

Ein Beispiel für einen Zielkonflikt kann zwischen der Preisniveaustabilität und dem Wirtschaftswachstum bestehen. Eine gesteigerte Nachfrage in Phasen wirtschaftlichen Wachstums führt in der Regel auch zu einer höheren Inflation. Die Auslastung der Wirtschaft erhöht sich und die Konkurrenz unter den Unternehmen um die verfügbaren Produktionsfaktoren auf vielen Märkten führt zu einem steigenden Preisniveau und höherer Inflation.

M4 Braucht es ein neues „Magisches Viereck" bzw. Vieleck?

Mehr als ein halbes Jahrhundert nach seiner Verabschiedung ist das Stabilitätsgesetz zwar immer noch in Kraft, aber die damals festgelegten Ziele für die deutsche Wirtschaft und die Wirkung des Gesetzes werden heute kritisiert und kontrovers diskutiert.

So erscheint die Auswahl der Zielgrößen nicht mehr zeitgemäß. Vor allem fehlt das Kriterium der Nachhaltigkeit – sowohl in ökologischer als auch in sozialer Hinsicht. Außerdem muss man bedenken, dass die europäische Integration weiter vorangeschritten ist. Mit der Einführung des Euro-

Ansätze für einen reformierten Zielkatalog

- **Materieller Wohlstand und Ökonomische Nachhaltigkeit:** Förderung eines hohen Beschäftigungs- und Produktivitätsniveaus bei ausreichendem privatem und öffentlichem Konsum. Der Staat muss dafür einen Ausgleich zwischen Sparen und Investieren finden.
- **Nachhaltigkeit der Staatstätigkeit und der Staatsfinanzen:** Ausreichende Investitionen verbessern die gesamtwirtschaftliche Entwicklung und erlauben die Einhaltung der Schuldenbremse (› Kap. 2.6.3). Der Staat stellt alle öffentlichen Güter bereit, die die Privatwirtschaft nicht produziert.
- **Soziale Nachhaltigkeit:** Vermeidung zu großer Ungleichheit bei Einkommen und Vermögen. Eine stärkere, gesellschaftspolitische erwünschte Korrektur der Einkommensverteilung (z. B. über Steuern) kann erforderlich sein (› Kap. 2.6.2). Es muss mehr in Bildung zur Förderung der Chancengleichheit investiert werden.
- **Ökologische Nachhaltigkeit:** Struktureller Wandel hin zu einer umweltneutralen Wirtschaftsweise. Es sollen mehr Umweltgüter erhalten oder (re-)produziert und weniger konventionelle Güter hergestellt werden.

Magisches Viereck

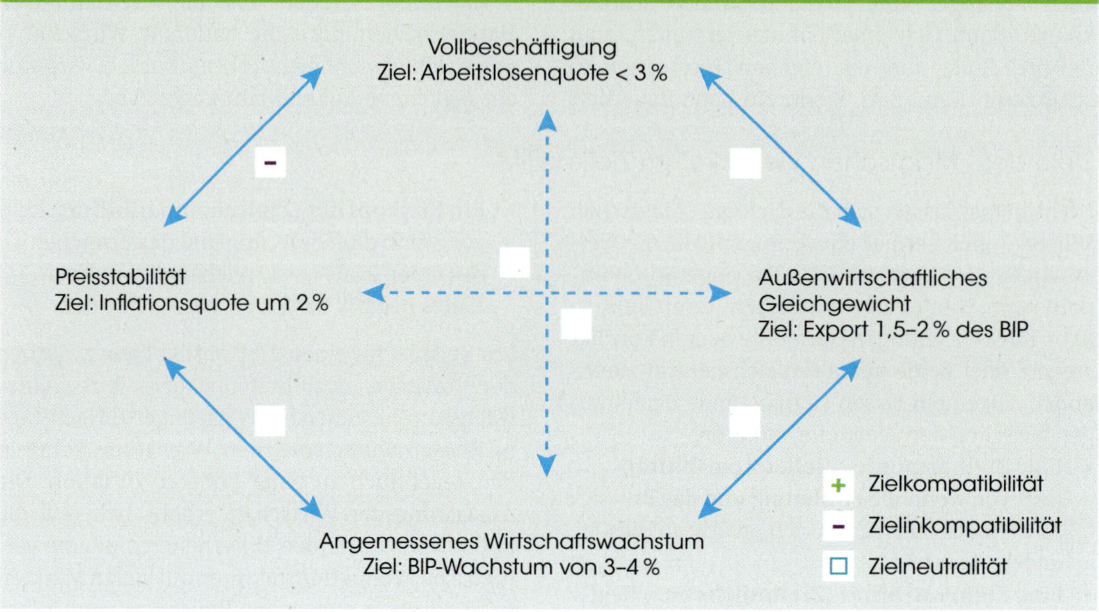

© C.C. Buchner Verlag, Bearbeiter

päischen Binnenmarktes hat die deutsche Gesetzgebung an Bedeutung verloren. Der Europäische Stabilitäts- und Wachstumspakt greift zum Beispiel stark in die nationale Finanzpolitik ein. Aufgrund all dieser Veränderungen wird seit Jahren eine Reform bzw. Neuausrichtung des StabG gefordert (› Kasten auf S. 143). Derart umfassende Reformvorschläge stoßen jedoch auch auf Kritik. So wird kritisiert, dass die verschiedenen Anforderungen, wie z. B. die drei Aspekte der Nachhaltigkeit (sozial, ökonomisch, ökologisch), in Konflikt geraten können. Die Komplexität eines erweiterten Zielkatalogs könnte zudem die Politik überfordern, auf Situationen effektiv zu reagieren. Außerdem habe der Gesetzgeber bereits heute alle Möglichkeiten im Sinne der Nachhaltigkeit verantwortungsbewusst zu handeln, wenn er diese Möglichkeiten auch nutzt.

Aufgaben

72003-209

1. Stellen Sie die Auswirkungen
   a) einer zu hohen Arbeitslosigkeit und
   b) einer zu hohen Inflationsrate auf die Sektoren private Haushalte, Unternehmen und Staat dar (**M1**, **M2**).
2. Überprüfen Sie anhand der Grafik in **M2**, inwiefern die Ziele des Stabilitätsgesetzes erreicht werden.
3. Nicht alle vier wirtschaftspolitischen Ziele sind miteinander kompatibel. Analysieren Sie die Zielbeziehungen in **M3** und vervollständigen Sie die Grafik zum Magischen Viereck oben.
4. „So erscheint die Auswahl der Zielgrößen nicht mehr zeitgemäß." (vgl. **M4**, Z. 7) Erörtern Sie, ob das StabG durch neue Ziele reformiert werden sollte.
5. Erläutern Sie, warum ein übermäßiger Exportüberschuss im Außenhandel wirtschaftlich sowohl positive als auch negative Folgen hat. Beziehen Sie dazu eine eigene Recherche mit ein.

Neue Ziele für Deutschlands Wirtschaftspolitik?

M1 Die deutsche Wirtschaftspolitik braucht ein neues magisches Viereck

Nicht erst seit dem jüngsten Weltklimabericht ist klar, dass die Welt nach den aktuellen Befunden der Wissenschaft nahezu ungebremst auf eine Klimakatastrophe zusteuert. Nach zwei Jahrhunderten einer kohlenstoffbasierten Industrialisierung soll Deutschland deshalb bis 2045 dekarbonisiert werden, der Netto-CO_2-Ausstoß also auf null gesenkt werden.

Bis vor Kurzem galt das im Vergleich zu Kohle und Öl recht saubere Erdgas als Rückfalloption, mit der Blackouts vermieden werden können, wenn weder Wind weht noch die Sonne scheint. Mit dem Angriff Russlands auf die Ukraine haben sich zuvor als stabil erachtete geopolitische Koordinaten verschoben. Nun steht plötzlich die Energiesicherheit Deutschlands, der viertgrößten Volkswirtschaft auf dem Spiel. Wer gleichzeitig aus Atomkraft und Kohleverstromung aussteigt und Sorge haben muss, dass auch die Gasversorgung unsicher ist, der muss um die Energiesicherheit bangen und sich notgedrungen auf den Import von Atom- oder Kohlestrom verlassen. Zur Bewältigung der Energiewende sind hohe Investitionen erforderlich, private und staatliche. Investitionen gelten in der Regel als Basis für Wirtschaftswachstum. Dabei können staatliche Investitionen den Weg für private Investitionen bereiten, etwa wenn eine gute Infrastruktur bereitgestellt wird. Die anstehenden Energieinvestitionen reduzieren zweifellos den CO_2-Ausstoß Deutschlands, erhöhen aber nicht unmittelbar die Produktionsmöglichkeiten der Volkswirtschaft. Schließlich ersetzt eine neue, dezentrale Versorgungsinfrastruktur lediglich die bestehenden leistungsstarken Großkraftwerke. Hinzu kommt: Finanzpolitik ist stets eine Frage der Verwendung knapper Mittel. Zusätzliche staatliche Milliardeninvestitionen in die Energiewende fehlen an anderer Stelle, etwa für Bildung, Forschung oder Rüstung. […]

Diese Phase der klimaschutzbedingten Wachstumsverluste trifft die deutsche Volkswirtschaft zu einer Zeit, in der sie mit einem massiven, zwei Jahrzehnte andauernden Alterungsschubs konfrontiert sein wird. Dies wird zu einem Stresstest – nicht nur für unseren umlagefinanzierten Sozialstaat. Das sinkende Arbeitsangebot wird gleichzeitig das Wachstumspotenzial drücken und die Löhne in die Höhe treiben. […]

Die begrenzten Mittel für den Klimaschutz sollten dort eingesetzt werden, wo sie die höchsten Einsparungen erzielen. Ziel muss sein, dem CO2-Ausstoß einen einheitlichen Preis zu geben, an den sich Unternehmen und Verbraucher anpassen können. Fallweise Subventionen und Verbote sind dagegen volkswirtschaftlich teuer, da sie das Risiko von Fehllenkungen bergen. Direkte Hilfen zur Kompensation höherer Energiepreise sollten auf jene Personenkreise fokussiert werden, die bedürftig sind – nicht zuletzt deshalb, weil Staatshilfen stets auch überkommene Strukturen konservieren.

Ganz im Sinne Josef Schumpeters steht die deutsche Volkswirtschaft vor einer Epoche der „schöpferischen Zerstörung“, einem Strukturwandel, der Innovationen fördert und neue Perspektiven schafft. Ließe sich die Wirtschaftspolitik des 21. Jahrhunderts weniger vom Konzept der Globalsteuerung und mehr von den Ideen Schumpeters leiten, könnte eine dem „neuen magischen Viereck“ verpflichtete Politik zu einer echten Erfolgsstory werden.

Rürup, Bert: Die deutsche Wirtschaftspolitik braucht ein neues magisches Viereck. In: www.handelsblatt.com, 22.04.2022

Aufgaben

72003-210

1. Arbeiten Sie unter Verwendung von **M1** aktuelle und zukünftige Herausforderungen für die deutsche Wirtschaftspolitik heraus.
2. Der Autor von **M1** fordert ein „neues magisches Viereck“ für Deutschland, bleibt aber im Hinblick auf die genaue Ausgestaltung unkonkret.

Gestalten Sie mittels einer „Concept-Map“ ein neues magisches Viereck bzw. Vieleck, welches „[…] zu einer echten Erfolgsstory werden [könnte].“ (**M1**, Z. 70 f.).

2.2.3 Wirtschaftliche Grundkonzepte

Leitfragen

- Welche Grundkonzepte prägen die Wirtschaftspolitik?
- Wie unterscheiden sich die Grundkonzepte voneinander?
- Welche Instrumente werden zur wirtschaftlichen Stabilisierung vorgeschlagen?

M1 Wie unterscheiden sich angebots- und nachfrageorientierte Wirtschaftspolitik?

	Angebots- und nachfrageorientierte Wirtschaftspolitik im Vergleich	
	John Maynard Keynes (1883–1946)	**Milton Friedman (1912–2006)**
Hauptvertreter		
Konzept	**Nachfrageorientierte Wirtschaftspolitik im Sinne des Keynesianismus**	**Angebotsorientierte Wirtschaftspolitik im Sinne des Monetarismus**
Position & Grundannahmen	• Die „effektive" **gesamtwirtschaftliche Nachfrage** bestimmt das gesamtwirtschaftliche Angebot und damit Produktion und Beschäftigung. • **Instabilitätshypothese:** Wirtschaftskrisen sind auf „**Marktversagen**" zurückzuführen (Marktpessimismus). Arbeitslosigkeit ist die Folge einer zu **geringen gesamtwirtschaftlichen Nachfrage**. Märkte führen nicht automatisch zu Vollbeschäftigung, sondern können auch bei Unterbeschäftigung verharren (**Unvollkommenheit der Märkte**). • Die Haushalte geben nicht ihr gesamtes Einkommen für den Konsum aus, sondern sparen einen Teil. • Hohe Zinsen senken die Investitionsneigung der Unternehmen, niedrige Zinsen erhöhen die Investitionsanreize. Bei pessimistischen Zukunftseinschätzungen führen niedrige Zinsen nicht zu mehr Investitionen.	• Jedes **gesamtwirtschaftliche Angebot** schafft sich seine Nachfrage. • **Stabilitätshypothese:** Wirtschafts- und Beschäftigungskrisen sind auf „**Staatsversagen**" zurückzuführen: Es gibt eine **Tendenz zum Marktgleichgewicht**, auch auf dem Arbeitsmarkt. Instabilität entsteht durch unzureichenden Wettbewerb und/oder zu starke staatliche Eingriffe (z. B. Regulierungen, Subventionen). • Gleichgewichtstheorie: Geldmenge entspricht der realen Gütermenge. Der Geldmengeneffekt (Ausweitung der Geldmenge) führt zu Inflation (› Kap. 2.6.4). • Arbeitslosigkeit ist größtenteils strukturell bedingt und nicht konjunkturell (**natürliche Unterbeschäftigung bzw. Arbeitslosigkeit**). Diese kann durch eine expansive Geld- bzw. Fiskalpolitik nicht gesenkt werden. • Öffentliche bzw. staatliche Investitionen sind weniger effizient als private. Wachstumsschwäche und Arbeitslosigkeit sind insbesondere auf zu geringe private Investitionen zurückzuführen.

Maßnahmen & Instrumente

Nachfragesteuerung: Antizyklische Steuerung

Aufgabe des Staates ist es, in der Rezession zu einer Erhöhung der gesamtwirtschaftlichen Nachfrage beizutragen (expansive Konjunkturpolitik). Dazu kann er die Staatsausgaben durch Kreditaufnahme (*deficit spending*) erhöhen (= Erhöhung der Staatsnachfrage) und/oder seine Einnahmen verringern, um die private Nachfrage zu erhöhen:

- Staatliche Investitionsprogramme, z. B. in die Infrastruktur
- Förderung und Schaffung konsumfreundlicher Rahmenbedingungen, z. B. durch Steuersenkungen
- Zinssenkungen, um mehr Investitionen und Nachfrage zu fördern
- Ausbau der öffentlichen Beschäftigung

Im Aufschwung soll der Staat die gesamtwirtschaftliche Nachfrage durch Senkung der staatlichen Nachfrage dämpfen (restriktive Konjunkturpolitik) und das staatliche Haushaltsdefizit als Folge des *deficit spending* (z. B. Erhöhung von Steuern und Abgaben) abbauen.

Angebotssteuerung: Verbesserung der Rahmenbedingungen der Angebotsseite

Aufgabe des Staates ist es, die Voraussetzungen für ein optimales Funktionieren des Marktsystems zu schaffen (Förderung des Wettbewerbs), um Leistungsanreize zu setzen:

- Reduzierung der öffentlichen Ausgaben, um die Kreditaufnahme des Staates und damit die Zinsen zu senken
- Steuersenkungsprogrammen sollen Leistungsanreize für Unternehmen und Arbeitnehmer setzen.
- Abbau der Staatsverschuldung (Austeritätspolitik)
- Abbau bürokratischer Hürden
- Flexibilisierung des Arbeitsmarktes (z. B. Lockerung des Kündigungsschutzes)
- Deregulierung und Privatisierung öffentlicher Einrichtungen
- Senkung der Staatsquote und der Sozialtransfers: Mehr Eigenverantwortung statt sozialpolitischer Fehlanreize
- Geldmengensteuerung durch Zentralbanken: Die Geldmenge soll mit dem Wachstum der volkswirtschaftlichen Produktion (BIP) ausgeweitet werden, um Preissteigerungen zu verhindern.

Erhoffte Folgen & Ziele

Stärkung der Nachfrageseite führt zu Wirtschaftswachstum

- Zusätzliche Ausgaben und Investitionen des Staates schaffen Nachfrage bei den Unternehmen, diese tätigen neue Investitionen, es entstehen neue Arbeitsplätze und der Konsum steigt (**Multiplikatoreffekt**).
- Der Multiplikatoreffekt führt in der Folge zu höheren Steuereinnahmen. Überschüsse sollten vorübergehend zurückgelegt (Rücklagenbildung) oder zur Schuldentilgung verwendet werden.

Stärkung der Angebotsseite führt zu Wirtschaftswachstum

- Verbesserte Produktionsbedingungen erhöhen die Ertragskraft der Betriebe. Dadurch steht Kapital für langfristige Investitionen/Modernisierungen zur Verfügung und es entstehen neue Arbeitsplätze. Dies führt wiederum zu mehr Einkommen bei den privaten Haushalten und damit zu mehr Konsum.
- Durch die Stärkung der Wettbewerbsfähigkeit können Unternehmen Erfolgschancen wahrnehmen, um auch im globalisierten Wettbewerb mithalten zu können.

Kritik & Probleme der Konzeptionen

- **Anstieg der Staatsverschuldung:** Staatsverschuldung schränkt den (zukünftigen) Handlungsspielraum des Staates ein. Verschuldung wird in „Boomjahren" aus politischen Gründen meist nicht abgebaut (z. B. durch Steuererhöhungen). Die hohe Steuer- und Abgabenbelastung mindert die Wettbewerbsfähigkeit der Unternehmen.
- **Verdrängungseffekt *(crowding out)*:** Eine erhöhte Kreditnachfrage des Staates kann zu einem Zinsanstieg führen, der private Investitionen behindert, da die Finanzierung teurer wird.

- **Wachstum ohne Beschäftigung:** Die Nachfrage nach Waren und Dienstleistungen wird vernachlässigt. Auch die gesamtwirtschaftliche Nachfrage ist ein wichtiger Faktor für die Schaffung von Arbeitsplätzen.
- **Wirkung von Steuersenkungen fraglich:** Sinkende Steuern erhöhen nicht automatisch die Investitionsbereitschaft.
- **Niedrige Löhne und Beschäftigung:** Es gibt keine Belege dafür, dass sich durch Lohnzurückhaltung die Beschäftigung im gewünschten Maße steigern lässt. Wenn die Löhne sinken, sinkt auch die Konsumgüternachfrage.

- **Vernachlässigung der Preisniveaustabilität:** Antizyklische Fiskalpolitik gibt dem Ziel eines hohen Beschäftigungsstandes Vorrang vor der Preisniveaustabilität. Dies kann zu hohen Inflationsraten führen.
- **Entscheidungs- und Wirkungsverzögerungen:** Politische Entscheidungen haben oft unkalkulierbare Wirkungs- und Zeitverzögerungen („time-lags"). Dadurch können Konjunkturphasen verstärkt werden, was zu einer Vertiefung von Rezessionsphasen führt.
- **Erfolglosigkeit – Phase der Stagflation**: Viele konjunkturpolitische Maßnahmen stellen lediglich Anreize dar. Es gibt keine Garantie, dass z. B. höhere Löhne die Nachfrage nach inländischen Gütern ankurbeln. Dann beginnt eine Phase steigender Preise bei hoher Arbeitslosigkeit (Stagflation).
- **Steigerung der Einkommensungleichheiten:** Die Steigerung der Unternehmenserträge (z. B. Gewinne) begünstigt vor allem die Eigentümerinnen und Eigentümer von Produktionsmitteln (die Unternehmen). Damit geht eine Einkommensumverteilung „von unten nach oben" einher. Soziale Ungleichheiten wachsen an.
- **Unwirksame Austeritätspolitik:** Es ist zweifelhaft, ob der Abbau der Staatsverschuldung zu einem konjunkturellen Aufschwung führen kann, da die Einschränkung der Staatsausgaben zu Abschwungstendenzen führen kann.
- **Monetaristische Gleichgewichtstheorie in der Kritik:** Ein enger Zusammenhang zwischen Geldmenge und Inflation ist empirisch nicht nachweisbar.

Aufgaben

72003-211

1. Stellen Sie die angebots- und nachfrageorientierte Wirtschaftspolitik grafisch dar (z. B. durch ein Wirkungsgefüge).
2. „Man kann die Pferde zur Tränke führen, saufen müssen sie aber selber." (John Maynard Keynes). Erläutern Sie, was Keynes damit meint.
3. Zu den Elementen moderner Angebotspolitik werden auch Maßnahmen und Instrumente im Bereich der Forschungs-, Bildungs- und Umweltpolitik gezählt. Beschreiben Sie jeweils eine Maßnahme bzw. ein Instrument Ihrer Wahl zur Stärkung der Angebotsseite.
4. Überprüfen Sie die wirtschaftspolitischen Programme der im Bundestag vertretenen Parteien und ordnen Sie diese der Angebots- bzw. Nachfragepolitik zu.
5. In wirtschaftlichen Krisenzeiten gilt für Regierungen: „Mit dem Rücken zur Wand ist jeder ein ‚Keynesianer'". Erörtern Sie diese Aussage.
6. Angenommen wir haben einen Staat X und dieser steuert auf eine Wirtschaftskrise mit hoher Arbeitslosigkeit zu. Wie muss der Staat reagieren? Gestalten Sie ein fiktives Streitgespräch zwischen einem Angebots- und einer Nachfragetheoretikerin.
7. Gestalten Sie einen Kommentar, in dem Sie sich über ein aktuelles wirtschaftspolitisches Problem äußern und konkrete Empfehlungen aus einer nachfrage- bzw. angebotsorientierten Perspektive aussprechen.
8. Sie sind Mitglied des Sachverständigenrates zur Begutachtung der gesamtwirtschaftlichen Entwicklung (umgangssprachlich „die Wirtschaftsweisen").
   a) Analysieren Sie die aktuelle wirtschaftspolitische Situation (z. B. mittels Internetrecherche) anhand folgender Konjunkturindikatoren: Bruttoinlandsprodukt, Arbeitslosenquote, Verbraucherpreise, private Konsumausgaben.
   b) Entwickelns Sie ein Programm mit kurzfristigen Maßnahmen (bis 12 Monate), mittelfristigen Maßnahmen (12 – 24 Monaten) und langfristigen Maßnahmen (ab 24 Monate) unter Berücksichtigung einer nachfrage- und/oder angebotsorientierten Wirtschaftspolitik.

Fachkräftemangel und Wirtschaftstheorie

Die Reparatur und Ausbau des Schienennetzes der Deutschen Bahn soll die Verspätungen und Zugausfälle verringern.

M 1 Die neue Mangelwirtschaft?

Jetzt geht's aber los! Fast 15 Milliarden Euro gibt die Bundesregierung [im Jahr 2024] der Bahn, damit die ihr Schienennetz endlich aufpäppeln kann. Große Bauprojekte sind geplant, zum Beispiel zwischen Frankfurt und Mannheim, zwischen Hamburg und Berlin oder zwischen Kassel und Göttingen. Da freut sich doch die Bauindustrie, oder? Naja. Der Präsident des Bauverbandes, Peter Hübner, ist ein bisschen skeptisch, schon in Bezug auf die einzelne Baustelle zwischen Frankfurt und Mannheim. „In fünf Monaten 600 Millionen Euro Auftragsvolumen umzusetzen ist kaum bis gar nicht machbar" [.] Und wie ist es mit anderen großen Investitionsprojekten in Deutschland, zum Beispiel den neuen Stromtrassen? „Da wird mir ganz bange", sagt Hübner. „Wie Sie wissen, muss ein Großteil der Kabel unter der Erde verlegt werden. Dazu braucht man sogenannte Spülbohrer. Aber die sind so gefragt, dass man mindestens zwei Jahre Lieferzeit kalkulieren muss." So ist es inzwischen in Deutschland: Am Geld fehlt es oft nicht. [...] Selbst in der großen Inflationszeit der vergangenen Jahre haben die Deutschen nicht im großen Stil ihre Ersparnisse aus der Pandemiezeit aufgelöst. Die Sparquote ist einfach auf das Vor-Krisen-Niveau zurückgegangen [.]

Warum man für das Geld so wenig kaufen kann? Weil es an allem Möglichen mangelt. Vor allem fehlen in vielen Branchen auch jetzt noch Arbeitskräfte, denn es kommen wenige junge Leute nach, und alle zusammen wollen immer weniger arbeiten. [...] Und wenn dann jemand arbeiten kann, fehlt es oft an Geräten oder an Vorprodukten. Die Lieferketten aus anderen Ländern sind brüchig geworden, Zölle und Transportschwierigkeiten machen alles komplizierter. Ökonomen sagen zu alldem: Die Nachfrage ist gerade nicht das große Problem, die Schwierigkeiten liegen beim Angebot – also braucht man jetzt eine angebotsorientierte Wirtschaftspolitik. Und da gelten andere

Regeln als diejenigen, an die sich viele Leute in den vergangenen Jahren gewöhnt haben. Jahrzehntelang sorgten sich die Deutschen darum, dass sie arbeiten wollten, aber nicht konnten. Jetzt ist die Lage eher umgekehrt. Allein das stürzt viele wirtschaftliche Weisheiten um, die sich ins allgemeine Gedächtnis eingebrannt haben. Zum Beispiel: Wer Deutschlands Wirtschaft etwas Gutes tun will, der muss etwas einkaufen oder etwas in Auftrag geben. Dieser Satz stimmt so nicht mehr. Handwerker ducken sich vor neuen Aufträgen weg, weil sie sowieso schon ausgelastet sind.

Und wenn ein Onlinehändler zusätzlich Leute einstellt, dann fehlen sie der Wirtschaft für andere Aufgaben. Zum Beispiel könnten sie sich sonst als Erzieher ausbilden lassen und in einem Beruf arbeiten, in dem die Nachfrage viel größer ist als das Angebot – und in dem die Löhne deshalb schon recht schnell gestiegen sind. [...]

Als in der Finanzkrise 2008 die Wirtschaft zusammenbrach, lagen die Ursachen viel stärker auf der Nachfrageseite. Damals war eine Immobilienblase geplatzt, weil kaum jemand Häuser in Amerika kaufen wollte. Plötzlich fehlte an vielen Stellen eingeplantes Geld, es fehlte die Nachfrage nach Arbeit, und die Arbeitslosigkeit schoss in die Höhe. [...] Viele Produkte waren dank der Globalisierung in einem solchen Überfluss vorhanden, dass die Preise fielen, was auch zu den niedrigen Inflationsraten dieser Zeit beitrug. [Im Jahr 2024] sind die Probleme andere. „Wir brauchen eine Wirtschaftspolitik, die auf die Stärkung des gesamtwirtschaftlichen Angebots setzt“, sagt Clemens Fuest, der Chef des Ifo-Instituts. [...] Es sollte deshalb darum gehen, „die Arbeitskräfte, die wir haben, möglichst dort einzusetzen, wo sie den höchsten Mehrwert schaffen können“. Das bedeute: „Mehr Markt zu wagen ist gerade in der jetzigen Situation am Arbeitsmarkt richtig und wird auch den Arbeitnehmern nützen.“ [...]

Noch in den Jahren 2008 und 2009 galt das Kurzarbeitergeld als wichtige Sozialleistung, die dabei half, in der Rezession Arbeitsplätze zu sichern. Zu Zeiten von Corona drehte sich der Blick plötzlich: Da stand nicht mehr die Sorge um Jobs im Vordergrund. [...] Plötzlich galt die Auszahlung als Subvention für Firmen, die sich sowieso nicht trauen würden, ihre Mitarbeiter zu entlassen, weil sie nach der Krise keine neuen mehr finden. [...] Nicht bloß Unternehmen werden durch diese Knappheit gebremst. Dem Staat geht es nicht besser. Schuldenbremse hin oder her: Seit Jahren schafft es die Bundesregierung nicht mal, das eingeplante Geld vollständig auszugeben. [...] „Die Herausforderungen liegen primär auf der Angebotsseite“, sagt der Ifo-Präsident Fuest. „Daraus folgt, dass klassische Konjunkturprogramme mit Fokus auf die gesamtwirtschaftliche Nachfrage die Probleme nicht lösen.“ Und was passiert, wenn man trotzdem große schuldenfinanzierte Ausgabenprogramme auflegt, das zeigten zuletzt die Vereinigten Staaten. Sie steckten während der Corona-Krise Milliarden Dollar aus Krediten in Konjunkturprogramme – mit dem Ergebnis, dass die Inflation früher anzog als in Deutschland und auf ein höheres Niveau stieg, obwohl die USA praktisch kein russisches Gas verwenden und deshalb keine vergleichbaren Probleme mit den Energiepreisen hatten. Es gab genug Geld, aber niemanden, der die Arbeit machen konnte. Also wurde alles teurer.

Anders als früher ist dieser Fokus auf die Angebotsseite nicht mal mehr ein Streitthema im politischen Spektrum. Der Begriff Angebotspolitik wird zwar heute noch stark mit der Wirtschaftspolitik Margaret Thatchers und Ronald Reagans in den 1980er-Jahren verbunden. Die konservativen Politiker setzten auf niedrige Steuern und Deregulierung, um das Angebot an Waren und Dienstleistungen zu steigern – und setzten sich damit von einer nachfrageorientierten linken Politik ab. Heute sprechen sich aber auch Vordenker der politischen Linken für mehr Angebotsorientierung aus.

In den USA hat sich dafür der Begriff „supply-side progressivism“ etabliert. Dahinter steckt die Einsicht, dass für den Wohlstand gerade ärmerer Bevölkerungsschichten das wirtschaftliche Angebot essenziell ist: Für bezahlbaren Wohnraum sind mehr Wohnungen nötig, für eine gute Gesundheitsversorgung mehr Ärzte, für eine niedrige Stromrechnung der schnellere Ausbau klimafreundlicher Energiequellen. [...]

Im stärker regulierten deutschen Markt steigen die Preise zwar nicht ganz so schnell. Stattdessen gehen einfach viele leer aus, weil es nicht genug Wohnungen und nicht genug Kitaplätze gibt. [...] Wie kann [also] so eine neue Angebotspolitik aussehen? [...]

Bernau, Patrick / Wulfers, Alexander: Die neue Mangelwirtschaft. In: www.faz.net, 26.03.2024,

M2 Streitgespräch

Oliver, 43 Jahre, Teamleiter im Vertrieb
„Das stimmt so nicht. Denn wir leben nicht in einer Mangelwirtschaft, wo Angebotspolitik funktionieren würde. Bestenfalls in Teilbereichen trifft dies zu, wie etwa dem Wohnungsbau. Wir leiden volkswirtschaftlich an einer zu geringen Nachfrage. In den letzten Jahren haben wir Billionen an Euro Wertschöpfung exportiert und Importe vernachlässigt. Zieht jetzt die Nachfrage im Inland wieder an, gibt es hierfür keine ausreichenden Kapazitäten mehr. Hätten wir vorher mehr auf eine stetige Nachfrage gesetzt, gäbe es das Problem nicht."

Leyla, 35 Jahre, Bereichsleiterin Unternehmensstrategie
„Wir haben in unserem geschäftlichen Umfeld gerade drei Insolvenzen von größeren Betrieben. Diese Firmen sind nicht gescheitert, weil ihnen für die vielen Aufträge fehlten, sondern weil das Gegenteil eingetreten ist. Fast alle Kunden, aus unterschiedlichsten Branchen, klagen über deutliche Auftragsrückgänge. Der Artikel mag in bestimmten Bereichen zutreffen, für alle gilt das definitiv nicht."

Aufgaben

72003-212

1. Nach Auffassungen der Autoren von **M1** sind die Probleme im Jahr 2024 andere als in der Finanzkrise 2008. Erläutern Sie diese Darstellung.
2. Wie kann eine neue Angebotspolitik aussehen? Entwickeln Sie zu den in **M1** dargestellten volkswirtschaftlichen Problemen ein Wirtschaftsprogramm aus der Perspektive einer angebotsorientierten Wirtschaftspolitik für Deutschland.
3. Die Meinungen in **M2** widersprechen in Teilen den Positionen in **M1**. Gestalten Sie einen eigenen Kommentar unter Berücksichtigung einer nachfrageorientierten Wirtschaftspolitik.
4. *„Die Sicht der Regierung auf die Wirtschaft lässt sich in wenigen kurzen Sätzen zusammenfassen: Wenn sie sich bewegt, besteuere sie. Wenn sie in Bewegung bleibt, reguliere sie. Und wenn sie aufhört zu laufen, subventioniere sie."* (US-Präsident Ronald Reagan, 1911–2004)
   a) Beurteilen Sie diese Aussage aus unterschiedlichen wirtschaftspolitischen Sichtweisen.
   b) Gestalten Sie einen Brief an Ronald Reagan, in dem Sie Ihre persönliche Meinung zu „Staat vs. Wirtschaft" mitteilen.

2.3 Was ist der Arbeitsmarkt?

2.3.1 Arbeitsmarkt und Arbeitslosigkeit

Leitfragen

- Was versteht man unter dem Arbeitsmarkt?
- Wie hat sich der deutsche Arbeitsmarkt in den letzten Jahrzehnten entwickelt?
- Wodurch zeichnet sich der Arbeitsmarkt im europäischen Vergleich aus?
- Welche Formen der Arbeitslosigkeit können unterschieden werden?

M1 Was versteht man unter dem „Arbeitsmarkt?"

Der Arbeitsmarkt gehört zu den Faktormärkten, da der Produktionsfaktor Arbeit angeboten wird. Das Angebot an Arbeitskraft wird von privaten Haushalten bereitgestellt, während Unternehmen und der Staat die Nachfrage bestimmen.

Im Gegensatz zu anderen Märkten zeichnen den Arbeitsmarkt bestimmte Besonderheiten aus, die nicht allein auf das Gesetz von Angebot und Nachfrage zurückgeführt werden können. So stellt die Erwerbsarbeit die Hauptquelle zur Sicherung des Lebensunterhalts der Einzelperson oder einer Familie dar, womit sich die erhebliche Rolle des Arbeitsmarktes erklärt. Die Art der Erwerbsarbeit, also der ausgeübte Beruf und die berufliche Stellung, spielt ferner eine zentrale Rolle für die gesellschaftliche Position sowie die Zufriedenheit und Selbstentfaltung jeder Einzelperson.

Der Preis der Arbeit, also die Höhe der Löhne, bildet sich nicht allein nach Angebot und Nachfrage, sondern wird für viele Beschäftigte über Tarifverträge, die von Gewerkschaften und Arbeitgeberverbänden ausgehandelt werden, bestimmt (› Kap. 2.3.3).

Löhne passen sich langsamer an wirtschaftliche Veränderungen an als in anderen Märkten, da Löhne oft starr nach unten (gesetzlicher Mindestlohn) und Lohnkürzungen schwer durchsetzbar sind.

Zahlreiche gesetzliche Vorgaben (Arbeitsschutz, Jugendschutz, Krankheitsfall, Arbeitszeiten, etc.) bilden das abgesteckte rechtliche Feld, die den Arbeitsmarkt ausgestalten. Diese staatliche Regulierung sollen die Arbeitsbedingungen verbessern und die Rechte der Arbeitnehmenden stärken. Zugleich führen diese Eingriffe dazu, dass der Arbeitsmarkt weniger flexibel ist als andere Märkte. Diese Besonderheiten des Arbeitsmarktes können sich aufgrund der staatlichen Regulierung zwischen Ländern erheblich unterscheiden. Neben staatlicher Regulierung beeinflussen technologische Entwicklungen, demografische Veränderungen und Bildungsstrukturen das Verhältnis von Arbeitsangebot und -nachfrage. Dadurch entstehen branchenspezifische und regionale Unterschiede in Beschäftigungsmöglichkeiten, Qualifikationsanforderungen und Lohnstrukturen, die den Arbeitsmarkt dauerhaft prägen.

> **Nicht-monetäre Anreize** spielen auf dem Arbeitsmarkt im Gegensatz zu anderen Märkten eine wichtige Rolle. Arbeitsumfeld, Work-Life-Balance, Arbeitsplatzsicherheit und Aufstiegschancen sind mitentscheidend für die Wahl des Arbeitsplatzes.

M2 Wie hat sich der deutsche Arbeitsmarkt in den letzten Jahrzehnten entwickelt?

Von 1991 bis 2004 war der deutsche Arbeitsmarkt von Arbeitslosigkeit in Ostdeutschland und Stagnation in Westdeutschland geprägt. Viele ehemalige DDR-Betriebe waren nicht überlebensfähig (› Kap. 2.1). Aus Ostdeutschland wanderten viele Menschen ab, insbesondere junge Frauen. Dort fiel die Erwerbsbeteiligung um zehn Prozent bis 2009 und die Beschäftigungsquote um 20%. In Westdeutschland stagnierte die Beschäftigung, mit der Zuwanderung aus den neuen Bundesländern fiel die Erwerbstätigenquote auch hier. Die hohe Arbeitslosigkeit war bis zu der frühen Jahrtausendwende das größte wirtschafts- und sozialpolitische Problem Deutschlands. Erst ab 2004 gab es eine Trendumkehr und die Arbeitslosenquote fiel deutlich.

Abhängig Beschäftigte in Deutschland nach unterschiedlichen Beschäftigungsformen (Stand: 2025)

73000-837

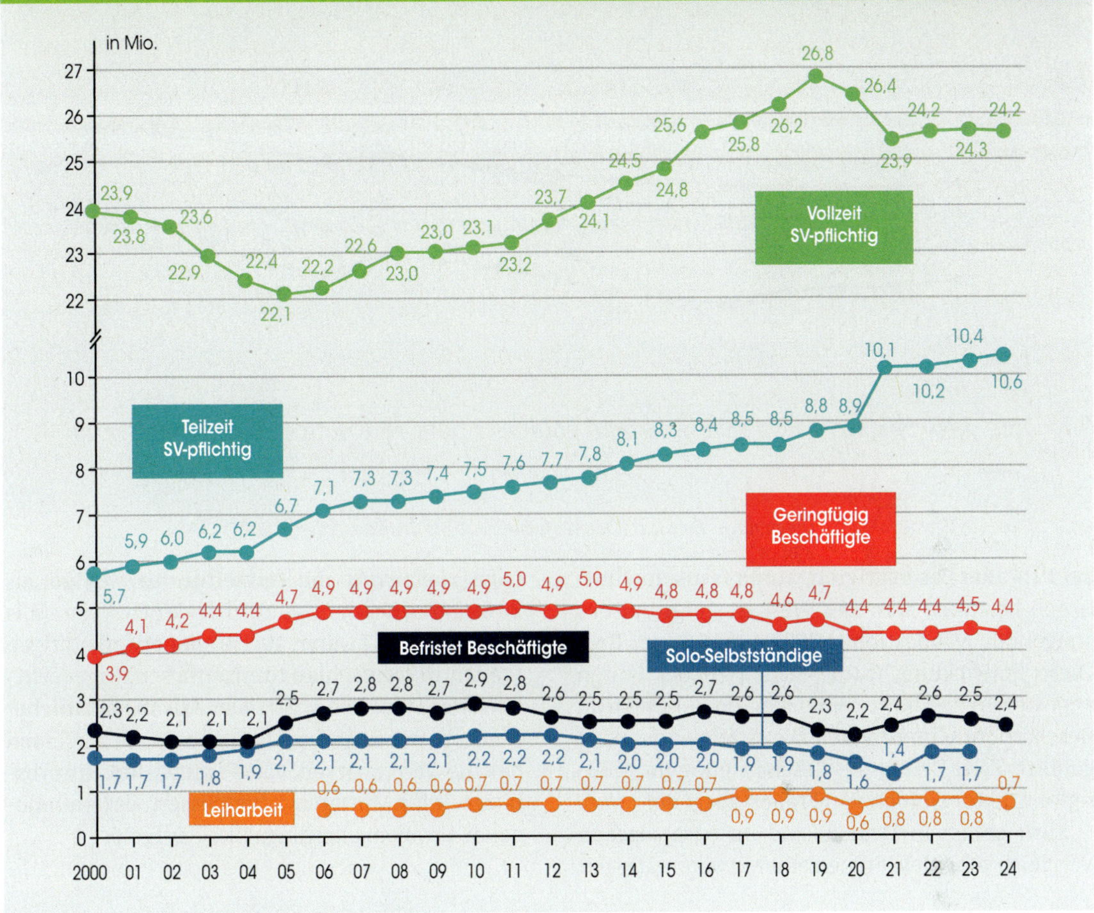

© C.C. Buchner Verlag, aktuelle Daten nach: DESTATIS, Bundesagentur für Arbeit (Datenerhebung: 2024; Grafikerstellung: 2025)

M3 Wie schlägt sich der deutsche Arbeitsmarkt in Europa?

Im europäischen Vergleich mit anderen großen Volkswirtschaften (Frankreich, Spanien, Italien) fällt der günstigere Verlauf bei der **Erwerbs- und Arbeitslosenquote** in Deutschland auf. Deutschlands Arbeitslosenquote liegt seit längerem unter der EU-Durchschnitt und deutlich niedriger als in vergleichbar großen Volkswirtschaften. Gleichzeitig wuchs in Deutschland der Anteil der erwerbsfähigen Personen zwischen 20 bis 65 Jahren, die einer Beschäftigung nachgehen, deutlich an.

Der Anstieg der **Erwerbstätigenquote** ist auf zwei Faktoren zurückzuführen. Zum einen ist eine deutliche Zunahme des Beschäftigungsumfangs bei Frauen zu attestieren. 2022 betrug die entsprechende Quote 76,8 % und war damit der siebthöchste Wert in der EU. 2007 lag der Wert noch bei 66,7 %.

Zum anderen führte die **Arbeitnehmerfreizügigkeit für die EU-Mitgliedsstaaten** zu einer massiven Zuwanderung an Arbeitskräften aus osteuropäischen Ländern seit 2011. Die gute wirtschaftliche Entwicklung Deutschlands machte den deutschen Arbeitsmarkt für diese Menschen besonders attraktiv. Dieser Trend wurde seit 2015 durch die Zuwanderung von Menschen aus Krisengebieten verstärkt.

Deutschland zeichnet sich im europäischen Kontext durch einen großen Anteil an **niedrig entlohnter** Arbeit aus (Bruttostundenverdienst geringer als 60 % des Median). 2022 lag der Anteil

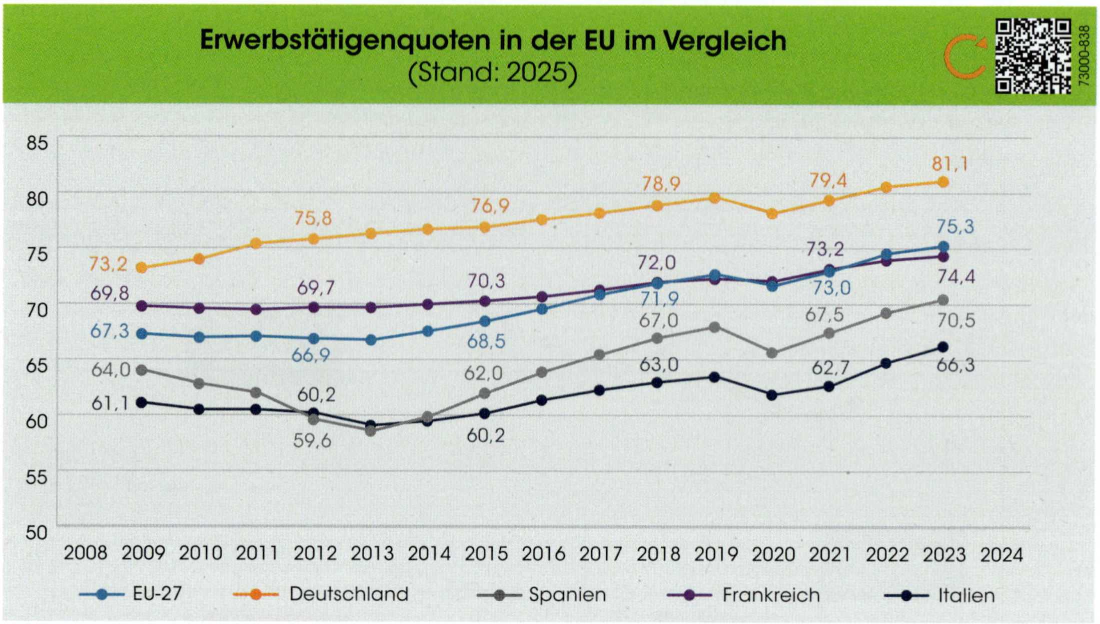

© C.C. Buchner Verlag, aktuelle Daten nach: Eurostat (Datenerhebung: 2024; Grafikerstellung: 2025)

bei 19 % aller Beschäftigten, womit fast jeder fünfte Job betroffen war. Der Wert ist aufgrund des steigenden Mindestlohns 2023 auf 15 % gefallen. Diese Entwicklung wurde in den 2000er Jahren angestoßen und hat zu einer starken Zunahme an Beschäftigung im privaten Dienstleistungssektor geführt. Zwei Drittel der Beschäftigung im Niedriglohnsektor werden von Frauen ausgeübt.

Zwar gehen in Deutschland im europäischen Vergleich sehr viele Frauen einer Erwerbstätigkeit nach, zugleich ist die **Teilzeitquote** (weniger als 20 Stunden Beschäftigung in der Woche) ebenfalls sehr hoch. 2022 waren 49,2 % aller erwerbstätigen Frauen in Deutschland teilzeitbeschäftigt (dritthöchster Wert in der EU). Der Ausbau staatlicher Kinderbetreuungseinrichtungen in Deutschland hat die Vereinbarkeit von Familie und Erwerbstätigkeit für Mütter zwar verbessert, das grundlegende Problem allerdings nicht aufgelöst.

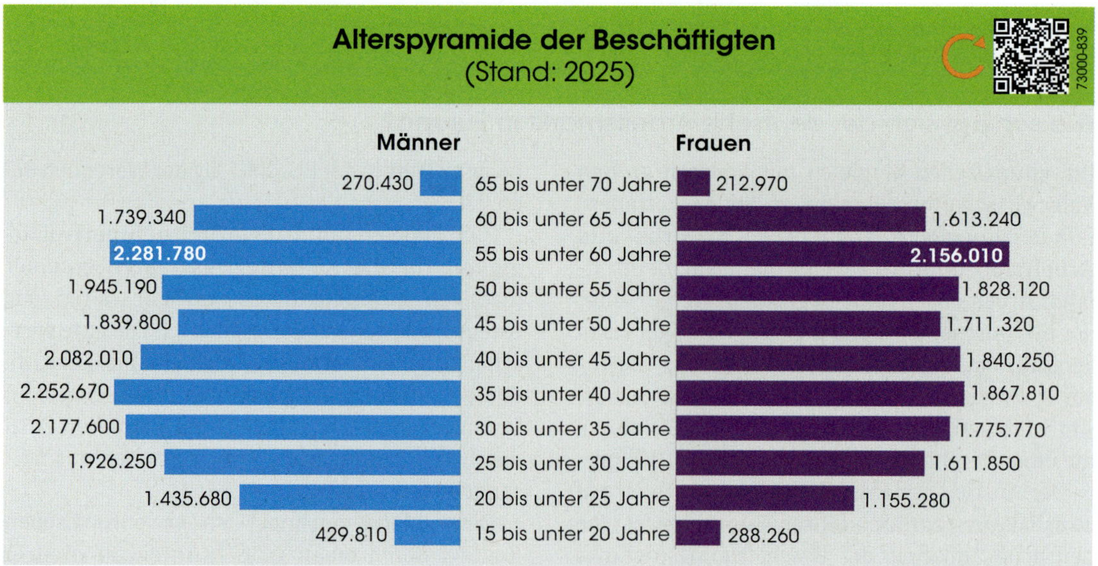

© C.C. Buchner Verlag, aktuelle Daten nach: Bundesagentur für Arbeit (Datenerhebung: 2024; Grafikerstellung: 2025)

Die alternde Gesellschaft bei gleichzeitig hoher Erwerbstätigenquote hat auf dem deutschen Arbeitsmarkt in den letzten Jahren zu einem zunehmenden **Mangel an Fachkräften** geführt. Bestimmte Berufe im technischen, sozialen und Gesundheitsbereich sind besonders stark betroffen. Die Arbeitsagentur spricht in diesem Fall von Engpassberufen. Angesichts der demografischen Entwicklung ist in naher Zukunft mit einer Verschärfung des Problems zu rechnen. Bis 2030 wird die Zahl der erwerbsfähigen Bevölkerung zwischen 20 und 65 Jahren um 3,9 Millionen Personen sinken.

Das Zusammenspiel verschiedener Entwicklungen führt zu einer **zunehmenden Zweiteilung** auf dem Arbeitsmarkt. Während die Nachfrage von Unternehmen und öffentlichen Arbeitgebern nach qualifizierten Fachkräften weiterhin hoch ist und aufgrund des demographischen Wandels in naher Zukunft sich weiterhin erwartbar verschärfen wird, verfestigt sich auf der anderen Seite ein Sockel an Langzeitarbeitslosigkeit. Letztere betrifft vor allem Arbeitslose, denen geeignete Qualifikationen fehlen, um die offenen Stellen zu besetzen. So waren im Jahr 2023 ca. 1,3 Millionen arbeitslose Menschen auf der Suche nach einer Tätigkeit im Helfersegment. Bei Helfertätigkeiten handelt es sich in der Regel um einfache, wenig komplexe Tätigkeiten, für die keine formalen Qualifikationsvoraussetzungen, also keine abgeschlossene Ausbildung, bestehen. Aber nur 157.000 der insgesamt 761.000 offenen Stellen richteten sich an Helferinnen und Helfer. Der Rest der offenen Stellen verlangte mittlere oder hohe Qualifikationen an ihre jeweiligen Beschäftigten.

Auf dem deutschen Arbeitsmarkt dominieren also Tätigkeiten mit mittleren und hohen Qualifikationsanforderungen.

M4 Welche Formen der Arbeitslosigkeit können unterschieden werden?

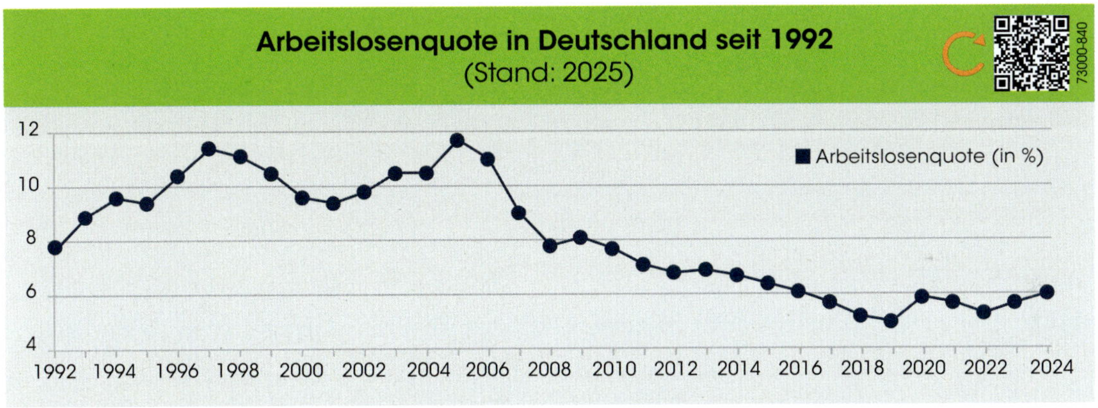

© C.C. Buchner Verlag, aktuelle Daten nach: DESTATIS (Datenerhebung: 2024; Grafikerstellung: 2025)

Arbeitslosigkeit hat individuell wie auch gesamtwirtschaftlich erhebliche Folgen. Die Bekämpfung der Arbeitslosigkeit gilt daher als zentrales Ziel der Arbeitsmarktpolitik.

Berechnet wird die Arbeitslosigkeit, indem die bei der Arbeitsagentur registrierten Arbeitslosen zu allen Erwerbstätigen in Relation gesetzt werden. Die dadurch berechnete Arbeitslosenquote ist ein wichtiger Indikator für die Beschäftigungs- und Arbeitsmarktlage in Deutschland. Sie ermöglicht Rückschlüsse auf die konjunkturelle Situation und die Nachfrage nach Arbeitskräften.

Von der Arbeitslosenquote zu unterscheiden ist die **„Stille Reserve"**. Dieser Gruppe werden Personen zugeordnet, die ohne Arbeit sind und auch nicht kurzfristig für den Arbeitsmarkt zur Verfügung stehen bzw. Arbeit nicht aktiv suchen, sich aber trotzdem Arbeit wünschen. Sie gelten deshalb nicht als arbeitslos. Es handelt sich um Personen, die bspw. aufgrund von Betreuungspflichten kurzfristig keine Arbeit aufnehmen können oder Menschen, die glauben, keine passende Tätigkeit finden zu können und daher aktiv keine Arbeit suchen. Im Jahr 2023 umfasste die „Stille Reserve" nach Schätzungen des Statistischen Bundesamts 3 Millionen Personen.

Individuell führt Arbeitslosigkeit zu finanziellen Einbußen, Entwertung der Qualifikation, sinkenden Lebensstandard und sozialer Degradierung. Aber auch **gesamtwirtschaftlich** entstehen durch die Transferzahlungen an Arbeitssuchende und den Mindereinnahmen von Steuern und Sozialabgaben durch die Arbeitslosigkeit Kosten für den Staat.

Bei der Arbeitslosigkeit werden vier Arten unterschieden, die eng mit den Ursachen von Arbeitslosigkeit zusammenhängen.

Saisonale Arbeitslosigkeit ergibt sich aus den Schwankungen auf dem Arbeitsmarkt aufgrund der Klimabedingungen im Jahresverlauf. Damit sind bspw. die Erwerbslosigkeit in der Landwirtschaft im Winter oder die Nachfrageschwankungen in der Tourismusbranche in der Nebensaison gemeint.

Die **friktionelle Arbeitslosigkeit** erstreckt sich in der Regel nur über einen kurzen Zeitraum und resultiert aus dem Wechsel von der alten in die neue Tätigkeit. Es handelt sich also um eine notwendige Arbeitslosigkeit, die durch den Arbeitsplatzwechsel bedingt ist.

Die **konjunkturelle Arbeitslosigkeit** dagegen hängt eng mit den Konjunkturschwankungen in einer Branche bzw. in der Gesamtvolkswirtschaft zusammen. In Zeiten des Abschwungs entlassen

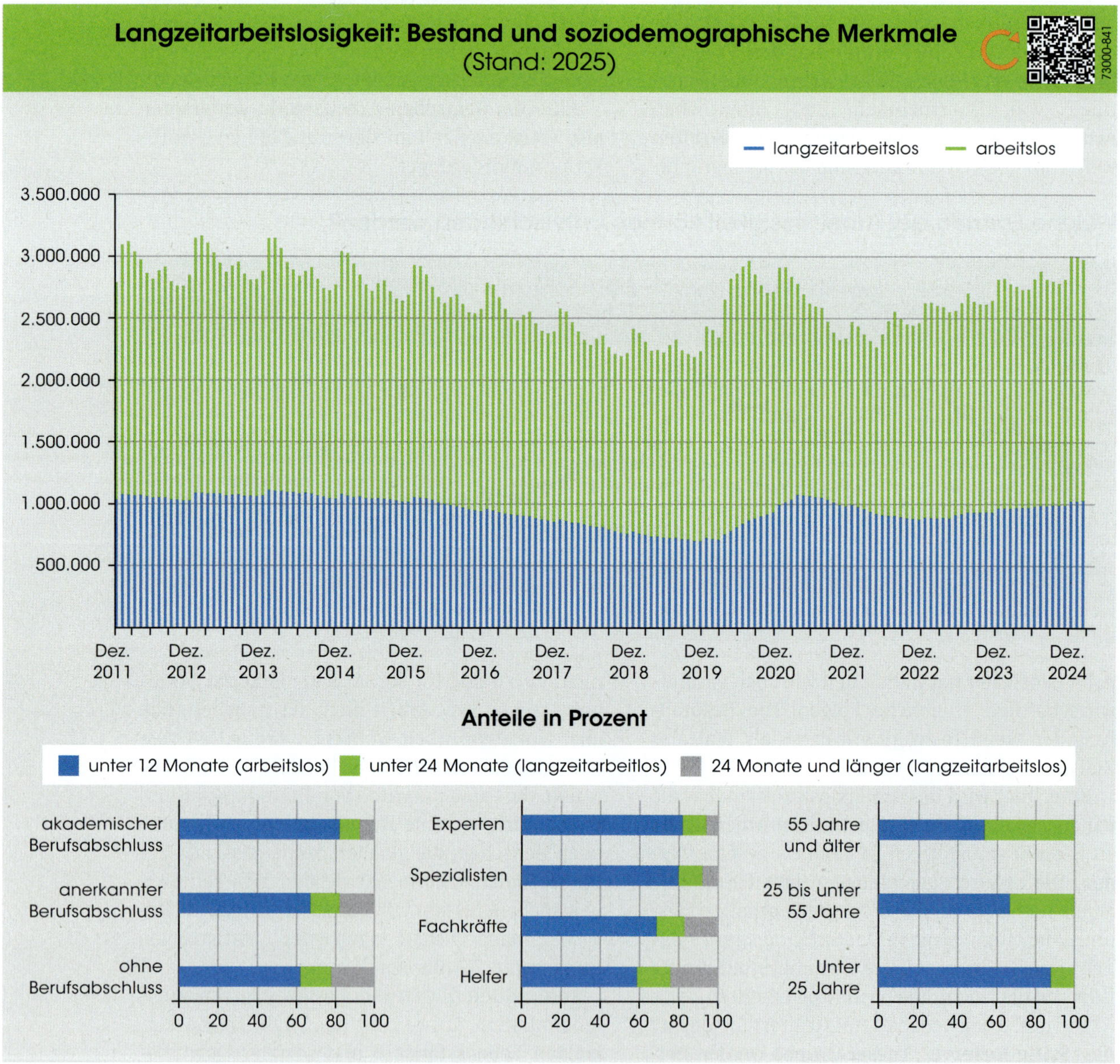

© C.C. Buchner Verlag, aktuelle Daten nach: Bundesagentur für Arbeit (Datenerhebung: 2025, Grafikerstellung: 2025)

Unternehmen Arbeitskräfte, die sie im Normalfall im Aufschwung wiedereinstellen. Wie lange die konjunkturelle Arbeitslosigkeit anhält, hängt von der konjunkturellen Entwicklung ab und kann einige Monate, aber auch länger dauern. Sollte eine Volkswirtschaft auf niedrigem Niveau stagnieren oder nur langsam wachsen, kann im ungünstigsten Fall aus konjunktureller Arbeitslosigkeit eine **Langzeitarbeitslosigkeit** (länger als 12 Monate) resultieren.

Arbeitsmarktpolitisch steht in Deutschland das **Kurzarbeitergeld** als Instrument zur Verfügung, um konjunkturelle Arbeitslosigkeit zu bekämpfen bzw. abzumildern. Im Falle des vorübergehenden Produktionsrückgangs können Unternehmen diese Leistung für ihre Arbeitskräfte bei der Bundesagentur für Arbeit beantragen. Die Bundesagentur zahlt für einen bestimmten Zeitraum das Kurzarbeitergeld aus und verhindert auf diese Weise, dass die Arbeitnehmer von den Unternehmen entlassen werden müssen. Das Kurzarbeitergeld bremste insbesondere in der Pandemiephase 2020 und 2021 die Entlassung vieler Arbeitnehmer. In der Spitze bezogen in diesen beiden Jahren bis zu 2,9 Millionen Arbeitskräfte vorübergehend Kurzarbeitergeld in Deutschland.

Unter **struktureller Arbeitslosigkeit** werden unterschiedliche Ursachen für die Erwerbslosigkeit zusammengefasst. Beispielsweise fällt darunter die Arbeitslosigkeit, die aufgrund der Folgen des technologischen Fortschritts auf den Arbeitsmarkt entsteht. So werden immer mehr Arbeitskräfte durch Maschinen ersetzt. Zudem findet eine immer stärker werdende Digitalisierung der Arbeitsprozesse statt. Daraus ergeben sich Einsparungspotentiale für Unternehmen beim Personal.

Einstiegshilfe in die Arbeit durch Lohnkostenzuschüsse
Nach Paragraf 16i des **Teilhabechancengesetzes** erhalten Unternehmen Lohnkostenzuschüsse, wenn sie Menschen einstellen, die mindestens sechs Jahre Hartz IV bzw. Bürgergeld erhalten haben. Der Zuschuss beträgt in den ersten beiden Jahren 100 Prozent. Im dritten Jahr erhalten Sie 90 Prozent, im vierten 80 Prozent. Im fünften Jahr wird die Stelle noch mit 70 Prozent der Lohnkosten bezuschusst.

Unter diesem Begriff können aber auch regionale Ursachen für Arbeitslosigkeit verstanden werden. In wirtschaftsschwachen Regionen existieren weniger Unternehmen und damit weniger Arbeitsplätze. In diesen Regionen gibt es eine höhere und hartnäckigere Arbeitslosigkeit. So herrschten in den süddeutschen Bundesländern in den letzten Jahren eine Vollbeschäftigung mit der Tendenz zu einer allgemeinen Arbeits- und Fachkräfteknappheit. Zugleich existierte in den Stadtstaaten sowie einigen ostdeutschen Regionen weiterhin eine signifikante Arbeitslosigkeit und damit schlechte Arbeitsmarktchancen.

Ebenfalls fällt unter strukturelle Arbeitslosigkeit das Phänomen des Qualifikationsmismatch (siehe oben zur Zweiteilung des Arbeitsmarkts). In diesem Fall erfüllen die Arbeitssuchenden nicht die gewünschten Qualifikationen der Unternehmen.

Alle Ursachen der strukturellen Arbeitslosigkeit haben gemeinsam, dass von einer langfristigen Erwerbslosigkeit auszugehen ist.

Aufgaben

72003-213

1. Beschreiben Sie die Besonderheiten des Arbeitsmarktes (**M1**).
2. Stellen Sie die Entwicklungen des deutschen Arbeitsmarktes dar (**M2**, **M3**).
3. a) Erläutern Sie die Formen der Arbeitslosigkeit (**M4**).
   b) Analysieren Sie die Grafik in **M4** zur Arbeitslosigkeit im Allgemeinen und zur Langzeitarbeitslosigkeit im Besonderen.
4. Das 2019 in Kraft getretene Teilhabechancengesetz soll die Langzeitarbeitslosigkeit reduzieren. Eine Maßnahme besteht darin, dass der Staat Unternehmen Lohnkostenzuschüsse gewährt, wenn sie Menschen einstellen, die länger arbeitslos waren. Bewerten Sie diese Maßnahme nach den Kriterien Gerechtigkeit, Effektivität und Effizienz.

Die Arbeitsmärkte in Deutschland und Frankreich

M1 Erwerbstätigkeit und Erwerbstätigkeit von Frauen in Deutschland und Frankreich

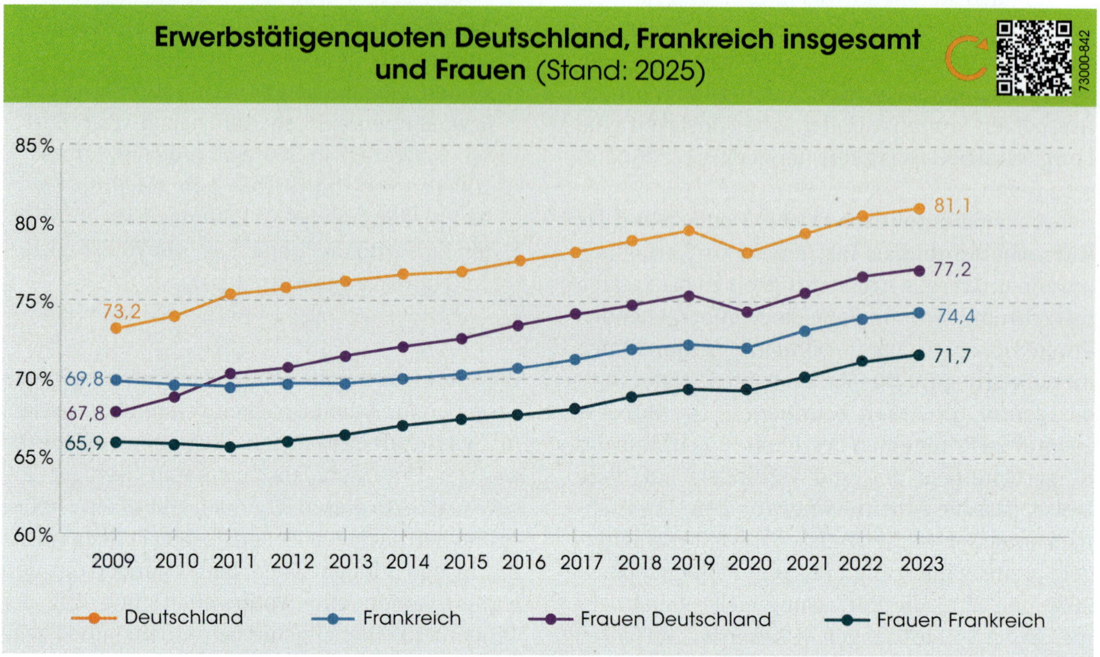

© C.C. Buchner Verlag, aktuelle Daten nach: Eurostat (Datenerhebung: 2024; Grafikerstellung: 2025)

M2 Wie viele Menschen in Deutschland und Frankreich arbeiten in Teilzeit?

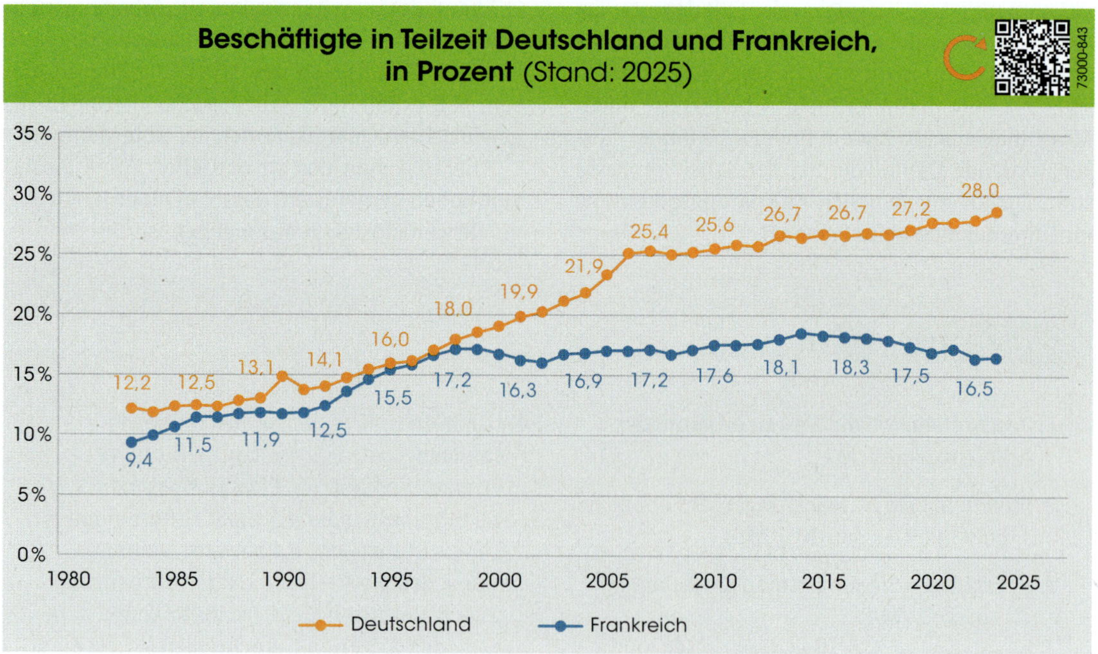

© C.C. Buchner Verlag, aktuelle Daten nach: Eurostat (Datenerhebung: 2024; Grafikerstellung: 2025)

M3 Wie entwickelte sich die Arbeitslosigkeit in Deutschland und Frankreich?

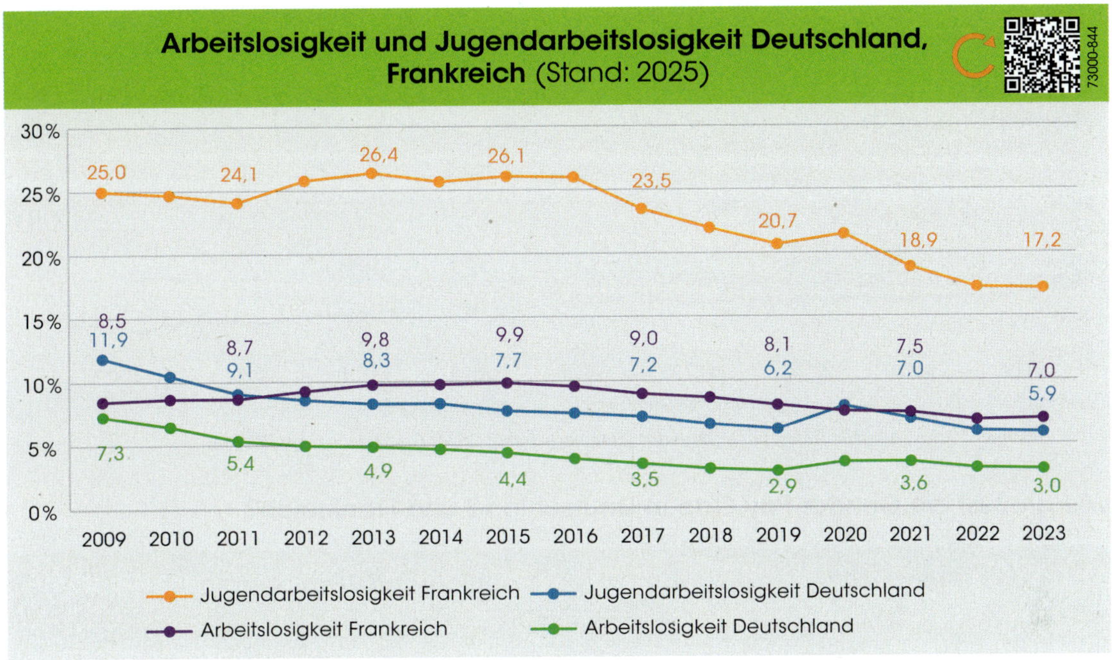

© C.C. Buchner Verlag, aktuelle Daten nach: Eurostat (Datenerhebung: 2024; Grafikerstellung: 2025)

M4 Wie verteilt sich die Teilzeitbeschäftigung in Deutschland und Frankreich?

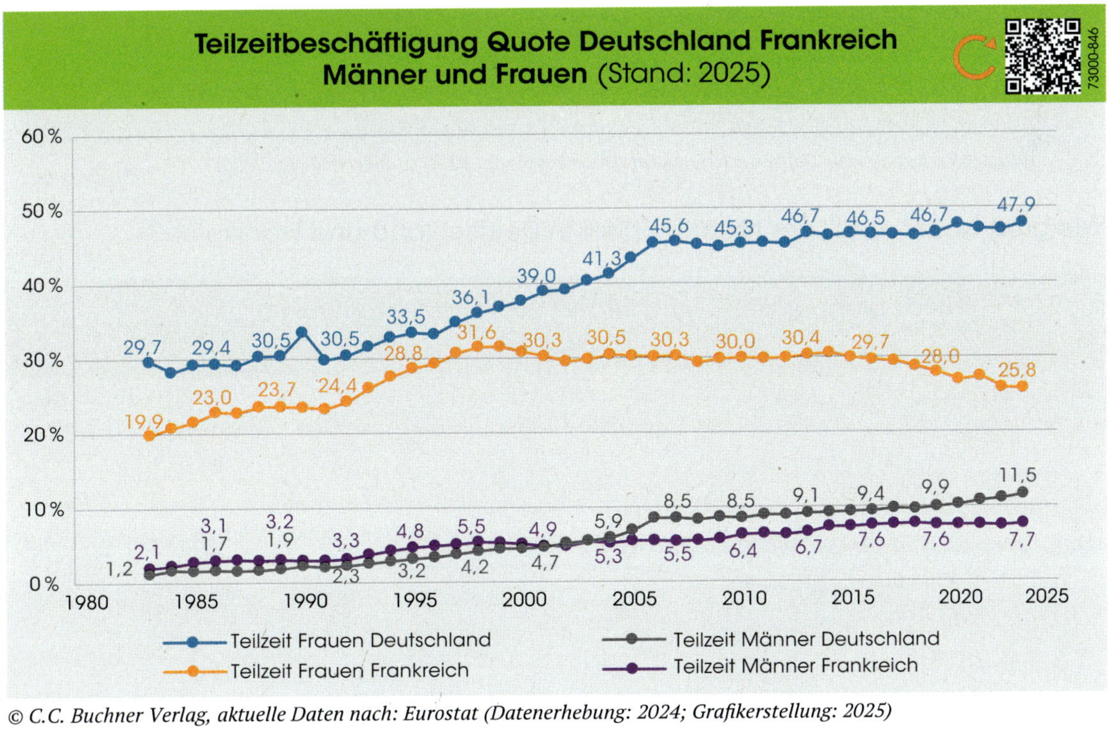

© C.C. Buchner Verlag, aktuelle Daten nach: Eurostat (Datenerhebung: 2024; Grafikerstellung: 2025)

M5 Wie häufig arbeiten Frauen mit Kindern in Teilzeit?

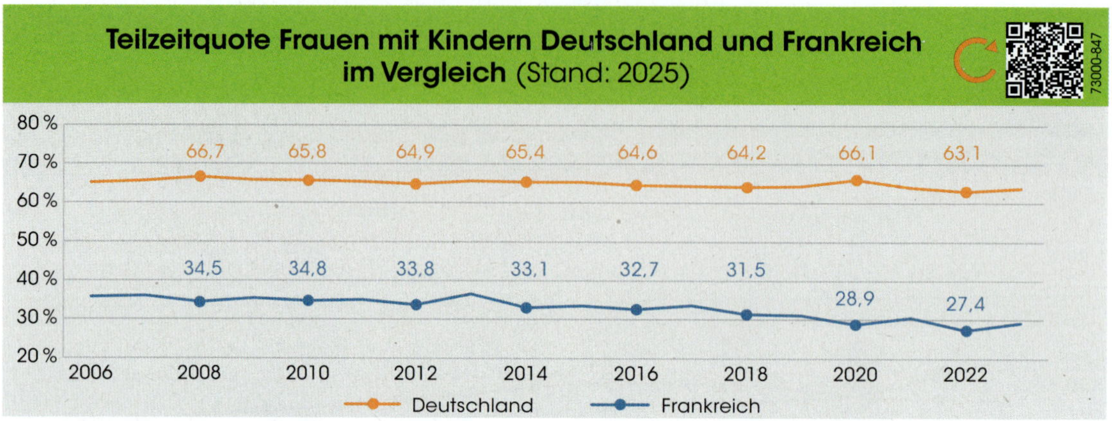

© C.C. Buchner Verlag, aktuelle Daten nach: Eurostat (Datenerhebung: 2024; Grafikerstellung: 2025)

M6 Wie groß ist die Gender Pay Gap in Deutschland und Frankreich?

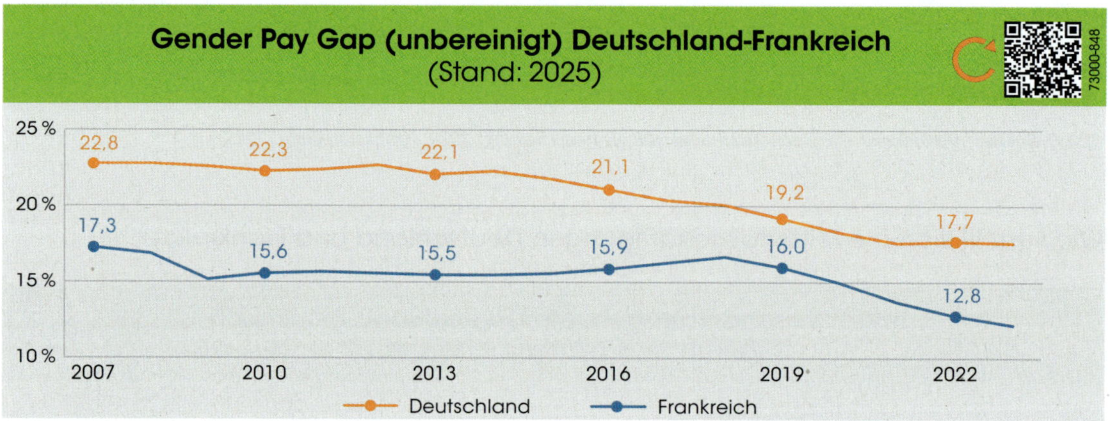

© C.C. Buchner Verlag, aktuelle Daten nach: Eurostat (Datenerhebung: 2024; Grafikerstellung: 2025)

M7 Wie groß ist der Anteil der Niedriglöhner in Deutschland und Frankreich?

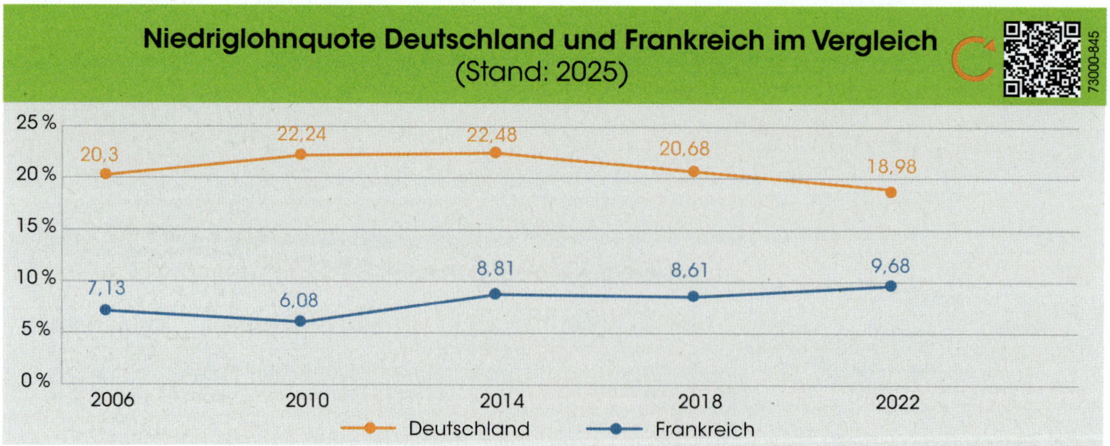

© C.C. Buchner Verlag, aktuelle Daten nach: Eurostat (Datenerhebung: 2024; Grafikerstellung: 2025)

M8 Soziale Absicherung: Anspruch und Leistungen

Soziale Absicherung: Deutschland und Frankreich im Vergleich		
	Deutschland	**Frankreich**
Arbeitslosen-versicherung	**Wer hat Anspruch?** Personen, die in den 30 Monaten vor Arbeitslosmeldung mindestens 12 Monate versicherungspflichtig beschäftigt waren.	**Wer hat Anspruch?** Personen, die in den 24 Monaten (bis 2020 waren es 28 Monate) vor Arbeitslosmeldung mindestens 6 Monate (vor 2020 waren es noch 4 Monate) versicherungspflichtig beschäftigt waren.
	Höhe des Arbeitslosengelds? 60 % des durchschnittlichen Nettolohns der vergangenen 12 Monate (67 % bei ein oder mehreren Kindern); Beitragsbemessungsgrenze 8505 € (Stand 2025). Die Beitragsbemessungsgrenze gibt bei Arbeitnehmerinnen und Arbeitnehmern die maximale Höhe an, bis zu dem der Beitrag in die Arbeitslosenversicherung berechnet wird.	**Höhe des Arbeitslosengelds?** Mindestens 40 % des durchschnittlichen **Bruttotageslohns** der vergangenen 12 Monate plus 12 € pro Tag. Der Satz kann bis auf 75 % des Bruttotageslohns steigen (Beitragsbemessungsgrenze 13712 €).
	Bezugsdauer? Für unter 50-Jährige maximal 12 Monate (Voraussetzung: mindestens 24 Monate versicherungspflichtig); Für über 50-Jährige steigt die Bezugsdauer in Stufen bis maximal 48 Monate.	**Bezugsdauer?** Staffelung anhand versicherungspflichtiger Beschäftigung. Prinzipiell: Die Bezugsdauer richtet sich nach der Dauer der Beitragszahlungen. Maximale Bezugsdauer für unter 50-Jährige 24 Monate. Für über 55-Jährige maximal 36 Monate.
Arbeitslosen-hilfe	Seit 2005 gestrichen. *Die frühere Arbeitslosenhilfe wurde mit der Sozialhilfe (also der Grundsicherung) zusammengelegt. Hintergrund war die politische Neuausrichtung, die Leistungen an die bisherigen Bezieher der Arbeitslosenhilfe zu verringern und damit den Anreiz auf eine Neuanstellung zu erhöhen.*	**Wer hat Anspruch?** Arbeitssuchende, die ihr Recht auf Arbeitslosengeld ausgeschöpft haben und zusätzlich in den letzten 10 Jahren mindestens 5 Jahre beitragspflichtig beschäftigt waren. **Höhe der Hilfe?** Minimum 503, maximal 1183€ monatlich (1860€ bei Paaren). Kombinierbar mit Wohngeld und weiteren Familienleistungen. Anhand der Bedürftigkeit wird Betrag ermittelt.

Grundsicherung	**Wer hat Anspruch?** Alle hilfsbedürftigen Personen. Unterschieden wird zwischen erwerbsfähigen Personen (Arbeitslosengeld 2, „Bürgergeld“) und nichterwerbsfähigen Personen (Sozialhilfe).	**Wer hat Anspruch?** Alle Bedürftigen, die keinen Anspruch auf Arbeitslosenversicherungsleistungen oder Arbeitslosenhilfe haben, weil sie bspw. nie gearbeitet haben oder nicht arbeiten können.
	Höhe der Grundsicherung? 563 € für Alleinstehende, 1012 € für Paare. Für jedes Kind mind. 357 € zusätzlich. Kosten der Unterkunft, Heizung und Mehrbedarfe werden ebenfalls übernommen. (Regelsätze, Stand 2025)	**Höhe der Grundsicherung?** 564 € für Alleinstehende, 725 € für Alleinerziehende, 814 € für Paare. Für jedes Kind mind. 225 € zusätzlich. Kombinierbar mit Wohngeld und weiteren Familienleistungen.
	Bezugsdauer? Keine Begrenzung, es handelt sich um ein Mindesteinkommen.	**Bezugsdauer?** Keine Begrenzung, es handelt sich um ein Mindesteinkommen.
Rentensystem	**Anzahl der Beitragsjahre für eine volle Rente?** 45 Jahre **Ab welchem Alter ist die Verrentung zu vollen Bezügen möglich?** 67 Jahre	**Anzahl der Beitragsjahre für eine volle Rente?** 41,5 Jahre **Ab welchem Alter ist die Verrentung zu vollen Bezügen möglich?** 62 Jahre bzw. für Geburtsjahrgänge ab 1968 64 Jahre

Bearbeiter, Daten nach: IZA-Studie Nr. 100: Vergleichende Analyse nationaler Arbeitslosenversicherungen, 2020 (Zugriff: 18.02.2022); eigene Zusammenstellung

Aufgaben

72003-214

1. Charakterisieren Sie die Arbeitsmärkte Deutschlands und Frankreichs anhand der Statistiken **M1–M3, M7**.
2. Vergleichen Sie die Situation von Frauen und Müttern auf beiden Arbeitsmärkten (**M4–M6**).
3. a) Arbeiten Sie aus **M8** Gemeinsamkeiten und Unterschiede zwischen der sozialen Absicherung in Frankreich und Deutschland heraus.
   b) Erläutern Sie, in welchen Bereichen die französischen bzw. die deutschen Regelungen „strenger“ oder „großzügiger“ sind.
4. Auf europäischer Ebene wird immer wieder die Einführung einer europäischen Arbeitslosenversicherung diskutiert, in der Anspruchsbedingungen, Bezugsdauer und Höhe der Leistungen der Arbeitslosenversicherung für alle europäischen Beschäftigten vereinheitlicht werden würden. Im Rahmen einer solchen Versicherung würden die Beschäftigten aller europäischen Staaten einen Teil ihres Lohns als Beitrag in die europäische Arbeitslosenversicherung einzahlen. Im Falle der Arbeitslosigkeit würden sie aus dieser Versicherung die Zahlungen erhalten. Erörtern Sie Vor- und Nachteile solch einer Versicherung.

2.3.2 Strukturwandel: Wie verändern sich Wirtschaftszweige und warum?

Leitfragen

- Was ist Strukturwandel und was verursacht ihn?
- Welche Folgen hat Strukturwandel?
- Wie kann man auf Strukturwandel reagieren?

M1 Was sind die Ursachen des Strukturwandels?

Deutschland und alle anderen Industrieländer sind einem ständigen Wandel ihrer Wirtschaftsstruktur unterworfen, dem **Strukturwandel**. In Marktwirtschaften stehen Unternehmen im Wettbewerb und müssen daher innovative Produkte und Technologien einführen, um zu bestehen. Politische Entscheidungen können diesen Wandel gestalten, aber nicht vollständig aufhalten. Strukturwandel wirkt sich auch auf den Arbeitsmarkt aus.

Als Ursachen für den Strukturwandel gelten **technologische Innovationen.** Beispielsweise führte die Erfindung des PCs zu enormen Veränderungen in vielen Berufsfeldern und Arbeitsprozessen. Manche Berufe verschwanden völlig, gleichzeitig entstand mit der Softwarebranche ein neuer Wirtschaftszweig und mit Softwareentwicklerin und -entwickler neue Berufsfelder.

Ähnlichen Veränderungsdruck wird der Durchsetzung der **Digitalisierung** im industriellen Bereich sowie dem Einsatz der **Künstlichen Intelligenz** zugetraut. Der Digitalisierungstrend wird mit Begriffen wie „Industrie 4.0" oder „Wirtschaft 4.0" bezeichnet. Merkmal der Digitalisierung ist die Vernetzung von Produktion, Absatz und Teilprozessen. Im industriellen Bereich wird diese Vernetzung durch den Einsatz von Sensoren in allen relevanten Maschinen und Bauteilen erreicht, die dann mithilfe entsprechender Software in Echtzeit Daten liefern können. Fehler in der Produktion können damit sofort behoben, Wartungsintervalle für Maschinenteile vorausschauender geplant werden.

Der demografische **Wandel** kann ebenfalls die Veränderungen in der Wirtschaftsstruktur bedingen. Die Alterung der Bevölkerung führt zu einer Verringerung der arbeitsfähigen Bevölkerung für die Wirtschaft, erzeugt aber zugleich eine verstärkte Nachfrage nach Gesundheits- und Pflegedienstleitungen. Diese parallele Entwicklung lässt sich besonders gut am Beispiel der Pflegeberufe beobachten.

Die lange Zeit stetig zunehmende **Globalisierung** (› Kap. 2.4) und damit verbundene Verflechtung heimischer Unternehmen mit internationalen Märkten führt zu einer verstärkten Konkurrenz. Diese Konkurrenz erzeugt wiederum einen Wandlungsdruck für die Unternehmen und damit für die Wirtschaftsstrukturen. Dies kann traditionelle Industrien und Branchen schwächen, aber auch neue Chancen schaffen. Beispielsweise sehen sich die deutschen Automobilhersteller im Bereich der Elektromobilität mittlerweile mit chinesischen und amerikanischen Herstellern konfrontiert. Um auf dem deutschen und den internationalen Absatzmärkten in diesem Bereich wettbewerbsfähig zu sein, sind sie zur Veränderung ihrer Produktionsprozesse, Modellpaletten und Absatzwege gezwungen.

Politische Entscheidungen sind ebenfalls als Ursachen des Strukturwandels zu sehen, wenn diese langanhaltenden Auswirkungen auf bestimmte Wirtschaftszweige haben. Die Notwendigkeit des Umbaus der Energieversorgung von fossilen Brennstoffen auf andere, klimafreundlichere Energieträger löst in vielen Ländern einen massiven Anpassungsdruck in der Industrieproduktion, im Verkehr und in privaten Haushalten aus. Der damit einhergehende Ausbau der Solar-, Wind- und Wasserstoffindustrie führt wiederum in diesen Wirtschaftsbranchen zu einem starken Wachstum. Neue, nachhaltigere Technologien entstehen, ganze auf fossilen Brennstoffen basierende Industriezweige (Kohleabbau, Kohlekraftwerke, klassische Autoproduktion mit Verbrennermotoren) geraten unter Veränderungsdruck.

M2 Welche Dimensionen des Strukturwandels existieren?

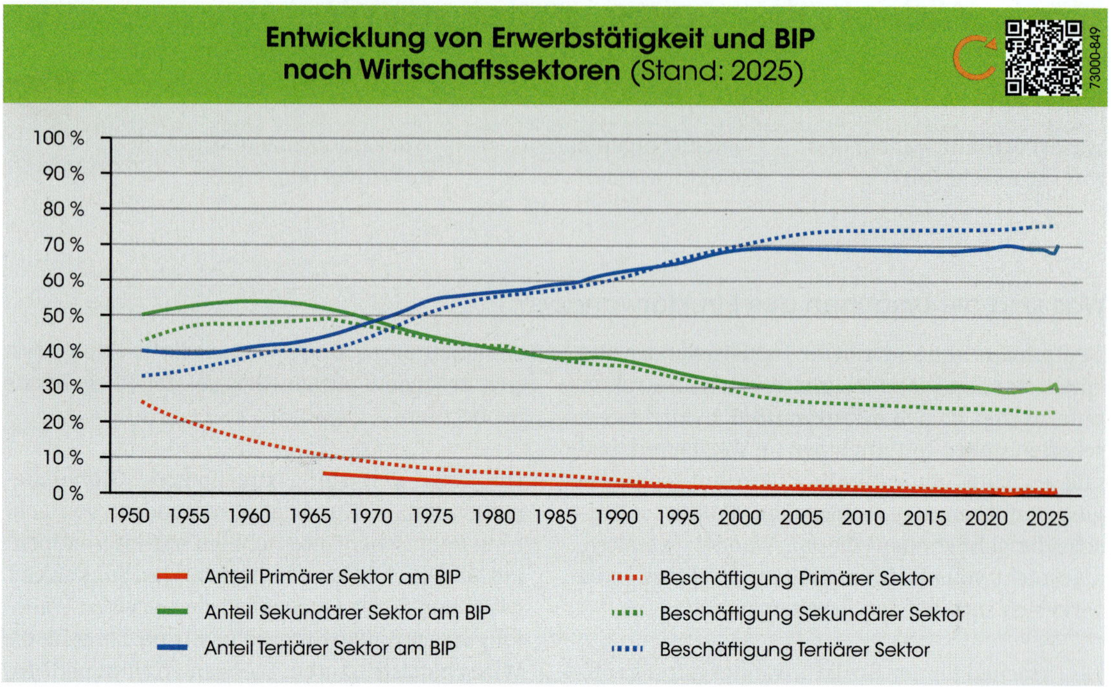

© C.C. Buchner Verlag, aktuelle Daten nach: DESTATIS (Datenerhebung: 2024; Grafikerstellung: 2025)

Der wirtschaftliche Strukturwandel in der BRD ist im Zeitablauf anhand der Beschäftigungszahlen in den Wirtschaftssektoren nachvollziehbar. Die Veränderungen der Beschäftigung in den Wirtschaftssektoren werden als **intersektoraler Strukturwandel bezeichnet.** Im primären Sektor (Land- und Forstwirtschaft) waren Anfang der 1950er-Jahre noch ein Fünftel aller Erwerbstätigen beschäftigt. Im Jahr 2023 betrug der Anteil nur noch 1,2 % aller Beschäftigten. Zeitgleich nahm im sekundären Sektor (Produzierendes Gewerbe) die Anzahl der Beschäftigung bis Mitte der 1960er-Jahre zunächst zu (1965: 49,2 %), um dann stetig abzunehmen. 2023 waren 23,5 % der Beschäftigten noch in diesem Bereich beschäftigt.

Im internationalen Vergleich stellt dies einen hohen Wert dar. Entsprechend entwickelten sich die Beschäftigungszahlen im tertiären Sektor (Dienstleistungen, übrige Wirtschaftsbereiche). In diesem Bereich arbeiten drei Viertel aller Beschäftigten in Deutschland im Jahr 2023. Die Entwicklung hin zu einer **Dienstleistungsgesellschaft**, in der die Beschäftigung in wissensintensiven Branchen zunimmt, ist in allen Industriegesellschaften ausgeprägt.

M3 Was versteht man unter intrasektoralem und regionalem Strukturwandel?

Auch innerhalb der Wirtschaftssektoren finden strukturelle Veränderungen statt. In diesem Fall spricht man von **intrasektoralem Strukturwandel**. Einzelne Branchen schrumpfen oder verschwinden, andere wachsen. Beispielsweise übernehmen in der Industrieproduktion zunehmend Industrieroboter bestimmte Arbeiten. Arbeitskräfte werden in diesen Bereichen weniger benötigt, während in der Verwaltung, Organisation und Beratung der Arbeitskräftebedarf zunimmt. Im Dienstleistungsbereich kommt es in bestimmten Bereichen zu einer zunehmenden Digitalisierung (Einsatz von Chatbots in Call-Centern), sodass sich die Anforderungen an Arbeitskräfte wandeln.

Die deutschen **Regionen** sind wirtschaftsstrukturell unterschiedlich geprägt. So sind z. B. die Schwerindustrie im Ruhrgebiet, die Landwirtschaft in Niedersachsen, das mitteldeutsche Chemiedreieck in Sachsen-Anhalt, der Maschi-

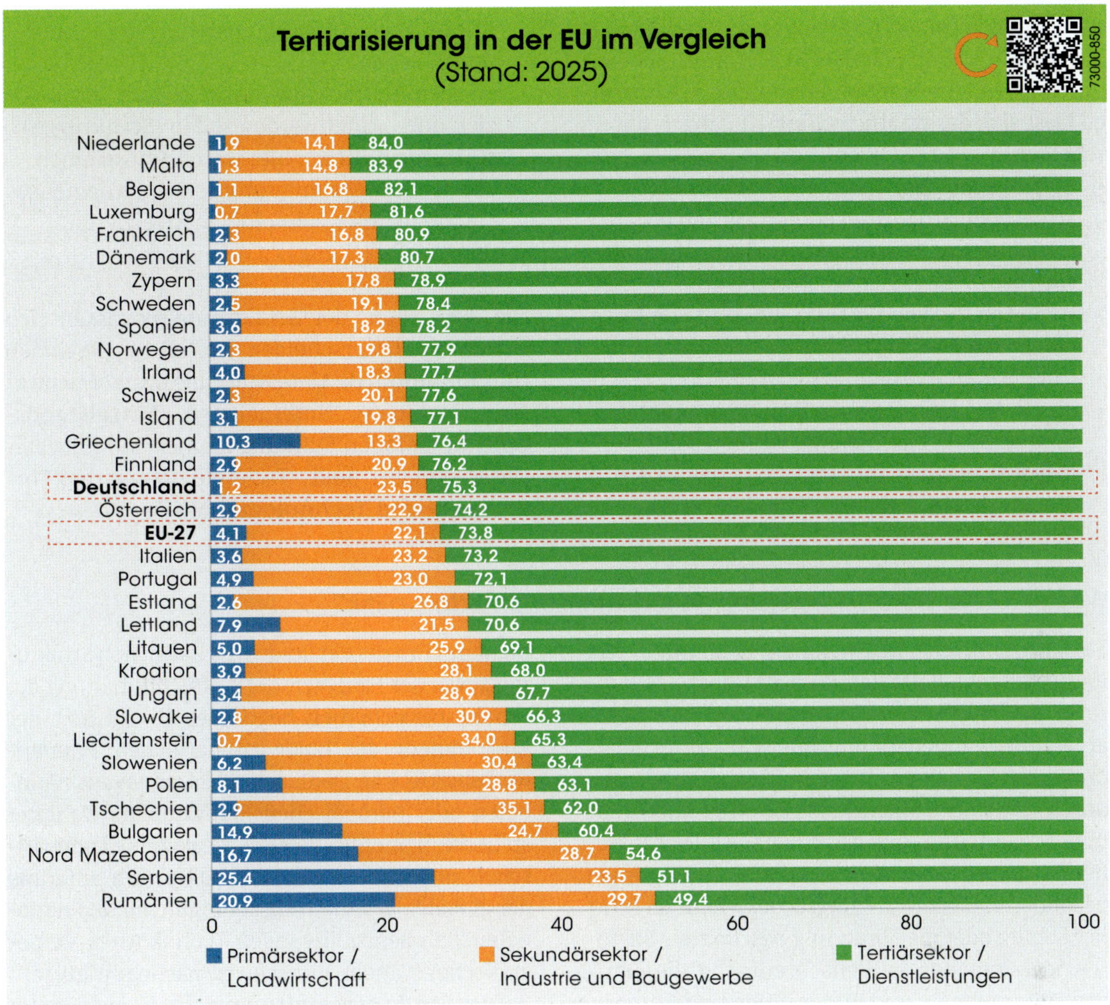

© C.C. Buchner Verlag, aktuelle Daten nach: Eurostat, eigene Berechnungen (Datenerhebung: 2024; Grafikerstellung: 2025)

nen- und Automobilbau in Baden-Württemberg und die Schifffahrt in Bremen und Hamburg von besonderer Bedeutung. Da verschiedene Sektoren unterschiedlich stark von Veränderungen betroffen sind, unterscheiden sich auch die regionalen Auswirkungen des Strukturwandels (**regionaler Strukturwandel**). Bestimmte Regionen profitieren von Veränderungen während andere durch Wandlungsprozesse benachteiligt werden. Diese Veränderungen ziehen erhebliche Konsequenzen für den Arbeitsmarkt nach sich. Beispielsweise ist die Konzentration der Produktion von Verbrenner-Motoren besonders stark in der Region um Wolfsburg, im nordwestlichen Bayern, dem südwestlichen Thüringen und nahezu im gesamten Baden-Württemberg. Im Kampf gegen den Klimawandel spielen CO_2-neutrale Antriebstechniken im Verkehrssektor eine zentrale Rolle. Die möglichen Konsequenzen der Umstellung der Antriebstechnik weg vom Verbrenner-Motor sind für diese Regionen demnach erheblich größer als für andere.

M 4 Wie kann politisch auf den Strukturwandel reagiert werden?

Die Handlungsmöglichkeiten von Seiten der Politik, auf den Strukturwandel zu reagieren bzw. diesen zu steuern, werden als **Strukturpolitik** bezeichnet. Strukturpolitik beschreibt staatliches Handeln im Rahmen der Wirtschaftspolitik. Die Maßnahmen und Stoßrichtungen staatlicher Strukturpolitik können sich sehr unterschiedlich gestalten. Abhängig davon, ob Folgen des Strukturwandels verhindert, verlangsamt, beschleunigt oder die Richtung verändert werden soll, kommen unterschiedliche Maßnahmen in Frage. Prinzipiell lässt sich der staatliche Eingriff danach unterscheiden,

- ob entgegen dem Trend des Wandels wirtschaftliche Strukturen oder Branchen erhalten werden sollen (**Strukturerhaltungspolitik**), bspw. durch das Erschweren von Importen für gewisse Güter in Form von Importzöllen oder durch direkte Zahlungen an Unternehmen (bspw. Kohlebergbau);
- ob die Anpassung an den Strukturwandel unterstützt bzw. beschleunigt werden soll (**Strukturanpassungspolitik**), bspw. durch Steuererleichtungen und Prämien für den Kauf eines E-Autos oder mithilfe von Investitionshilfen zur Modernisierung der Produktionsanlagen;
- ob zukunftsträchtige Branchen und Technologien unterstützt werden sollen (**Strukturgestaltungspolitik**); hier wären Maßnahmen wie die Subventionierung von Unternehmen, die in Zukunftstechnologien investieren (Batterieforschung) zu nennen.

Die Adressaten der Strukturpolitik lassen sich wiederum unterscheiden zwischen Regionen (**Regionalpolitik**: Unterstützung strukturschwacher Regionen), Unternehmen (**Mittelstandspolitik**: Gründer, Stärkung kleiner und mittlerer Unternehmen) und Technologieträgern (**Forschungs- und Technologiepolitik**).

M5 Was sind die Herausforderungen staatlicher Strukturpolitik?

Strukturpolitische Maßnahmen beinhalten fast immer finanzielle Hilfen (Subventionen, also direkte Zahlungen ohne Gegenleistung) oder Steuervergünstigungen für bestimmte Sektoren, Regionen oder Branchen. Diese Maßnahmen werden durch öffentliche Mittel bewerkstelligt und damit über Steuern und Abgaben finanziert. Damit stehen strukturpolitische Maßnahmen unter einem besonderen Rechtfertigungsdruck. Zudem führt der Schutz oder die Förderung bestimmter Sektoren oder Regionen zur Benachteiligung aller übrigen Unternehmen und Bürgerinnen und Bürger.

Im Falle der **Abfederung der Folgen des Strukturwandels** steht die Politik vor der Herausforderung des geeigneten Zeitpunkts des Ausstiegs aus den Subventionen. So wurde bspw. der Kohleabbau in Westdeutschland seit den 1980er Jahren massiv subventioniert, da die westdeutsche Steinkohle preislich nicht wettbewerbsfähig auf dem Weltmarkt war. Diese Subventionen flossen bis in das Jahr 2021 und betrugen geschätzt zwischen 200 und 300 Milliarden Euro. Eine Kürzung bzw. ein Ende der Subventionierung wurde immer wieder von politischer Seite diskutiert, aber aufgrund der Sorge vor massiven sozialen Folgen für die Bergarbeiter und Protesten von Betroffenen verworfen. Die Folge war eine Dauersubvention, die die öffentlichen Haushalte belastete.

Ähnlich geartete Kritik findet sich im Feld der **Strukturerhaltungspolitik**. So werden die massiven Subventionen von nationaler wie EU-Seite für landwirtschaftliche Betriebe mit dem Argument des Erhalts der landwirtschaftlichen Strukturen sowie der Fähigkeit der Aufrechterhaltung der Ernährungssicherheit begründet. Bis zu 50% des Einkommens der landwirtschaftlichen Haupterwerbsbetriebe in Deutschland kommen aus nationalen oder europäischen Fördertöpfen. Dahinter steht die ökonomische Analyse, das eine Landwirtschaft ohne finanzielle Hilfszahlungen aufgrund der globalen Wettbewerbsbedingungen und nationalen Rahmenbedingungen (Lohnkosten, demografischer Wandel) nur schwer machbar wäre.

Die **Strukturgestaltungspolitik** zielt unter anderem darauf ab, Zukunftsindustrien gezielt zu fördern. Kritiker bemängeln hier vor allem die staatliche Auswahl der Branchen und Technologien, die als Zukunftsindustrien gelten. So wurde und wird die massive Förderung in Milliardenhöhe der Fertigung von Mikrochips in Ostdeutschland mithilfe öffentlicher Mittel kritisiert. Staatliche Akteure könnten nicht voraussehen, welche Branche in Zukunft entscheidend für die Entwicklung bzw. Wettbewerbsfähigkeit der eigenen Volkswirtschaft sein werde. Zudem sei die Förderung einzelner Unternehmen mit diesen hohen Summen ungerechtfertigt. Staatliche Investitionen in die Entwicklung spezifischer Technologien oder Branchen seien vor diesem Hintergrund immer kritisch zu sehen.

Befürworter staatlicher Strukturpolitik halten dagegen, dass die Erhaltung bestehender Strukturen unter Umständen sinnvoll sei, da die Interessen derer, die in tendenziell schrumpfenden Sektoren beschäftigt oder in Kapital investiert hätten, ebenfalls berücksichtigt werden müssen. Eine Subventionierung im Sinne einer sozialen Abfederung könne vor diesem Hintergrund gerechtfertigt sein, wenn die Alternative eine massive Erhöhung der Arbeitslosigkeit in einer bereits als strukturschwach geltenden Region sei. Die durch die Arbeitslosigkeit entstehenden individuellen, gesellschaftlichen und volkswirtschaftlichen Kosten könnten höher sein als die für die Subvention nötigen Mittel.

Strukturpolitischen Maßnahmen lassen sich aber auch mit **übergeordneten politischen oder volkswirtschaftlichen Argumenten** begründen.

Die Bereitstellung großer finanzieller Mittel zur Ansiedlung einer Chip- oder Batterieindustrie ist vor dem Hintergrund der seit der Corona-Pandemie für alle Verantwortlichen offenbar gewordenen Lieferschwierigkeiten zu verstehen. Die Abhängigkeit der Volkswirtschaft Deutschlands von einigen wenigen Produzenten von Mikrochips und Batteriespeichern in Asien und vor allem China wird mittlerweile als kritisch wahrgenommen (› Kap. 2.4).

Darüber hinaus wird von Anhängerinnen auf die großen Herausforderungen wie etwa den notwendigen klimagerechten Umbau der Wirtschaft hingewiesen, der ohne einen aktiv strukturpolitisch agierenden Staat nicht möglich sei. So sei die Umstellung von fossilen Brennstoffen auf CO2-neutralen Wasserstoff für die Eisen- und Stahlhersteller in Deutschland ohne finanzielle Unterstützung des Staates nicht realisierbar, da die Umstellungskosten für die betroffenen Unternehmen derart hoch seien, dass die Preise ihrer Produkte ohne Subventionen viel zu hoch und damit nicht wettbewerbsfähig wären. Der Staat müsse in solchen Fällen strukturpolitisch in Vorleistung gehen und den Umbau begleiten. In diesem Falle dienen strukturpolitische Maßnahmen der Stärkung der Wettbewerbsfähigkeit von Unternehmen wie auch der Erreichung der selbstgesteckten Klimaziele.

Die Debatte über Für und Wider staatlicher Strukturpolitik lässt sich im Bereich der Produktion von **Mikrochips** exemplarisch darstellen. 2024 subventionierte das Bundeswirtschaftsministerium den Bau einer Produktionsstätte von Mikrochips in Dresden durch die Unternehmen TSMC, Bosch, Infineon und NXP mit vier Milliarden Euro bei Gesamtbaukosten von 11 Milliarden Euro. Befürworter dieser Subventionen betonen die unabhängige Sicherung der Versorgung der Volkswirtschaft mit als kritisch angesehenen Produkten. Sollte in naher Zukunft China Taiwan angreifen, wäre die Versorgung Deutschlands mit Mikrochips ansonsten von China abhängig. Die strukturpolitische Maßnahme diene in diesem Sinne nicht allein der Ansiedlung bzw. dem Ausbau einer zukunftsträchtigen Branche, sondern der Versorgungssicherheit der eigenen Volkswirtschaft mit als essenziell geltenden Gütern. Ferner ginge es um **Technologiesouveränität**, da Mikrochips für Megatrends wie die Digitalisierung oder den Umbau der Wirtschaft weg von fossilen Brennstoffen, hin zur intelligenten Steuerung nachhaltiger Energiequellen unabdingbar seien.

Gegner halten solche strukturpolitische Maßnahmen für fragwürdig, da die Subventionen selten die erhofften Effekte brächten. Die hohen Kosten würden Kürzungen in anderen Bereichen notwendig machen und zudem wäre die Politik gut beraten, es den Marktprozessen zu überlassen, wo am günstigsten Mikrochips gebaut werden könnten.

Aufgaben

72003-215

1. Gestalten Sie eine Mindmap zu den Ursachen des Strukturwandels (**M1**).
2. Analysieren Sie anhand **M2** und **M3** den Intersektoralen Strukturwandel in Deutschland.
3. Stellen Sie die Möglichkeiten der Strukturpolitik dar (**M4–M5**).
4. Die deutsche Regierung unterstützt den Bau neuer Chipfabriken in Deutschland mit Subventionen in Milliardenhöhe, um die Technologiesouveränität zu erhöhen. Beurteilen Sie diese strukturpolitische Maßnahme.

Strukturwandel im Bankensektor

M1 Wie hoch ist die Anzahl der Bankfilialen in Deutschland?

Anzahl der Zweigstellen deutscher Kreditinstitute 2010–2024 (Stand: 2025)

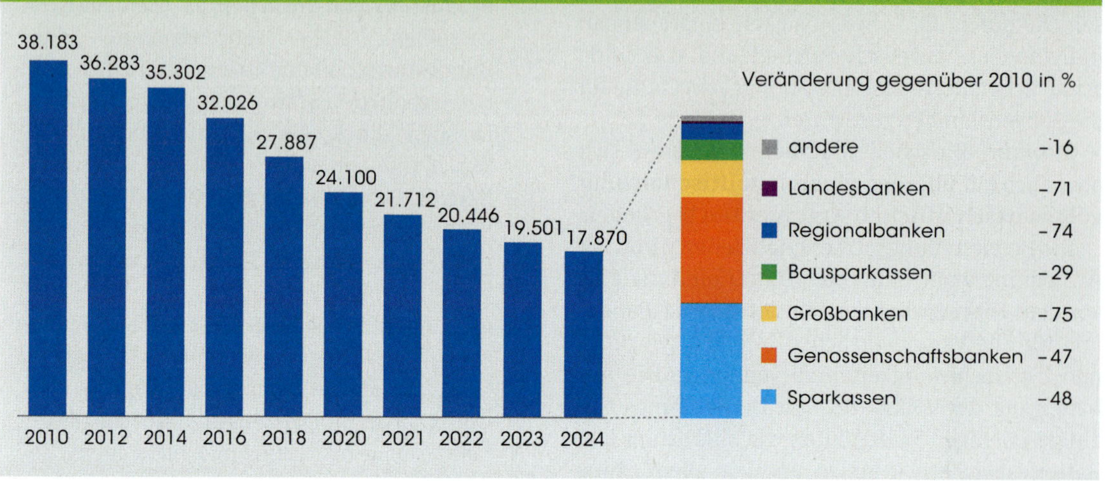

73000-851

© C.C.Buchner Verlag, aktuelle Daten nach: Bundesbank, eigene Berechnungen (Datenerhebung: 2024; Grafikerstellung: 2025)

M2 Wie sieht die Anzahl der Bankfilialen in der EU im Vergleich aus?

Bankfilialen pro 10.000 Einwohner in Europa (Stand: 2025)

73000-852

	1999	2010	2023
Belgien	6,8	3,7	1,5
Bulgarien	0,0	7,9	7,9
Dänemark	4,3	3,0	1,4
Deutschland	**7,1**	**4,7**	**2,3**
England	2,5	1,9	
Estland	2,1	1,5	0,5
EU	**4,3**	**4,9**	**2,9**
Eurozone	5,5	5,4	3,1
Finnland	3,0	2,8	1,4
Frankreich	4,3	6,0	4,9
Griechenland	2,7	3,6	1,4
Irland	2,6	2,6	1,8
Italien	4,8	5,6	3,4
Kroatien	0,0	0,0	2,1
Lettland	2,6	2,8	0,3
Litauen	0,0	3,0	1,3
Luxemburg	5,3	4,5	2,5
Malta	2,9	2,7	1,9
Niederlande	3,5	1,7	0,4
Österreich	5,7	5,0	3,5
Polen	0,0	3,6	2,6
Portugal	5,3	6,2	3,3
Rumänien	0,0	3,0	1,9
Schweden	2,3	2,1	1,2
Slowakei	0,0	2,3	1,7
Slowenien	3,6	3,4	1,9
Spanien	9,8	9,3	3,7
Tschechische Republik	1,9	1,9	1,3
Ungarn	1,1	3,5	1,5
Zypern	14,9	11,1	2,1

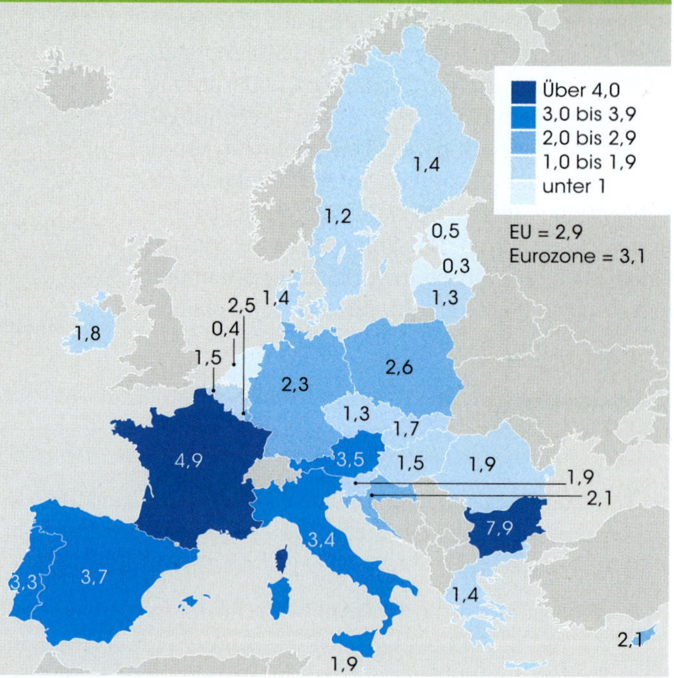

© C.C. Buchner Verlag, aktuelle Daten nach: EZB, Eurostat, eigene Berechnungen (Datenerhebung: 2024; Grafikerstellung: 2025)

M3 Wie sind die Menschen gegenüber Direktbanken eingestellt?

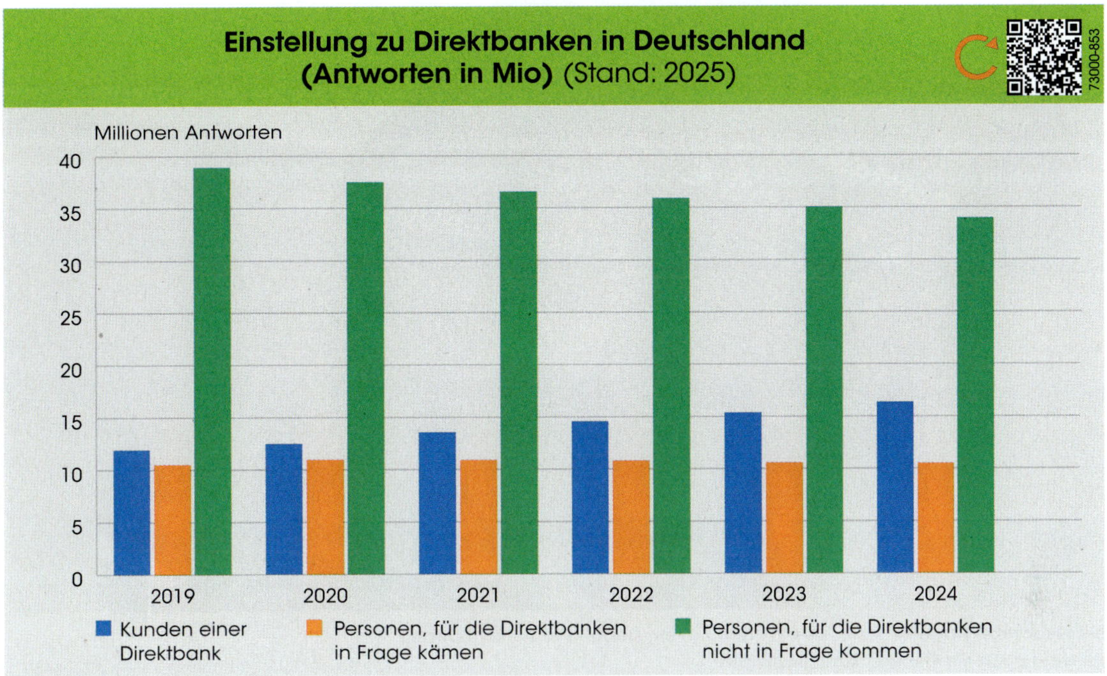

© C.C. Buchner Verlag, aktuelle Daten nach: Eurostat, eigene Berechnungen (Datenerhebung: 2024; Grafikerstellung: 2025)

M4 Wie wird Onlinebanking in Europa genutzt?

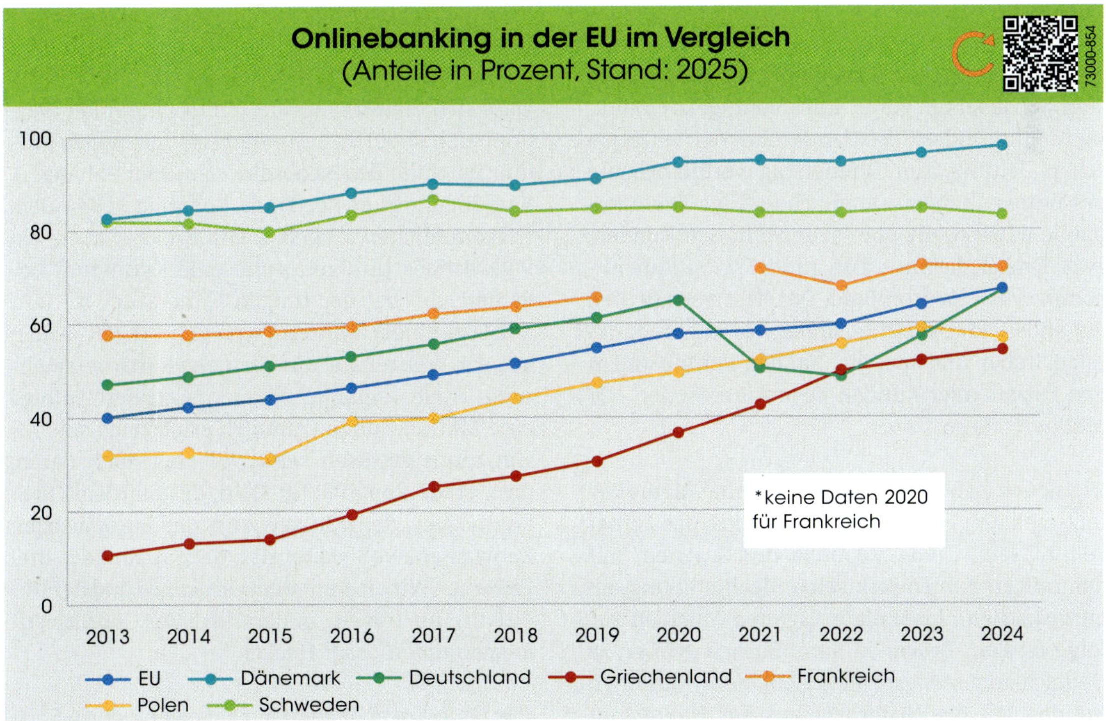

© C.C. Buchner Verlag, aktuelle Daten nach: Eurostat (Datenerhebung: 2024; Grafikerstellung: 2025)

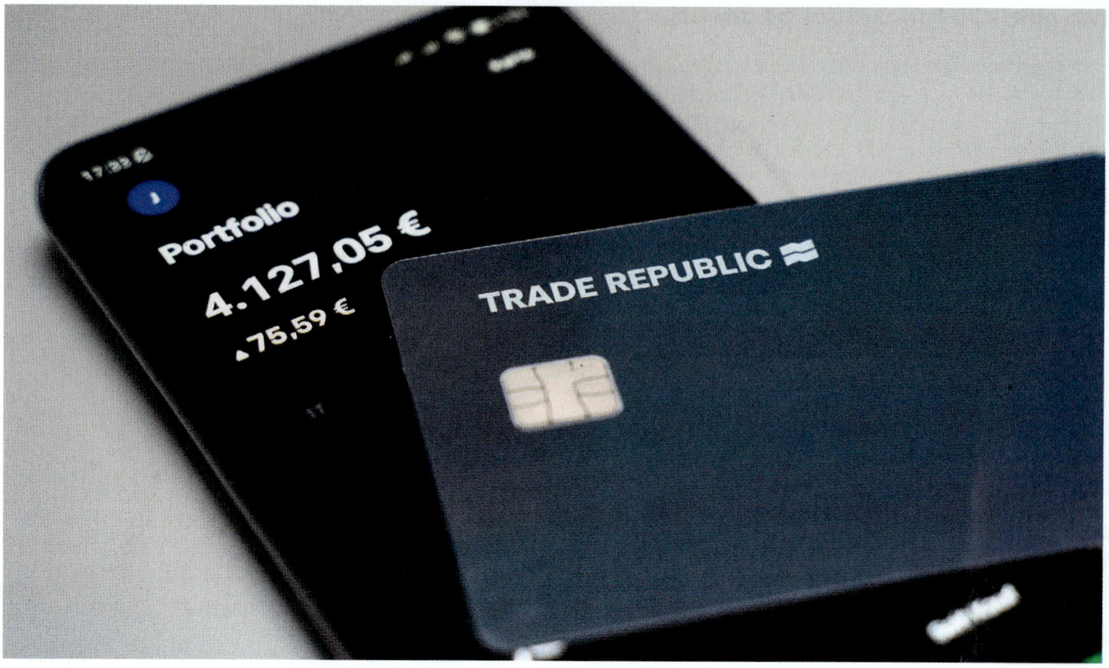

Der Neobroker Trade Republic bietet nicht nur ein Depot und Börsenhandel, sondern auch ein Girokonto mit Bankkarte.

M5 Der Albtraum der Sparkassen

Der Neobroker Trade Republic hat die Zahl seiner Kunden im vergangenen Jahr verdoppelt und das verwaltete Vermögen verdreifacht. „Wir wollen einen europäischen Champion aubauen, 2024 sind wir dabei ein gutes Stück vorangekommen", sagte Mitgründer Christian Hecker der Süddeutschen Zeitung. Am Donnerstag veröffentlichte das Fintech Zahlen. Demnach verfügt Trade Republic mittlerweile über acht Millionen Kunden, zwei Drittel davon – also rund 5,3 Millionen – kommen aus Deutschland. Der Rest verteilt sich auf andere europäische Länder, vor allem Frankreich, Italien und Spanien. Auf den Konten und in den Depots aller Kunden liegen inzwischen 100 Milliarden Euro.

Die neuen Zahlen sind nicht nur eine kleine Erfolgsmeldung eines Berliner Startups, das keiner kennt. Nein, Trade Republic demonstriert mit dem neuen Zahlenwerk seine Machtstellung am europäischen Finanzplatz. Eigenen Angaben zufolge ist kein Broker in ganz Europa größer, in Deutschland sowieso nicht. Mit acht Millionen Kunden hat der Neobroker aus der Hauptstadt mittlerweile fünfmal so viele Menschen gewinnen können wie die größte deutsche Sparkasse und achtmal so viele wie der Konkurrent Scalable Capital aus München.

Dass sich die Kundenzahl in nur einem Jahr verdoppelt hat, dürfte besonders mit dem neuen Produktportfolio des Neobrokers zusammenhängen. Seit 2024 gibt es bei Trade Republic neben dem herkömmlichen Angebot des Brokers auch ein vollwertiges Girokonto und eine Karte zum Bezahlen, die bei der jungen Generation im Jahr 2024 zu einem wahren Hype geführt hat. Allein auf der „Warteliste" für die neue Karte verzeichnete Trade Republic eigenen Angaben zufolge eine Million Kunden, ähnlich erfolgreich soll das Girokonto gewesen sein. Das liegt auch daran, dass Trade Republic für Geld, das auf dem Girokonto liegt, den Einlagenzins der Europäischen Zentralbank voll weitergibt, derzeit sind das drei Prozent. „Wir sind mit dem Girokonto und der Debitkarte noch mehr in der Mitte der Gesellschaft angekommen", sagt Hecker.

Das neue Angebot zeigt auch die veränderte Strategie des Fintechs, das erst vor zehn Jahren gegründet worden ist. Statt nur Neobroker zu sein, will Trade Republic eine vollwertige Neobank werden, inklusive Konten, Karten und allem, was dazugehört. Damit positioniert sich Trade Republic immer stärker auch als Konkurrent zu klassischen Banken wie der Postbank, Genossenschaftshäusern [bspw. Volksbanken], Sparkassen und anderen Neobanken. Mit diesem Aufstieg hatten Christian Hecker, Thomas Pischke und Marco Cancellieri im Jahr 2015 sicherlich nicht gerechnet. Damals gründeten die drei Mitstreiter Trade Republic unter anderem Namen und fanden schnell Geldgeber für ihre Idee. Die bestand darin, eine möglichst coole App zu bauen, über die junge Menschen Aktien und Indexfonds (ETFs) handeln können. Filialen wollte das Berliner Start-up – ähnlich wie viele junge Digitalbanken – nie haben. Zu altbacken. Nach einer Phase, in der das Unternehmen sein Produkt aufbaute, erste Mitarbeiter anstellte und sich die nötigen Lizenzen der Finanzaufsicht sicherte, ging die App 2019 an den Start. Ein Zeitpunkt, der im Nachhinein kaum günstiger hätte sein können. Denn mit dem Beginn der Corona-Pandemie, nur wenige Monate später, entdeckten die Deutschen plötzlich die Liebe für den Aktienmarkt und kostengünstige ETFs.

Von der Couch aus eröffneten sie reihenweise Depots, handelten mit ihren ersten Aktienpaketen und bauten sich Stück für Stück ein ETF-Portfolio auf. Schon 2020 schaffte es der Neobroker, die Grenze von 500 000 Kunden zu überschreiten, 2021 sollen es bereits eine Million gewesen sein, dann zwei, dann vier, jetzt acht – jedes Jahr eine Verdoppelung.

Das starke Wachstum hatte auch mit dem Ende der Niedrigzinsphase zu tun. Als die Zentralbanken 2022 die Zinsen wieder erhöhten, entschied sich das Team um Christian Hecker schnell dazu, den EZB-Zins an die Kunden weiterzureichen; auch dann noch, als die Zinsen immer weiter nach oben kletterten. Zwischenzeitlich konnten Kundinnen und Kunden bei Trade Republic deshalb mehr als vier Prozent Zinsen abgreifen. Das lockte immer mehr Kunden an. Das starke Wachstum im vergangenen Jahr liegt auch an der Internationalisierung. Allein in Frankreich hat Trade Republic mittlerweile eine Million Kunden. Sie können auch provisionsfrei in den staatlichen Sparplan PEA investieren. „Trade Republic wird die erste europäische Bank sein, die in allen Märkten das jeweils beste Angebot für Kunden bereithält", sagt Hecker.

„Wir sehen uns auf Augenhöhe mit den großen Banken und sind schon längst kein Start-up mehr." Berücksichtige man das bisherige Wachstum und die Wachstumschancen der Zukunft, könne man auf Dauer eine ähnliche Bilanzsumme ausweisen wie die großen europäischen Banken. „Wir möchten etwas bauen, das auf Augenhöhe mit weltweit führenden Fintechs wie Paypal, Nubank oder Coinbase operiert", sagt Hecker.

Freiberger, Harald u. a.: Trade Republic will „europäischen Champion" aufbauen. In: www.sueddeutsche.de, 09.01.2025

Aufgaben

72003-216

1. Charakterisieren Sie **M1** bis **M4**.
2. Erstellen Sie ausgehend von den Materialien **M1–M4** ein Wirkungsgefüge, welches den Wandel im Bankensektor abbildet.
3. „Damit positioniert sich Trade Republic immer stärker auch als Konkurrent zu klassischen Banken wie der Postbank, Genossenschaftshäusern [bspw. Volksbanken], Sparkassen und anderen Neobanken." (**M5**). Erörtern Sie Chancen und Risiken des Strukturwandels im Bankensektor für die Banken, Bankangestellten und Kunden.

2.3.3 Löhne – der Preis für die Arbeitskraft

Leitfragen

- Wie bilden sich Löhne?
- Welche Faktoren beeinflussen Löhne?
- Wie haben sich Löhne in Deutschland entwickelt?

M1 Wie bilden sich Löhne?

Löhne bilden sich auf dem Arbeitsmarkt durch das Zusammenspiel des Arbeitsangebots der Arbeitnehmenden und der Arbeitsnachfrage durch die Arbeitgebende. Diese Arbeitskräfte (ihre Qualifikationen und Kompetenzen) werden von Unternehmen bzw. dem Staat unterschiedlich nachgefragt. Die Kurve der Arbeitsnachfrage (Gerade D unten) fällt, da ein großes Angebot an Arbeitnehmern, die dieselbe Arbeit ausüben können, das Lohnniveau nach unten drückt. Das Arbeitsangebot der Arbeitnehmer (Kurve S unten) steigt dagegen; je nachgefragter und knapper die Arbeitskraft ist, desto höher der Lohn.

Eine Besonderheit des Arbeitsmarktes bei der Lohnfindung wird durch die Rückwärtsbiegung der Kurve S ab einem gewissen Lohnniveau verdeutlicht. Selbst wenn Unternehmen bereit sind, immer höhere Löhne zu bezahlen (bspw. für spezialisierte Fachkräfte), würden die Arbeitnehmenden auf dem Markt nicht mehr Arbeitsstunden pro Monat anbieten, da sie nicht bereit sind, weitere Freizeit gegen Arbeit einzutauschen. Vielmehr nutzen Arbeitskräfte die hohen Lohnzahlungen dazu aus, ihre Arbeitszeit zu verringern, woraus die Rückwärtsbiegung der Kurve S resultiert. Auf der **individuellen Ebene** sind Alter und Erfahrung signifikante Aspekte für die Lohnbildung. Generell gilt, dass das Lohnniveau mit zunehmendem Alter und steigender Berufserfahrung ansteigt.

Ein weiterer Punkt ist die **Qualifikation**: Je höher die Qualifikation, desto höher ist üblicherweise das Lohnniveau. Einfache Tätigkeiten, die nach Arbeitsanweisungen ausgeführt werden und keine besonderen Fertigkeiten erfordern, werden im Vergleich zu Tätigkeiten, die umfangreiche Spezialkenntnisse sowie Verantwortung und Entscheidungskompetenz voraussetzen, schlechter entlohnt. Fachkräfte, die eine formale Berufsausbildung absolviert haben und somit als mittelqualifiziert gelten, erhalten in der Regel eine höhere Vergütung als Hifskräfte, die keinen Berufsabschluss vorweisen können und daher als geringqualifiziert eingestuft werden. Angestellte, die einen Hochschulabschluss erworben haben und somit als hochqualifiziert gelten, und deren berufliche Tätigkeit ein hohes Maß an Verantwortung mit sich bringt, werden aus demselben Grund höher entlohnt als Fachkräfte.

In modernen Gesellschaften besteht grundsätzlich die Tendenz, „Kopfarbeit“ im Vergleich zur „Handarbeit“ als qualitativ höherwertig zu betrachten. Berufe wie beispielsweise Ärztin oder Arzt, Jurist oder Juristin sind mit verschiedenen Zugangsbeschränkungen wie dem Abitur und Universitätsprüfungen sowie langen Ausbildungszeiten verbunden. So dauert die Ausbildung zur Fachärztin oder Facharzt 12 Jahre (Medizinstudium 6 Jahre, Qualifikation als Fachärztin oder -arzt 6 Jahre). Solche Berufe sind daher nicht für alle Personen erreichbar und werden aufgrund ihrer als höher bewerteten Qualifikation sowie der Knappheit von „Kopfarbeit“ besser entlohnt.

Die **Geschlechtszugehörigkeit** beeinflusst ebenfalls die individuelle Lohnhöhe. In der Bun-

Angebot und Nachfrage auf dem Arbeitsmarkt

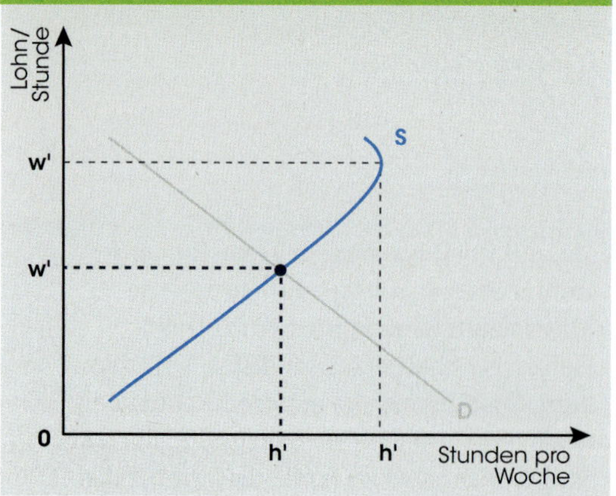

© C.C.Buchner Verlag

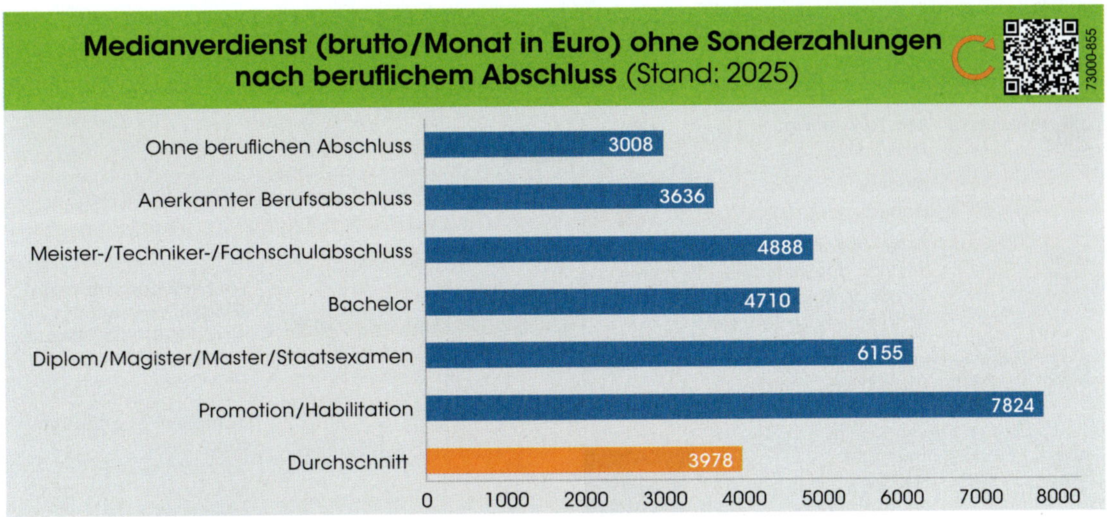

© C.C. Buchner Verlag, aktuelle Daten nach: DESTATIS (Datenerhebung: 2024; Grafikerstellung: 2025)

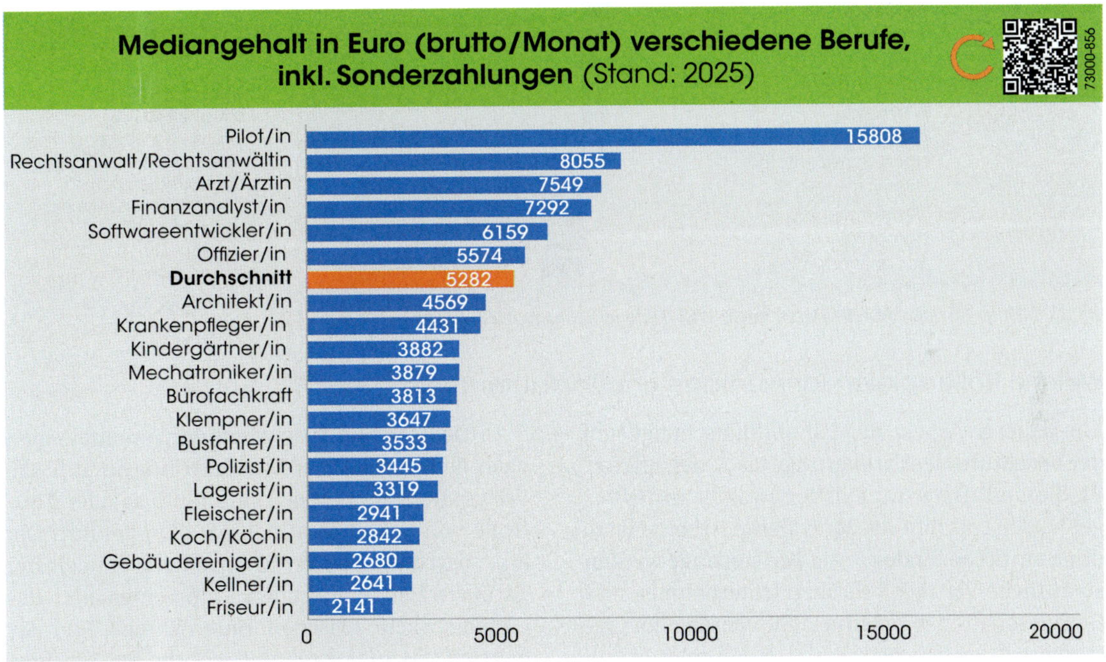

© C.C. Buchner Verlag, aktuelle Daten nach: DESTATIS (Datenerhebung: 2024; Grafikerstellung: 2025)

desrepublik Deutschland verdienen Frauen auch bei gleicher Qualifikation, Alter, Position und auch Branche meistens weniger als Männer. Diese Diskrepanz wird als „**Gender Pay Gap**“ bezeichnet. Die Lohnhöhe ist ebenfalls mit der **Region** verbunden, in der sich das Unternehmen befindet. So können die Löhne für den gleichen Beruf zwischen den Regionen in Deutschland stark variieren. In West- und Süddeutschland werden höhere Löhne bezahlt als in Ostdeutschland. Aber auch innerhalb einer Region existiert das Lohngefälle. Erklären kann man diese Unterschiede mit den unterschiedlichen Produktivitätsniveaus, bzw. der Höhe des Werts der Waren und Dienstleistungen, die in diesen Regionen hergestellt werden. So liegt das Produktivitätsniveau bspw. in Bayern aufgrund der Struktur der Industrie- und Dienstleistungsbranche (Auto-, Maschinenbau, Luftfahrtindustrie, Versicherungen) höher als in Sachsen-Anhalt.

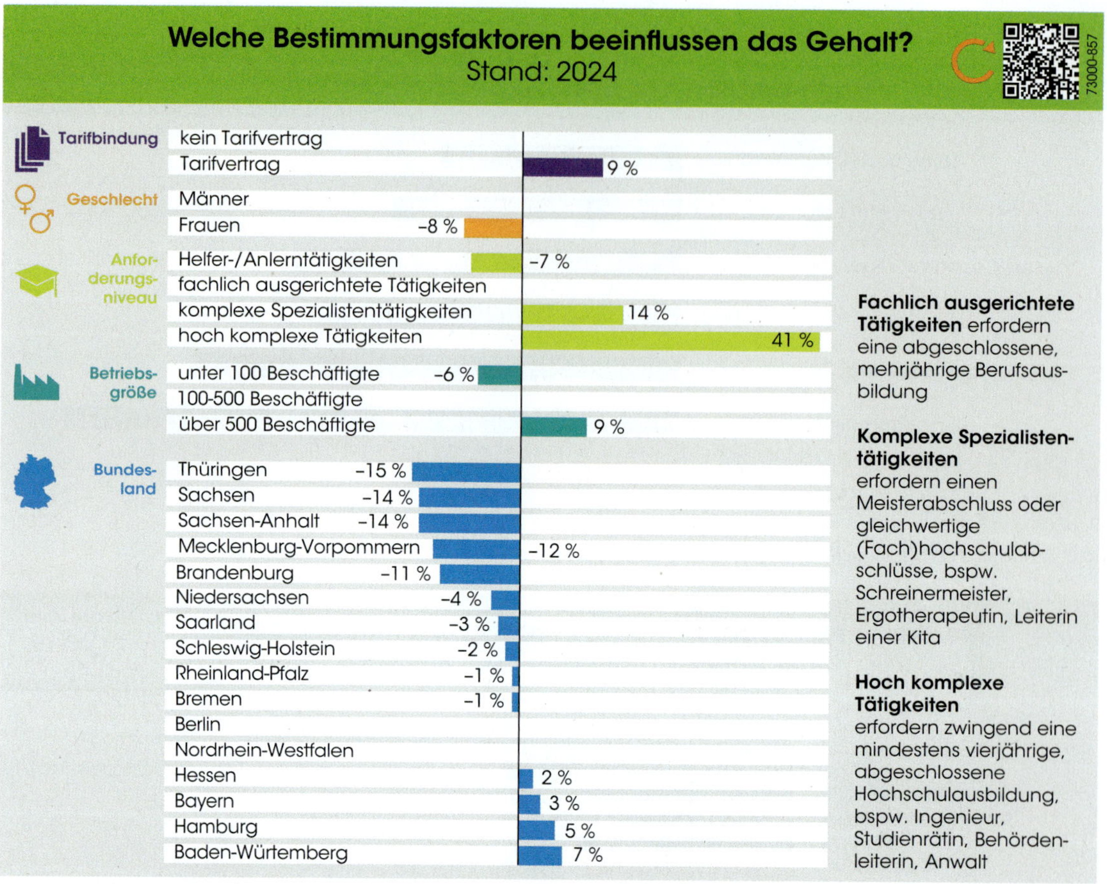

© C.C. Buchner Verlag, aktuelle Daten nach: WSI (Datenerhebung: 2022; Grafikerstellung: 2024)

M2 Welche Rolle spielen Tarifverträge und Tarifautonomie?

Ein weiterer Aspekt der Lohnbildung hängt von der Bedeutung der Tarifverträge ab. Arbeitsplätze, für die ein Tarifvertrag existiert, werden in der Regel besser entlohnt als äquivalente Arbeitsplätze ohne tarifliche Bindung. Als Tarifverträge werden schriftliche Verträge zwischen Unternehmen und Gewerkschaften bezeichnet. Sie werden für bestimmte Branchen zwischen Gewerkschaften und Arbeitgeberverbänden verhandelt. In diesen Tarifverträgen werden die Arbeitsbedingungen für die Arbeitnehmerinnen und Arbeitnehmer und deren Betriebe geregelt. Hierbei geht es neben den Löhnen auch um Pausenregelungen, Wochenarbeitszeit oder die Anzahl der Urlaubstage.

Der Tarifvertrag ist gültig für alle Unternehmen, die in dieser Tarifgemeinschaft Mitglied sind. Tarifverträge haben in der Regel Laufzeiten zwischen 18 und 36 Monaten und werden nach dem Auslaufen der Laufzeit zwischen Gewerkschaften und Arbeitgeberverbänden neu verhandelt.

In Deutschland geschehen die Verhandlungen nach dem Prinzip der **Tarifautonomie**, d.h. die Verhandlungen werden ohne Einfluss oder Kontrolle von Seiten staatlicher Stellen geführt. Der Staat darf und soll sich nicht in das Aushandeln der Tarifverträge einmischen, um einerseits das Gleichgewicht zwischen Unternehmen und Arbeitskräften zu wahren und jegliche Parteinahme in die eine oder andere Richtung zu vermeiden. Zugleich zwingt die Tarifautonomie die beteiligten Gewerkschaften und Unternehmen, sich an die selbst ausgehandelten Kompromisse zu halten. Auf Dauer wird auf diese Weise ein höheres Maß an sozialem Frieden erreicht.

Tarifverhandlungen und Tarifverträge haben einen erheblichen Einfluss auf die Lohnhöhe in den einzelnen Branchen, weil sie in regelmäßigen Intervallen Löhne zwischen Unternehmen und Arbeitnehmerinnen und Arbeitnehmern neu aushandeln.

M3 Gewerkschaften und Arbeitgeberverbände

Gewerkschaften sind Vereinigungen, in denen sich die Arbeitnehmerinnen und Arbeitnehmer solidarisch zusammenschließen, um ihre Interessen gemeinsam gegenüber den Arbeitgebern zu vertreten. Kernaufgabe der Gewerkschaften ist, die Arbeitskräfte bei ihren Forderungen nach höheren Löhnen, besseren Arbeitsbedingungen, Arbeitszeitverkürzungen oder mehr Mitbestimmung zu unterstützen. Gewerkschaften sind im Artikel 9, Absatz 3 des Grundgesetzes erwähnt, womit das Recht auf den Arbeitskampf (Streik) grundrechtlich geschützt ist. Dies soll das Kräftegleichgewicht im Arbeitskampf zwischen Arbeitnehmenden und Arbeitgebern sichern. Gewerkschaften sind berechtigt, Tarifverträge in den Bereichen für ihre Mitglieder abzuschließen.

Größte gewerkschaftliche Organisation in Deutschland ist der Deutsche Gewerkschaftsbund (DGB), der in der Bundesrepublik 1949 als Dachorganisation autonomer Gewerkschaften gegründet wurde. Unterhalb des Dachs des DGBs sind die Gewerkschaften nach Industriezweigen bzw. Branchen organisiert. Die größten Gewerkschaften innerhalb des DGBs sind die IG Metall (größte Einzelgewerkschaft der Welt, vertritt u. a. die Beschäftigten der Metall- und Elektroindustrie), ver.di (Beschäftigte im Bereich Handel, Bildung, Gesundheit und Kultur) und die IG Bergbau, Chemie und Energie.

Arbeitgeberverbände sind freiwillige Zusammenschlüsse von Unternehmern bzw. Arbeitgebenden. In Tarifverhandlungen stellen sie somit das Gegengewicht zu den Gewerkschaften dar und stehen genauso wie diese unter dem Schutz des Grundgesetzes.

Neben Tarifverhandlungen vertreten Arbeitgeberverbände ihre Mitglieder zudem in rechtlichen Fragen und informieren sie über politische und wirtschaftliche Rahmenbedingungen. Wie die Gewerkschaften sind auch die Arbeitgeberverbände nach Industriezweigen bzw. nach Branchen strukturiert. Es ist jedem Unternehmer oder Unternehmerin selbst überlassen, ob er oder sie Mitglied in einem Arbeitgeberverband ist. Die Finanzierung der Verbände läuft über die Mitgliedsbeiträge der Mitglieder. Die Bundesvereinigung der Deutschen Arbeitgeberverbände (BDA) tritt als Dachverband der deutschen Arbeitgeberverbände auf.

M4 Lohnniveau und Lohnunterschiede in Deutschland

Die Nominallöhne in Deutschland sind in den letzten zehn Jahren kontinuierlich gestiegen. Diese Steigerungen sind auf Tarifverhandlungen und den allgemeinen wirtschaftlichen Aufschwung zurückzuführen.

Vollzeitbeschäftigte Arbeitnehmerinnen und Arbeitnehmer verdienten 2023 in Deutschland durchschnittlich 4468 Euro brutto monatlich (ohne Sonderzahlungen wie Weihnachts-, Urlaubsgeld oder Gewinnbeteiligungen). Der Bruttomonatsverdienst bei Männern lag hierbei durchschnittlich bei 4690 Euro, der von Frauen bei 3992 Euro. Betrachtet man den Verdienst aller Beschäftigten (**Vollzeit- und Teilzeitbeschäftigung**) lag der durchschnittliche Bruttolohn 2023 bei 3367 Euro. Netto, also nach Abzug der Lohnsteuer und den Sozialabgaben, betrug der durchschnittliche Lohn 2555 Euro.

Ob die nominale Steigerung der Löhne in den letzten Jahren zu einem Anstieg des verfügbaren Einkommens (**Realeinkommen**) führte, hängt entscheidend von den Inflationsraten ab. Während die Nominallöhne gestiegen sind, hat die hohe Inflation in einigen Jahren die Realeinkommen negativ beeinflusst. Besonders im Jahr 2022 sank das Realeinkommen um 3 %, obwohl die Nominallöhne um 3,6 % gestiegen waren. Dies zeigt, dass die Inflation die Kaufkraft der Arbeitnehmenden erheblich beeinträchtigen kann.

Die Spanne der Löhne zwischen den verschiedenen **Wirtschaftsbranchen** kann erheblich sein. Die höchsten durchschnittlichen Bruttolöhne für Vollzeitbeschäftigte wurden 2023 im Bereich der Finanz- und Versicherungsleistungen erzielt (5841 Euro), die niedrigsten Verdienste dagegen lagen im Bereich Gastgewerbe 2860 Euro und Land- und Forstwirtschaft (2798 Euro).

Zwischen **West- und Ostdeutschland** ergeben sich ebenfalls signifikante Unterschiede bei der Entlohnung. Die höchsten Bruttostundenlöhne werden in Hamburg, Hessen und Baden-Württemberg bezahlt, die niedrigsten in Mecklenburg-Vorpommern, Sachsen-Anhalt und Thüringen. Hier machen sich die oben angesprochenen Unter-

© C.C. Buchner Verlag, aktuelle Daten nach: DESTATIS (Datenerhebung: 2024; Grafikerstellung: 2025)

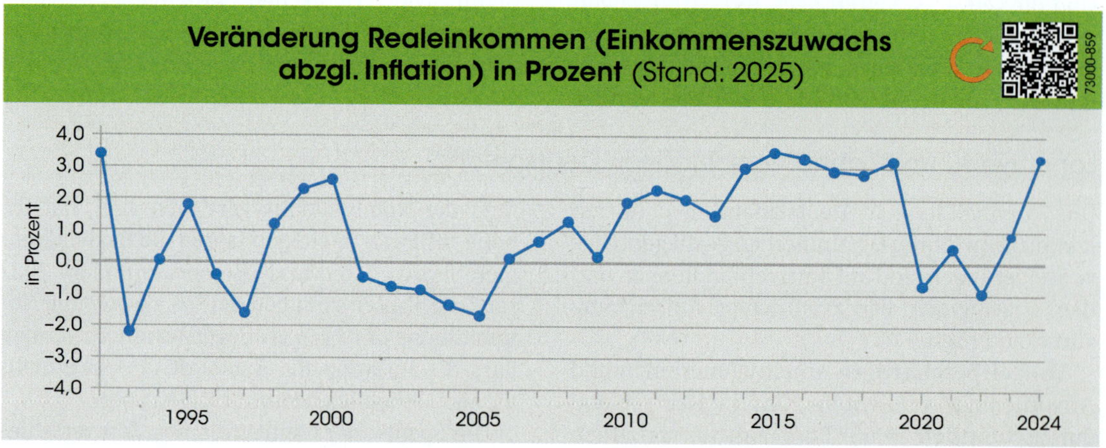

© C.C. Buchner Verlag, aktuelle Daten nach: DESTATIS, eigene Berechnungen (Datenerhebung: 2024; Grafikerstellung: 2025)

schiede der Produktivitätsniveaus in den Regionen wie auch die grundsätzlichen regionalen Unterschiede der Wirtschaftsstrukturen bemerkbar. Zudem gibt es in Ostdeutschland mehr kleine Betriebe, weniger Gewerkschaftsmitglieder und eine geringere Tarifbindung. Im Schnitt lag der Lohnunterschied zwischen West- und Ostdeutschland bei ca. 20 %, also rund 4,17 Euro pro Stunde (Bundesdurchschnitt 24,41 Euro). Eine vollzeitbeschäftigte Person verdiente demnach in Ostdeutschland 824 Euro brutto weniger in Westdeutschland.

Diese Lohnunterschiede spiegeln sich naturgemäß auch in der Verteilung nach Bruttoeinkommensgruppen wieder. Während in Westdeutschland 47,5 % aller Vollzeitbeschäftigten mehr als 4000 Euro Bruttomonatslohn erhielt, waren es in Ostdeutschland nur 33,5 %. Auf der individuellen Ebene ergeben sich Lohnunterschiede aufgrund des **Geschlechts**.

Der Gender Pay Gap (› Kap. 1) misst den Verdienstabstand zwischen Frauen und Männern. Der unbereinigte Gender Pay Gap lag 2023 bei 18 % Verdienstunterschied, der bereinigte im Ver-

Durchschnittlicher Bruttoverdienst pro Stunde nach Bundesländern (Stand: 2025)

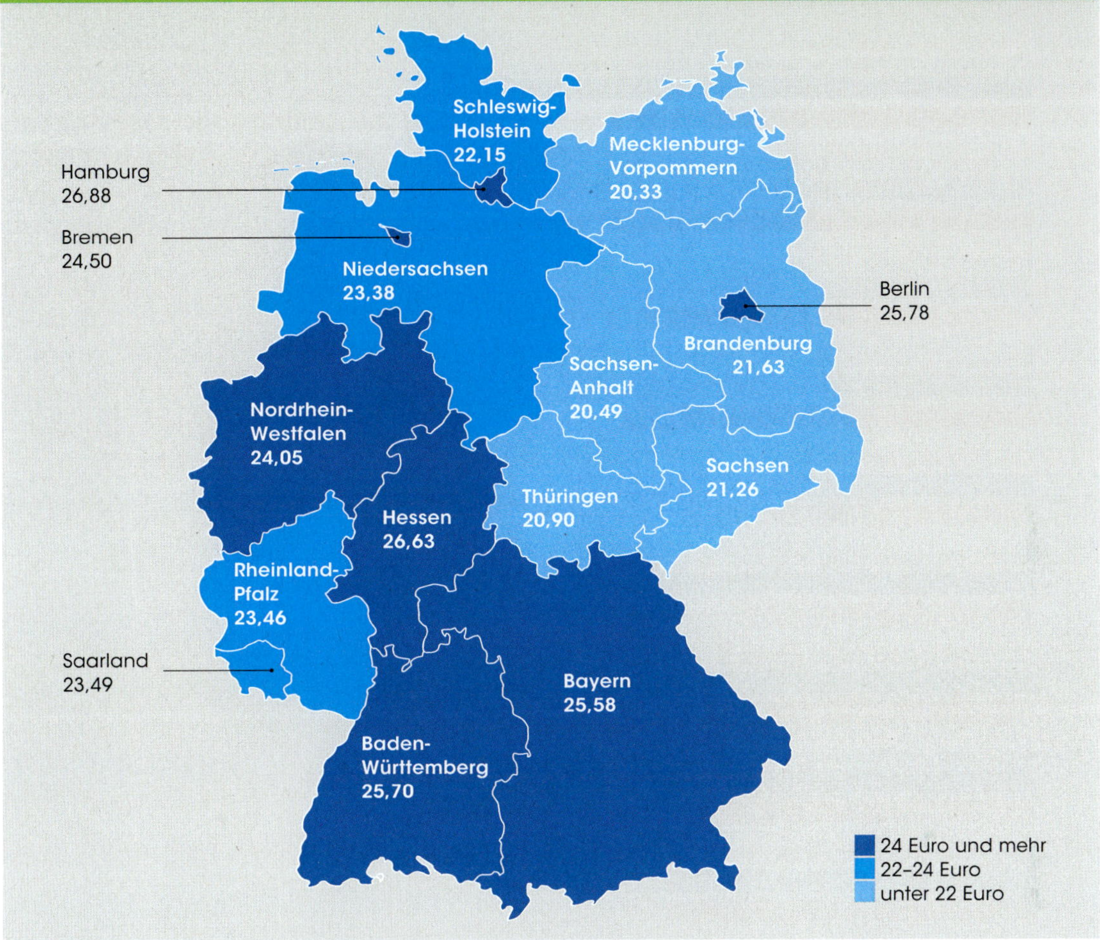

© C.C. Buchner Verlag, aktuelle Daten nach: DESTATIS (Datenerhebung: 2024; Grafikerstellung: 2025)

Verteilung der Bruttogehälter Ost und West in Entgeltgruppen (Prozent, Stand: 2025)

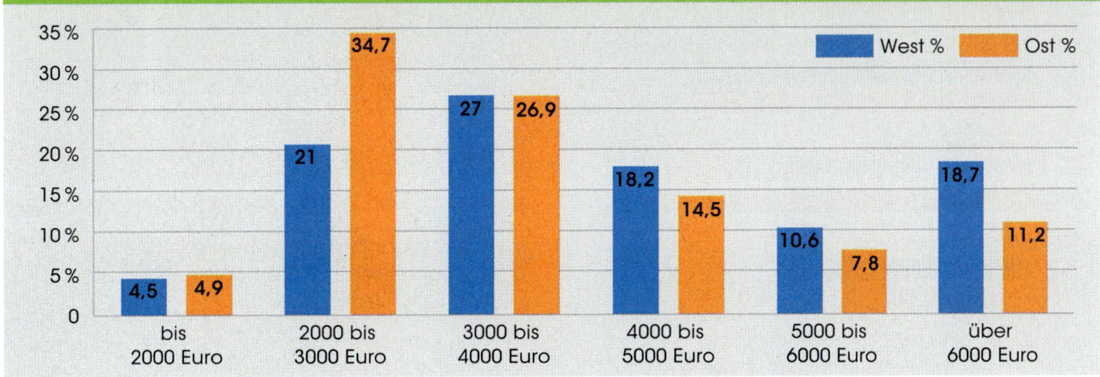

© C.C. Buchner Verlag, aktuelle Daten nach: Bundesagentur für Arbeit (Datenerhebung: 2024; Grafikerstellung: 2025)

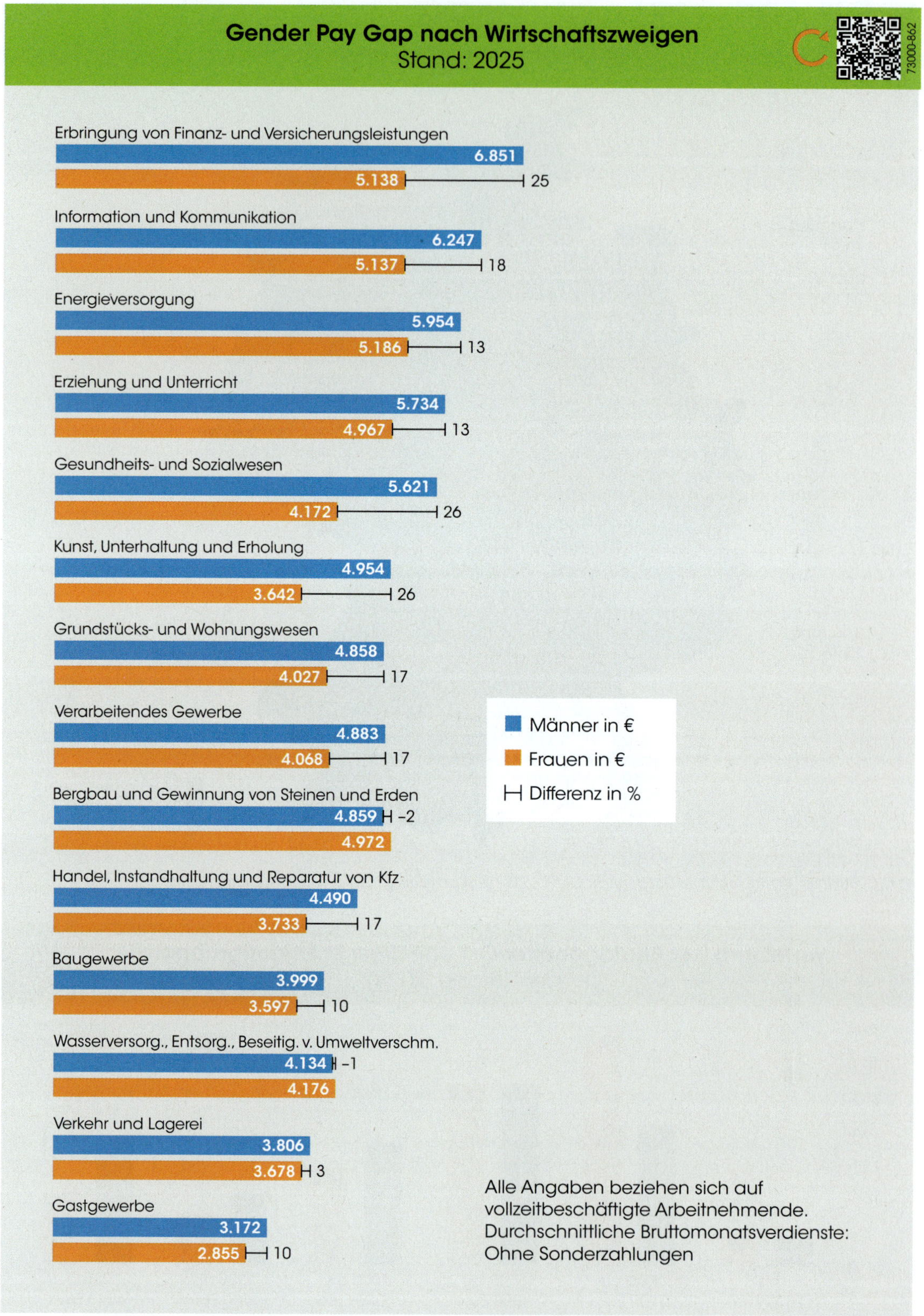

© C.C. Buchner Verlag, aktuelle Daten nach: DESTATIS, eigene Berechnungen (Datenerhebung: 2024; Grafikerstellung: 2025)

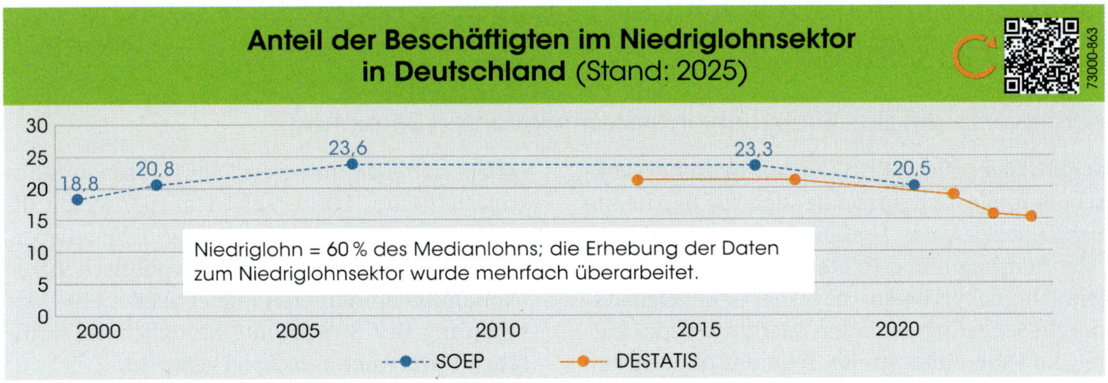

© C.C. Buchner Verlag, aktuelle Daten nach: DIW SOEP, DESTATIS (Datenerhebung: 2024; Grafikerstellung: 2025)

gleich bei 6 %. Es handelt sich im Falle des unbereinigten Gender Pay Gaps also um erhebliche Summen, die Frauen monatlich weniger erhalten.

Eine besondere Rolle im deutschen Arbeitsmarkt nimmt der **Niedriglohnsektor** ein. Von Niedriglohn wird gesprochen, wenn der Bruttostundenlohn unter eine statistisch festgelegte Grenze fällt. Das Statistische Bundesamt berechnet hierfür jährlich den Medianwert aller Löhne der abhängig Beschäftigten in Deutschland (also ohne das Einkommen der Selbstständigen). Wenn der Verdienst einer beschäftigten Person kleiner als zwei Drittel dieses errechneten Medianwertes ist, handelt es sich um einen Niedriglohn. 2023 betrug dieser errechnete Schwellenwert 13,04 Euro brutto.

Die Arbeitsmarktreformen (**Hartz-Reformen**), die 2005 in Kraft traten und das Ziel verfolgten, die hohe Arbeitslosigkeit zu verringern, führten zu einem starken Ausbau des Niedriglohnsektors. 2018 arbeitete jeder fünfte Beschäftigte in diesem Bereich (20,7 %). Damit gehörte Deutschland in diesen Jahren zu den europäischen Ländern mit der höchsten Niedriglohnquoten. Nur Polen, Lettland, Litauen, Estland und Bulgarien wiesen höhere Beschäftigungszahlen in diesem schlecht bezahlten Bereich auf.

In den letzten Jahren hat sich der Niedriglohnsektor in Deutschland erheblich verändert. Die realen Stundenlöhne sind aufgrund der Einführung des Mindestlohns 2015 und dessen stufenweisen Ausbaus signifikant gestiegen. Insbesondere die Mindestlohnerhöhung von 10,45 Euro auf 12 Euro im Jahr 2022 führte zu einer deutlichen Schrumpfung des Niedriglohnsektors. Der Anteil der Beschäftigten im Niedriglohnbereich ist in den letzten Jahren in diesem Zuge geschrumpft und betrug 2023 15 % aller Beschäftigten.

Aufgaben

72003-217

1. Erklären Sie mithilfe den Bestimmungsfaktoren zur Lohnhöhe (**M1**) folgende Gehaltunterschiede:
   Monatliche Mediangehälter 2025:
   (A) Ärztin in Baden-Württemberg: 6.819 Euro; (B) Arzt in Mecklenburg-Vorpommern: 6.518 Euro, (C) Tischler in Sachsen-Anhalt: 2.684 Euro; (D) Bankkaufrau in Nordrhein-Westfalen: 5.241 Euro; (E) Verkäuferin in Rheinland-Pfalz: 2.760 Euro.
2. a) Stellen Sie die Rolle der Gewerkschaften und Arbeitgeberverbände im Rahmen der Lohnfindung dar (**M2, M3**).
   b) Erklären Sie den Begriff der Tarifautonomie (**M2**).
3. Die Lohnlücke zwischen Ost und West besteht weiterhin. Entwickeln Sie Maßnahmenvorschläge, die diese Lohnlücke dauerhaft verringern.
4. Erörtern Sie Vor- und Nachteile des Niedriglohnsektors aus Sicht der Arbeitnehmenden, Unternehmen und des Staates (**M4**).

Braucht Deutschland ein neues Streikrecht für die kritische Infrastruktur?

M1 Kontroverse um das Streikrecht in systemrelevanten Bereichen

Schon länger gibt es Kritik an den Spartengewerkschaften, die sich ausschließlich für bestimmte Berufsgruppen wie Lokführerinnen und -führer oder Pilotinnen und Piloten verantwortlich fühlen. Trotz der geringen Anzahl der Gewerkschaftsmitglieder gelingt es diesen Spartengewerkschaften im Falle eines Streiks Teile des öffentlichen Lebens vor allen im Bereich der kritischen Infrastruktur (Bahn-, Luftverkehr, Transportwesen allgemein, medizinische Versorgung) lahmzulegen. Vor diesem Hintergrund wird von politischen und ökonomischen Akteuren immer wieder eine Verschärfung des Streikrechts bezüglich der kritischen Infrastruktur ins Spiel gebracht.

M2 Positionspapier der FDP-Fraktion: Für eine Regulierung des Streikrechts in der kritischen Infrastruktur

Die Auswirkungen der Tarifauseinandersetzung zwischen der Gewerkschaft der Lokomotivführer (GDL) und der Deutschen Bahn sowie der Bestreikung weiterer Bereiche der kritischen Infrastruktur auf unbeteiligte Dritte und die Gesamtgesellschaft erfordern ein Umdenken. Die Streiks haben in den vergangenen Wochen und Monaten ein Ausmaß angenommen, das die Frage nach der Verhältnismäßigkeit aufwirft. Die potentiell betroffenen Bereiche umfassen das Transport- und Verkehrswesen, die Gesundheits- und Sozialversorgung, Kindertageseinrichtungen, die Energieversorgung, den Brand- und Zivilschutz und die Siedlungsabfallentsorgung. [...] Es sind aber in eklatanter Weise unbeteiligte Dritte, die bei Streiks in Bereichen wie beispielsweise dem Transport- und Verkehrswesen am meisten unter den Ausfällen und unter fehlender Planbarkeit zu leiden haben. Annullierte Reisen, massive Beeinträchtigungen der Reise und Gütertransportpläne aufgrund mangelnder Notbetriebe – auch weil Streiks nur kurzfristig angekündigt wurden –, und die Überlastung anderer Verkehrsmittel zeigen deutlich, dass Streiks in der kritischen Infrastruktur Millionen von Menschen, die sich auf die Dienstleistungen dieser Branchen verlassen, in erheblichem Maße beeinträchtigen.

Wenn die Lokführer streiken, trifft das unzählige Menschen, die gerade in den Metropolen auf den ÖPNV angewiesen sind.

Beschäftigte in einem privatwirtschaftlichen Unternehmen wissen, dass – wenn sie ihren Betrieb bestreiken – dieser dadurch in der Regel weniger produzieren, verkaufen und einnehmen wird. Ihnen ist bewusst, dass sich dies auf die Zukunft des Unternehmens und im Extremfall auf die Sicherheit des eigenen Arbeitsplatzes auswirken kann. Auch für Gewerkschaften spielt dies eine Rolle, was dazu führt, dass sie in Tarifverhandlungen durchaus Anreize haben, auf einen Kompromiss mit der Arbeitgeberseite hinzuwirken. [...]

Dort aber, wo Gewerkschaften und Streikende wissen, dass für ihr Unternehmen verzerrte Wettbewerbsbedingungen gelten, weil das Unternehmen im Fall einer ökonomischen Schieflage durch die öffentliche Hand unterstützt wird, wie z. B. die Deutsche Bahn, können Tarifverhandlungen nicht mehr auf Augenhöhe geführt werden. Die Folge ist, dass es dort immer wieder zu unverhältnismäßigen Streiks kommt, die vor allem den unbeteiligten Bürgerinnen und Bürgern sowie der Wirtschaft insgesamt schaden. [...]

Insbesondere im Bereich der kritischen Infrastruktur können Streiks unbeteiligte Dritte in erheblichem Maße beeinträchtigen. Aus diesem Grund wollen wir Arbeitskampfmaßnahmen in diesem für die Bürger und den Staat elementaren Bereich in geordnete, das heißt, gesetzliche Bahnen lenken. Der Geltungsbereich der nachfolgenden Regelungen umfasst folgende Bereiche: Transport- und Verkehrswesen, die Gesundheits- und Sozialversorgung, Kindertageseinrichtungen, die Energieversorgung, den Brand- und Zivilschutz und die Siedlungsabfallentsorgung.

Als Bundestagsfraktion der Freien Demokraten wollen wir hierfür folgende gesetzliche Regelungen für ein Streikrecht umsetzen, von deren konkreter Ausgestaltung jeweils auf der Basis von Tarifverträgen abgewichen werden kann:

- **Schlichtungsvereinbarung**: Für die genaue Ausgestaltung des Schlichtungsablaufs bedarf es einer Schlichtungsvereinbarung seitens der Tarifparteien. Die Schlichtungsvereinbarung muss – wenn nicht schon vorhanden – zu Beginn der Tarifverhandlungen verpflichtend vereinbart werden. [...]
- **Vorankündigungsfrist**: Damit unbeteiligte Dritte sowie Unternehmen nicht mit Planungsunsicherheit konfrontiert werden, bedarf es einer ausreichenden Vorankündigungsfrist. Hierfür angemessen ist eine Mindestankündigungsfrist von 72 Stunden für alle Formen von Streiks. Örtliche, zeitliche und tätigkeitsbezogene Angaben müssen aus der Ankündigung ausdrücklich hervorgehen.
- **Notbetrieb**: Um die Verhältnismäßigkeit von Streiks zu gewährleisten, ist es erforderlich, einen Notbetrieb obligatorisch aufrecht zu halten, indem mindestens 50 Prozent des Betriebes aufrechterhalten bleiben müssen, wenn dies nicht anderweitig gesetzlich geregelt ist. Unter diese Regelung fallen alle Streikformen.
- **Zeitliche Begrenzung**: Die Dauer von Warnstreiks darf 4 Stunden nicht überschreiten.

FDP-Bundestagsfraktion: Positionpapier der FDP-Fraktion: Für eine Regulierung des Streikrechts in der kritischen Infrastruktur. In: www.fdpbt.de, 03.07.2024

M3 Die FDP-Fraktion fordert strenge Regeln für Streiks bei Konzernen wie der Bahn: Gewerkschaften reagieren entsetzt

Wellenstreiks, bis das Bahn-Management einknickt: Streikstrategien von GDL-Chef Claus Weselsky und anderen Gewerkschaften möchte die FDP künftig verbieten. [...] Bei den Koalitionspartnern [SPD und Grüne] und den Gewerkschaften macht sich die FDP mit dem Vorstoß keine Freunde. Eine Pflicht, sich im Zweifel auf einen Schlichtungsversuch einzulassen, gilt noch als am wenigsten kontrovers. [...] Die Gewerkschaften kündigen scharfen Widerstand an. Verdi-Chef Frank Werneke vertritt viele Branchen, die vom FDP-Papier betroffen wären. „Das ist faktisch die Aushebelung des Streikrechts für den kompletten öffentlichen Dienst", sagt Werneke. Einen Streik mehrere Tage vorher anzukündigen, schwäche die Gewerkschaften enorm: „Die betroffenen Arbeitgeber werden Streikbrecher herankarren, um so Arbeitskämpfe zu unterlaufen." Auch von der zeitlichen Obergrenze für Warnstreiks hält er nichts. „Vierstündige Warnstreiks sitzen bestreikte Betriebe auf einer halben Arschbacke aus", sagt der Verdi-Chef. Martin Burkert ist Vorsitzender der Bahngewerkschaft EVG und steht vor einer baldigen Tarifrunde. Er will sich zusammen mit anderen Gewerkschaften gegen die Vorschläge wehren. „Was die FDP plant, ist ein fundamentaler Angriff auf das Streikrecht und eine Kampfansage an die Gewerkschaften“, sagt er. Der Vorstoß sei an Zynismus kaum zu übertreffen: „Sozialstaat kürzen, Zukunftsinvestitionen verhindern und jetzt sollen den Beschäftigten noch ihre Rechte genommen werden.“ Wer Streikzeiten gesetzlich begrenze, wolle Beschäftigte zu Bittstellern machen. Welche Arbeitskampfmaßnahmen verhältnismäßig sind, habe in einer Demokratie nicht FDP-Parteichef Christian Lindner zu entscheiden. Die Sozialpartnerschaft dürfe nicht durch eine solche politische Einmischung gefährdet werden, sagt Burkert. Auch beim Koalitionspartner SPD ist man von den Vorschlägen gar nicht begeistert. „Finger weg vom Streikrecht“, sagt Bernd Rützel, SPD-Abgeordneter und Vorsitzender des Ausschusses für Arbeit und Soziales. Man könne nicht für das Streikrecht sein und dann es dann gleichzeitig einschränken nach dem Motto „Nur so streiken, dass man den Streik nicht bemerkt“. Das sei, „als würde man das Recht auf körperliche Unversehrtheit gutheißen, aber hinzufügen: Über den kleinen Finger können wir ja noch mal nachdenken“, sagt Rützel. Bei den Grünen sieht man es ähnlich. „International gesehen sind wir ein sehr streikarmes Land“, sagt Sozialpolitikerin Beate Müller-Gemmeke (Grüne). „Da mutet es schon sehr kopflos an, wenn die FDP jetzt mal wieder in die Mottenkiste der Streikrechtsverschärfungen greift und zeitliche Restriktionen oder Notbetriebe vorschreiben will.“ Zumal die Gewerkschaften mit Letzterem sehr verantwortungsvoll umgingen. Auch die gewerkschaftsnahe Hans-Böckler-Stiftung kritisiert die FDP-

Claus Weselsky war als Vorsitzender der Gewerkschaft der Lokomotivführer GDL für manche ein Held, andere sahen in ihm einen Erpresser.

Ideen. „Das wäre eine deutliche Einschränkung gegenüber der aktuellen Rechtslage“, urteilt Ernesto Klengel, Arbeitsrechtsexperte der Stiftung. Das deutsche Streikrecht sei international gesehen sowieso bereits eingeschränkt, weil die Gerichte beispielsweise strikt kontrollieren, ob sich eine Streikforderung im gesetzlichen Rahmen bewege. Setze sich die FDP durch, könnten Gewerkschaften zu existenzgefährdenden Schadenersatzsummen verurteilt werden, wenn sich ein Arbeitskampf als rechtswidrig herausstelle. Zudem sei die Definition kritischer Infrastruktur unscharf: „Dieser Vorstoß könnte leicht das Streikrecht für 40 bis 50 Prozent aller Beschäftigten in Deutschland begrenzen.“

Brinkmann, Bastian u. a.: FDP will Streikrecht einschränken. In: www.sueddeutsche.de, 02.07.2024

Aufgaben

72003-218

1. Stellen Sie die unterschiedlichen Argumente in **M2** und **M3** vergleichend gegenüber.
2. Erörtern Sie die Frage, ob Deutschland ein neues Streikrecht im Bereich der kritischen Infrastruktur braucht.
3. Alternative zu Aufgabe 2: Gestalten Sie eine Podiumsdiskussion zwischen Vertreterinnen und Vertretern der FDP-Fraktion und der Gewerkschaften zur Frage: Braucht Deutschland ein neues Streikrecht im Bereich der kritischen Infrastruktur?

2.4 Globalisierung und Welthandel

Leitfragen

- Was versteht man unter Globalisierung?
- Welche Konflikte ergeben sich aus weltweitem Handel?
- Welche Theorien erklären den Handel?
- Wie ist Deutschland im Welthandel eingebunden?

M1 Was ist Globalisierung?

Unter Globalisierung versteht man das Zusammenwachsen internationaler Märkte für Güter, Dienstleistungen, Produktionsfaktoren und Finanzkapital. Die Triebkräfte der Globalisierung können in technologische, informationsbasierte, geopolitische und handelsbezogene Kategorien unterteilt werden. Diese Faktoren verstärken sich gegenseitig.

Technologische Faktoren: Die technologische Revolution im Transportwesen hat die Grundvoraussetzungen für den internationalen Austausch von Waren so verbessert, dass es sich auch lohnte, einfache Waren über sehr weite Strecken zu transportieren. Vor allem die Einführung der standardisierten Container, die in großer Anzahl auf Containerschiffen gestapelt und an Häfen schnell auf Lastwägen oder Güterzüge umgeschlagen und weiterbefördert werden konnten, ermöglichte die Beschleunigung der Globalisierung. Die größten Frachtschiffe können über 20.000 Container transportieren. Der Cargo-Luftverkehr machte den Transport auch von schnell verderblichen Gütern, wie zum Beispiel Blumen oder exotischen Früchten, über sehr lange Strecken möglich.

Informationsbasierte Faktoren: Die weltweite Kommunikation in Echtzeit zu äußerst günstigen Preisen stellt heute für viele Menschen und Unternehmen, die über einen Internetanschluss verfügen, eine Selbstverständlichkeit dar. Unternehmen können ohne Probleme Geschäfte mit Handelspartnern auf der anderen Seite des Globus über E-Mail, Chat oder Videokonferenzen vereinbaren. Das mobile Internet mithilfe von Smartphones und Tablets hat darüber hinaus eine weitere Erleichterung der internationalen Kommunikation ermöglicht. Der moderne Datenaustausch gestattet nicht nur eine leichtere Handhabung des internationalen Handels von Gütern, sondern genauso auch von Dienstleistungen. Digitale Plattformen ermöglichen zudem globale

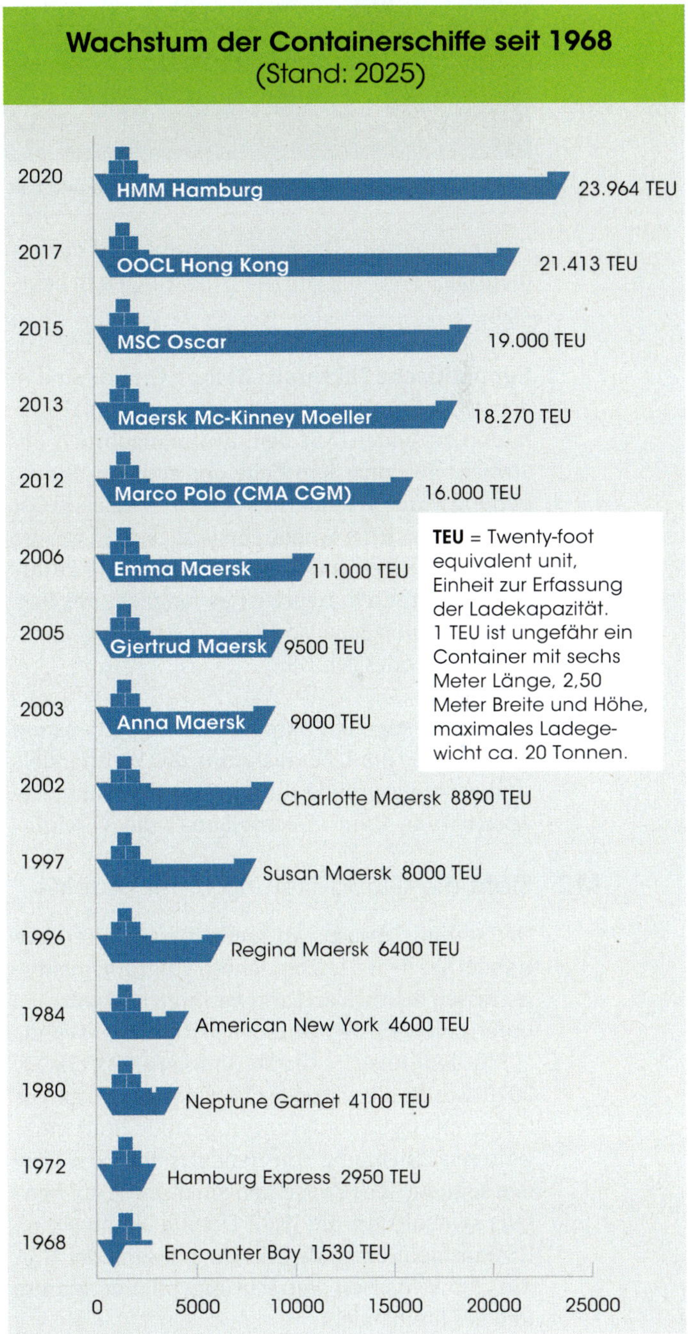

© C.C. Buchner Verlag, Daten nach: ifo (Datenerhebung: 2021; Grafikerstellung: 2025)

Eine integrierte Logistik auf Schiene, Straße, See und Luft ist das Rückgrat der Globalisierung.

Zusammenarbeit, Datenverarbeitung und die gemeinsame Nutzung von Dienstleistungen in Echtzeit.

Geopolitische Faktoren: Weitere Gründe sind in den geopolitischen Entwicklungen ab den 1990er Jahren zu finden. Mit dem Zusammenbruch der Sowjetunion und dem Ende der globalen Blockbildung wurden Handelshemmnisse zwischen Ost und West nach der Wende ebenso beseitigt wie die Beschränkungen von privaten Reisen und kulturellem Austausch. Heute ist es möglich, mit Personen in Polen genauso zu kommunizieren wie in Frankreich oder den USA.

Handelsbezogene Faktoren: Die verschiedenen Maßnahmen zur Liberalisierung des Welthandels sind wichtige Gründe für die Globalisierung. Die Abschaffung fester Wechselkurse, die Vereinfachung von Zollvorschriften und die Aufhebung von verschiedenen Handelsrestriktionen haben den internationalen Austausch von Waren und Dienstleistungen wesentlich gefördert. Die Entwicklung der Europäischen Gemeinschaft kann hier als Beispiel für das Gelingen einer internationalen Integration dienen. Durch die Einführung einer weitgehenden Niederlassungsfreiheit, was den Wohnsitz und den Arbeitsplatz angeht, können EU-Bürgerinnen und -Bürger sich frei entscheiden, in welchem Mitgliedsland sie sich ansiedeln möchten. Dies ermöglicht in der EU über die Nationalgrenzen hinweg einer Beschäftigung nachzugehen. Die Vereinfachung des grenzüberschreitenden Austauschs von Waren und Dienstleistungen hat den Handel innerhalb der EU zu einem wichtigen Wirtschaftsfaktor für jedes einzelne Mitgliedsland werden lassen.

M2 Steht die Globalisierung unter Druck?

Der stetige Zuwachs an grenzüberschreitendem Handel hat in den letzten Jahren aufgrund mehrerer Krisen deutlich an Fahrt verloren und wird aus unterschiedlichsten Gründen kritischer gesehen.

Mit dem Austritt Großbritanniens aus der EU 2020 wurde die europäische Handelspolitik vor schweren Herausforderungen gestellt. Statt einer weiteren Einebnung von Handelsschranken werden seitdem neue Zollschranken diskutiert. Ebenfalls symbolisiert die Wahl Donald Trumps zum US-Präsident einen deutlichen Schwenk der USA hin zur kritischen Betrachtung offener Märkte und des Freihandels.

Der Ausbruch der Corona-Pandemie im Frühjahr 2020 mit weltweiten Produktions- und Transportunterbrechungen hat auch in den europäischen Ländern massive Diskussionen bezüglich der Widerstandsfähigkeit globaler Lieferketten aufgeworfen. Der intensive globale Handel und dessen Störanfälligkeit wurde ab diesem Zeitpunkt als Schwachpunkt für die eigene Volkswirtschaft gesehen.

Der Angriff Russlands auf die Ukraine und die damit ausgelöste massive Energiekrise vor allem in Deutschland haben diesen kritischen Blick auf die Handelsverflechtungen verstärkt. Die Abhängigkeit von russischen Energielieferungen könnte gegen Deutschland als politisches Druckmittel

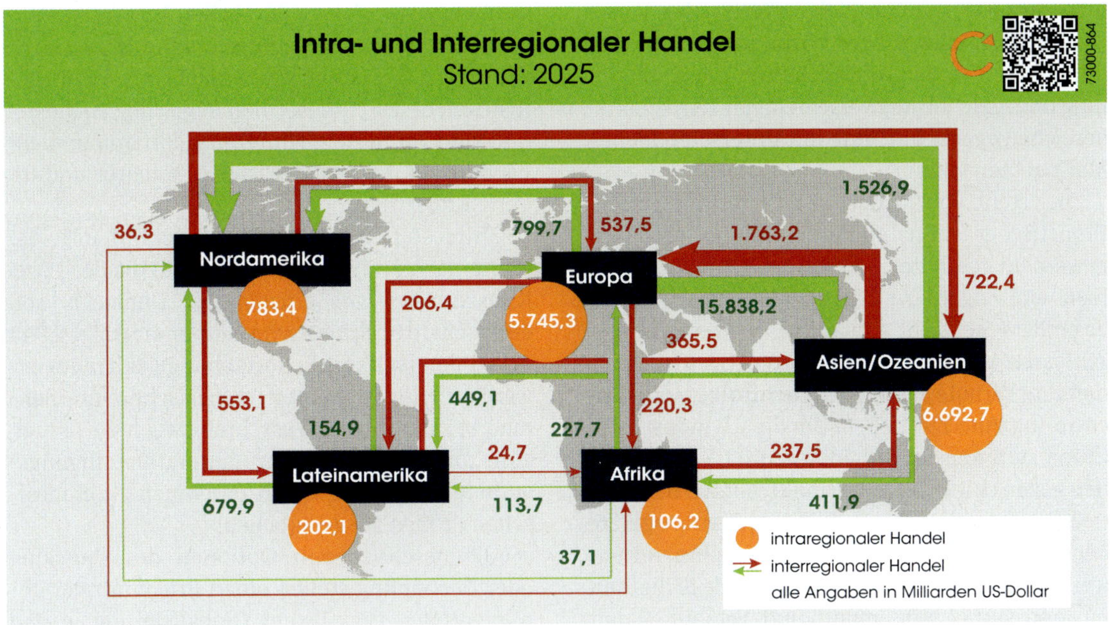

© C.C. Buchner Verlag, aktuelle Daten nach: UNCTAD (Datenerhebung 2024, Grafikerstellung 2025)

eingesetzt werden. Die geopolitischen Faktoren sind sowohl für Regierungen als auch für global agierende Unternehmen zentrale Faktoren geworden.

Weiteres Krisenpotential liegt für Deutschland in den Handelsbeziehungen mit China begründet. So bezeichnet die Bunderegierung in ihrer China-Strategie 2023 das Land als „Partner, Wettbewerber und systemischen Rivalen". Deutsche Unternehmen importieren zahlreiche Vorprodukte aus China, auf die nur schwer verzichtet bzw. deren Import nur schwer ersetzt werden kann. „Im Falle Chinas bestehen Abhängigkeiten in zahlreichen Bereichen, z. B. bei verschiedenen Metallen und Seltenen Erden, bei Lithiumbatterien und Photovoltaik sowie (veterinär-)pharmazeutischen Wirkstoffen (inkl. Antibiotika)." Im Falle einer geopolitischen Krise etwa durch einen Angriff Chinas auf Taiwan, würden diese Abhängigkeiten zu massiven Verwerfungen in den Lieferketten für die deutsche Wirtschaft führen. Produktionsausfälle wären die Folge.

M3 Welche Reaktionen auf die Krisen sind denkbar?

Angesichts der mannigfaltigen Krisen und der zunehmenden Systemkonkurrenz zwischen den USA und China drängen Politikerinnen und Politiker die Unternehmen zu Neubewertungen und Veränderungen der Praktiken im Außenhandel. Unterscheiden lassen sich hierbei das **Decoupling** (engl.: Entkopplung) und das **Derisking** (englisch.: Risikominimierung). Beide Strategien wollen der Verwundbarkeit der Lieferketten durch geopolitische Verwerfungen stärker Rechnung tragen.

Im Falle des **Derisking** sollen kritische Abhängigkeiten begrenzt bzw. minimiert werden. Die Diskussion um Optionen des Nearshorings, Friendshorings und Reshorings verdeutlichen, dass handelspolitische Entscheidungen zunehmend den geopolitischen Vorgaben folgen. Eine zusätzliche Reaktion auf Krisen ist die verstärkte Förderung regionaler Produktions- und Lieferketten, um Abhängigkeiten zu reduzieren und Versorgungssicherheit zu erhöhen. Ebenso gewinnen nachhaltige Beschaffungsstrategien und Investitionen in technologische Resilienz an Bedeutung, um zukünftigen Störungen im Welthandel besser begegnen zu können. Während unter Reshoring die Rückverlagerung der Produktion direkt in die eigene Volkswirtschaft verstanden wird, bezieht das Nearshoring die Rückverlagerung auch in benachbarte Länder mit ein. Das Friendshoring umfasst die Entkopplung der Handelsbeziehungen von autokratischen Staaten (bspw. China).

Decoupling bezeichnet dagegen die Entkopplung der Wirtschaftsbeziehungen zweier Volkswirtschaften oder ganzer Wirtschaftsblöcke. Die USA treiben in den letzten Jahren die Entkopplung und Abschottung verschiedener Wirtschaftsbereiche gegenüber China mit unterschiedlichen Maßnahmen voran.

Die eigene Volkswirtschaft soll mithilfe protektionistischer Maßnahmen vor chinesischen Wettbewerbern geschützt, bzw. chinesische Unternehmen vom Zugang zu gewissen Bereichen, die als besonders sensibel eingestuft werden, ausgeschlossen werden. So sprach die US-Regierung mehrere Verbote aus, die das **technologische Decoupling** zum Ziel haben. Um die KI-Industrie in China zu bremsen, verhängten die USA Sanktionen gegen chinesische Technologieunternehmen.

2022 stufte die USA die Kommunikationsgeräte der chinesischen Technologieunternehmen Huawei und ZTE als Risiko für die nationale Sicherheit ein und verbot den Import und Verkauf. Damit sollte verhindert werden, dass diese Unternehmen am Aufbau des 5G-Mobilfunknetzes beteiligt werden. Im gleichen Jahr sprachen die USA ein Exportverbot nach China für alle in den USA hergestellten Microchips und Anlagen zur Herstellung von Microchips aus („China Chip Ban“). Auf erheblichen politischen Druck der US-Regierung hin schlossen sich die Niederlande hinsichtlich des dort ansässigen Chipherstellers ASML und Japan hinsichtlich ihrer Anlagenbauer Tokyo Electron, Screen Holdings und Nikon dem Exportverbot an. Auf diese Weise wollen die USA ebenfalls die Entwicklung der Künstlichen Intelligenz-Kapazitäten in China bremsen. Eine chinesische Kurzvideo-App steht im Verdacht als Spionageinstrument der chinesischen Regierung zu dienen und wird vor diesem Hintergrund in immer mehr Ländern als Sicherheitsrisiko betrachtet und ihr Verbot diskutiert.

China steht den Maßnahmen der USA in keiner Weise nach und verfolgt eine Strategie der „zwei Kreisläufe“ (*Dual circulation*). Demnach soll einerseits der chinesische Binnenmarkt gestärkt und andererseits die Exportabhängigkeit reduziert werden. Hierfür werden chinesische Unternehmen bei staatlichen Ausschreibungen bevorzugt, zum *„buy Chinese“* aufgerufen und Beteiligungsverbote ausländischer Unternehmen an chinesischen Firmen ausgesprochen.

Alle beschriebenen Optionen des Derisking oder Decoupling stellen einen Bruch mit der dominierenden Praktik der Globalisierung in den letzten Jahrzehnten dar. Nicht mehr die ökonomische Kostenreduktion steht im Vordergrund, sondern die Frage nach potenziellen Versorgungsrisiken angesichts einer unsicherer werdenden internationalen Situation, in der Handelsblöcke nach befreundeten und nicht befreundeten Staaten unterteilt werden. Unter „befreundeten Staaten“ werden dann all jene Länder verstanden, die die eigene Volkswirtschaft auch bei einem geopolitischen Konflikt mit großer Wahrscheinlichkeit weiter beliefern würden.

M4 Welche Rolle spielt Deutschland im Welthandel?

Deutschland ist in den internationalen Handel in besonderer Weise eingebunden. Das ist einerseits mit der Lage Deutschlands in der geographischen Mitte des europäischen Binnenmarkts begründet und andererseits mit der Exportstärke deutscher Unternehmen. Obwohl in Deutschland nur ein Prozent der Weltbevölkerung lebt, lag der Anteil am weltweiten Warenexport bzw. -import im Jahr 2023 bei 7,1 bzw. 6,0 Prozent.

In Deutschland kommt mit einem Industrieanteil von etwas über 20 Prozent der Gesamtwirtschaft dem verarbeitenden Gewerbe eine hohe Bedeutung zu. Zum Vergleich: In den USA, Frankreich oder Großbritannien liegt der Industrieanteil nur noch bei etwa 10 Prozent. Hinter den USA und China ist Deutschland der drittgrößte Warenexporteur. Die vier wichtigsten Warengruppen, die exportiert werden, sind Kraftwagen und -teile, Maschinen und chemische Erzeugnisse. Es ist jedoch nicht nur der Export von Gütern und Dienstleistungen, der die deutsche Einbindung in die Weltwirtschaft prägt. Der Bezug von Vorleistungen aus dem Ausland, also der Import von Waren, die kostengünstig im Ausland produziert wurden und die in Deutschland weiterverarbeitet werden können, ist ein zentraler Faktor für viele deutsche Unternehmen, was wiederum ihre internationale Wettbewerbsfähigkeit stärkt. Aus diesem Grund ist Deutschland auch der drittgrößte Importeur (hinter China und USA) weltweit.

Diese enge Kopplung Deutschlands mit dem

Die wichtigsten Export- und Importgüter der Bundesrepublik Deutschland in Mio Euro (Stand: 2025)

73000-865

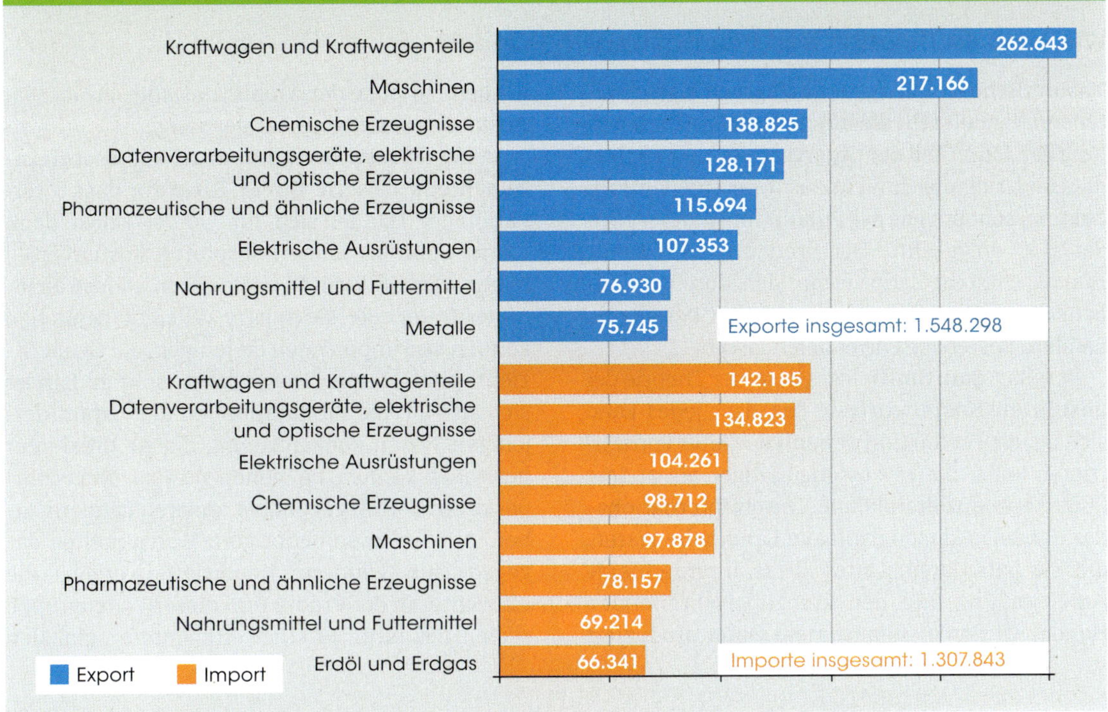

© C.C. Buchner Verlag, aktuelle Daten nach: DESTATIS (Datenerhebung: 2024, Grafikerstellung: 2025)

Die zehn wichtigsten Handelspartner (Export und Import) Deutschlands 2024 (Stand: 2025)

73000-866

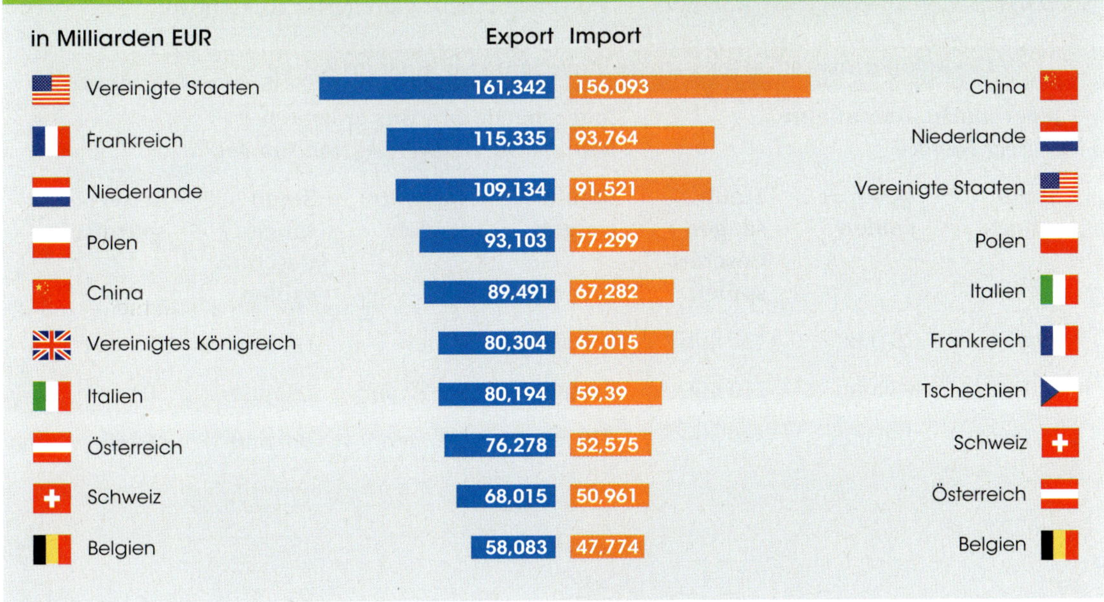

© C.C.Buchner Verlag, aktuelle Daten nach: DESTATIS (Datenerhebung: 2024; Grafikerstellung: 2025)

internationalen Handel spiegelt sich auch im Bereich der Beschäftigung wieder. Im Industriesektor hängen rund 54 % (Stand 2022) direkt oder indirekt vom Export ab. Bezogen auf den allgemeinen Arbeitsmarkt sind es immer noch 27 % der Arbeitsplätze.

M5 Wie erklären Theorien den internationalen Handel?

Theoretische Grundlage für den grenzüberschreitenden Handel stellt die internationale Arbeitsteilung dar. Einen Teil der Güterversorgung beziehen die Länder demnach nicht aus ihrer eigenen Produktion, sondern aus der Produktion anderer Länder und umgekehrt. Der grenzüberschreitende Handel entsteht dann, wenn sich durch die arbeitsteilige Produktionsweise in den beteiligten Ländern Kostenvorteile erzielen lassen.

Bereits **Adam Smith** legte in seiner Theorie der **absoluten Kostenvorteile** dar, dass jedes Land sich auf die Produktion derjenigen Güter konzentrieren solle, die es kostengünstiger als andere Staaten produzieren könne. Durch internationalen Handel bekämen dann alle Länder die Waren, die sie benötigten. Durch diese internationale Arbeitsteilung und den grenzüberschreitenden Handel würden in Summe mehr Güter produziert werden, so dass der Wohlstand aller an diesem Austausch beteiligten Länder steige.

In der Theorie der **komparativen Kostenunterschiede** beweist **David Ricardo**, dass internationaler Handel sich für Länder selbst dann lohnt, wenn sie keinen absoluten Kostenvorteil haben. Gemäß Ricardo exportieren Länder diejenigen Güter, die sie relativ effizient herstellen können und importieren diejenigen, die sie ineffizient produzieren. Demzufolge sollten Länder sich also auf die Produktion und den Export derjenigen Waren konzentrieren, die sie effizienter herstellen können, bei denen sie also einen komparativen Vorteil gegenüber anderen Ländern haben. Alle weiteren benötigten Waren sollten dagegen aus Ländern importiert werden, die effizienter in der Produktion dieser Warengruppe seien. Dies führt zu einer effizienteren globalen

Komparative Kostenvorteile: Ein Beispiel aus dem Alltag

Die beiden Studierenden Hannah und Jan verstehen sich gut und möchten ihre nachbarschaftliche Zusammenarbeit im Wohnheim bei der Hausarbeit weiter ausbauen. Der Arbeitsaufwand beim Kochen, Bügeln usw. ist in beiden Haushalten jeweils gleich groß und die Arbeiten werden von Jan und Hannah gleich gut erledigt. Allerdings stellen sie fest, dass Hannah schneller bügeln und schneller kochen kann. Sollte sich Hannah in diesem Fall mit Jan zusammentun? Folgende Tabelle gibt hierfür eine Antwort.

Die komparativen Kostenvorteile funktionieren auch im Alltag

	Jeder macht alles alleine *(≈ Kein Handel)*			**Jeder macht das, was er besten kann** *(≈ Spezialisierung und Handel)*			
Arbeitsaufwand in Minuten	**Staub saugen**	**Geschirr spülen**	**Staub saugen + Geschirr spülen**	**Staub saugen**	**Geschirr spülen**	**Staub saugen / Geschirr spülen**	**Zeitersparnis**
Hannah	60 min	70 min	130 min	2 x 60 min	0 min	120 min	10 min
Jan	120 min	90 min	210 min	0 min	2 x 90 min	180 min	30 min
Arbeitsaufwand für beide Nachbarn zusammen	180 min	160 min	340 min	120 min	180 min	300 min	40 min

Nach: Zandonella, Bruno: Wirtschaft für Einsteiger, Sekundarstufe I. In: www.bpb.de, 01.04.2020

Beispiel für die Wirkung der Skalenerträge im Automobilsektor		
Gesamter Arbeitseinsatz in Stunden	**Produktionsmenge PKW**	**Durchschnittlicher Arbeitseinsatz in Stunden**
10	5	2
15	10	1,5
20	15	1,33
25	20	1,25

Nach: Krugman, P.R. u.a.: Internationale Wirtschaft, Theorie und Politik der Außenwirtschaft, 10. Auflage, S. 209

Produktion und ermöglicht es allen Ländern, durch den Handel zu profitieren.

In der Theorie der **Faktorproportionen** beziehen die schwedischen Wissenschaftler **Eli Heckscher und Bertil Ohlin** die Ausstattung der Länder mit Produktionsfaktoren in ihre Theorie mit ein. Der Außenhandel wird in diesem Fall nicht nur mit Kosten- oder Produktivitätsvorteilen wie bei Smith oder Ricardo erklärt, sondern auch mit der Ausstattung einer Volkswirtschaft mit Land, Kapital und Bodenschätzen. Wenn ein Land mit einer Ressource im Verhältnis zu einer anderen Ressource besonders gut ausgestattet ist (bspw. Schweden mit Forstland), spricht man von Faktorreichtum. Zentral ist hierbei nicht, welche Länder absolut gesehen über mehr Kapital, Bodenschätze oder Arbeitskräfte verfügen. Vielmehr kommt es auf das Verhältnis (Proportionen) an, in dem diese Faktoren in den Ländern vorhanden sind. Schweden ist beispielsweise mit der Ressource Forstland reicher ausgestattet als mit der Ressource Arbeitskräfte. Daher spricht man auch von Faktorproportionentheorie.

Ein Land wird die Güter in besonders großen Mengen herstellen und anschließend exportieren, bei deren Produktion seine reichlichen Ressourcen besonders intensiv genutzt werden (im Falle Schwedens also Forstprodukte jeder Art). Denn durch den Faktorreichtum wird die Produktion des Gutes relativ gesehen günstiger. Dagegen wird nach dem Heckscher-Ohlin-Theorem ein Land die Güter importieren, für deren Herstellung kein Faktorreichtum im eigenen Land besteht. Demzufolge wird ein Land wie Deutschland, welches gut mit dem Faktor Kapitalreserven ausgestattet ist, kapitalintensive und technologisch anspruchsvolle Güter herstellen und exportieren (Maschinen, chemische Erzeugnisse). Arbeitsintensive und technologisch anspruchslose Produkte dagegen (bspw. Textilprodukte) wird es dieser Theorie zufolge importieren.

Die bisherigen theoretischen Ansätze erklären mit Unterschieden zwischen den Ländern (Kostenvorteile, Produktivität, Faktorausstattung) die Ursachen für den Außenhandel. Damit können aber gewisse Formen des Außenhandels nicht erklärt werden. So widerspricht die Tatsache, dass Industrienationen wie Frankreich und Deutschland gleichartige Produkte (bspw. Autos) miteinander handeln, dem klassischen Außenhandel. Der Handel mit gleichartigen Gütern konzentriert sich auf entwickelte Länder mit ähnlicher Wirtschaftsstruktur und macht einen erheblichen Teil des Außenhandels aus. Dieses Phänomen lässt sich mit der Bedeutung der **Skalenerträge** (*economies of scale*) und dem **intraindustriellen Handel** erklären.

Mit Skalenerträgen sind Größenvorteile durch die Erhöhung der Produktionsmenge gemeint. Je stärker die Produktionsmenge wächst, desto mehr sinken die Kosten pro produzierte Einheit. Der Arbeitseinsatz pro Produktionseinheit wird umso kleiner, je mehr Einheiten produziert werden; ein Unternehmen kann mit zunehmender Produktionsmenge also die Kosten pro Stück senken und produziert damit effizienter. Ursachen für diese Effizienzsteigerung sind unter anderem eine bessere Verteilung der Fixkosten auf mehr Einheiten, was die Kosten pro Einheit senkt oder aber die höhere Auslastung von Maschinen. Um diese Skalenerträge nutzen zu können, streben Unternehmen also nach einer möglichst großen Absatzmenge und damit nach einem großen Markt.

Vor diesem Hintergrund ist es für Unternehmen und Länder lohnend auch mit denjenigen Ländern zu handeln, die über die gleichen Ressourcen und Technologien verfügen. Findet ein Im- und Export mit ähnlichen oder gleichen Produkten zwischen zwei entwickelten Ländern statt, wird das als „intraindustrieller Handel“ bezeichnet. Die gehandelten Waren, bspw. Autos, unterscheiden sich kaum im Hinblick auf Kapital- und Arbeitsintensität, mit der sie hergestellt worden sind. Intraindustrieller Handel tritt hauptsächlich bei Industrieprodukten auf, sehr viel weniger bei Rohstoffen.

Die Bedeutung des intraindustriellen Handels lässt sich zum einen mit den eben beschriebenen Skalenerträgen erklären: Durch den Außenhandel vergrößert sich der Markt für die am Handel teilnehmenden Unternehmen, womit sich die Größenvorteile der Produktion realisieren lassen. Durch die Öffnung der Handelsgrenzen können die Vorteile der Massenproduktion besser genutzt werden. Zum anderen liefern die Bedürfnisse der Konsumentinnen und Konsumenten eine weitere Teilerklärung. Ihre Wünsche werden immer spezieller und differenzierter. Sie schätzen ein differenziertes Angebot, das ihnen vielfältige Auswahlmöglichkeiten eröffnet: viele Deutsche fahren Automodelle von Renault oder Fiat, und zahlreiche Französinnen und Franzosen entscheiden sich für Volkswagen oder BMW. Die verschiedenen subjektiven Präferenzen der Konsumentinnen und Konsumenten werden durch eine Produktdifferenzierung auf Seiten der Anbieter befriedigt.

Handel nach Warengruppen zwischen Deutschland und Frankreich (Stand: 2025)

73000-867

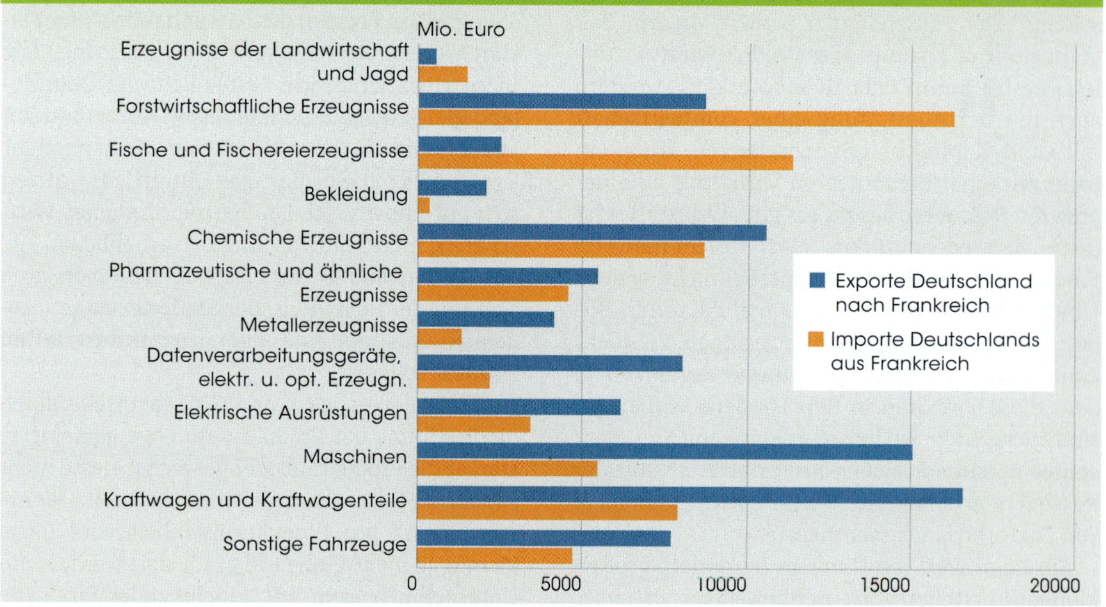

© C.C. Buchner Verlag, aktuelle Daten nach: DESTATIS (Datenerhebung: 2024; Grafikerstellung: 2025)

Aufgaben

72003-219

1. Erläutern Sie die Faktoren, die den Globalisierungsprozess ermöglichen (**M1**).
2. Stellen Sie die Herausforderungen und Krisen im Kontext der ökonomischen Globalisierung dar (**M2–M4**).
3. Beschreiben Sie die Theorien zur Erklärung internationalen Handels (**M5**).
4. Begründen Sie anhand dieser Theorien, warum Deutschland und Frankreich miteinander handeln (**M5**).
5. Erörtern Sie Vor- und Nachteile, die sich aus dem internationalen Handel für Deutschland ergeben.

Die deutsche Industrie: Herausforderungen im Umgang mit China

Angesichts der sich veränderten Rahmenbedingungen für den globalen Handel unterstreicht die deutsche Bundesregierung in ihrer China-Strategie die Notwendigkeit einer Risikominderung bezüglich der Abhängigkeiten im Außenhandel mit China. Die deutschen Unternehmen stehen damit vor der Herausforderung, zwischen Profitabilität und Risikominderung abzuwägen.

M1 Wie entwickelte sich Deutschlands Handel mit China?

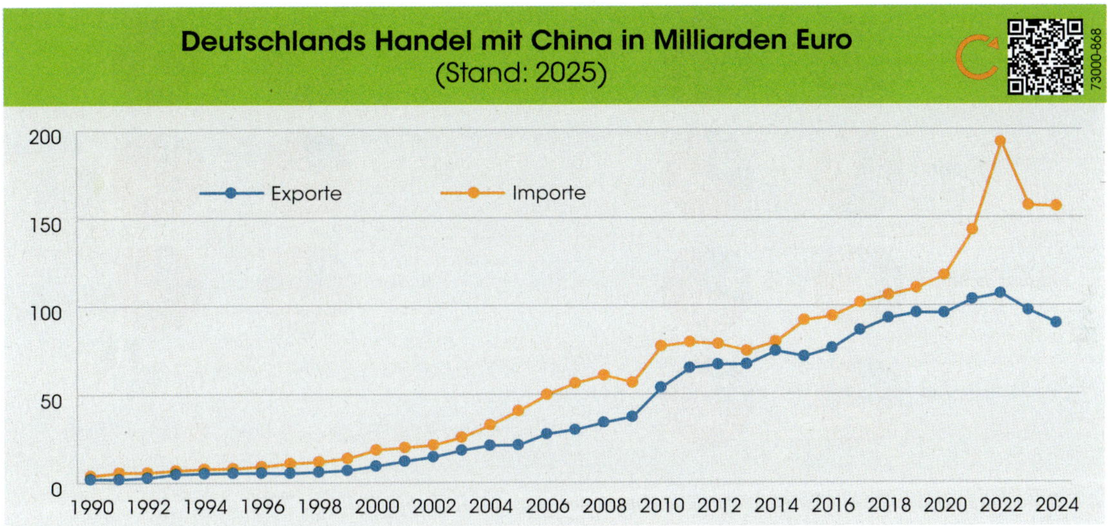

© C.C. Buchner Verlag, aktuelle Daten nach: DESTATIS (Datenerhebung: 2024; Grafikerstellung: 2025)

M2 Direktinvestitionen in China durch deutsche Unternehmen

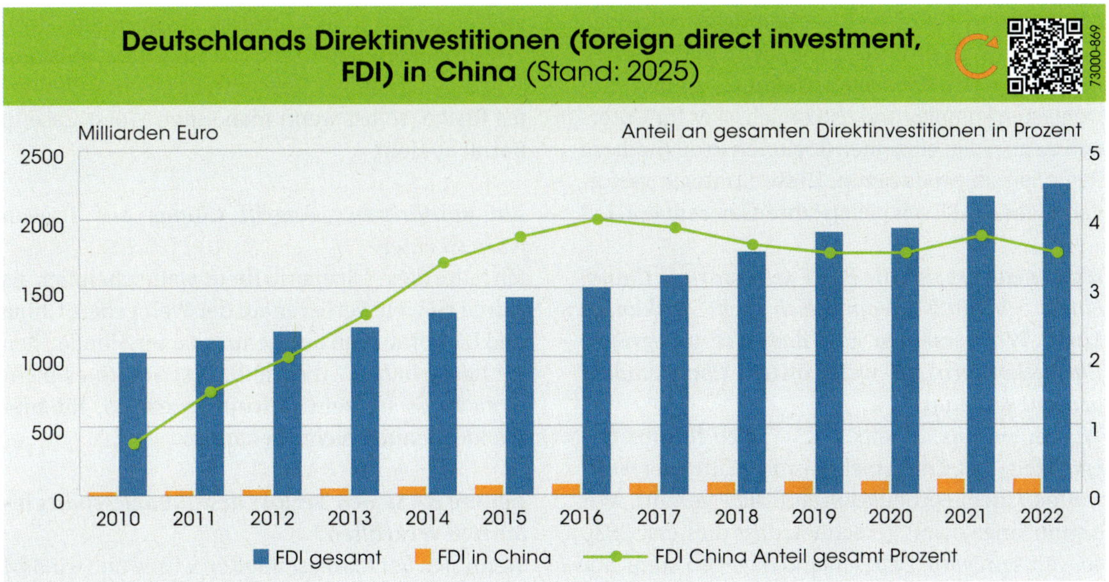

© C.C. Buchner Verlag, aktuelle Daten nach: Bundesbank, eigene Berechnungen (Datenerhebung: 2024; Grafikerstellung: 2025)

Direktinvestionen
Beteiligung deutscher Unternehmen an einem im Ausland ansässigen Unternehmen, meistens Aufbau von Produktionsstandorten

M3 Abhängigkeit deutscher Konzerne vom Geschäft mit China

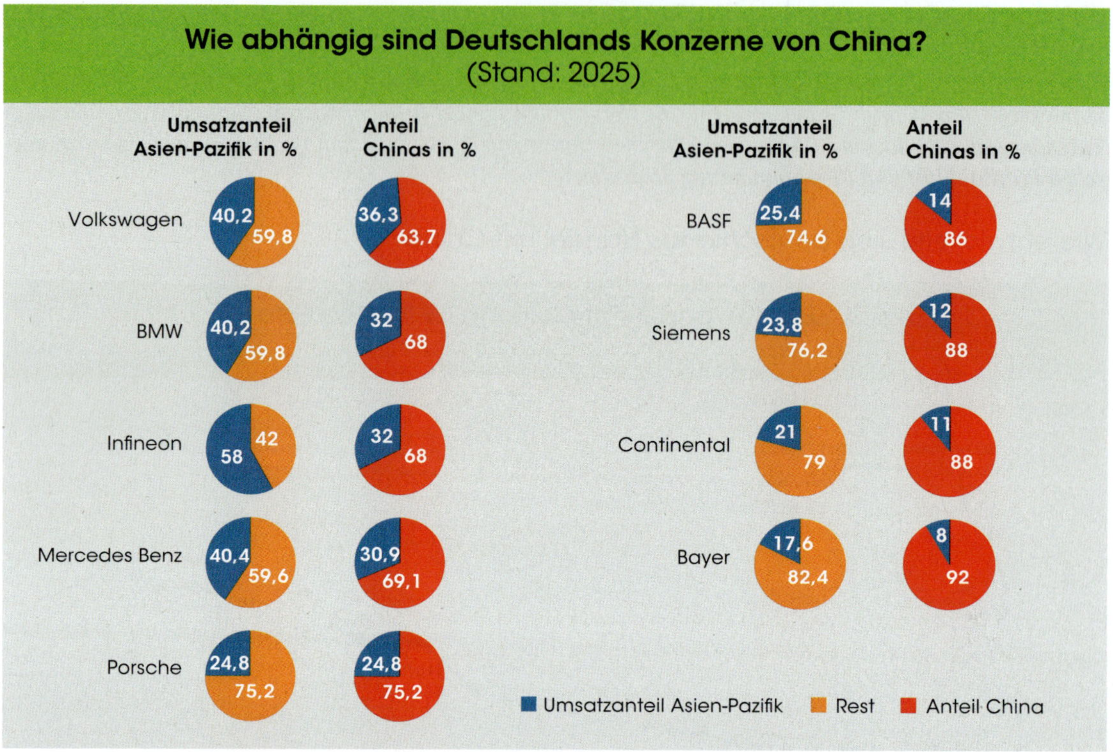

© C.C. Buchner Verlag, aktuelle Daten nach: GTAI (Datenerhebung: 2024; Grafikerstellung: 2025)

M4 BASF-Chef Brudermüller setzt weiter auf den chinesischen Markt

Erleben wird gerade das Ende der Globalisierung?

Sie verändert sich. Wir brauchen den Freihandel, müssen uns als Unternehmen aber den Realitäten mit möglichen Handelsrestriktionen stellen. Am wenigsten komplex und risikoreich ist es für Unternehmen, in den einzelnen Regionen lokal für diese Regionen zu produzieren. Diese Strategie verfolgen wir bei BASF seit vielen Jahren konsequent. [...]

Jetzt engagiert sich die BASF sehr stark in China, einem ebenfalls geopolitisch sehr riskanten Land. Wir verstehen gut, dass der weltgrößte Chemiekonzern im weltgrößten Chemiemarkt präsent sein muss ......

Wissen Sie was: Bereits 2023 – auch für uns unerwartet – hat China mehr als die Hälfte der weltweiten Chemieproduktion auf sich vereint. Wir hatten lange damit gerechnet, dass dies erst 2030 so weit sein wird. Deutschland dagegen steht nur noch für drei Prozent der Produktion, genauso wenig entfällt übrigens auf Indien.

Aber wie bewerten Sie die hohen Risiken?

Für uns ist das Risiko eines Verzichts auf China größer als das Risiko unseres Engagements dort. Wir produzieren in China nur für China, es ist ein sehr eigenständiges Geschäft. Es ist ein kalkuliertes Risiko, selbst wenn man einen Worst Case in Betracht zieht.

Ein militärischer Angriff Chinas auf Taiwan wäre so einer.

Ich halte dieses Szenario für unwahrscheinlich. Es würde zu viele Verlierer auf der Welt geben. China und USA brauchen den gemeinsamen Handel, den sie heute haben. Auch militärisch wäre es nicht einfach. Es ist kein Gewinnerszenario, für niemanden – auch nicht für China.

Könnte BASF den Verlust des Chinageschäfts bilanziell verkraften?

Wenn sich der Markt schließen würde und wir dort enteignet würden, würde die BASF das Überleben. Aber es würde eine deutlich kleinere BASF übrig bleiben – und eine deutlich weniger profitable BASF, die eine grüne Transformation hierzulande so einfach nicht mehr stemmen könnte [...]

Das eigentliche Ziel von Peking ist es doch, dass sich das Land praktisch selbst versorgen kann. Am Ende ist China auf westliche Unternehmen im Land gar nicht mehr angewiesen. Dann geht die Wette der BASF nicht auf.

China wird bei bestimmten Technologien und Investitionen vom Westen abgeschnitten, da ist es verständlich, dass man eine chinesische Alternative haben will. Dass man in einen Technologiewettstreit mit dem Westen tritt, finde ich per se auch nichts Schlimmes. Wettbewerb belebt das Geschäft – und sich dabei für Fairness einzusetzen, ist die richtige Linie. Ich bleibe bei meiner Einschätzung: China will offen und in der Weltwirtschaft integriert bleiben.

Deutschland bleibt weit unter seinen Möglichkeiten,
In: www.handelsblatt.com, 22.04.2024

Steckbrief BASF-Gruppe
Chemiekonzern mit Hauptsitz in Ludwigshafen am Rhein; weltweit besitzt BASF 234 Produktionsstandorte in 93 Ländern und beschäftigt rund 112.000 Mitarbeiterinnen und Mitarbeiter; am Konzernsitz in Ludwigshafen arbeiten ca. 39.000 Menschen.
Die wichtigsten Bereiche, in denen die BASF Produkte anbietet: Kunststoffe, Batteriematerialien, Pflanzenschutzmittel, Produkte für die Pharma- und Körperpflegeindustrie
Aktuelle Projekte in China: Bau eines Chemie-Werks im Süden Chinas für rund 10 Mrd. Euro; Ausbau der bereits bestehenden Produktionsanlagen

	Gesamtumsatz	Umsatz in China
2023	68,9 Mrd. Euro	9,4 Mrd. Euro
2022	87, 3 Mrd. Euro	11,6 Mrd. Euro

M5 Ein deutscher Mittelständler hat genug von China

The glowing finger at the end of a robotic arm blazes across a ribbon of aluminum, welding holes in one of 2,000 ladder parts that will be constructed at an assembly line run by the Munk Group in southern Germany. Factories like this one dot the landscape in rural Bavaria, home to hundreds of Mittelstand companies: private, family-owned enterprises that make up the backbone of Europe's largest economy. Ferdinand Munk's family has built ladders here for 120 years, long enough to understand who's worth doing business with.

„We started doing business with China two decades ago," Munk says. „The German government encouraged us to cooperate with Chinese firms. They told us it would be a win-win scenario." Twenty years later, the German government has changed its tune on China.

„The German government is not in any position to bail out German companies invested in China," warned Foreign Minister Annalena Baerbock at a national security strategy meeting in June. That echoed new language employed by the European Union, which labeled China „an economic competitor and a systemic rival." Baerbock's comments signaled a new strategy toward China that the government calls „de-risking."

The then-foreign minister of China quickly shot back, warning his German counterparts that „de-risking" could mean „de-opportunity," „de-cooperation," „destabilizing" and „de-development." But for CEO Munk, doing business with China became de-pressing.

„One day, we placed a big order, paid for it upfront, and they didn't deliver it," Munk says. „We called them, no answer. We flew to China and when we got to the factory, everybody was gone. There was just a single guard at the gate. The company disappeared and we never saw our money again." Munk now pays more for the peace of mind that comes with European suppliers he trusts. Trust — whether it's over parts for a ladder factory or around national security — is at the heart of why CEOs and Western governments have distanced themselves, or „de-risked," from China.

Schmitz, Rob: German Government wants companies to ‚de-risk' from China, but business is reluctant.
In: www.npr.org, 19.01.2024

M6 Wie gehen deutsche Unternehmen mit dem China-Risiko?

Projektnamen können trügerisch sein. „Decoupling China", auf Deutsch China abkoppeln, heißt ein Projekt des schwäbischen Motoren- und Ventilatorenherstellers EBM-Papst. Das Ziel: Der Mittelständler will seine Tochtergesellschaft, die schon seit 27 Jahren in China aktiv ist, befähigen, das Geschäft in der Volksrepublik künftig möglichst allein zu stemmen.

Doch der Begriff „Entkopplung" weist heute angesichts von Handelskonflikten, Kriegen in der Ukraine und im Nahen Osten sowie chinesischen Drohungen gegen Taiwan längst in eine andere Richtung. Wer heute „Entkopplung" sagt, meint die Abkehr von China und den Abbruch der Beziehungen in die zweitgrößte Volkswirtschaft der Welt.

Das ist aber nicht im Sinne von Thomas Nürnberger, Chief Sales Officer und China-Chef des größeren Mittelständlers EBM-Papst. „Das Projekt heißt eigentlich Enabling China", sagt der 55-Jährige, es gehe um das Ermöglichen und Befähigen im Chinageschäft.

So denken viele Unternehmen, die Chancen in China sehen, aber um die Risiken wissen. Das Geschäft mit China ist politisch aufgeladen wie lange nicht. Chinas Null-Covid-Politik während der Pandemie hat gezeigt, dass globale Lieferketten gefährdet sind, wenn China schwächelt oder sich abwendet. Wie aber gehen deutsche Unternehmen mit der gewachsenen Unsicherheit um? [...]

Das bedeutet für viele Unternehmen auch eine stärkere Lokalisierung. Was in China produziert wird, wird möglichst aus chinesischen Rohstoffen und nach chinesischen Konsumentenwünschen hergestellt – und bleibt im Land. So geht auch der Automobilzulieferer Hella vor. „Wir entwickeln und produzieren zunehmend in den Regionen für die Regionen", erklärt Sprecher Daniel Morfeld. So sei das Unternehmen auf Marktschwankungen einzelner Regionen „bestmöglich vorbereitet".

Der Sportartikelhersteller Adidas setzt verstärkt auf speziell für China entwickelte Produkte und chinesische Athleten im Marketing. Bosch entwickelt und produziert ebenfalls vor Ort größtenteils für den chinesischen Markt. „Wir haben wenige Produkte, die wir aus China exportieren und umgekehrt", sagt Bosch-Sprecherin Irina Ananyeva. Das Unternehmen beschäftigt dort rund 58.000 Mitarbeiterinnen und Mitarbeiter.

Der Mittelständler EBM-Papst produziert in Shanghai und Xi'an und beschäftigt vor Ort rund 70 Fachkräfte, die Produkte für den chinesischen Markt entwickeln. Insgesamt arbeiten 1900 Mitarbeiterinnen und Mitarbeiter für das Unternehmen in China und erwirtschaften einen Umsatz von 350 Millionen Euro. Rund 15 Prozent davon stammen aus dem Export, der Anteil soll sinken. Nicht aber die Investitionen: In Xi'an plane das Unternehmen eine Investition in der Größenordnung von 25 Millionen Euro, sagt China-Chef Nürnberger. [...]

Um Risiken zu minimieren, setzt das Unternehmen auch auf Standorte außerhalb Chinas: in Singapur und Indien. In Indien betreibt es bisher zwei Werke, ein neues mit rund 500 Mitarbeitern soll entstehen, um Asien außerhalb Chinas zu beliefern. Eine solche Diversifizierung soll auch die Flexibilität im Krisenfall erhöhen, zumal sich große politische Krisen oft schnell entwickeln und dann kaum Zeit bleibt, Strategien anzupassen. [...]

Benninghof, Martin: Wie deutsche Unternehmen mit dem China-Risiko umgehen. In: www.handelsblatt.com, 01.11.2023

Aufgaben

72003-220

1. Charakterisieren Sie den Handel zwischen Deutschland und China anhand der Statistiken **M1–M3**.
2. Vergleichen Sie die Strategien der Unternehmen BASF, ebm-Papst und Munk (**M4**, **M5** und **M6**)
3. *Derisking* oder *Decoupling*? Welche Strategie sollten deutsche Unternehmen angesichts der geopolitischen Herausforderungen in Bezug auf den globalen Handel wählen? Erörtern Sie diese Frage.

2.5 Global Economic Governance

Leitfragen

Was ist Global Economic Governance?

Welche Organisationen sind daran beteiligt?

Wie erfolgreich sind diese Organisationen aktuell?

Die Konferenz von Bretton Woods (in der Mitte John Maynard Keynes als Vertreter Englands) war eine der ersten Ansätze, Global Economic Governance zu schaffen.

M1 Was bedeutet Global Governance?

Die zunehmende **Verflechtung der Welt** auf wirtschaftlicher Ebene ruft die Frage hervor, wie ökonomische Prozesse von politischer Seite gelenkt werden können, um negative Folgen zu vermeiden. Im Rahmen des Nationalstaates ist es die Wirtschaftspolitik, der klassischerweise diese Aufgabe zukommt. Im Globalisierungsprozess stoßen die Nationalstaaten in immer mehr Politikfeldern an die Grenzen ihrer Handlungsmöglichkeiten. Im internationalen System erfordert die Beeinflussung von Wirtschafts- und Finanzprozessen Institutionen, die über den Nationalstaat hinausgehen.

Im internationalen System haben sich Strukturen etabliert, die mit dem politischen Begriff „**Global Governance**" beschrieben werden. Damit werden die kollektiven Regelungen beschrieben, die auf globale Problemlagen oder Sachverhalte zielen. Auf der „Global Governance"-Ebene übernehmen internationale Organisationen Koordinationsfunktionen, die die Nationalstaaten alleine nicht mehr leisten können. Die beteiligten Akteure arbeiten an gemeinsamen Regelungen und deren Durchsetzung, um grenzüberschreitende Probleme im Sinne Aller zu lösen. Diese Akteure sind nicht zwangsläufig alle staatlicher Natur, sondern können auch private Organisationen sein. Beispielsweise regelt die Society for Worldwide Interbank Financial Telecommunication, abgekürzt SWIFT, den Nachrichten- und

THE WORLD BANK

Die Weltbank setzt sich für Entwicklung und Armutsbekämpfung ein.

Transaktionsverkehr zwischen Banken weltweit. Ein Zahlungsverkehr über Ländergrenzen ist faktisch nur über das von SWIFT definierte System möglich. Diese Organisation selbst gehört den Banken und hat ihren Sitz in Belgien.

Ein weiteres Beispiel für Global Governance wäre die Klimarahmenkonvention der UN, in der sich die teilnehmenden Staaten verpflichten, die Erderwärmung zu begrenzen. Da das Ziel global wirksamer Klimapolitik nur kollektiv realisiert werden kann, müssen die Abstimmungen darüber auf internationaler Ebene erfolgen. Grundlage der „Global Governance“ ist ein kooperatives Verhalten aller Akteure. Dies zwingt Nationalstaaten zum Verzicht gewisser Handlungskompetenzen, die mit internationalen Organisationen geteilt werden.

Stehen wirtschaftliche Fragen im Mittelpunkt spricht man von **„Global Economic Governance“**. Hiermit sind die internationalen Organisationen der Weltwirtschaft beschrieben, die mittels Koordinierung, Kooperation und Entscheidungsfindung bestrebt sind, in der globalen Ökonomie Strukturen und Ordnung herzustellen. Die zentralen wirtschaftlichen Institutionen in diesem Feld sind der Internationale Währungsfond (IWF), die Weltbank und die Welthandelsorganisation (World Trade Organization, WTO).

Die Weltbank und der IWF gingen aus einer Währungs- und Finanzkonferenz der UN in **Bretton Woods** im Jahre 1944 hervor. Ziel der Konferenz war es, Regeln für den Weltmarkt zu finden. Die WTO wurde drei Jahre später, 1947, im Rahmen der Unterzeichnung eines Zoll- und Handelsabkommens (GATT, General Agreement on Tariffs and Trade) gegründet. Alle drei Institutionen sind Sonderorganisationen der UN.

M2 Was sind die Ziele der Weltbank?

Die Weltbank hat 189 Mitgliedsstaaten, ihren Hauptsitz in Washington D.C und versteht sich als multinationale Entwicklungsbank. Ursprünglich mit dem Ziel gegründet, den Wiederaufbau der durch den Zweiten Weltkrieg verwüsteten Staaten zu finanzieren, stellt die Weltbank ihr Kapital hauptsächlich Entwicklungsländern für Wirtschaftsprojekte zur Verfügung. Nach eigenen Angaben will die Weltbank bis 2030 zwei **Ziele** erreichen: Erstens soll dann der Anteil der Weltbevölkerung, die in extremer Armut leben, bei weniger als drei Prozent liegen. Zweitens möchte sich die Weltbank dafür einsetzen, dass in allen Staaten der Welt die Einkommen der unteren 40 Prozent der Menschen steigen.

Gefördert werden **Maßnahmen** zur Armutsbekämpfung, Wirtschaftswachstum und nachhaltige Entwicklung.

Die Weltbank sieht sich seit Langem **Kritik** von Seiten von Nichtregierungsorganisationen, aber auch von renommierten Ökonomen ausgesetzt. Viele ihrer Projekte hätten negative Auswirkungen auf die Umwelt. Eine Förderung fossiler Brennstoffe sei durch die Weltbank weiterhin möglich. Die Förderung des neoliberalen Wirtschaftsmodells und der Globalisierung, die Entwicklungsländern aufgezwungen werde, ist ein weiterer Kritikpunkt. Der Wirtschaftsnobelpreisträger Joseph Stieglitz, der einige Jahre die wichtige Position des Chefökonoms der Weltbank innehatte, kritisierte nach seinem Ausscheiden im Jahr 2000 die Politik der Weltbank. Diese würde Wohlstand und

Maßnahmen der Weltbank
- Darlehen und Mikrokredite zur Entwicklungsförderung
- Technische Hilfe und Projekte in den Bereichen Bildung, Infrastruktur (Wasser, Elektrizität), Kommunikation
- Programme gegen Korruption
- Programme zur Gesundheitsförderung (bspw. HIV/AIDS)
- Die Vergabe der Kredite der Weltbank sind an Auflagen in den Empfängerländern geknüpft, mit dem Ziel deren Politik zu beeinflussen.

Entwicklung nicht fördern, sondern die Kluft zwischen Arm und Reich verschärfen.

Die Forderung, dass sich die Weltbank reformieren müsse, wird schon länger geäußert. Zur Aufgabe der Armutsbekämpfung müsse das Ziel treten, einen bewohnbaren Planeten zu erhalten und den Herausforderungen des Klimawandels Rechnung zu tragen.

M3 Welche Aufgaben hat der Internationale Währungsfonds (IWF)?

Der IWF sieht sein Hauptziel in der **Finanzmarktstabilisierung**. Er unterstützt seine Mitgliedsstaaten bei Zahlungsschwierigkeiten mithilfe von Maßnahmen wie Krediten, um zu verhindern, dass Staaten zahlungsunfähig werden. Die Ausweitung des Welthandels gehört ebenso zu den Zielen des IWF wie die internationale Zusammenarbeit in der Währungspolitik und die Gewährung technischer Hilfen.

Die **Kreditvergabe** durch den IWF ist an Kriterien gebunden, welche in den Empfängerländern oft als Einmischung in die eigenen Wirtschafts- und Sozialpolitik empfunden werden. In sogenannten Strukturanpassungsprogrammen wurden als Maßnahmen u.a. Kürzungen der Staatsausgaben und eine Verschlankung des Staatsapparats, Privatisierungen von öffentlichen Einrichtungen, der Abbau von Subventionen und die Deregulierung von Märkten festgeschrieben.

Die **Kritik bzw. Bewertung** der Arbeit des IWF ist uneinheitlich. Aus Sicht vieler Ökonominnen und Ökonomen hat der IWF durch seine Kreditvergabe die Sanierung zahlungsunfähiger Staaten oft erfolgreich begleitet und damit mehrmals Währungs- und Finanzturbulenzen abgemildert. Kritikerinnen und Kritiker werfen dem IWF dagegen vor, eine neoliberale Agenda zu verfolgen und mit seinen Strukturanpassungsprogrammen negative Folgen in der Sozial- oder Bildungspolitik in Kauf zu nehmen. Die Kreditvergabe sei häufig daran geknüpft, in Sozialprogrammen Einsparungen vorzunehmen.

Kritisiert wird zudem die Stimmengewichtung und das Demokratiedefizit der Organisation, da Industrienationen eine deutlich höhere Stimmgewichtung hätten als Entwicklungsländer. Dies ist darauf zurückzuführen, dass die Stimmgewichtung sich nach dem Kapitalanteil der einzelnen Mitgliedsländer richtet. Die Mitgliedsstaaten mit den größten Stimmanteilen sind die USA (16,5 %), Japan (6,14 %), China (6,08 %), Deutschland (5,31 %), Frankreich (4,03 %), Großbritannien (4,03 %), und Italien (3,02 %).

Der Internationale Währungsfonds IMF (International Monetary Fund) berät Länder bei Wirtschafts- und Währungskrisen.

M4 Welche Rolle spielt die World Trade Organisation (WTO)?

Die WTO hat gegenwärtig 166 Mitgliedsstaaten und regelt als UN-Sonderorganisation den internationalen Handel. Ihre Mitgliedsstaaten repräsentieren 98% des globalen Handelsvolumens. Zentrale Entscheidungen der Organisation werden nach dem Einstimmigkeitsprinzip getroffen. Alle Mitgliedsländer haben eine Stimme.

Als Ziele definiert die Organisation die Wohlfahrt zu steigern und die Löhne zu erhöhen, Vollbeschäftigung zu erreichen und zu sichern. Zu diesem Zweck soll der Handel ausgeweitet und jede Form des Protektionismus vermieden werden. Der Abbau von Handelshemmnissen und die Schlichtung von Handelsstreitigkeiten sind darüber hinaus zentral für die WTO.

Als grundlegend für die WTO und die Liberalisierung des Welthandels gelten drei Abkommen: Im **General Agreement on Tariffs and Trade (GATT)** (deutsch: Allgemeine Zoll- und Handelsabkommen) sind die Regeln für den internationalen Handel mit Waren festgehalten. Seit der Unterzeichnung des Vertragswerks 1947 wurden in bisher acht Verhandlungsrunden Handelshemmnisse für immer mehr Warengruppen abgebaut. In den ersten fünf Verhandlungsrunden (1947 bis 1962) konnten erhebliche Zollsenkungen erreicht werden. In Folge wuchs der Welthandel in den 50er und 60er Jahren jährlich um durchschnittlich acht Prozent. Die neunte Verhandlungsrunde, die 2016 ihren Abschluss finden sollte (Doha-Runde), scheiterte, weil sich die Mitgliedsstaaten nicht einigen konnten.

Seit 1995 ist ein Vertragswerk in Kraft, welche den Handel mit Dienstleistungen regelt (**General Agreement on Trade Services, GATS**). Es umfasst alle Dienstleistungen mit Ausnahme derer, die der Staat in Ausübung seiner hoheitlichen Aufgaben erbringt wie etwa das Polizeiwesen.
Als dritte zentrale Säule gilt das **Agreement on Trade-Related Aspects of Intellectual Property Rights (TRIPS)**, das seit 1996 in Kraft ist und nur für Industrieländer gilt. Es schützt geistiges Eigentum in den Bereichen Patente, Marken, Urheberrecht, Computerprogramme und Industriedesign. Für die Entwicklungsländer gelten die Regeln seit dem Jahr 2000.

Die WTO erlegt allen ihren Mitgliedern folgende Prinzipien auf:

- **Nichtdiskriminierung**: Ausländische und inländische Anbieter von Waren und Dienstleistungen müssen grundsätzlich gleichbehandelt werden.
- **Meistbegünstigung**: Gewährt ein WTO-Mitglied einem anderen Land eine Handelserleichterung, muss diese auch allen anderen Mitgliedern zugestanden werden.
- **Gegenseitigkeit:** Handelserleichterungen, die einem Handelspartner eingeräumt werden, muss dieser in gleicher Weise erwidern.
- **Kontingentverbot:** Mengenmäßige Beschränkungen bei Importen und Exporten sind grundsätzlich nicht zulässig.

Eine wichtige Funktion der WTO besteht in der Schlichtung von **Handelsstreitigkeiten**. Die Mitgliedsländer haben die Möglichkeit, das Gremium zur Streitschlichtung anzurufen und ihre Klage vorzutragen. Kommt es im Verlauf des Schlichtungsverfahrens zu keiner Einigung, können Handelssanktionen erlaubt werden.

Sollten die Prinzipien von WTO-Mitgliedern verletzt werden, sieht die Institution ebenfalls eine Reihe von Maßnahmen vor: Laut dem WTO-Übereinkommen können Schutzmaßnahmen ergriffen werden, wenn ein signifikanter Anstieg von Importen zu Schäden für inländische Wirtschaftssektoren führt. Ausnahmen vom Prinzip der Meistbegünstigung sind in bestimmten Fällen möglich, bspw. zum Schutz der nationalen Sicherheit. Wenn ein Produkt zu einem niedrigeren Preis als in seinem Herkunftsland verkauft wird (Dumping), können Antidumpingzölle verhängt werden, um fairen Wettbewerb zu gewährleisten. In eine ähnliche Richtung zielen die Ausgleichsmaßnahmen auf Produkte, die im Herstellerland stark subventioniert und dann exportiert werden. In diesem Fall kann ein Land Ausgleichszölle erheben, wenn subventionierte Exporte die heimische Wirtschaft schädigen. Als letztes Mittel (ultima ratio) sind Strafzölle vorgesehen, wenn ein Streitbeilegungsverfahren innerhalb der WTO gescheitert ist.

M5 Die WTO innerhalb des sich wandelnden geopolitischen Umfelds

Den Tätigkeiten der WTO ist gutzuschreiben, dass in den letzten Jahrzehnten Milliarden von Handelskosten pro Jahr eingespart werden konnten und der internationale Handel insgesamt gestiegen ist. Die Umsetzung der WTO-Maßnahmen haben zahlreiche Regularien abgebaut, die den Unternehmen den Handel von Produkten und Dienstleistungen erschwerten und damit diese Güter für Konsumentinnen und Konsument verteuerten.

In der Gegenwart wird die WTO jedoch oft mit der seit 2001 andauernden und praktisch gescheiterten Doha-Entwicklungsrunde gleichgesetzt und daher als ineffektiv angesehen. Die Gespräche zum Abbau der Handelsschranken sind ein zentraler Bestandteil der WTO, doch seit Beginn der Doha-Runde vor über 20 Jahren sind die Verhandlungen über besseren Marktzugang und die Modernisierung der multilateralen Regeln nicht abgeschlossen worden und damit faktisch gescheitert. Aufgrund der Vielzahl der beteiligten Akteure und Interessen, des Einstimmigkeitsprinzips und der unterschiedlichen Auffassungen über Entwicklungsziele ist unter den aktuellen Bedingungen kein Fortschritt möglich. Damit ist die WTO mit dem Vorwurf konfrontiert, den Reformstau nicht auflösen zu können und nicht in der Lage zu sein, neue Regeln innerhalb der eignen Organisation wie auch für den Welthandel verbindlich aufstellen zu können.

Eine zentrale Säule der WTO, die **Streitschlichtung**, ist seit 2019 gelähmt und kann nicht seinen Verpflichtungen nachkommen. Die USA weigern sich, neue Mitglieder für einen Teil des Streitschlichtungsgremiums zu ernennen. Eine Klärung laufender und neuer Streitfälle ist damit nicht möglich. Versuche, diese Blockade der USA aufzulösen, scheiterten. Die USA kritisiert, dass die WTO zu langsam entscheidet, in der Regel dauert es mehr als drei Jahre, bis ein Streitfall entschieden ist. Vor allem aber stört es die US-Regierung, dass die WTO nicht nur Recht spricht, sondern durch ihre Urteile auch neue Normen setzt, also Recht schafft und damit die Kompetenzen der WTO überdehnt.

Diese Kritik an der WTO ist im Kontext des Wandels des handelspolitischen Umfelds zu sehen, der sich in den letzten Jahren vollzog. Die zunehmende geoökonomische Rivalität zwischen westlichen Demokratien und autokratischen Regimen wie Russland und China hat die Einstellung zu Handelsfragen deutlich verändert. Handelsabhängigkeiten, wie die Deutschlands von China, werden inzwischen als Schwä-

Die Welthandelsorganisation WTO (World Trade Organization) kümmert sich um eine Liberalisierung des Welthandels und Streitschlichtung bei Handelsfragen.

Beim Handelskonflikt zwischen den USA und China hat die WTO wenig mitzureden.

che angesehen, die ausgenutzt werden kann, um strategische Ziele zu erreichen.

Die WTO soll nicht nur neue Handelsregeln beschließen, sondern auch die Einhaltung bestehender WTO-Regeln überwachen und Transparenz herstellen. Dazu gehört unter anderem die Sammlung handelsbeschränkender Maßnahmen (bspw. Subventionen) ihrer Mitgliedsländer. Immer mehr Mitgliedsländer gewähren eigenen Unternehmen aber immer häufiger Subventionen, die jedoch nicht der WTO gemeldet werden. Die Effektivität der WTO-Regeln nimmt mit steigender Dunkelziffer der Handelsbeschränkungen ab.

Dies betrifft nicht nur China, das massiv mit dem Vorwurf konfrontiert wird, ausgewählte einheimische Branchen (Elektroautos, Solarpaneele, Windräder) mit hohen Subventionen zu unterstützen, dass die globale Konkurrenz preislich nicht mithalten kann. Dies betrifft aber auch die USA mit ihrem Inflation Reduction Act und die EU mit ihrem Green Deal Industrial Plan, die Unternehmen jeweils mit Milliardenhilfen unterstützen. Diese Bevorzugung einheimischer Unternehmen stellt de facto eine Handelsbeschränkung für alle anderen Unternehmen dar.

Infolge der stockenden multilateralen Verhandlungen reagieren viele Staaten an der WTO vorbei, indem sie Freihandelsabkommen abschließen. Dies betrifft nicht nur die EU, die 2025 ein Abkommen mit dem südamerikanischen Handelsbündnis Mercosur abgeschlossen hat und mit ASEAN-Staaten verhandelt. Auch in Asien entstehen zahlreiche neue megaregionale Abkommen, wie das Abkommen über eine Transpazifische Partnerschaft (CPTPP). Die WTO verliert mit diesen Abkommen weiter an Bedeutung.

Diese zunehmende Fragmentierung in verschiedene Blöcke sowie der zunehmende Protektionismus haben negative Folgen für die WTO, da diese ihren zentralen Auftrag, Handelsschranken weltweit zu verringern und einen reibungslosen Handel zu ermöglichen, nicht erfüllen kann.

Aufgaben

72003-221

1. a) Beschreiben Sie die Begriffe *Global Governance* und *Global Economic Governance* (**M1**).
   b) Erläutern Sie an konkreten Beispielen die Notwendigkeit einer funktionierenden *Global Governance*.
2. Charakterisieren Sie die Ziele, Maßnahmen und Kritik bezüglich den Institutionen Weltbank, IWF und WTO (**M2**–**M4**).
3. Erörtern Sie, ob die WTO einen effektiven Beitrag zur Gestaltung von Globalisierung leisten kann (**M5**).

Welthandel zwischen Protektionismus, Blockbildung und Handelskrieg

M1 Protektionismus im Welthandel

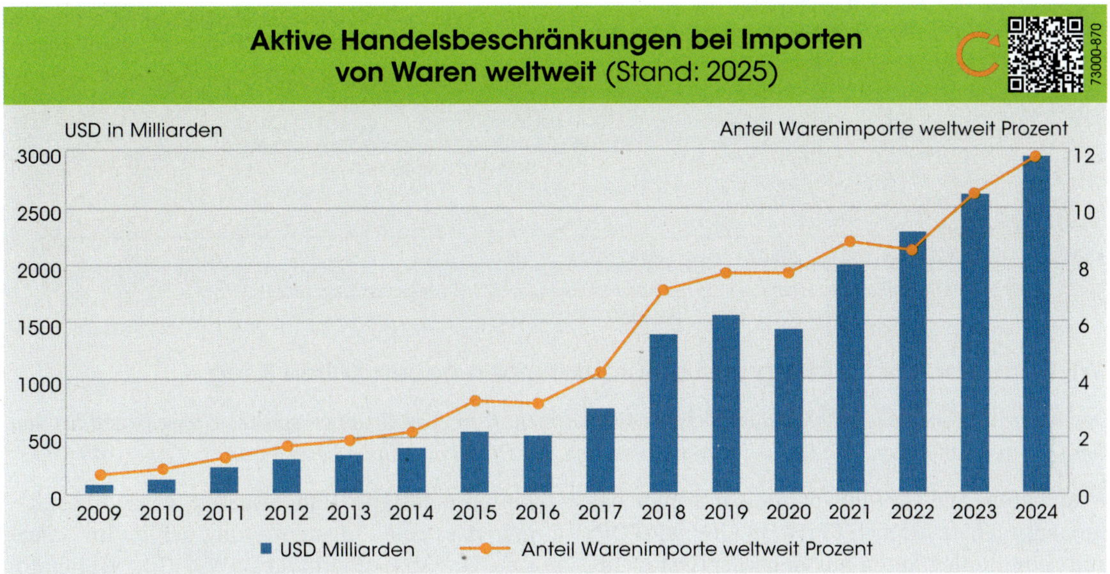

© C.C. Buchner Verlag, aktuelle Daten nach: WTO (Datenerhebung: 2024; Grafikerstellung: 2025)

M2 Handelskrieg USA vs. China

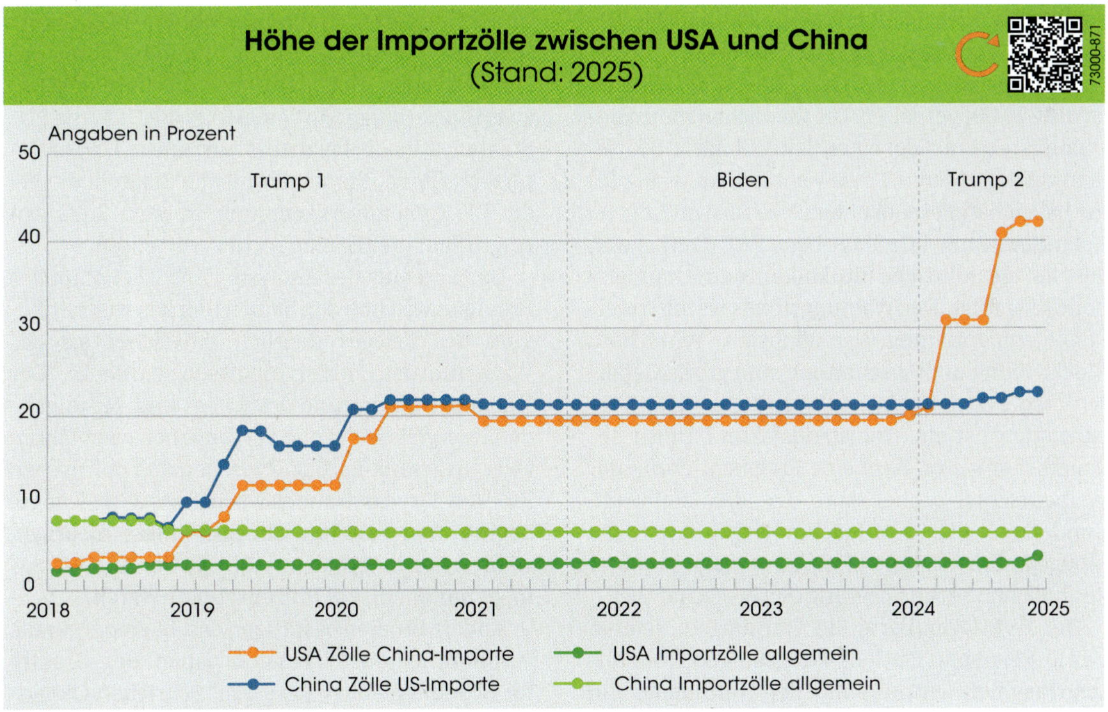

© C.C. Buchner Verlag, aktuelle Daten nach: PIIE (Datenerhebung: 2025; Grafikerstellung: 2025)

→ → →

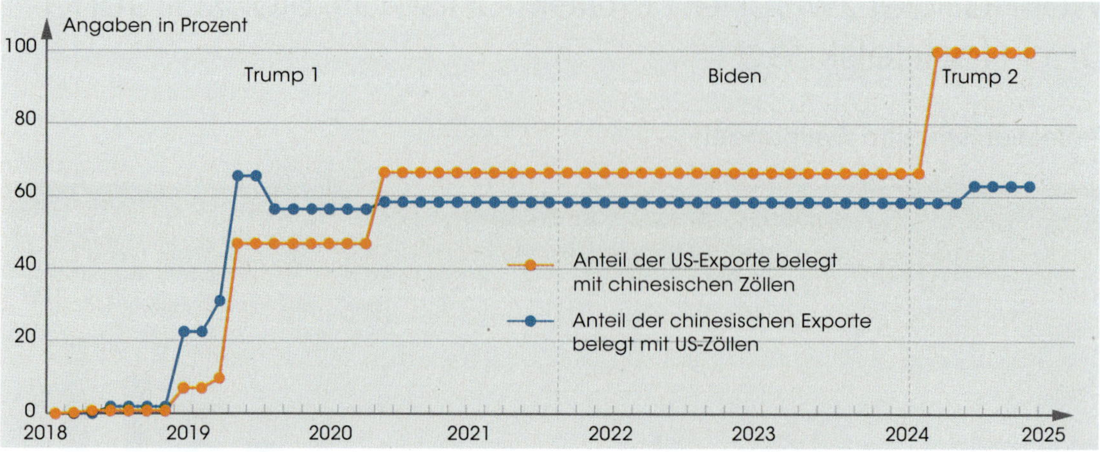

© C.C. Buchner Verlag, aktuelle Daten nach: PIIE (Datenerhebung: 2025; Grafikerstellung: 2025)

M3 IWF warnt vor Blockbildung und befürchtet einen neuen Kalten Krieg

Der Währungsfonds beobachtet, dass sich die Weltwirtschaft in zwei Gruppen spaltet – jeweils geführt von den USA und von China. Die Handelsströme zwischen den Blöcken nehmen bereits ab.

Washington. Die G20-Finanzminister:innen haben aufgegeben. Als sich Christian Lindner (FDP) und seine Kolleg:innen aus den wichtigsten Industrie- und Schwellenländern am Rande der Frühjahrstagung des Internationalen Währungsfonds (IWF) in Washington trafen, versuchten sie gar nicht erst, sich auf ein gemeinsames Kommuniqué zu einigen. Schließlich war das bei den vergangenen Treffen schon gescheitert.

Seit Russlands Angriffskrieg gegen die Ukraine ist die G20 tief gespalten. Die westlichen Industriestaaten stehen auf der einen Seite, China und Russland auf der anderen. Diese Verständigungsprobleme haben handfeste ökonomische Auswirkungen.

Eine bestimmende Sorge beim IWF-Treffen war, dass auf die politische Blockbildung eine handelspolitische folgt. Der Währungsfonds warnt vor einer Fragmentierung der globalen Wirtschaft. Blockbildung und Abschottung sind große Gefahren“, sagte auch Lindner in Washington. „Die Globalisierung ist ein Wohlstandsfaktor.“ Umso bedauerlicher sei es, dass eine Fragmentierung der Weltwirtschaft drohe, sagte der Finanzminister. Bundesbank-Präsident Joachim Nagel nannte die mögliche Entwicklung „fatal“. Sie trage zu einer zusätzlichen Verunsicherung der Wirtschaft bei.

Der IWF formulierte die Warnung in seinem World Economic Outlook so: „Die geoökonomische Fragmentierung könnte den Welthandel und das Wohlstandswachstum in den kommenden Jahren belasten.“ Handelsdaten würden bestätigen, dass „die Fragmentierung bereits im Gange ist“. Die Vize-Chefin des IWF, Gita Gopinath, stellte gar die deutliche Frage: „Stehen wir am Rande des zweiten Kalten Krieges?“

Die IWF-Experten sehen dafür deutliche Anzeichen. Sie haben die Handelsströme seit Russlands Überfall auf die Ukraine im Februar 2022 untersucht und mit dem Handel in den fünf Jahren davor verglichen. Dazu haben sie die Welt selbst in zwei Blöcke aufgeteilt: einerseits die USA, die EU-Staaten, Kanada, Japan und Australien. Und andererseits China, Russland und alle Staaten, die bei der UN-Generalversammlung im März 2022 den Angriff auf die Ukraine nicht verurteilten.

Das Ergebnis der Analyse: „Das Wachstum des Handels zwischen den beiden Blöcken war seit Beginn des Krieges deutlich schwächer als das Wachstum des Handels innerhalb der Blöcke.“ Der Handel ging aufgrund des Kriegs und der folgenden Energiekrise in den vergangenen zwei Jahren zwar insgesamt zurück. Zwischen den politischen Blöcken lag das Handelswachstum nach Kriegsbeginn aber fast fünf Prozentpunkte niedriger, während es innerhalb der Blöcke der Analyse zufolge nur knapp 2,5 Prozentpunkte waren.

Andere Studien bestätigen das. In einem gerade veröffentlichten Diskussionspapier des „Centre for Economic Policy Research“ schrieben Ökonomen, der Handel zwischen den Blöcken sei um zwölf Prozent stärker zurückgegangen als innerhalb der Gruppen. Bei den Direktinvestitionen seien es seit Kriegsbeginn sogar 20 Prozent.

IWF-Vize Gopinath sieht noch weitere Hinweise auf ökonomische Blockbildung. So seien im Jahr 2022 rund 3.000 handelsbeschränkende Maßnahmen eingeführt worden – fast dreimal so viele wie noch 2019. Erst am Mittwoch kündigte US-Präsident Joe Biden an, die Zölle auf bestimmte Stahl- und Aluminiumimporte aus China zu verdreifachen. Das Beispiel zeigt: Handelsbeschränkungen sind politisch getrieben. [...] Es gebe eine Verschiebung von „Effizienz" zu „Widerstandsfähigkeit", sagte EU-Handelskommissar Valdis Dombrovskis in Washington. Allerdings dürfte die Sicherheit der Wirtschaft nicht als Ausrede für Protektionismus genutzt werden: „Wir müssen die richtige Balance finden." Gerade die EU hätte bei Handelskonflikten viel zu verlieren.

Die Autoren vom „Centre for Economic Policy Research" fürchten deutliche Auswirkungen und verweisen auf Erfahrungen aus der Vergangenheit: „Die Entkopplung zwischen den rivalisierenden geopolitischen Blöcken während des Kalten Krieges deutet darauf hin, dass die Fragmentierung sich erheblich verschärfen könnte, sollten die geopolitischen Spannungen anhalten und die handelsbeschränkenden Maßnahmen zunehmen."

Die Schäden könnten heute allerdings deutlich größer werden. Schließlich ist die Weltwirtschaft vernetzter: Der Anteil des Welthandels am globalen Bruttoinlandsprodukt (BIP) liegt heute bei 60 Prozent, zur Zeit des Kalten Krieges waren es nur 24 Prozent. Entsprechend hätte eine Fragmentierung potenziell größere Auswirkungen.

Auch der IWF listet im World Economic Outlook die negativen Folgen auf: weniger Effizienzgewinne, weil die Spezialisierung der einzelnen Staaten nicht mehr so stark genutzt werden kann; weniger Vorteile durch größere Produktion; reduzierter Wettbewerb. Das könnte zu geringerem Wirtschaftswachstum und steigender Inflation führen.

Wie groß der wirtschaftliche Schaden durch die geopolitische Blockbildung werden könnte, dazu gibt es unterschiedliche Einschätzungen. Gopinath warnte vor einigen Monaten in einer Rede: Spalte sich die Weltwirtschaft in zwei Blöcke auf und werde der Handel zwischen den beiden Blöcken unterbunden, würden die Verluste auf etwa 2,5 Prozent des BIP geschätzt.

Für dieses Jahr rechnet der IWF mit einem Wachstum der Weltwirtschaft von 3,2 Prozent. Für einzelne Volkswirtschaften könnten die Schäden noch größer sein und bis zu sieben Prozent des BIP betragen, so Gopinath. Das könnte vor allem ärmere Länder treffen.

Aber auch für die EU steht viel auf dem Spiel. Schließlich haben EU-Staaten wie Deutschland in den vergangenen Jahrzehnten besonders von der Globalisierung profitiert. Allein durch verstärkte Importe seien die Realeinkommen in der EU um 1,2 Billionen Euro gestiegen, hieß es in einem Papier des IWF von Ende 2023. Rund 615.000 kleine und mittelgroße Unternehmen seien im Handel mit Partner:innen außerhalb der EU tätig.
Aus Sicht von Handelskommissar Dombrovskis hat vor allem Europa ein Interesse an einer offenen Weltwirtschaft. Schließlich lägen die zukünftigen Wachstumsregionen außerhalb der EU. Bei zunehmenden Handelskonflikten würden alle verlieren. Auch für IWF-Vize Gopinath steht fest: „Die wirtschaftlichen Kosten eines zweiten Kalten Krieges dürften hoch sein."

Hildebrand, Jan: Welthandel: IWF warnt vor Blockbildung und befürchtet neuen Kalten Krieg. In: www.handelsblatt.de, 18.04.2024

Aufgaben

72003-222

1. Analysieren Sie **M1** und **M2** bezüglich der zunehmenden Handelsschranken.
2. Erklären Sie die Ursachen für die Fragmentierung der globalen Wirtschaft, wie sie in **M3** beschrieben werden.
3. Stellen die wirtschaftlichen Folgen einer geopolitischen Blockbildung (**M3**) dar.
4. „Europa hat ein Interesse an einer offenen Weltwirtschaft." Diskutieren Sie die Chancen und Risiken, die sich für die EU angesichts der in **M3** beschriebenen handelspolitischen Situation ergeben.

2.6 Finanz-, Geld- und Währungspolitik

2.6.1 Geld, Staatsfinanzen und Steuern

Leitfragen

- Was ist Geld?
- Wozu braucht der Staat Geld? Was macht der Staat mit dem Geld?
- Wie finanziert sich der Staat?
- Wie kann der Staat durch Steuern und Subventionen Anreize setzen, umverteilen und lenken?
- Nach welchen Prinzipien ist das Steuersystem in Deutschland ausgestaltet?

M1 Was ist Geld?

Geld erleichtert den Austausch von Waren und Dienstleistungen im Vergleich zu einem direkten Warentausch enorm. Geld ist deshalb das **Tausch- und Zahlungsmittel** unserer arbeitsteiligen und hochspezialisierten Wirtschaft. Mit Geld gibt es eine allgemeine **Recheneinheit**, mit dem unterschiedliche Güterwerte ausgedrückt und verglichen werden können. Geld ist aber auch **Wertaufbewahrungsmittel**. Es ermöglicht uns das Verleihen oder Sparen und wird so zum Motor für wirtschaftliche Entwicklung. Um diese drei **Geldfunktionen** erfüllen zu können, muss Geld z. B. in Form von Münzen und Scheinen aber allgemein akzeptiert werden, einfach und ausreichend teilbar sowie haltbar und wertbeständig sein.

M2 Wozu braucht der Staat Geld?

Im Alltag erleben private Haushalte täglich staatliche Eingriffe ins Wirtschaftsgeschehen: Beim Einkaufen bezahlen wir Mehrwertsteuer, auf der Gehaltsmitteilung sehen wir Abzüge. Eltern bekommen Kindergeld und wir nutzen viele öffentliche Einrichtungen wie Schulen kostenfrei oder gegen Gebühr. Wir geben und nehmen von staatlichen Institutionen. Manchen Bürgerinnen und Bürgern gehen diese staatlichen Aktivitäten und Eingriffe viel zu weit. Sie wollen weniger Staat durch Ausgaben- und Einnahmenreduktion. Sie wollen mehr individuelle Freiheit (nach Art. 2 Abs 1 GG), Eigenverantwortung und mehr Wettbewerbsprinzip. Andere Menschen wollen mehr Staat und eine aktivere staatliche Rolle. Sie befürchten eine Vernachlässigung von öffentlichen Investitionen. Sie betonen die Verantwortung des Staates für die öffentliche Infrastruktur, gleichwertige Lebensbedingungen sowie die soziale Sicherung der Bürgerinnen und Bürger (Sozialstaatsprinzip oder Sozialstaatsgebot nach Art. 20 GG).

Ohne den starken Staat, der einen Ordnungsrahmen für die Wirtschaft vorgibt und gewährleistet (**Ordnungspolitik**), geht es in der Sozialen Marktwirtschaft nicht. Im Kern unserer liberalen Wirtschafts- und Sozialordnung steht der Mensch und sein Wohlergehen. Darüber sind sich eigentlich alle einig, nur wie viel Staat notwendig ist und was Eigenverantwortung der Bürgerinnen und Bürger bleibt, ist strittig. Hier hat die demokratisch legitimierte Regierung Gestaltungsspielraum. Aber sie braucht für staatliche Aktivitäten finanzielle Mittel und wenn sie mehr Aufgaben übernehmen möchte oder soll, mehr Geld.

M3 Was macht der Staat mit dem Geld? – Finanzpolitik und Funktionen öffentlicher Haushalte

Einnahmen und Ausgaben der staatlichen Institutionen kann man in den öffentlichen Haushalten sehen. Diese gibt es im Bund, den Ländern und in jeder Kommune. Aufgabe der Finanzpolitik als wichtigem wirtschaftspolitischem Instrument ist es nun, die Struktur und genaue Höhe der Steuern als Einnahmen und den Staatsausgaben festzulegen. Die **Fiskalpolitik** (*fiscus* = lat. Staatskasse oder Staatsvermögen), als Teilbereich der Finanzpolitik befasst sich mit den Staatsausgaben

Einzeletats der Ressorts in Mrd. Euro und Anteil am Gesamtetat in Prozent (Stand: 2025)

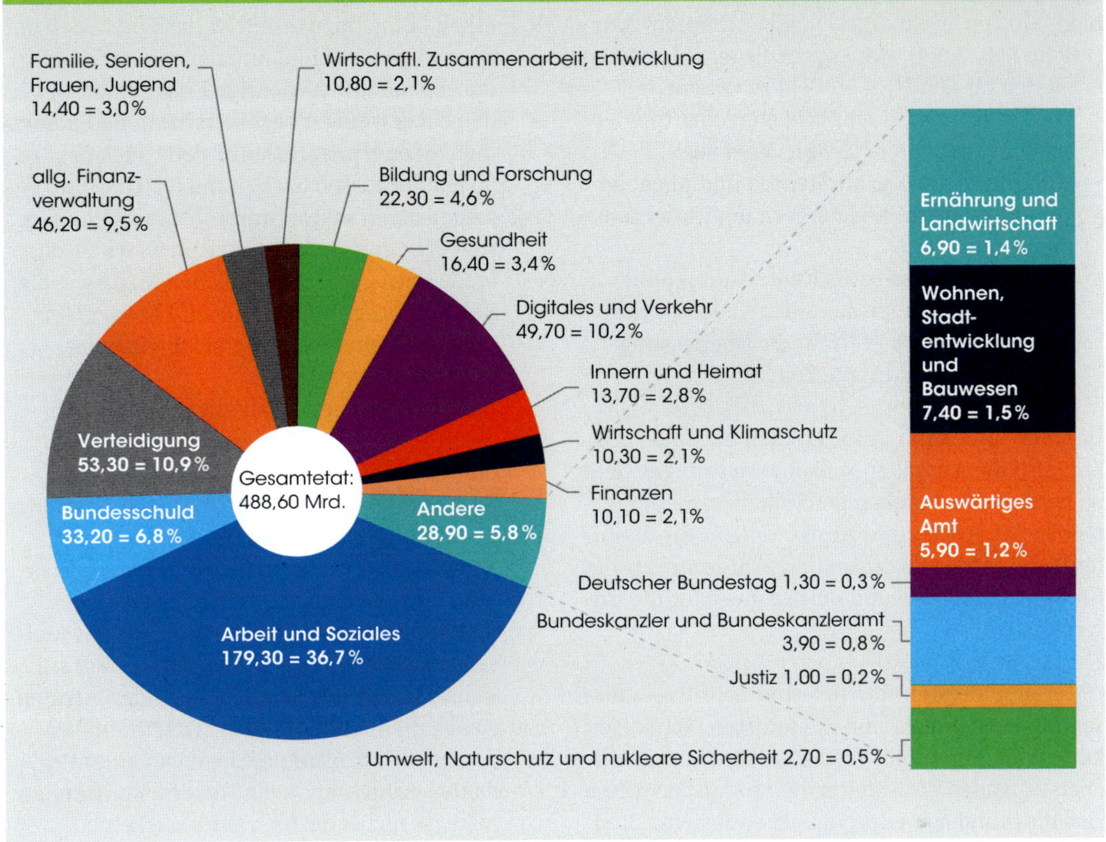

© C.C.Buchner Verlag, aktuelle Daten nach: BMF (Datenerhebung: 2025; Grafikerstellung: 2025)

und der Senkung und Erhöhung von Steuern. Letztlich entscheiden die Parlamente, welche Summen die verschiedenen Ressorts im jeweiligen Haushalt erhalten. Die Geldpolitik wird im Euroraum dagegen nicht vom Staat, sondern von der Zentralbank betrieben und ist direktem staatlichen Zugriff entzogen (› Kap. 2.6.4).

Was macht der Staat nun mit dem Geld? Es dient der Finanzierung staatlicher Aufgaben. Manche Leistungen und „öffentliche Güter" wie Straßen oder Schulen muss der Staat bereitstellen (**Bedarfsdeckungsfunktion**). So auch Transferleistungen wie Bürger- oder Kindergeld oder Zuschüsse für Leistungen aus gesetzlichen Sozialversicherungen wie Arbeitslosengeld oder Renten. So kann der Staat soziale Ungleichheit, d. h. stark unterschiedliche Ressourcenausstattungen oder Lebensbedingungen und Lebenschancen, ausgleichen (**Umverteilungsfunktion**).

Ein kritischer Punkt ist auch, inwiefern und inwieweit der Staat Konjunkturpolitik zur Stabilisierung der Wirtschaft betreiben kann oder soll. Einerseits ist eine stabile Konjunktur für stabile Staatseinnahmen wünschenswert und kann Massenarbeitslosigkeit verhindern. Andererseits können staatliche Eingriffe die Verschuldung deutlich erhöhen. Der Spielraum von Finanzministerinnen und -ministern in Bund und Ländern und von Kämmerern, (die obersten Finanzbeamtinnen und -beamten der Kommunen), ist jedoch in Zeiten höherer Zinsen und hoher Staatsschulden deutlich geringer geworden. Zudem gibt es gesetzliche Vorgaben und Auflagen zur Verschuldung (› Kap. 2.6.3).

M4 Wie finanziert sich der Staat?

Sofern die Politik, wie in Deutschland heute, keinen direkten Zugriff auf die Geldnotenpresse hat und nicht einfach „Geld drucken oder schöpfen“ kann (› siehe Kap. 2.6.4), gibt es grundlegend drei Möglichkeiten für den Staat an Geld zu kommen:

- „Er hat es“, also kann Rücklagen oder Überschüsse aus „guten“ Zeiten verwenden.
- „Er holt es“, also es als Steuern und Abgaben von Bürgerinnen und Bürgern und Unternehmen einnehmen.
- „Er leiht es“, also es als Kredite aufnehmen oder Staatsanleihen ausgeben. Beides kostet jedoch Zinsen als Preis für die Überlassung von Geld auf bestimmte Zeit.

Und der Staat kann grundsätzlich entweder sparen, also die Ausgaben senken, um weniger Geld zu benötigen oder eben die Einnahmen erhöhen. Beides hat Folgen und Auswirkungen für die öffentliche Infrastruktur und die Anreizstrukturen für die Bürgerinnen und Bürger sowie für die Unternehmen.

Unter den ältesten überlieferten Schriftzeugnissen der Menschheit sind Steuerlisten. Schon seit Jahrtausenden erheben Staaten für ihre staatlichen Aufgaben also **Steuern** und Abgaben. Diese sind die Grundlage jedes politischen Systems. Steuern sind also Zwangsabgaben, die Bund oder Länder und Gemeinden von Bürgerinnen und Bürgern erheben können. Man kann Vermögen, Einkommen oder Verbrauch besteuern. In Deutschland gibt es ca. 40 Steuerarten, von der Einkommenssteuer, über die Hundesteuer bis hin zur Schaumweinsteuer auf Sekt und Champagner. Man unterscheidet direkte und indirekte Steuern:

- **Direkte Steuern:** Das sind Steuern, die beim **Steuerpflichtigen** direkt erhoben werden. **Steuerträger**, die Person, die die Steuerlast trägt, und **Steuerschuldner**, die Person, die die Steuer zahlen muss, sind hier ein und dieselbe Person. Hierzu zählen die Lohn- und Einkommensteuer. **Lohnsteuer** zahlen Arbeitnehmerinnen und Arbeitnehmer auf ihren Arbeitslohn. Diese Steuer wird automatisch vom Arbeitgeber einbehalten und an das jeweilige Finanzamt abgeführt. **Einkommenssteuer** wird dagegen auf Einkünfte unterschiedlicher Art z. B. aus selbständiger Arbeit aber auch auf Gewinnausschüttungen aus Kapitalvermögen oder Vermietung von Immobilien fällig. Dazu ermittelt das Finanzamt auf Grundlage einer Einkommensteuererklärung die genaue Höhe. Niedrige Einkommen werden dabei weniger besteuert als hohe Einkommen (**Steuerprogression**, siehe auch das Schaubild zu den Grenz- und Durchschnittssteuersätzen weiter hinten). Manche Steuern sind aber auch proportional, d. h. der zu zahlende Betrag steigt im gleichen Maße wie die Bemessungsgrundlage. So wird bei der Umsatzsteuer ein einziger, gleichbleibender Steuersatz angewendet.
- **Indirekte Steuern:** Das sind etwa die Umsatzsteuer bzw. **Mehrwertsteuer** und Verbrauchssteuern, wie z. B. die Tabak- oder Energiesteuer. Sie sind in den Kaufpreisen der Produkte enthalten. Die Käuferinnen und Käufer als Steuerträger (Verbrauchende) zahlen sie an der Kasse mit. Die Verkaufenden (Unternehmen) als Steuerschuldner überweisen sie dem Finanzamt. Deshalb heißen sie indirekte Steuern. Die Belastung der privaten Haushalte richtet sich hier nach ihrem Verbrauch, d. h. konsumiert man viel eines Produktes, zahlt man mehr Steuern. Konsumiert man gar nichts davon, zahlt man keine.

Man kann Steuern auch nach der **Ertragshoheit** oder **Ertragskompetenz** unterteilen, d. h. nach der Frage: Wer bekommt die Einnahmen aus der jeweiligen Steuer, das sogenannte Steueraufkommen? Dafür interessiert sich v. a. die Politik in Bund, Ländern und Gemeinden. So stehen die Einnahmen aus Tabak- und Kraftfahrzeugsteuer als Bundessteuern ausschließlich dem Bund zur Verfügung. Reine Ländersteuern sind etwa die Erbschafts- oder die Grunderwerbsteuer, die beim Kauf von Grundstücken bzw. Immobilien fällig wird oder auch die Biersteuer. Die Gemeinden erhalten große Teile der Gewerbesteuer auf Gewerbebetriebe, die Grundsteuer auf das Eigentum an Grundstücken oder die Hundesteuer als Gemeindesteuern. Einige Steuern, etwa die Lohn- und Einkommenssteuer und Umsatzsteuer werden als Gemeinschaftssteuern nach einem bestimmten Schlüssel auf Bund, Länder und Gemeinden aufgeteilt. In diesem Geflecht aus

Steuereinnahmen von Bund, Ländern und Gemeinden in Milliarden Euro (Stand: 2025)

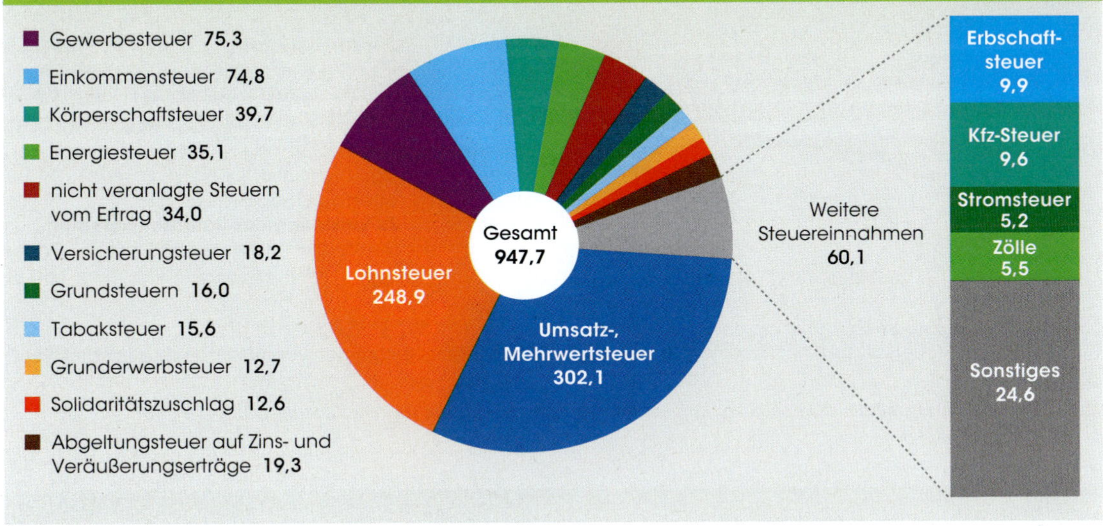

© C.C.Buchner Verlag, aktuelle Daten nach DESTATIS (Datenerhebung: 2025; Grafikerstellung: 2025)

Steuern mit unterschiedlicher Ertragshoheit und Verwaltungskompetenz entsteht regelmäßig Streit zwischen Bundesregierung (Bund) und Landesregierungen (Ländern), weil der Bund bei Gesetzesinitiativen aus Sicht der Länder nur allzu gerne Zusagen macht, für die dann die Länder auf Teile ihrer Steuereinnahmen verzichten müssen.

Abgaben ist ein umfassender Begriff für staatliche Steuern, Beiträge und Gebühren. Für Steuern als Zwangsabgaben gibt es keine direkte Gegenleistung und sie sind **nicht zweckgebunden**. Die bis heute dem Bund zustehende Schaumweinsteuer wurde beispielsweise schon im Kaiserreich eingeführt und diente der Finanzierung der kaiserlichen Kriegsflotte. Auch mit den Einnahmen der Kfz-Steuer werden heute nicht unbedingt kaputte Brücken oder Straßen repariert, sondern auch die Rentenversicherung bezuschusst, denn alle Steuereinnahmen fließen in die Gesamtmasse des Haushalts. **Beiträge** werden dagegen für die Bereitstellung konkreter staatlicher Leistungen erhoben, so etwa den Anschluss eines Grundstückes an die Abwasserbeseitigung. **Gebühren** werden für die Nutzung einer genau anrechenbaren Leistung fällig, z. B. für einen neuen Personalausweis oder Reisepass oder auch für die Müllbeseitigung.

M 5 Durch Steuern Anreize setzen, umverteilen und lenken?

Steuern sind also die wichtigste Einnahmequelle des Staates zur Finanzierung seiner öffentlichen Aufgaben. Sie können aber auch gezielt als Steuerungsinstrumente für die Setzung von Anreizen genutzt werden, um wirtschafts-, sozial- oder auch gesundheitspolitische Ziele zu erreichen oder Verhalten in eine gewünschte Richtung zu lenken (**Lenkungsfunktion**) sowie erwünschte Marktergebnisse zu erzielen. So werden z. B. Familien mit Kindern durch Freibeträge für Betreuung oder Erziehung bei der Einkommenssteuer entlastet. Freibeträge senken die Steuerbemessungsgrundlage und somit das zu versteuernde Einkommen. Das geringere Einkommen ist dann einem niedrigeren **Grenzsteuersatz** unterworfen (siehe das Schaubild mit unterschiedlichen Zonen, in denen unterschiedliche Steuersätze angewandt werden). Menschen ohne Kinder kommen nicht in diesen Genuss, weil sie in einer anderen wirtschaftlichen Situation sind. Sie haben auch keine Ausgaben für Kinder und wollen trotzdem später einmal Renten beziehen, die dann von den heutigen Kindern als Arbeitnehmerinnen und Arbeitnehmern bezahlt werden. Der Staat fördert

Grenz- und Durchschnittssteuersätze 2025 in % des zu versteuernden Jahreseinkommens, ohne Solidaritätszuschlag (Stand: 2025)

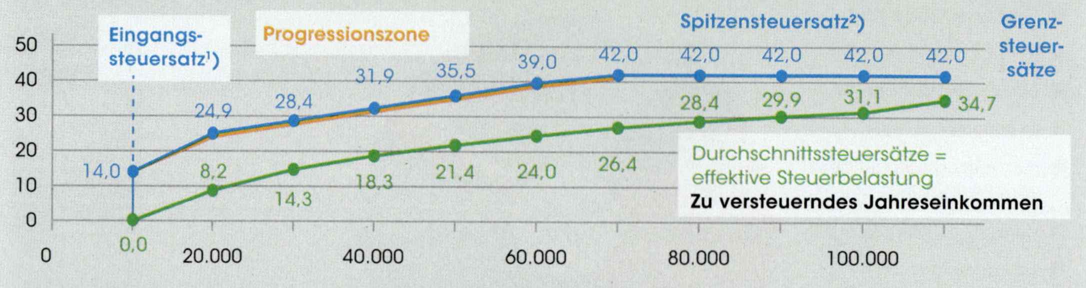

1) Der Eingangssteuersatz greift ab einem Jahreseinkommen von 12.097 Euro (Stand: 2025)
2) Der Spitzensteuersatz beginnt ab einem (zu versteuernden) Jahreseinkommen von 68.481 Euro (Stand: 2025).

© C.C. Buchner Verlag, aktuelle Daten nach: Bundesministerium der Finanzen (Datenerhebung: 2025; Grafikerstellung: 2025)

Steuern: Effekte auf Konsumierende und Produzierende

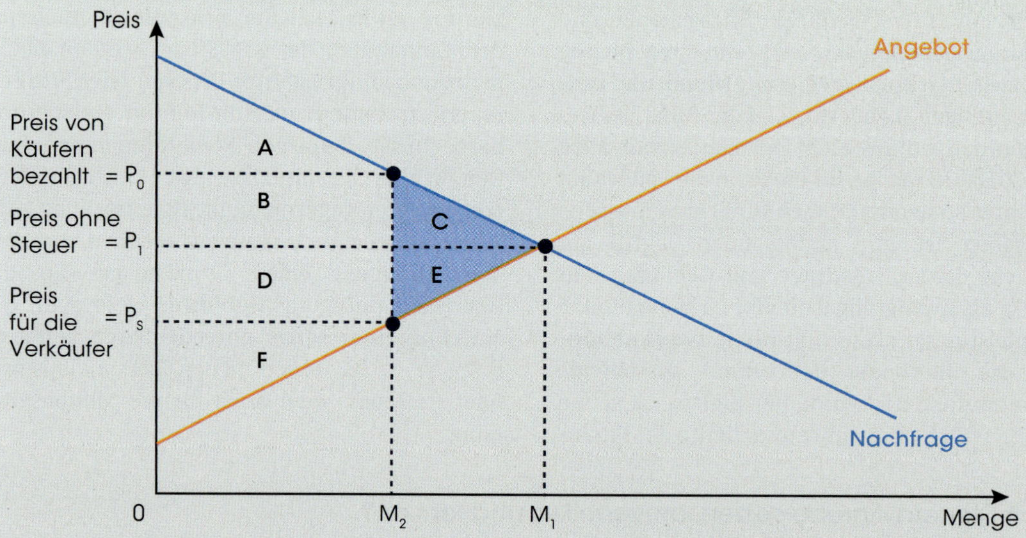

Steuern erhöhen die Kosten für ein Produkt oder eine Dienstleistung und verschieben daher die Menge von Angebot und Nachfrage gegenüber dem Preis ohne Steuer im Modell. Konsumenten- und Produzentenrente fallen (siehe Tabelle). Da der Verlust für Anbieter und Nachfrager (B+C und D+E) größer ist als die Steuereinnahmen, sprechen Volkswirte hier von einem Wohlfahrtsverlust.

	Ohne Steuer	Mit Steuer	Unterschied
Konsumentenrente	A + B + C	A	– (B + C)
Produzentenrente	D + E + F	F	– (D + E)
Steuereinnahmen	null	B + D	+ (B + D)
Gesamtrente	A + B + C + D + E + F	A + B + D + F	– (C + E)

© C.C.Buchner Verlag

damit Familien mit (vielen) Kindern (**Umverteilungsfunktion**) als künftige Rentenzahler. Auch Unternehmensgründungen werden steuerlich gefördert, da statistisch jede Gründung weitere Arbeitsplätze schafft, was den Staat bei den Sozialabgaben entlastet und langfristig Steuereinnahmen bringt. Andererseits wird etwa durch die Tabaksteuer der Konsum von erwiesenermaßen gesundheitsschädlichen Tabakprodukten sanktioniert („bestraft") und diese so verteuert. Da Tabakkonsum außerdem massive Folgekosten für die Allgemeinheit verursacht (bspw. teure Therapien bei Lungenkrebs), möchte der Staat den Anreiz setzen, dass weniger Menschen rauchen und die Bevölkerung gesund bleibt (**Lenkungsfunktion**). Andere Länder gehen hier noch deutlich weiter als Deutschland und besteuern etwa auch stark zuckerhaltige Getränke, was sogar dazu beigetragen hat, dass die Hersteller den Zuckergehalt unter den Steuer-Grenzwert senken. Zudem können Steueranreize Innovationen fördern, z. B. durch steuerliche Vergünstigungen für Forschung und Entwicklung. Umweltsteuern sollen Ressourcenverbrauch reduzieren und nachhaltiges Verhalten belohnen. Gleichzeitig können temporäre Steuererleichterungen wirtschaftliche Krisen abmildern. Steuerpolitik dient damit nicht nur der Finanzierung staatlicher Aufgaben, sondern ist ein vielseitiges Instrument zur Steuerung ökonomischer Entscheidungen, Förderung gesellschaftlich erwünschter Aktivitäten und Ausgleich sozialer Ungleichheiten.

Steuern führen jedoch auch zu **Nettowohlfahrtsverlusten**, weil nach der Einführung einer Steuer die Produzenten- und Konsumentenrenten geringer sind als vorher ohne Steuer (siehe das Schaubild links zu den Wohlfahrtswirkungen einer Steuer). Den privaten Haushalten und Unternehmen entstehen zudem durch Steuern auch Befolgungskosten in Form von Zeit und Geld zur Dokumentation. Ein Steuersystem ist dann effizient, wenn die Erhebung mit möglichst geringen Kosten für die Steuerzahlerinnen und -zahler einhergeht. Auch dem Staat entstehen Kosten durch den administrativen Aufwand der Steuererhebung. Politische Debatten um die Besteuerung drehen sich jedoch meist weniger um Fragen der Effizienz als um Fragen der gerechten Verteilung der Steuerlast.

Durch eine entsprechende Steuerpolitik können also Bevölkerungsgruppen, Unternehmen oder ganze Branchen gefördert oder auch sanktioniert werden. Entsprechend sind Steuererhöhungen und -senkungen ein Thema, bei dem **Lobbyis-mus** weit verbreitet ist. Dabei versuchen Interessengruppen Politik in ihrem Sinne zu beeinflussen und mithilfe staatlicher Eingriffe und Regulierungen ihre jeweiligen Teilinteressen durchzusetzen. Bei steuerpolitischen Entscheidungen haben Parteien manchmal eher die Interessen ihrer Wählergruppen im Blick („Klientelpolitik"), denn Politikerinnen und Politiker wollen wiedergewählt werden und haben zumindest nach der **Public-Choice-Theorie** meist zunächst ihren individuellen Nutzen (Wiederwahl) und erst danach das Gemeinwohl im Sinn.

Ein eher strittiges Thema sind auch die vom Staat vergebenen **Subventionen** (› siehe Kap. 2.3.2), also Zahlungen ohne direkte Gegenleistungen. Sie gehen an Einzelpersonen aber auch an Unternehmen. Sie dienen der Förderung und Unterstützung eines bestimmten Ziels, etwa lange Zeit für den Kohlebergbau, heute eher für Solar- oder Windkraftanlagen. Es gibt Subventionen als Steuerungsinstrumente um Investitionen, Produktion oder erwünschtes Verhalten anzuregen in umfassender Form in der Landwirtschaft, der wissenschaftlichen Forschung oder für die Exportförderung.

Da Subventionen einen Eingriff in das Marktgeschehen bedeuten (manche Marktteilnehmerinnen und -teilnehmer profitieren, andere nicht) sind sie umstritten. Man muss die jeweiligen Interessen und Wirkungen genau abwägen: So unterstützt etwa die Pendlerpauschale Menschen, die im ländlichen Raum wohnen und für den Weg zur Arbeit auf ein Auto angewiesen sind. Das ist sozial nachhaltig. Andererseits fördert diese Subvention aber eben auch die Nutzung eines meist noch mit Verbrennungsmotor betriebenen PKWs mit den bekannten negativen Folgen für das Klima. Das ist ökologisch nicht nachhaltig. Politisch scheint die Abschaffung einer Subvention allerdings oft schwer durchsetzbar, wenn einflussreiche Lobby- und Interessengruppen (z. B. die Bauernverbände oder die Automobilindustrie) betroffen sind. Niemand lässt sich gerne etwas wegnehmen, an das er sich gewöhnt hat (die Verhaltensökonomie nennt das **„Verlustaversion"**).

M6 Nach welchen Prinzipien ist das deutsche Steuersystem ausgestaltet?

Über die Höhe der Steuern und wen man damit belastet, kann man immer streiten. Man kann hier unterschiedliche Anreize setzen und Wirkungen erzeugen, was die Politik vor Einführung zumindest sehr genau prüfen sollte. Bei der Frage, wie Steuern auf die einzelnen Bürgerinnen und Bürger aufgeteilt werden, kann man **zwei Prinzipien der Besteuerung** unterscheiden: Beim **Äquivalenzprinzip** leisten alle Bürgerinnen und Bürger, die von der staatlichen Leistung einen Vorteil haben, einen Finanzierungsbeitrag für die staatlichen Kosten. Dabei entsprechen die gezahlten Steuern der erhaltenen Leistung. So etwa bei der Energiesteuer, die alle zahlen, die in Deutschland Benzin tanken und das staatlich finanzierte Straßensystem nutzen. Wer viel fährt und häufiger tankt, zahlt dann mehr. Bei zunehmender E-Mobilität muss sich der Staat mittelfristig neue Finanzierungsquellen überlegen.

Da Steuern aber eben nicht zweckgebunden erhoben werden, die Steuerzahlerinnen und -zahler also nicht den Anspruch auf eine bestimmte Verwendung des Steueraufkommens haben, kann der Staat auch einfach Einnahmen aus anderen Steuern für den Erhalt des Straßensystems verwenden. Oder etwa eine Autobahn-Maut für PKW einführen und alle Nutzer zur Kasse bitten. Die Politik sollte jedoch bei der Ausgestaltung neuer Steuern auch stets deren Machbarkeit und Rechtmäßigkeit im nationalen und europäischen Kontext beachten.

Eine Alternative ist eine Gestaltung nach dem **Leistungsfähigkeitsprinzip**. Wer ein relativ hohes Einkommen hat, muss dann mehr bezahlen (**Steuerprogression**) und die Höhe der Steuer richtet sich nach der wirtschaftlichen Leistungsfähigkeit (Slogan oft: „starke Schultern sollen mehr tragen"). Damit ist vertikale Steuergerechtigkeit, d. h. das Ziel unterschiedlich Leistungsfähige unterschiedlich zu besteuern, gegeben. Das kann man, je nach politischer Einstellung und eigenen Wertmaßstäben, einerseits für einen unnötig starken staatlichen Eingriff und nicht leistungsgerecht halten. Oder andererseits eben als Korrektur von grob einseitigen Marktergebnissen für besonders bedarfs- bzw. verteilungsgerecht betrachten (› Kap. 2.6.2). Steuerprogression dient in jedem Fall nicht nur der Finanzierung staatlicher Aufgaben, sondern auch der Umverteilung. Auch dies zeigt, dass die Finanzpolitik das zentrale und wichtigste Element wirtschaftspolitischer Steuerung darstellt.

Insgesamt ist das deutsche Steuersystem auf Leistungsfähigkeit, Transparenz und Steuergerechtigkeit ausgelegt.

Aufgaben

72003-223

1. Beschreiben Sie die zentralen Funktionen des Staatshaushalts (**M1–M3**).
2. Erklären Sie die drei grundlegenden Möglichkeiten der Staatsfinanzierung (**M4**).
3. Charakterisieren Sie die Unterschiede zwischen direkten und indirekten Steuern (**M4, M5**).
4. Stellen Sie mithilfe des Wirtschaftskreislaufs (› Kap. 2.2) ein Szenario dar, in dem der Staat seine Einnahmen durch die Erhöhung bestimmter Verbrauchssteuern (z. B. Tabaksteuer, Energiesteuer) steigert.
5. Gestalten Sie eine zusammenfassende Visualisierung (Cluster, Mind-Map, Concept Map) zum Thema: Wie kann der Staat durch Steuern und Subventionen Anreize setzen, umverteilen und lenken?
6. Erläutern Sie, welches Prinzip nicht zum deutschen Steuersystem gehört:
   a) Leistungsfähigkeit, b) Äquivalenz,
   c) Umverteilung, d) Gewinnmaximierung
   (**M6**).
7. Begründen Sie, welches Steuerprinzip Sie eher zur Ausgestaltung eines Steuersystems heranziehen würden (**M5, M6**).
8. Der Bund der Steuerzahler ist eine Lobbyorganisation, die eine Senkung von Steuern und Abgaben als Ziel nennt. Ihre Forderung lautet: „Wer Steuern zahlt, will Sparsamkeit." Bewerten Sie diese Aussage.

Steuerreform – aber wie?

M 1 Steuerreform für eine „gerechtere" Besteuerung?

Andreas Peichl, ifo Institut

FOCUS online: Herr Peichl, die Steuererklärung ist für viele ein Ärgernis. Vor allem, weil sie deutlich macht, wie viel Geld jedes Jahr an den Fiskus geht. Viele Deutsche wünschen sich eine „gerechtere" Besteuerung und fühlen sich benachteiligt. Können Sie diesen Unmut nachvollziehen?

Andreas Peichl: Ja und nein. Wer viel Steuern zahlt, verdient auch viel. Außerdem finanziert der Staat mit diesen Einnahmen auch wichtige öffentliche Güter und stellt zum Beispiel Infrastruktur zur Verfügung. Außerdem ist es oft so, dass man Geld vom Finanzamt zurückbekommt, wenn man eine Steuererklärung macht. Doktoranden und Doktorandinnen von mir haben gezeigt, dass insbesondere Bezieher kleiner Einkommen, die auf eine Steuererklärung verzichten, dem Fiskus so jedes Jahr mehr als eine Milliarde Euro schenken. Aber individuell ist es natürlich nachvollziehbar, dass man lieber weniger als mehr zahlen möchte. Wenn das alle machen würden, gäbe es jedoch keinen Staat mehr. Wie hoch eine „gerechte" Steuerbelastung ist, ist eine philosophische oder politische Frage.

Einige Experten argumentieren, dass die Lohnsteuer die Arbeitnehmer zu stark belastet und zu wenig Arbeits- und Leistungsanreize bietet.

Die Lohnsteuer an sich ist nicht das Problem. Es ist vielmehr das Zusammenspiel von Lohn- bzw. Einkommensteuer, Sozialabgaben und auch dem Wegfall von Sozialleistungen. Das führt dazu, dass es Einkommensbereiche gibt, in denen es sich kaum noch lohnt, mehr zu arbeiten bzw. mehr zu verdienen, weil man netto nicht viel mehr – oder im Extremfall sogar weniger – zur Verfügung hat, wenn man brutto mehr verdient. Wir haben ein komplexes Gesamtsystem mit vielen, teilweise nur schlecht aufeinander abgestimmten Regelungen.

Wäre es nicht auch gerechter, zum Beispiel die Einkommensteuer danach zu staffeln, wo das Geld verdient wird? Denn jemand, der in München 50.000 Euro verdient, hat ganz andere Kosten als jemand, der in Thüringen auf dem Land lebt und arbeitet und dort auch ganz andere Konsummöglichkeiten hat.

Eine regionale Differenzierung gibt es in Deutschland bisher nur beim Wohngeld oder bei den Kosten der Unterkunft im Bürgergeld. Bei der Einkommensteuer wird dies immer wieder diskutiert. Aber so einfach ist das nicht.

Was ist das Problem?

Die hohen Wohnkosten in München spiegeln auch die relative Knappheit auf dem Wohnungsmarkt wider. München ist aus verschiedenen Gründen sehr attraktiv – nicht nur, weil das ifo-Institut hier ist, sondern weil es einen hohen Freizeitwert aufgrund der Lage gibt, weil es viele attraktive Arbeitsplätze gibt oder auch, weil München viele Konsummöglichkeiten und öffentliche Infrastruktur bietet, die so „auf dem Land" nicht existieren. Wenn man das jetzt auch noch steuerlich begünstigen würde, würde sich das Problem auf dem Wohnungsmarkt noch verschärfen.

Die Grundidee der progressiven Einkommensteuer ist ja eigentlich einfach: Wer in Deutschland mehr verdient, zahlt auch mehr Steuern. Dennoch heißt es oft, die Steuerlast sei hierzulande nicht gerecht verteilt. Reiche würden bevorzugt. Was wäre die Folge, wenn der Staat sie stärker belasten würde?
Wir haben in Deutschland eine sogenannte „synthetische“ Einkommensteuer mit sieben verschiedenen Einkommensarten. Für jede dieser Einkommensarten, wie zum Beispiel „nichtselbstständige Arbeit“ oder „Gewerbebetrieb“, gilt, dass jemand mit einem höheren Einkommen auch mehr Steuern zahlt als jemand mit einem niedrigeren Einkommen.

Manche Einkünfte werden aber auch gar nicht oder nur teilweise besteuert, z. B. weil es in Deutschland im internationalen Vergleich sehr viele Möglichkeiten gibt, gewisse Dinge abzusetzen, oder weil Verluste in einer Kategorie oder aus Vorjahren mit Gewinnen in einer anderen Kategorie verrechnet werden, so dass zwei Personen mit gleichem Einkommen in einem Jahr unterschiedlich besteuert werden können. Wie hoch die „gerechte“ Besteuerung der „Reichen“ ist und wo man die Grenze ziehen will, ist, wie gesagt, eine philosophisch-politische Frage. Es gibt aber verfassungsrechtliche Grenzen für die Höhe der Besteuerung und wir wissen aus der ökonomischen Theorie und Empirie, dass Menschen auf Besteuerung reagieren und es daher auch eine ökonomisch sinnvolle Obergrenze gibt. Ist der Steuersatz zu hoch, kann der Fiskus Mehreinnahmen erzielen, wenn die Steuern gesenkt und nicht weiter erhöht werden.

Es gibt direkte Steuern wie die Lohnsteuer und indirekte Steuern wie die Mehrwertsteuer. Vor allem die Mehrwertsteuer ist umstritten. So sagen manche Experten, es sei ungerecht, dass die Mehrwertsteuer für alle gleich hoch ist – egal ob Kassiererin oder Manager. Welche Ideen gibt es, um die Mehrwertsteuer gerechter zu gestalten und eventuell bestimmte Güter oder Dienstleistungen, die für einkommensschwache Haushalte wichtig sind, zu entlasten?
Wir haben in Deutschland bereits ein komplexes Mehrwertsteuersystem mit unterschiedlichen Steuersätzen und zahlreichen Ausnahmen. Diese sind im Hinblick auf die Entlastung ärmerer Haushalte nicht immer zielführend und sicherlich reformbedürftig, aber die Grundidee ist schon, dass Güter wie Grundnahrungsmittel oder Mieten geringer oder gar nicht besteuert werden. Die bestehenden Regelungen sollten meines Erachtens im Hinblick auf die gewünschten Effizienz-, Verteilungs- und Lenkungswirkungen auf den Prüfstand gestellt und entsprechend angepasst werden.

Ob die Reichensteuer gerecht ist, ist eine politische Frage.

Welche Steuerreform braucht unser Land, damit die Menschen wieder das Gefühl haben, dass es hier gerechter zugeht?
Wir haben ein historisch gewachsenes Steuer- und Transfersystem mit sehr vielen und sehr komplexen Regeln. Das führt zu vielen gewollten, aber auch ungewollten Wechselwirkungen. Wenn man an einer Schraube dreht, verändern sich viele Dinge gleichzeitig und es ist schwierig, den Überblick zu behalten. Das kann zu unerwünschten Nebeneffekten führen.

Deshalb wäre es am besten, mit einem leeren Blatt anzufangen und ein neues System zu entwerfen. Aber das ist natürlich im politischen Prozess nicht so einfach möglich und im politischen Tagesgeschäft nur schwer umsetzbar.

Wagen wir einen Blick ins Ausland: Gibt es ein Land, an dem sich die deutsche Politik bei Reformen orientieren sollte oder wo es zumindest in Teilen besonders gerecht zugeht?
Solche Vergleiche sind immer schwierig, und was als „gerecht“ empfunden wird, ist auch immer kontextabhängig. Wichtig wäre, eine grundsätzliche Reformdiskussion zu führen und dann politische Prioritäten zu setzen. Vorbild könnte Großbritannien sein, wo vor circa 15 Jahren eine Kommission eingesetzt wurde, die alle Elemente

des Systems wissenschaftlich analysiert und daraus sinnvolle Reformen abgeleitet hat.
So wurde beispielsweise der „Universal Tax Credit“ geschaffen, der fast alle Sozialleistungen in einer Maßnahme bündelt und die Bürger und Bürgerinnen somit nur noch eine Anlaufstelle benötigen und nicht wie bei uns viele.

Warum hat sich in den vergangenen Jahren keine Partei an eine große Steuerreform gewagt?
Das ist schwierig zu sagen. Die letzte große Einkommensteuerreform hat Rot-Grün unter Kanzler Schröder gemacht. Die Union hat dann im Wahlkampf 2005 mit dem designierten Finanzminister Kirchhoff eine umfassende Reform vorgeschlagen und ist dafür im Wahlergebnis nicht belohnt worden, ebenso wie die Grünen 2013, die ihr relativ schlechtes Abschneiden – zumindest im Vergleich zu den Umfragewerten in den Monaten vor der Wahl – auch auf ihre Steuerpläne zurückführen.

Die SPD konnte die Erfolge der Schröderschen Reformen – nicht nur bei der Einkommensteuer, sondern auch auf dem Arbeitsmarkt, den sogenannten Hartz-Reformen – nur schwer für sich vereinnahmen, tut sich bis heute schwer damit und würde sie am liebsten wieder rückgängig machen.

Steuerpolitik ist also ein heikles Thema für die Parteien?
Es scheint eine Aversion gegen Reformen zu geben. Das liegt meiner Meinung nach aber auch an schlechter politischer Kommunikation und auch am Einfluss von Lobbygruppen. Denn bei einer großen Reform gibt es in der Regel Gewinner und Verlierer. Letztere beschweren sich dann lautstark, während sich die Gewinner nicht bewegen. Dass ein effizienteres System den Kuchen für alle vergrößern könnte, wird dann im Einzelfall nicht gesehen, auch weil eine große Skepsis gegenüber möglichen Verhaltensänderungen als Reaktion auf eine Reform besteht.

Gibt es innovative Steuermodelle, die in Zukunft an Bedeutung gewinnen könnten und inwiefern kann KI hier gegebenenfalls auch zu mehr Gerechtigkeit beitragen?
KI kann insbesondere im Steuervollzug – bei der Veranlagung oder der Prüfung von Steuererklärungen – helfen und dort für „Gerechtigkeit“ in dem Sinne sorgen, dass gleiche Sachverhalte auch gleich behandelt werden. [...] Ansonsten glaube ich nicht, dass wir grundsätzlich neue Konzepte brauchen, sondern dass es darum geht, sich im politischen Prozess über die Ausgestaltung des Systems zu verständigen.

Wir Ökonomen bevorzugen einfache Steuersysteme mit breiter Bemessungsgrundlage und wenigen Ausnahmen bei relativ niedrigen Steuersätzen, während Juristen im Interesse der sogenannten „Einzelfallgerechtigkeit“ oft viele Sondertatbestände und Ausnahmen generieren, die dann zwangsläufig zu höheren Steuersätzen führen, um das gleiche Steueraufkommen zu erzielen. Die wirtschaftliche Zusatzbelastung der Besteuerung durch Ausweichreaktionen steigt jedoch in der Regel überproportional mit dem Steuersatz. Niedrigere Steuersätze sind daher vorzuziehen.

Sabin, Thomas: Ökonom über Steuergerechtigkeit – Wut auf „unfaires Steuersystem“ – warum wir uns die Briten genau ansehen sollten. In: www.focus.de, 14.02.2024

Aufgaben

72003-224

1. Arbeiten Sie aus **M1** Kritikpunkte am aktuellen Steuersystem in Deutschland heraus.
2. Entwickeln Sie ausgehend von **M1** ein vereinfachtes Modell eines gerechten Steuersystems, das die Prinzipien des deutschen Steuersystems berücksichtigt. Begründen Sie Ihre Entscheidung und erläutern Sie, wie Ihr Modell zu Ihrer Vorstellung von Gerechtigkeit beiträgt.

2.6.2 Einkommen und Vermögen: Soll der deutsche Staat mehr oder weniger umverteilen?

Leitfragen

- Wie lässt sich die Verteilung von Einkommen erfassen?
- Was wissen wir über die Lohn-, Einkommens- und Vermögensverteilung in Deutschland?
- Soll der deutsche Staat mehr oder weniger umverteilen?

M 1 Einkommen oder Vermögen: Welchem Indikator vertraut der Staat zur Besteuerung?

Für die Erfüllung vielfältiger staatlicher Aufgaben benötigt der Staat Geld. Er kann mit den Einnahmen aber auch gezielt umverteilen, um soziale Ungleichheit zu reduzieren. Die kontroverse Frage ist: wie stark? Dazu lohnt sich ein genauerer Blick auf Einkommen und Vermögen und deren Verteilung und Besteuerung in Deutschland. Grundsätzlich müssen alle Menschen, die in Deutschland Einkommen erzielen, Einkommensteuer zahlen (› Kap. 2.6.1). Eine Betrachtung der Einkommen ist hier sinnvoll, weil sie mehr **Einkommensquellen** wie Löhne und Gehälter, selbständige Arbeit und Vermögenseinkünfte (Zinsen, Mieteinnahmen) und Transfereinkommen (z. B. Kindergeld) erfasst und damit den wirtschaftlichen Erfolg der Bürgerinnen und Bürger weit besser abbildet als nur die Löhne (siehe Schaubild zum Haushaltsbruttoeinkommen unten). Die Verteilung von Einkommen und Vermögen unterscheidet sich deutlich zwischen verschiedenen Bevölkerungsgruppen und Regionen. Statistische Erhebungen zeigen langfristige Trends wirtschaftlicher Konzentration, die gesellschaftliche Teilhabechancen unterschiedlich beeinflussen können.

M 2 Wie lässt sich die Verteilung von Einkommen erfassen?

Die Verteilung des in einer Volkswirtschaft wie der Bundesrepublik Deutschland in einem Jahr insgesamt erwirtschafteten Einkommens kann man nach verschiedenen Gesichtspunkten erfassen: Man kann dabei zwischen der primären, der sekundären, der funktionalen und der personellen Einkommensverteilung unterscheiden:

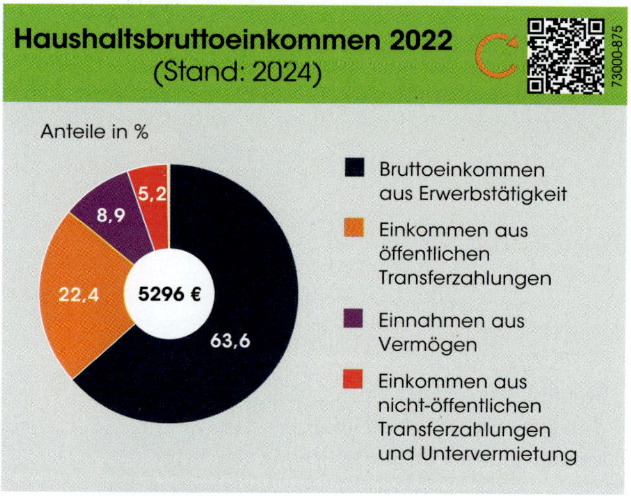

© C. C. Buchner Verlag, aktuelle Daten nach: DESTATIS (Datenerhebung: 2023; Grafikerstellung: 2024)

- Die Primärverteilung zeigt die Verteilung des Volkseinkommens als Marktergebnis ohne staatliche Umverteilung. Zum **Primäreinkommen** zählen Einkommen aus Erwerbstätigkeit oder Vermögen z. B. aus Zinsen und aus Vermietung von Wohnraum. Nehmen wir an, eine Arbeitnehmerin erzielt ein Bruttoeinkommen von 2.800 Euro im Monat, so ist dies ihr Primäreinkommen.
- Zieht man nun vom Primäreinkommen die Lohnsteuern und die Sozialversicherungsabgaben (Renten-, Kranken-, Pflege- und Arbeitslosenversicherung) ab und rechnet staatliche Transferleistungen wie etwa das Kindergeld für ein Kind hinzu, so erhält man das **Sekundäreinkommen** des Arbeitnehmerhaushalts, d. h. das Einkommen nach Umverteilung durch den Staat. Man spricht dann von der sekundären Einkommensverteilung. Mit Kinderfreibetrag und Steuerklasse 2 als Alleinerziehende kommt unsere Arbeit-

Lohn- und Gehaltsabrechnung einer ledigen Arbeitnehmerin in Bayern (Stand: 2025)

73000-876

Lohn- und Gehaltsabrechnung
Gilt als Verdienstbescheinigung.
Bitte sorgfältig aufbewahren.

Lichtqualität GmbH
Schützenstr. 1, 82008 Unterhaching

Frau Hadiye Mustafi
Peitinger Str. 110
81379 München

Abrechnung	August 2024	Eintrittsdatum	15.09.2018
Bundesland	BY	Geb.datum	13.09.1997
Sozialversicherung		St.-Kl.	II
SV-Nummer	14301075V132	**Urlaub**	
RV	18,60%	Anspr. VJ	0
KV	14,60%	Anspr. LJ	30
PV	4,00%	genommen	16
AV	2,60%	verbl.	14
Religion	vd	Kinderfreibeträge	1
Krankenkasse	BEK Betriebskrankenkasse		
Freibetrag			
jährlich	9540	monatlich	795
Kreditinstitut	Stadtsparkasse München		
IBAN	DE16701500000060101234		
BIC	SSKMDEMMXXX		

	Gesamt-Brutto
Jahresgehalt	33.600,00 €
Monatsgehalt	2.800,00 €

Abzüge		Jährlich	Monatlich
Lohnsteuer		1905,00 €	158,75 €
Solidaritätszuschlag		-	-
Kirchensteuer		-	-
Steuerrechtliche Abzüge		1905,00 €	158,75 €
Rentenversicherung	9,300%	3.124,80 €	260,40 €
Krankenversicherung (Zusatzbeitrag) %	7,300 + 0,650%	2872,80 €	239,40 €
Pflegeversicherung	2,300%	604,80 €	50,40 €
Arbeitslosenversicherung	1,300%	436,80 €	36,40 €
Summe Sozialversicherung		7039,20 €	586,60 €
Summe der Abzüge		8944,20 €	745,35 €

Differenz	Betrag
Gesamt-Brutto	2.800,00 €
Gesamte Abzüge	745,35 €
Netto:	2054,65 €

© C.C.Buchner Verlag, aktuelle Zahlen nach: www.brutto-netto-rechner.info (Datenerhebung: 2025; Grafikerstellung: 2025)

nehmerin auf etwas mehr als 2.000 Euro netto (Stand: 2025). Mit Nachwuchs kommt hier noch das Kindergeld von 255 Euro pro Kind hinzu.

- Bei der **funktionalen Einkommensverteilung** betrachtet man die Frage nach der Herkunft der Einkommen genauer: Wie verteilen sich die Einkommen auf die funktionalen Einkommensarten Löhne, Gewinne und Zinsen? Wie auf die an der Erwirtschaftung des Einkommens beteiligten grundlegenden drei Produktionsfaktoren Arbeit (Löhne und Gehälter), Kapital (Gewinne und Zinsen) und Boden (Erträge aus Grundstücken, sogenannte Bodenrenten)? Diese Analyse zeigt sektorale Einkommensunterschiede deutlich.
- Bei der **personellen Einkommensverteilung** untersucht man dagegen die Verteilung des entstandenen Einkommens auf Personen oder Haushalte. Dazu rechnet man die Einkünfte aus allen Einkommensarten unabhängig von der Einkommensquelle zusammen. So lässt sich erkennen, wie unterschiedlich Gesellschaftsgruppen an wirtschaftlichem Wohlstand teilhaben. Die Ergebnisse zeigen auch, welche Entwicklungen der Ungleichheit es im Zeitverlauf gibt und ermöglichen den Vergleich der Verteilung mit anderen Ländern und Regionen.

M3 Was wissen wir über die Lohn-, Einkommens- und Vermögensverteilung in Deutschland?

a) Die Lohnquote – Maßstab für Verteilungsgerechtigkeit?

Wichtig ist zunächst im Zusammenhang mit Löhnen und Einkommen: In Deutschland herrscht Tarifautonomie (› Kap. 2.3.3). Die Lohn- und Arbeitsbedingungen werden ohne Beteiligung des Staates von den Tarif- und Sozialpartnern, den Gewerkschaften als Vertreter der Arbeitnehmerinnen und Arbeitnehmer und den Arbeitgeberverbänden als Vertreter der Unternehmen ausgehandelt. Oder in Fällen ohne Tarifbindung direkt zwischen Arbeitnehmer und Unternehmen. Der Staat gibt im Sinne des Sozialstaatsprinzips aber den Rahmen vor (z. B. Mindestlohn, Arbeitsschutz). Er hat aber prinzipiell ein Interesse an steigenden Löhnen, weil durch die Steuerprogression dann auch die Steuereinnahmen steigen und er Transferleistungen spart.

Die **Lohnquote**, manchmal auch als Arbeitsentgeltquote bezeichnet, ist ein wirtschaftlicher Indikator, welcher den Anteil der Einkommen aus unselbstständiger Arbeit, d. h. der Löhne und Gehälter am gesamten Volkseinkommen des Landes misst. Dazu wird das gesamte Arbeitsentgelt, die Summe der Löhne und Gehälter der Arbeitnehmerinnen und Arbeitnehmer, durch das Einkommen der gesamten Volkswirtschaft geteilt. Dieses Verhältnis in Prozent kann im längerfristigen Zeitverlauf betrachtet als Maßstab für die Entwicklung der Verteilungsgerechtigkeit dienen (mehr bei den **Gerechtigkeitsvorstellungen** im nächsten Abschnitt). Doch ist die Lohnquote dafür tatsächlich ein geeignetes Instrument? Ein Anstieg der Lohnquote bedeutet, dass ein größerer Anteil des Volkseinkommens an die Arbeitnehmerinnen und Arbeitnehmer geht, während ein Rückgang darauf hindeutet, dass etwa Einkommen aus Vermögen im Verhältnis zu den Lohneinkommen zunehmen. Historisch betrachtet kann man eine solche Abnahme der Lohnquote in vielen Industrieländern seit den 1980er Jahren feststellen. Diese Verschiebung zwischen den Faktoren Arbeit und Kapital wurde allerdings in den letzten Jahren durch politische Maßnahmen wie Mindestlohnanhebungen gestoppt. Ganz so

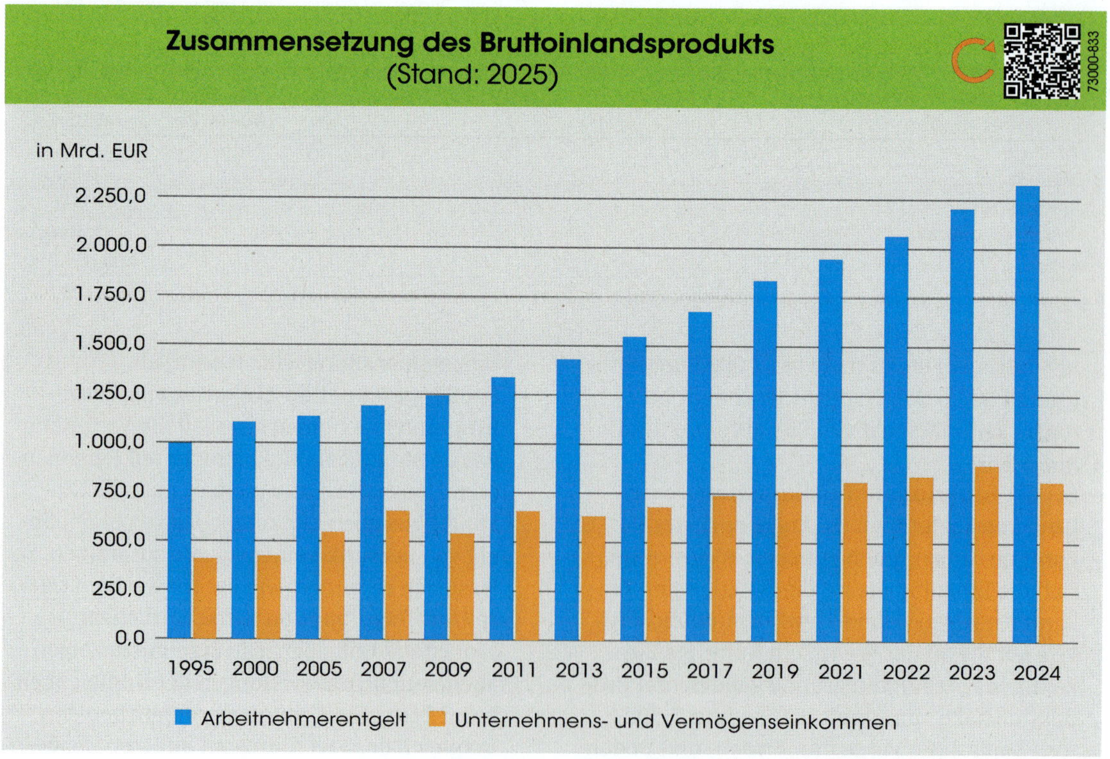

© C.C. Buchner Verlag, aktuelle Daten nach: DESTATIS (Datenerhebung: 2024; Grafikerstellung: 2025)

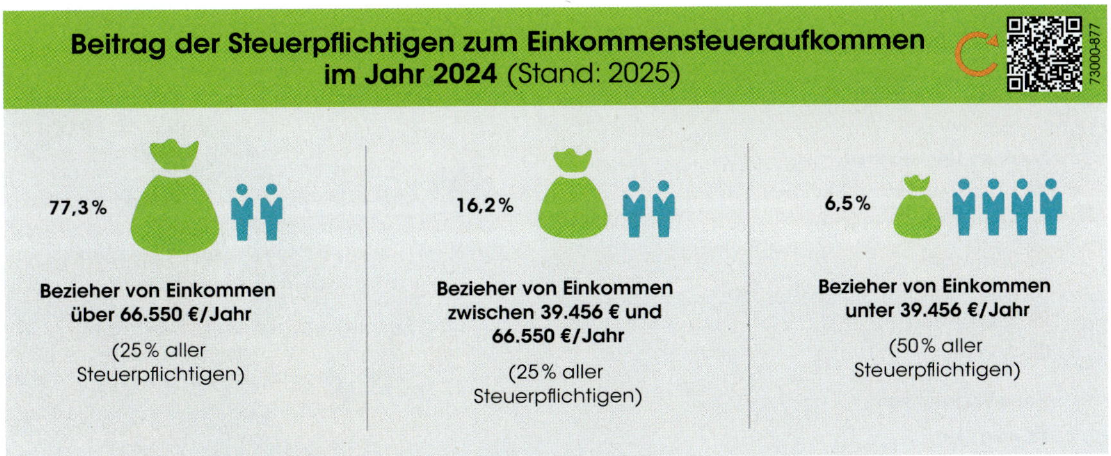

© C.C. Buchner Verlag, aktuelle Daten nach: Bundesministerium der Finanzen (Datenerhebung: 2025; Grafikerstellung: 2025)

einfach ist es aber nicht mit der Verteilungsgerechtigkeit: Die Lohnquote ist zwar ein guter Maßstab für die Lohngerechtigkeit aus unselbständiger Arbeit, aber ein Absinken der Quote könnte etwa auch daran liegen, dass Einkünfte aus Vermögen, Kapitalerträgen oder selbständiger Arbeit zunehmen. Und eine hohe bzw. steigende Lohnquote sagt noch nichts über die konkrete Verteilung der Löhne innerhalb der Arbeitnehmenden aus. Hierzu benötigen wir die Anteile der jeweiligen Einkommensschichten in Deutschland. Doch auch dann fehlen noch Details, etwa zu Geschlechterunterschieden. Zudem lässt die Lohnquote auch staatliche Sozialtransfers außen vor, die die Nettoverteilung des Einkommens erheblich verändern können.

b) Einkommensverteilung in Deutschland – was ist gerecht?

Die Frage nach einer gerechten Einkommensverteilung umfasst grundlegende ethische und wirtschaftliche Überlegungen. Sie beeinflusst die Stabilität und den sozialen Frieden einer Gesellschaft. In Umfragen sind die Bürgerinnen und Bürger mit großer Mehrheit für mehr „soziale Gerechtigkeit“. Aber was genau ist oder wäre eine gerechte Einkommensverteilung und kann hier Gerechtigkeit überhaupt erreicht werden?

Dazu muss man zunächst Gerechtigkeit definieren, denn es gibt **verschiedene Gerechtigkeitsvorstellungen** oder Verteilungsnormen:

Leistungsgerechtigkeit: Diese Vorstellung besagt, dass Einkommen im Verhältnis zur individuellen Leistung und Produktivität verteilt werden sollte. Wer mehr beiträgt, sollte auch mehr verdienen.

Bedarfsgerechtigkeit: Nach dieser Vorstellung sollte Einkommen nach den konkreten Bedürfnissen der Menschen verteilt werden, um jedem ein menschenwürdiges Leben zu ermöglichen.

Chancengerechtigkeit: Diese Vorstellung betont die Notwendigkeit gleicher Startbedingungen für alle Akteure. Jeder sollte die gleichen Möglichkeiten haben, durch eigene Anstrengungen Einkommen zu erzielen.

Verteilungsgerechtigkeit: Diese Vorstellung strebt eine gleichmäßige Verteilung des Einkommens an, unabhängig von Leistung oder Bedarf, um soziale Ungleichheiten zu minimieren. Im Ergebnis bekommen alle gleich viel.

Das Einkommen wird durch viele Faktoren beeinflusst (› Kap. 2.3.3). Ursachen sind etwa Bildung und Qualifikation, Berufserfahrung, Branche oder auch die Wirtschaftsstärke der Region. Die Einkommensungleichheit wird oft mit dem Gini-Koeffizienten gemessen. Dieses statistische Standardmaß, benannt nach dem italienischen Statistiker Corrado Gini, kann Werte zwischen 0 (vollkommene Gleichheit, d. h. alle Personen haben das gleiche Einkommen) und 1 (vollkommene Ungleichheit, d. h. eine Person verfügt über das gesamte Einkommen, der Rest der Bevölkerung nichts) annehmen. In Deutschland liegt dieser Ko-

Gini-Koeffizient vor Umverteilung

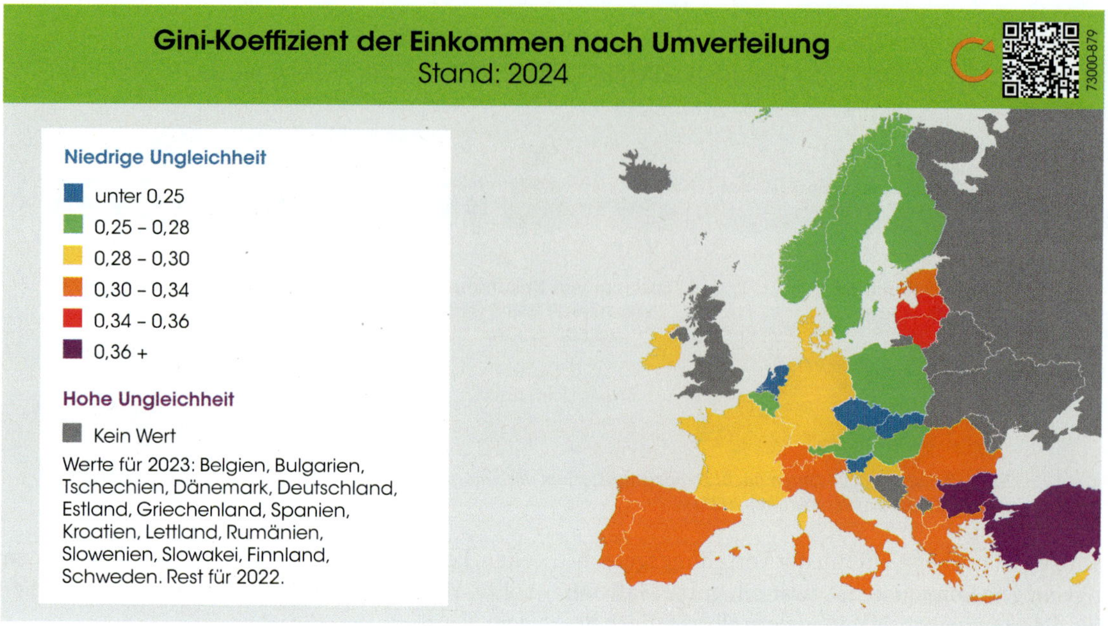

© C.C. Buchner Verlag, aktuelle Daten nach: Eurostat (Datenerhebung: 2023; Grafikerstellung: 2024)

73000-878

effizient bei etwa 0,29 (siehe Schaubilder auf der Folgeseite). Damit zeigt sich die Einkommensverteilung als relativ ausgewogen, doch auch hier gibt es deutliche Einkommensunterschiede.

Eine gewählte Regierung kann nun mit Maßnahmen eingreifen und mehr oder weniger umverteilen, um ihre jeweilige Gerechtigkeitsvorstellungen in der Einkommensverteilung zu erreichen. Der Staat tut dies bereits durch progressive Steuersysteme (› siehe Kap. 2.6.1), staatliche Transfer- und Sozialleistungen, aber auch durch Investitionen in Bildung, durch Mindestlöhne oder durch Antidiskriminierungsmaßnahmen. Hierbei gibt es oft Kontroversen um die Frage: Was ist bedarfsgerecht? Der Grundsatz der Chancengerechtigkeit hat sich häufig als Kompromiss herausgestellt, auf den sich alle einigen können. Denn die Möglichkeit, bei gleichen Chancen durch eigene Tüchtigkeit sozioökonomisch aufzusteigen (oder durch eigene Trägheit abzusteigen), wird von einer breiten Mehrheit als gerecht erachtet und trägt zum sozialen Zusammenhalt einer Gesellschaft bei.

c) Vermögen und Vermögensverteilung in Deutschland

Es ist etwas erstaunlich, dass in Deutschland durch statistische Erhebungen sehr viel über sehr viele Sachverhalte, aber unheimlich wenig über die großen Vermögen bekannt ist. Vermögen umfasst dabei nicht nur Geld und Immobilien, sondern auch Aktien, Unternehmensbeteiligungen und weitere Finanzanlagen. Die **Vermögensverteilung** ist ein zentrales Thema in der Wirtschafts- und Sozialpolitik, denn Vermögen haben einen erheblichen Einfluss auf die wirtschaftliche Sicherheit und die soziale Teilhabe der Menschen.

Wie aber sieht die Vermögensverteilung in Deutschland aus? Studien (meist eher Stichproben und Schätzungen) zeigen, dass die oberen 10 % der Bevölkerung mehr als die Hälfte des gesamten Vermögens besitzen, während die untere Hälfte der Bevölkerung kaum über nennenswertes Vermögen verfügt. Der Gini-Koeffizient für Vermögen, erneut mit Werten zwischen 0 (vollkommene Gleichheit) und 1 (vollkommene Ungleichheit), liegt in Deutschland bei etwa 0,76. Dies deutet auf eine im internationalen Vergleich hohe Vermögensungleichheit in Deutschland hin. Wie kommt das, wenn doch die Einkommensverteilung relativ gleich ist? Ursachen der Vermögensungleichheit sind neben Aktien- und Immobilienbesitz als Vermögensquellen vor allem Erbschaften und Schenkungen. Große Vermögen werden weitergegeben, was zu einer Konzentration von Reichtum führt.

Vermögensverteilung in Deutschland nach Dezilen 1998-2018
Stand: 2024

73000-880

	1998	2002	2003	2007	2008	2012	2013	2017	2018
oberste 10 Prozent (10. Dezil)	44,7 %	55,9 %	49,6 %	61,5 %	53,0 %	58,9 %	51,9 %	59,4 %	50,1 %
9. Dezil	21,8 %	20,4 %	21,2 %	18,3 %	21,1 %	19,0 %	21,7 %	18,8 %	21,2 %
8. Dezil	14,9 %	12,3 %	13,7 %	10,9 %	13,1 %	11,6 %	13,4 %	11,4 %	13,4 %
7. Dezil	9,8 %	7,5 %	8,5 %	6,2 %	7,7 %	6,8 %	8,0 %	6,7 %	8,3 %
6. Dezil	5,2 %	3,3 %	4,5 %	2,7 %	4,0 %	3,3 %	4,1 %	3,2 %	4,5 %
5. Dezil	2,4 %	1,4 %	2,2 %	1,2 %	1,9 %	1,3 %	1,7 %	1,2 %	2,0 %
4. Dezil	1,1 %	0,5 %	1,0 %	0,4 %	0,7 %	0,4 %	0,6 %	0,4 %	0,7 %
3. Dezil	0,5 %	0,0 %	0,3 %	0,0 %	0,2 %	0,0 %	0,1 %	0,0 %	0,2 %
2. Dezil	0,1 %	0,0 %	0,0 %	0,0 %	0,0 %	0,0 %	0,0 %	0,0 %	0,0 %
untere 10 Prozent (1. Dezil)	-0,4 %	-1,2 %	-1,0 %	-1,4 %	-1,6 %	-1,4 %	-1,5 %	-1,1 %	-0,4 %

Einkommens- und Verbrauchsstichprobe EVS
Sozioökonomisches Panel SOEP

Lesehilfe: Das oberste Dezil der Vermögenden verfügt je nach Datenerhebung zwischen 50 % bis 60 % des Gesamtvermögens.

© C.C. Buchner Verlag, aktuelle Daten nach: SOEP, EVS (Datenerhebung: 2022; Grafikerstellung 2024)

d) Soll der deutsche Staat mehr oder weniger umverteilen?

Eine ungleiche Vermögensverteilung verschärft soziale Ungleichheit. Ressourcenausstattung und Lebensbedingungen sind dann sehr unterschiedlich. Die Teilhabe-, Konsum- und Investitionsfähigkeit der vermögensarmen Bevölkerungsgruppen werden eingeschränkt, die soziale Mobilität erschwert. Große Vermögen können auch zu einer Konzentration politischer Macht führen. Bei extremer Ungleichheit kann es zu sozialem Unfrieden und gesellschaftlichen Spannungen kommen. Der soziale Zusammenhalt ist gefährdet. Staatliche **Umverteilung**, d. h. Eingriffe in die Einkommens- und Vermögensverteilung sind deshalb ein wesentliches Element der Sozialen Marktwirtschaft und allgemein akzeptiert. Über die konkrete Ausgestaltung wird aber gestritten und hier hat die Politik Gestaltungsspielraum. Insgesamt hat die Politik seit der Jahrtausendwende aber Spitzenverdienste, Gewinn- und Vermögenseinkommen eher steuerlich entlastet (z. B. durch eine pauschale Abgeltungssteuer auf Wertpapiererträge wie etwa Aktiendividenden). Um die Vermögensungleichheit zu verringern, könnten verschiedene Umverteilungsmaßnahmen ergriffen werden: Eine **Erbschafts- und Schenkungssteuer** kann dazu beitragen, die Vermögenskonzentration zu reduzieren. Befürwortende sehen Erbschaften als „unverdientes Einkommen" und fordern mehr „soziale Gerechtigkeit", Kritikerinnen und Kritiker wittern „Eingriffe in Eigentumsrechte" und „Mehrfachbesteuerung" bereits versteuerten Geldes. Es gibt in Deutschland eine solche Steuer, jedoch mit eher großzügigen Freibeträgen besonders für Betriebsvermögen. Regierungen befürchteten die Abwanderung oder Schließung insbesondere von Familienunternehmen und mögliche Arbeitsplatzverluste. Vom Bundesgerichtshof hat die Politik jedoch als Aufgabe bekommen, hier nachzubessern.

Eine Möglichkeit zur Reduktion der Vermögensungleichheit in Deutschland wäre eine Vermögenssteuer. Deutschland hat die **Vermögenssteuer** nach einem BGH-Urteil 1997 nicht mehr erhoben, weil das Gericht die Bemessungsgrundlage für verfassungswidrig erklärte. Einer DIW-Studie zufolge könnte deren Wiederaufnahme bei

DIW Studie
72003-250

einem Vermögenssteuersatz von einem Prozent für das reichste Prozent der Vermögenden leicht mehr als 10 Milliarden an Steuereinnahmen generieren. Befürworterinnen und Befürworter führen an: Nur so lasse sich die echte Ungleichheit in Deutschland reduzieren und sogar die vermögensfreundliche Schweiz hat eine solche Steuer. Kritikerinnen und Kritiker wenden ein: Das Einkommenssteueraufkommen in Deutschland wird zu über 90 Prozent bereits von der oberen Hälfte der Einkommenssteuerzahler entrichtet (› Schaubild, S. 217). Die Schweiz habe zwar eine Vermögenssteuer, aber insgesamt wesentlich niedrigere Einkommensteuersätze. Es fände also bereits starke Umverteilung statt. Für eine Vermögenssteuer müsste der deutsche Staat auch erst alle Vermögenswerte erfassen und jährlich bewerten, was mit sehr hohem Aufwand und hohen Kosten verbunden wäre. Außerdem besteht die Gefahr, dass Vermögende und Unternehmen ins Ausland abwandern.

Wie man es auch sieht, falls man mehr umverteilen möchte, wäre bei Erbschafts- und Vermögenssteuer in Deutschland für den Staat auf jeden Fall etwas zu „holen". Neben diesen fiskalpolitischen Maßnahmen sind auch „sanftere" Maßnahmen zur Förderung der Vermögensbildung möglich. Verstärkte Investitionen in Bildung und Ausbildung (z. B. BAföG) oder auch die Förderung von Wohneigentum für breite Bevölkerungsschichten sowie vermögensbildende Maßnahmen zur Kapitalbeteiligung (z. B. Mitarbeiteraktien) sind denkbar. Auch ein steigender Mindestlohn und starke soziale Sicherungssysteme können helfen, die wirtschaftliche Basis zu stabilisieren und breiteren Schichten Vermögensaufbau (z. B. durch eine Aktienrente) zu ermöglichen. An der sehr ungleichen Vermögensverteilung in Deutschland werden diese jedoch kurzfristig kaum etwas ändern. Eine stärkere Umverteilung durch den Staat birgt zahlreiche gesellschaftliche und wirtschaftliche Implikationen. Zum einen kann eine gezielte Umverteilung dazu beitragen, soziale Chancenbreite, sozialen Frieden und relative Chancengleichheit zu sichern. Zum anderen wird häufig argumentiert, dass hohe Steuersätze und Abgaben Leistungsanreize und unternehmerische Initiative beeinträchtigen könnten. Demografische Alterung, Migration und digitale Transformation verändern dauerhaft die Bedingungen für Umverteilung. In der politischen Debatte stehen daher vielfältige Instrumente im Fokus – von Steuern über Sozialtransfers bis zu Bildungschancen. In internationalen Vergleichen zeigt sich, dass unterschiedliche Länder sehr unterschiedliche Wege wählen, um sozialen Ausgleich herzustellen. Die optimale Balance zwischen Eigenverantwortung, solidarischem Ausgleich und Leistungsanreiz bleibt daher immer wieder Gegenstand gesellschaftlicher Aushandlungsprozesse.

Aufgaben

72003-225

1. Erklären Sie die Unterschiede zwischen primärer und sekundärer Einkommensverteilung (**M2**).
2. Erörtern Sie die Aussagekraft der Lohnquote als möglichen Maßstab für Verteilungsgerechtigkeit (**M3a**).
3. Überprüfen Sie anhand der Schaubilder in **M3a-c** die These: „Die Schere zwischen Arm und Reich öffnet sich in Deutschland."
4. a) Begründen Sie, welche Vorstellung von Gerechtigkeit Ihnen persönlich am Wichtigsten ist (**M3b**).
   b) Überprüfen Sie, welche Anreize und Auswirkungen eine auf ihre Gerechtigkeitsvorstellung ausgerichtete politische Schwerpunktsetzung hätte.
   c) Entwickeln Sie eine Steuer, die für Ihre Gerechtigkeitsvorstellung passend ist.
5. In einem liegengebliebenen ICE der Deutschen Bahn sitzen folgende acht Personen im Großraumwagen: Eine erfolgreiche Unternehmerin, ein Herzchirurg, ein Krankenpfleger, ein Rentner, ein Mensch mit Behinderung, ein Alleinerziehender, eine ungelernte Reinigungskraft, eine Schreinerin. Das Zugpersonal gibt 20 Kaltgetränke aus. Gestalten Sie einen Verteilungsvorschlag, wie die Getränke am gerechtesten verteilt werden sollen: Nach dem Prinzip der Leistungsgerechtigkeit, der Verteilungsgerechtigkeit, der Bedarfsgerechtigkeit.

Vermögenssteuer – ein Weg zu mehr Gerechtigkeit?

M1 Wie steht es um die Vermögenssteuer in Deutschland?

Eine Vermögenssteuer als Substanzsteuer zielt darauf ab, besonders hohe Gesamtvermögen fortlaufend zu besteuern. Man berechnet dazu die Summe von Grund-, Finanz- oder auch Betriebsvermögen und wertvoller Hausrat abzüglich Schulden. Häufig wird über Freibeträge sichergestellt, dass ausschließlich sehr hohe Vermögen betroffen sind. Die Ausgestaltung ist unterschiedlich und in Europa erheben z. B. Luxemburg, Norwegen und die Schweiz eine Vermögenssteuer. Befürworterinnen und Befürworter fordern meist eine Steuer von ein bis zwei Prozent für Multimillionäre und Milliardäre pro Jahr. In Deutschland wurde die Vermögenssteuer seit 1922 und bis 1996 erhoben und kam mit bis zu 20 Milliarden Euro den Ländern zugute. Seit 1997 ist sie aufgrund eines Urteils des Bundesverfassungsgerichts ausgesetzt. Ein zentrales Problem sah das Gericht in einer ungerechten Behandlung unterschiedlicher Vermögenswerte. Die Immobilienwerte waren seit 1964 nicht mehr aktualisiert worden, was dazu führe, dass Grund- und Immobilienvermögen im Vergleich zu anderen Vermögenswerten eher gering besteuert wurden und das Gericht den Gleichheitsgrundsatz nicht mehr erfüllt sah.

Die Steuer ist zwar ausgesetzt, das entsprechende Gesetz wurde aber nie aufgehoben und mit der Grundsteuerreform ab 2025 wäre auch eine Berechnung der Vermögenssteuer wieder verfassungskonform möglich. Es bleiben allerdings Zweifel hinsichtlich der aufwendigen Erfassung aller Vermögenswerte.

M2 Pro Vermögenssteuer: „Jedes Jahr 100 Milliarden Euro an zusätzlichen Einnahmen."

Fakt ist: Kaum ein Land in der Welt besteuert Arbeit stärker und Vermögen geringer als Deutschland. [...] Vor allem Menschen mit mittleren und geringen Einkommen zahlen im internationalen Vergleich mit die höchsten Steuern und Abgaben auf ihr Arbeitseinkommen. Für Spitzenverdienerinnen und Spitzenverdiener gilt das aber weniger. Viele andere Länder, zum Beispiel auch Frankreich, besteuern Spitzenverdiener stärker. Betrachtet man die steuerliche Belastung von Hochvermögenden, ist Deutschland geradezu ein Niedrigsteuerland. So nimmt der deutsche Staat jedes Jahr nur knapp ein Prozent der Wirtschaftsleistung, oder knapp 40 Milliarden Euro, an vermögensbezogenen Steuern ein. Im Vergleich: Die USA, Frankreich oder Großbritannien haben drei- bis viermal so hohe Steuereinnahmen auf Vermögen. Wenn Deutschland private Vermögen genauso stark besteuern würde wie diese drei Länder, dann hätte der Staat jedes Jahr 100 Milliarden Euro an zusätzlichen Einnahmen. Die fehlenden 17 Milliarden Euro Bundeshaushalt sind also ein Klacks im Vergleich dazu.

Marcel Fratzscher, Deutsches Institut für Wirtschaftsforschung DIW

Das Beispiel dieser drei Länder – und vieler anderer Industrieländer – räumt auch den Einwand aus, eine stärkere Besteuerung von Vermögen verursache einen wirtschaftlichen Schaden oder eine Kapitalflucht aus Deutschland. Deutschland ist nicht Opfer im globalen Unterbietungswettbewerb bei der Besteuerung von Superreichen, sondern eher Täter und Mitverursacher.

Denn die Steuervermeidung von Hochvermögenden ist hierzulande ein schwerwiegendes Problem […] Die Ursache für die geringen Steuereinnahmen bei Hochvermögenden in Deutschland liegt nicht daran, dass es wenige Hochvermögende in Deutschland gibt, sondern dass sowohl die Steuersätze auf Vermögen gering sind als auch Steuervermeidung oft sehr einfach ist. Der neue Jahresbericht der UBS zu Hochvermögenden zeigt, dass Deutschland weltweit bei der Anzahl von sehr Wohlhabenden – hier definiert als Personen mit einem Vermögen von umgerechnet mehr als 50 Millionen US-Dollar – hinter den USA und China an dritter Stelle liegt. Auch gibt es ungewöhnlich viele Milliardäre in Deutschland, nämlich 109 im Vergleich zu 34 in Frankreich. Während viele Bürgerinnen und Bürger, vor allem mit geringen Einkommen, unter Pandemie und Energiekrise gelitten haben, gehören Hochvermögende eher zu den Gewinnern. Ihr Vermögen wächst, auch wegen der steigenden Aktienmärkte, die durch eine expansive Geldpolitik befeuert werden – der deutsche Aktienindex Dax hat gerade wieder einmal ein neues Rekordhoch erreicht.

Nun mag mancher an dieser Stelle einwerfen, es handele sich lediglich um eine Neiddebatte, denn was ist dagegen einzuwenden, wenn unternehmerisch und innovativ denkende Menschen wie Elon Musk durch ihre Erfindungen viele Milliarden Euro oder US-Dollar an Vermögen anhäufen? Auch hierauf hat die UBS-Studie eine Antwort: Über das vergangene Jahr wurde der größte Zuwachs bei den Milliardären nicht durch Unternehmertum, sondern durch Erbschaften erzielt. Glück und nicht Leistung sind die wichtigste Erklärung für großen Reichtum. Knapp 60 Prozent aller privaten Vermögen in Deutschland wurden nicht durch eigener Hände Arbeit erwirtschaftet, sondern durch Erbschaften oder Schenkungen erzielt. Der Kernpunkt ist: Eine auch nur moderat höhere Besteuerung von Vermögen würde dem deutschen Staat deutliche höhere Einnahmen ermöglichen, die für Investitionen in Bildung, Klimaschutz, eine leistungsfähige Infrastruktur und Innovationsfähigkeit zur Verfügung gestellt werden könnten. So könnten die Ausnahmen und Privilegien bei Erbschaften für Hochvermögende reduziert werden. 300 bis 400 Milliarden Euro werden in Deutschland jedes Jahr verschenkt oder vererbt, der Staat nimmt jedoch nur knapp zehn Milliarden Euro an Erbschaftssteuern ein. Dabei sind große Erbschaften von Unternehmen häufig ausgenommen und werden überhaupt nicht besteuert. Eine Abschaffung dieser Ausnahmen könnte erheblich zusätzliche Steuereinnahmen generieren und die Besteuerung könnte so gestreckt werden, dass die Unternehmen nicht in ihrer Existenz bedroht sind. Ähnliches gilt für die Besteuerung von Immobiliengewinnen, die allzu häufig in Deutschland komplett steuerfrei sind. Eine Vermögensteuer oder einmalige Vermögensabgabe, also auf Finanzvermögen, wie von manchen bevorzugt, ist eine Alternative. Sie hat jedoch viele Nachteile, da die notwendigen Informationen erst erhoben werden müssten und Ausweichreaktionen hervorrufen könnten. […]

Manche Politiker fordern vehement eine Kürzung sozialer Leistungen, vor allem bei Bürgergeld und Rente […] Sicherlich gibt es vereinzelt Missbrauch bei der Inanspruchnahme von Sozialleistungen, auch wenn es wichtig ist zu betonen: Die überwältigende Mehrheit der Empfängerinnen und Empfängern ist ehrlich und verlässlich. Die Kosten davon belaufen sich nach sehr groben Schätzungen auf knapp 60 Millionen Euro im Jahr, das mag viel erscheinen, ist aber verglichen mit anderen Summen sehr wenig. Denn Schätzungen zeigen, dass dem deutschen Staat jedes Jahr knapp 100 Milliarden Euro an Steuereinnahmen durch Steuervermeidung vor allem von Hochvermögenden entgehen.

Die Politik sollte, anstatt die verletzlichsten Gruppen für das Stopfen der Löcher im Bundeshaushalt heranzuziehen, die Hochvermögenden zur Kasse bitten, die sich durch die vielen Steuerprivilegien häufig kaum an der Finanzierung von der staatlichen Daseinsfürsorge, von Infrastruktur und Bildung beteiligen. „Eigentum verpflichtet", heißt es im Artikel 14 des Grundgesetzes, und weiter: „Sein Gebrauch soll zugleich dem Wohle der Allgemeinheit dienen." Die Bundesregierung wäre klug beraten, diesen Vorsatz in ihrer Haushaltsplanung ernst zu nehmen und auf soziale Ausgewogenheit und Glaubwürdigkeit ihrer Politik zu achten. […]

Fratzscher, Marcel: Superreiche können leicht die Haushaltslücke schließen. In: www.zeit.de, 22.12.2023.

M3 Kontra Vermögenssteuer: „Keine Steuer ist wirtschaftsfeindlicher."

Die Vermögensteuer hat im Vergleich zu anderen Steuerarten entscheidende Nachteile, die den Wirtschaftsstandort Deutschland bedrohen. Mögliche Ausweichreaktionen und hohe Erhebungs- sowie Befolgungskosten der Steuer wiegen schwerer als die Aussicht auf mehr Steuereinnahmen und Verteilungsgerechtigkeit. Bereits ein Steuersatz von 1 Prozent kann dazu führen, dass Unternehmen über 10 Prozent weniger von ihrem thesaurierten Gewinn für Investitionen zur Verfügung haben. Die Forderung nach einer stärkeren Besteuerung von Vermögen und damit auch der Betriebsvermögen der Unternehmen kommt im Vorfeld der Bundestagswahl wieder auf. Sowohl Die Linke als auch Die Grünen und SPD haben Pläne zur Wiederbelebung der Vermögensteuer in ihre Wahlprogramme aufgenommen [...]. [...]

Dr. Tobias, Leiter des Clusters Staat, Steuern, Soziale Sicherung am Institut der deutschen Wirtschaft (IW)

Seit 1997 wird die Vermögensteuer in Deutschland nicht mehr erhoben, obwohl sie formal nicht abgeschafft wurde. Der Grund für das Aussetzen der Vermögensteuer war, dass die Bewertung von Immobilien den Gleichheitsgrundsatz nicht erfüllt hatte, weil sie nicht mit dem Marktwert erfasst wurden. Die Bewertung von Vermögen stellt eine grundsätzliche Hürde der Vermögensteuer dar. Für Bargeld oder Aktienvermögen kann ein Marktwert noch relativ leicht bestimmt werden, auch wenn bei Aktien die Volatilität des Werts zwischen Bewertungsstichtag und Steuerbescheid zu Problemen führen kann. Insbesondere ist jedoch die Bewertung von Vermögen, das nicht am Markt gehandelt wird – zum Beispiel im Fall von kleinen und mittleren Familienunternehmen – nur näherungsweise und mit Hilfe stark vereinfachender Annahmen möglich. [...] Die Schwierigkeit einer angemessenen Bewertung führt zu hohen Erhebungs- und Befolgungskosten. Steuerberater und Gutachter müssen im Zweifel zur Bewertung hinzugezogen werden. Im Streitfall kann es zu Gerichtsverfahren kommen. Sowohl die Finanzverwaltung als auch die Steuerpflichtigen haben somit hohe Kosten zu tragen, die jährlich anfallen, da im Zweifel eine jährliche Neubewertung des Vermögens erforderlich ist. Studien gehen daher von Erhebungs- und Befolgungskosten von bis zu 20 Prozent des Aufkommens aus. Die Vermögensteuer ist nicht nur eine der erhebungstechnisch teuersten Steuerarten, auch die wirtschaftlichen Konsequenzen können gravierend sein. Eine aktuelle Simulationsstudie zur Bemessungsgrundlage einer potenziellen Vermögensabgabe oder Vermögensteuer zeigt, dass je nach Ausgestaltung der Freibeträge der Anteil des Betriebsvermögens an der Bemessungsgrundlage – also am steuerpflichtigen Nettovermögen – zwischen 36 Prozent und 54 Prozent läge [...].

Bei Betriebsvermögen wirkt die Vermögensteuer wie ein Aufschlag auf die Ertragsteuern. [...] Wie bei den Ertragsteuern muss auch die Vermögensteuer aus den Gewinnen bezahlt werden – sonst greift sie die Substanz des Unternehmens an, was bei geringen Gewinnen oder in Verlustjahren der Fall wäre. Die Auswirkungen auf die Steuerlast sind in jedem Fall erheblich: Eine 1-prozentige Vermögensteuer wirkt bei einem beispielhaften mittelständischen Unternehmen im Fall der Gewinnthesaurierung wie eine Erhöhung der Ertragsteuer um 10 Prozentpunkte, bei Ausschüttung um 8 Prozentpunkte. Eine Vermögensteuer mindert die Attraktivität einer Thesaurierung zur Finanzierung späterer Investitionen. [...]

Diese hohe Zusatzbelastung für die Unternehmen führt dazu, dass der Wirtschaftsstandort Deutschland im internationalen Vergleich unattraktiv wird. Produktion könnte verlagert werden und Investitionen könnten im Ausland statt in Deutschland getätigt werden. Hinzu kommt, dass sehr wohlhabende Personen ihren Wohnsitz ins Ausland verlagern könnten, um der Steuer zu entgehen. Diese Ausweichreaktionen führen nicht nur zu weniger Wertschöpfung und Arbeitsplätzen, sondern auch zu einer Verkleinerung der Bemessungsgrundlage der Vermögensteuer selbst sowie der anderen Ertragsteuern. […] Die Vermögensteuer schneidet somit sowohl hinsichtlich der wirtschaftlichen Auswirkungen als auch mit Blick auf die Kosten der Erhebung und die potenziellen (Netto-)Aufkommenseffekte im Vergleich zu anderen Steuerarten schlechter ab. Ein Argument der Befürworter der Vermögensteuer lautet, dass sie helfen würde, die in Deutschland im Vergleich zur Einkommensungleichheit relativ hohe Vermögensungleichheit zu reduzieren. Laut dem sechsten Armuts- und Reichtumsbericht […] weist die Vermögensverteilung auf Haushaltsebene einen Gini-Koeffizienten von 0,71 auf, während für die Haushaltsbruttoeinkommen ein Wert von 0,48 und für die Haushaltsnettoeinkommen 0,29 errechnet wird […]. Simulationsstudien zeigen jedoch, dass eine proportionale Vermögensteuer in Höhe von 1 Prozent bei einem Freibetrag von 1 Million Euro und ohne gesonderte Freibeträge für Betriebsvermögen mit einem vergleichsweise hohen simulierten Aufkommen in Höhe von 19 Milliarden Euro den Gini-Koeffizienten der Vermögensungleichheit nur um im Prinzip nicht messbare 0,06 Prozent reduzieren könnte […]. Selbst nach zehn Jahren Vermögensteuer betrüge die Veränderung somit nicht mal 1 Prozent.

Beznoska, Martin / Hentze, Tobias: Vermögenssteuer: Keine Steuer ist wirtschaftsfeindlicher. In: IW-Kurzbericht 63/2021.

M4 Ein Grunderbe für alle: Lässt sich so Ungleichheit ernsthaft bekämpfen?

20.000 Euro zum 18. Geburtstag? Der Vorschlag für mehr Chancengleichheit ungeachtet des Elternhauses ist einfach: Jede und jeder Jugendliche, egal ob arm oder reich, bekommt zum Start in die Volljährigkeit 25.000 Euro vom Staat. Bei rund 750.000 Personen, die jedes Jahr volljährig werden, wären das Berechnungen des DIW zufolge ca. 19 Milliarden Euro, die man etwa durch eine Vermögenssteuer auf sehr hohe Vermögen aufbringen könnte. Doch welche Folgen würde eine solche Idee haben und kann man so Ungleichheit bekämpfen?

20.000 Euro zur Volljährigkeit als Grunderbe geschenkt – eine gute Idee?

Aufgaben

72003-226

1. Erklären Sie, warum eine stark ungleiche Verteilung der Vermögen ein Problem für die Chancengerechtigkeit innerhalb der Gesellschaft eines Landes sein kann.
2. Gestalten Sie ein Streitgespräch zwischen John Rawls und Robert Nozick zur Vermögensverteilung in Deutschland (› Kap. 1.3.3).
3. Erörtern sie ausgehend von **M1–M3**, ob eine Vermögenssteuer in Deutschland eingeführt werden sollte.
4. a) Entwickeln Sie in Gruppen mithilfe einer KI ein Reformmodell zur deutschen Vermögenssteuer, das Ihrer Meinung nach einfacher und gerechter ist als das aktuelle System.
   b) Überprüfen Sie mögliche Wirkungen und gesetzte Anreize.
5. Bewerten Sie den Vorschlag eines Grunderbes in **M4**.

2.6.3 Staatsverschuldung: Wie viel Schulden kann und soll der Staat sich leisten?

Leitfragen

- Warum überhaupt Staatsverschuldung?
- Wie viele Schulden kann ein Staat sich leisten (Tragfähigkeit)? Wie viele Schulden soll ein Staat sich leisten (MMT vs. Monetaristen)?
- Muss man Staatsverschuldung bremsen?

M1 Warum überhaupt Staatsverschuldung?

Staatsverschuldung bezeichnet zunächst die Summe der Verbindlichkeiten, die der Staat (Bund, Länder und Gemeinden) bei in- und ausländischen Gläubigern hat. Diese Verschuldung entsteht, wenn die staatlichen Ausgaben die Einnahmen übersteigen und der Staat zur Deckung dieses Defizits Kredite aufnimmt oder **Staatsanleihen** als staatliche Schuldverschreibungen ausgibt, die am Finanzmarkt (Teilmarkt: Kapitalmarkt) von privaten oder institutionellen Anlegern wie Banken, Fonds, Pensionskassen oder Versicherungen gekauft werden. Die Fähigkeit eines Staates, sich zu verschulden und Investitionen zu tätigen, ist ein entscheidendes Instrument der Wirtschaftspolitik. Die entscheidende Frage ist aber: Wie viele Schulden kann und soll sich ein Staat leisten? Dass sich Staaten verschulden, ist zunächst nichts Ungewöhnliches, denn die Staatseinnahmen sprudeln nicht immer gleich stark. So sind zeitweilige Defizite bei einem auf Ewigkeit angelegten Gebilde wie dem Staat oft unvermeidlich. Ein Staat muss jederzeit seinen Fortbestand und dazu seine Zahlungsfähigkeit sicherstellen. Der Staat ist kein privater Haushalt. Oft wurde hier irreführend die Metapher der „schwäbischen Hausfrau" angeführt, die mit sparsamer Haushaltsführung Ausgaben streng nach den verfügbaren Einnahmen ausrichtet. Eine verzerrte Vorstellung, denn so darf der Staat nicht agieren: Er sollte zwar sparsam haushalten und Ausgaben priorisieren. Er kann aber bei der Auszahlung von Renten oder der Bereitstellung öffentlicher Güter und notwendigen Investitionen in die Infrastruktur nicht beliebig kürzen oder warten, bis er etwas angespart hat. Staaten müssen eine funktionierende öffentliche Infrastruktur bereitstellen und müssen zumindest zeitweise dafür Schulden machen.

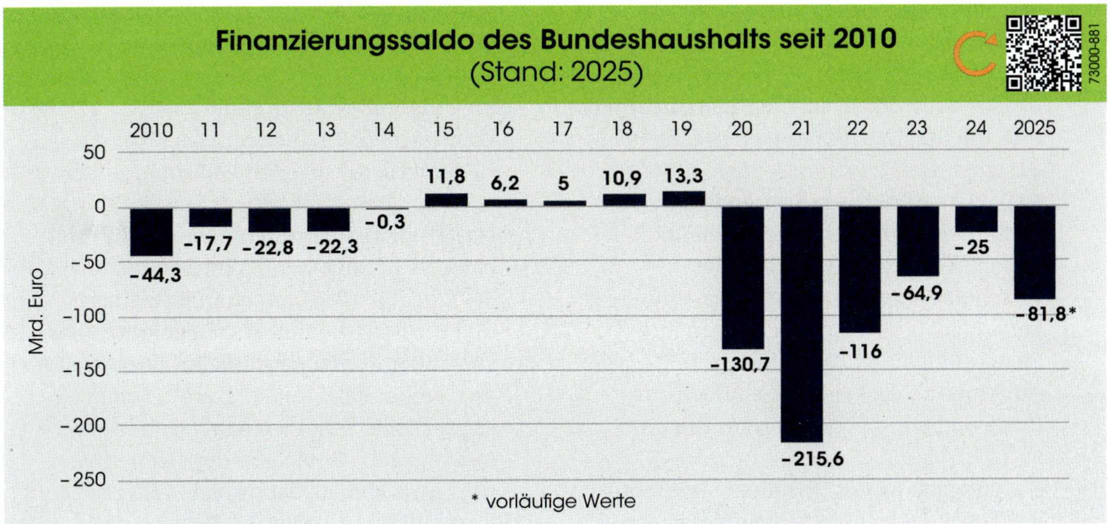

© C.C. Buchner Verlag, aktuelle Daten nach: BMF (Datenerhebung: 2025; Grafikerstellung 2025)

Allerdings haben viele Staaten in den letzten Jahrzehnten durch langjährige Defizite und strukturelle Verschuldung, also dauerhaft mehr Ausgaben als Steuereinnahmen, wahre Schuldenberge aufgehäuft. Manche Staaten hatten eine schwache Steuerverwaltung und ihre Ausgaben nicht im Griff (bspw. Griechenland). Andere Staaten haben teilweise in der Vergangenheit im Sinn der Stabilisierungspolitik versucht, konjunkturelle Schwankungen auszugleichen und die Wirtschaft durch zusätzliche Staatsausgaben zu stimulieren (› zur nachfrageorientierten Wirtschaftspolitik nach Keynes: Kap. 2.2.3). Diese antizyklische Fiskalpolitik kann in Krisen Arbeitslosigkeit verringern und die Nachfrage stabilisieren, wenn etwa durch staatliche Aufträge Investitionen der Unternehmen angereizt werden und auch Verbraucherinnen und Verbraucher wieder Vertrauen fassen und konsumieren. Allerdings müssen dann in konjunkturell guten Zeiten auch die Schulden wieder getilgt werden. Dies ist in kaum einem Land nachhaltig gelungen, weil es immer unpopulär ist, die Steuern in guten Zeiten nicht zu senken und weil häufig beständig neue Ausgabenwünsche an die Politik herangetragen werden.

M2 Wie viele Schulden kann ein Staat sich leisten?

Die Frage, wie viele Schulden sich ein Staat leisten kann, hängt maßgeblich von der **Tragfähigkeit der Verschuldung** ab. Die Tragfähigkeit ist gegeben, wenn ein Staat seine Schulden auch langfristig bedienen kann, ohne dass es zu Zahlungsunfähigkeit kommt. Ein wesentlicher Indikator ist die **Schuldenquote**, das Verhältnis von Schuldenstand zu Bruttoinlandsprodukt (BIP). Eine statistisch fixierbare Schuldenquote, die „zu hoch" ist, gibt es aber nicht. Die einem Land von den Finanzmärkten zugebilligte Schuldentragfähigkeit, hängt von vielen Faktoren ab (siehe Kasten).

Im Gegensatz zu Staaten mit Kontrolle über die eigene Geldpolitik sind Euro-Mitgliedsstaaten aufgrund der politischen Unabhängigkeit der EZB

Wann sind hohe Staatsschulden tragfähig?

- Staaten mit **hoher Wirtschaftskraft** und **stabilem Wirtschaftswachstum** können höhere Schuldenquoten tragen. Denn man kann die Quote als Ergebnis der Bruchrechnung Schulden / BIP sowohl senken, indem man die Schulden senkt (Zähler wird kleiner) oder eben wächst (Nenner wird größer) und so aus den Schulden „herauswächst".
- Länder mit starken, stabilen **Institutionen und Rechtsstaatlichkeit**, einer langen Geschichte als zuverlässige Schuldner sowie einem **effektiven Steuersystem** genießen ebenfalls mehr Vertrauen und können sich höher und günstiger verschulden. Solche Länder haben im Bedarfsfall bessere Möglichkeiten ihre Steuereinnahmen zu erhöhen, um Ausgaben zu decken und Schulden zuverlässig und pünktlich zurückzuzahlen.
- Ein gut gemanagtes „Schulden-Portfolio" ermöglicht auch höhere Schuldenquoten. Hier kommt es auf die jeweilige **Struktur der Staatsschulden** an, insbesondere die Laufzeiten und die Zinssätze. Langfristige Schulden zu niedrigen Zinssätzen sind weniger belastend als kurzfristige Schulden zu hohen Zinssätzen. Staaten müssen stets auch Fälligkeiten beachten, also darauf achten, dass sie nicht zu viele Schulden zur selben Zeit refinanzieren müssen.
- Eine **eigene Währung** und Währungshoheit, die Kontrolle über die Geldpolitik der eigenen Währung, geben auch Spielraum für höhere Verschuldung. Im Krisenfall übernimmt dann die Zentralbank als Kreditgeber der letzten Instanz die neuen Staatsanleihen in ihre Bilanz und verhindert einen Staatsbankrott. Dies kann allerdings eine starke Inflation auslösen (› mehr dazu in Kap. 2.6.4). Zudem ist es praktisch, Schulden hauptsächlich an inländische Gläubiger in der eigenen Währung auszugeben, dann spielen **Wechselkurseinflüsse** (› Kap. 2.6.5) keine Rolle.

Schuldenstand ausgewählter EU-Staaten in Prozent des Bruttoinlandsprodukts (Stand: 2025)

73000-882

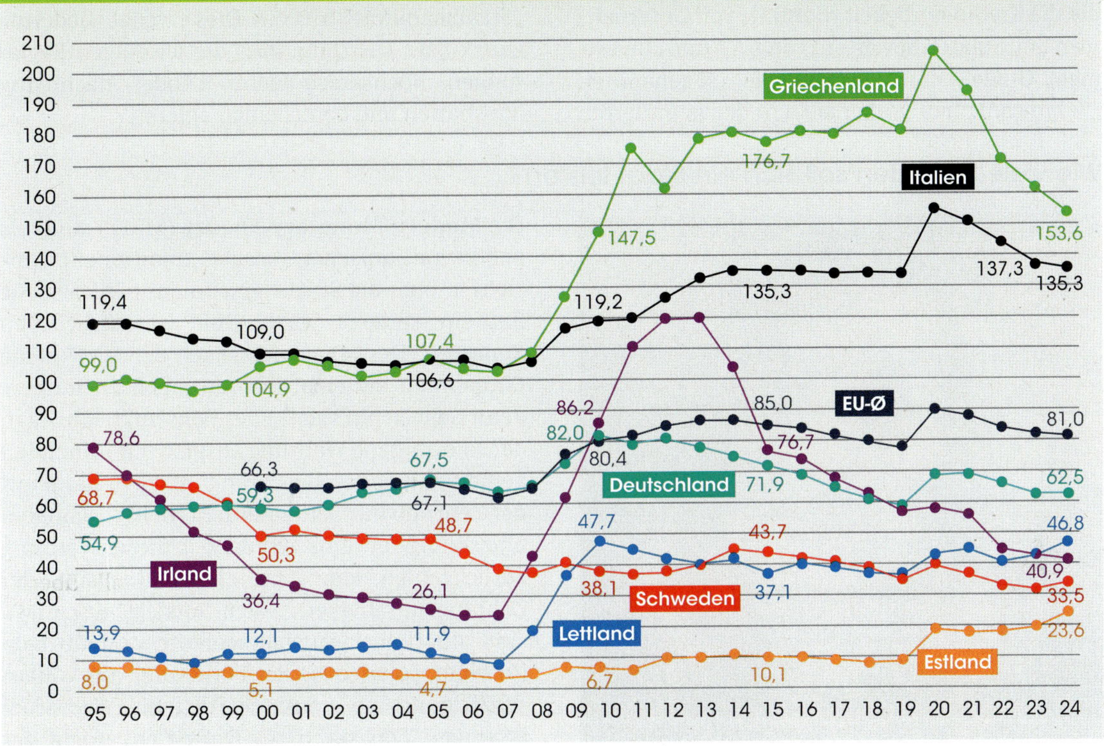

© C.C. Buchner Verlag, aktuelle Daten nach: Eurostat (Datenerhebung: 2024; Grafikerstellung: 2025)

stärker auf die Finanzmärkte angewiesen. Der Euro stellt so eine Art Fremdwährung aus Sicht des einzelnen Euro-Landes dar. Die EZB würde aber zur Rettung des Euro vermutlich auch Euro-Mitgliedstaaten retten.

Es wird klar: Die Aussagekraft von Schuldenquoten ist begrenzt. Es besteht kein direkter, linearer Zusammenhang zwischen Schuldenquote und Staatsbankrott. Auch Vermutungen, dass hohe Staatsschulden, etwa ab einer Quote von 60 % oder 90 %, stark wachstumshemmende Effekte hätten, wurden widerlegt. Es gibt auch nicht „die eine Tragfähigkeit" oder „den einen festen Schwellenwert": Manche Länder können sich hohe Schuldenquoten leisten und bleiben trotzdem stabil, andere geraten mit geringeren Quoten in Schwierigkeiten. Auch geht Staatsverschuldung nicht unbedingt zu Lasten zukünftiger Generationen. Entscheidend ist, wofür das Geld verwendet wird. Dient Staatsverschuldung zukunftsträchtigen Investitionen in Bildung oder Digitalisierung, profitieren auch künftige Generationen – und zudem wird auch der Besitz von Staatsanleihen vererbt.

Allerdings birgt eine hohe Staatsverschuldung Risiken. Sie kann etwa problematisch werden, wenn das Wirtschaftswachstum niedrig und die Zinsen hoch sind (**Zinsrisiken**). Dann muss ein Land immer mehr seiner Einnahmen für den Schuldendienst ausgeben. Dies kann man mit der **Zinsausgabenquote** messen. Ist diese sehr hoch, wird der Gestaltungsspielraum zukünftiger Regierungen und Generationen eingeschränkt. Ein hoher Schuldenstand kann das Vertrauen der Investoren und die Kreditwürdigkeit eines Staates beeinträchtigen, was zu noch höheren Zinsen und noch teurerer Refinanzierung bei der Ausgabe neuer Staatsanleihen führen kann. Hochverschuldete Staaten könnten zwar versuchen, einfach deutlich höhere Inflationsraten in Kauf zu nehmen, was die Schulden leichter tilgbar macht, bei den Bürgerinnen und Bürgern aber nicht gerne gesehen wird, weil die Preise allgemein steigen und die Geldvermögen entwertet werden (mehr dazu bei der Diskussion um die Schuldenbremse in **M4**). Viel hängt bei hoher Staatsverschuldung somit vom Vertrauen der Finanzmärkte in die Fähigkeit eines Staates, seine Schulden zurückzuzahlen, ab. Dies wird in Bewertungen durch Ratingagenturen (Moody's, Standard&Poor's oder Fitch) sichtbar, die die Kreditwürdigkeit (Bonität) von Unternehmen und Staaten bewerten (von AAA und „Investment Grade" bis zu Junk Bonds, (sogenannten „Schrottanleihen"), aber auch in den geforderten Zinsen für neu ausgegebene Staatsanleihen. Im Extremfall wird ein Staat nicht mehr als kreditwürdig eingestuft, die Zahlungsunfähigkeit, der „Staatsbankrott" tritt ein. Dies erzeugt wiederum Druck bzw. Disziplin, dass die jeweiligen Regierungen hochverschuldeter Länder nachhaltig haushalten und berechenbar agieren.

M3 Wie viele Schulden soll sich ein Staat leisten?

Die US-amerikanische Wirtschaftswissenschaftlerin Stephanie Kelton ist eine der Hauptvertreterinnen der Modern Monetary Theory (MMT).

Die Frage, wie viele Schulden sich ein Staat leisten soll, ist von zwei kontrastierenden theoretischen Ansätzen geprägt. Beide haben sehr unterschiedliche Perspektiven auf Staatsverschuldung und deren Auswirkungen auf die Wirtschaft:

Die traditionelle Sicht prägt die **Monetaristische Theorie**, deren prominentester Vertreter Milton Friedman war. Diese Theorie legt großen Wert auf die Kontrolle der Geldmenge zur Inflationsvermeidung. Sie sieht hohe Staatsverschuldung kritisch und als problematisch an. Im Prinzip steckt dahinter auch das grundsätzliche Misstrauen gegenüber einem zu aktiven Staat. Der Staat soll demnach seine Aufgaben und Ausgaben auf das Nötigste begrenzen und lieber „den Markt machen lassen". Dieser kann, nach Meinung dieser Sichtweise, deutlich effizienter Ressourcen allokieren als der Staat.

Die **Modern Monetary Theory (MMT)** stellt als postkeynesianischer Ansatz traditionelle Ansichten über die Staatsverschuldung infrage. Sie hat ein anderes Verständnis von staatlichen Finanzen: Der Staat muss nach der MMT keine Einnahmen erzielen, um Ausgaben zu tätigen, denn Geld ist ein staatliches Konstrukt. Ein Staat, der seine eigene Währung ausgibt, hat prinzipiell keine finanziellen Beschränkungen. Er kann mit der Zentralbank Geld „aus dem Nichts" schöpfen und solange er seine Schulden in dieser Währung zurückzahlen kann, besteht kein Risiko der Zahlungsunfähigkeit. Nach Ansicht der MMT sind staatliche Haushaltsdefizite deshalb kein Problem, solange sie zur Förderung von Vollbeschäftigung und wirtschaftlichem Wachstum beitragen. Das staatliche Defizit entspricht der Ersparnis des Privatsektors. Solange die Inflation unter Kontrolle ist, kann der Staat unbegrenzt Schulden machen. Grenzen sind dann eher die Kapazitäten, z.B. die verfügbaren Handwerksfirmen zur Ausführung der Arbeiten. Gerät die Inflation allerdings außer Kontrolle muss der Staat sie mit Steuererhöhungen oder anderen Maßnahmen eindämmen.

Die MMT bietet somit eine eher flexible und wachstumsorientierte Sichtweise auf Verschuldung (expansive Fiskalpolitik d.h. „mehr Schulden"). Sie geht einher mit einer starken Rolle des Staates und neigt zur Nachfrageorientierung. Die Monetaristische Theorie setzt eher auf Stabilität und Kontrolle (zurückhaltende Fiskalpolitik d.h. „weniger Schulden"). Sie setzt auf einen schlanken Staat und mehr Markt und neigt zur Angebotsorientierung. In der Realität könnte eine Mischung notwendig sein, um die richtige Balance zwischen notwendigen Inventionen und wirtschaftlichem Wachstum sowie finanzieller Stabilität und Haushaltsdisziplin zu finden.

M4 Muss man Staatsverschuldung bremsen?

Um die Staatsverschuldung eines Landes auf einem tragfähigen Niveau zu halten, ist eine nachhaltige Finanzpolitik notwendig. Diese umfasst, zumindest nach traditioneller Sicht, sowohl Maßnahmen zur Steigerung der Einnahmen (Steuererhöhungen, aber auch Bekämpfung der Steuerhinterziehung) als auch die Priorisierung von Ausgaben oder Ausgabenkontrollen. In Deutschland wurde nach der Finanzkrise 2009 als politisch gewollte Restriktion die **deutsche Schuldenbremse** (Artikel 109 Abs. 3 und Art. 115 Abs. 2 des GG), zusätzlich und verschärfend zu den **europäischen Schuldenregeln** (siehe M1 Kompetenzen anwenden) auf den Weg gebracht. Hinter dieser Selbstbeschränkung der Politik steht auch die Annahme (basierend auf der **Public Choice Theorie**), dass Politikerinnen und Politiker, um ihre Wiederwahl nicht zu gefährden, lieber kurzfristig populäre Wahlgeschenke verteilen. Daher gibt es immer mehr konsumtive Ausgaben als öffentliche Investitionen. Ziel einer solchen Schuldenregel ist, die staatliche Neuverschuldung zu begrenzen und den wunden Punkt der Rückführung von Schulden anzugehen. Die Schuldenbremse von 2009 sah eine strukturelle und eine konjunkturelle Komponente vor. Die strukturelle Komponente beschränkte die Möglichkeit zur Neuverschuldung des Bundes auf jährlich 0,35 % des (nominellen) Bruttoinlandsprodukts. Den Bundesländern wurden neue Schulden direkt komplett verboten. Die konjunkturelle Komponente erlaubte dem Bund die Aufnahme zusätzlicher Schulden während eines konjunkturellen Abschwungs (› Kap. 2.2). Im Falle einer Besserung sind sie aber wieder in den Folgejahren zurückzuführen. Schlupflöcher gab es durchaus: Der Bundestag konnte mit einfacher Mehrheit die Schuldenbremse im Falle von Naturkatastrophen oder von anderen außergewöhnlichen Notsituationen, die sich staatlicher Kontrolle entziehen, aussetzen. So geschehen in der Corona-Pandemie 2020–2022 und aufgrund der Folgen des Ukraine-Krieges 2023. Auch können mit Zweidrittelmehrheit des Parlaments sogenannte „Sondervermögen“ (Sonderschuldentöpfe z. B. für die Bundeswehr oder den Klimaschutz) für zweckgebundene Ausgaben geschaffen werden, die dann nicht in die Schuldenbremse zählen.

Schuldenbremse und Sondervermögen sind juristisch wie volkswirtschaftlich umstritten und Gegenstand harter politischer Auseinandersetzungen.

Wie sehr die Schuldenbremse politischen Sprengstoff enthält, wurde insbesondere bei ihrer Überarbeitung 2025 deutlich. Denn der Streit über sie sprengte nicht nur die Ampelkoalition unter Bundeskanzler Olaf Scholz, sondern besteht als politischer Konflikt weiterhin fort – auch für zukünftige Bundesregierungen.

Die Ampelkoalition hatte nach 2021 mit den Partnern SPD, Grüne und FDP bezüglich der Rolle von Staatsschulden deutliche Meinungsverschiedenheiten zu überbrücken. Während Grüne und SPD eine starke Rolle des Staates und entsprechend hohe Ausgaben (also Verschuldung oder Steuererhöhungen) befürworteten, wollte die FDP Ausgaben etwa im Sozialbereich beschränken. Der Staat solle die Schuldenbremse einhalten und dafür seine Ausgaben deutlich zurückfahren. Zu Beginn der Ampelkoalition wurde dies nur mit einem Kompromiss überdeckt: Kredite des bereits vor Beginn der Ampelkoalition 2021 aufgestellten Corona-Sondervermögens wurden jetzt zu einem Klima- und Transformationsfond umgewidmet. Dies sollte weitere Ausgaben ermöglichen und der Haushalt die Schuldenbremse einhalten.

Die CDU klagte gegen diese Konstruktion vor dem Bundesverfassungsgericht und bekam Recht. Der mit der Mehrheit von SPD, Grünen und FDP beschlossene Haushalt war damit verfassungswidrig und nichtig – und in dem Etat klafften Milliardenlöcher, die politische Gestaltungsfähigkeit der Regierung von Olaf Scholz war damit massiv beeinträchtigt. Der Konflikt über Ausgaben, Schulden und die Rolle des Staates in der Wirtschaft war nun wieder mitten in der Ampelkoalition – die sich im Streit darüber auflöste und Neuwahlen Anfang 2025 ansetzte.

Gängige Argumente für und gegen Staatsschulden	
Argumente für Staatsschulden	**Argumente gegen Staatsschulden**
Wirtschaftliche Stabilisierung: Staatsschulden ermöglichen antizyklische Fiskalpolitik, die in wirtschaftlichen Abschwüngen und Krisen durch höhere staatliche Ausgaben und Investitionen Nachfrage und Beschäftigung stabilisieren kann.	**Zinsbelastung:** Hohe Staatsschulden führen zu hohen Zinszahlungen, die einen erheblichen Teil des Haushalts für den Schuldendienst binden und Ressourcen für andere Ausgaben reduzieren.
Förderung von Wachstum und Innovation: Staatliche Ausgaben, finanziert durch Schulden, können Innovationen und technologischen Fortschritt fördern, indem sie in Forschung und Entwicklung investieren und darauf aufbauend Investitionen von Firmen anregen (*Crowding In*). Dann steigen auch die Steuereinnahmen.	**Haushaltsdisziplin und Effizienz:** Hohe Schulden können den Druck auf die Regierung verringern, effizient und sparsam zu wirtschaften, zu einer ineffizienten Mittelverwendung führen und bessere private Investitionen verdrängen (*Crowding Out*).

Im Wahlkampf wurden die bekannten Positionen vertreten: Der Kanzlerkandidat der CDU Friedrich Merz und der damalige FDP-Chef Christian Lindner bekannten sich ausdrücklich zur Schuldenbremse. SPD und Grüne hingegen forderten eine Reform, die mehr Investitionen in Infrastruktur und Verteidigung erlaubte.

Die Neuwahlen im Februar 2025 brachten dann jedoch eine Reform der Schuldenbremse und ein riesiges Finanzpaket ins Rollen: Angesichts der Bedrohung durch Russland und der möglichen Abkehr der USA unter US-Präsident Trump von Europa wurde klar, dass die Europäer deutlich mehr für ihre eigene Verteidigung und Sicherheit ausgeben würden müssen. Eine Reform konnte nur noch mit dem alten Bundestag und einer Zweidrittelmehrheit von CDU/CSU, SPD und Grünen gelingen. Denn im neuen Bundestag wären AfD und Linke stark genug, dies zu verhindern. Beide Parteien standen einer Aufrüstung und einem konfrontativen Kurs gegenüber Russland ablehnend gegenüber. Wahlsieger Friedrich Merz musste in kürzester Zeit einige seiner zentralen Wahlversprechen über Bord werfen und Zugeständnisse an fast alle Beteiligten machen. Beschlossen wurde eine Lockerung der Schuldenbremse für Verteidigung und Sicherheit: Verteidigungsausgaben über ein Prozent des BIP sollen nicht mehr unter die Schuldenbremse fallen. Alles darüber hinaus soll aus Krediten finanziert werden. Dies gilt auch für Ausgaben des Bundes für den Zivil- und Bevölkerungsschutz, Nachrichtendienste, Cybersicherheit oder die Hilfe für völkerrechtswidrig angegriffene Staaten. Daneben wurde – auf Drängen von Merz' neuem Koalitionspartner SPD – von Bundestag und Bundesrat ein Sondervermögen von 500 Mrd. Euro für 12 Jahre beschlossen. Mit dem Sondervermögen sollen ausschließlich „zusätzliche Vorhaben" für die deutsche Infrastruktur finanziert werden. Aktuell bedeutet dies unter anderem in Zivilschutz, Verkehrsinfrastruktur wie Schienennetze, Krankenhäuser, Energie, Bildung und Digitalisierung zu investieren. Wichtiger Punkt: Es sollen mit diesen Geldern keine Ausgaben finanziert werden, die schon im Kernhaushalt stehen. Die für die nötige Zweidrittelmehrheit zur Verfassungsänderung benötigten Grünen handelten zusätzlich aus, dass 100 Milliarden (von den 500 Milliarden) für den Klima- und Transformationsfonds (KTF) verwendet werden sollen, um Deutschland bis 2045 klimaneutral zu machen. Um das zustimmungspflichtige Paket durch den Bundesrat zu bekommen, wurde beschlossen, dass 100 Milliarden Euro aus dem Infrastrukturfonds Bundesländern und Kommunen für zusätzliche Investitionen zufließen. Weiterhin dürfen Kommunen und Bundesländer zusammen nun auch Schulden von maximal 0,35% des BIP machen. Dieser Kompromiss erweiterte zwar die Spielräume in den öffentlichen Haushalten stark.

Gängige Argumente für und gegen Staatsschulden	
Argumente für Staatsschulden	**Argumente gegen Staatsschulden**
Soziale Sicherung und Umverteilung: Durch Staatsschulden können soziale Sicherungssysteme finanziert und Einkommensungleichheiten verringert werden, was zu mehr sozialem Zusammenhalt führt. Sparpolitik insbesondere im Bereich Soziales und Gesundheit verschärft die soziale Ungleichheit und gefährdet das Vertrauen in den Staat.	**Vertrauensverlust und Inflationsrisiko:** Soziale Sicherungssysteme sind nicht nachhaltig mit Schulden finanzierbar. Hohe Staatsverschuldung kann das Vertrauen der Investorinnen und Investoren als Kreditgeber untergraben, was zu höheren Zinsen und erschwerter Kreditaufnahme führt. Kreditfinanzierte Staatsausgaben können bei bereits ausgelasteten Kapazitäten Inflation verursachen.
Finanzierung von Zukunftsinvestitionen und Anlagemöglichkeiten: Staatsschulden können verwendet werden, um in wichtige Infrastrukturprojekte, Bildung und Gesundheit zu investieren, wovon zukünftige Generationen profitieren und was langfristig das Wirtschaftswachstum fördert. Zudem ermöglichen Staatsschulden privaten Haushalten Geldvermögen zu bilden (Staatsanleihen als sichere Anlagemöglichkeit). Staatschulden müssen nicht vollständig getilgt werden.	**Konsumschulden und finanzielle Belastung zukünftiger Generationen:** Oft werden von Regierungen statt Infrastruktur und Zukunftsinvestitionen konsumtive, kurzfristige „Geschenke" an Wählergruppen verteilt. Hohe Staatsschulden können die finanzielle Belastung zukünftiger Generationen erhöhen, die die Schulden zu tilgen oder umschulden müssen.

Weiterhin bleiben Schuldenquoten und -beschränkungen aber bestehen. Auch die durchgesetzte Forderung der Grünen nach dem KTF und der Betonung der „zusätzlichen Investitionen" in Verteidigung und Infrastruktur wiederholt einen Grundgedanken der alten Schuldenbremse (und der Public Choice Theorie): Ohne Beschränkung würden Bundesregierungen zu viele kurzfristige Wahlgeschenke verteilen und damit die langfristige Finanzkraft des Staates unterminieren. Politisch bleibt die Reform angreifbar, da sie sowohl in einem bereits abgewählten Bundestag beschlossen wurde wie auch der expliziten Position der CDU/CSU im Wahlkampf widersprach. Damit mag die Schuldenbremse zwar auf den ersten Blick ausgehebelt sein, der politische Konflikt und die volkswirtschaftliche Debatte um die Risiken oder Notwendigkeit von Staatsverschuldung bleibt aber.

Aufgaben

72003-227

1. Stellen Sie die Gründe dar, warum Staaten sich verschulden. Priorisieren Sie diese Gründe (**M1**).
2. Erklären Sie die Unterschiede im Falle der Verschuldung von Staaten und privaten Haushalten (**M2**).
3. a) Beschreiben Sie den Stand der Staatsverschuldung anhand der Grafiken in **M1** und **M2**.
   b) Erläutern Sie, wovon die Schuldentragfähigkeit von Staaten abhängt.
4. a) Vergleichen Sie die Haltungen der Monetaristen und der Modern Monetary Theory im Hinblick auf Staatsverschuldung (**M3**).
   b) Begründen Sie, welche Theorie Sie in der aktuellen wirtschaftlichen Situation in Deutschland für geeigneter halten.
5. „Ein Staat ohne Staatsschuld tut entweder zu wenig für die Zukunft oder fordert zu viel von der Gegenwart." (Lorenz von Stein, 1815–1890, Volkswirt, Ökonom, Soziologe). Bewerten Sie diese Aussage.

Brauchen wir weiterhin eine Schuldenbremse?

M 1 Was steht in den Schuldenregeln?

Alte Schuldenbremse (2011 bis 2025, Art 109 und Art 115 GG): „Die Haushalte von Bund und Ländern sind grundsätzlich ohne Einnahmen aus Krediten auszugleichen." Strukturelle Neuverschuldung maximal 0,35 % des BIP + Konjunkturkomponente

Haushaltsnotlage: Für Naturkatastrophen oder andere außergewöhnliche Notsituationen besteht eine Ausnahmeregelung, d. h. die Schuldenbremse kann krisenbedingt ausgesetzt werden. Dazu muss das Parlament eine Haushaltsnotlage mit Bundestagsmehrheit erklären. So geschehen 2020–2023 infolge der Corona-Pandemie. Denkbar wäre dies etwa durch eine veränderte geopolitische Situation. Allerdings müssen dann auch entsprechende Tilgungsregelungen festgelegt werden.
Hinweise: Den 16 Bundesländern sind strukturelle Schulden sogar ganz untersagt.
Das BIP der Bundesrepublik Deutschland betrug 2023: 4,12 Billionen Euro, 0,35 % davon sind 14,4 Milliarden Euro.

In konjunkturell schlechten Zeiten mit unterdurchschnittlicher Auslastung der Produktionsfaktoren (Produktionslücke) kann mehr Nettokreditaufnahme erfolgen. Über die komplexe, genaue Berechnung dieser Konjunkturkomponente anhand von Parametern wie Produktionslücken und geschätztem Potential sowie Auslastung der Wirtschaft streiten Expertinnen und Experten. Für 2024 sind hier ca. 1,3 Milliarden möglich, für 2025 aufgrund einer angepassten Berechnung ca. 10 Milliarden.

Schuldenbremse 2025, Art 109 und 115 GG: „Von den zu berücksichtigenden Einnahmen aus Krediten ist der Betrag abzuziehen, um den die Verteidigungsausgaben, die Ausgaben des Bundes für den Zivil- und Bevölkerungsschutz sowie für die Nachrichtendienste, für den Schutz der informationstechnischen Systeme und für die Hilfe für völkerrechtswidrig angegriffene Staaten 1 vom Hundert im Verhältnis zum nominalen Bruttoinlandsprodukt übersteigen."
Damit wird der Rüstungsetat nur bis ein Prozent des BIP in der Schuldenbremse berücksichtigt, alles darüber hinaus (auch die Unterstützung der Ukraine) zählt nicht mehr in die Schuldenbremse.

Die europäischen Schuldenregeln (Konvergenzkriterien im Maastricht Vertrag seit 1992 und Stabilitäts- und Wachstumspakt seit 1997).
Eckpunkte (stets in Relation zum BIP):
Erlaubt ist eine Gesamt-Schuldenquote von maximal 60 %. Länder mit Schuldenständen über 90 % sollen ihre Schuldenquote jährlich um einen Prozentpunkt senken müssen, Länder zwischen 60 und 90 % um 0,5 Prozentpunkte.
Hinweis: Die Quote von 60 % ist willkürlich politisch und nicht ökonomisch begründet und war der damalige Schuldenquotendurchschnittswert der EU-Mitgliedsstaaten.

Die maximale jährliche **Neuverschuldung**, d. h. die Differenz von Einnahmen und Ausgaben, beträgt 3 % der Wirtschaftsleistung. „Sondervermögen" würden hier einbezogen.
Hinweis: Damals auf Wunsch Frankreichs festgelegt.
Die maximale *strukturelle Neuverschuldung*, d. h. das Haushaltsdefizit unter Berücksichtigung konjunktureller Schwankungen und Sondereffekten, beträgt 0,5 % in bestimmten Fällen bis zu 1 %.

Die Schuldenbremse im Grundgesetz soll eine ausufernde Staatsverschuldung verhindern.

M2 Sind Schulden eine Last für die Jungen?

DIE ZEIT: Herr Mühlbach, Sie sind 28, ist die Schuldenbremse im Interesse Ihrer Generation?

Carl Mühlbach: Ich kann mir gut vorstellen, dass Politikerinnen sie mit der Intention eingeführt haben, kommende Generationen von Lasten zu bewahren. In der Praxis führt die Schuldenbremse aber vor allen Dingen dazu, dass gerade nicht genug investiert wird: in den Klimaschutz, in Bildung und in die Infrastruktur. Junge Menschen leiden deshalb eher unter ihr, statt von ihr zu profitieren.

Maximilian Mordhorst: Die Investitionsausgaben im Bundeshaushalt befinden sich auf Rekordniveau. Es wird also investiert. Nun kann man sagen: Das reicht nicht. Das finde ich auch. Wir haben aber im Etat fast 500 Milliarden Euro zur Verfügung. Und wenn ich sehe, wofür wir alles Geld ausgeben, dann finde ich, kann man bei dem einen oder anderen Posten schon fragen: Muss das unbedingt sein? Die Schuldenbremse zwingt uns zur Priorisierung, und das finde ich als junger Mensch gut.

Mühlbach: Was Sie nicht erwähnen: Etwa 90 Prozent der Ausgaben im Haushalt sind gesetzlich festgeschrieben. Da kann eine Regierung nicht einfach sagen: Wir kürzen das jetzt weg. Bei den Sozialausgaben gibt es außerdem verfassungsrechtliche Grenzen, das Existenzminimum etwa muss sichergestellt werden. Vor Kurzem ist eine Studie des arbeitgebernahen Instituts der deutschen Wirtschaft und des arbeitnehmernahen Instituts für Makroökonomie und Konjunkturforschung erschienen. Sie bezifferte den staatlichen Investitionsbedarf auf 600 Milliarden Euro in den kommenden zehn Jahren. Ich bin auch der Meinung, dass das Geld sinnvoll ausgegeben werden soll. Aber nur mit Priorisierung kommen wir nicht auf die nötigen Summen.

Mordhorst: [...] Wenn mir jemand Freibier anbietet, dann nehme ich das auch. Aber wer bezahlt die Rechnung? Bei den Schulden sind das die kommenden Generationen – in Form höherer Zinsausgaben oder einer gestiegenen Kreditlast. Meine Sorge ist: Wenn wir jetzt die Schuldenbremse lockern, dann haben wir in ein paar Jahren keinen finanziellen Spielraum mehr, um auf Krisen zu reagieren.

Max Mordhorst, FDP

Carl Mühlbach, SPD, Fiscal Future

Mühlbach: Das Geld ist doch nicht weg. Wenn Sie als Privatperson ein Haus kaufen, dann nehmen Sie dafür wahrscheinlich auch einen Kredit auf. Sie haben Schulden, aber dafür ein Haus. Wenn wir jetzt in die deutsche Infrastruktur investieren, dann hätten wir in Zukunft eine höhere Wirtschaftsleistung. Investitionen erzeugen Rendite.

Mordhorst: Wäre es so einfach, dann bräuchte man den Staat nicht. Denn wenn sich eine Investition rechnet, würde sie auch der Privatsektor tätigen. Eine staatliche Investition zieht eben gerade keine klar abgrenzbare Rendite nach sich. Deshalb kann man das nicht vergleichen. Ein Beispiel: Wir wissen alle, wie wichtig Bildung ist. Die Allgemeinheit profitiert vom Bau einer Schule, aber man kann nicht genau berechnen, welche Wirtschaftsleistung dadurch erzeugt wird und wer sie erbringt.

Mühlbach: Es gibt durchaus volkswirtschaftliche Studien, die die gesellschaftliche Rendite von Bildungsinvestitionen abschätzen. Sie kommen auf

Werte zwischen sechs und sieben Prozent. Das ist deutlich mehr, als der Staat für das geliehene Geld an Zinsen bezahlen müsste. Diese Investitionen würden sich also rechnen [...]

Herr Mordhorst, wäre es okay, wenn sich der Staat für den Bau einer Schule verschuldet?
Mordhorst: Mein Argument ist nicht, dass Schulden immer schlecht sind. Ich bin ja kein Ideologe. Ich bin aber Politiker und weiß, was passieren würde. Wenn wir in die Schuldenbremse eine Ausnahme für Bildungsinvestitionen einbauen oder ein Sondervermögen für die Bildung auflegen, dann würden viele meiner Kollegen im Parlament sagen: Gut, dann geben wir die im Haushalt frei gewordenen Mittel für das Bürgergeld oder die Rente aus. Unter dem Strich würden die Bildungsausgaben also möglicherweise nicht einmal steigen. Was aber mit Sicherheit steigen würde, sind die Schulden. Die Schuldenbremse verhindert das. Sie ist eine Form der politischen Selbstbindung.

So wie sich Odysseus in der griechischen Mythologie am Mast festgebunden hat, damit er den Gesängen der Sirenen widerstehen kann?
Mordhorst: [...] Wenn ich in mein Postfach schaue, wenn ich durch Social Media scrolle, wenn ich Leitartikel in der Presse lese, dann hat jeder gute Ideen, wofür man mehr Geld ausgeben könnte. Das kann ich alles aus der jeweiligen Einzelsicht nachvollziehen. Aber es passt nicht in mein Verständnis von generationengerechter Finanzpolitik. Ein Politiker, der jedem alles verspricht, macht seinen Job nicht. Nein sagen gehört für mich in der Politik dazu. Auch wenn es Wählerstimmen kostet.

Mühlbach: Ich habe auch mit Politikern zu tun. Aber den Politiker, der allen alles verspricht und das ernsthaft mit Schulden finanzieren möchte, den habe ich noch nicht getroffen. Zu allem Nein zu sagen, ist doch keine Lösung. Wenn an die Politik sinnvolle Ideen herangetragen werden, dann sollte man sie auch umsetzen. [...]

Mordhorst: [...] Wenn wir sagen, wir gehen an die Schuldenbremse ran, dann gibt es kein Halten mehr. Das kriegen Sie nicht eingefangen. Ansprüche an den Staat stellen ja nicht nur Linke. Es gibt auch viele Rechte, die den Leuten das Blaue vom Himmel versprechen. Das funktioniert schlicht und ergreifend nicht. Und diese bittere, aber notwendige Realität, die ist für mich der ökonomische Kern der Schuldenbremse. [...]

Mühlbach: Da habe ich deutlich mehr Vertrauen in Sie und Ihre Kollegen. Die Schuldenbremse wurde 2009 eingeführt. Wir sind also in der Bundesrepublik eine lange Zeit ohne sie ausgekommen. Stattdessen hat das Grundgesetz früher vorgeschrieben, dass der Staat in dem Umfang Kredite aufnehmen darf, wie er Investitionen tätigt. Und das hat nicht dazu geführt, dass ein unendlicher Schuldenberg angewachsen wäre. Im Gegenteil: Deutschland hatte über Jahrzehnte hinweg eine sehr solide Finanzpolitik und deshalb keine kaputte Infrastruktur.

Wie sähe denn aus Ihrer Sicht eine sinnvolle Schuldenregel aus, Herr Mühlbach?
Mühlbach: Ein Beispiel: Im Moment darf der Bund im Jahr ein Haushaltsdefizit von maximal 0,35 Prozent der Wirtschaftsleistung haben. Das ist eine vollkommen willkürliche Zahl, für die es keine ökonomische Begründung gibt. Der Internationale Währungsfonds sagt, wir könnten die Grenze um ein Prozent des Bruttoinlandproduktes erhöhen, und die Schuldenstandquote – also der Anteil der Schulden am Bruttoinlandsprodukt – würde trotzdem noch sinken. Das würde den Ausgabenspielraum um ungefähr 40 Milliarden im Jahr erhöhen. Warum machen wir das nicht?

Mordhorst: Ich bestreite überhaupt nicht, dass solche Grenzwerte am Ende immer ein Stück weit willkürlich sind. Aber die Schuldenbremse ist nicht so starr, wie Sie es darstellen. Sie erlaubt es, in einer schweren Wirtschaftskrise oder einer staatlichen Notlage mehr Schulden aufzunehmen. Genau das wurde zum Beispiel während der Pandemie gemacht.

Mühlbach: Und als Sie dann die Corona-Gelder für Investitionen in den klimaneutralen Umbau der Wirtschaft einsetzen wollten, hat das Bundesverfassungsgericht das untersagt. So flexibel ist die Schuldenbremse also doch nicht. Ich glaube, eine funktionierende Demokratie muss sich nicht selbst Fesseln anlegen.

Mordhorst: Die Schuldenbremse ist uns nicht aufgezwungen worden, sie wurde auf demokratischem Weg beschlossen.

Mühlbach: Nicht alles, was auf demokratischem Weg beschlossen wurde, ist auch im Sinne der Demokratie. Das zeigt doch die Geschichte unseres Landes.

Mordhorst: Das kann man nicht vergleichen. Für mich ist die Schuldenbremse demokratietheoretisch betrachtet ein Element der Gewaltenteilung. Sie wirkt der politischen Machtkonzentration entgegen. So wie es auch Gerichte tun. Als Abgeordneter beziehe ich meine Legitimität aus der Tatsache, dass ich gewählt bin. Aber ich finde es richtig, dass ich nicht vollkommen frei schalten und walten kann, sondern mich an gewisse Regeln halten muss. Politiker sind auch Menschen, und ein gesundes Misstrauen ist da durchaus angemessen.

Mühlbach: Dennoch stehen wir vor enormen Herausforderungen und müssen dringend mehr investieren. Sie behaupten, das ließe sich über Priorisierung lösen, aber wo genau gekürzt werden soll, das höre ich von Ihrem Finanzminister nicht. Ich kann das sogar nachvollziehen: Ausgabenkürzungen treffen immer auf politische Widerstände, deshalb sind sie in der Praxis oft schwer umzusetzen. Am Ende fehlt dann aber doch das Geld für die nötigen Investitionen. Auch das spricht dafür, diese über Schulden zu finanzieren.

Mordhorst: Dieses Argument wäre doch ein Armutszeugnis für unsere Demokratie. So gehe ich als junger Politiker nicht an das Thema ran.

Wo würden Sie denn kürzen?
Mordhorst: Man kann zum Beispiel schon hinterfragen, ob es wirklich nötig ist, dass wir unter den G7-Staaten bei der Entwicklungshilfe prozentual betrachtet an erster Stelle stehen müssen – und zwar mit großem Abstand. Da sprechen wir von über zehn Milliarden Euro im Jahr. Mich belastet es als junger Mensch auch, dass wir jährlich 112 Milliarden Euro an Bundeszuschuss an die Rentenkasse überweisen, weil sich das Rentensystem nicht selbst trägt. Mehr Investitionen, weniger Konsum, und zwar im regulären Haushalt: Das muss das Ziel sein.

Mühlbach: Sie machen es sich zu einfach. Gehaltszahlungen an Lehrerinnen und Lehrer sind haushaltsrechtlich keine Investitionen. Und Sozialausgaben können der gesellschaftlichen und politischen Stabilität dienen, einem der wichtigsten Standortfaktoren überhaupt. Eine Studie der schwedischen Reichsbank zeigt, dass jedes Prozent an Etatkürzungen die Zustimmung zu extremistischen Parteien um drei Prozentpunkte steigert.

Mordhorst: Ich halte von solchen Studien nicht viel. Ich mache die Erfahrung, dass die Menschen sagen: Wir erwarten von euch, dass ihr mit eurem Geld auskommt. Und oft scheitern Investitionen nicht am Geld, sondern an bürokratischen Genehmigungsverfahren. Da müssen wir ran.

Mühlbach: Natürlich ist Geld nicht alles, aber das heißt doch nicht, dass es keine Rolle spielt. Mein Punkt ist: Ein technokratischer Investitionsbegriff wird der Lage nicht gerecht. Wir sollten uns vielmehr fragen, welche Zukunftswirkung von den staatlichen Ausgaben ausgeht. […]

Schieritz, Mark / Mosa, Nike: Diskussion um die Schuldenbremse: Sind Schulden eine Last für die Jungen. In: www.zeit.de, 26.06.2024

Aufgaben

72003-228

1. Analysieren Sie zu zweit, welche Vorgaben Deutschland durch die Schuldenbremse und die EU-Schuldenregeln gemacht werden (**M1**).
2. Arbeiten Sie zu zweit: Arbeiten Sie entweder Pro- oder Contra-Argumente zur Schuldenbremse aus **M2** heraus.
3. Führen Sie zu zweit eine Diskussion zur Frage: „Brauchen wir eine Schuldenbremse?“
4. Begründen Sie, welche Seite Sie mehr überzeugt und ob die Schuldenbremse ein geeignetes Mittel ist, um die Staatsverschuldung wirksam zu begrenzen.
5. Entwickeln Sie mithilfe einer KI ein Reformkonzept für die deutsche Schuldenbremse, das eine Balance zwischen notwendiger Haushaltsdisziplin und der Finanzierung wichtiger Zukunftsinvestitionen ermöglicht.

2.6.4 Die Geldpolitik der EZB

Leitfragen

- Welche Ziele verfolgt die Europäische Zentralbank?
- Welche Instrumente hat die Europäische Zentralbank?
- Wie wirkt sich die Geldpolitik der EZB auf die Wirtschaft aus?
- Wo liegen die Herausforderungen und Grenzen der von der EZB betriebenen Geldpolitik?

Geld ist der „Schmierstoff" unseres Wirtschaftssystems. Es erleichtert den Warentausch (**Zahlungsmittel**) und ermöglicht Kreditvergabe für Investitionen. Mit Geld lassen sich Güterwerte ausdrücken und vergleichen (**Recheneinheit/Wertmaßstab**) und es macht Sparen möglich (**Wertaufbewahrungsmittel**). Allerdings muss Geld dazu gut teilbar, wertbeständig und allgemein akzeptiert sein. Die meisten Staaten verfügen deshalb für die Geld- und Kreditversorgung über eine staatliche Zentralbank oder Notenbank. In Deutschland ist dies die Deutsche Bundesbank. Die Zentralbank spielt eine wichtige Rolle im Finanz- und Wirtschaftssystem eines Landes. Ihre Aufgaben sind vielfältig. Sie ist etwa verantwortlich für die Ausgabe der Banknoten, die reibungslose Funktion der Zahlungssysteme und verwaltet die Währungsreserven. Wir konzentrieren uns hier auf das Feld der Geldpolitik.

Mit Einführung des Euro wurde die geld- und währungspolitische Kompetenz von den nationalen Notenbanken auf die Europäische Zentralbank (EZB) übertragen. Die EZB bildet mit allen nationalen Zentralbanken der Staaten der Europäischen Wirtschafts- und Währungsunion (EWWU) das Europäische System der Zentralbanken (ESZB oder **Eurosystem**). Der EZB-Rat agiert unabhängig von der Politik, was in Art. 130 und 282 des „Vertrages über die Arbeitsweise der Europäischen Union" (AEUV) festgeschrieben ist. Die EZB hat somit freie Hand bei der Festlegung der Geldpolitik. Mit **Geldpolitik** werden alle wirtschaftspolitischen Maßnahmen bezeichnet, die eine **Zentralbank** ergreift, um ihre Ziele zu erreichen. Die Zentralbank besitzt das Monopol auf das Zentralbankgeld. Privatbanken können durch Kreditvergabe aber ebenfalls Geld schöpfen (bargeldloses Buch- oder **Giralgeld**). Die Geldmenge entsteht somit im Zusammenspiel von Geschäftsbanken (private Kreditbanken, Sparkassen und Genossenschaftsbanken) und ihren Kundinnen und Kunden (Nicht-Banken). Die EZB steuert somit nicht die Geldmenge oder mit der Geldmenge, sondern mit den Leitzinssätzen, einem von der Zentralbank festgelegten Zinssatz, zu denen sie mit Privatbanken Geschäfte abschließt. Die Privatbanken müssen sich selbst bei der Zentralbank mit Bargeld versorgen und somit „refinanzieren". Das zwingt die Geschäftsbanken ins Zentralbankgeld und hier kann die Zentralbank dann mit ihren geldpolitischen Instrumenten ansetzen, um ihre geldpolitischen Ziele zu verfolgen.

M1 Welche Ziele verfolgt die Europäische Zentralbank?

Das zentrale geldpolitische Ziel der EZB ist in Artikel 127 des AEU-Vertrags fixiert: „Das vorrangige Ziel des Europäischen Systems der Zentralbanken (im Folgenden „ESZB") ist es, die Preisstabilität zu gewährleisten. Soweit dies ohne Beeinträchtigung dieses Zieles möglich ist, unterstützt das ESZB die allgemeine Wirtschaftspolitik in der Union, um zur Verwirklichung der in Artikel 3 des Vertrags über die Europäische Union festgelegten Ziele beizutragen. Diese sind etwa nachhaltiges Wachstum oder eine hohe Beschäftigung. Weiter steht dort im AEU-Vertrag noch: „Das ESZB handelt im Einklang mit dem Grundsatz einer offenen Marktwirtschaft mit freiem Wettbewerb, wodurch ein effizienter Einsatz der Ressourcen gefördert wird."

Das konkrete Inflationsziel der EZB als Messgröße für Preis- bzw. Geldwertstabilität war 2003 bis 2021 ein Niveau von unter, aber nahe 2 %, ab Juli 2021 „mittelfristig eine **Inflationsrate** von 2 %". Dies wird als symmetrisches Ziel verstanden, d. h. Abweichungen nach unten sind ebenso unerwünscht wie nach oben. Gemessen wird dieses Ziel am Harmonisierten Verbraucherpreisindex (HVPI), einem „Korb" aus ca. 600 Waren und Dienstleistungen, der die Entwicklung der Verbraucherpreise für alle beteiligten Eurostaaten in gleicher Weise erfasst.

Warum legen die EZB und andere Notenbanken großen Wert auf Preisstabilität? Preisstabilität ist eine grundlegende Voraussetzung für eine funktionierende Marktwirtschaft. Sie sorgt dafür, dass private Haushalte und Unternehmen auf verlässlicher Grundlage ihre Spar-, Kauf- oder Investitionsentscheidungen planen und treffen können, weil sie Veränderungen der Preise leicht erkennen (Signal- und Lenkungsfunktion der Preise). Starke Inflation verzerrt Preissignale, weil Verbraucherinnen und Verbraucher und Unternehmen nicht mehr erkennen, ob diese auf Veränderungen von Angebot und Nachfrage beruhen. Dies kann zu Fehlentscheidungen verleiten. Preisstabilität erhält zudem die Kaufkraft der Einkommen und den Wert des Geldvermögen der privaten Haushalte. Für die Unternehmen hält Preisstabilität die Finanzierungskosten niedrig. Bei stark anziehender Inflation würden die Finanzmärkte eine Risikoprämie (höhere Zinsen) fordern. Zudem beeinträchtigt Inflation die drei Geldfunktionen (› siehe oben) und setzt Fehlanreize mit negativen sozialen Folgen: Hohe Inflation nützt Schuldnerinnen und Schuldnern (Kreditnehmer), und Besitzerinnen von Sachwerten oder Auslandsguthaben und bestraft Gläubigerinnen und Gläubiger (Kreditgeber) und heimische Sparende. Das ist gesellschaftlich nicht wünschenswert. Auch die wirtschaftlichen Folgen sind negativ, weil Preise ihre Signalwirkung verlieren „Inflationsvermeidungsstrategien“ d.h. Kapitalflucht ins Ausland oder Kapitalflüsse in Sachwerte wie Immobilien oder Gold führen oft zu starken Preisanstiegen und spekulativen, irrationalen Bewertungen. Das Platzen solcher Preisblasen kann dann wiederum das Finanzsystem destabilisieren. Auch Deflation birgt Gefahren: Kaufzurückhaltung führt zu Produktionskürzungen und sinkenden Preisen. Diese führen zu sinkenden Unternehmensgewinnen und dann zu Sparprogrammen und Entlassungen, was die Nachfrage weiter abnehmen lässt (Abwärtsspirale).

M2 Welche Instrumente hat die Europäische Zentralbank?

Zunächst zur **konventionellen Geldpolitik**: Als wichtigstes traditionelles Instrument der Geldpolitik kann die EZB die Leitzinsen für das Zentralbankgeld festlegen. Strenggenommen sind es drei **Leitzinssätze**: der Hauptrefinanzierungssatz, der Spitzenrefinanzierungssatz und der Einlagesatz. Diese sind der Preis für das Geld. Über das Instrument der **Offenmarktgeschäfte** bietet die Zentralbank den Geschäftsbanken regelmäßig in einem Auktionsverfahren Zentralbankgeld an. Die Notenbank liefert den Banken frisches Notenbankgeld, dafür erhält sie Staats- oder Unternehmensanleihen als Sicherheit und Zinszahlungen in Höhe des Hauptrefinanzierungssatz. Durch An- und Verkauf von Wertpapieren kann die Zentralbank so die Preis- bzw. Inflationsentwicklung beeinflussen. Über **ständige Fazilitäten**, der Möglichkeit, Kredite aufzunehmen oder Guthaben anzulegen, können sich Geschäftsbanken zu einem etwas höheren Zins – aber dafür auch täglich – die nötige Liquidität bis zum nächsten Tag beschaffen (Spitzenrefinanzierungsfazilität). Wenn Banken Geld übrig haben, können sie dieses Geld als Einlage (Einlagefazilität) bei der Zentralbank „parken“. Dieser Einlagen-Zinssatz ist üblicherweise niedriger als der Finanzierungszinssatz und dient auch als Orientierung für den Zinssatz, den Banken ihren Kundinnen und Kunden für Spareinlagen bezahlen. Das Eurosystem greift somit nicht unmittelbar (direkt) in die Kreditvergabe der Banken ein. Es nimmt mittelbar (indirekt) Einfluss, indem es die Refinanzierungsbedingungen der Banken verändert. Die EZB nutzt dabei aus, dass sich Geschäftsbanken ständig Zentralbankgeld leihen und den Leitzinssatz an ihre Kunden weitergeben (› Schaubilder, S. 238). So setzt die EZB durch die Geschäftsbanken indirekt Anreize für Unternehmen, private Haushalte und Staaten mehr zu sparen (hohe Zinsen und dadurch Verteuerung der Kreditaufnahme) oder mehr Kredite aufzunehmen und zu investieren (niedrige Zinsen). Der **monetäre Transmissionsmechanismus**, d. h. bis geldpolitische Impulse wie Leitzinsänderungen auf die Realwirtschaft durchschlagen, braucht zwischen 1,5 bis 3 Jahre Zeit.

Ein weiteres geldpolitisches Instrument der EZB ist die **Mindestreserve**, die Pflicht für Banken bei den nationalen Zentralbanken Pflichteinlagen zu hinterlegen. Dadurch wird erreicht, dass sich Geschäftsbanken bei der EZB refinanzieren („Zwang ins Zentralbankgeld“). Eine Option, die so gut wie nie als aktive Stellschraube genutzt wurde. Banken müssen seit langem lediglich 1 % von Kundeneinlagen und Schuldverschreibungen kurzer Laufzeit als Mindestreserven halten. So haben sie größere Kreditvergabemöglichkeiten.

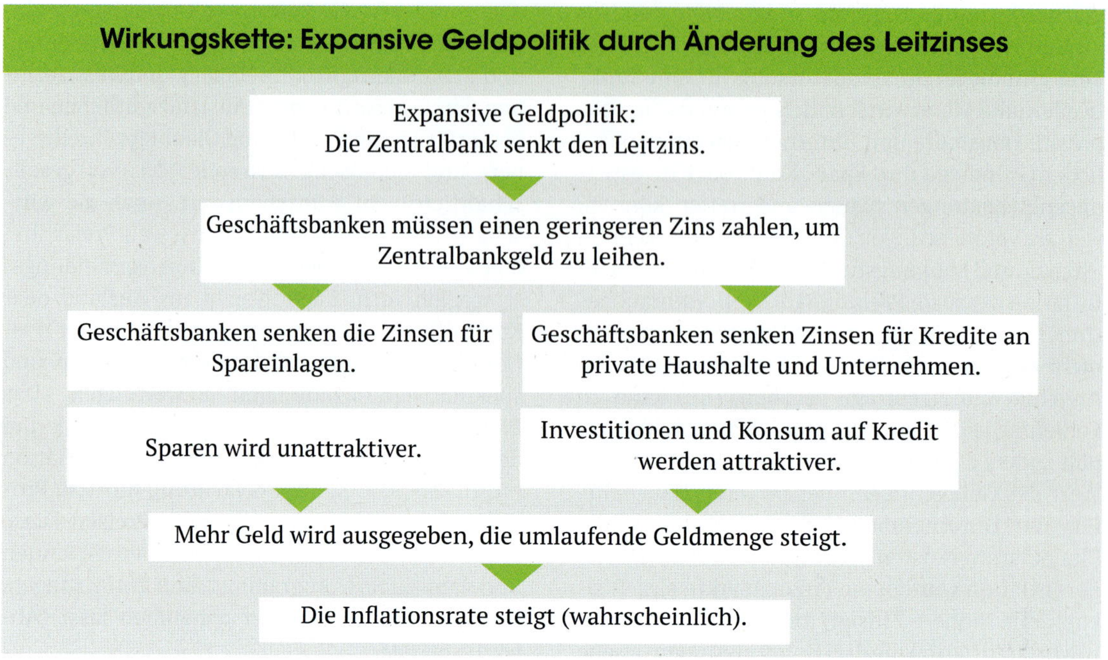

© C.C. Buchner Verlag

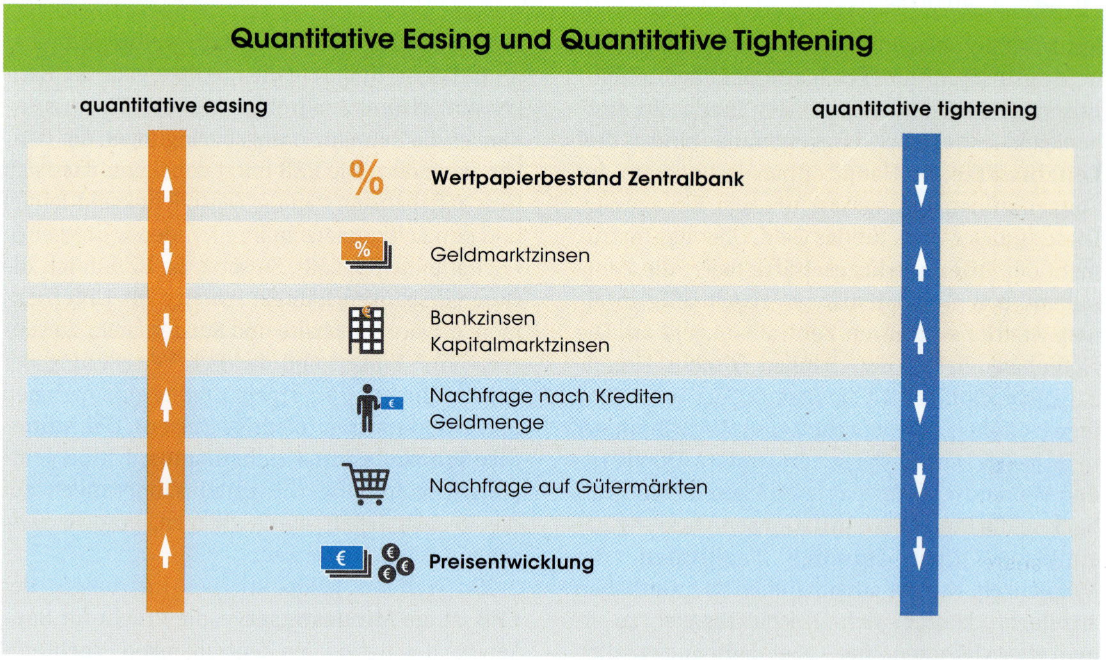

© C.C. Buchner Verlag

Im Zuge der europäischen Staatsschuldenkrise hat die EZB auch eine **unkonventionelle**, krisenbedingte **Geldpolitik** verfolgt. Dazu zählt zunächst die Vollzuteilungspolitik, d.h. den Geschäftsbanken jeden gewünschten Betrag an Zentralbankgeld bereitzustellen, sofern diese Sicherheiten bieten können. Dazu setzt sie auch auf eine umfangreiche Kommunikation ihrer geldpolitischen Absichten zur Steuerung der Erwartungen der Marktteilnehmerinnen und Marktteilnehmer (**Forward Guidance**). Vor allem aber setzt die EZB aber auf den **Ankauf von Vermögenswerten** (Wertpapierankaufprogramme APP (3,4 Billionen Euro) und PEPP (1,6 Billionen Euro) v. a. von Anleihen von Banken). Dies nennt man **quantitative Lockerung (Quantitative Easing (QE))**. Zentralbanken drücken mit dem Ankauf großer Mengen von Wertpapieren mit frischem Zentralbankgeld die Anleihezinsen nach unten. Dies macht die Refinanzierung für Staaten und Unternehmen günstiger und soll die Banken zu lockerer Kreditvergabe veranlassen. Auch das Gegenteil (**Quantatitve Tightening (QT)**) ist denkbar, indem keine Wiederanlage fällig werdender Wertpapiere erfolgt. 2022 wurde mit dem *Transmission Protection Instrument* (TPI) ein weiteres Instrument für die **Absicherung der Transmission (TPI)** durch Wertpapierankäufe im Krisenfall beschlossen.

M 3 Wo liegen die Herausforderungen und Grenzen der Geldpolitik der EZB?

Lange agierte die EZB nahe der „Nullzinsgrenze". Dies war während der globalen Finanzkrise und der Eurokrise der Fall. Die Zinsen können aber nicht signifikant unter null fallen, da es sonst unattraktiv wird, Geld in Banken zu halten, d. h. wenn die Leitzinsen nahe null oder negativ sind, haben Zentralbanken weniger Spielraum, um die Wirtschaft durch Zinssenkungen zu stimulieren. Sie sitzen dann in der von Keynes analysierten „**Liquiditätsfalle**", weil die Unternehmen trotz geringer Finanzierungskosten keine Investitionen vornehmen und Banken in Krisen kaum Kredite vergeben. Dann brauchen Zentralbanken Anleihekaufprogramme, um die Geldpolitik weiter zu lockern (siehe *Quantitative Easing*). Kommt es dann aber zu steigender Inflation, wie infolge der Corona-Pandemie und des Ukraine-Krieges, so müssen die Zentralbanken die Zinsen wieder anheben, um ihr vorrangiges Ziel der Geldwertstabilität zu erreichen. Ein weiteres Problem ist, dass die Transmission, also die Übertragung der geldpolitischen Maßnahmen in die Realwirtschaft, scheitert oder sich stark verzögern kann. Dies geschieht, wenn etwa Banken trotz niedriger Zinsen keine Kredite vergeben, wenn Verbraucherinnen und Verbraucher und Unternehmen in Krisenzeiten nicht konsumieren oder investieren („Angstsparen").

Die EZB steht aber auch vor einer Reihe weiterer Herausforderungen: Sie muss eine einheitliche Geldpolitik für eine wirtschaftlich durchaus sehr heterogene Eurozone mit strukturellen Handelsungleichgewichten und für Länder mit sehr unterschiedlicher Wirtschaftsstärke (siehe Schaubild auf der nächsten Seite) festlegen. Dazu muss die Arbeitsteilung zwischen der EZB mit ihrer einheitlichen (vergemeinschafteten) stabilitätsorientierten Geldpolitik für den gesamten Euroraum und den jeweiligen Euro-Staaten mit nationaler, stabilitätsorientierter Finanz- und Sozialpolitik funktionieren. Die Finanz-, Lohn- und Sozialpolitik sind aber in der EU bisher kaum vergemeinschaftete Politikfelder, sondern national unterschiedlich organisiert. Wenn etwa die Zentralbank die Zinsen senkt, die Staaten jedoch die Steuern erhöhen, es also an Koordination zwischen Geld- und Fiskalpolitik mangelt, kann die Wirkung ausbleiben. Ein Problem ist auch, dass viele Eurostaaten hochverschuldet sind und sich weiter verschulden. Die Beitrittskriterien waren eigentlich maximal als 60 % des BIP. Auch Deutschland verstieß gleich im ersten Jahr des Bestehens der Eurozone gegen die 3 %-Neuverschuldungsregel. Die EZB muss somit vorsichtig bei Zinsanhebungen agieren, um die Länder nicht zu überfordern oder neue Staatsschuldenkrisen auszulösen. Insbesondere in Krisensituationen, wie etwa der „Euro-Staatsschuldenkrise" 2010–2012, als die Finanzmärkte südeuropäischen Staaten wie Griechenland keine neuen Schulden zu tragbaren Konditionen ermöglichten, werden schnell Forderungen an die EZB gestellt, den Kurs der Staaten zu stützen oder den Euro zu retten. So konnte im Juli 2012 Mario Draghis „*Whatever it takes*", also die Ankündigung alle zur Verfügung stehenden Mittel zur Rettung des Euro einzusetzen, die Krise eindämmen. Infolge tauchen dann immer wieder Fragen nach der Unabhängigkeit der Zentralbank auf und ob sie vielleicht nicht doch Staatsfinanzierung durch die „Hintertür" betreibt. Die EZB kauft die Staatsanleihen zwar nicht direkt, aber den Banken in großem Maße ab. Auch gibt es Zweifel an der Wirksamkeit von

Das durchschnittliche Pro-Kopf BIP in Kaufkraft in Europa im Jahr 2024 (Stand: 2025)

73000-883

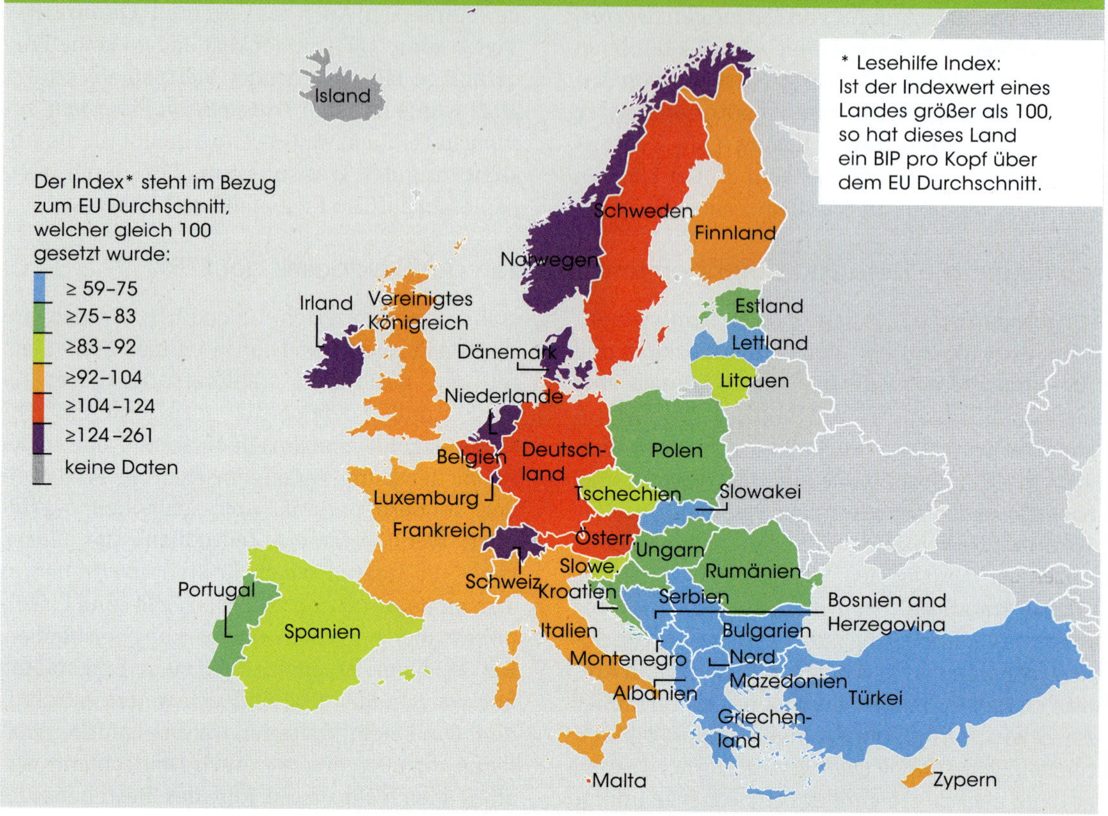

© C.C. Buchner Verlag, aktuelle Daten nach: Eurostat (Datenerhebung: 2024; Grafikerstellung: 2025)

solchen unkonventionellen QE-Maßnahmen. Die Wirksamkeit kann abnehmen, insbesondere wenn die Märkte bereits mit Liquidität geflutet sind. Klar ist: Die Staaten sollten die EZB nicht überfordern. Sie müssen ihre finanzpolitischen Probleme selbst lösen oder im Finanzbereich mehr Kompetenzen an die EU abgeben.

Aufgaben

72003-229

1. Charakterisieren Sie die Ziele und Anforderungen der Euro-Währungsunion (**M1**).
2. Arbeiten Sie die geldpolitischen Instrumente der EZB heraus (**M2**).
3. a) Erklären Sie die wahrscheinlichen Wirkungen einer expansiven Geldpolitik (**M2**).
   b) Erstellen Sie in Ihrem Heft ein Flussdiagramm als Wirkungskette für das Szenario einer restriktiven Geldpolitik.
4. a) Erklären Sie die Herausforderungen für die Stabilität des Euro als gemeinsamer Währung (**M3**).
   b) Begründen Sie, wie Sie die Zukunft des Euro sehen.
5. Beurteilen Sie den Ankauf von Staatsanleihen durch die EZB zur wirtschaftlichen Stabilisierung des Euroraums (**M3**).

Herausforderungen der EZB

M1 Faustischer Pakt: Die Entgrenzung der modernen Geldpolitik

Deutschland hat ein großes Problem. Die Schuldenuhr tickt, und die Inflation frisst sich in breiter Front in die Geldbörsen der Verbraucher. Das Schreckgespenst einer Stagflation – eine lange Zeit mit hohen Inflationsraten und wirtschaftlicher Stagnation – scheint real. Was also tun? Was in der realen Welt ein ernstes Problem für Regierungen und Notenbank ist, kann in der Literatur leicht gelöst werden. In Goethes Faust hat der Kaiser kein Geld. Das Reich befindet sich im Niedergang. Mephisto verspricht Abhilfe und macht in der berühmten Papiergeldszene aus wertlosen Papierscheinen kaufkräftiges Geld. („Zu wissen sei es jedem ders begehrt:/ Der Zettel hier ist tausend Kronen wert.") Und tatsächlich: Dank dem von Mephisto ausgegebenen Papiergeld scheinen alle Probleme gelöst. Die Schulden sind weg, und im ganzen Land blühen Handel, Konsum und Wohlstand. Natürlich ist Magie im Spiel. Faust steht mit dem Teufel im Bunde. Dies alles ist aber mehr als nur die künstlerische Phantasie Goethes. [...] Können wir in der Entwicklung der Europäischen Währungsunion und im Euro Parallelen entdecken?

Die Idee einer EU-Währungsunion ist alt und reicht in die 80er-Jahre des letzten Jahrhunderts zurück. Richtig Fahrt nahm diese nach der deutschen Wiedervereinigung auf. Wie war die damalige Situation, und was waren die politischen Motive? Deutschlands Macht wuchs nach der Wiedervereinigung und löste bei nicht wenigen europäischen Partnern Vorbehalte und Ängste aus. Der deutsche Wunsch nach Vertrauensbildung und Vollendung der europäischen Integration traf sich mit dem Ziel besonders Frankreichs, die Deutschen fester in die EU einzubinden. Aber nicht alle postulierten Ziele waren so idealistisch wie sie daherkamen. Frankreich und vielen südlichen EU-Mitgliedstaaten ging es auch darum, die empfundene Dominanz der Deutschen Bundesbank zu schleifen. Ihre strikte Stabilitätsorientierung und restriktive Geldpolitik, die den Deutschen über Jahre eine stabile Mark und inflationsfreies Wachstum beschert hatte, war anderen – allen voran Frankreich – ein Dorn im Auge. Sie mussten bis dato diese Dominanz akzeptieren und mitziehen, was der eigenen Wirtschafts- und Finanzpolitik entgegenstand.

Roland Wöller, CDU

Mit der dritten Stufe der Währungsunion wurde der Euro eingeführt. Die Bundesbank verlor ihre Macht, die Geldpolitik wurde vergemeinschaftet, und die anderen Mitglieder der Eurozone bestimmten künftig im EZB-Rat mit. Deutschland hatte im Maastrichter Vertrag 1992 seine „Stabilitätsseele" einer strikten Inflationsbekämpfung für die gemeinsame Währung in das große europäische Integrationsprojekt eingebracht. Im Gegenzug verpflichteten sich die anderen Mitgliedsländer mit dem Stabilitäts- und Wachstumspakt auf Grundsätze, die eine niedrige Verschuldung und Preisniveaustabilität gewährleisten sollten.

Die EZB ist unabhängig und vorrangig dem Ziel eines stabilen Preisniveaus verpflichtet. Die Finanzierung von Staatsschulden über die Notenbankdruckerpresse ist untersagt. Da durch eine übermäßige Staatsverschuldung Inflationsgefahren ausgehen, wurden mit den Maastricht-Kriterien – maximal 60% Schuldenstand und 3% Haushaltsdefizit gemessen am BIP – klare Grenzen eingezogen. Zudem wurde vertraglich ausgeschlossen, dass Mitgliedstaaten für die Schulden anderer haften. Die Bundesbank stand bei der Konstruktion der EZB-Systems Pate. Der Kern des „Paktes" bestand darin, die ökonomischen Vorteile einer gemeinsamen Währung in Form von Wegfall der Transaktionskosten und eines größeren Währungsraumes mit strengen Stabilitätsauflagen für niedrige Inflation und Staatsverschuldung zu verbinden. Was sich anfangs durchaus erfolgreich anließ, droht mittlerweile mit hoher Inflation und stark steigenden Staatsschulden aus dem Ruder zu laufen. Doch was ist schiefgelaufen und vor allem warum?

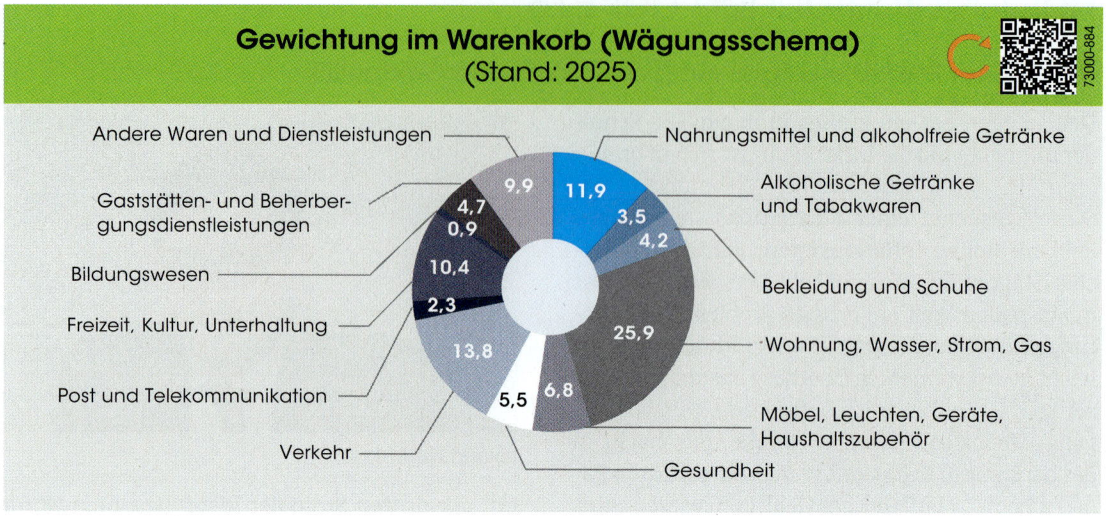

© C.C. Buchner Verlag, aktuelle Daten nach: DESTATIS (Datenerhebung: 2023; Grafikerstellung: 2025)

Um den Streit und die Auseinandersetzung in der EU über den Euro oder beispielsweise Eurobonds zu verstehen, lohnt es sich, nicht nur die politischen Positionen anzusehen, sondern man muss auch die unterschiedlichen kulturellen Prägungen und Traditionen kennen, die diesen zugrunde liegen. [...] In Deutschland, einem Bundesstaat mit Verfassungsgrundsätzen und ausgefeilten Vorschriften, steht die Regelbindung im Vordergrund. In Frankreich, einem Zentralstaat, dagegen ist Ermessensfreiheit wichtiger. Ausgehend von Heinrich IV. und den Monarchen des *ancien regime* braucht es Flexibilität und Handlungsspielraum, um den Zentralstaat zu stärken. Da prallen Kulturen aufeinander. Während der ehemalige deutsche Finanzminister Wolfgang Schäuble darauf pochte, dass „wir uns Regeln gegeben haben, die eingehalten werden müssen", sah es seine damalige französische Amtskollegin völlig anders. Christine Lagarde meinte auf dem Höhepunkt der Eurokrise, dass „wir alle Regeln gebrochen haben, weil wir zusammenhalten und die Eurozone retten wollten". Während in Deutschland mit dem Haftungsgrundsatz jeder für die Folgen seiner Regelverstöße einstehen muss, halten sich Franzosen an den Grundsatz der Solidarität aus der Tradition der französischen Revolution: Die Stärkeren tragen einen Teil der Lasten der Schwächeren. Dies trifft besonders in Krisen oder bei Schocks zu, bei denen Solvenzprobleme im Vordergrund stehen. Sind Verbindlichkeiten größer als Vermögenswerte, werden Umschuldungen und tiefgreifende Strukturreformen unausweichlich. Nicht so in Frankreich: Eben weil Vermögenswerte im Zeitablauf stärkeren Schwankungen unterliegen, gilt es, flexibel mit Liquiditätsspritzen Insolvenzen zu verhindern. Der leichtere Weg mit schwerwiegenderen Folgen. Ebenso galt (bis vor einiger Zeit jedenfalls) in der generellen Wirtschaftspolitik in Deutschland der Grundsatz: Sparen und Investieren als Voraussetzungen für Wachstum und Wohlstand. Franzosen sehen das anders. Sparen führt zu Verschärfung von Liquiditätsproblemen. Daher gibt man staatsschuldenfinanzierten Ausgabenprogrammen auch den Vorzug.

Gegen die deutsche „Austeritätspolitik" gab es dann nicht nur in Frankreich heftige Widerstände. [...] Dies betrifft besonders die Inflation. Diese findet entgegen landläufigen Erklärungen nicht in Ukraine-Krieg und Corona-Pandemie ihre Ursache. Sie sind zwar Brandbeschleuniger, aber nicht eigentliche Brandursache. Dies lehrt ein Blick in die „Hexenküche" der Geldtheorie. Im Zentrum steht die Quantitätsgleichung, die einen Zusammenhang zwischen Geldmenge und Preisniveau herstellt. Kurz gesagt führen Geldmengenerhöhungen, die über das Wirtschaftswachstum hinausgehen, früher oder später zu Inflation. Während im Euroraum die Wirtschaft von 2008 bis 2022 um 27 % gestiegen ist, hat sich die Geldmenge [...] im selben Zeitraum um 75 % erhöht. Die Zentralbankgeldmenge (der direkt von der EZB gesteuerte Bargeldumlauf und Guthaben bei der Zentralbank) sogar um mehr als 700 %. Ein enormer Geldüberhang, der sich jetzt in einer Inflation entlädt. Dieser Zusammenhang ist brisant, wird wissenschaftlich kontrovers diskutiert und daher von offizieller Seite bestritten. Selbst wenn man die Geldtheorie außen vor lässt, so sprechen zwei Argumente dafür. Erstens hat die Deutsche Bundesbank genau auf dieser wissenschaftlichen Grundlage der Quantitätstheorie jahrzehntelang Geldpolitik gemacht – mit Erfolg. Und zweitens zeigt die Wirtschaftsgeschichte, dass jedes übermäßige Anwerfen der Notenpresse zu Inflation geführt hat. [...] Die Inflationsrate betrug im März 2023 7,4 % in Deutschland. Die Kerninflationsrate – ohne Energie und Lebensmittel – 5,8 %. Das ist weit entfernt von Preisniveaustabilität.

Doch wie konnte es soweit kommen? Hierzu müssen wir zurück zum Vertrag von Maastricht und den Konstruktionselementen des Euro, die seine Stabilität garantieren sollten. Diese wurden Zug um Zug beseitigt. Dies ist die „diabolische Seite" des Paktes mit der EZB. Der Stabilitätspakt ist praktisch aufgeweicht – auch Deutschland hält diese nicht ein. Statt 60 % Schuldengrenze ist die Eurozone mit 93 % BIP verschuldet, und es werden mehr. Geschäftsgrundlage des Euro ist der Haftungsausschluss (No-Bailout). Kein Mitgliedstaat sollte für die Schulden anderer haften. Dieser tragende Grundsatz ist spätestens mit dem Schuldenschnitt Griechenlands 2012 und den 750 Milliarden Coronahilfe der EU 2020 mit gemeinschaftlicher Verschuldung über Bord geworfen. Das Verbot der Staatsfinanzierung durch die Notenbank ist faktisch umgangen, weil die EZB mit Milliardenprogrammen Staatsanleihen besonders aus den hochverschuldeten südlichen Krisenländern am Sekundärmarkt kauft. Etwas Besonderes sind die Target-Salden des Eurosystems. Ein elektronisches Verrechnungssystem der Notenbanken des Euroraumes. Deutschland hat Forderungen gegen die anderen Notenbanken in Höhe von 1269 Milliarden. Faktisch ein in Höhe und Laufzeit unbegrenzter Überziehungskredit der Euroländer untereinander. Und dies ohne Sicherheiten. Geld, das normalerweise auf dem Kapitalmarkt beschafft werden musste, kann jetzt einfach selbst elektronisch „gedruckt" werden. Im Gegensatz zur Papiergeldszene bei Faust, in dem der Kaiser seine Unterschrift auf Zettel setzt, die mit vergrabenen Schätzen im Boden besichert sind und zum Kauf im eigenen Reich verwendet werden, kann im Eurosystem eine fremde Notenbank faktisch selber unbegrenzt Geld schaffen, bei der Bundesbank anschreiben lassen und das so geschaffene Geld zum Kauf von Waren in Deutschland verwendet werden. Mephisto hätte seine Freude daran. Zusammengefasst ist die [...] Inflation im Euroraum maßgeblich durch eine massive Geldmengenausweitung verursacht. Die EZB kommt ihrem eigentlichen vertragsgemäßen Auftrag der Inflationsbekämpfung nicht oder unzureichend nach und finanziert die Schulden der Mitgliedstaaten, was durch die Nachfrageausweitung die Inflation weiter befeuert.

Es stellt sich noch die Frage, wer gewinnt und wer verliert? Die Schuldner gewinnen und die Sparer

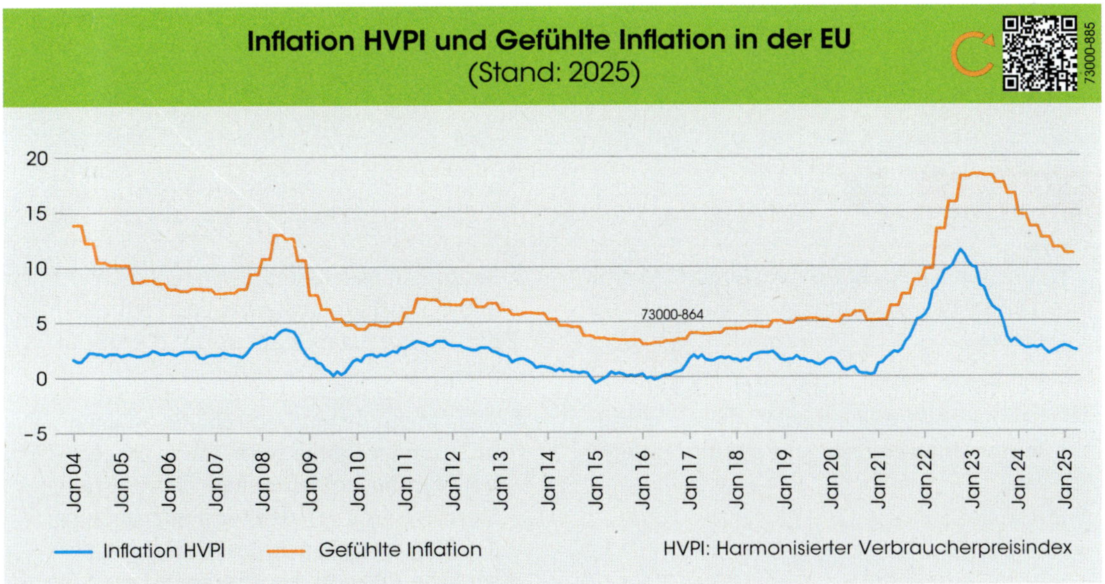

© C.C. Buchner Verlag, aktuelle Daten nach: EU Kommission, Eurostat (Datenerhebung: 2025; Grafikerstellung: 2025)

Mephisto (gespielt von Gustaf Gründgens, rechts) umgarnt Faust (Will Quadflieg) mit seinen Reichtümern – auch dem Papiergeld.

verlieren. Und die sitzen besonders in Deutschland. Verbraucher – besonders Einkommensschwache – leiden unter hohen Inflationsraten. Eine ungerechte Umverteilung, die weder rechtlich legitimiert noch parlamentarisch kontrolliert ist. Die größten Gewinner sind die hochverschuldeten Staaten der Eurozone: Griechenland, Italien, Portugal, Spanien und Frankreich. Ihr Schuldenberg sinkt real mit zunehmender Inflation. Dies ist die politisch nicht gewollte Transferunion über die Hintertür und zwar ohne Änderung der Verträge. Bei der künftigen Inflationsbekämpfung sitzt die EZB zwischen allen Stühlen. Erhöht sie die Zinsen, drohen die hochverschuldeten Südländer unter den höheren Schuldzinsen wegzubrechen. Zudem ist die Stabilität des Finanzsystems in Gefahr, da die mit Staatspapieren vollgepumpten Bankbilanzen bei steigenden Zinsen zu Kursverlusten und entsprechenden Abschreibungen führen, die manche in den Ruin treiben können. Abwarten oder gar ein zurück zu niedrigen Zinsen befeuert die Inflation weiter. Die EZB steckt im „Trilemma", in das sie sich selbst manövriert hat.

Was sind die Aussichten? Wir haben uns voraussichtlich auf ein lange, unangenehme Zeiten der Stagflation mit hohen Inflationsraten und schwacher Wirtschaft einzustellen. Ein Ende ist nicht in Sicht. Dies wird die ohnehin bestehenden politischen Spannungen und Risse in der Eurozone vertiefen. [...] Die meisten Medien berichten kaum oder oberflächlich. Auch dies erkannte Goethe klarsichtig, der in seinem Faust Mephisto in Auerbachs Keller angesichts der Feierlaune sagen lässt: „Solang der Wirth nur weiter borgt, sind sie vergnügt und unbesorgt. ... Den Teufel spürt das Völkchen nie, selbst wenn er es am Kragen hätte."

Wöller, Roland: Faustischer Pakt: Die Entgrenzung der modernen Geldpolitik. In: www.cicero.de, 10.05.2023

Aufgaben

72003-230

1. Arbeiten Sie aus **M1** Herausforderungen für die EZB bei der Inflationsbekämpfung heraus.
2. Überprüfen Sie die vom Autor von **M1** herangezogene Geldmengentheorie mithilfe einer Internetrecherche auf ihre Validität.
3. Beurteilen Sie anhand des aktuellen HVPI und der Inflationsrate, ob die EZB ihr Ziel der Preiswertstabilität erreicht (**Grafik in M1**).
4. Viele Menschen in Deutschland nehmen Inflation viel höher wahr, als sie ist. „Gefühlte Inflation" nennt man dies. Gestalten Sie ausgehend von der Zusammensetzung des Wägungsschemas des HVPI Ihren persönlichen Warenkorb, das die Inflation für Ihren Konsum abbildet (**Grafik in M1**).

2.6.5 Wechselkurssysteme und Währungspolitik

Leitfragen

- Was sind Wechselkurse und warum braucht es Währungspolitik?
- Warum schwanken Wechselkurse, wenn man sie lässt?
- Welche Wechselkurssysteme kann man unterscheiden?
- Welche Bedeutung haben Wechselkurse für den Außenhandel?

M 1 Was sind Wechselkurssysteme und warum braucht es Währungspolitik?

Wechselkurssysteme und Währungspolitik sind zentrale Themen einer internationalen Finanzpolitik. Unter einem **Wechselkurs** versteht man den Preis für eine bestimmte Menge einer Währung: Ein Euro ausgedrückt in einer anderen Währung, (etwa US-Dollar) und stellt damit im Prinzip einen Umtausch-Preis dar. Der Wechselkurs ist dadurch Maßstab für den Außenwert des Geldes und das Austauschverhältnis zweier Währungen. Macht man als Europäerin oder Europäer etwa Urlaub in Florida, benötigt man US-Dollar, um dort Mietwagen, Hotel oder Einkäufe bezahlen zu können. Egal ob mit Kreditkarte oder in bar, in beiden Fällen verkauft man über eine Bank Euro und tauscht diese in US-Dollar. Die Preisnotierung des Wechselkurses gibt an, wie viel Einheiten der eigenen Währung ausgegeben werden müssen, um eine Einheit der ausländischen Währung zu erhalten (z. B. 95 Euro-Cent für 1 US-Dollar). Alternativ gibt die sogenannte Mengennotierung an, wie viele Einheiten der ausländischen Währung man für eine Einheit der inländischen Währung erhält (z. B. 1,05 US-Dollar für 1 Euro). Weil der Fachbegriff für eine Zahlungsanweisung an das Ausland in Fremdwährung „Devise“ ist, spricht man bei bargeldlosen Währungstransaktionen auch vom Devisenkurs. Die Devisenmärkte sind der größte Teilmarkt der internationalen Finanzmärkte.

Wechselkurssysteme bestimmen nun, wie der Wert einer Währung im Verhältnis zu anderen Währungen festgelegt wird. Die **Währungspolitik** umfasst Maßnahmen, die ein Land oder dessen Zentralbank ergreift, um den Wechselkurs zu beeinflussen und die wirtschaftliche Stabilität zu gewährleisten.

In einem **System freier Wechselkurse** bilden sich Wechselkurse zunächst nach dem Prinzip marktwirtschaftlicher Preisbildung, d. h. nach Angebot und Nachfrage: Zu einer Wechselkursänderung kommt es immer nur dann, wenn das Angebot und die Nachfrage nach einer Währung (Devise) nicht gleich groß sind. Ist das Devisenangebot größer als die Nachfrage, wertet eine Währung ab (Abwertung). Der Außenwert vermin-

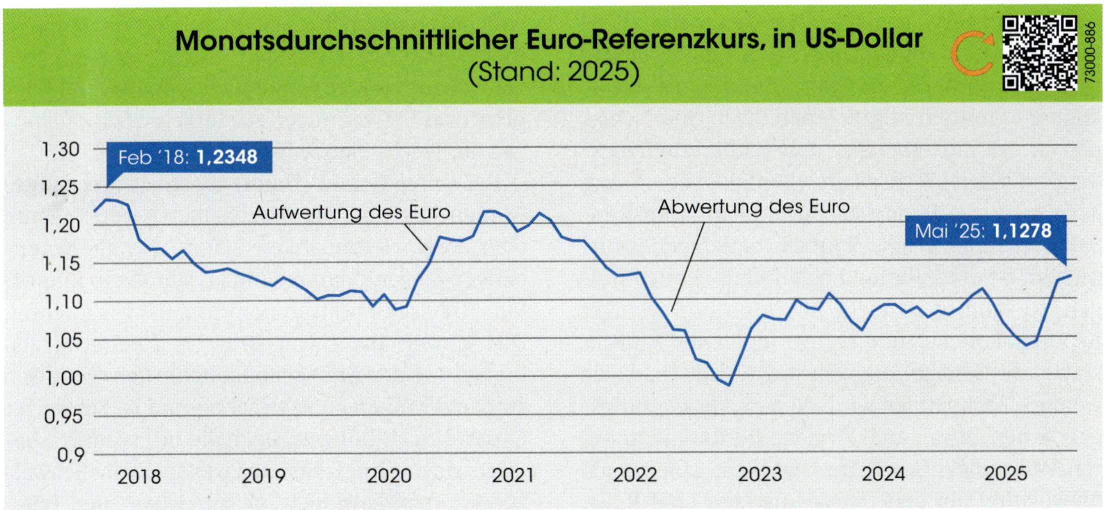

© C.C.Buchner Verlag, aktuelle Daten nach: Bundesbank (Datenerhebung: 2025; Grafikerstellung: 2025)

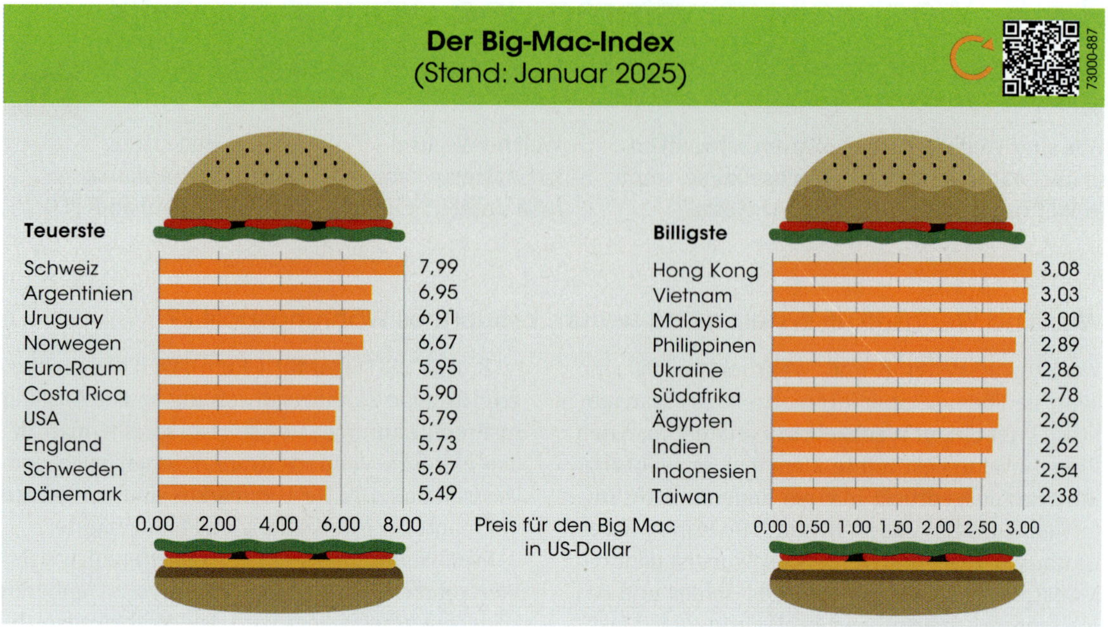

© C.C. Buchner Verlag, aktuelle Daten nach: The Economist (Datenerhebung: 2025; Grafikerstellung: 2025)

dert sich und der preisnotierte Wechselkurs steigt. Ist dagegen die Devisennachfrage größer als das Angebot, wertet eine Währung auf (Aufwertung). Der Außenwert steigt und der preisnotierte Wechselkurs sinkt.

Warum schwanken nun Wechselkurse, sofern man sie lässt? Die Ursachen für **Wechselkursschwankungen** sind vielfältig: Unterschiede in der wirtschaftlichen Entwicklung sind ein Grund. Ein Währungsraum entwickelt sich momentan besser oder ist wettbewerbsfähiger. Produkte werden dort beispielsweise günstiger hergestellt und können verstärkt exportiert werden, dann fließt Kapital dorthin. Infolgedessen wird die Währung des Landes verstärkt nachgefragt und wertet auf. So kommt es mittelfristig zu erheblichen Unterschieden in der Einkommens- und Kaufkraftentwicklung, was den Wechselkurs ebenfalls beeinflusst. Aber auch die Handelsbilanz und Inflationstendenzen können Wechselkursschwankungen verursachen: Ist die Inflation hoch und die Preise steigen, so kann es zu mehr Importen und weniger Exporten kommen und Anlegerinnen und Anleger ziehen ihr Geld ab. Die Währung wertet ab, da sie weniger nachgefragt wird. Neben Absicherungsgeschäften, etwa durch Firmen, die stark in anderen Währungen Geschäfte abwickeln, spielt auch Spekulation auf den Devisenmärkten eine Rolle. Zinsunterschiede sind ein weiterer Grund. Erhöht etwa die US-Notenbank Fed den Zins, die EZB aber nicht, werden Zinsanlagen im US-Dollar für Euro-Anleger attraktiver. Anlegerinnen und Anleger nutzen Zinsunterschiede zwischen Währungsräumen für „Carry Trades“, eine Spekulationsstrategie, die versucht, von den Zinsunterschieden zu profitieren. Sie leihen sich dazu Geld in einem Land mit niedrigen Zinsen (z. B. japanische Yen). Anschließend verkaufen sie diese Währung wieder und kaufen eine andere mit höheren Zinsen (z. B. US-Dollar). So tragen (engl. carry) sie ihr Kapital in ein anderes Land mit höheren Zinsen, der Zinsunterschied ist dann ihr Gewinn, solange dieser durch Devisenkursveränderungen nicht aufgefressen wird. Nicht zuletzt können auch politische Ereignisse oder Verwerfungen zu stärkeren Schwankungen der Wechselkurse führen.

Bei einem **festen (fixen) Wechselkurssystem** werden dagegen die Wechselkurse von Staaten oder deren Notenbanken fixiert, was die Notenbanken dieser Staaten dann zu ständigen Eingriffen (Devisenmarktinterventionen) verpflichtet. Die Schweiz hatte von 2011 bis 2015 etwa den Franken an den Euro gekoppelt, um den chronisch starken Franken zu schwächen und so Schweizer Exporte zu verbilligen. Doch die Interventionsbeträge wurden immer größer, was sogar der Schweizer Nationalbank letztlich zu riskant und teuer wurde (› Kompetenzen anwenden, S. 251-255).

Immer mehr Staaten sehen deshalb von solchen Versuchen ab (siehe Schaubild unten). Innerhalb des Euroraums haben sich die Mitglieder der Eurozone durch die Europäische Zentralbank und den Euro einen festen Wechselkurs gegeben.

M2 Währungen sind politisch – und eine Waffe?

Phasen der Währungsordnungen		
1. Phase (ab ca. 1870 bis zur Weltwirtschaftskrise ab 1929)	**2. Phase (ab 1944 bis 1973)**	**3. Phase (seit 1973, heutiges System)**
Goldstandard	**Bretton-Woods-System**	**Flexible Wechselkurse**
• Eine Währungsordnung, bei der Banknoten einen Anspruch auf Gold repräsentieren. Damit feste (fixe) Wechselkurse mit unbeschränktem Kapitalverkehr zwischen Ländern mit Goldstandard. • Die Notenbank muss bei wachsender Geldmenge Gold zukaufen und ihre Goldreserven erhöhen.	• Währungsordnung mit relativ festen, aber anpassbaren Wechselkursen (Wechselkursbandbreiten), aber mit beschränktem Kapitalverkehr. • Wechselkursrisiko bei der Notenbank, die beim Verlassen der Bandbreiten zur Intervention gezwungen ist und damit letztlich beim Staat, der Notenbankverluste ausgleichen muss.	• Schwankende, flexible Wechselkurse, bei denen Angebot und Nachfrage den Wert der Währungen festlegen, sowie freier Kapitalverkehr an den globalen Finanzmärkten. • Wechselkursrisiko privatisiert, d. h. Unternehmen und private Haushalte müssen sich bei Banken selbst absichern.

Auf den ersten Blick sind Währungen und Wechselkurse ein eher randständiges Thema neben Welthandel und Geopolitik. Über große Handelsabkommen, Streit über Zölle und Militärbündnisse liest man in der Presse fast täglich. Geld hingegen ist nur das „Schmiermittel" der Wirtschaft, internationale Währungen des Welthandels – warum sollte das politisch so wichtig sein?

Trotzdem beeinflussen Wechselkursschwankungen und auch die Beschaffenheit des Weltwährungssystems die Kalkulationsbasis von Unternehmen und damit deren Wettbewerbsfähigkeit und auch unser tägliches Leben und können es einfacher oder schwerer machen, Gewinner und Verlierer produzieren – und damit politisch werden.

Ein einfaches Beispiel: Eine Währung verliert international stark an Wert, sie wertet ab. Die Gründe hierfür können vielfältig sein (Inflation, Aufwertung anderer Währungen, Vertrauensverlust von Anlegerinnen und Anlegern etc.) Beschäftigte und Unternehmen aus der Exportbranche dieser Volkswirtschaft profitieren, ihre Produkte sind auf dem Weltmarkt nun günstiger. Auch der Tourismus profitiert, ein Urlaub ist in diesem Land nun preiswerter. Umgekehrt wird ein Urlaub im Ausland nun teurer, ebenso Importgüter. Und während man auf einen Auslandsurlaub zur Not verzichten kann, sind einige Importgüter wie teure Medikamente überlebenswichtig.

Wie der Außenwert einer Währung sich also verhält, merkt man im Alltag nicht unbedingt immer sofort. Kleinere Schwankungen können verkraftet werden. Aber dramatische, lange anhaltende Auf- und Abwertungen können Volkswirtschaften mit regional konzentrierten Arbeitsplatz- und Wohlstandsverlusten hart treffen oder sogar ruinieren.

Die Weltwährungsordnung ist also für Staaten eine mindestens genauso wichtige diplomatische Arena wie Handelsabkommen. Ebenso wie in der Welt des internationalen Handels agieren Staaten in der **Währungspolitik** nicht alleine, sondern zusammen mit transnationalen Unternehmen. Auch Börsen und Großbanken sind wichtige Spieler. Diese haben sich bereits seit Jahrzehnten untereinander vernetzt und internationale Abrechnungs- und Transfersysteme für grenzüber-

SWIFT: Technische Infrastruktur des globalen Zahlungsverkehrs

Internationale Zahlungen zwischen Unternehmen wickeln Banken über ein selbst organisiertes, privatwirtschaftliches Datensystem namens **SWIFT** (*Society for Worldwide Interbank Financial Communications*) ab. Um effektiv am internationalen Zahlungsverkehr teilnehmen und damit ihren Kundinnen und Kunden internationale Finanzdienstleistungen anbieten zu können, müssen Banken hier Mitglieder beziehungsweise Teilnehmer sein. SWIFT betreibt als privates Konsortium dazu zwei große Datenzentren, eines in Europa und eines in den USA. Somit unterliegt es den Gesetzen dieser Rechtsräume und ist daher auch vor politischer Einflussmaßnahme und Manipulation nicht sicher. Eine zunächst rein technische Digitalinfrastruktur wurde damit zu einem Instrument insbesondere der USA bei der Durchsetzung politischer Ziele. Während Washington den Zugriff auf das Netzwerk zunächst nur zur Analyse und Bekämpfung von Terrorismusfinanzierung nutzte, traten später weitere Ziele hinzu: Auch Staaten und ihre Volkswirtschaften sind auf eine Einbindung ihrer Banken, Zentralbanken und Volkswirtschaften in diese Digitalinfrastruktur angewiesen. Mehrere US-Präsidenten begannen nun, sanktionierte Staaten und deren wichtigste Banken von SWIFT auszuschließen oder damit zu drohen. Diese Maßnahme ist gegenüber einfachen Handelssanktionen besonders schwerwiegend: Sanktionen von Handelsgütern wie Waffenembargos lassen sich oft mit Handel über Drittstaaten oder Schmuggel unterlaufen. Ein Ausschluss aus der Weltfinanzinfrastruktur hingegen zwingt zu Handel über Bargeld oder sogar einer Rückkehr zum Tauschhandel – für eine moderne Volkswirtschaft ist dies eine Katastrophe. Sowohl die Sanktionen gegen den Iran und sein Atomprogramm sowie auch gegen Russland nach der Invasion der Ukraine zielten unter anderem auch auf den Bankensektor, ermöglicht wurde dies auch durch die Kontrolle über die digitale Infrastruktur des Weltfinanzsystems.

schreitende Zahlungen wie beispielsweise SWIFT entwickelt.

Das internationale Finanzsystem ist keineswegs unpolitisch und dauerhaft neutral. Vielmehr haben sowohl private Organisationen und auch Staaten hierauf Zugriff. Einige Player stehen im Zentrum: Als größter und liquidester Finanzmarkt der Welt und zudem physische Heimat zentraler Handelsplätze wie Börsen, Warenterminmärkte und auch von Finanzinfrastruktur wie SWIFT stehen die USA zweifellos im Mittelpunkt des Weltfinanzsystems.

Ein Grund hierfür ist auch die Rolle des US-Dollar als dominante Welt- und Reservewährung. Dies bildet die zweite Säule für die finanzielle Macht der USA, die sich auch als politisches Druckmittel sehr effektiv international einsetzen lässt. Nach dem Zweiten Weltkrieg standen die Vereinigten Staaten nicht nur als militärischer (Mit)Sieger fest, sondern dominierten auch die Weltwirtschaft (› Kap. 2.5). Als dominante Export- und Militärmacht mit offenen Kapitalmärkten war der US-Dollar die erste Wahl für Zentralbanken, Unternehmen und auch Konsumentinnen und Konsumenten. Je mehr dieser Akteure nun Dollar verwendeten und als Zahlungsmittel oder als Währungsreserve akzeptierten, desto stärker wurde die Stellung der US-Währung.

In der Mikroökonomie nennt man dieses Phänomen **Netzwerk-Effekt**. Der individuelle Nutzen aus der Teilnahme an diesem Dollarnetzwerk – etwa schnelle Zahlungsabwicklung – steigt mit der Anzahl der Teilnehmenden. Gleiches lässt sich auch bei Social Media beobachten: Je mehr Freundinnen und Freunde sich auf einer Plattform versammeln, desto einfacher der Austausch und desto sinnvoller ist es, selber dort einen Account zu haben. Umgekehrt bedeutet dies, dass Konkurrenz mit eigenen Plattformen oder Währungen es schwer haben, eine Alternative aufzubauen. Ebenso kann der Ausschluss aus diesen Netzwerken besonders nachteilig sein: Man verliert seine Kontakte auf der Plattform oder aber seinen Zugang zu Waren und Dienstleistungen im internationalen Handel.

Mithilfe des politischen, militärischen und wirtschaftlichen Kapitals Washingtons und des Netzwerkeffekts stieg der Dollar zur dominanten **Reservewährung** auf: Nicht nur Handelspartner nutzten ihn (Transaktionsfunktion), sondern auch Zentralbanken hielten ihn als wichtigen Stabilitätsanker für ihre eigene Währung vorrätig (Reservefunktion). Geschäftsbanken nutzen den Dollar als Bindeglied und Zwischenstation bei Devisengeschäften (Vehikelfunktion): Statt etwa direkt von thailändischen Baht in türkische Lira zu wechseln, geht die Transaktion von Baht zu Dollar und dann von Dollar zu Lira – auf dem Dollarmarkt findet sich dank höherer Liquidität immer schneller eine Käuferin oder ein Käufer.

Dieses dollarzentrierte Weltwährungssystem hatte nun für seine Teilnehmerinnen und Teilnehmer viele Vorteile: Es erlaubte Staaten eine effektive Teilnahme am Welthandel und damit auch massive Wohlfahrtsgewinne. Für die USA hingegen bedeutete dies, dass sie als Ausgabestaat der dominanten Währung einerseits eine Art Gesamtverantwortung für das Weltfinanzsystem übernahmen. Andererseits konnten sie sich problemlos in ihrer eigenen Währung international hoch verschulden und beispielsweise sowohl ein Handelsbilanzdefizit auch ein großes Haushaltsdefizit mit beständig steigender Schuldenquote durchhalten, weil dauerhaft eine hohe Nachfrage nach US-Dollar und ähnlich liquiden Finanzinstrumenten, insbesondere US-Staatsanleihen, bestand. Damit konnten sich die US-Verbraucherinnen und Verbraucher ihren Konsum auf Kredit finanzieren, ihnen standen die Waren der Welt und internationale Urlaube zur Verfügung. Auch die US-Bundesregierung konnte sich eine beispiellos schlagkräftige Armee und global dominante Marine aufbauen und unterhalten. Diese Weltwährungsordnung mit ihrer Verteilung von Vor- und Nachteilen war und ist keinesfalls unumstritten. Mehrere französische Politikerinnen und Politiker (zuletzt Christine Lagarde) beklagten die Vorteile der USA aus der Ausgabe einer Reservewährung (*seignorage*) als *„exorbitant privilege"* und meinten damit einen unfairen, außergewöhnlichen Vorteil Washingtons. Umgekehrt sehen US-Kritikerinnen und -Kritiker des Systems die hohe Nachfrage nach dem Dollar als nachteilig an: Dadurch wäre die US-Währung beständig überbewertet und US-Exporteure hätten es auf den Weltmärkten schwer. Die Deindustrialisierung und Verarmung einiger Landstriche der USA käme daher. Dazu müssten amerikanische Soldatinnen und Soldaten als Garanten dieser Welthandels- und -finanzordnung mit ihrer Präsenz regionale Konflikte entschärfen. Das System sei für die amerikanischen Bürgerinnen und Bürger daher kein *„exorbitant privilege"*, sondern eher eine *„exorbitant burden"* – einfach eine unfaire Belastung.

Unabhängig davon, wie sich diese Debatte in den nächsten Jahren entwickelt: Auf absehbare Zeit bleibt die Dominanz des Dollars bestehen. Dafür spricht nicht nur die Trägheit des von Netzwerkeffekten geprägten Weltfinanzsystems und seiner Infrastruktur. Sondern auch der Mangel an Alternativen zum US-Dollar: Eine Reservewährung braucht nicht nur ein politisch stabiles, rechtssicheres Land (also eine funktionierende Demokratie), sondern auch einen ausreichend großen Wirtschaftsraum mit offenen Kapitalmärkten und einem hochentwickelten, ausdifferenzierten Finanzsystem. Die EU mit dem Euro

Der US-Dollar ist die dominante Reservewährung der Welt – nicht nur, aber auch aufgrund des Mangels an Alternativen.

Sind nicht einer Meinung zu den Vor- und Nachteilen der Rolle des US-Dollars als Reservewährung: Christine Lagarde und Donald Trump.

hat zwar demokratische Regierungen, Rechtssicherheit und einen hochentwickelten Finanzmarkt – kann aber von der Größe des Wirtschaftsraums nicht genug bieten. Dies gilt auch für Großbritannien, das mit dem Pfund vor dem US-Dollar die globale Reservewährung stellte. Die Volksrepublik China hingegen hat zwar die nötige Größe bei der Volkswirtschaft erreicht, verfügt aber über ein unterentwickeltes Finanzsystem hinter strikten Kapitalkontrollen – und ist keinesfalls eine Demokratie mit garantierter Rechtssicherheit. Wie für die Schuldentragfähigkeit bei hoher Staatsverschuldung gilt auch für eine Währung: Ein Finanzsystem basiert zentral auf Vertrauen. Wird das Vertrauen zerstört, dann droht sehr schnell massiver Verkauf und damit Wertverlust der Währung.

Aufgaben

72003-231

1. Arbeiten Sie zu zweit:
   Partner A: Erklären Sie, was man unter einem Wechselkurs sowie unter Auf- bzw. Abwertung einer Währung versteht.
   Partner B: Erklären Sie die Ursachen von Wechselkursschwankungen (**M1**).
2. Erläutern Sie das Zusammenspiel von Preisniveau und Wechselkurs anhand des Big-Mac-Index (**Grafik in M1**).
3. Erklären Sie den Unterschied zwischen festen und flexiblen Wechselkurssystemen (**M2**).
4. Erörtern Sie Vor- und Nachteile beider Wechselkurssysteme (**M2**).
5. Überprüfen Sie die Wahlkampfaussage eines Politikers: „Ein starker Euro oder noch besser eine Rückkehr zu einer starken D-Mark hilft der deutschen Exportwirtschaft."
6. Verfassen Sie eine Rede aus der Perspektive einer Kritikerin oder eines Kritikers des dollarzentrierten Weltfinanzsystems, in welcher Sie den Zustand und Schwachpunkte des aktuellen Zustands darlegen. Wählen Sie dabei entweder die Perspektive *„exorbitant privilege"* oder *„exorbitant burden"*.

   Skizzieren Sie dann Möglichkeiten einer Alternative. (**Tipp:** Recherchieren Sie Vorschläge für Alternativen online.)

Starke Währung – schwache Wirtschaft?

M1 Wechselkurse im Preis-Mengen-Diagramm

An der x-Achse wird die Menge der ersten Währung (W_1) und an der y-Achse der Wechselkurs (W_2 je W_1) angetragen. Der Wert auf der y-Achse gibt an, wie viel von der Währung W_2 benötigt wird, um eine Einheit von W_1 zu kaufen.

Die **Angebotskurve** repräsentiert die Menge an Währung, die zu verschiedenen Wechselkursen angeboten wird. Sie hat in der Regel eine positive Steigung, da bei höheren Wechselkursen mehr Anbieterinnen und Anbieter bereit sind, ihre Devisenreserven anzubieten.

Die **Nachfragekurve** zeigt die Menge der Währung, die zu verschiedenen Wechselkursen nachgefragt wird. Normalerweise fällt die Nachfragekurve nach rechts unten ab, weil bei höheren Wechselkursen weniger von der Währung nachgefragt wird, während bei einem niedrigeren Wechselkurs mehr nachgefragt wird.

Der Schnittpunkt von Angebots- und Nachfragekurve ist der **Gleichgewichtspunkt**. An diesem Punkt ist der Wechselkurs stabil, weil die angebotene Menge der nachgefragten Menge entspricht.

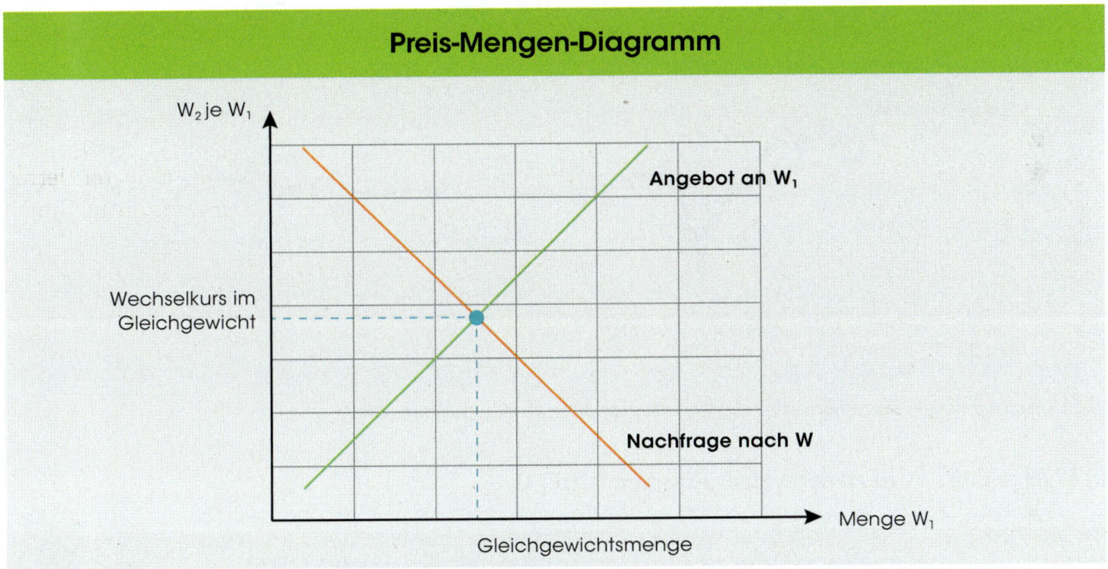

Bearbeitergrafik

Die Verschiebung dieser Kurve kann durch verschiedene Faktoren beeinflusst werden, die zu einer Rechts- bzw. Linksverschiebung führen, darunter:

- **Zunahme (bzw. Abnahme) von Devisenverkäufen durch die Zentralbank:** Wenn eine Zentralbank beschließt, Devisen zu verkaufen (bzw. weniger zu kaufen), um den Wechselkurs zu stabilisieren oder andere geldpolitische Ziele zu erreichen, erhöht (bzw. senkt) dies das Angebot der Währung auf dem Markt.
- **Kapitalabflüsse:** Wenn Kapital aus einem Land abfließt (z. B. durch Investitionen im Ausland), wird die lokale Währung verkauft, um ausländische Währungen zu kaufen, was das Angebot erhöht.
- **Erwartungen über zukünftige Währungsabwertung:** Wenn Anbieterinnen und Anbieter erwarten, dass die Währung in Zukunft an Wert verlieren wird, sind sie meist bereit, mehr der Währung zu einem gegebenen Wechselkurs anzubieten, um Verluste zu minimieren.

- **Zunahme (bzw. Abnahme) der Exporte:** Wenn die Exporte eines Landes steigen (bzw. sinken), müssen ausländische Käuferinnen und Käufer die lokale Währung kaufen, um die Waren zu bezahlen (bzw. fragen weniger Währung nach als zuvor).
- **Höhere (bzw. niedrigere) Zinssätze:** Wenn die Zinssätze in einem Land steigen (bzw. sinken), wird das Land für ausländische Investierende attraktiver (bzw. weniger attraktiv), was zu einer erhöhten (sinkenden) Nachfrage nach der lokalen Währung führt.
- **Wirtschaftliches Wachstum:** Ein starkes Wirtschaftswachstum kann das Vertrauen in die lokale Währung erhöhen und die Nachfrage nach dieser Währung steigern.

M2 Fallstudie Schweizer Franken: Starke Währung – schwache Wirtschaft?

a) Wechselkurs Euro zu Schweizer Franken (CHF) I

© C.C. Buchner Verlag, Daten nach: EZB (Datenerhebung: 2024; Grafikerstellung: 2024)

b) Wechselkurs Euro zu Schweizer Franken (CHF) II

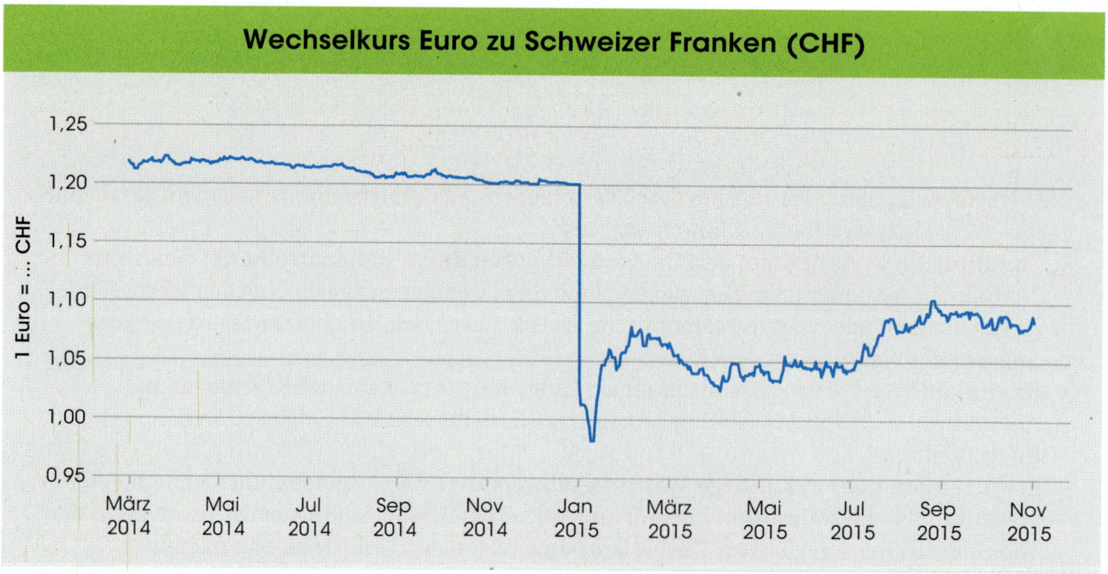

© C.C. Buchner Verlag, aktuelle Daten nach: EZB (Datenerhebung: 2024; Grafikerstellung: 2024)

c) Bilanzsumme der Schweizer Nationalbank (SNB)

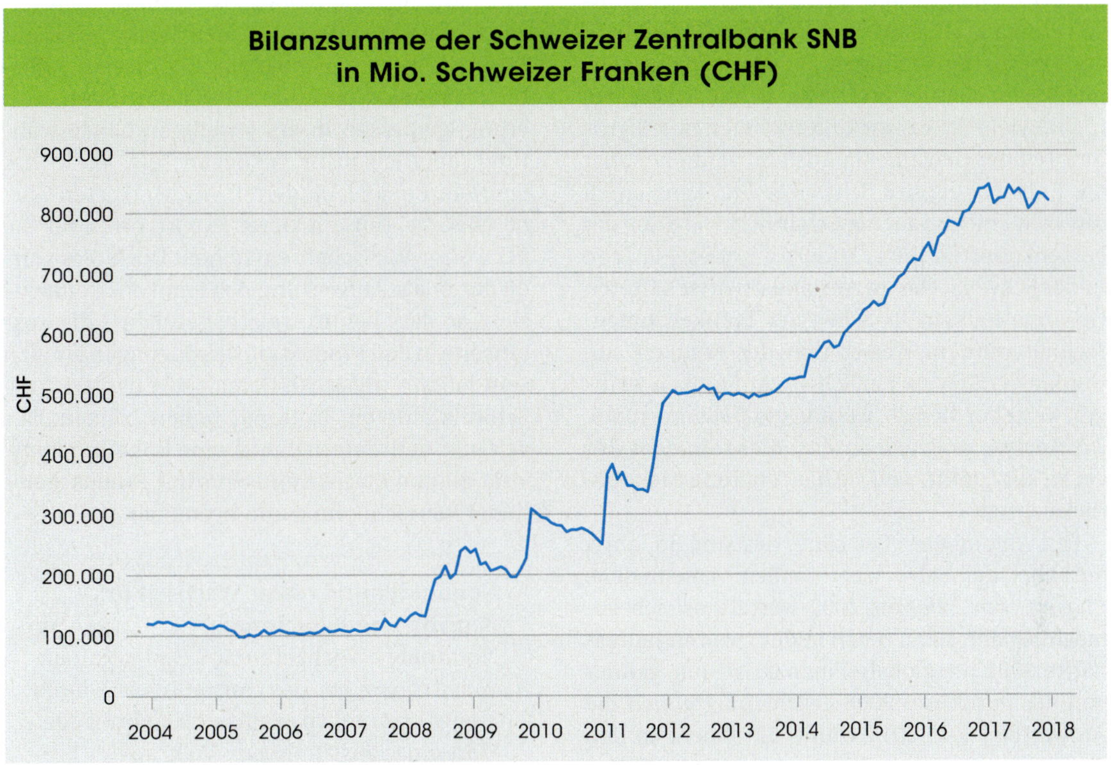

© C.C. Buchner Verlag, Daten nach: SNB (Datenerhebung: 2024; Grafikerstellung: 2024)

d) Deviseninterventionen der Schweizer Nationalbank (SNB) auch 2024

Die Schweizerische Nationalbank (SNB) muss rund 27 Milliarden Franken – etwa 5 % der Schweizer Wirtschaftsleistung – für Deviseninterventionen aufwenden, um eine Aufwertung der Landeswährung um 1,1 % zu verhindern. Die Devisenkäufe der Zentralbank seien „effektiv und dauerhaft", hieß es in einer Studie der Ökonomen Tobias Cwik und Christoph Winter, die laut Bloomberg am 28. März von der SNB veröffentlicht wurde. Die Transaktionen hätten der Schweiz in den letzten Jahren geholfen, einen starken Rückgang der Verbraucherpreise zu vermeiden. Der Ankauf von Fremdwährungen gehört seit langem zu den bevorzugten Instrumenten der SNB, um die Wechselkurse im tolerierten Rahmen zu halten. Was Zeitpunkt und Umfang der Käufe angeht, halten sich die Notenbanker in der Regel jedoch bedeckt. SNB-Präsident Thomas Jordan und seine Kollegen haben im vergangenen Jahr die Zinsen auf über null angehoben. Die Bilanz der Notenbank ist jedoch noch immer um ein Vielfaches größer als noch vor zehn Jahren.

Die Schweizerische Nationalbank musste immer wieder an den internationalen Währungsmärkten intervenieren. Sie steuert mit gezielten Devisenkäufen den Wechselkurs des Schweizer Frankens und stabilisiert so die nationale Wirtschaft. Das Foto zeigt das Gebäude der SNB in Bern. Einen weiteren Sitz hat die SNB in Zürich.

Kummerfeld, Claudio: Schweizerische Nationalbank benötigt 27 Milliarden Franken gegen Aufwertung. In: www.finanzmarktwelt.de, 02.04.2024

e) Schweizer Franken – Fluch und Segen?

Im letzten Jahr wertete sich der Schweizer Franken erneut kräftig auf und belastete die Gewinne der international tätigen Schweizer Unternehmen. Handelsgewichtet legte er um 10.4 % zu. [...] Da viele Schweizer Unternehmen einen großen Teil der Gewinne im Ausland verdienen, hat die Entwicklung des Schweizer Frankens einen direkten Einfluss auf die Gewinnentwicklung der börsenkotierten [hier: kotiert = notiert] Firmen in der Schweiz. Die im Ausland erwirtschafteten Gewinne müssen in Schweizer Franken umgerechnet werden. Wertet sich der Franken auf, werden die Gewinne in Schweizer Franken weniger, wertet er sich ab, werden die Gewinne mehr. Die Analyse zeigt jedoch, dass diese einfache Regel zu kurz greift, weil sie die Teuerung nicht berücksichtigt.

Seit Anfang der 90er Jahre, das sind 33 Jahre, durchlief der Schweizer Franken verschiedene Phasen. Von 1990 bis 2007 wertete er sich gemächlich auf. Dann brach in der zweiten Jahreshälfte 2007 die globale Finanzkrise aus, gefolgt von der Eurokrise. 2008 beschleunigte sich die Aufwertung und 2011 wurde die Flucht in den Franken so stark, dass die Schweizerische Nationalbank (SNB) einen Höchstwert (Cap) zum Euro einführte, der die Aufwertung deckelte. Als Folge bewegte sich die Schweizer Währung bis Anfang 2015 seitwärts. Im Januar 2015 hob die SNB den Cap auf und ging zu einem „dirty float“ über. Das bedeutet, dass die SNB im Währungsmarkt agiert, um ihr Inflationsziel zu erreichen. Die Marktteilnehmer werden dabei im Unklaren gelassen, wo die Interventionsgrenzen liegen. Als die SNB Anfang 2015 den Cap aufhob, erfolgte eine kurze schockartige Aufwertung des Schweizer Frankens, später beruhigte sich die Situation und es etablierte sich eine Seitwärtsbewegung, die bis gegen Ende des Jahres 2019 anhielt. Von da an wertete sich der Schweizer Franken wieder beschleunigt auf.

Der nominale handelsgewichtete Franken vermittelt jedoch nur ein unvollständiges Bild der Währungsentwicklung. Der reale handelsgewichtete Franken bezieht die Inflationsraten der unterschiedlichen Währungen [...] mit ein. [Dabei wird klar, dass] die nominale handelsgewichtete Aufwertung des Schweizer Frankens seit 1990 fast ausschließlich durch die tiefere Teuerung in der Schweiz im Vergleich mit dem Ausland erklärt werden kann. Das weist auch darauf hin, dass die Produktionskosten für die Schweizer Firmen im internationalen Wettbewerb mit 1990 relativ vergleichbar sind. Im Ausland dürften die Produktionskosten durch die höhere Teuerung, gemessen in der jeweiligen Landeswährung, deutlich mehr gestiegen sein als in der Schweiz. Bei unveränderten Wechselkursen würde über die Zeit ein klarer Exportvorteil für die Schweizer Wirtschaft entstehen. Doch dies wurde durch die Aufwertung des Frankens kompensiert, so dass heute – relativ gesehen – die Kostenseite in den Produktionsbedingungen ähnlich sein müsste wie 1990. Damals wie heute ist die Schweiz aber ein Land mit hohen Löhnen. Das verlangt den Unternehmen eine hohe Produktivität ab und macht den Fokus auf Produkte mit hoher Wertschöpfung unumgänglich. [...]

Nominaler und realer Wechselkurs – Begriffe und Berechnung

Nominale Wechselkurse: Der nominale Wechselkurs ist das Austauschverhältnis zweier Währungen zueinander. Er bringt der Wert einer ausländischen Währung in Einheiten der inländischen Währung zum Ausdruck. Wenn ein Inhaber eines US-Dollars 1,05 Dollar für einen Euro bezahlen muss (Mengennotierung), beträgt der nominale Wechselkurs aus Sicht eines Euro-Inhabers 0,95 Euro pro Dollar (Preisnotierung).

Realer Wechselkurs: Der reale Wechselkurs (RER) zwischen zwei Währungen ist das Produkt aus dem nominalen Wechselkurs (z. B. die Kosten eines Euro in Dollar) und dem Verhältnis der Preise zwischen den beiden Ländern. Die Kerngleichung lautet RER = eP*/P, wobei in unserem Beispiel e der nominale Dollar/Euro-Wechselkurs, P* der Durchschnittspreis einer Ware in der Eurozone und P der Durchschnittspreis der Ware in den Vereinigten Staaten ist. Im Beispiel des Big Mac ist e = 1.36. Wenn der deutsche Preis 2.5 Euro und der US-Preis 3.40 Dollar beträgt, dann ergibt (1.36) X (2.5) ÷ 3.40 einen RER von 1. Wäre der deutsche Preis jedoch 3 Euro und der US-Preis 3.40 Dollar, dann wäre der RER 1.36 X 3 ÷ 3.40, also ein RER von 1.2.

Im Ausland konnten Preise tendenziell wegen der höheren Teuerung stärker erhöht werden, als sich der Schweizer Franken aufwertete. Zudem wurden die Produktionsbedingungen in der Schweiz durch die relative Abwertung des Schweizer Frankens zunehmend attraktiver. Für die an der Schweizer Börse kotierten Firmen sprudelten die Gewinne. [...]

Die globale Finanzkrise änderte dann die monetären Rahmenbedingungen weltweit. Die Zinsen wurden auf null, oder, wie in der Schweiz, auf unter null gesenkt. Die Zentralbanken weiteten die monetäre Basis aus und es begann die Flucht in den Schweizer Franken. In der Folge wertete er sich massiv auf, nominal und auch real. Die Inflation in der Schweiz war sehr tief, im Euroraum und den USA erhöhte sie sich aber etwas. Das verlieh der Aufwertung zusätzlichen Schwung. Der grösste Teil der Aufwertung fand jedoch real statt. [...] Das war für viele im Ausland tätige Unternehmen ein großes Problem. Daher führte die SNB den Cap zum Euro ein, den sie bis Anfang 2015 verteidigte. Damit brachte sie den Wechselkurs auf ein Niveau, das der Wirtschaft ermöglichte, sich anzupassen. Es ging ein Ruck durch die Unternehmen und viele durchlebten eine wahre Fitnesskur.

Obwohl man bereits 2007 wusste, dass der Schweizer Franken eigentlich eine harte Währung und kontinuierliches Arbeiten an der Produktivität ein Muss ist, führte erst unter dem Druck der Aufwertung kein Weg mehr daran vorbei. Nach und nach erstarkte die Schweizer Unternehmenslandschaft. Es wurden Kosten eingespart, neue Produkte entwickelt und unprofitable Geschäftszweige aufgegeben. Der Cap der SNB verschaffte den Firmen Zeit und Planungssicherheit, um Maßnahmen umzusetzen. [...] Der Cap war jedoch nur eine Lösung auf Zeit, weil sich im Hintergrund die Inflationsdifferenzen kontinuierlich in Richtung eines stärkeren Schweizer Frankens bewegten. Im Januar 2015 fällte die SNB den mutigen Entscheid, den Cap aufzuheben und überraschte damit alle [...].

Ein Franken gegen einen Euro – ganz so einfach ist es nun leider nicht mit dem Wechselkurs.

Seither pendelt der reale handelsgewichtete Schweizer Franken Wechselkurs [zu einem Korb ausländischer Währungen wie dem Euro oder US-Dollar] zwischen 95 und 105. [...] Die international tätigen Schweizer Firmen nutzten insbesondere 2021, aber auch 2022, die Knappheit von Gütern aus und erhöhten ihre Preise. Das führte 2021 zu einer guten Gewinnsituation. [...]
Eine Aufwertung des Schweizer Frankens kann immer wieder zu einer Abbremsung der Gewinnentwicklung bei den Schweizer Unternehmen führen.

Funk, Thomas: Schweizer Franken – Fluch und Segen? In: www.gam.com, 07.02.2024

Aufgaben

72003-232

1. Erläutern Sie anhand des Preis-Mengen-Diagramms (**M1**) die Funktionsmechanismen bei der Wechselkursbildung.
2. Beschreiben Sie anhand von **M2a** und **M2b** die Entwicklung des Wechselkurses Euro zu Schweizer Franken im dargestellten Zeitraum.
3. Analysieren Sie ausgehend von **M2a-M2d** die Auswirkungen der währungspolitischen Maßnahmen und Eingriffe in die Wechselkursentwicklung der SNB.
4. Starke Währung – schwache Wirtschaft? Erörtern Sie ausgehend von **M2e** die Vor- und Nachteile eines starken Schweizer Frankens für Schweizer Unternehmen.

2.7 Ökonomie und Ökologie

2.7.1 Zum Verhältnis von Ökonomie und Ökologie

Leitfragen

- Welche Bedeutung hat die Umwelt für die Menschen?
- Stehen ökonomisches und ökologisches Handeln im Widerspruch zueinander?
- Wann ist Handeln, ökologisch, ökonomisch und sozial nachhaltig?

M1 Zentrale Säulen der Nachhaltigkeit

Umweltschutz und wirtschaftliche Interessen wurden früher häufig getrennt voneinander gedacht. Das ist heute anders. Ökonomie und Ökologie stehen zwar nach wie vor im Spannungsfeld unterschiedlicher Interessen, werden aber zunehmend als gleichberechtigte Säulen einer nachhaltigen Entwicklung (im Englischen: *sustainable development*) gesehen. Dieser Begriff hat in den letzten Jahren und Jahrzehnten eine steile Karriere erlebt: Erst war er als betriebswirtschaftliches Konzept im 18. Jahrhundert in der Forstwirtschaft eingeführt worden, um eine kontinuierliche Holzversorgung zu sichern und die weiteren Waldfunktionen zu erhalten. Seit Mitte der 80er Jahre wird er aber zunehmend als Schlagwort für eine Verbindung von wirtschaftlicher Entwicklung und Erhalt der ökologischen Tragfähigkeit verwendet. Eine nachhaltige Entwicklung ist daher nicht nur für den Umweltschutz wichtig, sondern auch für die Wirtschaft. Das Scheitern des Klimaschutzes, die Anpassung an den Klimawandel, und der Verlust der Biodiversität sind die größten globalen Risiken, sowohl in ökologischer als auch in ökonomischer Hinsicht.

Aus **ökologischer Sicht** ist der anthropogene (= von Menschen gemachte) Klimawandel das wohl bekannteste Umweltproblem: Emissionen von Treibhausgasen (u.a. CO_2-Emissionen) sind (unerwünschte) Nebeneffekte von Produktion und Transport und des weltweit steigenden Konsums. Ab einer bestimmten Treibhausgasmenge, die einer Erwärmung von etwa 2 °C entspricht, nehmen die schädlichen Folgen der globalen Erwärmung wie die Häufigkeit von Wetterextremen (längere Dürreperioden, Stürme, Hitzewellen und Überflutungen) rasch zu. Deshalb warnt der Weltklimarat (Intergovernmental Panel on Climate Change – IPCC) regelmäßig, dass schneller gehandelt werden müsse, um die Erderwärmung (› Kap. 2.7.5) auf 1,5 bis 2 Grad Celsius zu begrenzen. Neben dem Klimawandel sind weitere Umweltprobleme zu nennen: Zerstörung natürlicher Biome durch Landnutzung, Veränderung von Nährstoffkreisläufen, Rückgang der Artenvielfalt (Biodiversität), Versauerung der Meere, Luftverschmutzung durch Aerosole, chemische Verschmutzung (z.B. durch Nanopartikel), Übernutzung von Süßwasser und Zerstörung der Ozonschicht.

Aus **ökonomischer Sicht** trägt die Natur direkt zur Versorgung der Menschen bei, z.B. durch landwirtschaftliche Produkte wie Holz, Wasser oder andere Ressourcen, auf die beispielsweise Unternehmen angewiesen sind. Man spricht daher auch vom sogenannten Naturkapital. Unternehmen berücksichtigen bei Investitionsentscheidungen zunehmend ökologische Faktoren, etwa Energieverbrauch, Materialeinsatz oder Emissionen. Diese Daten fließen in Risikoanalysen und Kostenkalkulationen ein, da sie langfristig die Effizienz und Rentabilität wirtschaftlicher Prozesse beeinflussen können. Allerdings werden erneuerbare als auch endliche natürliche Ressourcen und Energieträger immer stärker genutzt. Wissenschaftlerinnen und Wissenschaftler warnen davor, dass das Maximum der weltweiten Produktion nicht erneuerbarer Rohstoffe bereits überschritten ist oder bald erreicht sein wird. Der Begriff des Naturkapitals bringt aber auch zum Ausdruck, dass der Mensch bestimmte Ressourcen in der Natur nicht nur zum Überleben und Wirtschaften benötigt, sondern auch, um weitere Ressourcen erzeugen zu können. Gleichzeitig erbringt die Natur auch kulturelle Leistungen für den Menschen, z.B. in den Bereichen des Tourismus oder des Naturerbes.

M2 Welche Modelle zur Nachhaltigkeit gibt es?

In den letzten Jahren wurde eine Vielzahl von Nachhaltigkeitsleitbildern entwickelt. Sie berücksichtigen unterschiedliche Dimensionen der Nachhaltigkeit oder setzen Schwerpunkte in einzelnen Bereichen. Die meisten Modelle setzen sich aus drei Komponenten der Nachhaltigkeit zusammen:

- **Ökologie:** Im Bereich der natürlichen Umwelt geht es um den Schutz und die Erhaltung der natürlichen Lebensgrundlagen. Dabei gilt es, den Raubbau an der Natur zu vermeiden und die natürlichen Lebensgrundlagen nur in dem Maße zu beanspruchen, wie sie sich regenerieren, um die Natur für die Zukunft zu erhalten.
- **Ökonomie:** Im Rahmen der Wirtschaft geht es um die Notwendigkeit eines Wirtschaftens, das nicht nur auf Gewinnmaximierung abzielt, sondern langfristig angelegt ist und nicht auf Kosten der Umwelt oder zukünftiger Generationen geht.
- **Soziales:** Im sozialen Bereich stehen die Gesellschaft und der Mensch im Mittelpunkt. Es geht um das Recht auf Würde und freie Entfaltung der Persönlichkeit sowie um eine gerechte Gesellschaft, in der Chancengleichheit, sozialer Zusammenhalt und Zugang zu Bildung für alle gewährleistet sind.

1 Drei-Säulen-Modell

Beim Drei-Säulen-Modell stehen die **drei Dimensionen Ökonomie, Ökologie und Soziales gleichberechtigt** nebeneinander. Danach umfasst Nachhaltigkeit nicht nur die gesamte Umwelt, sondern auch wirtschaftliche Errungenschaften sowie soziale und gesellschaftliche Leistungen, die es gleichermaßen zu bewahren gilt. Manchmal wird dieses Konzept auch als **Nachhaltigkeitsdreieck** dargestellt. Das Drei-Säulen-Modell gilt als eines der ersten Nachhaltigkeitsmodelle. Alle anderen Modelle bauen auf ihm auf.

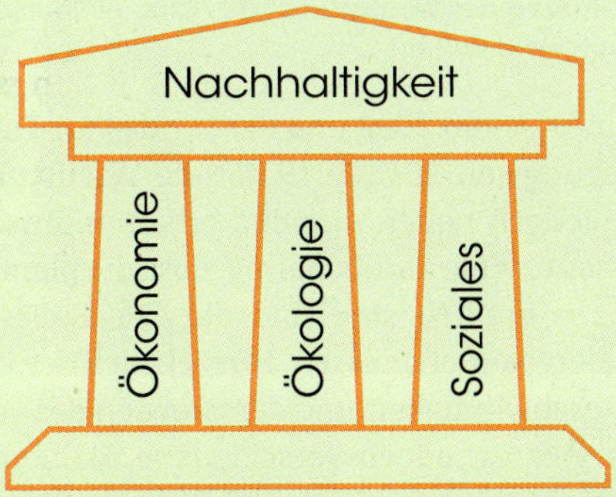

2 Integratives Nachhaltigkeitsmodell

Am Modell der drei getrennten Säulen wurde kritisiert, dass es der Realität nicht entspreche, da zwischen den Dimensionen Ökologie, Ökonomie und Soziales **vielfältige Wechselwirkungen** bestehen. Daher erfolgte eine **Weiterentwicklung hin zum integrativen Nachhaltigkeitsmodell** mit drei sich überlappenden Kreisen als Darstellung dieser Wechselwirkungen. Nur in der **Schnittmenge aus diesen drei Kreisen** ist echte **nachhaltige Entwicklung** möglich.

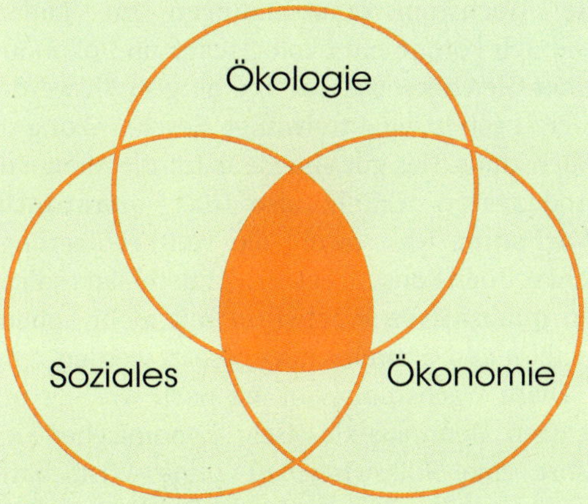

3 **Vorrangmodell**

Beim Vorrangmodell stehen die drei Dimensionen nicht gleichberechtigt nebeneinander, sondern es wird eine **Gewichtung** vorgenommen: **Ökologie vor Sozialem und Ökonomie**. Warum? Befürworterinnen und Befürworter dieses Modells sind der Meinung, dass eine intakte Umwelt Grundvoraussetzung für soziale und wirtschaftliche Stabilität ist. Ökologie bildet also die **Basis allen Lebens** und Wirtschaftens. Dieses Konzept wird auch als **Pyramidenmodell** oder **Ein-Säulen-Modell** mit der Ökologie als unterster Ebene dargestellt.

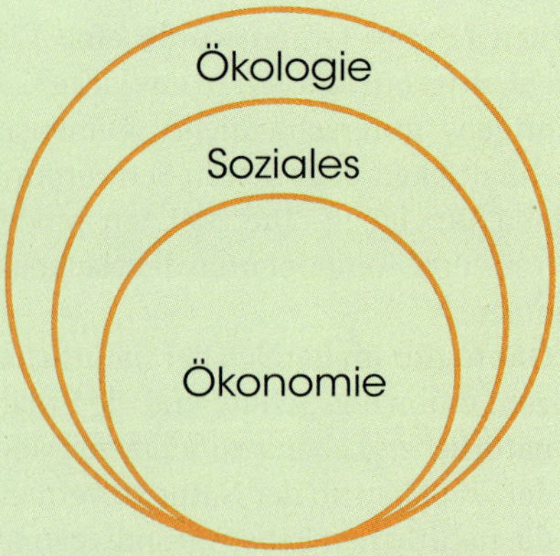

Nach: Landeszentrale für politische Bildung Baden-Württemberg: Nachhaltigkeit. In: www.lpb-bw.de, Abruf am 10.04.2025

M3 Denkschulen der Ökologie und Ökonomie

Unter dem Titel „Die Grenzen des Wachstums" wurde 1972 im Auftrag des **Club of Rome** (1968 gegründete gemeinnützige Organisation bzw. „Denkfabrik", die sich für eine nachhaltige Zukunft der Menschheit einsetzt) eine Studie veröffentlicht, die ein düsteres Bild zeichnete: Die ständige Zunahme (exponentielles Wachstum) der Weltbevölkerung, die Industrialisierung, die Umweltverschmutzung, die Nahrungsmittelproduktion und die Ausbeutung der natürlichen Ressourcen gefährden nicht nur die Natur, sondern auch den Menschen. Für die Zeit nach 2050 wurde ein Szenario prognostiziert, in dem die Grenzen des Wachstums erreicht sein könnten. Das würde bedeuten, dass die Bevölkerungszahl und die industrielle Kapazität stark schrumpfen würde. Um das zu verhindern, wurde empfohlen, die Wachstumsvoraussetzungen zu ändern. Dadurch könnte ein ökologischer und ökonomischer Gleichgewichtszustand hergestellt werden. Hierzu gehört eine freiwillige Beschränkung des Wachstums. Das gilt einerseits für die Menge der produzierten Güter, also das **quantitative Wachstum**, was sowohl die Weltbevölkerungszahl wie den Konsum betrifft. Andererseits soll auf ein **qualitatives Wachstum** mit mehr Lebensqualität und Umweltschutz gesetzt werden.

Diese Wachstumskritik ist nach wie vor umstritten. Denn aus klassisch ökonomischer Sicht führt eine Volkswirtschaft ohne Wirtschaftswachstum nach marktwirtschaftlicher Logik früher oder später in eine Krise. Wirtschaftswachstum gilt daher immer noch als wichtiges wirtschaftspolitisches Ziel. Mit dem Ausbruch der

„Die Grenzen des Wachstums" des Club of Rome war als Buch vieldiskutiert.

Finanzkrise um 2008 und der „Friday for Future"-Bewegung seit 2018/2019 hat die Wachstumsdebatte jedoch neuen Aufwind erhalten. Zwar sind sich heute viele darüber einig, dass die planetaren Grenzen endlich sind und die CO_2-Emissionen reduziert werden müssen. Hinsichtlich des Weges, der Geschwindigkeit und der Grenzen des Wachstums gibt es jedoch verschiedene ökonomische Denkrichtungen mit unterschiedlichen Ansätzen (› Kap. 2.7.3). So kann z. B. zwischen der **neoklassischen Umweltökonomie** und der **ökologischen Ökonomie** in ihrer Sichtweise auf die menschliche Umwelt unterschieden werden (› Kompetenzen anwenden).

M4 Was ist der Welterschöpfungstag?

© C.C. Buchner Verlag, aktuelle Daten nach: Global Footprint Network (Datenerhebung: 2025; Grafikerstellung: 2025)

Aufgaben

72003-233

1. Stellen Sie sich vor, Sie wären die Bundesumweltministerin oder der Bundesumweltminister.
   a) Erstellen Sie zunächst eine Liste mit Beispielen für die vom Menschen herbeigeführte Überschreitung der planetaren Grenzen (**M1**).
   b) Beschreiben Sie Maßnahmen, die Sie für eine nachhaltige Politik unterstützen würden.
   c) Umweltschutz ist als Staatsziel im Grundgesetz verankert (Artikel 20a GG). Entwickeln Sie ein Positionspapier mit Vorschlägen für umweltpolitische Gesetzesinitiativen.
2. Erläutern Sie die Zielkonflikte zwischen Ökonomie und Ökologie (**M1**).
3. Stellen Sie die Wechselwirkungen der Nachhaltigkeits-Dimensionen im Drei-Säulen-Modell (**M2**) grafisch dar (z. B. mittels eines Wirkungsgefüges).
4. Entwickeln und skizzieren Sie entweder ein Positiv- oder ein Negativszenario für die weltweite ökologische Entwicklung im Jahr 2050 (**M3, M4**).
5. „Eine Klimakrise ist auch eine Finanzkrise". Überprüfen Sie diese Aussagen auch vor dem Hintergrund des Artikels 20a des Grundgesetzes (**M3, M4**).
6. Gestalten Sie einen Zeitungsartikel, in dem Sie darstellen, auf welchen Akteursebenen die Verantwortung für die Lösung der Klimaproblematik liegt. Beziehen Sie dabei Ihre persönliche Position mit ein. Machen Sie dabei deutlich, welche Argumente Sie für besonders legitim, nachhaltig, gerecht und/oder (ökologisch) effizient halten und auf welcher Akteursebene Sie die Hauptverantwortung zum Handeln sehen: beim Staat, bei der Wirtschaft, bei der Gesellschaft und/oder bei den Konsumentinnen und Konsumenten.

Ökologie und Neoklassik: Passt das zusammen?

M1 Vergleich von Neoklassische Umweltökonomie und Ökologischer Ökonomie

Neoklassische Umweltökonomie vs. Ökologische Ökonomie		
Vergleichskriterien	**Neoklassische Umweltökonomie**	**Ökologische Ökonomie**
Weltbild	**Anthropozentrisch** • Natur wird als Lieferant von natürlichen Ressourcen und Dienstleistungen betrachtet. • Die Natur wird den wirtschaftlichen Zwängen des Menschen untergeordnet.	**Ökozentrisch** • Keine Herrschaft des Menschen über die Natur, Gleichberechtigung aller Lebewesen. • Die Wirtschaft ist eingebettet in das Gesamtsystem Erde. Ökologie und Ökonomie sind gleichberechtigt.
Menschenbild	Der Mensch handelt als „homo oeconomicus" und verfolgt wirtschaftliche Ziele durch rationales Verhalten im Sinne von Eigennutz und Nutzenmaximierung.	Menschliches Handeln ist abhängig vom sozialen Umfeld, von individuellen Prägungen und Erfahrungen sowie von der bewussten Reflexion des eigenen Handelns. Kulturelle Faktoren sowie Fairness und Kooperation spielen ebenfalls eine Rolle.
Ökonomieverständnis & Naturanspruch	**Enges Verständnis** • **Annahme:** Umweltbelastungen sind die Folgen von Marktversagen und damit einer fehlerhaften Ressourcenallokation aufgrund externer Effekte und eines fehlenden Preismechanismus (› Kap. 2.7.2). • **Ökonomische Betrachtungsweise der Problemfelder:** Vermarktung und Bewertung der Natur über marktförmige Strukturen und Preise zur Gewährleistung einer effizienten Nutzung von Umweltleistungen. • **Fragestellung:** Wie teuer ist die Natur?	**Breites Verständnis** • **Annahme:** Die Grenzen des globalen Ökosystems sind erreicht. Der Reproduktions- und Überlebenswert der Natur soll den Naturverbrauch bestimmen (› Kap. 2.7.3). • **Holistische (= ganzheitliche) Erfassung komplexer Problemfelder:** Erkenntnisse aus anderen Wissenschaftsbereichen wie Natur- oder Sozialwissenschaften werden einbezogen. Eine Bewertung der Natur über (Markt-)Preise wird überwiegend abgelehnt. • **Fragestellung:** Wie viel Natur brauchen wir?
Zielsetzung	Gewinn-, und Nutzenmaximierung durch die Regulierungskraft freier Märkte, die die Produktion und den Konsum von Gütern und Dienstleistungen bestimmen. Als Leitbild dient die Wohlfahrtsmaximierung.	Wachstum ist nur begrenzt möglich. Neue Formen des Wirtschaftens (Einschränkungen der Wirtschaftstätigkeit durch neue Formen der Umweltethik) sind notwendig, um die Lebensqualität und die Tragfähigkeit des ökologischen und ökonomischen Systems (auch durch Begrenzung des Bevölkerungswachstums) zu sichern.

Grenzen / Knappheit	**Konzept der relativen Knappheit** • Keine absoluten Grenzen des Wachstums. Ressourcenknappheit kann durch technischen Fortschritt überwunden werden. • (Neue) Technologien können auch Ökosystemdienstleistungen bereitstellen und damit substituieren (=ersetzen).	**Konzept der absoluten Knappheit** • Die Natur hat Grenzen für die Bereitstellung von Ressourcen. • Die Technik selbst ist für viele Umweltschäden mitverantwortlich.
Zukunftsaussichten	Optimistische Sicht auf die Zukunft – Vertrauen auf Technologie und Märkte (› Kap. 2.7.3)	Pessimistischer Blick in die Zukunft – drohende Umweltkatastrophe und Warnung vor Rebound-Effekten (› Kap. 2.7.3).
Nachhaltigkeitsbegriff	**Gemeinsamkeiten** • Produktion und Konsum sind verantwortlich für Umweltschäden **Unterschiede** • Die Wirtschaft muss nachhaltig gestaltet werden. Jede Form von Kapital, auch Naturkapital, kann in (monetären) Preisen ausgedrückt werden. Diese Werte sind zu erhalten. **› schwaches Nachhaltigkeitsziel**	**Gemeinsamkeiten** • Produktion und Konsum sind verantwortlich für Umweltschäden **Unterschiede** • Die Natur soll nachhaltig gestaltet werden. Es geht um die vollständige Erhaltung des Naturkapitals. Umwelt bzw. Natur hat einen hohen Eigenwert und ist Grundlage und Bestandteil des Wirtschaftens. **› starkes Nachhaltigkeitsziel**
Kritik	Effizienzfragen stehen für die neoklassische Ökonomie im Vordergrund. Fragen der Verteilungsgerechtigkeit werden an die (Sozial-)Politik übergeben.	„Verhaltensvorschriften“ der ökologischen Ökonomie schränken die Wahlfreiheit des Einzelnen ein und untergraben damit die Grundlagen der neoklassischen Wirtschaftstheorie.

Eigene Darstellung in Anlehnung an Rehberger, Christine; Aistleitner, Matthias: Ökologische Ökonomie (2022). In: www.exploring-economics.org, Abruf am 05.07.2025

Aufgaben

72003-234

1. „Wer seinen Wohlstand vermehren möchte, der sollte sich an den Bienen ein Beispiel nehmen. Sie sammeln den Honig, ohne die Blumen zu zerstören. Sie sind sogar nützlich für die Blumen.“ (Siddhartha Gautama Buddha, Begründer des Buddhismus, 6. Jhd. v. Chr. – 5. Jhd. v. Chr.)

   Bewerten Sie diese Aussage
   a) aus der Perspektive der Neoklassischen Umweltökonomie und/oder
   b) aus der Perspektive der Ökologischen Ökonomie.

2. „Grüne“ Verhaltensvorschriften beschneiden die individuelle Freiheit.
   Beurteilen Sie diese These.

3. Erörtern Sie Chancen und Grenzen der Ökologischen Ökonomie.

2.7.2 Externe Effekte und deren „Internalisierung"

Leitfragen

- Was versteht man unter freien Gütern und externen Effekten?
- Welche Bedeutung haben externe Kosten?
- Wie können externe Kosten zu Lasten des Verursachers gehen (Internalisierung)?

M1 Der Güterbegriff in der Ökonomie

Die meisten Güter sind nicht von Natur aus im Überfluss und in verwertbarer Form vorhanden. In den Wirtschaftswissenschaften werden verschiedene Kategorien von Gütern unterschieden. Durch diese Einteilung lässt sich besser verstehen, warum manche Güter knapp werden und andere problemlos gemeinsam nutzbar bleiben. Dabei kann man sie anhand von zwei Merkmalen einordnen:

- **Ausschließbarkeit von der Güternutzung**: Kann man nicht zahlende Personen daran hindern, ein Gut zu konsumieren?
- **Rivalität der Güternutzung:** Kann das Gut auch von einer zusätzlichen Person genutzt werden, ohne den Nutzen einer anderen Person zu schmälern? Dadurch entstehen vier Kategorien von Gütern:

Merkmale		**Rivalität der Güternutzung: Ja**	**Rivalität der Güternutzung: Nein**
Ausschließbarkeit von der Güternutzung	**Ja**	**Private Güter** • Kleidung • Eigene Wohnung • Nahrungsmittel	**Clubgüter** • Tennisclub • Streamingdienste • Museen
Ausschließbarkeit von der Güternutzung	**Nein**	**Allmendegüter** • Fische im Meer • Öffentliche Verkehrswege bei Stau	**Öffentliche Güter** • Saubere Luft • Straßenbeleuchtung • Deiche

M2 Öffentliche Güter als Spezialfall externer Effekte

Die natürliche Umwelt wurde in den Wirtschaftswissenschaften lange als „öffentliches Gut" betrachtet. Das heißt, dass niemand von der Nutzung ausgeschlossen werden kann, außer der Staat greift ein. Dadurch wird die Umwelt oft zu stark genutzt, weil die Kosten, die dabei entstehen, nicht immer mit in den Preis einberechnet werden. Solche Probleme fallen in die Kategorie der **Externalitäten** oder der externen Effekte, wie sie der britische Nationalökonom Arthur Cecil Pigou (1877–1959) erstmals definierte. Für die Umweltökonomie sind vor allem die „negativen externen Effekte" (auch „externe Kosten") wichtig. Diese negativen externen Effekte entstehen, wenn das Handeln eines Wirtschaftssubjekts die Wohlfahrt einer bzw. eines unbeteiligten Dritten negativ beeinflusst oder schädigt, ohne dass dieser bzw. diese dafür entlohnt oder entschädigt wird.

Ein Beispiel: Die herkömmliche Stahlherstellung basiert auf dem Hochofenprozess, bei dem erhebliche Mengen an Kohlendioxid, Feinstaub, Schwefeldioxid usw. in die Luft ausgestoßen werden. Dies kann dazu führen, dass Menschen, die in der Nähe wohnen durch die Luftverschmutzung krank werden. Die Luftverschmutzung führt bei den Geschädigten zu höheren Kosten, beispielsweise für notwendige Behandlungen im Gesundheitswesen oder den notwendigen Einbau von Filteranlagen. Zudem können Beeinträchtigungen der Lebensqualität, sogenannte immaterielle Kosten, entstehen. Die Verursacherin oder der Verursacher, in diesem Fall die Stahlfabrik, muss für die von ihm oder ihr verursachten externen Kosten, häufig auch soziale Kosten genannt, jedoch nicht aufkommen. Die Stahlfabrik hat nur ihre privaten bzw. internen betriebswirtschaftlichen Kosten, zum Beispiel die Lohn- und Kapitalkosten sowie Kosten für Roh-, Hilfs- und Betriebsstoffe, im Blick, wenn sie produziert. Dabei werden die externen bzw. sozialen Kosten nicht berücksichtigt. Wenn nicht alle bei der Produktion anfallenden Kosten berücksichtigt werden, dann werden die Kosten auf die Allgemeinheit übertragen und das Gut, in unserem Beispiel der Stahl, wird dadurch billiger. Für die Stahlfabrik entsteht ein Anreiz, mehr von diesem Gut zu produzieren als bei einem Preis, der alle Kosten abbilden würde. Dadurch ist die tatsächlich nachgefragte Menge höher. Das Preissystem kann nun nicht mehr richtig signalisieren, wo Ressourcen knapp sind. Man spricht daher von **Marktversagen**.

„Externe Effekte" sind ein grundlegendes Problem in der Funktionsweise des Marktes. Um eine für die Gesellschaft optimale Situation zu erreichen, muss der Staat die Verursachenden von Umweltschädigungen zur Verantwortung ziehen. Bei negativen externen Effekten muss er dafür Sorge tragen, dass eine Übernutzung der betroffenen öffentlichen Güter verhindert wird. Eine **Internalisierung der externen Effekte** durch die Politik bzw. den Staat ist daher notwendig.

Externe Effekte im Gleichgewichtsmodell

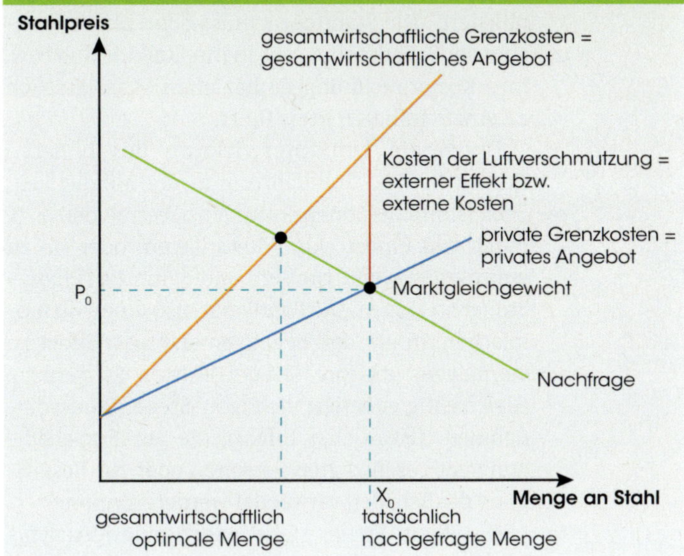

Bearbeitergrafik

M3 Wie funktioniert die Internalisierung externer Effekte?

Arthur Cecil Pigou (1877–1959) war ein britischer Ökonom.

a) Das Internalisierungskonzept nach Pigou

In der politischen Diskussion wird immer wieder über Umweltsteuern diskutiert, z. B. über eine „CO_2-Steuer", eine „Energiesteuer" oder eine „Ökosteuer". Dabei handelt es sich um umweltpolitische Instrumente, die nach dem Grundprinzip der so genannten Pigou-Steuer funktionieren. Mit diesem Instrument sollen bei Umweltschäden oder umweltbelastenden Produktionsprozessen die Verursacher der externen Kosten mit einer Gebühr oder Steuer belastet werden. Das heißt, die volkswirtschaftlichen Kosten werden derjenigen Person angelastet, der oder die die Umweltschäden verursacht hat. Dieses Vorgehen wird als Internalisierung externer Kosten bezeichnet und beruht auf dem **Verursacherprinzip**.

Die Höhe der Steuer richtet sich dabei nach den externen bzw. sozialen Kosten, wie sie z. B. für die Beseitigung von Umweltschäden anfallen würden. In unserem Beispiel (› M2) müsste eine Steuer also genau der Höhe der externen bzw. sozialen Kosten

Ronald Coase (1910–2013) erhielt 1991 den Nobelpreis für Volkswirtschaftslehre.

entsprechen. Damit wird der externe Effekt quasi „in den Preis mit eingerechnet" und somit „internalisiert". Die Stahlfabrik muss dann als Verursacher der Schadstoffe diese in ihre Kalkulation bzw. ihre Kostenrechnung einbeziehen, was letztlich zu einem höheren Preis führt.

Durch die **Lenkungswirkung** des höheren Preises hat die Stahlfabrik nun die Möglichkeit, Schadstoffemissionen entweder zu vermeiden (z. B. durch den Einbau von Filteranlagen) oder sie zu emittieren (= auszustoßen) und dafür die (Pigou-)Steuer zu zahlen. Die Fabrik hat also einen ökonomischen Anreiz, den negativen externen Effekt zu vermeiden, um ihre (Steuer-)Kosten zu senken. Gleichzeitig generiert die Pigou-Steuer Steuereinnahmen (fiskalischer Effekt), die zur Entschädigung der geschädigten Personen oder zur Beseitigung der Schäden verwendet werden können.

Die Pigou-Steuer stellt jedoch eine idealtypische Annahme dar, da zur Bestimmung des optimalen Steuersatzes die (zukünftigen) externen Kosten bekannt sein müssten. Außerdem ist es oft schwierig, die einzelnen Verursacherinnen und Verursacher zu identifizieren. Das führt dann dazu, dass die Pigou-Steuer in ihrer reinen Form nicht zum Einsatz kommt. Dennoch dient ihr Grundmechanismus als Vorbild für viele Lenkungssteuern wie die deutsche Energiesteuer (Verbrauchssteuer auf Energieprodukte wie Benzin, Diesel etc.), eine CO_2-Steuer (die es in Deutschland allerdings nicht gibt), die in Tübingen im Jahr 2022 eingeführte Verpackungssteuer oder die Tabaksteuer. Entscheidend ist, dass der Staat den Preis bzw. die Steuer für die Umweltnutzung so festlegt, dass das politisch angestrebte Ziel der Schadstoffvermeidung möglichst kosteneffizient erreicht wird.

b) Das Internalisierungskonzept nach Coase

Der Ansatz des englischen Ökonomen Ronald Coase (1910–2013) besagt, dass freie Märkte bei der Bewältigung von Externalitäten sehr effektiv sind, sofern Eigentums-, Verfügungs- und Nutzungsrechte vergeben werden. Das heißt, das öffentliche Gut „Umwelt" sollte durch die Vergabe von Eigentumsrechten in ein privates Gut umgewandelt werden. Durch die Vergabe von Eigentumsrechten setzt der Staat dabei lediglich den umweltpolitischen Ordnungsrahmen und gewährleistet Rechtssicherheit. Ständige staatliche Eingriffe sind nicht erforderlich, wenn sich Verursacher und Geschädigte auf dem Verhandlungsweg einigen. Das kann auf unterschiedliche Arten passieren, zum Beispiel durch Schadenersatz-, Unterlassungs- oder Ausgleichszahlungen. Diese Verhandlungslösung kann zu einer effizienten Lösung für die gesamte Wirtschaft führen und ist in ihrer Treffsicherheit (= wie gut wird ein Umweltziel erreicht) einer Steuer überlegen. Dies ist jedoch nur dann der Fall, wenn sich die Beteiligten auch einigen können. Verschiedene Faktoren können einer Verhandlungslösung entgegenstehen:

- **Zuweisung der Eigentumsrechte**: Es ist oft nicht einfach, Eigentumsrechte an der Umwelt, z. B. einige Kubikmeter Luft, zuzuweisen. Dennoch könnte eine bestimmte Menge an Emissionsrechten ausgegeben und den Akteurinnen und Akteuren zugeteilt werden. Damit würden sie das Recht erhalten, eine bestimmte Menge an Schadstoffen in die Umwelt abzugeben.
- **Transaktions- und Kontrollkosten**: Oft sind die Kosten für die Verhandlungen und die Umsetzung einer Vereinbarung (z. B. für Rechtsberatung) zu hoch und die Verhandlungen scheitern. Auch die Kosten für die Einhaltung der Vereinbarung können zu hoch sein.
- **Koordination der Betroffenen**: Bei einer hohen Zahl von Beteiligten wird eine effiziente Verhandlungslösung schwieriger, da die Kosten für die Koordinierung der verschiedenen Interessen steigen.

Nicht nur die Kühe sind Arbeit für den Cowboy – sondern auch der Konflikt mit den Farmern.

- **Asymmetrische Information und die Annahme rationalen Verhaltens**: Wenn die Beteiligten nicht alle Informationen über die Gesamtsituation haben, z. B. über die genaue Schadenshöhe, können sie die Kosten künstlich in die Höhe treiben und den Nutzen überbewerten. Eine effiziente Verhandlungslösung kommt nicht zustande, wenn rationale Akteurinnen und Akteure ihre wahre Zahlungsbereitschaft oder Kostenstruktur verheimlichen, um ihren Nutzen oder Gewinn zu maximieren.

Der Wilde Westen und das Coase-Theorem

Das Grundprinzip lässt sich recht gut an dem aus Wildwestfilmen bekannten Konflikt zwischen Ranchern und Farmern, zwischen Viehzüchtern und Getreidebauern verdeutlichen. Viehzüchter lassen ihre Herden frei weiden, dabei werden auch die Getreidefelder zertrampelt und die Getreideernte wird kleiner ausfallen als ohne Schädigung (dies ist der negative externe Effekt der Viehzucht). Dieser Zustand ist in aller Regel gesamtwirtschaftlich nicht optimal (höchstens durch Zufall), weil und insofern der Nutzen für die Viehzüchter kleiner ist als der Schaden für die Getreidebauern. Daraus ergibt sich ein Potenzial an Wohlfahrtsverbesserungen für beide Seiten, das durch Verhandlungen ausgelotet werden kann. […]

Voraussetzung für den Erfolg von Verhandlungen ist die Definition und die Zuteilung von Eigentumsrechten. Wie ebenfalls aus Wildwestfilmen bekannt, ist die Verteilung von Eigentumsrechten keineswegs naturrechtlich determiniert. Denkbar sind zwei Möglichkeiten: Der Viehzüchter darf seine Herde überall weiden lassen (das ist das **Laissez-Faire-Prinzip** oder das Wildwestprinzip) oder der Getreidebauer hat das unbeschränkte Eigentumsrecht an seinen Feldern, also auch das Recht, seine Felder nicht zertrampeln zu lassen (das entspricht dem **Verursacherprinzip** […]). Die Entscheidung über die Zuteilung der Eigentumsrechte muss der Staat fällen. Mit der Zuteilung von Eigentumsrechten wird die vordem freie Ressource der Bodennutzung zu einem marktfähigen Gut gemacht. Dies ist die Parallele zur Umweltnutzung. Entweder zahlt der Verursacher (der Viehzüchter) für die angerichteten Schäden, nämlich dann, wenn der Getreidebauer die Eigentumsrechte hat, oder der Getreidebauer bezahlt den Viehzüchter dafür, dass dieser seine Herde einzäunt.

Baßeler Ulrich et u.a.: Grundlagen und Probleme der Volkswirtschaftslehre. 19. Auflage. Stuttgart: Schäffer-Poeschel 2010, S. 919-920

c) Internalisierung durch ordnungsrechtliche Instrumente der Umweltpolitik

- Grenzwerte für Emissionen (Schadstoffausstoß)
- Einhaltung bestimmter Grenzwerte bei der Einleitung von Schadstoffen in Gewässer, oder Verbote bestimmter Chemikalien
- Einhaltung bestimmter Normen beim Lärmschutzstandards
- Anwendung und Überprüfung bestimmter technologischer Standards
- Mülltrennung und Verbot der wilden Müllentsorgung
- Rauchverbot an Schulen

Das Umweltrecht des Bundes und vor allem das der EU hat inzwischen zu einem dichten Regelungsgeflecht geführt. In Deutschland kommt inzwischen 80 Prozent des gesamten Umweltrechts direkt oder indirekt von der EU. Das sieht man zum Beispiel bei der Kennzeichnung der Energieeffizienzklassen von Elektrogeräten. Auch lokale Fahrverbote für bestimmte Dieselfahrzeuge in Städten basieren auf EU-Beschlüssen.

Das EU-Umweltrecht ist für den Schutz der Lebensgrundlagen zentral – aber aufgrund der Bürokratie auch mit Kosten verbunden.

Die Einhaltung dieser Regeln soll durch Strafen und Bußgelder sichergestellt werden.

Ordnungsrechtliche Verfahren haben aber auch Nachteile. So werden durch ordnungsrechtliche Maßnahmen zwar alle Verursacherinnen und Verursacher von Umweltschäden gleich behandelt, was auf den ersten Blick „gerecht" erscheint mag. Aus gesamtwirtschaftlicher Sicht ist das ökonomisch ineffizient, weil es vergleichsweise teuer ist. Es gibt Unternehmen, die höhere Kosten haben, um Schadstoffe zu vermeiden, und Unternehmen, die Schadstoffe zu geringeren Kosten vermeiden können. Deshalb ist es ökonomisch nicht sinnvoll, allen Unternehmen die gleichen Grenzwerte vorzuschreiben. Außerdem richten sich ordnungsrechtliche Maßnahmen (z. B. Auflagen) nach dem aktuellen Stand der Technik. Dadurch haben Unternehmen oft keinen Anreiz, bestehende Grenz- und Höchstwerte mit noch effizienteren (aber ggf. teureren) Techniken zu unterschreiten. Darüber hinaus ist die Durchsetzung und Kontrolle ordnungsrechtlicher Gesetze und Verordnungen für den Staat mit hohen Verwaltungskosten verbunden.

d) Internalisierung durch handelbare Umweltzertifikate

Umweltzertifikate, also Rechte zur Emission von Schadstoffen, werden auf speziellen Märkten gehandelt. Mit einer staatlichen Obergrenze, dem sogenannten Cap, wird politisch festgelegt, wie viele Emissionen maximal ausgestoßen werden dürfen. Diese Obergrenze wird dann in Emissionsberechtigungen bzw. Verschmutzungsrechte aufgeteilt und einer begrenzten Anzahl von potenziellen Emittenten (z. B. Unternehmen) kostenlos zur Verfügung gestellt bzw. verkauft. Wer mehr Schadstoffe ausstoßen will, als sie oder er Zertifikate besitzt oder kostenlos erhalten hat, muss zusätzliche Zertifikate kaufen. Unternehmen, die ihre Emissionen nur zu sehr hohen Kosten reduzieren können, werden daher am ehesten bereit sein, für Zertifikate zu zahlen. Umgekehrt werden Unternehmen, die ihre Emissionen zu geringen Kosten reduzieren können, dagegen ihre Zertifikate lieber verkaufen. Dadurch entsteht ein Markt (Börse) für Umweltzertifikate, die frei gehandelt werden können. Dies gibt den teilnehmenden Unternehmen einen Anreiz, ihre Emissionen zu reduzieren.

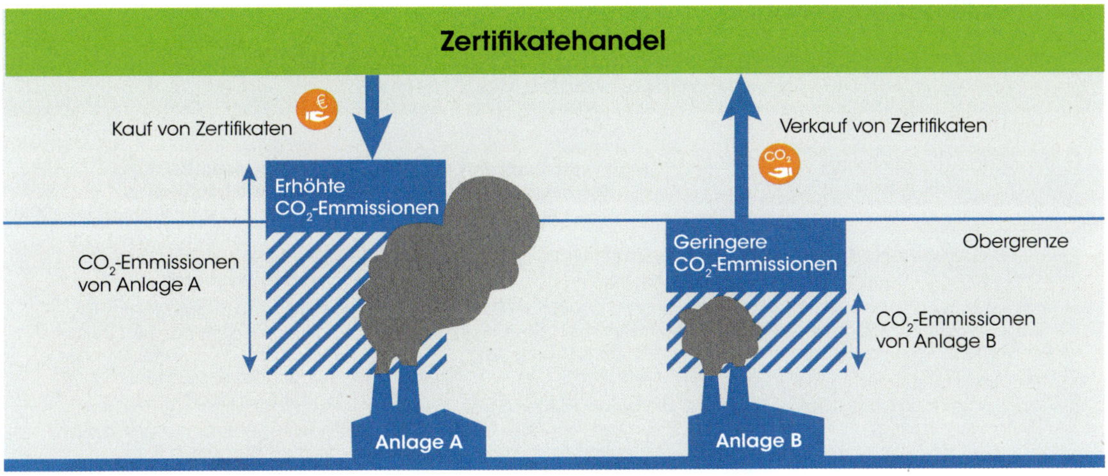

Der Europäische Emissionshandel mit Zertifikaten, nach: Umweltbundesamt, 2021

Dabei gelten die Verschmutzungsrechte nur eine begrenzte Zeit und der Staat kann das Angebot an Verschmutzungsrechten verknappen, was den Preis steigen lässt. Durch den Preisanstieg haben die Emittenten nun einen höheren Anreiz, in umweltfreundliche Technologien zu investieren, wenn die Kosten für die Umstellung auf umweltfreundlichere Produktionsverfahren geringer sind als die Kosten für den Zukauf von Verschmutzungsrechten. Damit der Emissionshandel aber funktioniert, muss die Menge der Verschmutzungsrechte kleiner sein als die zu erwartenden Emissionen. Das führt zu einem höheren Preis und übt mehr Druck auf die Emittenten aus, damit diese ihre Emissionen reduzieren.

Den Handel mit Emissionsrechten gibt es sowohl auf nationaler als auch auf europäischer Ebene. Auf europäischer Ebene hat die EU zur Umsetzung des internationalen Klimaschutzabkommens von Kyoto bereits im Jahr 2005 das Europäische Emissionshandelssystem (EU-ETS) eingeführt. Seit 2008 hat sich im EU-Emissionshandelssystem jedoch eine große Menge an überschüssigen Emissionsrechten angesammelt, weil die politischen Emissionsziele nicht ehrgeizig genug waren oder weil Produktion und Emissionen krisenbedingt zurückgegangen sind. Bis 2017 führte das zu einem anhaltenden Preisrückgang für europäische Emissionsberechtigungen, sodass der Emissionshandel nur begrenzt wirken konnte. Mit dem „Fit for 55"-Paket, mit dem die EU die Emissionen bis 2030 um mindestens 55 Prozent reduzieren will, haben EU-Kommission und EU-Parlament die Klimaschutzambitionen im Jahr 2023 erhöht. Unter anderem sollen dabei die Obergrenzen für Emissionszertifikate schrittweise weiter gesenkt werden.

Auf nationaler Ebene wurde 2021 in Deutschland die Bepreisung von CO_2-Emissionen durch ein nationales Emissionshandelssystem im Rahmen des Brennstoff-Emissionshandelsgesetzes (BEHG) eingeführt.

Zusammenfassend kann festgehalten werden: Beim Zertifikatehandel findet Umweltschutz dort statt, wo er am kostengünstigsten realisiert werden kann. Außerdem kann genau festgelegt werden, wie viel weniger Umweltverschmutzung man erreichen will (gewünschter Mengeneffekt). Aus diesen Gründen wird dieser Ansatz geradezu als „Königsweg" zur marktwirtschaftlichen Lösung von Umweltproblemen angesehen.

Allerdings ist auch das marktwirtschaftliche Instrument des Zertifikatehandels kein „Allheilmittel". Auch beim Zertifikatehandel müssen die Emissionen streng kontrolliert werden. Problematisch ist auch, dass die Zielvorgaben („Cap") durch politische Prozesse bestimmt werden, die stark von Interessengruppen beeinflusst werden. Umweltpolitisch problematisch ist zudem, dass der Zertifikatehandel nicht weltweit gilt. Unternehmen könnten versucht sein, vorhandene Zertifikate zu verkaufen und neue umweltbelastende Anlagen außerhalb der EU zu errichten.

M4 Instrumente der Umweltpolitik

Umweltpolitische Instrumente

Ordnungspolitische Instrumente

→ Hoher Grad an staatlicher Steuerung

Hier handelt es sich um direkte Anweisungen des Staates an Unternehmen. Der Staat reguliert, indem er

- Reduktionsverpflichtungen für jedes Unternehmen festlegt (Grenzwertsetzung);
- Umweltschutzgesetze erlässt (Umweltstrafrecht);
- Ge- und Verbote erteilt;
- Genehmigungen vergibt;
- Kennzeichnungsverordnung beschließt.

Marktwirtschaftliche Instrumente

→ Geringer Grad an staatlicher Steuerung

Innerhalb staatlicher Rahmenbedingungen greifen marktwirtschaftliche Instrumente. Beispiele sind

- die Umweltsteuer, die Energiesteuer, Pigou-Steuer;
- der Umweltzertifikatehandel;
- Subventionen, z.B. für die Einspeisung von Solarstrom oder Kaufprämien für E-Autos.

Selbstverpflichtung und Information

→ Sehr geringer Grad an staatlicher Steuerung

Die Intervention des Staates ist nicht immer oder nur sehr begrenzt erforderlich, um das Problem der externen Effekte zu lösen. Möglich sind auch

- private Vereinbarungen bzw. Verhandlungen (z.B. zur Rücknahme von Verpackungen);
- moralische und soziale Normen;
- Veröffentlichung von Umweltbilanzen und
- Umweltsiegel.

Bearbeitergrafik

Aufgaben

72003-235

1 Ordnen Sie den jeweiligen Kategorien in **M1** weitere Beispiele zu und begründen Sie Ihre Auswahl.

2 Wer etwa von Frankfurt nach Peking fliegt, wird nicht mit allen Kosten belastet, die dadurch für die Umwelt entstehen. Erklären Sie unter der Annahme externer Effekte, was damit gemeint ist (**M2**).

3 Ordnen Sie den ordnungsrechtlichen Vorgaben in **M3** konkrete Maßnahmen/Gesetze zu (durch eigene Recherche) und erläutern Sie diese.

4 Staatliche Eingriffe wie die Pigou-Steuer befinden sich im Spannungsfeld zwischen ökonomischen und ökologischen Zielen. Erörtern Sie die Einführung einer Pigou-Steuer auf CO_2-Emissionen angesichts dieses Spannungsfelds (**M3**).

5 Vergleichen Sie die dargestellten Instrumente der Umweltpolitik anhand der Vergleichskriterien der Anreizwirkung, der ökologischen Treffsicherheit und der Effizienz (**M3**).

6 Gestalten Sie einen Brief an das Bundesumweltministerium in dem Sie darlegen, welche umweltpolitischen Instrumente Ihrer Ansicht nach den größten Erfolg beim weltweiten Kampf gegen den Klimawandel versprechen. Beziehen Sie dabei Kriterien wie ökologische Effizienz, Treffsicherheit, Anreizwirkung etc. mit ein (**M3**).

7 „Klimaschutz – Wir brauchen Verbote!“ Bewerten Sie den Einsatz dieser Maßnahme zur Erreichung umweltpolitischer Ziele in der Sozialen Marktwirtschaft (**M3, M4**).

8 a) Stellen Sie die Erhebung einer Pigou-Steuer grafisch dar.
b) Beim Handel mit Umweltzertifikaten sprechen Kritikerinnen und Kritiker vom „Ablasshandel“ bzw. von „ökologischer Prostitution“. Überprüfen Sie diese Kritik.

Wie mit Umweltverschmutzung umgehen?

M1 Was sind die Umweltprinzipien?

Negative externe Effekte beeinträchtigen und schädigen andere Wirtschaftssubjekte und verursachen Kosten, die die Frage aufwerfen, wer für diese Kosten aufzukommen hat. Hier lassen sich verschiedene Umweltprinzipien aufstellen, hinter denen letztlich die Frage steht, wer die „Schuldigen“ bzw. Nutznießer sind und damit verbunden die Frage, wer die Kosten für die Vermeidung der Umweltverschmutzung beziehungsweise wer die Entschädigungszahlungen zu tragen hat. Vorab zu meinen, es sei recht und billig, dass stets der direkte Verursacher der Umweltschäden für die Vermeidung oder Beseitigung derselben aufzukommen habe, wird sich als voreilig herausstellen. Wer trägt die Kosten der Vermeidung oder Beseitigung von Umweltschäden? [...]

Umweltprinzipien klären die Frage, wer für die Beseitigung oder die Vermeidung von Umweltschäden aufzukommen hat und welche Maßnahmen damit verbunden sind. Am Beispiel Coladose und Flussverschmutzung sollen die Unterschiede zwischen den einzelnen Prinzipien erläutert werden.

Umweltprinzipien	Beispiel Coladose	Beispiel Flussverschmutzung
„Wer zahlt“	Ein Jugendlicher, der gegen die Umweltpolitik der USA protestiert, wirft eine Coladose auf die Straße.	Ein Unternehmen, das gegen Umweltauflagen verstößt, leitet Abwässer in den Rhein und beeinträchtigt Fischer flussabwärts.
Verursacherprinzip „Der Täter zählt.“	Der Jugendliche muss die Dose wegräumen.	Die Firma muss das Abwasser filtern.
Geschädigtenprinzip „Das Opfer zahlt.“	Der Spaziergänger, der über die Dose stolpert, entfernt das Relikt.	Die Fischer leiten das Flusswasser in einen Teich mit privater Filteranlage.
Gemeinlastprinzip „Alle zahlen.“	Der durch Steuergelder finanzierte Straßenkehrer räumt die Dose weg.	Eine Kommune baut eine durch Steuergelder finanzierte Kläranlage.
Kooperationsprinzip „Täter, Opfer, Allgemeinheit zahlen“	Der Jugendliche hebt die Dose wieder auf und erhält dafür von einem Spaziergänger eine Belohnung.	Die Firma baut eine Filteranlage und erhält dafür einen Auftrag vom Angelsportverein.
Laisser-faire-Prinzip „Niemand zahlt oder wenn doch, dann die Nachwelt“	Die Dose bleibt einfach liegen und verschmutzt die Umwelt.	Das Wasser wird weiterhin verschmutzt und der Angler wechselt von Rhein zu Donau.

Nach: Wildmann, Lothar (2016): Wirtschaftspolitik, Oldenburg: DE GRUYTER, S. 135–138

Aufgaben

72003-236

1. Gestalten Sie zu den einzelnen Umweltprinzipien jeweils ein weiteres Beispiel.
2. Stellen Sie das Verursacherprinzip und das Gemeinlastprinzip gegenüber.
3. Erörtern Sie: Sollten negative externe Kosten wirtschaftlichen Handelns entsprechend dem Verursacher- oder dem Gemeinlastprinzip beglichen werden?

2.7.3 Plurale Umweltökonomie: Ist ökologisches Wirtschaften (zukünftig) möglich?

Leitfragen

- Welche Nachhaltigkeitsstrategien liegen den Green-Growth-, Degrowth- und Postwachstumsansätzen zu Grunde?
- Ist es möglich, durch „Grünes Wachstum“ Ökonomie und Ökologie miteinander zu vereinbaren?
- Ist Schrumpfung oder Stagnation des BIP in wohlhabenden Volkswirtschaften der richtige Weg zu einer ökologischen Ökonomie?

M1 Wirtschaftswachstum und Umweltschutz im Einklang?

Nachhaltigkeit und Wirtschaftswachstum zu verbinden, ist eine aktuelle Herausforderung.

Deutschland strebt eine Vorreiterrolle im internationalen Klimaschutz an und hat sich daher verbindliche Klimaschutzziele gesetzt. Bis 2045 soll Klimaneutralität bzw. Treibhausgasneutralität erreicht werden. Gleichzeitig weisen Ökonominnen und Ökonomen darauf hin, dass ambitionierte Klimaschutzziele die Wettbewerbsfähigkeit und das Wirtschaftswachstum beeinträchtigen können. Insofern stellt sich die Frage, inwieweit Wirtschaftswachstum und ernsthafter Umweltschutz miteinander vereinbar sind. In den Wirtschaftswissenschaften gibt es dazu unterschiedliche Strömungen und Ansätze.

- Auf der einen Seite stehen diejenigen, die ein grünes oder nachhaltiges Wirtschaftswachstum für möglich und erstrebenswert halten – die **Green-Growth-Ansätze**. Wachstum (des BIP) bei gleichzeitiger Reduktion der Treibhausgas-Emissionen ist möglich.
- Auf der anderen Seite stehen diejenigen, die eine bewusste Reduktion der wirtschaftlichen Aktivitäten für notwendig erachten – die **Degrowth-** und **Postwachstumsansätze**. Dies setzt eine Schrumpfung (Degrowth) oder Stagnation (Postwachstum) des (BIP-)Wachstums voraus.

Beide Ansätze beantworten also die Frage, ob eine Entkoppelung von Ressourcenverbrauch und Wirtschaftswachstum möglich ist, unterschiedlich.

Eine absolute Entkopplung von Ressourcenverbrauch und Wirtschaftswachstum würde bedeuten, dass der Ressourcenverbrauch konstant bleibt oder sogar sinkt, obwohl die Wirtschaft wächst. Dies wäre dann der Fall, wenn die Steigerung der Ressourceneffizienz höher ist als das Wirtschaftswachstum.

M2 Was sind die vier Nachhaltigkeitsstrategien?

Suffizienz	Konsistenz	Effizienz	Subsistenz
Weniger produzieren und konsumieren: Energie- und Materialverbrauch begrenzen	Anders produzieren: mit regenerativen Energien oder durch wiederverwertbare Materialien	Besser produzieren: gleicher Nutzen, weniger Energieverbrauch	Für sich selbst produzieren, um einige Bedürfnisse durch selbststätige Wertschöpfung befriedigen
Zum Beispiel: vom Besitzen zum Teilen (z. B. Werkzeug)	Zum Beispiel: von der Plastiktüte zur kompostierbaren Tüte aus Maisstärke	Zum Beispiel: von der Glühbirne zur LED	Zum Beispiel: von der Nahrungsmittelproduktion hin zum Eigenanbau.

M3 Welche Green-Growth-Ansätze gibt es?

Im politischen Mainstream und im öffentlichen Diskurs liegt der Fokus der Klimapolitik vor allem auf wissenschaftlich-technologischen Innovationen durch Green Growth. Damit soll ein weiteres Wirtschaftswachstum bei gleichzeitiger Reduktion der Treibhausgasemissionen durch den Einsatz klimaneutraler Technologien ermöglicht werden. Das Konzept des Green Growth sieht eine kontinuierliche Steigerung der Wirtschaftsleistung als notwendig und wünschenswert an, um den Erhalt des gesellschaftlichen Wohlstands und der individuellen Lebensqualität zu sichern (› Kap. 2.7.4).

Konsistenzstrategien ermöglichen es, durch technologische Innovationen bestehende Prozesse durch klimafreundliche Alternativen zu ersetzen. Zum Beispiel haben Fortschritte in der Technologie und in Produktionsprozessen in den letzten Jahren dafür gesorgt, dass erneuerbare Energien viel günstiger geworden sind. Konsistenzansätze stehen auch in engem Zusammenhang mit der so genannten Kreislaufwirtschaft: Materialien und Stoffe sollen im Idealfall möglichst lange genutzt und für zukünftige Produktionsprozesse wiedergewonnen werden.

Effizienzstrategien können dazu beitragen, im Produktionsprozess durch effizienteren Material- und Energieeinsatz mit weniger Ressourcen mehr zu produzieren. Dies führt zu einem geringeren Verbrauch. Da sie in der Regel keine Änderung des eigenen Lebensstils erfordern, genießen Effizienzstrategien eine hohe Akzeptanz in der Bevölkerung. Beispielsweise können im Bereich der Energieeffizienz Maßnahmen wie der Einsatz von LEDs den Stromverbrauch deutlich senken.

Die in Deutschland erreichten Emissionsminderungen sind vor allem auf Effizienzsteigerungen, den Ausbau erneuerbarer Energien und die Nutzung von klimaneutral erzeugtem Strom zurückzuführen. Ob der Übergang zu einer klimaneutralen Wirtschaft allein durch technologischen Fortschritt erreicht werden kann, ist jedoch unsicher und umstritten.

Die Kritik an Green-Growth-Ansätzen: Auch Green-Lösungen kommen bisher nicht ohne neue Produktionskapazitäten und Infrastruktur aus. So erfordert der Umstieg von fossilen Brennstoffen auf grüne Energie zusätzliche Ressourcen und Flächen (wie bei Passivhäusern, Wind- und Solaranlagen usw.). „Grüner Konsum“ und „grüne Investitionen“ führen daher ebenfalls zur Ausbeutung natürlicher Ressourcen und zur Umweltzerstörung.

Darüber hinaus können Effizienzsteigerungen sogar zu mehr Verbrauch und Umweltverschmutzung führen: Kosteneinsparungen führen in der Regel zu einer Verbilligung des betreffenden Produkts, wodurch die Nachfrage steigt. Die Verbraucherinnen und Verbraucher nutzen die Produkte intensiver (z. B. fahren mehr Auto, es gibt mehr Einpersonenhaushalte) oder kaufen sich größere oder mehr Produkte der gleichen Art (z. B. größere Autos, mehr Wohnfläche). Diese sogenannten „Rebound-Effekte“ können dazu führen, dass die Einsparungen durch Effizienzsteigerungen teilweise oder sogar ganz aufgehoben werden. Ein Beispiel dafür ist der Energieverbrauch der privaten Haushalte, der seit 1990 sogar etwas angestiegen ist.

M4 Wie haben sich die Treibhausgasemissionen in Deutschland entwickelt?

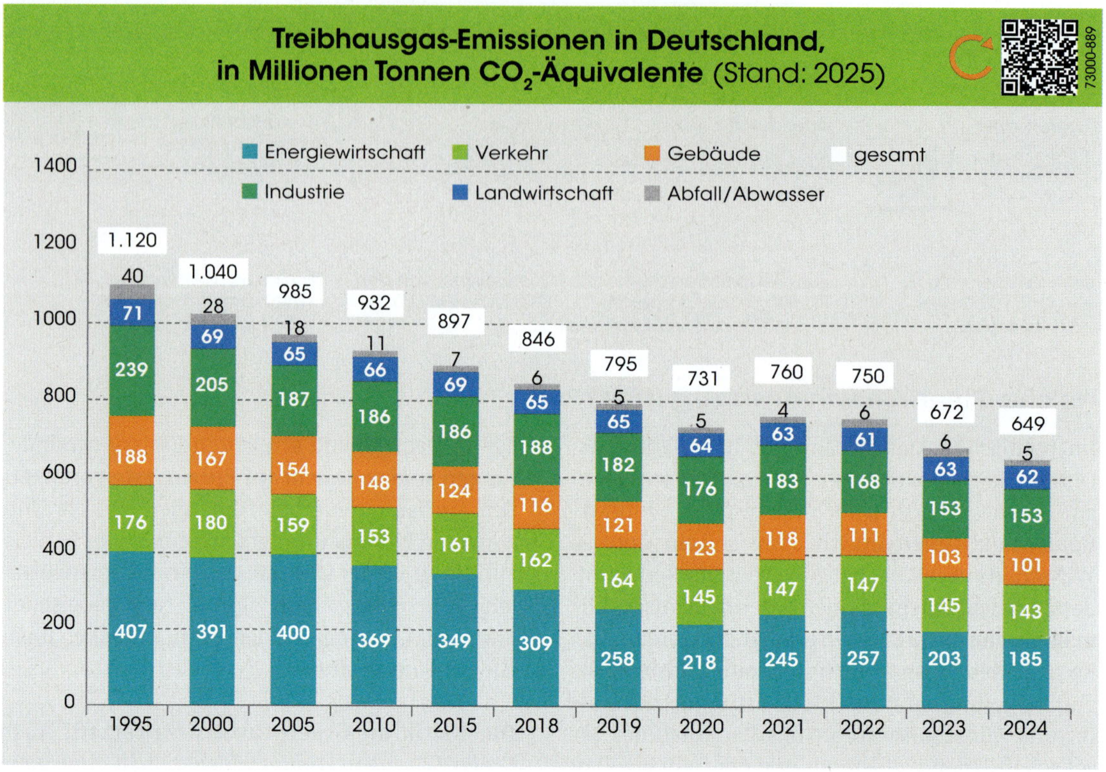

© C.C.Buchner Verlag, aktuelle Daten nach: Umweltbundesamt (Datenerhebung: 2024; Grafikerstellung: 2025)

M5 Kritik am Wachstum: Postwachstums- und Degrowthansätze

Die Anhängerinnen und Anhänger von Degrowth und Postwachstum unterscheiden sich in ihren Lösungsansätzen: Während Postwachstum eine Stagnation des BIP akzeptieren würde, setzt Degrowth auf Schrumpfung: Bestimmte Bereiche der Wirtschaft schrumpfen, andere Teilbereiche können wachsen, wie z. B. die Infrastruktur für erneuerbare Energien, soziale und öffentliche Einrichtungen (Bildung, Gesundheit, Kultur) oder die ökologische Lebensmittelproduktion etc.

Beide Ansätze stimmen darin überein, dass sich Green Growth und Klimaschutz gegenseitig ausschließen. Sie halten wirtschaftliches Wachstum in wohlhabenden Volkswirtschaften nicht für notwendig, um den gesellschaftlichen Wohlstand zu erhalten. Vielmehr geht es um eine Wirtschafts- und Gesellschaftsform, die das Wohlergehen aller zum Ziel hat und die ökologischen Lebensgrundlagen erhält. Dazu gehören u. a. die Reduktion von Produktion und Konsum in den Industriestaaten und Suffizienz statt bloßer technologischer Innovationen und Effizienzsteigerungen zur Lösung ökologischer Probleme.

Weitere zentrale Aspekte zielen auf die Frage der Einkommensverteilung und Arbeitslosigkeit. Beide Ansätze gehen davon aus, dass eine Verringerung der Einkommensunterschiede den Wohlstand eher erhöht als eine weitere Steigerung des BIP. Im Bereich der Beschäftigung steht bei beiden Ansätzen die Arbeitszeit im Mittelpunkt. Um die Versorgungsstruktur des Staates ohne Wachstum stabil zu halten, muss das Konsumniveau gesenkt werden. Durch eine Verringerung der Güterproduktion könnte das Arbeitsvolumen reduziert werden, zumal die Arbeitszeit in den meisten Industrieländern seit Beginn der Industrialisierung aufgrund der gestiegenen Arbeitsproduktivität ohnehin stark gesunken ist. Die Wochenarbeitszeit von 40 Stunden bliebe jedoch konstant, da ein Teil der Arbeitszeit für die Selbstversorgung verwendet würde. Ein wesentliches Element der Degrowth- und Postwachstumsansätze ist daher die

Subsistenzstrategie in Verbindung mit der **Suffizienzstrategie**:

- **Subsistenzstrategien** zielen darauf ab, ein Gleichgewicht zwischen Fremd- und Selbstversorgung zu finden. Der Subsistenzertrag erstreckt sich auf drei Kategorien: **Nutzungsintensivierung** durch Gemeinschaftseigentum und durch das Teilen von Gebrauchsgegenständen. Beispiele sind Verschenkemärkte, Tauschbörsen etc. **Nutzungsdauerverlängerung** von Gebrauchsgegenständen. Für den Leistungs- und Erfahrungsaustausch sind bspw. offene Werkstätten, Reparatur-Cafés, Netzwerke etc. nötig. **Eigenproduktion** durch Haus-, Dach-, Gemeinschaftsgärten und andere Formen der Landwirtschaft als Möglichkeit zur Deindustrialisierung.
- **Suffizienzstrategien** unterscheiden zwischen lebensnotwendigen Grundbedürfnissen und ökologisch ruinösem Luxus. Ziel ist ein Zustand des „Genug". Ressourceneinsparungen sind vor allem in wohlhabenden Gesellschaften möglich. Potenziale zur Reduktion des Konsums liegen z. B. im Bereich der globalen Mobilität, u. a. bei Kreuzfahrten, Flugreisen, SUVs etc.

Die Kritik an Postwachstums- und Degrowthansätzen: Forderungen nach wirtschaftlicher Stagnation oder gar Schrumpfung werden als unrealistisch angesehen. Verteilungskonflikte würden weitgehend ausgeblendet. So sei es wahrscheinlicher, dass die Einkommens- und Vermögensungleichheit bei sinkendem oder stagnierendem BIP zunimmt. Umstritten ist auch, wie stark das BIP in den Industrieländern schrumpfen müsste, um Wachstum in den Entwicklungsländern zu ermöglichen und gleichzeitig eine Stagnation des Welt-BIP zu erreichen. Es gibt Berechnungen, nach denen allein in Deutschland das Wohlstandsniveau um -11 % bis -20 % sinken müsste. Dies wäre politisch schwer zu vermitteln. Vermutlich würde die Oberschicht ihre politische und wirtschaftliche Macht nutzen, um ihre Einkommen und Vermögen zu verteidigen.

Zudem liefern die Postwachstums- und Degrowth-Ansätze bisher keine konkreten Vorschläge, wie die notwendige Reduktion der Treibhausgas-Emissionen auf null erreicht werden kann. Auch Subsistenzstrategien sind Grenzen gesetzt, da komplexe materielle Güter nicht selbst hergestellt werden können und die Nutzungsdauer und Intensität nicht einfach erhöht werden kann. Außerdem sind die Arbeitsproduktivität und Effizienz in der Subsistenzwirtschaft nicht annähernd so hoch wie in einer modernen, industriellen Produktion. Die Idee, einen großen Teil der Produktion in die Subsistenzwirtschaft zu verlagern, ist daher wohl eher unrealistisch.

Aufgaben

72003-237

1. Vergleichen Sie Green-Growth-Ansätze mit Degrowth- bzw. Postwachstumsansätzen, indem Sie auf das jeweilige Verständnis von Wohlstand, Wachstum und Nachhaltigkeit eingehen (**M1, M2, M3, M4**).
2. Analysieren Sie die Grafik **M4** im Hinblick auf die sogenannten „Rebound-Effekte" (**M3**, Z. 64).
3. Nennen Sie weitere Praxisbeispiele für Konsistenz-, Effizienz-, Subsistenz- und Suffizienzstrategien (**M2, M3, M5**).
4. Degrowth bzw. Postwachstumsansätze werden von Kritikern häufig als „utopisch" bezeichnet. Erörtern Sie diese Kritik (**M5**).
5. Gestalten Sie eine Karikatur: Stellen Sie die Klimaproblematik in Szene, wenn die zugrundeliegende Wirtschaftsordnung der Gesellschaft
   a) Green Growth bzw.
   b) Degrowth wäre (**M1, M2, M3, M5**).
6. Die „Letzte Generation" ist eine Bewegung von Menschen, welche zu mehr Klimaschutz auffordern will. Sie fordern z. B. den Ausstieg aus der Nutzung fossiler Brennstoffe wie Öl, Kohle oder Gas in Deutschland bis 2030. Gestalten Sie ein Streitgespräch zwischen der „Letzten Generation" und Vertreterinnen und Vertretern der Bundesregierung. Nutzen Sie hierfür auch eine eigene Recherche.

Donut-Ökonomie als Rettung?

M1 Vergleich: Grünes Wachstum vs. wachstumskritische Ansätze

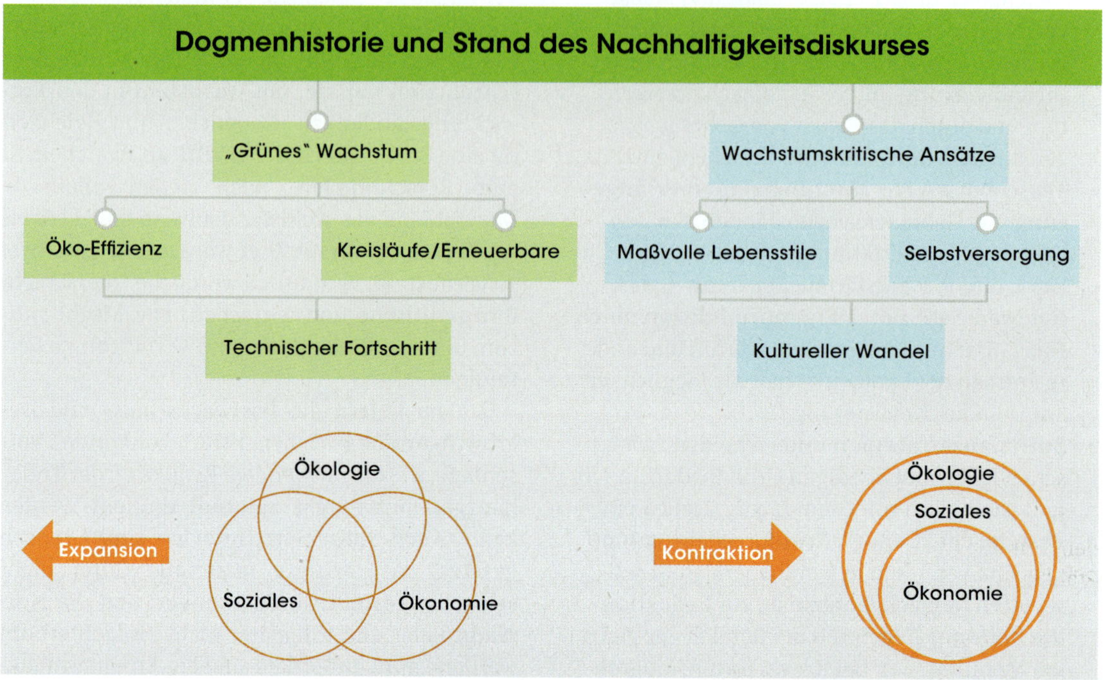

Nach: Paech, Niko: Können wir uns Wachstum noch leisten? Online-Vortrag beim Zentrum für Schulqualität und Lehrerbildung (ZSL) Baden-Württemberg am 19.09.2023

M2 Wachstum adé? Wie Amsterdam die Donut-Ökonomie lebt

Viele Menschen stellen sich mit Blick auf die weltweite Klimakrise die Frage: Müssen wir unser Wirtschaftssystem grundsätzlich ändern, um wirklich klimabewusst leben zu können? Die Wirtschaftswissenschaftlerin Kate Raworth antwortet auf diese Frage: Ja, wir müssen dringend etwas ändern! [...] Die Britin hat deshalb die Idee der „Donut-Ökonomie“ entwickelt. Das Modell sieht ein Leben vor, das gut für das Klima und den Planeten ist – und zugleich das gesellschaftliche Zusammenleben fördert.

Ist die „Donut-Ökonomie“ ein Modell, das in einer westlichen Gesellschaft funktionieren kann? Die Stadt Amsterdam will es versuchen und hat deshalb [im Jahr 2021] beschlossen, ihre gesamte Politik an dem Donut-Modell auszurichten. Die damalige stellvertretende Bürgermeisterin Marieke van Doorninck hat diesen Schritt so begründet: „Es ist die Zeit gekommen, in der Leute darüber nachdenken, was wirklich wichtig ist. Es geht nicht ums Geld verdienen und dass man alles hat, sondern darum, dass man genug hat.“

Amsterdam hat sich konkrete Ziele gesetzt: Bis zum Jahr 2030 soll der Konsum der Stadt – also unter anderem der Konsum der Verwaltungen und der städtischen Betriebe – um 20 Prozent reduziert werden, der Verbrauch neuer Materialien sogar um 50 Prozent. Die Lebensmittel-Verschwendung soll ebenfalls um 50 Prozent zurückgefahren werden. Zudem sollen Autos mit Verbrenner-Motoren ganz aus der Stadt verschwinden. Diese Schritte sollen dazu führen, dass Amsterdam bis zum Jahr 2030 60 Prozent der CO_2-Emissionen gegenüber dem Jahr 1990 einspart.

Vor allem beim Thema Bauen will die niederländische Stadt etwas grundlegend ändern. Ein Vorzeige-Projekt ist das neuartige Haus De Warren im Osten der Stadt. 50 Menschen wohnen dort. Eine Besonderheit: 30 Prozent der Fläche werden gemeinschaftlich genutzt. Das sind insgesamt 800 Quadratmeter. So gibt es unter anderem ein Yogastudio, ein gemeinschaftliches Kinderspielzimmer, Arbeitsplätze mit Bildschirmen – und einen riesigen Aufenthaltsraum, den die Bewohner „Holzkathedrale“ nennen. Denn überall ist Holz zu sehen.

Auch die Fassade des Hauses besteht größtenteils aus Holz. „Für uns war es wichtig, nicht einfach Holz zu verwenden, sondern Holz wiederzuverwenden“, erzählt Bewohnerin Hanna Rudner. So ist in der Fassade Holz verbaut, das früher Teil von Boots-Anlegestellen war oder als Poller in Häfen genutzt wurde. Dieser Ansatz, möglichst viel Material zu recyceln und wiederzuverwenden, ist ein wesentliches Element der „Donut-Ökonomie“.

Das Haus De Warren wäre aber kein Vorzeige-Projekt, wenn sich nicht auch die Energiebilanz sehen lassen könnte. So ist das Gebäude klimapositiv. Das heißt: Das Gebäude erzeugt – zumindest im Sommer – mehr Energie, als es verbraucht. Dies gelingt durch Solaranlagen auf dem Dach, eine sehr gute Dämmung, stromsparende Geräte und ein ausgeklügeltes Heizungssystem. Zudem wurden 30 Meter lange Pfähle, die in den Boden gerammt wurden, um das Haus stabil zu halten, zu „Energie-Pfählen“ umgewandelt. Das heißt: Durch Schläuche in dem Pfählen lässt sich die Wärme aus der Erde nutzen – für eine Wärmepumpe.

Die Stadt Amsterdam will in den kommenden Jahren 40.000 solcher Gebäude bauen – also Wohnhäuser, die stark auf recyceltes Material setzen und eine hervorragende Energiebilanz haben. Zugleich widmen sich die Wohnprojekte dem gesellschaftlichen Miteinander.

Ein wichtiger Grundsatz der Donut-Ökonomie lautet: Weniger ist mehr. So fördert die Stadt Amsterdam auch Projekte, bei denen Kleidung oder Fahrräder repariert werden, anstatt sie wegzuwerfen und neu anzuschaffen. […] Im Grunde geht es darum, auf übermäßigen Konsum zu verzichten [.]

Wäre das Konzept auch auf deutsche Städte übertragbar? Oder sogar auf Deutschland als Ganzes? Der Leiter des Deutschen Instituts für Wirtschaftsforschung, Marcel Fratzscher, hält dies für möglich. „Die Donut-Ökonomie ist ein sehr sinnvolles Konzept, damit wir wirtschaftlich nachhaltiger arbeiten können, damit wir Menschen nicht zulasten künftiger Generationen leben“, sagt Fratzscher [.]

Der Teufel stecke natürlich im Detail und in der Umsetzung, so Fratzscher. „Das ist alles nicht ganz leicht. Denn wie die Donut-Ökonomie zeigt, gibt es sehr viele Dimensionen der Nachhaltigkeit, gibt es sehr viele verschiedene Dimensionen von Wohlstand. Und hier geht es immer um eine Abwägung und um die Frage: Was ist uns wichtig?“, gibt der Wirtschaftsexperte zu bedenken. „Aber das heißt nicht, dass es nicht sinnvoll ist, es zu tun und zu versuchen.“ Deutschland und auch einzelne Städte und Gemeinden sollten sich offen zeigen für das Modell der „Donut-Ökonomie“, fordert Fratzscher.

Burckhardt, Ines / Rehrmann, Oliver: Wachstum adé? Wie Amsterdam die Donutökonomie lebt. In: www.ndr.de, 30.09.2023

Stichwort Donut-Ökonomie: Wofür steht der Donut?

Im Modell der Donut-Ökonomie steht der süße, zuckrige Ring für ein gutes Leben. Gemeint ist ein Leben, in dem für alle Menschen die grundlegenden Bedürfnisse erfüllt sind – wie Essen, ein Dach über dem Kopf, Gesundheitsversorgung, Bildung, aber auch ein Leben in Gemeinschaft und politische Teilhabe. Der Ring kann aber nicht beliebig dick sein. Denn dem guten Leben sind Grenzen gesetzt, und zwar durch den Planeten mit seinen endlichen Ressourcen. Diese Grenzen dürfen nicht überschritten werden, etwa für eine Wirtschaft, die nur auf Wachstum fixiert ist.

Aufgaben

72003-238

1. Erläutern Sie das Schaubild in **M1**.
2. Beschreiben Sie mithilfe von **M2** das Modell der Donut-Ökonomie. Recherchieren Sie ggf. weitere Details.
3. Die Stadt Amsterdam hat beschlossen, ihre Politik nach dem Donut-Modell auszurichten. Entwickeln Sie für Ihre eigene Stadt oder Gemeinde ein Konzept, das sich am Modell der Donut-Ökonomie orientiert.

2.7.4 Reicht das BIP als Wohlstandsindikator?

Leitfragen

- Welchen Nutzen hat das Bruttoinlandsprodukt?
- Welche Kritik gibt es am BIP?
- Welche alternativen Wirtschafts- bzw. Wohlstandsindikatoren exisitieren?

M1 Wie hängen Wirtschaftswachstum und Wohlstand zusammen?

Im volkswirtschaftlichen Sinne ist Wohlstand der Grad der Versorgung von Personen, privaten Haushalten oder der gesamten Gesellschaft mit Gütern und Dienstleistungen. Der materielle Wohlstand wird vor allem durch einen Indikator wie das Bruttoinlandsprodukt (BIP) gemessen. (› Kap. 2.2.1). Dieser Indikator gilt in Politik und Wirtschaft nach wie vor als wichtigster Maßstab für das Wohlstandsniveau und das Wachstum einer Volkswirtschaft. Es gibt drei Bereiche der gesellschaftlichen Wohlfahrt, die vom Wachstum des BIP abhängen und durch mehr Wachstum verbessert werden können:

1. Wachstum verbessert den **Lebensstandard** und damit die Lebensqualität, was tendenziell zu einer höheren Lebenserwartung führt. In Ländern mit höherem BIP pro Kopf ist die Gesundheitsversorgung besser, die durchschnittliche Arbeitszeit kürzer und das Bildungsniveau höher.
2. Länder mit einem hohen BIP haben in der Regel weniger Arbeitslose als Länder mit einem niedrigen BIP. Wenn die Wirtschaft wächst, werden mehr Produkte und Dienstleistungen nachgefragt und mehr Arbeitskräfte gebraucht. Um **Arbeitslosigkeit** zu vermeiden, muss bei steigender Arbeitsproduktivität auch die Produktion steigen, weil bei steigender Arbeitsproduktivität weniger Arbeitskräfte gebraucht werden.
3. Wachstum mildert **Verteilungskonflikte** und sorgt in der Regel dafür, dass alle mehr bekommen, ohne dass jemand verzichten muss. Zwar kann es immer noch zu Verteilungskonflikten kommen und einzelne Bevölkerungsgruppen können auch absolut an Einkommen verlieren, wenn die Einkommen anderer Gruppen stärker steigen als das BIP. Gleichzeitig verschärfen sich aber die Verteilungskonflikte, wenn das BIP stagniert oder schrumpft.

M2 Kritik am BIP als Wohlstandsindikator

Schon der US-amerikanische Ökonom **Simon Smith Kuznets** (1901–1985), der maßgeblich an der Entwicklung des BIP-Indikators beteiligt war, warnte davor, einen Anstieg nicht mit einer Zunahme des allgemeinen Wohlstands zu verwechseln. In den 1940er Jahren, als das BIP in den USA seinen Siegeszug antrat, hatte er dafür geworben, bei der Fokussierung auf Wachstum die Einkommensverteilung nicht zu vernachlässigen. Damals war das BIP statistiches Messinstrument des Zweiten Weltkriegs. Nach dem Kriegseintritt der USA sollte das BIP zeigen, ob der Übergang von der Friedens- zur Kriegswirtschaft gelungen war. Ein höheres BIP bedeutete die Produktion von mehr Waffen und Rüstungsgütern. Während des Krieges sollte das BIP zudem die Aufmerksamkeit der amerikanischen Politik auf die Leistungsfä-

Unter **Wohlstand** kann hier die materielle Grundlage der – weiter gefassten – gesellschaftlichen Wohlfahrt verstanden werden, die auch immaterielle Komponenten einschließt. In der Volkswirtschaftslehre bezeichnet Wohlfahrt den gesamten Nutzen, den Individuen oder gesellschaftliche Gruppen aus dem Konsum von Gütern und Dienstleistungen ziehen. Einflussfaktoren sind beispielsweise Einkommen, Beschäftigung, Umweltqualität und soziale Sicherheit. Der Begriff ist somit ein abstraktes Maß für das wirtschaftliche und soziale Wohlergehen der Bevölkerung.

higkeit der amerikanischen Wirtschaft lenken. Es gibt also gute Gründe, die Höhe des Bruttoinlandsprodukts nicht einfach als aussagekräftigen Indikator für die Steigerung von Lebensstandard, Lebensqualität und Wohlstand zu interpretieren. Das BIP ist aus ökonomischer, sozialer und ökologischer Sicht angreifbar:

- **Ökonomische Perspektive:** Das BIP erfasst nur die bezahlte Arbeit und nicht alle produktiven Tätigkeiten, die den Wohlstand verändern oder erhöhen. Klassische Beispiele sind die unbezahlte Hausarbeit, die Pflege von Angehörigen, die Erziehungsarbeit von Eltern und ehrenamtliche Tätigkeiten. In Deutschland haben Berechnungen des Statistischen Bundesamtes aus dem Jahr 2013 ergeben, dass der Wert der unbezahlten Arbeit in privaten Haushalten rund 39 Prozent der Bruttowertschöpfung des BIP ausmacht. Umgekehrt erhöhen beispielsweise steigende Kriminalitätsraten das BIP, da sie die Ausgaben für Sicherheitssysteme erhöhen. Auch die illegale Schattenwirtschaft (Schwarzarbeit, Drogenhandel, Schmuggel) ist mit einem geschätzten Wert im BIP enthalten.

- **Soziale Perspektive:** Nachgewiesenerweise erhöht sich die Lebensqualität der Menschen mit zunehmendem BIP nur bis zu einem bestimmten Punkt. Dies ist auch auf der Mikroebene zu beobachten: Bis zu einem gewissen Einkommen steigt die Lebenszufriedenheit und sinkt die Sterblichkeit bei den meisten Menschen. Danach stagniert sie. Ab diesem Punkt spielt die Einkommensungleichheit eine entscheidende Rolle. Größere Ungleich-

Simon Kuznets (1901–1985) gewann 1971 den Nobelpreis für Volkswirtschaftslehre.

Gemeinnützige Arbeit ist meistens unbezahlt, für eine Gesellschaft aber oft sehr nützlich. Im Bruttoinlandsprodukt wird sie nicht berücksichtigt.

heit führt zu höherer Sterblichkeit und geringerer Lebenszufriedenheit. Darüber hinaus können Länder mit einem relativ niedrigen BIP auch eine niedrige Sterblichkeitsrate aufweisen, sofern die absolute Armut relativ gering ist. Umgekehrt kann in einem Land mit hohem BIP und hoher Ungleichheit, wie den USA, die Lebenserwartung für ein Industrieland vergleichsweise niedrig sein.

- **Ökologische Perspektive:** Das BIP berücksichtigt nicht die externen bzw. sozialen Kosten, die bei der Güterproduktion z. B. durch die Schädigung von Wasser, Luft und Boden entstehen. Die sozial-ökologischen Kosten müssten daher abgezogen werden und in die Berechnung des BIP einfließen (› Kap. 2.7.2).

M3 Was sind alternative Wohlstandsindikatoren?

Um soziale, aber auch ökologische Effekte in die Wohlstandsmessung einzubeziehen, gibt es seit den 80er Jahren verschiedene, alternative Indikatoren, die ergänzend oder in Konkurrenz zum BIP betrachtet werden können. Zu den wichtigsten und bekanntesten Indikatoren zählen:

a) Human Development Index (HDI)

Der HDI wurde in den 80er Jahren von den Vereinten Nationen entwickelt, um den sozialen und materiellen Entwicklungsstand eines Landes zu messen. Der Index setzt sich aus drei Teilindikatoren zusammen, die miteinander kombiniert werden:

- **Gesundheit**: die durchschnittliche Lebenserwartung
- **Bildung**: die Alphabetisierungsrate
- **Lebensstandard**: das Bruttonationaleinkommen pro Kopf

Für jeden dieser drei Indikatoren wird die Position eines Landes im Vergleich zum Höchstwert ermittelt. Der HDI ist dann ein kombiniertes geometrisches Mittel aus diesen drei Maßen und liegt zwischen 0 und 1. Je höher der Wert, desto weiter ist die menschliche Entwicklung in den jeweiligen Ländern vorangeschritten. Hochentwickelte Län-

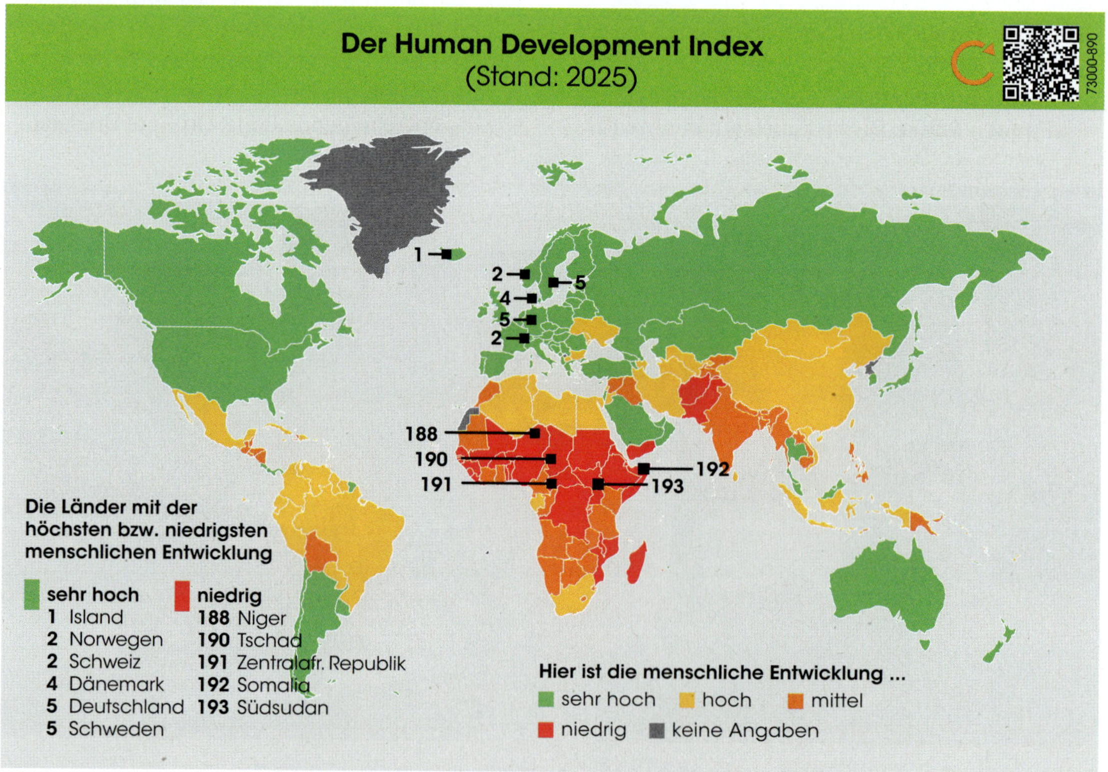

© C.C. Buchner Verlag, aktuelle Daten nach: UN (Datenerhebung: 2025; Grafikerstellung: 2025)

der weisen einen HDI von mindestens 0,8 auf. Die Länder werden nach dem Wert ihres HDI in vier Entwicklungsstufen eingeteilt.

Soziale Unterschiede und Einkommensunterschiede zwischen den Ländern werden dabei aber nicht berücksichtigt. Auch die ökologische Dimension fehlt, weil der Faktor Umwelt nicht einbezogen wird. Der HDI wird regelmäßig vom Entwicklungsprogramm der Vereinten Nationen (UNDP) berechnet und veröffentlicht. Er erlaubt internationale Vergleiche und zeigt langfristige Trends der menschlichen Entwicklung. Unterschiede zwischen Ländern verdeutlichen Fortschritte oder Defizite in zentralen Lebensbereichen.

b) Happy Planet Index (HPI)

Der HPI wurde erstmals im Jahr 2006 veröffentlicht und erscheint nun in der fünften Auflage mit den neuesten Daten aus dem Jahr 2021 (Stand 2024). Der Happy Planet Index ist ein Maßstab für nachhaltiges Wohlergehen. Der Index analysiert, wie gut es Ländern gelingt, ihren Bewohnerinnen und Bewohnern ein langes und glückliches Leben mit begrenzten Umweltressourcen zu ermöglichen. Ziel ist es, das Wohlergehen der heutigen Generation zu maximieren und gleichzeitig die Umweltbelastung zu minimieren. Dadurch wird auch zukünftigen Generationen die Möglichkeit gegeben, Wohlstand zu schaffen. Zur Berechnung des HPI wird die Lebenserwartung, wie sie von den Vereinten Nationen angegeben wird, mit dem subjektiven Wohlbefinden bzw. dem Wohlbefinden, wie es im World Happiness Report dargestellt ist, multipliziert. Dieses Ergebnis wird durch den Ressourcenverbrauch bzw. den ökologischen Fußabdruck nach Zahlen des Global Footprint Network geteilt.

Die größte Kritik am HPI ist, dass der ökologische Fußabdruck zu stark gewichtet wird. Dadurch verliert die materielle Seite des Wohlstands an Bedeutung. Dies führt dazu, dass wohlhabende Länder wie Luxemburg (Rang 132 im Jahr 2021) in der Rangliste erst hinter Ländern wie der wirtschaftlich vergleichsweise armen Republik Moldau (Rang 12 im Jahr 2021) landen. Das heißt aber nicht, dass die Luxemburger unglücklicher sind oder eine kürzere Lebenserwartung haben als die Moldawier.

c) Nationaler Wohlstandsindex (NWI)

Der NWI wurde 2009 vom Umweltbundesamt entwickelt und ist ein Indikator zur Wohlstandsmessung. Er geht über das reine Wirtschaftswachstum

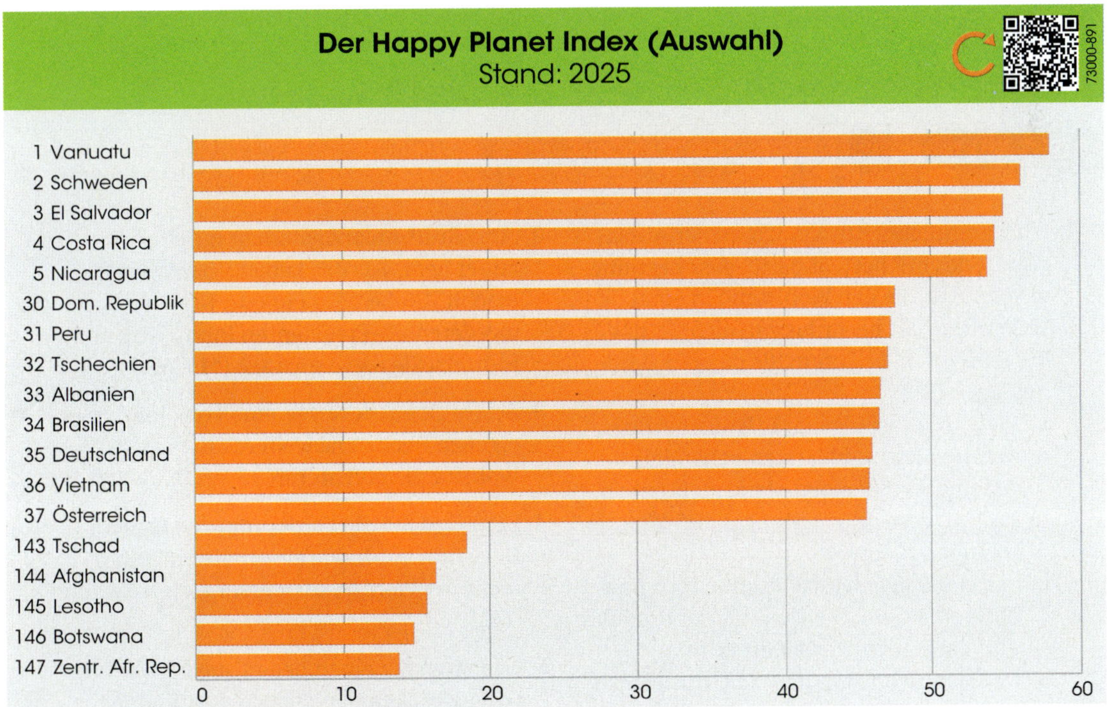

© C.C. Buchner Verlag, aktuelle Daten nach: HPI (Datenerhebung: 2021; Grafikerstellung: 2025)

hinaus. Der Wohlstandsbegriff ist sehr weit gefasst und umfasst alles, was zu Wohlstand und Wohlergehen beiträgt – sowohl materiell als auch immateriell.

Im NWI werden daher auch ökologische und soziale Aspekte erfasst, die insgesamt 21 Komponenten ergeben. Als wohlfahrtssteigernde Komponenten gelten z. B. höhere private Konsumausgaben, sowie Wertschöpfung durch Hausarbeit, ehrenamtliche Tätigkeiten oder Ausgaben für Bildung und Gesundheit. Diese werden positiv in den NWI einbezogen. Zu den Faktoren, die sich negativ auf die Wohlfahrt auswirken, gehören beispielsweise Einkommensungleichheit, die Kosten für Umweltschäden und Kriminalität.

Entwicklung des Nationalen Wohlfahrtsindex (NWI) und des Bruttoinlandsproduktes (BIP) (Stand: 2025)

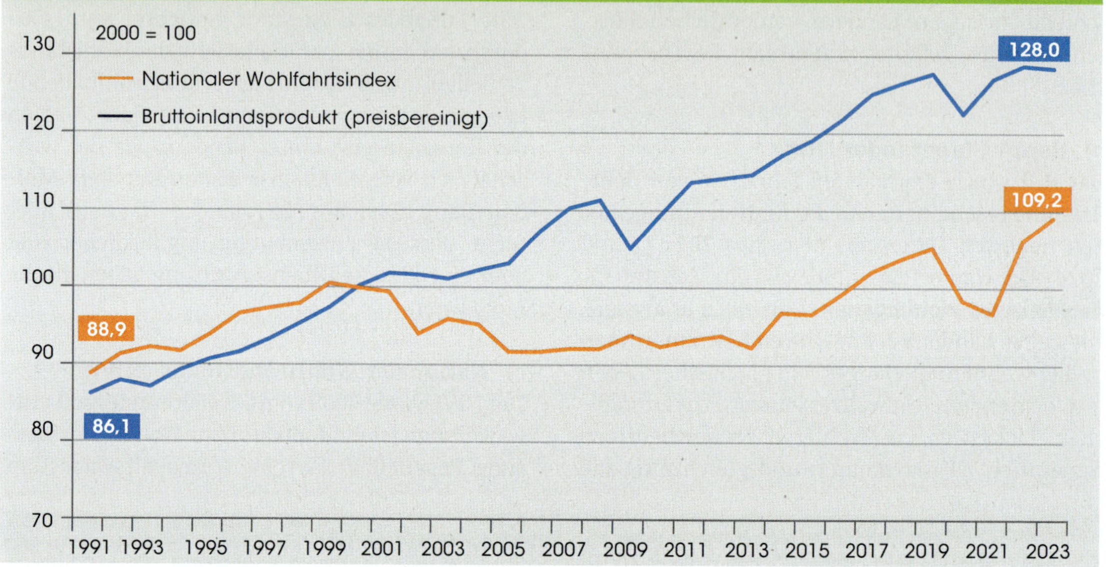

© C.C. Buchner Verlag, aktuelle Daten nach: Umweltbundesamt (Datenerhebung: 2024; Grafikerstellung: 2025)

AUFGABEN

1. Ein wesentlicher Kritikpunkt an der Aussagekraft des BIP besteht darin, dass bestimmte Vorgänge, die den Wohlstand in einer Volkswirtschaft beeinflussen, nicht in das BIP einfließen. Erläutern Sie dazu folgende Aussagen (**M2**):
   a) Viele Güter werden im BIP nicht erfasst, weil sie nicht auf Märkten gehandelt werden und somit keinen Marktpreis haben.
   b) Das BIP berücksichtigt nicht den Wert der Freizeit.
   c) In das BIP gehen nur Gütermengen und Güterpreise ein. Die Qualität der Produkte wird dabei nicht gesondert erfasst.
   d) Der Marktwert staatlicher Leistungen ist nicht feststellbar.

2. „Das Bruttoinlandsprodukt misst alles – außer dem, was das Leben lebenswert macht.“ (Robert F. Kennedy, Bruder des ermordeten US-Präsidenten John F. Kennedy) Erörtern Sie diese Aussage (**M1**, **M2**).

3. Beschreiben Sie ausgehend von einer eigenen Recherche weitere alternative Wohlstandsindikatoren.

4. Bewerten Sie die Forderung, den Human Development Index als offizielles Instrument der Wohlstandsmessung einzusetzen (**M3**).

5. Gestalten Sie einen neuen, eigenen alternativen Wohlstandsindikator. Begründen Sie die Auswahl der Teilindikatoren.

Gibt es einen Wachstumszwang?

M1 Die Probe aufs Exempel: Vergleich BIP und HDI

Der HDI wird grafisch zum BIP in Beziehung gesetzt. Der HDI ist auf der x-Achse abgetragen, gemessen von 0 bis 1 (vgl. die Erläuterungen zu M3a). Das BIP pro Kopf ist auf der y-Achse abgetragen (in internationalen $ zu Preisen von 2015). **Lesebeispiel:** Die USA haben einen x-Wert von 0,78 und einen y-Wert von 52.591 BIP pro Kopf in US-Dollar.

Human Development Index und Bruttoinlandsprodukt pro Kopf (Stand: 2023)

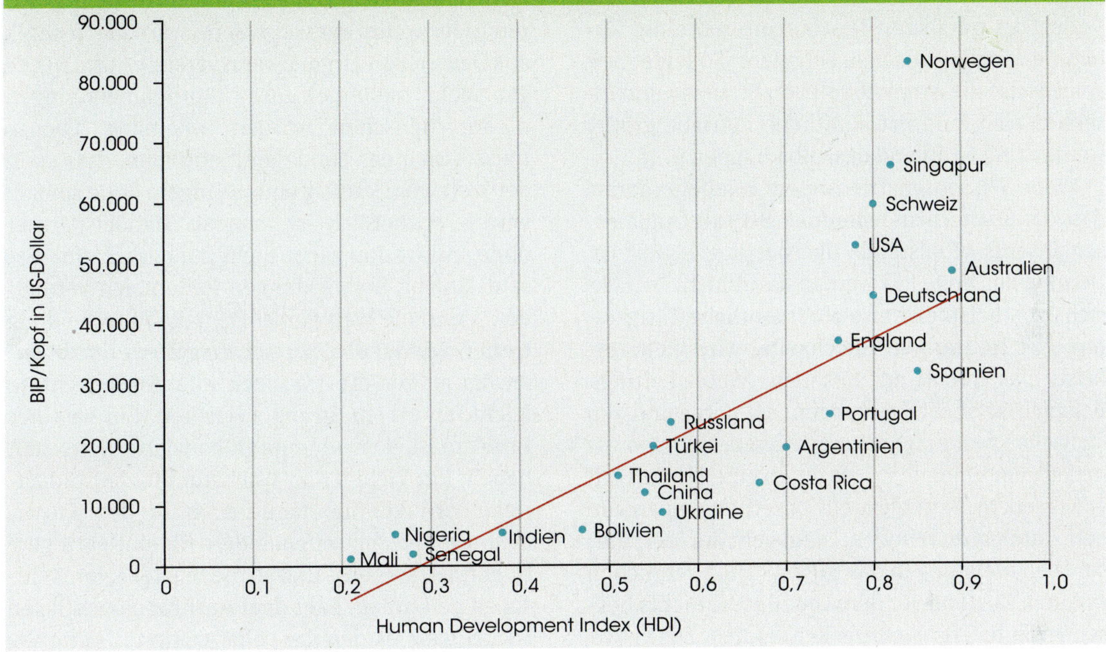

© C.C. Buchner Verlag, aktuelle Daten nach: OurWorldinData (Datenerhebung: 2022; Grafikerstellung: 2023)

M2 Muss die Wirtschaft wirklich immer wachsen?

Werfen wir einen Blick in die Vergangenheit, genauer gesagt ins 17. Jahrhundert. […] Die Menschen schufen die Voraussetzungen dafür, ihre Felder effizienter zu bestellen. Der Ertrag wuchs, mehr Lebensmittel wurden erwirtschaftet. Diese sogenannte Agrarrevolution sorgte dafür, dass die breite Bevölkerung erstmals ein Grundbedürfnis befriedigen konnte: essen. Denn Hunger war zuvor weit verbreitet in der Bevölkerung. Die allermeisten Menschen waren arm. Im 18. Jahrhundert wurde aus dem Agrarstaat England dann die erste Industrienation. Der zentrale Grund dafür war der Einsatz von Technologie: Durch Maschinen konnten mehr Produkte günstiger hergestellt werden. Auch heute verändert Technologie unsere Lebensbedingungen. So wachsen beispielsweise unsere Gesundheit und Lebensdauer durch medizinische Innovationen. Innovationen machen unser Leben zudem bequemer. Beispielsweise, wenn wir vom Fahrrad aufs E-Bike umschwenken oder Pizza via App bestellen, statt selbst zu kochen. Klingt nicht nach dem riesigen Wurf, aber auch viele kleine Dinge sind Innovationen.

„Es gibt fraglos nachvollziehbare Gründe für den hohen Stellenwert, den wir Wirtschaftswachstum beimessen", resümiert der Ökonom Johannes Hirata von der Hochschule Osnabrück. Je größer die Wirtschaftskraft einer Gesellschaft, desto leichter sei es, die Bedürfnisse all ihrer Mitglieder zu befriedigen. Die breite Bevölkerung der westlichen Welt muss sich also nicht um Hunger, Durst und Wohnungslosigkeit sorgen. […]

„In dem Maße, in dem wir es uns heute gut gehen lassen, graben wir systematisch dem guten

Leben von morgen das Wasser ab“, sagt der britische Ökonom Tim Jackson. Sein Urteil fällt vernichtend aus: Der Mythos Wachstum habe versagt; unser Wirtschaftsmodell sei von Grund auf fehlerhaft. Die Weltbevölkerung steigt, immer mehr Bedürfnisse sollen befriedigt werden. Unser Wirtschaftssystem ist noch dazu auf Konsum und permanentes Wachstum ausgerichtet. Aber: Unsere Ressourcen sind begrenzt. [...] Das Mehr an materiellen Freiheiten wird erkauft, sagt Volkswirt Niko Peach von der Uni Siegen – „mit einem Verlust an nutzbaren Ressourcen und einer Zunahme von ökologischen Schäden.“ So leidet beispielsweise die Artenvielfalt von Pflanzen und Insekten, weil landwirtschaftliche Betriebe größer werden und Grünland deshalb knapper. [...]

Viele Wissenschaftler:innen zweifeln daran, dass das Bruttoinlandsprodukt (BIP) als Gradmesser unseres Wohlstands überhaupt geeignet ist. Denn viele Dinge [...] werden darin nicht berücksichtigt – beispielsweise ehrenamtliche Tätigkeiten oder Hausarbeit. Gleichzeitig wird vieles erfasst, das nicht zu unserem Wohl beiträgt. Beispielsweise die Leistungen, die nötig sind, um Umweltverwüstungen zu reparieren. Nehmen wir mal an, ein Gelände wurde durch einen Unfall mit Öl verseucht. Nun rückt ein Unternehmen an, um den Standort zu reinigen. Dann geht der Wert dieser Dienstleistung in das BIP ein. Nur: Verglichen mit dem Zustand vor dem Unfall ist ja nichts besser geworden. Ein weiterer Kritikpunkt: Die natürlichen Ressourcen, die wir verbrauchen, werden nicht berücksichtigt. Wenn wir beispielsweise Bodenschätze nutzen, verprassen wir unwiederbringlich unser Vermögen. Diese Schätze sind für künftige Generationen verloren. [...]

[D]ie Idee vom permanenten Wachstum [wird] in Zweifel gezogen. Warum löst man sich also nicht einfach davon? Weil es nicht einfach ist. „Wir müssen wachsen – ob wir wollen oder nicht“, sagt der Schweizer Ökonom Mathias Binswanger. Seine Position: Es gibt einen Wachstumszwang. In unserer Wirtschaftsordnung sind nur wenige Unternehmen außer Konkurrenz. Die meisten Betriebe stehen im Wettbewerb. [...] Viele hiesige Unternehmen sind auf technischen Gebieten erfolgreich und entwickeln neue Produkte. Würden sie das nicht mehr tun, wären sie gegenüber anderen Unternehmen in der Welt nicht mehr wettbewerbsfähig. Wenn ausländische Betriebe ihre Waren indes weiterhin verbessern, wäre die Technik aus Deutschland irgendwann veraltet – und würde gar nicht mehr gekauft. Unternehmen gingen pleite, Menschen würden arbeitslos. Ebenso müsste sich das Land damit abfinden, dass es in der Welt wohl künftig eine geringere Rolle spielen wird – schließlich ist man als Handelspartner ohne Innovation nicht mehr sonderlich interessant. Solche Entwicklungen ließen sich vermeiden, wenn die Welt gemeinsam die Entscheidung treffen würde, das Wirtschaftssystem umzubauen. Es ist für die Nationen allerdings nicht so leicht, an einem Strang zu ziehen. Ein weiteres Problem ist, dass wir eine globalisierte Wirtschaft haben. Ein Weniger an Wachstum in den Industrieländern könnte damit auch in den Entwicklungs- und Schwellenländern für eine geringere Nachfrage sorgen – und so die Existenz von Menschen gefährden. Laut dem Anthropologen Jason Hickel gäbe es dennoch eine Option: „Wenn wir das globale BIP auf das derzeitige Niveau begrenzen würden, könnte die Armut nur durch Umverteilung beseitigt werden“, sagt er. Aber wie wahrscheinlich ist es, dass sich die Menschen auf solch eine Maßnahme einigen können?

Wiggenbröker, Claudia: Muss die Wirtschaft wirklich immer wachsen? In: www.quarks.de, 22.08.2020

Aufgaben

72003-240

1. Vergleichen Sie die Rankings nach dem Bruttoinlandsprodukt und nach dem Human Development Index (**M1**).
2. „Viele Wissenschaftler:innen zweifeln daran, dass das Bruttoinlandsprodukt (BIP) als Gradmesser unseres Wohlstands überhaupt geeignet ist.“ (**M2**, Z. 51–53)
   a) Ist das BIP ein geeigneter Gradmesser unseres Wohlstands? Arbeiten Sie unter Bezugnahme auf **M2** Für- und Widerargumente heraus.
   b) Bewerten Sie das BIP als Wohlstandsindikator.

2.7.5 Globale Umweltpolitik

Leitfragen

- Warum sollte Umweltpolitik global und nicht nur national betrieben werden?
- Welche internationalen und europäischen umweltpolitischen Maßnahmen gibt es?
- Macht der Green Deal die EU nachhaltiger und wettbewerbsfähiger?

M1 Warum ist internationale Klimapolitik notwendig?

Im November 2024 tagte die UN-Klimakonferenz UNFCCC COP (Conference of the Parties) in Baku.

Der Klimawandel macht nicht an Landesgrenzen halt. Alle anthropogenen (= vom Menschen beeinflussten) Umweltbelastungen haben grenzüberschreitenden Charakter (› Kap. 2.7.1). Um die globalen Klimaschutzziele wirksam zu erreichen, ist daher eine Internationalisierung der Umweltpolitik erforderlich. Die Reduktion von Treibhausgasen ist dabei eines der zentralen Themen der internationalen Klimapolitik. Darüber hinaus entwickeln die Vertreterinnen und Vertreter der Staaten gemeinsam Lösungsstrategien, wie die unvermeidbaren Folgen des Klimawandels bewältigt und eingedämmt werden können und wie mit den durch den Klimawandel verursachten Schäden umgegangen werden soll.

Ein oft kontrovers diskutiertes Thema ist die Finanzierung dieser Maßnahmen. Schließlich müssen die Hauptverursacher von Umweltschäden nicht zwangsläufig auch die Hauptlast tragen, was in den meisten Fällen auch nicht der Fall ist. Hauptemittenten der für die Erderwärmung verantwortlichen Klimagase sind im Wesentlichen die Industrieländer – und in den letzten Jahrzehnten auch die großen Schwellenländer. Die Folgen und Bedrohungen des Klimawandels treffen aber vor allem die armen Entwicklungsländer, die sich am wenigsten dagegen schützen können. Dazu gehören beispielsweise Versorgungsprobleme durch die Ausbreitung von Wüsten oder Überschwemmungen durch den Anstieg des Meeresspiegels.

Die wichtigsten völkerrechtlichen Verträge zum Klimaschutz sind die Klimarahmenkonvention der Vereinten Nationen (UNFCCC) von 1992 und das darauf aufbauende Pariser Abkommen von 2015. Die Klimarahmenkonventionen haben zum Ziel, die Treibhausgaskonzentrationen auf einem Niveau zu stabilisieren, das eine gefährliche Störung des Klimasystems verhindert. Die auf der Klimakonferenz in Paris vereinbarten Ziele verpflichten die Staatengemeinschaft, die globale Erwärmung auf deutlich unter 2 °C gegenüber dem vorindustriellen Niveau zu begrenzen. Darüber hinaus sollen die Vertragsstaaten Anstrengungen unternehmen, um den Temperaturanstieg unter 1,5 °C zu halten. In der zweiten Hälfte des Jahrhunderts soll die Welt treibhausgasneutral werden. Die Klimarahmenkonvention hat derzeit 198 Mitgliedsstaaten (Stand 2024), das Übereinkommen von Paris 195 Mitgliedsstaaten. Als regionale Wirtschaftsorganisation ist auch die EU beteiligt. Damit hat sich die überwiegende Mehrheit der Staaten der Erde zu den Zielen und Prinzipien dieser völkerrechtlichen Vereinbarungen bekannt.

Konkrete Vereinbarungen sind jedoch aufgrund der vielfältigen Interessen oft schwer zu erreichen und die Anstrengungen der Staaten, die Erderwärmung zu begrenzen, haben in den letzten Jahren eher ab- als zugenommen. Wissenschaftlerinnen und Wissenschaftler gehen davon aus, dass das 1,5-Grad-Ziel kaum noch zu erreichen ist. Am Pariser Abkommen wird daher kritisiert, dass die nationalen Selbstverpflichtungen nicht weit genug gehen, die Regierungen zu langsam handeln und die Umsetzung daher zu lange dauert.

M2 Welche Staaten verursachen am meisten CO_2?

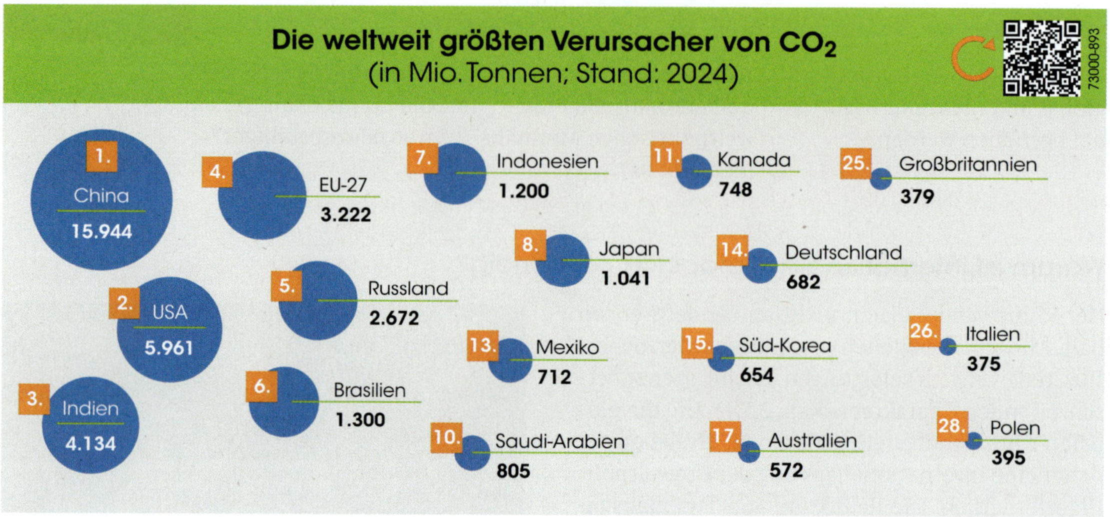

© C.C. Buchner Verlag, aktuelle Daten nach: EU EDGAR (Datenerhebung: 2023; Grafikerstellung: 2024)

M3 Stationen der Klimadiplomatie

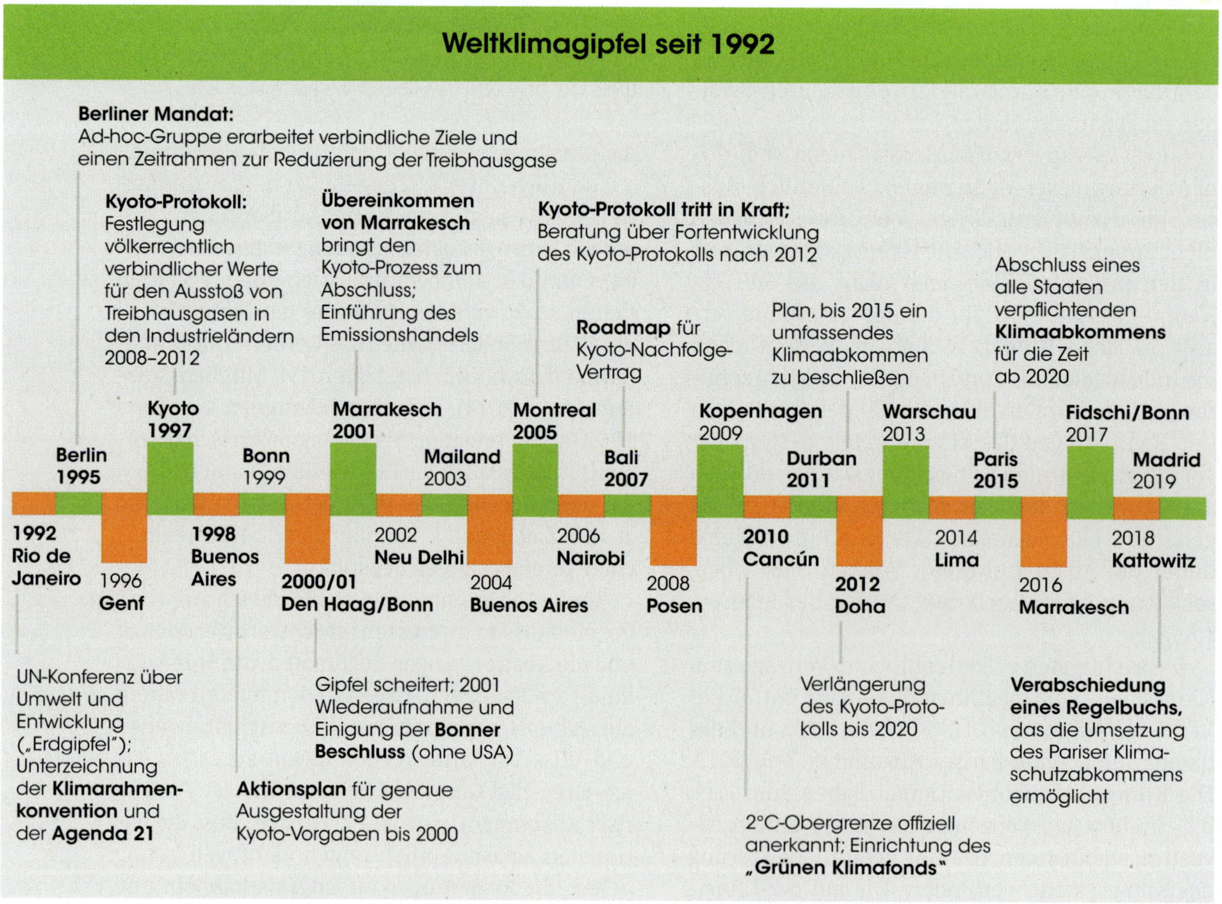

Nach: Bergmoser & Höller, Zahlenbilder 665052

M4 Welche Ziele hat sich die EU gesetzt?

Mit dem europäischen Green Deal wollen die 27 EU-Mitgliedstaaten bis 2050 klimaneutral werden, ohne das Wirtschaftswachstum zu gefährden. Das Konzept, das die Europäische Kommission im Dezember 2019 auf den Weg gebracht hat, zielt darauf ab, die europäischen Volkswirtschaften in den nächsten 30 Jahren so umzugestalten, dass sie unabhängig von fossilen Brennstoffen werden. Damit will die EU auch ihre Vorreiterrolle im weltweiten Kampf gegen den Klimawandel untermauern.

In einem ersten Schritt sollen die Treibhausgasemissionen bis 2030 um mindestens 55 % gegenüber 1990 gesenkt werden. Um dieses Ziel zu erreichen, müssen Wirtschaft und Gesellschaft in vielen Bereichen umsteuern. Im Juli 2021 hat die Europäische Kommission deshalb das Paket „Fit for 55“ vorgelegt. Damit will sie die Klimaziele des Grünen Deals in Rechtsakte umsetzen. Es handelt sich um eine Reihe von Vorschlägen, mit denen bestehende Rechtsvorschriften in den Bereichen Klima, Energie und Verkehr aktualisiert und neue Rechtsetzungsinitiativen auf den Weg gebracht werden sollen. Ziel ist es, das EU-Recht mit den Klimazielen der EU in Einklang zu bringen.

Die Pläne der Kommission zur Neuausrichtung der Wirtschaft haben erhebliche Auswirkungen auf den Arbeitsmarkt. Hunderttausende Arbeitsplätze in der fossilen Energiewirtschaft werden in den nächsten Jahren wegfallen. Der European Green Deal zielt daher darauf ab, neue Arbeitsplätze in zukunftsfähigen Branchen zu schaffen und die Arbeitnehmerinnen und Arbeitnehmer entsprechend umzuschulen.

M5 Welche Ziele verfolgt der Green New Deal?

Nach: EU-Kommission, European Green Deal, www.ec.europa.eu, Abruf am 26.05.2025 CC BY 4.0

Die Ausgangslagen der einzelnen Mitgliedsländer, was den Ausstoß von Treibhausgasen, die nationalen Energiewenden und den Zustand natürlicher Lebensräume betrifft, sind [...] unterschiedlich. Besonders Polen, das mehr als alle anderen Mitgliedsstaaten in der Stromversorgung auf Kohle angewiesen ist, warnt, die vorgegebenen Ziele der Kommission nicht einhalten zu können.

Um Regionen oder ganze Länder, die sich in dieser Zwickmühle befinden, unterstützen zu können, wurde ein „Mechanismus für einen fairen Übergang" eingeführt. Länder, die bereits früh politisch auf die Klimakrise reagierten, kritisieren, dass dieser Mechanismus sich ausschließlich an Länder richtet, die stark abhängig von fossilen Energien sind, statt solche zu unterstützen, die schon länger konkrete Ausstiegspläne verfolgen.

Für Umweltorganisationen enthält der European Green Deal ohnehin wenig Positives. [...] Um im Einklang mit dem Pariser Klimaabkommen, die Erderwärmung auf 1,5 Grad zu begrenzen, zu bleiben, müssten die Einsparungen von Treibhausgasen Greenpeace zufolge bis 2030 bei mindestens 65 Prozent liegen. Das sind zehn Prozent mehr als das Ziel der EU. Auch der Erhalt des Wirtschaftswachstums als angestrebtes Ziel stehe einer nachhaltigen Transformation im Weg. Viele der angekündigten Strategien und Ideen brauchen zudem lange, um durch das Europäische Parlament zu kommen und werden dort regelmäßig abgeschwächt. Durch den immensen Widerstand von Ländern wie Polen oder Ungarn konnten juristische Schlupflöcher entstehen, die es Staaten erlauben, die Vorgaben der Kommission zu umgehen.

Saha, Alina: Green New Deal: Hehre Ziele für das Klima. In: www.freitag.de, 22.05.2023

Aufgaben

72003-241

1. „Die Folgen und Bedrohungen des Klimawandels treffen aber vor allem die armen Entwicklungsländer, die sich am wenigsten dagegen schützen können." (**M1**, Z. 24–27)
   a) Beschreiben Sie mögliche Konfliktfelder zwischen den Industriestaaten und Staaten des globalen Südens in Bezug auf die Verwirklichung der Ziele des Pariser Klimaabkommens.
   b) Gestalten Sie eine Karikatur, bei der die Konfliktfelder zwischen Industriestaaten als Hauptemittenten der Klimagase und den Entwicklungsländern als Geschädigte problematisiert werden.
2. Die Trittbrettfahrerproblematik beschreibt in den Wirtschaftswissenschaften eine Situation, bei der bestimmte Akteure von den Handlungen anderer kostenlos profitieren, indem sie diese Situation ausnutzen. Erläutern Sie mithilfe dieses Trittbrettfahrerverhaltens die Schwierigkeiten, ein starkes internationales Klimaabkommen zu beschließen.
3. Beurteilen Sie aus aktueller Perspektive den erreichten Stand der internationalen Klimapolitik.
4. Stellen Sie die deutsche Umweltpolitik im europäischen und internationalen Zusammenhang mittels eines Wirkungsgefüges dar (**M1–M5**).
5. Stellen Sie sich vor, eine Rede zu verfassen, die Sie auf der Weltklimakonferenz halten.
   a) Erläutern Sie, welches wirtschaftliche Handeln als nachhaltig und somit zukunftsfähig einschätzen.
   b) Gestalten Sie eine Rede und begründen Sie Ihr umweltpolitisches Urteil, indem Sie es argumentativ untermauern. Verdeutlichen Sie auch, auf welche Urteilskriterien (Ökologische Nachhaltigkeit, Effizienz, Treffsicherheit usw.) Sie sich in Ihrem Urteil beziehen.

Der Green Deal als Rettung für das Klima?

M1 Wie spielen nationale und internationale Klimaziele zusammen?

Die Klimaschutzanstrengungen in Deutschland sind an verschiedenen Zielsetzungen orientiert. Auf der einen Seite hat sich Deutschland zu den Temperaturzielen des Pariser Klimaschutzabkommens bekannt. [...] Dies soll durch angemessene, aber freiwillige nationale Beiträge erreicht werden. Bereits heute beträgt der Anstieg der globalen Durchschnittstemperatur gegenüber dem vorindustriellen Niveau 1,2 Grad Celsius [...]. Auf der anderen Seite schreibt das deutsche Klimaschutzgesetz einen Treibhausgasreduktionspfad vor. Bis 2030 sind abnehmende sektorspezifische jährliche Jahresemissionsmengen festgelegt, die im Zwischenziel 2030 in Summe einer Emissionsminderung von 65 Prozent gegenüber dem Niveau von 1990 entsprechen. Bis 2040 sollen die Emissionen um 88 Prozent niedriger sein als 1990 und im Jahr 2045 soll Deutschland die Nettotreibhausgasneutralität erreicht haben. Das bedeutet, dass ein geringes Volumen an Restemissionen noch zulässig ist, solange dieses durch die natürliche oder künstliche Entnahme von Treibhausgasen aus der Atmosphäre kompensiert wird [...]. Aus den Klimazielen von Paris leitet der Intergovernmental Panel on Climate Change (IPCC) ein globales CO_2-Budget ab. Es gibt die Gesamtmenge der CO_2-Emissionen an, die maximal mit der Einhaltung der Temperaturziele vereinbar ist. Ein deutsches CO_2-Budget berechnet der Sachverständigenrat für Umweltfragen (SRU) anhand des deutschen Anteils an der Weltbevölkerung im Jahr 2016. Danach beträgt das CO_2-Budget für einen angemessenen und gerechten deutschen Beitrag zur Begrenzung der globalen Erwärmung auf 1,5 Grad Celsius mit einer 67-prozentigen Wahrscheinlichkeit der Zielerreichung ab 2022 noch zwei Gigatonnen (Gt) CO_2. Soll das 1,5-Grad-Ziel mit einer höheren Wahrscheinlichkeit von 83 Prozent erreicht werden, schrumpft das deutsche CO_2-Budget auf 0,8 Gt CO_2 [...]. [Die Abbildung „Ambitionslücke des Klimaschutzgesetzes"] stellt auf der rechten Seite basierend auf Berechnungen des Sachverständigenrats für Umweltfragen verschiedene CO_2-Budgets dar, die mit der Einhaltung des deutschen Beitrags zu den Temperaturzielen des Pariser Klimaabkommens kompatibel sind.

Ambitionslücke des Klimaschutzgesetzes

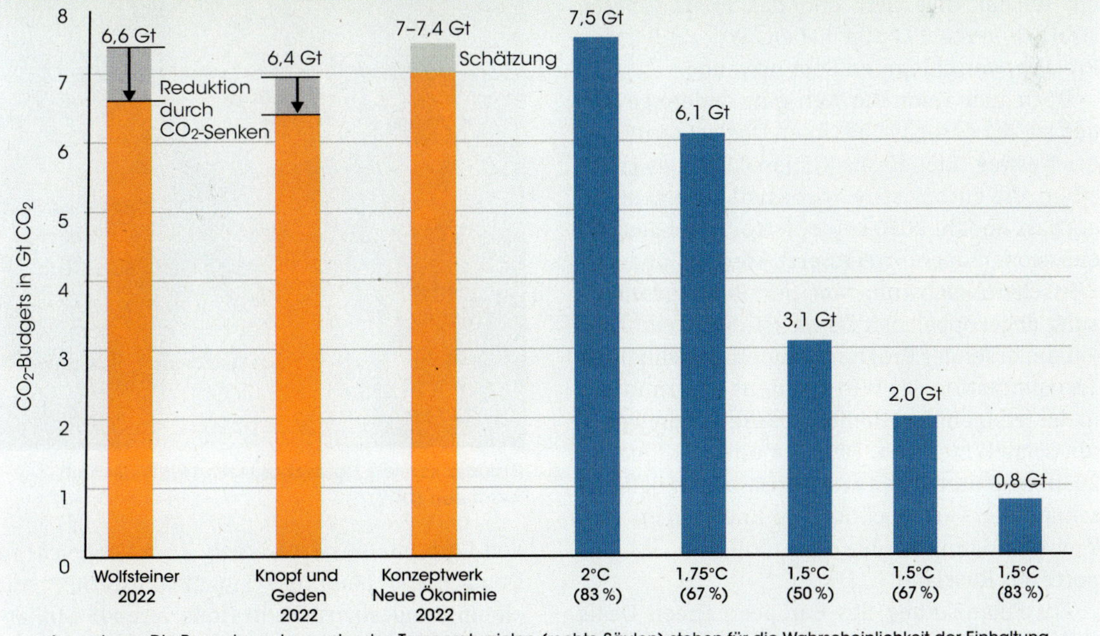

Anmerkung: Die Prozentangaben unter den Temperaturzielen (rechte Säulen) stehen für die Wahrscheinlichkeit der Einhaltung dieses Ziels. Grund dafür ist die Komplexität des Klimasystems, die dazu führt, dass nicht genau vorhergesagt werden kann, wie sich eine bestimmte CO_2-Emissionsmenge auf die Temperatur auswirkt.

Nach: Holzmann, Petersen und Wortmann (2023), Bertelsmann-Stiftung. Daten basieren auf den genannten Studien und SRU (2022)

Auch aus dem Klimaschutzgesetz lässt sich näherungsweise eine kumulierte Gesamtmenge der CO_2-Emissionen errechnen, die Deutschland bis 2045 ausstoßen darf. Verschiedenen wissenschaftlichen Studien zufolge beträgt das zulässige CO_2-Volumen des Klimaschutzgesetzes ab 2022 etwa 6,4 bis 7,4 Gt CO_2 [...].

Die aus dem Klimaschutzgesetz abgeleiteten CO_2-Budgets sind auf der linken Seite [der Abbildung] dargestellt. Die Gegenüberstellung mit den Paris-kompatiblen Budgets verdeutlicht, dass mit dem Emissionsvolumen des Klimaschutzgesetzes alle Paris-kompatiblen CO_2-Budgetszenarien für Deutschland überschritten würden. Berechnungen zufolge würde dies bei den Budgets für das 1,5-Grad-Ziel sogar bereits spätestens in fünf Jahren der Fall sein. Der Reduktionspfad des Klimaschutzgesetzes liegt zumindest in der Nähe des CO_2-Budgets für 1,75 Grad Celsius („deutlich unter zwei Grad"), das mit 67-prozentiger Wahrscheinlichkeit der Zielerreichung in Höhe von 6,1 Gt CO_2 berechnet wird. Das Klimaschutzgesetz ermöglicht wahrscheinlich gerade so das Einhalten des CO_2-Budgets zur Begrenzung der globalen Erwärmung auf zwei Grad Celsius[.] Die Abweichung zwischen den Emissionsmengen des Klimaschutzgesetzes und dem politisch erklärten und international vereinbarten 1,5-Grad-Ziel wird als „Ambitionslücke" bezeichnet. Die deutschen Klimaziele sind damit in der aktuellen Form inkonsistent mit den Pariser Klimaschutzzielen [.]

Holzmann, Sara u.a.: Wachstum oder Schrumpfung in der sozial-ökologischen Transformation: Eine Frage der Entkopplung, Nachhaltige Soziale Marktwirtschaft Focus Paper #8. In: www.bertelsmann-stiftung.de, 08.05.2023

M2 Macht der Green Deal Europa nachhaltiger und wettbewerbsfähiger?

a) Standpunkt von Claudia Kemfert: Jetzt erst recht

Der Angriff Russlands auf die Ukraine ist auch ein Krieg um fossile Energien. Mit fatalen Folgen: Die Preise für fossile Energien explodieren, mit ihnen die Inflation und die volkswirtschaftlichen Kosten. Nun rächt sich, dass wir zu lange an fossilen Energien festgehalten, zu wenig in die Abkehr investiert und das Energiesparen sträflich vernachlässigt haben. Wir zahlen den Preis der verschleppten Energiewende.

Doch auch wenn die Welt eine andere geworden ist, der europäische Green Deal ist weiterhin der Ausweg. Ziel dieses Klimapakts ist es ja vor allem, die europäische Wirtschaft so umzubauen, dass im Jahr 2050 keine Netto-Treibhausgasemissionen mehr freigesetzt werden und das Wirtschaftswachstum von der Ressourcennutzung abgekoppelt ist. Damit ist der Green Deal ein umfassendes Programm für eine nachhaltige Transformation des Wirtschaftens und kann uns in der jetzigen Krise helfen, fossile Abhängigkeiten schnell zu lösen. Das formulierte Klimaziel 2050 bedeutet nichts anderes, als möglichst schnell den Verbrauch fossiler Energien zu senken. Und damit ebenso die Erdöl- und Gas-Importe aus Russland. [...]

Claudia Kemfert, Deutsches Institut für Wirtschaftsforschung (DIW)

Zur Finanzierung des European Green Deals sollen nach Ankündigung der Europäischen Kommission bis 2030 eine Billion, also 1.000 Milliarden Euro, mobilisiert werden. Zum Vergleich: in Deutschland plant das Finanzministerium mit einem Bundeshaushalt in Höhe von 445 Milliarden Euro im Jahr 2023. Diese Vorhaben hatte die Kommission bereits Ende 2019 in einem Investitionsplan für ein zukunftsfähiges Europa (European Green Deal Investment Plan) ausgeführt. Nun ist es dringender denn je, Gelder für die Abkehr von fossiler Energie bereitzustellen. Dies strebt Europa an und hat dazu den REPowerEU-Plan ausgerufen, der vor allem den schnelleren Ausbau von sogenannten sauberen Energien vorsieht, die Industrie unterstützt, um von Gas und Kohle wegzukommen, aber auch das Energiesparen forcieren will. Dafür sollen nochmals 100 Milliarden Euro pro Jahr ausgegeben werden. All dies sind Schritte in die richtige Richtung. Fatal wäre es nun, angesichts der [Krisen] Anstrengungen für eine schnelle Abkehr von fossilen Energien aufzugeben oder wieder einmal zu verschieben, wie es oft in vergangenen Krisen der Fall war. Es darf nicht wieder heißen: „Jetzt erst einmal nicht", sondern es muss heißen: „Jetzt erst recht."

Zudem ist es eine richtige und notwendige Entscheidung der EU, künftig kein Öl mehr aus Russland kaufen zu wollen. Wenn auch die Entscheidung zum Ölembargo durchaus entschlossener hätte ausfallen können und müssen, ist es dennoch folgerichtig. Auch Deutschland muss mitziehen und sollte nicht die nächsten unnötigen fossilen Infrastrukturabhängigkeiten schaffen. So zementiert der Bau vieler neuer Flüssiggasterminals in Deutschland die Abhängigkeit vom fossilen Erdgas über Jahrzehnte und widerspricht den EU-Zielen. Vernünftiger wäre es, für ein paar Jahre auf schwimmende Terminals zu setzen und zeitgleich die erneuerbaren Energien deutlich stärker auszubauen.

Der EU-Green-Deal, das „Fit-for-55"- und das REPowerEU-Programm lassen nur einen Weg zum Ziel zu: dass nun endlich und ausschließlich in erneuerbare Energien und in das Energiesparen investiert wird. Mit stark steigenden fossilen Energiepreisen wird die Umsetzung zunächst ein Kraftakt, da zum einen die Ziele im Auge behalten werden müssen und zum anderen die schwächeren Länder und die Wirtschaft nicht überfordert werden dürfen.

Langfristig aber wird die Abkehr von fossilen Energien die Wettbewerbsfähigkeit dauerhaft stärken und damit auch die volkswirtschaftliche Resilienz. Denn der Green Deal schafft Wertschöpfungen und zukunftsfähige Jobs, vor allem im Bereich erneuerbarer Energien, Energieeffizienz, Elektromobilität, Digitalisierung und emissionsfreier Industrie. Zudem helfen Green Deal und Co. mit ihrer konsequenten Abkehr von fossilen Energieträgern, künftige geopolitische Krisen und Kriege zu vermeiden – und stärken somit Demokratie und Frieden. Genau darum muss es gehen.

b) Standpunkt von Clemens Fuest: Nicht nur Chancen, sondern auch Risiken

[...] Die EU will mit dem ambitionierten Klimaschutzprogramm ihre Treibhausgasemissionen bis 2050 auf Null reduzieren. Allerdings hat das Projekt viele Tücken. Ein Übergang zur Klimaneutralität der EU allein würde die weltweite Klimaerwärmung kaum beeinflussen:

Clemens Fuest (ifo Institut)

- Erstens liegt der Anteil der EU an den weltweiten Emissionen [im Jahr 2022] bei nur 7,3 Prozent. Ein Abbau auf Null verändert also wenig, wenn andere Staaten wie die USA, Indien und China nicht mitziehen.
- Zweitens verringert ein höherer Klimaschutz-Beitrag Europas für andere Länder den Anreiz, ebenfalls etwas beizutragen, weil das Problem durch den europäischen Beitrag entschärft wird, wenn auch nur wenig.
- Drittens sorgt sinkende Nachfrage nach fossilen Brennstoffen aus der EU langfristig für sinkende Preise bei Kohle, Öl und Gas. Das führt dazu, dass in anderen Ländern mehr fossile Brennstoffe verbrannt werden.

Der Green Deal der EU soll Emissionen begrenzen, ist aber nicht unumstritten.

Daraus folgt allerdings nicht, dass Anstrengungen der EU für Klimaschutz sinnlos sind. Erstens übt eine Vorreiterrolle Europas einen gewissen moralischen Druck aus. Zum Beispiel stützt der Beitrag der EU in den USA politische Kräfte, die mehr Klimaschutz wollen. Zweitens kann die EU technologische Entwicklungen und Innovationen anstoßen, die klimaschonendes Handeln attraktiver machen. Sobald erneuerbare Energien beispielsweise preiswerter als fossile Energieträger sind, werden andere Länder sie übernehmen, selbst wenn sie keine Anstrengung für Klimaschutz auf sich nehmen wollen.

Dennoch ist es von zentraler Bedeutung, dass die EU in der Klimapolitik nicht nur versucht, eigene Emissionen abzubauen, sondern die internationale Zusammenarbeit sucht. [...] Darüber hinaus ist es sinnvoll, Entwicklungs- und Schwellenländern finanziell und technologisch zu helfen, insbesondere um einen besseren Schutz der tropischen Regenwälder zu erreichen. [...]

Der Green Deal wirft die Frage auf, ob europäische Unternehmen, die viel für Dekarbonisierung bezahlen, gegenüber Produzenten außerhalb der EU benachteiligt werden. Das würde zum einen bedeuten, dass Arbeitsplätze in der EU gefährdet werden. Zum anderen würden sinkende CO_2-Emissionen in der EU durch steigende Emissionen außerhalb der EU kompensiert. Für das Klima wäre nichts gewonnen. Dagegen hat die EU den Plan eines CO_2-Grenzausgleichs entwickelt. Unternehmen außerhalb der EU, die im Binnenmarkt ihre Produkte verkaufen wollen, sollen eine Art Klimazoll entrichten, dessen Höhe davon abhängt, wie viel CO_2 bei der Produktion des Gutes anfiel und welche Abgaben dafür am Produktionsstandort entrichtet wurden. Das soll eine Benachteiligung europäischer Firmen verhindern. Dieser Plan hat zwei Schwächen. Erstens könnten Länder außerhalb der EU diesen Zoll als versteckten Protektionismus betrachten und ihrerseits Zölle erheben. Zweitens kann der Grenzausgleich für EU-

Importe nichts daran ändern, dass europäische Unternehmen als Exporteure auf den globalen Märkten Wettbewerbsnachteile haben.

Es wäre denkbar, EU-Exporteure zum Ausgleich zu subventionieren. Das könnte von anderen Ländern jedoch ebenfalls als Protektionismus aufgefasst und entsprechend beantwortet werden. Dem kann man entgegenhalten, dass der europäische Green Deal in der EU Innovationen und umweltfreundlichen Technologien stärker fördern könnte als außerhalb der EU und europäische Unternehmen dadurch an Wettbewerbsfähigkeit gewinnen. Dabei ist allerdings zu bedenken, dass wachsende Märkte für Umweltschutztechnologien auch von außereuropäischen Unternehmen bedient werden können – unabhängig davon, welche Klimapolitik an deren Produktionsstandorten verfolgt wird.

Der europäische Green Deal wird Veränderungen bringen, die unterschiedliche Bevölkerungsgruppen sehr unterschiedlich treffen. Ein Beispiel dafür ist die Transformation der Automobilindustrie. In Unternehmen, die herkömmliche Verbrennungsmotoren herstellen, werden Arbeitsplätze wegfallen. Ein anderes ist die Verteuerung von fossilen Brennstoffen wie Benzin oder Heizöl in Europa durch steigende Steuern oder Zertifikatepreise. Menschen mit niedrigeren Einkommen fällt es schwer, diese höheren Preise zu bezahlen. Deshalb ist es erforderlich, die Dekarbonisierung sozial zu flankieren. Ein Ansatz besteht darin, die Einnahmen aus dem CO_2-Preis in Form eines Energiegeldes insbesondere an Haushalte mit niedrigen Einkommen zu zahlen, um die Lasten auszugleichen. Ohne verteilungspolitische Flankierung dürfte der Green Deal auf politischen Widerstand stoßen, der seinen Erfolg gefährdet.

Der europäische Green Deal hat das Potenzial, die Wirtschaft in der EU zu mehr Nachhaltigkeit zu bringen. Die erheblichen Aufwendungen für die Dekarbonisierung werden die Konsummöglichkeiten allerdings zweifellos reduzieren. In welchem Umfang Wettbewerbsfähigkeit und Wohlstand gewahrt werden können und die soziale Abfederung gelingt, ist offen und hängt nicht zuletzt von der klugen Ausgestaltung des Green Deals ab. Insgesamt stehen sich hier also Chancen und Risiken gegenüber.

Kemfert, Claudia / Fuest, Clemens: Macht der Green Deal Europa nachhaltiger und wettbewerbsfähiger?. In: www.bpb.de, 04.10.2022

Aufgaben

72003-242

1. Erläutern Sie die „Ambitionslücken des deutschen Klimaschutzgesetzes“ im Hinblick auf das Pariser Klimaabkommen (**M1**).
2. Vergleichen Sie die Interessenkonflikte zwischen Ökonomie und Ökologie auf nationaler, europäischer und internationaler Ebene (**M1**, **M2**).
3. Analysieren Sie, auf welcher Akteursebene die Verantwortung zur Lösung der Klimproblematik liegt. Beziehen Sie persönlich Stellung (**M1**, **M2**).
4. Gestalten Sie ein Streitgespräch zwischen Claudia Kemfert und Clemens Fuest zum Thema: „Macht der Green Deal Europa nachhaltiger und wettbewerbsfähiger?“ (**M2**)

Kompetenzen

Am Ende dieses Kapitels sollten Sie Folgendes wissen und können:

- Die Begriffe Politik, Staat und politisches System erläutern und ihren Bezug zueinander erklären
- Klassische Vertragstheorien und Moderne Demokratietheorien unterscheiden, vergleichen und kritisch einordnen
- Bausteine und Strategien des Faschismus erkennen und kritisch beurteilen
- verschiedene Regierungssysteme und Demokratietypen erkennen, erläutern und kritisch beurteilen

1

2

Politische Theorie und Demokratie 3

3

4

72003-300

Aufgaben

1. Beschreiben Sie kurz den Inhalt aller Bilder.
2. Recherchieren Sie online den historischen und politischen Hintergrund der Bilder.
3. Erläutern Sie, wie auf den Bildern politische Herrschaft legitimiert und gegebenenfalls übertragen wird.

3.1 Politik, Staat und politisches System

Leitfragen

- Wie können die Begriffe Politik, Staat und politisches System definiert werden?
- Wie hängen diese Begriffe zusammen?
- Was versteht man unter einem politischen System und wie funktioniert es?

M 1 Was ist Politik?

Eine allgemeine Definition von „**Politik**" gibt es nicht. Politik ist zunächst eine Form menschlichen Handelns, das sich auf eine Gruppe bezieht. Politisches Handeln ist in der Regel auf das Lösen von Problemen und Konflikten bezogen, die sich im Zusammenleben von Menschen ergeben.

Im weitesten Sinne ist „Politik" daher menschliches Handeln, das bei Konflikten zwischen Menschen in Gruppen (z. B. Vereine, Schulklassen) zu einer spezifischen Form der Konfliktregelung führt. Die Frage, was eine Familie (eine Gruppe) zu Abend essen möchte, kann aufgrund unterschiedlicher Wünsche zu einem Konflikt führen, so dass es eines Verfahrens zur Lösung bedarf. Oft reicht hier eine einfache Abstimmung nicht, da möglicherweise Grundprobleme, wie Allergien oder die Ausstattung einer Küche, vorliegen, die zu berücksichtigen sind. Politik ist nicht der eigentliche Zweck der Gruppe.

Wenn eine Gruppe zu dem Zweck besteht, politische Entscheidungen zu treffen, spricht man von Politik im engeren Sinne. Ist sie dauerhaft eingerichtet, wird diese Gruppe als politische **Institution** bezeichnet.

Ein Beispiel sind Parlamente, die Ordnungen des Zusammenlebens für eine Gesamtgesellschaft festlegen. Durch politisches Handeln werden Probleme und Konflikte, die durch die verschiedenen Interessen der unterschiedlichen Individuen und Gruppen in einer Gesellschaft entstehen, geregelt. Die einzelnen Gegenstände dieser Institutionen werden zu Politikbereichen zusammengefasst, z. B. die Umweltpolitik, die Bildungspolitik oder die Gesundheitspolitik.

Mit Modellen kann die komplexe Wirklichkeit von Politik vereinfacht beschrieben werden. In der amerikanischen Politikwissenschaft wurde hierfür das Modell der drei **Politikdimensionen** entwickelt, das mittlerweile international zur Beschreibung politischer Handlungen genutzt wird:

- der **Ordnungs- bzw. Handlungsrahmen** (*polity*)
- die politischen **Prozesse** (*politics*) und
- die **Inhalte** (*policy*).

Diese Bereiche können fokussiert betrachtet werden, z. B. der politische Prozess, um ein Gesetz zur Standardisierung von Gebäudeheizungen zu entwerfen, diskutieren und schließlich zu beschließen (politics). Die Inhalte des Gesetzes (Welche Heizungen sind erlaubt, welche nicht?) können dann getrennt untersucht werden (policy). Ebenso die Institutionen, die daran beteiligt sind (polity).

Diese Unterscheidungen werden oft zur Analyse von Politik in Staaten bzw. politischen Systemen verwendet.

Institution
Institution ist ein Begriff, der in der Politikwissenschaft und Soziologie verwendet wird. Im weiteren Sinne werden darunter dauerhafte Muster menschlichen Handelns verstanden.

Dies kann sehr informelle Formen annehmen („Zur Begrüßung geben wir uns die Hand und schauen uns in die Augen"), kann aber auch schriftlich fixierte, zweckgerichtete Regeln wie eine Verfassung oder Abläufe wie ein Gesetzgebungsverfahren meinen.

Im allgemeinen Sprachgebrauch werden häufiger ganze Ämter oder Organe wie Bundespräsident oder Bundestag als Institution bezeichnet. Dies unterscheidet sich aber von der sozialwissenschaftlichen Verwendung des Begriffs, die auf das wiederkehrende Muster menschlichen Handelns zielt.

M2 Was ist ein Staat, was ein politisches System?

Der Staatsrechtler Georg Jellinek hat mit der sogenannten „Drei-Elemente-Lehre“ eine Definition des Konzepts „Staat“ vorgelegt. Demnach ist ein Staat eine politische Gemeinschaft, die aus den Elementen **Staatsvolk, Staatsgebiet** und **Staatsgewalt** besteht. In einem Staat werden verbindliche Regeln des Zusammenlebens getroffen und durch eine öffentliche Verwaltung implementiert. Ein Rechtssystem urteilt über Konflikte. Zur Durchsetzung seiner Entscheidungen besitzt ein Staat das Gewaltmonopol und sichert die Souveränität des Staates nach innen und außen. Er ist somit die Gesamtheit der öffentlichen Institutionen, die das Zusammenleben regeln.

Der österreichische Staatsrechtler Georg Jellinek (1851-1911)

Das Konzept wurde zum Teil als unvollständig und unzureichend kritisiert. In der Politikwissenschaft werden politische Handlungen u.a. systemisch betrachtet, also nach dem relationalen Zusammenwirken aller beteiligten Individuen und Gruppen.

Der Begriff **„politisches System“** ist umfangreicher als der des Staates, mit dem neben einzelnen Akteuren und deren Zusammenhängen auch Wandlungsprozesse beschrieben werden.

Neben spezifischen Herrschaftsformen und Regimetypen werden auch Formen gesellschaftlicher und politischer Repräsentation als Teil des politischen Systems angesehen. Dazu gehören auch nichtstaatliche Institutionen, Akteure, Normen und Verfahren, die im Rahmen eines verbindlichen Ordnungs- und Handlungsrahmens an politischen Prozessen und an der Formulierung von Inhalten beteiligt sind.

Das politische System ist Adressat von Forderungen (**input**). Diese Forderungen bzw. Eingaben, die sich konfliktär gegenüberstehen können, sind das „Rohmaterial“, aus dem die politischen Entscheidungen entstehen. Beispiele dafür sind Forderungen nach mehr Kindergeld oder mehr Finanzmitteln im Bildungsbereich. Parteien, Interessenverbände und Massenmedien agieren dabei im intermediären Bereich, also in dem Bereich zwischen Gesellschaft und Staat. Ihr Ziel ist es, die Interessen der Bürgerinnen und Bürger in die Entscheidungsinstitutionen einzubringen. Die wesentlichen Entscheidungsinstitutionen sind in Deutschland auf Bundesebene der Bundestag, der Bundesrat und die Bundesregierung. Hier werden Forderungen zurückgewiesen, gebündelt, abgeschwächt bzw. Entscheidungen getroffen und vereinbart, die auf die Gesellschaft zurückwirken, da sie verbindlich für die Menschen sind (**output**). Das politische Entscheidungssystem entspricht im Grunde dem Staat und dient dazu, politische Entscheidungen zu treffen (**Regelsetzung**), die Vernünftigkeit dieser Entscheidungen zu überprüfen (**Regelkontrolle**) und die Entscheidungen umzusetzen (**Regelanwendung**).

Aus den Entscheidungen können sich wieder neue Forderungen ergeben. Input und Output sind somit in einem Regelkreis miteinander verbunden. In diesem Regelkreis hängt die Stabilität des politischen Systems davon ab, wie gut die Entscheidungsinstitutionen die Interessen der Bürgerinnen und Bürger widerspiegeln können. Probleme können in einem politischen System entstehen, wenn keine geeigneten Vermittler zwischen Bürgerinnen und Bürger und politischem Entscheidungszentrum existieren und somit Forderungen der Menschen nicht aufgegriffen werden können.

Neben den Begriffen Staat und politisches System gibt es auch den Begriff des **Regierungssystems.** Dieser beschreibt die politischen Institutionen und die in ihnen und zwischen ihnen stattfindenden politischen Prozesse, umfasst jedoch nicht die am politischen Willensbildungsprozess beteiligten nichtstaatlichen Akteure.

Input-Output-Modell des politischen Systems

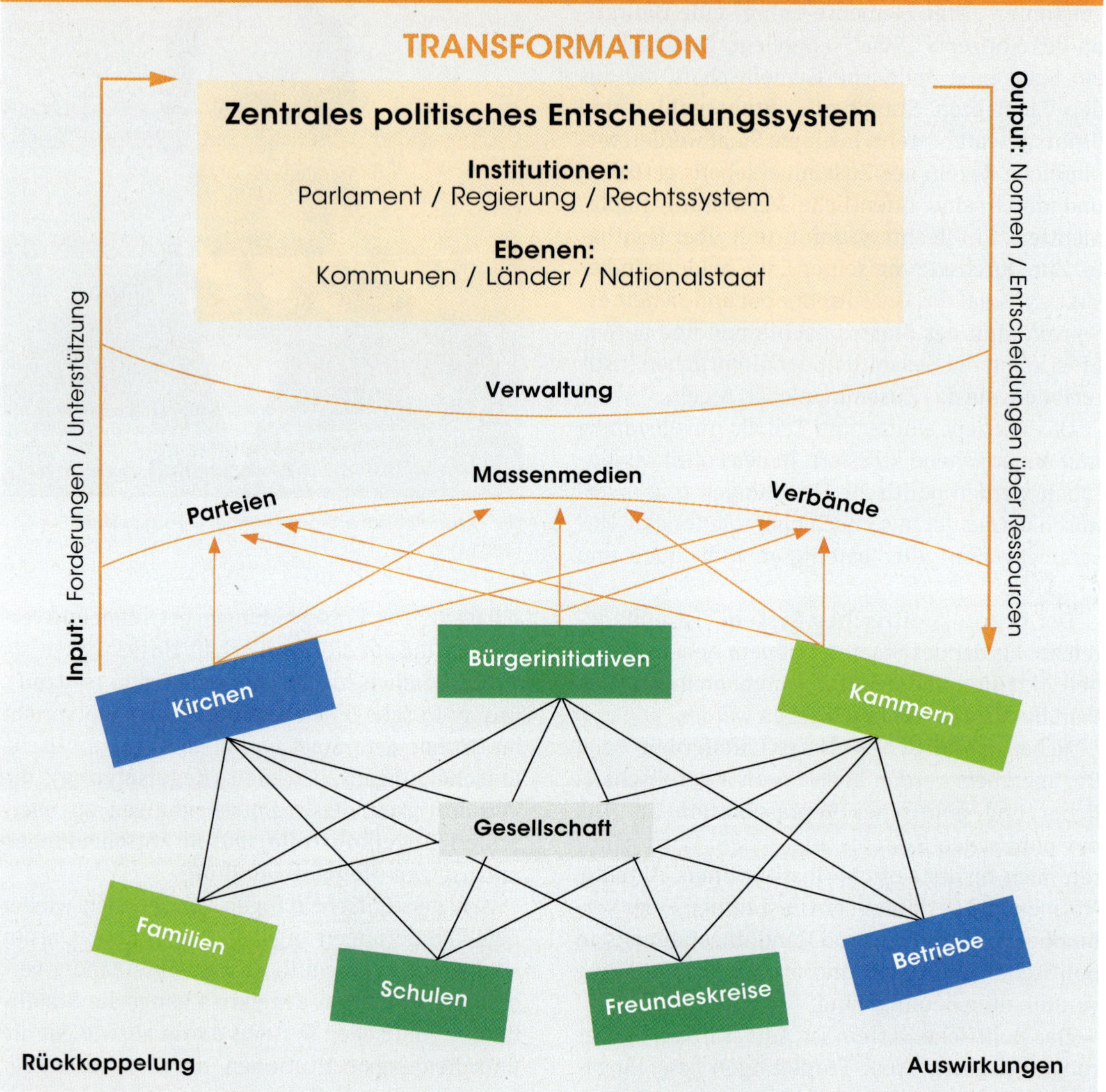

Aufgaben

72003-301

1. Erläutern Sie, was unter Politik im engeren Sinne verstanden werden kann (**M1**). Nutzen Sie hierfür ein Beispiel aus ihrem Lebensumfeld.
2. Erläutern Sie, inwiefern Energiepolitik Politik im engeren Sinne und nicht im weiteren Sinne ist (**M1**).
3. Erklären Sie eine politische Entscheidung zur Energieversorgung (auf kommunaler, landespolitischer, bundespolitischer oder europapolitischer Ebene) mithilfe des Modells des politischen Systems (**M2**).
4. Erläutern Sie den Nutzen des Modells des politischen Systems. Grenzen Sie es dabei vom Begriff des Staates nach Jellinek ab (**M2**).

3.2 Politische Theorie

3.2.1 Klassische Vertragstheorien

Leitfragen

- Was versteht man unter Vertragstheorien?
- Was sind die Inhalte der Vertragstheorien von Hobbes, Locke und Rousseau?
- In welchem historischen Kontext sind sie entstanden?

M1 Was sind Vertragstheorien?

Die in diesem Kapitel behandelten Theoretiker teilen einen wesentlichen Ausgangspunkt ihrer Überlegungen: Sie gehen allesamt von einem rationalen Menschenbild aus. Individuen können logische Überlegungen anstellen und zur Überwindung von sozialen Problemen Abmachungen miteinander schließen, die **Gesellschaftsverträge**. Damit entfernen sich diese Vertragstheorien von den rein theologisch begründeten Staatstheorien des Mittelalters und stellen den einzeln oder in der Gruppe politisch handelnden Menschen in den Mittelpunkt. Auch wenn ihre Menschenbilder, Vorstellungen des Zustands vor dem Gesellschaftsvertrag sowie auch die Ausgestaltung des Vertrags an sich unterschiedlich sind, teilen alle Theoretiker einen ähnlichen Grundplan: Ein **Naturzustand** der Menschen und ihrer Verhältnisse untereinander vor dem Vertrag wird durch Abschluss eines Gesellschaftsvertrags beendet. Dadurch entsteht eine politische Gemeinschaft mit Regeln.

M2 „Der Mensch ist dem Menschen ein Wolf" – der „Leviathan" von Thomas Hobbes

Thomas Hobbes (1588–1679) durchlebte in England eine Zeit des Bürgerkriegs zwischen den Parlamentariern und der Krone (1642–1649), die in der Hinrichtung Charles I. gipfelte. England war für kurze Zeit eine Republik, um dann wieder zur Monarchie zurückzukehren. Neben dem prominentesten Opfer dieser Krisenjahre, dem exekutierten Monarchen, starben hunderttausende Engländerinnen und Engländer.

Entsprechend charakterisierte Hobbes in seinem Hauptwerk **„Leviathan"** von 1651 seine Mitmenschen als brutal, egoistisch und misstrauisch. Der Naturzustand vor dem Gesellschaftsvertrag ist entsprechend ein konstanter Konflikt um Leben und Eigentum. Dieser „Krieg aller gegen alle" ist für die Mehrheit der Menschen wenig erfreulich, ihr Leben ist „hässlich, brutal und kurz". Um diesen Naturzustand zu verlassen, wird ein unwiderruflicher Gesellschaftsvertrag geschlossen, der die absolute Gewalt auf eine Person außerhalb dieses Vertrags überträgt, den **Souverän**. Dieser hat vorrangig die Aufgabe, den gewalttätigen Naturzustand durch sein Handeln zu beenden, indem er Gesetze erlässt und diese durchsetzt. Der Souverän ist nicht an diese Gesetze gebunden, Widerstand gegen ihn ist nur bei seinem Versagen bei der Befriedung der Gemeinschaft erlaubt. Erst die Übertragung der absoluten Gewalt an den Souverän erlaubt den Menschen ein Maß an privater Freiheit, der Naturzustand bietet nur Gewalt und Unsicherheit.

Thomas Hobbes (1588–1679)

Auch wenn der „Leviathan" auf den ersten Blick wie eine Rechtfertigung absolutistischer Herrschaft gelesen werden kann, bezieht der Souverän seine Legitimation aus dem Konsens der Menschen und ihrer freiwilligen Übertragung aller Autorität im Gesellschaftsvertrag. Ebenso hat er eine Aufgabe, die ihm zum Wohle der Mitglieder der Gemeinschaft übertragen wurde, zu erfüllen: Sicherheit und Frieden. Von einer Art Gottesgnadentum als Legitimationsbasis kann daher keinesfalls gesprochen werden.

M3 Der Mensch hat ein natürliches Recht auf Freiheit – John Lockes „Zwei Abhandlungen über die Regierung"

John Locke (1632–1704)

Während Hobbes als Zeitgenosse eines Bürgerkriegs Frieden und Sicherheit in den Mittelpunkt seines Gesellschaftsvertrags stellte, sah **John Locke** (1632–1704) in seinen **„Zwei Abhandlungen über die Regierung"** (1689) die Freiheit des Individuums als Ausgangspunkt für seinen Gesellschaftsvertrag. Dabei war er ähnlich wie Hobbes zwar Zeitgenosse eines Umsturzes in England – die *Glorious Revolution* gegen den absolutistischen (und katholischen) James II. verlief aber im Vergleich zum Bürgerkrieg weniger blutig und endete mit einem eindeutigen Sieg des (protestantischen) Parlaments 1688.

Lockes Menschenbild ist im Unterschied zu Hobbes grundlegend positiv; Menschen sind von Natur aus gutmütig und daher nicht auf Zwang und Kontrolle durch Dritte angewiesen. Individuen sind mit unveräußerlichen, gleichen Rechten (Leben, Freiheit, Eigentum) ausgestattet. Diese fußen auf dem **Naturrecht**, das menschlichen Gesetzen vorausgeht. Trotz ihres guten Wesens können Menschen in Konflikt geraten, sie brauchen daher einen Gesellschaftsvertrag und Gesetze, die sich aus ihm ergeben. Bei Locke steht der Souverän aber nicht wie bei Hobbes außerhalb des Vertrags, sondern ist gleichsam wie die Individuen an ihn gebunden. Diese Regierung – dieser Begriff trifft die Gedankenwelt Lockes besser als „Souverän" wie bei Hobbes – geht aus der Mehrheitsentscheidung der freien Individuen hervor. Die Hauptaufgabe dieser Körperschaft ist nicht die Sicherheit, sondern die Freiheit aller Mitglieder des Gesellschaftsvertrags sicherzustellen. Sollte die Regierung hiergegen verstoßen, ist Widerstand gegen sie erlaubt und sie kann ersetzt werden.

Lockes Werk und seine Idee des Gesellschaftsvertrags legen damit das Fundament liberalen Denkens. Unveräußerliche Naturrechte, die Beschränkung politischen Handelns auf die allernotwendigsten Eingriffe in die Freiheiten des Individuums und Widerstandsrechte gegen autoritäre Bewegungen sind bis heute Kernpunkte des **Liberalismus**. Trotzdem waren Lockes Abhandlungen in seiner Zeit nicht die Blaupause für eine liberale, moderne Demokratie in England. Vielmehr blieb in der konstitutiven *Bill of Rights* von 1689 die politische Teilhabe am englischen Parlament an Besitz gekoppelt. Sein Gesellschaftsvertrag gibt damit zwar allen Individuen Rechte und schützt ihre Freiheiten, beteiligte aber in der damaligen Praxis zunächst nur eine schmale, bürgerliche Mittelschicht an den bisher Aristokraten und Monarchen vorbehaltenen Regierungsgeschäften.

M4 „Der Mensch ist frei geboren, und überall liegt er in Ketten" – „Der Gesellschaftsvertrag" von Jean-Jacques Rousseau

Einen radikal-egalitären Gegenentwurf eines Gesellschaftsvertrags lieferte **Jean-Jacques Rousseau** (1712–1778) mit seinem Hauptwerk **„Der Gesellschaftsvertrag"** (1762). Sein Entwurf ist in fundamentaler Opposition zu den herrschenden Verhältnissen seiner Zeit geschrieben: Rousseau legitimiert nicht die beginnende Restauration der englischen Monarchie wie Hobbes oder liefert der besitzenden Mittelschicht Argumente für politische Teilhabe nach ihrem militärischen Triumph über ihre royalistischen Gegner wie Locke. Stattdessen stellt er sich direkt gegen den französischen Absolutismus des *Ancien Régime* seiner Zeit, seine Schriften werden sofort verboten. In Rousseaus Vorstellung des Naturzustandes sind die Menschen zwar frei, aber auch einsam und voneinander isoliert. Zwar ist dieser Zustand durchaus friedlich und für die Menschen nicht unangenehm, sie können aber erst als Gemeinschaft ihr Potenzial ausschöpfen. Durch den Zusammenschluss von Menschen und deren freiwillige, absolute Unterwerfung unter den **Allgemeinwillen** (*volonté générale*) entsteht eine neue politische Ordnung. Dieser Allgemeinwille entsteht dabei durch die Willenserklärungen aller Mitglieder der

Jean-Jacques Rousseau (1712–1778)

Robespierre exekutiert als letztes den Henker selbst.

Gemeinschaft. Keinesfalls darf dies als bloße Addition von Interessen ihrer Mitglieder verstanden werden. Vielmehr entstehe der Allgemeinwille durch die freie Versammlung aller Mitglieder aus dieser spontan heraus, jede Art von Delegation durch die Wahl von Abgeordneten sei zu vermeiden. Nur durch die **Identität von Herrscher und Beherrschten** ist eine freie Gemeinschaft möglich. Ebenso müssten allzu große Unterschiede bei Besitz und Eigentum eliminiert werden, um die egalitäre Ordnung nicht zu gefährden. Ein liberaler Gesellschaftsvertrag wie bei Locke, der hier keine Eingriffe vorsieht, sei nur „ein Betrugsvertrag der Reichen". Der Allgemeinwille ist unfehlbar: Wie bei Hobbes ist Widerstand gegen den Allgemeinwillen nicht erlaubt, die Mehrheit setzt diesen gegen eine Minderheit – zur Not mit Zwang – durch.

Heutzutage bietet Rousseaus Entwurf eines Gesellschaftsvertrags zahlreiche Angriffspunkte: Die Idee eines Allgemeinwillens, der sich spontan und nicht als Interessenausgleich unterschiedlicher Gruppen bildet, erscheint gerade mit Blick auf die politische Praxis moderner Demokratien weltfremd. Auch sind komplexe Politikinhalte ohne Delegation an spezialisierte Organe kaum zu bearbeiten. Rousseaus identitäre Vision des Gesellschaftsvertrags ist bestenfalls in kleinen, sehr homogenen Gemeinschaften denkbar. Auch bietet der Verweis auf den Allgemeinwillen des Kollektivs die Möglichkeit, Rechte und Leben des Individuums schlicht zu verweigern: Die kurze, aber blutige Terrorherrschaft des Wohlfahrtsausschusses um **Maximilien de Robespierre** (1758–1794) während der Französischen Revolution stützte sich argumentativ teilweise direkt auf die Schriften Rousseaus. Opposition gegen den Allgemeinwillen (faktisch gegen Robespierre und seine Unterstützer) ist Verrat an der Gemeinschaft und der Revolution und muss mit dem Tod bestraft werden. Die Anhänger Rousseaus füllten in kürzester Zeit Massengräber mit enthaupteten Leichen, bis sie von der des Blutrausches überdrüssigen Mehrheit selbst zur Guillotine geschickt wurden.

Aufgaben

72003-302

1. Vergleichen Sie die Positionen Hobbes, Lockes und Rousseaus zu den Punkten Menschenbild, Zweck des Gesellschaftsvertrags und Rechte des Individuums. Sichern Sie das Ergebnis tabellarisch (**M2–M4**).
2. Sie sind der Souverän in Thomas Hobbes „Leviathan", Ihre Bürgerinnen und Bürger begehren gegen Sie auf und fordern Wahlen und Mitbestimmung. Gestalten Sie eine Rede, in der Sie die Ansprüche mit Hinweis auf die Argumente Hobbes zurückweisen (**M2**).
3. Gestalten Sie in Partnerarbeit ein Streitgespräch zwischen einem fiktiven Rousseau und Locke. Beide Seiten sollten dabei die Stärken ihrer eigenen Gesellschaftsverträge betonen und die Schwächen des anderen hervorheben (**M3, M4**).

3.2.2 Moderne Politische Theorien – eine Auswahl

Leitfragen

- Was sind die Inhalte der Theorien von Burke, Marx, und Fraenkel?
- Wie lassen sich diese Theorien in die Denkschulen Pluralismus, Sozialismus und Konservatismus einordnen?
- Warum sind diese Theorien aktuell politisch relevant?

M1 „Überlegungen zur Revolution in Frankreich": Edmund Burke als Vordenker moderner Konservativer

Edmund Burke (1729–1797)

Unter den Vertragstheoretikern sticht Rousseau als der radikalste Vertreter hervor, seine Schriften lassen sich direkt mit den blutigsten Perioden der Französischen Revolution verbinden. In England, wo der Übergang zum Parlamentarismus gradueller und zumindest im 18. Jahrhundert ohne Blutvergießen stattfand, blickte der Parlamentarier **Edmund Burke** (1729–1797) mit Missfallen auf die Experimente (und späteren Leichenberge) in Paris. In seinen **„Überlegungen zur Revolution in Frankreich"** (1790) bündelt er die konservative Kritik an radikal-egalitären Gemeinwesen.

Burkes Ausgangspunkt ist ähnlich wie bei Hobbes ein Menschenbild, dass den Optimismus Lockes und anderer Aufklärer eher skeptisch sieht. Vielmehr sieht er die Individuen als ungleich begabt und befähigt an, durch umsichtiges Handeln und kluge Politik die Gemeinschaft zu Wohlstand und Sicherheit zu führen. Stabilität und Ordnung stehen bei Burke ähnlich wie bei Hobbes im Mittelpunkt.

Dabei stellt er sich nicht gegen Wandel an sich oder ist gar Monarchist: Die Revolutionen in den USA und England sieht er als legitime Abwehr von Herrschern, die ihren Machtbereich unzulässig über gewachsene Grenzen ausweiten wollen. Dies greift direkt einen zentralen Aspekt des konservativen Denkens nicht nur Edmund Burkes auf: die Betonung von **Tradition** und über Jahrhunderte gewachsener, bewährter Institutionen. Die Französische Revolution habe diese unwiederbringlich zertrümmert und mit der Auslöschung der aristokratischen Oberschicht der Herrschaft des ungebildeten, gewalttätigen Pöbels den Weg geebnet. Hier zeigt sich die Rückbindung an das **konservativ-skeptische Menschenbild** Burkes: Eine zu egalitäre Interpretation der Demokratie führt bei ungleich befähigten Menschen nicht zur Herrschaft der Besten zum Wohle der gesamten Gemeinschaft. Diesem Ideal kommt dabei auch keineswegs die Monarchie, sondern der Abgeordnete mit dem **freien Mandat** am nächsten. Nach der Wahl ist er zwar den Interessen der Gemeinschaft verpflichtet, aber nicht an Weisungen gebunden. Neben der Befähigung durch Ausbildung ist Eigentum für Burke wesentliche Qualifikation für politische Ämter: Wie Locke bindet er das Wahlrecht explizit an Besitz. Dies hält nicht nur weniger fähige Menschen aus politischen Ämtern – sondern auch jene, die aufgrund ihrer Armut ein Interesse an radikaler Umverteilung und Umsturz haben. Eine stabile Regierung langsamer Reformen zum Wohle aller stützt sich bei Burke also auf die Herrschaft weniger, fähiger und wohlhabender Abgeordneter und eine schmale Schicht Wahlberechtigter, die ebenso wohlhabend weil fähig sind.

Burkes Ansichten zum Wahlrecht mögen heute auch bei konservativen Politikerinnen und Politikern nicht anschlussfähig sein – eine offene Ablehnung der Wahlgleichheit nach Artikel 38 des Grundgesetzes ist kaum vermittelbar. Allerdings findet sich im gleichen Grundgesetzartikel der Verweis auf das freie Mandat der Abgeordneten, die nur ihrem Gewissen unterworfen und nicht an Weisungen gebunden sind – genau wie von Burke gefordert. Ferner werden Burkes Sichtweise einer bewahrenden Rolle von Politik im Sinne eines „green conservatism“ in der Nachhaltigkeitspolitik von konservativen Parteien erwähnt.

M2 „Das Sein bestimmt das Bewusstsein“ – Karl Marx als Vordenker des Sozialismus

Rousseaus Ideen wurden zwar von Burke abgelehnt, bildeten aber nach der Französischen Revolution einen Startpunkt für die Entwicklung sozialistischer Theorien. Radikal-egalitäre Ideen der Umverteilung von Eigentum fielen in der Zeit der **Industrialisierung** und kapitalistischer Massenproduktion auf zunehmend fruchtbaren Boden. Verarmte und besitzlose Arbeiterinnen und Arbeiter ohne Wahlrecht konnten mit dem Liberalismus Lockes oder Konservatismus Burkes wenig anfangen – beide Gesellschaftsentwürfe wiesen ihnen keine politische Rolle oder Teilhabe zu.

Anders die Theorie von **Karl Marx** (1818–1883): In programmatischen Schriften wie dem **„Kommunistischen Manifest“** (1848) und seinem Hauptwerk **„Das Kapital“** (ab 1867) lieferte er nicht nur eine Theorie der Gesellschaft und ihrer Entwicklung von der Vergangenheit bis in die Zukunft, sondern skizzierte auch eine Idee einer Gemeinschaft mit den bisher ausgeschlossenen Arbeiterinnen und Arbeitern im Zentrum.

Marx stellte dabei die Ökonomie, genauer gesagt die Produktionsform des Kapitalismus, in den Mittelpunkt seiner umfassenden Theorie. Die von Kapitalisten wie Fabrikbesitzern angeeigneten Produktionsmittel stehen dabei im Zentrum; ob man sie besitzt oder nur seine eigene Arbeitskraft anbieten kann, weist Individuen ihre Stellung im Produktionsprozess und damit in der Gesellschaft zu. Entsprechend ist die Einteilung in **Klassen** aus Arbeitern und Kapitalisten das wesentliche Strukturmerkmal und **Basis** der Gesellschaft, alle anderen Institutionen wie Parlamente oder ähnliches nur **Überbau** und damit Beiwerk des tatsächlichen Räderwerks der Geschichte: Zwischen den degradierten und von ihrer monotonen Arbeit entfremdeten Arbeiterinnen und Arbeiter und den Kapitalisten herrscht **Klassenkampf**. Kapitalisten müssen im Wettbewerb immer kostspieligere und komplexere Maschinen verwenden, dies schmälert ihre Profite und zwingt sie zur immer härteren Ausbeutung der Arbeiter (**Gesetz der fallenden Profitrate**). Kapitalismus produziert damit immer mehr Überfluss an Waren bei gleichzeitig stetig zunehmender Verelendung der Arbeiterklasse. Dieser innere Widerspruch würde die Produktionsform dann zerbrechen lassen und nach einem Aufstand der Arbeiterklasse ein neues Zeitalter einläuten. Als neue dominante Klasse würden die Arbeiterinnen und Arbeiter nicht nur die Produktionsmittel vom Privat- in das Gemeineigentum überführen, sondern auch in einer **Diktatur des Proletariats** herrschen. Mit der Aneignung der Produktionsmittel verschwänden dann auch nach und nach die alten Klassenunterschiede und eine klassenlose Gesellschaft ohne die alten Konflikte entstände als eine neue Utopie.

Karl Marx (1818–1883)

Marx Theorie prägte spätestens ab 1945 bis 1990 die Schicksale nahezu des halben Planeten, die Nationen der Sowjetunion und ihrer Satellitenstaaten tragen bis heute dieses Erbe. In Deutschland sind dies die neuen Bundesländer. Die Fehlanreize der marxistischen Ökonomie produzierten dabei über Jahrzehnte eine erstarrte Mangelwirtschaft (› Kap. 2.1), die immer weiter hinter den kapitalistischen Westen zurückfiel. Marx historischer und ökonomischer Determinismus hatte die Dynamik des Kapitalismus falsch eingeschätzt, Gewerkschaften und die Ausweitung des Wahlrechts in Demokratien erhöhten die Teilhabe und Wohlstand der Arbeiterinnen und Arbeiter nachhaltiger als es die Planwirtschaften Osteuropas je vermochten. Stattdessen erweiterten andere Vordenker wie **Lenin** die bei Marx nur vage entwickelten Aspekte mit einer besonderen Betonung der Diktatur in „Diktatur des Proletariats“: Die Arbeiterklasse war nun zwar vom Kapitalismus befreit, tauschte ihn aber jetzt gegen die Herrschaft der sozialistischen **Kaderparteien** ein.

M3 Ernst Fraenkels Pluralismus-Theorie als Beschreibung moderner Demokratien

Ernst Fraenkel (1898–1975)

In der ersten Reihe der Konfrontation zwischen Demokratie und Sozialistischer Diktatur sowie auch der Markt- und Planwirtschaft stand die Bundesrepublik Deutschland. Dort entwickelte der Berliner Politikprofessor **Ernst Fraenkel** (1898–1975) in mehreren Schriften seine Theorie des Pluralismus. Als jüdischer Flüchtling vor dem NS-Staat und Re-Immigrant nach Westdeutschland war er dabei auch von seiner Biographie her besonders positioniert, die junge Demokratie deutlich gegen Faschismus und Stalinismus abzugrenzen.

Fraenkel wendet sich in seiner Konzeption klar gegen jedwede Vorstellung eines feststehenden Allgemeinwohls oder allgemeinen Ziels, welche gewissermaßen der Gemeinschaft vorgegeben sei. Damit werden der historische Determinismus Marx' mit dem Gegensatz der Klassen wie auch die mythische Volksgemeinschaft des Faschismus (› Kap. 3.3) zurückgewiesen. Der **Pluralismus** stellt vielmehr den Streit und schließlich den Kompromiss und Ausgleich der verschiedenen Interessengruppen in den Mittelpunkt. Fairer und mit Argumenten ausgetragener Streit zwischen Gruppen wie Arbeitnehmenden und Arbeitgebenden ist zu begrüßen. Anstatt diese Konflikte zu verdammen, sollten sich Bürgerinnen und Bürger offen zu ihren Eigeninteressen bekennen und zur Durchsetzung dieser auch Vereine, Parteien und Verbände gründen. Entscheidend für den Erfolg einer pluralistischen Demokratie in Wohlstand und Freiheit sei dann die Wahl eines fairen Aushandlungsprozesses zwischen diesen gegensätzlichen Interessen. Darüber hinaus müsse in einem pluralistischen Gemeinwesen neben dem fairen Streit ein Bereich des absoluten Konsenses herrschen: Ein Pluralismus der Meinungen bei den etwa in einer Staatsverfassung verbindlich und dauerhaft geregelten Fragen kann daher nicht hingenommen werden.

Fraenkels Pluralismustheorie war bei der Gründung der Politikwissenschaft in Westdeutschland äußerst einflussreich. Das Bundesverfassungsgericht bezeichnet in seinen Urteilen den Pluralismus als Element des Grundgesetzes. Ebenso sind Teile des Grundgesetzes wie Bundesstaats-, Demokratie- und Rechtsstaatsprinzip explizit vor Änderung geschützt. Fraenkel liefert hier also mit seinen Schriften nach Inkrafttreten des Grundgesetzes dessen politikwissenschaftliche Begleitung.

Schwächer ist Fraenkels Theorie bei seiner Konzeption der Durchsetzungsfähigkeit von Verbänden in einer pluralistischen Demokratie. Politökonomen wie Mancur Olson argumentierten, dass gerade große und diffusere Interessengruppen wie Arbeiterinnen und Arbeiter größere Schwierigkeiten haben, sich zu organisieren als kleinere, homogenere Gemeinschaften wie Unternehmen. Ein Wettbewerb und Streit der Interessen kann also nach der Konzeption des Pluralismus nach Fraenkel durchaus frei und fair sein, aber in der Realität keinesfalls auf Augenhöhe stattfinden.

Aufgaben

72003-303

1. Vergleichen Sie die Positionen Burkes, Marx und Fraenkels zu folgenden Punkten:
   a) Hauptakteure der jeweiligen Theorie,
   b) Zielvorstellungen der Theorien,
   c) Schwächen der Theorien.
2. Sie sind Edmund Burke und haben es mit einer Zeitreise in die heutige Zeit geschafft. Gestalten Sie einen Brief an einen konservativen Abgeordneten oder eine konservative Abgeordnete und argumentieren Sie darin für die Einführung eines Klassen- oder Zensuswahlrechts (**M1**). Beziehen Sie dabei auch aktuelle politische Ereignisse als Stützen für Ihre Argumentation mit ein.
3. „Nur das Zensuswahlrecht und das freie Abgeordnetenmandat führen zu Mäßigung und einer stabilen Regierung für das Gemeinwohl". Überprüfen Sie diese These Burkes aus der Perspektive entweder von Marx oder Fraenkel (**M1–M3**).

Politische Theorie in Bildern

M1 Titelblatt der Erstausgabe von Thomas Hobbes, „Leviathan" (1651)

Illustration von Thomas Hobbes' Leviathan aus dem Jahr 1651

Aufgaben

72003-304

1. Beschreiben und interpretieren Sie das Titelblatt der Erstausgabe des Leviathan (**M1**). Welche Elemente der Gestaltung greifen zentrale Aspekte der Theorie Thomas Hobbes (› Kap. 3.2.1) auf?

2. a) Gestalten Sie für die anderen Theorien der Kapitel 3.2.1 und 3.2.2 eigene Titelblätter für Erstausgaben. (Zentrale Inhalte sollten erkennbar sein, aber eine sehr freie oder abstrakte Gestaltung ist ebenfalls möglich, sollte dann aber begründet werden.)
   b) Erläutern Sie Ihre Gestaltung in einem kurzen Text.
   c) Stellen Sie Ihr Titelblatt dem Kurs vor.

3.3 Faschismus: Bausteine und Strategien

Leitfragen

- Was sind die zentralen Elemente von Faschismus?
- Welche Vordenker hat und hatte Faschismus?
- Welche Methoden nutzen Faschisten, um politische Macht zu erreichen?

Faschismus ist als Begriff im politischen Diskurs wieder aktuell; faschistische Bewegungen haben in Europa und Nordamerika an Boden gewonnen. Diese Entwicklung ist insofern neu, da Faschismus als politische Kraft nach der Niederlage der Achsenmächte am Ende des Zweiten Weltkriegs lange als marginalisiert galt.

M1 Faschismus: Was sind die Bausteine?

Faschismus ist keineswegs auf einem Niveau mit den ausdifferenzierten Gedankengebäuden der Politischen Theorien von Liberalismus, Konservatismus und Sozialismus einzuordnen. Vielmehr finden sich unter dem Oberbegriff Faschismus eine Anzahl an Glaubenssätzen, Bezügen und vor allem Feindbildern zu einem teilweise widersprüchlichen Konglomerat zusammen. Auch wenn Faschismus damit kaum akademischen Ansprüchen an Logik sowie sorgfältiger Herleitung von Argumenten und Abgrenzung von Begrifflichkeiten genügt, können dennoch Eigenschaften und Elemente einer Art faschistischer politischer Theorie herausgearbeitet werden:

- **Reaktionärer Ultra-Nationalismus:** Faschistische Bewegungen beziehen sich immer auf eine Nation als Gemeinschaft, die sie als von Feinden im Inneren und Äußeren belagert und im Niedergang empfinden. Ihre Weltanschauung fordert oft Selbstopfer für die Gemeinschaft. Faschisten wollen diesen Niedergang aufhalten und dabei einen (Ur-) Zustand der Gemeinschaft als gereinigt von ihren Feinden wiederherstellen. Diese Feinde und Feindbilder können dabei frei gewählt werden. Möglich sind etwa Minderheiten, sozialistische oder kommunistische Gruppen, Feministinnen, alte Eliten oder aber benachbarte Nationen. Geteilte Eigenschaft dieser Feindesgruppe ist nach Ansicht der Faschisten ihr für die Nation abträglicher Charakter. Rassismus als Element faschistischen Denkens fügt sich hier ebenfalls ein, ist aber kein zwingender Bestandteil der Theorie.

Darstellung Adolf Hitlers in Ritter-Rüstung, 1936

- **Biologistisches Menschenbild und Antipluralismus:** Aus der Überhöhung der belagerten, gedemütigten Nation im Niedergang leitet sich direkt ein antipluralistisches, biologistisches Menschenbild ab. Die von Faschisten imaginierte Gemeinschaft wird als homogen, organisch gewachsen und in der Vergangenheit mit positiven Eigenschaften reichhaltig ausgestattet vorgestellt. Diese Eigenschaften seien den Mitgliedern quasi per Geburt zugewachsen. Der Verlust dieser Homogenität der Gemeinschaft und ihrer positiven Eigenschaften wird den Feinden von außen und innen vorgeworfen. Minderheiten und Partikularinteressen hätten den Charakter der Gemeinschaft verändert und sie damit von sich selbst entfremdet: Feminismus bedroht den wehrhaften Mann, seine Stellung in der

Wandgemälde „Deutschlands Erwachen" (1933) in München

Familie und damit auch indirekt seine Sexualität. Kommunisten spalten die Gemeinschaft in Arbeiter und Kapitalisten und säen unnötigen Konflikt in den ursprünglich harmonischen Arbeitsbeziehungen. Damit wird die Nation geschwächt, von ihren Feinden gedemütigt und ihr Niedergang eingeleitet.

- **Mythisches Denken, Anti-Intellektualismus und Antimodernismus:** Faschistische Bewegungen lehnen nicht nur pluralistische Interessengegensätze als künstlich fabriziert ab, sondern auch die (Geistes-)Wissenschaften, die durch kritische Forschung vorherrschende Meinungen hinterfragen und in öffentlichen Diskursen auf Basis nachprüfbarer Fakten eine prominente Stellung einnehmen. Die von Faschisten glorifizierte Vergangenheit, die beschworenen Feindbilder nach innen und außen und das biologistische Menschenbild wurden sämtlich durch die moderne Forschung widerlegt. Wissenschaft und akademische Institutionen haben sich daher für die faschistische Theorie als ein zusätzliches Feindbild etabliert. Faschisten lehnen daher Intellektuelle als Feinde der Gemeinschaft ab und fördern ein vormodernes, mythisches Glauben statt das von Logik und Rationalität geprägte Denken der Aufklärung.

- **Hierarchie und Führerprinzip:** Die Elemente des Faschismus laufen in der Überhöhung einer einzelnen Führungsfigur zusammen. Diese verkörpert gleichsam die verlorenen Eigenschaften der Gemeinschaft und ihrer mythisch überhöhten Vergangenheit. Die Führungsfigur erlöst durch ihr messianisches Handeln die in Streit gelähmte, gedemütigte Gemeinschaft und führt sie wieder zu Einigkeit, Stärke und Respekt zurück. Dieser Person ordnet sich die Nation und das Individuum bedingungslos unter, dadurch entsteht eine streng hierarchische Ordnung der Gesellschaft.

Die oben genannten Elemente lassen sich keinesfalls als eine kohärente politische Theorie bezeichnen. Faschistisches Denken verliert sich immer in vagen Bezügen, nachprüfbar falschen Mythen und widersprüchlichen Zuschreibungen und Aneignungen. Dies lässt Faschisten zwar oft in Auseinandersetzungen mit politischen Gegnern oder der Wissenschaft als absurd und lächerlich erscheinen. Trotzdem hat gerade die Widersprüchlichkeit und auch Anschlussfähigkeit einiger Elemente faschistischen Denkens an andere Theorien und auch Interessengruppen faschistischen Bewegungen in Vergangenheit und Zukunft Zulauf und politischen Erfolg (auf Kosten von Millionen von Toten) beschert.

M2 Faschistische Bewegungen in der Vergangenheit und heute

Die Bilderserie „Arbeiter Bauern Soldaten" (1941) des Malers Hans Schmitz-Wiedenbrueck (1907–1944) zeigt exemplarisch die heroisierte Männergemeinschaft des Faschismus.

Das Wort Faschismus leitet sich von lateinisch *fasces* ab, ein Rutenbündel, aus denen ein Beil hervorragt. Das Symbol wurde in der Antike als Symbol von Macht und Autorität des Staates von einem Inhaber eines Amtes getragen. Später bildete dieser Bezug den Wortstamm für das italienische *fascio*, zu deutsch Bündnis oder Bund.

Die Wortquelle aus dem Italienischen zeigt auch direkt auf die erste für die Moderne bedeutende faschistische Bewegung, die faschistischen Kampfbünde Benito Mussolinis (1883–1945) in Italien. Mit seinem Alliierten Adolf Hitler teilte Mussolini die grundlegenden Annahmen des Faschismus und auch die Methoden der politischen Auseinandersetzung. Weitere faschistische Bewegungen und Gruppierungen in Europa und Nordamerika konnten allerdings im 20. Jahrhundert nie den Einfluss und Verbreitung in Staat und Gesellschaft wie im Dritten Reich und Italien erreichen. Auch die japanische Militärdiktatur teilte mit ihren Verbündeten im Dritten Reich faschistische Elemente wie Ultranationalismus und Rassismus, etwa die Herabsetzung der chinesischen und südostasiatischen Bevölkerung in den von ihr eroberten Gebieten. Es wäre aber falsch, von einer kohärenten und mit akademischen Anspruch ausformulierten, gemeinsamen faschistischen Ideologie der Kriegskoalition aus Japan, Italien und dem Dritten Reich zu sprechen. Vielmehr zeigt sich in der nur vagen Bezugnahme auf die Ideologie der Alliierten untereinander (Mussolini nannte Hitlers „Mein Kampf" privat „dieses unerträgliche Buch") der Charakter des Faschismus als Ansammlung lose verbundener, teilweise widersprüchlicher Elemente. Eine Art „faschistische Internationale" mit einer geteilten, ausformulierten politischen Theorie existierte nicht. Die totale Niederlage der Achsenmächte in Europa und im Pazifik marginalisierte die faschistischen Bewegungen vollends. Die Konfrontation zwischen den liberalen Demokratien und Marktwirtschaften einerseits und den sozialistischen Planwirtschaften andererseits bestimmte nun die Weltpolitik.

Im 21. Jahrhundert kommt es allerdings seit mehreren Jahren zu einem Wiederaufleben faschistischen Denkens in Europa und Nordamerika, dort haben politische Bewegungen mit mehr oder weniger expliziten Bezügen zum Faschismus neuen Zulauf und Wählerschaften gewonnen. In Italien ist seit 2022 mit der *Fratelli d'Italia* (FdI) unter der Ministerpräsidentin Giorgia Meloni wieder eine postfaschistische Partei an der Regierung. Meloni distanzierte sich zwar ausdrücklich vom Faschismus, wird aber von Beobachtern mit ihrer Politik gegen Migrantinnen und Migranten, Homosexuelle und Arbeitslose als rechtsextrem eingeordnet. In ihrer Amtsführung trat sie bisher deutlich gemäßigter als in ihren Wahlkämpfen auf. Ähnlich wie Meloni positionierte sich Marine Le Pen in Frankreich mit dem *Rassemblement National* (RN): Die vorher als *Front National* (FN) firmierende Partei trat unter ihrem Vater Jean-Marie Le Pen früher offen rechtsextremistisch und antisemitisch auf. Seine Tochter Marine hingegen führte die Partei auf einem zwar weiterhin rechtsextremistisch-populistischen Kurs von Protektionismus und Ablehnung von Migration – bemühte sich aber deutlich um eine Mäßigung des Auftretens und Rhetorik ihrer Partei. Beiden Parteien wird von Teilen der Presse aufgrund ihrer rechtsextremen Inhalte Nähe zum Faschismus vorgeworfen, was Le Pen wie Meloni zurückweisen.

Eindeutiger dem faschistischen Lager zuzuordnen sind Teile der *Alternative für Deutschland* (AfD) und der *Make America Great Again* (MAGA) Bewegung des US-Präsidenten Donald Trump. Der thüringische AfD-Vorsitzende Björn Höcke wird vom Verfassungsschutz eindeutig als Rechtsextremist eingeordnet, das Verwaltungsgericht Meiningen erlaubte Gegendemonstranten einer AfD-Veranstaltung explizit, ihn als Faschisten zu bezeichnen. Höcke hat in Reden wiederholt Deutschland als Land im Niedergang aufgrund von „kulturfremder“ Migration bezeichnet. Das Holocaust-Denkmal in Berlin bezeichnete er als „Denkmal der Schande“ und forderte eine „180-Grad-Wende in der Erinnerungspolitik“. Mit diesen und zahlreichen anderen Äußerungen und Publikationen bezog sich Höcke immer wieder auf die oben genannten faschistischen Denkfiguren: nationaler Niedergang, ein glorifizierter Reinheitsmythos der Vergangenheit einer deutschen Nation und ein biologistisches Menschenbild.

Mit deutlich mehr politischer Macht ausgestattet ist der 2024 erneut zum US-Präsidenten gewählte Donald Trump als Anführer der MAGA-Bewegung, die die Partei der Republikaner im Zweiparteiensystem der USA dominiert. Kernforderung von Trumps Bewegung ist die Rückkehr zu einer Art goldenem Zeitalter der Vereinigten Staaten Amerikas, welches durch Einwanderung, Freihandel, Bevorzugung von Minderheiten und Frauenrechten verloren gegangen sei. Insbesondere Trumps zweite Amtszeit begann mit einer offenen Missachtung der Gerichte und des Rechtsstaates durch widerrechtliche Deportationen. Wichtigen US-Universitäten entzog er die Fördermittel als Vergeltung für Kritik. Trumps Auftritte und Reden sowohl im Amt wie auch im Wahlkampf wurden dabei von der Presse regelmäßig als konfus, mäandernd und mit abstrusen Lügen gespickt eingeordnet. Dies hinderte seine Anhänger allerdings nicht daran, Trump mit einer messianischen Heilserwartung zu verknüpfen.

M3 Wie verhalten sich Faschisten in der politischen Auseinandersetzung?

Faschistische Bewegungen und Parteien bedienen sich in der politischen Auseinandersetzung einer Reihe von Strategien und Methoden. Diese leiten sich teilweise direkt aus dem explizit antidemokratischen, antipluralistischen Charakter des Faschismus ab.

- **Definition über Ablehnung und Feinde:** Auch wenn Faschismus durchaus charakteristische Themen und Elemente aufweist, definieren sich viele faschistische Bewegungen eher über Ablehnung und Negativaussagen. Inhalte wie Frauenrechte und Gruppen wie Einwanderer und Homosexuelle werden mit viel rhetorischem und argumentativem Aufwand zurückgewiesen. Dies steht sehr viel unbestimmteren Aussagen zu eigenen Inhalten und Zielen gegenüber. Über die Ablehnung von Veränderungen finden faschistische Strömungen teilweise Anschluss an konservative Kreise und können mit diesen politische Koalitionen bilden.

- **Jugendlichkeit und Männlichkeit:** Faschisten begreifen die Nation als in Dekadenz, Verweichlichung und Niedergang versinkend. Entsprechend soll die (noch unverdorbene) Jugend die Gemeinschaft radikal von den schlechten Eigenschaften reinigen, indem sie Personen oder Gruppen entfernt. Kern dieser Bewegung sind meistens junge Männer, die mit Bildern männlicher Tatkraft, Entschlossenheit und Dominanz angesprochen werden.

Demonstration der Jungen Alternative, Jugendorganisation der AfD, gegen die Pflicht zur Corona-Impfung 2021 in Berlin

Unerfüllte Sexualität ist hier ebenfalls eine wichtige Triebfeder: Jungen Männern wird vom Faschismus auch eine Aufwertung gegenüber Frauen versprochen, die jene wieder in eine Position der Abhängigkeit und sexuellen Verfügbarkeit bringen werde.

- **„Recht und Ordnung“:** Faschisten streben eine hierarchische Gesellschaftsordnung an, in deren Einzelbereichen sich die Mitglieder einem Anführer unterordnen (nationaler Anführer, Arbeitgeber, Familienvater). Widerstand hiergegen ist nicht legitimer Dissens, sondern ein Angriff auf die hierarchische Gemeinschaft und den Staat an sich. Hiergegen sollen Polizei und Justiz rücksichtlos mit harten Strafen durchgreifen. „Recht und Ordnung“ meint als rhetorische Figur der Faschisten also nicht den liberalen Rechtsstaat mit Unschuldsvermutung, Bürgerrechten und unabhängiger Justiz. Vielmehr ist unter dieser Chiffre der Einsatz von (Polizei)gewalt und Justiz gegen Feinde der faschistischen Bewegung gemeint.

- **Rhetorik der Gewalt und politische Gewalt:** Als Retter einer von Feinden im Innern wie Äußeren umzingelten Gemeinschaft setzt faschistische Rhetorik auf Herabsetzung und Entmenschlichung („Schmutz“, „Abschaum“, „Verräter“, „Untermenschen“). Damit wird der Boden bereitet für physische Attacken auf den politischen Gegner. Kampagnen der Gewalt und Einschüchterung sollen Faschisten den öffentlichen Raum dominieren lassen.

- **Lüge und Propaganda:** Faschistische Bewegungen bauen durch alternative Medienkanäle, *social media* und Verschwörungstheorien eine alternative Realität außerhalb überprüfbarer Fakten auf. Diese Diskurse erzeugen Echokammern unter Anhängern, die sich gegenseitig mit ihren Ansichten bestätigen. Wenn Lügen widerlegt werden, wiederholen Faschisten sie einfach und übertönen damit ihnen nicht genehme Fakten im Diskurs.

Diese Methoden sind nicht exklusiv dem Faschismus zuzuordnen. Linksradikale Bewegungen haben ebenso Verschwörungstheorien und politische Gewalt genutzt. Ebenso gibt es andere inhaltliche Überschneidungen: Auch konservative Bewegungen betonen Hierarchie in Politik und Familie. Auch ist nicht jeder Rassist zwingend auch Faschist: Rassistische Einstellungen fügen sich zwar sehr gut in eine faschistische Ideologie ein, kommen aber auch ohne sie aus. Entscheidend für den politischen Erfolg von Faschisten in liberalen Demokratien war bisher die Anschlussfähigkeit faschistischer Theorien und Bewegungen in Krisenzeiten: Aufgrund ihrer Unbestimmtheit und Widersprüchlichkeit sind sie eine ideale Projektionsfläche für Unzufriedenheit und Verlustängste insbesondere von konservativen Wählerinnen und Wählern.

Die Patriot Front demonstriert 2025 gegen Abtreibungen in Washington, D.C., mit dem Slogan 'Starke Familien machen starke Nationen' im Hintergrund.

Aufgaben

72003-305

1. Erläutern Sie die Elemente des Faschismus (**M1**).
2. Wählen Sie eine der in **M2** aufgeführten faschistischen Bewegungen der Vergangenheit oder Gegenwart aus.
   a) Recherchieren Sie ihren Aufstieg, Inhalte und Leitfiguren.
   b) Erläutern Sie, durch welche Inhalte genau ein Bezug zum Faschismus (**M1**) hergestellt werden kann.
   c) Überprüfen Sie, ob bei Ihrem gewählten Beispiel aus **M2** Methoden des Faschismus (**M3**) in der politischen Auseinandersetzung verwendet werden.
3. Präsentieren Sie Ihre Ergebnisse der Klasse oder dem Kurs.

Faschismus in Amerika?

M 1 Mission Statement des Claremont Institute for the American Way of Life

Das Claremont Institute ist ein Think Tank, dessen Mitglieder und Publikationen eng politisch wie personell mit der US-Regierung unter Präsident Donald Trump wie auch seiner MAGA-Bewegung verbunden sind.

America is currently engaged in a regime-level struggle that will preserve or destroy the purpose that has defined it. On one side stands the American way of life, characterized by republican self-government and the habits of mind and character necessary to sustain it. On the other side stands identity politics, which demands the perpetual punishment and humiliation of so-called oppressor groups combined with the unquestioned rule of the so-called marginalized. These two regimes are in conflict and cannot coexist.

The regime of identity politics has already conquered nearly all of America's major institutions and dominates the moral high ground. The universities and schools, *Fortune* 500 companies, much of the media and image-making industries, Big Tech, and the administrative state are put to use waging war on the American way of life. Many of these institutions attack, ban, and slander everything for which America stands, alleging that the rule of law is racist; that freedom of speech is white supremacist; that the family is misogynist and homophobic; and that anything short of open borders is xenophobic. The nation cannot survive this trajectory.

But the conquest of these institutions does not prove that the arc of history bends left. Rather, it has occurred largely because of the weakness of the opposition. Mainstream conservatism today cannot reverse these potentially fatal trends and cannot conserve the American way of life because it lacks clear understanding of its own purpose. In its purposelessness over the last generation, it too often outsourced its thinking to economists, while allowing the Left to define its conscience — and its culture. This mistake will prove disastrous if not corrected.

With some notable exceptions, much of the conservative establishment came to view the pinnacle of human life as private consumption and personal license, defining national health by GDP growth. It did not understand that this perspective led not only to spiritual enervation, the weakening of patriotic sentiment, and the demotion of political liberty but also to the creation of a new oligarchic elite openly hostile to the nation.

The will to fight cannot exist without real purpose, which is why many establishment conservatives simply fear the Left while also secretly craving its prestige and praying to its gods. Many have been shamed into becoming radically feminist, making them incapable of adequately defending the differences between men and women, let alone conjuring the manliness necessary to defend borders. Still others may soon support identity politics, no longer willing to defend either genuine standards of merit or equality under the law, the central principle of our country.

Intellectual and moral confusion on the Right helped accelerate the Left's fanaticism. Once the party of the working class, the Left now stands for identity politics, which demands the perpetual punishment of, and open hatred and discrimination against, so-called oppressor groups while anointing so-called marginalized groups as pure, blameless, and deserving of unquestioned rule. This ideology requires the destruction of America's foundations, including freedom of speech and the equal rule of laws. The Left, using its institutional powers, forces Americans to make a choice: Comply and submit to this ideology, or become a hated, persecuted enemy, denied employment and civil rights, deemed worthy of harassment and even violent assault. These doctrines and tactics, unworthy of a great and just nation, cannot but produce hatred and conflict, and will bring economic and scientific decline. They will either lead to tyranny or they will provoke genuine resistance.

In the struggle between these two regimes, institutional power and political momentum currently favor the Left. The Right, at present, is not up to the fight. A new Right is needed, one that understands itself as rooted in the noble cause of the

Am 6. April 2020 stürmten Anhänger von Donald Trump das Kapitol, um die Wahl seines Nachfolgers Joe Biden zu verhindern. Bei dem gescheiterten Putschversuch starben mehrere Menschen.

American Revolution – unabashed and zealous in its determination to restore political liberty and politics itself.

A restored Right must take two broad approaches. First, its immediate energies must focus on disrupting and weakening the Left's institutional centers of power. Only parity of power can moderate the Left's fanaticism. A new Right needs a tougher, more sober approach to the Left's assets: the adversarial press and media, Big Tech oligopolies, and corrupt universities. This approach requires new legal strategies on issues that the professionalized Right is too scared to touch; bold new actions in the states to liberate them from the Left's consolidation of powers; and large-scale activism. New strategies are needed for a new world. Second, and most important, the Right needs to reclaim its mental and moral toughness, and that can come only from reviving its purpose – the preservation of the American way of life. The Right must be morally unflinching in refuting the Left's ideologies. It must speak clearly and confidently about the effects of radical feminism, "anti-racism," and globalism. It must be prepared to protect its children, its property, and its standards from encroachments. And it must ground its efforts firmly in America's central principle: equal protection under the law, without exception. This is the basis for forming a common good that the majority of Americans still desire. But achieving it will require that the Right reinvent its political party. Unless it does so, there will be no future political victories – and no country left to defend. Ultimately, this is much more than the cause of conservatism. It is the cause of America itself. [...]

Milik, Arthur: A New Conservatism Must Emerge, In: www.realclearpolicy.com , 16.02.2021

Aufgaben

72003-306

1. Arbeiten Sie die zentralen Aussagen des Textes **M1** zu folgenden Themen und Punkten heraus:
   - Zustand der USA und ihres politischen Systems,
   - *identity politics* und die Linke in den USA,
   - konservatives Denken und Bewegungen in den USA,
   - eine neue rechtskonservative Bewegung in den USA: Wurzeln und politische Strategien.
2. Überprüfen Sie, ob man die Aussagen in **M1** den Bausteinen und Methoden des Faschismus zuordnen kann. Nutzen Sie bei der Bearbeitung die Materialien Bausteine des Faschismus (**M1**) und Strategien und Methoden des Faschismus (**M3**) aus › Kap. 3.3 als Bezugspunkte. Belegen Sie (wo möglich) Ihre Argumente mit Zitaten aus dem Text.

3.4 Demokratien im Vergleich

3.4.1 Kernelemente moderner Demokratien

Leitfragen

- Welches sind die Kernfragen politischer Herrschaft?
- Wie wird in der Demokratie die Freiheit des Individuums garantiert?
- Welchen Herausforderungen sehen sich die modernen Demokratien gegenüber?

M 1 Legitimation politischer Herrschaft

Politische Herrschaft, d.h. die Herrschaft von Menschen über Menschen, muss legitimiert (gerechtfertigt) werden, wenn sie akzeptiert werden soll. Dabei stützen sich verschiedene Herrschaftsformen auf unterschiedliche **Legitimierungsverfahren**: Diktaturen stützen sich auf Zwang und Gewaltausübung, oft unter dem Deckmantel einer „überlegenen Ideologie“ oder den Ideen einer Religion. Ihnen ist gemeinsam, dass sie dem Individuum keine persönliche Freiheit zugestehen.

Die Demokratie dagegen ist die Herrschaftsform, welche die größtmögliche Freiheit des Individuums nicht nur garantiert, sondern auch auf ihr beruht.

Politische Herrschaft in der Demokratie muss aber, selbst wenn sie ordnungsgemäß legitimiert wurde, auch kontrolliert werden. Unkontrollierte, unbegrenzte Machtausübung würde dazu führen, dass sie, einmal legitimiert, den Legitimationszwang abschaffen und die Freiheit des Einzelnen wieder einschränken würde.

Moderne demokratische Systeme sind nicht abgeschlossen und in ihren Strukturen gleich. Gemeinsam sind ihnen aber bestimmte Kernelemente.

M 2 Volkssouveränität

Sie ist das wesentliche Prinzip zur Herrschaftslegitimation in einer Demokratie. Die Überzeugung, dass alle Menschen von Natur aus frei sind und gleiche Rechte haben, verbietet eine Herrschaft von Menschen über Menschen ohne deren Zustimmung. Staatliche Herrschaft muss also durch das Volk legitimiert werden. Das heißt nicht, dass das Volk diese Herrschaft unmittelbar selbst ausüben muss. Das wäre in komplexen modernen Demokratien und großen Staaten auch kaum möglich. Hier gibt es bestimmte gesellschaftliche und politische Institutionen (Parteien, Parlamente, Verbände etc.), welchen das Recht und die Aufgabe zur Entscheidungsfindung und -umsetzung vom Volk übertragen wird und die dem Volk gegenüber dafür verantwortlich sind. Diese Übertragung geschieht durch **Wahlen**. Diese Wahlen müssen bestimmten Grundsätzen entsprechen, wenn sie als demokratische Verfahren gelten sollen: Sie müssen unter anderem in bestimmten Abständen immer wieder stattfinden, damit das Volk seine Zustimmung auch wieder entziehen und andere mit der Entscheidungsfindung beauftragen kann. In modernen Demokratien müssen Wahlen auch allgemein, frei, gleich, geheim und unmittelbar sein.

M 3 Rechtsstaatlichkeit

Das Rechtsstaatsprinzip wurde im 19. Jahrhundert entwickelt. Es gründet auf der Vorstellung, dass das Zustandekommen von Gesetzen in einem Staat klaren Regeln (z.B. Mehrheitsentscheid) folgen und somit nachvollziehbar sein muss. Der Staat muss sich außerdem an diese Gesetze halten (**formaler Rechtsstaat**). Doch selbst dann kann es sein, dass formal korrekt zustande gekommene Gesetze demokratischen Grundsätzen widersprechen, wenn beispielsweise durch Mehrheitsentscheidungen die Rechte von einzelnen Individuen und gesellschaftlichen Gruppen nicht berücksichtigt oder gar eingeschränkt werden.

Dieses formal korrekte Zustandekommen muss deshalb dadurch ergänzt werden, dass die Gesetze sich zusätzlich an den Grund- und Menschenrechten orientieren und sie schützen (**materialer Rechtsstaat**). Weitere Elemente eines funktionierenden Rechtsstaates sind die Existenz einer unabhängigen (Verfassungs-) Gerichtsbarkeit und die Garantie von Rechten der Bürger in Gerichtsverfahren.

M4 Gewaltenteilung und Pluralismus

Volkssouveränität und Rechtsstaatlichkeit kommen allerdings nur dann zur vollen Entfaltung, wenn sichergestellt ist, dass die staatlichen Gewalten der Rechtssetzung, der Ausführung der Gesetze und der Rechtsprechung nicht in der Hand eines einzelnen staatlichen Organs oder einer einzelnen Person konzentriert sind. Könnte ein Organ nicht nur die Gesetze machen (legislative Gewalt), sondern auch deren Ausführung übernehmen (exekutive Gewalt) und über das korrekte Zustandekommen und die korrekte Anwendung des Rechts urteilen (judikative Gewalt), wäre die Demokratie abgeschafft.

Durch die Aufteilung der drei Gewalten auf verschiedene Organe wird sichergestellt, dass sie sich gegenseitig kontrollieren und ausbalancieren und Machtmissbrauch verhindert wird.

Ergänzt wird diese **horizontale Gewaltenteilung** durch das Prinzip der **vertikalen Gewaltenteilung** (Aufteilung der staatlichen Macht auf verschiedene Ebenen, etwa Bund, Länder, Kommunen) und dadurch, dass einige Entscheidungen nur mit einer qualifizierten (Zweidrittel-) Mehrheit getroffen werden können (**konstitutionelle Gewaltenteilung**).

Das Prinzip des **Pluralismus** (› Kap. 3.2.2) beinhaltet die Vorstellung, dass die Gesellschaft kein homogenes Gebilde ist, sondern aus einer Vielzahl unterschiedlichster Individuen und Gruppen mit je eigenen Grundüberzeugungen, Vorstellungen und Interessen besteht. Diese Unterschiedlichkeit führt dazu, dass diese Interessen im Entscheidungsfindungsprozess um die „richtige" Entscheidung miteinander ringen und sich die Interessen mit der größten Überzeugungskraft durchsetzen. Friedlicher Streit unterschiedlicher Interessen ist somit ebenfalls ein Merkmal der modernen Demokratie.

M5 Was sind Voraussetzungen für das Gelingen moderner Demokratien?

Wie gelingt es, eine moderne Demokratie zu etablieren und stabil zu halten? Einige Grundvoraussetzungen müssen gegeben sein. Dazu gehören ein allgemein günstiges Umfeld, eine pluralistische und aktive **Zivilgesellschaft**, die nicht von religiösen Ideen oder einer Ideologie dominiert wird, sowie effiziente **Mechanismen zur Kontrolle der staatlichen Gewalt**. Auch stabile wirtschaftliche und soziale Verhältnisse sind wichtig. Wir wissen aber aus der modernen Demokratieforschung, dass sich auch bei gegebenen Grundvoraussetzungen demokratische Verhältnisse nicht zwangsläufig einstellen. Deren Erfolg hängt auch von konkreten Bedingungen sowie vom konkreten Handeln der jeweils politisch Verantwortlichen ab. Der Politikwissenschaftler Hans Vorländer nennt mehrere Bedingungen für das Gelingen einer modernen Demokratie:

1. Die **internationale Lage** muss für die Demokratie des Staates förderlich sein, da kein Staat unabhängig von seinem Umfeld ist. Interventionen von anderen Staaten können z. B. die Demokratisierung eines Staates fördern oder hemmen. So hinderte der Einfluss der Sowjetunion nach dem Zweiten Weltkrieg die meisten osteuropäischen Staaten daran, sich zu modernen Demokratien zu entwickeln. In Lateinamerika intervenierten die USA mehrmals auch gewaltsam, um demokratisch gewählte Regierungen abzusetzen, um ihre eigenen Interessen durchzusetzen. Heute wird zunehmend von außerhalb versucht, durch die Nutzung der Möglichkeiten des „Informationsraumes" Einfluss auf innere politische Verhältnisse und Entscheidungen, z. B. Wahlen, in Staaten zu nehmen (› Kap. 4.3.3).
2. Es muss eine effektive **zivile Kontrolle** sowohl der polizeilichen als auch der militärischen Macht des Staates geben. Ist sie in der alleinigen Verfügungsgewalt von Einzelnen oder Gruppen, ist die Gefahr sehr groß, dass freie und faire Wahlen und die freie Willensbildung als Merkmale von Demokratien abgeschafft werden.
3. Zu einer stabilen Demokratie gehört eine

pluralistische, vom Staat unabhängige Gesellschaft, in der die Machtressourcen wie Information, Medien, Wissen und Kapital breit gestreut sind. Zu große Konzentration der **Machtressourcen** führt zu Oligarchisierung und Demokratieabbau.

4. Nicht zuletzt bedarf es einer aktiven **Zivilgesellschaft** , in der durch eine Vielzahl von Zusammenschlüssen wie Vereinen, Interessenverbänden, Parteien und Initiativen durch das Vertrauen in die **Verfahren** demokratischer Kompromissfindung und Konfliktlösung eine demokratische politische Kultur etabliert wird.
5. Offensichtlich ist die **Trennung von Kirche und Staat** ebenfalls eine Voraussetzung für das Gelingen. Historisch gesehen haben sich die modernen Demokratien erst herausgebildet, als die Staaten in der Folge der Religionskriege sich von religiösen Vorgaben politischer Herrschaft emanzipierten. Dadurch wurde religiöse Toleranz möglich, individuelle Glaubensfreiheit gesichert und die politische Neutralität des Staates gewährleistet, sodass Religion nicht länger über Gesetzgebung, Verwaltung oder Rechtsprechung bestimmend Einfluss ausüben konnte. Mit der Trennung von Staat und Kirche durch eine neue institutionelle Ordnung wurde die weltliche Herrschaftsordnung etabliert.

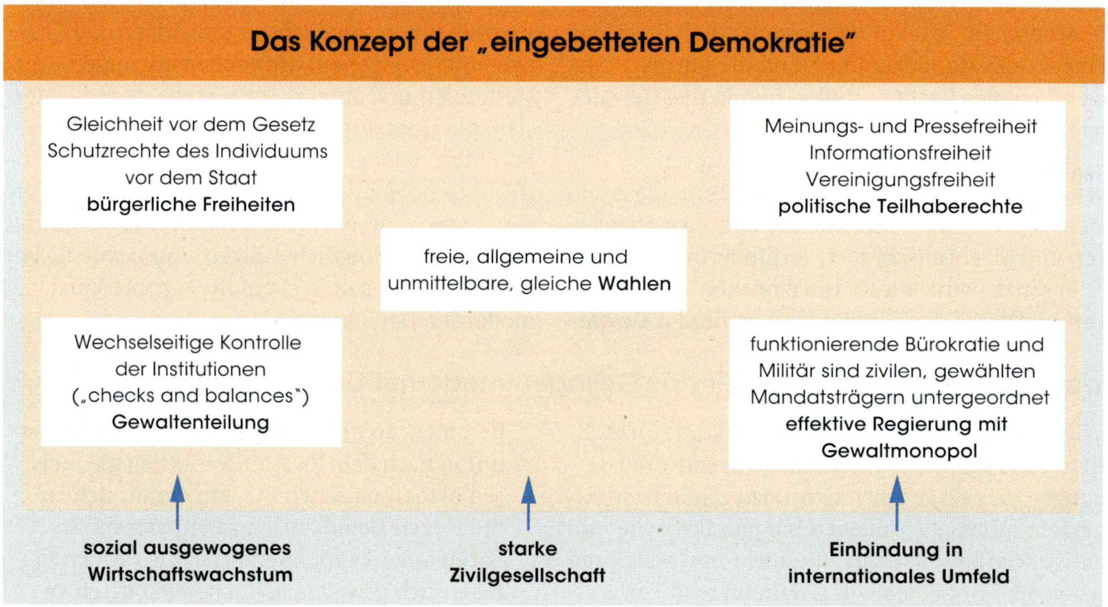

© C.C.Buchner Verlag

Aufgaben

72003-307

1. Erläutern Sie, wie die einzelnen Kernelemente moderner Demokratien miteinander zusammenhängen (**M2–M4**).
2. Begründen Sie, warum die Anwendung der demokratischen Prinzipien das Gelingen einer modernen Demokratie nicht allein garantieren kann (**M5**).
3. Erörtern Sie, inwiefern die Demokratie der Bundesrepublik Deutschland (aktuell) gefährdet ist (**M5**).

3.4.2 Parlamentarismus, Präsidentialismus und Semipräsidentialismus

Leitfragen

Welchem Zweck dienen Regierungssysteme?

Wodurch unterscheiden sich parlamentarische und präsidentielle Regierungssysteme?

M1 Wie strukturieren Regierungssysteme politische Macht?

Staaten benötigen klare institutionelle Strukturen, um politische Entscheidungen zu organisieren und Prozesse zu steuern. Ein **Regierungssystem** beschreibt die formale Ausgestaltung der Regierung, ihre Funktionsweise sowie die Beziehungen zwischen Exekutive, Legislative und dem Staatsoberhaupt.

Das **Staatsoberhaupt** kann ein Präsident oder eine Präsidentin oder ein Monarch oder eine Monarchin sein. Je nach System besitzt es unterschiedliche Kompetenzen – von überwiegend repräsentativen Aufgaben bis hin zur vollständigen Leitung der Exekutive. Präsidialsysteme zeichnen sich dadurch aus, dass der Präsident bzw. die Präsidentin die Exekutive selbst bildet und leitet. In parlamentarischen Systemen ist die Exekutive vom Vertrauen des Parlaments abhängig, das den Regierungschef bzw. die Regierungschefin wählt und abberufen kann.

In modernen Demokratien werden Regierungssysteme durch Wahlen legitimiert. Zwei Idealtypen haben sich herausgebildet – Parlamentarismus und Präsidentialismus –, die sich in der Legitimation von Legislative und Exekutive sowie den Befugnissen von Staatsoberhaupt und Regierungschef deutlich unterscheiden. Daneben bestehen auch Mischformen wie der Semipräsidentialismus.

M2 Wie funktionieren parlamentarische Systeme?

In **parlamentarischen Systemen** sind die Positionen des Staatsoberhauptes und des Regierungschefs getrennt. Die Exekutive liegt beim Regierungschef, das Staatsoberhaupt hat nur eingeschränkte, meist repräsentative Befugnisse. Das Volk bestimmt nur das Parlament direkt, welches seinerseits die Regierung wählt und auch wieder abwählen kann. Die Regierung ist dadurch vom Vertrauen des Parlaments abhängig und zu enger Zusammenarbeit mit der sie tragenden Mehrheit gezwungen. In bestimmten Fällen kann der Regierungschef oder -chefin auch das Parlament auflösen (lassen). Es besteht deshalb eine enge Verbindung zwischen der Regierung und der Parlamentsmehrheit; die Linie der Gewaltenteilung verläuft nicht mehr zwischen dem Parlament als Ganzem und der Regierung, sondern innerhalb des Parlamentes zwischen (Regierungs-)Mehrheit und Opposition. Das parlamentarische Regierungssystem fördert dadurch die Entstehung von Parteien, die im Parlament Koalitionen bilden und Mehrheiten zur Bildung der Regierung organisieren. Klassische Beispiele für parlamentarische Regierungssysteme sind die Bundesrepublik Deutschland, Großbritannien und Kanada.

M3 Was versteht man unter Präsidentialismus?

In **präsidentiellen Regierungssystemen** ist der Chef oder die Chefin der Exekutive gleichzeitig das Staatsoberhaupt. Es wird, wie das Parlament, direkt vom Volk gewählt; beide sind somit voneinander unabhängig. Weder kann das Parlament die Regierung abberufen, noch kann die Regierung das Parlament auflösen (lassen). Regierungsmitglieder erhalten ihr Amt vom Präsidenten oder der Präsidentin und sind nur ihm oder ihr verantwortlich. Sie dürfen nicht Mitglieder des Parlaments sein. Das Recht zur Initiierung von Gesetzen liegt allein beim Parlament. Die Gewaltenteilung ist somit in präsidentiellen Regierungssystemen in idealtypischer Weise umgesetzt. Zur Durchsetzung eigener politischer Ziele muss das Regierungsoberhaupt sich Mehrheiten im Parlament suchen. Das kann einfach sein, wenn Präsidentin oder Präsident und parlamentarische Mehrheit der gleichen Partei angehören. Ist das nicht gegeben, so können sich die beiden Gewalten gegenseitig blockieren, da dem Präsidenten oder der Präsidentin häufig Mittel zur Verfügung stehen, die Umsetzung der Beschlüsse des Parlamentes zu blockieren. Klassische Beispiele für präsidentielle Regierungssysteme sind die der USA, Brasilien und Mexiko.

M4 Wie funktioniert die Zwischenform Semipräsidentialismus?

Neben diesen beiden Regierungssystemen haben sich auch solche entwickelt, die keinem der beiden zugeordnet werden können. Die **semipräsidentiellen Regierungssysteme** Frankreichs und Portugals zum Beispiel weisen Merkmale beider Systeme auf. Hier wird das Staatsoberhaupt wie im präsidentiellen System direkt vom Volk gewählt. Der Präsident oder die Präsidentin ernennt den Premierminister oder die -ministerin und die weiteren Mitglieder der Regierung, die sich aber dem Parlament gegenüber verantworten muss, das seine eigene Legitimation aus der Wahl durch das Volk bezieht und den Premierminister oder -ministerin und damit dann die Regierung durch ein Misstrauensvotum stürzen kann. Präsident und Parlament müssen also eng zusammenarbeiten. Das ist verhältnismäßig einfach, wenn beide dem gleichen politischen Lager angehören. In diesem Fall dominiert der Präsident oder die Präsidentin den politischen Entscheidungsprozess. Kommen sie aus unterschiedlichen Lagern, wird dieser von Parlamentsmehrheit und Regierung bestimmt und die Befugnisse des Staatsoberhaupts sind auf Außen- und Sicherheitspolitik konzentriert.

Regierungssysteme im Vergleich

Parlamentarismus	Präsidentialismus	Semi-Präsidentialismus
Gewaltenverschränkung Kontrolle der Regierung durch Opposition	**Gewaltenteilung** Parlament und Regierung kontrollieren sich gegenseitig	**Gewaltenteilung Parlament – Präsident** Gewaltenverschränkung Parlament-Regierung
Allein das Parlament wird direkt gewählt	Präsident und Parlament werden getrennt gewählt	Präsident und Parlament werden getrennt gewählt Präsident ernennt Regierungschef nach Parlamentsmehrheit
Regierung geht aus dem Parlament hervor, stützt sich auf eine Parlamentsmehrheit und kann mit Misstrauensvotum gestürzt werden	Hohe Hürden für Misstrauensvotum gegen Präsident Keine Auflösung des Parlaments durch Präsident	Hohe Hürden für Abberufung des Präsidenten Regierung kann vom Parlament durch Misstrauensvotum und vom Präsidenten durch Abberufung gestürzt werden
Regierung kann Neuwahlen ansetzen	Gegenseitige Blockade von Präsident und Parlament möglich	
Fraktionsdisziplin zur Sicherung der Regierungsmehrheit Mehrparteienkoalitionen können fragil sein		Zwang zur Zusammenarbeit von Präsident und Parlament bei unterschiedlicher Parteizugehörigkeit (Kohabitation)

Aufgaben

72003-308

1. Erklären Sie, was unter einem Regierungssystem zu verstehen ist, und grenzen Sie dieses von den Begriffen Staats- und Herrschaftsform ab (**M1**).
2. Erörtern Sie die Chancen und Risiken der drei idealtypischen Regierungssysteme hinsichtlich der Gewaltenteilung und Entscheidungsfindung (**M2–M4**).

3.4.3 Die Konkurrenz- und Konkordanzdemokratie

Leitfragen

Welche Verfahren zur Herbeiführung politischer Entscheidungen gibt es?

Wodurch unterscheiden sich Konkurrenz- und Konkordanzdemokratien?

M1 Politische Entscheidungsprozesse zwischen Wettbewerb und Kompromiss

Am Ende eines politischen Prozesses in einer modernen Demokratie steht eine politische Entscheidung, die das Zusammenleben der Menschen ein einem Staat verbindlich regelt. Gemäß dem Prinzip des **Pluralismus** (› Kap. 3.2) treten im Vorfeld dieser Entscheidung verschiedene Gruppen miteinander in einen Wettbewerb, um die Entscheidung möglichst im Sinne ihrer Vorstellungen und Interessen zu gestalten/beeinflussen. Dieser Wettbewerb um Alternativen ist eines der wesentlichen Kennzeichen moderner Demokratien. Zwei Grundtypen von Demokratien führen diese Entscheidungen auf grundsätzlich unterschiedliche Weise herbei.

M2 Wie funktioniert eine Konkurrenz- und Mehrheitsdemokratie?

Hier werden Entscheidungen durch **Mehrheitsentscheid** getroffen. Dabei konkurrieren idealtypisch zwei große Parteien oder Lager um die Wählerstimmen mit dem Ziel, die Mehrheit der Abgeordneten im Parlament zu stellen um so über Gesetze entscheiden und je nach Regierungssystem auch die Regierung stellen zu können. In diesem Demokratietyp hat ein Lager die Mehrheit im Parlament und fällt die politischen Entscheidungen auch gegen den Widerstand der Opposition. Damit es nicht zu Aufständen der Minderheit kommt, die das politische System gefährden können, müssen bestimmte Voraussetzungen erfüllt sein:

- Der politische Wettbewerb darf nicht durch einen prägenden (ethnischen, religiösen) Grundkonflikt zwischen den Lagern gekennzeichnet sein.
- Die Minderheit muss immer die Möglichkeit haben, nach der nächsten Wahl die Mehrheit zu stellen. Das sollte auch möglichst oft der Fall sein.

M3 Was ist eine Konkordanzdemokratie?

In Staaten mit ausgeprägten Konflikten zwischen ethnischen oder religiösen Gruppe werden andere Verfahren zur Entscheidungsfindung benötigt, um sicherzustellen, dass in Mehrheitsentscheidungen die kleinere Gruppe nicht von der größeren unterdrückt werden kann. Dazu werden Entscheidungen im Konsens der verschiedenen, am politischen Prozess beteiligten Gruppen getroffen. Solche Demokratien werden deshalb als **Konkordanzdemokratien** (Konkordanz = Übereinstimmung) bezeichnet. Politische Konflikte und Probleme werden durch Verhandlungen und Kompromisse gelöst, wobei möglichst ein hoher Grad an Übereinstimmung zwischen den Beteiligten herrschen sollte. Dazu gibt es formalisierte Verfahrens- und Proporzregeln, damit auch die Minderheiten angemessen am politischen Entscheidungsprozess beteiligt sind. Durch die Garantie eines **Vetorechts** für alle beteiligten Gruppen soll erreicht werden, dass keine Gruppe den Entscheidungen fundamental entgegensteht und möglichst alle ihre Interessen in irgendeiner Form berücksichtigt sehen. Ein Beispiel für eine Proporzregelung ist die sog. Schweizer „**Zauberformel**“, die genau festlegt, in welchem Verhältnis die Parteien an der siebenköpfigen Regierung, dem „Bundesrat“, beteiligt sind.

Reinformen beider Demokratietypen der Mehrheits- und Konkordanzdemokratie existieren in der Realität kaum. Vielmehr enthalten politische Systeme in der Regel Merkmale beider Typen und können anhand der Mehrzahl ihrer Merkmale einem der beiden Typen zugeordnet werden. Die Bundesrepublik Deutschland ist aufgrund der Anwendung der Mehrheitsregel und des Wettbewerbs um Wählerstimmen dem Typus der Konkurrenzdemokratie zuzuordnen. Durch die Notwendigkeit von Verhandlungen zwischen Bund und Ländern bei bestimmten Gesetzen (› Kap. 4.6) und der Zweidrittelmehrheit bei einigen Entscheidungen (Verfassungsänderung) sind allerdings auch Merkmale der Konsensdemokratie erkennbar.

Konkurrenz- und Konkordanzdemokratie im Vergleich

Konkurrenzdemokratie		Konkordanzdemokratie
Konkurrenz um Mehrheiten	Entscheidungsfindung	Kompromiss, starke Vetorechte von Gruppen
• Alternativen bei der Wahl eindeutig • Verantwortung für Entscheidungen und Fehler eindeutig • Schnellere Entscheidungen	Vorteile	• Inklusion aller Gruppen • Besonders starker Minderheitenschutz • Kultur des Ausgleichs und Kompromisses
• knappe Mehrheiten reichen für Dominanz aus • Gefahr der Polarisierung und Radikalisierung	Nachteile	• sehr langsame Entscheidungsfindung • Kompromiss auf den kleinsten gemeinsamen Nenner kann neue Inhalte und Ideen komplett verhindern
USA	Beispiel	Schweiz

Aufgaben

72003-309

1. Überprüfen Sie, welcher Demokratietypus eher geeignet ist, dringend notwendige gesellschaftliche Reformen durchzusetzen (**M2, M3**). Welche möglichen Folgen sind bei tiefgreifenden Veränderungen zu erwarten?

2. Begründen Sie an einem selbstgewählten Gesetzgebungsvorhaben, dass die Demokratie der Bundesrepublik Deutschland sowohl Elemente der Konkurrenz- als auch der Konsensdemokratie enthält (**M2, M3**).

Das politische System Russlands – Verfassung und Realität

M1 Wie ist das politische System Russlands aufgebaut?

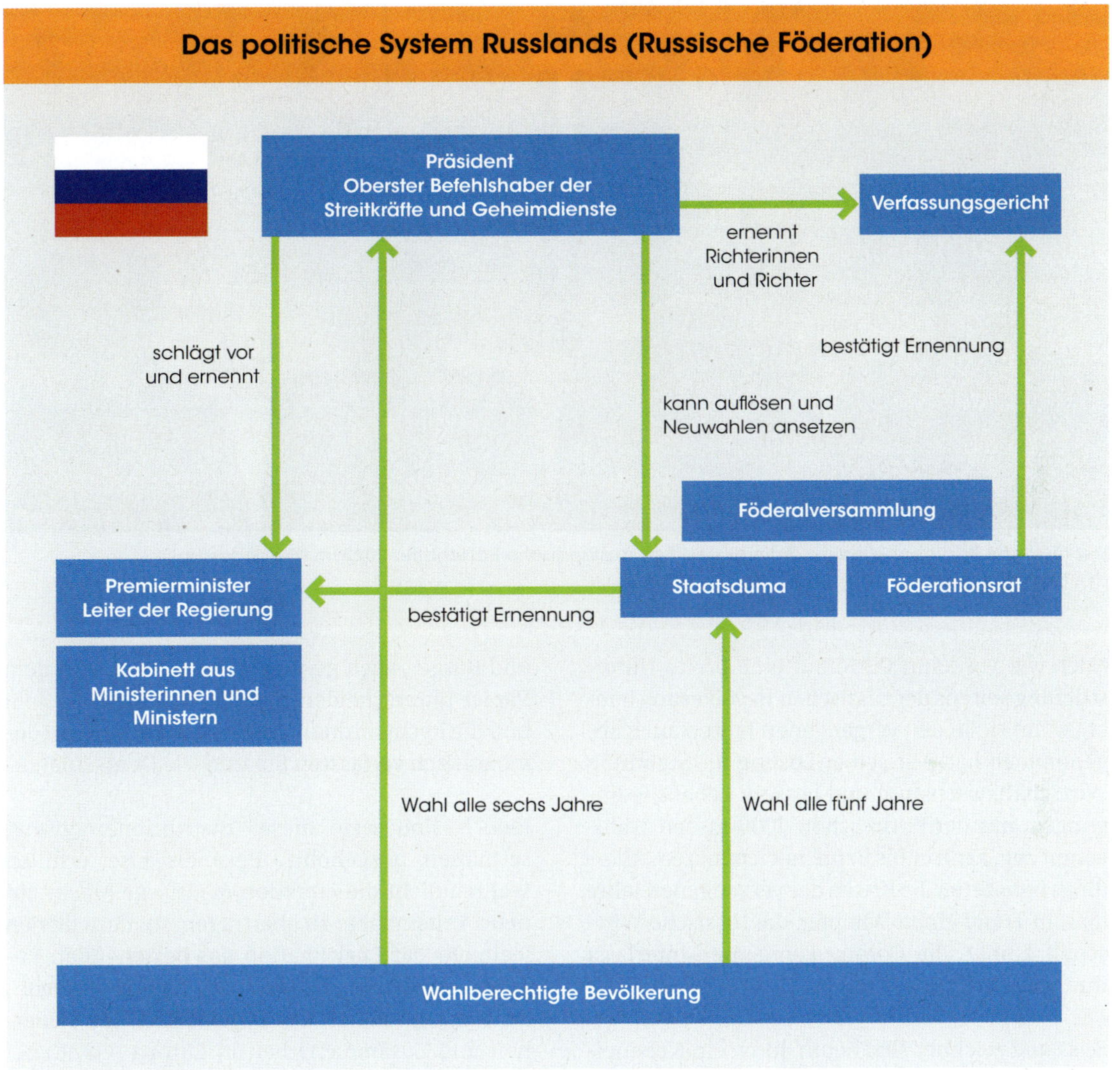

© C.C. Buchner Verlag

M2 Abseits der Schaubilder: Politik in der russischen Machtvertikale

In Artikel 1 der Verfassung wird Russland als „demokratischer föderativer Rechtsstaat mit republikanischer Regierungsform“ bezeichnet. [...] Seit 2000 ist Wladimir Putin – mit einer Unterbrechung von einer Amtsperiode – Präsident Russlands. [...] Mit der im Juli 2020 eingeführten Verfassungsreform hat Putin seine Macht weiter ausgebaut und den Wirkungsraum der Opposition weiter eingeschränkt. Im März 2021 hat Russland die Möglichkeit des Machterhalts von Kremlchef Putin auch gesetzlich verankert. Die Staatsduma verabschiedete ein Gesetz, das die bisherigen Amtszeiten des Präsidenten auf null setzt und ihm so theoretisch ein Weiterregieren bis 2036 erlaubt. Nach der alten Verfassung von 1993 hätte Putin den Kreml 2024 verlassen müssen.

Der russische Präsident Wladimir Putin akkreditiert ausländische Botschafter 2023 im Alexandersaal des Kreml-Palastes.

Nach wie vor kann Putin auf eine breite Unterstützung seitens der russischen Bevölkerung bauen, wenn sie in den vergangenen Jahren auch abgenommen hat. Mit seiner Losung für Stabilität, Wirtschaftswachstum und bessere Lebensbedingungen, mit der Putin schon 2000 in den Wahlkampf zog, kann er bis heute noch punkten. Allerdings bereiteten die Krisen der vergangenen Jahre diesem Trend einen Dämpfer, die russische Wirtschaft krankt, die Corona-Pandemie hinterlässt ihre Spuren. [...]

Russland zeichnet sich heute durch ein Nebeneinander formaler Institutionen und informeller Strukturen aus, wobei letztere häufig die tatsächliche Verteilung politischer Macht bestimmen. [...] So besteht laut russischer Verfassung Gewaltenteilung; es gibt ein Parlament, Parteien und Organe der kommunalen Selbstverwaltung; es finden regelmäßige Wahlen statt, die von umfangreichen Wahlkampfaktivitäten begleitet sind und bei denen mehrere Kandidatinnen und Kandidaten um die Wählergunst konkurrieren. Gerichte und ein unabhängiges Verfassungsgericht schützen die Rechte der russischen Bürgerinnen und Bürger, auch gegenüber dem Staat. Auf dem Papier unterscheiden sich das politische System und die Rechtsordnung in Russland kaum von demokratisch verfassten Staaten wie Deutschland.

Jedoch sind viele dieser Institutionen gewissermaßen ausgehöhlt. Beispielsweise erfüllen Wahlen nicht die Funktion, politische Macht auf neue Amtsinhaber zu übertragen, sondern dienen vielmehr der Legitimation des bestehenden Regimes. So stellten die internationalen Wahlbeobachtungsmissionen der Organisation für Sicherheit und Zusammenarbeit in Europa (OSZE) bei allen Parlaments- und Präsidentschaftswahlen seit Mitte der 2000er Jahre massive Mängel wie die systematische Benachteiligung oppositioneller Kandidatinnen und Kandidaten, Wahlmanipulation und Stimmenkäufe fest.

Andere Institutionen wie die Gerichte erfüllen im Alltagsgeschäft durchaus ihre Aufgabe und haben sich in den letzten Jahren durch Modernisierungsbemühungen, Digitalisierung und Antikorruptionsmaßnahmen sogar zu oftmals gut funktionierenden staatlichen Organen entwickelt. Gleichzeitig existieren rote Linien, jenseits derer die direkte politische Weisung jede Unabhängigkeit der Justiz aufhebt – Schauprozesse gegen Menschenrechtsaktivistinnen und -aktivisten und Mitglieder der Opposition zeigen dies immer wieder eindrücklich. Diese roten Linien ergeben sich vor allem aus der Logik des Machterhalts Vladimir Putins und seines Netzwerks enger Verbündeter, an dem auch ihre privaten wirtschaftlichen Interessen hängen; gefolgt von Überlegungen zu Russlands Rolle im internationalen politischen System und Statusambitionen als globale Großmacht neben den USA und China. [...]

Die umfassende Kontrolle über das politische Geschehen im Land, auch bekannt als die Machtvertikale, wird unter anderem durch die gezielte Beeinflussung der öffentlichen Meinung sichergestellt, die wiederum auf der Kontrolle über die Medienlandschaft beruht. In der Rangliste der Pressefreiheit von Reporter ohne Grenzen belegt Russland 2021 Platz 150 von 180. [...] Erreichten einzelne Journalistinnen und Journalisten oder Verlagshäuser aber ein zu großes Publikum und nahmen sich Themen an, die zu öffentlichem Unmut gegenüber der Regierung hätten führen können, wurden sie schnell zum Ziel repressiver Maßnahmen. Diese reichten von der Verhaftung und Verurteilung einzelner Medienschaffender über den plötzlichen Verlust von Werbeverträgen und Übertragungsrechten bis hin zum Aufkauf und Umstrukturierung der als politisch gefährlich designierten Sender oder Zeitungen [...].

Sowohl Legislative als auch Judikative sind in die Machtvertikale eingebunden und unterstehen somit der Logik des Machterhalts des bestehenden Regimes. Der Transformationsindex der Bertelsmann-Stiftung (BTI) bewertet die Rechtsstaatlichkeit in der Russischen Föderation 2020 mit 4 von 10 Punkten, wobei das Land beim Kriterium der Gewaltenteilung besonders schlecht abschneidet (3 von 10). Auch im internationalen *Rule of Law Index des World Justice Project* schneidet Russland mit Rang 94 aus 128 schlecht ab, vor allem bei den Kriterien Schutz vor staatlicher Willkür und Einhaltung der Grundrechte. Hinzu kommt, dass der Justizapparat auch nach einer Reihe von Reformen seit den 1990er Jahren schlicht schlecht funktioniert. Niedrige Gehälter, komplizierte bürokratische Vorgaben und ein Berufungssystem, das Richterinnen und Richter in starke Abhängigkeit von ihren Gerichtspräsidentinnen und -präsidenten und auch politischen Instanzen versetzt – all dies führt zu hoher Korruption sowie langwierigen und kostspieligen Verfahren mit ungewissem Ausgang. [...]

Landeszentrale Politische Bildung Baden-Württemberg: Politisches System und aktuelle Politik in Russland, Rogova, Vera: Demokratie und Rechtsstaatlichkeit in Russland, In: www.osteuropa.lpb-bw.de , Zugriff 18.07.2025

Aufgaben

72003-310

1. Ordnen Sie das politische System Russlands anhand des Schaubilds **M1** in die Idealtypen parlamentarische, präsidentielle oder semipräsidentielle Demokratie ein.
2. Nennen und erläutern Sie die Merkmale des politischen Systems Russlands aus dem Text **M2**.
3. Begründen Sie, weshalb es bei der Analyse politischer Systeme zentral ist, zwischen Verfassungstext und Verfassungsrealität zu unterscheiden. Nutzen Sie dazu das Beispiel Russland (**M1**, **M2**).

Kompetenzen

Am Ende dieses Kapitels sollten Sie Folgendes wissen und können:

- die freiheitlich demokratische Grundordnung der Bundesrepublik Deutschland beschreiben
- den Aufbau des politischen Systems der Bundesrepublik und das Zusammenwirken der obersten Staatsorgane erläutern
- demokratische Beteiligungsmöglichkeiten kennen und deren Nutzen bewerten
- zu grundlegenden und aktuellen politischen Themen bzw. Fragestellungen anhand von Kriterien ein eigenes Urteil bilden
- hinsichtlich der Funktionsweise der Verfassungsorgane zwischen Verfassungstheorie und Verfassungswirklichkeit unterscheiden

1

2

Das politische System der Bundesrepublik Deutschland

4

3

4

Aufgabe

Ordnen Sie jedem der Bilder jeweils einen der Begriffe „Politik“, „Staat“ und „Demokratie“ zu. Begründen Sie Ihre Entscheidung.

4.1 Die Grundlagen des politischen Systems

4.1.1 Das Grundgesetz

Leitfragen

- Warum gibt es Grundrechte?
- Welches sind die Grundrechte in der Bundesrepublik Deutschlands?
- Inwiefern definieren die Grundrechte das Verhältnis von Individuum und Staat?

M1 Das Grundgesetz für die Bundesrepublik Deutschland: Vom Provisorium zur Verfassung

Link zum Grundgesetz

72003-401

Nach dem Ende des 2. Weltkrieges und damit der NS-Zeit trat in Bonn ein Parlamentarischer Rat zusammen, der über ein neues Grundgesetz für Deutschland beriet. Ihm gehörten 65 Abgeordnete (vier Frauen, 61 Männer) an. Der Parlamentarische Rat verabschiedete am 08.05.1949 des Grundgesetzt (GG), das am 23.05.1949 in Kraft trat. Es galt seitdem für die sog. 10 alten Bundesländer (+ West-Berlin) und gilt seit dem Jahr 1990 auch für die fünf neuen Bundesländer.

Das Grundgesetz war von Anfang an als „Provisorium“ gedacht, das später nach einer Wiedervereinigung Deutschlands durch eine vom gesamten Volk zu beschließende Verfassung ersetzt werden sollte. Dennoch hat es sich als beständig und flexibel erwiesen. Es gilt bis heute als eine der stabilsten und modernsten Verfassungen Europas. Die Beratungen im Parlamentarischen Rat wurden stark durch die Erfahrungen der Weimarer Republik und die nationalsozialistische Gewaltherrschaft geprägt. Besonders wichtig war den Verfassern, Grundrechte in den Mittelpunkt zu stellen und einen effektiven Schutz gegen Machtmissbrauch sowie die Möglichkeit demokratischer Kontrolle sicherzustellen.

Das Grundgesetz besteht im Wesentlichen aus den Grundrechten sowie organisatorischen Festlegungen des Staatsaufbaus. Artikel 1 und Artikel 20 sind unveränderlich und binden den Staat an die Einhaltung und den Schutz dieser. Weitere Bestandteile können durch Beschlüsse mit Zweidrittelmehrheiten des Bundestages und des Bundesrates verändert werden.

Das Grundgesetz ist die Verfassung der Bundesrepublik Deutschland. Es ist die rechtliche Grundordnung Deutschlands.

M2 Das Verhältnis von Individuum und Staat in den Grundrechten

Die Grundrechte bilden das Fundament der freiheitlich-demokratischen Grundordnung der Bundesrepublik Deutschland. Sie stehen bewusst an erster Stelle des Grundgesetzes (Art. 1–19 GG) und sind Ausdruck der Lehren, die aus dem Scheitern der Weimarer Republik und den Verbrechen des nationalsozialistischen Unrechtsstaates gezogen wurden. Die staatliche Ordnung sollte von Beginn an auf dem Schutz der individuellen Freiheit und Würde des Menschen beruhen.

Zentral ist dabei Artikel 1 Absatz 1 GG: „Die Würde des Menschen ist unantastbar.“ Dieser Satz stellt die oberste Wertentscheidung der Verfassung dar. Die Menschenwürde gilt als unverfüg-

Artikel 1 des Grundgesetzes auf einer Glaswand an den Bürogebäuden des Deutschen Bundestages in Berlin bar, sie steht jedem Menschen allein aufgrund seines Menschseins zu. Der Staat ist nicht nur verpflichtet, sie zu achten, sondern aktiv zu schützen – in allen Lebensbereichen. Daraus ergibt sich ein grundlegendes Verständnis des Verhältnisses von Individuum und Staat: Der Mensch steht im Mittelpunkt, der Staat ist ihm gegenüber rechenschaftspflichtig.

Die Grundrechte lassen sich funktional in drei Hauptgruppen unterteilen: **Abwehrrechte**, **Mitwirkungsrechte** und **Gleichheitsrechte**.

Abwehrrechte schützen das Individuum vor staatlichen Eingriffen. Dazu zählen unter anderem die Meinungsfreiheit (Art. 5 GG), die Religionsfreiheit (Art. 4 GG) und die Unverletzlichkeit der Wohnung (Art. 13 GG). Sie begrenzen staatliche Macht und garantieren individuelle Freiheitsräume. Eingriffe sind nur unter strengen Voraussetzungen und mit gesetzlicher Grundlage möglich. Diese Rechte schaffen so ein rechtliches Schutzschild gegen staatliche Willkür und sichern persönliche Entfaltungsmöglichkeiten.

Mitwirkungsrechte (auch Teilhaberechte genannt) sichern den Bürgerinnen und Bürgern die aktive Beteiligung am politischen Willensbildungsprozess. Beispiele sind das aktive und passive Wahlrecht (Art. 38 GG), die Vereinigungsfreiheit (Art. 9 GG) oder die Versammlungsfreiheit (Art. 8 GG). Sie ermöglichen demokratische Mitgestaltung und stärken die Legitimität staatlichen Handelns. Ohne diese Rechte wäre eine lebendige Demokratie nicht denkbar.

Gleichheitsrechte gewährleisten die Gleichbehandlung aller Menschen durch den Staat. Der zentrale Artikel 3 GG verbietet Diskriminierung aus Gründen wie Geschlecht, Abstammung, Religion oder politischer Anschauung. Damit soll Chancengleichheit gesichert und gesellschaftliche Teilhabe gefördert werden. Diese Rechte zielen darauf ab, soziale Ungleichheiten abzubauen und gleiche Rechte für alle zu verwirklichen.

Von besonderer Bedeutung ist auch die sogenannte **„Drittwirkung" der Grundrechte**. Das heißt, die Grundrechte schützen nicht nur im Verhältnis zwischen Staat und Bürgerinnen oder Bürgern, sondern sie wirken auch im Umgang zwischen Privatpersonen. Zum Beispiel müssen Unternehmen oder Vermietende die Grundrechte ihrer Beschäftigten oder Mieterinnen und Mieter beachten. Eine wichtige Rolle spielt dabei das Bundesverfassungsgericht. Es wacht über die Einhaltung der Grundrechte und entwickelt durch seine Urteile immer wieder neue Maßstäbe.

Insgesamt betonen die Grundrechte ein Staatsverständnis, in dem der Staat dem Menschen dient – nicht umgekehrt. Sie sichern Freiheit, Teilhabe und Gleichheit und begrenzen staatliche Macht zugunsten der individuellen Selbstbestimmung. Damit sind sie tragende Säulen der deutschen Demokratie.

M3 Artikel 1–19: Die Grundrechte

Die in den ersten 19 Artikeln des Grundgesetzes festgelegten Grundsätze werden Grundrechte genannt. Auch in weiteren Artikeln des Grundgesetzes werden bedeutende Rechte aller Bürgerinnen und Bürger festgelegt, wie z. B. das Recht auf einen gesetzlichen Richter (Art. 101). Neben Rechten nennt das GG auch **Pflichten,** wie z. B. die Meldepflicht (Art. 73 GG) oder die Pflicht der Eltern zur Erziehung ihrer Kinder (Art. 6 GG).

Eine der Grundannahmen des Grundgesetzes ist es, dass ein Mensch von Natur aus Träger bestimmter Rechte ist, die ihm allein durch die Tatsache, dass er oder sie ein Mensch ist, zustehen. Diese **Menschenrechte** sind universell, d. h. sie gelten für alle Menschen und umfassen u. a. den Schutz der Freiheit der Person (Art. 2), die Religionsfreiheit (Art. 4) und das Recht auf freie Meinungsäußerung (Art. 5).

Bürgerrechte hingegen sind Grundrechte, wie z. B. das Wahlrecht (Art. 38) oder das Recht auf freie Berufswahl (Art. 12), die in der Regel auf Menschen mit deutscher Staatsbürgerschaft beschränkt sind.

Die Unterscheidung zwischen Menschenrechten und Bürgerrechten verdeutlicht, dass das Grundgesetz nicht nur nationale, sondern auch universelle Geltung beansprucht. So genießen auch Ausländerinnen und Ausländer in Deutschland die Meinungsfreiheit oder die Religionsfreiheit, selbst wenn ihnen politische Mitwirkungsrechte wie das Wahlrecht nicht zustehen. In der Praxis bedeutet dies, dass Grundrechte den Alltag aller Menschen in Deutschland unmittelbar prägen – von der Pressefreiheit bis hin zum Schutz der persönlichen Daten.

Grundrechte im Grundgesetz
(Stand: 2025)

73000-9814

Schutz der Menschenwürde	1	2	Freiheit der Person
Gleichheit vor dem Gesetz	3	4	Glaubens- und Gewissensfreiheit
Freie Meinungsäußerung	5	6	Schutz von Ehe und Familie
Elternrechte, staatliche Schulaufsicht	7	8	Versammlungsfreiheit
Vereinigungs- und Koalitionsfreiheit	9	10	Brief-, Post- und Fernmeldegeheimnis
Recht der Freizügigkeit	11	12	Freie Berufswahl
Militärische und zivile Dienstpflichten	12 a	13	Unverletzlichkeit der Wohnung
Eigentum, Erbrecht, Enteignung	14	15	Überführung in Gemeineigentum
Staatsangehörigkeit, Auslieferung	16	16 a	Asylrecht
Petitionsrecht	17	17 a	Einschränkung der Grundrechte
Aberkennung von Grundrechten	18	19	Rechtsweggarantie
Volkssouveränität, Widerstandsrecht	20	33	Gleicher Zugang zu öffentlichen Ämtern
Wahlrecht	38	101	Anspruch auf gesetzliche/n Richter/in
Anspruch auf rechtliches Gehör vor Gericht	103	104	Schutz vor willkürlicher Verhaftung

M4 Können Grundrechte miteinander in Konflikt geraten?

Einzelne Grundrechte können miteinander in Konflikt geraten. In der Regel legt dann ein weiteres Gesetz die genauen Regelungen fest oder das Bundesverfassungsgericht entscheidet. Einer der klassischen Grundrechtskonflikte ist der Konflikt zwischen Freiheit und Sicherheit. In jüngster Zeit wird häufig darüber diskutiert, inwiefern Klimaschutz und Privateigentum in einem Konflikt stehen. Insbesondere während der Coronapandemie wurden zum Schutz der körperlichen Unversehrtheit die Bewegungs- und Ausgangsbeschränkungen und Impfpflichten als Verstoß gegen Grundrechte kritisiert.

Bekannte Beispiele für Grundrechtskonflikte sind Entscheidungen des Bundesverfassungsgerichts zum Luftsicherheitsgesetz (2006), das den Abschuss entführter Passagierflugzeuge vorsah, oder das Klimaschutzurteil von 2021, in dem das Gericht die Freiheitsrechte künftiger Generationen betonte. Solche Urteile zeigen, dass Grundrechte nicht statisch sind, sondern in ihrer Bedeutung immer wieder an neue gesellschaftliche Entwicklungen angepasst werden müssen.

Aufgaben

72003-402

1. Fassen Sie zusammen, welche Bedeutung das Grundgesetz hat (**M1, M2**).
2. Erstellen sie arbeitsteilig Referate zu einzelnen Grundgesetz-Artikeln. Gehen Sie dabei darauf ein, inwiefern es das Verhältnis von Staat und Menschen/Bürgerinnen und Bürgern regelt und wie ein Verstoß gegen die Grundrechte aussehen könnte (**M2, M3**). Recherchieren Sie, ob es bereits zu Verstößen kam und wie darüber geurteilt wurde.
3. Diskutieren Sie, ob eine Einschränkung von Grundrechten fallweise in Ordnung ist (**M1–M3**). Erläutern Sie konkrete Beispiele.

Politische Urteile fällen

M1 Was ist ein politisches Urteil?

Politische Urteile werden von allen Menschen der Gesellschaft jeden Tag gefällt. Sie drücken die subjektive Position zu politischen Themen aus. Mögliche Fragen können z.B. sein:

- Sollen in Deutschland Flugzeuge, die von Terroristen entführt wurden, abgeschossen werden dürfen?
- Soll die Speicherung von Mobilfunkdaten erlaubt bleiben?
- Soll der Staat in einer pandemischen Lage befugt sein, Ausgangssperren zu verhängen?
- Soll der Staat zum Schutz des Klimas alle Hausbesitzer dazu verpflichten, Solaranlagen zu installieren?
- Soll es in Deutschland eine Grundsicherung für alle Bürgerinnen und Bürger geben?
- Sollen Demonstrationen von Rechtsextremisten verboten werden?

Fragen wie diese können von Menschen spontan, d.h. einem inneren emotionalen Impuls folgend, beurteilt werden. Wenn sie als politische Urteile gefällt werden, folgen sie Kriterien. Es werden verschiedene Arten von Urteilen unterschieden. Damit subjektive Positionen methodisch und inhaltlich sicher begründet und orientiert an Kategorien als politische Urteile ausgedrückt werden, ist es sinnvoll, ihre Formulierung zu trainieren.

M2 Worin unterscheiden sich Sach- und Werturteile?

Ein politisches Urteil beinhaltet ein Sach- und ein Werturteil. Beim **Sachurteil** wird zunächst nach der Effizienz gefragt bzw. diese beurteilt. Dies betrifft z.B. die Problemlösungsfähigkeit, Wirtschaftlichkeit, Schnelligkeit und Genauigkeit einer Maßnahme. Dabei können Werte, die zu den grundlegendsten einer Gesellschaft gehören, ggf. nicht berücksichtigt werden.

Mit einem **Werturteil** wird hingegen die Legitimität eines Urteils beurteilt. Hierbei werden politische Werte zur Bewertung und Begründung verwendet. Diese sind zum Beispiel die Menschenwürde, Grundrechte, Rechtsstaatlichkeit Solidarität, Freiheit, soziale Gerechtigkeit oder Frieden.

Die Ergebnisse von Sach- und Werturteilen können sich widersprechen. So wäre es zur Lösung des demographischen Wandels effizient, Frauen dazu zu verpflichten, mindestens drei Kinder zu bekommen und ihnen notfalls sogar einen Fötus einzusetzen. Unter Wertaspekten wäre dies jedoch nicht legitim und widerspricht u.a. der Menschenwürde.

Für beide Bereiche ist es wichtig, die **eigene Perspektive** auf ein Problem und mögliche Lösungen um weitere Perspektiven zu erweitern.

M3 Schritte zur Urteilsbildung

1. Klären, worum es geht

Im ersten Schritt geht es darum, zu klären, worum es geht. Es kann um eine politische Entscheidungsfrage, einen Vorschlag, eine Maßnahme oder eine Aussage oder um eine Aufgabenstellung gehen. Im schulischen Kontext wird zu politischen Urteilen mit dem Operator „Nehmen Sie Stellung ...", „Beurteilen Sie ...", „Bewerten Sie...", „Diskutieren Sie..." aufgefordert.

Anschließend ist es sinnvoll, zu erheben, welche Akteure betroffen sind, wer beteiligt ist, wer entscheiden kann und was bisher passiert ist.

2. Das Problem kategorial analysieren

Hilfreich sind hierzu Fragen:

- Inwiefern bin ich betroffen?
- Welche Akteure sind betroffen?
- Welche Interessen haben einzelne Akteure?
- Wer kann entscheiden?
- Welches Verfahren zur Entscheidungsfindung gibt es?
- Was ist bisher passiert?
- Was kosten einzelne Lösungsalternativen?
- Wer profitiert von welcher Lösung?
- Welche rechtlichen Regelungen gibt es?
- Welche Auswirkungen haben Lösungen?

3. Teilurteile fällen
Bei einem politischen Urteil werden einzelne Argumente abgewogen. Es ist, z. B. bei einem Dilemma, nicht stets möglich, dass die Lösung eines Problems oder eines Konflikts alle zufrieden stellt oder alle gelöst wird. Eine Möglichkeit einzelne Teilurteile einander gegenüberzustellen, ist eine Pro-Kontra-Liste. Die Ergebnisse der Analyse werden in Argumente übertragen. Sie setzen sich aus einer These, einer Begründung und einem Beleg bzw. einem Beispiel zusammen. Die einzelnen Argumente werden sodann gewichtet. Hier können z. B. Punkte von 1–6 vergeben oder einzelne Argumente als besonders bedeutende hervorgehoben werden.

4. Entscheidung/Gesamturteil formulieren
Am Ende wird die eigene Position zu einer Ausgangssituation formuliert. Es wird ausgeführt, was geschehen soll bzw. Entscheidung getroffen werden soll. Dabei werden die Bewertungskriterien genannt und das wichtigste Argument ausgeführt.

Mögliche schriftliche Ausdrucksformen von politischen Urteilen sind Erörterungen, Kommentare, Leserbriefe oder Reden.

M4 Gelten deutsche Grundrechte auch in Jemen?

Die Air Base Ramstein in Rheinland-Pfalz ist wesentlicher Bestandteil der US-Infrastruktur für Drohneneinsätze in Afrika und auf der arabischen Halbinsel. Zwei Jemeniten haben sich nun ans Bundesverfassungsgericht gewandt und bitten um Schutz.

Die Region Hadramaut gehört zur Republik Jemen, im Osten grenzt sie an Oman, im Süden an den Golf von Aden, im Norden liegt Rub al-Chali, die größte Sandwüste der Welt. Von dort sind es rund 6500 Kilometer nach Karlsruhe, wo an diesem Dienstag über eine interessante Frage nachgedacht wird: Gelten deutsche Grundrechte eigentlich auch in Hadramaut?

In Hadraumaut liegt ein kleiner Ort namens Khashamir. Dort wagte im August 2012 ein muslimischer Geistlicher in der Freitagspredigt den Aufruf, sich den Scharfmachern der regionalen islamistischen al-Qaida-Gruppe entgegenzustellen. Drei Mitglieder der Gruppe sollen ihn daraufhin um ein Gespräch gebeten haben, und weil dem Prediger nicht wohl dabei war, bat er seinen Cousin hinzu, einen Polizisten. Das Treffen endete tödlich – aber nicht, weil die Islamisten Rache genommen hätten. Sie selbst waren vielmehr ins Visier von US-Drohnen geraten, die mehrere Raketen auf sie abfeuerten. Dass dabei auch der Geistliche und sein Cousin zu Tode kamen, war ein Versehen. Oder in der Sprache des Militärs: ein Kollateralschaden.

So wird die Geschichte in einer Verfassungsbeschwerde erzählt, gestützt auf Berichte der Menschenrechtsorganisation Human Rights Watch. Zwei Bewohner von Khashamir wenden sich ans Bundesverfassungsgericht und bitten um Schutz – weil Deutschland für die USA als Drehscheibe des Drohneneinsatzes fungiere. Denn die Air Base Ramstein dient Drohnenpiloten in den USA als Satelliten-Relaisstation und ist damit wesentlicher Bestandteil der US-Infrastruktur für Drohneneinsätze in Afrika und auf der arabischen Halbinsel.

Die Frage, die der Zweite Senat zu klären hat, lautet also: Kommt im globalen Drohnenkrieg der Amerikaner das deutsche Grundgesetz ins Spiel, weil eine Air Base auf rheinland-pfälzischem Boden dabei eine Rolle spielt? Immerhin geht es um das Recht auf Leben und körperliche Unversehrtheit, weit oben im Grundgesetz angesiedelt. Oder darf die Bundesregierung in transatlantischer Verbundenheit großzügig darüber hinwegsehen, dass ein US-Standort in Deutschland wertvolle Hilfe für eine Art ferngesteuerter Hinrichtung leistet? […]

Bleibt die Frage, ob die Grundrechte wirklich bis Hadramaut reichen. Ein klein wenig hat das Gericht dies schon beantwortet. Im Urteil zur Auslandsaufklärung des Bundesnachrichtendienstes von 2020 entschied das Gericht: Wenn eine deutsche Behörde den Datenverkehr von Ausländern mit Ausländern aus den Satellitenverbindungen und Internetknoten ableite, dann sei sie ans Grundgesetz gebunden. Und ein Jahr später übertrug es diese Gedanken auf einen militärischen Kontext. Im afghanischen Kundus hatte 2009 ein deutscher Oberst einen fatalen Angriff auf zwei Tanklaster befohlen, viele Zivilisten kamen ums Leben. Die Klagen der Angehörigen blieben zwar erfolglos, aber ganz abseitig war ihr Vorstoß nicht: „Die deutsche Staatsgewalt ist grundsätzlich auch bei Handlungen im Ausland an die Grundrechte gebunden", befand Karlsruhe.

Was aber heißt das nun für Ramstein, für die USA, für die Bundesregierung? Die Air Base, dies wurde im Laufe der Jahre immer deutlicher, ist nicht nur eine technische Drehscheibe, sondern wohl auch ein Ort, an dem Analyse und Auswertung der Drohnen-Aktionen stattfindet. Wird Deutschland durch die stille Duldung zum Helfershelfer oder gar zum Mittäter? Strafbarkeit durch Unterlassen, wie man das im Strafrecht nennt? Oder darf sich die Regierung gleichsam blind stellen, weil ihr durch den Vertrag über den Aufenthalt ausländischer Streitkräfte oder das NATO-Truppenstatut ohnehin die Hände gebunden sind?

Janisch, Wolfgang: Gelten deutsche Grundrechte auch in Jemen? In: www.sueddeutsche.de, 15.12.2024

M5 Wichtige Grundgesetz-Artikel zum Fallbeispiel Drohneneinsätze

Artikel 1 – Schutz der Menschenwürde
„Die Würde des Menschen ist unantastbar. Sie zu achten und zu schützen ist Verpflichtung aller staatlichen Gewalt."

Artikel 2 Absatz 2 – Recht auf Leben und körperliche Unversehrtheit
„Jeder hat das Recht auf Leben und körperliche Unversehrtheit. Die Freiheit der Person ist unverletzlich."

Artikel 19 Absatz 2 – Schutz vor Eingriffen in die Grundrechte
„In keinem Falle darf ein Grundrecht in seinem Wesensgehalt angetastet werden."

Artikel 10 – Brief-, Post- und Fernmeldegeheimnis
„Das Briefgeheimnis sowie das Post- und Fernmeldegeheimnis sind unverletzlich."

Artikel 20 Absatz 3 – Grundsatz der Bindung der Staatsgewalt an die verfassungsmäßige Ordnung
„Die vollziehende Gewalt und die Rechtsprechung sind an Gesetz und Recht gebunden."

Aufgabe

72003-403

Nutzen Sie die Methode „Politische Urteile fällen" mit ihren vier Schritten, um ein fundiertes, begründetes Urteil über die Frage zu formulieren, ob die deutschen Grundrechte auch in Jemen gelten (**M1–M4**).

4.1.2 Die Staatsstrukturprinzipien

Leitfragen

Was sind die Grundlagen für den Aufbau des deutschen Staates?

Inwiefern ist die Bundesrepublik Deutschland eine „wehrhafte Demokratie"?

M1 Die Strukturprinzipien des Grundgesetzes

Artikel 20 des Grundgesetzes bildet das Fundament der staatlichen Ordnung der Bundesrepublik Deutschland.

Die fünf zentralen Strukturprinzipien sind in Art. 20 GG enthalten:

- Republik
- Demokratieprinzip
- Sozialstaatsprinzip
- Rechtsstaatsprinzip
- Bundesstaatlichkeit

Diese Prinzipien legen die Grundform und Organisation des deutschen Staates verbindlich fest. Artikel 20 GG wird daher auch als Verfassung in Kurzform bezeichnet.

Republik

Mit der Bezeichnung Bundesrepublik legt das Grundgesetz fest, dass Deutschland keine Monarchie ist bzw. das Staatsoberhaupt nicht durch Erbfolge bestimmt, sondern durch das Volk bzw. seine Vertreterinnen und Vertreter gewählt wird.

Artikel 20 Grundgesetz

(1) Die Bundesrepublik Deutschland ist ein demokratischer und sozialer Bundesstaat.

(2) Alle Staatsgewalt geht vom Volke aus. Sie wird vom Volke in Wahlen und Abstimmungen und durch besondere Organe der Gesetzgebung, der vollziehenden Gewalt und der Rechtsprechung ausgeübt.

(3) Die Gesetzgebung ist an die verfassungsmäßige Ordnung, die vollziehende Gewalt und die Rechtsprechung sind an Gesetz und Recht gebunden.

Demokratie

Das Demokratieprinzip bedeutet, dass alle Staatsgewalt vom Volk ausgeht (Art. 20 Abs. 2 GG). Bürgerinnen und Bürger wirken in Wahlen und Abstimmungen an der politischen Willensbildung

Grundsätze der Verfassung nach Art. 20 Grundgesetz

Republik	Demokratie	Bundesstaat	Sozialstaat	Rechtsstaat
• Freiheitliche, antidiktatorische Staatsform • Bestimmung der politischen Exekutivorgane durch Wahlen • Gewähltes Staatsoberhaupt (Bundespräsident)	• Alle Staatsgewalt geht vom Volke aus • Mittelbare repräsentative Volksvertretung • allgemeine, unmittelbare, freie, gleiche und geheime Wahlen • Meinungsfreiheit • Versammlungsfreiheit • Vereins- und Vereinigungsfreiheit	• Staatliche Hoheit des Bundes und der Länder • Verteilung der Kompetenzen in Gesetzgebung, Verwaltung und Rechtsprechung auf Bund und Länder • Mitwirkung der Länder an der Gesetzgebung des Bundes	• Schutz der Menschenwürde • Schutz von Ehe und Familie • Gleichberechtigung von Mann und Frau • Sozialpflichtigkeit des Eigentums • Schutz vor den großen sozialen Risiken durch Sozialversicherung, Soziale Grundsicherung	• Gesetzlichkeit • Gewaltenteilung • Rechtsgleichheit • Freiheitssicherung

Nach: Bergmoser + Höller Verlag AG 60040

mit. Der Staat handelt nicht im Eigeninteresse, sondern im Auftrag des Volkes. Die Demokratie im Grundgesetz ist als repräsentative Demokratie ausgestaltet, dies zeigt sich in der Nennung „besonderer Organe“: Gewählte Vertreter entscheiden für das Volk im Parlament. Politische Macht muss demokratisch legitimiert und durch freie Wahlen sowie Gewaltenteilung kontrolliert sein. Mit diesen Festlegungen schließt das Grundgesetz zugleich diktatorische und autokratische Herrschaftsformen aus.

Rechtsstaatlichkeit

Das Rechtsstaatsprinzip verpflichtet alle staatlichen Organe, sich an Recht und Gesetz zu halten. Willkür ist verboten, staatliches Handeln muss überprüfbar und berechenbar sein. Zu den Kernbestandteilen gehören: Gewaltenteilung, Unabhängigkeit der Gerichte, Schutz der Grundrechte, das Recht auf faires Verfahren und der Grundsatz der Verhältnismäßigkeit. Bürgerinnen und Bürger können sich gegen staatliche Entscheidungen rechtlich wehren. Der Rechtsstaat schützt nicht nur die Ordnung, sondern vor allem die Freiheit und Würde jedes Einzelnen. Das Rechtsstaatsprinzip schützt Bürger ebenfalls vor unverhältnismäßigen staatlichen Maßnahmen. Zudem gewährleistet es Rechtssicherheit, Transparenz der Verfahren und die Gleichbehandlung aller Personen vor dem Gesetz unabhängig von Herkunft und Status.

Föderalismus

Deutschland ist ein Bundesstaat. Das bedeutet, dass die staatliche Macht zwischen dem Gesamtstaat (Bund) und den Gliedstaaten (Ländern) aufgeteilt ist. Jeder hat eigene Aufgaben und Zuständigkeiten. Der Föderalismus sichert regionale Vielfalt und schützt vor Machtkonzentration. Die Gesetzgebungskompetenzen sind im Grundgesetz geregelt. Über den Bundesrat wirken die Länder an der Gesetzgebung des Bundes mit. Das Bundesstaatsprinzip ist ein Schutzmechanismus gegen Zentralismus und stärkt die demokratische Mitbestimmung auf Landesebene.

Art. 29 GG lässt die Möglichkeit einer Zusammenlegung von Bundesländern bzw. eine Neugliederung der Länder zu.

Sozialstaatlichkeit

Durch die Sozialstaatlichkeit wird den Menschen in Deutschland eine Grundsicherung garantiert, die sich an GG Art. 1 Abs. 1, d. h. der Menschenwürde, orientiert. Konkrete Festlegungen über die Ausgestaltung des Sozialstaatsprinzips macht das Grundgesetz nicht. Diese sind Gegenstand des Politikbereichs der Sozialpolitik und damit häufig Gegenstand es Parteienwettbewerbs (› Kap. 1.4).

M2 Unveränderlichkeit der Strukturprinzipien

Die grundlegenden Prinzipien des Grundgesetzes stehen unter einem besonderen Schutz.

Artikel 79 Absatz 3 Grundgesetz

(3) Eine Änderung dieses Grundgesetzes, durch welche die Gliederung des Bundes in Länder, die grundsätzliche Mitwirkung der Länder bei der Gesetzgebung oder die in den Artikeln 1 und 20 niedergelegten Grundsätze berührt werden, ist unzulässig.

Diese sogenannte **Ewigkeitsklausel** schützt insbesondere die Menschenwürde (Art. 1 GG) sowie die in Artikel 20 niedergelegten Strukturprinzipien – Demokratie, Rechtsstaatlichkeit, Sozialstaatlichkeit, Republik und Bundesstaatlichkeit – dauerhaft vor Änderungen. Damit soll verhindert werden, dass die Strukturprinzipien durch parlamentarische Mehrheiten abgeschafft werden.

Die Grundrechte der Artikel 2 bis 19 GG sind nicht ausdrücklich in der Ewigkeitsklausel genannt. Sie können grundsätzlich geändert werden, jedoch nur unter Beachtung des Wesensgehalts der Grundrechte (Art. 19 Abs. 2 GG) – insbesondere soweit sie aus Art. 1 oder Art. 20 ableitbar sind, genießen sie faktisch mitgeschützten Bestand.

Artikel 146 GG ergänzt diesen Schutz: „Dieses Grundgesetz [...] verliert seine Gültigkeit an dem Tage, an dem eine Verfassung in Kraft tritt, die von dem deutschen Volke in freier Entscheidung beschlossen worden ist.“ Dieser Weg erlaubt eine Neugründung – aber nur durch den souveränen Willen des Volkes.

M3 Deutschland – eine wehrhafte Demokratie

In der Weimarer Republik (1918–1933) haben die Parteien NSDAP und KPD die Grundrechte und Freiheiten der Verfassung mit dem Ziel genutzt, die geltende Herrschafts- und Staatsform abzuschaffen. Das Grundgesetz der Bundesrepublik Deutschland setzt diesem Vorgehen Grenzen und bietet Möglichkeiten, gegen Gegner der Verfassung vorzugehen:

Art. 20 Abs. 4 Grundgesetz:
„Gegen jeden, der es unternimmt, diese Ordnung zu beseitigen, haben alle Deutschen das Recht zum Widerstand, wenn andere Abhilfe nicht möglich ist."

Die freiheitlich-demokratische Grundordnung (FDGO) in Deutschland wird durch das Konzept der wehrhaften Demokratie geschützt. Die Feinde der Demokratie sollen die Freiheiten der Demokratie nicht nutzen können, um die Demokratie abzuschaffen. Das Grundgesetz erlaubt es deswegen, Grundrechte einzuschränken, um eine undemokratische Abschaffung der Staatsstrukturprinzipien zu verhindern. So können verfassungswidrige Parteien verboten und Grundrechte von Personen entzogen werden, wenn dies das Bundesverfassungsgericht auf Antrag entscheidet. Vereinsverbote aufgrund von Verfassungswidrigkeit können durch die Innenministerien des Bundes und der Länder ausgesprochen werden.

Die FDGO wird im Grundgesetz zwar mehrmals erwähnt, aber nicht erklärt, was sie ausmacht und was Grundlage zur Umsetzung der Artikel sein kann. Im Jahr 1956 hat das Bundesverfassungsgericht im Rahmen eines Parteienverbotsverfahrens formuliert., dass die FDGO eine Ordnung ist, die *„unter Ausschluss jeglicher Gewalt- und Willkürherrschaft eine rechtsstaatliche Herrschaftsordnung auf der Grundlage der Selbstbestimmung des Volkes nach dem Willen der jeweiligen Mehrheit und der Freiheit und Gleichheit darstellt."*

Art. 9 Abs. 2 Grundgesetz:
„Vereinigungen, deren Zwecke oder deren Tätigkeit den Strafgesetzen zuwiderlaufen oder die sich gegen die verfassungsmäßige Ordnung oder gegen den Gedanken der Völkerverständigung richten, sind verboten."

Art. 18 Grundgesetz:
„Wer die Freiheit [Grundrechte] zum Kampfe gegen die freiheitliche demokratische Grundordnung missbraucht, verwirkt diese Grundrechte. [...]"

Art. 21 Abs. 2 Grundgesetz:
„Parteien, die nach ihren Zielen oder nach dem Verhalten ihrer Anhänger darauf ausgehen, die freiheitliche demokratische Grundordnung zu beeinträchtigen oder zu beseitigen oder den Bestand der Bundesrepublik Deutschland zu gefährden, sind verfassungswidrig. [...]"

Zu den grundlegenden Prinzipien der FDGO gehören laut der Definition des Bundesverfassungsgerichts von 1956 u. a.:

- Achtung vor den im Grundgesetz konkretisierten Menschenrechten;
- Volkssouveränität;
- Gewaltenteilung;
- Verantwortlichkeit der Regierung;
- Gesetzmäßigkeit der Verwaltung;
- Unabhängigkeit der Gerichte;
- Mehrparteienprinzip und die Chancengleichheit für alle politischen Parteien mit dem Recht auf verfassungsmäßige Bildung und Ausübung einer Opposition.

Aufgaben

72003-404

1. Stellen Sie sich arbeitsteilig mit Handouts gegenseitig die Staatsstrukturprinzipien vor (**M1**).
2. Erläutern Sie, inwiefern Deutschland eine „wehrhafte Demokratie" ist (**M2**, **M3**).
3. Ist die Ewigkeitsklausel sinnvoll? Erörtern Sie diese Fragestellung (**M2**).

Kann man mit Prävention und Repression Demokratie sichern, ohne sie zu beschneiden?

M1 Strategie für wehrhafte Demokratie beschlossen – Demokratie von innen heraus stärken

Gewalttätige Übergriffe auf Politikerinnen und ihre Helfer sowie auf Beschäftigte von Feuerwehr und Rettungsdiensten; eine Zunahme von extremistischen Handlungen; Desinformationskampagnen und Cyberangriffe auf staatliche Stellen: Mit solchen Aktivitäten versuchen die Feinde der Demokratie, diese zu schwächen und zu destabilisieren. Besonders im digitalen Raum werden Hass und antidemokratische Einstellungen mannigfaltig verbreitet und zum Teil sogar als mehrheitsfähig wahrgenommen.

Um die Demokratie vor solchen Angriffen zu schützen, hat die Bundesregierung […] die Strategie „Gemeinsam für Demokratie und gegen Extremismus“ verabschiedet. Durch sie soll die Demokratie von innen heraus gestärkt werden. Gleichzeitig will sie die demokratiegefährdenden Entwicklungen in Bezug auf Extremismus, Rassismus, Antisemitismus, Antiziganismus, Muslimfeindlichkeit und andere Formen gruppenbezogener Menschenfeindlichkeit noch effektiver begegnen. Die Strategie zeigt auf, wie präventive Maßnahmen der politischen Bildung, Demokratieförderung und Extremismusprävention mit repressiven Maßnahmen der Strafverfolgungs- und Sicherheitsbehörden politisch-strategisch ineinandergreifen können.

Nancy Faeser (SPD) war Bundesministerin des Innern (2021–2025).

Im Rahmen einer Pressekonferenz stellte Bundesinnenministerin Nancy Faeser die Strategie in Berlin vor. [Es] gelte, die Demokratie zu schützen, sagte die Bundesinnenministerin. […] „Unsere Linie bleibt Prävention und Härte gegen alle Formen des Extremismus“, so Faeser. […] Die Bundesregierung konzentriert sich dabei neben zentralen sicherheitspolitischen und -behördlichen Aspekten von Beobachtung und Repression auf diejenigen gesellschaftspolitischen Ziele und Handlungsschwerpunkte, die spezifisch auf die Förderung von demokratischem Engagement und Zusammenhalt zielen.
Die Strategie umfasst fünf Ziele zur Demokratiestärkung:

1. **Eine vielfältige, demokratische Gesellschaft kräftigen: Gesellschaftliche Vielfalt als Grundlage des Zusammenlebens und wirtschaftlichen Wohlstands anerkennen:** So statuiert die Strategie klar und deutlich, dass jeder Mensch diskriminierungs- und vorurteilsfrei akzeptiert und gleichbehandelt werden soll. Denn Vielfalt bringt eine Gesellschaft voran und wo Menschen mit verschiedenen Familiengeschichten und Lebensentwürfen zusammenkommen, entstehen Reibungspunkte, aber auch Inspiration. Damit wird (gesellschaftliche) Vielfalt auch zu einem Innovationsmotor für die Wirtschaft.

2. **Für demokratische Werte eintreten: Politische Bildung, demokratische Teilhabe und eine faire Debattenkultur stärken:** Hier geht es zum Beispiel darum, Menschen für demokratisches Engagement zu gewinnen, die die Möglichkeiten demokratischen Engagements bisher aufgrund von Zugangshürden oder Diskriminierungserfahrungen nicht wahrnehmen. Außerdem soll stärker auf diejenigen zugegangen werden, die der Demokratie skeptisch oder ablehnend gegenüberstehen und die sich von den bisherigen Angeboten der Demokratieförderung nicht angesprochen fühlen.

3. **Radikalisierungstendenzen frühzeitig erkennen und vorbeugen: Prävention ausbauen:** Extremismusprävention umfasst Inhalte, die sich an die Allgemeinheit richten und durch die demokratischen Grundwerte und Kompetenzen vermittelt werden sollen. Demokratisches Engagement soll noch stärker als bisher gefördert werden. Die sogenannte sekundäre Prävention nimmt besonders gefährdete Gruppen oder Personen in den Blick, um Anzeichen für eine mögliche Radikalisierung frühzeitig erkennen und gegensteuern zu können. Neben staatlichen Akteuren kommt es im Bereich der Prävention ganz bedeutend auch auf den Einsatz der Zivilgesellschaft an.

4. **Demokratisches Miteinander erhalten und ermöglichen: Verschwörungserzählungen, Desinformation und Hass im Netz besser erkennen und konsequent begegnen:** Die Werte und Normen der Demokratie gelten auch im digitalen Raum. Da im Netz häufig anonym geschrieben werden kann, gelingt es oft nicht, zügig den Verfasser anstößiger Inhalte herauszufinden. So beabsichtigt die Bundesregierung, mit einem Gesetz gegen digitale Gewalt ein privates Auskunftsverfahren zu verankern. Hierdurch soll die Identität der Verfasserin oder des Verfassers rechtswidriger Inhalte einfacher geklärt werden, um eine zivilrechtliche Verfolgung zu erleichtern. [...]

5. **Verfassungsfeindlichen Bestrebungen entschlossen entgegenwirken: Extremismus und politisch motivierte Kriminalität aufdecken, beobachten und bekämpfen:** Aktive Bestrebungen gegen die freiheitliche demokratische Grundordnung sollen beobachtet und konsequent verfolgt werden. Da auch der digitale Raum hier immer mehr Bedeutung gewinnt und über das Internet extremistisches Gedankengut leicht und niedrigschwellig eine große Anzahl an Menschen erreicht, sollen die Sicherheitsbehörden befähigt werden, alle Formen politisch-motivierter Kriminalität und Hasskriminalität wirksam zu bekämpfen. [...]

Neben den übergeordneten Zielen nennt die Strategie auch sieben konkrete Handlungsschwerpunkte:

- Politische Bildung und Demokratiebildung
- Förderung von demokratischem Engagement und Zusammenhalt
- Anerkennung und Wertschätzung einer vielfältigen Gesellschaft sowie Abbau von Rassismus, Antisemitismus, Antiziganismus und andere Formen gruppenbezogener Menschenfeindlichkeit
- Förderung von Demokratie und Vielfalt im öffentlichen Dienst
- Prävention von Extremismus und Demokratiefeindlichkeit
- Umgang mit Hass im Netz und Desinformation
- Beobachtung und Repression [...].

© 2025 Presse- und Informationsamt der Bundesregierung: Demokratie von innen heraus stärken. In: www.bundesregierung.de, 22.05.2024

Aufgaben

72003-405

1. Fassen Sie den Inhalt des Strategiepapiers zusammen.
2. Diskutieren Sie, inwiefern das Strategiepapier der Bundesregierung der Intention des Grundgesetzes zur wehrhaften Demokratie entspricht.
3. Beurteilen Sie, ob die Strategie die Demokratie in Deutschland stärkt, inwiefern durch sie aber auch Grundrechte eingeschränkt werden könnten.

4.2 Politische Partizipation

4.2.1 Formen direkter Demokratie in Deutschland

Leitfragen

- Was wird unter direkter Demokratie verstanden?
- Welche direktdemokratischen Elemente existieren in Deutschland?

M1 Direkte und repräsentative Demokratie

Demokratien können idealtypisch in zwei Modelle unterschieden werden: die direkte und die repräsentative Demokratie.

- In der **direkten Demokratie** entscheiden die Bürgerinnen und Bürger unmittelbar über politische Fragen, meist durch Abstimmungen oder Referenden.
- In der **repräsentativen Demokratie** hingegen übertragen sie diese Entscheidungsmacht an gewählte Vertreterinnen und Vertreter, etwa in einem Parlament.

In der Realität sind diese Modelle selten in Reinform anzutreffen. Vielmehr existieren Mischformen, in denen direktdemokratische Elemente in ein überwiegend repräsentatives System eingebettet sind. In Deutschland wird der politische Wille vorrangig durch gewählte Volksvertreterinnen und -vertreter umgesetzt, gleichzeitig bestehen auf verschiedenen Ebenen Möglichkeiten direkter Mitwirkung. Die konkrete Ausgestaltung und Häufigkeit solcher direktdemokratischer Verfahren variiert dabei je nach staatlicher Ebene.

Direkte und repräsentative Demokratie

	Direkte Demokratie	Repräsentative Demokratie
Herrschaftsausübung	Ständige unmittelbare Beteiligung der Aktivbürgerschaft an der Staatstätigkeit durch Volksinitiativen, Volksbegehren und Volksabstimmungen.	Mittelbare Beteiligung der Bürger an der Staatstätigkeit durch Wahl einer Repräsentativkörperschaft (Parlament), die für die Dauer der Wahlperiode in Vertretung des Volkes handelt.
Mandat	Imperatives Mandat: Die von den Bürgern bestellten Funktionsträger sind an deren Weisungen und Aufträge gebunden. Sie können wieder abberufen werden.	Freies Mandat: Die gewählten Vertreter sind an keine Aufträge und Weisungen gebunden. Sie sollen stets die Erfordernisse des ganzen Volkes mitbedenken.
Demokratieauffassung	Die Träger des Volkswillens sind mündige Bürger mit ausreichender Kompetenz in politischen Urteilen (dank Bildung, Zugang zu Informationen und demokratischem Bewusstsein).	Die wichtigen politischen Fragen sind zu komplex, um sie von Laien entscheiden zu lassen. Direkte Demokratie birgt die Gefahr, von Demagogen missbraucht zu werden.

Nach: Bergmoser + Höller Verlag AG 95090

M2 Direkte Demokratie: „von oben" oder „von unten"

Bei direktdemokratischen Abstimmungen lassen sich zwei Verfahren dahingehend unterscheiden, von wem diese initiiert werden:

Referenden werden **„von oben"** initiiert – etwa von einer Regierung oder einem Parlament – und dienen der Zustimmung oder Ablehnung einer bestimmten Frage. Beispiele: Austritt des Vereinigten Königreichs aus der Europäischen Union nach Referendum (2016); Nichtbewerbung des Bundeslands Hamburg für die Olympischen Spiele nach Referendum (2015).

Volksentscheide hingegen entstehen meist **„von unten"**. Sie bauen in der Regel auf einer Volksinitiative auf, bei der Bürgerinnen und Bürger ein Thema zur Abstimmung bringen. Das Parlament kann nun zustimmen oder ablehnen. Im letztere Fall kann durch eine erneute Unterschriftensammlung ein Volksbegehren folgen – und schließlich ein Volksentscheid. Beispiel: Ablehnung der Bebauung des ehemaligen Flughafengeländes Tempelhofer Feld in Berlin nach Volksentscheid (2014).

M3 Direkte Demokratie in der Bundesrepublik auf Bundesebene

Direkte Demokratie auf Landesebene und kommunaler Ebene

Direktdemokratische Verfahren sind in Deutschland besonders auf der Landes- und kommunalen Ebene verbreitet. Alle 16 Bundesländer kennen Formen wie Volksinitiativen, Volksbegehren und Volksentscheide. Auf kommunaler Ebene können Bürgerbegehren und Bürgerentscheide genutzt werden, um Entscheidungen vor Ort – etwa zu Bauprojekten oder Schulstandorten – direkt zu beeinflussen. Die Hürden für diese Verfahren, etwa die Zahl der notwendigen stimmberechtigten Unterstützer oder der Zeitrahmen, variieren je nach Bundesland, was ihre Nutzung unterschiedlich wahrscheinlich macht.

Direkte Demokratie auf Bundesebene

Einen eindeutigen Anwendungsfall legt das Grundgesetz fest: Artikel 29 GG schreibt eine Volksabstimmung bei der Neugliederung des Bundesgebiets vor. Das einzige Erfolgsbeispiel einer Neugliederung von Bundesländern war der Zusammenschluss von Baden, Württemberg-Baden und Württemberg-Hohenzollern zum heutigen Baden-Württemberg im Jahr 1952. Weitere Neugliederungsversuche von Bundesländern durch Volksentscheide, etwa die Fusion der Bundesländer Brandenburg und Berlin im Jahr 1996, scheiterten.

Inwiefern auch aus dem Art. 146 GG (Verfassungsneuschöpfung durch das Volk) die Möglichkeit einer Volksabstimmung hervorgeht, ist nicht abschließend festgelegt.

Initiativen zu bundesweiten Volksentscheiden gab es wiederholt, etwa durch Bürgerbewegungen oder Parteien, jedoch scheiterten entsprechende Gesetzesvorschläge regelmäßig am Widerstand im Bundestag oder Bundesrat. Kritikerinnen und Kritiker befürchten unter anderem eine Vereinnahmung durch Populismus oder eine Vereinfachung komplexer Sachverhalte.

Die Verwirklichung der Demokratie in der Bundesrepublik mittels eines überwiegend repräsentativen Systems steht auch im historischen Kontext: Die Mütter und Väter des Grundgesetzes wollten nach den Erfahrungen mit der Weimarer Republik direkte Demokratie bewusst begrenzen, um stabile parlamentarische Verhältnisse zu sichern.

Gleichwohl sehen viele zivilgesellschaftliche Gruppen und Parteien eine Möglichkeit zur Stärkung der politischen Teilhabe und des Vertrauens in demokratische Prozesse durch die Ausweitung direktdemokratischer Instrumente auf Bundesebene.

Aufgaben

72003-406

1. Beschreiben Sie, was unter dem Begriff „direkte Demokratie" verstanden wird (**M1**).
2. Erläutern Sie den Unterschied zwischen einem Volksbegehren, einem Volksentscheid und einem Referendum (**M2**).
3. Vergleichen Sie die Konzepte Volksentscheid und Referendum bezüglich der Einflussmöglichkeiten der Bevölkerung (**M2**).

Bürgerräte – echte Beteiligung oder nur Symbolpolitik?

M1 Bürgerrat gibt Empfehlung zur Ernährungspolitik

Von September bis Januar hat der Bürgerrat Ernährung im Wandel im Auftrag des Bundestags dazu beraten, was sich an der Ernährungspolitik in Deutschland ändern soll. Das Gremium ist das erste dieser Art, das direkt vom Parlament beauftragt und organisiert wurde. Heute übergibt es seine Empfehlung an Bundestagspräsidentin Bärbel Bas. Die Ergebnisse sind nicht bindend, sollen den Abgeordneten aber helfen. [...]

Neun Punkte schlägt der Bürgerrat vor. Alle haben eine klare Mehrheit bekommen und wurden von den Teilnehmerinnen und Teilnehmern vor anderen Forderungen priorisiert. Das heißt: Forderung eins ist ihnen wichtiger als Forderung zwei, und so weiter.

Empfehlungen des Bürgerrats zur Ernährungspolitik

1. Kostenfreies, gutes Mittagessen in Kitas und Schulen. [...]
2. Ein verpflichtendes staatliches Lebensmittel-Label. [...]
3. Große Supermärkte dürfen kein Essen mehr wegschmeißen. [...]
4. Neues, verpflichtendes Tierwohllabel. [...]
5. Weniger Steuern auf gesundes und klimaschonendes Essen. [...]
6. Gesünderes Essen in Krankenhäusern und Pflege- und Seniorenheimen. [...]
7. Eine neue „Verbrauchsabgabe auf tierische Produkte“ soll Zahlungen an Landwirte finanzieren, die ihre Tiere besonders gut behandeln. [...]
8. Energydrinks erst ab 16 Jahren. [...]
9. Mehr und transparentere Lebensmittelkontrollen [...].

Wie setzt sich ein Bürgerrat zusammen?

159 Menschen, die in ihrer Zusammensetzung Deutschland abbilden sollen. Die Auswahl lief so: 18.916 Personen über 16 Jahren aus 82 Gemeinden wurden ausgelost und angeschrieben, ob sie mitmachen wollten. Davon haben 2.220 Ja gesagt. Aus diesen hat dann eine Software 1.000 verschiedene Kombinationen von Leuten zusammengestellt, die der Zusammensetzung der Gesamtbevölkerung entsprechen. Zumindest, was Geschlecht, Alter, Wohnort, Bildungsgrad angeht. Dass er so auch Menschen mit geringerem Bildungsgrad erreicht, ist eine besondere Stärke des Bürgerrats. Denn bei anderen Formen der Mitmachpolitik, bei Bürgerinitiativen und in Parteien, geben tendenziell Akademiker den Ton an.

Außerdem gibt es in diesem speziellen Bürgerrat eine Vegetarier- und Veganerquote: 2,5 Prozent der Teilnehmenden sind Veganerinnen oder Veganer, zehn Prozent Vegetarier. So hoch ist auch ihr Anteil unter allen Deutschen. Die Organisatoren wollen so den Verdacht ausräumen, der Bürgerrat sei in dieser so wichtigen Ernährungsfrage in die eine oder andere Richtung verzerrt.

Wer welcher Partei nahesteht, wird aber nicht abgefragt. Ob die Zusammensetzung des Bürgerrats hier dem Wahlverhalten der Deutschen entspricht, ist also ungewiss. Es ist möglich, dass sich Anhänger von Parteien, die den Bürgerrat komplett ablehnen (AfD) oder ihn teils skeptisch sehen (Union, kleinere Teile der FDP), seltener mitmachen. Von den 1.000 Kombinationen wurde dann eine ausgelost und umgesetzt.

17 Teilnehmerinnen und Teilnehmer sind während des laufenden Bürgerrats ausgestiegen, zwei davon unter Protest gegen vermeintlich einseitige Moderation. Der Rest hat nach Angaben der Veranstalter aus privaten Gründen nicht weitergemacht. Wegen Krankheit und Streiks schafften es einige nicht zur letzten Sitzung nach Berlin, sodass am Ende 113 Bürgerrätinnen und Bürgerräte über die Empfehlungen abstimmten.

Wie laufen die Beratungen im Bügerrat ab?

Die Mitglieder trafen sich dreimal für je ein Wochenende in Berlin, im September, November und jetzt im Januar. Dazwischen gab es sechs Online-Sitzungen. Rechnet man alles zusammen, kommt man auf mehr als 70 Stunden. Es gab Plenumsrunden mit allen Teilnehmern, aber auch viele Kleingruppensitzungen mit weniger als zehn Teilnehmern. In den Räumen des Tagungshotels in Berlin wurden dafür extra aufblasbare Besprechungszimmer installiert, damit alle Gruppen überhaupt

Teilnehmende des Bürgerrates „Ernährung im Wandel" übergeben ihr abschließendes Gutachten an Vertreterinnen und Vertreter der Fraktionen im Bundestag.

Platz hatten und es nicht ein einziges Stimmengewirr war. Moderatorinnen und Moderatoren haben beim Diskutieren geholfen, Wissenschaftler und andere Experten haben vor allem zu Anfang Vorträge zum Thema gehalten und später die vielen Fachfragen beantwortet, die bei den Diskussionen aufkamen.

Organisiert wurde der Bürgerrat von einer neuen Stabsstelle in der Bundestagsverwaltung. Geholfen haben dann mehrere Unternehmen, die auf solche Beteiligungsprozesse spezialisiert sind und schon einige Bürgerräte durchgeführt haben. Das Überthema Ernährung im Wandel hat der Ältestenrat des Bundestags festgelegt und die Abgeordneten dann beschlossen. Es sollte möglichst konkret und lebensnah sein, weil die Erfahrungen zeigen, dass Bürgerräte dann besser funktionieren.

Der Bürgerrat hat das Thema dann auf drei Unterthemen runtergebrochen und so lange diskutiert, bis daraus erst neun „Maßnahmenkörbe" wurden und am Ende die zehn konkreten Vorschläge. Über die wurde dann im Plenum abgestimmt. Die Organisatoren und Moderatoren haben den Ablauf zwar vorgeplant, der Bürgerrat konnte aber auch selbst Einfluss darauf nehmen.

Da der Bürgerrat den Bundestag beraten soll, sind einige Themen gleich weggefallen: Für europäische Vorgaben zum Tierschutz und zur Landwirtschaft ist Berlin beispielsweise nicht zuständig.

Was geschieht nach dem Abschluss der Beratungen im Bürgerrat?

Der Bürgerrat berät den Bundestag nur, seine Beschlüsse haben keinerlei bindende Wirkung. Schließlich darf nur das gewählte Parlament Gesetze bestimmen. Versprochen haben die Abgeordneten dem Rat aber, dass es zu den Ergebnissen erstens eine Aussprache im Bundestagsplenum geben wird. Und dass diese zweitens danach in den zuständigen Ausschüssen (federführend dem für Ernährung und Landwirtschaft) überwiesen werden. Die Ausschüsse empfehlen dann in der Regel dem Parlament, wie es entscheiden soll. Gut möglich, dass am Ende keiner der Beschlüsse des Bürgerrats tatsächlich Gesetz wird. Aber darum geht es auch nicht in erster Linie.

Im Einsetzungsbeschluss des Bundestags heißt es, der Bürgerrat diene dazu, „ein genaues Bild davon zu bekommen, welche Maßnahmen die Bürgerinnen und Bürger für eine gesündere und nachhaltigere Ernährung wünschen oder welchen Beitrag sie selbst dafür bereit sind zu leisten". Die Politik möchte also besser verstehen, wie die Bevölkerung denkt. Der Bürgerrat soll hier wertvollere Ergebnisse liefern als einfache Umfragen, weil die Teilnehmer hier über Monate diskutieren und selbst erfahren, unter welchen Randbedingungen und Umständen Politik gemacht wird. Für die Wirksamkeit wird es nun also darauf ankommen, wie die Ergebnisse im Bundestag und in der Öffentlichkeit aufgenommen werden. Bundestagspräsidentin Bärbel Bas sagte bei der Übergabe: „Wir werden das im Bundestag sehr ernst nehmen und ihre Empfehlungen sehr intensiv diskutieren."

Jacobsen, Lenz: Teureres Fleisch, günstigeres Bio und Energydrinks ab 16. In: www.zeit.de, 14.01.2024

Aufgaben

72003-407

1. Fassen Sie zusammen, wie der Bürgerrat zusammengesetzt wurde und wie er arbeitete.
2. Analysieren Sie, inwiefern Bürgerräte ein direktdemokratisches Element sind.
3. Verfassen Sie eine E-Mail an die Bundestagspräsidentin, in der Sie beurteilen, ob Bürgerräte ein sinnvolles direktdemokratisches Element sind.

4.2.2 Politische Beteiligung in der repräsentativen Demokratie Deutschlands

Leitfragen

- Was ist unter Partizipation zu verstehen?
- Welche Möglichkeiten der Partizipation gibt es in Deutschland?
- Welche Grundformen von Wahlsystemen lassen sich unterscheiden?

M 1 Was ist politische Partizipation?

Die „Herrschaft des Volkes" in Demokratien setzt voraus, dass die Bürgerinnen und Bürger sich politisch beteiligen, damit politische Entscheidungen auch ihren Interessen entsprechen. Als politische Partizipation werden freiwillig ausgeführte Verhaltensweisen bezeichnet, mit denen einzelne Bürgerinnen und Bürger oder Gruppen von ihnen Einfluss auf politische Entscheidungen auf den Ebenen eines demokratischen politischen Systems ausüben.

Auf einer allgemeinen Ebene können sechs Formen der politischen Partizipation unterschieden werden:

- Teilnahme an Wahlen und Abstimmungen,
- parteienorientierte Partizipation,
- Gemeinde, Wahlkampf und Politikerinnen und Politiker bezogene Aktivitäten,
- legaler Protest,
- ziviler Protest,
- politische Gewalt.

Analytisch können diese in **konventionelle** (gesetzlich garantierte und geregelte) und **unkonventionelle** (gesetzlich garantierte, aber nicht geregelte) sowie gesetzlich verbotene Formen der politischen Beteiligung differenziert werden. Zu den konventionellen Formen zählen z. B. die Teilnahme an Wahlen oder die Mitarbeit in Parteien oder Interessenverbänden. Unkonventionelle Partizipation umfasst beispielsweise Bürgerinitiativen, Demonstrationen, Protestaktionen oder Online-Kampagnen. Solche problemorientierten Formen der Beteiligung sind nicht immer institutionell eingebettet, aber grundsätzlich erlaubt, solange sie friedlich bleiben.

Darüber hinaus gibt es gesetzlich verbotene Beteiligungsformen, wie die Anwendung von Gewalt, Blockaden kritischer Infrastruktur oder die Beeinflussung von Wahlhandlungen durch Bedrohung oder Bestechung. Solche Handlungen stehen nicht im Einklang mit demokratischen Grundprinzipien und sind strafbar.

Art. 8 GG: „Alle Deutschen haben das Recht, sich ohne Anmeldung oder Erlaubnis friedlich und ohne Waffen zu versammeln."

M 2 Das Recht auf Teilnahme an Wahlen

Wahlen sind eines der Grundelemente von Demokratien (› Kap. 3.4.1). Das Recht zur Teilnahme an Wahlen gehört zu den zentralen demokratischen Beteiligungsrechten der Bürgerinnen und Bürger in einer repräsentativen Demokratie. Das **aktive Wahlrecht** ist das Recht, wählen zu dürfen. Das **passive Wahlrecht** bezeichnet das Recht, selbst für ein Amt zu kandidieren – bei Bundestagswahlen ab einem Alter von 18 Jahren. In Deutschland garantiert Artikel 38 des Grundgesetzes das aktive und passive Wahlrecht bei Bundestagswahlen. Eine Wahlpflicht besteht in Deutschland nicht.

Die Wahlrechtsgrundsätze in Art. 38 Abs. 1 GG legen grundsätzliche Anforderungen an demokratische Wahlen fest:

Art. 38 Abs. 1 und 2 GG:
(1) Die Abgeordneten des Deutschen Bundestages werden in allgemeiner, unmittelbarer, freier, gleicher und geheimer Wahl gewählt. […]
(2) Wahlberechtigt ist, wer das achtzehnte Lebensjahr vollendet hat; wählbar ist, wer das Alter erreicht hat, mit dem die Volljährigkeit eintritt. […]

- Wahlen müssen **allgemein** sein, d. h. die Stimmberechtigung gilt für alle Staatsbürgerinnen und Staatsbürger unabhängig von Geschlecht, Rasse, Sprache, Einkommen,

Bildung, Konfession oder politischer Überzeugung. Einige Voraussetzungen müssen jedoch erfüllt sein, z. B. ein bestimmtes Alter, der Besitz der deutschen Staatsbürgerschaft und der Besitz der geistigen Kräfte und der bürgerlichen Ehrenrechte sowie volle rechtliche Handlungsfähigkeit.

- Wahlen müssen **frei** sein, d. h. die Bürgerinnen und Bürger dürfen nicht zur Wahl einer Partei oder Person gedrängt oder gezwungen werden. Gleichzeitig können die Bürgerinnen und Bürger auch frei entscheiden, ob sie von ihrem Wahlrecht Gebrauch machen wollen.
- Wahlen müssen **geheim** erfolgen, d. h. es muss organisatorisch gewährleistet sein, dass jede Wählerin oder jeder Wähler eine nicht von anderen erkennbare Wahlentscheidung trifft.
- Wahlen müssen **gleich** sein, d. h. jeder oder jede Wahlberechtigte besitzt das gleiche Stimmengewicht – der Zählwert der Stimmen der Wahlberechtigten muss gleich sein. Aus diesem Grund muss Wahlkreiseinteilung stets daraufhin überprüft werden, ob das Verhältnis des Bevölkerungsanteils zur Zahl der zu wählenden Abgeordneten in den Wahlkreisen den Gleichheitsgrundsatz nicht verletzt.
- Wahlen müssen **unmittelbar** sein, d. h. die Wahlberechtigten die Repräsentanten direkt in den Bundestag wählen.

M 3 Das Wahlsystem: Anforderungen und Grundtypen

Ein Wahlsystem legt die Regeln fest, nach denen Stimmen in Mandate umgerechnet werden. Es entscheidet damit wesentlich über die Zusammensetzung des Parlaments und hat Einfluss auf Repräsentation, Stabilität und Legitimität einer Regierung. Politikwissenschaftlich lassen sich die Anforderungen an ein Wahlsystem in fünf Kategorien einteilen:

1. **Repräsentation**: Der Wählerwille soll möglichst genau im Parlament abgebildet werden. Die Wählerstimmen sollten sich daher proportional in Abgeordnetenmandaten niederschlagen. Alle gesellschaftlichen Gruppen und Meinungen sollen eine faire Chance auf parlamentarische Vertretung haben.
2. **Konzentration**: Ein Wahlsystem sollte tragfähige Mehrheiten und stabile Regierungen ermöglichen. Dazu gehört die Förderung einer überschaubaren Parteienlandschaft und die Vermeidung von Zersplitterung.
3. **Partizipation**: Die Bürgerinnen und Bürger sollen hohe politische Beteiligungsmöglichkeiten haben, z. B. neben Parteien auch Personen wählen können.
4. **Einfachheit:** Das System sollte für die Wählerschaft verständlich und nachvollziehbar sein. Komplexe Berechnungsverfahren oder unklare Wirkungen können das Vertrauen in die Wahl untergraben.
5. **Legitimität**: Wahlsysteme müssen als gerecht empfunden werden und dem demokratischen Prinzip entsprechen, damit die Wahlergebnisse allgemein akzeptiert werden.

Diese Kategorien stehen teilweise in einem Spannungsverhältnis. So kann ein stark auf Konzentration ausgerichtetes System die Repräsentation einschränken. Die Ausgestaltung eines Wahlsystems ist daher immer eine Abwägungsentscheidung. Es haben sich unterschiedliche Grundtypen etabliert.

A **Mehrheitswahl**

Bei der Mehrheitswahl wird das Wahlgebiet in so viele Wahlkreise eingeteilt, wie Mandate zu vergeben sind. In allen Wahlkreisen stellen sich Kandidatinnen und Kandidaten zur Wahl. Gewählt ist, wer in einem Wahlkreis die meisten Stimmen auf sich vereint. Man spricht von einem Mehrheitsprinzip – entweder als **relative oder absolute Mehrheit**. Bei der relativen Mehrheit reicht es, mehr Stimmen zu erhalten als alle anderen Kandidaten, Beispiele für diese Variante sind die Wahlen zum Unterhaus im Vereinigten Königreich sowie die Kongresswahlen in den USA.

Bei der absoluten Mehrheit ist mehr als die Hälfte aller abgegebenen Stimmen notwendig (d. h. über 50 Prozent), um in einem Wahlkreis das Mandat zu erlangen. Erreicht kein Kandidat diese absolute Mehrheit, kommt es zu einem zweiten Wahlgang zwischen den beiden bestplatzierten Kandidatinnen/Kandidaten (Stichwahl).

Ein Vorteil des Mehrheitswahlsystems ist, dass es meist zu klaren Mehrheiten und stabilen Regierungen führt. Eine Zersplitterung des Parlaments durch den Einzug vieler kleinerer und eventuell extremer Parteien wird zudem verhindert. Mehrheitswahlsysteme haben also eine konzentrierende Wirkung – mit der Folge, dass sich meist eine Dominanz von zwei großen Parteien herausbildet. Die direkte Bindung zwischen Wählerinnen und Wählern sowie Abgeordneten des jeweiligen Wahlkreises gilt als ein weiterer Vorteil dieses Wahlsystems.

Zugleich entstehen aber auch Nachteile. So „verfallen“ die Stimmen für die unterlegenen Kandidaten. Das Prinzip „The winner takes it all“ kann zu Repräsentationslücken führen. Die Zusammensetzung des Parlaments spiegelt nicht immer den Wählerwillen proportional wider. Ein Beispiel: Wenn bei einer relativen Mehrheitswahl fünf Kandidaten antreten und vier jeweils 19 Prozent erhalten, der fünfte aber 24 Prozent erhält, dann werden 76 Prozent der Wahlberechtigten nicht im Parlament repräsentiert.

Die oben als Vorteil angeführte konzentrierende Wirkung kann zugleich ein Nachteil sein, denn kleine oder neue Parteien haben wenig Chancen, sich gegenüber den dominierenden Großparteien durchzusetzen.

Ein weiterer kritischer Aspekt des Mehrheitswahlsystems betrifft die regionale Verzerrung: Parteien, die in bestimmten Regionen stark sind, können viele Mandate erringen, während ihre Unterstützerinnen und Unterstützer in anderen Landesteilen unterrepräsentiert bleiben. Dadurch werden nationale Minderheiten oft benachteiligt und lokale Gesichtspunkte stärker gewichtet als der gesamtstaatliche Zusammenhalt. Dieses Wahlsystem kann zudem dazu führen, dass taktisch gewählt wird, wobei Bürgerinnen und Bürger manchmal eher aussichtsreichere Kandidatinnen und Kandidaten unterstützen, statt ihre eigentliche Präferenz zu wählen. Kritikerinnen und Kritiker betonen, dass durch die Mehrheitswahl auch langfristig politische Themen oder Bevölkerungsgruppen „aus dem Parlament herausfallen“ können.

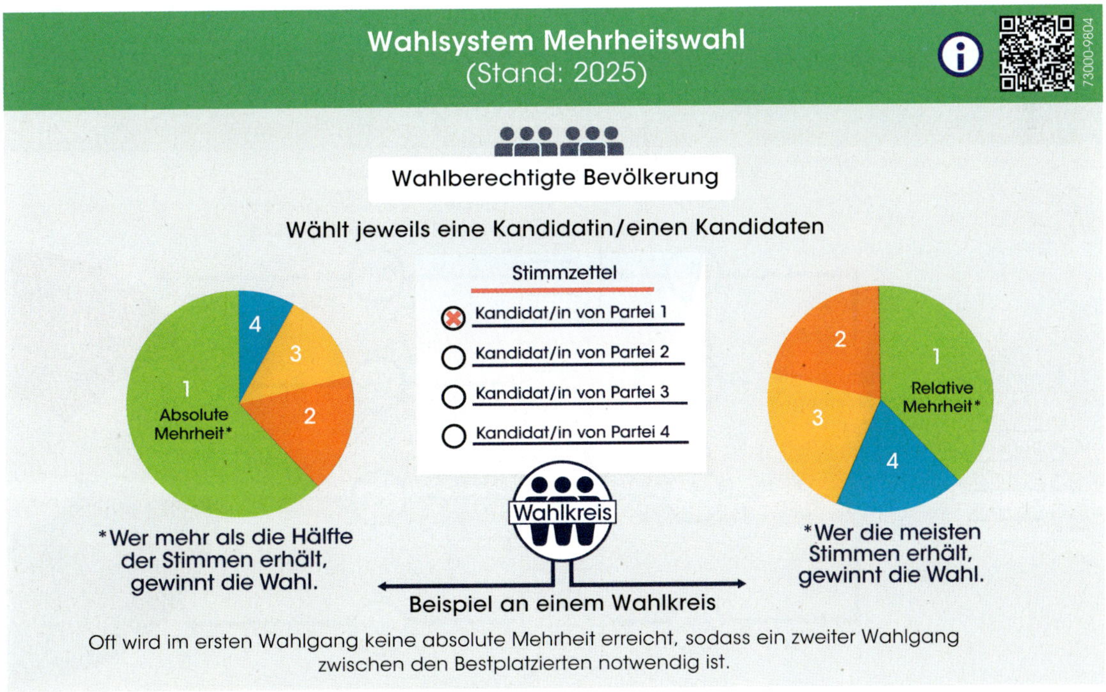

© C.C. Buchner Verlag, Daten nach: www.bundestag.de, 2025

B

Verhältniswahl

Die Verhältniswahl ist ein Wahlsystem, bei dem die Mandate im Parlament proportional zur Stimmenverteilung auf die Parteien vergeben werden. Ziel ist es, den Willen der Wählerinnen und Wähler möglichst genau abzubilden. Jede Partei erhält so viele Sitze, wie es ihrem Stimmenanteil entspricht: Erhält eine Partei 25 Prozent, bekommt sie etwa 25 Prozent der Sitze. Die Verhältniswahl wird in Mehrpersonenwahlkreisen durchgeführt, d.h. innerhalb eines Wahlkreises werden mehrere Abgeordnete gewählt.

Dieses Wahlsystem nutzen viele Länder, z. B. Schweden, Niederlande, Spanien oder Israel. Um eine zu starke Zersplitterung zu vermeiden, gibt es in der Regel eine Sperrklausel (z. B. fünf Prozent), die Parteien überwinden müssen, um ins Parlament einzuziehen.

Die Verhältniswahl wird oft über Parteilisten abgewickelt. Darauf ist die Reihenfolge der Kandidatinnen und Kandidaten festgelegt. Diese können von Parteien vorgegeben sein (geschlossene Listen) oder die Wählerinnen und Wähler haben die Möglichkeit, die Reihenfolge der Kandidatinnen und Kandidaten mitzubestimmen (offene Listen). Auch Mischformen sind verbreitet.

Als Vorteil gilt die gerechte Repräsentation verschiedener Gruppen. Auch kleinere Parteien haben die Chance, ins Parlament einziehen, wodurch Debatten vielfältiger werden können. Minderheiten und gesellschaftliche Gruppen, die bei einem Mehrheitswahlsystem unterrepräsentiert blieben, haben in einem Verhältniswahlsystem bessere Möglichkeiten zu einer Vertretung im Parlament und damit zur demokratischen Teilhabe. Der bei Mehrheitswahlsystemen auftretende Effekt, dass Stimmen unterlegener Kandidaten verloren gehen, entsteht bei einem Verhältniswahlsystem nicht.

Ein Nachteil ist die mögliche Fragmentierung des Parlaments. Klare Mehrheiten bilden sich selten, meist sind Koalitionen nötig. Je mehr Parteien beteiligt sind, desto schwieriger werden Entscheidungen. Auch instabile Koalitionen und Regierungswechsel sind möglich. Zudem ist die Bindung zwischen Wählerinnen und Wählern sowie Abgeordneten schwächer ausgeprägt.

Die Verhältniswahl stärkt die Vielfalt, erfordert aber oft Kompromisse und betont Konsens statt klarer Mehrheiten. In vielen Demokratien gilt sie als Ausdruck eines pluralistischen Politikverständnisses.

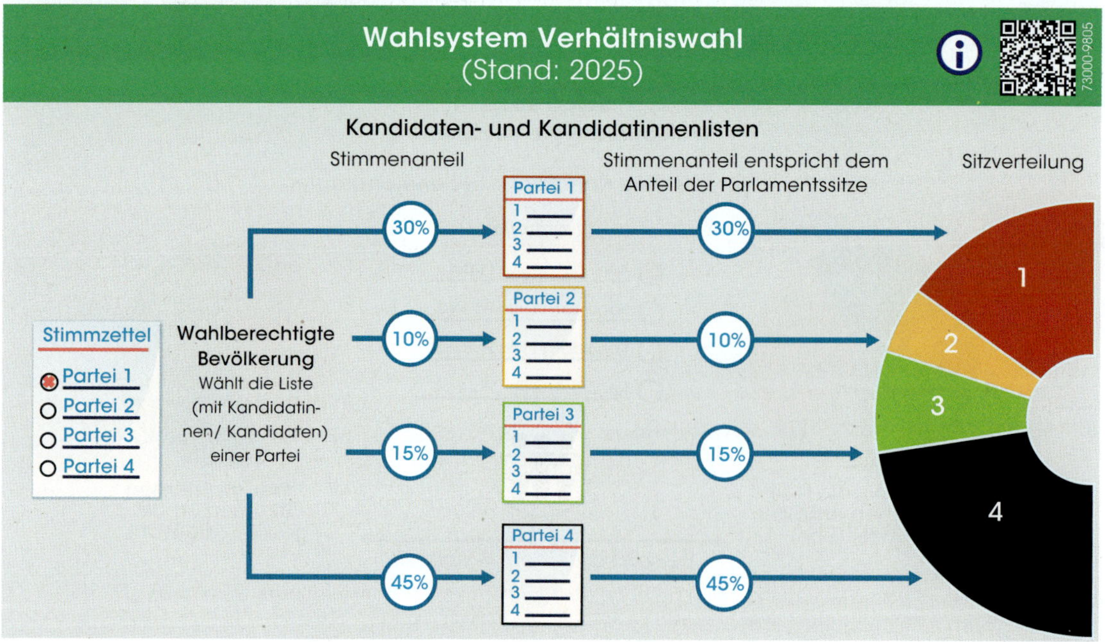

© C.C. Buchner Verlag, Daten nach: www.bundestag.de, 2025

M4 Das Wahlsystem zur Bundestagswahl

Das Wahlsystem zur Bundestagswahl wird als **personalisiertes Verhältniswahlsystem** bezeichnet. Die rechtliche Grundlage des Wahlsystems findet sich in Artikel 38 des Grundgesetzes sowie im Bundeswahlgesetz und der Bundeswahlordnung. Die personalisierte Verhältniswahl kombiniert Elemente der Mehrheitswahl mit denen der Verhältniswahl. Ziel ist es, die Vorteile beider Wahlsysteme zu verbinden. So soll eine möglichst gerechte Repräsentation der politischen Kräfteverhältnisse im Bundestag gewährleistet und gleichzeitig eine enge Bindung der Wählerschaft an einzelne Kandidatinnen und Kandidaten ermöglicht werden.

Die Wahlberechtigten haben **zwei Stimmen**: Mit der **Erststimme** wird in einem von 299 Wahlkreisen ein Kandidat oder eine Kandidatin direkt gewählt. Hier gilt das Mehrheitswahlprinzip: Wer die meisten Stimmen im Wahlkreis erhält, zieht in der Regel direkt in den Bundestag ein (zur Ausnahme siehe unten zur Wahlrechtsreform). Mit der **Zweitstimme** wird eine Partei gewählt. Sie entscheidet darüber, wie viele Sitze eine Partei insgesamt im Bundestag erhält – also über das Verhältnis der Fraktionen. Die Sitze werden über die Landeslisten der Parteien besetzt. Dabei gilt eine Sperrklausel von fünf Prozent.

In der Praxis führte die personalisierte Verhältniswahl in der Vergangenheit häufig zu sogenannten Überhangmandaten: Diese entstehen, wenn eine Partei mehr Direktmandate gewinnt, als ihr nach ihrem Zweitstimmenanteil zustehen würden. Um das Kräfteverhältnis der Parteien gemäß ihres Zweitstimmenanteils dennoch korrekt abzubilden, werden bislang Ausgleichsmandate für die übrigen Parteien vergeben. Dies hatte zur Folge, dass der Bundestag in den letzten Jahren stark angewachsen ist – nach der Bundestagswahl 2021 auf 736 Abgeordnete.

Mit der **Wahlrechtsreform 2023** wurde eine feste Größe von 630 Sitzen eingeführt. Überhang- und Ausgleichsmandate entfallen künftig vollständig. Nach der Reform kommen nur noch so viele mit Erststimme gewählte Direktkandidatinnen und -kandidaten in den Bundestag, wie es ihrer Partei nach ihrem Ergebnis der Zweitstimmen zusteht (Zweitstimmendeckung). Es ist somit eine Neuerung, dass nicht mehr jeder Kandidat bzw. jede Kandidatin mit den meisten Stimmen innerhalb eines Wahlkreises automatisch in den Bundestag einzieht. Erreicht eine Partei in einem Bundesland mehr Wahlkreissieger als es ihrem Zweitstimmenergebnis entspricht, ziehen dementsprechend weniger von ihnen in den Bundestag ein – und zwar diejenigen, die am wenigsten Wahlkreisstimmen erreicht haben.

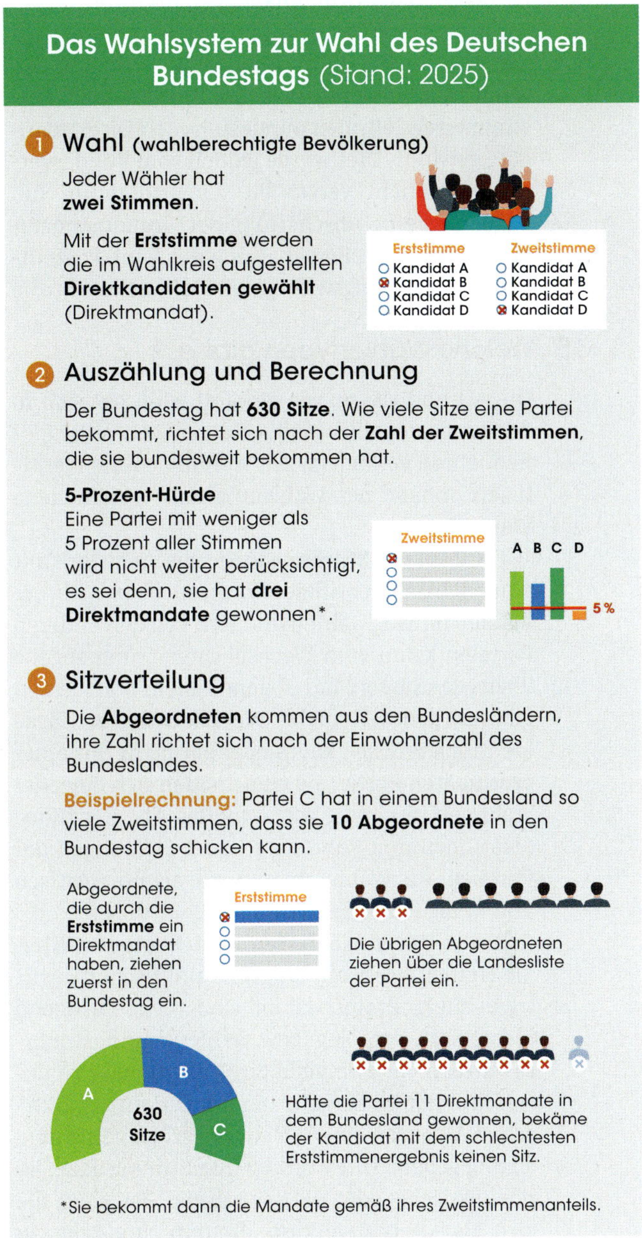

Nach: picture alliance/dpa infografik 108338; Quelle: Bundeszentrale für politische Bildung

Die Wahlrechtsreform sah ursprünglich auch einen Wegfall der Grundmandatsklausel vor. Sie bewirkt, dass eine Partei ihrem Zweitstimmenergebnis entsprechend im Bundestag vertreten ist, wenn sie zwar weniger als fünf Prozent der Zweitstimmen erzielt, aber mindestens drei Direktmandate gewinnt. Dies wurde jedoch vom Bundesverfassungsgericht verworfen: Es urteilte im Juli 2024, dass eine Abschaffung der Grundmandatsklausel bei einer Beibehaltung der Fünf-Prozent-Hürde verfassungswidrig sei. Daher besteht die Grundmandatsklausel fort, solange der Gesetzgeber hierzu keine neue Regelung schafft.

Die Reform soll zu einem kleineren und effizienteren Parlament führen. Kritikerinnen und Kritiker sehen darin eine Schwächung des Direktwahlprinzips und eine potenzielle Benachteiligung regional starker kleiner Parteien.

Auch die 16 Bundesländer wenden eine personalisierte Verhältniswahl an, doch gibt es hier viele nuancierte Unterschiede.

M5 Welche Wählertypen gibt es?

Die Art und Weise, wie gewählt wird, hat sich in der Bundesrepublik Deutschland in den vergangenen Jahren verändert. Die Wahlforschung identifiziert anhand des Wahlverhaltens verschiedene Wählertypen:

Die Zahl der **Stammwähler**, die sich stark mit einer Partei identifizieren, diese über mehrere Wahlen hinweg wählen und sich von den anderen Parteien kaum zum Wechsel ihrer Stimmabgabe überreden lassen, hat abgenommen. Stattdessen gibt es deutlich mehr **Wechselwähler**. Diese identifizieren sich kaum oder gar nicht mit einer bestimmten Partei. Sie entscheiden sich bei jeder Wahl neu, abhängig von aktuellen Themen, Kandidatinnen und Kandidaten oder Leistungen der Parteien. Ihr Wahlverhalten gilt als pragmatisch und wenig vorhersehbar.

Ein weiterer Wählertyp sind **Protestwähler**. Sie treffen ihre Wahl aufgrund politischer Unzufriedenheit. Protestwähler sind nicht zwingend ideologisch festgelegt bzw. wählen eine bestimmte Partei nicht zwingend aus Zustimmung zu deren Programm. Es geht ihnen oft darum, politischen Akteuren einen „Denkzettel" zu verpassen. Häufig geben Protestwähler ihre Stimme dabei an populistische oder extremistische Parteien, die sich als Alternative zum „System" und/oder zu den „etablierten Parteien" präsentieren. Sie wählen mithin, um gegen etwas zu sein. Damit unterscheiden sich Protestwähler von Wechselwählern, die sich z. B. themen- oder kandidatenorientiert, d. h. für etwas entscheiden.

Ein weiterer Wählertyp ist der **Nichtwähler**. In Deutschland besteht grundsätzlich keine Wahlpflicht, d. h. der Grundsatz der freien Wahl umfasst auch den Entschluss, nicht zu wählen. Nichtwähler nehmen aus verschiedenen Gründen nicht an Wahlen teil: aus Desinteresse, Unzufriedenheit oder Protest.

Die Wahlbeteiligung hat seit Bestehen der Bundesrepublik 1949 stets geschwankt und hat sich nach den Bundestagswahlen 2009 leicht erhöht, bei der Wahl 2025 gab es einen deutlichen Zuwachs – somit war der Anteil der Nichtwähler zuletzt rückläufig. Für die Parteien hat die Anzahl der Nichtwähler zunächst keine unmittelbare Auswirkung, die Sitze im Parlament bleiben nicht leer, sondern werden nach den Stimmen der an der Wahl teilgenommenen vergeben. Wenn einige Parteien jedoch ihre Wähler besonders dazu motivieren können, wählen zu gehen, ergeben sich relationale Verluste. Da die Höhe der Wahlbeteiligung als Ausdruck der Zustimmung der Bevölkerung zur Demokratie gewertet werden kann, wird die Zahl der Nichtwähler kritisch beobachtet.

Aufgaben

72003-408

1. Beschreiben Sie die Möglichkeiten, in Deutschland am politischen Prozess zu partizipieren (**M1, M2**).
2. Formulieren Sie Negativbeispiele zu den fünf Leistungsanforderungen von Wahlsystemen (**M3**).
3. Erörtern Sie, ob die Nichtwählenden durch freibleibende Sitze im Bundestag repräsentiert werden sollten (**M5**).

Wahlrecht oder Wahlpflicht: Was brauchen wir für echte Repräsentation?

M1 Wahlforscher fordert Wahlpflicht

In Deutschland ist die Teilnahme an Wahlen freiwillig. Der Wahlforscher und Politikberater Rainer Faus argumentiert in diesem Gastbeitrag, dass eine Wahlpflicht gegen die Probleme der Demokratie helfen könnte.

Der Bundeswahlleiter hat […] die repräsentative Wahlstatistik zur Bundestagswahl 2021 vorgestellt und die Zahlen bestätigen gleich zwei seit Jahren erkennbare Muster. Erstens wählen Jüngere seltener als Ältere. […] Da es ohnehin deutlich mehr ältere als junge Wahlberechtigte gibt, regieren faktisch die Älteren über die Jüngeren. Der demografische Wandel wird diesen Effekt noch verschärfen. Nach aktuellen Schätzungen könnten ab 2040 rund 45 Prozent der Wahlberechtigten über 60 Jahre alt sein.

Zweitens steht die Wahlbeteiligung in Deutschland in engem Zusammenhang zum sozialen Status. Vor allem Ärmere und solche mit niedrigen Bildungsabschlüssen bleiben der Wahlurne fern. Je prekärer die Lebensverhältnisse an einem Ort, desto niedriger die Wahlbeteiligung: Um den Starnberger See lag die Wahlbeteiligung dieses Mal bei fast 85 Prozent, im Norden Duisburgs bei nur 63 Prozent. Dieses politische Untergewicht, die Unterrepräsentation der Jüngeren und der sozial Benachteiligten bei Wahlen, hat konkrete Folgen. Junge Menschen fühlen sich beim Kampf gegen den Klimawandel von der älteren Generation alleingelassen, gleichzeitig wurde vor allem ihre Solidarität in Bezug auf Corona-Maßnahmen stark strapaziert. Auch Renten- und Sozialsysteme sind nicht gerade für junge Menschen und Prekäre ausgestaltet, sondern eher für die Mittelschicht. […] Wie die Forschung des Politikwissenschaftlers Armin Schäfer zeigt, werden die Interessen von Gruppen, die weniger wählen gehen, in der Politik tatsächlich weniger berücksichtigt und im parlamentarischen Prozess bei der Gesetzgebung auch eher übergangen. […]

Unsere Forschung zeigt, dass Nicht-Wähler*innen mitnichten alle die gleichen Gründe haben Die viel zitierte „Partei der Nicht-Wähler*innen“ gibt es empirisch schlicht nicht, dafür sind sie viel zu unterschiedlich. Nur geschätzt fünf bis zehn Prozent derjenigen, die ihre Stimme abgeben dürfen, sind kategorische Nicht-Wähler*innen, die Wählen entweder aus rationalen Gründen oder

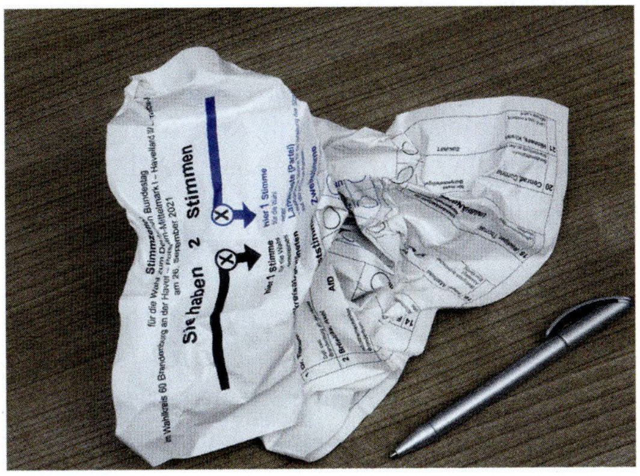

Sollten Nichtwähler zum Wählen gezwungen werden?

maximaler Verdrossenheit strikt ablehnen. Beim großen Rest – bei den Bundestagswahlen rund 15 Prozent, bei den weniger „beliebten“ Kommunalwahlen bis zu 50 Prozent der Wahlberechtigten – sind die Gründe andere. Sie interessieren sich wenig für Politik oder verstehen nicht wirklich, was zur Wahl steht. Sie können die Parteien nicht mehr richtig unterscheiden, finden die Spitzenkandidat*innen nicht attraktiv genug oder haben ganz trivial Schwierigkeiten, sich zu entscheiden. Dazu kommen noch banalere Gründe bei dem bis zu einem Drittel, die erst kurz vor oder am Wahltag zu Nicht- Wähler*innen werden: Das Wetter war zu gut oder zu schlecht, man ist kurzfristig verreist oder hat am Vortag zu lange gefeiert, hat den Wahlschein nicht gefunden, andere Pläne oder schlicht den Wahltag vergessen. […]

Diese große Gruppe jenseits der kategorischen Nicht-Wähler*innen wäre also eigentlich noch politisch mobilisierbar – und sie würden auch nicht nur Protestparteien wählen, wenn sie denn wählen würden, sondern ganz ähnlich wie die Gesamtbevölkerung. Das zeigen unsere Befragungen. […]

Eine Wahlpflicht könnte mehrere positive Effekte haben, sowohl für die Wähler*innen als auch für die Parteien. Denn deren Wahlkampfstrateg*innen wissen, dass sie aktuell mit jungen Leuten schon rein rechnerisch keine Wahl gewinnen können. Und damit sind nicht nur Erstwähler*innen, sondern auch jene unter 40 oder 50 Jahren gemeint. Weil es zu wenige gibt und weil sie seltener wählen gehen. Ähnliches gilt, insbesondere durch die bislang schlechte Mobilisierbarkeit und Erreichbarkeit, auch für sozial Benachteiligte. Müssen diese Menschen aber wählen, würde sich auch der Fokus der Parteien inhaltlich und kommunikativ in ihre Richtung verschieben. Anders gesagt: Wenn die Parteien wüssten, dass auch diese Leute wählen gehen, würde es sich für sie auch wieder lohnen, ihnen ein politisches Angebot zu machen.

Dazu kommt, dass diese mobilisierbaren Nicht-Wähler*innen tendenziell politisch weniger stark interessiert und weniger eng an einzelne Parteien gebunden sind als diejenigen, die sowieso schon wählen gehen. Die Parteien konnten diese (bisherigen) Nicht-Wähler*innen also leichter von sich überzeugen, als wenn sie versuchen, die Stammwähler*innen anderer Parteien abzujagen. Sie wären aus Wahlkampfsicht potenziell niedrig hängende Früchte, die keine Partei mehr ignorieren könnte. [...]

Wähler*innen dagegen wären gezwungen, sich zumindest ein bisschen mit der Wahl und dem Politikangebot der Parteien zu beschäftigen. Die Wahlpflicht könnte damit dem Desinteresse an Politik entgegenwirken und politische Diskussionen auch in Bevölkerungsgruppen (wieder)beleben, in denen Politik aktuell kaum Thema ist. Optimistisch könnte man gar davon ausgehen, dass es langfristig zu einer höheren Identifikation mit dem politischen System kommt: Denn wer wählt, meckert nicht mehr, sondern schaut der Politik oder gar der selbst gewählten Regierung eher konstruktiv auf die Finger. Dazu kommt eine höhere Legitimation der Gewählten: Liegt die Wahlbeteiligung niedrig, entscheidet manchmal schon eine Minderheit der Wahlberechtigten über die Regierungszusammensetzung, eine Minderheit regiert also die (teils schweigende) Mehrheit.

Und was ist mit jenen, die aus Prinzip nicht wählen wollen? Die können ihren grundsätzlichen Unmut immer noch zu Protokoll geben, indem sie „ungültig" wählen oder man für sie gar die Möglichkeit einer Enthaltung einführt. Auch die oft vorgebrachte Sorge, dass sich bei einer Wahlpflicht viele Bürger*innen rein zufällig für eine Partei entscheiden, ist aus der Erfahrung anderer Länder eher unbegründet.

Flankiert werden musste die Wahlpflicht erstens mit politischer Bildung: Zu viele Menschen verstehen das Wahlsystem nicht, Erst- und Zweitstimme werden missverstanden, vielen Bürger*innen ist nicht klar, wen oder was sie hier eigentlich wählen: das Parlament? Die Regierung? Die Kanzlerin? Neben den Parteien und den Medien sind hier die Bundes- und Landeszentralen für politische Bildung gefragt. Zweitens muss der Wahlakt vereinfacht werden. Warum die Wahllokale nicht mehr nur bis 18 Uhr, sondern bis 20 Uhr oder gar für mehrere Tage öffnen? Und warum verschickt man die Briefwahlunterlagen nicht gleich mit der Wahlbenachrichtigung? Auch das erhöht die Beteiligung. Zur Sicherstellung des Wahlgeheimnisses muss es dafür einfache technische Lösungen geben.

Demokratie ist nicht selbstverständlich, sondern lebt von der Mitarbeit und den politischen Handlungen der Bürger*innen – nicht nur, aber insbesondere der Teilnahme an Wahlen. Eine hohe Wahlbeteiligung kann für bessere Repräsentation von Interessen, bessere Politik für das Gemeinwohl und eine höhere Legitimation der Politik sorgen. Für das Privileg, in einer Demokratie zu leben, mit den bürgerlichen und wirtschaftlichen Freiheiten, die diese mit sich bringt, ist die verpflichtende Teilnahme an Wahlen nicht zu viel verlangt. „Wählen ist erste Bürgerpflicht" heißt es so schon – es wäre Zeit, diesen Spruch in ein Gesetz zu gießen.

Faus, Rainer: Vielleicht muss man sie zwingen. In: www.zeit.de, 27.01.2022

Aufgaben

72003-409

1. Fassen Sie die Position des Autors zusammen (**M1**).

2. Diskutieren Sie, ob es eine Wahlpflicht in Deutschland geben sollte (**M1**).

4.3 Vermittler politischer Interessen im politischen System

4.3.1 Politische Parteien

Leitfragen

- Was ist eine Partei?
- Welche Funktionen haben Parteien in einer repräsentativen Demokratie?
- Welche rechtlichen Grundlagen gelten für Parteien in der Bundesrepublik

M1 Was sind Parteien?

Politische Parteien sind Zusammenschlüsse von Bürgerinnen und Bürgern, die dauerhaft auf die politische Willensbildung Einfluss nehmen und an der Vertretung des Volkes in Parlamenten mitwirken wollen. Der Begriff Partei leitet sich vom lateinischen pars (= Teil) ab. Dies weist darauf hin, dass Parteien einen Teil einer Bevölkerung bzw. deren Interessen repräsentieren. Parteien formulieren politische Ziele, organisieren Wahlkämpfe, stellen Kandidatinnen und Kandidaten auf und streben nach politischer Macht, um ihre Vorstellungen in politische Entscheidungen umzusetzen.

Im politischen System der Bundesrepublik Deutschland nehmen Parteien eine zentrale Rolle ein. Ihre besondere Stellung ist im Grundgesetz verankert:

> **Art. 21 Absatz 1 GG:**
> „Die Parteien wirken bei der politischen Willensbildung des Volkes mit. Ihre Gründung ist frei. Ihre innere Ordnung muss demokratischen Grundsätzen entsprechen."

Damit sind Parteien nicht nur Organisationen des gesellschaftlichen Lebens, sondern Institutionen mit Verfassungsrang. Das unterstreicht ihr große Bedeutung für die Demokratie in Deutschland.

> **§ 2 PartG:**
> (1) „Parteien sind Vereinigungen von Bürgern, die dauernd oder für längere Zeit für den Bereich des Bundes oder eines Landes auf die politische Willensbildung Einfluss nehmen und an der Vertretung des Volkes im Deutschen Bundestag oder einem Landtag mitwirken wollen [...]."
> (2) Eine Vereinigung verliert ihre Rechtsstellung als Partei, wenn sie sechs Jahre lang weder an einer Bundestagswahl noch an einer Landtagswahl mit eigenen Wahlvorschlägen teilgenommen hat."

Das Parteiengesetz (PartG), das die verfassungsrechtlichen Bestimmungen konkretisiert, definiert, was Parteien sind und wann sie ihre Rechtsstellung als Partei wieder verliert.

Parteien dienen somit als Mittler zwischen Gesellschaft und Staat. Sie bündeln Interessen, entwickeln politische Programme und tragen zur Legitimation politischer Herrschaft bei. Gleichzeitig sind sie Bindeglieder zwischen Bürgerinnen und Bürgern und politischen Institutionen. Ohne Parteien wäre das politische System der Bundesrepublik nicht funktionsfähig – sie sind eine unverzichtbare Säule der repräsentativen Demokratie.

M2 Typologische Merkmale von Parteien

In der Politikwissenschaft werden Parteien nach verschiedenen relevanten und analytisch unterscheidbaren Merkmalen differenziert.

- **Ideologisch-politische Zugehörigkeit und Programmatik**: z. B. konservativ, sozialdemokratisch, liberal, ökologisch,
- **Historischer Ursprung und Entstehung**: z. B. Arbeiterparteien, konfessionelle Parteien, grüne Bewegungsparteien,
- **Organisationsstruktur**: zentralisiert oder dezentral organisiert, Mitglieder- oder Kaderparteien,

- **Struktur der Anhängerschaft**: soziale Herkunft, Alter, Bildung, regionale Verteilung,
- **Zielorientierung und Funktionen im politischen System**: Wollen Parteien mitregieren oder primär oppositionelle Kritik üben? Arbeiten sie konstruktiv am System oder systemkritisch dagegen?

Bezogen auf die Repräsentation von Interessen wird vor allem zwischen Volks- und Interessenparteien unterscheiden.

- **Interessenparteien** vertreten spezifische Interessen und Themen, etwa regionale Anliegen oder einzelne soziale Gruppen. Parteien geraten oftmals in die Kritik, wenn sie Klientelpolitik betreiben, d. h. wenn sie politische Entscheidungen durchsetzen, ohne das Allgemeinwohl zu berücksichtigen und z. B. eine gesellschaftliche Gruppe finanziell bevorzugen. Sie werden dann auch als Klientelpartei bezeichnet.
- **Volksparteien** streben eine breite gesellschaftliche Unterstützung an und haben damit den Anspruch, alle Bevölkerungsgruppen bzw. deren Interessen zu vertreten. In Deutschland werden bislang vor allem die Unionsparteien CDU/CSU und die SPD als Volksparteien bezeichnet, da sie keine miteinander völlig unvereinbare Teilinteressen repräsentieren. Jedoch nimmt die Bedeutung der klassischen Volksparteien ab, da Union und SPD seit Jahren deutlich an Stimmen verlieren. Die zunehmende gesellschaftliche Pluralisierung und die stärkere Orientierung vieler Wählerinnen und Wähler an spezifischen Themen oder Milieus erschweren es großen Parteien, breite Wählerschichten zu integrieren.

M3 Welche Funktionen erfüllen Parteien?

Als Organisationen im intermediären werden in der Politikwissenschaft verschiedene Funktionen, die Parteien haben, unterschieden:

- **Personalrekrutierung**: Parteien suchen, qualifizieren und stellen Kandidatinnen und Kandidaten für politische Ämter zur Wahl.
- **Interessenartikulation**: Parteien bündeln und formulieren gesellschaftliche Interessen und bringen diese in den politischen Entscheidungsprozess ein.
- **Programmfunktion**: Parteien entwickeln politische Konzepte und Programme, mit denen sie um Zustimmung der Wählerschaft werben.
- **Partizipationsfunktion**: Parteien ermöglichen Bürgerinnen und Bürgern politische Beteiligung, etwa durch Mitgliedschaft, Mitarbeit oder Wahlteilnahme.

Auf einem Bundesparteitag der SPD wird mittels Abstimmungskarten eine Entscheidung getroffen.

- **Legitimationsfunktion**: Durch ihre Arbeit tragen Parteien dazu bei, politische Herrschaft zu legitimieren und die Demokratie zu stabilisieren.

M4 Wie entstehen Parteiensysteme und was prägt sie?

Ein Parteiensystem beschreibt die Gesamtheit der in einem politischen System wirkenden Parteien und ihre Wechselwirkungen untereinander. Politikwissenschaftlich lassen sich vor allem Zwei- und Mehrparteiensysteme unterscheiden. In einem **Zweiparteiensystem** wie etwa in den USA konkurrieren zwei dominierende Parteien um die Regierungsmehrheit, während in **Mehrparteiensystemen** – wie etwa in Deutschland – mehrere relevante Parteien im Parlament vertreten sind, was häufig zu Koalitionsregierungen führt.

Die Herausbildung eines bestimmten Parteiensystems hängt maßgeblich von verschiedenen Faktoren ab:

- **Gesellschaftliche Struktur**: In homogenen Gesellschaften, in denen Interessenlagen stark übereinstimmen, dominiert tendenziell ein Zweiparteiensystem. In heterogenen Ge-

Stimmenanteile der Parteien bei den Wahlen zum Deutschen Bundestag (in Prozent; Stand: 2025)

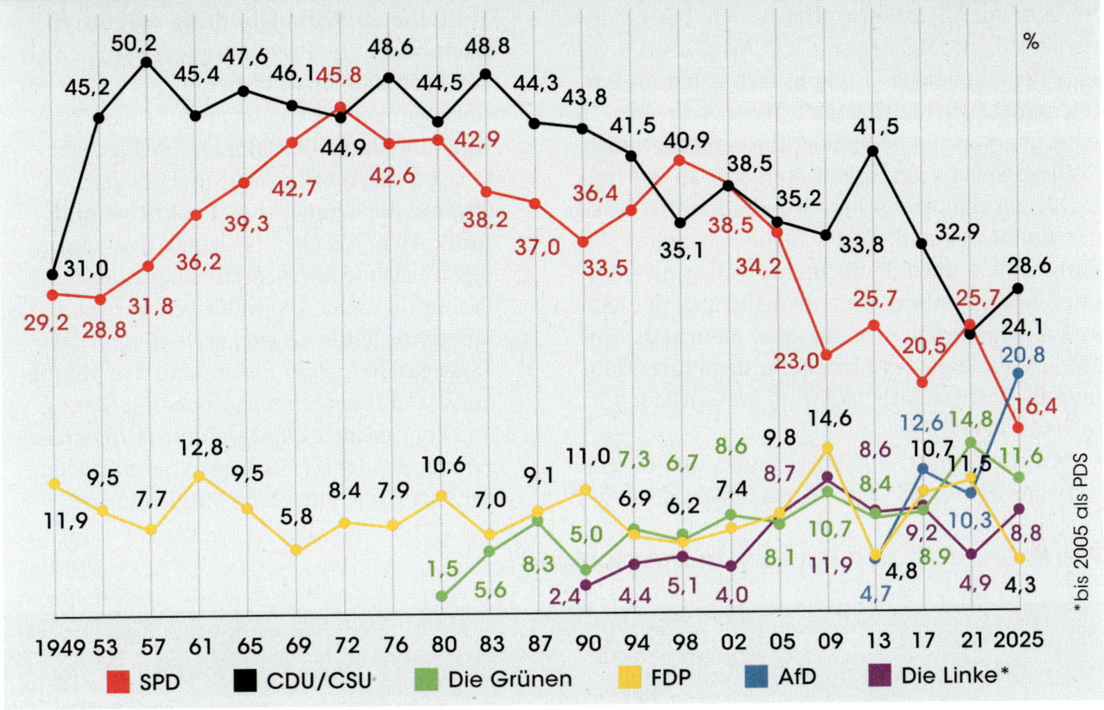

sellschaften mit vielfältigen sozialen, kulturellen oder wirtschaftlichen Interessen neigen Parteiensysteme eher zur Ausdifferenzierung – ein Mehrparteiensystem entsteht.

- **Wahlsystem**: Mehrheitswahlsysteme begünstigen tendenziell Zweiparteiensysteme, da sie kleinere Parteien benachteiligen. Verhältniswahlsysteme, wie sie etwa in Deutschland gelten, fördern hingegen die Repräsentanz auch kleinerer Parteien und führen häufiger zu Mehrparteiensystemen. Sperrklauseln grenzen die Ausdifferenzierung dabei ein.
- **Verwurzelung in sozialen Milieus und historische Konfliktlinien (Cleavages)**: Parteien entstanden häufig aus dauerhaften gesellschaftlichen Spaltungslinien, etwa zwischen Kirche und Staat, Arbeit und Kapital oder Stadt und Land. Je nach Anzahl von Konfliktlinien entstehen Zweiparteiensysteme (bei wenigen Konfliktlinien) oder Mehrparteiensysteme (bei mehreren Konfliktlinien). Solche Cleavages haben langfristig die Parteibindung großer gesellschaftlicher Gruppen geprägt, etwa die der Arbeiterbewegung an sozialdemokratische Parteien. Heute nimmt die Bedeutung dieser Verwurzelung jedoch ab.

Parteien lassen sich zudem auf einem **Links-Rechts-Spektrum** verorten: Links steht oft für soziale Gerechtigkeit, Gleichheit und staatliche Intervention, rechts für Marktliberalismus, Sicherheit und nationale Identität. In jüngerer Zeit verliert dieses Schema jedoch an Erklärungskraft. Insbesondere jüngere Parteien greifen neue Themen und Konflikte auf und kombinieren dabei mitunter programmatisch linke und rechte Aspekte.

In Deutschland gab es bis in die 1970er Jahre eine Konzentration des Parteiensystems auf drei Parteien. Seit den 1980ern kommt es zu einer stetigen Ausdifferenzierung des Parteiensystems mit bis zu sechs im Bundestag vertretenen Parteien.

M5 Organisation von Parteien: Innerparteiliche Demokratie

Aufgrund des großen Einflusses, den Parteien auf politische Entscheidungen haben, sollen sie allen Bürgern zur Mitwirkung offenstehen. Für die innerparteiliche Organisation legt Art. 21 Abs. 1 GG eine demokratische Ordnung fest. Auch im Parteiengesetz wird den Parteien in den Artikeln 6-16 eine innerparteiliche Demokratie vorgeschrieben.

Diese Regelungen orientieren sich an der freiheitlichen demokratischen Grundordnung (FDGO) der Bundesrepublik Deutschland. So gelten für Parteien u. a. auch die Elemente Volkssouveränität, Gewaltenteilung, Verantwortlichkeit der Exekutive, Minderheitenschutz, das Mehrheitsprinzip, die Freiheit des Einzelnen, der Pluralismus und die Rechtsstaatlichkeit. Im Wesentlichen ist folgendes geregelt:

- **Mitgliedschaft**: Alle Bürgerinnen und Bürger haben das Recht – ohne Ausnahmen, d. h. unabhängig von Geschlecht, Herkunft, Religion etc. – in eine Partei eintreten zu können.
- **Teilhabe an Willensbildung von unten nach oben**: Die Parteimitglieder können an den Programmen mitarbeiten, indem sie ein Antragsrecht haben und an der Aufstellung von Kandidaten teilnehmen. Die Parteien müssen sich hierfür territorial gliedern.
- **Organe der Legislative, Exekutive und Judikative**: Als oberstes legislatives Organ beschließt die *Mitgliederversammlung* das Parteiprogramm und wählt den *Vorstand*. Die Vorstände leiten als exekutives Organ das Tagesgeschäft einer Partei, sind den Mitgliederversammlungen rechenschaftspflichtig und können abgewählt werden. *Parteischiedsgerichte* schlichten Streitigkeiten zwischen der Partei und einzelnen Mitgliedern.

M6 Wie finanzieren sich Parteien in Deutschland?

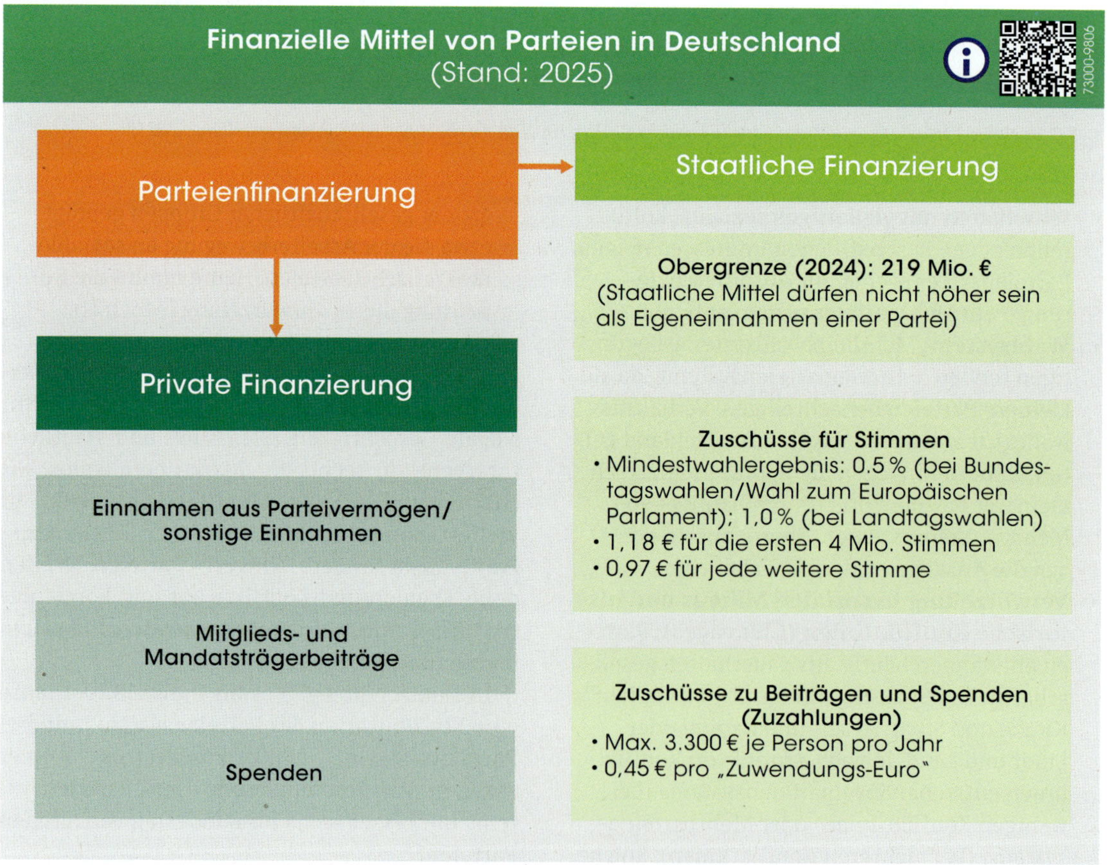

© C.C. Buchner Verlag, Daten nach: www.bundestag.de, 2025

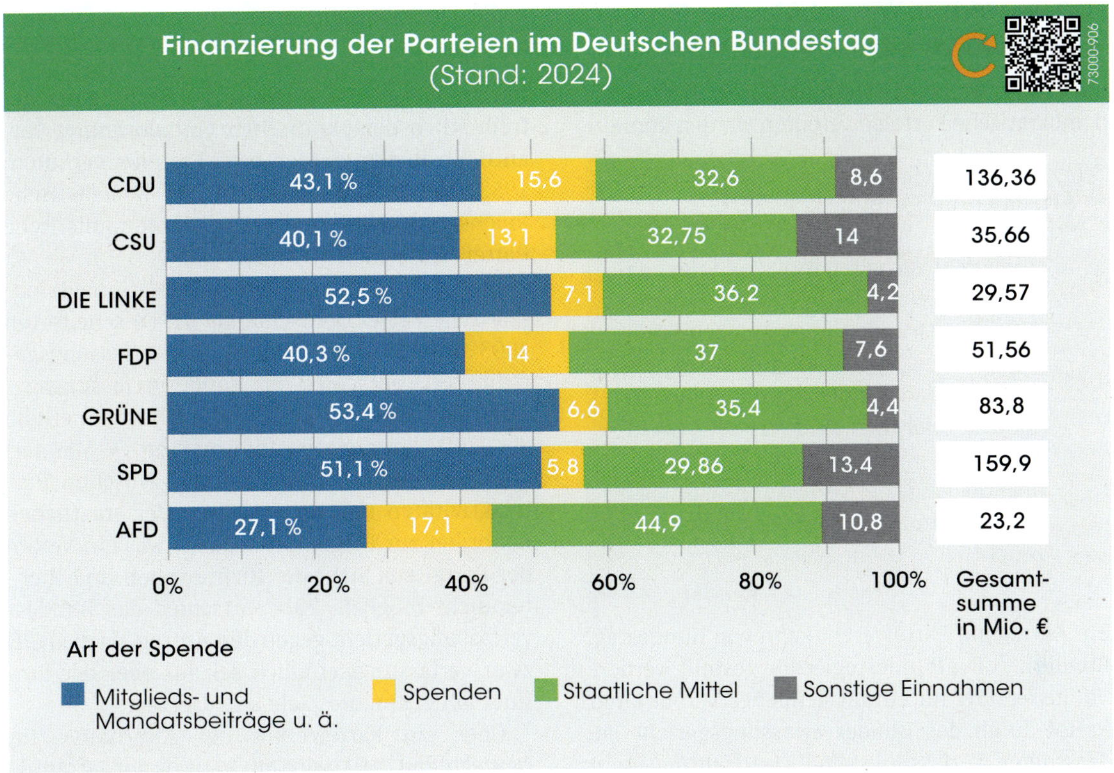

© C.C. Buchner Verlag, aktuelle Daten nach: Bundestag (Datenerhebung: 2024; Grafikerstellung: 2024)

Zur Erlangung finanzieller Mittel, die Parteien u. a. benötigen, um Wahlkämpfe zu betreiben und hauptamtliche Mitarbeiter zu bezahlen, stehen ihnen **vier Einnahmequellen** zur Verfügung: Mitgliedsbeiträge, Spenden, staatliche Finanzierung und wirtschaftliche Betätigungen.

Die staatliche Parteienfinanzierung (§18 Parteiengesetz) ergänzt die Eigenmittel der Parteien und soll deren Funktionsfähigkeit sichern, ohne sie vollständig vom Staat abhängig zu machen. Für jede bei Bundestags- oder Europawahlen erzielte Stimme erhalten Parteien einen festen Betrag (Stand 2024: 1,18 € pro Stimme für die ersten vier Millionen Stimmen, 0,97 € für jede weitere Stimme darüber hinaus). Hinzu kommen Zuschüsse zu Mitgliedsbeiträgen und Kleinspenden bis 3.300 € pro Spender und Jahr (0,45 € Zuschuss je erhaltenem Euro).

Die staatliche Finanzierung ist jedoch nicht unbegrenzt: Das Bundesverfassungsgericht entschied 1992, dass Parteien einen angemessenen Teil ihrer Mittel selbst erwirtschaften müssen. Zudem gilt eine absolute Obergrenze, die jährlich angepasst wird (2024: rund 219 Millionen Euro).

Parteien sind gesetzlich verpflichtet, Rechenschaft über ihre Einnahmen und Ausgaben zu legen. Dies ergibt sich aus Art. 21 Abs. GG sowie den §§ 23 ff. des Parteiengesetzes. Der Rechenschaftsbericht wird vom Präsidenten des Deutschen Bundestags geprüft und veröffentlicht.

Die Finanzierung der Parteien, insbesondere die staatliche Finanzierung, ist nicht unumstritten. Gegner argumentieren, dass die Parteien sich nur aus den Mitgliedsbeiträgen finanzieren sollten, da sie auch nur die Interessen der Mitglieder vertreten. Die Kritiker warnen zudem vor einer Staatsnähe der Parteien und fordern mehr Transparenz, insbesondere bei Großspenden.

Befürworter der staatlichen Finanzierung hingegen führen an, dass die demokratische Grundordnung in Deutschland Parteien benötige, da diese wesentlichen Funktionen übernehmen und deshalb die Parteien auch staatlich finanziert werden sollen. Die staatlichen Mittel sind aus Sicht der Befürworter für die Unabhängigkeit und Chancengleichheit der Parteien im politischen Wettbewerb von Bedeutung.

M7 Parteienverbot: Wie schützt das Grundgesetz die Demokratie vor verfassungswidrigen Parteien?

Ein Teil der wehrhaften Demokratie ist es, dass undemokratische Parteien verboten werden können.

> **Art. 21 Grundgesetz:**
> (2) „Parteien, die nach ihren Zielen oder nach dem Verhalten ihrer Anhänger darauf ausgehen, die freiheitliche demokratische Grundordnung zu beeinträchtigen oder zu beseitigen oder den Bestand der Bundesrepublik Deutschland zu gefährden, sind verfassungswidrig. [...]
> 4) Über die Frage der Verfassungswidrigkeit [...] entscheidet das Bundesverfassungsgericht."

Ein Antrag auf Parteiverbot kann von Bundestag, Bundesrat oder Bundesregierung gestellt werden. Voraussetzung für ein tatsächliches Verbot einer Partei durch das Bundesverfassungsgericht ist, dass deren verfassungsfeindliche Haltung nicht nur in Meinungsäußerungen zum Ausdruck kommt, sondern dass die Partei in aktiv-kämpferischer Weise und planvoll die Beseitigung der freiheitlich demokratischen Grundordnung vorantreibt. Bisher wurden zwei Parteien verboten: 1952 die rechtsextremistische Sozialistische Reichspartei (SRP) und 1956 die Kommunistische Partei Deutschlands (KPD).

Zwei Anträge auf ein Verbot der Nationaldemokratische Partei Deutschlands (NPD) scheiterten 2003 und 2017 vor dem Bundesverfassungsgericht. 2003 entschied das Bundesverfassungsgericht, dass die vom Verfassungsschutz innerhalb der NPD eingesetzten Informanten (V-Männer) eine mangelnde Differenzierung zwischen Parteiaktivitäten und dem Agieren der staatlichen Behörden zur Folge hätte. Damit war ein Verbot der Partei aus Sicht der Richterinnen und Richter nicht möglich. 2017 entschied das Bundesverfassungsgericht gegen den Antrag, da die NPD zwar verfassungsfeindlich sei, ihr aber der Einfluss fehle, um ihre Ziele umzusetzen.

Über ein Parteiverbot der Alternative für Deutschland (AfD) wird mit Verweis auf extremistische Programmatiken und Aussagen von Funktionären diskutiert.

M8 Parteien in der Kritik: Welche Herausforderungen bestehen für Parteien?

Politische Parteien sehen sich immer wieder mit vielfältiger Kritik konfrontiert. Ein häufiger Vorwurf lautet, sie seien vor allem auf **Machterhalt und strategische Positionierung** ausgerichtet, nicht auf die Umsetzung klarer inhaltlicher Überzeugungen. Auch **intransparente Entscheidungsprozesse** sowie ein **mangelnder Einfluss der Parteibasis** auf zentrale Weichenstellungen werden kritisiert und stehen im Widerspruch zum Ideal innerparteilicher Demokratie.

Darüber hinaus werfen viele Bürgerinnen und Bürgern den Parteien eine **Abgehobenheit der politischen Eliten** vor. Politikerinnen und Politiker würden oft in Lebensrealitäten agieren, die sich stark von denen breiter Bevölkerungsschichten unterscheiden. Ein weiterer, damit verbundener Kritikpunkt ist die zunehmende Professionalisierung der Parteien in dem Sinne, dass politische Karrieren oft innerhalb der Parteiapparate beginnen und sich ausschließlich darin entwickeln – ohne berufliche Erfahrung außerhalb dieser Umgebung Hinzu tritt die Kritik einer **inhaltlichen Annäherung vieler Parteien**. Die Wahrnehmung, dass sich politische Angebote kaum noch unterscheiden, führt bei einigen Menschen zu Politikverdrossenheit. Gleichzeitig ist es für neue Parteien schwer, sich langfristig zu etablieren.

Zudem stehen Parteien vor **neuen Herausforderungen in der Gegenwart**: Der gesellschaftliche Wandel, eine zunehmende Individualisierung, digitale Kommunikationsformen und eine vielfältigere Medienlandschaft erschweren es, stabile Wählerbindungen aufzubauen. Die Ansprache jüngerer Generationen gelingt den Parteien nur teilweise, während vor allem die großen Volksparteien Mitgliederverluste hinnehmen müssen. Auch die Zunahme von Protestverhalten und der Aufstieg populistischer Bewegungen setzen traditionelle Parteien unter Druck.

Parteien sehen sich gegenwärtig einem wachsenden Legitimationsdruck ausgesetzt – sowohl hinsichtlich ihrer inneren Organisation als auch ihrer Rolle im politischen System.

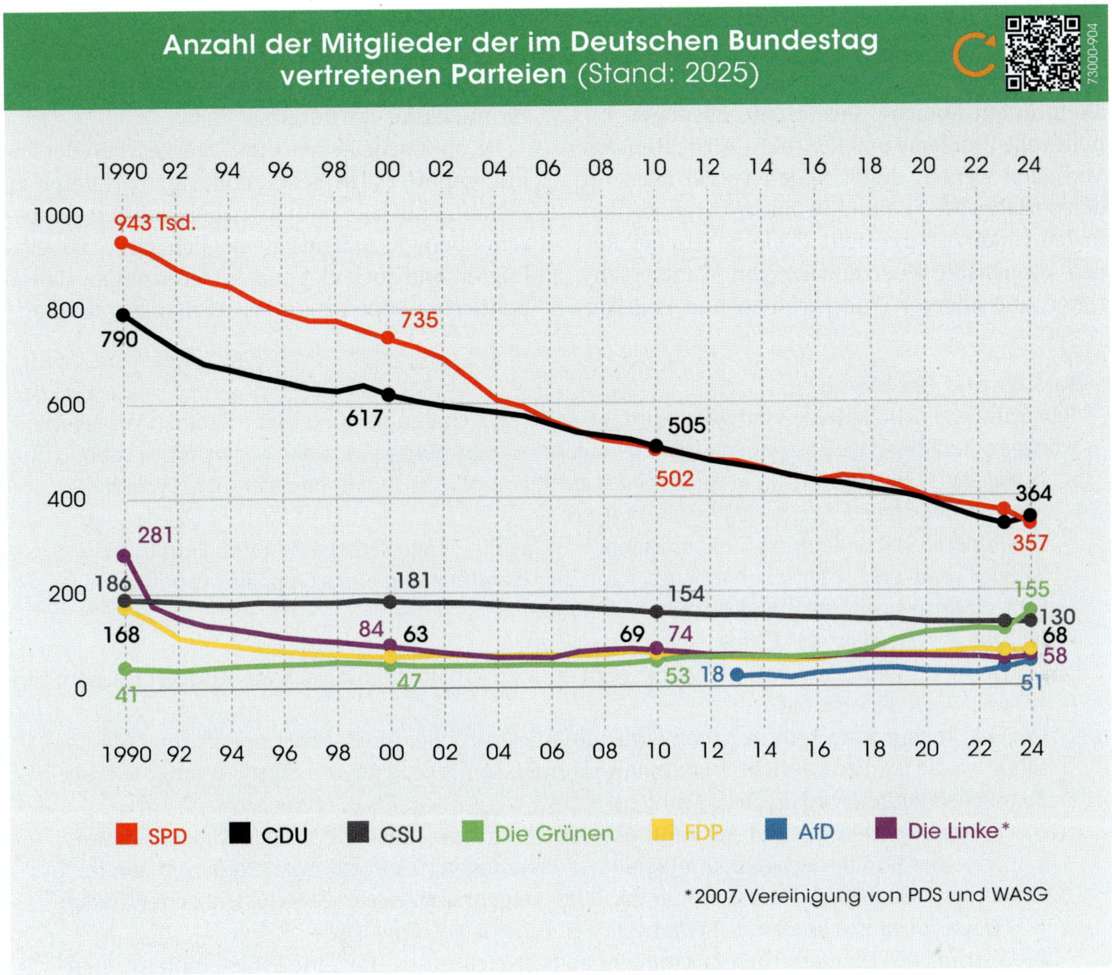

© C.C. Buchner Verlag, aktuelle Daten nach: Niedermayer, Oskar: Parteimitglieder in Deutschland: Version 2024. Arbeitshefte aus dem Otto-Stammer-Zentrum, Nr. 31, FU Berlin 2020, Daten ab 2024: eigene Recherche (Datenerhebung: 2024, Grafikerstellung: 2025)

Aufgaben

72003-410

1. a) Stellen Sie auf einem Poster mit der Überschrift „Parteien in Deutschland" theoretische Informationen über das Parteiensystem Deutschlands dar (**M1–M8**).
   b) Recherchieren Sie für ein Gruppenpuzzle in Gruppen Informationen zu den im Bundestag vertretenen Parteien.
2. Diskutieren Sie, inwiefern mit rückläufigen Mitgliedschaftszahlen der Parteien ein Legitimitätsrückgang verbunden ist (**M1, M3, M8**).
3. Setzen Sie sich kritisch mit der Forderung auseinander, der Krise der Parteien mit der Stärkung direktdemokratischer Elemente zu begegnen.

Analyse einer politischen Rede

Politikerinnen und Politiker kommunizieren vor allem durch Sprache. Positionen, Lösungen für politische Probleme und Konflikte, Absichten und Vorhaben werden durch Reden vorgetragen. In den sozialen Medien und in Nachrichten werden Reden verkürzt dargestellt. Ziele politischer Reden können die Überzeugung von Wahlberechtigten und anderer Politikerinnen und Politiker sein oder auch das Informieren von Medienvertreterinnen und -vertretern.

Da politische Reden zum Tagesgeschäft der Politik gehört, ist es bedeutend, sie analysieren zu können, um sie politikwissenschaftlich zu beschreiben, Partizipationsmöglichkeiten zu evaluieren und auch eigene Kompetenzen im Halten politischer Reden zu reflektieren und trainieren.

1. Redner und Ort klären

Bevor die eigentliche Rede analysiert wird, es wichtig, sich den Kontext einer Rede zu vergegenwärtigen. Auf diese Weise können einzelne Aspekte darauf bezogen präzise analysiert werden.

- *In welcher Funktion spricht der Redner oder die Rednerin (z. B. Bundesminister, Abgeordneter, Fraktionsvorsitzender einer Oppositionspartei)?*
  Die Funktion ist bedeutend, um zu prüfen, was das Ziel einer Rede ist. Während ein Bundeskanzler seine Politik darlegen möchte, kann die Grundmaxime eines Oppositionspolitikers sein, zu kritisieren und eine Alternative anzubieten.
- *Welcher Partei gehört der Redner / die Rednerin an?*
  Durch die Erhebung der Parteizugehörigkeit können Inhalte ideologisch identifiziert werden.
- *Wo wird die Rede gehalten?*
  Der Ort, an dem eine Rede gehalten wird, gibt Auskunft über die Zuhörer und damit die Adressaten, an die die Rede gerichtet ist. Inhalte können somit bezogen auf diese gedeutet werden.
- *Zu welchem Anlass wird die Rede gehalten?*
  Das Klären des Anlasses gibt Auskunft über die Intention. Eine Rede kann z. B. gehalten werden vor einer Bundestagswahl, um Wähler zu überzeugen, vor Parteitagsdelegierten, um in eine Programmatik zu erläutern, oder im Bundestag, um ein Gesetzesvorhaben zu begründen.
- *Was ist der thematische Zusammenhang, in der die Rede gehalten wird?*
  Die Klärung des thematischen Zusammenhangs erleichtert es, einzelne Inhalte präzise zu interpretieren, da einzelne Aspekte je nach Thema eine andere Aussage haben können.

2. Die Rede analysieren

Nach dem ersten, offenen Lesen wird die Rede analytisch erneut gelesen. Dabei werden einzelne Kategorien genutzt:

- *Welchen Aufbau hat die Rede?*
  Viele Reden haben einen dramaturgischen Aufbau. Auf eine Einführung/Herleitung folgt ein Höhepunkt, z. B. das Problem, und daraufhin ein Schluss oder eine Forderung, die abgleitet werden. Die Sequenzierung einer Rede unterstützt das Verstehen einzelner Abschnitte.
- *Was ist Inhalt der Rede?*
  Der Inhalt einer Rede wird genau erfasst, d. h. worum es geht, was gefordert wird etc.
- *Welche rhetorischen Mittel werden genutzt?*
  - *Personalpronomen* schließen Personenkreise ein und sehen z. B. eine gemeinsame Verantwortung vor.
  - *Wiederholungen* heben Aspekte besonders hervor und wirken einprägsam.
  - *Aufwertende/abwertende Adjektive* kommunizieren Werthaltungen.
  - *Rhetorische Fragen* verstärken einen Aspekt, die eine Antwort bereits implizieren.
  - *Vermenschlichungen* kommunizieren eine starke Identifikation mit Gegenständen.

- *Antithesen* heben eigene Positionen, Eigenschaften etc. positiv von anderen ab.
- *Übertreibungen* vermitteln die große Bedeutung eines Sachverhalts.
- *Ironische und sarkastische* Aussagen geben Inhalte oder Personen der Lächerlichkeit preis.

3. Beurteilen der Rede

- *Wie wird die Rede beurteilt?*
  Die Beurteilung kann sich auf die Form und/oder den Inhalt beziehen. Entscheidend ist, dass die Wertmaßstäbe und die Bewertungsperspektive geklärt und offengelegt werden.

4. Die Analyse schreiben

Das Verfassen der Analyse orientiert sich an dem oben genannten Vorgehen:

- *Einleitung*
  Die Einleitung orientiert sich an Schritt 1: Es werden die Grunddaten der Rede genannt, d.h. Redner, Titel der Rede, Ort, Kontext. Der Inhalt wird in einem Satz zusammengefasst.
- *Hauptteil*
  Hier werden die Ergebnisse von Schritt 2 ausgeführt.
- *Schluss*
  Die Ergebnisse werden genutzt, um ein eigenes Urteil zu fällen, das präzise begründet wird.

M1 Regierungserklärung von Bundeskanzler Olaf Scholz am 27. Februar 2022

Sehr geehrte Frau Präsidentin!
Verehrte Kolleginnen und Kollegen!
Liebe Mitbürgerinnen und Mitbürger!

Der 24. Februar 2022 markiert eine Zeitenwende in der Geschichte unseres Kontinents. Mit dem Überfall auf die Ukraine hat der russische Präsident Putin kaltblütig einen Angriffskrieg vom Zaun gebrochen – aus einem einzigen Grund: Die Freiheit der Ukrainerinnen und Ukrainer stellt sein eigenes Unterdrückungsregime infrage. Das ist menschenverachtend. Das ist völkerrechtswidrig. Das ist durch nichts und niemanden zu rechtfertigen.

Die schrecklichen Bilder aus Kiew, Charkiw, Odessa und Mariupol zeigen die ganze Skrupellosigkeit Putins. Die himmelschreiende Ungerechtigkeit, der Schmerz der Ukrainerinnen und Ukrainer, sie gehen uns allen sehr nahe.

Ich weiß genau, welche Fragen sich die Bürgerinnen und Bürger in diesen Tagen abends am Küchentisch stellen, welche Sorgen sie umtreiben angesichts der furchtbaren Nachrichten aus dem Krieg. Viele von uns haben noch die Erzählungen unserer Eltern oder Großeltern im Ohr vom Krieg, und für die Jüngeren ist es kaum fassbar: Krieg in Europa. Viele von ihnen verleihen ihrem Entsetzen Ausdruck – überall im Land, auch hier in Berlin.

Wir erleben eine Zeitenwende. Und das bedeutet: Die Welt danach ist nicht mehr dieselbe wie die Welt davor. Im Kern geht es um die Frage, ob Macht das Recht brechen darf, ob wir es Putin gestatten, die Uhren zurückzudrehen in die Zeit der Großmächte des 19. Jahrhunderts, oder ob wir die Kraft aufbringen, Kriegstreibern wie Putin Grenzen zu setzen. Das setzt eigene Stärke voraus.

Ja, wir wollen und wir werden unsere Freiheit, unsere Demokratie und unseren Wohlstand sichern. [...]

Meine Damen und Herren, mit dem Überfall auf die Ukraine will Putin nicht nur ein unabhängiges Land von der Weltkarte tilgen. Er zertrümmert die europäische Sicherheitsordnung, wie sie seit [...] fast ein halbes Jahrhundert Bestand hatte. Er stellt sich auch ins Abseits der gesamten internationalen Staatengemeinschaft.

Weltweit haben unsere Botschaften in den vergangenen Tagen gemeinsam mit Frankreich dafür geworben, die russische Aggression im Sicherheitsrat der Vereinten Nationen als das zu benen-

Am 24.02.2022 bombardiert Russland die ukrainische Hauptstadt Kiew. Russlands Angriffskrieg gegen die Ukraine beginnt.

nen, was sie ist: ein infamer Völkerrechtsbruch. Wenn man sich das Ergebnis der Sicherheitsratssitzung in New York anschaut, durchaus mit Erfolg. Die Beratungen haben gezeigt: Wir stehen keineswegs allein in unserem Einsatz für den Frieden. Wir werden ihn fortsetzen mit aller Kraft. Für das, was sie dort zustande gebracht hat, bin ich Außenministerin Baerbock sehr dankbar.

Nur mit der Notbremse seines Vetos konnte Moskau – immerhin ein ständiges Mitglied des Sicherheitsrates – die eigene Verurteilung verhindern. Was für eine Schande!

Präsident Putin redet dabei stets von unteilbarer Sicherheit. Tatsächlich aber will er gerade den Kontinent mit Waffengewalt in altbekannte Einflusssphären teilen. Das hat Folgen für die Sicherheit in Europa. Ja, dauerhaft ist Sicherheit in Europa nicht gegen Russland möglich. Auf absehbare Zeit aber gefährdet Putin diese Sicherheit. Das muss klar ausgesprochen werden.

Wir nehmen die Herausforderung an, vor die die Zeit uns gestellt hat – nüchtern und entschlossen. [...]

Als Demokratinnen und Demokraten, als Europäerinnen und Europäer stehen wir an [der Seite der Ukrainer], auf der richtigen Seite der Geschichte.

Am Donnerstag hat Präsident Putin mit seinem Überfall auf die Ukraine eine neue Realität geschaffen. Diese neue Realität erfordert eine klare Antwort. Wir haben sie gegeben: Wie Sie wissen, haben wir gestern entschieden, dass Deutschland der Ukraine Waffen zur Verteidigung des Landes liefern wird. [...]

Machen wir uns nichts vor: Putin wird seinen Kurs nicht über Nacht ändern. Doch schon sehr bald wird die russische Führung spüren, welch hohen Preis sie bezahlt. [...] Unsere Richtschnur bleibt die Frage: Was trifft die Verantwortlichen am härtesten? Die, um die es geht, und nicht das russische Volk!

Denn Putin, nicht das russische Volk, hat sich für den Krieg entschieden. Deshalb gehört es deutlich ausgesprochen: Dieser Krieg ist Putins Krieg. Die Differenzierung ist mir wichtig; denn die Aussöhnung zwischen Deutschen und Russen nach dem Zweiten Weltkrieg ist und bleibt ein wichtiges Kapitel unserer gemeinsamen Geschichte.

Und ich weiß, wie schwierig die derzeitige Situation gerade für die vielen Bürgerinnen und Bürger unseres Landes zu ertragen ist, die in der Ukraine oder in Russland geboren sind. Darum werden wir nicht zulassen, dass dieser Konflikt zwischen Putin und der freien Welt zum Aufreißen alter Wunden und zu neuen Verwerfungen führt.

Noch etwas sollten wir nicht vergessen: In vielen russischen Städten haben Bürgerinnen und Bürger in den vergangenen Tagen gegen Putins Krieg protestiert, haben Verhaftung und Bestrafung in Kauf genommen. Das erfordert großen Mut und große Tapferkeit. [...] Wir wissen: Sie sind viele. Ihnen allen sage ich: Geben Sie nicht auf! Ich bin ganz sicher: Freiheit, Toleranz und Menschenrechte werden sich auch in Russland durchsetzen. [...]

Ohne Wenn und Aber stehen wir zu unser Beistandspflicht in der NATO. Das habe ich auch unseren Alliierten in Mittel- und Osteuropa gesagt, die sich um ihre Sicherheit sorgen. Präsident Putin sollte unsere Entschlossenheit nicht unterschätzen, gemeinsam mit unseren Alliierten jeden Quadratmeter des Bündnisgebietes zu verteidigen. [...]
Unsere Soldatinnen und Soldaten haben in den vergangenen Tagen oft nur wenig Zeit gehabt, sich auf diese Einsätze vorzubereiten. Ich sage ihnen, sicher auch in Ihrem Namen: Danke! Danke für ihren wichtigen Dienst gerade in diesen Tagen.

Meine Damen und Herren, angesichts der Zeitenwende, die Putins Aggression bedeutet, lautet unser Maßstab: Was für die Sicherung des Friedens in Europa gebraucht wird, das wird getan. Deutschland wird dazu seinen solidarischen Beitrag leisten. Das heute klar und unmissverständlich festzuhalten, reicht aber nicht aus; denn dafür braucht die Bundeswehr neue, starke Fähigkeiten. [...]

Aber machen wir uns nichts vor: Bessere Ausrüstung, modernes Einsatzgerät, mehr Personal – das kostet viel Geld. Wir werden dafür ein Sondervermögen Bundeswehr einrichten, und ich bin Bundesfinanzminister Lindner sehr dankbar für seine Unterstützung dabei. Der Bundeshaushalt 2022 wird dieses Sondervermögen einmalig mit 100 Milliarden Euro ausstatten. [...]

Bundeskanzler Olaf Scholz gibt während der Sondersitzung des Bundestages am 27.02.2022 eine Regierungserklärung ab.

Meine Damen und Herren, ich richte mich hier an alle Fraktionen des Deutschen Bundestages: Lassen Sie uns das Sondervermögen im Grundgesetz absichern. [...]

Meine Damen und Herren, wir wissen, wofür wir einstehen, auch angesichts unserer eigenen Geschichte. Wir stehen ein für den Frieden in Europa. Wir werden uns nie abfinden mit Gewalt als Mittel der Politik. Wir werden uns immer starkmachen für die friedliche Lösung von Konflikten. Und wir werden nicht ruhen, bis der Frieden in Europa gesichert ist. [...]

Uns eint in diesen Tagen: Wir wissen um die Stärke freier Demokratien. Wir wissen: Was von einem breiten gesellschaftlichen und politischen Konsens getragen wird, das hat Bestand, auch in dieser Zeitenwende und darüber hinaus. [...]
Ich danke allen, die in diesen Tagen Zeichen setzen gegen Putins Krieg und die sich hier in Berlin und anderswo zu friedlichen Kundgebungen versammeln. Und ich danke allen, die in diesen Zeiten mit uns einstehen für ein freies und offenes, gerechtes und friedliches Europa. Wir werden es verteidigen.

Scholz, Olaf: Regierungserklärung von Bundeskanzler Olaf Scholz am 27. Februar 2022. In. www.bundesregierung.de, 27.02.2022

Aufgabe

72003-411

Verfassen Sie eine Analyse der Rede von Olaf Scholz. Gehen Sie dabei nach den Schritten der Methode „Analyse einer politischen Rede“ vor.

4.3.2 Interessenverbände

Leitfragen

- Welche Funktionen haben Interessenverbände in einer Demokratie?
- Welche Methoden nutzen Interessenverbände, um politische Prozesse zu beeinflussen?

M 1 Die Pluralität der Interessen

Das Demokratiemodell, das dem Grundgesetz zugrunde liegt, sieht die Pluralität von Interessen als Teil des Zusammenlebens der Gesellschaft an. Einzelne Menschen haben verschiedene Interessen, die jeweils einzeln mit denen von anderen übereinstimmen können. Ein Mensch kann z. B. so wenige Steuern wie möglich zahlen wollen, mehr Lohn als Arbeiter erhalten wollen und vor ungerechten Forderungen seines Vermieters geschützt werden wollen. Ein anderer kann ebenso so wenig Steuern wie möglich wollen, aber als Arbeitgeber möglichst wenig Lohn zahlen wollen und als Taubenzüchter gute Bedingungen für seine Tauben haben. Die Interessen von Menschen in einer Gesellschaft sind plural und können sich gleichen oder entgegengesetzt sein.

Zur Organisation bzw. Durchsetzung von Interessen können Menschen neben der Mitgliedschaft und der Wahl von Parteien und Abgeordneten auch Mitglied in Verbänden sein, die danach streben, Interessen in politischen Entscheidungen einzubringen. Das Grundgesetz schützt diese Form der politischen Partizipation.

M 2 Was sind Interessenverbände?

In der deutschen Demokratie sind Interessenverbände ein zentrales Element der politischen Willensbildung. Sie entstehen auf Grundlage des Grundrechts der Vereinigungsfreiheit in Art. 9 Abs. 1 GG: *„Alle Deutschen haben das Recht, Vereine und Gesellschaften zu bilden."* Auch der Bundestag und die Bundesregierung sehen die Mitwirkung der Verbände in ihren Geschäftsordnungen vor.

Interessenverbände sind dauerhafte Zusammenschlüsse von Personen oder Organisationen, die gemeinsame Ziele vertreten und versuchen,

Unterscheidung von Interessenverbänden und Parteien

	Interessenverbände	Parteien
Programmatik	eher auf wenige Themen bezogen (bis zu *single-issue*-Verbänden)	eher umfassend
Ziel	Durchsetzung von Partikularinteressen; keine Regierungsbeteiligung	Erhalt formal abgesicherter Macht (z. B. Regierungsbeteiligung)
Machtquelle/n	informelle Einflussnahme; offizielle Anhörung vor politischen Repräsentanten; Aufbau öffentlichen Drucks	Souverän → Wahlen → (Mit)Entscheidungsbefugnis Delegation auf Zeit
innere Organisation	unbestimmt; auch abhängig von der juristischen Verfasstheit (eingetragener Verein etc.)	verpflichtend demokratisch
Grundgesetz	Art. 9 GG (Vereinigungsfreiheit)	Art. 21 GG (Parteien)
Sonstiges	erbringen z. T. Serviceleistungen für Mitglieder (z. B. ADAC, Mieterschutzbund)	

politischen Einfluss zu nehmen – etwa Gewerkschaften, Arbeitgeberverbände, Umwelt- oder Sozialverbände. Sie unterscheiden sich von Parteien dadurch, dass sie nicht bei Wahlen antreten und keine Mandate anstreben, sondern auf Entscheidungen Einfluss nehmen möchten.

Verbände sind ebenso wie Parteien im intermediären Bereich zwischen Bevölkerung und Staat zu verorten, da sie Interessen der Bevölkerung in staatliche Entscheidungen einbringen. Ein wesentlicher Unterschied zu Parteien ist, dass sie nicht bei Wahlen antreten.

In der Politikwissenschaft werden sieben Funktionen von Verbänden im politischen System unterscheiden.

1. **Interessenaggregation:** Verbände bündeln verschiedene, oft widersprüchliche Interessen und formulieren daraus einheitliche programmatische Forderungen oder konkrete Entscheidungs- und Handlungsalternativen. Insbesondere bei großen Verbänden ist diese Funktion anspruchsvoll und führt häufig zu einer Konzentration auf wenige Kernanliegen.
2. **Interessensselektion**: Verbände wählen diejenigen Interessen aus, die als besonders wichtig gelten, politisch realistisch erscheinen und erfolgreich durchsetzbar sind; oftmals ist die Auswahl auch Ergebnis eines innerverbandlichen Kompromisses.
3. **Interessenartikulation**: Verbände formulieren die Erwartungen ihrer Mitglieder und bringen diese in politische Entscheidungsinstanzen ein.
4. **Integration**: Verbände tragen dazu bei, einzelne Personen und deren Interessen in politische Vermittlungsprozesse einzubeziehen. Dadurch entsteht bei den Mitgliedern eine stärkere Identifikation mit dem politischen System.
5. **Partizipation**: Verbände bieten die Möglichkeit der politischen Willensbildung und Teilhabe auch außerhalb von Wahlen und Abstimmungen.
6. **Legitimierung**: Durch Integration und Partizipation tragen Verbände zur Legitimierung des politischen Systems bei, da Bürgerinnen und Bürger ihre Interessen einbringen und an deren politischer Bearbeitung mitwirken können.
7. **Sozioökonomische Selbstregulierung**: Im Bereich der Tarifautonomie regulieren Gewerkschaften und Verbände ihre Beziehung selbstbestimmt. Dadurch entstehen branchenspezifische Regelwerke, die praxisnah auf aktuelle Herausforderungen reagieren können. Die Interessenvertretung entlastet den demokratischen Staat zudem, der ohne Verbände deren Funktionen übernehmen müsste.

M3 Wie üben Interessenverbände Einfluss aus?

Die Forderungen von Verbänden richten sich an politische Entscheidungsinstanzen. Zur Durchsetzung richten sie sich mit unterschiedlichen Formen an verschiedene Adressaten.

Öffentlichkeit: Durch Kampagnen, Medienarbeit oder Protestaktionen versuchen Verbände, öffentliche Meinung zu mobilisieren. Ziel ist es, gesellschaftlichen Druck zu erzeugen, der politische Entscheidungen beeinflusst.

Parteien: Verbände pflegen Kontakte zu Parteien, unterstützen sie bei der Programmentwicklung und liefern Informationen. Dabei bevorzugen sie oft bestimmte Parteien, die ihren Interessen besonders nahestehen, beispielsweise Gewerkschaften und die SPD sowie Umweltverbände und die Grünen. Auch Spenden von Verbänden an Parteien können eine Rolle spielen.

Parlamente: Verbandsvertreterinnen und -vertreter haben Kontakt zu Abgeordneten in Berlin sowie in den Hauptstädten der Bundesländer und versuchen diese in persönlichen Gesprächen, Emails etc. von ihrer Position zu überzeugen.

Sie sitzen als Expertinnen und Experten in Parlamentsausschüssen und versuchen auf diese Weise Einfluss zu nehmen. Dies geschieht in der Regel noch vor der Einbringung von Gesetzen in das Parlament bzw. bereits während Koalitionsverhandlungen, damit frühzeitig Vorhaben angestoßen oder unliebsame Inhalte vermieden werden können.

Der Bundestag führt ein öffentliches Lobbyregister mit Verbänden. Der Eintrag ist verpflichtend, sobald Interessenverbände mit dem Ziel der Beeinflussung der Willensbildung Kontakt zu Mitgliedern des Deutschen Bundestages oder Bundesregierung aufnehmen, um politische Entscheidungen im Sinne ihrer Interessen zu beeinflussen.

Regierung und Ministerialverwaltung: Verbände haben Kontakt zu Regierungsmitgliedern und den Mitarbeiterinnen und Mitarbeitern in den Ministerien. Auch diese versuchen, sie von ihrer Position zu überzeugen, sodass die Exekutive die Interessen der Verbände innerhalb des Gesetzgebungsprozesses berücksichtigt. Sie bringen dabei den notwendigen Sachverstand in Regierungskreise ein. Viele Gesetzesinitiativen im Bundestag stammen von der Bundesregierung und so können die Verbände frühzeitig Einfluss nehmen. Gleichzeitig beschaffen sie durch den Kontakt zu Regierungskreisen und zur Ministerialverwaltung viele Informationen. Verbände nehmen außerdem an ministeriellen Fachgesprächen, Beiräten oder Konsultationsverfahren teil. Dort können sie Entwürfe kommentieren, Alternativvorschläge einbringen und Rückmeldungen aus der Praxis liefern. Solche Beteiligungsformate dienen der Abstimmung zwischen Verwaltung, Wirtschaft und gesellschaftlichen Interessengruppen im Vorfeld politischer Entscheidungen.

Lobbyregister des Deutschen Bundestags

72003-412

Organe der EU: Auf EU-Ebene vertreten Verbände ihre Interessen etwa gegenüber der EU-Kommission, dem Europäischen Parlament oder dem Rat. Viele große Verbände unterhalten dafür eigene Büros in Brüssel. Der Einfluss auf EU-Regelungen ist bedeutsam, da viele Gesetze heute auf europäischer Ebene entstehen.

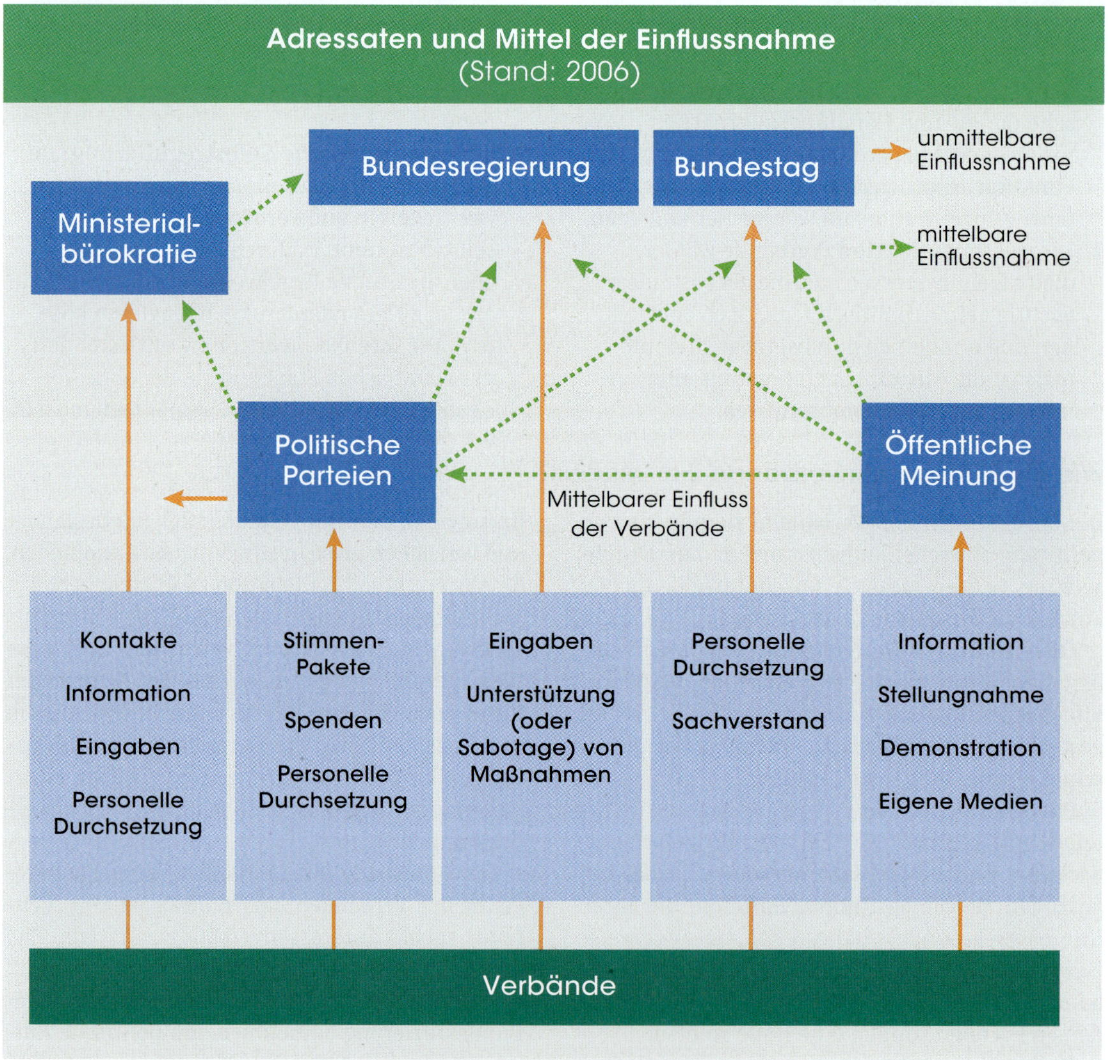

Nach: Rudzio, Wolfgang: Das politische System der Bundesrepublik Deutschland. 9. Auflage. Wiesbaden: VS Verlag für Sozialwissenschaften 2009, S. 86

M4 Welche Kritik gibt es an der Arbeit von Verbänden?

Trotz ihrer wichtigen Rolle stehen Interessenverbände immer wieder in der Kritik. Ein zentraler Kritikpunkt betrifft den Begriff **Lobbyismus**, der häufig mit intransparentem Einfluss auf politische Entscheidungen verbunden wird. Insbesondere bei wirtschaftlich mächtigen Verbänden wird befürchtet, dass sie sich privilegierten Zugang zur Politik verschaffen und dabei öffentliche Interessen verdrängen.

Bei der Kritik an der Tätigkeit von Verbänden ist zwischen mehreren Bereichen zu unterscheiden. Gänzlich illegal ist die Erpressung oder Bestechung von politischen Entscheidungsträgern. Bereits mehrfach ist es zu Fällen von **Korruption**, d.h. dem Zahlen von Geld im Gegenzug für politische Entscheidungen, in Deutschland gekommen.

Neben diesen illegalen Handlungen gibt es einen Graubereich, in dem zwar formal keine illegalen Verhaltensweisen vorkommen, der aber dennoch zu Kritik an Verbänden geführt hat. Ein Beispiel ist die **Verflechtung von Politik und Verbänden**, die etwa bei der Vergabe hochdotierter Jobs nach einer politischen Karriere sichtbar wird. Dies wirft stets die Frage auf, welche Leistungen hierfür vorher erbracht wurden. Kritikerinnen und Kritiker sprechen in diesem Zusammenhang von der **„Drehtür"** zwischen Politik und Wirtschaft. Andererseits kann dem entgegnet werden, dass ehemalige Politikerinnen und Politiker durch ihre bisherigen Tätigkeiten Kompetenzen erworben haben, die für ein Unternehmen wichtig sind. Auch die Einflussnahme durch finanzielle Unterstützung von Parteien in Form von Spenden wird kontrovers diskutiert. Zwar sind Parteispenden grundsätzlich erlaubt, sie können aber Abhängigkeiten erzeugen und Zweifel an der Unabhängigkeit politischer Entscheidungen hervorrufen. Besonders problematisch wird dies, wenn Großspenden zeitnah mit konkreten Gesetzesinitiativen zusammenfallen. Die Verflechtung zwischen Politik und Verbänden besteht aber bereits während aktiver politischer Karrieren, z.B. bei Abgeordneten im Bundestag, die zugleich Mitglieder in Verbänden sind. Kritisiert wird die mangelnde Transparenz, da hierbei nicht immer deutlich erkennbar ist, aus welchen Beweggründen politisches Handeln erfolgt.

Ein Kritikpunkt am Verbändepluralismus ist es, dass gesellschaftliche Interessen nicht gleichgewichtig vertreten werden. Einige Gruppen bzw. deren Interessen können nur schwer organisiert werden, wie z.B. die Interessen von Kindern und Hausfrauen. Besonders erfolgreich bei der Beeinflussung von politischen Entscheidungen sind hingegen Verbände mit großen finanziellen Ressourcen wie Wirtschaftsverbände. Sie können durch umfangreichen Personaleinsatz, Expertenwissen und Zugang zu Netzwerken systematisch ihre Position stärken, während kleinere Akteure, zivilgesellschaftliche Gruppen oder sozial schwächere Interessen oft finanziell und organisatorisch benachteiligt sind. Dieses Ungleichgewicht begünstigt **Machtkonzentrationen** und erschwert einen ausgewogenen Interessenausgleich im politischen System. So wird gelegentlich argumentiert, dass die Demokratie dadurch eine Schlagseite zu Gunsten ökonomisch privilegierter Gruppen erhält. Es ist zudem schwer den Einfluss der Verbände wissenschaftlich zu erheben und damit zu kontrollieren, da z.B. viel im direkten Gespräch stattfindet. Für die Bürger ist es damit nicht ersichtlich, wie weit der Einfluss von Verbänden auf politische Entscheidungen tatsächlich geht. Zum Teil wurde der Vorwurf laut, dass Gesetztestexte, die im Bundestag beschlossen wurden, durch Verbände wortwörtlich verfasst wurden.

Aufgaben

72003-413

1. Erläutern Sie Interessenverbände und ihre rechtliche Stellung in der Bundesrepublik Deutschland (**M1**, **M2**).
2. Nutzen Sie das Lobbyregister (QR-Code zu **M3**), um das Vorgehen eines Verbandes vorzustellen. Analysieren Sie, inwiefern die Funktionen von Verbänden ausgeführt werden (**M3**).
3. Entwerfen Sie ein Konzept, mit dem Verbände auf die Kritik an ihrer Arbeit reagieren können (**M4**).

Was können Interessenverbände bewegen?

M1 Die Bauernproteste 2024 und die Rolle der Verbände

Bauern protestieren Anfang 2024 gegen die Agrarpolitik der Bundesregierung.

Nach einem Urteil des Bundesverfassungsgerichts fehlten [2023] 60 Milliarden Euro im Haushalt. [...] Rund eine Milliarde Euro [wollte die Bundesregierung im Agrarsektor einsparen]. [...] Es folgten heftige Bauernproteste im ganzen Land. [...]

Der Präsident des Deutschen Bauernverbandes, Joachim Rukwied, sieht die massiven Bauernproteste vor einem Jahr als Erfolg. Damit habe der Berufsstand eine „nie dagewesene Aufmerksamkeit" für seine Anliegen geschaffen. „Wir waren Impulsgeber für weitere Protestbewegungen in ganz Europa", betonte Rukwied Ende 2024. Die Proteste seien der Öffentlichkeit in positiver Erinnerung geblieben. Besonders stolz ist er darauf, dass die Proteste die agrarpolitische Agenda verschoben haben. In der EU und im Bund gab es tatsächlich jede Menge Zugeständnisse. Das erste bereits vor der groß angelegten Protestwoche. Bereits Anfang Januar 2024 nahm die Ampelregierung die Streichung der Kfz-Steuerbefreiung zurück, die Landwirte dürfen weiterhin das grüne Nummernschild behalten. Die Subvention für Agrardiesel soll allerdings weiterhin fallen – in Etappen, nicht sofort. Als Ausgleich versprach die Regierung ein „Agrarpaket" für die Landwirte. [...]

DBV-Präsident Rukwied betont mittlerweile, dass die steuerliche Belastung von Agrardiesel auf den europäischen Durchschnitt abgesenkt werden müsse. Das entspräche etwa der bisherigen Rückerstattung von 21,48 Cent pro Liter. [...] Zudem fordert Rukwied einen konsequenten Bürokratieabbau. Die bisherigen Fortschritte seien „völlig unzureichend". Besonders kritisiert er, dass zuletzt vorgelegte Gesetzesvorhaben – wie die geplante Novellierung des Tierschutzgesetzes – grundlegender Überarbeitungen bedürfen. [...]

Die Proteste hatten nicht nur nationale, sondern auch europäische Dimensionen. Anfang Februar 2024 legten tausend Traktoren und brennende Heuballen das Viertel um das EU-Parlament in Brüssel lahm. EU-Kommissionspräsidentin Ursula von der Leyen suchte das Gespräch mit den Bauernverbänden, zeigte Verständnis für die Sorgen und setzte später [geplante] Maßnahmen [...] aus, darunter die Einschränkung von Pflanzenschutzmitteln und die Flächenstilllegung.

Das größte politische Resultat der Proteste in Deutschland war das „Agrarpaket", das im September 2024 im Bundesrat verabschiedet wurde. Es beinhaltet Maßnahmen wie die sogenannte Gewinnglättung, die es Landwirten ermöglicht, Einkünfte über mehrere Jahre zu versteuern. Auch wurden weniger Bürokratie und mehr Planungssicherheit versprochen. Aus Sicht der Landwirte ist davon jedoch bisher nichts umgesetzt.

Betz, Tobias: Was von den Bauernprotesten übrig geblieben ist. In: www.tagesschau.de, 08.01.2025

Aufgaben

72003-414

1. Analysieren Sie, mit welchen Mitteln und über welche politischen Adressaten der Deutsche Bauernverband versucht hat, die Interessen der Landwirte durchzusetzen.
2. Beurteilen Sie das Handeln des Bauernverbandes im Hinblick auf die Funktionen von Verbänden im politischen System.

4.3.3 Medien in der Demokratie

Leitfragen

- Welche politischen Aufgaben kommen den Medien in einer modernen Demokratie zu?
- Welche Bedingungen müssen erfüllt sein, damit die Medien diese Aufgaben erfüllen können?
- Welche aktuellen Entwicklungen kennzeichnen die Medienlandschaft?
- Welchen Einfluss haben die neuen sozialen Medien auf die Politik?

M1 Warum braucht die moderne Demokratie Medien?

In großen, modernen Gesellschaften ist es nicht möglich, dass alle Mitglieder direkt miteinander kommunizieren und Entwicklungen innerhalb und außerhalb der Gesellschaft unmittelbar selbst erfahren. Da die Bürgerinnen und Bürger in einer Demokratie aber mitbestimmen können und sollen, müssen sie über die wichtigen politischen Fragestellungen und Entscheidungen informiert werden. Die Medien übernehmen diese Aufgabe, indem sie über alle Bereiche der Gesellschaft, insbesondere die Politik, berichten; außerdem erläutern die Medien komplexe Sachverhalte und stellen die Positionen der verschiedenen Akteure in der politischen Auseinandersetzung dar. Sie bieten den Beteiligten damit Raum für die Erläuterung ihrer Positionen. Dadurch bilden sie die Voraussetzung für die aktive Beteiligung der Bürgerinnen und Bürger am politischen Prozess. Das macht die Medien zu wichtigen Akteuren in einer Demokratie.

Durch ihre Auswahl und Darstellung der Ereignisse konstruieren sie aber auch die Wirklichkeit und müssen in ihrer Rolle deshalb stets hinterfragt werden.

M2 Rechtliche Grundlagen der Medien in Deutschland

Das Grundgesetz versteht die Meinungs- und Informationsfreiheit als individuelle Grundrechte und schützt diese durch Art. 5 GG. Die Pressefreiheit wird vom Bundesverfassungsgericht als konstitutives Merkmal der freiheitlichen Grundordnung der Bundesrepublik beschrieben, da sie die Meinungsvielfalt garantiert, die ein wesentliches Merkmal der Demokratie ist. Zugleich schafft diese Garantie die Voraussetzung für eine kritische Öffentlichkeit, die Missstände sichtbar machen und politische Entscheidungen hinterfragen kann. Das Verbot der Zensur schützt deshalb die Medien vor staatlichen Eingriffen in deren Arbeit. Gleichzeitig sichert das Grundgesetz den Bürgerinnen und Bürgern aber auch Schutz vor Eingriffen der Medien in die Persönlichkeitsrechte des Einzelnen zu. So muss die Pressefreiheit stets mit anderen Grundrechten abgewogen werden, etwa mit dem Schutz der Privatsphäre oder der Menschenwürde.

Obwohl die Sicherung der Meinungsvielfalt eine wichtige politische und gesellschaftliche Aufgabe ist, sind die Medien überwiegend privatwirtschaftlich organisiert und haben wirtschaftliche Zielsetzungen. Das hat die Konzentration des Medienmarktes in der Bundesrepublik Deutschland auf immer weniger Medienunternehmen und die Entstehung einer vorherrschenden Meinungsmacht zur Folge, da sich kleinere Unternehmen am Markt nicht halten können. Die Medien unterliegen deshalb dem Kartellrecht und Zusammenschlüsse im Bereich der Medien werden vom Kartellamt beobachtet und kontrolliert. Zudem bestehen medienrechtliche Aufsichtsbehörden der Länder zur Sicherung des Pluralismus.

Art. 5 Grundgesetz:
„(1) Jeder hat das Recht, seine Meinung in Wort, Bild und Schrift frei zu äußern und zu verbreiten und sich aus allgemein zugänglichen Quellen ungehindert zu unterrichten. Die Pressefreiheit und die Freiheit der Berichterstattung durch Rundfunk und Film werden gewährleistet. Eine Zensur findet nicht statt.
(2) Diese Rechte finden ihre Schranken in den Vorschriften der allgemeinen Gesetze, den gesetzlichen Bestimmungen zum Schutze der Jugend und in dem Recht der persönlichen Ehre.“

M3 Welche Funktionen haben die Medien im politischen System?

Die Medien haben im Wesentlichen drei Funktionen im politischen System.

- **Informationsfunktion:** Die Medien sollen sachlich und vollständig Bericht erstatten, so dass die Bürgerinnen und Bürger in der Lage sind, politische, gesellschaftliche und wirtschaftliche Geschehnisse zu verfolgen und deren Zusammenhänge zu verstehen. So sind sie in der Lage, aktiv am politischen Prozess teilzunehmen.
- **Urteils- und Meinungsbildungsfunktion:** Medien bieten in einer Demokratie ein Forum für eine freie und offene Diskussion politischer Themen. Sie geben die Argumente der verschiedenen Akteure wieder, analysieren und bewerten politische Sachverhalte und das Handeln der Akteure. Dabei sollen sie den Bürgerinnen und Bürgern komplizierte politische Fragestellungen verständlich machen und so die Grundlage für die eigene Urteilsbildung schaffen.
- **Kritik- und Kontrollfunktion:** Im deutschen parlamentarischen Regierungssystem ist es Aufgabe der Opposition, die Regierung zu kontrollieren und zu kritisieren. Doch auch die Medien üben diese Funktion aus, indem sie Missstände und Skandale aufdecken und so z. B. willkürliches Handeln der Regierung oder Korruption verhindern. Sie bilden damit eine zusätzliche Kontrollinstanz und werden deshalb oft als „vierte Gewalt“ bezeichnet.

Hinzu kommt das sogenannte **Agenda-Setting** durch die Medien. Damit ist gemeint, dass die Medien von sich aus Themen aufgreifen, die sie für wichtig halten, und darüber berichten. Sie bestimmen also „die Tagesordnung“ dessen, worüber geredet und diskutiert wird.

Da private Medienunternehmen als Wirtschaftsunternehmen fungieren und als Ziel haben, Gewinne zu erwirtschaften, wird das Agenda-Setting von dieser Zielsetzung beeinflusst. So wird nicht unbedingt nur darüber berichtet, was politisch-gesellschaftlich wichtig ist, sondern auch darüber, was „sich gut verkauft“; die Sachlichkeit und Objektivität der Berichterstattung fällt möglicherweise einer übertriebenen, „reißerischen“ Darstellung der Sachverhalte zum Opfer.

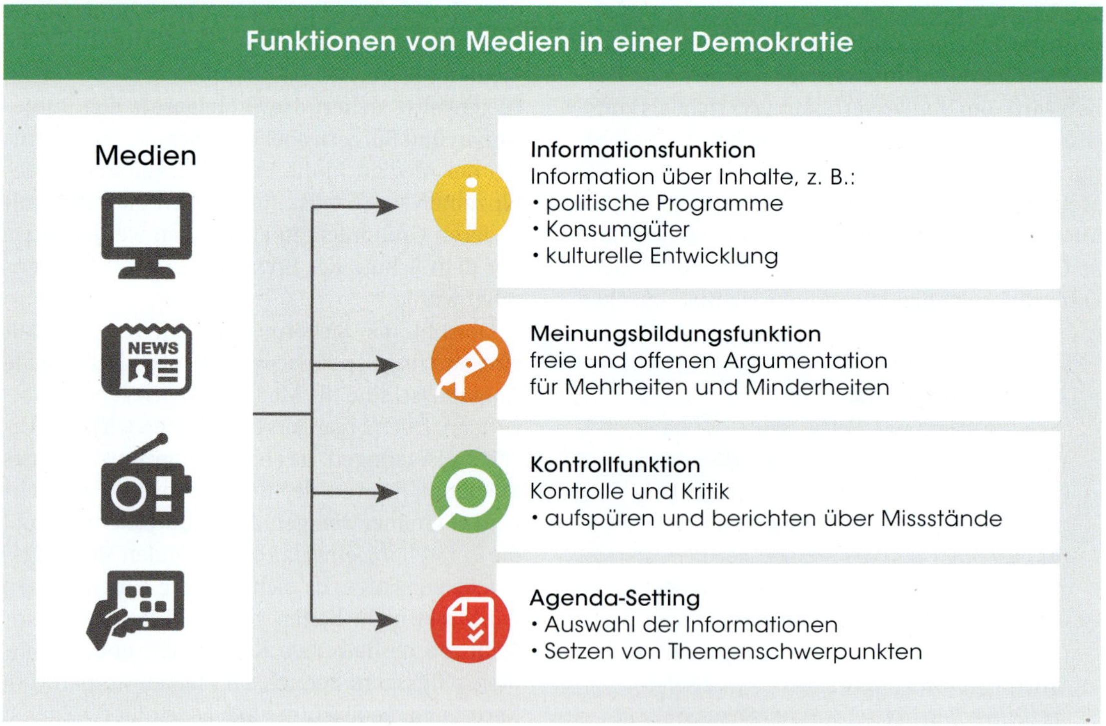

Nach: Bundeszentrale für politische Bildung, 2024, www.bpb.de, zusammengestellt von Olaf Selg.
Lizenz: Creative Commons by-nc-nd/3.0/de

Dies führt zu einer verzerrten Darstellung der Realität und kann zum Problem werden.

Häufig wird auch kritisiert, dass einige gesellschaftliche Akteure, die wirtschaftlich besonders potent sind oder bereits im Zentrum des öffentlichen Interesses stehen, bessere Aussichten haben, mit ihren Interessen in den Medien beachtet zu werden.

Eine Besonderheit der deutschen Medienlandschaft ist der Bereich der öffentlich-rechtlichen Rundfunk- und Fernsehanstalten. Diese durch Gebühren finanzierten Körperschaften sollen eine Grundversorgung der Bevölkerung mit Information, Kultur und Unterhaltung sicherstellen. Daneben gibt es die privaten Medienunternehmen.

M4 Wie zeigt sich die Medienkonzentration in Deutschland?

Obwohl das deutsche Angebot an Zeitschriften und Zeitungen im Vergleich recht vielfältig ist, lässt sich ein Trend zur Medienkonzentration erkennen.

- **Verlagskonzentration**: Die gleiche Anzahl von Zeitschriften wird von immer weniger Verlagen herausgegeben.
- **Publizistische Konzentration:** Rückgang redaktionell selbstständiger Tageszeitungen mit einer Vollredaktion.
- **Auflagenkonzentration:** Steigende Gesamtauflagen bei gleichzeitigem Rückgang der Zeitungsredaktionen und Verlage. Objekte mit hohen Auflagen wachsen, während kleine Zeitungen oft aufgeben müssen.
- **Lokalkonzentration:** Es gibt immer mehr Ein-Zeitungs-Kreise, also Kreise oder Städte, in denen nur noch eine regionale oder lokale Zeitung erscheint.

Konzentrationsgrad des Tageszeitungsmarktes 2012, 2016, 2020 und 2022 (anteilige Auflage, Stand: 2024)

73000-920

Rang (2022)	Verlagsgruppe	2022	2020	2016	2012
1	Stuttgarter Zeitung / Die Rheinpfalz / Südwest Presse, Ulm	11,8	11,5	9,9	9,2
2	Axel Springer SE, Berlin	10,6	11,1	14,0	18,8
3	Funke Mediengruppe, Essen	7,1	7,5	7,8	5,7
4	Ippen, München	5,9	5,8	4,5	4,2
5	Madsack, Hannover	5,6	5,4	5,3	5,2
6	Augsburger Allgemeine	3,8	3,9	3,5	2,8
7	Rheinisch-Bergische Verlagsgesellschaft / Rheinische Post	3,5	3,5	3,2	2,0
8	ddvg, Hamburg	3,5	3,4	3,4	3,1
9	Neue Osnabrücker Zeitung	3,4	3,2	2,9	–
10	DuMont, Köln	–	2,2	5,3	5,5
11	Mediengruppe, Bayern	2,6	–	–	–
	Marktanteil der fünf größten Verlagsgruppen [1]	41	41,3	41,5	44,4
	Marktanteil der zehn größten Verlagsgruppen [1]	57,8	57,5	59,8	59,1

[1] Wegen der unterschiedlichen Rangfolgen ergeben die Summenbildungen nicht zwingend die ausgewiesenen Werte. Zudem sind Rundungseffekte zu berücksichtigen.

© C.C. Buchner Verlag, aktuelle Daten nach: ARD (Datenerhebung: 2022; Grafikerstellung: 2024)

M5 Wie spielen Medien und Politik zusammen?

In Deutschland lässt sich eine zunehmende Bedeutung kommunikativer Strategien zur Aktivierung der Bürgerinnen und Bürger und zur Steigerung des Interesses vor allem im Vorfeld von Wahlen beobachten. Es handelt sich dabei um ein Zusammenspiel von Medien und Politik in zweierlei Hinsicht: Einerseits nutzen Politikerinnen und Politiker häufig informelle Kontakte zu Medien, um Informationen inoffiziell zu verbreiten, z. B. durch Hintergrundgespräche. In diesen Gesprächen können Politikerinnen und Politiker außerhalb der offiziellen Gesprächskanäle (ausgesuchte) Journalisten über eigene Einschätzungen von Sachverhalten informieren, die offiziell nicht gegeben werden dürfen. Andererseits versuchen die Medien, durch eine bestimmte Art der Vermittlung von Politik, die als Politainment bezeichnet wird, die Konsumentinnen und Konsumenten anzusprechen. Dabei stellen die Medien Sachverhalte möglichst einfach und unterhaltsam dar, um viele Bürgerinnen und Bürger auf vielen Kanälen zu erreichen. Dabei lassen sich verschiedene Trends erkennen:

- **Trend zur Inszenierung:** Politik ähnelt einem Schauspiel und damit Formaten der Unterhaltungskultur. Parteitage, Wahlkampfveranstaltungen und Rededuelle in Talkshows werden zu perfekt inszenierten Medienereignissen. Für Wahlkämpfe werden externe PR-Agenturen engagiert.
- **Trend zur Verkürzung:** Komplexe politische Sachverhalte werden vereinfacht und auf eingängige Aussagen reduziert, weil umfangreiche Erklärungen die Aufmerksamkeit des Publikums nicht binden können.
- **Trend zur Polarisierung:** Auseinandersetzungen werden auf die Gegenüberstellung von Extrempositionen zugespitzt. Heftige Auseinandersetzungen dienen der Profilierung von Politikerinnen und Politikern; dabei kommt es zu einer Verzerrung der politischen Realität.

Welche Arten der Vertraulichkeit von Hintergrundgesprächen gibt es?

Journalistinnen und Journalisten ordnen Gespräche mit Informanten in eine von drei Vertraulichkeitskategorien ein, die in der Regel vorab vereinbart werden. Wird das Gespräch „unter eins“ geführt, bedeutet das, dass alle Informationen unter voller Nennung der Quelle – also dem Namen des Gesprächspartners – veröffentlicht werden dürfen. [...]

Wird „unter zwei“ vereinbart, darf der Journalist zwar die im Gespräch erhaltenen Informationen verwenden, dazu aber keine Quelle nennen. [...]

Gibt ein Gesprächspartner Informationen „unter drei“, so sagt er damit gleichzeitig: „Weder mein Name noch das, was ich Ihnen jetzt sage, dürfen jemals öffentlich zitiert werden.“ [...] Sowohl die Vereinbarungen „unter zwei“ als auch „unter drei“ können aber auch nicht ungefährlich sein – weil der beteiligte Journalist sich damit dem Risiko aussetzt, sich von seinem Gesprächspartner instrumentalisieren zu lassen.

Deutschlandfunk: Medien ABC – Vertraulichkeit. In: www.deutschlandfunk.de, 20.03.2017

M6 Welchen Funktionsbedingungen unterliegen die Medien?

Damit die Medien ihre Funktionen erfüllen können, müssen bestimmte Voraussetzungen gegeben sein.

Es muss vollständig, sachlich korrekt, verständlich und objektiv berichtet werden und die Recherche durch Fakten belegt sein, die überprüfbar sind. Wenn das nicht gegeben ist, können ungefilterte Behauptungen, Unterstellungen und sogar bewusste Falschmeldungen die Urteilsbildung der Bürgerinnen und Bürger beeinflussen.

Investigativer, d. h. nachforschender und aufdeckender Journalismus kann dazu beitragen, die Bürgerinnen und Bürger frühzeitig zu informieren und sie vor möglichen Fehlentwicklungen zu warnen. Das erfordert von den Journalistinnen und Journalisten ein hohes Maß an Professionalität und Verantwortungsbewusstsein. Nachricht und Kommentar müssen klar voneinander abgegrenzt sein. Außerdem sollten Medien unabhängig von politischen und wirtschaftlichen Interessen agieren, um Manipulation und Zensur zu vermeiden. Ein pluralistisches Mediensystem sichert vielfältige Meinungen und stärkt so die demokratische Willensbildung und Transparenz.

M 7 Wie verändern die sozialen Medien die politische Kommunikation?

Die politischen Kommunikationsprozesse haben sich in den letzten zwei Jahrzehnten grundlegend gewandelt. Ein zentraler Treiber dieser Entwicklung sind die sozialen Medien.

Die immer stärkere, grenzüberschreitende und uneingeschränkte **Vernetzung** auf sozialen Plattformen in Folge der technischen Entwicklung (drahtlose Netzwerke, Internet über mobile Endgeräte, immer neue Social-Media-Anwendungen) ermöglichte eine unbegrenzte **Ausweitung der Online-Kommunikation und -Interaktion**.

Dies hat Auswirkungen auf die politischen Meinungsbildungs- und Entscheidungsprozesse: Durch die starke **Beschleunigung der Kommunikationsströme** müssen Politikerinnen und Politiker permanent auf Nachrichten, Posts, Blogs usw. reagieren. Alle Nutzerinnen und Nutzer können gleichzeitig als sog. **Content Provider** fungieren, d.h. selbst Inhalte und damit auch Nachrichten produzieren. Sie haben dadurch einen direkten Zugang zum politischen Entscheidungsprozess. Bürgerinnen und Bürger sowie Politikerinnen und Politiker können sich gegenseitig direkt adressieren und in einen Dialog eintreten. Die Politikerinnen und Politiker haben diese direkte Ansprache als wirkungsvolle Kommunikationskanäle für sich entdeckt und bedienen sich der sozialen Netzwerke.

Das Auftreten **neuer journalistischer Akteure** verändert die politische Kommunikation in der Gesellschaft. Insbesondere politische Influencerinnen und Influencer spielen eine Rolle. Das können Menschen sein, die journalistische Wurzeln haben (wie z. B. Jan Böhmermann). Daneben gibt es aber auch Content-Creator mit anderen Schwerpunkten, etwa Fitness, Mode oder Musik, die sich aber auch zu politisch-gesellschaftlichen Themen äußern und die oft eine sehr große Reichweite haben.

In einer Studie der Kommunikationswissenschaftlerin Lisa Merten wurde festgestellt, dass mehr als ein Drittel der Menschen in Deutschland soziale Medien nutzen, um sich über Nachrichten und politische Ereignisse zu informieren. 70 Prozent der Personen, die den 500 größten Instagram-Accounts in Deutschland folgen, folgen da-

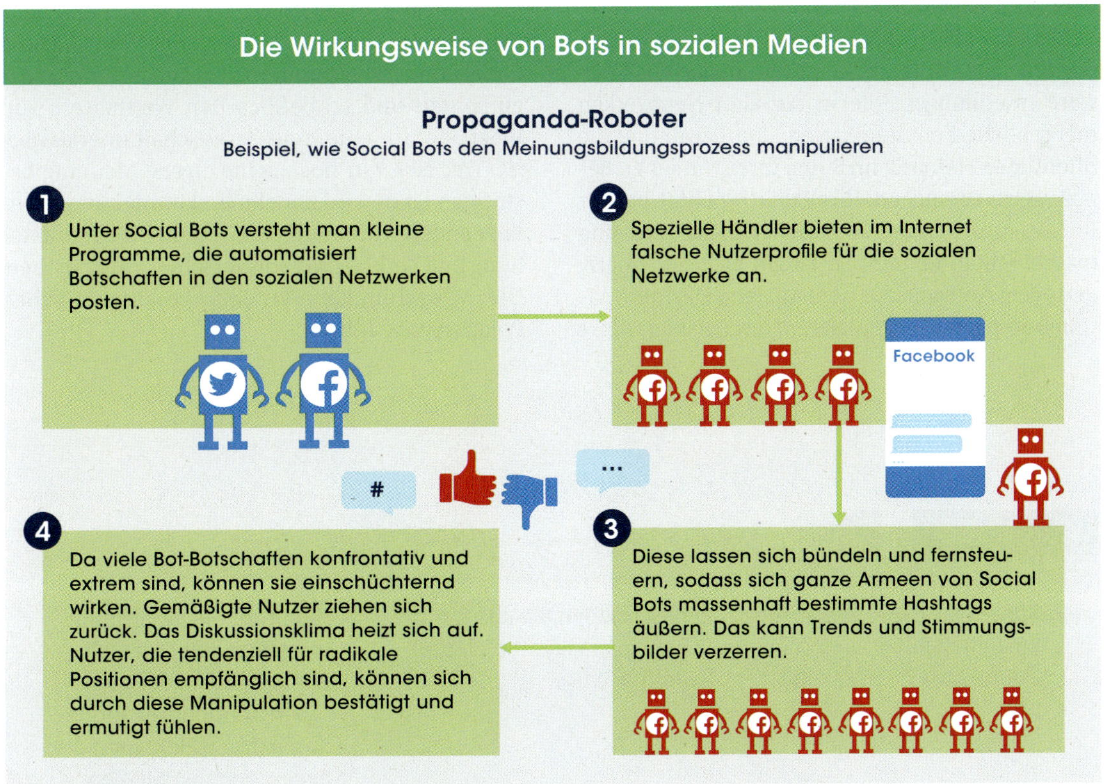

Nach: Der Spiegel, 2016; Quellen: Hegelich/Konrad-Adenauer-Stiftung, Recherche: Der Spiegel

neben keinem einzigen journalistischen Account. Das führt einerseits zu einem **Bedeutungsverlust der klassischen Medien** als zentrale Instanzen für die Information der Bürgerinnen und Bürger über politische Entwicklungen und Fragestellungen. Dies trifft vor allem auf die Jüngeren zu, die mit den neuen Medien aufgewachsen sind und die sie selbstverständlich nutzen. Andererseits wird dadurch die Meinungsvielfalt eingeschränkt.

Influencer können weltweit grenzüberschreitend arbeiten. Das heißt, dass sie sich häufig außerhalb des Geltungsbereiches des deutschen Rechts befinden. Sie unterliegen dadurch weder der Forderung nach Achtung der Persönlichkeitsrechte noch sind sie hinsichtlich der Beachtung der journalistischen Sorgfaltspflicht überprüfbar. Das macht die gesellschaftliche Kommunikation anfällig für Desinformation und Manipulation. Hinzu kommt, dass einige der größten Plattformen in der Hand von einzelnen oder wenigen Personen sind (z.B. Elon Musks X oder Telegram). Dies führt dazu, dass diese Personen einen demokratisch nicht kontrollierbaren, aber immensen Einfluss auf die politische Meinungsbildung ausüben.

Etwa die Hälfte des heutigen Internetverkehrs besteht aus **Bots**, d.h. automatisierten Softwareanwendungen, die in sozialen Netzwerken menschliche Kommunikation simulieren und die öffentliche Meinung im Sinne ihrer Nutzer zu beeinflussen versuchen. Ihre Funktionalität basiert im Wesentlichen auf künstlicher Intelligenz und maschinellem Lernen. So lassen sich mit relativ geringem Aufwand aus dem Ausland Desinformationskampagnen organisieren, um beispielsweise die Öffentlichkeit in einem Land vor Wahlen zugunsten einer bestimmten Partei oder eines bestimmten Kandidaten zu beeinflussen. Dies war z.B. vor den amerikanischen Präsidentschaftswahlen 2016, 2020 und 2024 zu beobachten.

Sozialwissenschaftlerinnen und -wissenschaftler sehen die Gefahr einer gesellschaftlichen Polarisierung in der Bildung sogenannter **Filterblasen** und **Echokammern**, in denen andere Ansichten für die Nutzerinnen und Nutzer sozialer Medien ausgeblendet werden oder Fake News überwiegen. Dafür sind Algorithmen verantwortlich, die dazu neigen, den Nutzerinnen und Nutzern personalisierte Inhalte anzuzeigen, d.h. Inhalte, die ihren bisherigen Meinungen und Interessen entsprechen. Die Internetkonzerne verdienen so ihr Geld, weil sie mit diesem Werkzeug auch die Werbung auf den einzelnen User zuschneiden können. Alternative Inhalte oder Nachrichten werden ihm dadurch nicht mehr präsentiert. In dieser Filterblase kann sich schnell auch eine sogenannte Echokammer bilden. Wer beispielsweise einen Artikel kommentiert, in dem der Klimawandel geleugnet wird, bekommt automatisch auch viele andere Artikel zum Thema Klima angezeigt, in denen die These vom menschengemachten Klimawandel „widerlegt" wird. Diese Echokammern verhindern den Austausch von Argumenten und schließlich den Wettbewerb von Ideen, der für eine freie Gesellschaft unerlässlich ist. Wer sich nur noch seine eigene Meinung bestätigen lässt, wird zunehmend intolerant gegenüber anderen Meinungen. Das geht bis zur Entstehung und Verbreitung von Verschwörungsmythen. Dies wiederum kann zu einer gesellschaftlichen Polarisierung führen.

Aufgaben

72003-415

1. Stellen Sie die Aufgaben der Medien in einer modernen Demokratie dar (**M1–M4, M6**).
2. Beschreiben Sie das Zusammenspiel von Medien und Politik (**M5**).
3. Erläutern Sie die Veränderungen in den politischen Funktionen/in der politischen Kommunikation durch das Aufkommen der neuen sozialen Medien (**M7**).

Mit sozialen Medien zum politischen Erfolg?

M1 Daten zur Nutzung sozialer Medien

A

Nutzerzahlen sozialer Netzwerke in Deutschland
(Stand: 2022)

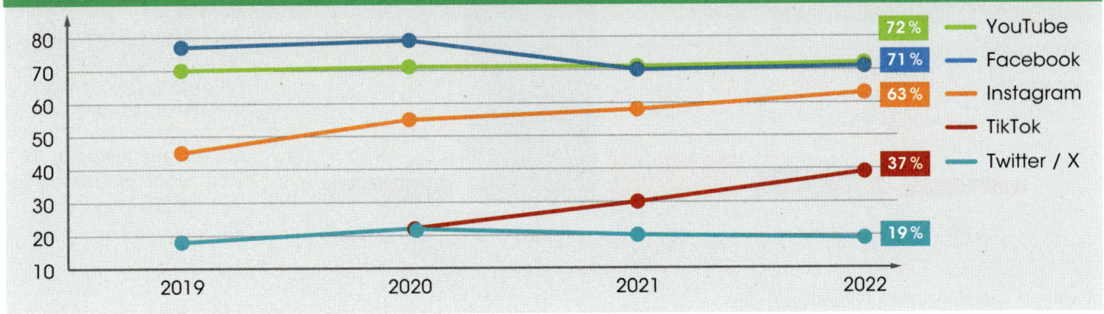

Nach: Statista, Quelle: Statista Global Consumer Survey

B

Anteil der Nutzerinnen und Nutzer von TikTok nach Generationen in Deutschland (Stand: 2024)

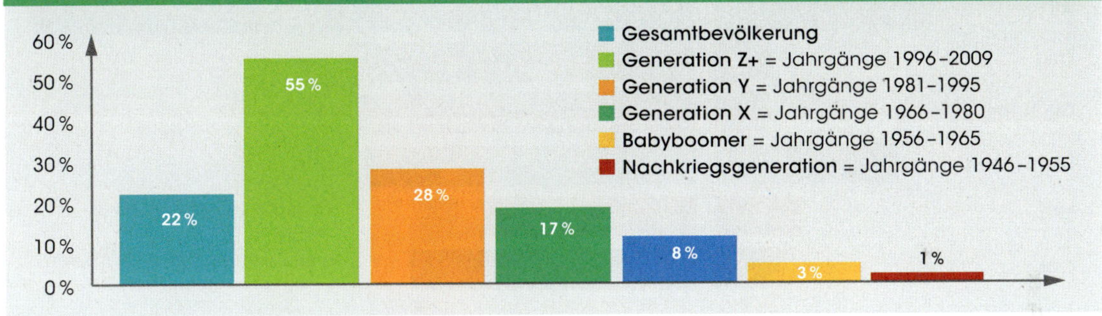

Nach: Statista, Quelle: Initiative D21, Kantar 2025

C

Anzahl der Follower der im Bundestag vertretenen Parteien in sozialen Netzwerken (in Mio.) (Stand: 2024)

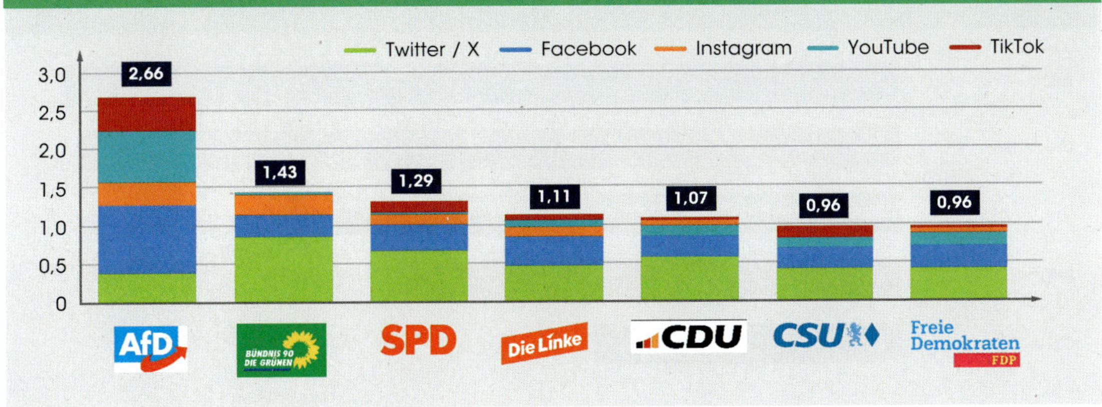

Nach: Statista, Quelle: Statista-Recherche 2024

D

Impressionen pro TikTok-Post* nach Parteien (Stand: 2023)

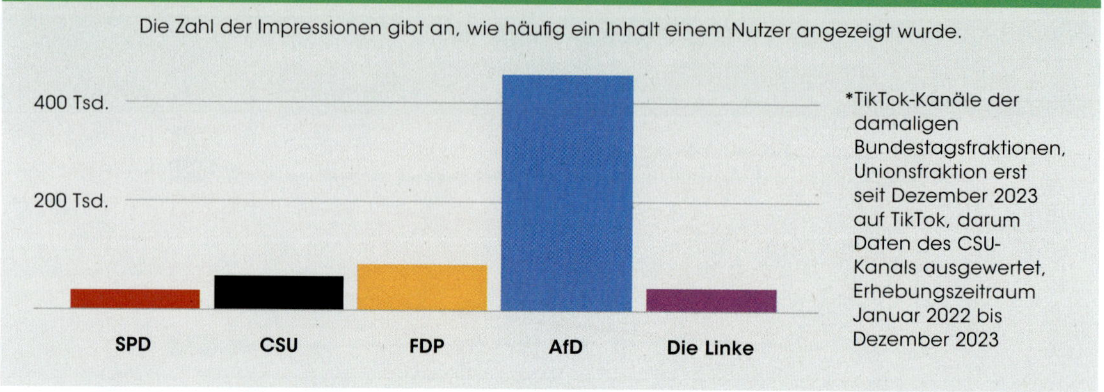

Nach: Dr. Johannes Hillje Politikberatung

E

Interaktionsraten pro Post nach Parteien (Stand: 2023)

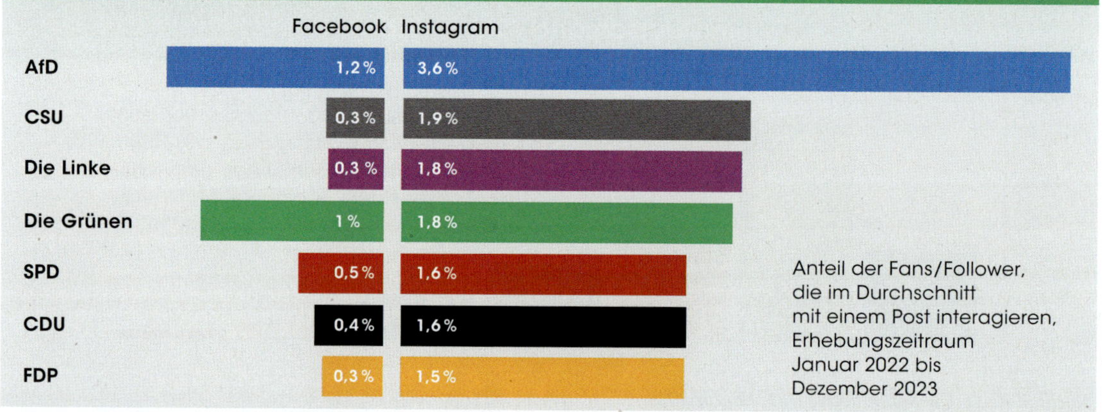

Nach: Dr. Johannes Hillje Politikberatung

F

Anzahl aktiver TikToker an der Gesamtzahl aller Fraktionsmitglieder (Stand: 2025)

Nach: Martin Fuchs, www.martin-fuchs.org, 2025

M2 Rechtsextreme bei TikTok: Mit einem Swipe in den Köpfen der Jugendlichen?

„Echte Männer sind rechts", sagt der AfD-Spitzenkandidat für die Europawahl, Maximilian Krah, in einem TikTok-Video – und erntet 1,4 Millionen Klicks dafür. Krah, 47 Jahre alt, adressiert mit seinem Video besonders junge User. Er greift dabei auch zu geschichtsrevisionistischen Tönen: „Unsere Vorfahren waren keine Verbrecher. Wir haben allen Grund stolz auf unser Land zu sein und auf die Menschen, die es aufgebaut haben." […]

Die AfD ist in sozialen Netzwerken so erfolgreich wie keine andere deutsche Partei. Auch die rechtsextremistische AfD-Jugendorganisation „Junge Alternative" (JA) sendet bei TikTok ungefiltert ihre völkisch-nationalistischen Botschaften.

Erik Ahrens ist Social-Media-Experte und hat den TikTok-Kanal für Maximilian Krah aufgebaut […] Bei einem Vortrag am privaten „Institut für Staatspolitik", der laut Verfassungsschutz wichtigsten rechtsextremistischen Denkfabrik, schwärmt er von den großen Reichweiten, die sich durch TikTok erzielen lassen. „So, wie man sich 1923 gefühlt haben muss, als man das Radio für sich entdeckt hat, so fühle ich mich, wenn ich mir meine TikTok-Accounts anschaue", so Ahrens. […]

TikTok ist die perfekte Plattform für Rechtsextremisten. Mehr als 20 Millionen Menschen sind in Deutschland bei TikTok, vor allem Heranwachsende. Anders als Eltern oft denken, müssen Kinder und Jugendliche solche Videos gar nicht aktiv suchen. Sie kommen von allein, und das geht so: TikTok zeigt jedes hochgeladene Video wahllos einer bestimmten Anzahl von Menschen. Wenn es gelikt, kommentiert oder auch nur angesehen wird, wird es zusätzlich wieder neuen Menschen in die Timeline geschickt. Die jungen User, die oft den teils extremen Charakter der Videos nicht auf Anhieb durchschauen, bekommen ähnliche Inhalte wieder vorgeschlagen. Und wieder. Und wieder. Exponentielles Wachstum ist so möglich.

Rechte Influencer gehen bei der Inszenierung der Videos geschickt und popkulturell zeitgemäß vor. Mit Musik, Emojis und Sarkasmus untermalen sie etwa ihre Redeausschnitte im Landtag. Immer per „Du" mit den Nutzern, teils im Duktus von Online-Coaches, die auf den Selbstwert der jungen Menschen abzielen und ihnen Orientierung bieten wollen. Ohne Kontrolle, ohne Filter, wie Social-Media-Experte Ahrens über die Videos der Neurechten in seinem Vortrag erzählt: „Wir kön-

AfD-Politiker Maximilian Krah auf TikTok

nen halt immer unsere Botschaft in den eigenen Worten, über unsere eigene Blase hinaus selbst direkt vor die Augen setzen." Und zwar so, „wie wir es tatsächlich sagen, sehen es die Leute auch". Die Botschaft werde nicht etwa durch Faktenchecks von Medien verändert. „Und das ist so eine unmittelbare, direkte, parasoziale Beziehung [= einseitige Beziehungen zu Medienpersonen, die wir aus den sozialen Medien kennen und ihnen folgen] sozusagen zwischen mir als Zuschauer und diesem Mann auf dem Bildschirm", sagt Ahrens. [...]

Der Medienwissenschaftler Daniel Hajok von der Universität Erfurt warnt: „Gezielte Propaganda ist ja immer nur ein Teil. Das andere ist, wenn Menschen mit einer entsprechenden Gesinnung über Lifestyle-Welten ganz normalen Einblick in den Alltag geben." Dabei würden rechte Perspektiven viel subtiler und niedrigschwelliger vermittelt. Die Folge: Ganz allmählich gewöhnen sich junge User so an die Inhalte und Sprache der Rechten. Und sie lernen die Gesichter der Neuen Rechten und der AfD kennen. Zum Beispiel das von Ulrich Siegmund, Fraktionsführer der AfD in Sachsen-Anhalt, die vom Verfassungsschutz als gesichert rechtsextremistisch eingestuft wird. [...] Siegmund treibt wie auch die „Junge Alternative" seine Social-Media-Aktivitäten mit viel Aufwand voran. „Da gibt es viele Mitglieder, die sehr aktiv sind, und da fließt offensichtlich auch sehr viel Geld rein in die Professionalisierung dieser Aktivitäten", sagt die Politologin Anna-Sophie Heinze im Deutschlandfunk-Interview. [...]

Auf Anfrage von tagesschau.de verweisen Innen-, Familien- und Digitalministerium auf den „Digital Service Act" der EU-Kommission. Demnach müssten große Plattformen empfindliche Strafen fürchten, wenn sie der Löschung von rechtswidrigen Inhalten nicht nachkommen. Die Plattformen müssen laut Medienwissenschaftler Hajok jedoch lediglich Meldefunktionen für die User bereitstellen. Erst wenn TikTok eine Meldung zu einem zweifelhaften Inhalt erhält, muss die Plattform diese prüfen und gegebenenfalls an deutsche Strafverfolgungsbehörden weiterleiten. Häufig sind die Videos allerdings an der Grenze zum juristisch Verfolgbaren, müssen also nicht gelöscht werden. Und selbst wenn: Laut dem AfD nahen Social-Media-Strategen Ahrens sind Influencer auf TikTok selbst mit Account-Löschungen nicht klein zu kriegen, denn „wenn dann dieser Kanal gesperrt wird aus irgendeinem Grund, dann kann diese Person sich einfach einen neuen Account machen". Sie könne dann innerhalb kürzester Zeit dieselbe Reichweite erneut erzeugen, weil sie in der Zielgruppe schon bekannt sei.

Der Rechtsextremismusexperte Maik Fielitz vom Institut für Demokratie und Zivilgesellschaft in Jena findet, dass demokratische Inhalte eine größere Reichweite bekommen müssten. „Und deshalb sind Eingriffe in die Architektur digitaler Netzwerke wichtig", so Fielitz. Also in die Algorithmen von TikTok und Co.

Medienwissenschaftler Hajok findet, dass die anderen Parteien in der digitalen Welt von heute präsenter sein müssen. Sonst hätten diejenigen, die die neuen Technologien am besten beherrschen, auch gesamtgesellschaftlich den größten Erfolg.

Neumeier, Esther / Breinig, Kerstin / Garus, Tom: Mit einem Swipe in den Köpfen der Jugendlichen. In: www.tagesschau.de, 08.02.2024

Aufgaben

72003-416

1. Erläutern Sie die Aussage, TikTok sei „die perfekte Plattform für Rechtsextremisten" (**M2**, Z. 26 f.).
2. Erklären Sie am Beispiel der AfD die Bedeutung von Algorithmen für die Verbreitung rechtsextremer Inhalte auf TikTok laut dem Text und diskutieren Sie die Rolle der Plattformbetreiber.
3. Überprüfen Sie mit Hilfe von **M1A–M1F**, inwiefern die Strategie der AfD in Bezug auf die sozialen Medien erfolgreich war.
4. Diskutieren Sie daraus entstehende Herausforderungen für die Demokratie und Handlungsoptionen des Staates.

4.4 Das zentrale politische Entscheidungssystem

4.4.1 Die Verfassungsorgane im Überblick

Leitfragen

- Welche Verfassungsorgane entscheiden über die Politik der Bundesrepublik Deutschland?
- Woher beziehen sie ihre Legitimation?
- Wie arbeiten sie zusammen?

M1 Was sind Verfassungsorgane?

Verfassungsorgane sind die obersten Staatsorgane, die in der Verfassung (Grundgesetz) festgeschrieben und mit zentralen Entscheidungsbefugnissen ausgestattet sind. Sie verkörpern die höchste Ebene der Gewaltenteilung in der Bundesrepublik Deutschland und gewährleisten die demokratische Steuerung, Kontrolle und Legitimation politischer Prozesse. Das Verhältnis zwischen den Verfassungsorganen ist geprägt von gegenseitiger Kontrolle, Kooperation sowie dem Prinzip der Gewaltenteilung; keine Institution steht hierarchisch über den anderen. Die Verfassungsorgane stärken die Stabilität des politischen Systems und sichern die Funktionsfähigkeit des Staates im Alltag sowie in Krisensituationen. Ihre Aufgaben und Zusammensetzung sind im Grundgesetz genau festgelegt. Zudem reflektieren sie die föderale Struktur Deutschlands, da sowohl nationale als auch länderbezogene Interessen berücksichtigt werden und in Entscheidungsprozessen zum Tragen kommen.

Zu den ständigen Verfassungsorganen zählen:

- **Deutscher Bundestag**: Direkt vom Volk gewählt, bildet er das zentrale Organ der Gesetzgebung, überwacht die Regierung und kontrolliert den Haushalt.
- **Bundesrat**: Vertretung der 16 Bundesländer, wirkt an Gesetzgebung und Verwaltung des Bundes mit, seine Mitglieder werden von den Landesregierungen entsandt.
- **Bundesregierung**: Exekutive Instanz, bestehend aus Kanzlerin oder Kanzler (vom Bundestag gewählt) und Ministerinnen und Ministern, setzt Gesetze politisch um.
- **Bundespräsident**: Staatsoberhaupt, repräsentiert die Bundesrepublik, unterzeichnet Gesetze und nimmt protokollarische Aufgaben wahr.
- **Bundesverfassungsgericht**: Höchstes Gericht, überwacht Einhaltung des Grundgesetzes und schützt die Verfassung, Richterinnen und Richter werden vom Bundestag und Bundesrat gewählt.

Daneben existieren zwei nichtständige Verfassungsorgane:

- **Bundesversammlung**: Sie konstituiert sich ausschließlich zur Wahl der Bundespräsidentin oder des Bundespräsidenten.
- **Gemeinsamer Ausschuss**: Der gemeinsame Ausschuss dient im Verteidigungsfall als Notparlament, wenn dem rechtzeitigen Zusammentreten des Bundestages unüberwindliche Hindernisse entgegenstehen. Er hat 48 Mitglieder und besteht zu zwei Dritteln aus Abgeordneten des Bundestages und zu einem Drittel aus Mitgliedern des Bundesrates.

Die Verfassungsorgane sind in einem System aus gegenseitiger Kontrolle, Rechtsbindung und demokratischer Legitimation miteinander verknüpft. Sie sichern, dass die politische Macht geteilt und transparent ausgeübt wird. Zudem gewährleisten sie die Umsetzung verfassungsmäßiger Prinzipien und die Einhaltung institutioneller Zuständigkeiten.

Die Volkssouveränität (Art. 20 Abs. 2 GG) fließt auf direktem oder indirektem Weg in alle Verfassungsorgane ein.

M2 Wie funktioniert die Zusammenarbeit und gegenseitige Kontrolle der Verfassungsorgane?

Das Zusammenwirken der Verfassungsorgane beruht auf klaren Regeln:

- **Gesetzgebung** wird von Bundestag, Bundesrat und Regierung angestoßen. Die einzelnen Organe bringen Interessen und Entwürfe ein, verabschieden und prüfen sie gemeinsam.
- **Kontrolle**: Der Bundestag überwacht die Regierung über Debatten, Anfragen und Untersuchungsausschüsse. Das Bundesverfassungsgericht überprüft Gesetze oder Regierungshandlungen auf Verfassungsmäßigkeit.
- **Checks and Balances**: Keine Instanz kann sich selbst unbegrenzt Macht verschaffen; gegenseitige Kontrolle verhindert Machtmissbrauch und garantiert die Wahrung demokratischer Grundprinzipien.
- **Zusammenarbeit**: Für große Reformen oder grundsätzliche politische Richtungswechsel müssen meist mehrere Organe zusammenarbeiten, etwa Bundestag und Bundesrat bei Grundgesetzänderungen. Dabei erfolgt Kommunikation und Abstimmung regelmäßig, um Konflikte rechtzeitig zu vermeiden.

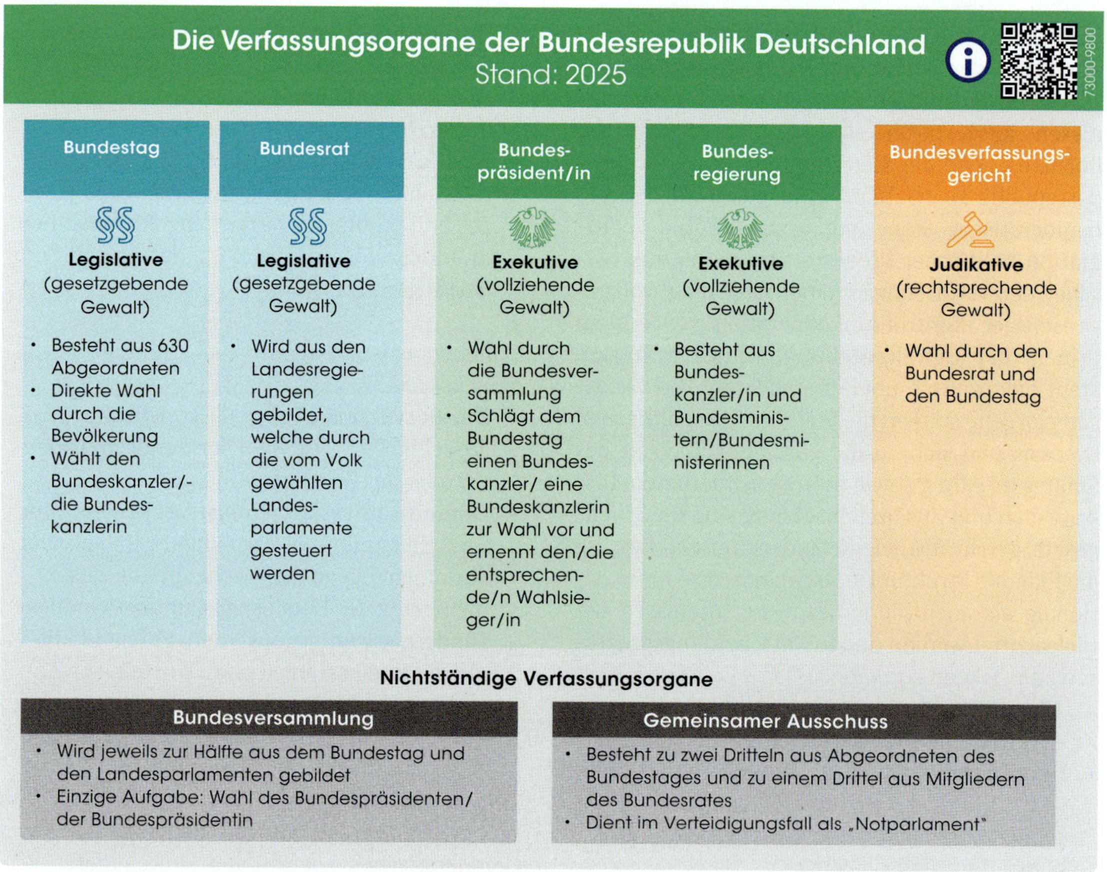

©C.C. Buchner Verlag, Daten nach: www.bundestag.de, 2025

Aufgaben

72003-434

1. Beschreiben Sie die Verfassungsorgane und deren zentrale Aufgaben (**M1**).
2. Erläutern Sie, wie die Verfassungsorgane demokratisch legitimiert werden und wie sie zusammenarbeiten (**M2**).

Das Verhältnis der Verfassungsorgane in der Praxis

M1 Mangelnder Respekt vor dem Bundestag?

Parlamentspräsidentin Julia Klöckner bemängelt schriftlich, dass die Mitglieder der Bundesregierung kaum auftauchen. Eine Ermahnung war früher schon mal nötig.

Der Brief beginnt und endet ausgesprochen freundlich. „Sehr geehrter Herr Staatsminister, lieber Michael“ steht über dem Schreiben, „Herzliche Grüße, Deine Julia“ darunter. Aber dazwischen hat der Brief eine erfrischend klare Schärfe. 17 Ministerinnen und Minister stellt die neue Regierung – doch die Damen und Herren lassen sich im Bundestag nur selten blicken. Es gab schon Sitzungen, bei denen lediglich ein Minister im Plenarsaal saß. Die Bundestagspräsidentin hat deshalb jetzt zu Recht einen Brandbrief an die Regierung geschrieben. Denn ernst genommen wird nur, wer sich selbst ernst nimmt und Respekt einfordert.

In ihrem Brief an Michael Meister, den Staatsminister beim Bundeskanzler, beklagt Julia Klöckner die bisher dünne Besetzung der Regierungsbank, sie fordert „eine angemessene und kontinuierliche Präsenz der Bundesregierung“ im Parlament. Eigentlich eine Selbstverständlichkeit, aber der neuen Regierung muss man sie ganz offensichtlich erst einmal nahebringen. Ja, es gibt bisher keine offizielle Vorschrift, die eine Mindestpräsenz von Ministern und Ministerinnen in Bundestagssitzungen vorschreibt. Aber der Respekt vor der Volksvertretung gebietet es, sie nicht dermaßen mit Abwesenheit zu strafen, wie es das Kabinett Merz bisher oft getan hat. Manche muss man immer wieder daran erinnern, dass nicht der Kanzler den Bundestag wählt und kontrolliert, sondern der Bundestag den Kanzler.

Während einer Sitzung des Deutschen Bundestages ist die Regierungsbank mit nur wenigen Regierungsmitgliedern besetzt.

Das ist leider kein exklusives Problem des aktuellen Kabinetts. Unter Angela Merkel hat die Regierung einmal die Dreistigkeit besessen, sogar zu einer Befragung der Bundesregierung im Bundestag keinen einzigen Minister zu schicken. Es kam lediglich eine parlamentarische Staatssekretärin. Der damalige Bundestagspräsident Norbert Lammert war außer sich. Wegen seines wütenden Protests verhielt sich Merkels Regierung anschließend etwas respektvoller. Die nächsten Wochen werden zeigen, ob auch Klöckners Protest Wirkung zeigt. Nötig wäre es.

Roßmann, Robert: Die Kritik an der mangelnden Präsenz der Ministerriege ist berechtigt. In: www.sueddeutsche.de, 02.06.2025

Aufgaben

72003-417

1. Beschreiben Sie, was im Text mit Blick auf das Verhältnis von Exekutive und Legislative kritisiert wird.
2. Erläutern Sie, welche Rolle der Bundestag im politischen System spielt und warum die Präsenz der Regierungsmitglieder im Bundestag aus Sicht des Kommentators wichtig ist.
3. Beurteilen Sie, ob aus dem Text bereits ersichtlich ist, dass die Gewaltenteilung zwischen Bundesregierung und Bundestag gestört ist. Berücksichtigen Sie dabei, welche Bedeutung regelmäßige Anwesenheit und parlamentarische Kontrolle für die Legitimität des Systems haben.

4.4.2 Der Bundestag

Leitfragen

- Wie setzt sich der Bundestag zusammen?
- Wie ist seine Arbeit organisiert?
- Inwiefern kann er als das höchste/zentrale/bedeutendste Verfassungsorgan bezeichnet werden?

M1 Die Position des Deutschen Bundestags im politischen System Deutschlands

Der Bundestag ist das Parlament der Bundesrepublik Deutschland. Hier versammeln sich die von den deutschen Bürgerinnen und Bürgern gewählten Vertreterinnen und Vertreter, die Abgeordneten (des Deutschen Bundestages). Der Bundestag ist das zentrale Legislativorgan. Dies lässt vermuten, dass gemäß der klassischen Vorstellung von der Teilung der Staatsgewalt in Legislative, Exekutive und Judikative der Bundestag als Ganzes als Kontrolleur der Regierung auftritt und ihr als Einheit gegenübersteht.

Da die Bundesrepublik Deutschland aber eine parlamentarische Demokratie ist (› Kap. 3.2.2) und der Bundeskanzler als Regierungschef von der Mehrheit der Abgeordneten im Bundestag gewählt wird, ist der eigentliche Gegenspieler und Kontrolleur der Regierung nicht der gesamte Bundestag, sondern die Opposition, d. h. die Gruppe der Abgeordneten, die in der Minderheit sind. Kritik an der Regierung wird in der Regel nur aus ihren Reihen geübt, während die Mehrheit die Regierung unterstützt und eng mit ihr zusammenarbeitet. Aus der strikten Gewaltenteilung ist somit eine **Gewaltenverschränkung** zwischen geworden Bundestagsmehrheit und Regierung geworden. Bestärkt wird dies noch durch die Tatsache, dass die Mitglieder der Bundesregierung in der Regel gleichzeitig auch ein Abgeordnetenmandat im Bundestag haben. Sie können also über ihre eigenen Gesetzesvorschläge mit abstimmen. Oftmals sind sie auch noch wichtige Mitglieder ihrer Parteien.

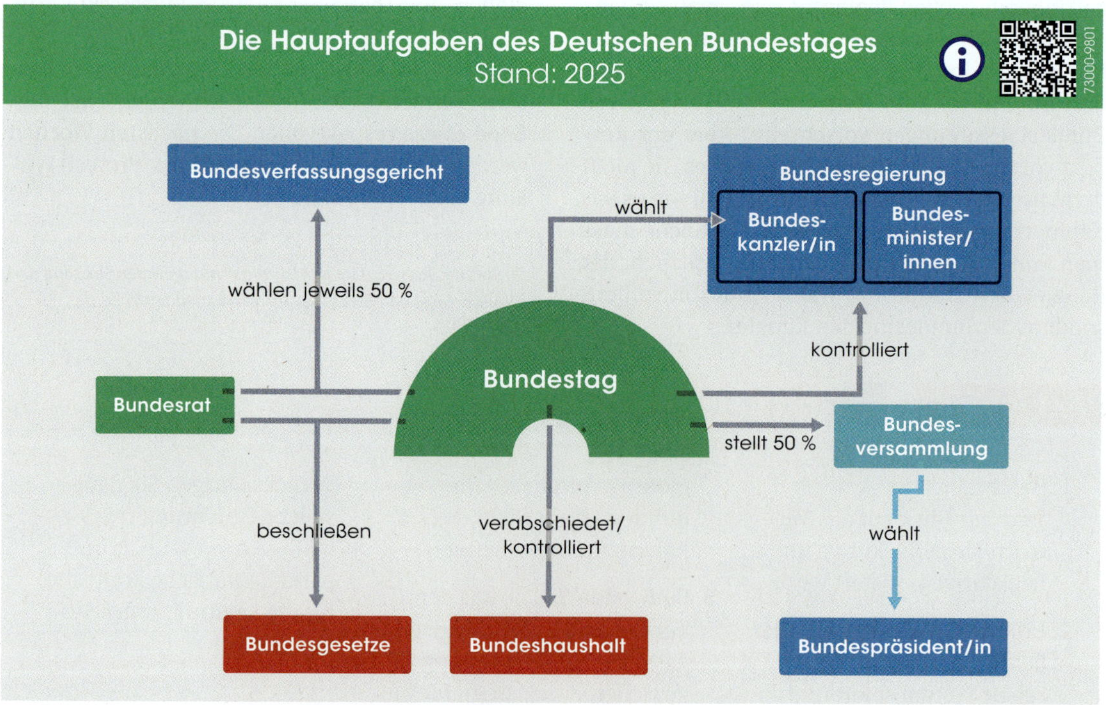

© C.C. Buchner Verlag, Daten nach: www.bundestag.de, 2025

M2 Wie ist der Bundestag aufgebaut und wie organisiert er seine Arbeit?

Deutscher Bundestag: Mehrheitsverhältnisse seit 1949
Stand: 2025

73000-921

Regierungskoalitionen	Sitze Regierungskoalitionen in %	Sitze im Bundestag1	Sitze Opposition in %	Opposition
1949 CDU, CSU, FDP, DP[2] (Deutsche Partei)	51,99	402	48,01	SPD, BP[6], WAV[7], Zentrum, DRP[8], SSW[9], Parteilos
1953 CDU, CSU, FDP, DP[3], GB[4]/BHE[3]	68,38	487	31,62	SPD, Zentrum
1957 CDU, CSU, DP	57,75	497	42,25	SPD, FDP
1961 CDU, CSU, FDP	61,92	499	38,08	SPD
1965 CDU, CSU, FDP	59,27	496	40,73	SPD
1966 CDU, CSU, SPD	90,12	496	9,88	FDP
1969 SPD, FDP	51,21	496	48,79	CDU, CSU
1972 SPD, FDP	54,64	496	45,36	CDU, CSU
1976 SPD, FDP	51,01	496	48,99	CDU, CSU
1980 SPD, FDP	54,53	497	45,47	SPD, Fraktionslose
1982 CDU, CSU, FDP	56,14	497	43,86	SPD, Grüne
1983 CDU, CSU, FDP	55,82	498	44,18	SPD, Grüne
1987 CDU, CSU, FDP	54,12	497	45,88	SPD, B90/Die Grünen[10], PDS[11]
1990 CDU, CSU, FDP	60,12	662	39,88	SPD, B90/Die Grünen, PDS
1994 CDU, CSU, FDP	50,74	667	49,26	SPD, B90/Die Grünen, PDS
1998 SPD, B90/Die Grünen	51,57	669	48,43	CDU, CSU, FDP, PDS
2002 SPD, B90/Die Grünen	50,75	603	49,25	CDU, CSU, FDP, PDS
2005 CDU, CSU, SPD	72,96	614	27,04	FDP, B90/Die Grünen, PDS (ab 2007: Die Linke)
2009 CDU, CSU, FDP	53,38	622	46,62	SPD, B90/Die Grünen, Die Linke
2013 CDU, CSU, SPD	79,87	631	20,13	B90/Die Grünen, Die Linke
2017 CDU, CSU, SPD	55,99	709	44,01	FDP, B90/Die Grünen, Die Linke, AfD, Parteilose
2021 SPD, B90/Die Grünen/FDP	56,52	736	43,48	CDU, CSU, Die Linke, BSW (seit 224), AfD, Parteilose
2025 CDU, CSU, SPD	52,06	630	47,94	AfD, Bündnis90/Die Grünen, Die Linke, fraktionslos

* Zu Beginn der Legislaturperiode; vor 1990: ohne Berliner Abgeordnete; [2]Dp: Deutsche Partei; [3]GB: Gesamtdeutscher Block; [4]BHE: Bund der Heimatvertriebenen und Entrechteten; [5]BP: Bayernpartei; [6]WAV: Wirtschaftliche Aufbau-Vereinigung; [7]DRP: Deutsche Reichspartei (ab 1960 verboten); [9]SSW: Südschleswigscher Wählerverbund; [10]B90/Die Grünen: Bündnis90/Die Grünen; [11]PDS: Partei des Demokratischen Sozialismus (2007 in Partei „Die Linke" aufgegangen)

© C.C. Buchner Verlag, aktuelle Daten nach: Deutscher Bundestag (Datenerhebung: 2025; Grafikerstellung: 2025)

Die Fraktionen

Der Bundestag ist ein „Fraktionenparlament". Mindestens fünf Prozent der Mitglieder des Bundestages, die i. d. R. derselben Partei angehören, können sich zu einer **Fraktion** zusammenschließen, um gemeinsame Ziele durchzusetzen.

Fraktionen sind für die parlamentarische Arbeit besonders wichtig, weil sie bei der Vorbereitung der Entscheidungen des Bundestages über besondere Gestaltungsmöglichkeiten verfügen. Gesetzesvorschläge und Anträge können z. B. nur von mindestens fünf Prozent der Abgeordneten eingebracht werden. Auch das Fragerecht oder die Beantragung einer namentlichen Abstimmung oder einer aktuellen Stunde benötigen Fraktionsstärke. Die Fraktionen bestimmen außerdem, wer wie lange im Plenum im Rahmen der vom Plenum beschlossenen Debattenzeit reden darf.

Die Mitglieder der Fraktionen geben sich eine Geschäftsordnung, die die internen Arbeitsabläufe festlegt und den organisatorischen Aufbau regelt. Aus dem Haushalt des Bundestages erhalten die Fraktionen Zuschüsse für ihre Arbeit, wodurch sie vor allem Mitarbeiter beschäftigen können. Parlamentarier können jederzeit ihre Fraktionsmitgliedschaft kündigen oder von der Fraktion ausgeschlossen werden. Sie gehören dann weiterhin dem Bundestag als fraktionslose Abgeordnete an, sofern sie sich nicht einer anderen Fraktion anschließen

Die Fraktionen können als „parlamentarischer Arm" der Parteien bezeichnet werden. Da nicht jeder Abgeordneter Spezialist für alle politischen Themenfelder sein kann, werden sie bestimmten Spezialgebieten zugeteilt.

In den Fraktionen wird auch das gemeinsame Verhalten in den Abstimmungen über Gesetzesvorlagen vereinbart. Zentrales Beschlussorgan einer Fraktion ist die Fraktionsversammlung. Sie wählt den Vorstand mit dem oder der Fraktionsvorsitzenden an der Spitze. Die Fraktionsvorsitzenden gehören neben den Regierungsmitgliedern und den Parteivorsitzenden der Bundestagsparteien zu den mächtigsten politischen Akteuren.

Die Zusammensetzung des Bundestages hat sich seit der Gründung der Bundesrepublik Deutschland stark verändert. Waren nach der 1. Bundestagswahl 1949 noch 12 Parteien im Bundestag vertreten, so reduzierte sich diese Zahl bis zur Wahl 1969 auf vier. Daraus bildeten sich drei Fraktionen (CDU und CSU bilden eine gemeinsame Fraktion). Nach der Bundestagswahl 1983 stieg die Zahl der Fraktionen mit dem Einzug der Grünen auf vier, und nach der ersten Bundestagswahl nach der Wiedervereinigung zog mit der PDS, der Nachfolgerpartei der Sozialistischen Einheitspartei Deutschlands (SED) der DDR und Vorgängerin der Partei Die Linke eine weitere Partei in den neuen deutschen Bundestag ein. Nach der Bundestagswahl 2013 kam mit der AfD eine siebte Partei hinzu. Nach der Bundestagswahl 2025 sind im 21. Bundestag sieben Parteien vertreten, deren Abgeordnete sich zu fünf Fraktionen zusammengeschlossen haben. Die Freien Demokraten (FDP) sowie die neu formierte Partei Bündnis Sahra Wagenknecht (BSW) scheiterten an der Fünf-Prozent-Hürde.

Aus dem Bundestag ist damit ein „Vielfraktionenparlament“ geworden. Das hat Auswirkungen auf seine Arbeit, insbesondere auf die Regierungsbildung und die Gesetzgebung.

Auch bezüglich der Anzahl der Abgeordneten hat es eine Entwicklung gegeben. Ursprünglich betrug die Zahl der Sitze nach dem Wahlgesetz 518 und wurde nach der Wiedervereinigung auf 598 erhöht. Bedingt durch das Wahlsystem stieg die Zahl der tatsächlichen Abgeordneten nach der Wahl im Jahr 2021 auf 736. Nach der Wahlreform 2023 wurde eine maximale Zahl von 630 Abgeordneten festgelegt.

Die Ausschüsse

Der Bundestag wird als Arbeitsparlament bezeichnet, was angesichts der oft fast leeren Ränge im Plenum, der Vollversammlung aller Abgeordneten, für den Besucher zunächst ungewöhnlich erscheint. Das Plenum ist der Ort, der von der Öffentlichkeit meist anlässlich von Bundestagsdebatten wahrgenommen wird. Die Debatten sind aber nur der Schluss der eigentlichen Arbeit. Diese findet vor allem in den **Ausschüssen** statt. Diese Ausschüsse gibt es analog zum Arbeitsbereich jedes Ministeriums. Sie spiegeln in ihrer Zusammensetzung die Kräfteverhältnisse im Bundestag wider; hier arbeiten die Expertinnen und Experten der einzelnen Fraktionen des jeweiligen Fachgebietes und diskutieren die eingebrachten Gesetzesvorlagen und Anträge im Detail. Nicht alle Abgeordneten einer Fraktion können mit allen Feinheiten aller Sachgebiete vertraut sein. Deshalb geben die Ausschussmitglieder nach ihren Beratungen Beschlussempfehlungen an ihre Fraktionskollegen für die Abstimmung im Plenum.

Zusätzlich zu diesen ständigen Ausschüssen können bei Bedarf Sonderausschüsse, Untersuchungsausschüsse oder Enquete-Kommissionen (Untersuchungskommissionen) einberufen werden, die sich mit aktuellen oder sehr komplexen Fragen oder mit konkreten Fällen von Fehlverhalten der Exekutive befassen.

Organisation der Parlamentsarbeit

Zwei Gremien leiten die Arbeit des Bundestages. Das **Präsidium** leitet die Bundestagssitzungen und sorgt für einen geregelten Ablauf. Der Präsident oder die Präsidentin und die Stellvertreterinnen und Stellvertreter werden für die Dauer der Wahlperiode vom Bundestag gewählt. Es wirkt unter anderem an Personalangelegenheiten der Bundestagsverwaltung und beim Abschluss wichtiger Verträge mit. Auch Fragen der Öffentlichkeitsarbeit werden im Präsidium beraten. Außerdem setzt die Präsidentin oder der Präsident jährlich die Höhe der staatlichen Mittel zur Parteienfinanzierung fest. Das Präsidium vertritt den Bundestag auch nach außen, wahrt die parlamentarische Würde und achtet auf parteipolitische Neutralität während der Sitzungen. Unterstützt wird das Präsidium durch die Bundestagsverwaltung.

Der **Ältestenrat** besteht aus dem Bundestagspräsidenten oder der -präsidentin, den Stellvertreterinnen und -vertretern sowie 23 weiteren Abgeordneten.

Der Ältestenrat unterstützt die Bundestagspräsidentin oder den Bundestagspräsidenten bei der Arbeit und sorgt für einen koordinierten und möglichst reibungslosen Arbeitsablauf im Bundestag. Dazu gehören u. a. die Terminierung der Sitzungswochen und die Festlegung der Tagesordnung.

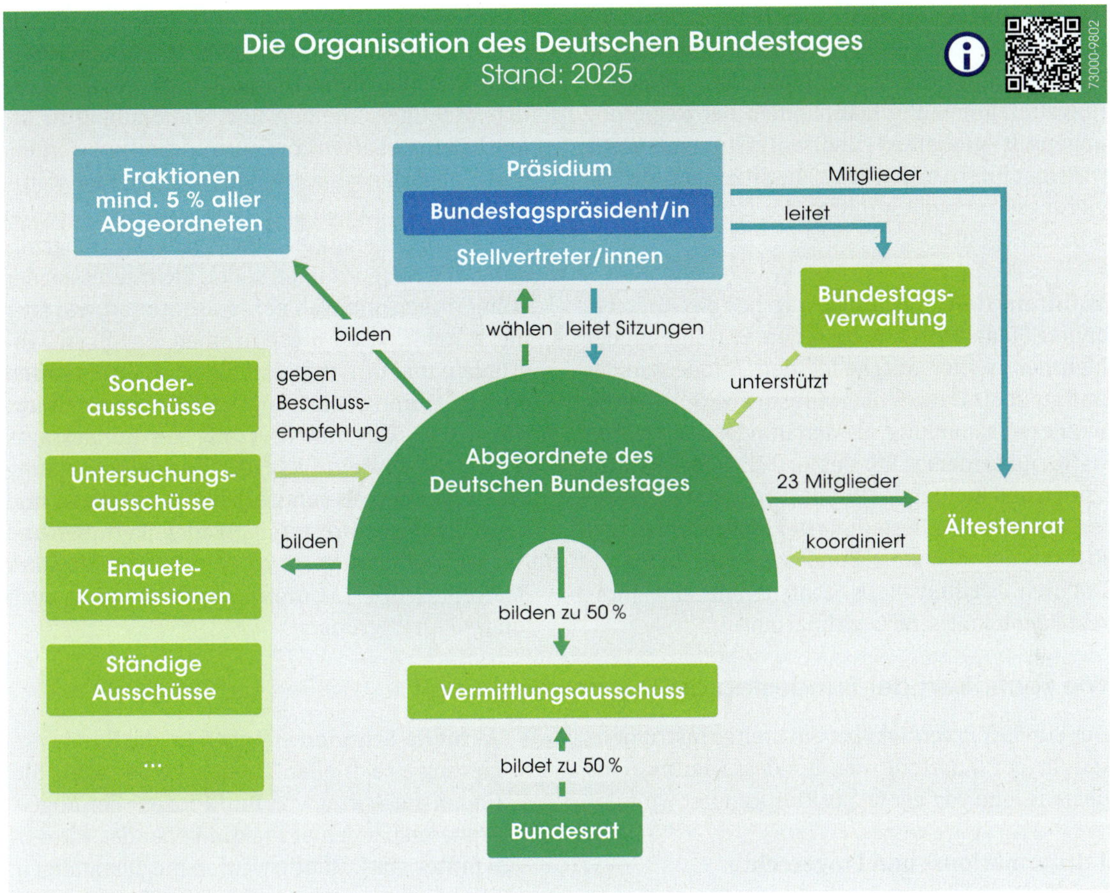

© C.C. Buchner Verlag, Daten nach: www.bundestag.de, 2025

M3 Welche Rolle spielt der Bundestag im politischen System?

Der Bundestag hat eine bedeutende Rolle im politischen System Deutschlands, weil er zentrale Funktionen in unserer parlamentarischen Demokratie übernimmt:

Legislativfunktion: Alle Bundesgesetze müssen vom Bundestag beschlossen werden. Die Initiative zur Gesetzgebung kann dabei von der Bundesregierung, dem Bundesrat oder vom Bundestag selbst ausgehen.

Das Budget- oder Haushaltsrecht wird als das bedeutendste Legislativrecht des Bundestages angesehen. Der Entwurf dafür wird von der Bundesregierung eingebracht und muss vom Bundestag genehmigt werden. Andernfalls kann die Regierung keine Ausgaben tätigen und geplante politische Vorhaben können nicht umgesetzt werden. In diesem Fall wäre die Regierung handlungsunfähig. Neben der Verabschiedung von Gesetzen muss der Bundestag auch von der Bundesregierung ausgehandelte internationale Abkommen und Verträge ratifizieren, die erst dadurch offiziell in Kraft treten und damit für die Bundesrepublik Deutschland Gültigkeit erlangen. Schließlich entscheidet der Bundestag auch über den Einsatz der Bundeswehr im Ausland.

Kontrollfunktion: Gemäß dem Prinzip der Gewaltenteilung überwacht der Bundestag die Arbeit der Bundesregierung. Die Fraktionen kontrollieren, kritisieren und beeinflussen die Regierung im Vorfeld der Entscheidungen und prüfen, ob die Regierung den beschlossenen politischen Kurs und die inhaltlichen Vereinbarungen einhält. Die öffentliche Kontrolle und Kritik ist dabei Sache der Opposition. Die Oppositionsfraktionen versuchen der Regierung Fehler und Fehlverhalten nachzuweisen und machen inhaltliche und personelle Alternativangebote. Öffentliche Kritik wird von der Regierungsmehrheit i.d.R. nicht geübt. Das heißt aber nicht, dass die Regierungsfraktionen alle Maßnahmen der Regierung ungeprüft gutheißen und unterstützen. Kritik wird hier intern in den Fraktionssitzungen der Regierungsfraktionen während des Gesetzgebungsprozesses geübt.

Wahlfunktion: Der Bundestag hat die Aufgabe, andere Staatsorgane zu bestellen. Er wählt mit der Mehrheit seiner Mitglieder den Bundeskanzler und stellt als Ganzes die Hälfte der Mitglieder der Bundesversammlung, die den Bundespräsidenten wählt. Außerdem wählt der die Hälfte der Richterinnen und Richter des Bundesverfassungsgerichtes und ist an der Bestellung der Richterinnen und Richter der obersten Bundesgerichte beteiligt. Dadurch erhalten diese Staatsorgane eine indirekte demokratische Legitimation.

Interessenartikulation: Der Bundestag ist das zentrale Forum der politischen Auseinandersetzung in Deutschland. Hier sollen alle gesellschaftlich wichtigen Themen und Standpunkte in öffentlichen Debatten kontrovers diskutiert werden. Diese Debatten vermitteln den Bürgern die politischen Vorstellungen und Argumente der Parteien und ermöglichen ihnen eine eigene Meinungsbildung. Die Abgeordneten sollen die Interessen der Wählerinnen und Wähler repräsentieren, was aber nicht heißt, dass die einzelnen Bevölkerungsgruppen und ihre Interessen gemäß ihrem Anteil an der Gesamtbevölkerung vertreten sein müssen. Die soziale Zusammensetzung des Bundestages entspricht deshalb nicht der Zusammensetzung der Gesamtbevölkerung. Arbeiter und Frauen sind beispielsweise stark unter-, Akademikerinnen und Akademiker und Vertreter der Wirtschaft stark überrepräsentiert. Unterrepräsentiert sind auch jüngere Altersgruppen.

M4 Wie kontrolliert der Bundestag die Bundesregierung?

Der Bundestag verfügt über ein breites Instrumentarium zur Kontrolle der Bundesregierung, das überwiegend von der Opposition genutzt wird.

1. Informations- und Fragerechte

Um die Regierung gezielt zu kontrollieren, benötigt der Bundestag umfassende Informationen über Regierungshandeln und die tatsächliche Verwendung der genehmigten Haushaltsmittel. Hierfür stehen verschiedene Fragerechte zur Verfügung:

- **Kleine Anfragen** können mindestens fünf Prozent der Abgeordneten oder eine Fraktion schriftlich zu einem Thema stellen. Die Regierung beantwortet diese ausschließlich schriftlich.
- **Große Anfragen** werden im Plenum debattiert, meist zu bedeutenden Themen. Die Opposition nutzt hier die Gelegenheit, kritische Fragen öffentlich zu stellen und Position zu beziehen.
- Jeder Abgeordnete kann monatlich bis zu vier schriftliche Fragen an die Regierung richten. Für die **Fragestunde** sind pro Sitzungswochen bis zu zwei Fragen möglich, die von der Bundesregierung mündlich beantwortet werden. Antworten erfolgen direkt und sind parlamentarisch öffentlich protokolliert.
- **Aktuelle Stunden** erlauben es, die Bundesregierung zu aktuellen Themen zu befragen. Sie finden auf Antrag von fünf Prozent der Abgeordneten bzw. einer Fraktion oder des Ältestenrates statt. Häufig werden die zuständigen Ministerinnen und Minister von Beamtinnen oder Beamten ihres Ministeriums vertreten. Wenn eine Mehrheit der Abgeordneten der Ansicht ist, dass ein Minister oder eine Ministerin persönlich Auskunft geben sollte, kann der Bundestag dessen bzw. deren Anwesenheit in Bundestagssitzungen verlangen. Eine direkte institutionalisierte Befragung der Bundeskanzlerin oder des -kanzlers, analog zu den Prime Minister's Questions im britischen Unterhaus, gibt es jedoch nicht.

2. Gesetzgeberische Kontrollmöglichkeiten

Der Bundestag hat das Recht, Gesetzentwürfe der Regierung abzulehnen oder zu verändern, einschließlich des Haushaltsplans.

3. Konstruktives Misstrauensvotum

Das konstruktive Misstrauensvotum ist das schärfste Kontrollinstrument: Der Bundestag kann der Bundeskanzlerin oder dem -kanzler das Misstrauen aussprechen, gleichzeitig einen Nachfolger wählen und den Bundespräsidenten bitten, den bisherigen Kanzler zu entlassen. Der Bundespräsident oder die Bundespräsidentin muss diesem Ersuchen nachkommen. Dieses Verfahren sichert die Stabilität der Regierung und verhindert Machtvakuum.

4. Untersuchungs- und Sondergremien

- Auf Antrag von mindestens einem Viertel der Abgeordneten kann der Bundestag einen **Untersuchungsausschuss** zu einem bestimmten Thema einsetzen, der Skandale, Fehlverhalten oder politische Missstände beleuchtet. Untersuchungsausschüsse verfügen über weitreichende Rechte wie das Laden und Vernehmen von Zeugen und Sachverständigen unter Eid, Akteneinsicht sowie Beweiserhebung. Am Ende eines Untersuchungsausschusses steht ein Bericht, über den in einer Bundestagssitzung debattiert und dem dadurch große öffentliche Aufmerksamkeit zuteil wird.
- Das **Parlamentarische Kontrollgremium (PKGr)** überwacht die Bundesregierung im Bereich der Nachrichtendienste (Bundesnachrichtendienst (BND), Bundesamt für Verfassungsschutz (BfV), Militärischer Abschirmdienst (MAD)). Die Mitglieder werden zu Beginn der Wahlperiode mit Kanzlermehrheit, d. h. mit der Mehrheit der Stimmen der Mitglieder des Bundestages, gewählt und bleiben im Amt, bis der neue Bundestag ein neues Gremium gewählt hat.

M5 Die rechtliche und wirtschaftliche Stellung der Bundestagsabgeordneten

Drei Prinzipien kennzeichnen die rechtliche Stellung der Abgeordneten:

Indemnität: Wegen einer Abstimmung oder einer politischen Äußerung, die ein Bundestagsabgeordneter im Bundestag oder einem seiner Ausschüsse gemacht hat, darf er nicht gerichtlich oder dienstlich verfolgt oder außerhalb des Bundestages zur Verantwortung gezogen werden. Niemand kann also einen Abgeordneten wegen seiner politischen Entscheidungen zur Rechenschaft ziehen, auch nicht nach Beendigung seines Mandates. Die Indemnität kann nicht aufgehoben werden. Damit ist sichergestellt, dass der Abgeordnete sein Mandat ohne Druck und in größtmöglicher Freiheit ausüben kann.

Immunität: Sie besagt, dass jede strafrechtliche Verfolgung oder jede Beschränkung der persönlichen Freiheit einer oder eines Abgeordneten nur

© C.C. Buchner Verlag, Daten nach: www.bundestag.de, 2025

mit Genehmigung des Bundestages zulässig ist. Eine Ausnahme gilt nur für den Fall, dass ein Abgeordneter auf frischer Tat ertappt oder im Laufe des folgenden Tages festgenommen wird.

Zeugnisverweigerungsrecht: Ein Abgeordneter muss nicht über Gespräche mit Personen aussagen, wenn diese in Zusammenhang mit der Mandatstätigkeit geführt worden sind. Insofern ist auch die Beschlagnahmung von Dokumenten verboten, wenn diese Informationen über die Gespräche enthalten.

Diese Sonderrechte sollen den Abgeordneten davor schützen, durch fingierte Beschuldigungen oder Drohungen in seiner Abgeordnetentätigkeit behindert zu werden. Die Funktionsfähigkeit des Parlamentes wird ebenfalls gesichert.

Die Abgeordneten sollen zudem wirtschaftlich so gestellt sein, dass sie einerseits für die Ausübung des Mandates eine finanzielle Entschädigung erhalten und gleichzeitig ihr Verdienstausfall kompensiert wird, der ihnen dadurch entsteht. Die Höhe der Diäten wird auf der Grundlage einer Empfehlung des Bundespräsidenten oder der -präsidentin vom Bundestag beschlossen und orientiert sich u. a. an den Bezügen von Bundesrichtern. Zusätzlich erhalten Abgeordnete eine Kostenpauschale für Ausgaben im Zusammenhang mit ihrer Arbeit (Büros, Angestellte, Reisekosten etc.) sowie eine Altersversorgung. Nebeneinkünfte müssen transparent gemacht und veröffentlicht werden, um Interessenkonflikte offenlegen zu können.

M6 Die Abgeordneten zwischen freiem Mandat und Fraktionsdisziplin

Nach Art. 38 GG verfügen die Abgeordneten über ein **freies Mandat.** Sie sind an „Aufträge und Weisungen nicht gebunden und nur ihrem Gewissen unterworfen." Die Wählerinnen und Wähler oder die Fraktionen können den Abgeordneten demzufolge nicht vorschreiben, wie sie sich in den Abstimmungen im Bundestag zu verhalten haben. Das deutsche Wahlsystem sieht jedoch vor, dass Abgeordnete als Mitglieder von politischen Parteien über Parteilisten gewählt werden. Damit ist der Abgeordnete auch Mitglied einer Fraktion, die von ihm erwartet, dass er sie durch seine Arbeit unterstützt. Gleichzeitig gewinnt er dadurch mehr Einfluss auf den parlamentarischen Entscheidungsprozess. Das freie Mandat wird dementsprechend durch die Forderung nach Fraktionsdisziplin eingeschränkt, der sich der Abgeordnete freiwillig unterwirft. So können die Fraktionen, um ihre Mehrheiten zu erhalten oder um sie zu schaffen, auf die Stimmen aller ihrer Mitglieder vertrauen. Abweichen einzelner Abgeordneter von der beschlossenen Fraktionslinie wird als Schwäche der Fraktion interpretiert. Da die Fraktion als Ganzes beschließt, welchen Standpunkt sie in einer politischen Frage einnimmt, hat jedes Fraktionsmitglied die Möglichkeit, sich aktiv in den Willensbildungsprozess der Fraktion einzubringen und für die eigene Position zu werben.

Die Forderung nach Fraktionsdisziplin wird aufgehoben, wenn es in einer anstehenden Abstimmung um eine so grundsätzliche Frage geht, dass nur das Gewissen des Abgeordneten seine Entscheidung bestimmen kann. Das sind z. B. Fragen nach der Zulassung von gentechnischer Forschung an menschlichen Embryonen oder der Freigabe der Sterbehilfe in bestimmten Fällen.

Aufgaben

72003-418

1. Erläutern Sie die Funktion des Bundestages als „Arbeitsparlament" und erklären Sie, warum die Ausschüsse eine zentrale Rolle im Gesetzgebungsprozess spielen (**M2**).
2. Erklären Sie den Unterschied zwischen der Rolle der Regierungsfraktionen und der Opposition im Bundestag im Hinblick auf die Kontrollfunktion der Regierung (**M1, M3, M4**).
3. Diskutieren Sie die Bedeutung der Fraktionen im Bundestag (**M2, M6**). Welche Funktionen haben sie in der Parlamentsarbeit und warum kann der Bundestag als „Fraktionenparlament" bezeichnet werden?
4. Erörtern Sie die Stellung der Abgeordneten im Bundestag zwischen freiem Mandat und Fraktionsdisziplin (**M6**).

Sollten Extremisten aus dem Bundestag ausgesperrt werden?

M1 Erosion der Demokratie von Innen?

Für die Bundestagsabgeordneten der AfD arbeiten mehr Personen aus dem rechtsextremen Spektrum als bislang bekannt. Das zeigen Recherchen des Bayerischen Rundfunks. Demnach beschäftigen die AfD-Fraktion und ihre Abgeordneten mehr als 100 Mitarbeiterinnen und Mitarbeiter, die in Organisationen aktiv sind, die von deutschen Verfassungsschutzämtern als rechtsextrem eingestuft werden. [...]

Die Fraktion selbst hat nach eigener Auskunft 182 Mitarbeiter (Stand: 16. Februar [2024]). [...] Unter den Fraktions- und Abgeordnetenmitarbeitern sind Personen, die namentlich in Verfassungsschutzberichten erwähnt werden und solche, die Führungspositionen in beobachteten Organisationen bekleiden. [...] Auch dabei sind Personen, die etwa im Zusammenhang mit „Reichsbürger"-Gruppierungen oder der rechtsextremen Preppergruppe „Endkampf" in Erscheinung getreten sind. Mitarbeiter haben lokale Pegida-Ableger gegründet und „Querdenker"-Demonstrationen organisiert. Mehr als die Hälfte der AfD-Abgeordneten beschäftigen Personen, die in Organisationen aktiv sind, die vom Verfassungsschutz als rechtsextrem eingestuft werden. Darunter sind nach BR-Recherchen auch die Fraktionsvorsitzenden Alice Weidel und Tino Chrupalla. [...]

Insgesamt stehen der AfD-Fraktion und ihren Abgeordneten mehr als 30 Millionen Euro für Mitarbeiter zur Verfügung – pro Jahr. [...] Auffällig sind insbesondere Akteure aus dem Spektrum der sogenannten Neuen Rechten. Dabei handelt es sich um eine Strömung im Rechtsextremismus, die für dessen ideologische Erneuerung nach dem Nationalsozialismus steht. Zur „Neuen Rechten" können verschiedene Zeitschriften, Verlage, Thinktanks, Vereine und Aktivistengruppen gerechnet werden. Vertreter der „Neuen Rechten" betrachten sich als „Vorfeld" der AfD. Zur Neuen Rechten gehört etwa der Verein „Ein Prozent", der sich als „Deutschlands größtes patriotisches Bürgernetzwerk" begreift. Er sammelt Spenden und unterstützt damit Aktivisten aus dem rechten Spektrum. Der Verfassungsschutz stufte „Ein Prozent" im vergangenen Jahr als „gesichert rechtsextremistische Bestrebung" ein. [...] Auch Autoren der neurechten Zeitschrift „Sezession", des Verlags „Antaios" und des Magazins „Compact" arbeiten im Bundestag. Diese Strukturen werden allesamt vom Verfassungsschutz beobachtet. [...]

AfD-Bundestagsabgeordnete beschäftigen auch Personen, die der Partei selbst zu extrem waren. So gibt es etwa ein Türschild mit dem Namen Frank Pasemann im Otto-Wels-Haus des Bundestages in der Straße Unter den Linden. Pasemann war in der vorigen Legislaturperiode selbst Bundestagsabgeordneter der AfD, im Jahr 2020 wurde er aus Partei und Fraktion ausgeschlossen. Im Parteiausschlussverfahren wurden ihm parteischädigendes Verhalten und Antisemitismus vorgeworfen. Laut dem Türschild arbeitet er für den Abgeordneten Jürgen Pohl. [...] Auch Marvin Neumann ist bei einem AfD-Abgeordneten beschäftigt. Der ehemalige Chef der Jungen Alternative (JA), der Jugendorganisation der AfD, trat 2021 unter Druck aus der Partei aus. Ihm war unter anderem eine Aussage über „Weiße Vorherrschaft" zur Last gelegt worden. [...] Der Verfassungsschutz stuft die JA als „gesichert rechtsextreme Bestrebung" ein, die Organisation wehrt sich aktuell dagegen vor Gericht. [...]

Der Professor für Politikwissenschaft Armin Pfahl-Traughber, der bis 2004 im Bundesamt für

Was sind Reichsbürger, Prepper und Querdenker?
Reichsbürger erkennen die Bundesrepublik Deutschland nicht als legitimen Staat an und behaupten, das Deutsche Reich bestehe fort. Sie lehnen staatliche Institutionen ab.
Preppergruppen bereiten sich auf einen vermeintlich bevorstehenden gesellschaftlichen Zusammenbruch vor und horten Waffen, Ausrüstung und Vorräte.
Die **„Querdenker"-Bewegung** entstand während der Corona-Pandemie und richtet sich gegen staatliche Maßnahmen zum Infektionsschutz. Sie vereint Impfgegner, Verschwörungstheoretiker und teils rechtsextreme Gruppen und lehnt häufig die Legitimität staatlicher Institutionen ab.

Im Otto-Wels-Haus des Bundestages haben viele Bundestagsabgeordnete und deren Mitarbeiter ihre Büroräume.

Verfassungsschutz Referent für Rechtsextremismus war und seither an der Hochschule des Bundes forscht, sagte dem ARD-Politikmagazin Report München, es sei ein Problem, „dass tatsächlich im organisatorischen Herzen der Demokratie in der Bundesrepublik Deutschland Rechtsextremisten sitzen". Dort könnten sie „Einfluss ausüben und Propaganda verbreiten". [...]

Einer der Mitarbeiter hat Hausverbot in den Bundestagsgebäuden: Mario Müller arbeitet für den Abgeordneten Jan Wenzel Schmidt aus Sachsen-Anhalt. [...] Müller bewegt sich seit den Nullerjahren in der rechtsextremen Szene, mehrfach wurde er wegen Körperverletzungsdelikten verurteilt. [...] Später hat Müller sich als prominenter Kopf der „Identitären Bewegung" (IB) hervorgetan – ein Netzwerk von Aktivisten der „Neuen Rechten". Das Bundesamt für Verfassungsschutz stuft die IB als rechtsextrem ein. [...] Sein Arbeitgeber Schmidt sagte [auf einer Veranstaltung in einem AfD-Büro in Sachsen-Anhalt gegenüber dem Publikum]: „Ich kann auch garantieren, dass die etablierten Parteien zu Recht Angst vor uns haben. Die haben zu Recht den Verfassungsschutz auf uns angesetzt. Wir werden maßgebliche Dinge verändern, wenn wir regieren."

Armbrust, Nadja u. a.: AfD im Bundestag beschäftigt mehr als 100 Rechtsextreme. In: www.tagesschau.de, 12.03.2024

M2 Wie der Bundestag Extremisten aussperren will

Abgeordnete im Bundestag können Mitarbeiter einstellen, auch die Fraktionen beschäftigen zahlreiche Referenten und andere Mitarbeiterinnen. Sie schreiben Reden und Pressestatements, formulieren Anfragen und Anträge oder organisieren Reisen. [...] Nicht wenige [...] haben ihre Büros in den Gebäuden des Bundestages. [Sobald Mitarbeiter von Abgeordneten im Bundestag die] routinemäßige polizeiliche Überprüfung erfolgreich absolvieren, bekommen sie einen Hausausweis und können sich in den Liegenschaften des Parlamentes frei bewegen, sie können das IT-System des Bundestages nutzen, sie haben Bundestagsmailadressen und Zugang zu Dokumenten, ein Teil von ihnen auch zu sensiblen Informationen. Weil aber auch „Aktivitäten von Verfassungsfeinden die Sicherheit und Arbeitsfähigkeit oder auch die Würde und das Ansehen des Deutschen Bundestages" beeinträchtigen könnten, hat [Bundestagspräsidentin Bärbel Bas (SPD)] den Bonner Rechtswissenschaftler Klaus Ferdinand Gärditz untersuchen lassen, inwieweit extremistische Mitarbeiter vom Parlamentsbetrieb ferngehalten werden und „verfassungsfeindliche Aktionen" in den Parlamentsgebäuden verhindert werden könnten. [...] Das Gutachten [...] besagt in Kürze: Die Hausordnung und andere Rechtsgrundlagen des Bundestages sind an vielen Stellen zu unkonkret abgefasst und müssen überarbeitet werden. Als Problem benennt der Verfasser etwa, dass Mitarbeiter zwar polizeilich überprüft werden, der Bundestag etwa keine Anfragen beim Verfassungsschutz stellen darf. Wer privat einer Gruppe von Neonazis oder Linksextremisten angehört, bleibt dadurch meist verborgen. Weiterhin als Mangel benannt wird, dass das Hausrecht der Bundestagspräsidentin sich nur auf die Räume, nicht aber etwa auf die IT-Infrastruktur bezieht: Im Homeoffice oder im Wahlkreisbüro können Extremisten unbehelligt weiter auf die IT-Systeme zugreifen. [...] Das Gutachten schränkt hier ein: Nicht allein das Verbreiten verfassungsfeindlicher Positionen rechtfertigt ein Aussperren, sondern es muss ein konkretes Risiko bestehen, den Parlamentsbetrieb zu stören oder zu gefährden. Auch ist jeder Fall einzeln zu betrachten, die Indizien zu gewichten und dann zu entscheiden. [...]

Das Gutachten nimmt nicht nur Mitarbeiter, sondern auch Abgeordnete in den Blick – ein heikles Unterfangen, sind doch Mandatsträger frei in der Ausübung des Mandats, also auch in Äußerungen und Entscheidungen. Hier schränkt der Verfasser ein: […] Die Freiheit der Mandatsausübung und die Sicherheit des Parlamentsbetriebes müssten gegeneinander abgewogen werden. Bei Abgeordneten errichtet der Gutachter höhere Hürden als für Mitarbeitende: Ihnen könne der Zugang nur „zeitlich und räumlich begrenzt“ bei einer konkreten Gefahr für den Parlamentsbetrieb versagt werden. Es sei Abgeordneten aber durchaus zuzumuten, dass man ihren Mitarbeitenden den Zugang zum Haus verweigert, weil die Mandatsausübung als solche nicht beeinträchtigt wird.

Gärditz empfiehlt konkret, das Polizeirecht so zu ändern, dass die Bundestagspolizei beim Verfassungsschutz nachfragen darf, ob „Bedenken gegen die Zuverlässigkeit“ bestimmter Personen vorhanden sind. Das sei verfassungskonform machbar. Zu prüfen sei zudem, ob man diese Abfrage bei allen Menschen macht, die den Bundestag betreten sollen. Regelabfragen sind nichts Neues: Wer etwa eine Waffenbesitzkarte beantragt, muss auch diese Abfrage bestehen. […] Die Hausordnung solle auch durch eine Klausel ergänzt werden, die der [Bundestagspräsidentin] ermöglicht, das Nutzen von Räumen zu untersagen. Etwa dann, wenn „aufgrund tatsächlicher Anhaltspunkte“ die Sorge besteht, dass die Nutzer dort gegen die freiheitlich-demokratische Grundordnung verstoßen. Denkbar wären auch Sanktionen – etwa finanzielle – gegen Abgeordnete, die Störer ins Parlament einladen – wie es 2020 der Fall war, als von zwei AfD-Abgeordneten eingeladene neurechte Blogger Abgeordnetenbüros stürmten. Zudem rät der Gutachter, die Hausordnung so zu verschärfen, dass die [Bundestagspräsidentin] auch präventiv handeln könnte, wenn eine Person den Betrieb nicht bereits stört, sondern lediglich ein Risiko darstellt, das zur konkreten Gefahr für den Betrieb werden könnte.

Zu den bisherigen Überlegungen im Bundestag gehörte auch, extremistischen Mitarbeitenden die Bezahlung zu streichen. Bei Beschäftigten, die den Zugang zu Strukturen und Gebäuden des Bundestages verloren haben, sei das machbar, urteilt der Gutachter. Bei Beschäftigten, die nur in Wahlkreisbüros arbeiten – also keinen Hausausweis haben –, wäre das dagegen unverhältnismäßig. Hier solle man eher den Zugang zu den IT-Strukturen des Bundestages sperren, statt ihnen die Bezahlung zu streichen. […]

Hier setzt auch die Kritik an: Abgeordnete sprechen angesichts des Gutachtens und der diskutierten Verschärfungen von einer „Gratwanderung“ und einem „Abwägungsprozess“. Man solle alle Änderungen wohl überlegen, warnt die Sicherheitsbeauftragte der SPD-Bundestagsfraktion, Gabriele Katzmarek. „Sicherheit ist wichtig, aber wir sind stolz auf die Unabhängigkeit des Parlamentes.“ Auch aus historischen Gründen sei die Arbeit des Parlamentes offen und transparent angelegt. „Das Erstarken der politischen Ränder können wir nicht allein mit gesetzlichen Mitteln verhindern“, sagte Katzmarek […]. Das sei auch eine politische Frage.

Der Sicherheitsbeauftragte der AfD-Fraktion, Enrico Komning, findet es „grundsätzlich gut und richtig, dass der Bundestag seine Sicherheitsvorkehrungen überprüft.“ Äußerst kritisch sehe er jedoch den Plan, beim Verfassungsschutz anzufragen. Die „politisch weisungsgebundene Behörde“ dürfe „nicht maßgeblich dafür sein, die Arbeitsfähigkeit frei gewählter Abgeordneter einzuschränken“ – ein von der AfD oft zu hörendes Argument.

Steffen, Tilmann: Wie der Bundestag Extremisten aussperren will. In: www.zeit.de, 26.06.2024

Aufgaben

72003-419

1. Erläutern Sie die Probleme, die durch die Beschäftigung von rechtsextremen Personen bei der AfD-Fraktion im Bundestag entstehen. Gehen Sie dabei auch auf die Erkenntnisse der Verfassungsschutzämter ein. (**M1**)
2. Erläutern Sie die Aussage von Jan Wenzel Schmidt in Z. 95–99 und nehmen Sie Stellung dazu (**M1**).
3. Erklären Sie die Maßnahmen, die die Bundestagspräsidentin plant, um Extremisten vom Bundestag fernzuhalten (**M2**).
4. Diskutieren Sie die möglichen Herausforderungen bei der Umsetzung der neuen Sicherheitsmaßnahmen im Bundestag (**M2**).
5. Erörtern Sie die Kritik an den geplanten Verschärfungen der Sicherheitsvorkehrungen im Bundestag (**M2**).

4.4.3 Die Bundesregierung

Leitfragen

- Welche Aufgaben und Befugnisse hat die Bundesregierung?
- Wie setzt sie sich zusammen und wie wird sie gebildet?
- Welche Rolle hat der Bundeskanzler in der Bundesregierung und im politischen Institutionengefüge?

M1 Welche Aufgaben hat die Bundesregierung?

Die Bundesregierung ist die Exekutive der Bundesrepublik. Als solche hat sie die Aufgabe der politischen Führung und der Ausführung der Bundesgesetze. Dazu stehen ihr die Bundesbehörden zur Verfügung, d. h. die Ministerien und die nachgeordneten Verwaltungseinheiten und Bundesämter. Sie soll den politischen Willen der parlamentarischen Mehrheit in praktische Politik umsetzen und die inneren, gesellschaftlichen Verhältnisse sowie die Beziehungen der Bundesrepublik zum Ausland gestalten. Dies geschieht in erster Linie durch die Gesetzgebung, die aus diesem Grund auch von der Regierung dominiert wird (› Kap. 4.6). Da die Regierung in aller Regel die Mehrheit im Bundestag hinter sich weiß, kann sie davon ausgehen, dass ihre Gesetzentwürfe auch vom Bundestag verabschiedet werden. Dies stellt sicher, dass zur Umsetzung der Ziele auch die nötigen Finanzmittel zur Verfügung gestellt werden. Bestimmte Gesetze bedürfen aber auch der Zustimmung des Bundesrates, um in Kraft treten zu können. Die Abstimmung mit Parteien, die nicht der Bundestagsmehrheit angehören, aber im Bundesrat entscheidenden Einfluss haben, ist dann erforderlich (› Kap. 4.4.4).

©C.C. Buchner Verlag, Daten nach: www.bundestag.de, 2025

M2 Wie wird die Bundesregierung gebildet?

Die Bildung der Bundesregierung ist in Art. 63 und 64 GG geregelt. Danach wird auf **Vorschlag des Bundespräsidenten** der Bundeskanzler vom Bundestag mit der Mehrheit seiner Mitglieder gewählt (sog. **Kanzlermehrheit**). Nach seiner Wahl schlägt der Bundeskanzler dem Bundespräsidenten die Ministerinnen und Minister vor, die der Bundespräsident ernennen muss. Bundeskanzler und Bundesministerinnen und -minister bilden zusammen die Bundesregierung. Der Bundeskanzler ist somit das einzige Regierungsmitglied, das direkt vom Bundestag gewählt wird und somit eine indirekte Legitimation durch das Volk erhält.

Die Regierungsbildung beginnt allerdings nicht erst mit dem Vorschlag des Bundespräsidenten. Sie ergibt sich vielmehr aus dem Ergebnis der Bundestagswahl. Hat keine Partei die absolute Mehrheit der Sitze im Bundestag erreicht, so muss in Koalitionsverhandlungen eine Mehrheit gefunden werden, die den Kanzler oder die Kanzlerin wählt. In diesen Verhandlungen verabreden die teilnehmenden Parteien das zukünftige Regierungsprogramm und legen die Anzahl und Zuständigkeitsbereiche der Bundesministerien fest. Die Verhandlungsergebnisse werden in einem Koalitionsvertrag festgeschrieben. In diesen Verhandlungen müssen die beteiligten Parteien darauf achten, dass möglichst viele verschiedene Landesverbände und wichtige Gruppen und Strömungen innerhalb der eigenen Partei berücksichtigt werden. Das Initiativrecht zu solchen Koalitionsverhandlungen liegt grundsätzlich bei der stärksten Fraktion im Bundestag.

M3 Welche Prinzipien bestimmen die Arbeitsweise der Bundesregierung?

Die Grundprinzipien der Arbeitsweise der Bundesregierung sind in Art. 65 GG als Rahmen festgelegt. Es finden sich sowohl Elemente einer Alleinführung des Bundeskanzlers als auch Elemente einer gemeinsamen Führung durch das Kabinett (personelle Zusammensetzung der Regierung). Drei Prinzipien liegen der Arbeit der Bundesregierung zu Grunde:

- Das **Kanzlerprinzip** besagt, dass der Bundeskanzler die Richtlinien der Politik der Regierung bestimmt (**Richtlinienkompetenz**) und dafür die Verantwortung trägt. Dies hebt ihn von den anderen Regierungsmitgliedern ab.
- Das **Ressortprinzip** legt fest, dass im Rahmen der vom Bundeskanzler vorgegebenen Richtlinien jede Ministerin und jeder Minister sein Ressort (Geschäftsbereich) in alleiniger Verantwortung leitet. Das stärkt die Handlungsfähigkeit und Spezialisierung der einzelnen Ministerien.
- Das **Kollegial- oder Kabinettsprinzip** bestimmt, dass wichtige Entscheidungen vom Kabinett in kollegialer Abstimmung gemeinsam getroffen werden sollen. Für den Fall, dass es zu Meinungsverschiedenheiten kommt, entscheidet das Kabinett als Ganzes.

Eine Kabinettssitzung im Bundeskanzleramt

Zwischen Kanzler- und Ressortprinzip wird ein Spannungsverhältnis deutlich, wenn der Bundeskanzler die Richtlinien im Alleingang vorgibt. Dann können nicht gleichzeitig alle wichtigen Fragen gemeinsam entschieden werden. In vielen Fällen ist der Bundeskanzler an Mehrheitsentscheidungen des Kabinetts gebunden und kann sogar von diesem überstimmt werden. Wie gut der Kanzler sich im Einzelfall durchsetzen kann, wird davon beeinflusst, wie hoch sein Ansehen im eigenen Regierungslager und in der Bevölkerung ist. Es hängt auch davon ab, wie groß die gemeinsame Basis der Koalitionsparteien ist, was in Mehrparteienkoalitionen deutlich schwieriger sein dürfte als bei zwei Parteien.

M4 Die Stellung des Bundeskanzlers im parlamentarischen System der Bundesrepublik

Der Kanzler hat eine besonders herausgehobene Stellung im Machtzentrum der Bundesrepublik. Dies ist bedingt durch die Machtfülle, die ihm zumindest in der Theorie nach dem Grundgesetz zukommt:

- Aufgrund der **Richtlinienkompetenz** kann er allein in allen Politikbereichen die politischen Grundlinien festlegen, an denen sich die anderen Regierungsmitglieder orientieren müssen.
- Das **Kabinettsbildungsrecht** besagt, dass nur der Bundeskanzler Ministerinnen und Minister durch den Bundespräsidenten ernennen oder entlassen kann. Er kann auch die konkreten Aufgabenbereiche der Ministerien und damit auch ihre Zahl festlegen.
- Nur der Bundeskanzler kann die **Vertrauensfrage** stellen, d. h. den Bundestag bitten, ihm das Vertrauen auszusprechen. Dadurch kann er seine Bundestagsmehrheit auffordern, seine Politik öffentlich zu unterstützen. Damit hat er ein starkes Instrument an der Hand, denn dem eigenen Bundeskanzler nicht das Vertrauen auszusprechen, würde seiner Politik die Grundlage entziehen. In diesem Fall könnte der Bundeskanzler nach Art. 68 GG den Bundespräsidenten bitten, den Bundestag aufzulösen. Das hätte Neuwahlen zur Folge. Der Kanzler kann die Vertrauensfrage auch mit der Abstimmung über eine Sachfrage kombinieren, so dass ein Nein in der Sachfrage automatisch auch ein Nein in der Vertrauensfrage bedeuten würde. So kann er die Regierungsfraktionen dazu bringen, ihm in einer umstrittenen Entscheidung den Rücken zu stärken und in seinem Sinn abzustimmen.
- Nur der Bundeskanzler kann nach Art. 67 GG durch ein **konstruktives Misstrauensvotum** entlassen werden. Das geschieht, indem der Bundestag auf Antrag mit der Mehrheit seiner Mitglieder einen neuen Bundeskanzler wählt und den Bundespräsidenten ersucht, den

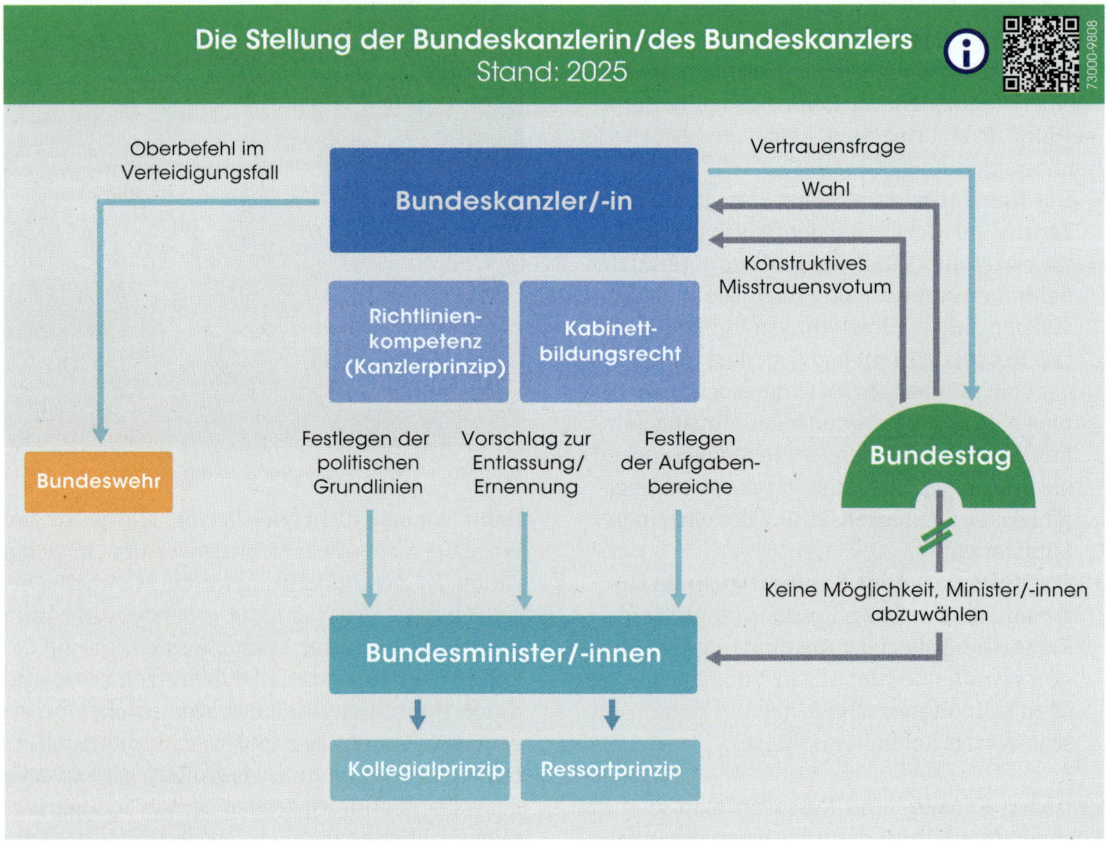

© C.C. Buchner Verlag, Daten nach: www.bundestag.de, 2025

Bundeskanzler zu entlassen. Der Bundespräsident muss dem Ersuchen entsprechen und den Gewählten zum neuen Bundeskanzler ernennen. Die Bundesminister können vom Bundestag nicht zum Rücktritt gezwungen werden.

- Im Verteidigungsfall hat der Bundeskanzler den **Oberbefehl** über die **Bundeswehr**.

Der Bundeskanzler verfügt mit dem Bundeskanzleramt über einen umfangreichen Apparat, in dem die Regierungspolitik durch permanenten Kontakt mit den Ministerien und den Bundesbehörden koordiniert wird. Der Bundeskanzler ist dadurch jederzeit über die Arbeit der Ministerien informiert und auf die Kabinettssitzungen vorbereitet. Im Bundeskanzleramt werden die Sitzungen und Beschlüsse des Kabinetts vorbereitet. Seine Bedeutung wird u. a. dadurch ersichtlich, dass der Chef des Bundeskanzleramtes den Rang eines Bundesministers innehat.

Wegen dieser Machtfülle wird die Demokratie der Bundesrepublik Deutschland häufig als **Kanzlerdemokratie** bezeichnet. Allerdings zeigt sich bei näherem Hinsehen, dass diese Machtmittel in der Realität durch verschiedene Faktoren relativiert werden. Der Bundeskanzler steht also im Zentrum des politischen Systems, doch wird seine Macht durch rechtliche, institutionelle und politische Faktoren begrenzt. Gleichwohl ist seine Fähigkeit zur politischen Führung entscheidend für die Stabilität und Handlungsfähigkeit der Bundesregierung.

Von einer wirklichen Kanzlerdemokratie kann nur für die Amtszeit des ersten Bundeskanzlers Konrad Adenauer (1949–1963) nach der Gründung der Bundesrepublik gesprochen werden, da er eine außergewöhnlich dominante Stellung hatte.

M5 Welche Faktoren begrenzen die Macht des Kanzlers?

In der Verfassungswirklichkeit wird die Macht des Bundeskanzlers durch verschiedene Faktoren eingeschränkt.

- Wie oben schon dargestellt, ist das Spannungsverhältnis zwischen Kanzler- und Kollegialprinzip ein limitierender Faktor für die Macht des Kanzlers. Insbesondere der Finanzminister hat eine herausgehobene Stellung innerhalb des Kabinetts. Er stellt den Haushaltsplan zur Finanzierung der politischen Vorhaben der Bundesregierung auf und koordiniert die Finanzanforderungen der Ministerien. In der Praxis können ohne seine Zustimmung keine Ausgaben getätigt werden.
- Das Kabinettsbildungsrecht macht den Kanzler zwar theoretisch zu derjenigen Person, von der alle Ministerinnen und Minister abhängig sind, weil nur er dem Bundespräsidenten die Ministerinnen und Minister zur Ernennung vorschlagen kann und der Bundespräsident keine Möglichkeit hat, die Vorschläge abzulehnen. In der politischen Praxis geht aber die Regierungsbildung der Wahl des Bundeskanzlers voraus. Das bedeutet, dass der Kanzler erst dann gewählt wird, wenn feststeht, wen er dem Bundespräsidenten als Ministerin bzw. Minister vorschlägt. Sowohl an der Festlegung der Anzahl und des Zuschnitts der Ministerien als auch an der Auswahl der Personen sind die an der Regierung teilnehmenden Fraktionen beteiligt. Das Regierungsprogramm, d. h. die politischen Vorhaben, welche die neue Regierung umsetzen will, werden im Zuge der Regierungsbildung zwischen den künftigen Koalitionspartnern ausgehandelt und in einem Koalitionsvertrag festgehalten, an den die Fraktionen grundsätzlich gebunden sind. Die personelle Besetzung der einzelnen Ministerien ist allein Sache der Fraktion, die diese Kabinettsposten übernimmt. Aber nicht nur die Koalitionspartner, sondern auch die eigene Partei und Fraktion wirken auf das Regierungsprogramm und die Besetzung der Ministerien ein. Wichtige Anliegen von starken Strömungen innerhalb der Partei können nicht außer Acht gelassen werden. Bei der Auswahl der Ministerinnen und Minister seiner eigenen Fraktion muss der der Bundeskanzler wichtige Gruppen und Strömungen sowie starke Landesverbände seiner Partei angemessen berücksichtigen, wenn er sich der Unterstützung seiner Fraktion sicher sein will. Ebenso muss er auf eine angemessene Berücksichtigung der Geschlechterparität bei der Verteilung der Posten achten.

Im Rahmen seiner Machtbefugnisse einerseits und der begrenzenden Faktoren andererseits hängt es sehr von den persönlichen Eigenschaften des Kanzlers ab, wie stark er seine Position innerhalb dieses Spannungsverhältnisses durchsetzen kann. Ein Kanzler, der z.B. sehr große Beliebtheitswerte in der Bevölkerung hat, kann gegenüber der Regierungsfraktion und den Koalitionspartnern eigene, nicht von allen Mehrheitsabgeordneten vollkommen geteilte Positionen besser durchsetzen, als wenn dies nicht der Fall wäre. Ein beliebter Kanzler hat größere Chancen auf eine Wiederwahl, was es den Abgeordneten der Regierungsfraktion(en) leichter macht, ihre Sitze zu verteidigen und nach der Wahl wieder in den Bundestag einzuziehen.

Der Kanzler ist das Regierungsmitglied, dem die größte mediale Aufmerksamkeit zuteil wird und der im Zentrum der Berichterstattung steht. Das kann er natürlich in seinem Sinne nutzen, z.B. indem er in Krisenfällen schnell und angemessen handelt und Unterstützung bereitstellt.

M6 Regieren ohne Mehrheit? Das Modell der Minderheitsregierung

Eine – bislang theoretische – Möglichkeit der Regierungsbildung besteht in der Bildung einer **Minderheitsregierung**. Zur Wahl eines Bundeskanzlers ist nämlich nur in den beiden ersten Wahlgängen die absolute Mehrheit der Mitglieder des Bundestages nötig. Wenn das nicht gelingt, reicht im dritten Wahlgang eine einfache Mehrheit. Gewählt ist dann der Kandidat oder die Kandidatin mit den meisten Stimmen. Das könnte erreicht werden, indem ein Teil der Mitglieder sich der Stimme enthält. Es wäre demzufolge zumindest theoretisch möglich, dass ein Kanzler mit Duldung einer Bundestagsfraktion gewählt und eine Minderheitsregierung bilden würde. In diesem Fall müsste er sich für jedes seiner Gesetzgebungsvorhaben eine parlamentarische Mehrheit suchen. Das hätte einerseits den Vorteil, dass eine gewisse Flexibilität gegeben wäre. Befürworterinnen und Befürworter einer Minderheitsregierung argumentieren zudem, dass sie den Bundestag insgesamt aufwerten würde, weil jede Fraktion stärker in den Gesetzgebungsprozess eingebunden wäre und ihre Positionen in Kompromissen wiederfinden könnte. Außerdem könnte eine solche Regierung dazu beitragen, politische Blockaden aufzubrechen, da wechselnde Mehrheiten je nach Sachfrage möglich wären. Bei einem stark fragmentierten Bundestag mit vielen kleineren Fraktionen bestünde andererseits das Problem, dass für jedes Vorhaben lange Verhandlungen geführt und Kompromisse gefunden werden müssten. Das würde den Gesetzgebungsprozess sehr schwerfällig machen. Es bestünde das Risiko, dass die so erzielten Kompromisse lediglich den kleinsten gemeinsamen Nenner darstellen und die entstandenen Gesetze nur geringe Wirkung entfalten. Außerdem könnten radikale Parteien eine zu große Bedeutung erhalten. In der politischen Praxis wird deshalb meist versucht, eine Koalition mit fester Mehrheit zu bilden.

Aufgaben

72003-420

1. Beschreiben Sie die Aufgaben und Befugnisse der Bundesregierung und erläutern Sie, welche Rolle die Bundesregierung im politischen System Deutschlands spielt und wie sie den politischen Willen in praktische Politik umsetzt (**M1–M3**).
2. Erklären Sie den Prozess der Regierungsbildung (**M1**). Analysieren Sie, welche Schritte notwendig sind, um eine Bundesregierung zu bilden, und welche Rolle die Zusammensetzung von Koalitionen spielt.
3. Untersuchen Sie die Bedeutung der drei Prinzipien (Kanzler-, Ressort- und Kollegialprinzip) für die Arbeit der Bundesregierung und stellen Sie deren Spannungsverhältnis mit der Richtlinienkompetenz des Bundeskanzlers dar (**M4**).
4. Diskutieren Sie die Machtbefugnisse und Begrenzungen des Bundeskanzlers (**M5**). Gehen Sie darauf ein, wie der Bundeskanzler seine Richtlinienkompetenz und andere Befugnisse nutzen kann, und welche Faktoren seine Macht einschränken.

Woran scheitern politische Reformziele? Erkenntnisse aus der Ampel-Koalition

M1 Woran ist die Ampel-Regierung gescheitert?

Die Ampel ist gescheitert. [...] Eine größere Diskrepanz zu den selbstgesteckten Zielen der Ampel am Anfang ihrer Regierungszeit könnte es gar nicht geben. „Mehr Fortschritt wagen", war zu Beginn der Legislaturperiode ihr Anspruch, ja sogar die Überschrift über ihrem Koalitionsvertrag. Nach sechzehn Jahren Merkel sollte das Land wieder stärker auf die Zukunft ausgerichtet werden, nachdem die reine Bewältigung von Krisen über Jahre hinweg den Fokus der Politik gebildet hatte. Die Hoffnungen waren groß, das Ergebnis ist ernüchternd. Die Kraft für neue politische Prioritäten (Verteidigung) und Zukunftsaufgaben (Energie) [war] offenbar nicht mehr vorhanden. Es [wurde] nicht einmal mehr versucht, dies zu verschleiern.

Tatsächlich verhieß ganz am Anfang die politische Zusammenführung ökologischer, sozialer und liberaler Ansätze in einer gemeinsamen „Ampel"-Regierung eine neue ganzheitliche Politik für die multiplen Krisen und großen Transformationsprozesse unserer Zeit. Dafür aber hätte die Ampel einen neuen Fortschrittsbegriff prägen müssen. Die dafür wiederum notwendige intellektuelle und konzeptionelle Arbeit ist jedoch offenkundig nie geleistet worden. Denn herausgekommen ist eine Koalition, die weniger ist als die Summe ihrer klientelpolitischen Wünsche, die angesichts der gewaltigen Zukunftsaufgaben aber deutlich mehr hätte sein müssen – nicht in einem additiven, sondern in einem qualitativen Sinne von Politik. Die Erkenntnis, dass alle Wünsche und Ziele der drei Koalitionäre gleichzeitig nicht finanzierbar sind, sondern nur durch einen neuen politischen Fortschrittsbegriff erfüllbar gewesen wären, kommt nun zu spät.

Die „eierlegende Wollmilchsau" der Ampel ist wohl so etwas wie eine „schuldenbremsenkonforme Wohlfahrtsklimaökonomie" – es gibt sie nicht. Jedenfalls nicht in der kurzen Frist, in der es den politischen Mut erfordert, soziale und ökonomische Zielkonflikte zu benennen und durch Politik gezielt zu überwinden. Darin genau liegt doch gesellschaftlicher Fortschritt. Soziale, ökonomische und politische Stabilität bedingen sich langfristig; sie gegeneinander auszuspielen oder so zu tun, als sei alles gleichzeitig finanzierbar, kann nur scheitern. Und es ist gescheitert. Stattdessen haben sich die Parteien der Ampel immer stärker darauf zurückgezogen, in der immer deutlicher werdenden Unmöglichkeit ihres gemeinsamen Vorhabens, wieder ihre klientelpolitischen Ziele durchzusetzen, am wenigsten vielleicht noch die Grünen. Die durchsichtige Profilierung gegenüber ihren vermeintlichen Stammwählern rückte mit Blick auf die nächsten Wahlen in den Vordergrund, vor allem bei SPD und FDP.

Sollte die Ampel jemals so etwas wie einen gemeinsamen Fortschrittsbegriff gehabt haben, so ist dieser ordnungspolitisch krachend gescheitert, und zwar nicht in einem vordergründig politischen, sondern in einem tieferen ökonomischen Sinne. Es gibt ordnungspolitisch keinen „Marktstaat", in dem die sozialen und ökologischen Ziele des Staates direkt durch den Staat am Markt durchsetzbar sind. Genau das aber war der Versuch: Die Wirtschaft vollständig staatlich gesetzten Märkten zu unterwerfen, Wirtschaft und Politik in den Zeiten der Transformation aufs Engste und Kontrollierbarste miteinander zu verschmelzen. Die Verlockung dazu ist politisch verständlicherweise groß, ökonomisch ist sie grundfalsch. Denn sie schwächt und beschädigt sowohl die Wirtschaft als auch die Politik selbst.

Beginnt man, politische Preise zu setzen, einzelne Technologien oder Unternehmen zu subventionieren, Knappheit zu verwalten, mag man sehr kurzfristig eine opportune Umverteilung von Wohlfahrt und Kosten erreichen, langfristig ist eine solche Politik jedoch notwendig kontraproduktiv, weil sie Knappheit verschärft und Innovationen unterdrückt. Politik korrigiert Wirtschaft, aber sie betreibt sie nicht. [...]

Einen Befreiungsschlag wird es auch nach der Ampel wohl nicht geben. Politik ändert sich nicht, sondern akkumuliert sich und wirkt so fort. Dies führt dazu, dass nie weniger, sondern immer nur mehr Gesetze erlassen werden, die letztlich – in ihrer Kumulation – zu einer bürokratischen und fiskalischen Überlastung führen [...].

Bundeskanzler Olaf Scholz (SPD) spricht nach Krisentreffen des Koalitionsausschusses der Ampelkoalition zur Presse. Nach Entlassung von Finanzminister Christian Lindner (FDP) zerbricht die Regierung aus SPD, Grünen und FDP.

Das bedeutet im Umkehrschluss, dass es kaum möglich ist, wirklich neue Politik zu machen. Sie muss immer damit umgehen, was sie vorfindet.

Das gilt für den sozialen und wirtschaftlichen Zustand eines Landes wie für die regulatorischen und bürokratischen Rahmenbedingungen, die so träge sind, dass sie selbst zu einer Beschränkung und Nebenbedingung für Politik werden. Die politischen Anreize für eine echte Reformagenda sind zudem äußerst gering. Das gilt zumal für eine Gesellschaft, in der sich die Zukunftsperspektiven eingetrübt haben und Pessimismus herrscht.

Das Interesse am Erhalt des scheinbar bequemen Status quo dominiert den Mut zu einem echten Aufbruch in eine zugegeben unsichere, aber gerade deshalb aktiv zu gestaltende Zukunft. Und so endet die Ampel gewissermaßen mit einem Haushaltsentwurf, der als ein Scherbenhaufen der eigenen Ambitionen betrachtet werden kann: Verteidigung, Infrastruktur, Klima – kaum etwas ist übriggeblieben. Und es ist dabei nicht zuerst die Schuldenbremse, die daran schuld ist. Wer dies glaubt, hat selbst keine wirklichen Lösungen anzubieten. Fortschritt schafft Vermögen, aber Geld noch keine Zukunft.

Der Weg raus aus der Selbstverbarrikadierung der Politik wird nicht leicht. Die politische Arithmetik führt, ganz im Sinne der Akkumulation von Politik, nur zu neuen Kombinationen von Politik, aber nicht zu einer wirklich neuen Politik. Extremistische und populistische Ansätze taugen dafür nicht, ganz im Gegenteil, denn sie sind rückwärtsgewandt. Ein wesentlicher Schritt nach vorn könnte darin bestehen, die Politik in ihren Gestaltungs- und Kontrollansprüchen wieder stärker zurückzudrängen […].

Politik selbst kann, und darin liegt eine wichtige Erkenntnis, keinen Fortschritt erzielen. Sie kann nur die Richtung und die Bedingungen vorgeben, unter denen Fortschritt entsteht, der immer aus den Ideen von Menschen und ihrer Umsetzung in konkrete technische und soziale Lösungen besteht. […] Keine Politik ersetzt jemals die Kraft, die aus dem Optimismus, dem Freiraum und dem Ideenreichtum einer Gesellschaft erwächst. Die Ampel hat es nicht geschafft, diese Kraft zu mobilisieren.

Vöpel, Henning: Woran die Ampel gescheitert ist. In: www.focus.de, 20.08.2024

M2 Wahlergebnisse im Wandel: Stabilität in Gefahr?

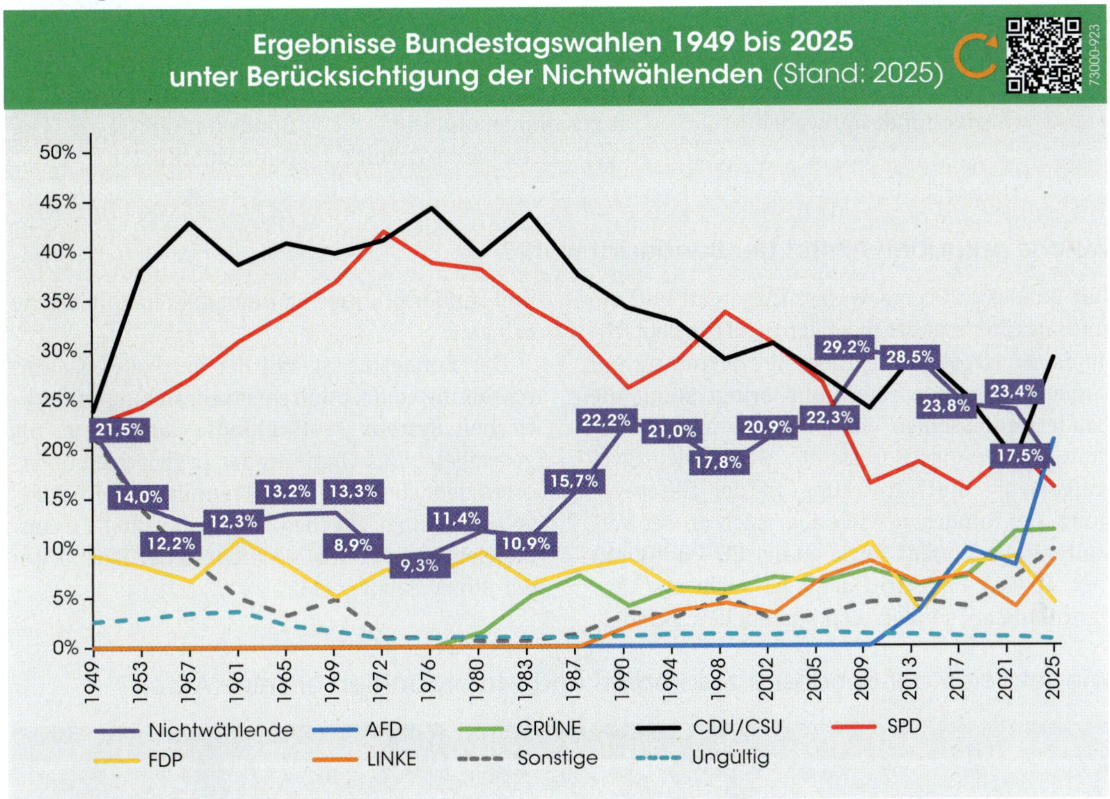

© C.C. Buchner Verlag, aktuelle Daten nach: Die Bundeswahlleiterin (Datenerhebung: 2025; Grafikerstellung: 2025)

Aufgaben

72003-421

1. Formulieren Sie die Kernthese des Autors Henning Vöpel zum Scheitern der Ampel-Koalition (**M1**). Welche Gründe nennt er für dieses Scheitern?

2. Erläutern Sie die Argumentation des Autors zur Diskrepanz zwischen den anfänglichen Zielen der Ampel-Koalition und den tatsächlichen Ergebnissen (**M1**). Inwiefern haben „alte Denkmuster" und „fehlender Fortschrittsbegriff" laut Vöpel zum Scheitern beigetragen?

3. Analysieren Sie, welche Rolle laut Vöpel ordnungspolitische Fehlannahmen für das Scheitern der Ampel-Koalition spielen (**M1**). Beziehen Sie dabei auch den Versuch der „Verschmelzung" von Staat und Wirtschaft sowie die langfristigen Auswirkungen auf Innovationen und Wirtschaft ein.

4. Nehmen Sie Stellung zu der Einschätzung des Autors, dass die Ampel-Koalition keine echte Reformpolitik umsetzen konnte und die politischen Rahmenbedingungen langfristig eine Reform erschweren (**M1**).

5. Erläutern Sie die Probleme, die bei der Regierungsbildung in Mehrparteienkoalitionen entstehen (**M1**). Wie haben sich diese Probleme in der Entwicklung der Ampel-Koalition gezeigt?

6. Diskutieren Sie, ausgehend von der in **M2** dargestellten Entwicklung, zukünftige Möglichkeiten zur Bildung stabiler Regierungen. Beziehen Sie dazu auch Aussagen von Henning Vöpel (**M1**) ein.

4.4.4 Der Bundesrat

Leitfragen

- Welche Aufgaben nimmt der Bundesrat wahr?
- Wie setzt sich der Bundesrat zusammen und wie organisiert er seine Arbeit?
- Wie beeinflusst der Bundesrat die Bundespolitik?

M1 Welche Aufgaben nimmt der Bundesrat wahr?

Der Bundesrat ist ein Verfassungsorgan und ein zentrales Element der föderalen Struktur Deutschlands. Er ist die institutionelle Vertretung der Länder auf Bundesebene und bringt somit die Länderinteressen in den politischen Entscheidungsprozess des Bundes ein. Seine wichtigste Aufgabe ist die Mitwirkung an der Gesetzgebung. Der Bundesrat wirkt aber auch an der Verwaltung des Bundes sowie an der EU-Politik mit (Art. 50 GG). Er vertritt demnach nicht nur Länderinteressen, sondern soll auch helfen, Bundes- und Länderinteressen miteinander in Einklang zu bringen.

Der Bundesrat ist Teil der vertikalen Gewaltenteilung und Gewaltenverschränkung im politischen System Deutschlands. Dabei ist er als gesetzgebendes Organ in der Legislative zu verorten, jedoch ist die klare Trennung zur Exekutive nur bedingt gegeben aufgrund seiner Zusammensetzung aus den Mitgliedern der Exekutiven der Bundesländer (› M2).

M2 Wie setzt sich der Bundesrat zusammen und wie organisiert er seine Arbeit?

Eine Sitzung des Bundesrates

Die Zusammensetzung des Bundesrates erfolgt nicht durch eine Wahl, sondern seine Mitglieder werden gemäß Art. 51 Abs. 1 GG von den Exekutiven der Länder entsandt. Das bedeutet, dass sich seine Zusammensetzung immer dann ändert, wenn es nach Wahlen in einem Bundesland zu Regierungswechseln kommt. Insofern kann man den Bundesrat als „ewiges Organ" bezeichnen, das keine begrenzte Wahlperiode hat. Für Beschlüsse des Bundesrates bedarf es einer absoluten Mehrheit seiner 69 Mitglieder. Das hat zur Folge, dass Enthaltungen wie ein Nein wirken.

Nach Art. 51 Abs. 2 GG hat jedes Bundesland im Bundesrat, abhängig von seiner Einwohnerzahl, mindestens drei und höchstens sechs Stimmen. So haben Länder unter zwei Millionen Einwohner drei, ab zwei Millionen Einwohnern vier, ab sechs Millionen Einwohnern fünf und ab sieben Millionen Einwohnern sechs Stimmen. Das Stimmgewicht der Bundesländer repräsentiert somit nicht ihre Einwohnerzahl, sondern entspringt einem Kompromiss, der darauf abzielt, ein Übertrumpfen der kleinen durch die großen und eine Majorisierung der großen durch die kleinen Länder zu verhindern.

Den Vorsitz im Bundesrat übernimmt jeweils ein Ministerpräsident eines Landes für ein Jahr.

Die Delegierten im Bundesrat haben im Gegensatz zu den Abgeordneten im Bundestag ein sog. „imperatives Mandat". Dies besagt, dass sie an Weisungen und Aufträge ihrer Landesregierungen gebunden sind. Außerdem müssen die Delegierten eines Landes ihre Stimmen einheitlich abgeben. In der Regel wird in den Koalitionsverträgen in den Bundesländern vereinbart, dass das Bundesland sich in Bundesratsabstimmungen enthalten muss, wenn die Regierungskoalitionen sich nicht auf eine gemeinsame Position einigen können.

M3 Was sind die Kompetenzen des Bundesrats?

- **Mitwirkung an der Gesetzgebung des Bundes**: Er kann Gesetzesvorlagen im Bundesrat einbringen und zu Gesetzesentwürfen der Bundesregierung Stellung nehmen. Bei Verfassungsänderungen und bei Gesetzen, die Länderinteressen berühren, ist seine Zustimmung erforderlich, damit das Gesetz in Kraft treten kann (Zustimmungsgesetze). Bei allen anderen Gesetzen kann er Einspruch einlegen (Einspruchsgesetze).
- **Mitwirkung an der Verwaltung:** Der Bundesrat wirkt beim Erlass von Rechtsverordnungen des Bundes mit; bei allgemeinen Verwaltungsvorschriften ist die Zustimmung des Bundesrates erforderlich.
- **Mitwirkung an der Europapolitik:** Wenn eine EU-Angelegenheit ausschließlich in die Länderkompetenz fällt, dann muss die Bundesregierung die vom Bundesrat ausgedrückten Interessen berücksichtigen.
- **Kontrolle des Bundes:** Der Bundesrat wacht darüber, dass der Bund nicht Kompetenzen an sich zieht, welche die Befugnisse der Länder aushöhlen. Bei zustimmungspflichtigen Gesetzen kontrolliert er, ob die Interessen der Länder ausreichend berücksichtigt wurden.
- **Mitwirkung an der Bestellung anderer Staatsorgane:** Der Bundesrat wählt die Hälfte der Richter des Bundesverfassungsgerichtes.

M4 Wo verlaufen die Konfliktlinien im Bundesrat?

Im Bundesrat gibt es zwei Konfliktlinien, die sich bei bestimmten Entscheidungen überlagern können:

- eine **Konfliktlinie zwischen Länderblöcken** im Bundesrat, etwa zwischen finanzstarken und -schwachen Ländern und
- eine **parteipolitische Konfliktlinie** zwischen den Parteien aufgrund der programmatischen/grundsätzlichen Orientierung und/oder dem Streben nach Stimmenmaximierung.

Die parteipolitische Konfliktlinie beherrscht gewöhnlich das Abstimmungsverhalten im Bundesrat. Dies führt bei gegensätzlichen Mehrheiten im Bundestag und im Bundesrat zur Verbreitung des Vorwurfs, die Oppositionsparteien missbrauchten den Bundesrat für ihre Zwecke. Dieser Vorwurf ist jedoch nicht unbedingt gerechtfertigt, weil die Landesregierungen durch die Landtagswahlen ins Amt kommen. Deshalb können die Wähler in den Bundesländern erwarten, dass sie landesspezifische Interessen im Bundesrat verfolgen.

Aufgaben

72003-422

1. Erklären Sie die Rolle des Bundesrates im politischen System der Bundesrepublik Deutschland (**M1**). Gehen Sie dabei auf seine Aufgaben im Rahmen des Föderalismus und der Gewaltenteilung ein.
2. Erläutern Sie die Zusammensetzung und Organisation des Bundesrates (**M2**). Beschreiben Sie, wie der Bundesrat sich zusammensetzt, welche Stimmrechte die Länder haben und wie die Arbeit der Delegierten durch das imperative Mandat beeinflusst wird.
3. Erläutern Sie die Konfliktlinien im Bundesrat und ihre Bedeutung für die politische Entscheidungsfindung auf Bundesebene (**M4**).

Der Einfluss des Bundesrates auf Gesetze in der Praxis am Beispiel der Cannabis-Legalisierung

M1 Chronologie der Cannabis-Gesetzgebung

- **Am 19. Januar 2017** verabschiedete der Bundestag das Gesetz zur Änderung betäubungsmittelrechtlicher und anderer Vorschriften, mit dem der Einsatz von Cannabis zu medizinischen Zwecken legalisiert wurde. Der Bundesrat stimmte dem Gesetz zu.

- **2021 Ampel-Koalitionsvertrag – Legalisierung von Genuss-Cannabis**

- **Verhandlung der Ampel-Koalition**: Nach der Bundestagswahl 2021 beschlossen SPD, Grüne und FDP in ihrem Koalitionsvertrag die „kontrollierte Abgabe von Cannabis an Erwachsene zu Genusszwecken in lizenzierten Geschäften". Das bedeutete eine größere Reform der bisherigen Gesetzgebung, die verschiedene Aspekte wie Jugendschutz, Gesundheit und den Einfluss auf den Schwarzmarkt einbeziehen müsste.

- **Frühjahr 2023: Entwurf des „Cannabisgesetzes"**

- **April 2023: Vorstellung des Eckpunktepapiers für ein neues Cannabisgesetz**:
  Dieses Gesetz sah zwei Stufen der Legalisierung vor:
  - Entkriminalisierung und der Anbau einer begrenzten Menge Cannabis für den Eigenbedarf,
  - Einrichtung von Cannabis-Clubs für den Anbau in Gemeinschaften.

  Vor allem konservative Länder wie Bayern kündigten Widerstand im Bundesrat an.

- **Beschluss der Bundesregierung**: Am 16. August 2023 verabschiedete das Bundeskabinett das „Gesetz zur Legalisierung des kontrollierten Eigenanbaus und des Erwerbs von Cannabis in Anbauvereinigungen" (Cannabisgesetz).

- **Inhalt des Gesetzes**:
  - Erwachsene dürfen bis zu 25 Gramm Cannabis besitzen.
  - Anbau in privaten Haushalten: Bis zu drei Pflanzen sind erlaubt.
  - Einrichtung von sogenannten Cannabis-Clubs für kollektiven Anbau.

  Mehrere Bundesländer äußerten Bedenken, insbesondere in Bezug auf den Jugendschutz und die praktische Umsetzung. Bayern und weitere konservative Länder lehnten das Gesetz weiterhin strikt ab. Allerdings ist das Gesetz nicht zustimmungspflichtig.

- **Oktober 2023: Verabschiedung des Cannabisgesetzes**
  Am 20. Oktober 2023 beschloss der Bundestag das Cannabisgesetz.
  Das Gesetz trat nach der Verkündigung des Bundespräsidenten in Kraft.

- **Weitere Entwicklung und Ausblick**
  Phase 2 (geplante Modellprojekte): Nach der Verabschiedung des Gesetzes steht nun die zweite Phase an, die ab 2024 den regulierten Verkauf von Cannabis in lizenzierten Geschäften im Rahmen von Modellprojekten umfassen soll.

M2 Widerstand der Länder wächst: Cannabis-Gesetz vor dem Aus?

Am 1. April [2024] sollte die Teillegalisierung von Cannabis in Kraft treten. Wohl für einen schlechten Scherz halten das die Innen- und Justizminister der Länder. Erst neulich platzte NRW-Innenminister Herbert Reul in einem ARD-Interview der Kragen, als es um die Kontrolle der neuen Regelungen ging: „Ich sage Ihnen, ich habe keine Lust, meine Polizisten mit so einem Scheiß zu beschäftigen."

Gesundheitsschädlich und jugendgefährdend, Ausweitung des Schwarzmarktes, zusätzliche Belastung für Polizei und Justiz: die von den Ländern angeführten Gründe für die Ablehnung sind vielfältig. Und offenbar so schwerwiegend, dass inzwischen gleich drei Ausschüsse des Bundesrats empfehlen, am 22. März [2024] im Bundesrat den Vermittlungsausschuss anzurufen. Aus der Ampel-Koalition heißt es, dies würde das Verfahren ausbremsen und sehr wahrscheinlich das Aus für das Gesetz bedeuten. Der gesundheitspolitische Sprecher der, Janosch Dahmen, zieht den Schluss: „Das Gesetz wäre dann gescheitert". Tatsächlich gibt es im Vermittlungsausschuss zahlreiche Möglichkeiten, um die Teillegalisierung auf die lange Bank zu schieben. […] Bundesgesundheitsminister Karl Lauterbach warnt davor, das Inkrafttreten zum 1. April [2024] hinauszuzögern. Aktueller Streitpunkt ist die geplante Amnestie für Altfälle. Bereits verhängte Haft- oder Geldstrafen wegen Cannabis-Delikten, die nach dem neuen Gesetz nicht mehr strafbar sind, sollen erlassen, beziehungsweise eingetragene Verurteilungen aus dem Bundeszentralregister gelöscht werden.

Die Länder befürchten angesichts Tausender Fälle eine Überlastung der Justiz. Karl Lauterbach hält am Samstag auf der Plattform X, früher Twitter, dagegen: „Durch Legalisierung fallen jährlich Zehntausende Konsumdelikte weg. Die Gerichte werden entlastet."

Auf der Zielgerade strauchelt das Gesetz, das die Droge für Erwachsene begrenzt legalisieren soll. CDU und CSU laufen seit langem Sturm. Bayerns Ministerpräsident Markus Söder sieht den eigenen Widerstand zunehmend bestätigt: „Wir wollen, dass der ganze Unfug gestoppt wird […] Das Gesetz ist ein einziges Chaos. Das sieht man schon daran, dass nahezu alle SPD-Innenminister es fundamental ablehnen."

Der gesundheitspolitische Sprecher der CDU/CSU-Bundestagsfraktion, Tino Sorge, kündigt an, das Gesetz, sollte es doch in Kraft treten, als eines der ersten wieder rückgängig zu machen, sollten

Bundesgesundheitsminister Karl Lauterbach (SPD) hält eine Rede im Bundesrat. In der 1042. Bundesratssitzung wurde über das Gesetz zur Legalisierung von Cannabis abgestimmt.

die Mehrheitsverhältnisse nach der Bundestagswahl andere sein. [...]

Der Bundestag hatte das Gesetz Ende Februar nach turbulenten Debatten verabschiedet. Von Verantwortungslosigkeit sprach die Union, Lauterbach konterte, die bisherige Drogenpolitik sei gescheitert, ein „weiter so" könne es nicht geben. Der Bundesdrogenbeauftragte, Burkhard Blienert, (SPD) appelliert jetzt in einem Schreiben, das dem ZDF vorliegt, an die Länder, endlich den Gesundheits- und Jugendschutz in den Mittelpunkt zu stellen: „Wir müssen den Neuanfang wagen." Den sehen allerdings viele Länder durch das neue Gesetz nicht gekommen.

Spiekermann, Britta: Cannabis-Gesetz vor dem Aus? In: www.zdf.de, 16.03.2024

M3 Bundesrat macht Weg frei: Cannabis-Gesetz gebilligt

Die Bundesländer haben [am 1. April 2024] den Weg für die Legalisierung von Cannabis freigemacht. Der Bundesrat billigte das bis zuletzt umstrittene Gesetz. Mit dem Gesetz der Ampel-Koalition werden der Konsum sowie in begrenzter Menge Besitz und Anbau der Droge für Erwachsene erlaubt.

Bisher steigt der Konsum trotz des bestehenden Verbots von Erwerb und Besitz besonders auch unter jungen Menschen, heißt es im Gesetzentwurf der Ampel-Regierung. Cannabis vom Schwarzmarkt sei zudem häufig von Verunreinigungen und Beimengungen betroffen. In der Drogenpolitik ist die geplante Legalisierung deshalb eine Zäsur: Man erkenne endlich die Lebenswirklichkeit vieler Menschen an und sorge ganz praktisch für mehr Gesundheitsschutz, argumentiert der Bundesdrogenbeauftragte Burkhard Blienert (SPD). Aber Gesundheitsminister Karl Lauterbach (SPD) betont auch: „Es wird zwar legal, aber es gibt Probleme." Bisher wüssten viele Eltern nicht, wie schädlich der Konsum sei. Vor allem junge Erwachsene sollten auf erhöhte Gefahren hingewiesen werden.

Wie soll die Legalisierung umgesetzt werden?

Cannabis wird im Betäubungsmittelgesetz von der Liste der verbotenen Stoffe gestrichen. Der Umgang damit soll dann künftig zwar per Gesetz grundsätzlich verboten sein – aber mit drei festgelegten Ausnahmen für Personen ab 18 Jahren. Diese betreffen den Besitz bestimmter Mengen, den privaten Eigenanbau sowie Anbau und Weitergabe in speziellen Vereinen. Generell nicht zu den verbotenen Tätigkeiten zählt gemäß den völkerrechtlichen Rahmenbedingungen der Eigenkonsum, wie es im Gesetzentwurf heißt. Tabu bleiben sollen der Umgang mit Cannabis und der Konsum in den militärischen Bereichen der Bundeswehr.

ZDFheute: Cannabis-Gesetz gebilligt: Was künftig gilt. In: www.zdfheute.de, 22.03.2024

Aufgaben

72003-423

1. Beschreiben Sie die Rolle des Bundesrats bei der Legalisierung von medizinischem Cannabis 2017 und der geplanten Legalisierung von Genuss-Cannabis 2023/2024 (**M1**).
2. Analysieren Sie die Gründe, warum mehrere Bundesländer gegen das Cannabisgesetz von 2023/2024 Widerstand leisteten und prüfen Sie, ob sich der Konflikt um die Cannabis-Legalisierung einer der großen Konfliktlinien im Bundesrat zuordnen lässt (**M2**).
3. Diskutieren Sie die möglichen Auswirkungen, wenn der Vermittlungsausschuss im Fall des Cannabis-Gesetzes 2024 angerufen würde (**M2**). Welche politischen und rechtlichen Konsequenzen könnten daraus folgen? (› Kap. 4.6)
4. Bewerten Sie den Einfluss des Bundesrats und des Vermittlungsausschusses auf den Prozess zur Cannabis-Legalisierung (**M1–M3**). Diskutieren Sie, inwiefern der föderale Aufbau Deutschlands zu unterschiedlichen Gesetzesumsetzungen in den Ländern führen und welche Auswirkungen dies auf die bundesweite Drogenpolitik haben könnte. (› Kap. 4.5)

4.4.5 Der Bundespräsident / die Bundespräsidentin

Leitfragen

- Wo steht der Bundespräsident im politischen System der Bundesrepublik?
- Welche sind seine Kompetenzen und Aufgaben?

M1 Bedeutung und Aufgaben des Bundespräsidenten

Der Bundespräsident ist das Staatsoberhaupt der Bundesrepublik Deutschland. Seine Stellung im politischen System ist überwiegend repräsentativ. Er steht **über den politischen Parteien** und soll das Staatsganze nach innen und außen vertreten. Damit ist er das höchste Verfassungsorgan, jedoch mit einer im Vergleich zu anderen Staatsorganen begrenzten politischen Macht. Seine Rolle ist nicht die eines politischen Entscheidungsträgers, sondern die eines vermittelnden und ordnenden Amtes.

Zu den wichtigsten Aufgaben des Bundespräsidenten gehören:

- **Ausfertigung und Prüfung von Gesetzen**: Bevor ein Gesetz in Kraft treten kann, muss es vom Bundespräsidenten unterzeichnet werden. Bei verfassungsrechtlichen Bedenken kann er die Ausfertigung verweigern.
- **Ernennung und Entlassung von Bundeskanzler, Bundesministern und Bundesrichtern**: Die formale Ernennung erfolgt durch den Bundespräsidenten. Bei Entlassungen handelt er auf Vorschlag des Bundeskanzlers.
- **Abschluss völkerrechtlicher Verträge**: Internationale Verträge werden von ihm unterzeichnet, jedoch nur mit Zustimmung von Bundestag und Bundesrat.
- **Begnadigungsrecht**: Er kann Einzelpersonen von rechtskräftig verhängten Strafen begnadigen.

In politischen Krisenzeiten mit unklaren Mehrheitsverhältnissen nach einer Bundestagswahl kommen dem Bundespräsidenten zwei verfassungsrechtlich bedeutsame Einflussmöglichkeiten zu:

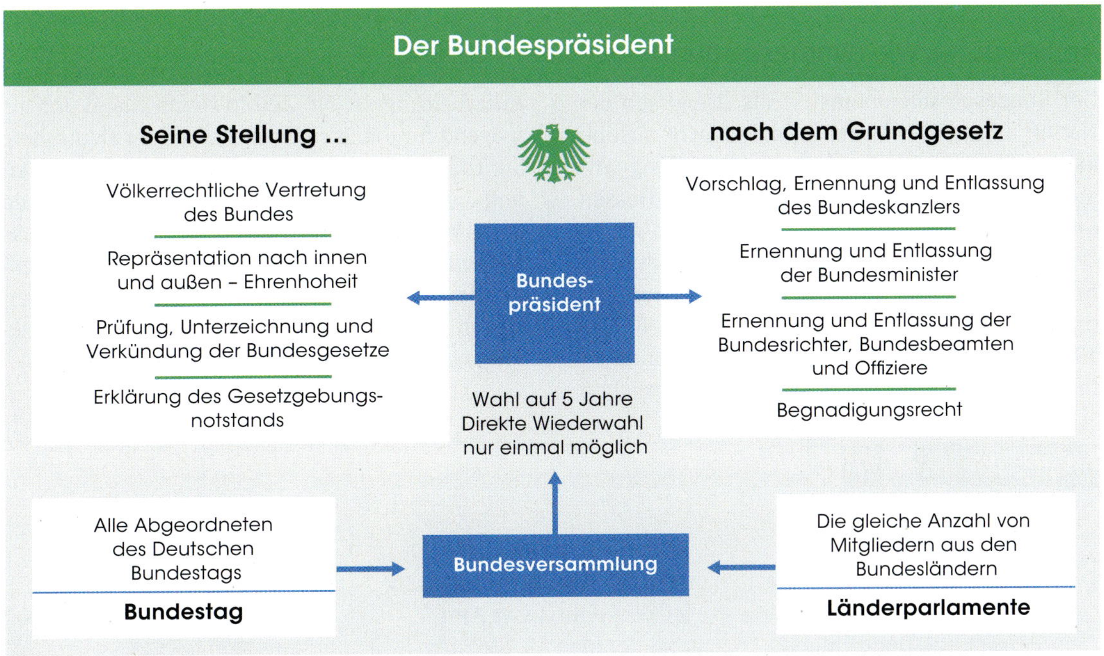

Nach: Bergmoser + Höller Verlag AG; Zahlenbilder 67100

- Eine besondere Rolle spielt der Bundespräsident bei der **Regierungsbildung**: Er schlägt dem Bundestag einen Kandidaten oder eine Kandidatin für das Amt des Bundeskanzlers vor. Meist folgt er dabei dem Willen der parlamentarischen Mehrheit, formal ist es jedoch sein Vorschlagsrecht. In politischen Krisenzeiten und/oder bei unklaren Mehrheitsverhältnissen nach einer Bundestagswahl kann er mit einem Kandidatenvorschlag Einfluss nehmen.
- Kommt es zu einer **gescheiterten Vertrauensfrage**, kann der Bundespräsident entscheiden, ob der Bundestag aufgelöst wird. Er ist dabei nicht verpflichtet, dem Vorschlag der Kanzlerin oder des Kanzlers zu folgen – er kann die Auflösung auch ablehnen. Diese Kompetenz verleiht ihm in Ausnahmesituationen ein gewisses **politisches Ermessen**, das über reine Formalien hinausgeht. Dennoch agiert der Bundespräsident stets in der Rolle des neutralen Schlichters und Repräsentanten des Verfassungsstaates.

Den größten Einfluss auf die innere und äußere Politik übt der Bundespräsident durch die Wirkung seiner Persönlichkeit, insbesondere durch seine Überzeugungskraft und sein Ansehen aus. Dies kommt überwiegend durch seine Reden zur Geltung, in denen er auf Fehlentwicklungen und notwendige Veränderungen hinweisen kann. Jenseits vom politischen Tagesgeschäft kann er moralische Grundsätze für das Zusammenleben in der Gesellschaft hervorheben, zur Gemeinsamkeit aufrufen und bei Staatsbesuchen im Ausland das internationale Ansehen der Bundesrepublik fördern.

M2 Wie kommt der Bundespräsident ins Amt?

Die Amtszeit des Bundespräsidenten beträgt fünf Jahre. Er kann nur einmal wiedergewählt werden. Wählbar ist jeder Deutsche, der das Wahlrecht zum Deutschen Bundestag besitzt und das 40. Lebensjahr zum Zeitpunkt der Wahl vollendet hat. Die Wahl erfolgt durch die zu diesem Zweck zusammentretende Bundesversammlung, bestehend aus allen Bundestagsabgeordneten und einer gleichen Anzahl von Delegierten der Landesparlamente. Diese Delegierten müssen keine Abgeordneten der Länderparlamente sein; es werden meist Menschen aus der Mitte der Gesellschaft (z. B. aus Kunst, Sport, Verbänden, Medien) in die Bundesversammlung entsandt. Gewählt ist, wer im ersten oder zweiten Wahlgang die absolute Mehrheit erhält. Im dritten Wahlgang reicht die relative Mehrheit aus.

M3 Amtsführung: Wie nimmt der Bundespräsident Einfluss?

Der Bundespräsident fungiert als „Gewissen der Nation“. Obwohl er keine formale Macht ausübt, kann er durch Reden und öffentliche Stellungnahmen die gesellschaftliche Debatte beeinflussen und Missstände ansprechen. Seine Worte geben Denkanstöße und weisen auf Fehlentwicklungen hin. So gilt z. B. die Rede des damaligen Bundespräsidenten Richard von Weizsäcker am 8. Mai 1985 in einer Gedenkfeier im Deutschen Bundestag bis heute als ein Meilenstein der öffentlichen Aufarbeitung der NS-Zeit in Deutschland und als prägend für die Erinnerungskultur der Deutschen. Sie thematisierte den Völkermord an den Juden und die deutsche Schuld und bezeichnet das Ende des 2. Weltkrieges als „Befreiung“. Im Inland muss der Bundespräsident seine Reden nicht mit dem Bundeskanzler abstimmen, im Ausland hingegen legt er diese vorab dem Bundeskanzler zur Prüfung vor.

Aufgaben

72003-424

1. Beschreiben Sie die Rolle des Bundespräsidenten im politischen System der Bundesrepublik Deutschland (**M1**, **M3**).
2. Erläutern Sie die These „Das Amt des Bundespräsidenten ist kein politisches Amt.“ und nehmen Sie Stellung dazu (**M1–M3**).
3. Erklären Sie die besondere Rolle des Bundespräsidenten in politischen Krisenzeiten (**M1**).

Wie wirkt der Bundespräsident in Krisenzeiten?

M1 „Extremisten waren schon immer das Unglück unseres Landes"– Bundespräsident Frank-Walter Steinmeier im Interview mit der Süddeutschen Zeitung

SZ: Deutschland hat eine unruhige Woche hinter sich. Die Bauern haben im ganzen Land protestiert. [...] Hätte Olaf Scholz früher mit den Bauern reden müssen?

Frank-Walter Steinmeier: Ich finde es in der augenblicklichen Situation dringend notwendig, dass persönliche Gespräche stattfinden. [...] Sprachlosigkeit zwischen der Bundesregierung und den Bauern schadet allen Beteiligten.

[...] Das Vertrauen in [die] Regierung ist so niedrig wie noch nie. Und die AfD könnte bei den drei Landtagswahlen in diesem Jahr stärkste Partei werden. Was hat die Bundesregierung da falsch gemacht?

Wir sind in einer außergewöhnlichen Situation. Die vielen aufeinanderfolgenden Krisen schaffen Verunsicherung. Klar ist aber auch: Wenn die Glaubwürdigkeit einer Regierung sinkt, hängt das auch damit zusammen, dass Entscheidungen nicht ausreichend kommuniziert oder akzeptiert worden sind oder von internem Streit, der nach außen dringt, überlagert werden. Die Regierung muss ein Interesse daran haben, das zu verbessern. [...]

Würden Sie versuchen, Scholz und Merz zu einer großen Koalition zu bewegen für den Fall, dass die Ampelkoalition zerbrechen sollte? Oder lieber Neuwahlen ermöglichen?

Die Väter und Mütter des Grundgesetzes haben aus Weimar die Lehre gezogen, dass es nie wieder politische Instabilität geben darf. Dass es keine vorschnelle Auflösung von Parlamenten und keine regierungslosen Zeiten geben soll. Wegen dieser strikten Vorgaben schauen wir in Deutschland auf eine lange Zeit der politischen Stabilität zurück.

Ihr Plädoyer für Stabilität bedeutet, dass Sie vorzeitige Neuwahlen vermeiden möchten?

Es ist nicht meine Aufgabe, über einen Koalitionsbruch zu spekulieren. Die bevorstehenden Entscheidungen im Bundestag, etwa über den Haushalt, werden Auskunft darüber geben, wie es um die Stabilität der Koalition bestellt ist. Wir haben eine Regierung, die für vier Jahre gewählt ist.

Bundespräsident Frank-Walter Steinmeier an seinem zeitweiligen Amtssitz im Hotel zum Weissen Ross in Delitzsch. Steinmeier verlegt im Rahmen seiner Reihe „Ortszeit Deutschland" seinen Amtssitz in verschiedene Regionen in Deutschland, um mit Bürgerinnen und Bürgern ins Gespräch zu kommen.

Es gibt nicht nur einen Vertrauensverlust in die Regierung, sondern generell in die Politik.

Es ist tatsächlich einiges ins Rutschen geraten. Die politischen Sitten sind verroht, mindestens in den sozialen Medien. Von Respekt gegenüber Andersmeinenden ist nur noch wenig zu spüren. Auch der Respekt vor demokratischen Institutionen und ihren Repräsentanten schwindet. Immer mehr Menschen nehmen ihr eigenes Interesse für das Ganze und leiten daraus das Recht ab, die Dinge selbst in die Hand zu nehmen. [...]

Was ist die Konsequenz daraus?

[...] Wir brauchen Auseinandersetzungen, auch scharfe. Aber wir brauchen ebenso Ausgleich und die Bereitschaft zum Kompromiss. Wer diese Grundregeln gesellschaftlichen Miteinanders infrage stellt, der gefährdet die Demokratie.

Was werden Sie in diesem Jahr tun, um das „nicht einfach so weiterlaufen" zu lassen?

Als ich vor sieben Jahren ins Amt kam, habe ich zur Verwunderung einiger gesagt, dass das Hauptthema meiner Amtszeit der Schutz der Demokratie sein wird. [...] Ich habe deshalb frühzeitig gesagt, wir müssen das Zusammenleben in unserer Gesellschaft stabilisieren. Dazu gehört die Würdigung des Ehrenamtes, ebenso der Respekt vor den

Bundespräsident Frank-Walter Steinmeier spricht mit Bürgerinnen und Bürgern über eine soziale Pflichtzeit.

demokratischen Institutionen. Dazu gehört für mich aber auch, dass wir überall dort, wo Entfremdungen stattgefunden haben, etwa zwischen Stadt und Land, diese nicht nur einfach feststellen. Sondern, dass wir gegen diese Entfremdungen vorgehen. [...]

Ist es eine Gefahr für die Demokratie, wenn die AfD [...] eine oder mehrere Landtagswahlen gewinnt?

Die Verantwortung tragen die Wählerinnen und Wähler. Und vor dieser Verantwortung kann sich niemand drücken, der den Weg in die Wahlkabine antritt. Ich hoffe, dass jeder, der wählt, das nicht nur in einer Stimmung von Wut oder Frust tut – sondern auch im Bewusstsein über die Folgen. [...]

Das war eine sehr allgemeine Antwort.

Mit unserer Demokratie, wie sie das Grundgesetz geprägt hat, haben wir bisher sehr gut gelebt. In diesem Land ist vieles gelungen, wonach andere sich sehnen. Es ist gelungen, weil es bei uns auch nach scharfen politischen Auseinandersetzungen die Bereitschaft zum Kompromiss gab. Ich würde mir sehr wünschen, dass sich das jeder Wähler vor der Stimmabgabe sehr nachdrücklich in Erinnerung ruft. Wenn wir in die Geschichte zurückschauen, stellen wir fest: Extremisten waren immer das Unglück unseres Landes.

Der langjährige Verfassungsgerichtspräsident Andreas Voßkuhle hat gesagt, es sei durchaus möglich, dass sich unsere westliche Demokratie nur als eine kurze Phase in der Geschichte der Menschheit erweise. Hat er übertrieben?

Die Demokratie ist nicht vom Himmel gefallen. Die Demokratie ist nie auf Ewigkeit garantiert. Sie lebt nicht nur vom Grundgesetz, sondern auch vom Engagement ihrer Bürgerinnen und Bürger. Dieses Engagement brauchen wir. [...] Ich bin deshalb erschüttert über die Beschimpfungen und die tätlichen Angriffe, die es sogar schon auf der kommunalen Ebene gibt. Wenn sich deshalb Verantwortungsträger zurückziehen oder sich Menschen erst gar nicht entschließen, Verantwortung zu übernehmen, dann trocknet die Demokratie von unten aus.

Nähern wir uns den Weimarer Verhältnissen der 1920er-Jahre?
Wir haben heute eine andere Situation. Das hängt zum einen mit der Nachkriegssituation 1918 zusammen, mit der Hyperinflation, mit der Massenarbeitslosigkeit. Das gibt es heute nicht. Zum anderen darf man trotz aller Sorge wegen der Extremisten von rechts zwei Dinge nicht unterschätzen. Wir haben heute Sicherungen im deutschen Grundgesetz, die die Weimarer Verfassung nicht hatte.

Gefahren gibt es ja nicht nur im Inneren, sondern auch im Äußeren. Verteidigungsminister Boris Pistorius hat gesagt, Deutschland müsse kriegstüchtig werden. Ist dieser Begriff angemessen?
Ich bin froh über einen Verteidigungsminister, der in seinem Ressort in kurzer Zeit viel bewegt hat. Und der die Deutschen dazu bewegt, sich ehrlich zu machen. Erstens zeigt uns der Krieg Russlands gegen die Ukraine, dass wir mehr tun müssen, um unser Land zu verteidigen. Zweitens nahen die Präsidentschaftswahlen in den USA, und jede künftige Regierung wird erwarten, dass die Europäer mehr für die Nato tun. Das geht nicht ohne Deutschland.

Befürworten Sie den Vorschlag von Pistorius, eine „Wehrpflicht light" nach schwedischem Vorbild einzuführen, also zumindest eine allgemeine Pflicht zur Musterung?
Das Verteidigungsministerium muss Vorstellungen entwickeln, wie es Personal gewinnt. [...] Ich sehe das Thema noch aus einer anderen Perspektive. Aus Sorge um die Demokratie habe ich eine soziale Pflichtzeit vorgeschlagen: Jeder sollte sich einmal im Leben in den Dienst der Gemeinschaft stellen. Das bringt Menschen aus unterschiedlichen Lebenswelten zusammen und stärkt den Zusammenhalt. Zu einem solchen Dienst könnte auch der in der Bundeswehr gehören.

Sind Sie enttäuscht, dass Ihr Vorschlag bisher nicht umgesetzt wurde?
Mir war klar, dass mein Vorschlag umstritten sein würde, über Pflichten reden wir nicht so gern in unserem Land. Trotzdem habe ich den Eindruck, dass die Zustimmung in der Bevölkerung zur sozialen Pflichtzeit gewachsen ist. Und insofern bin ich erstaunt, dass es von der Koalition nicht aufgegriffen wird. [...] Ich bleibe an der Sache dran.

Richter, Nicolas / Roßmann, Robert: „Extremisten waren immer das Unglück unseres Landes". In: www.sueddeutsche.de, 12.01.2024

Aufgaben

72003-425

1. Analysieren Sie die Aussagen von Bundespräsident Frank-Walter Steinmeier zur politischen Verantwortung der Bundesregierung gegenüber der Gesellschaft. Gehen Sie dabei insbesondere auf seine Kritik an der Kommunikation der Regierung und seine Forderungen nach einer Zusammenarbeit über politische Grenzen hinweg ein.
2. Erklären Sie Steinmeiers Warnung vor Extremismus, besonders im Hinblick auf mögliche Wahlerfolge der AfD. Gehen Sie auf die Rolle von Bürgerinnen und Bürgern sowie Staat beim Schutz demokratischer Werte ein.
3. Diskutieren Sie, ausgehend von Steinmeiers Vorschlag zur Einführung einer sozialen Pflichtzeit, die Rolle des Bundespräsidenten als moralische Autorität in der Bundesrepublik. Inwiefern ist es Aufgabe des Bundespräsidenten, gesellschaftspolitische Initiativen wie die soziale Pflichtzeit vorzuschlagen? Welchen Einfluss kann er auf politische Entscheidungen in diesem Zusammenhang nehmen?
4. Analysieren Sie die Rolle des Bundespräsidenten in politischen Krisen und stellen Sie dar, wie Steinmeier auf politische Instabilität Bezug nimmt.
5. Erörtern Sie, inwiefern der Bundespräsident eine Vorbildfunktion in der politischen Kultur Deutschlands hat und in welchem Umfang er durch Reden und symbolische Akte nach Art. 82 des Grundgesetzes zur Stabilisierung der Demokratie beitragen kann. Nutzen Sie Beispiele aus dem Interview und dem aktuellen politischen Kontext.

4.4.6 Das Bundesverfassungsgericht

Leitfragen

- Welche Aufgaben hat das Bundesverfassungsgericht?
- Wie ist das Bundesverfassungsgericht organisiert?
- Welche Stellung hat es im politischen System der Bundesrepublik?

M1 Welche Aufgaben hat das Bundesverfassungsgericht?

Das Bundesverfassungsgericht mit Sitz in Karlsruhe wacht als „Hüterin der Verfassung“ über die Einhaltung des Grundgesetzes. Es ist ein unabhängiges Verfassungsorgan der Justiz und hat den gleichen Verfassungsrang wie die anderen obersten Bundesorgane. Es wurde nach den Erfahrungen mit dem Nationalsozialismus im politischen System der Bundesrepublik verankert, um Machtmissbrauch durch staatliche Institutionen vorzubeugen. Das Verfassungsgericht hat weitreichende Befugnisse. Es darf Gesetze für nichtig erklären,, Gerichtsurteile aufheben und Rechte und Pflichten von Staatsorganen festlegen. Es kann ebenfalls Handlungen aller Verwaltungsebenen aufheben bzw. sie zum Handeln auffordern. Insofern ist es auch das höchste Gericht der Bundesrepublik.

Für das Bundesverfassungsgericht ist das Vertrauen der Bürgerinnen und Bürger in seine neutrale Position eine ganz zentrale Währung. Eine wichtige Aufgabe ist es, bei gesellschaftlich umstrittenen Fragen eine objektive Entscheidung auf Grundlage der Verfassung zu treffen und so gesellschaftlichen Frieden zu sichern. Grundsatzurteile – etwa zum Recht auf informationelle Selbstbestimmung oder zur Religionsfreiheit – prägten wiederholt den gesellschaftlichen Diskurs in Deutschland. Auch zeigt sich die Bedeutung des Bundesverfassungsgerichts, wenn es bei besonderer Dringlichkeit eilige Entscheidungen im sogenannten einstweiligen Rechtsschutz fällt. Eine solche vorläufige Regelung trifft das Bundesverfassungsgericht, um vor einer endgültigen

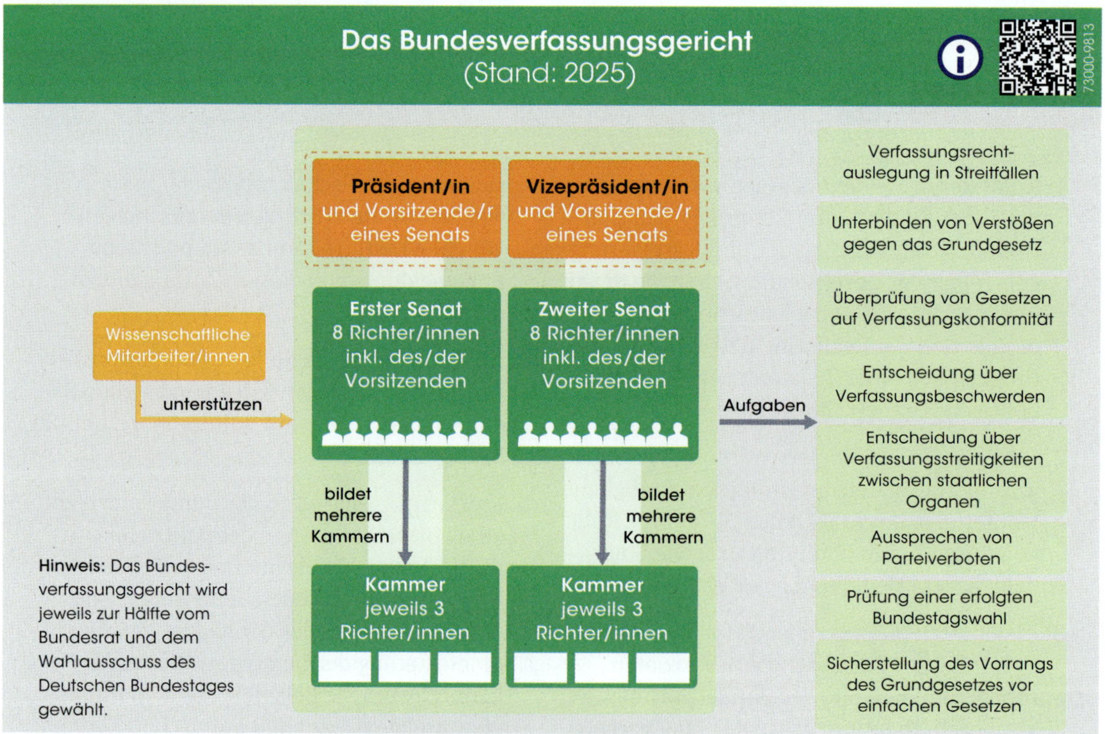

© C.C. Buchner Verlag, Daten nach: www.bundesverfassungsgericht.de, 2025

Der Erste Senat des Bundesverfassungsgerichts eröffnet eine mündliche Verhandlung.

Entscheidung vorläufigen Schutz zu gewähren und dadurch mögliche Nachteile zu vermeiden. Mit seinen Urteilen gibt das Gericht immer auch Maßstäbe für künftige Gesetzgebung und Verwaltungstätigkeit vor. Seine Aufgaben umfassen unterschiedliche Bereiche der Rechtsprechung:

- Entscheidung über **Verfassungsbeschwerden** von Bürgerinnen und Bürgern, die sich durch die deutsche „öffentliche Gewalt" in ihren Grundrechten verletzt fühlen
- **Konkrete Normenkontrolle**: Hält ein Fachgericht ein Gesetz, auf dessen Gültigkeit es bei der Entscheidung ankommt, für verfassungswidrig, so setzt es das Verfahren aus und holt die Entscheidung des Bundesverfassungsgerichts ein. **Beispiel:** Ein Verwaltungsgericht hält die in einem Landesgesetz vorgesehenen Studiengebühren für verfassungswidrig und legt die Klagen gegen die Gebührenbescheide dem Bundesverfassungsgericht vor. Das Bundesverfassungsgericht entscheidet ausschließlich über die Verfassungsmäßigkeit der vorgelegten Normen. Danach schließt das Verwaltungsgericht das Verfahren unter Beachtung der Entscheidung des Bundesverfassungsgerichts ab.
- **Abstrakte Normenkontrolle:** Die Bundesregierung, ein Viertel der Mitglieder des Bundestages oder eine der Länderregierungen will die Verfassungsmäßigkeit eines Gesetzes überprüfen lassen. **Beispiel:** Die Regierung eines Bundeslandes hält das neue Wahlgesetz zum Bundestag für nicht verfassungskonform und legt Verfassungsbeschwerde ein.
- **Schutz von Demokratie und Verfassung:** Nur das Bundesverfassungsgericht kann verfassungsfeindliche Parteien auf Antrag des Bundestags, des Bundesrates oder der Bundesregierung verbieten. Dabei sind die Hürden für ein Parteienverbot sehr hoch, weil Parteien als Bindeglieder zwischen den Wählerinnen und Wählern einerseits sowie den staatlichen Institutionen andererseits wirken und deshalb wesentlich für das Funktionieren der repräsentativen Demokratie sind.
- **Organstreitigkeiten:** Oberste Bundesorgane und ihnen gleichgestellte Organe können ihre gegenseitigen Rechte und Pflichten aus der Verfassung klären lassen. Ebenso können Bund und Länder ihre Zuständigkeiten innerhalb des bundesstaatlichen Gefüges verteidigen.

Wenn das Bundesverfassungsgericht ein Gesetz für nicht verfassungsgemäß befindet, kann es dieses für nichtig erklären. Entscheidungen des Bundesverfassungsgerichtes sind für alle staatlichen Organe verbindlich; gegen seine Urteile gibt es keine Möglichkeit der Berufung. Das Bundesverfassungsgericht ist allerdings kein politisches Organ; es darf selbst keine aktive Politik anstelle des Parlamentes oder der Regierung machen, d.h. keine politischen Entscheidungen treffen. Sein Maßstab ist allein das Grundgesetz. Es darf auch nicht aus eigenem Antrieb aktiv werden, sondern es muss angerufen werden, indem Klage bei ihm eingereicht wird.

M2 Zusammensetzung und Rechtsprechung des Bundesverfassungsgerichtes

Jeder Bürger, der glaubt, durch staatliches Handeln in seinen Grundrechten verletzt zu sein, kann Verfassungsbeschwerde einlegen. Vorher muss allerdings der „normale" Rechtsweg ausgeschöpft worden sein, falls es nicht um eine Beschwerde mit „allgemeiner Bedeutung" geht. Auch staatliche Organe können das Bundesverfassungsgericht in verschiedenen Fällen anrufen.

Im Grundgesetz erstreckten sich die Festlegungen zum Bundesverfassungsgericht bis zum Jahr 2024 lediglich auf dessen Status als Teil der Rechtsprechung sowie auf seine Zuständigkeiten und Verfahrensarten. Genaueres regelte das „Gesetz über das Bundesverfassungsgericht" (BVerfGG) von 1951. Das BVerfGG kann aber mit einfacher Mehrheit geändert werden, so dass bei einer entsprechenden Zusammensetzung des Parlaments das Bundesverfassungsgericht als Kontrollinstanz relativ einfach ausgeschaltet werden könnte.

Aus diesem Grund beschloss der Bundestag Ende 2024, das BVerfG im Grundgesetz detaillierter zu verankern. Dabei wurden viele Regelungen des BVerfGG ins Grundgesetz übertragen: So benennt der neu gefasste Art. 93 Abs. 1 GG den Status des BVerfG als Verfassungsorgan und als selbständiger und unabhängiger Gerichtshof des Bundes. Auch die vorher nur im BVerfGG festgeschriebene Gliederung des Gerichts in zwei Senate mit jeweils acht Richterinnen und Richtern wurde nun im Grundgesetz fixiert (Art. 93 Abs. 2 GG). Jeder Senat urteilt als „das Bundesverfassungsgericht" und hat einen festen Zuständigkeitsbereich.

Die bisherigen einfachgesetzlichen Regelungen zur Amtszeit von 12 Jahren und des Ausschlusses einer Wiederwahl im BVerfGG finden sich nun auch im Grundgesetz wieder (Art. 93 Abs. 3 GG). Um die Funktionsfähigkeit des Gerichts sicherzustellen, führen die Richterinnen und Richter nach Ablauf ihrer Amtszeit die Geschäfte bis zur Ernennung eines Nachfolgers weiter.

Die Richterinnen und Richter werden jeweils zur Hälfte durch einen Richter-Wahlausschuss des Bundestages sowie vom Bundesrat gewählt. Für die Wahl der Verfassungsrichterinnen und -richter sind in beiden Institutionen Zweidrittelmehrheiten nötig, so dass in der Regel keine Partei einen Kandidaten im Alleingang durchsetzen kann und stark polarisierende Kandidaten keine Chancen haben.

Die parteiübergreifenden Mehrheiten bei der Richterwahl tragen dazu bei, die Unabhängigkeit des Gerichts und die gesellschaftliche Akzeptanz seiner Entscheidungen zu stärken. Die Überparteilichkeit des Bundesverfassungsgerichts ist von besonderer Bedeutung für das Vertrauen der Bevölkerung in diese Institution.

Aufgaben

72003-426

1. Erklären Sie, wie das Bundesverfassungsgericht die Verfassungsmäßigkeit von Gesetzen überprüft (**M1**). Nennen Sie dabei die Unterschiede zwischen der konkreten und der abstrakten Normenkontrolle.
2. Beschreiben Sie die Zusammensetzung des Bundesverfassungsgerichts und erläutern Sie das Wahlverfahren der Richterinnen und Richter (**M2**). Warum sind für die Wahl Zweidrittelmehrheiten erforderlich?
3. Erläutern Sie die Rolle des Bundesverfassungsgerichts im politischen System der Bundesrepublik Deutschland (**M1, M2**). Inwiefern unterscheidet es sich von anderen Verfassungsorganen?

Wie neutral müssen Verfassungsrichter sein?

M1 Das Verfassungsgericht braucht unterschiedliche Meinungen und profilierte Juristinnen und Juristen

Am [11.07.2025 soll] der Bundestag drei neue Verfassungsrichter [wählen]. Doch eine SPD-Kandidatin hatte im Vorfeld für Diskussionen gesorgt – wegen einer früheren Äußerung zu Schwangerschaftsabbrüchen. [...]

Es geht um die Potsdamer Jura-Professorin Frauke Brosius-Gersdorf. Sie war Teil der Expertenkommission, die die Legalisierung von Abbrüchen in der frühen Schwangerschaft empfohlen hatte. Auch in einem wissenschaftlichen Artikel kommt sie zu dem Schluss, dass es „gute Gründe" dafür gebe, dass die Menschenwürde erst ab der Geburt gelte. In einem Gastbeitrag für den Tagesspiegel hatte Brosius-Gersdorf sich zudem zum Kopftuchverbot geäußert. Dieses verstoße bei Rechtsreferendarinnen „nicht gegen das Neutralitätsgebot des Staates".

Stimmen aus der Union ist das zu links. Die CDU-Abgeordnete Saskia Ludwig nennt die Kandidatin sogar „unwählbar". Christian Löffler ist Vorsitzender des Richterbundes in Sachsen-Anhalt und betont: Neutralität im Amt sei ein zwingendes Gebot des Rechtsstaatsprinzips, Meinungsvielfalt in der Wissenschaft aber genauso wichtig. „Bei Rechtsprofessoren ist es ja gerade so, dass diese in der Wissenschaft tätig sind und dort auch das Recht weiterentwickeln sollen. Und da ist es gerade wichtig, dass Rechtsprofessoren auch unterschiedliche Meinungen vertreten." Das heißt: Wenn Brosius-Gersdorf sich vorher als Wissenschaftlerin äußerte, ist daran erstmal nichts zu beanstanden. [...]

Frauke Brosius-Gersdorf ist Rechtswissenschaftlerin und hat den Lehrstuhl für Öffentliches Recht an der Universität Potsdam inne.

[André Brodocz, Professor für Politische Theorie an der Uni Erfurt] hält die Kritik an Brosius-Gersdorf für nicht berechtigt: „Weil nämlich die rechtliche Eignung einer Person als Verfassungsrichterin oder -richter nicht davon abhängt, dass diese Person alle bisherigen Positionen und Urteile des Bundesverfassungsgerichts aus der Vergangenheit teilt. [...]"

Eine einzelne Person am Bundesverfassungsgericht habe auch nicht so viel Einfluss, wie viele denken, sagt Brodocz. Zum einen, weil die Richterinnen und Richter dort kein Urteil allein treffen. Dies geschieht entweder zu dritt, meistens zu acht. Der zweite wichtige Punkt, der diesen Einfluss eines Einzelnen auf die lange Rechtsprechung stark einschränkt, ist die Amtszeit.

Bötscher, Sarah: Wie neutral müssen Verfassungsrichter sein? In: www.mdr.de, 11.07.2025

M2 Verfassungsrichterinnen und -richter dürfen nicht polarisieren

Der SPD-Vorschlag, die Potsdamer Juristin Frauke Brosius-Gersdorf zur Verfassungsrichterin zu machen, wirft ein Schlaglicht auf die Frage: Was muss eine Persönlichkeit mitbringen, um ein guter Richter oder eine gute Richterin zu werden? [...]

Das Grundgesetz gilt für alle. Deshalb muss das Verfassungsgericht politisch neutral und unvoreingenommen sein. Es muss aber gleichzeitig ein politisches Gespür haben, weil seine Entscheidungen natürlich politische Auswirkungen haben. Politisch neutral, aber nicht unpolitisch – das erwarten wir vom Bundesverfassungsgericht. Und das ist schwierig. Karlsruhe muss heftigste politische Konflikte mit den Mitteln des (Verfassungs-) Rechts lösen. Seine Entscheidungen müssen Frieden schaffen. Deshalb muss es Lösungen finden, die ganz breit akzeptiert werden. Die Richter verfehlen ihre Aufgabe, wenn sie sich an die Spitze des gesellschaftlichen Fortschritts setzen. Richterlicher Aktivismus spaltet die Gesellschaft und verletzt die Gewaltenteilung. Denn Karlsruhe ist nicht der Gesetzgeber, der – mit den entsprechenden Mehrheiten im Parlament – gesellschaftlichen Fortschritt forcieren kann.

Der politische und gesellschaftliche Zeitgeist stellt das Gericht vor Herausforderungen. Das Grundgesetz soll eine „lebende Verfassung“ sein. Es muss im Kontakt mit der Gesellschaft stehen und sich dabei weiterentwickeln. Es soll nicht „versteinern“. Der Grund dafür ist klar: Wenn der Abstand zwischen einer Verfassung und dem echten Leben zu groß wird, kann die Verfassung nicht mehr wirken. Sie wird schlicht nicht mehr ernst genommen. Gleichzeitig muss das Grundgesetz aber die „ewigen Werte“ schützen. Die Menschenwürde etwa, das Demokratieprinzip und das Rechtsstaatsprinzip sind nicht verhandelbar. [...] Was der demokratische Rechtsstaat von [(Verfassungs-)Richtern] verlangt, ist: Sie müssen sich ihres Vorverständnisses bewusst sein und sich davon im konkreten Fall nicht leiten lassen. Ihre Entscheidung muss von unvoreingenommenen und neutralen rechtlichen Erwägungen abhängen; subjektive Faktoren dürfen sie nicht beeinflussen. Das ist schwierig und wird natürlich nicht vollständig gelingen. Aber darum bemühen müssen sich gute Richter immer.

Volker Boehme-Neßler ist Rechtswissenschaftler. Er ist Professor für Öffentliches Recht und Medien- und Telekommunikationsrecht an der Carl von Ossietzky Universität Oldenburg.

Vor diesem Anforderungsprofil kann Frauke Brosius-Gersdorf, die Kandidatin, nicht bestehen. Sie äußert sich klar und nicht selten apodiktisch [= unumstößlich] zu hochpolitischen und äußerst umstrittenen Fragen. Ihre Äußerungen zur Impfpflicht, zum „Gendern“, zum AfD-Verbot, zur Strafbarkeit der Abtreibung, zum Kopftuch-Verbot im Gerichtssaal sind deutlich – und sie entsprechen dem rotgrünen Mainstream. Eine Gemeinsamkeit haben sie: Sie polarisieren. Das ist nichts Schlimmes. Aber es entspricht nicht den Fähigkeiten, die man in Karlsruhe braucht. Dort muss man integrieren. Karlsruher Urteile dürfen nicht spalten, sie müssen zusammenführen. Sonst verliert das Gericht den Respekt und das Vertrauen der Bürger. [...]

Dass frühere Äußerungen Kandidaturen scheitern lassen, ist nicht so ungewöhnlich. Vor einigen Monaten ist der Bundesverwaltungsrichter Robert Seegmüller als Kandidat der CDU gescheitert. Der Grund: Er hatte sich zu deutlich und kritisch zur Migrationspolitik positioniert. 2008 ist der Juraprofessor Horst Dreier als Kandidat der SPD ebenfalls durchgefallen. Hier waren seine früheren Äußerungen zur „Rettungsfolter“ und zum Embryonenschutz der ausschlaggebende Grund. [...]

Damit es keine Missverständnisse gibt: Die Demokratie lebt von Menschen, die starke Meinungen äußern, polarisieren und die Debatte beleben. Aber sie sollten nicht Verfassungsrichter in Karlsruhe werden.

Boehme-Neßler, Volker: Die befangene Kandidatin. In: www.welt.de, 07.07.2025

Aufgaben

72003-427

1. Fassen Sie die Hauptargumente von **M1** und **M2** zusammen. Vergleichen Sie anschließend, wie unterschiedlich beide Positionen die Rolle von politischen Äußerungen bei der Auswahl von Verfassungsrichterinnen und -richtern bewerten.
2. Erläutern Sie, warum es bei der Wahl von Verfassungsrichterinnen und -richtern zu politischen Auseinandersetzungen kommt. Beziehen Sie sich dabei auf das Selbstverständnis des Bundesverfassungsgerichts und auf Aussagen aus **M2**.
3. Beurteilen Sie, ob frühere politische oder wissenschaftliche Äußerungen eine Person für das Amt einer Verfassungsrichterin oder eines Verfassungsrichters disqualifizieren sollten. Stellen Sie Ihre Entscheidung begründet dar.

4.5 Staatsaufbau

Leitfragen

- Wie ist das föderale System der Bundesrepublik organisiert?
- Welche Funktion hat der Föderalismus im Hinblick auf die Gewaltenteilung?
- Wodurch unterscheiden sich Zentral- und Bundesstaaten?

M 1 Wie ist die staatliche Gewalt zwischen dem Bund und den Ländern aufgeteilt?

In modernen Staaten stellt sich die Frage, wie staatliche Macht organisiert wird. Man unterscheidet zwei Grundmodelle: **Zentralismus** und **Föderalismus**. Im Zentralismus liegt die politische Entscheidungsgewalt bei einer zentralen Regierung; die Regionen führen lediglich aus. Im **föderalen System** hingegen ist die Macht zwischen einer gesamtstaatlichen Ebene (dem Bund) und den Gliedstaaten (den Ländern) aufgeteilt. Deutschland ist ein solcher Bundesstaat – also ein föderaler Staat mit eigener Verfassung, in dem sowohl Bund als auch Länder staatsrechtlich eigene Kompetenzen besitzen, die sie unabhängig voneinander wahrnehmen können. Bund und Länder teilen sich legislative, exekutive und judikative Aufgaben gemäß Grundgesetz, wobei Zuständigkeiten klar voneinander abgegrenzt sind.

Der Bundesstaat ist ein Mittelweg zwischen einem losen Staatenbund (Konföderation), wie ihn etwa die EU darstellt, und einem Einheitsstaat wie Frankreich. Nach dem Zweiten Weltkrieg entschied sich die Bundesrepublik Deutschland bewusst für das föderale Modell – als Reaktion auf den Machtmissbrauch im zentralistisch organisierten „Dritten Reich“. Föderalismus sollte Macht begrenzen, Vielfalt ermöglichen und die politische Beteiligung auf allen Ebenen sichern – bis heute ein Kernprinzip der deutschen Staatsordnung.

M 2 Welche Bedeutung hat der Föderalismus für die staatliche Ordnung der Bundesrepublik?

Der Föderalismus ist ein tragendes Prinzip der Bundesrepublik Deutschland. Artikel 79 Absatz 3 Grundgesetz enthält eine sogenannte Ewigkeitsklausel, die unter anderem den föderalen Staatsaufbau schützt. Die Bundesrepublik kann nicht in einen Zentralstaat umgewandelt werden. Das bedeutet:

- Es gibt **eine souveräne Bundesebene** und **politisch eigenständige Bundesländer**. Ihre Grenzen können verändert und bestehende Länder können aufgelöst bzw. miteinander vereinigt werden (› Kap. 4.2.1). 1996 unternahmen die Bundesländer Berlin und Brandenburg den – gescheiterten – Versuch, miteinander zu einem gemeinsamen Bundesland zu fusionieren.
- Sowohl die Bundes-, als auch die Länderebene müssen **eigenständige politische Kompetenzen** sowie eine gewisse **finanzielle Eigenständigkeit** haben.

Kernelement einer föderalen Ordnung ist die Aufteilung der staatlichen Befugnisse zwischen den beiden staatlichen Ebenen. Grundsätzlich sollen die Aufgaben jeweils von der Ebene erfüllt werden, die dafür am besten geeignet ist (**Subsidiaritätsprinzip**). Nach dem Grundgesetz ist für bestimmte Aufgaben ausschließlich der Bund zuständig, für andere sind nur die Länder verantwortlich. In anderen Bereichen konkurrieren der Bund und die Länder um die Regelungsbefugnis. Innerhalb dieser **konkurrierenden Gesetzgebung** ist es dem Bund erlaubt, für alle Länder verbindliche Gesetze zu erlassen, wenn „die Herstellung gleichwertiger Lebensverhältnisse im Bundesgebiet oder die Wahrung der Rechts- oder Wirtschaftseinheit im gesamtstaatlichen Interesse eine bundesgesetzliche Regelung erforderlich macht“ (› Art. 72 GG). Diese Regelung führte dazu, dass sich im Namen gleichwertiger Lebensverhältnisse im gesamten Bundesgebiet die Gesetzgebungskompetenzen immer stärker beim Bund konzentrierten. Die 2006 von Bundestag und Bundesrat beschlossene Föderalismusreform stärkte die Rechte der Länder wieder. Eine Reihe von Kompetenzen fällt nun wieder in die Zuständigkeit der Länder, z. B. die Bildungspolitik.

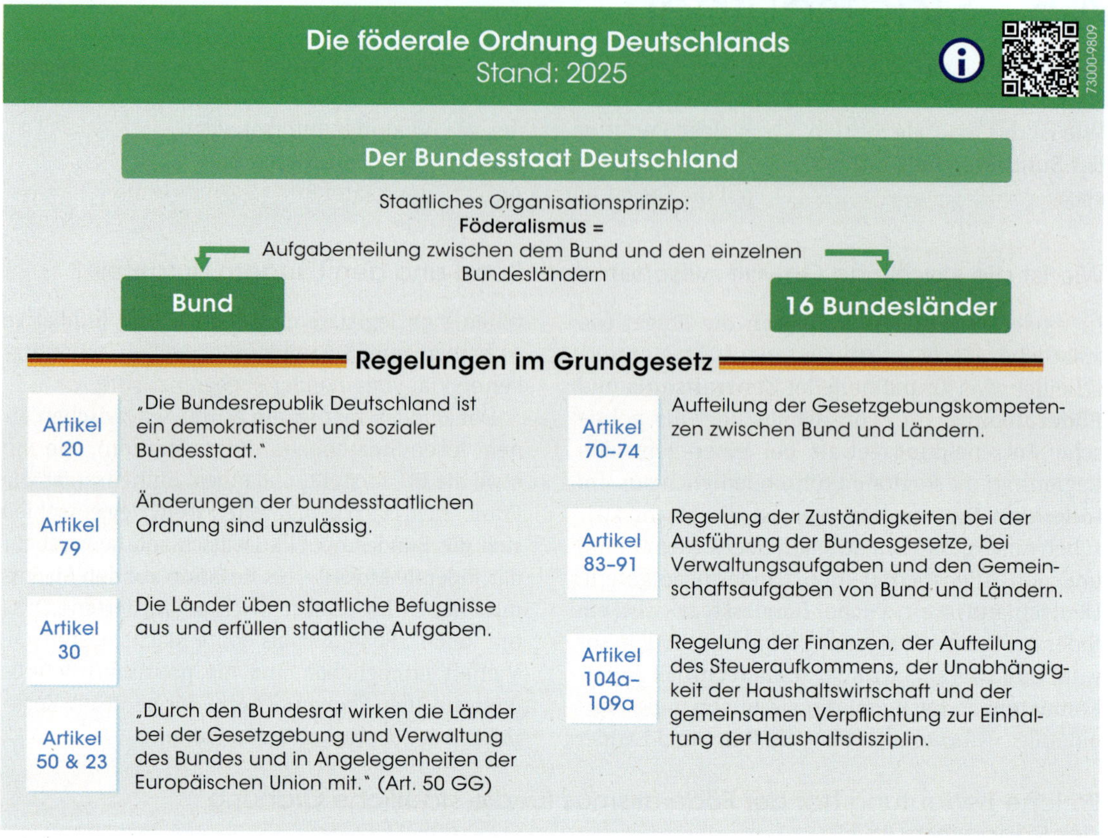

© C.C. Buchner Verlag, Daten nach: www.bundestag.de, 2025

M3 Was ist kooperativer Föderalismus?

In Deutschland spricht man häufig vom **kooperativen Föderalismus**. Damit ist gemeint, dass Bund und Länder trotz getrennter Zuständigkeiten eng zusammenarbeiten, um gemeinsame Aufgaben zu bewältigen. Besonders deutlich wird das in Bereichen wie der Bildungspolitik, der digitalen Infrastruktur oder beim Katastrophenschutz. Statt sich abzugrenzen, suchen die Ebenen hier nach gemeinsamen Lösungen – z. B. über Bund-Länder-Programme oder abgestimmte Gesetzgebungsverfahren. Auch die Arbeit im Bundesrat zeigt diese Kooperation: Dort wirken die Länder aktiv an der Bundesgesetzgebung mit. Der kooperative Föderalismus ist damit ein Ausdruck politischer Verantwortungsteilung zwischen zentraler und regionaler Ebene.

Das Gegenmodell zum kooperativen Föderalismus ist ein **kompetitiver Föderalismus**. Er ist durch eine strenge Trennung der Ebenen von Bund und Ländern sowie einen Wettbewerb der Länder um die beste politische Lösung gekennzeichnet.

M4 Welche Stellung haben die Bundesländer?

Die 16 Bundesländer besitzen „Staatsqualität": Sie haben eigene Verfassungen, Regierungen, Parlamente und Gerichte – ihre Verfassungen gelten neben dem Grundgesetz, dürfen diesem aber nicht widersprechen. Grundgesetzänderungen sind nur mit Zweidrittelmehrheit in Bundestag und Bundesrat möglich, was die Stellung der Länder zusätzlich stärkt. Die Länder haben klar abgegrenzte Herrschaftsbereiche und sind nicht nur Ausführungsorgane des Bundes. Besonders in wichtigen Alltagsbereichen (z. B. Bildung, Polizei) haben sie eigene Kompetenzen. Damit tragen die Länder zur politischen Dezentralität der Bundesrepublik bei.

M5 Welche Aufgaben und Funktionen haben die Gemeinden?

In den Gemeinden kommt der Einzelne am unmittelbarsten mit öffentlichen Angelegenheiten in Berührung: Stromversorgung, Müllabfuhr und Sozialhilfe sind kommunale Aufgaben. Zugleich haben Bürgerinnen und Bürger hier am ehesten Möglichkeiten, mitzuwirken und mitzugestalten. Die gewählten Politikerinnen und Politiker befinden sich direkt vor Ort und sind deshalb für die Bürgerinnen und Bürger i. d. R. gut zu erreichen. Der Austausch zwischen beiden Seiten ist deshalb direkt und unmittelbar. Bürgerinitiativen entfalten vor Ort eine große Wirksamkeit, weil die Bürgerinnen und Bürger von den Entscheidungen, die sie zu beeinflussen versuchen, direkt betroffen sind und sich deshalb eher engagieren. Häufig werden die Bürger(initiativen) vorab in wichtige Entscheidungen eingebunden.

Rechtliche Stellung der Gemeinden

Im föderalistischen System der Bundesrepublik Deutschland stehen die Gemeinden nach dem Bund und den Ländern auf der untersten Ebene des dreistufigen Verwaltungsaufbaus. Sie haben im Rahmen der kommunalen Selbstverwaltung eigene Zuständigkeiten und eine eigene Finanzwirtschaft. Staatsrechtlich gehören sie aber zur Ebene der Länder. Ihre Organisation und die Struktur ihrer Organe werden durch die Länderparlamente bestimmt. Sie erlassen die Kommunalverfassungen und die Gemeindegrenzen. Bund und Land weisen den Gemeinden Aufgaben zu und entscheiden, welche Finanzmittel ihnen zur Ausübung ihrer Aufgaben zustehen. Die Landesregierungen üben die Aufsicht über die Gemeindeverwaltungen aus. Die Kommunen haben, anders als die Länder im Bundesrat, keine weitreichenden verfassungsrechtlichen Mitwirkungsbefugnisse.

Die Aufgaben der Gemeinden

Aus der Stellung der Gemeinden im politischen System folgt, dass sie sowohl eigene Aufgaben im Rahmen der kommunalen Selbstverwaltung übernehmen als auch Aufgaben im Auftrag vom Bund und dem jeweiligen Bundesland. Eigene Aufgaben sind die ursprünglichen Aufgaben der Gemeinden, die freiwillige Aufgaben oder Pflichtaufgaben sein können. Zu den **freiwilligen Aufgaben** gehören u. a.:

- der Betrieb von Schwimmbädern und Sportanlagen, Musikschulen, Begegnungsstätten, Jugendzentren usw.,
- die Unterhaltung von Parks und Grünanlagen,
- das Angebot und die Bezuschussung von kulturellen Veranstaltungen, z. B. Theateraufführungen.

Diese Aufgaben erfüllt die Gemeinde nach eigenem Ermessen, wobei die finanziellen Möglichkeiten eine große Rolle spielen.

Zu den **Pflichtaufgaben** gehören:

- Müllabfuhr, Versorgung mit Wasser, Gas und Strom, Abwasser, Straßenreinigung,
- Betrieb von Kindergärten und Schulgebäuden,
- Auszahlung von staatlichen Transferleistungen wie Wohngeld und Sozialhilfe.

Bei diesen „Pflichtaufgaben ohne Weisung“ ist es den Gemeinden überlassen, wie sie dies regeln. Zunehmend werden dabei Aufgaben an private

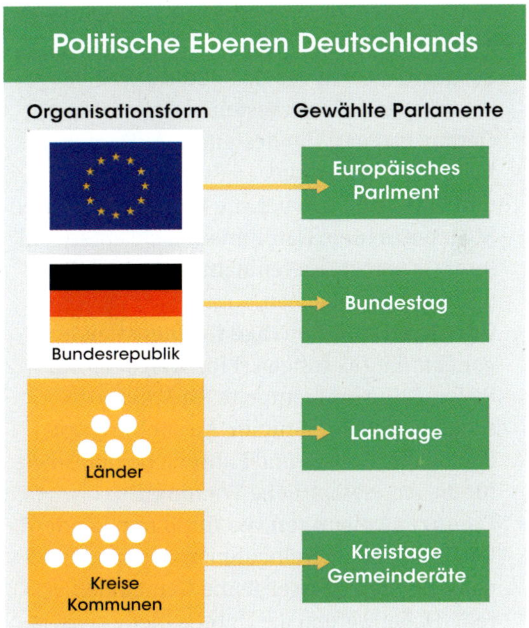

Hinweis: Auf der kommunalen Ebene (in der Grafik unten) können sowohl die Organisationsform als auch die gewählte Vertretung je nach Bundeslandes unterschiedliche Bezeichnungen haben. Zudem kann die kommunale Ebene zusätzliche Gliederungen aufweisen, etwa Regierungsbezirke.

© C.C. Buchner Verlag

Unternehmen übertragen und die Gemeinde bezahlt die Dienstleistung (z.B. Reinigung von Schulen und Kindergärten). Andere Aufgaben werden oft gemeinsam von mehreren Gemeinden oder Landkreisen übernommen, weil sie so kostspielig geworden sind, dass einzelne Gemeinden sie nicht mehr allein bewältigen können. Pflichtaufgaben nach Weisung des Bundes oder des Bundeslandes müssen die Gemeinden nach deren Vorgaben erledigen. Dazu gehören:

- Einwohnermeldewesen und Standesamt,
- Durchführung von Wahlen,
- Bau- und Wohnungswesen,
- Bereitstellung von Feuerwehr, Rettungsdiensten und Katastrophenschutz.

Der Staat nutzt hier die Behördenorganisation der Gemeinden und überwacht mittels Weisungen die Ausführung, damit sie überall im Lande einheitlich erfolgt.

M6 Welche Aufgaben übernehmen Landkreise?

Aufgaben, die die Leistungsfähigkeit einer Gemeinde übersteigen, übernimmt der Landkreis. So unterhalten Landkreise Schulen, Krankenhäuser und Kreisstraßen. Sie sind ferner zuständig für die Müllbeseitigung und den öffentlichen Personennahverkehr. Die Institutionen der Landkreise entsprechen denen der Gemeinden. Die gewählte Vertretung ist der Kreistag, an der Spitze der Verwaltung steht der Landrat. Ebenso wie die Bürgermeister in den Städten werden in den meisten Ländern die Landräte direkt von der Bevölkerung gewählt (Ausnahmen: Baden-Württemberg und Schleswig-Holstein, Sonderfall Brandenburg: Direktwahl nur bei Mindestwahlbeteiligung von 15 Prozent der Wahlberechtigten, sonst Wahl durch Kreistag).

M7 Wie setzen sich die Finanzen einer Gemeinde zusammen?

Zur Durchführung ihrer Aufgaben stehen den Gemeinden eigene Finanzmittel zur Verfügung, die sich aus drei Quellen speisen:

- **Steuern,** die von der Gemeinde selbst festgesetzt werden (Gewerbesteuer, Grundsteuer, Getränkesteuer, Hundesteuer). Außerdem erhalten die Gemeinden 15 Prozent der Lohn- und Einkommensteuer, die ihre Bürger an den Staat entrichten. Dafür müssen sie einen Teil ihrer Gewerbesteuereinnahmen an den Bund und das Land abgeben.
- **Gebühren und Beiträge** für Dienstleistungen und Einrichtungen (Eintrittsgelder für Bäder, Teilnehmerentgelte für Volkshochschulen, Gebühren für die Ausstellung von Personalausweises und Führerscheinen sowie für die standesamtliche Trauung).
- **Finanzzuweisungen** von Bund und Ländern: Ein Teil der Steuereinnahmen der Länder wird nach einem Schlüssel an die Gemeinden verteilt. Dabei werden die Unterschiede zwischen „reichen" und „armen" Gemeinden in einem gewissen Maß ausgeglichen (Finanzausgleich). Die Gemeinden können über diese zugewiesenen Mittel frei verfügen.

Darüber hinaus gibt es zweckgebundene Zuweisungen als nicht rückzahlbare Zuschüsse für Investitionen in 2009 Sanierungsvorhaben der Gemeinden. Hier kann der jeweilige Zuschussgeber (Bund, Land oder Europäische Union) über die Verwendung mitbestimmen.

Die Gemeinden müssen die Ausgaben und Einnahmen in einem Haushaltsplan festlegen. Dieser Haushaltsplan wird von dem zuständigen Gemeindeorgan beschlossen. Die Entscheidungsfindung in der Gemeinde hängt davon ab, welche Vorgaben das Kommunalverfassungsgesetz des jeweiligen Bundeslandes macht. Grundsätzlich hat sich der Typ der Süddeutschen Ratsverfassung in unterschiedlicher Ausprägung durchgesetzt; lediglich in Hessen und in Bremerhaven gilt noch die Magistratsverfassung. Beiden ist gemeinsam, dass das oberste Beschlussorgan der Gemeinde die gewählte Bürgervertretung (Gemeinderat, Stadtrat, Gemeindevertretung, Stadtverordnetenversammlung) ist. Diese Bürgervertretung ist kein Parlament, hat aber ähnliche Verfahrensabläufe. Der Bürgermeister hat insbesondere innerhalb der Süddeutschen Ratsverfassung eine starke Stellung. Er ist Vorsitzender des Rates und zugleich Chef der Verwaltung, schließlich auch Repräsentant und Rechtsvertreter der Gemeinde. Er wird in den meisten Fällen von den Bürgerinnen und Bürgern direkt gewählt und verfügt damit über eine eigenständige demokratische Legitimation.

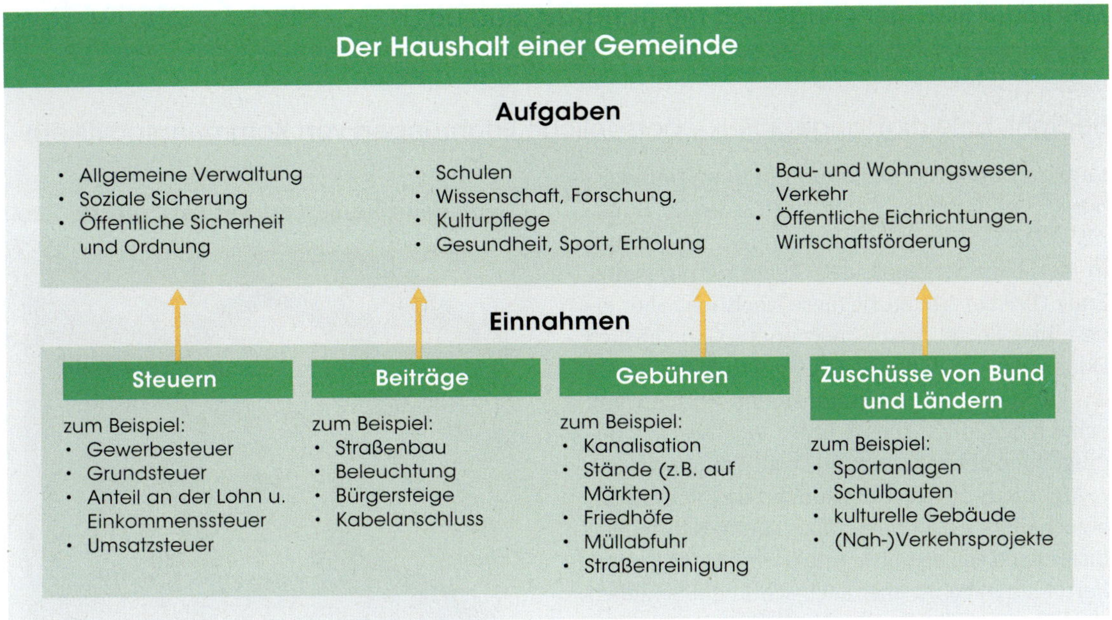

© C.C. Buchner Verlag, Daten nach: Pötzsch, Horst: Die Deutsche Demokratie. 5. Auflage. Bonn: BpB 2009

Die Finanzmittel der Gemeinden sind in der Bundesrepublik sehr ungleich verteilt. Gemeinden, in denen sich aus verschiedenen Gründen sehr viel Industrie und Gewerbebetriebe angesiedelt haben, verfügen über höhere Steuereinnahmen als solche mit wenigen Betrieben. In Gemeinden, in denen sehr viele Bürgerinnen und Bürger wohnen, ist das Einkommen aus ihrem Anteil an der Lohn- und Einkommensteuer höher als in anderen. Diese Gemeinden haben dann auch mehr Mittel zur Verfügung, um in Industriegebiete zu investieren und um das Wohnen dort z. B. durch den Bau von Freizeiteinrichtungen und durch kulturelle Veranstaltungen attraktiv zu machen. Gemeinden mit einem hohen Anteil an Empfangsberechtigten von Sozialleistungen müssen einen größeren Anteil ihrer Einnahmen dafür aufwenden als andere. Ihnen bleibt wenig oder kein Spielraum für Investitionen. Das hat dazu geführt, dass es in der Bundesrepublik ein z. T. sehr großes Gefälle zwischen wohlhabenden Gemeinden mit hoher Lebensqualität und guter Infrastruktur und solchen mit großen finanziellen Problemen und einer niedrigen Attraktivität gibt.

Aufgaben

1. Beschreiben Sie die Rolle der Gemeinden im föderalen System der Bundesrepublik Deutschland (**M1–M5**). Inwiefern unterscheiden sich ihre Aufgaben von denen des Bundes und der Länder?
2. Erläutern Sie die rechtliche Stellung der Gemeinden in Deutschland (**M5**). Welche Aufgaben übernehmen sie im Rahmen der kommunalen Selbstverwaltung, und wie ist ihre Organisation geregelt?
3. Analysieren Sie, wie die finanzielle Situation der Gemeinden ihre Handlungsmöglichkeiten beeinflusst (**M7**). Welche Faktoren führen zu Ungleichheiten zwischen wohlhabenden und finanzschwachen Gemeinden?
4. Erklären Sie, wie Bürgerinnen und Bürger auf kommunaler Ebene in politische Entscheidungsprozesse eingebunden werden (**M5**). Welche Möglichkeiten haben sie, an der Gestaltung ihrer Gemeinde mitzuwirken?

Bedrohung von Kommunalpolitikern: eine Gefahr für die Demokratie?

M1 Bedroht, beleidigt, angegriffen – persönliche Erfahrungen von Kommunalpolitikern

Barbara Domke ist Stadtverordnete im brandenburgischen Cottbus. Seit 2019 sitzt sie für Bündnis90/Die Grünen im Stadtparlament und kämpft in der Lausitz gegen den Rechtsextremismus. Ende Oktober bekam sie diese Nachricht über einen ihrer Social-Media- Accounts: „Ganz ehrlich Du bist der letzte dreck , ich wünsch mir nur eins das du nach Sibirien kommst und Tonnen von Schnee schaufeln musst unter erschwerten Bedingungen ohne Wasser und Brot.“ Kein Einzelfall.

Mehrmals die Woche bekomme sie solche Hassbotschaften, erzählt sie. Dazu handgeschriebene Briefe nach Hause, „böse Briefe“, wie sie es formuliert. Man habe ihr aber auch schon die Scheiben am Auto zerschlagen und sämtliche Reifen zerstochen. Und im Straßenwahlkampf zu den Kommunalwahlen 2019 habe jemand versucht, sie mit einem Auto anzufahren. [...]

Von April bis August [2022] haben Forscher der Universität Duisburg-Essen per E-Mail mehr als 2000 Amts- und Mandatsträger in den 77 deutschen Großstädten sowie den Stadtstaaten Berlin, Bremen und Hamburg befragt.

Die wichtigsten Ergebnisse: 60 Prozent der Befragten haben schon Beleidigungen, Bedrohungen oder tätliche Übergriffe erlebt. [...] Bei knapp einen Drittel haben die Anfeindungen und Angriffe oder die Sorge vor weiteren Aggressionen zu Veränderungen des persönlichen Verhaltens geführt – vor allem bei Frauen, Mandats- oder Amtsträgern mit Migrationshintergrund oder Kommunalpolitikern aus unteren sozialen Schichten. Zurückhaltung bei gewissen Themen, das Meiden von Social Media oder bestimmter Orte und Veranstaltungen könnten die Folgen sein. Knapp fünf Prozent der Befragten denken sogar ganz ans Aufhören. [...]

Flüchtlingspolitik, Corona-Management oder Bekämpfung von Inflation und Energiepreisschock – die vorgegebenen Motive für Aggressionen gegen Politiker verändern sich, der Hass bleibt. [...] Die kommunale Ebene sei bei dieser Entwicklung „besonders verletzlich“, so das Autorenteam der Studie. Auf kommunaler Ebene begegneten sich Bürger und Politik ganz direkt, politisches Engagement sei oft ehrenamtlich. „Daher sind Übergriffe und Anfeindungen besonders nah, räumlich wie menschlich, und damit besonders bedrohlich für eine lebhafte, vielfältige Demokratie und ihre Repräsentant:innen.“ Wenn Kommunalpolitiker angesichts von Beleidigungen, Bedrohungen und Angriffen ihr persönliches Verhalten ändern oder ans Aufgeben denken, dann gefährde der Hass nicht nur die Politiker und Politikerinnen selbst, sondern auch die demokratische Gesellschaft, so ein Resümee der Studie.

Reher, Markus: Bedroht, beleidigt, angegriffen. In: www.tagesschau.de, 08.12.2022

Nach Bedrohung: Landrat tritt zurück

Dirk Neubauer (parteilos)

Der Landrat des Kreises Mittelsachsen, Dirk Neubauer (parteilos), tritt zurück. In einer persönlichen Erklärung auf seinen Social-Media-Kanälen begründete er den Schritt am Dienstag vor allem mit persönlichen Anfeindungen und fehlenden Durchsetzungsmöglichkeiten. Seine Amtszeit wäre noch bis 2029 gelaufen. [...] „Ich bin seit Monaten konfrontiert mit einer persönlichen diffusen Bedrohungslage aus rechter Ecke, hauptsächlich Freie Sachsen und ähnliche“, sagte Neubauer.

Süddeutsche Zeitung/dpa: Nach Bedrohung: Mittelsachsens Landrat Neubauer tritt zurück. In: www.sueddeutsche.de, 23.07.2024

M2 Bedrohungen von Kommunalpolitikern: Was kann dagegen getan werden?

Ein Gesetzentwurf von Bundesinnenministerin Nancy Faeser (SPD) sieht vor, dass Mandatsträger künftig einfacher sogenannte Auskunftssperren beantragen können. Damit wird es deutlich erschwert, die Wohnadressen aus dem Melderegister zu erfahren. Nach gewalttätigen Angriffen auf Kommunalpolitiker will die Bundesregierung so Mandatsträger besser schützen und ihnen eine einfachere Geheimhaltung ihrer Adressen ermöglichen.

Einem Entwurf für die Änderung des Bundesmeldegesetzes zufolge soll die Reform Mandatsträger des Bundestags, des Europäischen Parlaments, der Länderparlamente und der kommunalen Ebene erfassen. […] Mandatsträger aller Ebenen werden damit im Gesetz generell jenen Personen gleichgestellt, die wegen beruflicher und ehrenamtlicher Tätigkeiten besonderen Anfeindungen ausgesetzt sind und schon bisher durch das Gesetz geschützt werden. Sie können also auch ohne konkrete Bedrohung entsprechende Schutzmaßnahmen verlangen. Das Bundeskabinett [beschloss] den Entwurf am Mittwoch […].

Der bessere Schutz von Mandatsträgern ist schon länger geplant, hatte aber durch gewalttätige Angriffe in den vergangenen Wochen neue Dringlichkeit bekommen. Anfang Mai [2024] hatte der brutale Angriff auf den SPD-Politiker Matthias Ecke beim Aufhängen von Wahlplakaten Politik und Gesellschaft aufgeschreckt. Nur Tage später attackierte ein Mann Berlins Wirtschaftssenatorin Franziska Giffey (SPD) und verletzte sie leicht. Auch Wahlkämpfer von Grünen und AfD wurden kürzlich Ziel von Gewalt und Bedrohung. Bereits die Corona-Pandemie hatte den Ruf nach einer solchen Maßnahme lauter werden lassen. Mehrfach waren Gegner der Corona-Maßnahmen zum Protest vor die Wohnhäuser von Politikern gezogen. […]

Es sei eine ernste Gefahr für die Demokratie, wenn sich Demokraten wegen Anfeindungen zurückzögen oder nicht mehr aktiv würden. Die Angriffe erfolgten, um politisch Engagierte mundtot zu machen[, sagte Bundesinnenministerin Faeser].

Zu den Details des Gesetzentwurfs gehört es nun auch, dass der Geheimhaltungsschutz für Adressen automatisch länger gelten soll als bislang. Die Reform sieht vor, die gesetzliche Befristung der Maßnahme von zwei auf vier Jahre zu verlängern. […] Zudem sollen die Anforderungen an eine Herausgabe von Meldedaten bei einer einfachen Melderegisterauskunft erhöht werden. Diese soll zum Beispiel künftig nicht mehr anonym erfolgen können.

Balser, Markus: Politiker sollen ihre Adressen leichter geheim halten können. In: www.sueddeutsche.de, 22.05.2024

Aufgaben

72003-429

1. Beschreiben Sie, welche Erfahrungen Kommunalpolitikerinnen und -politiker in Deutschland mit Bedrohungen und Anfeindungen machen und erläutern Sie die spezifischen Herausforderungen für Kommunalpolitikerinnen und -politiker im Vergleich zu anderen politischen Ebenen (**M1**).
2. Analysieren Sie, wie die Bedrohungen und Anfeindungen auf das Verhalten der betroffenen Kommunalpolitikerinnen und -politiker wirken und welche Auswirkungen diese Veränderungen auf die demokratische Gesellschaft haben können (**M1**).
3. Diskutieren Sie, inwiefern das Aufgeben oder das Zurückziehen von Kommunalpolitikerinnen und -politikern als Reaktion auf Bedrohungen eine Gefahr für die Demokratie darstellt (**M1**).
4. Erläutern Sie die Hauptbestandteile der geplanten Gesetzesreform zum Schutz von Mandatsträgern und diskutieren Sie, ob die Reform aus Ihrer Sicht ausreichend ist, um die angestrebte Schutzwirkung zu erzielen (**M2**).
5. Die Bundesinnenministerin warnt vor einer Gefahr für die Demokratie, wenn politisch Engagierte durch Anfeindungen mundtot gemacht werden (**M2**). Begründen Sie, weshalb der Schutz von Mandatsträgern für die Stabilität einer Demokratie von großer Bedeutung ist.

4.6 Die Gesetzgebung

Leitfragen

- Wie ist der Weg der Gesetzgebung in Deutschland?
- Warum ist das Gesetzgebungsverfahren so kompliziert?
- Welche Rolle spielt der Vermittlungsausschuss bei der Gesetzgebung?

M1 Welche Prinzipien gelten für die Gesetzgebung in Deutschland?

Gesetze sind allgemein gültige, verbindliche Handlungsgebote und -verbote, die das Zusammenleben von Menschen in der Gesellschaft regeln. Sie greifen direkt in das Leben der Menschen in einem Staat ein. Es ist deshalb von zentraler Bedeutung, wie die Gesetze zustande kommen. In einer Demokratie ist deshalb genau festgeschrieben, wie die Bürgerinnen und Bürger die gesetzgebende Gewalt bestimmen und wie diese beim Erlass von Gesetzen zu verfahren hat. Die Gesetzgebung ist dabei an die Verfassung gebunden und unterliegt der Kontrolle unabhängiger Gerichte, insbesondere des Bundesverfassungsgerichts.

Gesetze weisen in einer modernen Demokratie im Allgemeinen drei Merkmale auf:

- Sie sind durch **rechtsstaatliche Verfahren** entstanden,
- sind **allgemein gültig** und deshalb auf alle Fälle gleichermaßen anzuwenden und
- sind **von allen einzuhalten.**

M2 Wie kommen Gesetze in der Bundesrepublik Deutschland zustande?

Da die Gesetze eine zentrale Bedeutung für das Zusammenleben der Menschen in der Gesellschaft haben, sind die Bedingungen für ihr Zustandekommen im Grundgesetz genau festgelegt. Dabei ist festzuhalten, dass es zwei Ebenen gibt, den **formalen Gesetzgebungsprozess**, wie er in Art. 70-82 GG festgeschrieben ist, und den **informellen**, in dem der formale Prozess durch öffentliche Diskussion und Meinungsäußerung gesellschaftlicher Gruppen in jeder Phase begleitet wird. Dabei spielen Interessenverbände und die Medien eine besondere Rolle. Hier wird der formale Prozess dargestellt.

1. Am Beginn des Verfahrens steht das **Initiativrecht**, d. h. das Recht, einen Gesetzesentwurf in den Bundestag einzubringen. Dieses Recht steht dem Bundestag (eine Fraktion oder mindestens fünf Prozent der Abgeordneten sind nötig), der Bundesregierung und dem Bundesrat zu. Bundesregierung und Bundesrat müssen ihren Entwurf vorab dem jeweils anderen zuleiten und seine Stellungnahme einholen. In der politischen Praxis kommen mehr als die Hälfte der Initiativen von der Bundesregierung. Dies ist Ausdruck der Tatsache, dass die Bundesregierung politische Vorhaben auch umsetzen will. Außerdem besitzt sie einen Vorteil dadurch, dass sie in ihren Fachministerien über Expertinnen und Experten verfügt, welche die Entwürfe ausarbeiten können.

2. Alle Gesetzesentwürfe werden dem Bundestag vorgelegt, der in **drei Lesungen** über die Entwürfe berät und debattiert. In der ersten Lesung werden die Grundzüge des Entwurfs debattiert. Anschließend wird der Entwurf an die Ausschüsse verwiesen, in denen eine intensive Prüfung und Beratung stattfindet. Hier finden auch Hearings statt, das sind Anhörungen von Expertinnen und Experten und von Vertreterinnen und Vertretern der Interessenverbände. In diesen Ausschusssitzungen werden Änderungen und Ergänzungen vorgeschlagen. Die Ausschüsse tagen i. d. R. nicht öffentlich.

3. Im Folgenden berät das Plenum in zweiter Lesung die Änderungs- und Ergänzungsvorschläge der Ausschüsse. In der dritten Lesung findet nach der abschließenden Debatte die Schlussabstimmung statt. Hier entscheidet sich, ob der Gesetzesvorschlag angenommen wird oder nicht. Bei einfachen Gesetzen reicht dazu die Mehrheit der anwesenden Mitglieder des Bundestages. Bei Gesetzen zur Verfassungsänderung sind die Stimmen von zwei Dritteln der Parlamentarierinnen und Parlamentarier nötig.

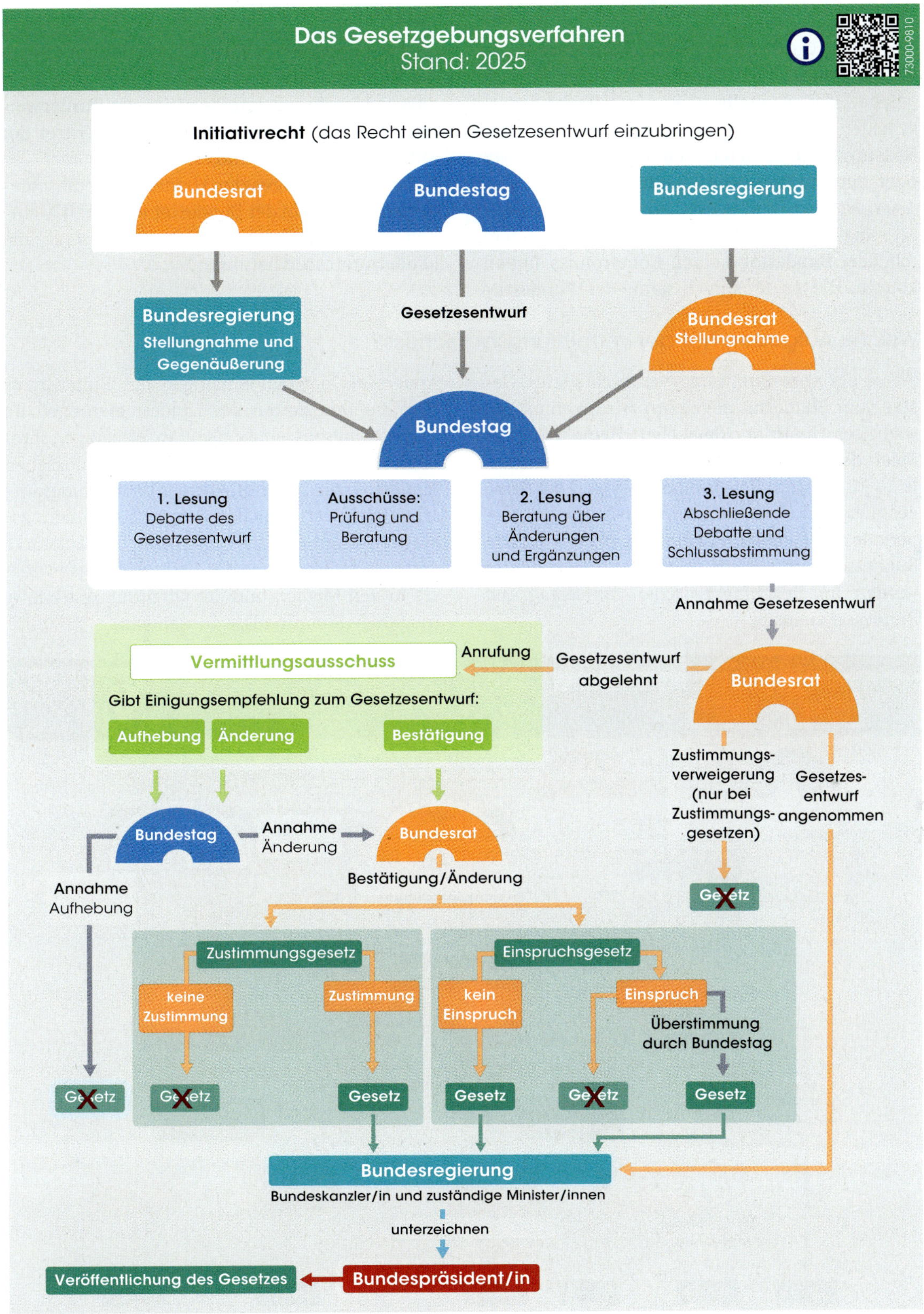
Das Gesetzgebungsverfahren
Stand: 2025
73000-9810
Initiativrecht (das Recht einen Gesetzesentwurf einzubringen)
Bundesrat
Bundestag
Bundesregierung
Bundesregierung
Stellungnahme und Gegenäußerung
Gesetzesentwurf
Bundesrat
Stellungnahme
Bundestag
1. Lesung
Debatte des Gesetzesentwurf
Ausschüsse:
Prüfung und Beratung
2. Lesung
Beratung über Änderungen und Ergänzungen
3. Lesung
Abschließende Debatte und Schlussabstimmung
Annahme Gesetzesentwurf
Vermittlungsausschuss
Anrufung
Gesetzesentwurf abgelehnt
Bundesrat
Gibt Einigungsempfehlung zum Gesetzesentwurf:
Aufhebung
Änderung
Bestätigung
Zustimmungsverweigerung (nur bei Zustimmungsgesetzen)
Gesetzesentwurf angenommen
Bundestag
Annahme Änderung
Bundesrat
Gesetz
Annahme Aufhebung
Bestätigung/Änderung
Zustimmungsgesetz
keine Zustimmung
Zustimmung
Einspruchsgesetz
kein Einspruch
Einspruch
Überstimmung durch Bundestag
Gesetz
Gesetz
Gesetz
Gesetz
Gesetz
Gesetz
Bundesregierung
Bundeskanzler/in und zuständige Minister/innen
unterzeichnen
Veröffentlichung des Gesetzes
Bundespräsident/in

M3 Wie wirkt der Bundesrat bei der Gesetzgebung mit?

Wurde der Gesetzesentwurf vom Bundestag angenommen, wird die Vorlage dem Bundesrat zugeleitet, der ebenfalls über den Vorschlag entscheiden muss. Dabei ist es von grundlegender Bedeutung, ob es sich um ein **Einspruchsgesetz** oder ein **Zustimmungsgesetz** handelt (› Kap. 4.4.4). Bei Einspruchsgesetzen kann der Bundesrat lediglich einen Einspruch einlegen, nachdem mit dem Bundestag keinen Kompromiss finden konnte. Diesen Einspruch kann der Bundestag aber mit einfacher Mehrheit zurückweisen. Wenn der Bundesrat mit zwei Drittel seiner Mitglieder dagegen gestimmt hat, benötigt die Zurückweisung des Einspruchs ebenfalls zwei Drittel der Mitglieder des Bundestages.

Zustimmungsgesetze können nur verabschiedet werden, wenn der Bundesrat ihnen mit Mehrheit zustimmt. Dazu gehören alle Gesetze, die Länderinteressen berühren.

M4 Welche Aufgaben hat der Vermittlungsausschuss?

Wenn ein vom Bundestag verabschiedetes Gesetz vom Bundesrat abgelehnt wird, kommt ein wichtiges Organ der deutschen Demokratie ins Spiel: der Vermittlungsausschuss. Er besteht aus je 16 Mitgliedern des Bundestages und des Bundesrates und wird zu Beginn jeder Legislaturperiode neu gebildet. Er kann nur auf Antrag von Bundestag, Bundesregierung oder Bundesrat tätig werden, um Konflikte zwischen Bundestag und Bundesrat zu lösen. Anders als bei den Sitzungen des Bundesrates sind die Delegierten der Länderregierungen im Vermittlungsausschuss nicht an Weisungen ihrer Regierungen gebunden. Hinter verschlossenen Türen können die Mitglieder des Vermittlungsausschusses in vertraulichen Gesprächen Einigungsmöglichkeiten ausloten und ohne die lautstarke und hitzige Begleitung des Gesetzgebungsprozesses in den Medien und der Öffentlichkeit häufig tragfähige Kompromisse aushandeln.

© C.C. Buchner Verlag, Daten nach: www.vermittlungsausschuss.de, 2025

Schlägt der Vermittlungsausschuss Änderungen an einem verabschiedeten Gesetzentwurf vor, ist eine **vierte Lesung** im Bundestag nötig. Der Bundestag kann dann den Änderungsvorschlag des Vermittlungsausschusses annehmen oder ablehnen. Es wird aber vorher nicht mehr über die Positionen der einzelnen Fraktionen zu den Änderungsvorschlägen debattiert.

M5 Wie tritt ein Gesetz in Kraft?

Wurde ein Gesetzesentwurf sowohl vom Bundestag als auch vom Bundesrat angenommen, wird es vom Bundeskanzler und dem zuständigen Minister unterzeichnet und dann dem Bundespräsidenten zugeleitet. Dieser muss das Gesetz unterzeichnen, es sei denn, er ist der Ansicht, dass das Zustandekommen des Gesetzes oder sein Inhalt verfassungswidrig ist. Nach der **Ausfertigung** des Gesetzes durch die Unterschrift des Bundespräsidenten wird das Gesetz im Bundesgesetzblatt verkündet und tritt in Kraft.

M6 Warum ist das Gesetzgebungsverfahren so kompliziert?

Gemäß den Vorstellungen von einer pluralistischen Gesellschaft sollen im Gesetzgebungsverfahren möglichst viele gesellschaftliche Interessen auf die Gesetzgebung einwirken können. Das bedeutet, dass das Verfahren möglichst offen sein muss für Stimmen außerhalb des formalen Verlaufs. Hinzu kommt, dass auch die Interessen der einzelnen Bundesländer berücksichtigt werden müssen. Das macht den Gesetzgebungsprozess schwerfällig und langwierig. Durch deren Einwirkungsmöglichkeiten u. a. im Vermittlungsausschuss kommt es zudem häufig zu einer Politik des kleinsten gemeinsamen Nenners. Zusätzlich führt die Beteiligung verschiedener Ausschüsse, die unterschiedliche Fachkompetenzen repräsentieren, zu einer intensiven Prüfung und oft umfangreichen Änderungen der Gesetzesvorlagen.

Befürworterinnen und Befürworter dieses Systems sehen darin jedoch einen wichtigen Schutzmechanismus: Gesetze werden nicht im Eilverfahren beschlossen, sondern müssen im demokratischen Wettbewerb bestehen. Kritikerinnen und Kritiker bemängeln, dass dadurch notwendige Reformen oft verzögert oder verwässert werden. Das Spannungsfeld zwischen Effektivität und Beteiligung prägt somit dauerhaft den Charakter der deutschen Gesetzgebung.

M7 Wann spricht man vom Gesetzgebungsnotstand?

Wenn der Bundestag der Bundesregierung das Vertrauen verweigert und anschließend einen von der Bundesregierung als dringlich erachtetes Gesetzesvorschlag nicht annimmt, kann der Bundespräsident mit Zustimmung des Bundesrates den **Gesetzgebungsnotstand** erklären. Das Gesetz kann dann vom Bundesrat allein beschlossen werden. Der Bundestag kann dies verhindern, indem er einen neuen Kanzler wählt. Die Regelungen zum Gesetzgebungsnotstand sind in Art. 81 Grundgesetz festgeschrieben.

Aufgaben

72003-430

1. Erklären Sie die Rolle des Bundestages im formalen Gesetzgebungsprozess in Deutschland (**M1**).
2. Beschreiben Sie die Unterschiede zwischen Einspruchsgesetzen und Zustimmungsgesetzen (**M3**). Welche Bedeutung hat diese Unterscheidung für den Bundesrat?
3. Beurteilen Sie die Rolle des Vermittlungsausschusses bei der Lösung von Konflikten im Gesetzgebungsprozess (**M4**).
4. Diskutieren Sie Vor- und Nachteile der Komplexität des Gesetzgebungsverfahrens in Deutschland im Hinblick auf die Berücksichtigung gesellschaftlicher Interessen (**M6**).

Der Politikzyklus

M1 Der Politikzyklus als Analyseinstrument

Der Politikzyklus ist ein Analyseinstrument, mit dem politische Entscheidungsprozesse untersucht werden können. Politik wird hier als ein dynamischer Prozess verstanden, in dem stets wiederkehrende politische Probleme neu thematisiert werden. Ausgangspunkt sind somit Probleme, die im Zusammenleben der Menschen entstehen, die die Politik lösen soll. Daraus ergibt sich ein Kreislauf, der politische Entwicklung nachvollziehbar strukturiert.

Der Politikzyklus durchläuft insgesamt sechs Phasen:

1. Phase: Problemdefinition
2. Phase: Auseinandersetzung
3. Phase: Entscheidung
4. Phase: Implementation der Entscheidung
5. Phase: Evaluation der Entscheidung
6. Phase: Terminierung oder erneute Problemstellung

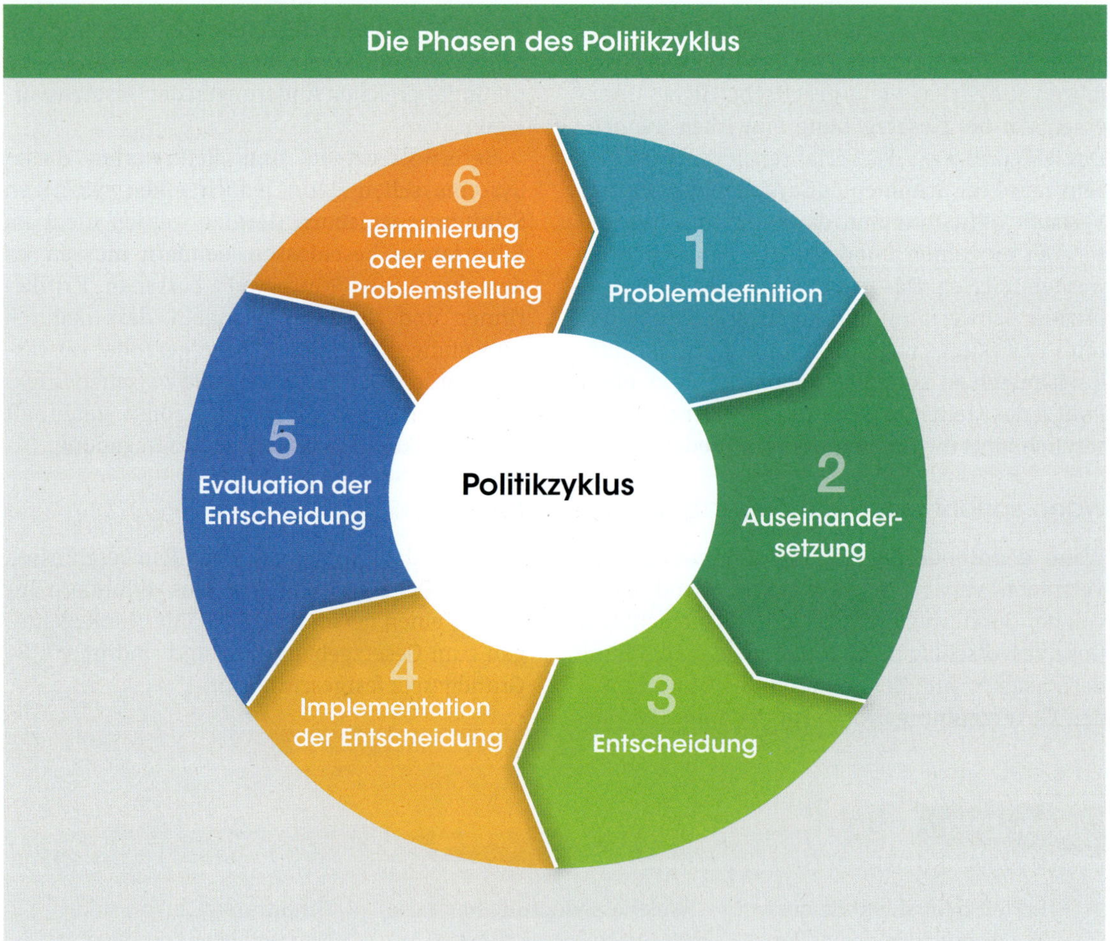

Bearbeitergrafik

Vorteile des Modells:
Politik und dessen Prozesscharakter lassen sich gut darstellen. Das Modell kann auch von Menschen, die keine Politik-Expertinnen und -Experten sind, angewendet werden.

Nachteile des Modells:
Das Modell gliedert den politischen Prozess klarer, als dies in der Realität der Fall ist. Die einzelnen Phasen des Prozesses sind in der Realität nicht derart sauber getrennt.

M2 Der Politikzyklus am Beispiel des Heizungsgesetzes

A Chronologie des Streits um das Heizungsgesetz im Bundestag

Das Gesetz hängt fest, die Koalition kann sich nicht einigen. [...] Die Koalition vertagt das Gebäudeenergiegesetz. So geht es zu – im Frühjahr 2017. [...]

Auch damals herrscht Zeitdruck, drängen Parlamentstermine. Auch damals gibt es eine Fraktion, der zu viele Zumutungen im Gesetzestext stehen – in der großen Koalition von damals ist das die Union. [...] Nur wartet seinerzeit nach der Sommerpause nicht eine Landtagswahl in Hessen und Bayern, sondern die Bundestagswahl. Und im Wahlkampf geht das Gesetz schließlich sang- und klanglos unter.

Als es ein Jahr später wieder auftaucht, bilden immer noch Union und SPD eine Koalition. Inzwischen aber gibt es freitags auch Schülerdemos fürs Klima, die Regierung gerät zunehmend unter Druck. Ein Klima-Kabinett wird eingesetzt, ein Klimaschutzgesetz vorbereitet. Im September 2019 beschließt die große Koalition nach einer Nachtsitzung ihr „Klimaschutzprogramm 2030", mit dabei: das Gebäudeenergiegesetz. Erstmals haben fossile Heizungen darin ein Verfallsdatum von 30 Jahren, dies aber mit so vielen Ausnahmen, dass es für die wenigsten Kessel gilt. Neue Ölheizungen sollen nach 2026 nicht mehr eingebaut werden. 2020 wird das Gesetz schließlich verabschiedet – gut vier Jahre nach Beginn der ersten Beratungen. [...]

Dieses Heckmeck hatte die Ampelkoalition eigentlich vermeiden wollen. „Wir ändern das Gebäudeenergiegesetz wie folgt", schrieb sie schon Ende 2021 in den Koalitionsvertrag: „Zum 1. Januar 2025 soll jede neu eingebaute Heizung auf der Basis von 65 Prozent erneuerbarer Energien betrieben werden." Nur was diese „erneuerbare Energie" sein soll, regelte sie nicht. [...]

Im März 2022 hat die Koalition noch ein ganz anderes Problem: Der Krieg in der Ukraine hat die Energiekosten explodieren lassen. Als die Spitzen der Koalition am Ende des Monates zusammentreten, beschließen sie nicht nur alle möglichen Entlastungen, eine vorübergehende Senkung der Mineralölsteuer und das Neun-Euro-Ticket – sondern auch eine raschere Verschärfung des Gebäudeenergiegesetzes. „Wir werden jetzt gesetzlich festschreiben, dass ab dem 1. Januar 2024 möglichst jede neu eingebaute Heizung zu 65 Prozent mit Erneuerbaren Energien betrieben werden soll", schreiben sie in ihren Beschluss. Was „jetzt" genau heißt, bleibt allerdings offen. [...]

Der ehemalige Bundesminister für Wirtschaft und Klimaschutz Robert Habeck (2021–2025) verteidigt das Gebäudeenergiegesetz in einer Rede im Bundestag.

Den zugehörigen Gesetzentwurf sieht die Öffentlichkeit ein knappes Jahr später. Ende Februar wird er vorzeitig publik, durchgestochen an die Bild-Zeitung. Sie macht daraus den „Heiz-Hammer". Es ist der Moment, in dem sich der Fluch des Gesetzes einmal mehr ausbreitet. Von nun an belastet nichts das Klima in der Koalition so sehr wie der Versuch, den Klimaschutz in Gebäuden zu organisieren. „Bewusst" sei der Entwurf geleakt worden, „um dem Vertrauen in der Regierung zu schaden", beklagt Bundeswirtschaftsminister Robert Habeck (Grüne). [...] Der Entwurf wird abgeschwächt.

Ende März 2023, fast genau ein Jahr nach dem „jetzt"-Beschluss, befasst sich ein weiteres Mal der Koalitionsausschuss mit dem Gesetz. Ergebnis: Jetzt aber wirklich. Der Entwurf werde „von der Bundesregierung im April im Kabinett auf den Weg gebracht, um das Gesetz vor der Sommerpause im Bundestag zu beschließen". Und tatsächlich passiert der Entwurf im April das Kabinett. [...] „Wir werden in dieser Sitzungswoche eine erste Lesung im Parlament vornehmen", heißt es nun im Papier der Ampelfraktionen. „Mit dem Ziel, das Gesetz vor der Sommerpause zu verabschieden."

Bauchmüller, Michael: Jahrelanges Heckmeck. In: www.sueddeutsche.de, 13.06.2023

B **Bundestag beschließt Heizungsgesetz**

Lange wurde darüber gestritten – nun ist das Heizungsgesetz beschlossene Sache. [...] Mit der Mehrheit der Ampelparteien hat der Bundestag das sogenannte Heizungsgesetz verabschiedet. An der namentlichen Abstimmung beteiligten sich insgesamt 679 Abgeordnete. Von ihnen votierten 399 für das Gesetz, 275 Parlamentarier sprachen sich dagegen aus. Zudem gab es fünf Enthaltungen.

Die Novelle des Gebäudeenergiegesetzes – des sogenannten Heizungsgesetzes – zielt darauf ab, durch einen schrittweisen Austausch von Öl- und Gasheizungen das Heizen in Deutschland klimafreundlicher zu machen. Ende September muss das Gesetz noch den Bundesrat passieren. Dieser wird sich voraussichtlich am 29. September mit dem Heizungsgesetz befassen, das nach vorläufigem Stand aber nicht zustimmungspflichtig ist. Die Länderkammer kann somit zwar Einspruch einlegen, das Gesetz aber nicht blockieren.

ARD-aktuell / tagesschau.de: Bundestag beschließt Heizungsgesetz. In: www.tagesschau.de, 08.09.2023

C **Bundesrat billigt Heizungsgesetz**

Der Bundesrat hat das Heizungsgesetz gebilligt. Damit kann es am 1. Januar 2024 in Kraft treten. Ein Antrag Bayerns, den Vermittlungsausschuss zwischen Bundestag und Bundesrat anzurufen, fand keine Mehrheit. [...] Das Gesetz soll einen wesentlichen Beitrag für mehr Klimaschutz in Gebäuden leisten.

Es zielt darauf ab, durch einen Austausch von Öl- und Gasheizungen Schritt für Schritt das Heizen in Deutschland klimafreundlich zu machen. Ab dem kommenden Jahr müssen aber zunächst nur neue Heizungen in Neubauten innerhalb von Neubaugebieten zu 65 Prozent mit erneuerbaren Energien laufen. Klassische Öl- und Gasheizungen können dies im Regelfall nicht leisten.

Für einen Austausch und den Weiterbetrieb fossiler Heizungen gelten in den kommenden 20 Jahren unterschiedliche Fristen und Vorgaben. Neue Heizungen, die ausschließlich mit fossilen Energien betrieben werden, können im Regelfall spätestens ab Juli 2028 nicht mehr eingebaut werden.

Über das Gebäudeenergiegesetz war innerhalb der Ampel-Koalition lange gestritten worden. [...] [Schließlich erreichte die Koalition einen Kompromiss.] [...] Ziel des Heizungsgesetzes ist es, die CO_2-Emissionen im Gebäudesektor zu reduzieren, da andernfalls Deutschland seine Klimaziele nicht erreicht. Habecks Ministerium geht aber davon aus, dass die im Klimaschutzgesetz vorgeschriebene Halbierung der Emissionen im Gebäudesektor bis 2030 nicht ganz erreicht werden wird. Erwartet werden eher etwa 40 Prozent Emissionsminderung. Bis 2045 soll die Wärmewende vollzogen sein.

ARD-aktuell / tagesschau.de: Bundesrat billigt Heizungsgesetz. In. www.tagesschau.de, 29.09.2023

Aufgaben

72003-431

1. Analysieren Sie den Werdegang des Gebäudeenergiegesetzes anhand des Politikzyklus und ordnen Sie die einzelnen Schritte den Phasen zu (**M1**, **M2**).
2. Recherchieren Sie Reaktionen auf die Verabschiedung des Gesetzes und dessen Folgen für verschiedene betroffene Gruppen.

4.7 Die Rechtsordnung der Bundesrepublik Deutschland

Leitfragen

- Was versteht man unter einer Rechtsordnung?
- Was soll eine Rechtsordnung leisten?
- Wie unterscheiden sich das Rechtssystem und das politische System?

M1 Was versteht man unter einer Rechtsordnung?

Eine Rechtsordnung oder ein Rechtssystem umfasst die Gesamtheit aller gültigen Normen und Vorschriften, die das Zusammenleben der Menschen in einer Gesellschaft bzw. in einem Staat verbindlich regeln. Diese Beschreibung ist zunächst recht abstrakt. Was damit gemeint ist, wird allerdings deutlich, wenn man sich vor Augen führt, dass z. B. in der Bundesrepublik Deutschland mehr als 80 Millionen Menschen zusammenleben, deren Interessen unterschiedlich sind und deren Handeln oft nicht miteinander vereinbar ist. Deshalb bedarf es einer Möglichkeit zur Ordnung des Zusammenlebens. In mittelalterlichen Gesellschaften war dies eine feudalstaatliche Ordnung, in der jeder Einzelne in einen gesellschaftlichen Stand hineingeboren war, den er i. d. R. nicht verlassen konnte. Das Zusammenleben der Menschen war hierarchisch geordnet, d. h. dass die höher Gestellten (Adel, Klerus) mehr Rechte besaßen als die Menschen aus den unteren Ständen (Bauern, Handwerker). Die Standes- und Gruppenzugehörigkeit war z. B. durch die Kleidung, die man zu tragen hatte bzw. nicht tragen durfte, für jeden erkennbar. So war einerseits sichergestellt, dass jeder wusste, wie er sich anderen gegenüber in bestimmten Situationen zu verhalten hatte. Andererseits war dadurch aber auch die Freiheit des Einzelnen eingeschränkt, weil die Grenzen des eigenen Standes nicht überwunden werden konnten. Rechtsetzung erfolgte häufig nach mündlicher Überlieferung und nach Gewohnheit. Die Rechtsprechung war meist Aufgabe des Grafen.

Diese Ordnung wurde in der Neuzeit durch ein System abgelöst, welches die Verwirklichung der Freiheit aller Individuen zum Ziel hatte. Diese Freiheit war vor herrschaftlicher Willkür und vor Übergriffen anderer Individuen zu schützen. An die Stelle des alten Systems trat eine Ordnung, in der das Recht in Form von Gesetzen vorlag, die von den Parlamenten beschlossen wurden. Dieses Recht nennt man positives Recht (von Menschen gemachtes Recht) im Gegensatz zum Naturrecht. Positives Recht regelt das tägliche Zusammenleben, legt Pflichten und Rechte fest, wird schriftlich dokumentiert und von Gerichten überprüft, sodass Rechtsstreitigkeiten geordnet und fair entschieden werden können.

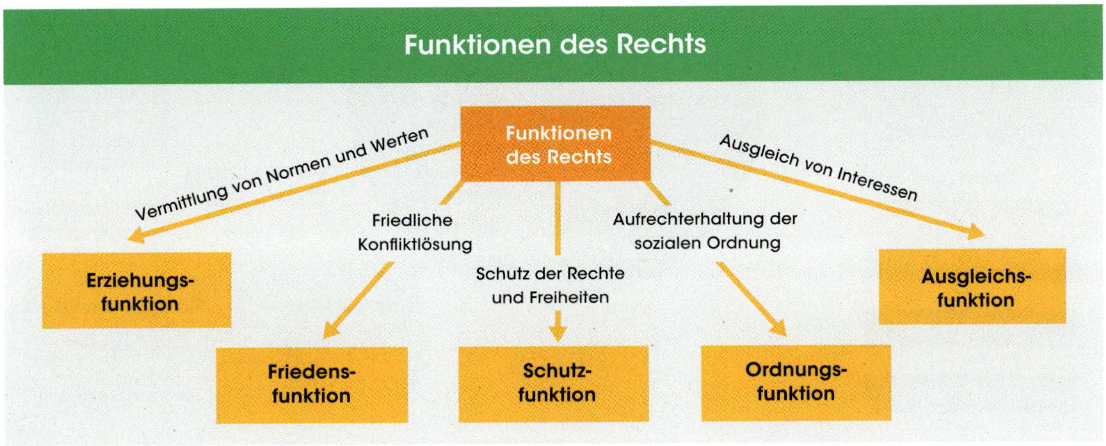

© C.C. Buchner Verlag

M2 Welche Rechtsquellen gibt es?

Das positive Recht in der Bundesrepublik speist sich aus verschiedenen Quellen:

- **EU-Recht**: Das ist das überstaatliche Recht in der Europäischen Union. Dieses hat zwar Anwendungsrecht gegenüber nationalem Recht, aber das Grundgesetz und das Europarecht stehen nebeneinander mit situativ anhängigen Hierarchien.
- **Verfassungsnormen des Grundgesetzes**: Sie legen die Grundrechte und die politische Ordnung fest. Gesetze, die vom Bundestag beschlossen wurden, müssen mit dem Grundgesetz vereinbar sein. Im Zweifelsfall entscheidet das Bundesverfassungsgericht.
- **Gesetze**: Sie werden vom Bundestag beschlossen und gelten für alle Bürger gleichermaßen. Sie dürfen dem Grundgesetz und dem EU-Recht nicht widersprechen.
- **Rechtsverordnungen:** Das sind Entscheidungen der Exekutive darüber, wie bei der Ausführung von Gesetzen im Einzelnen zu verfahren ist. Die Legislative wirkt bei Verordnungen nicht mit, muss der Exekutive aber die Erlaubnis zum Erlassen von Verordnungen erteilen.
- **Satzungen und Geschäftsordnungen:** Sie dienen zur Regelung von Angelegenheiten (z. B. Arbeitsweise) einer Institution.

Da das Recht in einer modernen Gesellschaft aufgrund der Vielzahl von Beziehungen zwischen den Menschen sehr komplex und kompliziert ist, bedarf es einer systematischen Einteilung des Rechts, um bei rechtlichen Auseinandersetzungen möglichst einfach und schnell zu einer Klärung zu kommen.

M3 Privatrecht und öffentliches Recht

Grundsätzlich unterscheidet man zwischen zwei großen Rechtsbereichen. Je nachdem, wer von den Regelungen betroffen ist, differenziert man zwischen Privatrecht und öffentlichem Recht. Das Privatrecht regelt die Beziehungen zwischen gleichberechtigten Bürgerinnen und Bürgern. Es

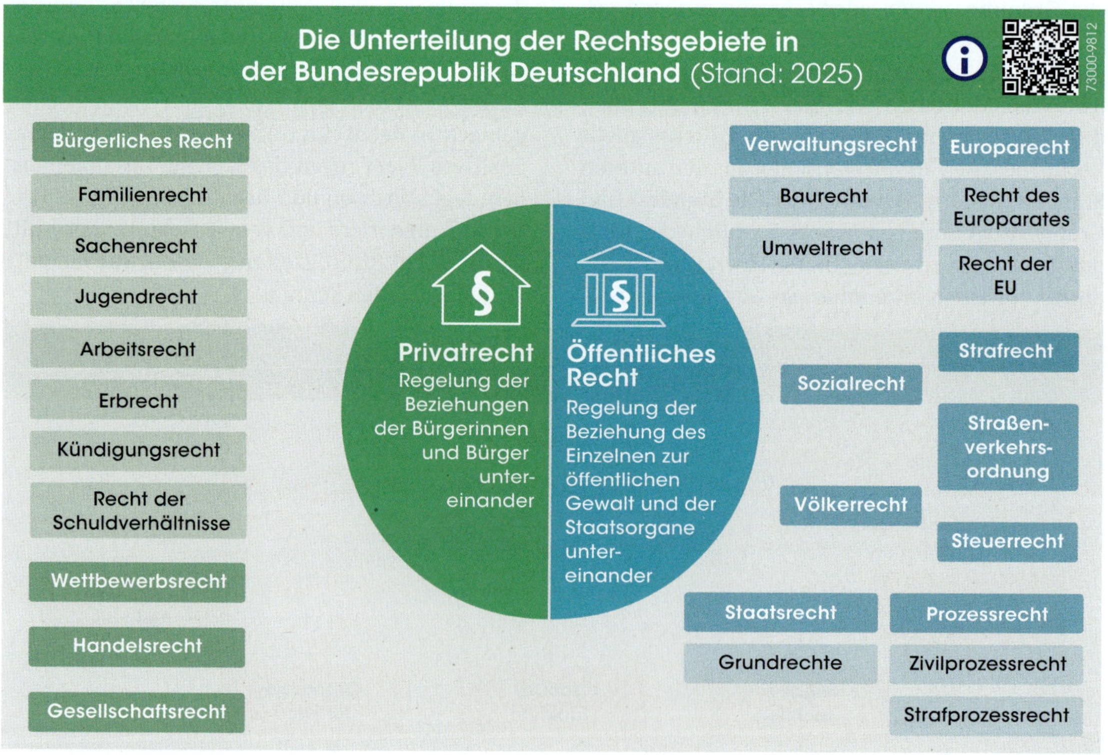

© C.C. Buchner Verlag, Daten nach: www.bpb.de, 2025

ist im **Bürgerlichen Gesetzbuch (BGB)** festgelegt und enthält Regelungen zu einzelnen Teilbereichen des Privatrechts wie z. B. Handelsrecht, Arbeitsrecht, Vertragsrecht etc. Das BGB ist in fünf Bücher gegliedert und umfasst u. a. Vorschriften zu allgemeinen Rechtsgeschäften, zu Schuld- und Sachenrecht, Familien- und Erbrecht. Damit deckt es alle wesentlichen Lebensbereiche ab, in denen Bürgerinnen und Bürger rechtlich miteinander in Beziehung treten. Mit dem öffentlichen Recht werden die Beziehungen zwischen den Trägern der öffentlichen Gewalt (dem Staat) und Privatpersonen sowie zwischen staatlichen Institutionen untereinander geregelt. Es umfasst unter anderem Teilbereiche wie Strafrecht, Verwaltungsrecht, Steuerrecht, Verfassungsrecht etc. Im öffentlichen Recht besteht ein Über- und Unterordnungsverhältnis zwischen Staat und Bürgerinnen und Bürgern. Der Staat kann vom Bürgerinnen Bürgern bestimmte Verhaltensweisen einfordern. Die Bürgerinnen und Bürger müssen dem nachkommen, können sich aber wehren, wenn sie glauben, dass die Forderungen des Staates nicht gerechtfertigt sind. So muss ein Bürger z. B. Steuern zahlen. Er kann aber gegen den Staat klagen, wenn er glaubt, dass konkrete Forderungen unberechtigt sind.

M4 Welchen Grundsätzen folgt die Rechtsprechung?

Die Durchsetzung des Rechts ist Aufgabe der staatlichen Exekutivorgane (Polizei, Finanzamt, Einwohnermeldeamt etc.) und der Gerichte. Diese nehmen eine besondere Stellung ein, weil sie Recht sprechen, d. h. darüber urteilen, ob im Einzelfall ein Fehlverhalten vorliegt. Die Richterinnen und Richter müssen sich bei ihren Entscheidungen nur an das Recht halten und müssen ihr Urteil auch dann abgeben, wenn die gesetzlichen Regelungen seinen eigenen Überzeugungen widersprechen. Wenn ein von ihm anzuwendendes Gesetz seiner Ansicht nach der Verfassung widerspricht, muss er dies vom Bundesverfassungsgericht prüfen lassen.

Die **richterliche Unabhängigkeit** sorgt dafür, dass Richter nicht durch staatliche Weisungen zu bestimmten Urteilen gezwungen werden können. Die Richterinnen und Richter sind dadurch besonders geschützt und können nur in Fällen von besonders schweren Verstößen gegen ihr Dienstrecht entlassen werden. Diese richterliche Unabhängigkeit ist ein zentraler Grundpfeiler der Rechtssicherheit und Rechtsstaatlichkeit. Nur so lässt sich gewährleisten, dass Entscheidungen anhand von Recht und Gesetz getroffen und nicht durch politische oder gesellschaftliche Einflüsse beeinträchtigt werden. In Deutschland gilt deshalb das Prinzip, dass Richterinnen und Richter nur dem Gesetz unterworfen sind, nicht jedoch Weisungen von Behörden oder Regierungen folgen müssen. Die richterliche Unabhängigkeit sichert eine faire und unparteiische Rechtsprechung, die Vertrauen, Akzeptanz und Stabilität innerhalb der Gesellschaft maßgeblich fördert.

M5 Welche Zweige der Gerichtsbarkeit gibt es?

Da die einzelnen Teilbereiche des Rechts sehr komplexe und spezialisierte Regelungen beinhalten, ist auch die Gerichtsbarkeit in fünf Zweige aufgeteilt, die sich jeweils mit speziellen Rechtsfragen befassen.

- Die **Ordentlichen Gerichte** verhandeln Straf- und Zivilsachen. Sie stellen den größten Bereich der Gerichtsbarkeit dar, beginnend bei Amtsgerichten bis hin zum Bundesgerichtshof.
- Die **Arbeitsgerichte** verhandeln arbeitsrechtliche Streitigkeiten zwischen Arbeitgebern und -nehmern, z. B. über die Rechtmäßigkeit von Entlassungen. Ihre Rechtsprechung trägt wesentlich zum sozialen Frieden in der Arbeitswelt bei.
- Die **Verwaltungsgerichte** sind zuständig für alle rechtlichen Fragen bezüglich der öffentlichen Verwaltung.
- Die **Sozialgerichte** verhandeln über Rechtsstreitigkeiten, die die Sozialversicherung und soziale Leistungen betreffen, z. B. um Streitigkeiten über Kindergeld. Gerade in diesem Bereich geht es oft um existenzsichernde Fragen für die Bürgerinnen und Bürger.
- Die **Finanzgerichte** befassen sich mit Fragen des Steuer- und Abgabenrechts, z. B. um Einsprüche gegen Steuerbescheide.

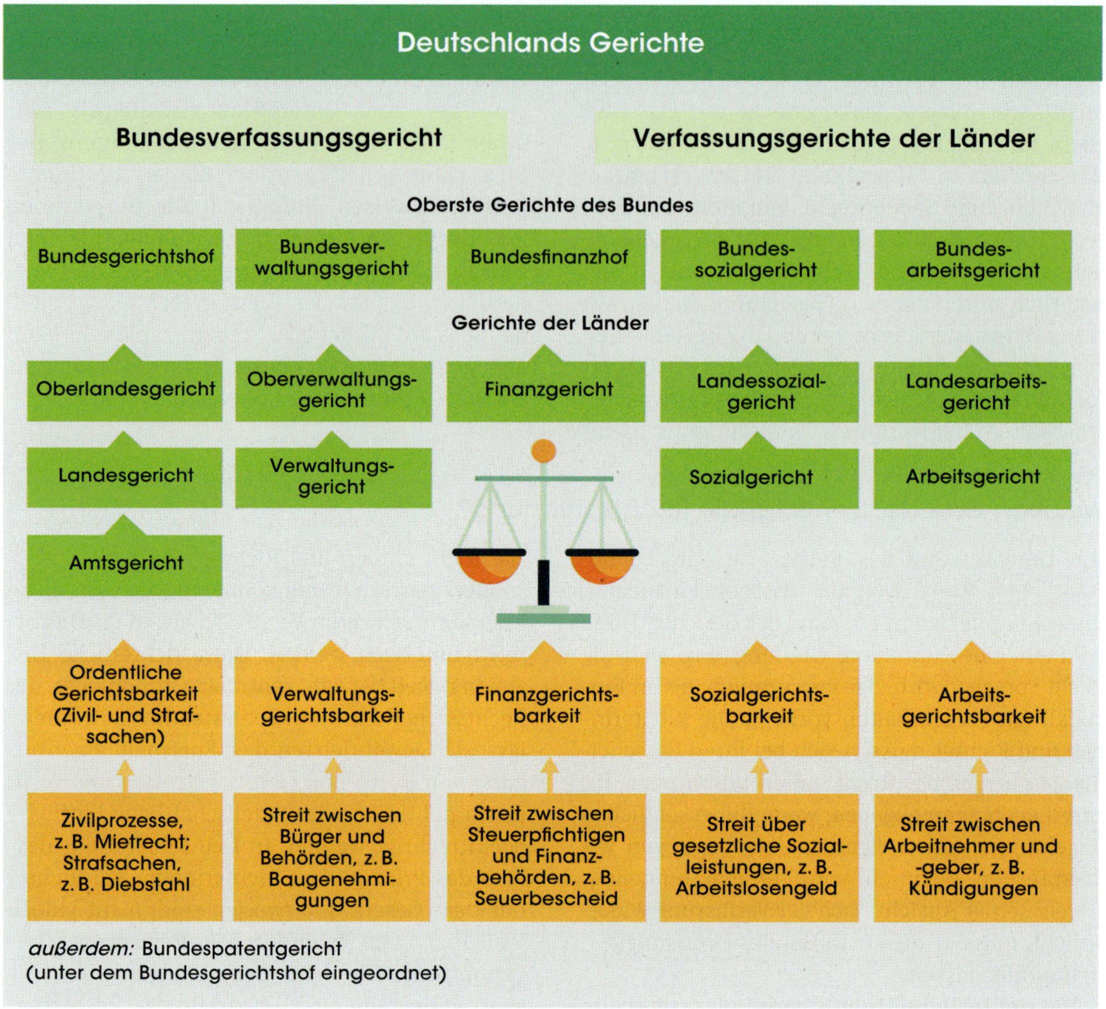

Nach: Globus Grafik 10619, Quelle: Bundesjustizministerium

Aufgaben

72003-432

1. Definieren Sie den Begriff „Rechtsordnung“ und erläutern Sie, welche Rolle Gesetze in einer Gesellschaft spielen (**M1, M2**).
2. Erklären Sie den Unterschied zwischen Privatrecht und öffentlichem Recht anhand von je zwei Regelungen aus beiden Bereichen (**M3**).
3. Erklären Sie die verschiedenen Rechtsquellen in der Bundesrepublik Deutschland (**M2**). Inwiefern beeinflussen Verfassungsnormen und EU-Recht die nationale Gesetzgebung?
4. Analysieren Sie die Bedeutung der richterlichen Unabhängigkeit für das deutsche Rechtssystem (**M4**). Wie wird diese Unabhängigkeit sichergestellt, und welche Auswirkungen hat sie auf die Rechtsprechung?

Sind vor dem Gesetz alle gleich?

M1 (Inwiefern) Ist Armut ein Risiko vor Gericht?

Alle Menschen sind vor dem Gesetz gleich. Das schreibt Artikel 3 des Grundgesetzes fest. In der Praxis ist diese Gleichheit aber nicht unbedingt gegeben. In Gerichtsverhandlungen haben ärmere Menschen oft schlechtere Chancen auf mildere Strafen. Dann nämlich, wenn sich Angeklagte in Strafsachen selbst verteidigen müssen, weil sie sich keinen Anwalt leisten können. Eine Pflichtverteidigung gibt es nicht automatisch für alle Angeklagten. Für manche Beschuldigte hat das zur Folge, dass sie zu hohen Geldstrafen verurteilt werden, die ein guter Anwalt hätte mildern können. Wer etwa wegen kleineren Delikten wie Ladendiebstahl oder wiederholtem Fahren ohne Fahrschein angeklagt ist, hat in der Regel keinen Anspruch auf einen Pflichtverteidiger. Der steht Beschuldigten nur zu, wenn zum Beispiel die Hauptverhandlung in erster Instanz an einem Land- oder Oberlandesgericht stattfindet, das Verfahren zu einem Berufsverbot führen kann oder dem Beschuldigten ein Verbrechen vorgeworfen wird. Auch wenn ein Angeklagter eine Seh-, Hör- oder Sprachbehinderung hat, kann er eine Pflichtverteidigung beantragen. […]

Till Zimmermann, Professor für Strafrecht und Strafprozessrecht an der Heinrich-Heine-Universität Düsseldorf, geht davon aus, dass Sanktionen sogar ganz ausbleiben könnten, wenn Menschen auch bei kleineren Delikten ein Strafverteidiger zur Seite stünde. Laien seien in der Regel mit der Selbstverteidigung überfordert. […] [Ein Strafverteidiger] kennt die Möglichkeiten und Verhandlungstricks, die man anwenden kann", sagt Zimmermann. […]

Dazu kommt: Menschen mit viel Geld können Geldstrafen auch einfach bezahlen. Wenn ärmere Menschen zu einer Geldstrafe verurteilt werden, können sie sich diese in vielen Fällen nicht leisten. Wer Geldstrafen nicht bezahlen kann oder will und seine Strafe nicht in Sozialstunden abarbeitet, muss in Deutschland eine Ersatzfreiheitsstrafe antreten. […]

[Eine Erweiterung der Pflichtverteidigung wäre jedoch mit hohen Kosten verbunden.] Angeklagte müssen im Fall einer Niederlage zwar unter anderem die Anwaltskosten zahlen, auch bei einer Pflichtverteidigung. Hier streckt der Staat zunächst aber die Kosten vor. Wenn eine verurteilte Person zahlungsunfähig ist, bleibt er auf diesen Kosten sitzen.

Nun könnte man zum einen anbringen, dass auch Maßnahmen wie Ersatzfreiheitsstrafen Geld kosten. Ein Tagessatz in einem NRW-Gefängnis belief sich im vergangenen Jahr auf 191,21 Euro. […]

Neben den finanziellen Aspekten dürfte aber auch die moralische Frage ins Gewicht fallen, wie viel die Gesellschaft für eine gerechte Justiz zu zahlen bereit ist. Haben Ärmere einfach Pech gehabt, wenn sie sich keine Verteidigung leisten können? „Generell finde ich es schwierig zu sagen: Ja, wir haben vielleicht ein Gerechtigkeitsproblem, aber das ist es uns nicht wert", sagt Zimmermann.

Kirsten, Anna: Vor dem Gesetz sind nicht alle gleich. In: www.rp-online.de, 14.06.2023

Aufgaben

72003-433

1. Beschreiben Sie das Problem, das die Autorin in dem Text darstellt.
2. Erläutern Sie, inwiefern das beschriebene Problem die grundlegenden Funktionen des Rechts beeinträchtigen kann.
3. Artikel 3 des Grundgesetzes fordert Gleichheit vor dem Gesetz. Erklären Sie, inwiefern das Recht auf Gleichheit durch die beschriebenen Ungleichheiten im Rechtssystem in der Praxis eingeschränkt wird.
4. Diskutieren Sie, ob eine Ausweitung der Pflichtverteidigung, insbesondere in Hinblick auf die im Text angesprochenen finanziellen und moralischen Aspekte, sinnvoll ist.

Kompetenzen

Am Ende des Kapitels sollten Sie Folgendes wissen und können:

- Motive und Ziele der europäischen Integration sowie die wichtigsten Etappen der EU-Erweiterung und der politischen Vertiefung der EU beschreiben
- die zentralen politischen Organe der EU und deren Zusammenwirken im politischen Entscheidungsprozess im Mehrebenensystem der EU darstellen
- die Effizienz und die politische Legitimität des Institutionengefüges der EU erörtern
- Vorzüge und Schwächen der EU sowie zentrale Konflikte innerhalb der EU in zentrale Politikbereichen erläutern
- aktuelle Herausforderungen der EU analysieren
- Szenarien zur zukünftigen Entwicklung der EU beurteilen

1

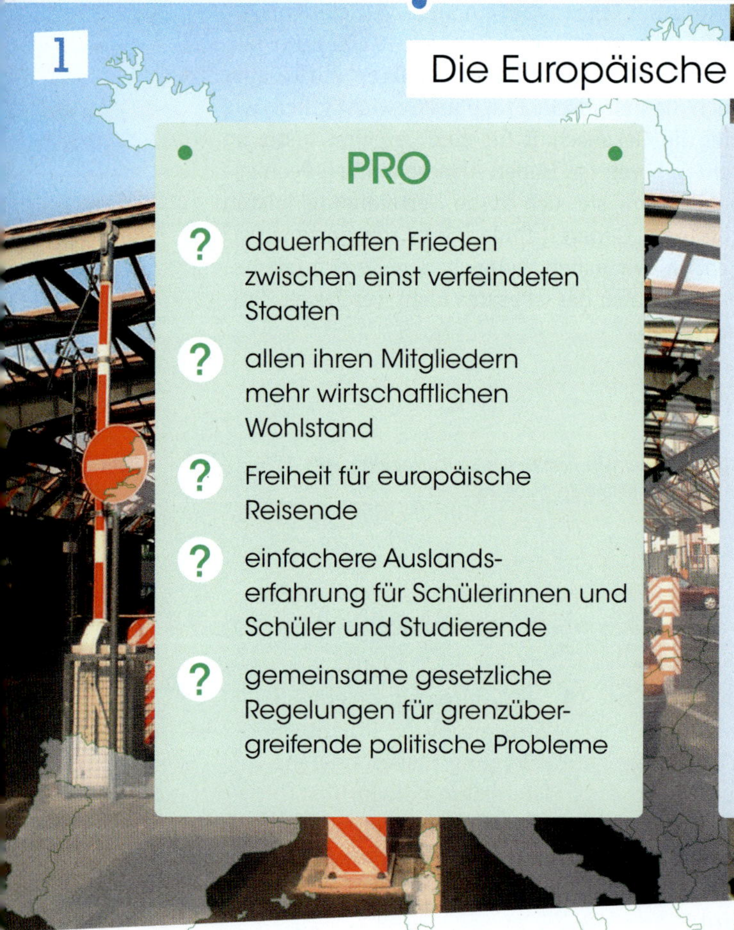

2

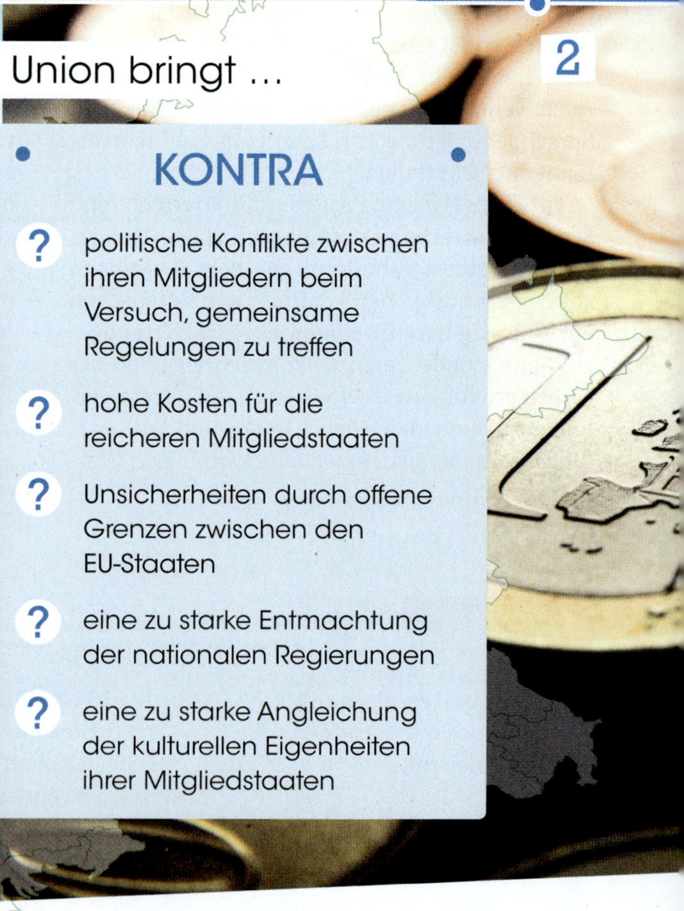

Die Europäische Union bringt …

PRO

- ? dauerhaften Frieden zwischen einst verfeindeten Staaten
- ? allen ihren Mitgliedern mehr wirtschaftlichen Wohlstand
- ? Freiheit für europäische Reisende
- ? einfachere Auslandserfahrung für Schülerinnen und Schüler und Studierende
- ? gemeinsame gesetzliche Regelungen für grenzübergreifende politische Probleme

KONTRA

- ? politische Konflikte zwischen ihren Mitgliedern beim Versuch, gemeinsame Regelungen zu treffen
- ? hohe Kosten für die reicheren Mitgliedstaaten
- ? Unsicherheiten durch offene Grenzen zwischen den EU-Staaten
- ? eine zu starke Entmachtung der nationalen Regierungen
- ? eine zu starke Angleichung der kulturellen Eigenheiten ihrer Mitgliedstaaten

Die Europäische Union 5

3

4

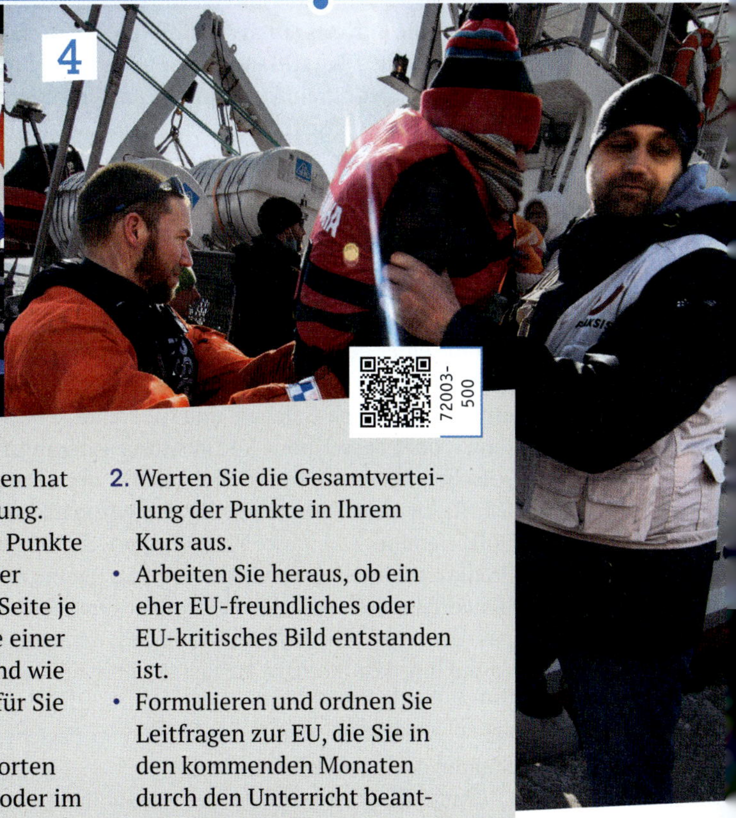

Aufgaben

1. Jede und jeder von Ihnen hat 100 Punkte zur Verfügung.
   - Verteilen Sie diese 100 Punkte auf die Antworten in der Tabelle auf der linken Seite je nachdem, wie stark Sie einer Antwort zustimmen und wie wichtig dieser Aspekt für Sie ist.
   - Sie können auch Antworten ohne Punkte belassen oder im Extremfall alle 100 Punkte einer Antwort geben.
   - Bereiten Sie sich darauf vor, Ihre Punktverteilung zu begründen.
2. Werten Sie die Gesamtverteilung der Punkte in Ihrem Kurs aus.
   - Arbeiten Sie heraus, ob ein eher EU-freundliches oder EU-kritisches Bild entstanden ist.
   - Formulieren und ordnen Sie Leitfragen zur EU, die Sie in den kommenden Monaten durch den Unterricht beantworten möchten.

72003-500

5.1 Grundlagen und Entwicklungen der EU – Erweiterung und Vertiefung

5.1.1 Geeintes Europa – Ideen, Werte, Strukturen

Leitfragen

- Von welchen Gründungsideen nahm die EU ihren Ausgang?
- Welcher Wertekonsens prägt die heutige EU?
- Wie ist die EU in ihrem politischen Mehrebenensystem verflochten?

M1 Die Idee eines friedlichen Europas

„Let Europe arise!" Mit diesem emphatischen Ausruf beendete der britische Premierminister Winston Churchill am 19. September 1946 seine knappe, berühmt gewordene Zürcher Europarede, in der er in Grundzügen ein vereinigtes Europa aus seiner Sicht entwarf. Vor dem Hintergrund der Zerstörung weiter Teile Europas durch den durch das nationalsozialistische Deutschland begonnenen Zweiten Weltkrieg sah Churchill von Anfang an die Vereinigung der europäischen Staaten primär als Friedens- und Sicherheitsprojekt. Er wünschte sich eine „Neuschöpfung der europäischen Völkerfamilie, [...] indem wir ihr eine Struktur geben, in welcher sie in Frieden, in Sicherheit und in Freiheit bestehen kann. Wir müssen eine Art Vereinigte Staaten von Europa errichten." Ökonomische Gründe einer europäischen Einigung waren Churchill zwar auch wichtig, aber wären keinesfalls zu erreichen ohne eine sichere und friedliche Koexistenz – oder besser noch Verflechtung – der europäischen Hauptmächte. Dabei müsste der „erste Schritt zu einer Neuschöpfung der europäischen Völkerfamilie [...] eine Partnerschaft zwischen Frankreich und Deutschland sein" – als der bis dahin verfeindeten Zentralmächte Kontinentaleuropas. Überaus hellsichtig wies Churchill ergänzend darauf hin, dass atomare Aufrüstung drohe (bis dahin waren die USA die einzige Nuklearmacht), was ein Fortbestehen der Feindschaft europäischer Staaten noch gefährlicher mache.

Churchills Kerngedanke der Aussöhnung von Deutschland und Frankreich durch dauerhafte institutionelle Koppelung wurde vom damaligen französischen Außenminister Robert Schuman geteilt. Am 9. Mai 1950 schlug dieser vor, die Europäische Gemeinschaft für Kohle und Stahl (EGKS) zu gründen, in der alle europäischen Staaten gleichberechtigt zusammenarbeiten könnten. 1952 nahm diese sogenannte „Montanunion" schließlich ihre Arbeit auf. Zum einen war es allen Mitgliedstaaten (Gründerstaaten: Frankreich, Deutschland, Italien, Niederlande, Belgien, Luxemburg) nun möglich, zollfrei untereinander Kohle und Stahl zu handeln. Zum anderen wurde eine „Hohe Behörde" geschaffen, die staatenunabhängig gemeinsame Regelungen für die Kohle- und Stahlindustrie beschließen konnte. Der Schuman-Plan war insofern sehr wirksam, als erstens die wichtigsten Produktionsbereiche für die Rüstungsindustrie jetzt nicht mehr (allein) nationalstaatlich kontrolliert waren. Zweitens wurde erstmals eine supranationale Behörde zur dauerhaften Kooperation geschaffen, indem europäische Nationalstaaten Rechte abgaben. Drittens wurde Deutschland trotz des von ihm verursachten Zweiten Weltkriegs und der Massenvernichtung und Verfolgung von Millionen von Menschen in Europa als gleichberechtigter Partner und nicht etwa untergeordnet eingebunden. Insofern trug die EGKS bereits sowohl die grundlegende Zielsetzung (dauerhafter Frieden und Sicherheit in Europa) als auch ein zentrales Instrumentarium (permanente, gleichberechtigte institutionelle Verflechtung) sowie einen wesentlichen Entwicklungspfad (zunehmende Supranationalität der Entscheidungen) der Europäischen Union in sich. Schuman hatte sogar vor, die EGKS zu einer föderal aufgebauten Europäischen Gemeinschaft weiterzuentwickeln, wozu es allerdings zu seinen Lebzeiten nicht mehr kam.

M2 Was prägt die Europäische Union als Wertegemeinschaft?

Heute versteht sich die Europäische Union als Wertegemeinschaft. Ihre Werte wurden erstmals in der Charta der Grundrechte der Europäischen Union im Jahr 2000 ausformuliert und sind seit 2009 (beschlossen 2007 im Vertrag von Lissabon) für alle Mitgliedstaaten bindend. Damit sind die Grundrechte der EU geltendes Recht für alle Menschen in Europa. Sie können also auch vor dem Europäischen Gerichtshof für Menschenrechte eingeklagt werden. Dabei garantiert die Charta eine Vielzahl von Menschen- und Bürgerrechten auf folgenden Ebenen:

- **Menschenwürde**: u.a. Recht auf Leben und körperliche Unversehrtheit, Folterverbot, Verbot von Sklaverei und Menschenhandel,
- **Freiheit**: u.a. Gedankens-, Gewissens- und Religionsfreiheit, Meinungs- und Pressefreiheit, Achtung des Privat- und Familienlebens, Informationsfreiheit und Datenschutz, Versammlungs- und Vereinigungsfreiheit, Freiheit von Kunst und Wissenschaft, Recht auf Bildung und Arbeit, Berufsfreiheit, Asylrecht,
- **Gleichheit**: u.a. Rechtsgleichheit, Gleichstellung von Mann und Frau, Nichtdiskriminierung, Kinderrechte, Integration von Menschen mit Behinderungen,
- **Solidarität**: u.a. gerechte Arbeitsbedingungen und Schutz vor ungerechtfertigter Entlassung, Recht zur Bildung von Betriebsräten und Gewerkschaften, Streikrecht, Verbot von Kinderarbeit, Umweltschutz, Verbraucherschutz,
- **Bürgerrechte**: u.a. Wahlrecht (Europäisches Parlament, Kommunen), Recht auf gute Verwaltung, Petitionsrecht, Freizügigkeit und Ansiedlungsfreiheit im gesamten EU-Gebiet,
- **Justizielle Rechte**: u.a. unparteiische Gerichte, Unschuldsvermutung und Verteidigungsrechte vor Gericht, Gesetz- und Verhältnismäßigkeit von Strafen.

Aufgrund der Entwicklung von der EGKS hin zur Europäischen Union heutigen Zuschnitts verlieh das Osloer Komitee der Union 2012 den Friedensnobelpreis. Gleichwohl gibt es Regierungen von Mitgliedstaaten (insb. Ungarn, bis 2023 auch Polen), die Nichtdiskriminierungs- und justitielle Rechte sowie die Pressefreiheit (erfolgreich) einzuschränken oder ganz auszuschalten versuchen, indem sie Justizreformen missbrauchen, kritische Medien unter Druck setzen und oppositionelle Stimmen gezielt schwächen, um ihre eigene Macht zu festigen. Hierin liegt eine große Herausforderung für die Union.

M3 Auf welchen Grundlagen beruht das Mehrebenensystem der EU?

Beim politischen System der Europäischen Union bzw. seiner Gleichzeitigkeit mit den nationalstaatlichen Willensbildungs- und Entscheidungssystemen spricht man von einem politisch verflochtenen Mehrebenensystem. Folgende Ebenen sind zu nennen:

- die Europäische Union,
- die Mitgliedstaaten,
- die europäischen Regionen bzw. die deutschen Bundesländer,
- die nationalen Kommunen.

Das europäische Mehrebenensystem ist vor allem durch die Merkmale der **vertikalen Politikverflechtung** sowie dem damit verbundenen „Exekutivföderalismus" gekennzeichnet.

Vertikal ist die Politik in der Europäischen Union insofern verflochten, als auf der EU-Ebene in supranationalen Politikfeldern (› Kap. 5.1.2) getroffene Entscheidungen auf den Ebenen der einzelnen Staaten oder sogar Regionen umgesetzt werden müssen. Auch die Strukturförderpolitik der EU kommt direkt den europäischen Regionen oder Kommunen zugute, die entsprechende Anträge stellen. Diese vertikale Politikverflechtung im Mehrebenensystem führt zum einen zu einer starken legislativen und administrativen Verwobenheit der EU-Staaten, was die friedliche Konfliktaustragung unter ihnen – und damit den Gründungszweck der Gemeinschaft – deutlich befördert. Zum anderen sollen damit politische Probleme bürgernäher bearbeitet werden können als

Politikverflechtung im Mehrebenensystem der EU – ein Beispiel

Als Beispiel für Mehrebenen-Regieren kann das sog. Schulobstprogramm der EU dienen: Die EU-Agrarminister haben am 18.12.2008 dieses Programm beschlossen. Die Beteiligung der EU an diesem Programm – sie trägt i. d. R. die Hälfte der Kosten – soll, so die Verordnung, „jungen Verbraucher“ den „Geschmack an Obst und Gemüse“ vermitteln. An dem Programm nehmen in Deutschland sieben Bundesländer teil; da im dt. Föderalismus die Bildungspolitik zu den ureigenen Aufgaben der Länder gehört, sind sie hier entsprechend gefordert. Baden-Württemberg z.B. beteiligt sich an dem EU-Schulobstprogramm, ebenso Bayern, Nordrhein-Westfalen, Rheinland-Pfalz, das Saarland, Sachsen-Anhalt und Thüringen. In Baden-Württemberg ergänzt das EU-Programm die seit Langem bestehende Ernährungsinitiative „Bewusste Kinderernährung“ (BeKi). Als ein Beispiel für [Mehrebenen-Regieren] kann dieses Programm deshalb dienen, weil hier unterschiedliche politische Entscheidungsebenen (EU, Bund, Land und Kommunen) sowie staatlich wie nichtstaatliche Institutionen und Akteure (hier: Schulen, Bildungseinrichtungen, Produzenten, Bauern) und auch verschiedene Adressaten beteiligt sind, ehe tatsächlich Äpfel, Birnen und andere Früchte in Schulen oder Kindergärten verteilt werden können. Hier kooperieren – orientiert am gemeinsamen Ziel einer „gesunden Ernährung“ – ganz unterschiedliche Gruppen und Institutionen, was typisch für [Mehrebenen-Regieren] ist.

Große Hüttmann, Martin: Multi-Level-Governance. In: www.bpb.de, Abruf am 17.02.2025

durch eine rein hierarchische Regel(durch)setzung von oben nach unten. Hierzu dient auch das Prinzip Subsidiarität. Nach diesem **Subsidiaritätsprinzip** sollen politische bzw. administrative Entscheidungen immer auf der Ebene getroffen werden, die am bürgernächsten ist. Gleichwohl ist die Kritik an dieser Art der Politikverflechtung berechtigt, da sie für die europäischen Bürgerinnen und Bürger häufig weitgehend intransparent ist: Entscheidungswege sind oft komplex, Zuständigkeiten unklar und Beteiligungsmechanismen für Bürgerinnen und Bürger schwer nachvollziehbar. Ebenfalls vertikal verflochten sind die Mitgliedstaaten mit der EU über den Rat der Europäischen Union („Ministerrat“) sowie den Europäischen Rat. Der Ministerrat – also das Gremium der jeweiligen nationalen Fachministerinnen und -minister – ist direkt an der „Gesetzgebung“ der Union beteiligt. Der Europäische Rat – das Forum der nationalen Staats- bzw. Regierungschefs – soll hingegen die allgemeine Entwicklungsrichtung der EU durch Impulse vorgeben (› Kap. 5.2.1). Hier sind demnach die Köpfe der nationalen Exekutiven (sehr) stark an Richtungsentscheidungen bzw. legislativen Aushandlungs- und Entscheidungsprozessen beteiligt, weswegen man beim politischen System der EU auch von einem „**Exekutivföderalismus**“ spricht. Kritikerinnen und Kritiker bemängeln daran einen zu starken Einfluss der nationalen Exekutiven auf die Legislative der Union. Befürworterinnen und Befürworter führen hingegen an, dass erstens auch die nationalen Regierungen (wenn auch indirekter als das Parlament) durch die souveräne Wahlbevölkerung legitimiert seien, dass die EU zweitens der am demokratischsten verfasste Staatenbund der Welt sei und dass dieser sich drittens auf einem Entwicklungspfad befinde, der eine zunehmende Demokratisierung im Zeitverlauf erwarten lässt (› Kap. 5.1.2).

Aufgaben

72003-501

1. Geben Sie die Gründungsmotive der Europäischen Union bzw. ihrer Vorläuferorganisationen wieder (**M1**).
2. Charakterisieren Sie die EU als „Union der Werte“ (**M2**).
3. Analysieren Sie, welche Bedeutung die Politikverflechtung im EU-Mehrebenensystem für die Verwirklichung der Gründungsmotive haben könnte (**M3**).

Winston Churchill: ein Wegbereiter der europäischen Einigung?

M1 Winston Churchill: Europa-Rede an der Universität Zürich, 19. September 1946

[W]elches ist der Zustand, in den Europa gebracht worden ist? Zwar haben sich einige der kleineren Staaten gut erholt, aber in weiten Gebieten starren ungeheure Massen zitternder menschlicher Wesen gequält, hungrig, abgehärmt und verzweifelt auf die Ruinen ihrer Städte und Behausungen. [...]

Und doch gibt es all die Zeit hindurch ein Mittel, das [...] wie durch ein Wunder die ganze Szene veränderte und in wenigen Jahren ganz Europa, oder doch dessen größten Teil, so frei und glücklich machte, wie es die Schweiz heute ist. Welches ist dieses vorzügliche Heilmittel? Es ist die Neuschöpfung der europäischen Völkerfamilie, oder doch so viel davon, wie möglich ist, indem wir ihr eine Struktur geben, in welcher sie in Frieden, in Sicherheit und in Freiheit bestehen kann. Wir müssen eine Art Vereinigte Staaten von Europa errichten. [...] Das Vorgehen ist einfach. Das einzige, was nötig ist, ist der Entschluss Hunderter von Millionen Männer und Frauen, recht statt unrecht zu tun und dafür Segen statt Fluch als Belohnung zu ernten. [...]

Wir alle wissen, dass die beiden Weltkriege, die wir miterlebt haben, der eitlen Leidenschaft eines neuvereinigten Deutschlands entsprungen sind, welches die dominierende Rolle in der Welt spielen wollte. In diesem letzten Ringen wurden Verbrechen und Massenmorde begangen, [...] wie es sie in gleicher Weise zu keiner Zeit der Menschheitsgeschichte gegeben hat. Der Schuldige muss bestraft werden. Deutschland muss der Macht beraubt werden, sich wieder zu bewaffnen und einen neuen Angriffskrieg zu entfesseln. Aber wenn all das getan worden ist, so wie es getan werden wird, so wie man es bereits jetzt tut, dann muss die Vergeltung ein Ende haben. [...] Wir alle müssen den Schrecknissen der Vergangenheit den Rücken kehren. Wir müssen in die Zukunft schauen. [...] Augenblicklich leben wir in seltsamer und bedenklicher Weise unter dem Schild, und ich will sogar sagen Schutz, der Atombombe. Bisher ist die Atombombe nur in den Händen eines Staates und einer Nation, von der wir wissen, dass sie sie niemals brauchen wird, ausgenommen für die Sache von Freiheit und Recht. Aber es ist wohl möglich, dass dieses ungeheuerliche Zerstörungsmittel in ein paar Jahren weitverbreitet sein wird, und die Katastrophe, die seinem Gebrauch durch verschiedene kriegsführende Nationen folgen würde, bedeutete nicht nur das Ende all dessen, was wir Zivilisation nennen, sondern könnte wahrscheinlich sogar den Erdball selbst zerstören. [...]

Winston Churchill (1874-1965) war britischer Premierminister (1940-1945 und 1951-1955).

[Wir müssen] die europäische Völkerfamilie in einer regionalen Organisation neu zusammenfassen, die man vielleicht die Vereinigten Staaten von Europa nennen könnte. Der erste praktische Schritt wird die Bildung eines Europarates sein. Wenn zu Beginn nicht alle Staaten Europas der Union beitreten können oder wollen, so müssen wir trotzdem damit anfangen und diejenigen, die wollen, und diejenigen, die können, sammeln und zusammenführen. [...] Bei all diesen dringenden Aufgaben müssen Frankreich und Deutschland zusammen die Führung übernehmen.

Churchill, Winston, zitiert nach: Die Zeit: Ein britischer Patriot für Europa. Winstons Churchills Europa-Rede, Universität Zürich, 19. September 1946. In: www.zeit.de, 05.05.2009

Aufgaben

72003-502

1. Geben Sie Winston Churchills Einschätzung von Europa im Jahr 1946 und seine politischen Forderungen wieder.
2. Erläutern Sie, welche von Churchills Zukunftsannahmen und -forderungen eingetroffen bzw. umgesetzt worden sind.

5.1.2 Die Erweiterung(en) und Vertiefung(en) der Europäischen Union

Leitfragen

- Wie hat sich die EU mit der Zeit erweitert?
- Welche Erweiterungen sind warum geplant?
- Welche Vertiefungs- bzw. Integrationsschritte kennzeichnen die Entwicklung der EU?

M1 Stufen der Erweiterung

Die Europäische Union in ihrem aktuellen geografischen Zuschnitt besteht (nach dem formalen Austritt Großbritanniens, dem sogenannten „Brexit") erst seit 2020. In ihrer institutionellen Verfasstheit (› Kap. 5.2.1) existiert die EU als eigenständiges Rechtssubjekt seit 2009 mit dem Inkrafttreten des Lissaboner Vertrags. Die Bezeichnung „Europäische Union" bzw. „Wirtschafts- und Währungsunion" trägt der Staatenbund seit 1993 mit dem Vertrag von Maastricht. Von der Gründung der Europäischen Gemeinschaft für Kohle und Stahl bis heute (Stand: 2025) gab es mehrere große Erweiterungsschritte:

- Im Jahr 1973 fand die erste Erweiterung der Europäischen Gemeinschaften statt („**erste Norderweiterung**"). Neben Großbritannien und Irland wurde auch Dänemark aufgenommen.
- In den Jahren 1981 (Griechenland) und 1986 (Portugal, Spanien) kam es zu zwei **Süderweiterungen**. Diese sind historisch insofern bemerkenswert, als in Griechenland (1974), Portugal (1974) und Spanien (1975) erst relativ kurz zuvor (Militär-)Diktaturen überwunden wurden. Hier zeigt sich, dass die damaligen Europäischen Gemeinschaften in der Lage waren, Hilfe bei der Stabilisierung junger Demokratien zu leisten und damit ihren Gründungsgedanken in konkrete Politik umzusetzen. Typisch ist zudem (vor allem an der

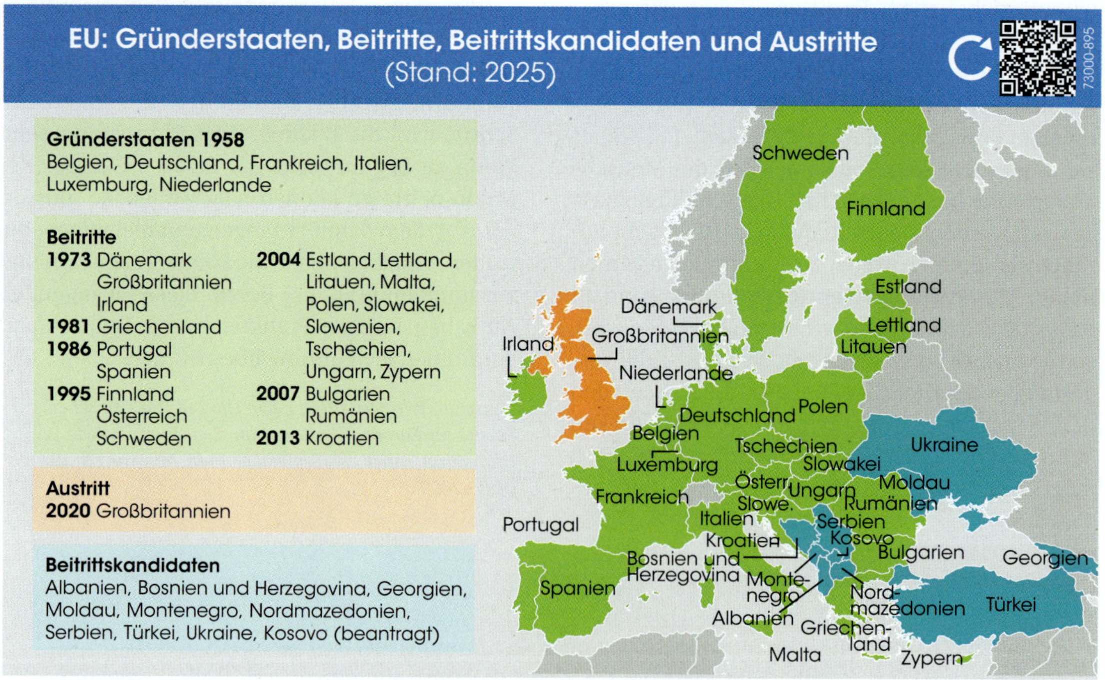

© C.C. Buchner Verlag, aktuelle Daten nach: EU (Datenerhebung: 2025; Grafikerstellung: 2025)

zweiten Süderweiterung) die politische Diskussion: In den wirtschaftlich starken Staaten der Union wurde aus einflussreichen politischen Richtungen (mindestens im Nachhinein unbegründet) eine massenhafte Zuwanderung in den Arbeitsmarkt und in die Sozialsysteme befürchtet. Sehr ähnliche Debatten flammten wieder bei den späteren Osterweiterungen auf und zogen phasenweise die Arbeitnehmerfreizügigkeit beschränkende Maßnahmen nach sich.

- Die **zweite Norderweiterung** erfolgte 1995 um Schweden, Finnland und Österreich.
- Bislang abgeschlossen wurde der Vergrößerungsprozess mit den beiden **Osterweiterungen** (2004, 2007) mit dem Beitritt von insgesamt zehn mittel- und südosteuropäischen Staaten sowie Malta und Zypern. Kroatien folgte als bislang letztes Land im Jahr 2013.
- Erstmals verkleinerte sich die Europäische Union durch den Austritt Großbritanniens („**Brexit**") im Jahr 2020.

M2 Die Kopenhagener Beitrittskriterien

Jeder geografisch (zumindest teilweise) in Europa liegende Staat, der die in Artikel 2 des Vertrags über die Europäische Union festgeschriebenen Gemeinschaftswerte achtet (› Kap. 5.1.1), kann prinzipiell Mitglied der Europäischen Union werden. Seit dem Jahr 1993 sind als Beitrittsvoraussetzungen die Kopenhagener Kriterien gültig.

- Das **„politische Kriterium"** besagt u.a., dass ein Beitrittskandidat Menschenrechte wahren und Minderheiten schützen muss. Zudem muss dass Land rechtstaatlich-demokratisch verfasst sein und über stabile politische Institutionen verfügen.
- Nach dem **„wirtschaftlichen Kriterium"** sind sowohl eine wettbewerbsfähige Marktwirtschaft, die auch dem ökonomischen Druck der anderen EU-Staaten standhalten kann, als auch wirtschaftliche Öffnung nach außen Voraussetzung für eine EU-Mitgliedschaft.
- Das **„Acquis-Kriterium"** fordert die Kompetenz des aufnahmewilligen Landes, alle bislang bestehenden EU-Ziele und -Regelungen umsetzen zu können (*Acquis communautaire* = gemeinschaftlicher Besitzstand).

M3 Wie läuft ein Beitrittsprozess ab?

Ein Beitritt zur EU ist nicht plötzlich oder kurzfristig möglich, sondern setzt – allein schon aufgrund der umfassenden Gesetzeslage in der Union – einen längeren Beitrittsprozess voraus, der sich grob folgendermaßen gliedert:

- Beitrittsantrag des aufnahmewilligen Staates an den Rat der Europäischen Union,
- Prüfung und Stellungnahme durch die Europäische Kommission inkl. Empfehlungen für weitere Schritte sowie für den Status der Bewerberin als „Beitrittskandidat" oder „potenzieller Beitrittskandidat",
- bei Beitrittskandidaten Beitrittsverhandlungen, sobald der Rat der Europäischen Union einstimmig beschlossen hat, solche Verhandlungen aufzunehmen,
- Beitrittsverhandlungen: Die Kandidatin muss in 35 Bereichen (sogenannten Kapiteln) Stück für Stück die bestehenden EU-Regelungen (*Acquis communautaire*) in nationales Recht übernehmen. Die Übernahme wird regelmäßig von der Europäischen Kommission überprüft („*Screening*"). Schließung der einzelnen Verhandlungskapitel, wenn alle bisherigen Mitgliedstaaten die Anforderungen für erfüllt ansehen,
- Nach Schließung aller Kapitel wird ein Beitrittsvertrag entworfen, der inkrafttritt, wenn ihm erstens der Rat der EU, die Europäische Kommission und das Europäische Parlament zugestimmt, sowie ihn zweitens alle EU-Mitgliedstaaten ratifiziert haben.

M4 Der Beitrittsprozess der Westbalkanstaaten

Bereits im Jahr 2003 sind den Westbalkanstaaten Albanien, Bosnien und Herzegowina, Montenegro, Nordmazedonien und Serbien EU-Beitrittsverhandlungen in Aussicht gestellt worden. Später kam die 2008 von Serbien unabhängig gewordene Republik Kosovo dazu. Bereits seit 2012

Die EU und der Westbalkan
(Stand: 2021)

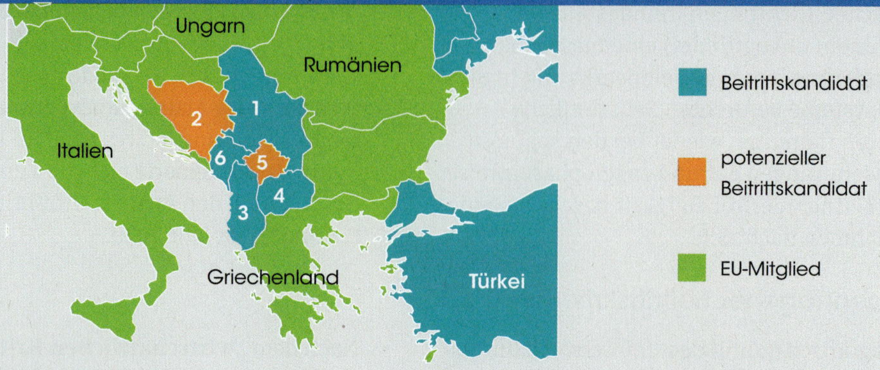

		Bevölkerung	BIP pro Kopf	Arbeitslosenquote
1	Serbien	**6,84 Mio.**	**9215 US-$**	**11,8 %**
2	Bosnien u. Herzegowina	**3,26 Mio.**	**6916 US-$**	**15,2 %**
3	Albanien	**2,81 Mio.**	**6494 US-$**	**11,8 %**
4	Nordmazedonien	**2,07 Mio.**	**6721 US-$**	**16,2 %**
5	Kosovo	**1,81 Mio.**	**4987 US-$**	**k. A.**
6	Montenegro	**0,62 Mio.**	**9367 US-$**	**18,5 %**

Nach: picture alliance/dpa-infografik 104293; Quelle: EU, Weltbank

werden Beitrittsverhandlungen mit Serbien und Montenegro geführt, Verhandlungen mit Albanien begannen 2024. Für die Länder Bosnien und Herzegowina, Nordmazedonien und Kosovo ist der Beitrittsprozess formell noch nicht eröffnet worden. Dabei grenzen die sechs Westbalkanstaaten als Agglomeration überall an bereits bestehende EU-Mitglieder.

Für die sehr schleppenden Beitrittsprozesse gibt es innen- und außenpolitische Ursachen in den Bewerberländern und auch innerhalb der EU selbst: Keiner der sechs Staaten erfüllt bisher vollauf die politischen und die wirtschaftlichen Beitrittskriterien. So wird z. T. noch die Pressefreiheit eingeschränkt, die Justiz kann nicht vollkommen unabhängig arbeiten, es herrscht oftmals Korruption und organisierte Kriminalität. Auch wirtschaftlich bedarf es teilweise noch Entwicklungen, um dem Konkurrenzdruck aus den EU-Mitgliedstaaten bei erfolgender Marktöffnung standhalten zu können. Bei der Überwindung der ökonomischen Schwierigkeiten unterstützt die EU mit Zuschüssen und Krediten.

Außerdem herrschen unter den Bewerbern teilweise fundamentale Konflikte. So erklärte sich die Republik Kosovo im Jahr 2008 von der Republik Serbien unabhängig, was diese nicht anerkennt. Seitdem gibt es immer wieder (Grenz-)Konflikte zwischen den beiden Staaten bzw. zwischen paramilitärischen Einheiten aus Serbien und kosovarischen Grenzschützern.

Zudem haben verschiedene EU-Staaten unterschiedliche Interessen im Westbalkan, die die Beitrittsprozesse verkomplizieren: So erkennen die EU-Mitglieder Spanien, Griechenland, Zypern, Rumänien und die Slowakei die Republik Kosovo nicht als eigenständigen Staat an. Griechenland war lange Zeit in Sorge, dass die Republik Nordmazedonien Anspruch auf Teile der griechischen Provinz Makedonien erhebt. Und das EU-Mitglied Kroatien hat erhebliche politische Spannungen vor allem mit Serbien, auch aber mit Bosnien und Herzegowina sowie Montenegro. Die Verzögerungen der Beitrittsprozesse führten zur Verärgerung der Regierungen der Bewerberinnen und zu der Gefahr, dass sich z.B. Serbien geopolitisch eher Russland als der EU zuwendet.

Dass EU-Beitritte nicht nur im politischen, sondern auch im wirtschaftlichen Interesse der Union liegen – und dies nicht nur wegen der Erschließung neuer, zollfreier Absatzmärkte –, zeigt das Beispiel Serbien. Hier besteht der deutliche

Wunsch seitens europäischer Staaten, die europaweit größte Lithium-Lagerstätte zu erschließen und das begehrte Alkalimetall für die eigen Elektroauto- und Rüstungsindustrie zu sichern. In Serbien regt sich dagegen deutlicher Widerstand, weil eine erhebliche Zahl von Menschen für den Tagebau ihre Heimat verlassen müssten und der Umwelt erheblicher Schaden zugefügt werden würde.

M5 Die Ukraine – Beitritt im/nach dem Krieg?

Innenpolitisch und wirtschaftlich ähnlich, allerdings außen- und sicherheitspolitisch vollkommen anders gelagert ist die Frage des Beitritts der Ukraine zur EU. Auch in diesem Land sind Korruptionsbekämpfung, Zurückdrängen des politischen Einflusses sehr reicher Unternehmer („Oligarchen") und die Widerstands- und Konkurrenzfähigkeit der Wirtschaft zentrale nationale Entwicklungsfelder. Aber seit der völkerrechtswidrigen Annexion der Halbinsel Krim 2014 und dem ebenso illegalen Angriffskrieg Russlands auf das übrige Land (seit 2022) hat die Ukraine nicht mehr die Kontrolle über einen erheblichen Teil ihres Hoheitsgebiets. Unklar ist daher, wie ein EU-Beitritt verlaufen soll, sollte Russland weiterhin Teile der Ukraine besetzt halten.

Nichtdestotrotz stellte die Ukraine im Jahr 2022 einen Beitrittsantrag und die Beitrittsverhandlungen laufen seit 2024. Durch diese sehr schnelle Verhandlungsaufnahme möchte die EU – trotz zeitweiser interner Auseinandersetzungen darüber – auch ihre Solidarität mit dem überfallenen Staat deutlichen machen sowie die Ukraine an das westliche Staatenbündnis binden. Dafür hatte sich die Mehrheit der Ukrainer bei der friedlichen Orangenen Revolution (2004) und vor allem bei den proeuropäischen Protesten „Euromaidan" (2013) ausgesprochen, in deren Folge bereits 2014 ein Assoziierungsabkommen mit der EU geschlossen wurde.

Allerdings ergeben sich durch einen möglichen Beitritt der Ukraine – auch neben der ungeklärten Frage der Gebietskontrolle – erhebliche Risken für die EU: Das Pro-Kopf-Einkommen des Landes lag schon vor dem Krieg bei etwa der Hälfte dessen in Bulgarien, dem bisher ärmsten EU-Staat. Auch der sehr große Landwirtschaftssektor und der Wiederaufbau zerstörter Landstriche inkl. Infrastruktur würde erhebliche Mittel aus dem EU-Haushalt beanspruchen, was zu massiven Verteilungskonflikten innerhalb der Union führen könnte. Außerdem würden die EU eine 2.000 Kilometer lange Grenze zum potenziell aggressiven Russland „hinzugewinnen", die verteidigt werden müsste.

M6 Die Türkei – der ewige Beitrittskandidat?

Bereits im Vorfeld der im Jahr 2005 nach deutlichen justitiellen und innenpolitischen Reformen aufgenommenen Beitrittsverhandlungen mit der Türkei gab es seitens zahlreicher Parteien (v. a. aus dem bürgerlich-konservativen und rechten Spektrum) Bedenken, die sogar darin mündeten, der Türkei statt einer Mitgliedschaft lediglich eine „privilegierte Partnerschaft" anzubieten. Beitrittsskeptiker befürchteten eine starke Einwanderungsbewegung aus der Türkei v. a. nach Mitteleuropa. Rechte Strömungen hatten auch kulturelle Vorbehalte.

Bereits zu Beginn der Verhandlungen wurde darüber hinaus starke Kritik an der Menschenrechtssituation in der Türkei geäußert – auch und gerade im Zusammenhang des restriktiven Umgangs der Türkei mit den türkischen Kurden. Über diese Themen und einer zuvor vergleichsweise säkularen und europhilen, aber zunehmend religiös ausgerichteten Regierungspartei AKP unter Ministerpräsident Recep Tayyip Erdoğan sowie einem Streit über die geteilte Insel Zypern kam es zu einer zunehmenden Entfremdung der Türkei von der EU und umgekehrt.

Zwar näherten sich die Türkei und die EU um 2015/16 partiell wieder aneinander an, als die Türkei Millionen von syrischen (und später auch afghanischen) Bürgerkriegsflüchtlingen aufnahm und so die Grenzen der EU „entlastete". Allerdings scheint es seitdem eher im Interesse der Union zu liegen, das 2016 geschlossene „Flüchtlingsabkommen" mit der Türkei aufrecht zu erhalten, als den Beitritt voranzubringen. Durch dieses Abkommen bleiben die Geflüchteten in der Türkei, wofür diese jährlich Milliardenhilfen der EU erhält. Zwar ist der Beitrittsprozess weder offiziell gestoppt noch beendet, kann aber als langfristig eingefroren betrachtet werden.

M 7 Der Brexit – Muster eines EU-Austritts?

Zwar erwies sich Großbritannien häufig als Verlangsamer der europäischen Integration, dennoch erfolgte sein Austritt aus rein innenpolitischen Motiven. In einem Referendum, das der konservative Premierminister David Cameron – eigentlich ein EU-Befürworter – als Versprechen bei seiner Wiederwahl ausgegeben hatte, stimmte 2016 eine knappe Mehrheit der Britinnen und Briten für den Austritt, der schließlich 2020 vollzogen wurde. Die Austrittsverhandlungen erwiesen sich als außerordentlich schwierig, u. a. weil Großbritannien die Arbeitnehmerfreizügigkeit ablehnte, die anderen Freiheiten des Binnenmarkts aber überwiegend beibehalten wollte. Auch die Frage der (offenen) Zollgrenze zwischen der Republik Irland und dem britischen Nordirland war ein sehr komplexes Verhandlungsproblem. Nach dem vollzogenen Austritt wurde aber sofort begonnen, ein Freihandels- und Kooperationsabkommen zu verhandeln, das die Personenfreizügigkeit nicht erlaubt, wohl aber den zollfreien Warenverkehr zwischen der EU und dem Vereinigten Königreich. Gleichwohl herrscht weitgehend Einigkeit darüber, dass Großbritannien wirtschaftlich unter dem Brexit gelitten hat: Das Bruttoinlandsprodukt wäre je nach Berechnung drei bis fünf Prozent höher mit EU-Mitgliedschaft als ohne – auch weil es dem Vereinigten Königreich kaum gelungen ist, Freihandelsabkommen mit anderen Staaten zu schließen. Zudem sind aufgrund aufwändiger Grenzkontrollen die Preise für importierte Nahrungsmittel überproportional gestiegen. Interessanterweise nahm auch die Migration (vor allem aus Drittstaaten) ins Vereinigte Königreich zu und übersteigt nun deutlich den Personenzuzug aus EU-Staaten vor dem Austritt.

M 8 Welche Chancen und Herausforderungen ergeben sich durch EU-Erweiterungen?

Politisch liegen die Chancen von EU-Erweiterungen nach wie vor in der Befriedung der zwischenstaatlichen Beziehungen innerhalb Europas sowie in der Schaffung bzw. Konsolidierung rechtsstaatlicher und demokratischer Strukturen innerhalb der (neuen) Mitgliedstaaten. Wirtschaftliche Vorteile liegen aufseiten ökonomisch schwächerer Neumitglieder in den Finanztransfers zur Strukturförderung durch die EU. Außerdem gewinnen sowohl alte als auch neue EU-Staaten Absatzmärkte, in denen sie ihre Waren und Dienstleistungen zollfrei anbieten können. Zuletzt haben auch Altmitglieder dadurch Vorteile, dass benötigte (gut qualifizierte) Arbeitskräfte durch die Arbeitnehmerfreizügigkeit sehr schnell das Land, in dem sie beschäftigt sind, wechseln können.

Hierin liegt gleichermaßen ein erhebliches ökonomisches Risiko für neue EU-Mitglieder. Denn wenn gerade hochqualifizierte Arbeitnehmerinnen und Arbeitnehmer abwandern, sinkt die Produktivität und damit die Wirtschaftskraft sowie ggf. die Versorgungssicherheit im Herkunftsland *(brain drain)*. Politische Herausforderungen wiederum ergeben sich erstens aus wahrscheinlichen

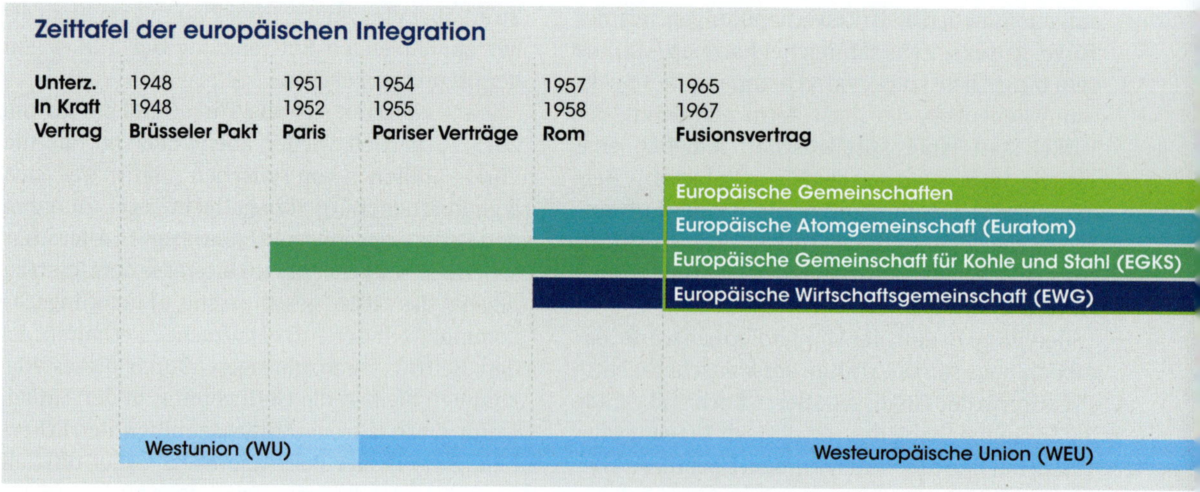

Verteilungskämpfen um nur leicht steigende Mittel. Denn ärmere Beitrittskandidaten werden als Mitglieder nur geringere Beiträge zum EU-Haushalt leisten, aufgrund wirtschaftsstruktureller Schwächen aber vergleichsweise viele finanzielle Ressourcen beanspruchen. Zweitens könnte bei unveränderten Mehrheitsprinzipien (› Kap. 5.2.2) eine Beschlussfassung in bestimmten Organen der EU – vor allem dem sogenannten Ministerrat – deutlich erschwert werden. Zuletzt steht zu befürchten, dass aufgrund erhöhter Arbeitskräftemigration rechtsgerichtete politische Kräfte noch weiter erstarken, die versprechen, diese (wirtschaftlich überwiegend erwünschte) Migration zu begrenzen oder gar zu stoppen, wie es in Großbritannien vor der Brexit-Entscheidung der Fall war.

M9 Stufen der Vertiefung(en) der EU

Je nach Betrachtungsperspektive gab es unterschiedlich viele wesentliche Schritte zur Vertiefung bzw. Integration der europäischen Staaten hin zur Europäischen Union des heutigen Zuschnitts. Einig ist man sich aber, dass folgende fünf Integrationsschritte besondere Bedeutung haben:

- Gründung der Europäischen Gemeinschaft für Kohle und Stahl (1952, › Kap. 5.1.1)
- Gründung der Europäischen Wirtschaftsgemeinschaft (EWG) sowie der Europäischen Atomgemeinschaft (EAG) durch die Römischen Verträge (1957)
- Die Einheitliche Europäische Akte (1986)
- Der Vertrag von Maastricht (1992)
- Der Vertrag von Lissabon (2007)

a) Die Europäische Wirtschaftsgemeinschaft

Mit den Römischen Verträgen (1957) wurden die Europäische Wirtschaftsgemeinschaft (EWG) und die Europäische Atomgemeinschaft (EAG und Euratom) gegründet. Letztere hatte zum Zweck, dass die Mitgliedstaaten gemeinsam die Forschung und friedliche Nutzung der Nuklearenergie vorantreiben. Die Schaffung der Europäischen Wirtschaftsgemeinschaft hatte allerdings noch stärkere Auswirkungen auf die weitere Integration der Mitgliedstaaten.

Mit der EWG wurde nämlich erstmals auch für andere Güter als Kohle und Stahl ein europäischer Binnenmarkt geschaffen. Und nicht nur Waren und Dienstleistungen sollten sich in der EWG schrankenfrei (also zollfrei und ohne weitere Beschränkungen wie Mengenobergrenzen oder unterschiedliche Produktstandards) bewegen können, sondern auch Arbeitskräfte und Kapital. Dazu war es aber zwingend vonnöten, in den verschiedensten Bereichen (z.B. Wirtschaftsstabilität und -entwicklung, Produktstandards, Wettbewerbsrecht) gesetzliche Harmonisierungen in den Mitgliedsländern voranzutreiben.

b) Die Einheitliche Europäische Akte (EEA)

Vornehmlich durch globalen Konkurrenzdruck im industriellen Sektor (aus den USA und Japan) fiel die EWG in den frühen 1980er Jahren technologisch und ökonomisch zurück. Überwiegend aus

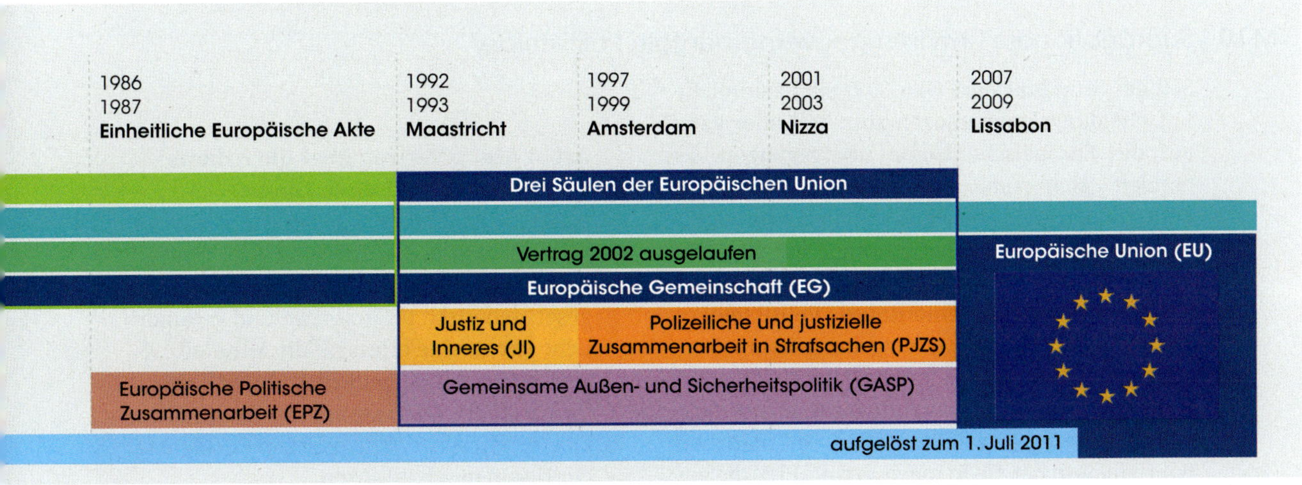

dem Interesse der globalen Wettbewerbsfähigkeit heraus entschied man sich, den Binnenmarkt bis 1992 zu vollenden und die Wirtschafts- und Währungspolitik auf das Ziel der Konvergenz unter den Mitgliedstaaten auszurichten. Zudem wurden den Europäischen Gemeinschaften deutlich mehr Regelungsrechte zugesprochen, u.a. in den Bereichen der Forschung und Technologieentwicklung sowie der Umweltpolitik. Auch wurde mit der Europäischen Politischen Zusammenarbeit (EPZ) u.a. erstmals eine gemeinsame Außenpolitik (als intergouvernemental geregeltes Politikfeld) institutionalisiert.

c) Der Vertrag von Maastricht (1992)

Nach dem Zusammenbruch des Warschauer Pakts, dem Auseinanderfallen der Sowjetunion, der Deutschen Wiedervereinigung und dem Regierungsformenwechsel zahlreicher (mittel-)osteuropäischer Staaten hin zu freiheitlich-demokratischen Systemen war die Entwicklungsrichtung vorgezeichnet hin zu einer „europäischen Wiedervereinigung" in wirtschaftlicher und politischer Hinsicht. Im Vertrag von Maastricht kommen diese beiden Absichten deutlich zum Ausdruck: Ökonomisch wurde eine Wirtschafts- und Währungsunion beschlossen, die die spätere Einführung der Gemeinschaftswährung Euro (1999/2002) ermöglichte. Politisch wurden erstens weitere Politikbereiche in den Feldern Innen- und Rechtspolitik und Sozialpolitik vergemeinschaftet. Zweitens wurde die sogenannte Unionsbürgerschaft ins Leben gerufen, die jede Bürgerin und jeder Bürger eines EU-Staates neben der eigenen Staatsbürgerschaft erhält. Dadurch hat sie/er u.a. das Recht, auf kommunaler Ebene an seinem/ihrem Wohnort auch in einem anderen EU-Staat zu wählen und Petitionen an das Europäische Parlament zu richten. Drittens wurde die Gemeinschaft insofern demokratisiert, als das Europäische Parlament in einigen Politikbereichen auf eine Entscheidungsstufe mit dem Ministerrat gestellt wurde (s. u.).

d) Der Vertrag von Lissabon

Der Vertrag von Lissabon (2007) ist das bis dato letzte große Vertragswerk der Gemeinschaft. Eigentlich war die Absicht, einen Verfassungsvertrag zu schließen, der auch bereits von einem Verfassungskonvent ausgearbeitet worden war. Allerdings scheiterte dessen Inkrafttreten an Volksabstimmungen in Frankreich und in den Niederlanden. Der Vertrag von Lissabon enthält nun wesentliche Regeln dieser gescheiterten „EU-Verfassung", vor allem:

- Fusion von Europäischer Union und Europäischer Gemeinschaft zur heutigen Europäischen Union
- verbindliche Geltung der Europäischen Grundrechtecharta
- Gleichstellung von Europäischem Parlament und „Ministerrat" im „Ordentlichen Gesetzgebungsverfahren" (› Kap. 5.2.2)
- Kompetenzerweiterung für den Hohen Vertreter für Außen- und Sicherheitspolitik
- Einrichtung der Möglichkeit zur Europäischen Bürgerinitiative

M 10 Supranationale und intergouvernementale Politikfelder

Seit der Gründung der EGKS 1952 sind zahlreiche Entscheidungskompetenzen zum Teil oder ganz auf die Europäische Union übergegangen. Es handelt sich um **supranational** geregelte Politikfelder, wenn die Europäische Union dafür die alleinige Gesetzgebungshoheit für alle ihre Mitgliedstaaten besitzt:

Von **intergouvernementalen** Politikfeldern spricht man, wenn die Gesetzgebungskompetenz auf Ebene der einzelnen Staaten liegt, aber gleichwohl gemeinsam (dann allerdings nur einstimmig möglich) geregelt werden sollen. In manchen Politikfeldern hat die EU nach Art. 4 AEUV die gemeinsame Regelungskompetenz mit ihren Mitgliedstaaten.

Art. 2 Abs. 1 Vertrag über die Arbeitsweise der Europäischen Union

„Übertragen die Verträge der Union für einen bestimmten Bereich eine ausschließliche Zuständigkeit, so kann nur die Union gesetzgeberisch tätig werden und verbindliche Rechtsakte erlassen; die Mitgliedstaaten dürfen in einem solchen Fall nur tätig werden, wenn sie von der Union hierzu ermächtigt werden, oder um Rechtsakte der Union durchzuführen."

Übersicht über die Zuständigkeit der EU und ihrer Mitgliedstaaten

Ausschließliche Zuständigkeit der EU (nach Art. 3 AEUV)	Geteilte Zuständigkeiten (nach Art. 4 AEUV)	Unterstützung der Mitgliedstaaten (nach Art. 6 AEUV)
• Handelspolitik • Zollunion • Wettbewerbsregeln • Fischereipolitik • Währungspolitik (nur Euro-Raum)	• Verbraucherschutz • Umweltpolitik • Verkehrspolitik • Energiepolitik • Landwirtschaftspolitik • Rechtspolitik	• Kulturpolitik • Sozialpolitik (mit wenigen Ausnahmen) • Tourismus • Gesundheitspolitik • Außenpolitik • Verteidigungspolitik • Bildungspolitik

Besondere Zuständigkeiten der EU: Die EU kann Maßnahmen zur Zusammenarbeit der Mitgliedstaaten in den Bereichen Wirtschafts-, Sozial- und Beschäftigungspolitik auf EU-Ebene beschließen.

Begrenzungen der Regelsetzungsmacht der EU ergeben sich zudem aus dem Verhältnismäßigkeits- und dem Subsidiaritätsprinzip. Nach dem **Grundsatz der Verhältnismäßigkeit** nach Art. 5 (4) des Vertrags über die Europäische Union müssen EU-Maßnahmen geeignet und erforderlich sein, um ein Ziel zu erreichen. Außerdem dürfen sie einzelne Personen nicht übermäßig belasten gemessen an der Bedeutung des Ziels. Nach dem **Subsidiaritätsprinzip** sollen alle Regeln auf der möglichst bürgernächsten politischen Ebene geregelt werden.

Schritte zur Parlamentarisierung der Entscheidungen in der EU:

- **1957** Umbenennung in Europäisches Parlament (EP); Erhöhung der Abgeordnetenzahl
- **1971** Eigene Finanzmittel der Europäischen Gemeinschaft (EG); Beteiligung des EP an ca. zehn Prozent des Haushaltsplans
- **1979** Erste direkte Wahl des EP durch die Bürgerinnen und Bürger der Mitgliedstaaten; damit seither einziges direkt gewähltes Organ der EG
- **1986** Erstmals Recht auf Änderungsvorschläge zu Gesetzentwürfen („Verfahren der Zusammenarbeit“); letzte Entscheidung aber be im Ministerrat
- **1992** Gleichstellung mit dem Ministerrat in Gesetzgebung für einige Politikbereiche („Mitentscheidungsverfahren“)
- **1999** Das EP wählt den Präsidenten bzw. die Präsidentin der Europäischen Kommission (Zustimmung zur Ernennung der Kommission bereits seit 1993)
- **2007** Gleichstellung mit dem Ministerrat in allen Politikbereichen („Ordentliches Gesetzgebungsverfahren“); Hoheit über den gesamten Haushalt der EU

M11 Parlamentarisierung der Entscheidungsprozesse in der EU

Wesentlicher Bestandteil der europäischen Integration ist die Parlamentarisierung der Entscheidungsprozesse in der Europäischen Union. Bereits 1952 wurde im Rahmen der Europäischen Gemeinschaft für Kohle und Stahl die „Gemeinsame Versammlung“ geschaffen, deren 78 Mitglieder von den Parlamenten der sechs Mitgliedstaaten aus ihren Reihen gewählt wurden. Diese Versammlung hatte allerdings noch keine Gesetzgebungs-, sondern lediglich Kontrollrechte. Die Hohe Behörde der EGKS musste ihr dazu jährlich Rechenschaftsberichte vorlegen. Die weitere Entwicklung des Parlamentarismus auf europäischer ist in der Übersicht (› S. 41) dargestellt.

Deutlich erkennbar wird aus dieser Entwicklung, dass sich erstens die Input-Legitimität der EU-Entscheidungen seit der Gründung der ersten Gemeinschaft außerordentlich stark erhöht hat, weil das (nun) direkt vom europäischen Souverän gewählte Parlament ein ganz erhebliches Gewicht im politischen Prozess hat. Zweitens handelt es sich dadurch bei der Europäischen Union um den am demokratischsten verfassten Staatenbund weltweit.

M12 Welche Konflikte um weitere Vertiefungsschritte gibt es?

In mindestens drei Bereichen herrsch(t)en in der jüngeren Vergangenheit Konflikte über mögliche Vertiefungen innerhalb der Europäischen Union:

- Die Außen- und Sicherheitspolitik ist intergouvernemental verfasst, wodurch es immer wieder zu Blockaden in der Union kommt, wenn unterschiedliche internationale Interessen von Mitgliedstaaten vorliegen. So konnten nach dem völkerrechtswidrigen Angriffskrieg Russlands auf die Ukraine (ab 2022) zwar erhebliche Wirtschaftssanktionen gegen Russland beschlossen werden. Doch eine gemeinsame Rüstungspolitik oder gar eine integrierte Europäische Armee sind – trotz wiederholter Vorschläge von verschiedenen Seiten – derzeit nicht realisierbar.
- Die Fiskalpolitik liegt rein in den Händen der Nationalstaaten. Steuern kann die EU daher nicht erheben und – bis auf Ausnahmefälle wie in der Corona-Krise – auch keine eigenen Schulden (etwa im Nicht-EU-Ausland oder bei internationalen Banken) aufnehmen. Damit ist sie zur Finanzierung ihrer Aufgaben auf die Beiträge ihrer Mitgliedstaaten angewiesen. Insbesondere im Verlauf der sogenannten europäischen Staatsschuldenkrise wurde häufig die Forderung erhoben, dass mit Hilfe gemeinsamer Schulden („Unionsanleihen“, „Euro-Staatsanleihen“) stark verschuldeten Mitgliedern neue Bonität verschafft werden solle. Insbesondere Deutschland lehnt allerdings einen Mechanismus für eine regelmäßige Gemeinschaftsverschuldung ab.
- Auch die Sozialpolitik wird nationalstaatlich geregelt. Es gibt zwar durch die EU beschlossene sozialpolitische Programme wie die „Verstärkte Jugendgarantie“ zur Integration Jugendlicher und junger Erwachsener in den Arbeitsmarkt (› Kap. 5.3.1). Doch der Kern der Sozialpolitik (Sozialversicherungssysteme, steuerfinanzierte Existenzsicherung, Wohnungspolitik etc.) besteht in nicht integrierten Politikfeldern. Eine in der Mitte der 2010er Jahre vorgeschlagene Idee zur Einrichtung einer europäischen (Basis-)Arbeitslosenversicherung ließ sich nicht durchsetzen. Es ist unwahrscheinlich, dass der Bereich der Sozialpolitik mittelfristig weiter integriert wird.

Aufgaben

72003-503

1. Beschreiben Sie die Erweiterungs- und zentralen Vertiefungsschritte hin zur EU im heutigen Zuschnitt (**M1-M9**).
2. Erklären Sie die Bedeutung der Kopenhagener Beitrittskriterien (**M2**).
3. Erläutern Sie, warum es sich bei der Entwicklung der EU sowohl um eine Supranationalisierung als auch um eine Demokratisierung handelt (**M9-M11**).
4. Beurteilen Sie geplante Erweiterungsschritte der EU (**M4-M6, M8, M12**).

(Wie) Bleibt die EU aufnahmefähig für neue Mitglieder?

M1 Thomas Gutschker: Warum sich die EU mit einer Erweiterung schwertut

Bevor die EU weitere Mitglieder aufnehmen kann, muss sie selbst aufnahmefähig werden – das ist in Brüssel Konsens. Es steht schwarz auf weiß in der Erklärung von Granada, welche die Staats- und Regierungschefs im Oktober 2023 beschlossen haben. „Parallel" zu den Reformanstrengungen der Beitrittskandidaten „muss die Union für die notwendigen internen Grundlagen und Reformen sorgen", heißt es dort. Was aber heißt das konkret?

Darüber gehen die Ansichten weit auseinander, zwischen den Mitgliedstaaten und erst recht zwischen Rat, Parlament und Kommission. Schon der Versuch von Ratspräsident Charles Michel, den Reformprozess mit dem Datum 2030 zu versehen, fand nicht ausreichend Unterstützung. Am geringsten ist die Reformbereitschaft im Rat ausgeprägt. [...]

Dagegen war das Europäische Parlament in der abgelaufenen Legislaturperiode erpicht darauf, eine neue Reformdebatte zu starten, die zu einem Konvent führen sollte. Allerdings ist es ihm nie gelungen, eine politische Dynamik zu entfalten.

Erst kam der sogenannte Zukunftskonvent mit Bürgerforen nicht vom Fleck, dann zerstritten sich die Fraktionen über konkrete Vorschläge. Am Ende stimmte nur eine hauchdünne Mehrheit der Abgeordneten für einen Bericht zu Vertragsänderungen. Nach der Europawahl [2024] dürfte die Position des Parlaments noch schwächer werden, wenn die europaskeptischen und -feindlichen Kräfte weiter zulegen.

In der Praxis fokussiert sich die Debatte deshalb auf Änderungen, die unterhalb der Schwelle von ratifikationspflichtigen Vertragsreformen bleiben. Dafür gibt es zwei Optionen. Zum einen könnten die Staaten notwendige Anpassungen in den Beitrittsverträgen festschreiben, die mit neuen Mitgliedern geschlossen werden. Diese Verträge müssen zwar auch ratifiziert werden, in der Regel allerdings nicht durch Referenden – eine wichtige Ausnahme ist Frankreich.

Zum anderen könnten die Staaten die Passerelle- oder Brückenklauseln im bestehenden Vertrag nutzen. Ihre tatsächliche Anwendung erfordert allerdings Einstimmigkeit im Rat. In Deutschland müssten Bundestag und Bundesrat mit Zweidrittel-Mehrheit zustimmen.

> **Passerelle-Klausel**
> Die Passerelle-Klausel in der EU ermöglicht es, in bestimmten Bereichen vom Einstimmigkeitsprinzip auf das Mehrheitsprinzip umzusteigen, ohne die EU-Verträge formell zu ändern.

Diskutiert wird die Anwendung der Passerelle-Klausel vor allem in Bezug auf die Ausweitung von Mehrheitsabstimmungen auf jene etwa 20 Prozent von Beschlüssen, die bisher einstimmig fallen müssen. Das betrifft die Gemeinsame Außen- und Sicherheitspolitik, etwa Sanktionen, Erweiterungsverhandlungen, Eigenmittelbeschlüsse und die Harmonisierung von Steuern. Deutschland, Frankreich, Italien, die Niederlande und einige weitere Staaten dringen auf eine Ausweitung, damit die Europäische Union handlungsfähiger wird, zumal wenn sie weiter wächst.

Doch sperren sich insbesondere kleine Staaten dagegen, weil sie fürchten, überstimmt zu werden. Lindern könnte man diese Sorgen, indem man Fragen, die den Kern des nationalen Interesses betreffen, ausnimmt – allerdings stellt sich die Frage, wie dies definiert werden soll.

Gutschker, Thomas: Warum sich die EU mit einer Erweiterung schwer tut. In: www.das-parlament.de, 24.05.2024

Aufgaben

72003-504

1. Fassen Sie die Problematik von Erweiterungen für die bestehende EU zusammen.
2. Geben Sie die genannten Reformvorschläge wieder, die zu Erweiterungsfähigkeit führen sollen.
3. Entwickeln Sie weitere Möglichkeiten, die EU „erweiterungsfähiger" zu machen.

5.2 Die Europäische Union als politisches Mehrebenensystem

5.2.1 Zentrale Organe der Europäischen Union

Leitfragen

- Welche Arten von „Gesetzen" gibt es in der EU?
- Welche Funktionen haben die wesentlichen EU-Organe?
- Wie kommen die zentralen EU-Institutionen zustande?

M1 „Gesetze" der Europäischen Union

Den politischen Entscheidungsorganen der EU stehen mehrere Arten von Rechtsakten zur Verfügung, die sich in ihrer Verbindlichkeit, ihrem Adressatenkreis und ihrem Urheber unterscheiden:

- Sogenannte **Verordnungen** werden im Ordentlichen Gesetzgebungsverfahren (› Kap. 5.2.2) verhandelt und erlassen. Sie gelten als Gesetze in allen EU-Staaten in gleicher Weise. Zur Umsetzung von Verordnungen haben die Staaten i. d. R. eine zweijährige Frist.
- **Richtlinien** sind ebenfalls Ergebnisse der Ordentlichen Gesetzgebung und gelten für alle Mitglieder. In ihnen werden konkrete Zielsetzungen (z.B. zur CO_2-Reduktion) vorgegeben, die bis zu einem gewissen Zeitpunkt erreicht sein müssen. Jeder Staat ist verpflichtet, bis zu einer gewissen Frist diese Richtlinien in nationales Recht umzusetzen.
- **Beschlüsse** gelten nur für einzelne oder mehrere, aber nicht für alle Staaten, Unternehmen oder Einzelpersonen in der EU. Häufig sind sie Resultate der Ordentlichen Gesetzgebung, teilweise werden sie von der Europäischen Kommission (s. u.) ausgesprochen.
- Nicht rechtsverbindlich sind hingegen **Empfehlungen**, mit denen EU-Organe Maßnahmen offiziell vorschlagen. Auch **Stellungnahmen** von EU-Institutionen haben keinen bindenden Charakter.

M2 Wie ist die Gewaltenteilung und -verschränkung auf Ebene der EU gestaltet?

Auch in der Europäischen Union ist die „Staatsgewalt" geteilt in die klassischen Aufgabenbereiche Legislative, Exekutive und Judikative. Wie auch in nationalstaatlichen politischen Systemen hat sich zudem eine vertikale wie horizontale Gewaltenverschränkung herausgebildet:

Legislative: Über EU-Rechtsakte beschließen in den supranational geregelten Politiken das direkt gewählte Europäische Parlament und der jeweilige „Ministerrat" (offiziell Rat der Europäischen Union). Allerdings hat keines der beiden Organe das Recht zur Gesetzesinitiative. Dieses liegt allein bei der Europäischen Kommission.

Darin zeigt sich ein wesentliches Element horizontaler Gewaltenverschränkung, denn die Europäische Kommission stellt eigentlich die **Exekutive** der EU dar. Sie ist zuständig für die Umsetzung neuer Rechtsakte in den Mitgliedstaaten und dafür, die Einhaltung der Europäischen Verträge in den EU-Staaten zu kontrollieren.

Wie auch in Rechtsstaaten auf nationaler Ebene ist die **Judikative** die am stärksten „abgetrennte" Staatsgewalt. Dies ist auch zweckmäßig, da der Gerichtshof der Europäischen Union u. a. über Vertragsverletzungsklagen gegen Mitgliedstaaten entscheidet. Horizontale Gewaltenverschränkung herrscht hier nur insofern, als der Gerichtshof in Fällen der Vertragsverletzungsklage ausschließlich von der Europäischen Kommission angerufen werden und nicht etwa selbst tätig werden kann.

Vertikale Gewaltenteilung zeigt sich v. a. im „Ministerrat" und im Europäischen Rat, wo Regierungen Rechtsakte maßgeblich mitbestimmen (› Kap. 5.2.2).

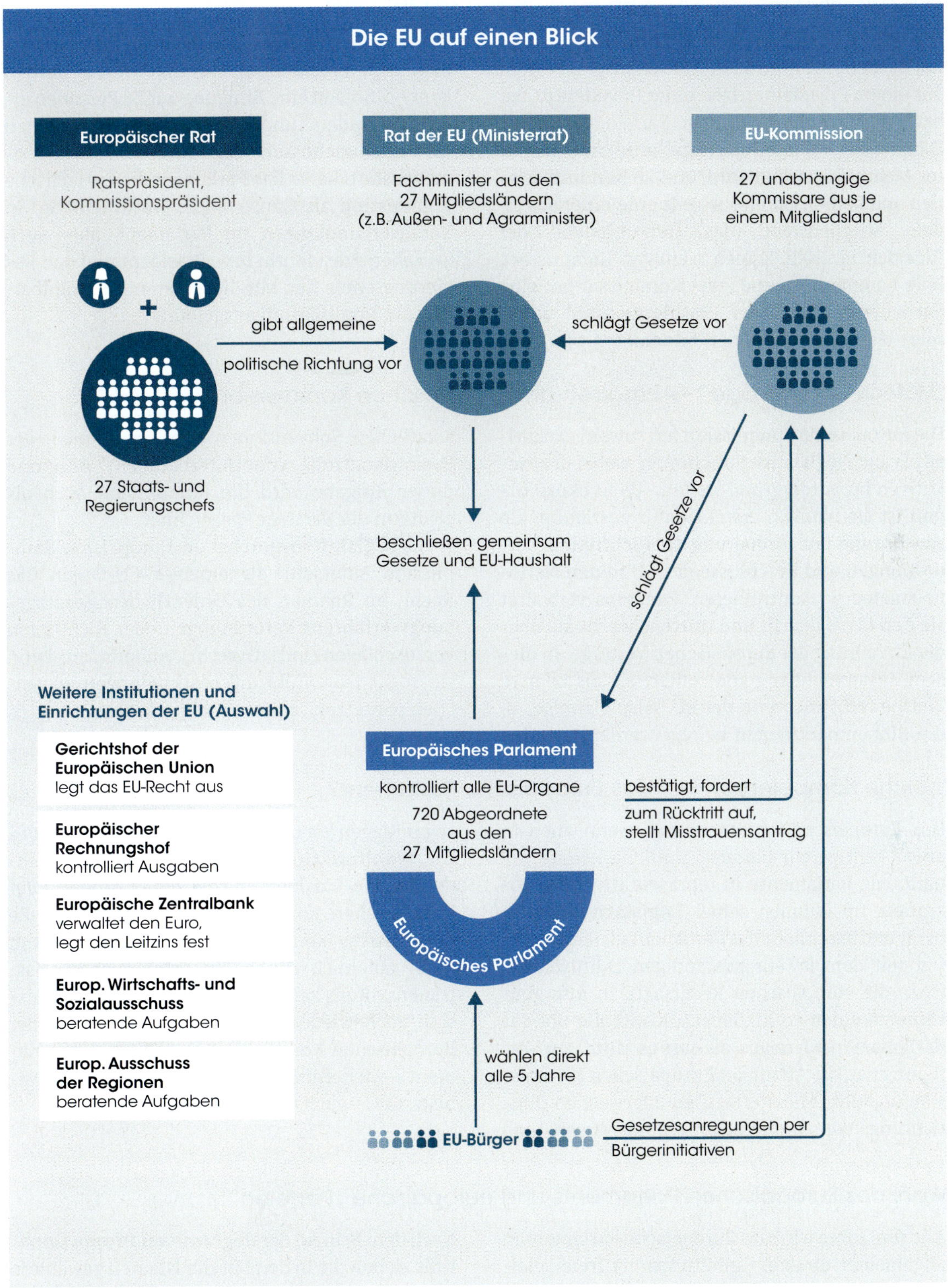

Nach: picture alliance/dpa/dpa Grafik 107046; Quelle: Europäische Union, Bundeszentrale für politische Bildung

M3 Wie setzt sich die Europäische Kommission zusammen?

Die Spitze der Europäischen Kommission (insg. hat die Behörde rund 30.000 Beschäftigte) besteht aus einem Präsidenten bzw. einer Präsidentin, der bzw. die vom Europäischen Parlament für die Dauer einer Wahlperiode (fünf Jahre) mit absoluter Mehrheit gewählt wird, und 26 Kommissarinnen und Kommissaren – jeweils eine/einer aus jedem Mitgliedstaat (das Herkunftsland der Präsidentin stellt keinen weiteren Kommissar). Jede Kommissarin und jeder Kommissar hat eine Fachaufgabe. Nach der Präsidentenwahl nominiert jedes EU-Land einen Kandidaten bzw. eine Kandidatin, wobei diese auch von der Präsidentin bzw. dem Präsidenten zurückgewiesen werden können. Sobald eine Einigung auf 26 Personen erfolgt ist, finden Anhörungen der Vorgeschlagenen in Fachausschüssen des Europäischen Parlaments statt, bevor das Parlament die Europäische Kommission als Ganze wählt. Natürlich wird in Vorabverhandlungen im Parlament, aber auch zwischen Präsidentin bzw. Präsident und den Regierungschefs der Mitgliedstaaten die Wählbarkeit der Nominierten ausgelotet.

M4 „Hüterin der Verträge" – Aufgaben der Europäischen Kommission

Die Europäische Kommission hat sowohl exekutive als auch legislative Funktionen, wobei die exekutiven im Vordergrund stehen. Als **Exekutivorgan** ist sie nämlich erstens dafür zuständig, die Ausführung und Einhaltung der Richtlinien, Verordnungen und Beschlüsse der EU in den Nationalstaaten zu kontrollieren. Zweitens verwaltet sie den EU-Haushalt und drittens wacht sie über die Einhaltung der Europäischen Verträge. In diesem Zusammenhang kontrolliert sie als oberste Wettbewerbswächterin der EU beispielsweise, ob die Binnenmarktregeln befolgt werden (z. B. bei staatlichen Subventionen oder im Rahmen der Fusionskontrolle von Unternehmen). Aufgrund dieser Aufgabe wird die Kommission auch als „Hüterin der Verträge" bezeichnet.

Als **Legislativorgan** hat die Europäische Kommission einerseits als einziges EU-Organ das Recht, im Rahmen des Ordentlichen Gesetzgebungsverfahrens Verordnungen oder Richtlinien vorzuschlagen (Initiativrecht). Andererseits kann sie sogar Durchführungsbestimmungen zu solchen „Gesetzen" eigenständig erlassen.

M5 Welche Kompetenzen hat das Europäische Parlament?

Das Europäische Parlament hat, wenn auch in etwas geringerem Umfang, ähnliche Rechte wie nationale Parlamente in repräsentativen Demokratien. Im Rahmen seiner **Legislativfunktion** berät und beschließt das Parlament gleichberechtigt mit dem jeweils zuständigen „Ministerrat" (s. u.) die europäischen Rechtsakte in intergouvernementalen Politikfeldern. **Kontrolle** übt das Parlament insofern aus, als dass es Mittel zur Verfügung hat, die Arbeit der Europäischen Kommission und des „Ministerrats" zu überwachen (Einrichtung von Untersuchungsausschüssen und sogar Klagen vor dem Europäischen Gerichtshof). Die **Wahlfunktion** realisiert das Parlament, indem es den Präsidenten bzw. die Präsidentin der Europäischen Kommission wählt und auch die Europäische Kommission als Ganze bestätigt (oder ablehnt). Durch ein erfolgreiches Misstrauensvotum kann das Parlament die Kommission auch wieder abwählen. Auf Vorschlag der Europäischen Kommission beschließt das Parlament – wiederum gleichberechtigt mit dem „Ministerrat" – auch den **Haushalt** der EU.

M6 Wahl des Europäischen Parlaments und europäische „Parteien"

Alle fünf Jahre wird das Europäische Parlament in allgemeiner, direkter (unmittelbarer), freier, gleicher, geheimer Wahl von den EU-Bürgerinnen und -Bürgern bestimmt. Dabei konkurrieren aber ganz überwiegend nationale Parteien mit entsprechenden Wahllisten um die Wählergunst. Nach dem Prinzip der **degressiven Proportionalität** ziehen die in den Mitgliedstaaten gewählten Abgeordneten ins Europäische Parlament ein. Dieses Prinzip bedeutet, dass zwar die bevölkerungsreicheren Mitgliedstaaten mehr Abgeordnete stellen als bevölkerungsärmere. Aber um

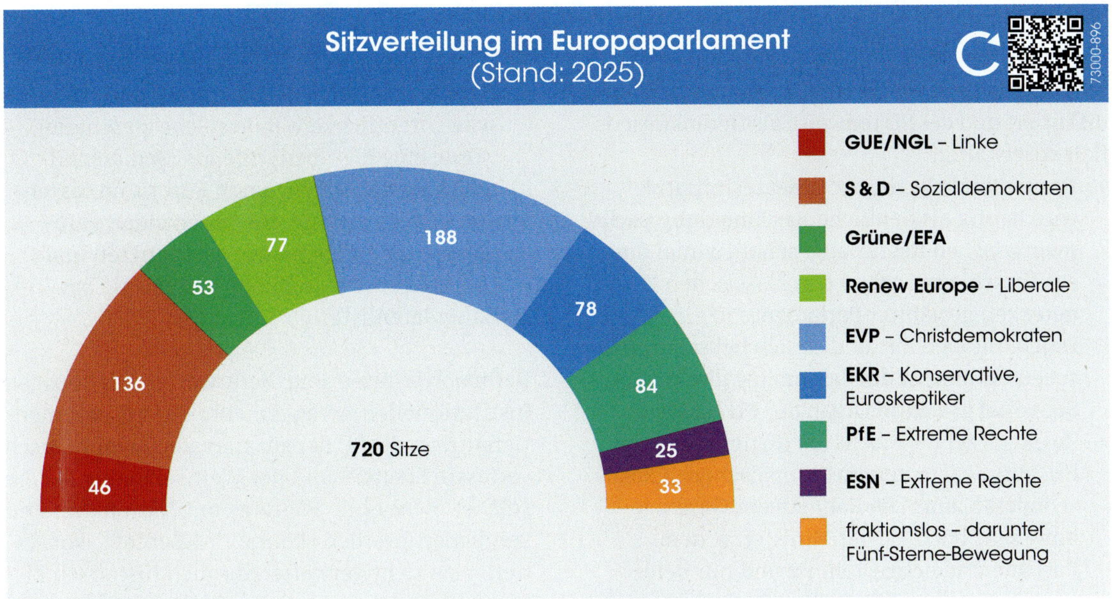

© C.C. Buchner Verlag, aktuelle Daten nach: EU (Datenerhebung: 2025; Grafikerstellung: 2025)

eine völlige Marginalisierung der (sehr) kleinen Staaten (z. B. Zypern, Malta, Luxemburg) zu verhindern, erhalten diese relativ gesehen zur Bevölkerungsgröße überproportional viele Sitze. So benötigten beispielsweise Deutschland und Frankreich im Jahr 2020 pro Parlamentsmitglied jeweils ca. 850.000 Einwohnerinnen bzw. Einwohner, die Niederlande knapp 600.000, Österreich knapp 470.000, Estland knapp 200.000 und Malta lediglich gut 80.000. Das 2024 gewählte Parlament besteht aus 720 Abgeordneten (bei einer theoretischen Höchstzahl von 750 zzgl. Parlamentspräsident bzw. -präsidentin).

Werden die Parlamentsmitglieder aus den nationalen Parteien heraus gewählt, schließen sie sich im Europäischen Parlament überwiegend zu europäischen **Fraktionen** zusammen. Es bilden sich also nicht etwa nationale Abgeordnetengruppen, sondern Gruppen, die vergleichbare ideologische Ausrichtungen aufweisen und ähnliche Interessen vertreten. Zur Bildung einer Fraktion sind mindestens 23 Abgeordnete aus mindestens einem Viertel der europäischen Staaten notwendig (Stand: 2024). Wie auch im Deutschen Bundestag stimmen die Abgeordneten in aller Regel mit ihren Fraktionen, auch wenn sie an Weisungen nicht gebunden sind (**freies Abgeordnetenmandat**). Der Zusammenschluss zu Fraktionen räumt den Parlamentariern mehr Rechte ein, als wenn sie fraktionslos blieben. Fraktionsmitglieder haben z. B. mehr Redezeit im Parlament, erhalten mehr finanzielle Mittel und Büroräume und können die Tagesordnung des Parlaments sowie die Organisation der Fachausschüsse mitbestimmen.

Europaparlament fordert das Initiativrecht

Im Jahr 2022 forderte das Europäische Parlament, dass ihm durch eine Änderung der EU-Verträge ebenfalls Initiativrecht für europäische Rechtsakte gegeben werden soll. Folgende Begründungen führen die Abgeordneten an:

„Das Europäische Parlament

- ist zutiefst davon überzeugt, dass durch ein allgemeines und direktes Initiativrecht die demokratische Legitimität der Union weiter gestärkt und den Unionsbürgerinnen und -bürgern mehr Macht übertragen werden könnte […];
- ist der Ansicht, dass dem Parlament als dem einzigen direkt gewählten Organ der EU das Recht gewährt werden sollte, Rechtsvorschriften [„EU-Gesetze“] vorzuschlagen.“

Amtsblatt der Europäischen Union: Entschließung des Europäischen Parlaments vom 9. Juni 2022 zum Initiativrecht des Parlaments (2020/2132 (INI)). In: www.eur-lex.europa.eu, 09.06.2022

M7 Unvollständige Parlamentarisierung als Demokratiedefizit der EU?

Bezüglich der Wahl und der Rechte des Europäischen Parlament werden drei Kritikpunkte häufig diskutiert und der EU teilweise als Demokratiedefizit vorgehalten:

- Das fehlende Recht zur Gesetzesinitiative wird häufig als deutliche Beschneidung parlamentarischen Rechts angesehen, zumal dieses Vorschlagsrecht zu den klassischen Kompetenzen gewählter Parlamente in einer Demokratie gehört und es sich beim Europäischen Parlament um das einzige direkt vom Souverän gewählte Organ der EU handelt.
- Zweitens sei die Macht der Regierungen der EU-Mitgliedstaaten im europäischen „Exekutivföderalismus" im Rahmen der Gesetzgebung sehr hoch, da der Ministerrat dem Parlament gleichgestellt ist und nur beide gemeinsam zu erfolgreichen Rechtssetzungsverfahren kommen können. In vielen föderal organisierten Nationalstaaten sei der Einfluss der Länder auf die gesamtstaatliche Gesetzgebung deutlich geringer.
- Drittens gebe es kein gesamteuropäisches Demos, also keine EU-übergreifende politische Öffentlichkeit. Eine solche zu schaffen, würde eine EU-übergreifende Medienlandschaft voraussetzen, einen Europa umfassenden Wahlkampf mit entsprechenden europapolitischen Themenschwerpunkten und ggf. staatenübergreifende Wahlkreise bzw. Kandidatenlisten.

Befürworterinnen und Befürworter des jetzigen institutionellen Arrangements der EU argumentieren, dass die EU der am stärksten demokratisch verfasste Staatenbund der Welt sei und er als ein solcher nicht ohne Weiteres mit Nationalstaaten verglichen werden könne. Außerdem konstatieren sie richtigerweise eine sich historisch bislang stets ausweitende Parlamentarisierung (› Kap. 5.1.2) und halten es für möglich, dass dieser Entwicklungspfad fortgesetzt wird.

M8 Aufgaben und Kompetenzen des Rats der Europäischen Union („Ministerrat")

Der Rat der Europäischen Union wird Ministerrat genannt, weil in ihm die Fachminister aus den EU-Mitgliedstaaten tagen. Er ist als Legislativorgan in den supranationalen Politikbereichen dem Europäischen Parlament in Beratung und Beschluss von Verordnungen und Richtlinien gleichgestellt. Hier wird eine „qualifizierte Mehrheit" benötigt, damit Entscheidungen zustande kommen (› Kap. 5.2.2). In intergouvernementalen Feldern, z.B. der Gemeinsamen Außen- und Sicherheitspolitik, entscheidet der Ministerrat alleine und Beschlüsse werden einstimmig gefasst. Aufgrund der Unterschiedlichkeit der zu bearbeitenden politischen Probleme tagt der Ministerrat in insgesamt zehn unterschiedlichen Formationen (z.B. für Umwelt, Wettbewerbsfähigkeit, Auswärtige Angelegenheiten). Die meisten Ratsformationen tagen regulär einmal im Vierteljahr, manche häufiger (z.B. der Rat für Landwirtschaft und Fischerei sowie der für Wirtschaft und Finanzen). Im Wesentlichen werden über den Ministerrat die nationalen Regierungsinteressen im „Exekutivföderalismus" in die konkrete Rechtssetzung der EU zur Geltung gebracht.

M9 Welche Rolle spielt der Europäische Rat?

Nicht zu verwechseln mit dem Rat der Europäischen Union ist der Europäische Rat. Bei diesem handelt es sich um die Staats- und Regierungschefs der EU-Mitgliedstaaten, die sich regulär ebenfalls zweimal im Halbjahr sowie zur akuten Krisenbewältigung auch außerplanmäßig versammeln. An diesen Ratssitzungen nehmen – allerdings ohne Stimmrecht – auch der gewählte Ratsvorsitzende, die Präsidentin der Europäischen Kommission und der Hohe Vertreter für die Gemeinsame Außen- und Sicherheitspolitik teil. Anders als der Ministerrat hat der Rat keine Funktion in der konkreten Gesetzgebung der EU. Seine zentralen Aufgaben bestehen vielmehr darin, erstens Anstöße für die weitere Entwicklungsrichtung der Union zu geben und zweitens (grundlegende) Konflikte zwischen den Mitgliedstaaten zu Kompromissen hin aufzulösen.

M10 Wie groß ist die Macht und Bedeutung des Europäischen Gerichtshofs?

Der Europäische Gerichtshof (EuGH) – als wichtigster Teil des Gerichtshofs der Europäischen Union – ist das höchste Judikativorgan der EU. Er besteht aus jeweils einem Richter bzw. einer Richterin pro Mitgliedstaat, die jeweils auf sechs Jahre einstimmig (bzw. einvernehmlich) von den Staats- und Regierungschefs ernannt werden. Der EuGH hat seinen Sitz in Luxemburg und arbeitet eng mit dem Gericht der Europäischen Union (EuG) zusammen, das vor allem für Klagen von Privatpersonen und Unternehmen zuständig ist. Entscheidungen des EuGH haben Vorrang vor nationalem Recht und gelten in allen Mitgliedstaaten verbindlich. Damit sichert das Gericht die einheitliche Anwendung des Unionsrechts und trägt entscheidend zur Rechtsintegration in der Europäischen Union bei. Dem Europäischen Gerichtshof kommen Entscheidungen in vier wichtigen Verfahrensarten zu:

- Die Europäische Kommission kann den EuGH anrufen, wenn ein Mitgliedstaat ihrer Auffassung nach gegen einen der Europäischen Verträge verstößt. Diese **Vertragsverletzungsklagen** können z. B. dann vorkommen, wenn ein Staat eine Richtlinie nicht fristgerecht oder nicht vollständig in nationales Recht umsetzt, wenn ein Mitglied gegen die Regeln zur Staatsverschuldung verstößt oder EU-Verordnungen nicht einhält.
- Auch ist der EuGH für sogenannte **Vorabentscheidungsverfahren** zuständig. Die höchsten nationalen Gerichte (in Deutschland z. B. der Bundesgerichtshof, Bundesfinanzhof) müssen Verfahren dem EuGH vor der eigenen Entscheidung vorlegen, bei denen es um die Auslegung des EU-Rechts geht. Bis der EuGH seine Entscheidung in der jeweiligen Frage gefällt hat, wird das Verfahren an dem jeweiligen nationalen Gericht unterbrochen. Das nationale Gericht ist dann an die Entscheidung des EuGHs gebunden und darf nicht dagegen entscheiden.
- Im Rahmen sogenannter **Nichtigkeitsklagen** kann ein Kläger überprüfen lassen, ob ein europäischer Rechtsakt (z. B. eine Verordnung, eine Richtlinie, ein Beschluss) tatsächlich mit dem EU-Recht vereinbar ist oder aufgehoben werden muss. Kläger sind hier i. d. R. Organe der EU oder Mitgliedstaaten, es können aber auch Verbände, Unternehmen etc. sein, die ein Rechtsschutzinteresse nachweisen können.
- Mit erfolgreichen **Untätigkeitsklagen** wiederum können Mitgliedstaaten, einzelne EU-Organe oder unter bestimmten Voraussetzungen auch europäische Bürgerinnen und Bürger die Kommission, das Parlament oder den Ministerrat zwingen, politische Entscheidungen zu treffen.

Das Gebäude des Europäischen Gerichtshofs in Luxemburg

Aufgaben

72003-505

1. Stellen Sie Aufgaben und Zusammensetzung der zentralen EU-Organe dar (**M2-M5, M8-M10**).
2. Vergleichen Sie die Kompetenzen des Deutschen Bundestages mit denen des Europäischen Parlaments (**M5-M7**).
3. „Die Europäische Union ist nur unvollständig demokratisiert!“ – Nehmen Sie Stellung zu dieser Aussage.

Die Europawahl 2024 – eine Zäsur?

M1 Helga Schmidt: Das Jahr, als die EU nach rechts rückte

[Am] 27. November [2024 gab es] eine Schrecksekunde, als nach der Auszählung an der großen schwarzen Anzeigetafel im Straßburger Plenum das Ergebnis aufleuchtete, der Applaus setzte nur langsam ein. Der Grund: Nie zuvor in dreißig Jahren Parlamentsgeschichte war eine EU-Kommission mit einer so mageren Mehrheit ins Amt gewählt worden [wie 2024]. Erfahrenen Europaabgeordneten war sofort klar: Das Fundament ist brüchig, auf dem Kommissionspräsidentin Ursula von der Leyen jetzt fünf Jahre lang ihre Politik aufbauen muss.

Was war geschehen? Viele Mitte-Links-Abgeordnete hatten der Kommission ihre Stimme verweigert, weil zum ersten Mal ein Rechtsaußenpolitiker in ein herausragendes Amt der Kommission gehievt wurde. Raffaele Fitto von den Fratelli d'Italia – eine Partei, die von Politikwissenschaftlern als postfaschistisch eingestuft wird. Dass Italien als großes EU-Land Anspruch auf ein wichtiges Ressort hat – Fitto ist zuständig für die milliardenschweren Regionalfonds -, fanden viele noch nachvollziehbar. Aber dass er zusätzlich zum geschäftsführenden Vizepräsidenten von der Leyens ernannt wurde, das war inakzeptabel selbst für Fraktionsgruppen, auf die die Kommissionspräsidentin sich fünf Jahre hat verlassen können.

Zum Beispiel die deutschen Sozialdemokraten. Fitto war für sie nur der letzte Aufreger in einer langen Kette von Provokationen durch die Mehrheitsfraktion der Christdemokraten, die Europäische Volkspartei (EVP). „Sie stimmen im Parlament immer öfter gemeinsam mit rechten und rechtspopulistischen Parteien", sagt René Repasi, Chef der Europa-SPD im Parlament. [...]

Tatsächlich fand 2024 ein Richtungswechsel statt. Es gab bei Abstimmungen öfter als je zuvor Mehrheiten mit Rechtsaußen-Parteien, etwa bei Entscheidungen zur Umweltpolitik und zur Migrationspolitik.

Schmidt, Helga: Das Jahr, als die EU nach rechts rückte. In. www.tagesschau.de, 30.12.2024

M2 Europawahl in der Karikatur

Karikatur: Erl, 23.05.2019

Aufgaben

72003-506

1. Geben Sie die geschilderten Folgen des Europawahl-Ergebnisses von 2024 wieder (**M1**).
2. Analysieren Sie die Karikatur (**M2**).
3. Arbeiten Sie Probleme für die EU als Ganze heraus, die aus der Zusammensetzung des Europäischen Parlaments (seit 2024) folgen.

5.2.2 Politische Aushandlungs- und Entscheidungsprozesse in der Europäischen Union

Leitfragen

- Wie läuft ein EU-Gesetzgebungsprozess ab?
- Auf welche Weise werden die Interessen der Mitgliedstaaten ausgeglichen?
- Welche informellen Wege gibt es, sich auf „Gesetze" zu einigen?

M1 Ablauf eines europäischen Gesetzgebungsprozesses

Im Grundsatz besteht der politische Willensbildungs- und Entscheidungsprozess auf Ebene der EU nach dem sogenannten Ordentlichen Gesetzgebungsverfahren aus mindestens drei Stufen:

- Die Europäische Kommission beschließt eine Gesetzesvorlage, ausgearbeitet im zuständigen Kommissariat. Zwar erfolgt der Beschluss intern mit einfacher Mehrheit (bei Stimmengleichheit entscheidet das Votum der Kommissionspräsidentin), aber nach außen hin wird er als Beschluss der gesamten Kommission dargestellt (Kollegialprinzip). Oft tagt die Kommission dazu nicht, sondern die Entwürfe werden schriftlich vorgelegt. Wenn ihnen innerhalb einer bestimmten Frist nicht von genügend Kommissaren widersprochen wurde, gelten sie als angenommen.
- Diese fertige Gesetzesinitiative wird nun dem Europäischen Parlament zugeleitet, das entweder zustimmt oder Veränderungen verlangt. Allerdings geht die kommentierte Vorlage nicht zurück zur Europäischen Kommission.
- Die Position des Parlaments wird dem Ministerrat übermittelt, der sie annehmen oder gemeinsam einen sogenannten abweichenden Standpunkt bilden kann (s. u.). Bei Zustimmung gilt das „Gesetz" als angenommen.

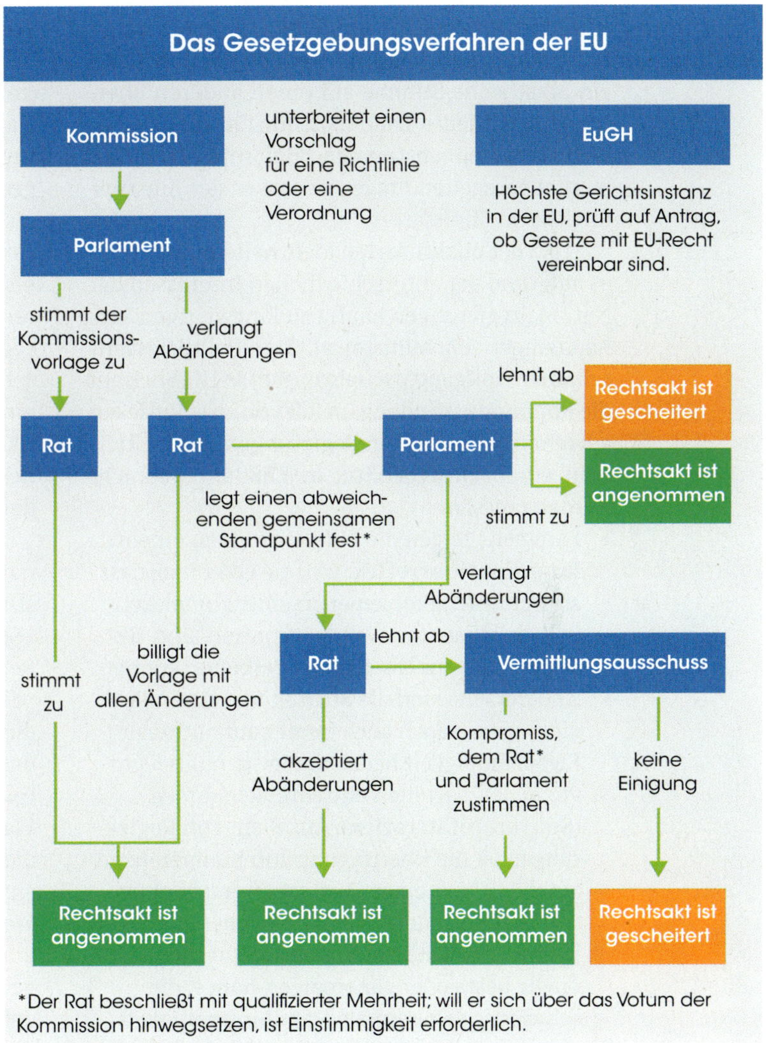

Bearbeitergrafik

Falls bis dahin keine Übereinkunft zwischen Parlament und Ministerrat zustande gekommen ist, nimmt das Parlament erneut Stellung – diesmal zu dem abweichenden Standpunkt. Angenommen ist der Rechtsakt, wenn der Ministerrat dieser Position zustimmt. Wenn aber kein Kompromiss gefunden ist, wird der sogenannte Vermittlungsausschuss angerufen und ein formeller Trilog initiiert (› **M4**).

M2 Wie läuft die Konsensfindung im Ministerrat ab?

Im Rahmen des Ordentlichen Gesetzgebungsverfahrens zu den supranational geregelten Politikfeldern ist eine **qualifizierte Mehrheit** im Ministerrat erforderlich, was bedeutet, dass mindestens 55 Prozent der Mitgliedstaaten mit mindestens 65 Prozent Gesamtbevölkerungsanteil der EU zustimmen müssen. Dieses Verfahren soll einerseits verhindern, dass die bevölkerungsreichen Staaten der EU alle Beschlüsse alleine durchsetzen können. Und es soll andererseits dafür sorgen, dass kleine Länder mit wenigen Einwohnern nicht Entscheidungen über die Köpfe der großen Staaten zu treffen in der Lage sind. Bei Abwesenheit kann ein Staat seine Stimme auf einen anderen übertragen, aber jedes Land darf nur für ein anderes stellvertretend abstimmen. Bei intergouvernemental geregelten Fragen bedarf es der Einstimmigkeit im Ministerrat.

Trotz der qualifizierten Mehrheitsregel kommt es aufgrund der unterschiedlichen Interessen der Nationalregierungen häufig zu langwierigen Verhandlungen im Ministerrat. Der Politikwissenschaftler Wolfgang Wessels spricht in Hinblick auf die Kompromissfindung im Rat von zwei Reflexen aufseiten der einzelnen Regierungen, die im Rahmen europäischer Politik in Einklang gebracht werden müssen:

- Einerseits folgen die Mitgliedstaaten einem **Koordinationsreflex**, weil sie erkennen, dass sie mit vielen Problemen in einer komplexen und globalisierten Welt konfrontiert sind, die sie nicht alleine lösen oder bearbeiten können.
- Andererseits sind die Staaten und deren Regierungen jedoch auch immer auf nationale Eigenständigkeit bedacht, die sie nur bei gravierenden Vorteilen einschränken lassen (**Souveränitätsreflex**). Aus Sicht von Regierungen ist die Übertragung von Kompetenzen auf die EU mit einem Verlust an Autonomie verbunden; andere Mitglieder sehen hingegen in einer noch stärkeren politischen Integration die beste oder gar einzige Chance, die schwindende nationale Handlungsfähigkeit durch den Aufbau einer „europäischen Souveränität" zurückzugewinnen. Diese Spannungen zwischen den Reflexen können sich in unterschiedlichen Formen äußern, etwa in der Art und Weise, wie nationale Interessen formuliert und vertreten werden. Zudem können historische Erfahrungen und kulturelle Unterschiede das Abstimmungsverhalten der Mitgliedstaaten beeinflussen. Die Wahrnehmung von Bedrohungen, wie wirtschaftlicher Unsicherheit oder geopolitischen Herausforderungen, kann ebenfalls die Haltung der Staaten zur Integration prägen.

Da die Mitgliedstaaten bei einzelnen Themen eher dem Koordinationsreflex und bei anderen Themen eher dem Souveränitätsreflex folgen, kommt es immer wieder zu Konflikten unter den EU-Ländern, ob es eine weitergehende Integration – und wenn ja, in welcher Tiefe – geben sollte. Daher kommt es auch nur dann zu weiteren Vertiefungsschritten, wenn sich sogenannte „Gelegenheitsstrukturen" (*windows*) dafür ergeben, also Umbrüche oder Krisen, die eine vertiefte Zusammenarbeit möglich machen bzw. notwendig erscheinen lassen. Solche Gelegenheitsstrukturen können durch Ereignisse wie Wirtschaftskrisen, Umweltkatastrophen oder sicherheitspolitische Herausforderungen ausgelöst werden, die ein Umdenken und eine Neuausrichtung der Politik erfordern. In solchen Momenten wird oft deutlich, dass kollektive Lösungen notwendig sind, um den Herausforderungen wirksam zu begegnen.

Neben den geschilderten Reflexen haben aber nationale Regierungen durchaus noch andere Abstimmungsgründe. Bekannt ist das sogenannte **„Spiel über Bande"**. Dabei setzen sich nationale Regierungen im Ministerrat (und auch im Europäischen Rat) für politische Entscheidungen ein, die sie auf nationaler Ebene entweder nicht durchsetzen können oder aufgrund befürchteter Unpopularität solcher Entscheidungen in der Wahlbevölkerung nicht durchsetzen wollen. Über die europäische Ebene versuchen sie dann, solche „unliebsamen" Regelungen voranzubringen. Wenn dies gelingt, müssen die Rechtsakte in den Staaten umgesetzt werden, ohne dass der jeweiligen Regierung (von der nationalen Opposition) dafür die Hauptverantwortung zugeschoben werden kann.

Wenn ein Kompromiss zwischen den Staaten sehr schwierig zu erzielen ist, kann als letztes Mittel auf ein „Europa der verschiedenen Geschwindigkeiten" zurückgegriffen werden. Dabei werden zwar Beschlüsse gefasst, aber ein Teil der

Staaten bekommt die Möglichkeit, diesen Beschluss (bis auf Weiteres) nicht umzusetzen (*Opt-out*). Mehrfach sind solche Regelung auch schon in EU-Verträge eingeflossen. So muss Dänemark beispielsweise nicht die Gemeinschaftswährung Euro einführen.

M3 Der Einfluss nationaler Parlamente: Kontrolle der Regierungen im Ministerrat

Unterschiedlich stark ausgeprägt ist die Kontrolle der Regierungsvertreterinnen und -vertreter im Ministerrat durch ihre nationalen Parlamente, denn sie unterliegt nationalen Regelungen. In Dänemark beispielsweise werden die in Brüssel verhandelnden Ministerinnen und -minister parlamentarisch sehr eng kontrolliert. In Deutschland ist die Kontrolle durch den Bundestag zwar auch gegeben, gleichwohl etwas loser. Hier kann der Ausschuss für Angelegenheiten der Europäischen Union im Namen des Deutschen Bundestages zu Gesetzgebungsplänen der EU Stellungnahmen abgeben. Bevor die Bundesregierung im Ministerrat ihre Stimme abgibt, muss sie ihren Standpunkt mit dem Bundestag bzw. dem genannten Ausschuss abstimmen.

M4 Wozu dienen formeller und informeller Trilog im EU-Gesetzgebungsverfahren?

Um eine Einigung zwischen dem Europäischen Parlament und dem Ministerrat in Gesetzgebungsverfahren zu erzielen, ist vor den letzten Lesungen des Gesetzesentwurfs im Parlament und im Ministerrat ein Vermittlungsausschuss unter Beratung der Europäischen Kommission vorgesehen (**formeller Trilog**). Diese Form des Aushandelns zog sich aber zeitweise jahrelang hin. Aus diesem Grund nahm die Quote der sogenannten informellen Triloge sprunghaft zu.

Bei **informellen Trilogen** handelt es sich um Geheimverhandlungen zwischen Vertreterinnen und Vertretern des Parlaments, des Ministerrats und der Kommission. Diese handeln einen Kompromiss aus den Positionen ihrer Institutionen aus. Dabei wird strengste Vertraulichkeit gewahrt: Es werden weder Arbeitspapiere noch Zwischenergebnisse veröffentlicht. Nicht einmal die anderen Parlamentsabgeordneten oder Ratsmitglieder werden über den Verlauf der Verhandlungen informiert. Erst das Verhandlungsergebnis wird als Grundlage für die Abstimmungen im Europäischen Parlament und im Ministerrat veröffentlicht. Häufig beginnt der informelle Trilog schon früh im Gesetzgebungsprozess, vergleichsweise kurz nachdem die Europäische Kommission ein Gesetz vorgeschlagen hat – also deutlich früher als ein formeller Trilog. Der informelle Trilog wird in den Grundlageverträgen der EU (Primärrecht) nicht erwähnt, aber in der Geschäftsordnung des Europäischen Parlaments umrissen. Erst seit 2018 (nach einer erfolgreichen Klage eines ehemaligen hochrangigen EU-Beamten vor dem Europäischen Gerichtshof) werden die geheimen Verhandlungspapiere während informeller Triloge der Presse zugänglich gemacht.

Eine Sitzung im Rahmen eines formellen Trilogs

Aufgaben

72003-507

1. Beschreiben Sie den Ablauf eines Ordentlichen Gesetzgebungsverfahrens in der EU (**M1-M3**).
2. Arbeiten Sie die Bedeutung informeller Triloge heraus (**M4**).
3. Erörtern Sie informelle Triloge als Maßnahme der Kompromissfindung im Ordentlichen Gesetzgebungsverfahren (**M1-M4**).

EU-Entscheidungsprozesse: Mehr Effizienz auf Kosten der Demokratie?

M 1 Thomas Kirchner: „Mal schnell am Parlament vorbei"

Die EU befindet sich im Dauerkrisenmodus, schon seit mehr als zehn Jahren. Von der Euro-Krise über die Flüchtlingsfrage und den Brexit bis zur Pandemie und dem Ukraine-Krieg: Stets waren europäische Lösungen gefragt, mussten weitreichende Entscheidungen unter Zeitdruck gefällt werden. Die Effizienz, die die EU dabei an den Tag legte und ihr einigen Zuspruch eingebracht hat, ist erstaunlich. Ist das dieselbe Union, die zu anderen Zeiten nächte- oder monatelang um einen Beschluss rang?

Dass es zuletzt oft schneller und geräuschloser ablief, liegt nicht nur an politischer Entschlossenheit oder dem Geschick von Protagonisten wie EU-Kommissionspräsidentin Ursula von der Leyen. Sondern auch daran, dass die EU häufiger auf das übliche, oft langwierige Gesetzesverfahren verzichtete und sich auf ein Kriseninstrument stützte: Artikel 122 des Vertrags über die Arbeitsweise der EU. Für den Notfall, „insbesondere falls gravierende Schwierigkeiten in der Versorgung mit bestimmten Waren, vor allem im Energiebereich, auftreten", gestattet er unter Berufung auf die Solidarität zwischen den Mitgliedstaaten nicht näher bestimmte „Maßnahmen". Absatz zwei erlaubt zusätzlich Finanzhilfe an einzelne Staaten, die aufgrund von Naturkatastrophen oder „außergewöhnlichen Ereignissen", die sich ihrer Kontrolle entziehen, in Not geraten sind oder geraten könnten. Der Artikel ermöglicht sehr weitreichende Eingriffe [ohne die Zustimmung des Europäischen Parlaments]. Kein Wunder, dass ihn die Kommission und der Rat der Mitgliedstaaten vor allem während der Pandemie oft gezückt haben: etwa bei der gemeinsamen Beschaffung von Impfstoffen, bei den Kurzarbeitergeldprogrammen, die mit Darlehen von 100 Milliarden Euro gefördert wurden, beim Corona-Wiederaufbaufonds, für den 800 Milliarden Euro zur Verfügung stehen, beim Beschluss, die Mitgliedstaaten zu erheblichen Einsparungen beim Gasverbrauch zu zwingen und bei weiteren Notfallmaßnahmen gegen die hohen Energiepreise. [...] [Kritiker des Vorgehens] weisen auf den Preis hin, den die EU für ihre Effizienz auf Kosten der Demokratie zahle. [So sprechen zwei Forscher von den Universitäten Helsinki und Berlin] von einer „neuen Superkompetenz", die keiner wirksamen demokratischen Kontrolle unterliege, weil das EP außen vor bleibe und auch die nationalen Parlamente nur beschränkt eingebunden würden. In dieselbe Richtung zielt Nicolai von Ondarza von der Stiftung Wissenschaft und Politik. Er sieht „Defizite in der demokratischen Legitimation" der EU-Krisenpolitik. In einer Studie kritisiert er vor allem die unzulängliche Transparenz der Entscheidungsprozesse – vieles machten die Staats- und Regierungschefs auf Gipfeln unter sich aus – sowie die Tatsache, dass nicht klar sei, bei wem die politische Verantwortung für diese Schritte liege. Das Vorgehen von Kommission und Rat verändere die Balance in der EU, sagt Ondarza. Es führe zu einer „sehr viel stärkeren Dominanz der Exekutive, während das Europäische Parlament an den Rand geschoben wurde".

Kirchner, Thomas: Mal schnell am Parlament vorbei. In: www.sueddeutsche.de, 22.05.2023

Art. 122 Vertrag über die Arbeitsweise der Europäischen Union (AEUV)

72003-509

Die Stiftung Wissenschaft und Politik (SWP) eine unabhängige wissenschaftliche Einrichtung, die politische Entscheidungsträger berät.

Aufgaben

72003-508

1. Fassen Sie die Arbeit der EU-Organe nach Artikel 122 AEUV sowie die daraus möglicherweise entstehenden Folgen zusammen.
2. Vergleichen Sie die Entscheidungswege nach Artikel 122 AEUV mit dem ordentlichen Gesetzgebungsverfahren der EU.
3. Erklären Sie, warum sich aus der dauerhaften Anwendung von Artikel 122 AEUV „demokratische Legitimationsprobleme" für die EU ergeben könnten.
4. Nehmen Sie Stellung zur wiederholten Anwendung des Artikel 122 AUEV.

5.3 Zentrale Politikfelder der Europäischen Union

5.3.1 Wirtschaft, Währung, Soziales und Umwelt

Leitfragen

- Was regelt die EU binnen- und außenwirtschaftlich?
- Welche Maßnahmen ergreift die EU zur Wirtschaftsförderung und zum Strukturwandel?
- (Wie) Kann die EU sozialpolitische, humanitäre und ökologische Ziele verfolgen?

M1 Welche Bedeutung hat die Europäische Union im (wirtschaftlichen) Alltag?

Bewusst wird uns die Bedeutung der EU im Alltag sicherlich, wenn wir mit dem Euro bezahlen, wenn wir ohne Grenzkontrollen von einem EU-Land in ein anderes reisen oder wenn wir (Finanz- oder Telekommunikations-)Dienstleistungen von Anbietern aus dem EU-Ausland zu den gleichen Bedingungen in Anspruch nehmen wie von inländischen. Schülerinnen, Auszubildende und Studenten kennen u. U. zudem das europäische Auslandsförderprogramm Erasmus+. Andere Regelungs- und Förderleistungen bleiben häufig unter der Wahrnehmungsschwelle, auch wenn regelmäßig bei der Einführung bzw. Reform von „Gesetzen" die mediale Erregung aufflammt. Dabei hat die EU weitgehende Kompetenzen in den Bereichen der Wirtschafts- und Wettbewerbs-, Währungs-, Strukturförderungs-, Umwelt- und Asylpolitik.

M2 Warum wird der Binnenmarkt als „Herzstück" der europäischen Integration bezeichnet?

Bereits seit 1993 existiert der Europäische Binnenmarkt, der zwar faktisch noch nicht vollauf verwirklicht ist, aber eines der Kernstücke der Europäischen Union darstellt. Allerdings waren die vier Freiheiten schon in der Europäischen Wirtschaftsunion seit 1957 angelegt. Er ist der größte und am stärksten umgesetzte Binnenmarkt der Welt. In ihm genießen Personen und Unternehmen vier Freiheiten (siehe Schaubild):

Der Binnenmarkt bedingt im Rahmen der Personenfreizügigkeit z.B., dass Berufs- und Studienabschlüsse von EU-Ausländern in den Mitgliedstaaten anerkannt werden müssen. Im Bereich des freien Warenverkehrs darf es nicht

Die vier Freiheiten des Binnenmarkts

1 Personenfreizügigkeit
- keine Grenzkontrollen
- Arbeitnehmerfreizügigkeit (inkl. gegenseitige Anerkennung von Berufs- und Studienabschlüssen)
- Niederlassungsfreiheit für Unternehmen in jedem Mitgliedstaat

2 Freier Warenverkehr
- Keine Hindernisse für Warentransport und -handel zwischen Mitgliedstaaten (z.B. keine Grenzzölle)

3 Dienstleistungsfreiheit
- Freies Angebot von Dienstleistungen aus einem Mitgliedstaat in allen anderen (z.B. Transport- und Telekommunikationsdienstleistungen)

4 Freier Kapital- und Zahlungsverkehr
- Freie Bewegung von Geld und Wertpapieren (innerhalb der von der EU gesetzten Grenzen)
- Gemeinsamer Markt für Finanzdienstleistungen

Bearbeitergrafik

nur keine Zölle oder andere tarifäre Handelsschranken geben, sondern es müssen auch Produktstandards vereinheitlicht bzw. gegenseitig anerkannt werden. Bei der Dienstleistungsfreiheit darf z. B. kein Mobilfunkanbieter aus dem EU-Ausland beim Netzzugang gegenüber einem inländischen Unternehmen benachteiligt werden. Und aufgrund der Kapitalverkehrsfreiheit können beispielsweise Geldanlagen im EU-Ausland ohne zusätzliche Gebühren getätigt werden. Im Jahr 2019 kam die Bertelsmann-Stiftung zu dem Ergebnis, dass der Binnenmarkt für alle europäischen Regionen finanzielle Vorteile mit sich gebracht hat und immer noch bringt. Dabei würden eher kleine, aber innovative Volkswirtschaften mit einem hohen Exportanteil in den Binnenmarkt allerdings durchschnittlich stärker profitieren als andere. Außerdem profitierten damals Zentrumsstaaten stärker als Mitglieder in europäischen Randlagen. In Deutschland waren die Binnenmarktgewinne in den westlichen und südlichen Rändern am stärksten.

M3 Der Euro als Gemeinschaftswährung

Bereits seit den 1970er-Jahren existierten Vorläufer eines einheitlichen europäischen Währungssystems. Im Zuge der deutschen Wiedervereinigung nahm die Umsetzung einer Europäischen Währungsunion Fahrt auf, die den einheitlichen Binnenmarkt flankieren sollte. Wirtschaftstheoretisch ergibt eine Einheitswährung dahingehend Sinn, als Wechselkurskosten und entsprechende -risiken abgeschafft werden. Auftragnehmer bzw. -geber laufen dadurch beim Handel mit dem Binnenmarkt-Ausland nicht mehr Gefahr unberechenbarer Schwankungen der Realpreise. Wenn beispielsweise eine Fremdwährung nach Vertragsschluss, aber vor Bezahlung schnell abwertet, muss der Gläubiger zwar nicht nominelle, aber reale Einnahmeverluste verkraften. Gegen solche Wechselkursrisiken mussten sich Unternehmen oder Kapitalanlegerinnen vor Bestehen der Währungsunion absichern. Neben solchen ökonomischen Gründen für die einheitliche Währung waren auch politische Interessen ausschlaggebend: Einerseits war der wiedervereinigte Deutschland stark an weiteren Vertiefungen der EU interessiert (auch um gesamtwirtschaftliche Stabilität im Binnenmarkt zu erreichen), andererseits hatten viele andere EU-Staaten – allen voran Frankreich – Gründe, eine Währungsunion voranzubringen. Denn ein starkes wiedervereintes Deutschland sollte erstens noch enger in die Union eingebunden werden. Zweitens war damit zu rechnen, dass mittelfristig die Wirtschaftskraft Deutschlands noch weiter ansteigt, was zu einer wahrscheinlich stabilen D-Mark mit starken Wechselkursen zu anderen europäischen Währungen und dadurch zu einem Konkurrenzvorteil deutscher Unternehmen auf dem europäischen Binnenmarkt geführt hätte. Schließlich wurde der Euro 1999 als Buchgeld und 2002 als Bargeld in der Europäischen Wirtschafts- und Währungsunion (EWWU) eingeführt. Um in die EWWU aufgenommen werden, muss ein Staat vier Bedingungen, die sogenannten **Konvergenzkriterien**, erfüllen:

- **Preisniveau-Stabilität**: Die Inflationsrate des Kandidatenlandes liegt im Durchschnitt des letzten Jahres vor der Berichterstattung durch die Europäische Kommission höchstens 1,5 Prozent über dem Durchschnitt der drei Mitgliedstaaten mit der höchste Preisniveaustabilität in diesem Zeitraum.
- **Stabilität des Staatshaushalts**: Erstens beträgt die Gesamtverschuldung des Staates zum Zeitpunkt der Prüfung bei höchstens 60 Prozent des Jahres-Bruttoinlandsprodukts. Und zweitens nimmt der Staat maximal drei Prozent des Jahrs-BIP an neuen Schulden auf.
- **Wechselkursstabilität**: Vor der Prüfung des EWWU-Beitritts muss die Kandidatin bereits mindestens zwei Jahre an einem sogenannten Wechselkursmechanismus teilgenommen haben. Dabei darf die Währung nicht mehr als i. d. R. 15 Prozent um einen vorher festgelegten Leitkurs schwanken.
- **Zinssatz-Stabilität** (als Zeichen wirtschaftlicher Konvergenz): Die Zinssätze der Papiere, die der Bewerberstaat zu seiner Finanzierung ausgibt (z. B. Staatsanleihen), dürfen höchstens zwei Prozentpunkte über denen der drei preisstabilsten EU-Staaten liegen. Hintergrund dieses Kriteriums ist, dass die Zinsen für Staatspapiere als wesentliches Signal für

Die Euroländer
(Stand: 2025)

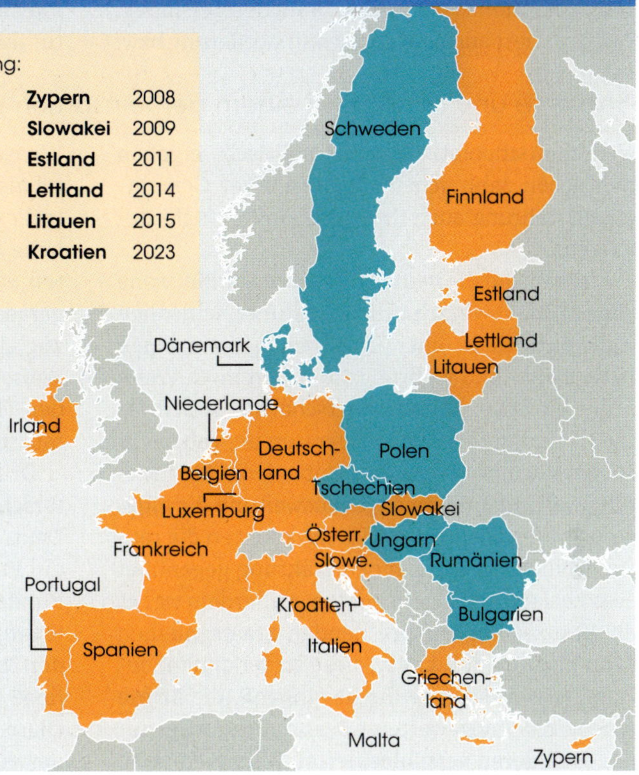

EU-Mitglieder und das Jahr ihrer Euro-Einführung:

Belgien	1999	**Niederlande**	1999	**Zypern**	2008
Deutschland	1999	**Österreich**	1999	**Slowakei**	2009
Finnland	1999	**Portugal**	1999	**Estland**	2011
Frankreich	1999	**Spanien**	1999	**Lettland**	2014
Irland	1999	**Griechenland**	2001	**Litauen**	2015
Italien	1999	**Slowenien**	2007	**Kroatien**	2023
Luxemburg	1999	**Malta**	2008		

EU-Mitglieder ohne Euro und ihre aktuelle Währung:

Bulgarien	Lew
Dänemark	Dänische Krone
Polen	Złoty
Rumänien	Leu
Schweden	Schwed. Krone
Tschechien	Tschech. Krone
Ungarn	Forint

© C.C. Buchner Verlag, aktuelle Daten nach: Europäische Kommission (Datenerhebung: 2025; Grafikerstellung: 2025)

die Kreditwürdigkeit (Bonität) von Staaten gelten. Staaten können ihre Anleihen etc. mit niedrigeren Zinsen am Markt platzieren, wenn die Rückzahlung durch den (wirtschaftlich dann als stark geltenden) Staat als sicher gilt. Hohe Zinsen für Staatspapiere werden fällig, wenn das Ausfallrisiko der Rückzahlung von Gläubigern als hoch eingeschätzt wird.

Diese Kriterien gelten nicht nur für den Zeitpunkt der Aufnahme, sondern auch für die Mitgliedschaft in der EWWU. Angesichts der sogenannten Euro- bzw. Staatsschuldenkrise sind diese Regelungen 2011 sogar noch verschärft worden. Neben der jährlichen Defizitobergrenze von drei Prozent des BIP ist das mittelfristige Ziel eines ausgeglichenen Staatshaushalts formuliert worden. Zudem muss ein Mitglied, das die 60-Prozent-Grenze der Gesamtverschuldung überschreitet, jährlich fünf Prozent der Schulden bis zur Obergrenze abbauen. Die Wirtschaftswissenschaftlerin Philippa Sigl-Glöckner kritisiert – stellvertretend für (= außerhalb der konventionellen ökonomischer Theorien denkende) Ökonominnen und Ökonomen – die Konvergenzkriterien als willkürlich gesetzt. Finanz- und Wirtschaftsstabilität sei auch bei höheren Schuldenständen problemlos möglich und staatliche Kredite auch über die gesetzten Schuldengrenzen hinaus können sehr sinnvoll sein, wenn sie für Zukunftsinvestitionen z. B. in Bildungssysteme, Infrastruktur und Zukunftstechnologien verwendet würden.

Mit der einheitlichen Währung wurde auch eine einheitliche Geldpolitik notwendig, wozu die politisch unabhängige Europäische Zentralbank mit Sitz in Frankfurt a. M. gegründet wurde. Zwar existieren auch noch im Euroraum die nationalen Zentralbanken, die allerdings wesentliche Teile ihrer Aufgaben an die EZB abtreten mussten. Vor allem Deutschland setzte im Rahmen der EWWU-Verhandlungen durch, dass als oberstes Ziel der EZB die Preisniveaustabilität in der Euro-Zone festgelegt wurde. Darunter versteht man in der Euro-Zone eine jährliche Inflation von zwei Prozent gegenüber dem Vorjahr gemessen an einem harmonisierten Verbraucherpreisindex. Zwar existiert auch die Wirtschaftsförderung bzw. Rezessionsvermeidung als Aufgabe der EZB, dabei handelt es sich aber um ein Nebenziel. M. a. W. muss die EZB ihre Geldpolitik im Zweifelsfall auf Preisniveaustabilisierung und nicht auf Konjunktur fördernde Maßnahmen ausrichten.

M4 Probleme und Konflikte in einem gemeinsamen Wirtschafts- und Währungsraum

Wirtschaftstheoretisch und politisch ergeben sich neben zahlreichen Chancen einer Gemeinschaftswährung auch drei zentrale Herausforderungen:

Erstens sind die heute 20 Staaten der Eurozone (Stand: 2024) wirtschaftlich sehr unterschiedlich stark entwickelt, aber in einem gemeinsamen Wirtschafts- und Währungsraum vereinigt. Wenn früher ein Staat aufgrund wirtschaftlicher Schwäche in Liquiditätsengpässe geraten ist, gab es für dessen Regierung bzw. Zentralbank die Möglichkeit, u.a. durch Geldmengenausweitung die eigene Währung abzuwerten. Damit konnten die realen Schulden in der eigenen Währung gegenüber dem Ausland verringert werden. Außerdem war es für Besitzer der entsprechenden Staatsanleihen dann nicht mehr lukrativ, diese zu verkaufen; beziehungsweise war es für sie sinnvoll, die Erlöse erneut in der abgewerteten Währung zu investieren, weil deren verschlechterter Wechselkurs zu anderen Währungen zu Umtauschverlusten geführt hätte. Die Möglichkeit zur Schuldenverringerung durch Währungsinflationierung besteht in einem gemeinsamen Währungsraum nicht mehr.

Zweitens handelt es sich bei der Euro-Zone nicht um einen sogenannten optimalen Währungsraum. Nach der Theorie der *optimum currency area* (OCA) müssten sich in einer integrierten Wirtschafts- und Währungszone sowohl das Kapital als auch die Arbeitskräfte frei bewegen, wenn in diesem Raum Regionen oder Branchen in plötzliche und schnelle Abwärtsentwicklungen geraten (sog. wirtschaftliche Schocks). Allerdings ist gerade die Arbeitskräftemobilität trotz der Freizügigkeit in der Europäischen Union nicht in der Weise und dem Maße ausgebaut, wie sie es nach der Theorie zur Schockabsorption der Fall sein müsste.

Drittens gibt es innerhalb der EWWU (sehr) unterschiedliche geldpolitische Traditionen. In Deutschland beispielsweise ist schon sehr lange die Preisniveaustabilität (s. o.) oberstes Ziel der Bundesbank gewesen. In anderen europäischen Staaten hat es Tradition, dass über die Geldpolitik der Zentralbank (oder auch der Regierung) deutliche konjunkturelle Impulse gegeben werden. Diese beiden Zielsetzungen können aber einander entgegenstehen. So gab es insb. im Rahmen der Bewältigung der Staatsschulden- bzw. Euro-Krise heftige Konflikte darüber, mit welchen Mitteln die EZB die in Schieflage geratenen Staaten stabilisieren und ob sie geldpolitisch etwas zur wirtschaftlichen Erholung beitragen sollte. Außerdem ist es extrem komplex, die Preissteigerungsrate von zwei Prozent in den wirtschaftlich sehr unterschiedlich entwickelten Regionen der Eurozone geldpolitisch anzusteuern.

M5 Entwicklungsförderung durch regionale Strukturpolitik der EU

Trotz des ökonomischen Beitrittskriteriums sind die europäischen Regionen wirtschaftlich extrem unterschiedlich entwickelt. So lag 2023 – bei einem EU-Durchschnitt von knapp 38.000 Euro – das BIP pro Kopf in Dänemark bei knapp 63.000, in Deutschland bei knapp 50.000, in Italien bei gut 35.000, in Polen bei etwa 20.000 und in Bulgarien bei nicht einmal 15.000 Euro. Um den strukturschwächeren und -schwächsten Wirtschaftsregionen eine aufholende Entwicklung zu ermöglichen (Konvergenz), fördert die EU die Entwicklung und den Zusammenhalt (**Kohäsion**) der Regionen mit hohen Milliardensummen. Wirtschaftlich weniger entwickelte Regionen erhalten dabei höhere Fördersummen. Die Ziele für den Förderzeitraum bis 2027 sind dabei u.a. ein digitaleres und umweltfreundlicheres Europa. Zur Umsetzung gibt es fünf verschiedene große Förderprogramme, die sogenannten Europäischen Struktur- und Investitionsfonds (ESI-Fonds). Zu diesen gehören:

- Der Europäische Fonds für Regionale Entwicklung (EFRE),
- der Europäische Sozialfonds Plus (ESF+),
- der Kohäsionsfonds (KF),

- der Europäische Landwirtschaftsfonds zur Entwicklung des ländlichen Raums (ELER),
- der Europäische Meeres-, Fischerei- und Aquakulturfonds (EMFAF).

Zwischen 2021 und 2027 stehen in diesen Fonds insgesamt 393 Milliarden Euro zur Verfügung. Ausgeschüttet werden diese Gelder nach einem bestimmten Schlüssel. Projekte werden niemals vollständig von der EU bezahlt, aber sind je nach wirtschaftlicher Lage der jeweiligen Region zwischen 40 Prozent und 85 Prozent förderfähig. Die Regionen, in denen das Bruttoinlandsprodukt pro Kopf unter 75 Prozent des EU-Durchschnitts liegt, erhalten beispielsweise die Höchstförderquote. Aber auch Regionen mit einem überdurchschnittlichen BIP/Kopf sind grundsätzlich förderfähig.

Quoten für die EU-Strukturförderungsperiode 2021-2027		
	Bruttoinlandsprodukt/Kopf	**Förderquote der EU (Rest aus Eigenmitteln)**
Entwickelte Regionen	> 100 % des EU-27 Durchschnitts	40 % bzw. 50 % der Kosten
Übergangsregionen	75 % bis 100 % des EU-27 Durchschnitts	60 % bzw. 70 % der Kosten
Am schwächsten entwickelte Regionen	< 75 % des EU-27 Durchschnitts	85 % der Kosten

M6 Gibt es eine gemeinsame europäische Sozialpolitik?

Sozialpolitik im weiteren Sinn betreibt die EU durch die Mitfinanzierung es Strukturwandels bzw. der aufholenden Entwicklung strukturschwacher Regionen (s. o.). Sozialpolitisch beabsichtigt ist dabei, dass in diesen Gegenden erstens die Zahl qualifizierter und besser bezahlter Arbeitsplätze und zweitens das Qualifikationsniveau der Bevölkerung steigt. Im Bereich der Sozialpolitik im engeren Sinn hat die EU jedoch nur sehr wenige Gestaltungsmöglichkeiten. Gleichwohl hat die Union in der „Europäischen Säule sozialer Rechte" festgehalten, welche Entwicklungen sie in diesem Politikfeld anstrebt. Unter anderem sind darin die Ziele formuliert, dass Arbeitnehmerinnen und Arbeitnehmer fair und gleich behandelt werden sollen, dass Fortbildungsmöglichkeiten angeboten werden müssen, dass unbefristete Beschäftigungsverhältnisse angestrebt und prekäre bekämpft werden und dass Selbstständigkeit und Unternehmertum gefördert werden.

Eine prominente und anscheinend auch wirksame Maßnahme der europäischen Sozialpolitik stellt die „Verstärkte Jugendgarantie" dar. In Folge der Staatsschuldenkrise stieg die Jugendarbeitslosigkeit in der EU rasant an, um in den Jahren 2013 und 2014 mit über 24 Prozent im Durchschnitt ihren Höhepunkt zu erreichen. Um diese Form der Arbeitslosigkeit zu bekämpfen, beschloss die EU 2013 die sogenannte Jugendgarantie, die 2020 zur **„Verstärkten Jugendgarantie"** ausgeweitet wurde. Ziel war es, die Quote der 15- bis 29-jährigen NEETs (*„**N**ot in **E**ducation, **E**mployment or **T**raining"*) deutlich zu verringern. Alle Staaten verpflichteten sich dazu, Jugendlichen bzw. jungen Erwachsenen unter 30 Jahren spätestens vier Monate nach einem Schul-, Ausbildungs- oder Hochschulabschluss eine Beschäftigung, eine Weiterbildung, ein Ausbildungsplatz oder ein Praktikum angeboten wird. Die EU fördert diese Übergänge mit mittleren zweistelligen Milliardensummen.

M7 Wie gewährleistet die EU den Verbraucherschutz im digitalen Zeitalter?

Seit bereits über 30 Jahren trifft die EU Regelungen zum Verbraucherschutz bei grenzübergreifenden Fragen. Dabei werden drei Ziele verfolgt:

- Harmonisierung der Verbraucherschutzmaßnahmen in den Mitgliedstaaten
- Stärkung der Rechte der Verbraucherinnen und Verbraucher
- Schutz der Menschen vor gefährlichen Produkten und Dienstleistungen

Aufgrund ihrer Größe ist die EU deutlich besser in der Lage, Verbraucherrechte gegenüber mächtigen (global agierenden) Wirtschaftsunternehmen durchzusetzen, als jeder einzelne Staat für sich tun könnte. Besonders deutlich wird dies in der jüngeren Verbraucherschutz-Regelsetzung der EU bezogen auf die Macht der großen Digitalkonzerne.

Im Gesetz über digitale Dienste (*Digital Services Act*) von 2022 gibt die EU großen Onlineplattformen (soziale Netzwerke, Handel, Gaming, Buchungsportale) sowie App-Stores strikte Regelungen vor, um erstens Handel mit illegalen Waren, Aktivitäten und Inhalten zu verhindern und um zweitens die bis dahin kaum begrenzte Verwendung von Nutzerdaten durch die Plattformbetreiberinnen und -betreiber einzudämmen. Bereits seit 2022 müssen die größten 19 Plattformbetreibenden, die von mehr als zehn Prozent der EU-Bevölkerung genutzt werden (ca. 45 Millionen Personen), das Gesetz über digitale Dienste beachten. Außerdem gelten für diese Unternehme die stärksten Auflagen. Seit 2024 gilt der *Digital Services Act* für alle Online-Unternehmen, die in der EU Angebote machen. Zentrale Rechte, die durch die Verordnung eingeführt worden sind, sind einerseits Abwehrrechte der Verbraucherinnen und Verbraucher. Internetanbieter müssen z.B. standardisierte Beschwerdeverfahren vorhalten und die Nutzenden haben das Recht auf Löschung von Inhalten, wenn sie im Netz angegriffen werden. Online-Betreibende haben überdies nun weitreichende Auskunftspflichten. Zweitens muss jedes EU-Mitglied Behörden dazu schaffen bzw. damit beauftragen, dass die Bürgerinnen und Bürger diese Rechte gegenüber den Internet-Anbieterinnen auch durchsetzen können. Diese Behörden sollen auch aktiv nach illegalen Internetinhalten suchen. Außerdem ist durch das Gesetz jetzt die Nutzung persönlicher Daten von Minderjährigen für personalisierte Werbung (*micro-targetting*) verboten. Damit hat die EU die weltweit umfassendsten Verbraucherschutzrechte für das Internet geschaffen.

M8 Außenhandelspolitik der Europäischen Union

Weil es sich bei der EU auch um einen Binnenmarkt handelt, liegt die außenhandelspolitische Zuständigkeit ausschließlich auf Unionsebene. Die EU als Ganze schließt mit anderen Staaten oder Wirtschaftsräumen Handelsabkommen ab und ist alleine für etwaige Außenhandelsbeschränkungen zuständig. Dabei verfolgt sie das das Leitbild des Freihandels und hat sich den Regularien der Welthandelsorganisation (*World Trade Organization*, WTO) verpflichtet (› Kap. 2.5), in welcher sie auch neben ihren Einzelstaaten eigenständiges Mitglied ist. In den letzten Jahren sind auf Ebene der EU allerdings auch mehrere große Verordnungen beschlossen worden, um die europäischen Unternehmen und die Bürgerinnen und Bürger vor unfairen Handelspraktiken und Sicherheitsgefahren zu schützen:

- 2017 wurden Antidumpingmaßnahmen verschärft, wodurch Zölle auf Importwaren vereinfacht wurden, deren Preise durch staatliche Subventionen im Herkunftsland künstlich gesenkt werden.
- 2020 trat eine Verordnung in Kraft, die es ermöglicht, ausländische Direktinvestitionen in strategischen Sektoren der EU (z.B. Telekommunikation, Verkehrsinfrastruktur) zu untersagen, wenn von solchen Investitionen ein öffentliches Sicherheitsrisiko ausgehen kann. Außerdem regelt die Verordnung, dass sogenannte *Dual-use-*Güter (militärische und zivile Verwendung möglich) nicht ohne Prüfung und Genehmigung ins Nicht-EU-Ausland exportiert werden dürfen.
- 2023 wurde ein Mechanismus beschlossen, um gegen Zwangsmaßnahmen von Staaten gegen EU-Staaten oder die EU als Ganze vorzugehen. Unter Zwangsmaßnahmen werden hier Einschüchterungen u. ä. verstanden, die einen EU-Staat dazu bewegen sollen, seine Handels- oder Außenpolitik im Sinne des Erzwingenden zu ändern. Gegen diese Zwangsmaßnahmen kann die EU z.B. Strafzölle erheben oder Einfuhrbeschränkungen erlassen.

Im Jahr 2024 unterschrieb die Europäische Kommission das sogenannte Mercosur-Freihandelsabkommen, also einen Vertrag mit dem Handelsraum Argentinien, Bolivien, Brasilien, Paraguay und Uruguay, durch den eine riesige Freihandelszone mit über 700 Millionen Menschen entstehen soll. Von deren Umsetzung verspricht sich die EU die Erschließung weiterer Absatzmärkte u.a. für Maschinen und Chemieprodukte. Zollfrei in die EU importiert werden könnten u.a. Agrargüter (Rindfleisch, Zucker) und perspektivisch „grüner Wasserstoff". Zudem sind im politischen Teil des Abkommens Umweltstandards in den Teilnehmerstaaten vereinbart worden. Dennoch befürchten Kritikerinnen und Kritiker eine weitere Zunahme der umweltschädlichen Landwirtschaft (u.a. durch Regenwaldabholzung) in Südamerika und zu viel Konkurrenz für europäische Landwirte.

M9 Menschenrechtsschutz durch die Europäische Lieferkettenrichtlinie

Die eigenen wirtschaftlichen Interessen mit den eigenen Werten – hier vor allem der Schutz der Menschenwürde und die Solidarität auch mit Menschen außerhalb der EU (› Kap. 5.1.1) – in Einklang zu bringen, erfordert regulative Anstrengungen. Einen Versuch, das Spannungsverhältnis zwischen wirtschaftlichem Gewinn und Werteorientierung in zu vereinen, stellt die Europäische Lieferkettenrichtlinie von 2024 dar, die bis 2026 in nationales Recht umgesetzt sein muss. Nach dieser hätten eigentlich alle Unternehmen in der EU mit weltweit mindestens 1.000 Mitarbeiterinnen und Mitarbeitern sowie mindestens 450 Mio. Euro Umsatz pro Jahr die Verpflichtung, entlang der gesamten Wertschöpfungskette ihrer Güter für die Einhaltung von Menschenrechts- und Umweltstandards zu sorgen. Dies bezieht sich nicht nur auf die Firmenaktivitäten im engeren Sinn, sondern auch auf Zuliefer-, Transport- und schließlich sogar Entsorgungsunternehmen der Produkte. Die Firmen müssen u.a. dafür sorgen, Menschenrechts- und Umweltschädigungen (auch bei direkten und indirekten Lieferanten) aktiv zu identifizieren, Maßnahmen zu ihrer Bekämpfung einzuleiten und die Wirksamkeit dieser Maßnahmen mindestens alle zwölf Monate zu bewerten. Außerdem müssen Unternehmen Beschwerdeverfahren für alle Beschäftigten und Kundinnen bzw. Kunden einrichten, die Verstöße gegen Menschenrechts-, Umwelt- und Sicherheitsstandards melden möchten. Firmen, die gegen die Europäische Lieferkettenrichtlinie verstoßen, können mit empfindlichen umsatzbezogenen Geldbußen belegt werden. Vor dem Hintergrund des Erfolgs konservativer und rechtspopulistischer Kräfte bei der Europawahl 2024 und massiver Beschwerden von Wirtschaftsverbänden schlug die Europäische Kommission im Februar 2025 vor, das Inkrafttreten der Lieferkettenrichtlinie von 2026 auf 2028 zu verschieben. Aufgrund des anhaltenden Drucks wurde die Lieferkettenrichtlinie schließlich im November 2025 deutlich abgeschwächt: Sie gilt nur für Betriebe mit über 5.000 Mitarbeitenden und 1,5 Mrd. Euro Jahresumsatz. Öffentlich kritisiert wurde die Entscheidung der Europäischen Volkspartei, die Abstimmung darüber gemeinsam mit rechtsgerichteten Parteien im Europäischen Parlament zu gewinnen.

M10 Umwelt- und klimapolitische Ziele und Maßnahmen der EU

Seit 1973 bündelt die EU ihre Umweltpolitik in den sogenannten Umweltpolitischen Programmen, dessen bisher letztes im Jahr 2019 verabschiedet wurde. Darin ist u.a. festgelegt, dass die Erderwärmung auf 1,5° Celsius begrenzt und die biologische Vielfalt geschützt bzw. wiederhergestellt werden soll sowie perspektivisch keinerlei Schadstoffe (inkl. schädliche Chemikalien) mehr ausge-

1 Mit der **EU-Klimaschutzverordnung** verpflichtet sich die Union, die Treibhausgas-Emissionen bis zum Jahr 2030 um 55 Prozent gegenüber 1990 zu verringern. Dabei handelt es sich nicht nur um Kohlenstoffdioxid, sondern beispielsweise auch um das bei der Viehzucht anfallende Methangas. Für das Jahr 2050 hat sich die EU verordnet, klimaneutral zu sein. Dies bedeutet nicht, dass gar keine Treibhausgase in der Gemeinschaft mehr ausgestoßen werden dürfen. Allerdings müssen mindestens genauso viele Treibhausgase wieder (z.B. in natürlichen Senken) gebunden werden. Konkrete Mittel, um diese Klimaschutzziele zu erreichen, sind z.B. der Europäische Emissionszertifikate-Handel von bzw. zwischen Unternehmen (› Kap. 2.7.2), der in ähnlicher Weise auch auf den Flugverkehr ausgeweitet wird, sowie das für 2035 geplante Verbot der Neuzulassung von PKW, die mit fossilen Brennstoffen angetrieben werden. Damit die Wirtschaftsunternehmen innerhalb der EU durch die vergleichsweise starken Auflagen keinen Wettbewerbsnachteil gegenüber internationalen Konkurrentinnen erleiden, sollen ab 2026 auf bestimmte importierte Nicht-EU-Waren CO_2-Grenzabgaben bezahlt werden müssen.

2 Im Jahr 2024 wurde mit knapper Parlamentsmehrheit die **Verordnung zur Wiederherstellung der Natur** beschlossen. Sie ist wichtiger Teil der zuvor gesetzten EU-Biodiversitätsstrategie. Basierend u.a. auf den Problemen, dass 80 Prozent der europäischen Lebensräume für Pflanzen und Tiere in einem schlechten Zustand sind, dass in den zurückliegenden 40 Jahren die Population wild lebender Arten um etwa 60 Prozent zurückgegangen ist und dass etwa 80 Prozent der Lebensräume in Europa in einem schlechten Zustand sind wurde Folgendes in Verordnungsform gegossen: 20 Prozent der Erd- und Seeflächen des EU-Gebiets sollen vollständig renaturiert werden. Zu diesem Zweck muss jeder Mitgliedstaat einen Renaturierungsplan erstellen, zehn Prozent der landwirtschaftlich genutzten Flächen bis 2030 in Naturflächen umwandeln und 25.000 begradigte und befestigte Flusskilometer sollen wieder in frei fließende Flüsse zurückverwandelt werden.

stoßen werden sollen. Zudem wird das Verursacherprinzip verankert, wonach die Umweltschäden an ihrer Quelle abgestellt werden sollen, wofür der Verursacher die Kosten zu tragen hat. Zwei der prominentesten Rechtsakte zur Umsetzung der umweltpolitischen Zielsetzungen sind die EU-Klimaschutzverordnung sowie die Europäische Verordnung zur Wiederherstellung der Natur.

M11 Welche Kritik gibt es an der europäischen Umwelt- und Klimapolitik?

In **ökologischer Hinsicht** wird einerseits kritisiert, dass die beschlossenen Maßnahmen nicht weit genug gehen würden, um den Klimawandel wirkungsvoll zu bekämpfen und für eine Steigerung der Biodiversität zu sorgen. In den Blick gerät dabei z.B. die partielle Aufweichung der Verordnung zur Wiederherstellung der Natur nach massiven Bauernprotesten z.B. in Deutschland und den Niederlanden 2024. Auch die Wirksamkeit der Instrumente zur Emissionsreduktion wird infrage gestellt. So trage die EU „nur“ 7,3 Prozent zu den globalen Gesamtemissionen bei. Auch sinke der Weltmarktpreis für fossile Brennstoffe, wenn aufgrund der ökologischen Transformation deren Nachfrage in der EU sinke. Paradoxerweise könne gerade das zu einem Anstieg des Verbrauchs und damit zur erhöhten Verschmutzung andernorts führen.

In **ökonomischer Hinsicht** werden vor allem mögliche Wettbewerbsnachteile und Handelseinschränkungen problematisiert. Die in der EU hergestellten Produkte würden sich z.B. aufgrund der Emissionszertifikate-Preise verteuern, was bei Konkurrenzprodukten aus dem Nicht-EU-Ausland nicht der Fall wäre. Die Maßnahme einer CO_2-Grenzabgabe (s.o.) könne vom Ausland als protektionistisch aufgefasst werden, worauf diese Staaten mit Gegenmaßnahmen (Zöllen oder nicht tarifären Handelshemmnissen auf EU-Exportgüter) reagieren könnten. Dies würde zu einem Handelsnachteil für die exportorientierten Volkswirtschaften der EU führen.

In **sozialer Hinsicht** werden die Umwelt- und Klimaschutzmaßnahmen kontrovers diskutiert, die zu höheren Preisen für unverzichtbare Güter führen. Denn wenn sie nicht durch einen sozialen Ausgleich flankiert werden, leiden einkommensärmere Schichten darunter überproportional stärker als einkommensstarke und vermögende (die i.d.R. auch noch einen deutlich größeren ökologischen Fußabdruck haben als erstgenannte).

Aufgaben

72003-510

1. Geben Sie zentrale Elemente der europäischen Wirtschafts-, Sozial- und Umweltpolitik wieder (**M1-M10**).
2. Charakterisieren Sie die Integrationstiefe der genannten Politikfelder (**M1–M10**).
3. Nehmen Sie Stellung zur Idee einer gemeinsamen europäischen Arbeitslosenversicherung.

Ist der Nutzen des EU-Binnenmarkts gerecht verteilt?

M1 Welche Staaten profitieren wie stark vom EU-Binnenmarkt?

Europaweit zeigen sich zwei wesentliche Trends: Zum einen sind es nicht die größten Volkswirtschaften, die am stärksten profitieren, sondern vor allem verhältnismäßig kleine, aber exportstarke Nationen. Zum anderen gilt: Zentrum schlägt Peripherie. Länder im geographischen Zentrum Europas profitieren deutlich stärker als EU-Mitglieder im Süden oder Osten des Kontinents.

Die größten Einkommensgewinne pro Person und Land können die Einwohner in der Schweiz (2.900 Euro), Luxemburg (2.800 Euro) und Irland (1.900 Euro) verbuchen, aber auch Belgien, Österreich oder die Niederlande sind unter den Top-Profiteuren. [...] „Für Länder wie beispielsweise die Niederlande oder Österreich ist der Binnenmarkt Gold wert, denn sie verfügen über wettbewerbsfähige Branchen, sind aber aufgrund kleiner Inlandsmärkte vom Export abhängig“ [, so Studienautor Dominic Ponattu]. Die Zuwächse in Südeuropa fallen hingegen auch aufgrund der geringeren Wettbewerbsfähigkeit niedriger aus. So etwa in Spanien (590 Euro pro Kopf und Jahr), Portugal (500 Euro) oder Griechenland (400 Euro).

Bertelsmann Stiftung: EU-Binnenmarkt erhöht Pro-Kopf-Einkommen der Deutschen um 1.000 Euro jährlich. In: www.bertelsmann-stiftung.de, 08.05.2019

M2 Wie sind die Binnenmarkt-Gewinne in Deutschland verteilt?

Sowohl in absoluten Zahlen, als auch gemessen am Lebensstandard sind die Zuwächse im Süden [Deutschlands] am höchsten. Spitzenreiter ist der Regierungsbezirk Oberbayern (1.489 Euro), in dem sich etwa die Städte München und Ingolstadt befinden. Es folgen die Region Hamburg (1.478 Euro), Stuttgart (1.304 Euro) und Darmstadt (1.269 Euro). Dabei gilt es, auch die relativen Einkommensgewinne zu beachten: Stuttgart und Darmstadt liegen beispielsweise trotz der hohen Pro-Kopf-Gewinne nur in den untersten 20 Prozent der relativen Einkommensgewinne – was vor allem an dem dort recht hohen Niveau der Wirtschaftsleistung liegt. Die Regierungsbezirke Freiburg und Tübingen [im Südwesten Deutschlands] liegen sowohl bei den Einkommensgewinnen pro Kopf als auch bei den relativen Zuwächsen in der Spitzengruppe – dies gilt auch für den Regierungsbezirk Köln. Allgemein gilt: Je stärker exportorientiert die regionale Wirtschaft ist, desto höher sind die Einkommensgewinne. [...]

[Es] zeigt sich, dass strukturschwache Regionen am wenigsten vom EU-Binnenmarkt profitieren. Dazu gehören mit Brandenburg (672 Euro pro Kopf), Sachsen-Anhalt (692 Euro) und Mecklenburg-Vorpommern (700 Euro) vor allem ostdeutsche Bundesländer. Dort ist die Zahl exportstarker Unternehmen, die vom europäischen Handel profitieren, geringer. [...]

Mion, Giordano / Ponattu, Dominic: Ökonomische Effekte des EU-Binnenmarktes in Europas Ländern und Regionen. Zusammenfassung der Studie. Gütersloh: Bertelsmann Stiftung 2019, S. 6f.

Aufgaben

72003-511

1. Nicht alle Regionen und Menschen profitieren gleichermaßen vom Europäischen Binnenmarkt. Fassen Sie zusammen, wem der Binnenmarkt ökonomisch am meisten und wem am wenigsten nutzt (**M1, M2**).
2. Erläutern Sie Anforderungen an die EU, die sich aus dem Ungleichgewicht ergeben (**M1, M2**).
3. Es existieren Vorschläge, auch die Sozialpolitik innerhalb der EU stärker zu integrieren, z. B. durch die Schaffung einer gemeinsamen europäischen Arbeitslosenversicherung. Erörtern Sie diesen Vorschlag.

5.3.2 Innen-, Justiz- und Asylpolitik

Leitfragen

- Wie sichert die EU Freiheit, Sicherheit und Recht, und welche Herausforderungen ergeben sich dabei?
- Wie beeinflusst das Spannungsverhältnis von Freiheit und Sicherheit die EU-Politik?
- Wie verändert die Reform des Gemeinsamen Asylsystems der EU deren Asylpolitik und welche Kritik gibt es daran?

M 1 Was ist das Schengener Übereinkommen?

Das Schengener Übereinkommen von 1985, das 1997 bzw. 1999 in EU-Recht übernommen wurde, gilt als ein Meilenstein der europäischen Integration, weil es erstmals die ehemaligen nationalen Außengrenzen rechtlich in EU-Binnengrenzen verwandelte mit dem Ergebnis, dass EU-Bürgerinnen und -Bürger diese Grenzen kontrollfrei überschreiten dürfen. Das luxemburgische Schengen wurde als Unterzeichnungsort gewählt, weil es im Dreiländereck zwischen Frankreich, Deutschland und Luxemburg liegt und weil das Großherzogtum bereits seit 1969 Grenzkontrollen mit Belgien und den Niederlanden abgeschafft hatte. Die genannten fünf Staaten waren auch die Erstunterzeichner. Heute sind alle EU-Länder mit Ausnahme der Republik Irland und Zypern Schengen-Mitglieder, dazu noch die Schweiz, Norwegen, Island und Liechtenstein. Ohne das Schengener Übereinkommen wäre die Vertiefung des Binnenmarkts nicht denkbar gewesen oder zumindest deutlich langsamer verlaufen.

Die Öffnung der Binnengrenzen bedeutet aber automatisch, dass den Außengrenzen zu den Nicht-EU-Staaten für jeden einzelnen Mitgliedstaat eine noch herausgehobenere Bedeutung zukommt, auch wenn er selbst gar nicht an einen Nicht-EU-Staat angrenzt. Denn alle diejenigen, die in die EU gelangen, können sich weitgehend frei in ihr bewegen.

M 2 Europäischer Raum der Freiheit, der Sicherheit und des Rechts

Auf die Herausforderungen grenzübergreifender Kriminalität und dem Kontrollbedarf der EU-Außengrenzen reagierte die Union mit der Definition des Europäischen Raums der Freiheit, der Sicherheit und des Rechts (RSFR):

Die verschiedenen Aufgabenbereiche unterliegen dabei unterschiedlichen Zuständigkeiten:

- Zuwanderungs- bzw. Asylpolitik und justizielle Zusammenarbeit in Zivilsachen sind Gemeinschaftsaufgabe (supranational).
- Die polizeiliche und justizielle Zusammenarbeit in Strafsachen wird intergouvernemental geregelt. Es gibt also keine integrierte EU-Strafverfolgungsbehörde und auch kein EU-Strafgericht. Europol (die Europäische Polizeibehörde) dient zwar dem Kampf gegen grenzüberschreitende organisierte Kriminalität, aber sie koordiniert lediglich den Informationsaustausch und die Kriminalitätsbekämpfung zwischen den nationalen Polizeibehörden.

Art. 3 Abs. 2 Vertrag über die Europäische Union (EUV)

„Die Union bietet ihren Bürgerinnen und Bürgern einen Raum der Freiheit, der Sicherheit und des Rechts ohne Binnengrenzen, in dem – in Verbindung mit geeigneten Maßnahmen in Bezug auf die Kontrollen an den Außengrenzen, das Asyl, die Einwanderung sowie die Verhütung und Bekämpfung der Kriminalität – der freie Personenverkehr gewährleistet ist.“

Grundsätzlich stehen Freiheit und Sicherheit sowohl in einem Bedingungs- als auch in einem Spannungsverhältnis zueinander. Für die Menschen muss ein Mindestmaß an Sicherheit gewährleistet sein, damit sie ihre bürgerlichen Freiheiten (› Kap. 5.1.1) überhaupt nutzen können (Bedingungsverhältnis). Doch zu rigorose staatliche Sicherheitsmaßnahmen führen zu einer zu großen Einschränkung dieser zugesicherten Freiheitsrechte (Spannungsverhältnis). Dieses zweischneidige Verhältnis der beiden gesellschaftlichen Grundwerte zueinander findet sich auch auf der Ebene der EU. Immer wieder steht die Frage im Raum, ob nicht doch Beschränkungen der Freizügigkeit (z.B. durch Grenzkontrollen) in Kauf genommen werden müssen, um die Sicherheit der Bürgerinnen und Bürger zu erhöhen (oder zumindest deren subjektives Sicherheitsbedürfnis zu befriedigen). Sowohl zwischen EU-Mitgliedern als auch innerhalb von EU-Staaten herrschen hierüber erhebliche politische Konflikte.

M3 Regulierung „Künstlicher Intelligenz" durch die EU zum Bürgerrechtsschutz

Die EU hat 2024 mit der KI-Verordnung (AI Act) die weltweit erste umfassende Regulierung „Künstlicher Intelligenz" beschlossen, um Nutzerinnen und Nutzer vor gefährlichen Auswirkungen entsprechender Programme zu schützen und Unternehmen aus der KI-Branche Rechtssicherheit bei der Entwicklung solcher Software zu bieten (Sicherheit). Die Regulierung soll aber die ökonomische Freiheit, solche Programme zu entwickeln, zu vertreiben und zu nutzen, so wenig wie möglich einschränken. Unschwer ist zu erkennen, dass in besonderer Weise Persönlichkeitsrechte und das Diskriminierungsverbot verteidigt werden:
Zur Durchsetzung der Verordnung und Überwachung von deren Einhaltung wird ein Amt für Künstliche Intelligenz, ein Beratungsgremium mit unabhängigen Sachverständigen und ein Ausschuss für Künstliche Intelligenz mit Vertreterinnen und Vertretern aus den EU-Mitgliedstaaten eingerichtet. Verstöße gegen die Verordnung werden mit Geldbußen geahndet, die sich im Wesentlichen am Jahresumsatz des betreffenden Unternehmens orientieren.

Durch die KI-Verordnung festgelegte Risiko- und Regulationsstufen
In der KI-Verordnung werden vier Risikostufen mit entsprechenden Vorschriften festgelegt:

Minimales oder kein Risiko: Die meisten KI-Systeme bergen keine Risiken. KI-gestützte Spiele oder Spam-Filter sind ohne Einschränkung nutzbar. Sie werden durch die KI-Verordnung der EU nicht reglementiert oder beeinträchtigt.
Begrenztes Risiko: Für KI-Systeme mit begrenztem Risiko, wie Chatbots oder KI-Systeme, die Inhalte generieren, gelten Transparenzpflichten, z. B. die Pflicht, Nutzerinnen und Nutzer über die KI-generierten Inhalte zu informieren, sodass sie fundierte Entscheidungen über deren Weiterverwendung treffen können.
Hohes Risiko: Hochrisiko-KI-Systeme, z. B. Systeme für Krankheitsdiagnosen, autonomes Fahren oder die biometrische Identifizierung von Personen, die an kriminellen Aktivitäten beteiligt sind oder gegen die Ermittlungen geführt werden, müssen strenge Anforderungen und Verpflichtungen erfüllen, um Zugang zum EU-Markt zu erhalten. Dazu gehören strenge Prüfverfahren, Transparenz und menschliche Überwachung.
Unannehmbares Risiko: Die Verwendung von KI-Systemen, die eine Bedrohung für die Sicherheit, die Rechte oder die Lebensgrundlagen der Menschen darstellen, ist in der EU verboten. Dazu gehören kognitive Verhaltensmanipulation, vorausschauende Polizeiarbeit („*Predictive Policing*"), Emotionserkennung am Arbeitsplatz und in Bildungseinrichtungen und Sozialkreditsysteme. Die Verwendung biometrischer Echtzeit-Fernidentifizierungssysteme wie Gesichtserkennung durch Strafverfolgungsbehörden im öffentlichen Raum ist – mit einigen begrenzten Ausnahmen – ebenfalls verboten.

Europäischer Rat / Rat der Europäischen Union: Verordnung über künstliche Intelligenz. In: www.consilium.europa.eu, Abruf am 05.12.2024

M4 Bekämpfung von Terrorismus durch die EU

Seit den islamistischen Terroranschlägen auf das World Trade Center und das Pentagon am 11. September 2001 hat die EU ihre Terrorismusbekämpfung auf- bzw. stetig ausgebaut.

- Schon im gleichen Jahr wurde eine halbjährlich aktualisierte EU-Terroristenliste ins Leben gerufen, die terroristische Personen und Vereinigungen umfasst. (Im Februar 2024 umfasste die Liste 13 Personen sowie 21 Vereini-

gungen und Körperschaften, u. a. die Hamas, die Hisbollah und die kurdische PKK.) Die auf der Terroristenliste Aufgeführten haben mit Sanktionen zu rechnen; z. B. können ihre Konten bei Banken in der EU eingefroren werden und sie werden polizeilich und justiziell in der gesamten EU verfolgt.
- Im Jahr 2017 wurde durch eine Richtlinie geregelt, dass bestimmte Handlungen als Terrorismus vorbereitend unter Strafe gestellt werden, nämlich die Teilnahme an der Ausbildung bei einer Terrororganisation, das Reisen für terroristische Zwecke, die Unterstützung solcher Reisen sowie die Bereitstellung von Geld an terroristische Gruppen oder für terroristische Aktivitäten. Zudem werden die Daten aller Personen, die die EU-Außengrenzen passieren, mit „Terroristen-Datenbanken" abgeglichen.
- Terroristische Propaganda kann seit 2022 wirkungsvoll bekämpft werden. Alle Internetinhalte, die zu Terrorismus aufrufen, Anleitungen zu Straftaten geben oder Mitglieder für Terrororganisationen werben, müssen auf Aufforderungen der entsprechenden nationalen Behörden von den jeweiligen Internetanbietern innerhalb einer Stunde gelöscht werden. Ansonsten drohen sehr hohe Geldbußen.

M5 Das Gemeinsame Asylsystem der EU (in der Kritik)

Auch wenn es bereits seit 1957 Tendenzen gab, die nationalen Asylsysteme zu harmonisieren, wurde erst mit dem Dubliner Übereinkommen von 1990 zwischen Deutschland, Frankreich, Großbritannien, Italien, Spanien, Portugal, den Niederlanden, Dänemark, Belgien und Luxemburg vereinbart, dass derjenige Staat für das Asylverfahren zuständig ist, den die Asylbewerberin bzw. der Asylbewerber als Ersten betritt. Zwar werden das Dubliner Übereinkommen und seine Folgeübereinkunft nicht mehr angewendet, doch diese zentralen Regelungen sind in das Gemeinsame Asylsystem der EU (GEAS) übernommen worden. Dazu normiert GEAS u. a. die Aufnahmebedingungen von Asylbewerbenden oder subsidiär Schutzbedürftigen. (Subsidiär Schutzbedürftige sind zwar keine Flüchtlinge im Sinne der Genfer Flüchtlingskonvention von 1951, trotzdem droht ihnen in ihrem Herkunftsland Schaden.) Auch regelt GEAS gemeinsame Standards für die Asylverfahren und gewährt Asylberechtigten eine Asyl-Anerkennung in der gesamten EU. Zudem geht die Gründung der – umstrittenen – Europäischen Agentur für Grenz- und Küstenwache (Frontex) auf GEAS zurück.

Der starke Flüchtlingszuzug in den Jahren 2015 und 2016, als (Bürgerkriegs-)Flüchtlinge u. a. aus Syrien sogar zu Fuß in Trecks über die Balkanroute mehrere EU-Länder durchquerten, trug nicht nur zu starken Solidaritätsbekundungen großer Bevölkerungsteile bei, sondern ebenso zu einer Verstärkung und teilweise Radikalisierung rechtspopulistischer und rechtsextremistischer Parteien (z. B. Rassemblement National in Frankreich oder AfD in Deutschland). Diese nutzten die sich mintunter ergebende Überforderung von Politik und Verwaltung aus, um in der Bevölkerung bestehende Unsicherheitsgefühle zu verstärken. Zwar nahmen die Flüchtlingszahlen wieder deutlich ab (in Deutschland waren 2020 nur gut ein Drittel der Asylanträge zu verzeichnen wie 2015), doch der innenpolitische Druck auf die Regierungsparteien blieb hoch. Mit wieder deutlich steigenden Flüchtlingszahlen ab 2022 wurde dann von den europäischen Regierungen eine Verschärfung von GEAS angestrebt und schließlich 2024 beschlossen:
- **Zuständigkeit für und Verteilung von Geflüchtete/n:** Nach wie vor bleibt der EU-Staat, bei dem ein Flüchtling erstmals Asyl beantragt hat, für das Verfahren zuständig. Um die Grenzstaaten aber zu entlasten, sollen jährlich 30.000 Asylberechtigte in Binnenstaaten „umverteilt" werden. Staaten, die keine oder weniger als die zugewiesenen Asylberechtigten aufnehmen wollen, müssen pro Ablehnung 20.000 Euro an die EU zahlen, um die Person anderswo unterzubringen. Kritikerinnen und Kritiker sprechen hier von einem System des „Freikaufens". Außerdem halten sie es für falsch, dass kein für alle Asylberechtigten geltender Verteilungsschlüssel existiert. Einen solchen hatte die Europäische Kommission bereits im Jahr 2015 vorgeschlagen. Danach sollten die Menschen nach Bevölkerungszahl und Wohlstand der jeweiligen EU-Staaten verteilt werden. Dieser Vorschlag

ließ sich damals aber nicht gegen den Widerstand mittel- und südosteuropäischer EU-Mitglieder durchsetzen.

- **„Beschleunigte Asylverfahren“:** Asylbewerberinnen und -bewerber aus Herkunftsländern mit einer Asyl-Anerkennungsquote von unter 20 Prozent in der EU sollen in speziell dafür eingerichteten Lagern an den Außengrenzen der EU ein Asylverfahren vom maximal zwölf Wochen durchlaufen. Diese „Asylzentren“ sind abgeschottet und werden bewacht, sodass die Geflüchteten von dort nicht fliehen können. Zunächst sollen 30.000 Plätze entstehen, bis 2028 sogar bis zu 120.000. Dieses Verfahren sollen auch Familien mit Kindern durchlaufen, Ausnahmen gelten nur für unbegleitete Minderjährige. Stark kritisiert wird an dieser Entscheidung, dass Geflüchteten (sogar Kindern und Jugendlichen) Freiheitsrechte entzogen werden, ohne dass Straftaten o.ä. nachgewiesen sind. Auch die Rechtsstaatlichkeit der sehr schnellen Verfahren wird ganz deutlich angezweifelt.
- **Abschiebung von abgelehnten Asylbewerberinnen und -bewerbern:** Um dem Problem zu entgehen, abgelehnte Asylbewerberinnen und -bewerber nicht abschieben zu können, weil ihre Herkunftsländer sie nicht aufnehmen wollen, dürfen nun diese Menschen in „sichere Drittstaaten“ abgeschoben werden, die sie bei ihrer Flucht passiert haben. Zwar existiert noch keine verbindliche Liste „sicherer Drittstaaten“, aber die EU ist bemüht, Abkommen mit z.B. nordafrikanischen Staaten zu vereinbaren, um Fluchtrouten zu schließen und abgelehnte Asylbewerberinnen und -bewerber dorthin abschieben zu können. Von Menschenrechtsorganisationen wird hieran scharf kritisiert, dass diese Drittstaaten für die Menschen keineswegs als sicher anzusehen sind, weil dort EU-Menschenrechtsstandards nicht eingehalten würden.

Vehemente Kritik gibt es auch an den sogenannten Flüchtlingsabkommen, die zwar nicht Teil der reformierten GEAS sind, von der EU aber vermehrt geschlossen werden. So erhalten beispielsweise die Türkei, Ägypten, Libanon, Tunesien und Mauretanien Geld von der EU, um Flüchtlinge gar nicht erst an die Außengrenzen der Union kommen zu lassen. Die Flüchtenden würden in diesen Staaten nicht menschenwürdig behandelt und erhielten nicht die ihnen zustehenden Flüchtlingsrechte. Außerdem seien die Flüchtlingsabkommen kaum wirksam, sondern die EU mache sich von den Transitländern nur abhängig.

Auch am Umgang mit den Geflüchteten an bestimmten EU-Außengrenzen (z.B. in einigen Balkanstaaten) wird immer wieder deutliche Kritik laut. Dort kommt es offensichtlich – durch die EU-Grenzschutzagentur Frontex geduldet, wenn nicht gar unterstützt – zu Misshandlungen von Flüchtlingen und zu illegalen „Rückführungen“ in angrenzende Nicht-EU-Staaten (sogenannten *pushbacks*). Insgesamt wird kritisiert, dass die EU einerseits vom mehr oder weniger freien, globalen Strom von Gütern profitiere und durch ihre Wirtschaftsweise erheblich zum Klimawandel und zum Verlust der Biodiversität beitrage, andererseits aber versuche, die Fluchtbewegungen in ihre Richtung zu verhindern, und die Menschen dabei entgegen der eigenen EU-Werte (› Kap. 5.1.1) behandele.

Polnische Soldaten errichten an der Grenze zwischen Polen und Belarus, die zugleich eine EU-Außengrenze ist, einen Stacheldrahtzaun.

Aufgaben

72003-512

1. Geben Sie zentrale Regelungen zum Schutz der EU-Bürgerinnen und -Bürger im Raum der Freiheit, der Sicherheit und des Rechts wieder (**M1-M4**).
2. Charakterisieren Sie das Verhältnis der gesellschaftlichen Grundwerte Freiheit und Sicherheit am Beispiel der Europäischen Union (**M2**).
3. Bewerten Sie die reformierte Gemeinsame Asylpolitik der Europäischen Union (**M5**).

Eine Debatte führen: 13 Fragen zur Zukunft der EU-Asylpolitik

1 Die Debatte „13 Fragen zur Zukunft der EU-Asylpolitik“ vorbereiten

a) Debattenteilnehmerinnen und -teilnehmer

- Lesen Sie die Karte zu der Rolle, die eine bzw. einer von Ihnen in der Debatte vertreten wird, und entnehmen Sie ihr zentrale Positionen und Argumente.
- Recherchieren Sie unter Umständen weitere Fakten zu Ihrem Thema und finden Sie Argumente für Ihre Position.
- Überlegen Sie, welche Argumente andere Teilnehmerinnen und Teilnehmer vorbringen können und wie Sie darauf reagieren möchten.
- Bereiten Sie sich darauf vor, in der Debatte stets sachlich und freundlich zu bleiben.

↓

Rollenkarten

72003-514

b) Moderation

- Lesen Sie alle Rollenkarten (› QR-Code in der Randspalte) und halten Sie Gemeinsamkeiten und Unterschiede der Positionen (z. B. in einer Matrix) fest.
- Formulieren Sie insgesamt **13 Ja/Nein-Fragen**: Mit der **ersten Frage** sollen sich die Teilnehmerinnen und Teilnehmer in etwa gleich auf die beiden Farben aufteilen („Polarisierungsfrage“).
  Durch die nächsten sechs Fragen soll das Thema diskutiert werden („Debattenfragen“). Dabei werden Gemeinsamkeiten und Unterschiede zwischen den einzelnen Positionen deutlich.
  Die **letzten drei Fragen** sind „Kompromissfragen“, denen alle Debattierenden möglichst (eher) zustimmen können.
  Ziel ist es, sie so weit wie möglich zum Kompromissfeld zu bewegen, ohne dass die Meinungsunterschiede unterschlagen werden.
- Sie können auch auf die vorformulierten Fragen (› QR-Code in der Randspalte) zurückgreifen und diese zum Teil oder vollständig (auch in anderer Reihenfolge) nutzen.

Vorformulierte Debattenfragen

72003-513

↓

2 Die Debatte „13 Fragen zur Zukunft der EU-Asylpolitik“ durchführen

Begrüßung:
Die Moderation begrüßt die Gäste und stellt sie in kurzen Worten vor.

↓

Polarisierungsfrage:
Die Moderation stellt die erste Frage. Alle Gäste, die die Frage (eher) mit Ja beantworten, stellen sich in eines der hinteren grünen Felder. Alle, die die Frage (eher) mit Nein beantworten, stellen sich in eines der hinteren gelben Felder.

↓

Debattenrunde:
Die Moderation stellt jeweils eine der Fragen in der vorbereiteten Reihenfolge. Nach wenigen Sekunden Bedenkzeit rückt jeder und jede Teilnehmende ein Feld näher ans Kompromissfeld, wenn er/sie mit (eher) Ja antwortet. Bei einer Antwort mit (eher) Nein rückt man ein Feld weiter weg.

Es ist möglich und sogar gewünscht, dass Teilnehmerinnen und Teilnehmer ihre Positionen begründen. Dazu werden sie entweder von der Moderation aufgefordert oder sie ergreifen (aber nicht zu jeder Frage) selbst das Wort. Bei Unsicherheiten zu einer Positionierung oder Begründung kann ausnahmsweise ein Zuschauer bzw. eine Zuschauerin mit der gleichen Meinung beratend zur Seite stehen.

Es sollen nur eigene Positionen argumentiert und auf keinen Fall die Positionen der anderen kommentiert oder gar abgewertet werden. Die Gespräche untereinander müssen unbedingt sachlich bleiben.

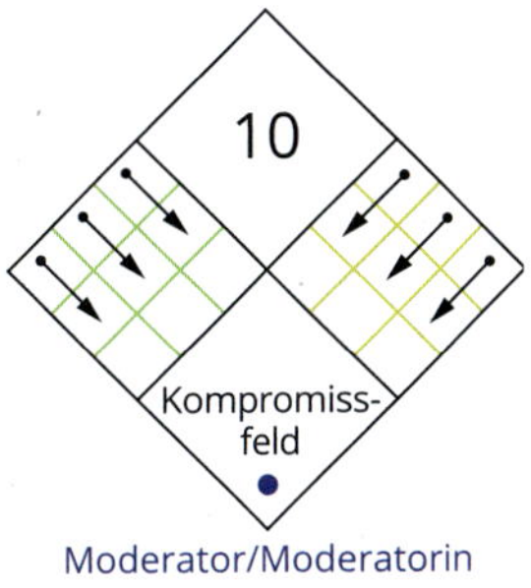

So könnte das Spielfeld von oben aussehen.

↓

Kompromissrunde:
Die Moderation stellt zum Abschluss drei Fragen, zu denen grundsätzlich alle Teilnehmerinnen und Teilnehmer (eher) Ja sagen können müssten. Ziel – aber nicht Zwang – ist es, die Debattierenden in Richtung des Kompromissfelds zu bewegen.

→

Abschluss:
Die Moderation fasst noch einmal ganz wesentliche Gemeinsamkeiten und Differenzen der gehörten Positionen zusammen. Sie bedankt sich bei den Gästen (auch für die Sachlichkeit der Debatte) und verabschiedet sich von ihnen und den Zuschauerinnen und Zuschauern.

↓

Zuschauerinnen und Zuschauer:
Die Zuschauerinnen und Zuschauer hören aufmerksam zu, helfen Debattierenden kurz bei Beratungsanfragen und machen sich Notizen zu den wesentlichen Argumenten während der Debatte. Sie können klatschen, aber unterlassen Zwischenrufe oder Kommentare zur Debatte.

3 Die Debatte „13 Fragen zur Zukunft der EU-Asylpolitik" auswerten

a) Teilnehmerinnen und Teilnehmer:
Treten Sie aus Ihren Rollen heraus. Beschreiben Sie, an welchen Stellen und warum es Ihnen besonders schwer oder sogar ganz leichtgefallen ist, Ihre Rolle einzunehmen bzw. beizubehalten. Schätzen Sie ein, inwiefern es Ihnen gelungen ist, sachlich und freundlich zu bleiben.

b) Moderator bzw. Moderatorin:
Beschreiben Sie, inwieweit sich die Debattierenden an die Regeln (insbesondere die Sachlichkeit und Freundlichkeit) gehalten haben. Reflektieren Sie Ihre Moderation: An welchen Stellen haben Sie zum Beispiel sinnvoll nachgefragt oder eingegriffen? An welchen Stellen hätten Sie es eventuell noch tun sollen?

c) Zuschauerinnen und Zuschauer:
Geben Sie die wesentlichen Argumentationen aus der Debatte wieder. Nehmen Sie Stellung, welche Rolle inhaltlich am überzeugendsten argumentiert hat.

Aufgabe

72003-515

Die EU-Asylpolitik ist Gegenstand kontroverser Debatten in ganz Europa.
a) Führen Sie die Debatte „13 Fragen zur Zukunft der EU-Asylpolitik" durch.
b) Werten Sie die Debatte mit Hilfe der Anleitung aus.

5.3.3 Gemeinsame Außen- und Sicherheitspolitik

Leitfragen

- Welche außen- und sicherheitspolitischen Entscheidungsstrukturen hat die EU?
- Mit welchen Machtressourcen tritt die Europäische Union außen- und sicherheitspolitisch auf?
- Welche außen- und sicherheitspolitischen Herausforderungen muss die EU in Zukunft bewältigen?

M1 Die EU als internationaler Akteur

Seit dem Vertrag von Maastricht (1992) existiert die Gemeinsame Außen- und Sicherheitspolitik der Europäischen Union (GASP); weitergeführt wird sie durch den Vertrag von Lissabon (2007): Der Europäische Rat (das Gremium der Staats- und Regierungschefs) muss die Leitlinien der GASP einstimmig beschließen. Ebenso einstimmig müssen die Außenministerinnen und -minister im Rat der EU unter Vorsitz des Hohen Vertreters für Außen- und Sicherheitspolitik über die – dann für alle Mitgliedstaaten verbindlichen – konkreten außen- und sicherheitspolitischen Maßnahmen befinden; eine Parlamentsbeteiligung ist nicht vorgesehen. Drei Beschlusstypen sind möglich:

- Aktionen der EU (früher „Gemeinsame Aktionen"), also beispielsweise Sanktionen gegen einen Staat, Entsendung von Beobachtenden oder (Kampf-)Truppen
- Gemeinsame Standpunkte, also Leitlinien für die jeweils nationalen Außenpolitiken
- Durchführungsbeschlüsse, die die Umsetzungsmodalitäten dieser Standpunkte regeln

Außerdem kann die EU völkerrechtliche Verträge mit anderen Staaten(bünden) oder internationalen Organisationen schließen. Anders als zum Beispiel beim Binnenmarkt handelt es sich aber bei der GASP nicht um ein supranational, sondern ein vorwiegend intergouvernemental geregeltes Politikfeld der EU. Das Einstimmigkeitsprinzip führte in der Vergangenheit häufig zu sehr uneinheitlichem außenpolitischen Verhalten oder zu nur minimalen Konsensformulierungen. Zum Beispiel beteiligten sich Großbritannien und Spanien am – nicht durch die UNO legitimierten – Irak-Einmarsch der USA (ab 2003), Deutschland, Frankreich und Österreich hingegen nicht. Einstimmigkeit herrschte demgegenüber beim Anti-Piraterie-Einsatz vor der Küste Somalias (seit 2008) und bei den Wirtschaftssanktionen gegen Russland aufgrund von dessen Angriffskrieg gegen die Ukraine (ab 2022).

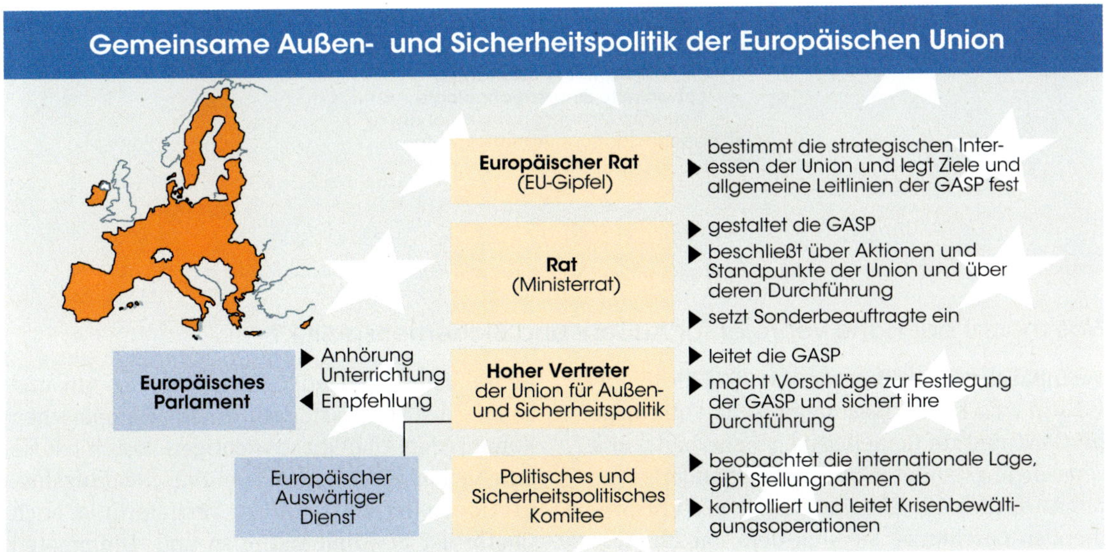

Nach: Bergmoser + Höller Verlag AG, Zahlenbilder 715 200

M2 Welche Ziele hat die Gemeinsame Außen- und Sicherheitspolitik der EU?

Bereits unter dem Eindruck des russischen Angriffs auf die Ukraine verabschiedete die Europäische Union den sogenannten Strategischen Kompass. In diesem werden die Zielsetzung der Gemeinsamen Sicherheits- und Verteidigungspolitik bis 2030 festgelegt sowie Maßnahmenbereiche und einzelne konkrete Instrumente formuliert (› Auswahl in der Grafik unten).

Kritiker des Strategischen Kompasses bzw. der Ausgestaltung der GASP allgemein sprechen davon, dass erstens nicht die Hemmnisse, die eine einstimmige Beschlussfassung mit sich bringt, bzw. das Maß an notwendiger Kooperationsbereitschaft innerhalb der EU thematisiert werden. Es fehle sowohl die Absicht zur als auch eine Aussicht auf die Umgestaltung des institutionellen Rahmens, der die GASP entscheidungsfähiger und wirksamer machen würde (z.B. Mehrheitsentscheidungen oder ein Europäischer Sicherheitsrat). Zweitens sei der Strategische Kompass wenig hilfreich, weil er keine Prioritätensetzung hinsichtlich der sicherheitspolitischen Herausforderungen für die EU enthalte. Drittens würden klare Einsatzkriterien und Operationsbereiche für die Schnelle Eingreiftruppe (s. u.) der EU fehlen. Insofern sei der Strategische Kompass viel zu unkonkret, um die GASP der EU wirksamer zu machen.

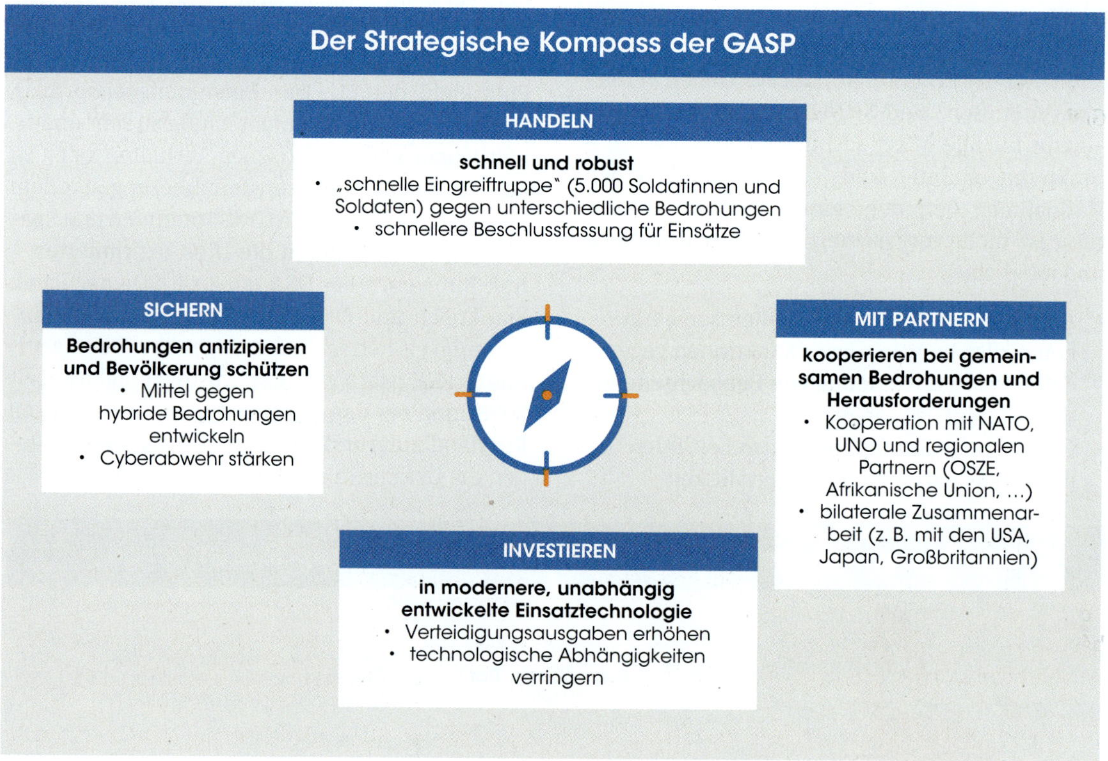

Bearbeitergrafik, nach: European Union: A strategic compass für security and defence 2022

M3 Was macht der Hohe Vertreter für Außen- und Sicherheitspolitik?

Die Inhaberin dieses Postens, seit 2024 die liberale Estin Kaja Kallas, macht einerseits Vorschläge zur GASP und zur Gemeinsamen Sicherheits- und Verteidigungspolitik (GSVP) und ist andererseits verantwortlich für die Umsetzung der entsprechenden Beschlüsse. Sie sitzt dem Rat für Auswärtige Angelegenheiten (also dem Rat der Außenministerinnen und Außenminister) vor und ist eine der Vizepräsidentinnen der Europäischen Kommission. Über diese wichtigen Posten hat sie erheblichen Einfluss auf zwei Entscheidungsinstitutionen der EU. Die Hohe Vertreterin ist auch Chefin der EU-Diplomatinnen und -Diplomaten und repräsentiert die Union nach außen.

M4 Welche Machtressourcen hat die EU in internationalen Konflikten?

Lange wurde der EU vorgehalten, dass sie international vor allem mit ***Soft Power*** Macht auszuüben versuche. Im Gegensatz zu *Hard Power* (v.a. militärische und ökonomische Macht) versteht man unter *Soft Power* den Versuch, sich über die Attraktivität der eigenen Werte bzw. des eigenen (in der EU freiheitlichen) Gesellschaftsmodells, die Anziehungskraft der eigenen Kultur sowie die Zusammenarbeit mit friedlichen internationalen Organisationen (UNO, Welthandelsorganisation etc.) und in diesem Zusammenhang mit dem Mittel der Diplomatie Gefolgschaft zu verschaffen. Die EU (bzw. einige Staats- und Regierungschefs aus deren Mitgliedstaaten) tritt z.B. häufiger als Vermittlerin in internationalen Konflikten und als Geldgeberin für die Aufbauarbeit nach dem Ende eines Konflikts auf, was ihr internationale Reputation einbringt.

Gleichwohl sind auch Elemente von ***Hard Power*** im Portfolio der GASP, wenngleich in geringerem Ausmaß als in großen Nationalstaaten. Ein aktuelles Beispiel sind die Wirtschaftssanktionen gegen Russland aufgrund von dessen völkerrechtswidrigem Angriffskrieg auf die Ukraine seit 2022 (s.u.). Bereits 1999 wurde beschlossen, eine sogenannte EU-Eingreiftruppe bestehend aus 50.000 bis 60.000 Soldatinnen und Soldaten zu gründen, die schon 2003 einsatzbereit sein sollte. Da sich dieser Plan nicht realisieren ließ, wurden jeweils für sechs Monate aufgestellte EU-Battlegroups von ca. 1.000 Einsatzkräften gegründet, die für schnelle Krisenintervention ausgebildet wurden (z.B. Trennung von Konfliktparteien, humanitäre Einsätze). Vor dem Hintergrund des russischen Angriffs auf die Ukraine wurde die Aufstellung einer schnellen Eingreiftruppe (*Rapid Deployment Capacity*) von etwa 5.000 Kämpferinnen und Kämpfern basierend auf dem Battlegroup-Konzept vereinbart. Diese Eingreiftruppe soll für jeweils zwölf Monate einsatzbereit sein. Gemessen an den nationalen Armeen der Mitgliedstaaten handelt es sich hier um sehr kleine Größenordnungen einer militärischen Zusammenarbeit, weswegen auch die meisten Analystinnen davon sprechen, dass sich die EU-Staaten militärisch unter den (atomaren) Schutzschirm der NATO und deren Hauptmacht USA stellen.

M5 Wie reagierte die EU auf den russischen Angriffskrieg gegen die Ukraine?

Die Europäische Union traf nach dem russischen Angriff auf die Ukraine 2022 mehrere Großmaßnahmen. Dabei wird zwar einerseits deutlich, dass es sich bei der EU (bislang) nicht um eine Militärmacht handelt. Andererseits zeigt sich die Einigungsfähigkeit der Union angesichts des völkerrechtswidrigen Angriffs in ihrer Nachbarschaft, obwohl die ungarische Regierung um Viktor Orbán der russischen Regierung relativ nahesteht. Wesentliche außen- und sicherheitspolitische Maßnahmen der EU waren und sind:

- Umfassende Sanktionen gegen die russische Wirtschaft und staatsnahe Medien,
- Finanzierung von Waffenlieferungen für die Ukraine im zweistelligen Milliardenbereich im Rahmen der sogenannten Europäischen Friedensfazilität (EFF),
- Aufnahme ukrainischer Kriegsflüchtlinge für bis zu drei Jahre ohne Asylverfahren (inkl. Zugang zu Wohnraum, Arbeitsmarkt und Sozialleistungen).

Insbesondere die Wirtschaftssanktionen werden als nicht hinreichend kritisiert, weil erstens Waren vermehrt in Drittstaaten (z.B. Indien) verkauft und von dort in erheblichem Umfang nach Russland weitergeleitet werden. Besonders problematisch ist dies bei Gütern, die auch für militärische Zwecke verwendet (*dual use*) oder zweckentfremdet werden können (wie etwa Halbleiter aus Haushaltselektronik für militärische Drohnen). Zweitens wurde der russische Gasimport in die EU nicht gänzlich verboten (was auch erhebliche Versorgungsprobleme nach sich gezogen hätte). Zwar ist er ganz deutlich reduziert worden, lag 2023 aber immer noch bei ca. acht Prozent der verbrauchten Gesamtmenge. Drittens findet Russland anderswo Abnehmerinnen für seine Produkte – insbesondere die fossilen Brennstoffe (Indien, China). Es besteht der Verdacht, dass sogar Brennstoffe aus Russland über andere Märkte wieder in die EU gelangt sind. Viertens zeigten die Sanktionen damit weniger Wirkung auf Russlands Wirtschaft als erhofft, sodass dadurch die Verhandlungsbereitschaft der russischen Regierung nicht signifikant erhöht worden zu sein scheint.

Maßnahmen der Europäischen Union gegen Russland im Überblick

Einzelpersonen

u. a. gegen russische Regierung, regierungsnahe Unternehmerinnen und Unternehmer, hohe Beamtinnen und Beamte

- Einreiseverbote in die EU
- Einfrieren von Vermögen in der EU

Handel (Export)

Ausfuhrverbot nach Russland u. a. von

- Spitzentechnologie
- Technologie und Dienstleistungen für Energiewirtschaft
- Luxusgüter
- Güter für militärische Zwecke
- Aluminiumerzeugnisse
- Halbleiter

Handel (Import)

Einfuhrverbot aus Russland u. a. von

- Kohle, Rohöl und Ölerzeugnissen
- Stahl, Gold
- Zement, Holz
- Diamanten

Medien

Aussetzen der Sendelizenzen für Medien mit Nähe zur russischen Regierung (u. a. Russia Today, Sputnik, Rossija1)

Banken

- Einfrieren von Vermögen im Ausland

Finanzen

- Verbot aller Finanztransaktionen mit der russischen Zentralbank (damit Einfrieren von deren Auslandseinlagen)
- Ausschluss russischer Banken aus dem internationalen Zahlungssystem SWIFT

Organisationen

- Einreiseverbot für alle russischen Kraftfahrtunternehmen (einige Güter ausgenommen)
- Überflugverbot für alle russischen Luftlinien

Rüstung

Sanktionen gegen alle (außer-)europäischen Unternehmen, die militärisch nutzbare Güter nach Russland einführen

Bearbeitergrafik, nach: Europäischer Rat: Die EU-Sanktionen gegen Russland im Detail. In: www.consilium.europa.eu, Stand: 16.03.2024

M6 Welche sicherheitspolitischen Herausforderungen ergeben sich für die EU?

Bis mindestens 2014, aber auch noch danach, galten internationale Kriminalität, internationaler Terrorismus und unkontrollierte Migrationsbewegungen in Richtung Europa als die wesentlichen Sicherheitsherausforderungen für die EU. Dies wird auch in deren prominenten Einsätzen zum Schutz der eigenen Sicherheit deutlich:

- Mit der Militärausbildungsmission im ostafrikanischen Somalia (EUTM Somalia) und der (nach einem Militärputsch beendeten) Polizeiausbildungsmission im westafrikanischen Mali (EUTM Mali) versucht(e) die EU, die dortigen Sicherheitskräfte im Kampf gegen islamistische Terrororganisationen zu stärken.
- Die sogenannte „Operation Atalanta“ (EU NAVFOR Somalia) hat seit 2008 die Piraterie- und Terrorismusbekämpfung vor der Küste Somalias bzw. im indischen Ozean zum Zweck – auch um die viel befahrene Handelsroute durchs Rote Meer freizuhalten und zu sichern.

Spätestens seit dem russischen Angriff auf die Ukraine ist aber die Territorialverteidigung wieder viel stärker in den Fokus der EU-Mitgliedstaaten und der Union als ganzes gerückt. Bei der verstärkten militärischen Zusammenarbeit bestehen zwei wesentliche Aufgaben, die nur schwer zu lösen sind: Erstens besteht zwischen den Armeen der Mitgliedstaaten nur eine geringe Interoperabilität, was bedeutet, dass z. B. die Waffensysteme und Armeestrukturen nicht oder nur unzureichend aufeinander abgestimmt sind. Durch gemeinsame Rüstungsprojekte bzw. -beschaffung und kooperative Ausbildung bzw. gemeinsame Manöver müsste dieser Zustand aber mittelfristig zu beheben sein. Zweitens – und noch gravierender – haben die unterschiedlichen EU-Staaten (auch je nach geografischer Lage, eigener Größe und jüngerer Geschichte) unterschiedliche außen- und sicherheitspolitische Interessen. So ist beispielsweise die Bedrohungswahrnehmung Russlands für südwesteuropäische Mitgliedstaaten deutlich geringer als für (postsowjetische) mittelosteuropäische EU-Länder. Das erschwert erheblich die Konsensfindung in dem intergouvernemental geregelten Feld der Außen- und Sicherheitspolitik, welches einstimmiger Beschlüsse bedarf. Daher scheint es auch langfristig unrealistisch, eine europäische Armee aufzubauen bzw. die nationalen Armeen zu einer solchen zu integrieren. Allerdings gab es solche Pläne bereit vor Gründung der EGKS, als Winston Churchill eine solche Armee in seiner Rede vor dem Europarat 1950 anregte und der damalige französische Ministerpräsident René Pleven im gleichen Jahr für eine Europaarmee unter dem Kommando eines europäischen Verteidigungsministers warb („Pleven-Plan"). Dieser Vorschlag wurde aber nicht von der Französischen Nationalversammlung angenommen.

Im Februar 2025 setzte die neue US-Regierung unter Präsident Trump die Militärhilfen für die Ukraine 2025 aus und drohte Europa, im Falle eines russischen Angriffs nicht unbedingt militärischen Beistand zu leisten, wie es der NATO-Vertrag eigentlich zwingend vorsieht. Daraufhin beschlossen 26 der 27 EU-Staaten (nur Ungarn nicht) bis zu 800 Milliarden Euro zusätzlich für militärische Zwecke zu mobilisieren. Die Kommissionschefin Ursula von der Leyen schlug vor, dazu sogar die Staatsschuldenkriterien („Defizitkritieren") zu lockern.

M 7 Außen- und sicherheitspolitische Herausforderungen für die EU angesichts der neuen US-Außen(handels)politik

Bereits kurz nach der zweiten Amtsübernahme durch US-Präsident Donald Trump im Januar 2025 zeigte sich, dass dieser seine isolationistische, sprunghafte und wenig auf langfristige, verlässliche Partnerschaften ausgerichtete Außen- und Außenhandelspolitik seiner ersten Amtszeit (2017–2021) fortsetzen und sogar noch deutlich verstärken wird. Für die Staaten der Europäischen Union entstehen mindestens drei gravierende Problembereiche, die Änderungen ihrer bisherigen Politiken erfordern:

Erstens baut die Trump-Regierung teils massive Außenhandelshürden auf – insbesondere durch hohe Zölle auch für Produkte, die typischerweise aus Europa (und dort vor allem aus Deutschland) bzw. von europäischen Firmen stammen. Diese Zollpolitik soll dazu führen, die US-amerikanische Binnen(industrie)produktion zu schützen bzw. wieder rentabel zu machen. Steigende Preise für die Konsumentinnen und Konsumenten und ggf. eine Einschränkung des Produktqualität in den USA scheint Trump zumindest vorübergehend in Kauf zu nehmen. Besonders hart trifft diese Zollpolitik Staaten mit einem starken Export und darunter primär solche mit einem hohen Außenhandelsüberschuss mit den USA (u. a. China, Deutschland). Außerdem droht die Gefahr, dass andere große Wirtschaftsnationen oder Staatenbünde als Gegenmaßnahmen ebenfalls hohe Zölle auf US-Produkte erheben, wodurch Handelskriege mit sich immer weiter steigenden protektionistischen Maßnahmen drohen. Insofern bestehen die Herausforderungen für die Europäische Union darin, einerseits zu deeskalieren und die US-Regierung möglichst zum Abbau der Zölle und der anderen Handelsschranken zu bewegen. Erschwert wird dieser Ansatz aber durch die Wechselhaftigkeit und geringe Verlässlichkeit der Entscheidungen Donald Trumps. Andererseits ist die EU angehalten, durch eine weitere Förderung des Binnenhandels und des Außenhandels mit anderen Staaten mögliche Verluste im USA-Geschäft ihrer Unternehmen zu kompensieren.

Zweitens scheinen sich die USA unter der rechtspopulistischen und in Teilen -extremistischen Regierung stark aus der lange verlässlichen transatlantischen Partnerschaft zurückziehen zu wollen. Dafür sprechen direkte Gespräche der USA mit Russland ohne EU/Ukraine, angedeutete

NATO-Austrittsdrohungen sowie die ausgesetzten US-Waffenlieferungen an die Ukraine im Jahr 2025. Eine gewisse Tendenz, den europäischen Kontinent nicht mehr als primäres Betätigungsfeld US-amerikanischer Interessen zu betrachten, hatte es allerdings bereits unter Präsident Barack Obama (2009-2017) gegeben. In seinen Amtszeiten richtete sich die amerikanische Sicherheitspolitik stärker auf den ostasiatischen sowie den indopazifischen Raum mit China als (kommendem) strategischen Hauptkonkurrenten. Obama galt hingegen als verlässlicher Partner demokratischer Werte und internationaler Ordnung – Trump scheint dies nicht zu sein. So zogen sich die USA in Trumps erster Amtszeit bereits aus dem Pariser Klimaschutzabkommen von 2015 und aus der UNESCO (UN-Sonderorganisation für Bildung, Wissenschaft und Kultur) zurück. Gleich nach Trumps Amtsübernahme 2025 wurde die US-amerikanische Behörde für Entwicklungszusammenarbeit US-AID faktisch aufgelöst, wodurch von den USA jetzt kaum noch internationale Katastrophenhilfe, Wirtschaftsunterstützung, Gesundheitspolitik und Stärkung der demokratischen Zivilgesellschaft in Entwicklungsländern zu erwarten sind. Somit muss die EU (und insb. Deutschland) einerseits kurzfristig eigene Verteidigungsfähigkeiten ausbauen und besser koordinieren. Dazu hat die Europäische Kommission im März 2025 ein 800 Milliarden Euro umfassendes Investitionspaket vorgeschlagen. Allerdings bräuchte zu einer außenpolitisch und auch militärisch starken Union auch institutionalisierte Entscheidungsprozeduren auf EU-Ebene, die nicht von der Einstimmigkeit aller Mitglieder abhängen. Andererseits scheinen die EU-Staaten perspektivisch die einzigen Mächte zu sein, die den ehemaligen westlichen Wertekonsens weltweit hinlänglich glaubwürdig im Sinne von Soft Power vertreten können. Dazu würde aber auch gehören, den Rückzug der USA aus der Entwicklungszusammenarbeit zumindest anteilig zu kompensieren.

Drittens stellt die Trump-Regierung nicht nur Demokratie und Rechtstaatlichkeit im eigenen Land infrage, sondern es gibt seitens der Regierung auch ernstzunehmende Versuche, die Wahlen in anderen Staaten in ihrem Sinne zu beeinflussen. So gaben der Trump-Unterstützer und reichste Mensch der Welt Elon Musk direkt und der US-amerikanische Vizepräsident J. D. Vance indirekt im Bundestagswahlkampf 2025 Wahlempfehlungen für die AfD ab, was üblicherweise als unlautere Einmischung in innere Angelegenheiten eines Bündnispartners gilt. Außerdem wurden nach der Firmenübernahme von Twitter (jetzt X) durch Musk bereits zuvor gesperrte rechtsextremistische und Gewalt propagierende Accounts wieder freigeschaltet. Auch Facebook (Meta) lässt nach Trumps Amtsübernahme wieder Hass- und Gewalt-Postings unter der Behauptung zu, diese würden der freien Meinungsäußerung dienen. Auch Faktenchecks wurden abgeschafft. Somit sieht sich die Europäische Union verschiedenen Formen der politischen Einflussnahme (Fake News, direkte Wahlbeeinflussung zum Vorteil rechtpopulistischer und -extremistischer Kräfte etc.) auch durch eine bis dato befreundete Weltmacht ausgesetzt, worauf entsprechend politisch eindeutig reagiert werden müsste.

Ob die EU mit ihrer derzeitigen Größe und vor allem ihrem jetzigen Institutionendesign den geschilderten Herausforderungen effektiv entgegentreten kann, ist noch offen. Sehr wahrscheinlich aber werden (grundlegende) Reformen im Bereich der Gemeinsamen Außen- und Sicherheitspolitik erfolgen müssen, um die Gemeinschaft nach außen verteidigen zu können und als globaler Akteur nicht nur eine handelspolitische Rolle zu spielen.

Aufgaben

72003-516

1. Stellen Sie die Grundlage der Gemeinsamen Außen- und Sicherheitspolitik der EU dar (**M1-M3**).
2. Erläutern Sie Chancen und Herausforderungen der Gemeinsamen Außen- und Sicherheitspolitik der EU (**M6**).
3. „Die EU agiert außen- und sicherheitspolitisch zu sehr mit *Soft Power* und zu wenig mit *Hard Power*!“ Diskutieren Sie diese Aussage (**M4, M5**).

Mit der Europäischen Armee zum geeinten und gestärkten Europa?

M1 Bert Rürup: Europäische Armee: Wann, wenn nicht jetzt?

Wenn man dem Angriff Russlands auf die Ukraine irgendetwas Gutes abgewinnen kann, dann ist es die Tatsache, dass die Staaten der Europäischen Union (EU) enger zusammengerückt und dem russischen Aggressor aus Moskau gemeinsam und in seltener Entschlossenheit entgegengetreten sind. Im Eiltempo einigten sich die Regierungen auf gemeinsame Sanktionen gegenüber dem Angreifer und auf Hilfsmaßnahmen zugunsten der Bevölkerung des überfallenen Landes und der Kriegsgeflüchteten. [...]

Fakt ist, der Ukrainekonflikt hat ein „Window of Opportunity" geöffnet, um der Vision von einem geeinten und gestärkten Europa ein großes Stück näher zu kommen. Dazu gehört eine der Sache nach überfällige abgestimmte Außenpolitik, der von [dem französischen Staatspräsidenten] Macron vorgeschlagene europäische Sicherheitsrat sowie eine gemeinsame Armee.

Eine europäische Armee wird als Armee der Europäer beginnen müssen, also bestehend aus den nationalen Streitkräften, die nur noch als europäische Streitmacht einsetzbar sind. Am Beginn werden eine Aufteilung und Integration von Fähigkeiten der nationalen Armeen sowie gemeinsame Beschaffungsprogramme stehen. Damit ließen sich erhebliche Effizienzpotenziale erschließen. Am Ende dieses Prozesses stünde dann eine gemeinsame Armee, die der europäischen Identifikation neuen Schub verleihen würde. [...]

Hätte man eine europäische Armee anstelle von nahezu zwei Dutzend nationalen Streitkräften mit ihren zahlreichen, oft nicht kompatiblen Waffensystemen, eröffneten sich mittelfristig enorme Wirtschaftlichkeitspotenziale bei Beschaffung und Wartung von militärischem Gerät. Denn während die USA, die stärkste Militärmacht der Welt, mit 30 Waffensystemen auskommen, werden in den 23 nationalen Armeen in der EU etwa 160 (!) verschiedene Systeme eingesetzt.

Bert Rürup ist ein deutscher Wirtschaftswissenschaftler. Er ist Chefökonom des Handelsblattes.

Eine europäische Armee wäre Teil der Nato, und die diese Armee tragenden Länder stünden unter dem nuklearen Schutzschild der Nato. Damit entfiele eine Antwort auf das letztlich unlösbare Problem [...] der Atomstreitmacht Frankreichs, die ausschließlich der Verteidigung Frankreichs dient. [...]

Zudem könnten die USA finanziell entlastet werden, selbst wenn die EU-Staaten wie in den vergangenen Dekaden meist weniger als zwei Prozent ihrer Wirtschaftskraft in Rüstung investierten. Dass eine solche Armee, deren Soldatinnen und Soldaten nicht nur Berufssoldaten, sondern auch Freiwillige wären, den Zusammenhalt der EU-Staaten stärken würde, liegt auf der Hand.

Selbst wenn die Kommission das oberste Exekutivorgan der EU ist, sollte die Befehlsgewalt über diese europäischen Truppen beim Europäischen Sicherheitsrat liegen, der von den Staats- und Regierungschefs sowie deren Außen- und Verteidigungsministern gebildet wird.

Sicher, all dies wird nicht über Nacht geschehen und verlangt von den Mitgliedstaaten die Aufgabe von Hoheitsrechten. Doch eine Union, die sich auf eine gemeinsame Währung einigen konnte, sollte das Militär nicht dauerhaft unter nationaler Kontrolle belassen. Schließlich liegen die großen Vorteile einer gemeinsamen europäischen Armee auf der Hand.

Rürup, Bert: Europäische Armee: Wann, wenn nicht jetzt? In: www.handelsblatt.com, 29.04.2022

Aufgaben

72003-517

1. Geben Sie Bert Rürups Position und Argumentation zu einer integrierten Europaarmee wieder.
2. Vergleichen Sie sie mit der bisherigen Struktur der GASP der EU.
3. Erörtern Sie die Bildung einer gemeinsamen Europaarmee.

5.4 Die Zukunft der EU – Perspektiven und Szenarien

Leitfragen

- Welche Herausforderungen und Chancen ergeben sich aus einer möglichen Erweiterung der EU?
- Welche Reformvorschläge gibt es zur Weiterentwicklung der EU?
- Wie kann die EU ihre demokratische Legitimität und politische Effizienz verbessern, um zukunftsfähig zu bleiben?

M1 Input- und Output-Legitimität des politischen Systems der Europäischen Union

Klassischerweise wird – nach dem deutschen Politik- und Rechtswissenschaftler Fritz W. Scharpf – staatliche Legitimität in Input- und Outputlegitimität unterschieden. Mit **Inputlegitimität** wird der Grad der Herrschaftsberechtigung durch Volkssouveränität (durch freie Wahlen und Abstimmungen), pluralistische Interessenartikulation und -vertretung sowie Minderheitenschutz bezeichnet. **Outputlegitimität** eines politischen Systems herrscht demgegenüber, wenn es in der Lage ist, die bestehenden politischen Probleme für seine Bürgerinnen und Bürger effektiv und umfassend zu bearbeiten. Scharpf sieht in beiden Legitimitätsdimensionen Vorzüge der EU, aber auch fundamentale Schwächen: Zwar sei der Minderheitenschutz gut ausgebaut und die Interessenartikulation umfassend möglich (Inputlegitimität) sowie die Eigenständigkeit der EU gegenüber den Mitgliedstaaten in einigen Politikfeldern (u. a. Wettbewerbs- und Geldpolitik) gegeben (Outputlegitimität). Aber die Union verfüge über deutlich zu geringe Kompetenzen in der Besteuerung von Unternehmensgewinnen und Kapitelerträgen, weise kaum eine integrierte Sozial- und Arbeitsmarktpolitik auf und habe eine „konservative Tendenz“, wonach einmal beschlossene Regelungen kaum wieder rückgängig zu machen oder deutlich zu modifizieren seien (Outputlegitimität). Hinsichtlich der Inputlegitimität mangele es (auch aufgrund der zuvor genannten Punkte) an einem europäischen Demos mit kollektiver Identität, EU-übergreifenden, miteinander im Wettbewerb stehenden europäischen Parteien sowie einer echten gewählten europäischen Regierung.

M2 Ist die EU beliebig erweiterbar?

> „Die Europäische Union hat sehr klare Kriterien, die neue Mitgliedstaaten zum Beitritt erfüllen müssen. Aber unglücklicherweise hat sie keine Kriterien für ihre eigene Kapazität, neue Mitgliedsländer aufzunehmen.“
>
> *Costa, António, zitiert nach: EU cannot fulfill expansion expectations, says PM. In: https://econews.pt, 21.11.2022; Übersetzung: Bearbeiter*

Mit diesen Worten wies der damalige portugiesische Ministerpräsident António Costa im Jahr 2022 auf mögliche und gefährliche Überdehnungseffekte bei eventuellen EU-Erweiterungen (Ukraine, Republik Moldau, „Westbalkanstaaten“, ggf. Türkei; › Kap. 5.1.2) hin. So ist erstens der wirtschaftliche Entwicklungsbedarf der Beitrittsaspiranten immens, was nach den Beitritten zu Verteilungskonflikten um die verfügbaren Haushaltsmittel führen könnte. Zweitens würden Einigungen auf EU-Ebene (insb. in intergouvernementalen Politikfeldern ob der dort notwendigen Einstimmigkeit) nahezu unmöglich bzw. die Entscheidungen maximal verwässert. Drittens könnte sich die Gefahr erhöhen, dass in mehr Mitgliedstaaten nur in Teilen demokratische, EU-feindliche und/oder Putin-nahe Politikerinnen und Politiker gewählt werden.

Das Problem des zurzeit unzureichenden Institutionendesigns bei gleichzeitigen Erweiterungsrunden sprach auch der damalige Bundeskanzler Scholz bei seiner Rede in der Prager Karls-Universität am 29.08.2022 an. Er schlug z. B. vor, dass bei der Außenpolitik Schritt für Schritt Mehrheitsentscheidungen statt Einstimmigkeit eingeführt werden sollten. Zudem forderte er, die Maximalzahl von 751 Abgeordneten im Europäischen Parlament und das Prinzip der degressiv-proportionalen Stimmengewichtung beizubehalten, was aber zur Folge hätte, dass die bisherigen (v.a. die größeren) EU-Mitglieder auf Abgeordnete verzichten müssten. Ebenso verwarf er die Vorstellung, dass in einer erweiterten Union jedes Land noch einen EU-Kommissar bzw. eine -Kommissarin stellen könne, weil das Gremium ob seiner Größe dann nicht mehr arbeitsfähig wäre. Hier müssten einige Staaten dann turnusmäßig verzichten. Zuletzt forderte Scholz einen eigenständigen Ministerrat der Verteidigungsministerinnen und -minister. Für ihn deutet vieles auf eine teilweise integrierte Gemeinsame Außen- und Verteidigungspolitik hin.

M3 EU politisch noch weiter vertiefen?

Der deutsche Staatsrechtler Dieter Grimm formuliert die Kernfrage der weiteren politischen Vertiefung der EU wie folgt:

> „Soll am Ende des Prozesses ein europäischer Staat stehen oder soll die EU eine Gemeinschaft zur Verfolgung bestimmter Zwecke bleiben, die sich gemeinsam besser erreichen lassen als getrennt?“
>
> *Grimm, Dieter. In: Fritz, Philipp: „Eine Selbstbeschränkung könnte die Akzeptanz der EU erhöhen.“ In: www.welt.de, 28.5.2020*

Insofern werden bereits seit Längerem einerseits zahlreiche Szenarien hinsichtlich der zukünftigen Integrationstiefe und andererseits variable Modelle für künftige Vertiefungsschritte konstruiert. Ein Beispiel für solch ein Modell hat der Berliner Europarechtler Christian Callies entworfen: Alle EU-Staaten wären Mitglieder im EU-Binnenmarkt und damit berechtigt, Aufbaumittel aus den EU-Kohäsionsfonds zu beziehen („Binnenmarktkern“). Darüber hinaus könnten interessierte EU-Staaten weitere politische Integrationsstufen wählen. Dabei würden sich „Pioniergruppen“ bilden („dynamische und flexible Integration“). Wenn Staaten die geplante Integration nicht aufrechterhalten können, würden sie wieder auf eine vorherige Integrationsstufe „zurückfallen“. Auf der einen Seite zeigt sich in solchen Modellen ein typischer Entwicklungspfad der EU-Vertiefung. Denn nicht wenige Vertiefungsschritte sind zunächst von einigen Mitgliedstaaten gegangen und von anderen nachgeholt worden (z.B. Mitgliedschaft im Schengen-Raum, Euro als Währung). Auf der anderen Seite stünde zu befürchten, dass Staaten „nur“ von den wirtschaftlichen Vorteilen der Binnenmarktmitgliedschaft profitieren möchten, ohne sich z.B. umwelt- oder verteidigungspolitisch einzubringen.

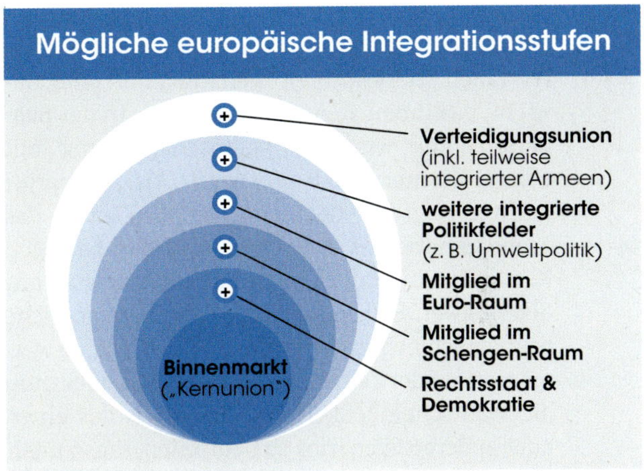

Bearbeitergrafik

Aufgaben

72003-518

1. Stellen Sie Chancen und Gefahren möglicher Erweiterungs- und Vertiefungsschritte der EU einander gegenüber (**M2**).
2. Erläutern Sie, inwieweit die Vorschläge von Olaf Scholz bzw. Christian Callies auf diese Gefahren reagieren (**M2, M3**).
3. Sie die beiden Reformvorschläge. Beziehen Sie dabei Fritz Scharpfs Überlegungen zur Input- und Output-Legitimität mit ein (**M1–M3**).

Szenariotechnik

M 1 Wie wird die Szenariotechnik angewendet?

Die Szenariotechnik ist eine Methode zur politischen Planung und zur Bestimmung der Wahrscheinlichkeit einer bestimmten Zukunftserwartung oder des Eintretens eines Szenarios in fünf, zehn oder 20 Jahren. In der Methode wird davon ausgegangen, dass bei unterschiedlichen Voraussetzungen auch unterschiedliche „Zukünfte“ wahrscheinlich und entsprechend in variierenden Szenarien darstellbar sind. Ob das eine oder das andere Szenario eintritt, hängt ab von den Faktoren (auch „Deskriptoren“ genannt) und dem Gewicht, das ihnen zugeschrieben wird. In der Szenariotechnik wird zur Veranschaulichung mit einem Trichtermodell gearbeitet. Der Szenariotrichter zeigt auf der Zeitachse zum einen das Trendszenario als Fortschreibung des heutigen Zustands (Status quo) in die Zukunft und zum anderen zwei Extremszenarien als bestmögliche bzw. als schlechtestmögliche Entwicklung. Je weiter man auf der Zeitachse in die Zukunft blickt, um die Wahrscheinlichkeit des Eintretens des einen oder anderen Szenarios zu beurteilen, umso unsicherer werden die Aussagen. Umso wichtiger ist eine angemessene Beschreibung und Gewichtung der möglichen Faktoren.

Auch die Darstellung und Beschreibung der aktuellen Situation muss klar und nachvollziehbar sein. Denn unterschiedliche Beobachter werden möglicherweise eine unterschiedliche Perspektive auf den aktuellen Zustand des „Problems“ haben und es somit auch anders beschreiben.

Der Blick beispielsweise auf die EU ist heute in der Regel geprägt von (unterschiedlichen) Erfahrungen aus der Vergangenheit und variierenden Erwartungen an die Zukunft – wo der eine Beobachter den Stand der europäischen Integration als völlig ausreichend ansieht und deshalb am Status quo festhalten oder diesen eher reduzieren will, ist aus der Sicht eines anderen Beobachters die heutige EU nur dann überlebensfähig, wenn sie sich stärker vergemeinschaftet und in Richtung einer „politischen Union“ weiterentwickelt.

Die Attraktivität und Bewertung des einen oder anderen Szenarios hängt also auch davon ab, wie man den Gegenstand wahrnimmt.

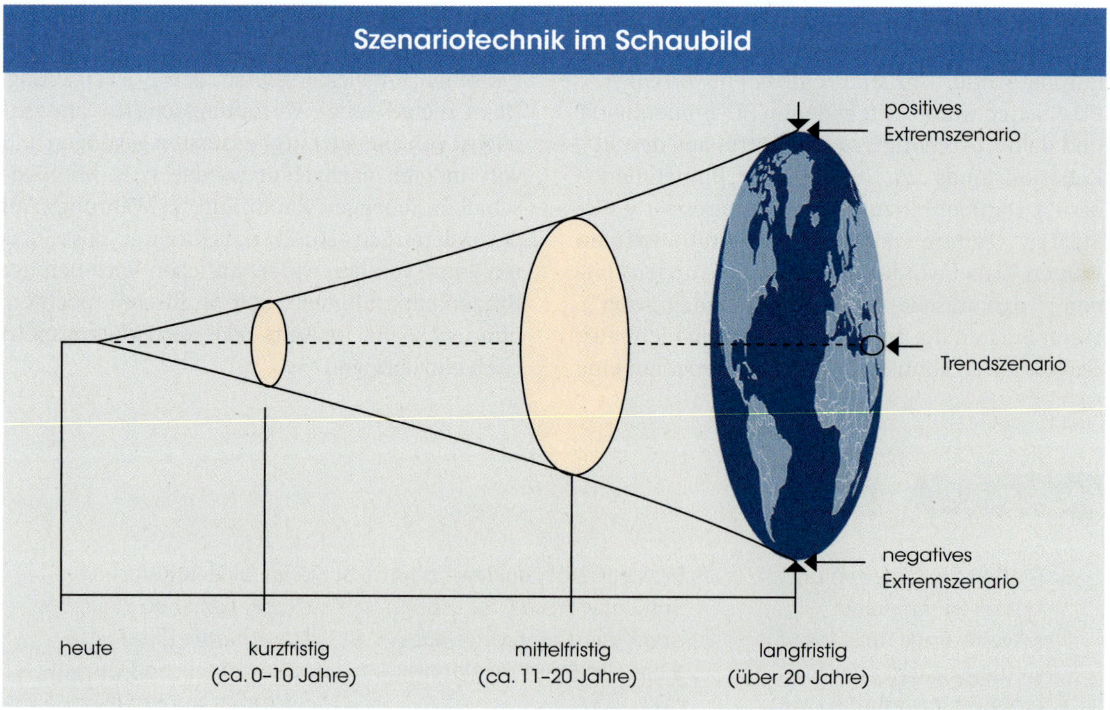

Bearbeitergrafik

1 Problemanalyse

Am Anfang jedes Szenarios steht die Frage, ob ein bestimmter Sachverhalt als „Problem" wahrgenommen wird, für das eine Lösung gefunden werden soll. Dieses Problem gilt es genau zu beschreiben und zu fragen, wer von diesem Problem in besonderer Weise betroffen ist.

2 Einflussanalyse und Faktorenbestimmung

Im zweiten Schritt geht es darum, die Einflussfaktoren, die die Zukunft und die Wahrscheinlichkeit des Eintretens einzelner Szenarien beeinflussen können, zu bestimmen und zu gewichten. Dabei gilt es zu beachten, dass die einzelnen Faktoren sich wechselseitig beeinflussen und sich in ihrer Wirkung verstärken oder auch abschwächen können.

3 Entwicklung und Interpretation von Szenarien

Im dritten Schritt werden ausführliche Szenarien, also umfassende „Zukunftsbilder" erstellt. So werden mögliche Zukunftsentwicklungen und die damit einhergehenden Folgen sichtbar und nachvollziehbar. Auf der Grundlage der erarbeiteten Faktoren aus Schritt 2 sollen stimmige Beschreibungen eines bestmöglichen und schlechtestmöglichen Extremszenarios erstellt werden. Bei der Formulierung und Präsentation der Szenarien ist darauf zu achten, dass sie konsistent sind und nicht bei der Änderung z. B. nur eines Einflussfaktors ihre gesamte Plausibilität einbüßen und in sich zusammenfallen.

4 Gewichtung der Einflussfaktoren und Analyse der möglichen Wechselwirkungen

In dieser Phase der Methode soll herausgearbeitet und analysiert werden, welche Einflussfaktoren unter welchen Umständen und in welcher Kombination die extrem negative bzw. die extrem positive Entwicklung beeinflussen. Vor allem die mögliche Verknüpfung und die unterschiedlichen Wechselwirkungen von Einflussfaktoren (z. B. Verstärkung, Neutralisierung) gilt es hier herauszustellen und zu gewichten.

5 Maßnahmen und Handlungsmöglichkeiten

Im letzten Schritt soll auf der Basis der Gewichtung der Einflussfaktoren die Frage erörtert werden, welche Folgen sich aus den unterschiedlichen Szenarien ergeben und welche Handlungsstrategien sinnvoll erscheinen, um wünschenswerte Entwicklungen zu verstärken und negative Szenarien abzuwehren bzw. in ihrem Ausmaß abzuschwächen. Hier steht vor allem die Frage im Mittelpunkt, was einzelne staatliche, gesellschaftliche und ökonomische Institutionen und Gruppen beitragen können, um das gewählte Szenario zu verwirklichen:

- Was kann der oder die Einzelne beitragen und tun?
- Was können Gruppen tun (Verbände, politische Parteien, Vereine, Bürgerinitiativen, etc.)?
- Was können/sollten Wirtschaftsunternehmen tun?
- Was können/sollten große Verbände wie Gewerkschaften, Unternehmerverbände oder Nichtregierungsorganisationen und die Zivilgesellschaft tun?
- Was können/sollten der Staat, die Regierung, das Parlament, die Gerichte und die Medien tun?
- Was können/sollten Staaten und Regionen in und außerhalb Europas und Internationale Organisationen tun?

M2 Beispiel: Zukunftsperspektiven der EU

Am 1. März 2017 hat die EU-Kommission ein „Weißbuch zur Zukunft Europas“ vorgelegt. „Weißbücher“ sind Veröffentlichungen der Kommission zu Themen und Problemen, zu denen sie Lösungsvorschläge und Ideen präsentiert. Das im Frühjahr 2017 vorgelegte und 30 Seiten umfassende Dokument diskutiert verschiedene Szenarien und Modelle, wie die EU im Jahr 2025 aussehen könnte.

Die Kommission unterscheidet fünf Szenarien und zeigt, welche Auswirkungen das jeweilige Szenario in unterschiedlichen Politikbereichen hätte. Sie versteht diese Modelle als Anregung zum Nachdenken, nicht als detaillierte „Blaupause“ oder als Plan, den es abzuarbeiten gilt. Die Brüsseler Behörde will mit ihren Überlegungen neuen Schwung in die europapolitische Debatte bringen; sie verzichtete bewusst auf weitreichende institutionelle Reformvorschläge zum Umbau der EU in Richtung einer „Politischen Union“. Die Kommission lässt zwar erkennen, dass sie eine Vorliebe für eine engere Zusammenarbeit hat, sie überlässt es aber den Mitgliedstaaten, aus den verschiedenen Optionen diejenige auszuwählen, die den Interessen der europäischen Bürgerinnen und Bürger am besten dient.

Szenario 1: „Weiter wie bisher“

In diesem Modell konzentriert sich die EU auf ihre Reformagenda, die die Kommission 2014 unter dem Titel „Ein neuer Start für Europa“ beschrieben. Der Schwerpunkt liegt auf wirtschaftlichen Themen, das sind vor allem Beschäftigung, Wachstum und Investitionen, die Stärkung des Binnenmarktes, der Aufbau einer digitalen Infrastruktur sowie eine moderne Verkehrs- und Energiepolitik. Aber auch in der Außen- und Sicherheits- wie auch in der Migrationspolitik sind Verbesserungen und ein höheres Maß an Geschlossenheit zu erwarten. In diesem Szenario liefert die EU konkrete politische Ergebnisse, die den Erwartungen der Bürgerinnen und Bürger entsprechen – vorausgesetzt, die Mitgliedstaaten haben gemeinsame Zielvorstellungen und einen gemeinsamen Willen, die Reformagenda auch umzusetzen.

Szenario 2: „Schwerpunkt Binnenmarkt“

In diesem Szenario gelingt es den Mitgliedstaaten nicht, die beschlossene Reformagenda abzuarbeiten. Die Zusammenarbeit beschränkt sich auf den ursprünglichen Kern der europäischen Integration – das ist der Binnenmarkt. In den Feldern der Migration, Verteidigung und Außenpolitik bearbeiten die einzelnen Staaten Probleme von Fall zu Fall ohne weitere Integrationsschritte. Die Kommission beschreibt dieses Modell so: „Der Binnenmarkt für Waren und Kapital wird gestärkt; Standards weisen weiter Unterschiede auf; Freizügigkeit und freier Dienstleistungsverkehr sind nicht vollumfänglich gewährleistet.“ (Weißbuch 2017, S. 19).

Szenario 3: „Wer mehr will, tut mehr“

Hier würden sich diejenigen Staaten enger zusammenschließen, die mehr Integration in einzelnen Politikfeldern als notwendig ansehen, etwa auf dem Gebiet der Verteidigung, inneren Sicherheit, Steuer- oder Sozialpolitik. Die anderen Staaten, die keine engere Integration wünschen, würden ihren Status behalten und könnten, wenn sie dies wollen, später in den Kreis der stärker integrierten Staaten dazustoßen. Obwohl die Kommission den Begriff des „Europas der zwei Geschwindigkeiten“ hier nicht verwendet, ist mit diesem Szenario genau das gemeint. Die Euro-Staaten könnten zum Beispiel, zusammen mit Staaten, die den Euro noch nicht eingeführt haben, in der Steuerpolitik eine Harmonisierung und Angleichung vornehmen, um die Steuerhinterziehung in Europa grenzüberschreitend bekämpfen zu können. Eine Gruppe von Staaten könnte auch ein gemeinsames „Wirtschaftsgesetzbuch“ erarbeiten und damit die grenzüberschreitende wirtschaftliche Tätigkeit von Unternehmen erleichtern; gerade für kleine und mittelständische Unternehmen wäre dies eine Erleichterung. Ein anderes Beispiel, das die Kommission nennt, zielt auf die engere polizeiliche und staatsanwaltliche Zusammenarbeit zwischen einer Gruppe von EU-Staaten ab, um die grenzüberschreitende Kriminalität effektiver bekämpfen zu können.

Szenario 4: „Weniger, aber effizienter"

In diesem Modell würde die Europäische Union sich nur noch auf die Probleme und Politikbereiche konzentrieren, in denen der europäische „Mehrwert" offensichtlich ist und die EU-Mitgliedstaaten durch eine enge Zusammenarbeit und die Übertragung der Problemlösung auf neu zu schaffende EU-Institutionen gewährleistet wird (z.B. eine EU-Agentur zur Terrorismusbekämpfung, eine europäische Telekom-Behörde zur Vergabe von Funkfrequenzen). So könnte sich die EU Freiräume schaffen und Ressourcen einsparen. Die europäischen Staaten würden sich Kompetenzen von der EU zurückholen, etwa auf dem Gebiet der Regionalpolitik, Beschäftigungs- und Sozialpolitik. Die Vereinheitlichung und Standardisierung in den Bereichen von Verbraucher-, Umwelt- und Arbeitsschutz wird auf ein Minimum reduziert, das in einem gemeinsamen Binnenmarkt nötig ist. Ein Problem, das hier auftauchen würde: Wenn einzelne EU-Staaten billiger produzieren, weil sie z.B. niedrigere Umwelt- und Produktionsstandards im Vergleich zu den anderen Staaten hätten, würden sie sich dadurch einen unerlaubten „Wettbewerbsvorteil" verschaffen und damit gegen europarechtliche Vorgaben verstoßen. Ein weiteres Problem ist der fehlende Konsens der EU-Staaten über die Frage, in welchen Bereichen die EU mehr bzw. weniger tun sollte.

Szenario 5: „Viel mehr gemeinsames Handeln"

Das ambitionierteste Modell geht von einer noch engeren Zusammenarbeit der EU und ihrer Mitgliedstaaten auf allen Politikfeldern aus: Eine Stärkung und ein Ausbau der Eurozone wird ebenso angesprochen wie eine gemeinsame Politik auf den Gebieten der internationalen Handelspolitik, Verteidigungs- und Sicherheitspolitik („Europäische Verteidigungsunion"), Außenpolitik, Migrationspolitik, Klimapolitik, humanitäre Hilfe und Entwicklungspolitik. Ebenso genannt werden die Vollendung des Binnenmarktes in den Bereichen Energie, Digitalisierung und Dienstleistungen sowie die Schaffung eines „Europäischen Währungsfonds", der kriselnde Euro-Staaten durch Kredite unterstützt. Ein Problem dieses Szenarios könnte sein, dass sich Teile der Gesellschaft in (einzelnen) Mitgliedstaaten von der EU abwenden, weil sie „das Gefühl haben, der EU mangele es an Legitimität bzw. sie hätte den nationalen Behörden zu viel Macht abgenommen". (Weißbuch 2017, S. 24).

Aufgaben

72003-519

1. Wenden Sie auf der Basis der im Weißbuch formulierten Zukunftsbilder der Europäischen Kommission die Szenariotechnik an.
2. Werten Sie die Szenarien aus und entwickeln Sie auf der Grundlage dieser Analyse einzelne Strategien und Maßnahmen, um ein zukunftsfähiges Modell der EU zu entwerfen, das sowohl Skeptiker als auch Befürworter einer Vertiefung der europäischen Integration gleichermaßen überzeugen kann.
3. Erörtern Sie die Bildung einer gemeinsamen Europaarmee.

Kompetenzen

Am Ende dieses Kapitels sollten Sie Folgendes wissen und können:

- das System der Internationalen Beziehungen beschreiben und anhand theoretischer Modelle erklären
- globale Risiken im 21. Jahrhundert beurteilen
- Chancen und Grenzen der Durchsetzung des Völkerrechts sowie der Menschenrechte beurteilen
- zentrale internationale Sicherheitsorganisationen wie die UNO und die NATO beschreiben sowie deren Einsatz für Frieden und Sicherheit beurteilen
- die deutsche Außen- und Sicherheitspolitik in den Kontext aktueller Herausforderungen einordnen
- beurteilen, ob Global Governance globale Problemlagen lösen kann

1

2

Internationale Beziehungen 6

3

4

72003-600

Augaben

1. Erläutern Sie die Bilder 1-4 und weshalb die dargestellten Situationen internationales politisches Handeln erfordern. Nutzen Sie ggfs. eine Onlinerecherche.
2. Positionieren Sie sich: Welches der Beispiele sollte auf der Agenda für deutsche Außenpolitik ganz oben stehen?

6.1 Merkmale der heutigen Weltordnung

6.1.1 Das System der Internationalen Beziehungen

Leitfragen

- Welche Akteure nehmen Einfluss auf die internationale Politik?
- Warum spielt Sicherheit in den Internationalen Beziehungen eine so große Rolle?
- Wie hat sich der Sicherheitsbegriff im Laufe der Zeit verändert?
- Wie lassen sich die Internationalen Beziehungen anhand theoretischer Modelle erklären?

M1 Was unterscheidet die internationale Politik von den Internationalen Beziehungen?

Die Begriffe „internationale Politik" und „Internationale Beziehungen" werden häufig synonym verwendet, unterscheiden sich aber inhaltlich. Unter **internationaler Politik** kann **jede Interaktion und Aktivität** zwischen zwei bzw. mehreren Akteuren innerhalb der internationalen Umwelt verstanden werden, die in irgendeiner Form einen politischen Gehalt haben (› Kap. 3.1).

Demgegenüber sind die **Internationalen Beziehungen** sehr viel weiter gefasst, da hier nicht nur explizit politische Interaktionen bzw. Aktivitäten miteingeschlossen werden, sondern alle **grenzüberschreitenden Handlungen** von den unterschiedlichsten Akteuren. Hierzu gehören beispielsweise neben Staaten auch nichtstaatliche Akteure wie Unternehmen und Verbände, aber auch internationale Organisationen. Die internationale Politik stellt dementsprechend eine Teilmenge der Internationalen Beziehungen dar.

M2 Was bedeutet Anarchie in den Internationalen Beziehungen?

Ein zentrales Merkmal der internationalen Politik ist das Fehlen einer übergeordneten Gewalt – es existiert kein weltweites Gewaltmonopol wie innerhalb eines Staates. Dieses machtpolitische Vakuum wird als **Anarchie** in den Internationalen Beziehungen bezeichnet. Staaten sind in diesem System rechtlich souverän, aber politisch auf sich allein gestellt. Es gibt keine übergeordnete Instanz, die die Sicherheit von Staaten garantiert oder Fehlverhalten sanktioniert.

In einer solchen anarchischen Struktur entstehen **Sicherheitsdilemmata**: Ein Staat rüstet militärisch auf, um seine eigene Sicherheit durch **Abschreckung** zu erhöhen, doch andere Staaten werten dies als Bedrohung und reagieren mit eigener Aufrüstung. Das Ergebnis ist ein Wettlauf um militärische Macht, bei dem sich die Sicherheitslage paradoxerweise nicht verbessert, sondern verschärft.

Dieses Verhalten ist nicht zwingend Ausdruck aggressiver Absichten, sondern vielmehr ein rationales Kalkül in einer unsicheren Weltlage. Jeder Staat muss damit rechnen, dass andere ihre Macht zu seinem Nachteil einsetzen könnten. Deshalb ist Sicherheit eine zentrale Triebkraft internationalen Handelns – oftmals auch auf Kosten von Vertrauen oder multilateraler Kooperation.

Das klassische Beispiel hierfür ist das konventionelle und atomare Wettrüsten zwischen den USA und der Sowjetunion im Kalten Krieg.

Das Sicherheitsdilemma – ein altes Problem?

Im 5. Jahrhundert v. Chr. waren in der griechischsprachigen Welt Athen und Sparta die mächtigsten Stadtstaaten. Ab 431 v. Chr. führte sie erneut Krieg gegeneinander. Über die Gründe des sogenannten zweiten „Peloponnesischen Krieges" berichtet Thukydides: „Den wahrsten Grund freilich, zugleich den meist beschwiegenen, sehe ich im Wachstum Athens, das die erschreckten Spartaner zum Krieg zwang. […] Nun aber, da die Macht Athens so augenscheinlich stieg und ihren (den Spartanischen) Bund antastete, da riss ihre Geduld, und sie entschlossen sich anzugreifen […]."

Thukydides, Peloponnesischer Krieg, I, 23, 89, 118

M3 Warum ist Sicherheit eine Grundkonstante der internationalen Politik?

Die internationale Politik war lange Zeit geprägt von einer militärischen Auffassung von Sicherheit. Während des Kalten Krieges dominierte eine **bipolare Weltordnung** mit zwei Supermächten – USA und Sowjetunion – deren Verhältnis auf Abschreckung und gegenseitiger Kontrolle basierte. In dieser Konstellation bedeutete Sicherheit vor allem militärische Sicherheit im Rahmen der Blockkonfrontation.

Nach dem Ende des Kalten Krieges und der Auflösung der Sowjetunion entstand eine **unipolare Weltordnung** mit den USA als dominanter Macht. Gleichzeitig wandelte sich das Verständnis von Sicherheit. Neue Bedrohungen rückten in den Vordergrund:

- die weltweite Verbreitung von **Massenvernichtungswaffen**, das damit verbundene, international organisierte Verbrechen sowie der internationale **Terrorismus**;
- die zunehmenden innerstaatlichen Konflikte und Kriege, die mit massiven Menschenrechtsverletzungen einhergehen und zu Staatszerfall sowie regionaler Destabilisierung führen;
- die Zunahme von ökonomischen (z. B. Bedrohung der Energieversorgung), sozialen (z. B. Armut) und ökologischen (z. B. Armut) Risikopotentialen.

Allerdings änderte sich die sicherheitspolitische Lage im 21. Jahrhundert erneut. Einerseits wuchs und wächst China zu einer ökonomischen und außenpolitischen Großmacht heran, die zunehmend in Systemkonkurrenz zu den USA steht und ihren weltweiten Einfluss ausdehnt. Es kann also zumindest perspektivisch nicht mehr von einer unipolaren Weltordnung gesprochen werden. Andererseits kehrte der zwischenstaatliche Krieg mit der Annexion der ukrainischen Halbinsel Krim durch Russland (2014) und spätestens mit dem russischen Angriffskrieg gegen die Ukraine ab 2022 nach Europa zurück. Dieser Krieg wird mit „klassischen“, aber auch mit neuen Mitteln geführt, weswegen er auch als hybrider Krieg bezeichnet werden kann (› Kap. 6.1.2).

M4 Was versteht man unter dem erweiterten Sicherheitsbegriff?

Der Politikwissenschaftler Christopher Daase hat 2012 den „erweiterten Sicherheitsbegriff“ eingeführt, um den Wandel sicherheitspolitischer Herausforderungen zu beschreiben. Der erweiterte Sicherheitsbegriff umfasst **vier Dimensionen**:

- Die erste Dimension betrifft das Referenzobjekt: Wessen Sicherheit soll gewährleistet werden? Dies können der Staat, die Gesellschaft und das Individuum sein.
- Die zweite Dimension ist die Sachdimension, also die Frage, in welchem Problembereich der Politik Sicherheitsgefahren festgestellt werden (militärisch, ökonomisch, ökologisch, humanitär).
- Die dritte Dimension betrifft die Raumdimension, mithin die Frage, für welches geografische Gebiet Sicherheit angestrebt wird (national, regional, international, global).
- Die vierte Dimension betrifft schließlich die Gefahrendimension, also die Frage, wie das Problem konzeptualisiert wird, auf das Sicherheitspolitik antworten soll.

Der **erweiterte Sicherheitsbegriff** bezieht sich nicht nur auf militärische Sicherheit im Sinne des Schutzes der staatlichen Außengrenzen, sondern erfasst auch wirtschaftliche, soziale, politische und kulturelle Sicherheit. Militärische Stärke bleibt weiterhin bedeutend, sie allein reicht aber nicht aus, um Sicherheit z. B. in der ökonomischen Dimension herzustellen. Umfassende Sicherheit erfordert auch Kommunikation und Kooperation zwischen Staaten und Prävention. Konfliktrisiken sollen möglichst früh wahrgenommen und vorbeugende Maßnahmen ergriffen werden (präventive Sicherheit).

M5 Welche Akteure prägen die Internationalen Beziehungen?

Traditionell galten Nationalstaaten als zentrale Akteure der internationalen Politik sowie der Internationalen Beziehungen. Seit dem 16. Jahrhundert entwickelten sich moderne Staaten mit klar definiertem Territorium, festen Grenzen, einem Staatsvolk und einer souveränen Ausübung

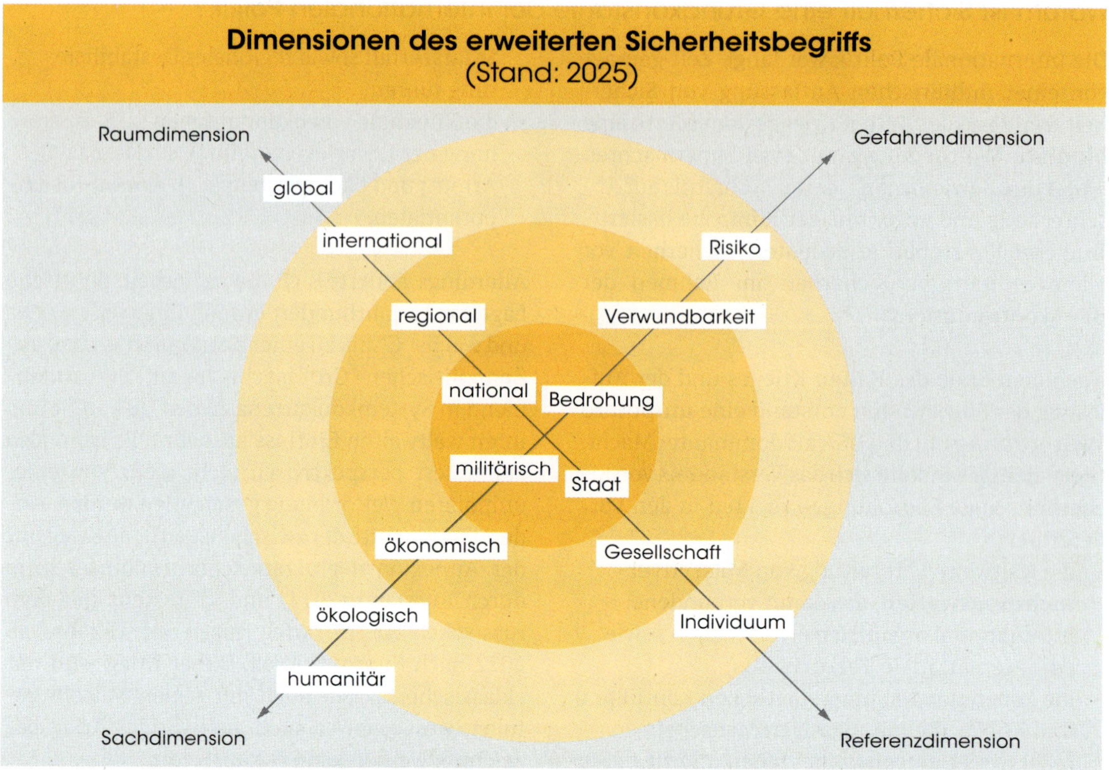

Nach: Daase, Christopher: Der erweiterte Sicherheitsbegriff. In: Working Paper 1/2010. Hg. vom Projekt Sicherheitskultur im Wandel an der Goethe-Universität Frankfurt, S. 2 f.

Übersicht: Akteure in der internationalen Politik

72003-628

der Staatsgewalt. Bis zum Ende des Ost-West-Konflikts bestimmten diese Staaten weitgehend die internationale Politik.

Ein Staat ist nach dieser klassischen Definition eine souveräne politische Einheit mit dem Anspruch, innerhalb seiner Grenzen die alleinige Herrschaft auszuüben. Internationale Politik war somit lange vor allem Staatenpolitik.

Mit dem Ende der bipolaren Weltordnung und durch die zunehmende Globalisierung gerät diese klassische Vorstellung ins Wanken. Nationale Souveränität wird durch transnationale Abhängigkeiten, internationale Institutionen und wirtschaftliche Verflechtungen relativiert. Viele Probleme – wie der Klimawandel oder Pandemien – lassen sich nicht mehr auf nationaler Ebene lösen. Dennoch bleiben Staaten zentrale Akteure – insbesondere in Fragen von Sicherheit, Diplomatie und Völkerrecht.

M6 Welche Rolle spielen nicht-staatliche Akteure?

Auch wenn Nationalstaaten nach wie vor die wichtigsten Akteure der Internationalen Beziehungen sind, haben nicht-staatliche Akteure zunehmend an Bedeutung gewonnen. Sie beeinflussen und begrenzen die Handlungsspielräume staatlicher Politik.

Zu diesen nicht-staatlichen Akteuren zählen unter anderem:

- internationale Organisationen, wie z.B. die Vereinten Nationen (UN),
- Nichtregierungsorganisationen (z.B. Amnesty International, Greenpeace)
- transnationale Unternehmen (z.B. Google, BP),
- soziale Bewegungen (z.B. Fridays for Future),
- international agierende kriminelle Banden (z.B. Drogenkartelle) sowie
- terroristische Gruppen (z.B. Islamischer Staat).

Sie agieren auf globaler Ebene, setzen Themen auf die politische Agenda, üben Druck auf Regierungen aus oder handeln wirtschaftlich grenzüberschreitend. Damit tragen sie zur zunehmenden Verflechtung und Komplexität internationaler Politik bei.

M 7 Konkurrierende Weltordnungsmodelle

Um das anarchische System der Internationalen Beziehungen zu überwinden, wurden verschiedene Weltordnungsmodelle entwickelt. Sie bieten theoretische Orientierungsrahmen für eine geregelte internationale Politik.

Es lassen sich drei Grundmodelle unterscheiden: die hegemoniale Ordnung (eine dominante Macht sorgt für Stabilität), die horizontale Selbstorganisation (Kooperation gleichberechtigter Staaten) und der Weltstaat (eine zentrale Weltregierung mit Gewaltmonopol).

Unterschiedliche **Weltordnungsmodelle** bieten jeweils andere Ansätze zur Lösung globaler Herausforderungen. Die hegemoniale Ordnung betont die zentrale Rolle einer Großmacht, während die horizontale Selbstorganisation auf freiwillige Kooperation vieler Akteure setzt. Der Weltstaat als Vision bleibt meist utopisch, dient aber intensiven Debatten über Möglichkeiten, globale Probleme wie Armut, Menschenrechte oder Klimawandel gemeinschaftlich zu lösen.

In Weltordnungsmodellen sollen dabei Vorstellungen über den Zustand oder die Ordnung der Internationalen Beziehungen festgehalten werden. Anhand solcher Modelle sollen komplexe Besonderheiten vereinfacht dargestellt und grundlegende Merkmale eines Sachverhaltes, Begriffs oder Phänomens hervorgehoben werden. So helfen diese Modelle, idealtypische Vorstellungen und Zielkonflikte sichtbar zu machen.

Anarchie der Staatenwelt
(Stand: 2025)

Staaten befinden sich im Sicherheitsdilemma – streben nach Stärke und Macht, um Sicherheitsrisiken zu beherrschen, es herrschen Konkurrenz und Misstrauen (Unilateralismus).

Überwindung durch

Horizontale Selbstkoordination
Kooperation und Koordination der Interessen durch bilaterale und multilaterale Verträge bzw. durch Vereinbarungen in internationalen Organisationen. Die Einhaltung der Verträge kann nicht erzwungen werden (Multilateralismus).

Überwindung durch

Hegemoniale Ordnung
Ein Staat kann aufgrund seiner Vormachtstellung anderen seinen Willen aufzwingen. Er hat quasi ein Gewaltmonopol. So kann Stabilität, Frieden und Demokratie gewährleistet werden, kann jedoch auch zu Unterdrückung und Willkür führen.

Überwindung durch

Weltstaat
Staaten sind bereit, Souveränität an eine supranationale Institution abzutreten, die zur Durchsetzung von Entscheidungen legitimiert ist (Gewaltmonopol). Das Gewaltmonopol wird demokratisch legitimiert und kontrolliert.

© C.C. Buchner Verlag

M8 Welche Funktion haben Theorien in den Internationalen Beziehungen?

Theorien in den Internationalen Beziehungen dienen dazu, komplexe politische Prozesse auf internationaler Ebene verständlich zu machen. Sie berücksichtigen unterschiedliche Perspektiven, Akteure und Handlungslogiken, was vielfältige Deutungen internationaler Ereignisse ermöglicht und fördert. Sie bieten Erklärungsmodelle für das Verhalten von Staaten und anderen Akteuren und helfen, Zusammenhänge und Muster zu erkennen.

Theorien ordnen das internationale Geschehen, ermöglichen Prognosen und liefern Grundlagen für politische Entscheidungen. Mithilfe von Theorien können beschreibende (deskriptive) und erklärende (kausale) Aussagen gemacht werden.

Zu den wichtigen Denkschulen zählen der **(Neo-)Realismus**, der von macht- und sicherheitsorientierten Staaten ausgeht, der **Liberalismus**, der auf Kooperation demokratischer Gesellschaften setzt, der **Institutionalismus**, der Institutionen und Regime als Garanten für Stabilität betont, der **Transnationalismus**, der die Rolle nichtstaatlicher Akteure wie Nichtregierungsorganisationen (NGOs) und Unternehmen hervorhebt sowie der **Konstruktivismus**, der Normen und Identitäten in den Fokus rückt.

M9 Der (Neo-)Realismus – nach Macht strebende Staaten

Der (Neo-)Realismus ist eine der einflussreichsten Theorien der Internationalen Beziehungen. Zu seinen Vordenkern zählen **Hans Morgenthau** (klassischer Realismus) und **Kenneth Waltz** (Neorealismus). Beide gehen davon aus, dass das internationale System anarchisch ist und Staaten als zentrale Akteure vor allem ihre eigene Sicherheit gewährleisten wollen.

Staaten streben nach Macht, weil sie in einem unsicheren Umfeld überleben müssen. Der (Neo-) Realismus betrachtet internationale Institutionen meist als schwach und betont, dass formale Regeln nur begrenzt Sicherheit bieten. Unsicherheiten entstehen durch wechselnde Bündnisse und die Möglichkeit rascher Machtverschiebungen. Außenpolitik wird oft als Reaktion auf Bedrohungen und zur Wahrung nationaler Interessen verstanden. Gleichgewichtspolitik dient der Friedenssicherung. Kooperation ist möglich, wird aber skeptisch betrachtet, da sie stets an Bedingungen geknüpft ist. Vertrauen spielt kaum eine Rolle, Abschreckung und **militärische Stärke** sind zentrale Mittel.

Im Neorealismus steht weniger die Natur des Menschen als Ursache im Vordergrund, sondern die Struktur des internationalen Systems selbst. Staaten handeln rational, aber unter Bedingungen ständiger Unsicherheit.

M10 Liberalismus – Kooperation demokratischer Gesellschaften

Die liberale bzw. auch idealistische Denkschule steht in direktem Gegensatz zu den Annahmen des Realismus und geht auf das idealistische Menschenbild von **Immanuel Kant** (1724-1804) zurück. Kant nahm an, dass der Mensch von Natur aus vernunftbegabt, lernfähig und einsichtsvoll ist. Deshalb wird der Liberalismus von Anhängern des Realismus auch abwertend als Idealismus bezeichnet. Moderne Vertreter des Liberalismus, wie der amerikanische Politikwissenschaftler **Andrew Moravcsik**, gehen nicht davon aus, dass die souveränen Nationalstaaten die zentralen Akteure im System der Internationalen Beziehungen sind. Vielmehr hängt jedes staatliche Interesse von innerstaatlichen Gegebenheiten, wie den materiellen und ideellen Interessen der verschiedenen gesellschaftlichen Gruppen, ab.

Unter der Prämisse, dass staatliches Handeln immer das Ergebnis spezifischer gesellschaftlicher Verhältnisse ist, sind liberaldemokratische Gesellschaftssysteme Voraussetzung für eine friedliche Koexistenz der Staaten im System der Internationalen Beziehungen. Der Liberalismus geht darum davon aus, dass liberaldemokratische Staaten auch aufgrund von Interdependenzen, d.h. wechselseitigen Abhängigkeiten, untereinander Wege der **Kooperation** zum gegenseitigen Nutzen finden und so den anarchischen Charakter der Internationalen Beziehungen beherrschen können. Der Liberalismus betont auch die Bedeutung von freiem Handel, individueller Freiheit und Menschenrechten für internationale Stabilität. **Demokratische Institutionen** und internationale Abkommen fördern Vertrauen zwischen Staaten und begünstigen langfristige Kooperation.

M11 Institutionalismus – Kooperationen in Institutionen und Regimen

Der Institutionalismus nimmt eine vermittelnde Position zwischen Realismus und Liberalismus ein. Er erkennt an, dass das internationale System anarchisch ist, betont jedoch die Möglichkeit der Kooperation durch internationale Institutionen. **Robert Keohane** und **Joseph Nye** gelten als wichtige Vertreter dieses Ansatzes.

Institutionen – wie etwa die Vereinten Nationen, die Welthandelsorganisation oder Klimakonferenzen – schaffen **Regeln**, die das Verhalten von Staaten berechenbar machen. Sie senken Transaktionskosten, erhöhen Transparenz und ermöglichen gegenseitige Kontrolle. Staaten handeln weiterhin eigeninteressiert, erkennen aber, dass langfristige Vorteile aus Kooperation überwiegen können. Der Institutionalismus betont also die Rolle von Normen, Regeln und Organisationen in einer komplexen internationalen Ordnung. Institutionalistische Ansätze wenden sich deshalb empirisch verstärkt Fragen der institutionellen Weiterentwicklung und den Wirkungen internationaler Regime zu. Institutionen bilden den Rahmen, um Interessen auszugleichen, Konflikte zu lösen und globale Herausforderungen anzugehen.

Theorien der Internationalen Beziehungen in der Übersicht					
	Realismus	**Liberalismus**	**Institutionalismus**	**Transnationalismus**	**Konstruktivismus**
Menschenbild	Pessimistisches Menschenbild: egoistisch, machtorientiert	Optimistisches Menschenbild: kooperationsbereit, vernunftgeleitet	Rationales Menschenbild: nutzenmaximierend, aber lernfähig und kooperationsfähig	Zweckrational mit diversen Motiven: egoistische, altruistisch-gemeinwohlorientierte, werteorientierte	Menschenbild ist sozial konstruiert, wandelbar durch Ideen und Diskurse.
Sichtweise Internationaler Beziehungen	Konflikthafte Anarchie; multiplurales Staatensystem, Streben nach Macht und Sicherheit	Potenzial zur Kooperation, besonders unter Demokratien	Institutionen gestalten Beziehungen, steigende Interdependenz	Staaten bzw. Regierungspolitik als Ursache des internationalen Anarchieproblems	Internationale Ordnung ist ein Produkt sozialer Interaktionen und Normen.
Hauptakteure	Souveräne Nationalstaaten	Demokratische Staaten	Internationale Organisationen, Staaten	NGOs, private Akteure, Bürokratien	Staaten, NGOs, Individuen
Handlungsziele	Sicherung der Macht, Selbsterhalt, militärische Sicherheit, Machtgleichgewicht	Frieden, wirtschaftlicher Wohlstand, internationale Kooperation	Stabilität, Sicherheit, Problemlösung durch Zusammenarbeit	Überwindung der Anarchie durch grenzübergreifende Netzwerkbildung	Sinn- und Identitätsstiftung, Deutung der Realität
Mittel zur Verwirklichung der Zielmittel	Machtpolitik, militärische Aufrüstung, Abschreckung, Bündnis- und Gleichgewichtspolitik	Demokratie, Recht, Freihandel, internationale Verträge	Internationale Regime, Regeln, Institutionen	Ressourcentausch/-fluss innerhalb des Netzwerks erzeugt „diffuse Reziprozität“ und verstärkt gegenseitige internationale Abhängigkeiten; dadurch Abbau der Unsicherheiten im anarchischen System	Kommunikation, Normen, kollektive Werte und Ideen

Bearbeiter

M12 Transnationalismus – stabiler Frieden durch substaatliche Netzwerke

Auch der Transnationalismus versucht, die Überwindungen des Anarchieproblems in den internationalen Beziehungen zu erklären. Dabei werden aber Staaten bzw. deren Regierungspolitik eher als Erzeuger von internationaler Anarchie denn als ihre Bekämpfer angesehen. Vielmehr würden stabiler Frieden und dauerhafte internationale Kooperation durch **grenzüberschreitende Netzwerke** unterhalb der Regierungsebene ermöglicht. Netzwerke bildende Akteure seien dabei nationale Bürokratien, private Akteure wie Unternehmen oder Verbände (u.a. Gewerkschaften) und vor allem international tätige Nichtregierungsorganisationen. Innerhalb dieser Netzwerke würden Ressourcen (Finanzen, Informationen etc.) fließen bzw. ausgetauscht, sodass eine „diffuse Reziprozität" (**Frank Schimmelfennig**) entstehe. Durch diese würde die Unsicherheit im anarchischen Staatensystem verringert und die gegenseitige Abhängigkeit im internationalen Staatensystem erhöht. Dies mache auch zwischenstaatliche Konflikte deutlich unwahrscheinlicher. Dabei seien die Netzwerkakteure sehr unterschiedlich motiviert – egoistisch, altruistisch-gemeinwohlorientiert oder werteorientiert. Aber alle würden ihre Ziele zweckrational zur Maximierung ihres jeweils angestrebten Nutzes verfolgen. Transnationale Netzwerke ermöglichen vielfältige Kooperationen jenseits staatlicher Strukturen. Dabei werden nicht nur politische, sondern auch soziale und kulturelle Verbindungen gepflegt. Sie können die Reaktionsfähigkeit auf globale Herausforderungen wie Umweltprobleme oder wirtschaftliche Krisen erhöhen, indem sie flexible und innovative Lösungsansätze fördern. Ihre Wirkung ergänzt jedoch staatliche und internationale Institutionen, ersetzt diese nicht vollständig.

M13 Konstruktivismus – Internationale Beziehungen als soziales Konstrukt der Wirklichkeit

Der Konstruktivismus hebt sich von anderen Theorien ab, indem er das internationale System nicht als objektiv gegeben betrachtet, sondern als Ergebnis sozialer Konstruktion. Akteure handeln nicht nur auf Grundlage materieller Interessen, sondern sind auch durch Ideen, Werte, Identitäten und Normen beeinflusst.

Alexander Wendt, ein prominenter Vertreter dieser Denkschule, formulierte den bekannten Satz: „Anarchy is what states make of it." Das bedeutet: Die Bedeutung der Anarchie wird durch das Handeln und Denken der Staaten selbst hervorgebracht.

Im Zentrum steht die Frage, wie internationale Wirklichkeit entsteht und durch Kommunikation, Interpretationen und soziale Interaktion verändert wird. Internationale Beziehungen sind somit keine statischen Strukturen, sondern dynamische **soziale Prozesse**. Dabei untersucht der Konstruktivismus, wie Normen, Werte und gemeinsame Überzeugungen das Verhalten von Staaten prägen, wie Identitäten entstehen und sich wandeln, und wie Vertrauen oder Misstrauen zwischen Akteuren entwickelt wird, wodurch Kooperation und Konfliktlösungen beeinflusst werden.

Der Konstruktivismus betont, dass politische Realität wandelbar ist – durch Überzeugungen, Lernprozesse und gesellschaftliche **Diskurse**. Dadurch eröffnet er auch Perspektiven für Wandel, Kooperation und friedliche Konfliktlösung auf globaler Ebene.

Aufgaben

72003-601

1. Benennen Sie eine Theorie der Internationalen Beziehungen, in der das Sicherheitsdilemma eine zentrale Rolle spielt, und legen Sie dar, wie beide miteinander zusammenhängen (**M2, M8–M13**).
2. Ordnen Sie die Großtheorien Internationaler Beziehungen jeweils den Weltordnungsmodellen zu und begründen Sie Ihre Zuordnung (**M7–M13**).
3. Erklären Sie, wie und warum sich der Sicherheitsbegriff im Laufe der Zeit verändert hat (**M3–M6**).

Ist die Welt wirklich multipolar?

M1 Neue Weltordnung – was bedeutet sie für Europa?

Die Bundesregierung tut es, die Europäische Union tut es, China und Russland tun es, Staaten aus dem Globalen Süden tun es – sie alle reden von einer multipolaren Ordnung, die international entsteht. Die Bundesregierung ging sogar noch einen Schritt weiter und meinte, dass ein „Zeitalter wachsender Multipolarität“ ansteht. Warum ist das eigentlich wichtig? Und was ist eine multipolare Ordnung?

Die Frage, wie viele Mächte die internationale Ordnung dominieren, ist deshalb bedeutsam, weil davon der Handlungsspielraum einzelner Staaten abhängt. Ein Blick zurück verdeutlicht dies sogleich: Am Ende des Zweiten Weltkriegs bildete sich eine internationale Ordnung heraus, in der zwei Staaten alle anderen überragten. Die USA und die Sowjetunion waren allen anderen Staaten überlegen, so dass sich eine bipolare (zweipolige) Struktur ergab. Da beide Supermächte, wie man sie damals nannte, auch noch verfeindet waren, engte sich der Handlungsspielraum aller Staaten ein. Sie standen entweder den USA oder der Sowjetunion nahe, waren mit ihnen verbündet oder wenigstens in ihrem Einflussbereich. Staaten, die in Konflikt miteinander standen – wie Indien und Pakistan, Äthiopien und Somalia – suchten die Unterstützung der Supermächte.

Das änderte sich, als die Sowjetunion aufgelöst wurde und Russland den Status einer Supermacht nicht halten konnte. Von Chinas Aufstieg war in den 1990er Jahren noch keine Rede. So blieb nur eine Macht übrig [...], die USA. Militärisch waren nur die USA zu globaler Machtprojektion fähig. [...] Der technologische Fortschritt kam aus den USA, ebenso wie die weltgrößten Unternehmen. Kein anderer Staat konnte da mithalten.

Das blieb nicht so, denn einerseits begingen die USA gravierende Fehler [...], andererseits schlossen andere Staaten auf [...]. China an erster Stelle gelang es, wirtschaftlich zu den USA aufzuschließen und sich parallel auch militärisch zu ertüchtigen. Auch andere Staaten erheben inzwischen den Anspruch auf eine deutlichere Mitsprache [...]: Indien, Brasilien, Russland und Südafrika [...], ebenso wie Saudi-Arabien und die Türkei. Entsteht so also eine multipolare Ordnung [...]? Das mag auf den ersten Blick so aussehen, stimmt jedoch nicht.

Thomas Jäger ist Professor für Internationale Politik und Außenpolitik an der Universität zu Köln.

Was macht eine Weltmacht aus?

Eine Weltmacht muss in der Lage sein, mit globaler Reichweite Macht auszuüben [...]. Zwischen Staaten zählen allerdings zwei Machtformen mehr als andere, weil sie für Sicherheit und Wohlstand verantwortlich sind. Wer wirtschaftlich und militärisch stark ist, kann anderen Staaten etwas bieten. Schwache Staaten sind dazu nicht in der Lage. Welche der Staaten, die gerne Teil der multipolaren Ordnung wären, sind denn in der Lage, Macht global auszuüben? Derzeit die USA und China. Alle anderen Staaten können das nur sehr eingeschränkt. Saudi-Arabien, wenn es um Öl geht. Brasilien hingegen genauso wenig wie Südafrika.

Dabei scheint es so, als bilde sich eine multipolare Ordnung, weil sich eine Reihe von Staaten der Dominanz von USA oder China entziehen können. Solange sie keine der beiden Weltmächte benötigen, etwa um Sicherheitsgarantien zu erlangen oder am technologischen Fortschritt teilhaben zu können, können sie sich dem Zugriff entziehen, solange sie die Kosten dafür tragen können. Manche werden versuchen, China und die USA gegeneinander auszuspielen. [...] Das führt zu Unsicherheit und macht das System instabil. Denn diese Staaten aus der zweiten Reihe könnten die Allianz rasch wechseln. [...] Solche Instabilitäten lassen sich auch aus einem anderen Blickwinkel beobachten, denn anders als die USA und die Sowjetunion, die keinen wirtschaftlichen Austausch pflegten, sind China und die USA [wirtschaftlich] intensiv verbunden. Das eröffnet Handlungsspielräume für Kooperation, aber auch für Erpressung. Auch die fortdauernde Kraft der Globalisierung wird die neue bipolare Ordnung ein wenig brechen.

Doch bleibt der Abstand von USA und China gegenüber allen anderen Staaten so groß, dass kein anderer Staat zu diesen beiden aufschließen kann. Am ehesten käme noch die EU in Frage [...]. Doch die mangelnde politische Kohäsion [hier: Zusammenhalt] und die nunmehr Jahrzehnte dauernde Aufgabe, militärisch autonom handlungsfähig zu werden, verhindern dies. Russland kann nur in Fragen nuklearer Rüstung einen vorderen Platz unter den Staaten reklamieren [...]. Indien ist von der wirtschaftlichen Stärke Chinas meilenweit entfernt. [...]

Die Welt wird nicht multipolar

Wird die Welt multipolar, wenn den USA (und den G7) auf der einen Seite die BRICS auf der anderen Seite gegenüberstehen? Nein. Denn Polarität ist ein Konzept, das auf der Existenz einzelner handlungsfähiger Staaten aufsetzt und aus den BRICS ist nur China entsprechend stark. [...] Auch weil die USA mit Gegenangeboten Anreize schaffen.

Am wahrscheinlichsten ist derzeit die Ausbildung einer doppelt gebrochenen bipolaren Ordnung, an deren Spitze die USA und China stehen, darunter einige eingeschränkt handlungsfähige Staaten, alles verbunden durch sich verändernde internationale Wertschöpfungsnetze. Den Handlungsspielraum der Staaten in der zweiten, dritten und vierten Reihe schließt oder weitet das amerikanisch-chinesische Verhältnis: je konfrontativer dies wird, desto geringer wird der autonome Handlungsspielraum anderer. Deshalb ist diese Frage auch aus deutscher Sicht relevant. Denn sie beeinflusst beispielsweise, welche Unternehmen mit welchen Ländern welche Geschäftsbeziehungen pflegen können.

Deutschland und Europa überschätzen ihre internationale Bedeutung

Die Bundesregierung geht davon aus, dass eine multipolare Welt entsteht. Schlussfolgerungen aus dieser Fehleinschätzung können sehr riskant und teuer werden. Die Selbsttäuschung über die eigene internationale Bedeutung, die alle EU-Staaten seit vielen Jahren gemeinsam betreiben, steht einer realistischen Einschätzung der internationalen Lage im Weg. Es wird Zeit, sie aus dem Weg zu räumen.

Jäger, Thomas: Multipolar? Was die Neue Weltordnung wirklich für uns und Europa bedeutet. In: www.focus.de, 21.06.2023

G7 (Gruppe der Sieben)

Die G7 ist ein Zusammenschluss führender westlicher Industrienationen: Deutschland, Frankreich, Italien, Japan, Kanada, die USA und das Vereinigte Königreich. Sie beraten sich regelmäßig zu globalen wirtschaftlichen, politischen und sicherheitspolitischen Fragen und vertreten gemeinsame demokratische und marktwirtschaftliche Werte.

BRICS

BRICS steht für die fünf aufstrebenden Wirtschaftsmächte Brasilien, Russland, Indien, China und Südafrika. Die Gruppe versteht sich als Gegengewicht zu westlich dominierten Institutionen und strebt eine multipolare Weltordnung an. Sie kooperiert v. a. in den Bereichen Wirtschaft, Entwicklung und Geopolitik.

Aufgaben

72003-602

1. Fassen Sie die zentralen Argumente des Autors zur Frage zusammen, warum die aktuelle Weltordnung aus seiner Sicht nicht multipolar ist (**M1**).
2. Erklären Sie, inwiefern sich die gegenwärtige Weltordnung mit dem theoretischen Modell des (Neo-)Realismus beschreiben lässt (**M1** sowie **Kap. 6.1.1**). Beziehen Sie sich dabei auf das Menschenbild, die Rolle von Staaten und die Bedeutung von Macht und Sicherheit.
3. Bewerten Sie die Einschätzung von Thomas Jäger, dass die Bundesregierung und die EU ihre internationale Bedeutung überschätzen (**M1**).

6.1.2 Krieg und Frieden

Leitfragen

- (Wie) Lassen sich Kriege theoretisch erklären?
- Was sind neue und was sind hybride Kriege?
- Wie sind die neuen Formen der Kriegsführung zu beurteilen?

M1 Was sind Kriege?

> „Der Krieg ist eine bloße Fortsetzung der Politik mit anderen Mitteln. So sehen wir also, dass der Krieg nicht bloß ein politischer Akt, sondern ein wahres politisches Instrument ist."
>
> *Clausewitz, Carl von: Vom Kriege. 4. Auflage. Frankfurt am Main/Berlin: Ullstein, 1994 [Erstausgabe 1832-1834], S. 17*

Diese klassische Aussage des preußischen Generals Carl von Clausewitz in seinem Werk „Vom Kriege" prägt bis heute das Verständnis von Krieg als ein politisches Instrument. Dabei grenzt sich Krieg deutlich von einzelnen Konflikten ab. Die Hamburger Arbeitsgemeinschaft Kriegsursachenforschung (AKUF) versteht Krieg als einen gewaltsamen Massenkonflikt, der die folgenden Merkmale aufweist:

„(a) an den Kämpfen sind zwei oder mehr bewaffnete Streitkräfte beteiligt, bei denen es sich mindestens auf einer Seite um reguläre Streit kräfte (Militär, paramilitärische Verbände, Polizeieinheiten) der Regierung handelt;

(b) auf beiden Seiten muß ein Mindestmaß an zentral gelenkter Organisation der Kriegführenden und des Kampfes gegeben sein, selbst wenn dies nicht mehr bedeutet als organisierte bewaffnete Verteidigung oder planmäßige Überfälle (Guerillaoperationen, Partisanenkrieg usw.);

c) die bewaffneten Operationen ereignen sich mit einer gewissen Kontinuierlichkeit und nicht nur als gelegentliche, spontane Zusammenstöße, d.h. beide Seiten operieren nach einer planmäßigen Strategie, gleichgültig ob die Kämpfe auf dem Gebiet einer oder mehrerer Gesellschaften stattfinden und wie lange sie dauern.

Kriege werden als beendet angesehen, wenn die Kampfhandlungen dauerhaft, d. h. für den Zeitraum von mindestens einem Jahr, eingestellt bzw. nur unterhalb der AKUF-Kriegsdefinition fortgesetzt werden."

Carl von Clausewitz (1780-1831) war ein preußischer General und Militärtheoretiker. Sein Werk „Vom Kriege" prägt das strategische Denken bis heute.

Arbeitsgemeinschaft Kriegsursachenforschung (AKUF): Kriegsdefinition und Kriegstypologie. In: www.wiso.uni-hamburg.de, 08.04.2025

M2 Kriegstheorien – wie können Kriege theoretisch erklärt werden?

In der modernen Kriegs- und Konfliktforschung werden mindestens sechs einander teilweise ergänzende, teilweise widersprechende Ansätze entfaltet, Krieg theoretisch zu erklären:

Die **neorealistischen bzw. machttheoretischen Ansätze** legen eine enge Kriegsdefinition als militärische Auseinandersetzung zwischen zwei oder mehr Staaten zugrunde. Ursachen dafür lägen in der relativen *Machtverteilung* zwischen diesen Staaten. Nach der Machtrang-Annahme nehme die Kriegswahrscheinlichkeit zu, je größer die Macht eines Staates gegenüber anderen sei. Vertreterinnen und Vertreter der *balance of power*-Annahme gehen davon aus, dass relatives Machgleichgewicht zwischen Staaten Krieg unwahrscheinlicher mache, weil jeder Staat die Gefahr einer Niederlage fürchte. Demgegenüber meinen Anhängerinnen und Anhänger von *power preponderance*, dass gerade ein relatives Machtgleichgewicht die Kriegschancen erhöhe, da alle relativ gleichstarken Staaten für sich Erfolgsaussichten in einer militärischen Auseinandersetzung sähen. Deutliche Machtungleichgewichte würden hingegen kriegsverhütend wirken, weil schwächere Akteure aus Furcht keine militärische Mittel einsetzen würden und stärkere ihre Interessen auch ohne Militär durchsetzen könnten. Der Ansatz der Machtransition unterstellt, dass Kriege dann eher drohen, wenn sich eine Führungsmacht (Hegemon) durch einen schnell wachsenden Herausforderer bedroht sieht.

Auch **rationalistische bzw. aushandlungstheoretische Erklärungsmuster** denken Krieg eng als zwischenstaatlich. Sie unterstellen den Akteuren instrumentelle bzw. strategische Rationalität. Prominent in diesem Strang ist die sogenannte *bargaining*-Annahme. Obwohl für alle Beteiligten ein Krieg aufgrund seiner Kosten suboptimal sei, komme es in Verhandlungen zu Situationen, in denen keine Kooperation in Konfliktsituationen mehr möglich sei. Entweder seien asymmetrisch verteilte oder fehlende Informationen (z. B. über die militärische Stärke des Gegners) dafür ausschlaggebend oder (subjektiv) mangelnde Glaubwürdigkeit des Verhandlungspartners oder unteilbare Konfliktgegenstände. Kriege würden umso länger dauern, je mehr Parteien oder sogar Vetospieler beteiligt seien.

Die **Territorialtheorie** sucht Kriegsursachen vor allem in der geografischen Nähe und den räumlichen Bedingungen der Konfliktparteien. Dabei werde Territorium häufig sozial konstruiert – z. B. über eine gemeinsame Sprache, Kultur und/oder Geschichte.

Der **Liberalismus bzw. Institutionalismus** kritisiert vor allem die Annahme eines „demokratischen Friedens". Zwar gebe es Grund zur Annahme eines *„triangulated peace"*, also Frieden zwischen Staaten mit demokratischen Regierungsformen und gegenseitiger ökonomischer Abhängigkeit sowie Verankerung in internationalen Organisationen. Aber das heiße keineswegs, dass Demokratien friedlich seien. Vielmehr komme es zwischen Demokratien unterschiedlicher Verfasstheit sehr wohl zu gewaltsamen Konflikten und vor allem existiere die Tendenz bei demokratischen Staaten, ihre liberalen Ordnungsvorstellungen anderswo militärisch durchzusetzen (*„regime change"*).

Postkoloniale Theorien betrachten sehr stark die Historizität von Konflikten in (ehemals kolonisierten) Staaten. Sie kritisieren dabei den Eurozentrismus der Konfliktkonstruktion. Die Art und Weise, mit der Kriege verstanden werden, erfolge rein aus einem europäischen und damit kolonialen Blickwinkel (z. B. über Datenerhebung u. ä.). So seien beispielsweise die europäischen Theoreme der „neuen Kriege" (s. u.) und der „schwachen Staaten" unterkomplex und eurozentristisch, weil sie von einem europäisch geprägten Staatsverständnis ausgehen würden und dazu noch (militärische) Interventionen von Staaten des globalen Nordens in vermeintlich „schwachen Staaten" des globalen Südens legitimieren würden.

Konstruktivistische und feministische Ansätze sehen Krieg als eine soziale Praxis, die die an ihm beteiligten Akteure und Gesellschaften verändern oder stabilisieren. Wer als „Feind" oder „Freund" und was unter „Identität" zu verstehen ist, werde sozial konstruiert. Aus feministischer Sicht ist der kriegerische Staat ein patriarchaler Akteur, der den männlichkeitsdominanten Geschlechterdualismus mit heteronormativer Sexualitätsvorstellung reproduziere. Andere Geschlechtervorstellungen und sexuelle Orientierungen würden stigmatisiert. Dies zeige sich auch und besonders in einer sexualisierten, Frauen und sexuelle Minderheiten abwertenden Sprache (im Krieg). Außerdem werde der weibliche Körper „zum ‚Territorium' gemacht" (Sven Chojnacki). Sexuelle Gewalt gegen Frauen – also vor allem (Massen-)Vergewaltigungen – würden im Krieg bewusst als Machtmittel eingesetzt.

M3 (Wie) Lassen sich Kriege voneinander unterscheiden?

Kriege ziehen sich wie ein roter Faden durch die Geschichte der Menschheit. Kriegerische Auseinandersetzungen gab es schon immer zwischen unterschiedlichen Akteuren: Staaten, Königreiche und politische Gruppen auch innerhalb eines Staates. Besonders verheerend waren die beiden großen Weltkriege im 20. Jahrhundert.

2023 zählten Konfliktforscher aus Heidelberg 22 Kriege, 21 begrenzte Kriege und 177 gewaltsame Krisen. Eine grobe Unterscheidung ist dabei die zwischen staatlichen und nicht-staatlichen Konfliktparteien: **Symmetrische zwischenstaatliche Kriege**, also Gewaltkonflikte, die zwischen zwei Staaten ausgetragen werden oder **asymme-**

trische Kriege zwischen einer staatlichen und einer nicht-staatlichen Partei. Solche Konflikte zeichnen sich durch unterschiedliche Machtverhältnisse und Taktiken aus. Asymmetrische Kriege lassen sich wiederum unterteilen in innerstaatliche Gewaltkonflikte – also Kriege zwischen einem nicht-staatlichen Akteur und einem Staat innerhalb bestehender Staatsgrenzen (**Bürgerkrieg**) – und extrastaatliche Gewaltkonflikte zwischen einem nicht-staatlichen und einem staatlichen Akteur außerhalb bestehender Staatsgrenzen (wie beispielsweise der Krieg der westlichen NATO-Staaten gegen die Taliban in Afghanistan bis 2021).

Inhaltlich schlägt die Arbeitsgemeinschaft Kriegsursachenforschung (AKUF) folgende Typologie vor:

- „**Antiregime-Kriege**: Kriege, in denen um den Sturz der Regierenden oder um die Veränderung oder den Erhalt des politischen Systems oder gar der Gesellschaftsordnung gekämpft wird.
- **Autonomie- und Sezessionskriege**: Kriege, in denen um größere regionale Autonomie innerhalb des Staatsverbandes oder um Sezession vom Staatsverband gekämpft wird.
- **Zwischenstaatliche Kriege**: Kriege, in denen sich Streitkräfte der etablierten Regierungen mindestens zweier staatlich verfasster Territorien gegenüberstehen, und zwar ohne Rücksicht auf ihren völkerrechtlichen Status.
- **Dekolonisationskriege**: Kriege, in denen um die Befreiung von Kolonialherrschaft gekämpft wird.
- **Sonstige Kriege**.

Zahlreiche Kriege lassen sich nicht eindeutig einem dieser Typen zuordnen, weil sich verschiedene Typen überlagern oder sich der Charakter des Krieges im Verlauf der Kampfhandlungen verändert, so das sich Mischtypen bilden."

Arbeitsgemeinschaft Kriegsursachenforschung (AKUF): Kriegsdefinition und Kriegstypologie. In: www.wiso.uni-hamburg.de, 08.04.2025

M4 Wie entwickeln sich bewaffnete Konflikte weltweit?

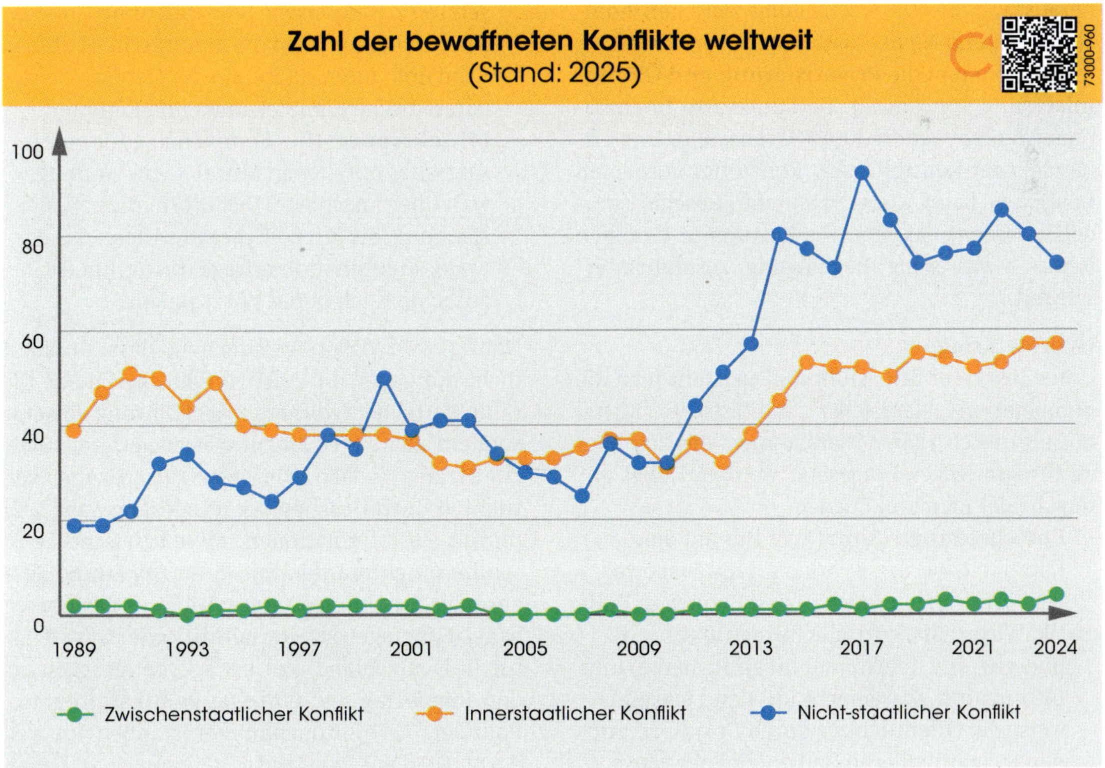

© C.C.Buchner Verlag, aktuelle Daten nach: Uppsala Conflict Data Program (Datenerhebung: 2025; Grafikerstellung 2025)

M5 Was sind die „neuen Kriege"?

Kriege wurden lange vor allem als Auseinandersetzungen zwischen Staaten verstanden, mit regulären Armeen, klaren Fronten und eindeutiger Trennung zwischen Kombattanten und Zivilbevölkerung. Klassische Beispiele sind der Erste und Zweite Weltkrieg. Diese Vorstellung greift heute jedoch vielfach nicht mehr.

Die sogenannten „neuen Kriege" sind Ausdruck veränderter Rahmenbedingungen. Häufig gehen sie mit dem Zerfall staatlicher Strukturen einher. Gewalt wird zunehmend durch nichtstaatliche Akteure wie Milizen, Rebellen, Warlords oder auch terroristische Gruppen ausgeübt. Diese Entstaatlichung der Gewalt führt dazu, dass die klassischen Regeln internationaler Kriegsführung – etwa der Schutz von Zivilisten – kaum noch gelten.

Ein zentrales Merkmal neuer Kriege ist ihre **asymmetrische Kriegsführung.** Dabei kämpfen oft ungleich starke Akteure gegeneinander: einerseits ein Staat mit konventionellen Streitkräften, andererseits eine nicht-staatliche Gruppierung, die auf Guerillataktiken oder Partisanenkrieg setzt. Diese Gruppen agieren oft aus dem zivilen Umfeld heraus, was die Unterscheidung zwischen Kombattanten und Nicht-Kombattanten erschwert.

Hinzu kommt die **Privatisierung und Ökonomisierung** von Gewalt. Gewaltakteure finanzieren sich nicht selten durch Plünderung, Drogenhandel oder Kontrolle über Rohstoffe. In solchen Kontexten kann Krieg zu einem „Geschäftsmodell" werden, das sich für bestimmte Gruppen lohnt – was seine Beendigung zusätzlich erschwert.

Hybride Kriege

Unter „hybrider Kriegsführung" versteht man die Kombination „klassischer" militärischer Mittel mit eigentlich zivilen Maßnahmen, die hier aber zu Kriegszwecken eingesetzt werden. Dabei unterscheidet man drei Ebenen.

- **Entscheidungsraum**: Nicht nur auf dem Kampffeld werden hybride Kriege ausgetragen, sondern u. a. auch in den Bereichen Politik, Wirtschaft, kritische Infrastruktur (z. B. Energie- und Telekommunikationsnetze) und Information. So versucht Russland beispielsweise die Öffentlichkeit durch Desinformationen zu manipulieren und durch Fake News seine Gegner zu delegitimieren.

Bei der Annexion der ukrainischen Halbinsel Krim im Jahr 2014 waren Soldaten ohne Hoheitsabzeichen im Einsatz. Diese Truppen besetzten strategisch wichtige ukrainische Einrichtungen. Russland leugnete zunächst eine Beteiligung, später räumte der russische Präsident Wladimir Putin jedoch ein, dass es sich um russische Soldaten handelte. Dieses Vorgehen prägte das Bild der hybriden Kriegsführung.

- **Operationsführung**: Hybrid kämpfende Akteure agieren in Grauzonen, z. B. zwischen legalen und illegalen Aktionen oder zwischen offenem Krieg und negativem Frieden. So besetzten z. B. russische Soldaten ohne Hoheitszeichen bereits 2014 die ukrainische Halbinsel Krim und unterstützten in der Ostukraine separatistische Kämpferinnen und Kämpfer.
- **Mitteleinsatz**: Hier kommen alle für einen Angreifer nützlichen Mittel – von Waffengewalt über Anschläge, Desinformationen, Bestechung, bis hin zu Cyberangriffen – in jedweder Kombination infrage. Kriterium ist ausschließlich deren Wirksamkeit.

Häufig wird davon gesprochen, dass Russland nicht nur gegen die 2021 von ihr überfallene Ukraine Mittel der hybriden Kriegsführung einsetzt, sondern auch gegen die europäischen Unterstützer der Ukraine. So kam es beispielsweise zu einer versuchten Beeinflussung der Bundestagswahl 2025 mittels Desinformationen, zivile russische Tankschiffe durchtrennten mit ihren Ankern ab 2024 europäische Untersee-Datenkabel in der Ostsee, es gab Sabotageversuche bei kritischer Infrastruktur in Deutschland und auch Cyberattacken auf den Bundestag und einzelne Politikerinnen und Politiker. AfD-Europapolitiker standen im Verdacht, Geld aus Russland angenommen zu haben, um russlandfreundliche Politik zu betreiben.

M6 Das klassische Kriegsbild löst sich auf

	(alte) Staatenkriege	(alte) Bürgerkriege	Neue Kriege
Akteure	Staaten	Staaten gegen politische Opponenten	Kriegsbanden [und teilweise Staaten]
Beziehungsfeld	zwischenstaatlich	innerstaatlich	transnational
Ziele	territorial	ideologisch, national	ethnisch, religiös, kommerziell
Opfer	[überwiegend] Kombattanten	Kombattanten und Zivilbevölkerung	Zivilbevölkerung
Kriegführung	symmetrisch	symmetrisch oder asymmetrisch	asymmetrisch
Regulierung	ja (diplomatisch und völkerrechtlich)	nein	nein (brutalisiert, kriminell)
Zeitstruktur	Trennung von (kurzen) Kriegszeiten und (längeren) Friedenszeiten		Verstetigung des Krieges

Nach: Schimmelfennig, Frank: Internationale Politik. 6. Auflage, Paderborn: Schöningh 2021, S. 197

M7 Die ethische Beurteilung der neuen Kriegsführung

Mit der technischen Entwicklung von Drohnen und autonomen Waffensystemen ergeben sich neue Dimensionen der Kriegsführung – und damit auch neue ethische Herausforderungen. Kampfdrohnen ermöglichen es, Angriffe aus sicherer Entfernung zu führen, ohne eigene Soldaten in Gefahr zu bringen. Dadurch erscheint die Hemmschwelle zum Waffeneinsatz niedriger.

Die Vorteile solcher Technologien liegen auf der Hand: hohe Präzision, minimale Risiken für das eigene Militär und die Möglichkeit, gezielt feindliche Kämpfer zu eliminieren. Besonders in asymmetrischen Konflikten versprechen Drohnen militärische Effizienz. Doch gleichzeitig werfen sie tiefgreifende ethische Fragen auf.

Eine zentrale Problematik betrifft die **Verantwortung für Fehlverhalten**. Selbst bei noch so umfassender Programmierung können autonome Waffensysteme – so die Kritikerinnen und Kritiker – zwischen Zivilisten und Kämpfern, zwischen einem Angreifer oder einem Verwundeten bzw. einem Gegner, der sich ergibt, nicht unterscheiden. Im Zweifel besteht die Gefahr, dass in allen Fällen getötet wird, was ein Verstoß gegen internationales Kriegsrecht und das humanitäre Völkerrecht wäre. Wer trägt dann die Verantwortung? Der Programmierer, der Befehlshaber, der Staat? Diese Fragen sind bislang rechtlich und moralisch kaum geklärt.

Darüber hinaus stellt sich die Frage nach der **Rechenschaftspflicht**: Wie kann sichergestellt werden, dass Entscheidungen über Leben und Tod nicht durch Algorithmen getroffen werden, die menschliche Urteilskraft nicht ersetzen können? Kritikerinnen und Kritiker befürchten, dass sich Kriege zunehmend automatisieren, entmenschlichen und von der politischen Öffentlichkeit entkoppeln.

Die Debatte um autonome Waffen ist daher nicht nur eine technologische, sondern auch eine moralische Herausforderung für Demokratien und das Völkerrecht. Vor allem angesichts des massenhaften Gebrauchs von vergleichsweise günstigen **Kampfdrohnen** im russischen Angriffskrieg gegen die Ukraine seit 2022, die die russische Armee auch gegen Zivilisten und zivile Infrastruktur (wie z. B. Elektrizitätswerke) einsetzt, stellen sich zusätzlich ethische Fragen hinsichtlich der „Verbilligung“ eines zwischenstaatlichen Krieges zu Lasten von Nicht-Kombattanten. International wächst der Druck, autonome Waffensysteme völkerrechtlich stärker zu regulieren. Die Vereinten Nationen sowie zahlreiche NGOs fordern verbindliche Abkommen, um den Einsatz von „Killerrobotern“ zu begrenzen und menschliche Kontrolle zu gewährleisten. Einige Staaten, darunter Deutschland, plädieren für ein präventives Verbot autonomer letaler Systeme, während andere wie die USA und Russland zurückhaltender sind. Kritikerinnen und Kritiker argumentieren, dass ohne internationale Standards die Gefahr wachse, dass ethische Prinzipien aus wirtschaftlichen oder strategischen Gründen missachtet werden. Die Debatte über die Zukunft autonomer Waffen zeigt: Technologischer Fortschritt bringt neue ethische und rechtliche Herausforderungen, die nur durch internationale Zusammenarbeit wirksam adressiert werden können.

Die Gefahr eines Rüstungswettlaufs im Bereich KI-gesteuerter Waffen stellt eine zusätzliche Herausforderung dar, weil Innovationen oft schneller voranschreiten als internationale Regelsetzung. Forscherinnen und Forscher betonen, dass bereits die Entwicklung von Prototypen zu Unsicherheit beiträgt, da Regierungen auf mögliche Bedrohungen reagieren, bevor klare Grenzen bestehen. Darüber hinaus wird diskutiert, wie KI-Waffen Konfliktstrategien und militärische Planungen weltweit verändern könnten.

M8 Was heißt Frieden?

Das Streben nach Sicherheit ist ein Grundbedürfnis des Menschen. Frieden ist eine Grundvoraussetzung für ein Leben in Sicherheit.

Grundsätzlich kann zwischen **positivem** und **negativem Frieden** unterschieden werden.

Negativer Frieden bezieht sich auf die Abwesenheit von militärischer Gewalt, mithin einen Zustand, in dem kein organisierter, bewaffneter Konflikt herrscht – Gewalt wird vermieden, aber zugrunde liegende Konflikte bleiben oft ungelöst.

Positiver Frieden hingegen umfasst die Abwesenheit von direkter, struktureller und kultureller Gewalt, sowie das Vorhandensein von sozialer Gerechtigkeit und einer Kultur des Friedens. Diese Definition erfasst nicht nur die Abwesenheit von Krieg, sondern die friedliche und demokratische Konfliktregelung auf allen Ebenen.

M9 Wie könnte eine „Architektur des Friedens“ aussehen?

Ein bedeutendes Modell für eine friedliche und stabile Gesellschaft ist das **zivilisatorische Hexagon**, das von dem Bremer Friedensforscher Dieter Senghaas entwickelt wurde. Es benennt sechs Bedingungen, die zusammen eine tragfähige Friedensordnung ermöglichen.

1. **Gewaltmonopol**: Mit einer Durchsetzung des Gewaltmonopols des Staates wären Bürgerkriege ausgeschlossen (wie z. B. im zerfallenden Jugoslawien oder im Libanon) und Kriminalität wirkungsvoll bekämpfbar. Die Gefahr zwischenstaatlicher Kriege könnte durch das Gewaltmonopol bei überstaatlichen Institutionen wie der UNO verringert werden.
2. **Rechtsstaatlichkeit**: Das Gewaltmonopol des Staates muss durch Rechtsstaatlichkeit zivilisiert werden (Bindung des Staates an eine freiheitlich demokratische Verfassung), um diktatorische Regime zu verhindern.

Dieter Senghaas
(*1940) mehrfach preisgekrönter Professor für interkulturelle und internationale Studien an der Universität Bremen mit Schwerpunkt in der Friedensforschung

Zivilisatorisches Hexagon

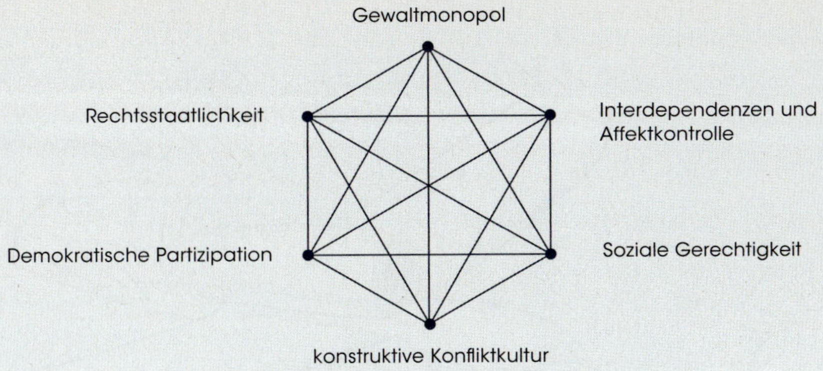

Bearbeitergrafik, basierend auf Dieter Senghaas

3. **Demokratische Partizipation**: Die demokratische, gleichberechtigte Teilhabe aller gesellschaftlichen Gruppen, einschließlich religiöser, ethnischer oder sexueller Minderheiten, verhindert, dass Teile der Bevölkerung von politischen Entscheidungen ausgeschlossen und diskriminiert werden und ihre Interessen im äußersten Falle gewaltsam vertreten.
4. **Soziale Gerechtigkeit**: Das Ziel der sozialen Gerechtigkeit im Sinne von Chancen- und Verteilungsgerechtigkeit sowie einer Sicherung der Grundbedürfnisse muss politisch verfolgt werden, um zu verhindern, dass Teile der Gesellschaft ausgegrenzt werden und chancenlos sind. Sozialpolitik ist somit eine Bedingung für die Erhaltung des inneren Friedens.
5. **Interdependenzen und Affektkontrolle**: Die friedliche Austragung von Konflikten im Rahmen von Regelungsinstitutionen (z. B. Gerichten) muss getragen sein von einer Sozialisation, deren Ziel Selbstbeherrschung und Affektkontrolle bei den Konfliktparteien ist. Es muss also die Bereitschaft in der Gesellschaft vorherrschen, sich auf die institutionalisierte Konfliktregelung zu verlassen und nicht sein vermeintliches Recht gewaltsam zu verfolgen.
6. **Konstruktive Konfliktkultur**: Die Bereitschaft zur Kompromisssuche bei Konflikten sowie eine tolerante Grundhaltung muss in der Gesellschaft selbstverständliche Orientierung sein und die politische Kultur prägen. Die rechtsstaatlichen Regeln und demokratischen Institutionen des Gemeinwesens werden so von einer positiven emotionalen Einstellung der Bürger getragen.

Diese sechs Elemente greifen ineinander. Fehlt eines davon, kann die Stabilität des Gesamtsystems gefährdet sein.

Nach: Senghaas, Dieter: Frieden als Zivilisationsprojekt. In: ders. (Hrsg.), Den Frieden denken. Frankfurt am Main: Suhrkamp 1995, S. 198ff.

Aufgaben

72003-603

1. Nennen Sie drei grundlegende Merkmale eines Krieges (**M1**).
2. Vergleichen Sie die gängigen Kriegstheorien miteinander (**M2**).
3. Erläutern Sie die derzeitigen Sicherheitsrisiken durch Kriege für Europa (**M3–M5**).
4. Entwickeln Sie für alle der drei beschriebenen Ebenen (Individuum, Gesellschaft, politisches System) Lösungsvorschläge zur Friedenssicherung (**M8–M9**).

Krieg und Frieden: Welche Rolle spielt Demokratie?

M1 Frieden im Wandel?

Karikatur: Nel Ioan Cozacu, 19.06.2021

M2 Demokratie – Garant für Frieden?

Die Vorstellung, dass Demokratie eine Friedensursache ist, geht auf das Zeitalter der Aufklärung zurück. Besondere Bekanntheit hat eine Passage in Immanuel Kants Spätwerk „Zum ewigen Frieden" (1795) erlangt.

„Wenn […] die Bestimmung der Staatsbürger dazu erfordert wird, um zu beschließen, ‚ob Krieg sein solle, oder nicht', so ist nichts natürlicher, als daß, da sie alle Drangsale des Krieges über sich selbst beschließen müßten […], sie sich sehr bedenken werden, ein so schlimmes Spiel anzufangen: Da hingegen in einer Verfassung, wo der Untertan nicht Staatsbürger […] ist, es die unbedenklichste Sache der Welt ist, weil das Oberhaupt nicht Staatsgenosse, sondern Staatseigentümer ist, an seinen Tafeln, Jagden, Lustschlössern, Hoffesten u.d.gl. durch den Krieg nicht das mindeste einbüßt."

Ähnliche Gedanken über den Zusammenhang von Herrschaftsform und Außenverhalten finden sich auch bei Montesquieu (1689-1855) und Thomas Paine (1736-1809). Politisch wirksam werden sie zur Zeit des Ersten Weltkrieges. In Großbritannien gründen liberale Politiker die „Union of Democratic Control", deren Kernforderung die verstärkte demokratische Kontrolle der Außenpolitik ist. Gegen Ende des Krieges machte der amerikanische Präsident Woodrow Wilson (1913-1921) die Demokratisierung des Deutschen Reiches zur Voraussetzung für Friedensverhandlungen und erhob Demokratie zu einem Hauptpfeiler der von ihm anvisierten Nachkriegsordnung. Vom Zweiten Weltkrieg bis in die 1980er-Jahre spielte die Idee der Demokratie als Friedensursache dann wiederum keine nennenswerte Rolle. Das Ende des Ost-West-Konflikts fällt dann mit der Wiederentdeckung und schnellen Popularisierung der Demokratie als Friedens-These zusammen.

Im Gegensatz zur Diskussion im Zeitalter der Aufklärung und zu Beginn des 20. Jahrhunderts werden in der zeitgenössischen Debatte zum Zusammenhang zwischen Demokratie und Frieden jedoch zwei Varianten streng voneinander getrennt. Die sogenannte dyadische Variante behauptet, dass Demokratien untereinander Frieden halten, aber anderen (nicht-demokratischen) Staaten gegenüber genauso gewaltbereit sind, wie andere Staaten. Hingegen behauptet die so genannte monadische Variante, dass Demokratien generell friedlicher sind als andere Staaten. Diese Unterscheidung entspricht der Trennung von internationaler Politik als Ergebnis von Interaktionen zwischen Staaten auf der einen Seite und von Außenpolitik als Handlung eines Staates auf der anderen Seite.

Die monadische These, wonach Demokratien generell friedlicher sind, ist bis heute umstritten. Vieles hängt davon ab, was genau unter „Friedlichkeit" verstanden wird. Nimmt man die Zahl von Kriegen, in die Demokratien verwickelt sind, wird man in der Regel keine besondere Friedfertigkeit finden. Untersucht man allerdings das Ausmaß an staatlicher Gewalt, beispielsweise die Zahl der Kriegstoten, zeigt sich, dass von Demokratien begonnene Kriege weit weniger eigene Verluste mit sich bringen als von Nicht-Demokratien begonnene Kriege. Auch in weiteren Aspekten finden sich Indizien einer höheren Friedensneigung von Demokratien: Sie würden sowohl Kriege als auch militarisierte zwischenstaatliche Dispute seltener initiieren und sich eher um eine friedliche Konfliktlösung bemühen. [...]

Der empirische Befund, dass Demokratien untereinander Frieden halten, wird hingegen kaum noch in Frage gestellt. [...] Ob es keinen einzigen oder doch einige wenige Kriege zwischen Demokratien gegeben hat, hängt von der Einschätzung einiger Grenzfälle ab. Dazu gehören der Krieg Großbritannien gegen die USA 1812, der Amerikanische Bürgerkrieg (1861-1865), der Krieg Englands gegen Transvaal und den „Orange Free State" in Südafrika („Burenkrieg", 1899-1902), der Krieg Finnlands gegen die Alliierten im Zweiten Weltkrieg und der Kargil-Krieg zwischen Indien und Pakistan 1999. Verteidiger der Demokratie/Frieden-These argumentieren, dass es sich weder beim Amerikanischen noch beim [sogenannten] Burenkrieg um einen internationalen Krieg handelte, weil jeweils eine Seite international nicht als eigenständiger Staat anerkannt war; dass Großbritannien bis zu den Wahlrechtsreformen Mitte des 19. Jahrhunderts keine Demokratie war und dass es zwischen Finnland und der Sowjetunion, nicht aber den demokratischen Alliierten Kampfhandlungen gegeben hat. Hinsichtlich des Kargil-Krieges [wird angemerkt] [...], dass es sich nicht um einen zweifelsfrei zwischenstaatlichen Konflikt handelte, [...] dass es sich [aber] um einen Ausnahmefall vom Demokratischen Frieden handeln könnte. Zusammen genommen machen die verschiedenen Grenzfälle deutlich, wie viel von der Definition der beiden Kernbegriffe „Demokratie" und „Frieden" abhängt.

Geis, Anna / Wagner, Wolfgang: Demokratischer Frieden, Demokratischer Krieg und „liberales peacebuilding". In: Ide, Tobias: (Hrsg.): Friedens- und Konfliktforschung. Opladen/Berlin: Verlag Barbara Budrich 2017, S. 133ff.

Aufgaben

72003-604

1. Erläutern Sie die zentrale Aussage der Karikatur (**M1**). Gehen Sie auch darauf ein, inwiefern die Darstellung als Kritik an heutigen sicherheitspolitischen Entwicklungen verstanden werden kann.
2. Erläutern Sie auf der Grundlage von **M2**, warum laut demokratischer Friedensforschung Demokratien tendenziell friedlicher agieren.
3. Beurteilen Sie, inwiefern Demokratien heute noch als Garanten für Frieden gelten können (**M1**, **M2**). Gehen Sie dabei auf Chancen und Grenzen demokratischer Friedenspolitik ein und berücksichtigen Sie dabei aktuelle sicherheitspolitische Herausforderungen wie Drohnenkrieg oder Cyberangriffe.

6.1.3 Das Völkerrecht im Wandel

Leitfragen

- Was ist unter dem Völkerrecht zu verstehen und wie entwickelte es sich?
- Welche Bedeutung hat der Internationale Strafgerichtshof?
- Wie sind humanitäre Interventionen völkerrechtlich zu beurteilen?

M1 Völkerrecht: Regeln für die Weltgemeinschaft

Das Völkerrecht beschreibt **das Recht der Internationalen Beziehungen**. Das Völkerrecht umfasst die Gesamtheit der Rechtsnormen, die das Verhältnis zwischen Staaten und internationalen Organisationen regeln. Es unterscheidet sich vom innerstaatlichen Recht dadurch, dass es keinen zentralen Gesetzgeber und kein zentrales Exekutivorgan gibt. Grundlage des Völkerrechts sind völkerrechtliche Verträge, das Völkergewohnheitsrecht und allgemeine Rechtsgrundsätze. Es dient der Aufrechterhaltung von Frieden, Sicherheit und Zusammenarbeit in der internationalen Gemeinschaft.

M2 Welche Prinzipien tragen das Völkerrecht?

- **Äußere und innere Souveränität**: Jeder Staat ist rechtlich unabhängig und gleichberechtigt, es gilt die Unverletzlichkeit des Staatsgebietes. Die innere Souveränität garantiert die freie Gestaltung der eigenen politischen Ordnung.
- **Interventionsverbot**: Das Interventionsverbot untersagt die Einmischung in innere Angelegenheiten eines anderen Staates. Dieser Grundsatz gerät zunehmend in Konflikt mit anderen Normen des Völkerrechts (Schutz der Menschenrechte, Verantwortung der internationalen Staatengemeinschaft, › M5).
- **Pacta sunt servanda**: Der Grundsatz „Pacta sunt servanda“ verpflichtet zur Einhaltung geschlossener Verträge.

Seit dem Zweiten Weltkrieg hat sich ein menschenrechtlich geprägtes Völkerrecht etabliert. Die **Allgemeine Erklärung der Menschenrechte** von 1948 gilt als zentraler Bezugspunkt. Diese Erklärung hat zwar keine rechtlich bindende Wirkung, die darin verankerten Menschenrechte gelten aber qua langjähriger Praxis und gemeinsamer Rechtsüberzeugungen als Völkergewohnheitsrecht.

Das humanitäre Völkerrecht – etwa die Genfer Konventionen – schützt Menschen in bewaffneten Konflikten und legt Mindeststandards für das Verhalten von Kriegsparteien fest.

Genfer Konventionen
Kernstück des humanitären Völkerrechts sind die vier Genfer Konventionen (auch: Genfer Abkommen) von 1949 und ihre Zusatzprotokolle von 1977 und 2005. An die Abkommen sind fast alle Staaten der Welt gebunden: Derzeit sind 196 Staaten (2025) Vertragsparteien des ersten Genfer Abkommens. Das erste Zusatzprotokoll haben 174 Staaten ratifiziert, das zweite 198 und das dritte (von 2005) bisher 72 Staaten.

M3 Universelle Menschenrechte – westliches Konzept oder globale Norm?

In westlichen Gesellschaften gelten Menschenrechte als universell gültig. Sie leiten sich aus der Idee des Naturrechts ab und beanspruchen Gültigkeit für alle Menschen, unabhängig von Kultur, Religion oder Staatszugehörigkeit.

In Asien wird diese Sichtweise teils kritisch betrachtet. So betont das konfuzianische Denken eher Pflichten gegenüber der Gemeinschaft als individuelle Freiheitsrechte. So kann sich die Würde des Menschen als Norm nur im gesellschaftlichen Kontext entwickeln und ist kein unveräußerliches, vorstaatliches Individualrecht.

Kritikerinnen und Kritiker westlicher Vorstellungen äußern deshalb, dass die universelle Geltung der individuellen Freiheitsrechte eine Form kultureller Dominanz darstellen.

M4 Internationale Gerichte als Hüter des Völkerrechts

Mit der Gründung des **Internationalen Gerichtshofs (IGH)** 1946 in Den Haag erhielten die Vereinten Nationen erstmals ein rechtsprechendes Organ für Streitigkeiten zwischen Staaten. Der IGH ist jedoch nur tätig, wenn beide Seiten zustimmen.

Um schwerste Verbrechen wie Völkermord und Verbrechen gegen die Menschlichkeit zu ahnden, richtete die internationale Gemeinschaft in den 1990er-Jahren Sondertribunale für das ehemalige Jugoslawien und Ruanda ein. 1998 wurde der **Internationale Strafgerichtshof (IStGH)** gegründet. Grundlage seiner Arbeit ist das Statut von Rom, das bisher von 125 Staaten (Stand: Oktober 2025) ratifiziert wurde. Doch eine Reihe von Staaten haben sich dem Gerichtshof nicht angeschlossen. Die USA haben das Statut zunächst unterzeichnet, später jedoch ihre Unterstützung offiziell zurückgezogen. Als Grund nannten sie Sorgen um die Souveränität und mögliche politisch motivierte Verfahren gegen US-Bürgerinnen und -Bürger, insbesondere gegen Militärangehörige. Mit ähnlicher Begründung widerrief auch Israel seine Unterzeichnung. Russland hatte das Statut ebenfalls unterzeichnet, nahm seine Unterschrift aber 2016 nach vorangegangener Kritik des Gerichts an der Krim-Annexion (2014) zurück. Weitere Staaten, darunter China, Indien und Pakistan, haben gar nicht erst unterzeichnet. Ungarn beschloss 2025 den Austritt aus dem Römischen Statut und warf dem IStGH vor, politisch zu agieren.

Kriegsverbrechen
[sind] schwere Verstöße von Angehörigen eines Krieg führenden oder sich in einem Bürgerkrieg befindlichen Staates gegen das völkerrechtliche Kriegsrecht. Nach den Bestimmungen der Genfer Konventionen [...] besteht die Verpflichtung der Staaten, durch ihre Justizorgane Kriegsverbrechen zu verfolgen und zu ahnden. [...] Als schwere Verletzungen und somit Kriegsverbrechen sind aufgeführt: vorsätzliche Tötung, Folterung und unmenschliche Behandlung einschließlich biologischer Versuche, vorsätzliche Verursachung großer Leiden oder schwerer Beeinträchtigung der körperlichen Unversehrtheit, die Zerstörung und Aneignung von Eigentum, die durch militärische Erfordernisse nicht gerechtfertigt sind, ferner die rechtswidrige Verursachung schwerer Schäden unter der Zivilbevölkerung und zivilen Objekten, die Verschleppung von Zivilpersonen u. a. Strafbar ist derjenige, der den Befehl zu einer solchen Tat gegeben hat oder ohne Befehl handelte. Nicht geregelt ist die Strafbarkeit des Handelns auf Befehl, sodass in Bezug hierauf auf allgemeine Verantwortlichkeitsregeln (Gehorsam) zurückgegriffen werden muss.

Duden Recht A-Z. Fachlexikon für Studium, Ausbildung und Beruf. 3. Auflage, Berlin: Dudenverlag 2015

Wann wird der IStGH tätig?

- Der Gerichtshof darf erst tätig werden, wenn der mutmaßliche Täter bzw. die mutmaßliche Täterin die **Staatsangehörigkeit eines Vertragsstaats** des Römischen Statuts besitzt oder dieser Staat die Gerichtsbarkeit des Gerichtshofs anerkannt hat; gleiches gilt, wenn sich die Tat auf dem **Hoheitsgebiet** eines solchen Staats ereignet hat.
- Der IStGH wird aktiv, wenn nationale Gerichte nicht handeln wollen oder können, der Sicherheitsrat der Vereinten Nationen eingreift, ein Vertragsstaat ihn anruft oder ein Ankläger die Initiative übernimmt („motu proprio“).
- Der IStGH verfolgt **Einzelpersonen**, nicht Staaten, und kann bei Völkermord, Verbrechen gegen die Menschlichkeit und Kriegsverbrechen tätig werden, wenn diese Straftatbestände vor nationalen Gerichten straffrei bleiben.

Bei ihrer Verfolgung von Verbrechen gegen die Menschlichkeit können sich die 18 Richterinnen und Richter auf einen festen Katalog stützen, der diesen Straftatbestand genauer definiert und der von allen Unterzeichnerstaaten gebilligt wurde. Folter und Vergewaltigung fallen genauso darunter wie Verfolgung aus ethnischen oder religiösen Gründen bzw. Deportationen und Sklaverei. Auch „Verbrechen der Aggression“ werden verfolgt, worunter nach Art. 8 des Römischen Statuts die „Planung, Vorbereitung, Einleitung oder Ausführung einer Angriffshandlung, die ihrer Art, ihrer Schwere und ihrem Umfang nach eine offenkundige Verletzung der Charta der Vereinten Nationen darstellt“, verstanden wird.

Urteile des IStGH

Seit seiner Gründung hat der Internationale Strafgerichtshof (IStGH) mehrere bedeutende Verfahren geführt. Nach der ersten Anklage 2007 verurteile der Gericht 2012 den kongolesischen Milizenführer Thomas Lubanga zu 14 Jahren Haft wegen der Rekrutierung und des Einsatzes von Kindersoldaten im bewaffneten Konflikt in der Demokratischen Republik Kongo. Weitere Prozesse gegen kongolesische Milizenführer wie Germain Katanga und Bosco Ntaganda folgten. In diesen Verfahren ging es unter anderem um Mord, Vergewaltigung und Plünderung als Kriegsverbrechen. Im März 2009 erließ der Internationale Strafgerichtshof erstmals einen Haftbefehl gegen ein amtierendes Staatsoberhaupt: Der sudanesische Präsident Umar al-Baschir sollte sich vor dem Gericht wegen Kriegsverbrechen, Völkermord und Verbrechen gegen die Menschlichkeit in der sudanesischen Provinz Darfur verantworten.

Ein international stark beachteter Schritt erfolgte im März 2023, als der IStGH einen Haftbefehl gegen den russischen Präsidenten Wladimir Putin erließ. Dieser hatte ein Jahr zuvor den völkerrechtswidrigen Angriffskrieg gegen die Ukraine befohlen. Der Haftbefehl wurde aber dafür erlassen, dass der Verdacht besteht, Putin habe im Zusammenhang des Überfalls die Deportation ukrainischer Kinder nach Russland befohlen oder zumindest geduldet. Es handelt sich um den ersten Haftbefehl gegen ein amtierendes Staatsoberhaupt eines ständigen Sicherheitsratsmitglieds durch den IStGH. Vollstreckt werden müsste der Haftbefehl von jedem der 125 Mitgliedstaaten des IStGH, in den Putin einreist. Der Haftbefehl hat vor allem symbolische Bedeutung, da Russland das Römische Statut nicht anerkennt und eine Auslieferung nicht zu erwarten ist. Dennoch kann der Schritt als Signal für die Geltung völkerrechtlicher Normen angesehen werden.

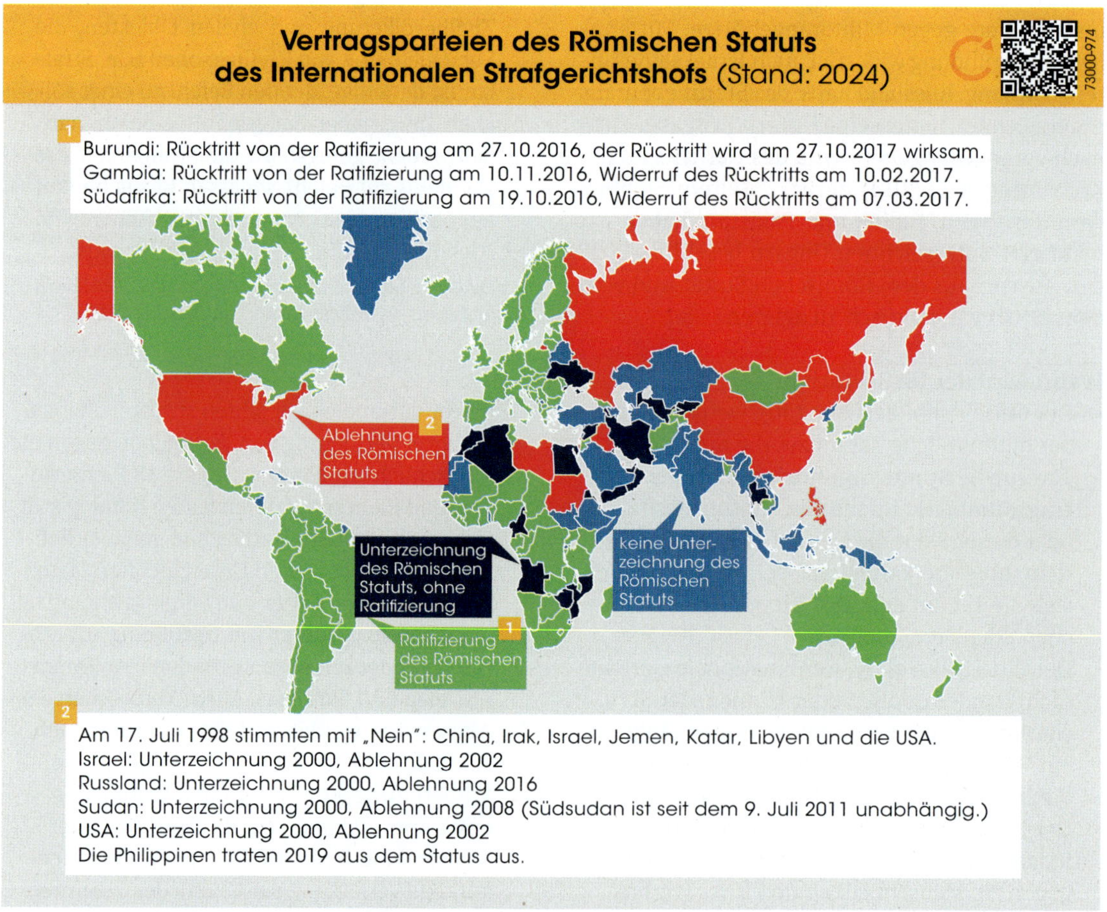

© C.C. Buchner Verlag, aktuelle Daten nach: ICC (Datenerhebung: 2024; Grafikerstellung 2024)

M5 Humanitäre Intervention: Dürfen Menschenrechte mit Gewalt verteidigt werden?

Das Völkerrecht basiert auf Grundprinzipien, die in Konflikt geraten können: So können beispielsweise der Grundsatz der Nichteinmischung in innere Angelegenheiten, das Gewaltverbot und die Achtung der Menschenrechte in Widerspruch geraten. Verletzt ein Staat innerhalb seines Territoriums die Menschenrechte, wäre ein militärisches Eingreifen durch andere Staaten wiederum eine Missachtung des Souveränitätsprinzips, des Grundsatzes der Nichteinmischung sowie des Gewaltverbots. Bis 2006 galt die Rechtsauffassung, dass derartige Humanitäre Interventionen zum Schutz der Menschenrechte völkerrechtswidrig sind.

Diese Rechtsauffassung änderte sich mit der Entwicklung der Doktrin **„Responsibility to Protect" (R2P)**, die 2005 von der UN-Generalversammlung beschlossen und 2006 vom UN-Sicherheitsrat übernommen wurde. Das Konzept der Schutzverantwortung verpflichtet die internationale Gemeinschaft zum Eingreifen, wenn ein Staat seine Bevölkerung nicht vor Völkermord, ethnischen Säuberungen oder Verbrechen gegen die Menschlichkeit schützen kann oder will. Die Autorisierung einer militärischen Intervention im Rahmen der R2P erfolgt durch den Sicherheitsrat der Vereinten Nationen.

Kritikerinnen und Kritiker argumentieren jedoch, dass unter dem Vorwand humanitärer Hilfe machtpolitische Interessen verfolgt werden könnten. Ein Beispiel ist die NATO-Intervention in Libyen 2011, die auf Grundlage der R2P durch UN-Resolution 1973 vom Sicherheitsrat der Vereinten Nationen autorisiert wurde. Viele Staaten und Analysten bemängelten, dass das Mandat für den Schutz von Zivilisten jedoch genutzt wurde, um einen Regimewechsel durchzusetzen. Damit wurde R2P aus Sicht der Kritikerinnen und Kritiker zu einem Instrument geopolitischer Einflussnahme, was international Misstrauen und Zurückhaltung gegenüber künftigen R2P-Einsätzen auslöste. Auch fehlt es oft an klaren Kriterien für die Legitimität solcher Interventionen. Das Völkerrecht bleibt daher ein Spannungsfeld zwischen staatlicher Souveränität und moralischer Verantwortung.

Ein französisches Kampfflugzeug hebt im März 2011 zu einem Einsatz in Libyen ab. Der internationale Militäreinsatz während des Bürgerkriegs in Libyen 2011 gilt als ein Präzedenzfall der R2P.

Aufgaben

72003-605

1. Stellen Sie in einem Kurzreferat die Entstehung, Aufgaben und Arbeitsweise des Internationalen Strafgerichtshofs dar (**M1–M4**). Gehen Sie dabei auch auf ein bis zwei aktuell anhängige Verfahren ein (› www.icc-cpi.int).
2. Erläutern Sie, warum die Vorstellung einer universellen Geltung von Völkerrecht und Menschenrechten für die Arbeit des Internationalen Strafgerichtshofs grundlegend ist (**M1–M4**).
3. Erklären Sie das Spannungsverhältnis zwischen dem Interventionsverbot auf der einen Seite und dem Prinzip der Schutzverantwortung (R2P) auf der anderen Seite (**M5**).
4. Diskutieren Sie, welche Chancen und Herausforderungen mit der Arbeit des Internationalen Strafgerichtshofs verbunden sind. Beziehen Sie dabei auch Kritikpunkte einzelner Staaten ein. Halten Sie die zentralen Argumente stichpunktartig fest (**M3–M5**).

Ist der Internationale Strafgerichtshof machtlos?

M1 Der Internationale Strafgerichtshof zwischen Anspruch und Realität

Die Zahl der verhandelten Fälle vor dem Strafgerichtshof liegt mittlerweile bei [33, Stand: Juli 2025]. Elf Verurteilungen und vier Freisprüche sind ergangen. 59 Haftbefehle wurden bis heute ausgestellt – zuletzt gegen den israelischen Premier Benjamin Netanjahu, seinen ehemaligen Verteidigungsminister Joaw Galant und den Militärchef der Hamas, Mohammed Deif, wegen des Verdachts auf Kriegsverbrechen sowie Verbrechen gegen die Menschlichkeit in Israel und Palästina. Und als wolle er der Welt zeigen, dass seine Behörde gerade so richtig Fahrt aufnimmt, beantragte Karim Khan, der Haager Chefankläger, [...] einen Haftbefehl gegen Min Aung Hlaing. Dem Chef der Militärjunta von Myanmar wirft Khan Verbrechen gegen die Menschlichkeit bei der Verfolgung und Vertreibung der Minderheit der Rohingya 2017 vor. Keine so schlechte Bilanz also für einen Gerichtshof, der seit seiner Gründung mit überhöhten Erwartungen, unterfinanzierten Budgets, internen Konflikten und geopolitischem Sperrfeuer zu kämpfen hat. [...]

Das Verfahren gegen Netanjahu ist nicht das erste des IStGH gegen einen amtierenden Staats- und Regierungschef, sondern das fünfte. Bei jedem bleiben Zweifel, ob es der obersten Mission des Gerichtshofs – die Bekämpfung der Straflosigkeit – genützt oder eher geschadet hat. Die Antwort auf die Frage liegt weniger beim Gerichtshof als im politischen Umfeld, in dem er arbeiten muss.

Als ersten Machthaber hatte es Omar al-Baschir getroffen. 2009 erließ der IStGh einen Haftbefehl gegen den sudanesischen Diktator wegen des Verdachts auf Kriegsverbrechen und Verbrechen gegen die Menschlichkeit in der westsudanesischen Region Darfur. Ein Jahr später kam der Vorwurf des Genozids dazu. Da war die anfängliche Unterstützung afrikanischer Staaten für das Haager Gericht schon arg geschrumpft. Weil dessen Ermittler sich anfangs fast ausschließlich auf Fälle in Afrika konzentriert hatten, war der IStGH im Globalen Süden in den Ruf geraten, ein „antiafrikanisches" oder „neokoloniales" Instrument des Westens zu sein, der seinerseits straflos das Völkerrecht brach. Der US-geführte War on Terror verstärkte diese Kritik. Die USA erklärten damals einen Angriffskrieg (2003 gegen den Irak) ebenso für legitim wie den Einsatz von Folter oder die unbegrenzte Inhaftierung von Verdächtigen. Es war das Vorspiel zur heute voll entbrannten Debatte um sogenannte doppelte Standards und westliche Heuchelei.

Al-Baschir präsentierte sich taktisch klug als „Opfer der weißen Justiz". Bei einem Staatsbesuch 2015 in Südafrika begrüßte ihn dessen damaliger Präsident Jacob Zuma nicht mit der Polizei, sondern mit einer herzlichen Umarmung. Als Vertragsstaat des Römischen Statuts, der Gründungsakte des IStGh, hätte Südafrika al-Baschir verhaften und nach Den Haag ausliefern müssen, was Zuma demonstrativ missachtete.

Der zweite Haftbefehl gegen einen amtierenden Staatschef erfolgte 2011 gegen Libyens Diktator Muammar al-Gaddafi, nachdem dieser versucht hatte, einen Massenaufstand niederschießen zu lassen. Gaddafi wurde wenige Monate später auf der Flucht vor Rebellen getötet, womit seine Akte in Den Haag geschlossen wurde. Das dritte Verfahren gegen Kenias Präsidenten Uhuru Kenyatta und seinen damaligen Vize William Ruto musste 2014 eingestellt werden. Beide waren nach Massakern im Zusammenhang mit Präsidentschaftswahlen einige Jahre zuvor der Verbrechen gegen die Menschlichkeit angeklagt worden. Im Lauf der Ermittlungen kamen immer mehr Zeugen der Anklage in Kenia unter ominösen Umständen ums Leben, andere zogen ihre Aussagen nach Drohungen zurück. Es war der vielleicht bitterste Rückschlag für den Gerichtshof bisher, zeigte er doch, dass der IStGH seine Zeugen oft nicht schützen kann.

2023 folgte der bislang „größte Fisch", den der Gerichtshof gern fangen würde: Russlands Präsident Wladimir Putin, seit März vergangenen Jahres mit Haftbefehl wegen der Verschleppung von Kindern aus der Ukraine gesucht – ein Kriegsverbrechen. Putin kopierte eine Taktik von al-Baschir: die Ohnmacht des IStGH bloßstellen. Denn der hat keine Polizeikräfte zur Vollstreckung seiner Haftbefehle, sondern ist ganz auf die Kooperation der Vertragsstaaten angewiesen. Also reiste Putin [im September 2024] in die Mongolei, die das Römische Statut ratifiziert hat. Statt Handschellen erwartete ihn dort der rote Teppich.

Gebäude des Internationalen Strafgerichtshofs in Den Haag

Benjamin Netanjahu wird womöglich ein ähnliches Manöver vollführen – dieses Mal mit der Hilfe eines Mitgliedslandes der EU. Gleich nach Erlass des Haftbefehls gegen den israelischen Premierminister lud ihn Ungarns Regierungschef Viktor Orbán zum Staatsbesuch ein. Ungarn ist Vertragsstaat des IStGH, aber Orbán garantierte seinem israelischen Amtskollegen, dass der Haftbefehl nicht vollstreckt würde.

So können Mitgliedsstaaten nach und nach die Institution und das Ansehen des IStGH untergraben – in Zeiten, da ein ganz entschiedener Gegner zum Angriff bläst. Die USA haben das Römische Statut nie unterzeichnet. […] Das heißt nicht, dass sie sich in Den Haag heraushalten würden. Schon gar nicht im Fall Israel. [US-Präsident Trump erließ im Februar 2025 Sanktionen gegen IStGH-Mitglieder, die gegen US-Bürger oder gegen Verbündete der USA wie Israel ermitteln. Die Maßnahmen erstrecken sich auf Einreiseverbote, Visumsentzug und das Einfrieren von Vermögenwerten.] Außerdem wird der Druck auf westliche Regierungen wachsen, die, wie Spanien und die Niederlande, versichert haben, die Haftbefehle gegen Netanjahu und Galant gegebenenfalls zu vollstrecken (den gegen Deif natürlich auch, aber der ist mit großer Wahrscheinlichkeit bereits tot).

Deutschland tat sich da schwerer. „Die Bundesregierung hält sich an Recht und Gesetz, weil niemand über dem Gesetz steht“, erklärte Außenministerin Annalena Baerbock erst mehrere Tage, nachdem die zuständige Richterkammer in Den Haag die Haftbefehle gegen Netanjahu, Galant und Deif bestätigt hatte. Soll wohl heißen: Netanjahu und Galant müssten auch auf deutschem Boden mit ihrer Festnahme rechnen. Ein forscheres und schnelleres Bekenntnis zum IStGH hätte man sich schon gewünscht von einem Land, das einst die Gründung des Gerichtshofs und den Kampf gegen Straflosigkeit mit angeführt hat. Die Haftbefehle gegen Netanjahu und Galant stellen den Gerichtshof vor seine bislang größte Probe. Soll der IStGh in den nächsten Jahren arbeitsfähig bleiben, braucht er die entschiedene Rückendeckung seiner Mitgliedsländer, vor allem der finanzstärkeren europäischen Staaten.

Böhm, Andrea: Statt Handschellen der rote Teppich.
In: www.zeit.de, 28.11.2024

Aufgaben

72003-606

1. Analysieren Sie, auf welche strukturellen und politischen Herausforderungen der Internationale Strafgerichtshof bei der Durchsetzung seiner Entscheidungen stößt. Beziehen Sie sich dabei auf konkrete Beispiele aus dem Material (**M1**).
2. Beurteilen Sie, ob der Internationale Strafgerichtshof trotz seiner beschriebenen Schwächen ein geeignetes Instrument zur Bekämpfung von Straflosigkeit im Völkerrecht darstellt (**M1**).

6.2 Globale Risiken und Herausforderungen

6.2.1 Internationaler Terrorismus

Leitfragen

- Warum ist der Terrorismus eine Bedrohung für die internationale Sicherheit?
- Was sind Ursachen für transnationalen Terrorismus?
- Wie kann der transnationale Terrorismus eingedämmt werden?

M 1 Was ist Terrorismus?

Bislang gibt es keine einheitliche Definition von Terrorismus. Daher versuchen Forscherinnen und Forscher derzeit, Terrorismus vor allem in Abgrenzung zu anderen Gewaltformen zu definieren.

Abgrenzung zu staatlichem Terror: Staatlicher Terror meint politische, meist willkürliche Gewaltausübung zum staatlichen Machterhalt. Eingesetzt werden dabei alle Mittel des überlegenen Staatsapparats (Polizei, Geheimdienst, Militär, Verwaltung). Terrorismus hingegen wird von nicht-staatlichen Gewaltakteuren (Gruppen, Einzelpersonen) ausgeübt. Diese reklamieren für sich, dass sie gesellschaftliche, ökonomische und/oder politische Verhältnisse gewaltsam verändern wollen. Terroristen sind im Vergleich zu Staaten strukturell unterlegene Akteure, die ihre Wirksamkeit aus psychologischen Effekten ihrer Gewaltanwendung erzeugen (› Kasten rechts).

Abgrenzung zu Gewalt von Rebellen oder Milizen: Gemeinsam ist Terroristen und Rebellen, dass ihre Gewalttaten politisch motiviert sind (Veränderung der Verhältnisse). Rebellen oder Milizen priorisieren hierbei aber die physische Gewaltanwendung (inkl. Guerillataktiken). Darüber hinaus haben Rebellen das Ziel, Territorien zu besetzen. Milizen sind ebenfalls nicht-staatliche Akteure, die aber die Absicht verfolgen, die bestehenden Machtstrukturen aufrechtzuerhalten oder auszubauen. Terroristen hingegen bekämpfen ihre Gegner i. d. R. nicht direkt, sondern mittels Anschlägen als „Kommunikation". Allerdings können die Übergänge zwischen terroristischen und Rebellenorganisationen fließend sein, wie die Besetzung großer Teile Syriens und Iraks durch den sogenannten Islamischen Staat zwischen 2014 und 2017 exemplarisch zeigt.

Terrorismus als Kommunikationsstrategie

Grundsätzlich gilt Terrorismus primär als eine „Kommunikationsstrategie", die auf die psychologischen Effekte der Gewaltakte setzt, um Botschaften an mehrere Adressaten gleichzeitig zu senden. Einerseits gilt es, Panik und Schockeffekte zu erzeugen, um eine Gesellschaft, eine Regierung oder einen Personenkreis einzuschüchtern und um öffentliche Aufmerksamkeit für bestimmte Anliegen zu erhalten. Dazu werden je nach Kontext sowohl Ziele mit hohem Symbolwert, beispielsweise Regierungs- und Parlamentsgebäude, Polizeistationen, religiöse Orte, Denkmäler, urbane Wahrzeichen, als auch viel besuchte öffentliche Orte wie Flughäfen, Bahnhöfe, Geschäftszentren, Restaurants, Hotels oder Marktplätze attackiert – sei es etwa durch Anschläge mit Fahrzeugen, Schuss- und Stichwaffen, durch ferngezündete Bomben, durch Selbstmordattentate oder größere Kommandooperationen. Andererseits sollen durch solche Gewaltakte potenzielle Unterstützer*innen mobilisiert und politisch nahestehende Milieus radikalisiert werden, um die eigene Basis auszubauen, ideologische Positionen zu verbreiten oder gar eine revolutionäre Stimmung herbeizuführen.

Schneckener, Ulrich: Terrorismus im Spannungsfeld politischer Gewalt. Eine Begriffs- und Standortbestimmung. In: Kärgel, Jana (Hg.): Terrorismus im 21. Jahrhundert. Bonn: Bundeszentrale für politische Bildung 2022, S. 20, 23

Abgrenzung zu Kriminalität und Amok: Diese beiden Gewaltformen sind im Gegensatz zu Terrorismus nicht politisch oder gesellschaftlich motiviert. Vielmehr handeln hier Einzelne oder Gruppen aus privaten (z.B. Rache, Eifersucht) oder finanziellen Motiven heraus. Nach dieser Systematik sind Anschläge von Einzeltäterinnen und -tätern nur dann als Terrorismus zu klassifizieren, wenn sie sich auf eine politisch-ideologischen Strömung zurückführen lassen.

Gleich um welche ideologische Strömung es sich handelt, braucht es für Terrorismus gesellschaftliche Bedingungen: Erstens wird die Bereitschaft zum Terrorismus wahrscheinlicher, wenn entsprechende ideologische Angebote vorliegen und (z.B. über das Internet) leicht verfügbar bzw. präsent sind. Zweitens brauchen spätere Täterinnen und Täter die Fähigkeiten zu Anschlägen. Hierbei ist die Schwelle verglichen mit komplex geplanten Operationen zumindest in vielen Teilen Europas im vergangenen Jahrzehnt deutlich gesunken, wie die terroristischen Attacken mit LKW (Berlin, Nizza), PKW (München) und handelsüblichen Messern zeigen. Drittens bedarf es einer Gelegenheit zur Ausführung des terroristischen Anschlags (Tatortauswahl, Sicherheitslücken).

M2 Welche Erscheinungsformen des Terrorrismus werden unterschieden?

Formen des Terrorismus		
nationaler Terrorismus	**internationaler Terrorismus**	**transnationaler Terrorismus**
Anwendung von Gewalt innerhalb eines Staates – Täter und Opfer aus gleichen Staaten; zielt auf die Veränderung einer nationalen Ordnung	Anschläge auf Bürger oder das Territorium eines anderen Staates – Täter und Opfer aus verschiedenen Staaten; zielt auf die Veränderung einer nationalen Ordnung	Agieren in transnationalen Netzwerken und Räumen – ohne lokale Verortung; zielt auf Veränderung der internationalen Ordnung
• „Klassische" Form des Terrorismus, bildete sich im 19. und 20. Jh. heraus; • stand / steht im Zusammenhang mit antikolonialen Befreiungsbewegungen, sozialrevolutionären Ideologien, ethnonationalem Separatismus oder religiösem Fundamentalismus; • global vorherrschend	• Bilden von Außenstellen, ohne Stammsitz aufzugeben • Kooperation von Terrorgruppen, z.B. OPEC-Attentat 1975 in Wien • Arbeitsteilung zwischen Kommandostrukturen und rekrutierten Attentätern • Internationalisierung der Finanzierung und Logistik	• transnationale Ideologie • dezentrale netzwerkartige Organisationsformen • globale Leitungsebene, „Operateure", Terrorzellen mit kooperierenden Terrorgruppen verbunden • multinationales Unternehmen mit zahlreichen Finanzierungsformen
Typische Beispiele für die Zeit nach 1945: • baskische ETA • kurdische PKK • deutsche RAF • nordirische IRA	Beispiele: • palästinensische Hamas • libanesische Hisbollah jeweils mit weltweiten Verbindungen bis nach Lateinamerika und Westafrika	Prototyp: • transnationales Netzwerk Al-Qaida (Attentat auf das World Trade Center 2001) • Islamischer Staat

Nach: Rytlewski, Ralf / Wuttke, Carola (Hg.): Duden Basiswissen Schule. Politik, Wirtschaft – Abitur. 4. Auflage, Berlin: Dudenverlag 2016, S. 387

M3 Was macht den islamistischen Terrorismus besonders?

Der heutige transnationale Terrorismus verbindet sich vor allem mit den Namen Al-Qaida und dem sogenannten Islamischen Staat (IS). Beginnend mit Auftreten des Terrornetzwerks Al-Qaida und den Anschlägen von 9/11 in den USA hatte der religiös fundamentalistische Terrorismus eine neue Qualität hinsichtlich seiner Ziele, Mittel und Motive erreicht. Damit verbunden ist der Name ihres Gründers und Anführers Osama bin Laden, der jedoch 2011 von US-Soldaten getötet wurde.

Im Jahr 2004 formte sich aus Teilen der aufständischen Gruppierungen gegen die Amerikaner im Irak eine Teilgruppe von Al-Qaida (AQI). Daraufhin folgte ab 2006 bzw. 2007 der Islamische Staat im Irak (ISI) und von 2011 bis Juni 2014 der Islamische Staat im Irak und in Syrien (ISIS). Mit der Ausrufung des Kalifats am 29. Juni 2014 nennt sich die Organisation nur noch Islamischer Staat und stand vor allem im Syrienkrieg in Konkurrenz zur Al-Qaida und anderen Gruppen.

Im Jahr 2019 wurde die IS-Miliz in Syrien v. a. durch Luftschläge der USA und Bodenkämpfe von mit den USA verbündeten kurdischen Gruppierungen geschlagen. Sie verlor den allergrößten Teil ihres Herrschaftsgebiets. Allerdings ist die Gruppierung noch in mehreren Staaten auf der arabischen Halbinsel und in Afrika aktiv und begeht Terroranschläge.

© C.C. Buchner Verlag, aktuelle Daten nach: Bundesamt für Verfassungsschutz (Datenerhebung: 2025; Grafikerstellung: 2025)

M4 Was treibt den transnationalen Terrorismus an? – Ziele, Mittel und Motive

Transnationaler Terrorismus ist durch eine enge Verknüpfung ideologischer Motive, technischer Möglichkeiten und internationaler Organisationsformen gekennzeichnet.

Eine zentrale Entwicklung ist die **Internationalisierung** terroristischer Strukturen. Moderne Kommunikationstechnologien – insbesondere das Internet – ermöglichen eine weltweite Vernetzung, Koordination und Rekrutierung. Propaganda, Schulung und sogar Anschlagspläne verbreiten sich digital in Echtzeit. Dies hat die Schwelle zur aktiven Beteiligung deutlich gesenkt.

Die **Ideologie** stellt ein Motiv dar: Im islamistisch-fundamentalistischen Terrorismus basiert sie auf einem religiösen Sendungsbewusstsein und der Ablehnung westlicher Lebensweisen. Islamistische Vereinigungen gründen sich auf entsprechend interpretierten religiösen Lehren und zielen auf die Errichtung eines Gottesstaates ab. In diesem gilt dann eine Interpretation des islamischen Rechts, der Scharia. Aber nur der allerkleinste Teil des politischen Islamismus bedient sich terroristischer Methoden.

In den letzten Jahren wird auch rechtsextremistischer Terrorismus in dreierlei Hinsicht vermehrt unter transnationaler Perspektive betrachtet. Erstens in Hinblick auf Ideologietransfer: So beriefen sich beispielsweise rechte Terroristen in Deutschland explizit auf den norwegischen Täter, der 2011 in Oslo und auf der Insel Utøya insgesamt 77 Menschen tötete. Zweitens findet in Teilen eine Art weltumspannender, digitaler Gamifizierung des Terrorismus statt. So streamten die Täter von Christchurch (auf zwei Moscheen) und Halle (auf eine Synagoge) ihre Anschläge live im Internet und inszenierten sie als eine Art Egoshooter mit der Möglichkeit für die Zusehenden, live zu kommentieren. Drittens haben (Individual-)Terroristen bereits aus dem Ausland Online-Zahlungen zur Finanzierung ihrer Anschläge erhalten.

Auch die **Organisation** ist typisch: Islamistisch geprägte Terrornetzwerke sind meist dezentral aufgebaut. Es existieren einerseits übergeordnete Leitungsebenen mit ideologischer Führung, andererseits autonome Terrorzellen, die Anschläge oft eigenständig planen. Diese Struktur erschwert staatliche Gegenmaßnahmen erheblich.

Bei den **Anschlagsformen** lässt sich ein Wandel beobachten: Typisch für den Terrorismus neuartiger Qualität sind koordinierte und zeitlich aufeinander abgestimmte Anschlagsserien sowie die große Zahl von Selbstmordanschlägen durch

Todesopfer durch Terroranschläge 2007–2024
(Stand: 2025)

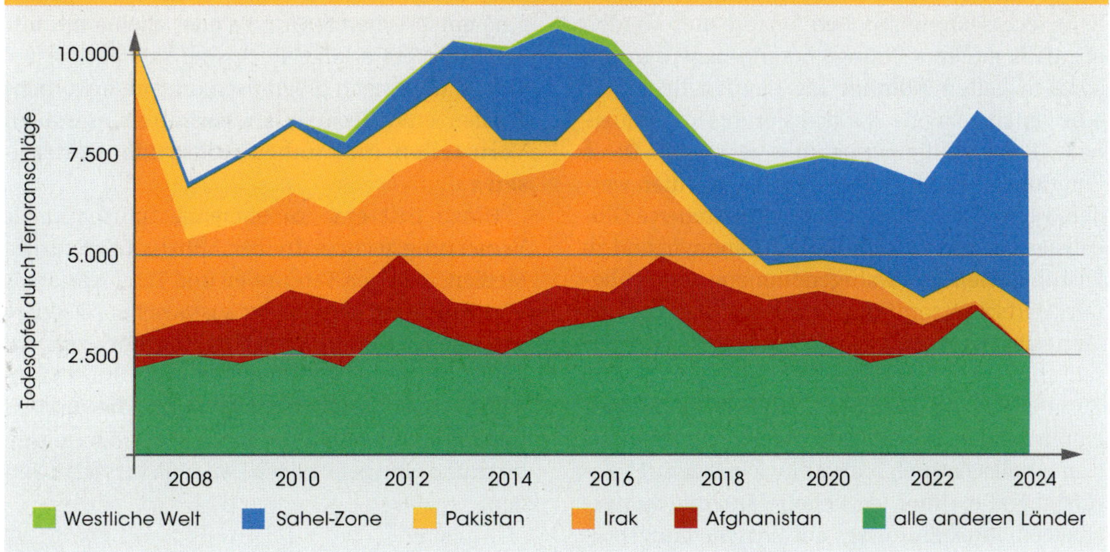

Nach: Institute for Economics & Peace. Global Terrorism Index 2025: Measuring The Impact of Terrorism, Sydney, March 2025. Available from: http://visionofhumanity.org/resources (accessed 14.11.2025)

sogenannte Schläfer. Allerdings kommen seit den 2010er Jahren immer häufiger auch vermeintliche Einzeltäter vor, die sich im oder durch das Internet selbst radikalisiert haben („*lonesome wolfs*"). Diese müssen nicht einmal mehr – wie noch der Attentäter vom Weihnachtmarkt auf dem Berliner Breitscheidplatz 2016 – von Mitgliedern einer Terrorgruppe gesteuert werden, sondern sie bereiten ihre Anschläge eigenständig vor und führen sie ohne Auftrag oder weitere Gruppenweisung durch. Im Fall des islamistischen Terrorismus reklamieren bekannte Terrorgruppen solche Anschläge aber dann häufig im Nachhinein für sich. Diese Art des Vorgehens ist von den Sicherheitsbehörden nur sehr schwer aufzudecken, weil die späteren Täter z. B. nicht in Gruppenkommunikation auftauchen und auch ihre Radikalisierung nur selten im Vorfeld in ihrer Dimension erkennt wird.

M5 Welche Ursachen hat der islamistisch-fundamentalistische Terrorismus?

Islamisch-fundamentalistischer Terrorismus ist tief ideologisch verwurzelt und richtet sich gegen die westliche Moderne. Terroristische Akteure empfinden **Säkularisierung**, **Individualismus und Konsumorientierung** als Bedrohung für ihre religiöse Identität. Sie sehen in westlichen Gesellschaften einen moralischen Verfall und lehnen deren Werte – etwa Gleichberechtigung oder Meinungsfreiheit – ab.

Diese Ablehnung beruht teilweise auf einem Gefühl kollektiver **Demütigung**. Viele Menschen in islamisch geprägten Regionen erleben die Weltordnung als ungerecht. Westliche Interventionen, wirtschaftliche Abhängigkeiten und kulturelle Dominanz fördern das Empfinden, unterlegen und ausgegrenzt zu sein. In dieser Gemengelage wächst der Hass auf die „Ungläubigen".

Ein weiterer Faktor ist die **demografische Entwicklung**: In vielen islamisch geprägten Ländern wächst die Bevölkerung schnell, während die wirtschaftlichen Möglichkeiten stagnieren. Bildungssysteme, Arbeitsmärkte und staatliche Strukturen sind überfordert. Junge Menschen ohne Perspektive fühlen sich ausgeschlossen – religiöse Extremisten bieten ihnen eine klare Identität und einen vermeintlich höheren Lebenssinn.

Insgesamt ist islamistischer Terrorismus also nicht allein durch Religion erklärbar. Vielmehr verbinden sich soziale, politische und kulturelle Spannungen mit einem radikalen Weltbild.

M6 Was sind die Ursachen von transnationalem Rechtsterrorismus?

Zur Erklärung der Ursachen von (transnationalem) rechtsextremistischen Terrorismus werden ebenfalls mehrere Stränge herangezogen. Insbesondere gelten **Männer** als empfänglicher für eine entsprechende Radikalisierung, die dauerhaft Benachteiligungsgefühle erleben. Diese Emotionen können vermehrt hervorgerufen werden, wenn durch vermeintlich ungesteuerte Globalisierungsprozesse und eine als anonym und zu leistungsorientiert wahrgenommene (neo-)liberale Wirtschaftsordnung scheinbar traditionelle Werte abgewertet werden und man sich in der Gesellschaft nicht mehr beheimatet fühlt. In diesem Zusammenhang werden Menschen tendenziell empfänglicher für radikale Ideologien, wenn sie sich gesellschaftlich – also hinsichtlich ihrer Berufsbiografie, ihrer sexuellen Verwirklichungschancen, ihres Einflusses auf Entscheidungsprozesse u. a. – nicht mehr ausreichend anerkannt sehen. Dazu kommt ein mehrstufiger Radikalisierungsprozess, der entweder in und flankiert durch eine entsprechende Gruppe oder alleine mithilfe des Internets erfolgt. Rechtsradikale Terroristen weisen dazu noch biografisch oft früh erworbene Tendenzen zu **dissozialem Verhalten, massiven Vorurteilen und unbewältigte Identitätskrisen** auf.

Hinzu tritt eine zunehmende transnationale Vernetzung rechtsextremer Milieus über soziale Medien, in denen Täterinnen und Täter Narrative, Strategien und Feindbilder austauschen. Dadurch entsteht ein Gefühl kollektiver Zugehörigkeit, das Radikalisierung beschleunigen kann. Internationale Vorbilder und Anschläge werden bewusst als Inspiration genutzt, wodurch Nachahmungseffekte und eine gefährliche Dynamik verstärkt werden.

M7 Welche Folgen hat der internationale Terrorismus für den Westen?

Internationaler Terrorismus hat tiefgreifende Folgen für westliche Gesellschaften – politisch, wirtschaftlich und gesellschaftlich. Ein markantes Beispiel ist der 11. September 2001: In den Wochen nach den Anschlägen auf das World Trade Center verringerte sich die amerikanische Wirtschaftsleistung erheblich. Der zeitweilige Zusammenbruch des Flugverkehrs und die verschärften Kontrollmaßnahmen im Land- und Flugverkehr schränkten die Lieferketten in der Wirtschaft ein und die Produktion ging zurück. Weltweit war das Vertrauen in internationale Märkte erschüttert.

Zudem entstanden enorme **Kosten durch militärische Reaktionen**, etwa in Afghanistan und im Irak. Nach offizieller Rechnung wurden für diese Kriege allein von den USA über zwei Billionen Dollar ausgegeben. Diese Einsätze belasteten jedoch nicht nur Haushalte, sondern verschärften auch geopolitische Spannungen. Auch im Innern reagierten viele Staaten mit **Sicherheitsgesetzen**. So wurde auf dem US-Marinestützpunkt Guantanamo Bay im Süden Kubas ein Gefangenenlager eingerichtet. Seit Anfang 2002 werden dort vor allem mutmaßliche Taliban- und Al-Qaida- Mitglieder festgehalten, denen die Rechte als Kriegsgefangene verwehrt blieben. Durch Berichte über willkürliche Misshandlungen, Erniedrigungen und Folter von Häftlingen wurde Guantanamo zum Synonym für die Missachtung von Menschenrechten im Kampf gegen den Terrorismus. US-Präsident Barak Obama wollte das Gefangenenlager während seiner Amtszeiten (2009 - 2017) schließen und verringerte tatsächlich die Zahl der Häftlinge. Anfang 2025 saßen in Guantanamo aber noch immer 15 der ehemals insgesamt 779 Gefangenen ein.

Terroranschlag auf das World Trade Center in New York am 11. September 2001

In Deutschland führte die Bedrohungslage zu Maßnahmen wie biometrischen Pässen, Vorratsdatenspeicherung und der Überwachung digitaler Kommunikation. Diese Eingriffe in die Freiheitsrechte sind umstritten. Das Bundesverfassungsgericht entschied 2010, dass die damalige Form der Vorratsdatenspeicherung verfassungswidrig sei. Für andere Sicherheitsgesetze hat das Gericht erhebliche Bedingungen bzw. Einschränkungen formuliert.

Terrorismus verändert also nicht nur die Sicherheitsarchitektur, sondern auch das Verhältnis von Freiheit und Kontrolle. Die Herausforderung besteht darin, wirksamen Schutz zu bieten, ohne die Grundrechte dauerhaft einzuschränken – eine Aufgabe, die bis 2025 und darüber hinaus aktuell bleibt.

Aufgaben

72003-607

1. Beschreiben Sie, wie sich der internationale Terrorismus von anderen Formen politischer und krimineller Gewalt unterscheidet (**M1**, **M2**).
2. Erläutern Sie zentrale Ursachen des transnationalen Terrorismus anhand des islamistischen und des rechtsextremen Terrorismus (**M3–M6**).
3. Analysieren Sie die Auswirkungen internationaler Terroranschläge auf westliche Staaten anhand des Beispiels der USA nach dem 11. September 2001 (**M7**). Berücksichtigen Sie dabei politische, wirtschaftliche und gesellschaftliche Folgen.
4. Setzen Sie sich mit der These auseinander, dass zur Abwehr von Terror die Freiheitsrechte der Bürgerinnen und Bürger eingeschränkt werden sollten (**M7**).

Jugendliche Radikalisierung im Internet – eine neue Terrorgefahr?

M 1 Interview mit einem Terrorismusexperten: „Es gibt genügend Hinweise, dass sich etwas Größeres ankündigt"

Herr Neumann, Sie beschreiben in Ihrem Buch einen neuen Typus von Gewalttätern, nämlich Tiktok-Terroristen. Was ist neu daran?
Zum einen sind diese Täter extrem jung. Ich habe seit Oktober 2023 alle knapp 60 wegen Terrorverdachts in Westeuropa Verhafteten erfasst. Zwei Drittel von ihnen sind Teenager, also zwischen 13 und 19 Jahre alt. Das ist neu. Noch vor zehn Jahren war diese Altersgruppe eine Ausnahme, jetzt ist sie die Regel. Dazu kommt, dass sich diese Verdächtigen ausschließlich oder hauptsächlich online radikalisieren. Schon vor zehn Jahren spielte das Internet eine große Rolle. Aber es gab daneben mindestens eine Person „offline", einen radikalen Prediger zum Beispiel, die den letzten Anstoß zur Tat gab. [...]

Wie muss man sich diese Selbstradikalisierung vorstellen?
Sie beginnt auf den großen Plattformen wie zum Beispiel Tiktok oder Instagram, die sehr junge Leute ansprechen und stark algorithmisch betrieben werden. Wenn Sie dort dreimal auf ein Video klicken, das zum Beispiel mit Palästina zu tun hat, dann kriegen Sie fast nur noch entsprechende Inhalte zu Gesicht. Und weil sich diese Plattformen schwer damit tun, ihre Inhalte zu kontrollieren, fällt es den Nutzern leicht, immer und immer wieder jihadistische und islamistische Propaganda zu konsumieren. Die Betroffenen geraten in eine Spirale, die dazu führt, dass sie früher oder später in eine geschlossene Gruppe geraten. [...]

Im Zentrum stehen fast immer Gewaltphantasien, die Ideologie spielt eine untergeordnete Rolle. Irgendeinmal stellt einer die Frage: Warum machen wir nicht auch einmal so etwas? [...]

Welches soziale und psychologische Profil haben diese Jugendlichen?
Man muss da vorsichtig sein, denn die Fallzahlen sind klein. Viele haben einen Migrationshintergrund, sind aber nicht selber eingewandert, sondern leben in zweiter oder dritter Generation hier. Es gibt aber durchaus auch Jugendliche ohne migrantische Herkunft. Und sicher sind es gehäuft

Peter R. Neumann ist ein deutscher Politikwissenschaftler. Er ist Professor für Security Studies am King's College in London.

junge Menschen mit psychischen Vorbelastungen. Aber wie gesagt: Ein ganz klares Muster haben wir noch nicht.

Dieses Täterprofil entspricht eigentlich eher jenem von (apolitischen) Amokläufern – zumal die jihadistische Ideologie eine untergeordnete Rolle spielt?
Ja. Generell gilt, dass spätere Täter, die sich im Internet radikalisieren, überdurchschnittlich oft eine Geschichte mit psychischen Erkrankungen haben. Ihnen gibt die jihadistische Ideologie eine Möglichkeit, ihre Gewaltphantasien auszuleben. Diesen Zusammenhang zwischen Krankheit und Gewalttat gibt es natürlich auch im rechten Terrorismus. Es geht, wie gesagt, weniger um eine ideologische Aufrüstung als um eine Radikalisierung hin zu der Tat.

Kann man da überhaupt von Terroristen sprechen?
Das ist eine berechtigte Frage. Für den Terroristen

steht ja die Gewalt im Dienst eines politischen Ziels. Bei diesen Einzeltätern sind die politischen oder ideologischen Vorstellungen höchstens bruchstückhaft. Im Zentrum steht der Hass. Der Hass gegenüber der Gesellschaft, der Hass gegenüber anderen. Leider ist die Diskussion um die Motive der Gewalttäter meist politisiert. [...] Dabei ist es wichtig, genau hinzuschauen: Ein paranoid-schizophrener Gewalttäter kann definitionsgemäß kein Terrorist sein.

Und doch übernimmt der IS auch im Anschluss an solche Gewalttaten quasi die Verantwortung dafür und versucht, sie auf sein Konto zu buchen?
Das ist die Strategie des IS. Er sagt: Wir sind im Moment nicht in der Lage unsere „Soldaten" nach Europa zu schicken wie 2014 und 2015. Aber wir rufen unseren Sympathisanten zu: Auch du kannst ein Kämpfer werden. Du brauchst nicht einmal nach Syrien zu kommen oder der Organisation beizutreten. Es reicht, wenn du ein Video aufnimmst und dich zum IS bekennst, bevor du zur Tat schreitest. Wir bekennen uns danach zu dir, und du bist Soldat oder sogar ein Märtyrer. Damit steigert der IS sein Potenzial. Eine andere Strategie ist es, dass Funktionäre des IS in Internet-Räumen aktiv nach möglichen „Rekruten" suchen und sie dann als Mentoren anleiten. [...]

Nach dem 7. Oktober und dem Beginn des Gaza-Kriegs hat Europol vor der Zunahme von Anschlägen von „lone wolves" gewarnt, also genau von den Einzeltätern und Kleingruppen, von denen wir sprechen. Lässt sich darüber schon etwas Verbindliches sagen?
Ich denke schon. Seit dem 7. Oktober letztes Jahr hatten wir in Westeuropa 6 kleinere islamistische Anschläge und 21 versuchte Anschläge. Wenn wir das mit 2022 vergleichen, ist das ein Anstieg um das Vierfache. Das ist jetzt nicht die große Welle, weil es keinen großen Anschlag gab. [...] Ich glaube, dass es genügend Indizien dafür gibt, dass sich da etwas Größeres ankündigt. Die „Einschläge", wenn man so will, werden häufiger, und sie kommen näher. Aber wir haben es in der Hand, eine neue Welle abzuwenden, wenn wir das Richtige tun. Auch frühere Wellen kündigten sich an.

Der Syrien-Konflikt begann 2011 – und die großen Anschläge in Europa kamen dann erst 2014, 2015 und 2016. Ich denke, der 7. Oktober und der Gaza-Krieg haben viel ausgelöst. Er verursacht einen riesigen Motivationsschub, der viele Personen aktiviert. Die Zeit, bis sie bereit sind, zuzuschlagen, müssen wir nutzen. Zum Beispiel, um Strafverfolgungs- und Präventionsstrategien auf ganz junge Täter einzustellen. Oder um nachrichtendienstliche Fähigkeiten im virtuellen Raum zu verstärken.

Bei Großangriffen, vor denen Sie warnen, sind die Täter aber keine Tiktok-Terroristen ...
Nein, es gibt daneben auch neue Netzwerke. Seit ein paar Jahren ist der IS-K, ein Ableger aus Afghanistan, wieder aktiver. Er hat in Zentralasien in Tadschikistan, Usbekistan und so weiter stark rekrutiert. Diese Täter sind verantwortlich für den Anschlag auf eine Konzerthalle im März [2024] in Moskau, bei dem 143 Menschen starben, oder für jenen auf eine katholische Kirche in Istanbul im Januar, bei dem ein Mann getötet wurde, sowie weitere Anschläge in Iran. In Westeuropa hat der IS-K mindestens ein halbes Dutzend Anschläge versucht, die vereitelt wurden. Diese zwei Entwicklungen – die wiedererstarkten Profis des IS-K auf der einen Seite und die Teenager-Terroristen aus dem Westen auf der anderen Seite – geschehen größtenteils unabhängig voneinander.

Ernst, Andreas: Terrorismus in Europa: „Es gibt genügend Hinweise, dass sich etwas Größeres ankündigt". In: www.nzz.ch, 23.08.2024, Rechtschreibung durch Bearbeiter angepasst

Aufgaben

72003-608

1. Analysieren Sie, welche Faktoren laut dem Interview zur Radikalisierung junger Menschen beitragen. Berücksichtigen Sie dabei sowohl individuelle als auch strukturelle Ursachen (**M1**).
2. Beurteilen Sie, inwiefern es sich bei den beschriebenen jugendlichen Einzeltätern um „Terroristen" im klassischen Sinne handelt (**M1**).

6.2.2 Fragile Staaten

Leitfragen

- Was sind die Merkmale und Ursachen von Staatszerfall?
- Inwiefern bedroht der Staatszerfall die internationale Sicherheit?
- Was lässt sich gegen Staatszerfall tun?

M1 Was macht einen Staat fragil?

Fragile Staaten verlieren wesentliche staatliche Funktionen. Zunächst bricht häufig das **Gewaltmonopol** zusammen: Polizei und Militär kontrollieren das Territorium nicht mehr vollständig, bewaffnete Gruppen oder Warlords übernehmen die Kontrolle. Zweitens leidet die Rechtsstaatlichkeit: **Korruption** ist weit verbreitet, Gerichte sind nicht unabhängig. Drittens werden grundlegende Dienstleistungen nicht erbracht – etwa Bildung, Gesundheitsversorgung oder **Infrastruktur**. Auch demokratische Teilhabe ist meist stark eingeschränkt oder nur formell vorhanden. Schließlich dienen staatliche Institutionen oft nicht mehr dem Gemeinwohl, sondern den Interessen einzelner Machthaber oder Clans. Diese Schwächen machen fragile Staaten anfällig für Konflikte, Unterdrückung und gesellschaftliche Fragmentierung.

M2 Vom starken Staat zum gescheiterten Staat

Dimensionen fragiler Staatlichkeit			
Starker Staat strong state	**schwacher Staat weak state**	**zerfallender Staat failing state**	**zerfallener Staat Failed state**
Gewaltmonopol des Staates	instabile Regierungen	Staatsversagen, Staat kann Sicherheit seiner Bürger nicht mehr gewährleisten	Wiederaufbau / state building
Frieden und Sicherheit	Wirtschaftliche und politische Krisen, Unruhen	Bürgerkrieg / Terror / Menschenrechtsverletzungen	Hilfe durch Staatengemeinschaft, Eingriffe externer Akteure, veränderte sicherheitspolitische Lage

Bearbeitergrafik

M3 Warum scheitern Staaten? – Ursachen des Staatszerfalls

Der Zerfall staatlicher Strukturen lässt sich auf endogene und exogene Ursachen zurückführen, wobei meist beide Faktoren zusammenwirken.

Zu den endogenen Ursachen zählen:

- schlechte, undemokratische politische Führung (Bad Governance), Korruption, Nepotismus, Armut in der Bevölkerung bei gleichzeitigem Reichtum von Eliten,
- Unterdrückung von Minderheiten.

Zu den exogenen Faktoren zählen:

- Nachwirkungen des Kolonialismus (z. B. willkürliche Bestimmung von Landesgrenzen ohne Rücksicht auf ethnische und religiöse Zugehörigkeiten),
- die Ausbeutung von Rohstoffen im Zuge der globalisierten Wirtschaft durch externe Akteure (Industrieländer und transnationale Unternehmen),
- geringe Verhandlungsmacht aufgrund von wirtschaftlicher Unterlegenheit,
- Ressourcenkonflikte aufgrund von meist menschengemachten klimatischen Veränderungen (Wasserkonflikte, Desertifikation und Hungersnöte).

M4 Index fragiler Staatlichkeit

Index fragiler Staatlichkeit (Stand: 2025)														
			Innerer Zusammenhalt			**Wirtschaftliche Indikatoren**			**Politische Indikatoren**			**Soziale Indikatoren**		
Platzierung	Staat (Auswahl)	**Gesamt**	Sicherheitsapparat	Fragmentierte Eliten	Konflikt zw. Gruppen	Wirt. Niedergang	Ungleiche Entwicklung	Flucht und Brain Drain	Staatliche Legitimität	Öff. Dienstleistungen	Menschenrechte,	Demografischer Druck	Flüchtlinge	Externe Intervention
1.	Somalia	111,3	9,7	10,0	9,0	9,2	9,0	8,5	9,7	9,5	8,7	10,0	9,0	9,0
2.	Sudan	109,3	9,3	9,6	9,6	9,4	8,8	8,0	9,5	9,0	9,3	8,9	9,7	8,2
3.	Süd-Sudan	109,0	10,0	9,2	8,7	8,6	8,6	6,4	9,9	9,8	8,8	9,7	10,0	9,3
4.	Syrien	108,1	9,7	9,9	8,8	9,9	6,6	7,7	10,0	9,1	8,8	8,4	9,2	10,0
5.	DR Kongo	106,7	8,3	9,9	9,4	8,2	8,5	6,3	9,4	9,2	9,0	9,8	9,9	8,8
6.	Jemen	106,6	8,1	9,9	8,8	9,6	7,6	6,2	9,8	9,7	9,3	9,3	9,3	9,0
7.	Afghanistan	103,9	9,2	8,7	8,0	9,6	8,3	7,0	9,6	9,7	8,8	8,9	8,1	8,0
13.	Palästinensische Autonomiegebiete	97,8	8,0	8,3	6,2	7,0	7,0	9,4	8,8	8,0	8,1	9,0	8,0	10,0
14.	Mali	97,3	9,7	7,6	8,2	7,0	6,9	7,4	8,7	8,9	7,6	9,1	8,2	8,0
22.	Ukraine	93,1	9,7	8,3	7,1	8,0	4,6	8,4	6,3	7,0	7,5	7,0	9,5	9,7
31.	Irak	88,6	7,2	9,6	7,7	6,0	5,6	5,8	8,3	8,0	7,5	7,9	7,4	7,6
48.	Russland	81,6	8,6	8,9	7,9	6,7	5,1	3,8	9,3	4,7	9,4	4,9	4,5	7,8
141.	USA	44,5	4,4	7,4	6,2	2,0	3,9	1,4	4,2	1,9	4,3	5,3	2,4	1,1
166.	**Deutschland**	**24,0**	**2,6**	**2,3**	**3,1**	**1,6**	**2,8**	**1,6**	**0,5**	**1,3**	**0,7**	**2,0**	**5,0**	**0,5**
175.	Neuseeland	15,9	1,3	1,4	1,7	2,7	2,8	1,6	0,3	1,2	0,5	0,8	1,3	0,3
176.	Island	15,2	0,3	1,8	0,3	2,7	1,7	1,5	0,4	0,6	0,2	1,6	1,8	2,3
177.	Finnland	14,3	1,7	1,4	0,2	2,8	1,7	1,4	0,2	0,7	0,3	1,4	1,8	0,7
178.	Norwegen	12,7	1,1	1,1	2,8	1,1	1,7	0,4	0,2	0,7	0,2	1,1	2,0	0,3

© C. C. Buchner Verlag, Zahlen nach: The Fund for Peace: Fragile State Index, 2025

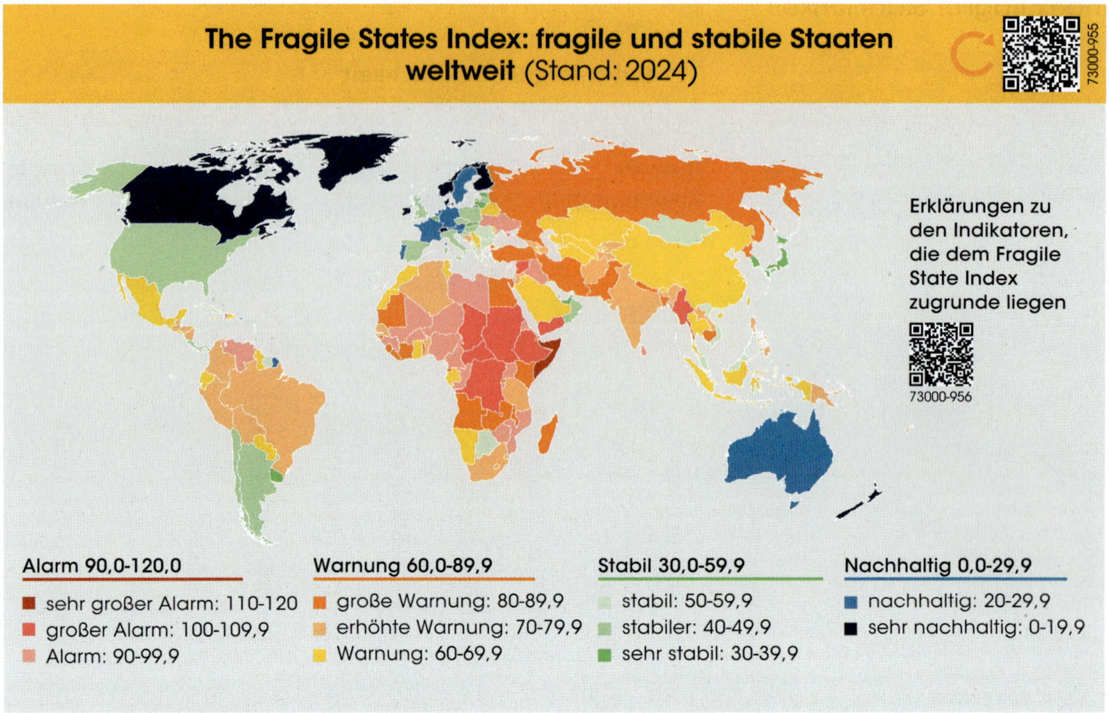

© C.C. Buchner Verlag, aktuelle Daten nach: Fund for Peace: Fragile States Index, 2023 (Datenerhebung: 2023; Grafikerstellung: 2024)

M 5 Wie gefährlich ist fragile Staatlichkeit?

Generell wird in den Internationalen Beziehungen davon ausgegangen, dass mit nachlassender Ordnungskraft innerhalb eines Nationalstaates und dem Bedeutungszuwachs nicht-staatlicher Akteure die **Kriegswahrscheinlichkeit** steigt. Diese Gefahr besteht vor allem bei fragilen Staaten, die vom Zerfall bedroht sind.

Fragile Staaten sind besonders anfällig für Gewalt und Bürgerkrieg. Ohne effektives Gewaltmonopol entstehen rivalisierende Milizen und bewaffnete Gruppen. Die Gesellschaft zerfällt in ethnische, religiöse oder regionale Bruchstücke, staatliche Institutionen verlieren ihre Autorität. Wenn Rechtsstaatlichkeit und soziale Grundversorgung fehlen, wächst die Unzufriedenheit – häufig mit dem Ergebnis, dass Gewalt als einziges Mittel zur Interessendurchsetzung erscheint. Die Instabilität kann sich über Grenzen hinweg ausbreiten, etwa durch Flüchtlingsströme, Waffenschmuggel oder grenzüberschreitenden Terrorismus. Fragile Staaten sind deshalb nicht nur ein lokales, sondern auch ein globales Sicherheitsrisiko, denn sie schaffen einen Nährboden für internationale Sicherheitsbedrohungen. Terroristische Gruppen und organisierte Kriminalität nutzen oft das Machtvakuum und die fehlende Kontrolle in solchen Staaten, um sichere **Rückzugsgebiete** zu etablieren und ihre Aktivitäten zu koordinieren. Etwaige Spannungen durch Flüchtlingsbewegungen aus instabilen Regionen können sich durch globale Fluchtbewegungen auch in weit entfernten Zielländer übertragen. Eine weitere globale Perspektive entsteht durch die Bedrohung der wirtschaftlichen Stabilität ausgehend von fragilen Staaten, z.B. durch die Störung von internationalen Handelswegen durch bewaffnete Gruppierungen.

Die internationale Gemeinschaft reagiert mit vielfältigen Ansätzen, von Friedenssicherungsmissionen über Entwicklungszusammenarbeit bis hin zu Regierungsunterstützung, um diese Risiken einzudämmen oder um Idealfall den Zerfall von Staaten zu verhindern. Langfristig ist die Stärkung staatlicher Institutionen, Rechtsstaatlichkeit und sozialer Strukturen zentral, um den Kreislauf von Gewalt und Instabilität zu durchbrechen und nachhaltige Sicherheit zu fördern.

M6 Somalia – Beispiel eines fragilen Staates und die Auswirkungen auf die internationale Sicherheit

Gibt der Staat sein Gewaltmonopol auf und herrschen anarchische Zustände innerhalb eines Staates, ist dies häufig ein Einfallstor für den religiös-fundamentalistischen Terrorismus (› Kap. 6.2.1). Somalia gilt dafür als ein Beispiel. In Somalia herrscht im Grunde Gesetzlosigkeit. Seit fast vier Jahrzehnten tobt dort ein Bürgerkrieg. Rivalisierende Clans und islamistische Milizen kämpfen um die Vorherrschaft in dem afrikanischen Land. Die Zentralregierung kontrolliert nur einige Städte, während sich ländliche Gebiete unter der Kontrolle von Al-Shabaab befinden. Al-Shabaab ist eine militante islamistische Bewegung in Somalia. Sie kontrolliert Teile Südsomalias und setzt dort die Scharia in strenger Form durch. Ihr Ziel ist die Errichtung eines islamischen Staates am Horn von Afrika und die Beteiligung an einem weltweiten Dschihad.

Eine islamistische Miliz in Somalia

Die somalische Gesellschaft wird von Stammesdenken und Clan-Strukturen beherrscht. Kämpfer von Al-Shabaab nehmen Zoll und Steuern ein und finanzieren ihre Operationen durch illegalen Handel. 2024 wurde Somalia auf dem Korruptionsindex von Transparency International auf Platz 179 (von 180 erfassten Ländern) als das weltweit zweitkorrupteste Land aufgeführt.

Lange Zeit existierten am Horn von Afrika keinerlei feste, einem Staat gleichende Strukturen. Die von steten Wanderbewegungen betroffene Region wurde von verschiedenen Kolonialmächten dominiert. Im Zuge der zunehmenden Islamisierung der Somali-Region kam es schon im 16. Jahrhundert zu kriegerischen Handlungen gegen das nördlich gelegene und eher christlich geprägte Nachbarland Äthiopien. 1964 kam es zum Grenzkrieg zwischen Somalia und Äthiopien, dessen Ergebnis bis heute nicht geklärt ist, da der genaue Grenzverlauf weiterhin umstritten bleibt. 1969 wendete sich Somalia einem Bündnis mit der Sowjetunion zu, 1977 kam es zum Bruch dieses Bündnisses, da die UdSSR auch das verfeindete Regime in Äthiopien stützte. Im gleichen Jahr begann Somalia den zwei Jahre andauernden Ogaden-Krieg. In diesem Konflikt zwischen den beiden Staaten versuchte Somalia, die Kontrolle über das hauptsächlich von Somali besiedelte Ogaden wiederzuerlangen, jedoch endete die Auseinandersetzung mit einer Niederlage, da Äthiopien massiv durch den Einsatz kubanischer Soldaten seitens der Sowjetunion gestützt wurde. Die Folgen dieser Gebietsaufteilungen und Kriege zwischen Somalia und seinen Nachbarn Äthiopien und Kenia sind zum einen die relativ große Zersplitterung der Bevölkerungsgruppe der Somali und zum anderen der stete Kampf um die Vorherrschaft in der Region, welcher im somalischen Bürgerkrieg von 1991 seinen letzten, bis heute nachwirkenden Höhepunkt erfahren hat. Seither ist es keiner Regierung gelungen, ihre Macht zu behaupten.

Kampfhandlungen und Plünderungen führten 1992 zu einer Verschlechterung der Versorgungslage bis hin zur Hungersnot im Süden Somalias, die schätzungsweise 300.000 bis 500.000 Menschen das Leben kostete. Die Hungersnot erhielt ab Mitte 1992 Aufmerksamkeit in den internationalen Medien. Im selben Jahr beschlossen die Vereinten Nationen zudem die Entsendung der UNOSOM-Mission, die zunächst jedoch nur einen Waffenstillstand zwischen Mohammed Farah Aidid und Ali Mahdi Mohammed überwachen sollte, die beide das Präsidentenamt für sich beanspruchten. Da Hilfsgüter für die von der Hungersnot Betroffenen immer wieder geplündert wurden, wurde der Ruf nach einer humanitären Intervention (› Kap. 6.1.3) zur Sicherung der Lieferungen lauter.

Der Frieden hielt nicht lange. Insbesondere Aidid wandte sich mit seiner Somali National Alliance offen gegen die UNOSOM und verlangte ihren Abzug, da er sie als Bedrohung seiner Macht ansah und fürchtete, sie werde die von Ali Mahdi gebildete Regierung anerkennen. Im November 1992 boten daraufhin die USA unter Präsident

Ankunft von deutschen Blauhelmsoldaten in der somalischen Hauptstadt Mogadischu, März 1993. Die Bundeswehr beteiligte sich von 1993 bis 1994 an der UN-Friedensmission UNOSOM II.

George H. W. Bush an, eine multinationale Truppe unter eigener Führung zu entsenden. Allerdings stellten unterschiedliche Erwartungen innerhalb Somalias wie auch in der internationalen Gemeinschaft sowie mangelnde Kenntnis der lokalen Gegebenheiten Probleme dar.

Teile der somalischen Bevölkerung sahen in den entsandten Truppen eine Besatzungsmacht und unterstellten insbesondere den USA ganz andere Motive, wie die Erlangung der Kontrolle über Erdölvorräte oder die dauerhafte Errichtung von Militärbasen am strategisch wichtigen Horn von Afrika.

Seit 2000 kam es dann vermehrt zu Piraterie vor der Küste Somalias am Horn von Afrika, welche wichtige internationale Schifffahrtsrouten bedrohte. Zur Sicherung der Seefahrtsrouten entsandten die NATO und die EU (Operation „Atalanta“) Kriegsschiffe in die Region.

Die Teilgebiete des faktisch um die Jahrtausendwende zerfallenen Somalias vereinbarten 2012 weiter als Bundesstaat, aber mit stärkeren Autonomierechten für die Teilstaaten, zusammenzubleiben. Gleichwohl gibt es immer weitere Abspaltungstendenzen. Derzeit kämpfen zudem Soldaten der Afrikanischen Union und der Armee des Nachbarlandes Äthiopien gegen Islamisten in Somalia, um den islamistischen Terrorismus im Land zu bekämpfen.

Aufgaben

72003-609

1. Beschreiben Sie die zentralen Merkmale und die Ursachen fragiler Staatlichkeit (**M1–M3**).
2. Analysieren Sie, welche Gefahren fragile Staaten für die internationale Sicherheit darstellen (**M4, M5**).
3. Somalia ist kein Einzelfall eines fragilen Staates in Afrika. Begründen Sie, warum gerade in Afrika besonders viele Staaten als fragil gelten (**M1–M6**).

Wie lässt sich fragile Staatlichkeit überwinden?

M1 Frieden von unten – was fragile Staaten wirklich brauchen

Martin Bröckelmann-Simon war von 1999-2021 Geschäftsführer der katholischen Hilfsorganisation Misereor. Er plädiert dafür, dass Industrieländer mehr Verantwortung übernehmen, um Gewaltkonflikte durch Prävention zu verhindern, statt im Nachhinein mit Militär einzugreifen.

Fragile Staatlichkeit gehört zu den wichtigsten Ursachen der Massenflucht junger Männer über das Mittelmeer. Die Industrieländer sollten daher alles tun, um Gewaltkonflikte schon im Entstehen zu bekämpfen. Militär darf dabei nur das letzte Mittel sein.

Warum werden mit Blick auf Afrika immer wieder apokalyptische Szenarien heraufbeschworen? Dahinter scheint die Botschaft zu stecken, dass wir in Europa Angst vor diesem Kontinent haben müssen, vor allem vor den angeblich auf ihren Koffern sitzenden Millionen junger Menschen. Es scheint klar, dass sie nur eines im Sinn haben: die Fleischtöpfe Europas. In Wirklichkeit ist eines der wichtigsten Motive für die Flucht über das Mittelmeer nicht der Traum vom guten Leben in Europa, sondern, neben offenem Krieg, die nicht mehr oder nur unzureichend funktionierende Staatlichkeit in Afrika.

Etwa 1,5 Milliarden Menschen leben derzeit in gut 50 Ländern, die von Gewalt, Konflikten und unsicheren politischen Verhältnissen geprägt sind. Generell werden Staaten dann als fragil (zerbrechlich) angesehen, wenn ihre Regierungen nicht willens oder in der Lage sind, staatliche Grundfunktionen in den Bereichen Sicherheit, Recht oder Sozialwesen zu erfüllen, wenn die Institutionen sehr schwach oder vom Zerfall bedroht sind und es der politischen Führung an Legitimität mangelt.

In so einem fragilen Staat zu leben, heißt, täglich der Willkür von Polizei oder Gangs ausgesetzt zu sein, keine Rechtssicherheit zu haben, die Kinder nicht zur Schule schicken zu können, weil der Weg dorthin zu gefährlich ist oder es gar kein funktionierendes Bildungssystem gibt. Es bedeutet, keinen Zugang zu angemessener medizinischer Versorgung zu haben, die Felder nicht bestellen und den eigenen Lebensunterhalt nicht – oder nur unter Lebensgefahr – verdienen zu können. Unter den Bedingungen fragiler Staatlichkeit florieren Korruption und organisierte Kriminalität, ebenso wie Armut und Hunger.

Laut OECD wird sich ohne Gegenmaßnahmen bis 2030 der Anteil der Menschen in fragilen Staaten, die von unter 1,25 Dollar pro Tag leben müssen, von 43 auf 62 Prozent erhöhen. Um fortschreitenden Staatszerfall zu verhindern, ist es unabdingbar, auf Konflikte frühzeitig zu reagieren und ihre gewaltsame Eskalation zu vermeiden. Ein wichtiger erster Schritt der Hilfe für Afrika ist es, wenn die Staatengemeinschaft anhaltende, schwere Menschenrechtsverletzungen in einzelnen Ländern nicht mehr hinnimmt und auch ihre Verantwortung für die Prävention von Gewalt anerkennt.

Es sollte selbstverständlich sein, dabei nicht vorrangig auf militärische Lösungen zu setzen und nicht zu spät und selektiv erst nach Maßgabe der Interessen mächtiger Staaten zu handeln. Internationale Eingreiftruppen zum Schutz der Menschenrechte in zerfallenden Staaten mögen, sofern völkerrechtlich legitimiert, bei schweren Menschenrechtsverletzungen als letzte Option gerechtfertigt sein, allerdings sind sie auch immer ein Ausdruck des Scheiterns. Mit der Zunahme von Interventionen wächst schließlich deren Akzeptanz als normales Mittel der Politik ebenso wie die Vorstellung, dass Frieden von oben und mit Gewalt hergestellt werden kann. Militäreinsätze können jedoch niemals von sich aus Frieden herstellen, sie können bestenfalls die Waffen zum Schweigen bringen – und dies auch meist nur vorübergehend.

OECD (Organisation für wirtschaftliche Zusammenarbeit und Entwicklung)
Die OECD ist ein Zusammenschluss von 38 Industrie- und Schwellenländern, der 1961 gegründet wurde. Ziel der Organisation ist es, die wirtschaftliche Entwicklung, den Handel, Beschäftigung und Lebensstandard in den Mitgliedsstaaten zu fördern und weltweit zur Lösung globaler Herausforderungen wie Armut, Bildung, Klima oder Entwicklung beizutragen. Sitz der OECD ist Paris.

Frühwarnsysteme gibt es, was fehlt, ist die Bereitschaft zu schnellem Handeln

Die mühsame Aufgabe des Interessenausgleichs, der Versöhnung und der Schaffung friedensfähiger Strukturen ist hingegen nur politisch zu lösen und muss im Wesentlichen von der betroffenen Gesellschaft selbst geleistet werden. Hier kommt den zivilgesellschaftlichen Organisationen die verantwortungsvolle Aufgabe zu, umfassend und wahrheitsgemäß zu informieren und den Austausch auch zwischen verfeindeten Parteien und Gruppen zu fördern. Frieden muss von unten wachsen. Zivile Konfliktbearbeitung beginnt, wenn Spannungen sichtbar werden und kann Gewalt mitverhindern, wenn sie entschieden und massiv unterstützt wird. Es ist viel sinnvoller, frühzeitig in die Stabilisierung eines Landes zu investieren, als zu versuchen, mit Geld und Soldaten Gewaltkonflikte zu beenden, nachdem sie einmal ausgebrochen sind.

Dabei mangelt es oft nicht an Frühwarnsystemen, wohl aber an frühzeitigen Gegenmaßnahmen. Das zeigt die Entwicklung im Nahen Osten, in Ostafrika oder in der Sahel-Region. Es geht zum Beispiel um Dinge wie interreligiösen Dialog, Versöhnungsarbeit und zivilgesellschaftliche Beteiligung am Staat und um dessen Kontrolle.

Auch die Industrieländer tragen eine große Mitverantwortung. Die Transparenz von Zahlungsströmen beim Abbau von Rohstoffen und stärkere Kontrollmöglichkeiten für die Zivilgesellschaft über die Verwendung der Einnahmen sind für die Menschen in Afrika wichtig. Politisches Engagement zu Fragen der Steuergerechtigkeit, der Korruption und der Unternehmensverantwortung setzt an den strukturellen Ursachen zerfallender Staatlichkeit an. Es ist also nicht nur eine Frage besserer Regierungsführung in den fragilen Staaten selbst. Ebenso müssen die Industrieländer ihre Außenwirtschafts- und Sicherheitspolitik so gestalten, dass sie nicht zu Menschenrechtsverletzungen und zur Verschärfung von Konflikten beitragen. Der Friedenssicherung dienlich wären eine striktere Umsetzung des internationalen Waffenhandelsvertrags ATT (Arms Trade Treaty) und mehr Transparenz über Waffengeschäfte. Nicht nur den legalen Waffenhandel zu kontrollieren, einschließlich des Handels mit Munition und Lizenzen, sondern auch den illegalen konsequent zu bekämpfen, gehört zur Gewaltprävention.

Wichtig wäre es, dass die unter Federführung des Auswärtigen Amtes erarbeiteten Leitlinien der Bundesregierung zur Friedensförderung und Krisenprävention […] hier die richtigen Akzente setzen. Sie sollten eindeutig einer engagierten und kohärenten Friedenspolitik verpflichtet sein und den Vorrang der zivilen Krisenprävention formulieren.

Bröckelmann-Simon, Martin: Afrika richtig helfen. In: www.sueddeutsche.de, 14.04.2017

Südsudan gilt als weiteres Beispiel für einen fragilen Staat. Aufgrund fehlender Infrastruktur erfolgt die Wasserversorgung in der Stadt Dschuba durch Tanklastwagen. Die Entsorgung von genutztem Wasser übernehmen entsprechende Abwasser-Tankwagen.

Aufgaben

72003-610

1. Erläutern Sie, welche Maßnahmen der Text zur Verhinderung von Staatszerfall und zur Förderung von Frieden in fragilen Staaten vorschlägt (**M1**).
2. Bewerten Sie, inwiefern die Forderungen des Autors an internationale und zivilgesellschaftliche Akteure zu einer langfristigen Stabilisierung fragiler Staaten beitragen können (**M1**). Berücksichtigen Sie sowohl Chancen als auch Grenzen dieser Ansätze.

6.2.3 Verbreitung von Massenvernichtungswaffen

Leitfragen

- Was macht die Verbreitung von Massenvernichtungswaffen so bedrohlich?
- Wie funktioniert das internationale Regime nuklearer Nichtverbreitung?
- Droht ein neues Wettrüsten?

M1 Wie verändern ABC-Waffen die internationale Sicherheit?

Nach dem Ende des Kalten Krieges veränderte sich die internationale Sicherheitspolitik grundlegend. Bis 1990 achteten die beiden Atommächte USA und Sowjetunion und deren Verbündete streng darauf, dass Massenvernichtungswaffen nicht in die Hände ihrer Gegner fallen konnten und die atomare Pattsituation erhalten blieb. Der Zerfall des Ostblocks und die zunehmende Globalisierung ermöglichten den Transfer sicherheitsrelevanten Wissens und technischer Fähigkeiten. Dadurch verbreitete sich das Know-how zur Herstellung von Massenvernichtungswaffen (**ABC-Waffen**: **Atomar**, **Biologisch**, **Chemisch**) zunehmend. Man spricht hierbei von „**Proliferation**". Anders als früher sind heute nicht nur Staaten, sondern auch nicht-staatliche Akteure wie Terrorgruppen potenzielle Akteure. Die unkontrollierte Weitergabe von Technologien, Materialien und Expertise stellt ein massives Risiko für die internationale Sicherheit dar und erschwert die Kontrolle solcher Waffen erheblich.

Dazu kommt in jüngster Zeit auch erneut die prinzipielle Gefahr, dass Russland Teile seines Atomwaffenarsenals erstens im Zuge seines Angriffskrieges gegen die Ukraine und/oder zweitens als Drohmittel gegen seine mittel(ost)europäischen Gegner einsetzt.

M2 Worin besteht das Risiko?

Die Gefahr von Massenvernichtungswaffen besteht nicht nur in der bloßen Existenz solcher Waffen, sondern auch in ihrer möglichen Weiterverbreitung, ihrem Missbrauch sowie Unfällen, Diebstahl oder gezielter Sabotage. Besonders bedrohlich ist, dass die Weitergabe meist verdeckt erfolgt – nicht über fertige Waffen, sondern über Rohstoffe, Bauteile, Know-how oder ganze Produktionsanlagen.

Viele Staaten versuchen, sich schrittweise die technischen Voraussetzungen für den Bau solcher Waffen zu verschaffen – etwa durch Atomforschung, die Entwicklung von **Trägersystemen** wie Raketen oder den Ausbau entsprechender Industrieanlagen. Ein Beispiel ist der Iran, der sein Nuklearprogramm offiziell als zivil deklariert, aber regelmäßig unter dem Verdacht steht, heimlich militärische Fähigkeiten aufzubauen. Eine atomar bewaffnete Regionalmacht wie Iran könnte zu einem Wettrüsten im Nahen Osten führen und die Sicherheit weit über die Region hinaus bedrohen.

Nordkorea hat bereits Atomwaffen getestet und setzt sie gezielt zur Abschreckung ein. Solche Programme destabilisieren ganze Regionen, da benachbarte Staaten sich bedroht fühlen und aufrüsten könnten. Auch nicht-staatliche Akteure könnten versuchen, über illegale Netzwerke an solche Technologien zu gelangen – mit unvorhersehbaren globalen Folgen.

M3 Die Gefahr des Wettrüstens

Um gegenüber den Risiken der Proliferation und der Erpressbarkeit durch sogenannte „Schurkenstaaten" und Terroristen gewappnet zu sein, entschlossen sich die USA zum Aufbau eines nationalen **Raketenabwehrsystems**, welches feindliche Interkontinentalraketen bereits im Weltraum orten und zerstören kann. Im Jahr 2010 beschlossen die NATO-Staaten, den bereits seit 2005 bestehenden Mittelstreckenraketen-Abwehrschirm auszubauen, um ihn auch gegen Raketen aus Europa selbst tauglich zu machen (Active Layered Theatre Ballistic Missile Defence, ALTBMD).

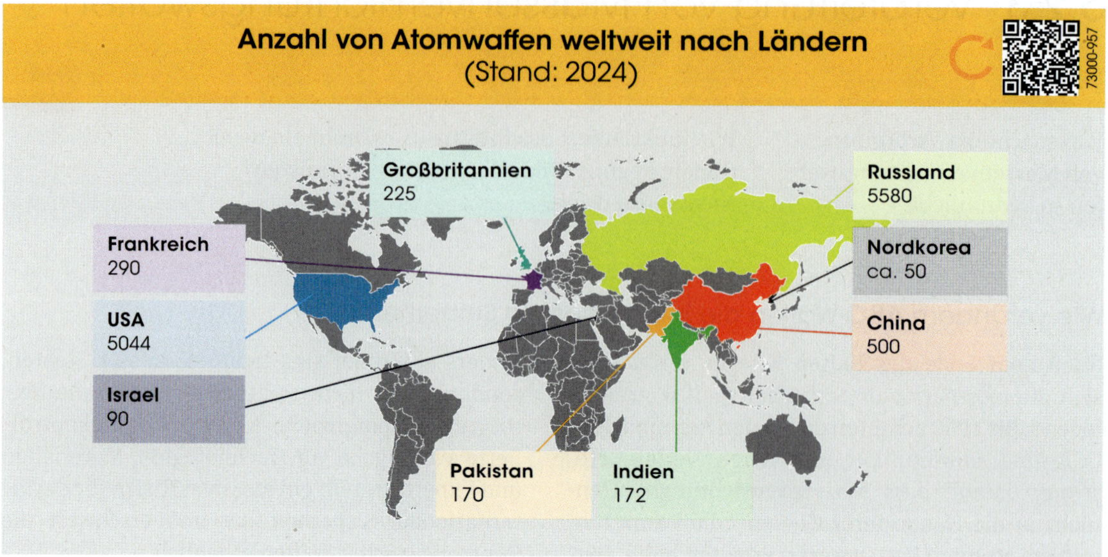

© C.C. Buchner Verlag, aktuelle Daten nach: SIPRI (Datenerhebung: 2024; Grafikerstellung: 2024)

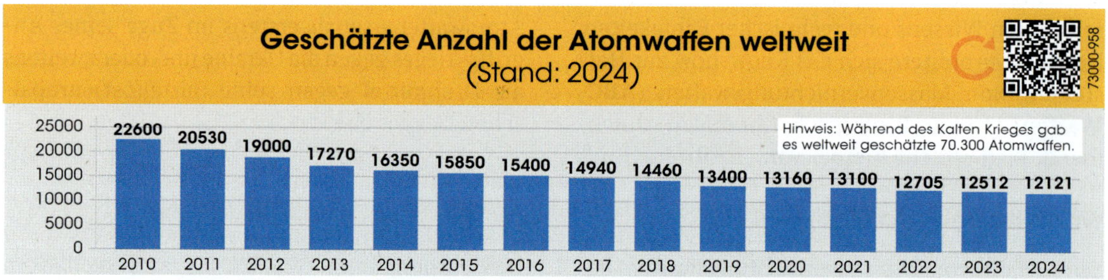

© C.C. Buchner Verlag, aktuelle Daten nach: SIPRI (Datenerhebung: 2024; Grafikerstellung: 2024)

Eine erste Einsatzfähigkeit des Schirmes wurde auf dem NATO-Gipfeltreffen in Chicago im Mai 2012 verkündet. Dieser einseitige Ausbau eines US-amerikanisch geführten Sicherheitssystems führte wiederum zu Misstrauen und Kritik anderer Staaten. Russland kündigte umgehend den Bau neuer Langstreckenraketen an, und Nordkorea antwortete mit dem Test von Atombomben. Die USA haben daraufhin nochmals deutlich gemacht, dass sie gemäß ihrer Nationalen Sicherheitsstrategie bereit sind, militärisch zu intervenieren, um Staaten daran zu hindern, neu in den Besitz von Massenvernichtungswaffen zu gelangen.

Auf Initiative Deutschlands wurde 2022 die European Sky Shield Initiative (ESSI) ins Leben gerufen, um die europäische Luftabwehr (gegenüber Russland und Belarus) zu verbessern. Bis Mitte 2025 waren 15 nord-, mittel-, mittelost- und südosteuropäische EU-Staaten diesem Abkommen beigetreten. Da Frankreich aber kein Mitglied der ESSI ist, verfügt der europäische Raketenschild derzeit nicht über nukleares Angriffspotenzial.

M4 Wie funktioniert das Regime der nuklearen Nichtverbreitung (Nonproliferation)?

Mit zahlreichen Rüstungskontrollverträgen und durch internationale Organisationen versuchen Atomwaffen- und Nichtatomwaffenstaaten seit den 1960er Jahren die unkontrollierte Verbreitung von Atomwaffen zu verhindern und vorhandene Bestände abzubauen oder einzufrieren. Der wichtigste multilaterale Vertrag ist der **Atomwaffensperrvertrag** (Treaty on the Non-Proliferation of Nuclear Weapons – NPT), der 1970 in Kraft trat. Dem NPT gehören 191 Staaten an (Stand: 2024), vier Staaten sind nicht Mitglied: Indien, Pakistan, Israel und Südsudan. Nordkorea hat im Januar 2003 seinen Rücktritt vom Vertrag erklärt, der endgültige Status Nordkoreas wird seither offengehalten. Die Atommächte China und Frankreich haben den Vertrag zwar unterzeichnet, aber nicht ratifiziert. Deutschland ist dem Vertrag am 2. Mai 1975 beigetreten.

In einem für einen multilateralen Vertrag ungewöhnlichen Stil werden die Vertragsstaaten strikt in zwei verschiedene Kategorien geteilt: Staaten mit Atomwaffen (Nuclear-Weapon-States, NWS) und Nichtatomwaffenstaaten (Non-Nuclear-Weapon-States, NNWS). Wichtigstes Ziel des NPT ist die Verhinderung der Verbreitung von Atomwaffen. So statuiert der Vertrag in Art. I NPT die Pflicht für die NWS, keine Atomwaffen oder dafür notwendige (Träger-)Technologie an einen NNWS weiterzugeben. Spiegelbildlich verpflichten sich die NNWS in Art. II NPT, weder Atomwaffen zu erwerben noch solche selbst zu entwickeln. Noch im Januar 2022, also etwa einen Monat vor der russischen Invasion in die Ukraine, untermauerten die fünf ständigen Mitglieder des UN-Sicherheitsrats (alles Atommächte) bei einer Konferenz in Wien, dass ein „Atomkrieg […] nicht gewonnen werden [kann] und […] nie geführt werden“ darf. Wie sich die atomare (Ab)Rüstung angesichts der russischen Aggression gegen die Ukraine und angesichts der zweiten Präsidentschaft Donald Trumps seit 2025 weiterentwickelt, ist derzeit nur sehr schwierig vorhersehbar. Sehr wahrscheinlich ist aber, dass sich die Atomwaffenarsenale nicht oder nur sehr langsam verkleinern, weil alle Seiten diese als Druck- und Drohmittel in ihrem transaktionalen Verständnis ihrer Außen- und Sicherheitspolitik ansehen.

Ein weiteres Problemfeld sind neue technische Entwicklungen wie die Verbreitung kleiner modularer Reaktoren für Atomkraftwerke und fortschrittlicher Urananreicherungsmethoden. Diese Technologien können den Zugang zu kernwaffenrelevantem Material erleichtern und machen eine Kontrolle schwieriger. Inzwischen rücken auch Cyberangriffe auf sensible Anlagen und die Sicherung digitaler Steuerungssysteme in den Fokus der Sicherheitsdebatte. Staaten und internationale Organisationen arbeiten an neuen Maßnahmen, um Reaktoren und Lagerstätten gegen Sabotage und Spionage abzusichern, da jede Schwachstelle ein mögliches Einfallstor zur Erlangung von Atomwaffentechnologien und deren illegaler Verbreitung darstellen kann.

Karikatur: Erl, 02.08.2019

Die wichtigsten Rüstungskontrollverträge (Stand: 2025)			
Unter-zeichnet (in Kraft)	**Name**	**Parteien**	**Inhalt**
05.08.1963 (10.10.1963)	Partieller Atom-teststopp-Vertrag (PTBT)	131 Staaten	Vertrag zum Verbot von Nuklearwaffentests in der Atmosphäre, im Weltraum und unter Wasser
01.07.1968 (05.03.1970)	Atomwaffen-Sperrvertrag (NPT)	189 Staaten	Verbietet die Weitergabe von Atomwaffen, verpflichtet zur Abrüstung
26.05.1972 (03.10.1972)	ABM-Vertrag	USA/UdSSR	Vertrag zur Begrenzung von Systemen zur Abwehr von ballistischen Raketen
08.12.1987 (01.06.1988)	INF-Vertrag	USA/UdSSR	Verbot der Herstellung und Lagerung von Mittelstrecken-Raketen
19.11.1990 (09.11.1992)	KSE-Vertrag	NATO/ Warschauer Pakt (WP)	Eliminierung quantitativer Asymmetrien bei fünf Hauptwaffensystemen in vier Zonen vom Atlantik bis zum Ural
31.07.1991 (05.12.1994)	START-I	USA/UdSSR	Reduzierung von strategischen Nuklearwaffen innerhalb von 7 Jahren um ca. ein Drittel gegenüber 1991 auf gemeinsame Obergrenzen von 1.600 Trägersystemen und 6.000 Gefechtsköpfen
24.03.1992 (01.01.2002)	Vertrag über den offenen Himmel (Open Skies)	26 NATO- und ehem. WP-Staaten	Öffnung des Territoriums für unbewaffnete Überwachungsflüge
03.01.1993	START-II	USA/ Russland	Weitere Reduktion der strategischen Nuklearwaffen auf 3.000-3.500 Sprengköpfe pro Seite und Verbot von Mehrfachsprengköpfen. Entfiel nach Inkrafttreten des SORT-Vertrages von 2002
10.11.1996	CTBT-Vertrag	177 Staaten	Vollständiges Verbot von Atomwaffentests auf Initiative der UN-Generalversammlung. Aufgrund des fehlenden Beitritts u. a. der USA, Israels, Indiens, Pakistans und Nordkoreas nie in Kraft getreten. Austritt Russlands aus dem Vertrag 2023.
24.05.2002 (01.06.2003)	Moskauer Abkommen (SORT)	USA/ Russland	Reduktion der strategischen Nuklearwaffen auf ca. 1.700 bis 2.200 Sprengköpfe 2012
08.04.2010	Der neue START-Vertrag	USA/ Russland	Reduktion der strategischen Nuklearwaffen auf je 1.550
Februar 2019	INF-Vertrag	USA/ Russland	Nach gegenseitigen Vorwürfen seit 2013, die vertraglich festgelegte Reduzierung der Kernwaffenbestände nicht eingehalten zu haben, kündigen die USA unter Donald Trump einseitig den INF-Vertrag.

Nach: Deutscher Bundestag – Wissenschaftliche Dienste: Internationale Vertragsarchitektur zur nuklearen Abrüstung und Rüstungsbegrenzung. In: www.bundestag.de, 21.11.2023

M5 Welche Rolle spielt die Internationale Atomenergie-Organisation (IAEO)?

Ein Mitarbeiter der Internationalen Atomenergie-Organisation bei einer Inspektion der iranischen Atomanlage Natanz, 2014

Die **Internationale Atomenergie-Organisation (IAEO)**, 1957 gegründet und in Wien ansässig, ist eine autonome Organisation im System der Vereinten Nationen. Ihre Hauptaufgabe besteht darin, die friedliche Nutzung der Kernenergie weltweit zu fördern und die Sicherheit nuklearer Aktivitäten zu überwachen. Dabei kontrolliert sie die Einhaltung internationaler Abkommen, insbesondere des Atomwaffensperrvertrags (NPT), durch sogenannte **Safeguards** – regelmäßige Inspektionen und technische Überprüfungen. Diese Kontrollen sollen sicherstellen, dass spaltbares Material ausschließlich für zivile und nicht für militärische Zwecke verwendet wird. Die Kontrollen der IAEO sind für alle Unterzeichnerstaaten des NPT verpflichtend, für andere Staaten sind sie freiwillig.

Die IAEO berät Mitgliedstaaten, unterstützt bei der Umsetzung neuer Sicherheitsstandards und trägt zur Entwicklung technischer Kompetenzen bei. Mit aktuell rund 2.500 Mitarbeitern nimmt die IAEO eine Schlüsselrolle für die weltweite nukleare Nichtverbreitung und Sicherheit ein – und wurde 2005 zusammen mit ihrem damaligen Generaldirektor Mohammed el-Baradei mit dem Friedensnobelpreis ausgezeichnet.

Als internationale Organisation verfügt sie über eine Generalkonferenz als Vollversammlung aller Mitgliedstaaten, einen mit Staatenvertretern besetzten Gouverneursrat als Exekutivorgan sowie ein Sekretariat für die operativen Aufgaben, an dessen Spitze ein Generaldirektor steht.

Expertinnen und Experten der IAEO überwachen u. a. unter sehr gefährlichen Bedingungen das ukrainische Atomkraftwerk Saporischschja, das mitten im Kriegsgebiet liegt und auf dessen Gelände immer wieder Geschosse einschlagen.

M6 Wie wirksam ist das internationale Regime der atomaren Nichtverbreitung?

Das internationale Regime zur Nichtverbreitung von Atomwaffen, zentrales Element ist der Atomwaffensperrvertrag (NPT), steht seit Jahren unter Druck. Ein Hauptproblem bleibt die **mangelnde Universalität**: Mehrere Staaten – darunter Indien, Pakistan, Israel, Südsudan und Nordkorea – sind keine Vertragsparteien beziehungsweise sind ausgetreten. Dieses Fehlen universeller Gültigkeit untergräbt die globale Glaubwürdigkeit des Regimes. Hinzu kommt: Der NPT ermöglicht – im Ausnahmefall und mit Frist – den Austritt. Nordkoreas Rückzug 2003 und die darauffolgenden Atomtests zeigen, dass Austritte kaum verhindert werden können. Dies kann dazu führen, dass ein Staat zunächst von den Kooperationspflichten der Atomwaffenstaaten beim Aufbau eines zivilen Atomprogramms profitiert, um den Vertrag anschließend zu verlassen und das erlangte Wissen für militärische Zwecke zu nutzen.

Eine weitere Schwachstelle ist die kontrovers diskutierte Einteilung der Vertragsstaaten in Atomwaffen- und Nichtatomwaffenstaaten. Die fünf offiziellen Atommächte bleiben dauerhaft im exklusiven Besitz von Kernwaffen, lediglich weil sie diese bis 1967 entwickelt hatten. Für viele Staaten legitimiert dies bestehende **Machtasymmetrien** und widerspricht dem Gleichheitsgrundsatz. Die zugesagte Abrüstung der Atomwaffenstaaten ist im Vertrag zwar angelegt, konkrete Verpflichtungen oder Fristen sind aber nicht verbindlich. Kritikerinnen und Kritiker bemängeln, dass dieses System die atomaren Machtpositionen auf Dauer „zementiert“ und keine ausreichenden Fortschritte erzielt werden. Zudem erschwert das Fehlen klarer Sanktionsmechanismen eine konsequente Durchsetzung vereinbarter Abrüstungsschritte.

Die Wirksamkeit des Nichtverbreitungsregimes wird außerdem durch konkrete Problemfälle infrage gestellt. Die Lage im Nahen Osten ist besonders prekär, da sich Israel in seiner Existenz durch den Iran bedroht sieht. Trotz der Bedenken aus Israel wurde 2015 nach 13 Jahren Atomstreit um um das iranische Nuklearpotenzial eine Einigung hinsichtlich der Reduktion der Uran-Bestände und des Rückbaus von Atomanlagen erzielt. Im Gegenzug wurden ab 2016 die Wirtschaftssanktionen der USA und der EU gegenüber Iran aufgehoben. Die USA haben jedoch unter der Präsidentschaft von Donald Trump das Iran-Abkommen im Mai 2018 wieder aufgekündigt und die alten Sanktionen durch zusätzliche ergänzt sowie 2024 unter Präsident Joe Biden sogar noch aufgestockt.

Eine große Bedrohung für den Frieden stellen zudem die zahlreichen **Atomtests** Nordkoreas dar. Im Verhältnis zur Bevölkerungszahl ist es das Land mit dem größten Militär weltweit. Finanziert wird das teure Atomwaffenprogramm durch einen erheblichen Teil der nordkoreanischen Steuereinnahmen. Außerdem müssen im Ausland arbeitende Nordkoreaner einen großen Teil ihres Geldes dafür an den Staat abgeben, Nordkorea verkauft Kohle (v.a. an China) und geschätzt eine bis zwei Milliarden Euro nimmt die Diktatur jährlich durch staatliche Cyberkriminalität ein. Südkorea fühlt sich dadurch direkt in seiner Existenz bedroht. Nordkorea hält sich zudem nicht an internationale Regeln, und auch Sanktionen haben bisher nicht zu einem Einlenken oder Stopp der Nukleartests geführt. Die verhängten Sanktionen waren bisher erfolglos, auch weil das Regime in Pjöngjang von China als Verbündetem gestützt wird.

Aufgaben

72003-611

1. Beschreiben Sie, warum Proliferation ein Risiko für den Frieden darstellt (**M1-M3**).
2. Analysieren Sie die Entwicklung des globalen Wettrüstens im Zusammenhang mit den dargestellten Verteidigungsmaßnahmen und ordnen Sie die Reaktionen anderer Staaten auf diese Maßnahmen mithilfe des Materials ein (**M3, M4**).
3. Diskutieren Sie, inwieweit der Atomwaffensperrvertrag (NPT) und die Internationale Atomenergie-Organisation (IAEO) wirksame Instrumente zur Verhinderung der Weiterverbreitung von Atomwaffen darstellen (**M4–M6**).

Braucht Europa eigene Atomwaffen?

M1 Europäische Abschreckung zwischen Abhängigkeit und Eigenverantwortung

Die Drohung von US-Präsidentschaftskandidat Trump, NATO-Verbündeten unter bestimmten Bedingungen die Verteidigung zu verweigern, hat zu der Frage nach europäischen Atomwaffen geführt. Welche Modelle sind denkbar, welche realistisch?

Die USA haben vor Kurzem angekündigt, nach Jahrzehnten wieder Langstreckenwaffen in Deutschland stationieren zu wollen. Diese können auch mit nuklearen Sprengköpfen bestückt werden. Doch zugleich ist klar: Die Europäer können sich nicht mehr unbedingt auf die atomare Verteidigung durch die USA verlassen. Denn der republikanische Präsidentschaftskandidat Donald Trump hatte während eines Wahlkampfauftritts im Februar 2024 damit gedroht, die NATO-Verbündeten im Falle eines russischen Angriffs nicht zu verteidigen. [Durch die außen- und sicherheitspolitischen Handlungen nach Trumps Amtsübernahme im Januar 2025 wurde diese Drohung bekräftigt.]

Die Äußerungen lösten eine Debatte über europäische Atomwaffen aus, wobei vorrangig zwei Varianten diskutiert werden: EU-eigene Atomwaffen oder eine Europäisierung des französischen Nuklearschirms. Eine dritte Überlegung ist, dass Deutschland selbst Atomwaffen anschafft.

Derzeit basiert die nukleare Abschreckung der NATO für Europa fast ausschließlich auf den Atomwaffen der USA. Die US-amerikanischen Atomwaffen dafür lagern in Belgien, Italien, den Niederlanden, der Türkei und auch in Deutschland, etwa im Ruhrgebiet. Die USA waren für die Europäer über Jahrzehnte hinweg in Fragen der nuklearen Abschreckung ein verlässlicher Partner. Doch das Vertrauen in die Amerikaner hat Risse bekommen.

Der Grund dafür ist der republikanische US-Präsidentschaftskandidat Trump: Dieser hatte bei einem Wahlkampfauftritt den Schutz von NATO-Staaten, die ihre finanziellen Verpflichtungen nicht erfüllen, infrage gestellt. Eigentlich soll jedes NATO-Land zwei Prozent seiner Wirtschaftsleistung für das Militär ausgeben. Doch nur 18 der 31 Mitgliedstaaten erreichen derzeit dieses Ziel.

Trumps Aussagen haben unter anderem eine Debatte über europäische Atomwaffen ausgelöst. „Die Europäer müssen sich mit der Möglichkeit auseinandersetzen, dass Amerikas Schutzschirm verschwinden könnte und sie allein für ihre Sicherheit sorgen müssen“, sagt Jan Techau von der Politikberatungsfirma Eurasia Group. „In einer nuklearen Welt heißt das, dass sie selbst nuklear abschrecken können müssen.“ Dabei stehen vor allem zwei Optionen im Fokus: die Ausweitung des französischen Nuklearschutzes auf ganz Europa und die Entwicklung eigener Atombomben auf EU-Ebene.

Großbritannien und Frankreich sind die einzigen beiden anderen NATO-Mitglieder, die Atomwaffen besitzen. Die beiden Länder gehören neben den USA, Russland und China zu den fünf offiziellen Atomwaffenstaaten. Laut der Internationalen Kampagne zur Abschaffung von Atomwaffen (ICAN) verfügt Frankreich über 280 einsetzbare Sprengköpfe, Großbritannien über 120.

Im Vergleich: Russland hat den Angaben zufolge 1674 einsetzbare Sprengköpfe, die USA 1770 und China 410 (Stand 2023). Russland und die Vereinigten Staaten verfügen damit gemeinsam über knapp 90 Prozent aller Atomwaffen weltweit.

Eine mögliche Reaktion auf den Entzug des Nuklearschutzes durch die USA wären eigene Atomwaffen der Europäische Union. Diese Idee wurde unter anderem von SPD-Politikerin Katarina Barley ins Spiel gebracht – doch ist sie realistisch? Markus Kaim, Sicherheitsexperte der Stiftung Wissenschaft und Politik, sagt nein. „Es wäre dann die zentrale Frage, wer die Verfügungsgewalt über diese Waffen hätte“, gibt er zu bedenken. Solange es keine gemeinsame Sicherheits- und Verteidigungspolitik der EU gebe und die einzelnen Staaten souverän blieben, werde es auf diese Frage keine Antwort geben. Ähnlich sieht das der Hamburger Friedensforscher Ulrich Kühn. Eine europäische Atombombe und eine europäische Armee seien derzeit Luftschlösser, sagt Kühn. Auch dass Frankreich seine Nuklearwaffen abgebe und dem Befehlskommando der EU unterstelle, könne er sich nicht vorstellen.

EU-Kommissionspräsidentin Ursula von der Leyen hatte Mitte Februar 2024 auf der Münchner Sicherheitskonferenz angekündigt, im Falle einer zweiten Amtszeit einen neuen Posten in der EU-Kommission zu schaffen und einen Verteidigungskommissar einzusetzen. Dies kann immer-

Das Atom-U-Boot „Le Terrible" ist eines von vier atomwaffenbestückten Unterseebooten Frankreichs.

hin als erster Schritt zu einer Vergemeinschaftung der Sicherheitspolitik verstanden werden.

Der französische Präsident Emmanuel Macron hat Deutschland und anderen EU-Partnern mehrfach eine Zusammenarbeit bei der nuklearen Abschreckung angeboten. Für den Sicherheitsexperten Markus Kaim ist die Erweiterung der bereits bestehenden nuklearen Abschreckung Frankreichs oder Großbritanniens auf das gesamte europäische Gebiet derzeit die wahrscheinlichste Variante. Das wäre kurzfristig machbar, sagt Kaim. Dabei müssten allerdings Details geklärt werden – wie etwa Finanzierung und Entscheidungsbefugnisse.

Der Politikwissenschaftler Ulrich Kühn rät der Bundesregierung, das Angebot Macrons über Gespräche zur atomaren Abschreckung bald anzunehmen. Nach den Präsidentschaftswahlen in Frankreich 2027 und einem möglichen Wahlsieg der rechtsnationalen Partei Rassemblement National könnte es dafür zu spät sein – Marine Le Pen habe eine nukleare Teilhabe anderer EU-Partner, insbesondere Deutschlands, wiederholt abgelehnt.

Ein nukleares Schutzversprechen der Franzosen oder Briten sei für Deutschland attraktiv, meint auch Eckard Lübkemeier von der Stiftung Wissenschaft und Politik (SWP). Durch die starke Verflechtung der Interessen zum gegenseitigen Vorteil hätte es – auch wenn Großbritannien nicht mehr in der Europäischen Union ist – eine hohe Glaubwürdigkeit.

Die Bundesregierung hat sich öffentlich bisher zurückhaltend gegeben – doch es gab bereits Gespräche zwischen Deutschland, Frankreich und Polen über atomare Abschreckung.
Neben politischen müssen dabei auch technische Fragen geklärt werden. Die Nuklearwaffen Frankreichs und Großbritanniens unterschieden sich grundlegend von den amerikanischen, gibt der Politikberater Jan Techau zu bedenken. Eine Ausweitung des britischen und französischen Nuklearschutzes auf den gesamten europäischen Kontinent ist seiner Ansicht nach technisch schwierig und finanziell kaum zu stemmen: „Ohne den amerikanischen Schutzschirm bleiben die Europäer auf lange Zeit nuklear verwundbar."

Deutschlandfunk/ema/abr: Braucht Europa eigene Atombomben? In: www.deutschlandfunk.de, 16.07.2024

Aufgaben

72003-612

1. Fassen Sie die Aussagen zu den verschiedenen Möglichkeiten einer atomaren Abschreckung der Europäischen Union zusammen (**M1**).
2. Erläutern Sie die sicherheitspolitische Problematik v. a. für die mittel(ost)europäischen EU-Staaten, die durch die neue Außen- und Sicherheitspolitik der USA unter Präsident Trump entstanden bzw. massiv verstärkt worden ist (**M1**).
3. Erörtern Sie die Möglichkeit einer eigenständigen nuklearen Abschreckung bzw. Verteidigung durch die Europäische Union (**M1**).

6.2.4 Klimawandel und Ressourcenkonflikte

Leitfragen

- Warum kann der Klimawandel als Gefährdung internationaler Sicherheit gesehen werden?
- Wie sind die Ergebnisse internationaler Klimapolitik zu beurteilen?
- Welche Risiken entstehen durch Ressourcenkonflikte?

M1 Der Klimawandel als globales ökologisches Risiko

Die menschliche Hochkultur hat sich in den letzten Jahrtausenden in einem relativ stabilen Weltklima entwickelt. Über die letzten 2.000 Jahre blieben die Temperaturschwankungen auf der Erde im Vergleich zur Entwicklung seit Beginn der industriellen Revolution gering. Mit der massiven Verbrennung fossiler Energieträger – insbesondere Kohle, Erdöl und Erdgas – nimmt die Konzentration von Treibhausgasen wie CO_2 in der Atmosphäre seit etwa 1850 rapide zu. Klimaforscher können inzwischen präzise nachweisen, dass die globale Durchschnittstemperatur seitdem bereits um etwa 0,8 Grad Celsius gestiegen ist.

Die Jahre 2017 bis 2022 waren die wärmsten seit Beginn der Wetteraufzeichnungen und das Jahr 2023 war sogar das wärmste jemals gemessene. Betrachtet man den Temperaturanstieg in Deutschland seit 1881, so ist es im Mittel 1,8 °C wärmer gewesen. Weltweit geht man bis 2100 im besten Fall von einer Erhöhung der Durchschnittstemperatur von 1,4 °C aus und im schlechtesten Fall von 4,4 °C gegenüber dem Temperaturdurchschnitt zwischen 1850 und 1900. Das Best-Case-Szenario wäre aber nur durch eine sofortige drastische Reduktion der Treibhausgasemissionen erreichbar.

Der Klimawandel hat das Potential, Gesellschafts- und Wirtschaftskrisen auszulösen. Staaten mit überwiegend armer Bevölkerung sind besonders gefährdet, aber auch reiche Staaten sind nicht immun. Dies gilt insbesondere bei einer Temperaturerhöhung von mehr als 2°C. Mit folgenden Wirkungen muss bei ungebremstem Klimawandel gerechnet werden:

- Durch **Wetterextreme** und eine Veränderung der Niederschlagsmenge drohen Probleme bei der Wasserversorgung.
- Durch **Dürren und Bodendegradation** droht die Produktion von Nahrungsmitteln zu sinken. Die Konsequenzen wären steigende Preise und eine Abnahme der ökonomischen Leistungsfähigkeit in den betroffenen Staaten.
- Wenn der **Meeresspiegel steigt**, dann sind dicht besiedelte Regionen an den Küsten und große Städte, wie London, Mumbai oder New York gefährdet. Erste Modelle zeigen hier auch für Deutschland einen massiven Verlust von Küstenregionen an der Nordsee. Davon betroffen wären insbesondere die Bundesländer Niedersachsen, Bremen und Schleswig-Holstein.
- Durch eine **steigende Erwärmung** verstärken sich Risiken im Gesundheitsbereich.
- Länder, die vor allem von der Land-, Forst- und Fischereiwirtschaft profitieren, können erhebliche **Einbußen bei der wirtschaftlichen Leistungsfähigkeit** spüren.
- Es droht ein **Verlust an biologischer Vielfalt** mit Auswirkungen auf die damit verbundenen Ökosysteme.
- Durch die Gefährdung bzw. Zerstörung der Lebensgrundlage vieler Menschen gepaart mit einer nicht ausreichenden Anpassungsfähigkeit vieler Länder drohen **Destabilisierung** und Migration aufgrund von Umweltrisiken.
- Auch in reichen Industrienationen drohen **Extremwetterereignisse**, die zur unmittelbaren Gefährdung von Menschen und deren Siedlungen oder auch zu Versorgungsengpässen führen können. Zwar sind hier eher die Mittel vorhanden, technische und logistische Anpassungen vorzunehmen und damit die Resilienz zu erhöhen, aber die Bedrohungen lassen sich nicht vollkommen ausschalten. Zudem sind allein durch die zunehmende Sommerhitze vor allem ältere Menschen und Personen mit Herz-Kreislauf-Erkrankungen akut von einem vorzeitigen Tod bedroht.

Abweichung der globalen Lufttemperatur vom Durchschnitt der Jahre 1850 bis 1900* (Stand: 2025)

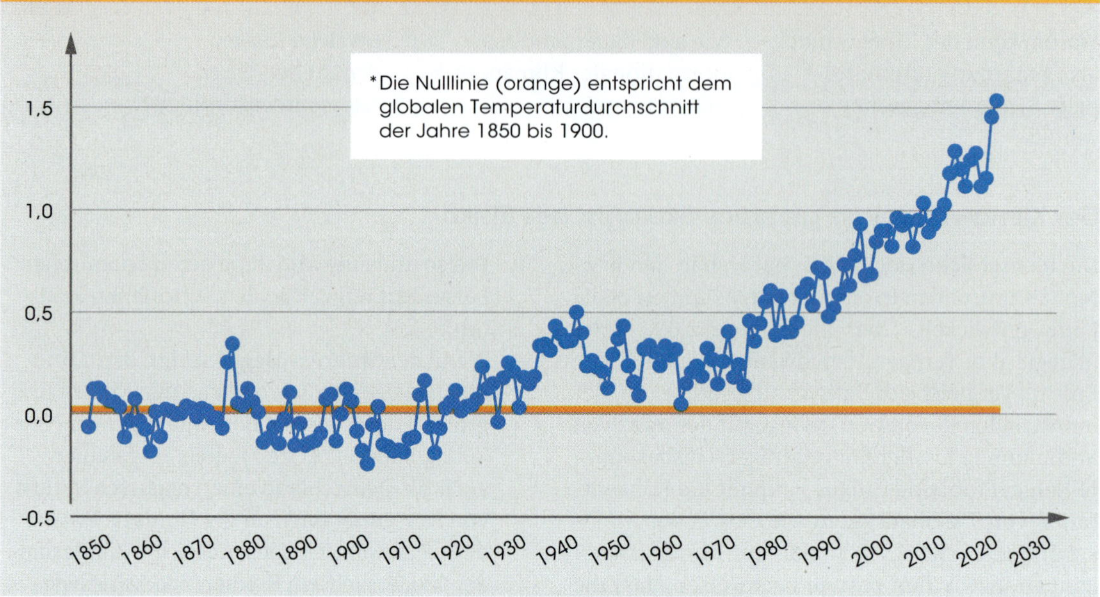

Nach: Umweltbundesamt; Datenquelle: Met Office Hadley Centre, Climate Research Unit; Modell HadCRUT.5.0.2.0; Median der 200 berechneten Zeitreihen (Aufruf 05/2025)

M2 Weshalb ist Klimaschutz eine globale Aufgabe?

Der Klimawandel wird vom menschlichen Verhalten verursacht (**anthropogener Klimawandel**). Als Ursache sehen Forscher den zu hohen CO_2-Anteil der Luft (**Treibhauseffekte**), der zu einem Großteil aus der Verbrennung von fossilen Rohstoffen wie Kohle, Erdöl oder Erdgas entsteht. Dazu kommen andere klimaschädliche Gase wie z. B. Methan, das massenhaft bei der Viehzucht und -haltung freigesetzt wird. Auch drohen selbstverstärkende Effekte des Klimawandels. So könnte beispielsweise durch das erwärmungsbedingte Auftauen des sibirischen Permafrostbodens darin gebundenes CO_2 zusätzlich in die Atmosphäre gelangen und den Treibhauseffekt zusätzlich (sprunghaft) steigern (**Kipppunkte**).

Da Luftströme und Wetterlagen keine staatlichen Grenzen kennen, ist der Klimawandel ein globales Problem, das nicht isoliert durch einzelne Länder gelöst werden kann. Aus diesem Grund ist eine enge internationale Zusammenarbeit unerlässlich. Der Klimawandel erfordert globale Verantwortung, da seine Folgen in verschiedenen Regionen unterschiedlich stark und oft unverhältnismäßig sind. Besonders vulnerable Länder im Globalen Süden sind oft stark von Extremwetter und Ressourcenknappheit betroffen, obwohl deren Emissionen gering sind. Klimaschutz ist daher auch eine Frage globaler Gerechtigkeit. Außerdem führt die Erderwärmung zu zunehmenden Migrationsbewegungen und potenziellen Konflikten um knappe Ressourcen wie Wasser und fruchtbares Land – Fragen, die internationale Zusammenarbeit unabdingbar machen. Nur durch gemeinsame Anstrengungen können ambitionierte Ziele wie die Begrenzung auf 1,5 Grad Celsius erreicht und gravierende ökologische sowie gesellschaftliche Risiken gemindert werden.

Das maßgebliche völkerrechtliche Vertragswerk zum internationalen Klimaschutz ist die Klimarahmenkonvention der Vereinten Nationen (**United Nations Framework Convention on Climate Change, UNFCCC**). Die Klimarahmenkonvention wurde am 9. Mai 1992 in New York City verabschiedet und im selben Jahr auf der Konferenz über Umwelt und Entwicklung (UNCED) in Rio de Janeiro von 154 Staaten unterschrieben. Die heute 198 Vertragsstaaten der Konvention (Stand: März 2025) treffen sich jährlich zu Konferenzen (› Kap. 2.8.5).

Kumulierte CO_2-Emissionen nach Staaten im Zeitraum 1850 bis 2023 (in Gigatonnen CO_2) (Stand: 2025)

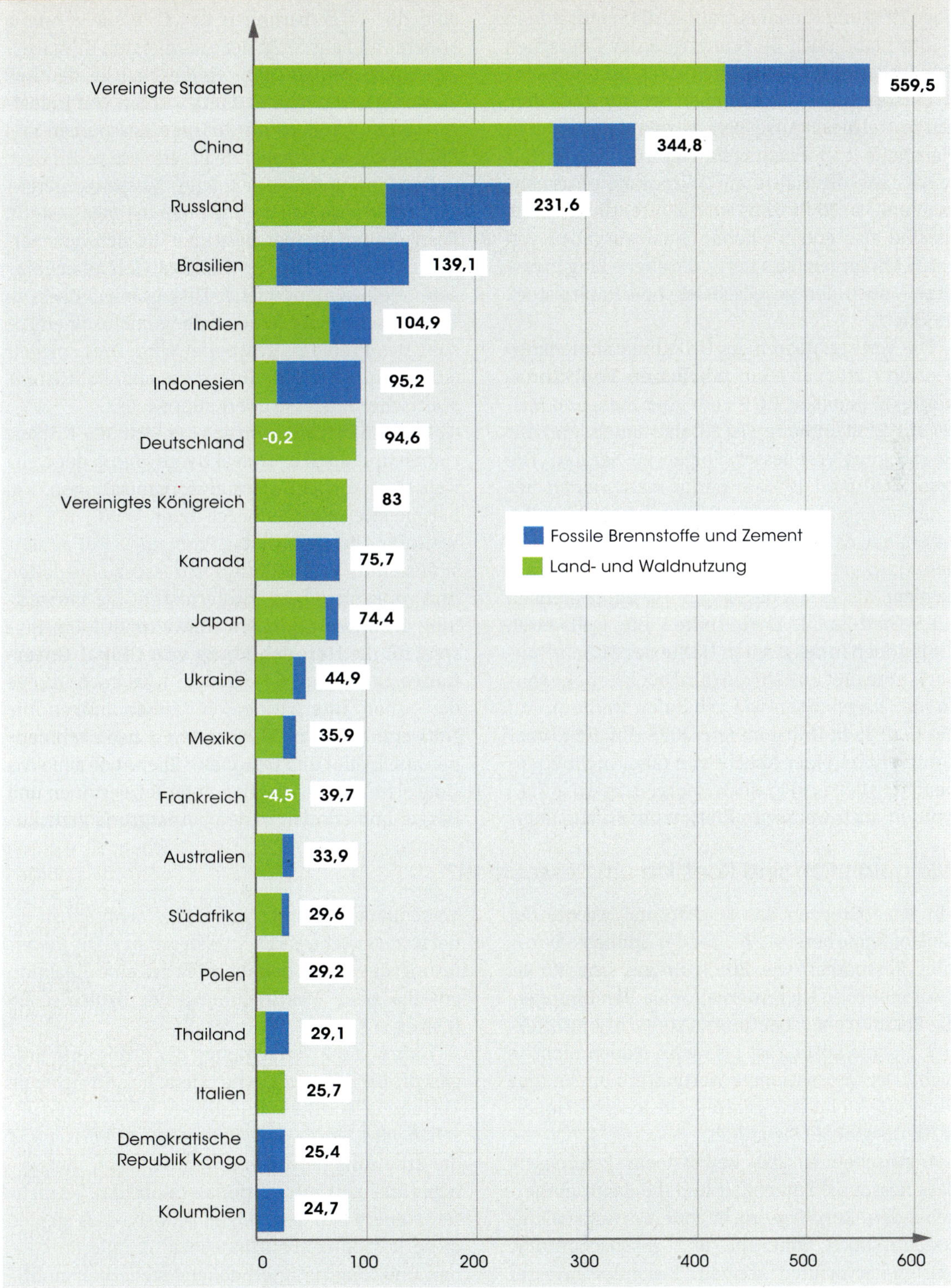

Nach: Statista, 2025; Quellen: ourworldindata.org, Global Carbon Project, 2024, OWID

M3 Wie wirksam ist die internationale Klimapolitik?

Um seine Klimaziele zu erreichen (Senkung der Treibhausgasemissionen bis 2030 um 65 % gegenüber 1990 und Klimaneutralität 2045) müssten in Deutschland nach Berechnungen der Deutschen Bundesbank bis 2030 jährlich 120 Milliarden Euro in entsprechende Maßnahmen investiert werden. Ein Drittel dieser Ausgaben würde auf die privaten Haushalte (z. B. Heizungen, Elektroautos) entfallen, knapp die Hälfte auf Wirtschaftsunternehmen und ca. 20 Prozent auf die öffentliche Hand. Es sind also entsprechende Staatsausgaben von ca. 25 Milliarden Euro nötig, die aber – klug investiert – auch den gesellschaftlichen Kapitalstock erhöhen.

Die Vertragsstaaten der UN-Klimarahmenkonvention treffen sich auf **jährlichen Weltklimakonferenzen** (sog. COP), um über Ziele und Mittel zur Eindämmung des Klimawandels und zur Bewältigung von dessen Folgen zu Beraten. Die erste COP fand 1995 in Berlin statt. Hohen Bekanntheitsgrad hat die COP 21 im Jahr 2015 in Paris erlangt, da auf ihr das Ziel festgehalten wurde, den durchschnittlichen Temperaturanstieg auf weniger als 2 °C, besser 1,5 °C zu begrenzen („1,5-Grad-Ziel"). Dazu sollten die weltweiten Emissionen in der zweiten Hälfte des 21. Jahrhunderts netto auf null sinken (also höchstens genauso viel ausgestoßen wie gebunden werden). Auf der COP 28 in Dubai im Jahr 2023 rief die Klimakonferenz zu einer Abkehr von (aber nicht zu einem Ausstieg aus) fossilen Energieträgern auf. Es wurden auch weltweite Zielsetzungen zur Energieeinsparung und zum Ausbau erneuerbarer Energieträger bis 2030 beschlossen. Allerdings sind die Vereinbarungen der COP meist wenig konkret und aus Sicht der allermeisten Klimawissenschaftlerinnen und -wissenschaftler deutlich zu wenig weitreichend. Stets würden von Industriestaaten, Ländern mit fossilen Ressourcen und Lobbyisten weitergehende Ergebnisse verhindert.

Der Sinn und Zweck solcher Massenkonferenzen wurde darum mehr und mehr in Frage gestellt. Festzuhalten ist aber, dass über die sich verschärfende Problematik des Klimawandels über Jahrzehnte ein umfangreicher Diskussionsprozess in Gang gesetzt wurde und an der gemeinsamen Lösung des Problems gearbeitet wird. Dies spiegelt jedoch die Normalität internationaler Politik bzw. politischer Prozesse überhaupt wieder.

Notwendig ist darum aus der Sicht der Kritikerinnen und Kritiker eine aktivere Politik der weltweit tätigen Nichtregierungsorganisationen, wie beispielsweise Greenpeace oder WWF, um die Weltöffentlichkeit für das Problem weiter zu sensibilisieren, Verhandlungsprozesse zu begleiten und voranzutreiben. Insofern stellt die Entwicklung der internationalen Umweltpolitik ein Beispiel für die **Herausbildung von Global Governance** dar (› Kap. 6.5). Zudem wird auch infolge der zähen internationalen Verhandlungen die Notwendigkeit von Aktivitäten einzelner Gruppen auf lokaler und regionaler Ebene wie auch das Umweltverhalten der einzelnen Bürgerinnen und Bürger immer mehr in den Vordergrund gerückt.

M4 Wie gefährlich sind Konflikte um Ressourcen?

Mit den „Grenzen des Wachstums" warnte der Club of Rome bereits 1972 vor der Endlichkeit fossiler Ressourcen wie Erdöl, Erdgas und Kohle. Zwar gibt es seither internationale Bemühungen, die Ressourcenausbeutung zu steuern, eine effektive globale Lösung ist bis heute jedoch nicht in Sicht. Der internationale Wettbewerb um knappe Rohstoffe bleibt eine zentrale Unsicherheitsquelle für die globale Sicherheit.

Inzwischen ist das Bewusstsein gewachsen, dass Ressourcenknappheit und die damit einhergehenden Konflikte nicht nur wirtschaftliche, sondern auch politische und gesellschaftliche Krisen hervorrufen können. Besonders Wasser wird aufgrund des Klimawandels, zunehmender Verschmutzung und steigender Nachfrage zu einer immer wichtigeren Streitressource. Die Erweiterung des Sicherheitsbegriffs ist eine Reaktion auf die neue Wahrnehmung der ökologischen Risiken (› Kap. 6.1.1).

Während die Verknappung der Erdöl- und Erdgasvorräte als mögliche Ursache für globale Verteilungskonflikte und Kriege schon lange gesehen wird, wurde die Versorgung mit Wasser und die Erhaltung der Bodenfruchtbarkeit bisher weniger im Fokus internationaler Konflikte betrachtet. Neuere Studien zeigen jedoch, dass gerade diese Ressourcenkonflikte lokal eskalieren können und langfristig erhebliche sicherheitspolitische Herausforderungen darstellen.

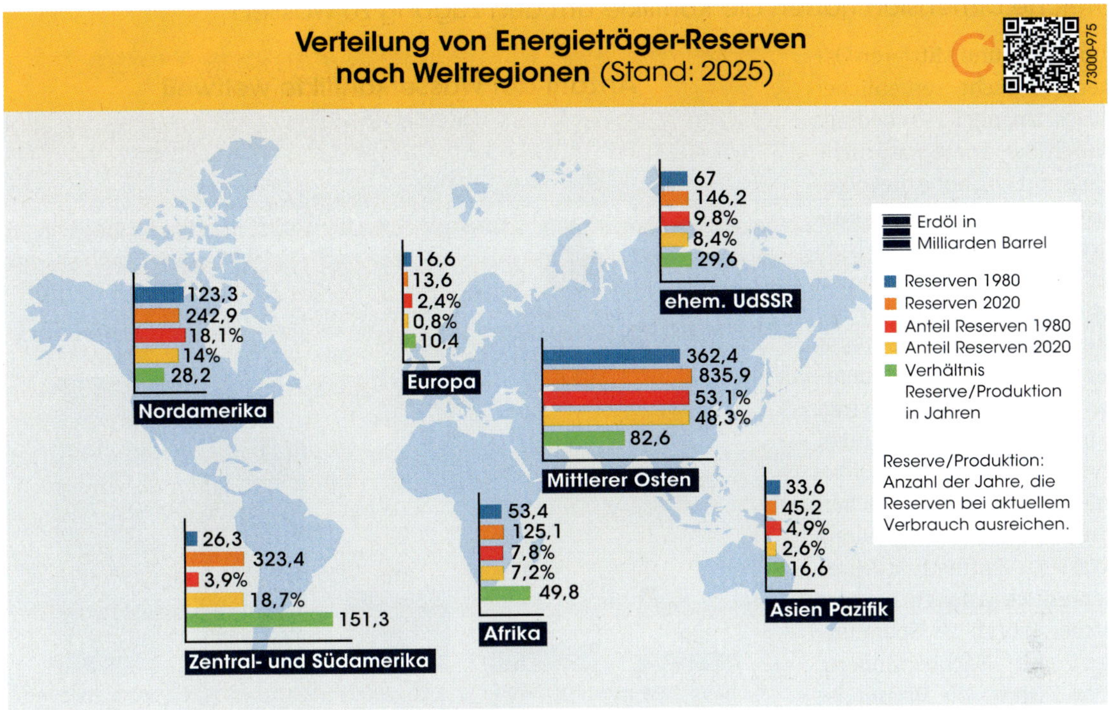

Verteilung der Reserven von Erdöl, Erdgas und Kohle (vollständige Grafik)
73000-975

© C.C. Buchner Verlag, aktuelle Daten nach: BP Statistical Review of World Energy, eigene Berechnungen (Datenerhebung: 2025; Grafikerstellung 2025)

M5 Wasser als neues Konfliktpotenzial: Welche Ursachen gibt es?

Der weltweite Wasserverbrauch hat sich in den vergangenen 100 Jahren mehr als verzehnfacht. Heute, bei einer Weltbevölkerung von beinahe 8,3 Milliarden Menschen, ist das Wasser in vielen Teilen der Welt bereits knapp und teilweise erheblich verschmutzt. 70 bis 80 Prozent der Arbeitsplätze in Staaten mit niedrigem und niedrigem mittleren Einkommen weltweit hängen laut Angaben der UNO von der Ressource Wasser ab (Stand: 2023). Jährlich steigt der Welt-Süßwasserbedarf um ca. ein Prozent. Dabei entfallen ca. 70 Prozent des Verbrauchs auf die Landwirtschaft, ca. 20 Prozent auf die Industrie und etwa 10 Prozent auf Haushalte. Ungefähr die Hälfte der Weltbevölkerung erlebt in Teilen eines Jahres Wasserknappheit, etwa ein Viertel leidet unter extremem Wasserstress (Stand: 2023). Zunehmender Wassermangel – verstärkt durch klimawandelbedingte Dürren – oder fehlender Zugang zu Wasser können in den nächsten Jahrzehnten zu weniger Wachstum und zum Verlust von Arbeitsplätzen führen.

Für die ökologischen Bedrohungen werden vorwiegend der Lebensstil und die Wirtschaftsweise der industrialisierten Länder verantwortlich gemacht. Zum Vergleich dient der durchschnittliche Wasser- und Energieverbrauch z. B. in den USA oder Europa mit jenem in afrikanischen Ländern der Sahelzone. Doch auch die Globalisierung trägt zur Problematik bei, etwa durch die Verlagerung wasserintensiver Produktion in Entwicklungsländer, durch ökonomisches Wachstum und durch die Verbreitung von verbrauchsintensiven Lebensstilen (› Kap 2.7.1). Ursachen der Wasserknappheit sind dementsprechend:

- die erhöhte Nachfrage durch rasante Zunahme der Weltbevölkerung,
- der Anstieg des individuellen Wasserverbrauchs,
- klimatische Veränderungen,
- fehlende oder mangelhafte Trinkwassersysteme infolge von Armut,
- unzureichende Aufbereitung von Abwässern (v. a. in Entwicklungsländern),
- Nutzungskonkurrenz bzw. gegenläufige Interessen der Wasserverbraucher (Wasser für die Landwirtschaft oder Industrie fehlt andernorts als Trinkwasser).

M6 Welche Dimension haben die Konflikte um den Zugang zu Wasser?

Im Nahen und Mittleren Osten herrscht erheblicher Wassermangel – bedingt durch begrenzte natürliche Ressourcen, hohe Bevölkerungszahlen und politischen Streit um die Nutzung großer Flüsse. Zu den wichtigsten Gewässern der Region zählen der Euphrat und der Tigris (vor allem relevant für die Türkei, Syrien und Irak) sowie der Jordan (vor allem Israel und Jordanien). Häufig beanspruchen mehrere Staaten das knappe Wasser, Infrastrukturprojekte etwa in der Türkei oder Israel führen zu Spannungen mit Nachbarländern. Der Zugang zu Wasser ist damit nicht nur ein wirtschaftliches, sondern zentrales sicherheitspolitisches Problem dieser Konfliktregion. Wasser wird zunehmend auch als „blaues Gold" bezeichnet, da es für Landwirtschaft, Energiegewinnung und die Grundversorgung der Bevölkerung unverzichtbar ist. Fehlende Absprachen zwischen den Anrainerstaaten können regionale Eskalationen auslösen und bestehende politische Konflikte verschärfen. Gleichzeitig gibt es Beispiele für Kooperation, etwa durch bilaterale Wasserabkommen oder internationale Vermittlungsinitiativen, die zeigen, dass gemeinsame Nutzung prinzipiell möglich ist. Allerdings sind diese Vereinbarungen häufig fragil und von wechselnden Machtverhältnissen abhängig. Angesichts des Klimawandels, wachsender Dürrerisiken und steigender Bevölkerung wird die Bedeutung von Wasser als Sicherheitsfaktor in Zukunft noch zunehmen.

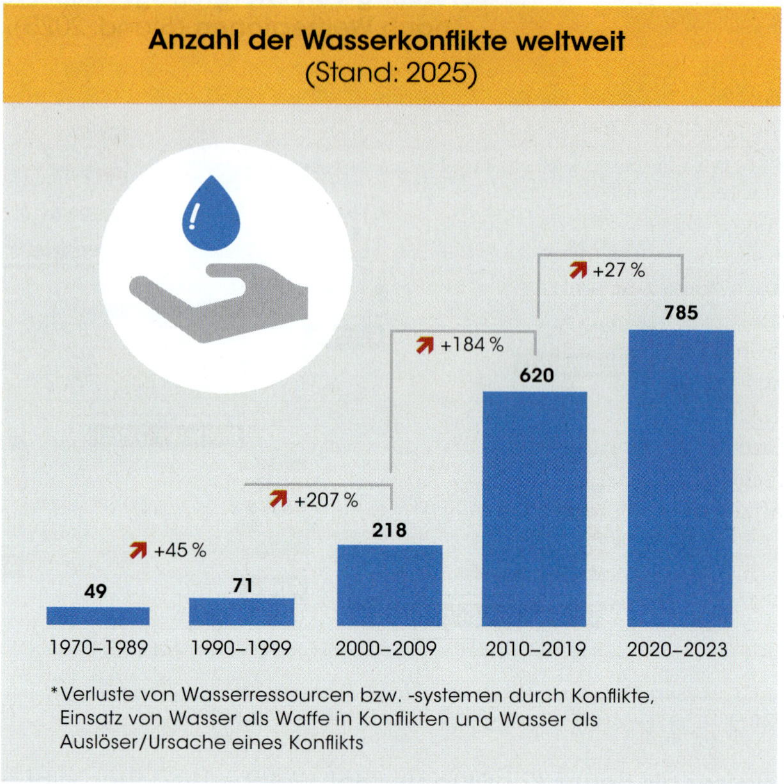

Nach: Statista, 2025; Datenquelle: Pacific Institute

Aufgaben

72003-613

1. Beschreiben Sie die globalen Folgen des Klimawandels (**M1**).
2. Erläutern Sie den Zusammenhang zwischen Klimawandel und knappen Wasserressourcen (**M1–M6**).
3. Halten Sie die Kritik an den Klimaschutzabkommen für berechtigt? Begründen Sie Ihre Stellungnahme (**M3**) (› Methodenkompetenz: Politische Urteile fällen, S. 327–328).
4. Entwerfen Sie einen Leitfaden mit zehn Handlungsempfehlungen für die Schülerinnen und Schüler Ihrer Schule zum Thema Klimaschutz bzw. zum Umgang mit Wasser.

(Wie) Kann man Klimapolitik und soziale Gerechtigkeit verbinden?

M1 Ein Zukunftskonzept für sozial gerechte Klimapolitik

Die globalen Klimagasemissionen [...] müssten weltweit aber bis 2050 um etwa 80 % sinken, um riesige ökonomische Schäden, Millionen Todesopfer, Migrationsströme und ggf. gewaltsame Konflikte um knappe Ressourcen wie Wasser und fruchtbares Land zu verhindern. Die Emissionen sind bisher sehr ungleich verteilt [...]. Auch die drohenden Klimawandelsfolgen werden weltweit und innerhalb der Staaten ungleich verteilt sein. [...]

Grundlage [eines Zukunftskonzepts sozial gerechter Klimapolitik] ist zunächst eine genaue Analyse der verschiedenen sozialen Implikationen der Klimapolitik und ihrer nationalen, europäischen und globalen Instrumente [...]:

- Zwar wirkt Klimapolitik, u.a. weil sie die fossilen Brennstoffe verknappen und verteuern muss, kurzfristig tendenziell für die Einkommensschwächeren überproportional belastend aufgrund des prozentual größeren Anteils der Energiekosten an ihrem Einkommen. [...]
- Viele klimapolitisch motivierte Förderprogramme und Steuererleichterungen nützen zudem faktisch nur denjenigen, die bereits über ein gutes Einkommen verfügen.
- Umgekehrt muss festgehalten werden: Nicht speziell Klimapolitik trifft Ärmere besonders. Bei der Umsatzsteuer z. B. ist es nicht anders. Es ist deshalb zumindest unredlich, wenn manche in hervorgehobener Weise gerade der Klimapolitik Verteilungswirkungen vorwerfen.
- Zudem schafft eine effektive Klimapolitik bereits kurzfristig Arbeitsplätze, etwa bei den erneuerbaren Energien oder im Energieeffizienzbereich, ebenso wie eine insgesamt dynamisierte wirtschaftliche Entwicklung, was sozial als positiver Effekt zu Buche schlägt.
- Außerdem wird der Klimawandel selbst zu voraussichtlich deutlich größeren sozialen Benachteiligungen bestimmter Gruppen führen als die bisherigen moderaten Maßnahmen zu seiner Verhinderung: Es werden auch in Deutschland und Europa die sozial Schlechtergestellten vom drohenden Klimawandel überproportional stark betroffen sein – also von Naturkatastrophen, Kriegen, Energiepreisexplosionen, zusammenbrechender Versorgungssicherheit usw.
- Im globalen Maßstab werden die Hauptopfer des Klimawandels Entwicklungsländer und künftige Generationen sein – obwohl sie zur Verursachung des Klimawandels wenigstens bisher nur in geringem Umfang beigetragen haben.
- Umgekehrt kann eine entschlossene Klimapolitik langfristig (!) sozialen Belangen wie z. B. stabilen Energiepreisen (durch Abkopplung von den erwartbaren Preisexplosionen bei den fossilen Brennstoffen Öl, Gas, eventuell auch Kohle) sowie der Versorgungssicherheit gerade dienen. Dies gilt für Industrieländer und für Entwicklungsländer. [...]

Felix Ekardt ist außerplanmäßiger Professor für Öffentliches Recht und Rechtsphilosophie an der Universität Rostock und er ist Leiter der Forschungsstelle Nachhaltigkeit und Klimapolitik.

Die dauerhafte und nationale wie globale Sicherung der sozialen Gerechtigkeit spricht im Kern für massive klimapolitische Schritte, verbunden (national wie global) mit sozialen Kompensationen für die sozial Schwächeren, um deren elementare Freiheitsvoraussetzung „basaler Energiezugang" jederzeit sicherzustellen. Diese Kompensation darf jedoch nicht die Form von „Sozialtarifen auf Strom" o. ä. annehmen; sie muss vielmehr so aussehen, dass der Verhaltensänderungsanreiz, der von einer wirksamen Klimapolitik ausgehen soll, erhalten bleibt.

Im Einzelnen könnte ein globaler Klimaschutzansatz, der sozial gerecht ist, so aussehen:

- Die Klimagasausstöße müssen global strikt begrenzt und dann auf alle Staaten anhand ihrer Bevölkerungszahl aufgeteilt werden. Jeder Mensch zählt dabei gleich viel.
- 0,5 Tonnen mal Einwohnerzahl – das wäre 2050 der zulässige Ausstoß in einem Staat.
- Beginnen würde man jetzt mit dem globalen Durchschnitt: 5 Tonnen pro Mensch. Das zulässige Maß müsste dann in vielen kleinen Schritten jährlich absinken.
- Wenn dann etwa westliche Länder mehr Treibhausgase ausstoßen wollten, müssten sie südlichen Ländern, die heute deutlich unter 5 Tonnen liegen, überschüssige Emissionsrechte abkaufen. Diesen Staaten-Emissionshandel gibt es schon heute, aber mit zu laschen Zielen im Westen und gar keinen Zielen im Süden.
- Die Entwicklungsländer bekämen übergangsweise mehr als 5 Tonnen pro Kopf und der Westen entsprechend weniger, um die historische Verursachung des Klimawandels durch den Westen teilweise auszugleichen. So könnten sie noch mehr verkaufen und verdienen. Das würde Entwicklung ermöglichen, Klimaschutz und Klimawandelsfolgen finanzieren – und trotzdem langfristig die Klimagase begrenzen.
- So würde neben dem Klimaschutz auch das zweite globale Megaproblem angegangen: […] die globale Armut.
- Eine globale Institution – etwa das bestehende UN-Klimasekretariat in Bonn – müsste die Emissionsreduktionen überwachen und mit strengen Sanktionen durchsetzen.
- Die nach dem Staaten-Emissionshandel pro Staat oder Kontinentalzusammenschluss (EU) vorhandene jährliche, sinkende Menge an Emissionsrechten müsste dann mittels eines umfassenden innerstaatlichen oder innereuropäischen Emissionshandels unter den Kohle-, Gas- und Öl-Unternehmen durch eine Auktion weiterverteilt werden. Jeder Importeur oder Verkäufer von fossilen Brennstoffen dürfte also die sich aus diesen Brennstoffen ergebenden Treibhausgasausstöße bei allen Bürgern nur noch ermöglichen, wenn er Emissionsrechte besitzt. Anders als der bisherige EU-Emissionshandel nur für einige Industriesektoren und mit laschen Zielen würden damit nahezu sämtliche Klimagasausstöße erfasst. Denn über die Primärenergie bildet man Produktion und Konsum quasi insgesamt ab. […]
- Auch die ebenfalls klimaschädlichen Sektoren Landwirtschaft und grenzüberschreitender Luft- und Schiffsverkehr müssten einbezogen werden, ebenso wie die Entwaldung, etwa im Regenwald.

So senkt man den globalen Treibhausgasausstoß und die Nutzung fossiler Brennstoffe schrittweise rapide. Automatisch kämen damit treibhausgasarme erneuerbare Energien und Energieeffizienz massiv auf. All das wäre auch ökonomisch sehr sinnvoll – allein schon wegen der sonst drastischen Kosten des Klimawandels. Und auch kurzfristig sind mehr Energieeffizienz und erneuerbare Energien ökonomisch oft vorteilhaft: Man fördert neue Wirtschaftszweige und macht sich von Energieimporten und steigenden Öl- und Gaspreisen unabhängig.

Man sichert dauerhaft die Energieversorgung. Und vermeidet gewaltsame Auseinandersetzungen um schwindende Ressourcen.

Ekardt, Felix: Klimawandel und soziale Gerechtigkeit. Studie zur Vorbereitung einer Tagung in der Chinese Academy of Social Sciences, im Auftrag der Konrad-Adenauer-Stiftung. In: www.kas.de, Abruf am 07.08.2025

Aufgaben

72003-614

1. Fassen Sie Ekardts Diagnose, wer vom Klimawandel am stärksten betroffen ist, und seinen Lösungsvorschlag zusammen (**M1**).
2. Erläutern Sie die Zusammenhänge zwischen Klimawandel und sozialer Gerechtigkeit im nationalen und im globalen Maßstab (**M1**).
3. Nehmen Sie Stellung zu Felix Ekardts Vorschlag einer maximal zulässigen, sich im Verlauf der Zeit verringernden Durchschnittsemissionsmenge pro Person bzw. Staat (**M1**).

6.2.5 Bevölkerungswachstum und Migration

Leitfragen

- Welchen Einfluss hat das Bevölkerungswachstum auf globale Risiken?
- Welche Ursachen führen zu weltweiter Migration?
- Welche sicherheitspolitischen Risiken sind mit Migration verbunden?

M1 Wie schnell wächst die Weltbevölkerung?

Die Weltbevölkerung wuchs über Jahrtausende nur langsam und überschritt erst um 1800 die Marke von einer Milliarde Menschen. Seitdem beschleunigte sich das Wachstum deutlich: 1927 waren es bereits zwei Milliarden, 1960 drei, 1974 vier, 1987 fünf, 1999 sechs und 2011 sieben Milliarden. Aktuell leben etwa acht Milliarden Menschen weltweit. Prognosen gehen von weiterem Wachstum aus, das sich jedoch verlangsamt. Besonders stark nimmt die Bevölkerung heute in weniger entwickelten oder armen Ländern zu, dies betrifft vor allem die Regionen Afrikas und Südasiens, während Europa, Ostasien und Teile Amerikas geringes oder sogar negatives Wachstum aufweisen. Das globale Wachstum stellt das ökologische Gleichgewicht und Ressourcen weltweit vor große Herausforderungen.

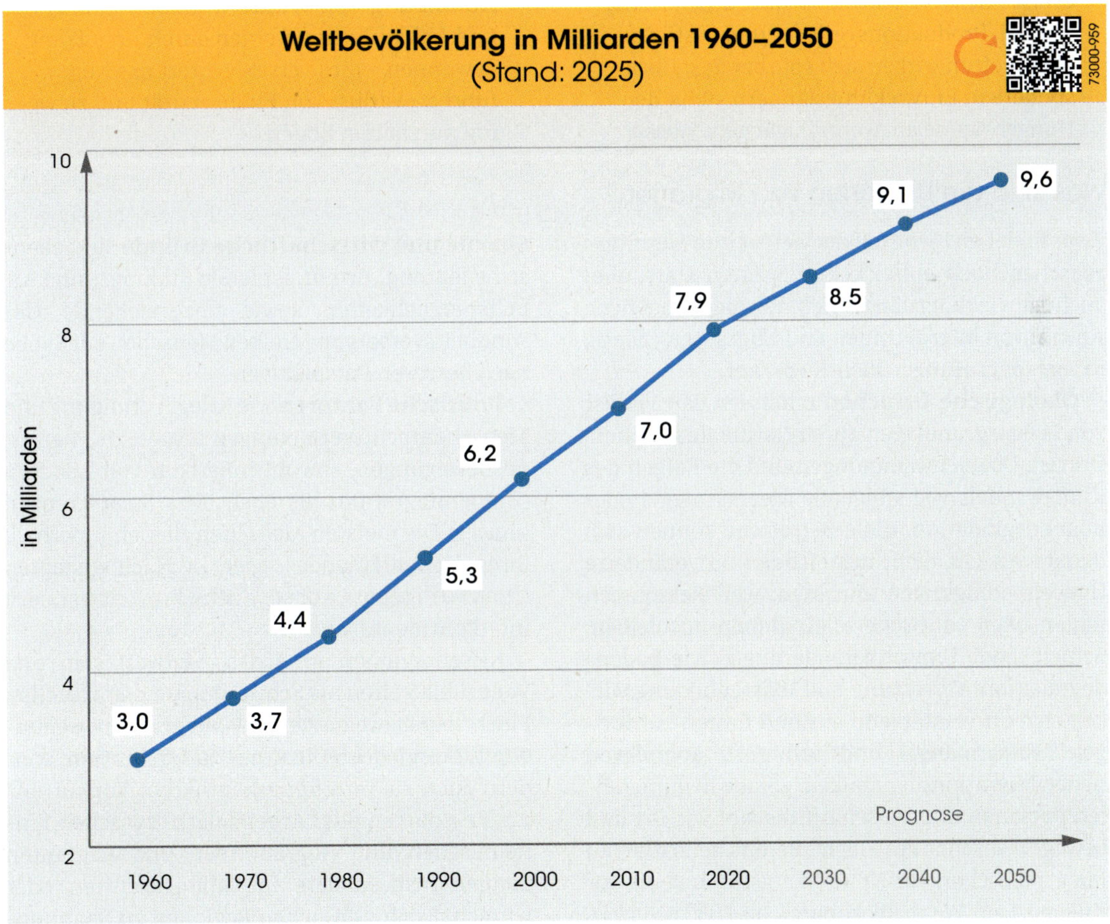

© C.C. Buchner Verlag, aktuelle Daten nach: Weltbank (Datenerhebung: 2025; Grafikerstellung: 2025)

M2 Welche Herausforderungen entstehen durch Bevölkerungswachstum?

Durch die rasante Zunahme der Bevölkerung wird das globale Gleichgewicht zwischen den menschlichen Nutzungsansprüchen und den begrenzten natürlichen Ressourcen gestört – die Umweltbelastung nimmt zu.

- **Ressourcenknappheit**: Steigende Bevölkerung erhöht den Bedarf an Energie, Rohstoffen, Flächen und Wasser. Dadurch kommt es weltweit zu Nutzungskonflikten und Übernutzung natürlicher Ressourcen.
- **Steigende Emissionen und Abfälle**: Größere Bevölkerungszahlen führen zu mehr CO_2-Emissionen, Müll und verschmutzten Abwässern, was Umwelt und Gesundheit zusätzlich belastet.
- **Gefährdete Ernährungssicherheit**: Wachsende Nachfrage, Bodendegradation und zunehmende Wüstenbildung erschweren die Versorgung mit Nahrungsmitteln und treiben Preise nach oben. Ernteausfälle durch Klimawandel, Produktionsverluste und gestörte Lieferketten wirken sich spürbar aus. Insbesondere in Entwicklungsländern steigt der Hunger rapide an, wenn Zugang zu Wasser und Saatgut eingeschränkt ist oder Preise für Grundnahrungsmittel stark schwanken.
- **Landflucht und Urbanisierung**: Viele Menschen wandern aus ländlichen Regionen in Städte ab, oft in der Hoffnung auf bessere Lebensbedingungen. Der Trend zur Urbanisierung führt zu Megastädten (ab zehn Millionen Einwohner). Informelle Siedlungen nehmen zu, die Infrastruktur reicht oft nicht aus, soziale Spannungen können entstehen.
- **Demografische Stressfaktoren**: In großen Städten steigt das Armutsrisiko; es kommt zu Versorgungsengpässen und unzureichender Ernährung. Insbesondere Megastädte sind von sozialer Ungleichheit, Arbeitslosigkeit und Infrastrukturproblemen betroffen. Fehlende medizinische Versorgung und Überbelegung begünstigen Ausbreitung von Krankheiten und fördern soziale Unruhen.
- **Abholzung von Wäldern**: Neue Siedlungs- und Anbauflächen werden durch Abholzung gewonnen – dies verschlechtert das Klima, führt zu Verlust von Biodiversität und zu wenig nutzbarem Boden.

M3 Was sind die Ursachen von Migration?

Zwar findet ein Großteil der weltweiten Migration zwischen hoch entwickelten Staaten statt, aber auch Entwicklungsländer nehmen eine erhebliche Anzahl von Migrantinnen und Migranten (häufig Kriegs- oder Hungerflüchtlinge) auf.

Ökologische Ursachen umfassen den Verlust von Lebensgrundlagen durch Naturkatastrophen, Dürren, Überschwemmungen und die Folgen des Klimawandels wie steigende Meeresspiegel oder Bodendegradation. Viele Betroffene können sich bereits vor Ort nicht ausreichend an veränderte Umweltbedingungen anpassen, weil Ressourcen fehlen oder politische Maßnahmen ausbleiben. Schleichende Umweltveränderungen wie Bodendegradation, Versalzung und Wüstenbildung wirken sich oft verstärkend aus und führen zu Hunger, Wassermangel und somit zu komplexen neuen Migrationsdynamiken, gerade in vulnerablen Regionen. Das verschärft die Not vor Ort und bewegt Menschen zur Flucht. Bereits heute fliehen mehr Menschen vor Umweltkatastrophen als vor Kriegen. Laut Weltbank könnten bis 2050 rund 216 Millionen Menschen „Klimaflüchtlinge“ werden.

Soziale und wirtschaftliche Gründe sind ebenso bedeutend: Armut, fehlende Bildungs- und Arbeitsmöglichkeiten sowie unzureichende Gesundheitsversorgung treiben Menschen zur Suche nach besseren Perspektiven.

Politische Faktoren wie Krieg, Verfolgung und Menschenrechtsverletzungen führen zu Migrationsbewegungen, sowohl innerhalb von Ländern (Binnenmigration) als auch über Staatsgrenzen hinweg. Die meisten Menschen fliehen innerhalb ihres Herkunftslandes oder in Nachbarstaaten (rund 90 Prozent), nur etwa zehn Prozent wandern interkontinental aus.

Krisenregionen in Afrika, Südwestasien und Venezuela gelten als Schwerpunkte der aktuellen Flüchtlingsbewegungen. Wanderungsbewegungen führen jedoch nicht nur zu Integration, sondern auch zu Verteilungskonflikten: Konkurrenz um Ressourcen oder Arbeitsplätze zwischen Einheimischen und Migrantinnen und Migranten können insbesondere in Ballungszentren oder wirtschaftlich schwachen Regionen zu Spannungen führen.

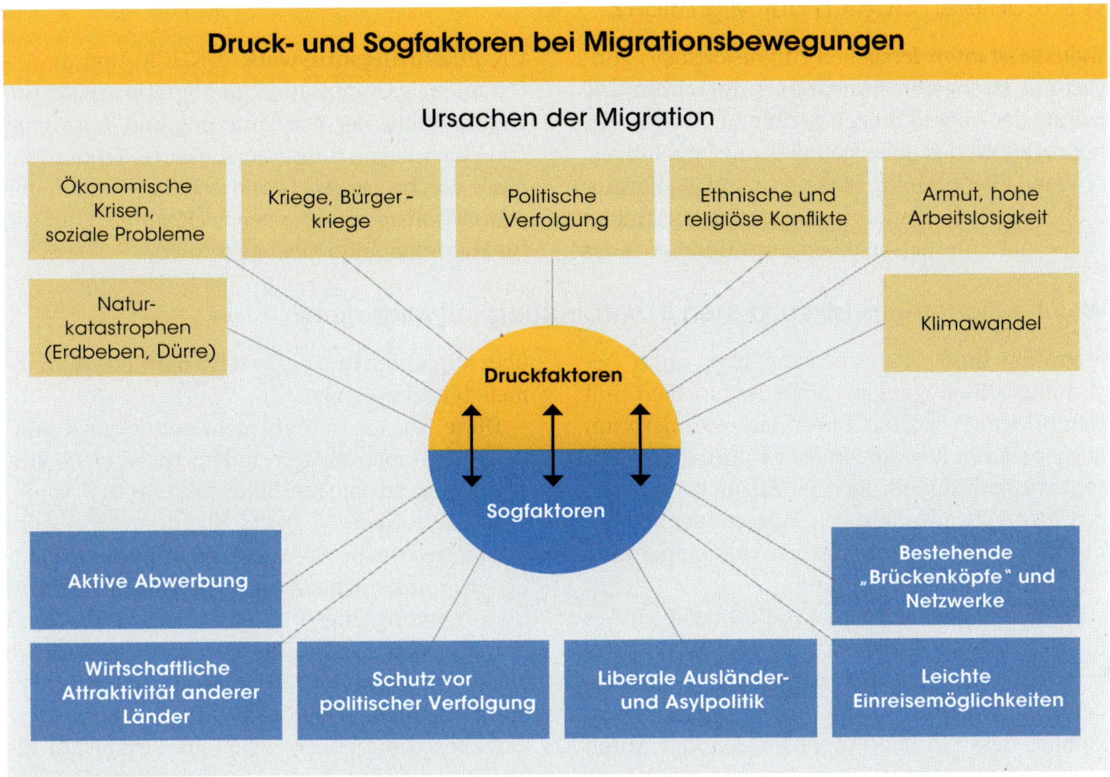

Nach: Rytlewski, Ralf / Wuttke, Carola (Hg.): Duden Basiswissen Schule. Politik, Wirtschaft – Abitur. 4. Auflage, Berlin: Dudenverlag 2016, S. 434

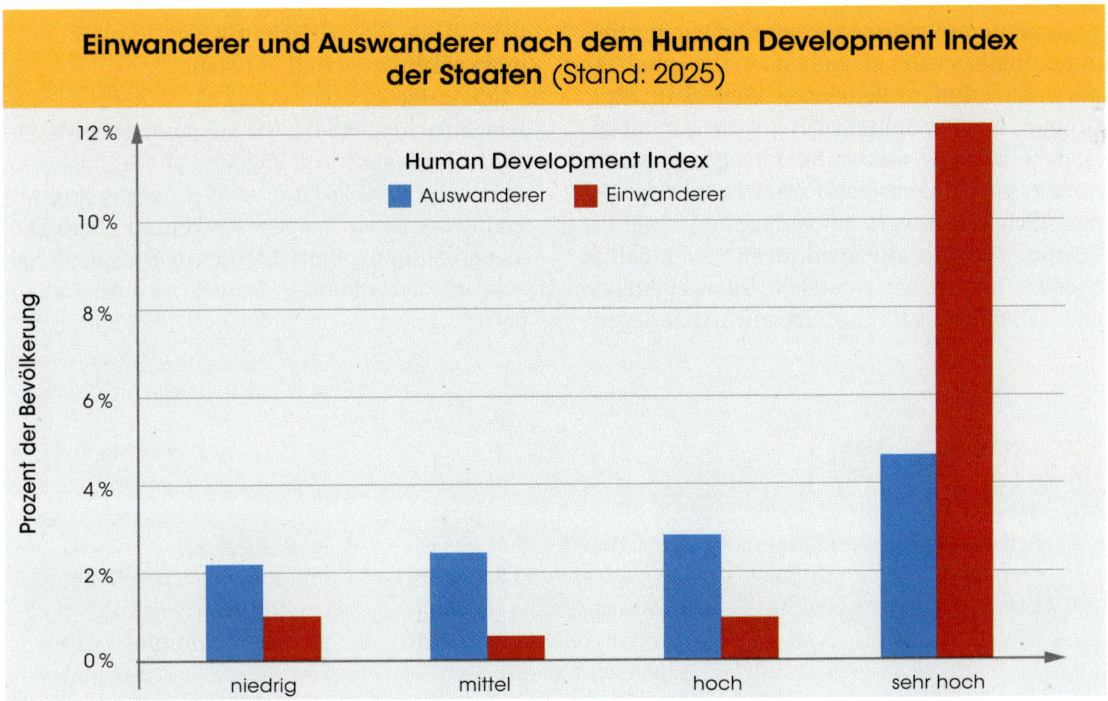

Nach: International Organization for Migration: World Migration Report 2024. Genf 2024, S. 126, IOM 2024, CC BY-NC-ND 3.0 IGO

M4 Wie reagieren Staaten auf Migration?

Industriestaaten versuchen, Migrationsbewegungen mit strengeren **Einwanderungsregeln** und Schutz der Außengrenzen gezielt zu steuern. Zunehmend werden dabei gemeinsame Regelungen, etwa auf Ebene der EU, vereinbart und die Zusammenarbeit mit Herkunfts- und Transitländern ausgebaut. Internationale Organisationen wie das **UN-Flüchtlingshilfswerk** (UNHCR) und die Internationale Organisation für Migration (IOM) unterstützen bei der Koordinierung und Versorgung von Flüchtlingen. Ihre Aufgabe ist es, Schutzstandards durchzusetzen, Grundrechte zu wahren und sowohl humanitäre als auch nachhaltige Lösungen für Migration und Flucht zu fördern.

M5 Welche Sicherheitsrisiken stehen in Verbindung mit Migration?

Migration birgt Chancen, kann aber unter bestimmten Bedingungen Sicherheitsrisiken mit sich bringen, vor allem in Aufnahmeländern mit angespannten Ressourcen oder **mangelnder Integrationsfähigkeit**. Rascher Zuzug kann knappe Güter – etwa Wohnungen, Wasser oder medizinische Versorgung – zusätzlich verknappen und zu sozialer Konkurrenz führen.

Auch mit Blick auf den **Arbeitsmarkt** gibt es Risiken: Eine plötzliche Zunahme von Arbeitskräften durch Migration verschärft unter Umständen den Wettbewerb um Arbeitsplätze. Hinzu kommt, dass ein überproportional hoher Anteil junger Männer unter Zuwanderern – wie häufig etwa bei Konfliktflüchtlingen – potenziell das Konfliktpotenzial erhöhen kann, insbesondere bei fehlenden Beschäftigungsperspektiven.

Ein weiteres Risiko ergibt sich durch importierte Konflikte, wenn ggf. vorhandene Spannungen zwischen Ethnien, Religionen oder politischen Gruppen aus Herkunftsländern in die Aufnahmeländer übertragen werden. Sind staatliche Institutionen in Aufnahmegesellschaften überfordert oder nicht auf Integration vorbereitet, steigt die Gefahr, dass **Parallelstrukturen**, Kriminalität oder soziale Unruhen entstehen. Dabei entstehen oder verstärken sich Vorurteile und Ängste gegenüber Migranten und die gesellschaftliche Aufnahmebereitschaft sinkt.

Diese Ängste werden nicht selten auch politisch instrumentalisiert, indem vorhandene ethnische bzw. soziale Konflikte geschürt bzw. vorgeschoben werden. In Deutschland bewirtschaftet beispielsweise die AfD mit ihrer migrationsfeindlichen Politik solche Anerkennungsverluste, nutzt Überfremdungsängste aus und erzielt u. a. damit beträchtliche Wahlerfolge. Dies kann jedoch auch die Beziehungen zu den Herkunftsländern der Migranten erheblich belasten.

Es bestehen jedoch nicht nur Risiken für die Aufnahmeländer, sondern auch für die Herkunftsländer: Der Verlust qualifizierter Arbeitskräfte („**Braindrain**") durch Auswanderung hat zum Teil negative Folgen für die Stabilität und Sicherheit sowie die wirtschaftlichen Entwicklungsmöglichkeiten im Herkunftsland.

Migration ist nicht per se ein Sicherheitsproblem. Entscheidend ist, wie sie politisch gesteuert wird, ob Integration gelingt und ob Gesellschaften offen und konfliktfähig sind. Ungesteuerte Migrationsprozesse bergen Risiken für Stabilität, Sicherheit und gesellschaftlichen Zusammenhalt – sowohl in Herkunfts-, Transit- als auch Zielländern.

Aufgaben

72003-615

1. Beschreiben Sie den Zusammenhang zwischen Bevölkerungswachstum und Migration (**M1–M3**).
2. Migration entsteht aus einer Vielzahl von Faktoren. Erläutern Sie die soziokulturellen, religiösen, politischen, wirtschaftlichen, ökologischen und militärischen Faktoren (**M2, M3**).
3. Begründen Sie, inwieweit und unter welchen Bedingungen eine verstärkte globale Migration eine Gefahr für die internationale Sicherheit darstellen kann (**M2–M5**).

Demografische Trends: Perspektiven für Afrika und Westeuropa

M1 Bevölkerungsstruktur der am wenigsten entwickelten Länder in Afrika 2030

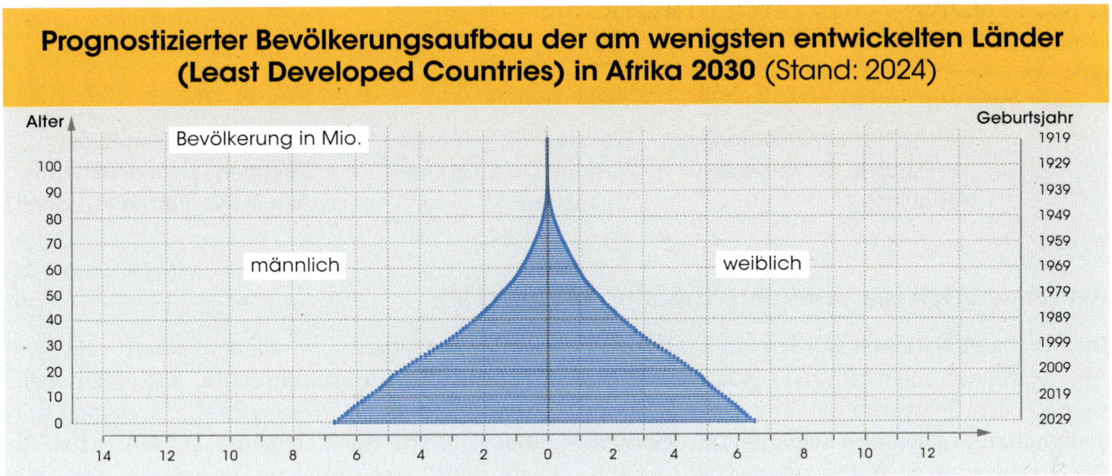

Nach: United Nations Department of Economic and Social Affairs: World Population Prospects 2024

M2 Bevölkerungsstruktur in Westeuropa 2030

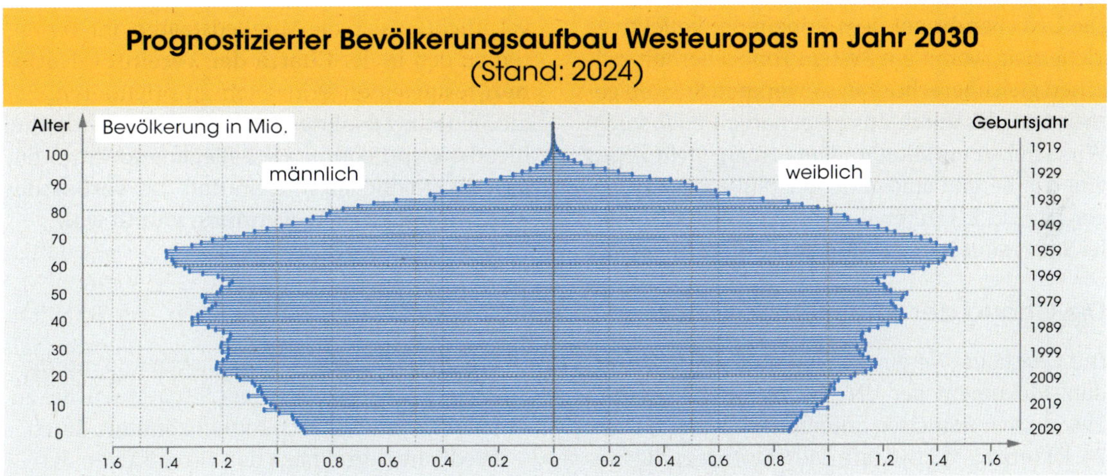

Nach: United Nations Department of Economic and Social Affairs: World Population Prospects 2024

Aufgaben

72003-616

1. Analysieren Sie die grafischen Darstellungen des prognostizierten Altersaufbaus der Bevölkerung der afrikanischen Least Developed Countries (**M1**) und der westeuropäischen Staaten (**M2**) im Jahr 2030.
2. Vergleichen Sie die beiden Demografien miteinander.
3. Arbeiten Sie aus diesen demografischen Verteilungen Chancen und (sicherheitspolitische) Herausforderungen heraus.

6.3 Die Sicherheitsarchitektur im 21. Jahrhundert

6.3.1 Die Vereinten Nationen

Leitfragen

- Welche Normen bestimmen das Handeln der Vereinten Nationen?
- Wie sind die Vereinten Nationen institutionell organisiert?
- Welche Möglichkeiten der kollektiven Friedenssicherung haben die Vereinten Nationen?

M1 Warum wurden die Vereinten Nationen gegründet?

Die Vereinten Nationen wurden am 24. Oktober 1945 gegründet, zunächst von 51 Staaten. Ziel war es, nach den Schrecken des Zweiten Weltkriegs dauerhaften Frieden und Sicherheit zu schaffen. Die Organisation sieht ihre Aufgabe darin, „künftige Generationen vor der Geißel des Krieges zu bewahren" (Präambel der Charta). Sie steht für Zusammenarbeit zwischen Staaten und den **Schutz der Menschenrechte**. Mit einem weltweiten Forum für Dialog und Verständigung sollten Konflikte friedlich gelöst und **kollektive Sicherheit** gewährleistet werden, um den Weltfrieden aktiv zu fördern und zu schützen.

M2 Welche Ziele und Prinzipien bestimmen die Vereinten Nationen?

Die UNO beruht auf dem Prinzip der kollektiven Sicherheit, womit ein System von Sicherheit zwischen gleichberechtigten souveränen Staaten gemeint ist, das durch Zusammenarbeit nach innen Wirksamkeit entfaltet und im Prinzip nicht gegen einen äußeren Feind gerichtet sein sollte. Im Gegensatz zur EU treten die Mitgliedstaaten keinerlei Souveränitätsrechte an die UNO ab. Allerdings verpflichten sich die Mitgliedstaaten, ihr Verhalten an den in der **Charta der Vereinten Nationen** festgelegten Prinzipien zu orientieren. Für die Sicherung des Friedens besonders wichtig sind hier die Verpflichtung zur Beilegung von Streitfällen mit friedlichen Mitteln und das **Verbot der Androhung oder Anwendung von Gewalt**.

M3 Die Charta der Vereinten Nationen

Die Charta der Vereinten Nationen ist das Gründungsdokument der UN. Sie wurde am 26. Juni 1945 in San Francisco unterzeichnet und trat am 24. Oktober 1945 in Kraft. Die Charta legt die Ziele, Prinzipien, Strukturen und Verfahren der Organisation fest und bindet alle Mitgliedstaaten völkerrechtlich. Sie ist in 19 Kapitel und 111 Artikel gegliedert.

Artikel 1

Die Vereinten Nationen setzen sich folgende Ziele:

1. den Weltfrieden und die internationale Sicherheit zu wahren und zu diesem Zweck wirksame Kollektivmaßnahmen zu treffen, um Bedrohungen des Friedens zu verhüten und zu beseitigen, Angriffshandlungen und andere Friedensbrüche zu unterdrücken und internationale Streitigkeiten oder Situationen, die zu einem Friedensbruch führen könnten, durch friedliche Mittel nach den Grundsätzen der Gerechtigkeit und des Völkerrechts zu bereinigen oder beizulegen;
2. freundschaftliche, auf der Achtung vor dem Grundsatz der Gleichberechtigung und Selbstbestimmung der Völker beruhende Beziehungen zwischen den Nationen zu entwickeln und andere geeignete Maßnahmen zur Festigung des Weltfriedens zu treffen;
3. eine internationale Zusammenarbeit herbeizuführen, um internationale Probleme wirtschaftlicher, sozialer, kultureller und humanitärer Art zu lösen und die Achtung vor den

Menschenrechten und Grundfreiheiten für alle ohne Unterschied der Rasse, des Geschlechts, der Sprache oder der Religion zu fördern und zu festigen;

4. ein Mittelpunkt zu sein, in dem die Bemühungen der Nationen zur Verwirklichung dieser gemeinsamen Ziele aufeinander abgestimmt werden.

Artikel 2

Die Organisation und ihre Mitglieder handeln im Verfolg der in Artikel 1 dargelegten Ziele nach folgenden Grundsätzen:

1. Die Organisation beruht auf dem Grundsatz der souveränen Gleichheit aller ihrer Mitglieder.
2. Alle Mitglieder erfüllen, um ihnen allen die aus der Mitgliedschaft erwachsenden Rechte und Vorteile zu sichern, nach Treu und Glauben die Verpflichtungen, die sie mit dieser Charta übernehmen.
3. Alle Mitglieder legen ihre internationalen Streitigkeiten durch friedliche Mittel so bei, daß der Weltfriede, die internationale Sicherheit und die Gerechtigkeit nicht gefährdet werden.
4. Alle Mitglieder unterlassen in ihren internationalen Beziehungen jede gegen die territoriale Unversehrtheit oder die politische Unabhängigkeit eines Staates gerichtete oder sonst mit den Zielen der Vereinten Nationen unvereinbare Androhung oder Anwendung von Gewalt.
5. Alle Mitglieder leisten den Vereinten Nationen jeglichen Beistand bei jeder Maßnahme, welche die Organisation im Einklang mit dieser Charta ergreift; sie leisten einem Staat, gegen den die Organisation Vorbeugungs- oder Zwangsmaßnahmen ergreift, keinen Beistand.
6. Die Organisation trägt dafür Sorge, daß Staaten, die nicht Mitglieder der Vereinten Nationen sind, insoweit nach diesen Grundsätzen handeln, als dies zur Wahrung des Weltfriedens und der internationalen Sicherheit erforderlich ist.
7. Aus dieser Charta kann eine Befugnis der Vereinten Nationen zum Eingreifen in Angelegenheiten, die ihrem Wesen nach zur inneren Zuständigkeit eines Staates gehören, oder eine Verpflichtung der Mitglieder, solche Angelegenheiten einer Regelung auf Grund dieser Charta zu unterwerfen, nicht abgeleitet werden; die Anwendung von Zwangsmaßnahmen nach Kapitel VII wird durch diesen Grundsatz nicht berührt.

Vereinte Nationen: Die Charta der Vereinten Nationen. In: www.unric.org, Abruf am 07.08.2025

M4 Wie sind die Vereinten Nationen aufgebaut?

Die Vereinten Nationen bestehen aus sechs Hauptorganen: Generalversammlung, Sicherheitsrat, Wirtschafts- und Sozialrat, Internationaler Gerichtshof, Treuhandrat und Sekretariat (› Grafik auf S. 548). Dazu kommen Hilfsorganisationen wie **UNICEF** oder das **UN-Hochkommissariat für Flüchtlinge (UNHCR)** sowie eigenständige Sonderorganisationen, etwa die UNESCO oder die **Weltgesundheitsorganisation (WHO).** Diese Organe und Organisationen arbeiten eng zusammen, um unterschiedlichste Aufgaben von Friedenssicherung über Entwicklung bis Menschenrechtsschutz weltweit zu erfüllen. Während Hauptorgane zentrale Entscheidungen treffen, übernehmen Sonderorganisationen spezialisierte Aufgaben in ihren jeweiligen Fachgebieten.

Zusätzlich existieren regionale Kommissionen sowie spezialisierte Programme, die u.a. technischer Unterstützung bereitstellen und humanitäre Hilfe koordinieren.

a) Die Generalversammlung

Die Generalversammlung ist das zentrale Diskussionsforum der UN, in dem alle Mitgliedsstaaten mit je einer Stimme vertreten sind. Sie tagt in der Regel einmal jährlich in New York und berät globale Fragen wie Frieden, Entwicklung oder Menschenrechte. Darüber hinaus fördert sie Dialog, Kooperation und internationale Verständigung. Die getroffenen Beschlüsse, sogenannte **Resolutionen**, sind nicht rechtsverbindlich, gelten jedoch als wichtige Empfehlungen und Leitlinien für die internationale Politik. Die Generalversammlung wählt Vertreter für andere UN-Gremien, darunter die nicht-ständigen Mitglieder des UN-Sicherheitsrates, sowie den Generalsekretär und verabschiedet das Haushaltsbudget der UN. Die Generalversammlung dient zudem als Forum für internationale Kooperation in humanitären und initiiert Programme zur Entwicklungshilfe.

Die Vereinten Nationen in der Übersicht (Stand: 2025)

Hauptorgane

Generalversammlung	Sicherheitsrat	Wirtschafts- und Sozialrat	Sekretariat	Internationaler Gerichtshof	Treuhandrat
Sitz in New York	New York	New York	Hauptsitz New York	Den Haag	New York
193 Mitgliedstaaten	15 Mitglieder	54 Mitglieder	mit Generalsekretär	15 Richter/innen	5 Mitglieder

Ausgewählte Fachorganisationen und Nebenorgane

Sonderorganisationen*

Auswahl

		Sitz in
UNESCO	Bildung, Kultur	Paris
ILO	Arbeitsorganisation	Genf
WHO	Weltgesundheitsorganisation	Genf
FAO	Ernährungsorganisation	Rom
IWF	Internationaler Währungsfonds	Washington
Weltbankgruppe		Washington

Spezialorgane

Auswahl

UNCTAD	Handel	Genf
UNHCR	Flüchtlingshilfe	Genf
WFP	Welternährungsprog.	Rom
UNICEF	Kinderhilfswerk	New York
UNDP	Entwicklung	New York
UNFPA	Bevölkerungsfonds	New York
UNEP	Umwelt	Nairobi
Habitat	Wohnungsprog.	Nairobi
UNU	UN-Universität	Tokio

Verwandte Organisationen

Auswahl

WTO	Welthandel	Genf
IAEA	Atomenergie	Wien
OPCW	Verbot chemischer Waffen	Den Haag

*rechtlich und finanziell selbstständig

Nach: © Globus Grafik 12311

b) Der Sicherheitsrat

Der Sicherheitsrat ist das mächtigste Organ der Vereinten Nationen und trägt die Hauptverantwortung für den Schutz und die Wiederherstellung des Weltfriedens und der Sicherheit. Er besteht aus 15 Mitgliedern: fünf sind ständige Mitglieder mit Vetorecht (USA, Großbritannien, Frankreich, Russland, China), zehn nicht-ständige Mitglieder werden für zwei Jahre durch die Generalversammlung mit einer Zwei-Drittel-Mehrheit gewählt. Um einen Beschluss zu fassen, müssen mindestens neun Mitglieder zustimmen – dabei dürfen die ständigen Mitglieder dagegen kein Veto einlegen. Das Vetorecht bedeutet, dass Entscheidungen blockiert werden können, wenn ein ständiges Mitglied widerspricht. **Die Sicherheitsratsresolutionen** sind rechtlich bindend für die Mitgliedsstaaten und können im Extremfall auch militärische Maßnahmen oder Sanktionen zur Friedenssicherung beinhalten. Der Rat beruft sich bei Maßnahmen meist auf die Charta der UN, insbesondere auf Kapitel VI (friedliche Streitbeilegung) und VII (Maßnahmen bei Bedrohung oder Bruch des Friedens). Die Sitzungen des Sicherheitsrats können jederzeit und meist sehr kurzfristig einberufen werden, sodass auf Krisen schnell reagiert werden kann.

c) Der Generalsekretär

Derzeitiger Generalsekretär ist António Guterres (seit 2017, bis 2027). Er wird von der Generalversammlung auf Vorschlag des Sicherheitsrats für fünf Jahre gewählt und kann anschließend wiedergewählt werden. Der Generalsekretär leitet das Sekretariat, repräsentiert die Organisation nach außen und ist oberster Verwaltungschef der UNO. Zu seinen **Aufgaben und Kompetenzen** gehören:

- Vermittlung in internationalen Konflikten,
- Veröffentlichung von Berichten und Empfehlungen,
- Leitung der Verwaltung der UN,
- Vorschlag von Tagesordnungspunkten für den Sicherheitsrat,
- Berufung eigener Sonderbotschafter und Vertreter,
- Repräsentation der UN gegenüber Mitgliedsstaaten und Öffentlichkeit,
- Überwachung der Umsetzung von UN-Programmen und Resolutionen.

Das Wirken des Generalsekretärs hängt stark von der politischen Unterstützung der Mitgliedsstaaten ab. So sind diplomatisches Geschick und nicht zuletzt die Persönlichkeit wichtige Faktoren, um diese Position erfolgreich auszufüllen.

M5 Kollektive Friedenssicherung: Wie kann die UN Frieden sichern?

In der UN-Charta wurden wichtige **Prinzipien für die Friedenserhaltung** festgelegt:

- Verpflichtung aller Staaten zur friedlichen Beilegung von Konflikten;
- Verbot der Androhung und Anwendung von Gewalt außer zur Selbstverteidigung;
- Beistandsverpflichtung aller UN-Mitglieder für Maßnahmen der UNO.

Der Sicherheitsrat beschließt die Maßnahmen zur Friedenssicherung. Es wird zwischen **„weichem Mandat“** (friedliche Mission, Vermittlung, Waffenstillstandsüberwachung, Kapitel VI UN-Charta) und **„robustem Mandat“** (Kapitel VII UN-Charta: Zwangsmaßnahmen inkl. militärische Intervention) unterschieden. Bei robustem Mandat sind auch militärische Eingriffe mit Zustimmung des Sicherheitsrats möglich. Ziel ist stets, Konflikte friedlich und rechtlich geordnet zu lösen und Gewalt nur als letztes Mittel einzusetzen.

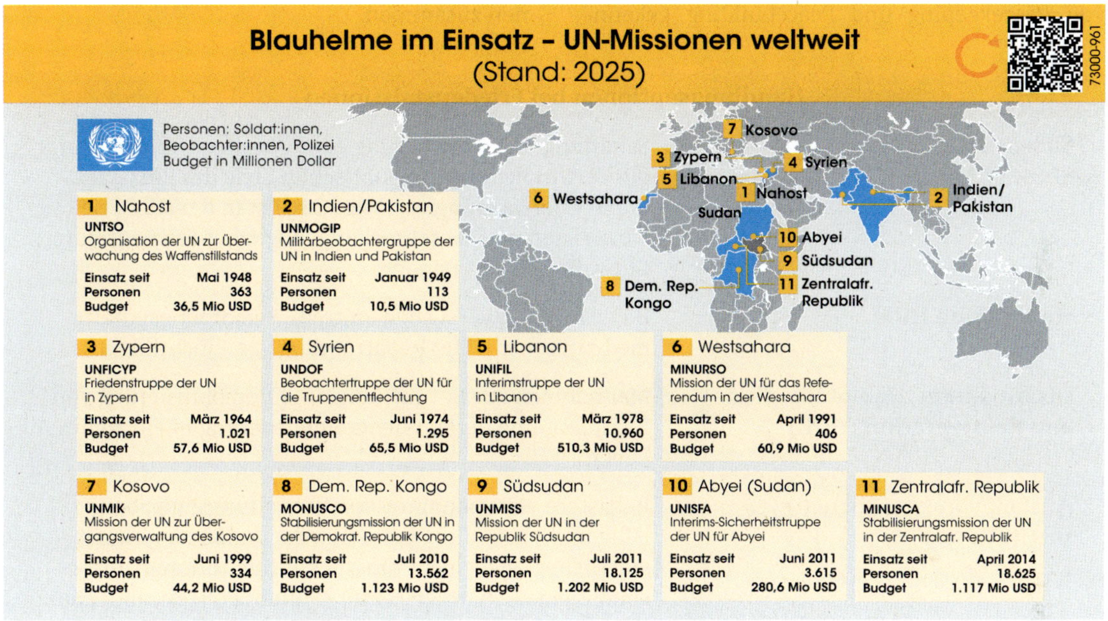

© C.C. Buchner Verlag, aktuelle Daten nach: UN (Datenerhebung: 2025; Grafikerstellung: 2025)

M6 Die verschiedenen Ansätze bei Friedensmissionen der Vereinten Nationen

1. Peacekeeping

Unter Peacekeeping versteht man den militärisch gestützten Schutz eines bereits vereinbarten Friedens ohne Einsatz von Zwangsgewalt. Voraussetzung ist ein Waffenstillstand oder Friedensabkommen. Die erste Phase dauerte von 1948 bis 1988, umfasste 15 Missionen – u. a. in Palästina, Kaschmir, auf den Golanhöhen, im Libanon und auf Zypern – von denen einige bis heute fortbestehen. Für diesen Einsatz erhielten die Blauhelmtruppen 1988 den Friedensnobelpreis.

2. Peacebuilding

Nach dem Kalten Krieg erhielt der Sicherheitsrat größere Handlungsspielräume, auch in innerstaatliche Konflikte einzugreifen. VN-Generalsekretär Boutros Boutros-Ghali definierte 1992 in der „Agenda für den Frieden“ zentrale Konzepte: präventive Diplomatie, Friedensschaffung, Friedenssicherung und Peacebuilding (Friedenskonsolidierung). Letzteres umfasst zivile Experteneinsätze (Polizei, Justiz, Verwaltung, humanitäre Hilfe) und den Wiederaufbau staatlicher Strukturen in Nachkriegsgesellschaften.

3. Peace-Enforcement

Peace-Enforcement bedeutet das Erzwingen von Frieden gegen den Willen mindestens eines Konfliktbeteiligten, meist mittels militärischer Zwangsmaßnahmen, Sanktionen oder anderen robusten Interventionen. Voraussetzung ist ein Sicherheitsratsmandat gemäß Kapitel VII der UN-Charta bei Bedrohung oder Bruch des Weltfriedens. Peace-Enforcement ist umstritten und kommt nur selten zum Einsatz, da die Gefahren für Eskalation oder Widerstand hoch sind. Ein Beispiel ist die Operation UNOSOM II in Somalia 1993. Hier sollten Blauhelme Frieden erzwingen statt ihn nur zu überwachen. Die Mission scheiterte jedoch und wurde nach Verlusten abgebrochen.

Etwa seit Anfang 2000 ist die internationale Friedenssicherung von einer engeren Verbindung von Peacekeeping und Peacebuilding gekennzeichnet. Solche multidimensionalen Einsätze kombinieren militärischen Schutz – oft mit robustem Mandat – mit zivilen Aufgaben wie Verwaltungsaufbau, Rechtsstaatförderung und humanitärer Hilfe. Träger können die UN selbst, regionale Organisationen (z. B. NATO, EU, ...) sein. Jedes Mandat wird individuell zugeschnitten und kombiniert Elemente früherer Generationen.

Friedensmissionen sind damit häufig komplexe Einsätze, die militärische, zivile und humanitäre Maßnahmen verbinden. Die folgende Übersicht fasst zentrale Handlungsoptionen solcher Missionen zusammen.

Handlungsoptionen bei Friedensmissionen	
Sicherheit, Show of Force	Schaffung und Absicherung eines stabilen Umfeldes für die Verwirklichung der politischen Ziele des Einsatzes durch Überwachung von Waffenstillständen oder Friedensabkommen, Abschreckung möglicher Friedensstörer; Entwaffnung von Banden
Humanitäre Hilfe	Bereitstellung von Lebensmitteln, Versorgungsgütern, medizinischer Hilfe; Repatriierung von Flüchtlingen
Disarmament, Demobilization and Reintegration (DDR)	Maßnahmen zur Entwaffnung und Demobilisierung von Kämpfern und deren Wiedereingliederung in ein ziviles Leben
Ausbau von (staatlichen) Institutionen	Befristete Wahrnehmung von Verwaltungsaufgaben; Hilfe und Ausbildung beim (Wieder)Aufbau legitimer staatlicher sowie nicht-staatlicher Institutionen, insbesondere im Sicherheitssektor (Militär, Polizei), aber auch in Justiz, Verwaltung, Schulen, Gesundheitswesen und Infrastruktur
Wirtschaftliche und soziale Entwicklung	Unterstützung von wirtschaftlichem Wiederaufbau, der Schaffung selbsttragender ökonomischer Strukturen und soziale Gerechtigkeit
Hoheitliche Aufgaben	Zeitweise Übernahme staatlicher Souveränitätsrechte durch vom Sicherheitsrat ernannte Mandatsträger
Zusammenarbeit mit nicht-staatlichen Organisationen	Kooperation zwischen militärischen und anderen staatlichen Mandatsträgern mit unabhängigen (Hilfs-)Organisationen
Interagency Cooperation	z. B. mit NATO, EU, OSZE, AU oder subregionalen Organisationen wie ECOWAS
Robustes Mandat	Anwendung von Waffengewalt durch UN-Blauhelmsoldaten nicht nur zur Selbstverteidigung, sondern auch zur Verteidigung der Mission und von Zivilisten (rechtliche Grundlage: Kapitel VII der UN-Charta)

Nach: Gareis, Sven Bernhard: Internationale Friedenssicherung. In: Informationen zur politischen Bildung, Nr. 310, 2011, S. 24

M 7 Die UNO – zwischen Anspruch und Wirklichkeit

Die Bilanz der Sicherung des Weltfriedens durch die UNO ist angesichts von mehr als 120 Kriegen seit 1945 zwiespältig. Zwar ist die Zahl der Friedensmissionen nach dem Ende des Ost-West-Konflikts deutlich gestiegen, aber immer wieder ruft zögerliches Reagieren der Weltgemeinschaft auf Verbrechen gegen eine Bevölkerungsgruppe bis hin zum Genozid Empörung und Zweifel an den Fähigkeiten der UNO hervor, Frieden zu schaffen oder zu erhalten.

Trotz der in der Charta der Vereinten Nationen verankerten Gleichberechtigung der Mitgliedstaaten besteht ein **deutliches Machtgefälle** zwischen den Staaten ohne Vetorecht und den fünf ständigen Mitgliedern des Sicherheitsrats mit Vetorecht. Die Vetomächte verhindern erfahrungsgemäß Beschlüsse des Sicherheitsrats durch ihr Veto genau dann, wenn diese den eigenen Interessen zuwiderlaufen würden, was wirksame Lösungen häufig blockiert. So war es nicht möglich, Russland für seinen Angriffskrieg gegen die Ukraine – ein eklatanter Verstoß gegen die UN-Charta – zu verurteilen, weil Russland als ständiges Sicherheitsratsmitglied im Jahr 2022 gegen die entsprechende Resolutionen stimmte (China enthielt sich).

Im Laufe der letzten Jahrzehnte gab es zudem die Tendenz, dass sich kriegerisch ausgetragene Konflikte immer mehr von der zwischen- auf die **innerstaatliche Ebene** verlagert haben. Die Forderung nach Interventionen geraten jedoch mit den Prinzipien der UN-Charta in Konflikt, da einerseits das Verbot besteht, sich in innerstaatliche Angelegenheiten einzumischen (Interventionsverbot, Achtung der staatlichen Souveränität) und andererseits aber auch der Schutz der Menschenrechte in der Charta verankert ist. Bei schwersten Menschenrechtsverletzungen und bei extremen humanitären Notlagen behalf man sich im Sicherheitsrat darum oft damit, eine über die Grenzen hinausreichende Bedrohung des Weltfriedens zu konstatieren, um so eine rechtliche Basis für eine Intervention zu bekommen. Solche Anträge wurden jedoch immer wieder durch das Veto von ständigen Mitgliedern bedroht, welche selbst mit ähnlichen inneren Konflikten zu tun hatten (z. B. China mit Tibet oder auch Russland mit Tschetschenien).

Aber auch in diesem Punkt entwickelte sich das Völkerrecht weiter. Die UNO hat nun trotz Art. 2, Abs. 7 der UN-Charta („Nichteinmischungsgebot“) grundsätzlich die Möglichkeit, in einen inneren Konflikt einzugreifen, wenn die jeweilige Regierung entweder nicht in der Lage ist, die eigene Bevölkerung vor Völkermord, Kriegsverbrechen, Verbrechen gegen die Menschlichkeit oder ethnischen Säuberungen zu schützen oder sogar selbst solche Verbrechen begeht. Wenn die Regierung also ihrer **„Schutzverantwortung“** (Responsibility to Protekt, R2P) nicht nachkommt, können dies die Vereinten Nationen übernehmen – bzw. sie müssen es eigentlich (› Kap. 6.1.3).

M 8 Unilateralismus – eine Gefahr für die Vereinten Nationen?

Mit dem Ende des Kalten Kriegs drohte in der amerikanischen Politik die Tendenz zum **Unilateralismus** Überhand zu nehmen, da ausschließlich die eigene Interessenlage berücksichtigt wurde, ohne auf internationale Regelwerke Rücksicht zu nehmen oder internationale Institutionen mit einzubinden. Diese Praxis verstärkte sich massiv, als die USA am 11. September 2001 durch islamistische Terroristen in ihrem politischen und ökonomischen Zentrum angegriffen worden waren und den „Krieg gegen den Terror“ ausriefen. Als sich zudem 2002 / 2003 im Sicherheitsrat keine Mehrheit für einen militärischen Einsatz zum Sturz der von den USA als Gefahr für die eigene Sicherheit eingestuften Diktatur im Irak fand, führten sie mit einer „Koalition der Willigen“ ohne Mandat des Sicherheitsrats einen Krieg gegen das Regime Saddam Husseins. Die UNO geriet dadurch in eine tiefe Krise, da alle wesentlichen Prinzipien einer kollektiven Sicherheitspolitik verletzt wurden. Die USA machten jedoch die Erfahrung, dass militärische Siege beispielsweise im Irak oder in Afghanistan mit ihren Kapazitäten einfach zu erringen waren, jedoch dauerhafte Stabilität und Frieden nur sehr schwer alleine zu erreichen sind. Ein mindestens genauso drastischer Bruch des Völkerrechts liegt beim russischen Angriff(skrieg) gegen die Ukraine vor. Die Außenpolitik im 21. Jahrhundert insb. dieser beiden Vetomächte im Sicherheitsrat zeigt ganz deutlich die Konstruktionsprobleme der internationalen Sicherheitsarchitektur.

M9 Müssen die Vereinten Nationen reformiert werden?

Die Frage nach Reformen ist vor allem beim Sicherheitsrat zentral: Das Vetorecht der fünf ständigen Mitglieder blockiert manche Entscheidungen und entspricht kaum noch der heutigen globalen Realität. Jedoch erscheint eine Abschaffung oder **Einschränkung des Vetorechts** als aussichtlos, da jede einzelne Vetomacht kaum zu einer Veränderung in diesem Aspekt bereit zu sein scheint. Die Diskussion bezieht sich daher vor allem auf die Erweiterung der ständigen Sitze und auf die stärkere Repräsentation von Weltregionen.

Die G4-Gruppe (Deutschland, Brasilien, Indien, Japan) schlug 2005 vor, den Sicherheitsrat auf insgesamt 25 Mitglieder zu erweitern: sechs zusätzliche ständige Sitze ohne Vetorecht (je zwei für Afrika und Asien, je einer für die westlichen Staaten sowie für Lateinamerika und die Karibik) und vier nichtständige Sitze (je einen für Afrika, Asien, Lateinamerika n Karibik sowie Osteuropa.

Neben diesem Entwurf gab es zudem auch einen Vorschlag einer Gruppe von 43 afrikanischen Staaten, die im Prinzip dem Grundkonzept der G4 folgten, jedoch davon abweichend das Vetorecht für neue ständige Mitglieder sowie einen zweiten zusätzlichen nichtständigen Sitz für Afrika forderten.

Die aus 12 Staaten bestehende Gruppe „Vereint für den Konsens“, u.a. Argentinien, Italien, und Pakistan möchte den Sicherheitsrat zwar vergrößern, jedoch nur durch zusätzliche nichtständige Mitglieder und ganz ohne zusätzliche Vetos, um die Machtbalance zu erhalten. Am Ende wurde auf der 59. Generalversammlung über keinen der drei Entwürfe abgestimmt, da sich für keinen Vorschlag die nötige Zwei-Drittel-Mehrheit abzeichnete.

Im September 2024 verabschiedete die UN-Generalversammlung den **UN-Zukunftspakt**. Die Reform des Sicherheitsrates findet sich darin als Absichtserklärung wieder. Dabei werden mit Blick auf die Vergrößerung des Sicherheitsrates vor allem bisher unterpräsentierte Regionen vorgeschlagen: Afrika, den Asiatisch-Pazifischen Raum, Lateinamerika und die Karibik. Die konkrete Ausgestaltung bleibt jedoch offen. Ein weiteres Reformthema betrifft die Arbeitsweise des Sicherheitsrats. Kritikerinnen und Kritiker bemängeln, dass Entscheidungen oft intransparent hinter verschlossenen Türen vorbereitet werden und nur wenige Staaten tatsächlich Einfluss nehmen können. Zudem wird die mangelnde Handlungsfähigkeit bei akuten Krisen wie in Syrien oder in der Ukraine als Beleg dafür gesehen, dass das Vetosystem nicht mehr zeitgemäß ist. Auch die zunehmende Bedeutung neuer globaler Herausforderungen wie Klimawandel oder Cyber-Sicherheit wirft die Frage auf, ob die VN-Strukturen diesen Aufgaben überhaupt noch gewachsen sind.

Bisher sind die Chancen für eine grundlegende Reform gering, da alle Änderungen einstimmig von den aktuellen ständigen Mitgliedern beschlossen werden müssten – neben der notwendigen Zwei-Drittel-Mehrheit der Mitgliedstaaten, die ebenso vorliegen muss.

Aufgaben

72003-617

1. Beschreiben Sie, auf welche Weise die UNO das Ziel der Sicherung und Wiederherstellung von Frieden verfolgt und vor welche Probleme sie dabei gestellt wird (**M5–M7**).
2. „Mächtige Nationen sind selten gute Mitglieder eines internationalen Clans, der dafür eingerichtet ist, die Ausübung nationaler Macht einzugrenzen.“ Erläutern Sie, was der Historiker Paul Kennedy damit in Bezug auf die Organisation der UNO gemeint haben könnte (**M1–M4, M7, M8**).
3. Beurteilen Sie, in welchem Maße die Vereinten Nationen seit ihrer Gründung ihrem eigenen Anspruch, den Weltfrieden zu sichern, gerecht geworden sind (**M5–M9**). Berücksichtigen Sie erfolgreiche Beispiele ebenso wie Fälle des Scheiterns.

(Wie) Kann der UN-Sicherheitsrat effektiver und gerechter werden?

M 1 Den Sicherheitsrat grundlegend reformieren?

Unser Vorschlag soll nicht an den Grundstrukturen des Sicherheitsrats rütteln: So unterscheiden wir weiterhin zwischen ständigen und nichtständigen Mitgliedern und verleihen den ständigen bei Abstimmungen ein höheres Gewicht. Auch die regionalen Verteilkriterien zur Vergabe der Sitze im Sicherheitsrat sollen beibehalten werden. Eine Bewahrung von Bewährtem also, um den ohnehin schwach entwickelten Reformwillen nicht zu überstrapazieren. [...]

Ziel unserer Reformvorschläge sind die Einführung einer Abstimmungsregel mit weniger Blockierungspotential sowie die Erhöhung der Repräsentativität und Legitimität des Sicherheitsrats. [...] Unser Vorschlag hat drei Elemente: Erstens eine Erhöhung der Mitgliederzahl. Im heutigen 15-er System sind fünf Staaten (the permanent 5, „P5") ständig im Sicherheitsrat vertreten (China, Frankreich, Russland, Großbritannien und die USA). Dazu bekommen zehn weitere, nichtständige Staaten jeweils für zwei Jahre einen Sitz. In unserem Vorschlag würden die ständigen Sitze von fünf auf zehn und die nichtständigen von zehn auf 15 erhöht. Der Sicherheitsrat bestünde neu anstatt aus 15 aus 25 Staaten.

Zweitens eine Bestimmung der ständigen Mitglieder auf der Basis objektiver Kriterien. Hier bieten sich die Bevölkerungszahl, das BIP und die freiwilligen Beiträge an das UN-Budget an. Aus unserer Sicht wäre es gerechtfertigt, die Bevölkerungszahl gleich zu gewichten wie die beiden Kriterien BIP und freiwillige Beiträge zusammen, die ihrerseits unter sich das gleiche Gewicht hätten: also 50 Prozent, 25 Prozent, 25 Prozent. Je nach Gewichtung dieser Kriterien resultiert natürlich eine andere Rangliste von Staaten. Interessanterweise würde es Russland – ein P5 Staat – aber in keiner der von uns analysierten zahlreichen Gewichtungsvarianten unter die ersten zehn Plätze schaffen. Das Land hat eine zu kleine Bevölkerung, und sein BIP entspricht lediglich jenem einer Mittelmacht, zum Beispiel Spanien. Auch Frankreich, ein weiterer P5-Staat, ist zu klein, um unter Anwendung der drei Kriterien in die P10 aufgenommen zu werden. Gesicherte Plätze gäbe es für die USA, China, Indien und insbesondere auch Deutschland. Die uneingeschränkte Anwendung der Kriterienregel hätte jedoch zur Folge, dass nicht alle fünf UN-Regionen ständig im Sicherheitsrat vertreten wären: Afrika und Osteuropa würden fehlen. Um dieses Manko zu beheben, braucht es eine zusätzliche Bedingung: Jede Region soll mindestens einen ständigen Sitz erhalten. Damit würden es Russland als osteuropäischer und Nigeria als afrikanischer Repräsentant in den P10-Klub schaffen. Verbleibt das Problem des heutigen P5-Staates Frankreich. Wenn es im Rahmen einer Reform nicht gelingt, dessen Sitz zu „europäisieren" (wonach es nicht aussieht), müsste eine Lösung gefunden werden, die seine „erworbenen Rechte" schützt. So könnte man den zehnten Sitz an Frankreich vergeben. Dies er-

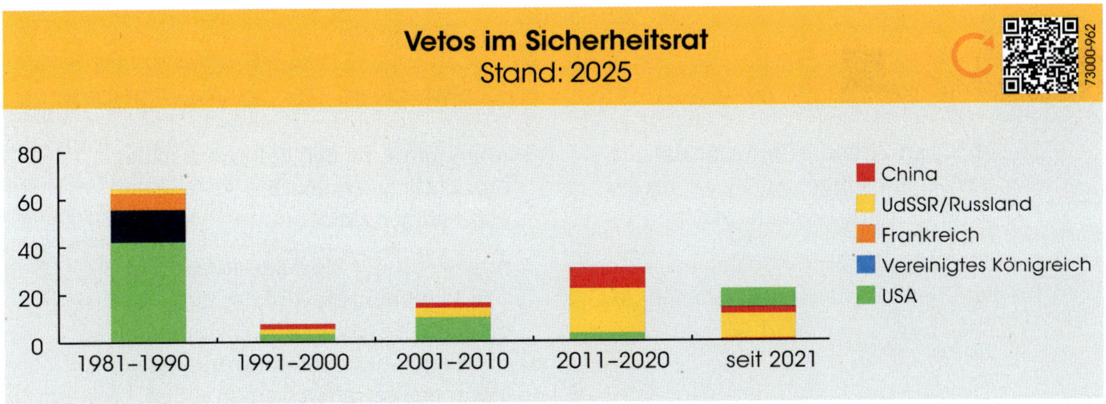

gäbe folgende Sitzverteilung für die P10: Brasilien, China, Nigeria, Russland, USA gefolgt von Indien, Deutschland, Japan, Großbritannien und Frankreich. Alle Staaten erfüllen das objektive Auswahlkriterium, außer Russland und Nigeria, die es unter dem Titel „Regionsvertreter", sowie Frankreich, das es unter dem Titel „erworbene Rechte" in den Sicherheitsrat schaffen würde. Diese Liste sollte periodisch (alle 15 Jahre) überprüft und mit einfacher Mehrheit angepasst werden können.

Drittens eine Überarbeitung der Abstimmungsregel. Die heutige Einstimmigkeitsregel (Vetorecht) für die P5 kann natürlich nicht auf die P10 ausgedehnt werden. Sonst würde der Rat noch mehr blockiert. Für die Beschlussfassung schlagen wir vor, dass im 25er-Klub nur das einfache Mehr nötig ist (13), ergänzt durch die Zusatzbedingung, dass höchstens zwei der P10 ablehnen dürfen. Mit anderen Worten: drei der P10 könnten einen Beschluss verhindern. Das „Vetorecht" würde damit moderat eingeschränkt. Ein „Fall Russland", in dem ein Mitglied griffige Maßnahmen gegen sich selbst mit einem alleinigen Veto verhindern kann, wäre unmöglich. Auch die zahlreichen chinesisch-russischen sogenannten Doppelpack-Vetos würden künftig nicht mehr ausreichen. [...] Unsere Vorschläge führen nicht zu einem radikalen Systemwechsel: Im Gegenteil, sie basieren auf dem bestehenden Bauplan des Sicherheitsrates und belassen sogar gewisse Privilegien bei den P10, um die Wahrscheinlichkeit einer Akzeptanz zu erhöhen. [...]

Was das Vorgehen anbelangt: In allen bisherigen Reformabsichten hat man wegen des Vetorechts stets ein Scheitern antizipiert [= erwartet]. Das Vetorecht käme in einem Reformprozess aber erst ganz am Schluss zum tragen. Gemäß Artikel 109 der Charta könnten die Reformvorschläge in einer sogenannten „Allgemeinen Konferenz" mit einer Zweidrittelmehrheit der Mitglieder der Generalversammlung zur Annahme empfohlen werden. Die P5 könnten also nicht verhindern, dass die Vorschläge auf den Tisch gebracht werden. Erst die Ratifikation könnten sie verweigern und damit ein Reformvorhaben sabotieren.

Zum diplomatischen Druck: Von den vorgeschlagenen Änderungen profitieren viele Länder: Afrika erhält den seit Langem geforderten ständigen Sitz. Ebenso die G4- Staaten Brasilien, Deutschland, Indien und Japan. Und kein aktueller P5-Staat würde seinen Sitz verlieren. Die potentiellen Gewinner sollten sich zusammentun und auf einer Reform bestehen. Als Ultima Ratio [= letztes Mittel] könnten sie einen Boykott der Sicherheitsratssitzungen erwägen. Es bräuchte nur sieben Mitglieder, die den Sitzungen fernblieben, um den Rat beschlussunfähig zu machen. [...]

Unser Vorschlag bewahrt, was bewahrt werden kann, bringt aber eine höhere Repräsentativität und eine Zusammensetzung des Sicherheitsrats, die auf objektiven Kriterien beruht. Eine solche hätte zur Folge, dass der afrikanische Kontinent, aber auch das bevölkerungsreichste Land Indien oder das europäische Schwergewicht Deutschland in den UN entsprechend ihrer weltpolitischen Bedeutung vertreten wären. [...] Die vorgeschlagene Abstimmungsregel führt zudem dazu, dass dem Geburtsfehler der UN – dem Vetorecht – endlich etwas entgegengehalten wird.

Ambühl, Michael / Meier, Zora / Thürer, Daniel: Eine Reform des UN-Sicherheitsrats ist möglich. In: www.faz.net, 14.06.2023.

Aufgaben

72003-618

1. Stellen Sie strukturelle Probleme dar, die sich aus der derzeitigen Konstruktion des UN-Sicherheitsrats ergeben (**M1**).
2. Fassen Sie den Reformvorschlag der Autoren für den UN-Sicherheitsrat zusammen (**M1**).
3. Analysieren Sie den Reformvorschlag hinsichtlich der anvisierten Ziele und Maßnahmen (**M1**).
4. Angesichts der Blockadesituation im UN-Sicherheitsrat wird der Ruf laut, dass bindende Beschlüsse in Zukunft von der UN-Generalversammlung (mit Zweidrittel-Mehrheit) getroffen werden sollen. Erörtern Sie diese Forderung (**M1**).

6.3.2 Die Nordatlantische Vertragsorganisation (NATO)

Leitfragen

- Wie hat sich die NATO seit 1949 entwickelt?
- Kann die NATO auch in Zukunft Frieden sichern oder ist sie überholt?
- Welche Rolle kann die NATO in der aktuellen europäischen Sicherheitsarchitektur spielen?

M1 Warum hat sich die NATO gegründet?

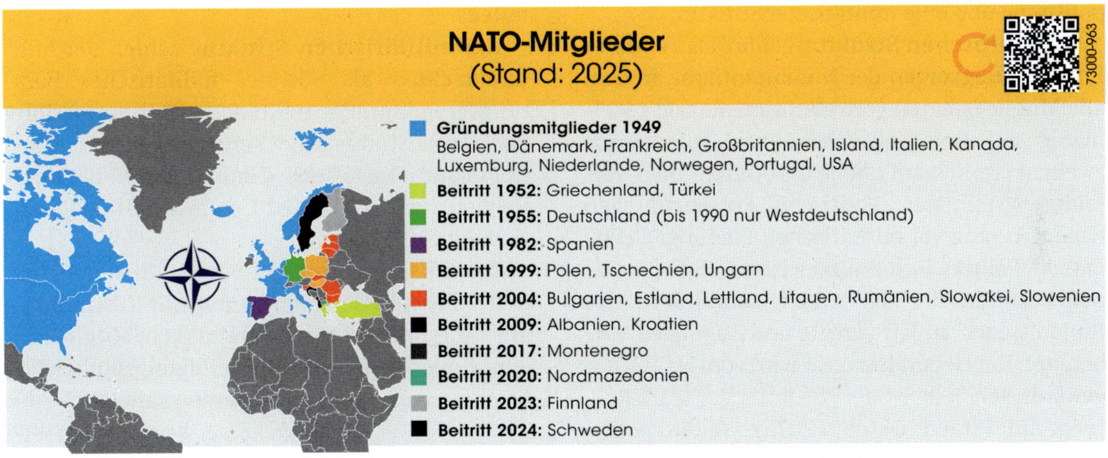

© C.C. Buchner Verlag, aktuelle Daten nach: NATO (Datenerhebung: 2025; Grafikerstellung: 2025)

Nach dem Zweiten Weltkrieg entstand als Reaktion auf die gewaltsame Expansion des sowjetischen Machtbereichs die NATO (North Atlantic Treaty Organization) als Verteidigungsbündnis des Westens. Gründungsmitglieder waren 1949 zehn europäische Staaten sowie die USA und Kanada. Die Bundesrepublik Deutschland trat der NATO 1955 bei. Seit 2024 gehören 32 Staaten der NATO an. Vor dem Hintergrund des russischen Angriffs auf die Ukraine sind Finnland (2023) und Schweden (2024) als bisher letzte Staaten dem Verteidigungsbündnis beigetreten. Das Besondere an diesem Bündnis ist, dass die Mitgliedsländer eine gegenseitige **Beistandsverpflichtung** für den Fall eines bewaffneten Angriffs auf ein Mitglied eingehen, wobei der Beistand nicht automatisch in militärischer Form zu leisten ist.

Kernelemente des Nordatlantikvertrags sind Art. 1 sowie Art. 5. In **Art. 1** verpflichten sich die Vertragsparteien, „in Übereinstimmung mit der Satzung der Vereinten Nationen, jeden internationalen Streitfall, an dem sie beteiligt sind, auf friedlichem Wege so zu regeln, dass der internationale Friede, die Sicherheit und die Gerechtigkeit nicht gefährdet werden, und sich in ihren internationalen Beziehungen jeder Gewaltandrohung oder Gewaltanwendung zu enthalten, die mit den Zielen der Vereinten Nationen nicht vereinbar sind".

In **Art. 5** vereinbaren die Vertragsparteien, „dass ein bewaffneter Angriff gegen eine oder mehrere von ihnen in Europa oder Nordamerika als ein Angriff gegen sie alle angesehen wird; sie vereinbaren daher, dass im Falle eines solchen bewaffneten Angriffs jede von ihnen in Ausübung des in Artikel 51 der Satzung der Vereinten Nationen anerkannten Rechts der individuellen und kollektiven Selbstverteidigung der Partei oder den Parteien, die angegriffen werden, Beistand leistet, indem jede von ihnen unverzüglich für sich und im Zusammenwirken mit anderen Parteien die Maßnahmen, einschließlich der Anwendung von Waffengewalt, trifft, die sie für erforderlich erachtet, um die Sicherheit des nordatlantischen Gebiets wiederherzustellen und zu erhalten. […]"

M2 Die NATO nach dem Kalten Krieg

Bis 1990 war die NATO vor allem ein Verteidigungsbündnis gegen die Sowjetunion und den Warschauer Pakt. Nach dem Ende des Kalten Krieges änderte sich ihre Rolle grundlegend. Der Bündnisraum wurde durch weitreichende Erweiterungen vergrößert, insbesondere durch die Aufnahme ehemals kommunistischer Staaten wie Polen, Tschechien und Ungarn ab 1999. Heute umfasst die NATO 32 Mitgliedstaaten in Europa und Nordamerika. Die Osterweiterungen förderten die politische Stabilität in Mittel- und Osteuropa, brachten aber auch Spannungen mit Russland mit sich.

M3 Wie ist die NATO aufgebaut?

Die NATO ist sowohl ein Militärbündnis als auch eine Wertegemeinschaft. Sie gliedert sich in eine politische und eine militärische Struktur.

Zur **politischen Struktur** gehört als zentrales Entscheidungsorgan der Nordatlantikrat, in dem alle Mitgliedstaaten vertreten sind. Er tagt regelmäßig auf Botschafterebene und mindestens zweimal jährlich auf Ebene der Außen- oder Verteidigungsminister. Politische Entscheidungen haben Vorrang vor militärischen Planungen (Primat der Politik). Unterstützt wird der Rat vom Generalsekretär, der die Arbeit koordiniert, das Bündnis nach außen vertritt und Tagungen vorbereitet. Der Generalsekretär wird vom NATO-Rat gewählt, seit 2024 ist der Niederländer Mark Rutte im Amt (Stand: Oktober 2025). Weitere politische Gremien sind die nukleare Planungsgruppe sowie und verschiedene Ausschüsse und Fachkomitees.

Zur **militärischen Struktur** zählen der Militärausschuss als oberstes militärisches Beratungsgremium. Die militärische Führung erfolgt über zwei strategische Kommandos: das Allied Command Operations (Hauptquartier in Mons, Belgien) und das Allied Command Transformation (Norfolk, USA).

Das Einstimmigkeitsprinzip gilt in allen Organen – Beschlüsse kommen nur mit Zustimmung aller Mitglieder zustande, sodass kein Mitglied gegen seinen Willen zu verteidigungspolitischen Festlegungen gezwungen werden kann.

M4 Die NATO im Einsatz

Im Frühjahr 1999 führte die NATO Krieg gegen Jugoslawien, was einer Zäsur in der Entwicklung der NATO gleichkam, da sie erstmalig Krieg gegen einen souveränen Staat ohne UNO-Mandat führte. Zudem war dies auch der erste Kriegseinsatz deutscher Soldaten seit dem Zweiten Weltkrieg.

Dieser Einsatz ist bis heute stark umstritten, da einerseits das militärische Eingreifen angesichts der brutalen Unterdrückungspolitik des jugoslawischen Präsidenten Milosevic aus humanitären Gründen für gerechtfertigt erachtet, andererseits die militärische Intervention zur Lösung des Konflikts als ungeeignet betrachtet wurde und nicht von einem Mandat der UNO legitimiert war. Die **Kriege im ehemaligen Jugoslawien** zeigten zudem, dass die europäischen NATO-Staaten ohne die USA weitgehend handlungsunfähig waren.

Der NATO-Rat hat zudem am 12. September 2001 den Terroranschlag auf das World Trade Center in New York als Angriff auf die USA durch Al-Qaida erklärt. Somit war erstmalig der Bündnisfall nach Artikel 5 des NATO-Vertrags ausgerufen worden. Ziel des anschließenden militärischen Eingreifens in **Afghanistan** war es, Al-Qaida sowie deren Verbündete – die Taliban – niederzuschlagen, die Bildung einer afghanischen Regierung zu ermöglichen und einheimische Sicherheitskräfte aufzubauen sowie Afghanistan als demokratischen Rechtsstaat zu stabilisieren.

Gemessen an diesen Kriegszielen ist der Erfolg der NATO in Afghanistan zweifelhaft. Bereits vor Abzug der westlichen Truppen im Juli 2021 war es in Afghanistan nicht gelungen, umfassende Sicherheit, Rechtstaatlichkeit und Gleichberechtigung zu etablieren. Sofort nach dem überstürzten Abzug der NATO-Truppen übernahmen die 2001/02 vertriebenen, radikal islamischen Taliban erneut die Macht und installierten wieder einen Gottesstaat mit höchstens einem Minimum an Frauenrechten. Insofern muss der NATO-Einsatz in Afghanistan als gescheitert betrachtet werden.

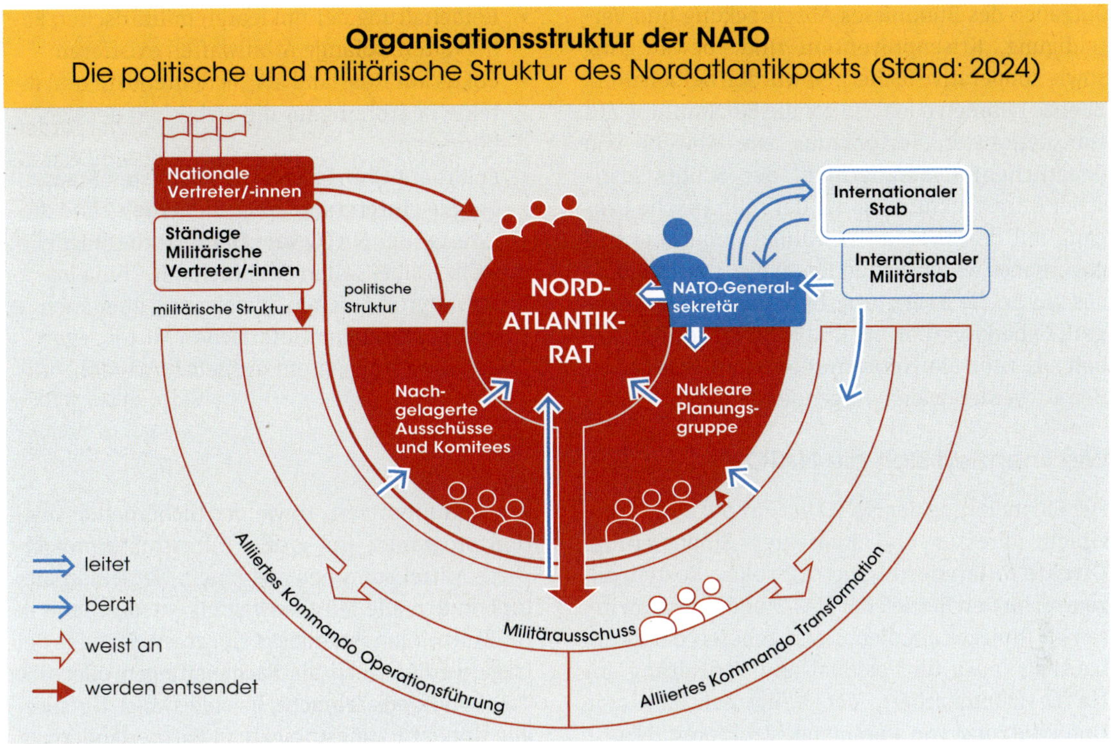

Nach: Bundeszentrale für politische Bildung, bpb.de/nato, Lizenz: cc by-nc-nd/4.0/deed.de

M5 Wie haben sich die Aufgaben der NATO verändert?

Nach dem Ende des Kalten Kriegs traten an die Stelle der Bedrohungen durch die sowjetische Militärmacht rasch neue Gefahren für Frieden und Sicherheit, die ein militärisches Eingreifen erforderten. Bei den Mitgliedern wurde die NATO nicht mehr nur als ein Verteidigungsbündnis angesehen, sondern mit ihr war der Anspruch an eine umfassende Sicherheit verbunden. Die NATO passt ihre Rolle kontinuierlich an neue Herausforderungen an. Dazu zählte nicht mehr nur die eigene Verteidigung, sondern auch das militärische Krisenmanagement außerhalb des Bündnisgebiets.

Beginnend mit dem Militäreinsatz „Allied Force“ im Frühjahr 1999 im Kosovo hat die NATO eine ganze Reihe an Einsätzen – in der Regel jedoch mit UN-Mandat – durchgeführt. Das Spektrum der Operationen umfasste dabei:

- robuste Friedenssicherungsoperationen,
- maritime Anti-Terroroperationen,
- Ausbildungsmissionen,
- humanitäre Hilfseinsätze,
- Unterstützungsmissionen anderer Organisationen.

Die neuen Aufgaben zur Bewahrung der Sicherheit im euro-atlantischen Raum erforderten ein neues sicherheitspolitisches Konzept. Nachdem die NATO bereits in den 1990er Jahren durch die Interventionen im zerfallenden Jugoslawien über ihren ursprünglichen Verteidigungsauftrag hinausgegangen war, einigte man sich 1999 im NATO-Rat auf ein neues strategisches Konzept. Neben die klassische Aufgabe der Verteidigung des Bündnisgebietes trat die Bewältigung von Krisen, die unmittelbar oder mittelbar die Sicherheit der Mitgliedstaaten bedrohten. Damit konnte das Bündnis auch außerhalb des NATO-Gebietes aktiv werden (**Einsätze „out of area“**). Die NATO benötigte hierfür in allen Teilen der Welt rasch einsetzbare und mit modernsten Waffen ausgerüstete Einheiten. Deshalb wurde 2002 auf Druck der USA die Schaffung einer mobilen Eingreiftruppe (**NATO Response Force**) beschlossen, die seit 2006 mit 25.000 Soldatinnen und Soldaten voll einsatzbereit ist.

Bereits vor dem Hintergrund des russischen Überfalls auf die Ukraine gab sich die NATO 2022 ein neues strategisches Konzept. Die drei Hauptaufgaben des Bündnisses Abschreckung und Verteidigung, Krisenprävention und -bewältigung sowie kooperative Sicherheit wurden beibehalten. Ebenso nehmen nach wie vor die Bekämpfung des transnationalen Terrorismus, die Abwehr von (staatlichen) Cyberangriffen, der Schutz kritischer Infrastrukturen sowie der militärische Umgang mit den Folgen von Klimawandel und bad governance wesentlichen Raum ein. Darüber hinaus wurde die Bedeutung **hybrider Bedrohungen**, Cyberkriegführung und Informationssicherheit als zentrale Herausforderungen anerkannt. Betont werden zudem folgende Elemente:

- Beibehaltung der nuklearen militärischen Fähigkeiten, solange Atomwaffen existieren
- Fokus auf Russland als „bedeutendste und direkte Bedrohung für die Sicherheit der Verbündeten"
- Fokus auf China als den mächtigsten Staat, der die „Interessen", die „Sicherheit" und die „Werte" der NATO vor „Herausforderungen" stellt. Dabei sollen Gespräch mit China im Vordergrund stehen, gleichzeitig aber auch die spezifischen militärischen Mittel gegen das Land transparent ausgebaut werden.

M6 Wie finanziert sich die NATO?

Die Finanzierung der NATO basiert auf zwei Prinzipien: direkter und indirekter Finanzierung. **Direkte Finanzierung** betrifft solche Kosten, die zentral für den Betrieb der NATO und ihre gemeinsamen Projekte anfallen. Dazu gehören der Zivilhaushalt (etwa für Personal und Verwaltung am NATO-Hauptquartier), der Militärhaushalt (zur Unterstützung von Kommandostrukturen, Übungen und Einsätzen) sowie das Sicherheitsinvestitionsprogramm für große Infrastrukturprojekte. Diese Mittel stammen aus einem Gemeinschaftstopf, in den alle Mitgliedstaaten entsprechend ihres Bruttoinlandsprodukts einzahlen. Manche Beiträge werden auch als Sachleistungen oder über Treuhandfonds erbracht, beispielsweise für spezielle Unterstützungsprojekte in Partnerländern.

Verteidigungsausgaben und deren Anteil am BIP für ausgewählte NATO-Länder.

73000-964

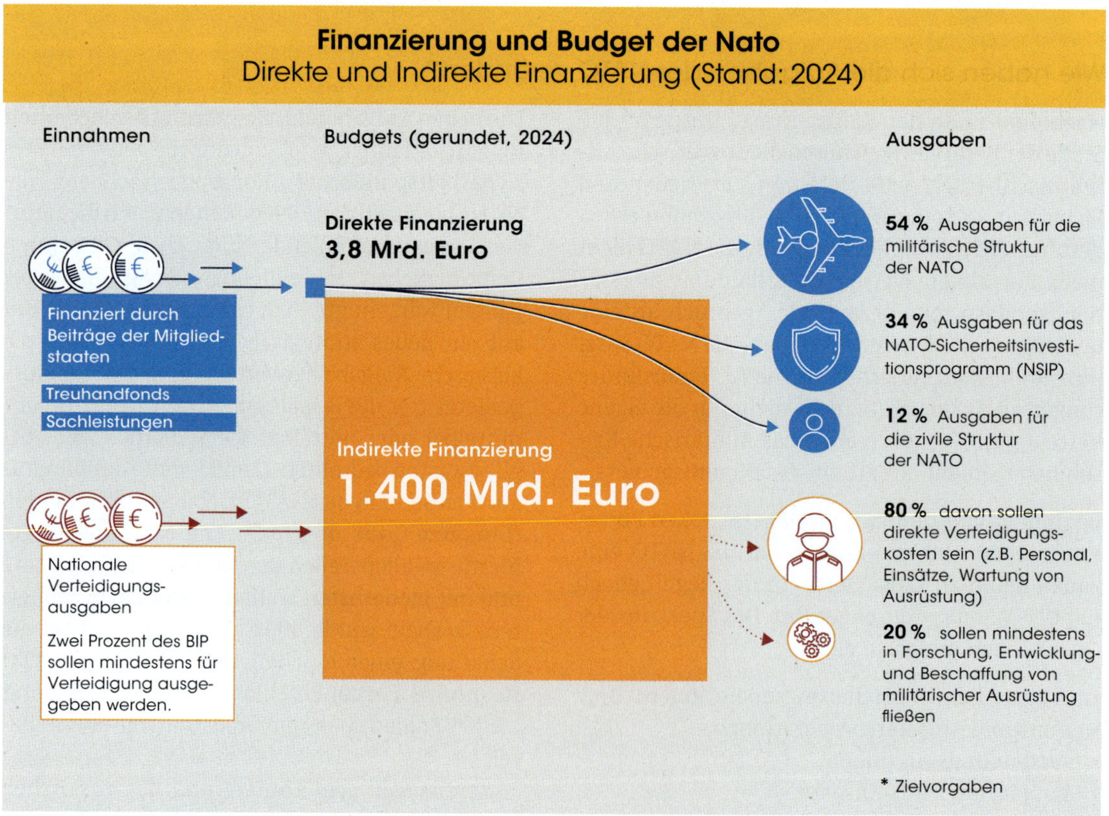

Nach: Bundeszentrale für politische Bildung, bpb.de/nato, Lizenz: cc by-nc-nd/4.0/deed.de

Indirekte Finanzierung erfolgt über die nationalen Verteidigungshaushalte der Mitgliedstaaten. Jedes Land finanziert aus eigenen Mitteln seine militärische Ausrüstung, Soldaten und laufende NATO-bezogene Einsätze. Diese Beiträge gehen weit über die direkten Zahlungen an das Bündnis hinaus und setzen klare Akzente bei der kollektiven Verteidigungsfähigkeit.

Um die **„Lastenverteilung"** gerechter zu gestalten, haben die Staats- und Regierungschefs wichtige finanzielle Beschlüsse getroffen: Seit 2006 gilt das Ziel, mindestens zwei Prozent Bruttoinlandsprodukts für Verteidigung auszugeben. Dieses Ziel wurde auf dem NATO-Gipfel 2014 in Wales erneuert und 2023 verschärft, indem zwei Prozent nun als Mindestanforderung gelten. Außerdem wurde 2025 angesichts erhöhter Bedrohungen, insbesondere aufgrund des fortwährenden russischen Angriffskrieges gegen die Ukraine, eine weitere Steigerung auf fünf Prozent des BIP beschlossen. Diese Vorgaben sollen sicherstellen, dass alle Mitglieder ihren fairen Anteil für die kollektive Sicherheit leisten und die NATO handlungsfähig bleibt.

M7 Welche Rolle hat die NATO in der europäischen Sicherheitsarchitektur?

Die Führungsrolle und der Führungsanspruch der USA in der NATO waren seit ihrer Entstehung 1949 unumstritten. Grundlage dafür ist die militärische Stärke, die wiederum auf sehr hohen Ausgaben für Verteidigung bzw. Rüstungsausgaben der Vereinigten Staaten beruhen. In der Vergangenheit ließen die USA bis 2017 keinen Zweifel an ihrem Führungsanspruch in der NATO aufkommen. Die Abhängigkeit der Europäer von der Schutzmacht USA blieb darum eine Konstante in der gemeinsamen Außen- und Sicherheitspolitik (› Kap. 5.3.3) und wurde mit dem Berlin-Plus-Abkommen 2003 zwischen der NATO und der EU bekräftigt.

Mit Donald Trumps erster Amtszeit als US-Präsident (2017–2021) verschob sich das Verhältnis spürbar: Washington drängte die europäischen Verbündeten offensiv zu höheren Verteidigungsausgaben und stellte den Bündniswert mit scharfer Rhetorik in Frage, während zugleich die Russland-Politik, der Umgang mit China und Handelskonflikte die transatlantische Agenda belasteten. Die Folge war in Europa ein doppelter Impuls: erstens beschleunigte Aufrüstung und Fähigkeitsaufbau, zweitens eine strategische Debatte über mehr Eigenständigkeit („strategische Autonomie") bei gleichzeitiger Rückversicherung in der NATO. Der Angriffskrieg Russlands gegen die Ukraine ab 2022 wirkte dann wie ein Katalysator: Viele europäische Staaten erhöhten ihre Budgets, bauten Munitions- und Rüstungskooperationen aus und vertieften die militärische Integration, blieben aber in Luftverteidigung, Aufklärung, Langstreckenwirkung und nuklearer Abschreckung weiter auf die USA angewiesen.

Mit Trumps Rückkehr ins Amt ab 2025 intensiviert sich der Druck auf die europäischen NATO-Staaten erneut, jedoch auf einem veränderten Ausgangsniveau: Mehr europäische Verbündete erreichen mit Blick auf die Verteidigungsbudgets die Zwei-Prozent-Marke des BIP, einzelne übertreffen sie deutlich, und Initiativen wie Luftverteidigungsschirme, Industriekooperationen und schnelle Verlegefähigkeit gewinnen an Fahrt. Zugleich wächst die Erwartung aus Washington, dass Europa für die eigene, regionale Sicherheit mehr Verantwortung trägt, während die USA Führungsrolle, Hochwertfähigkeiten und nukleare Schutzgarantie sichern – dies aber selektiver, interessengeleitet und mit klaren Leistungsanforderungen an Partnerstaaten. So bleibt die NATO Kern der europäischen Sicherheitsordnung, jedoch mit stärkerer europäischer Verantwortung innerhalb des Bündnisses.

M8 Droht ein neuer Kalter Krieg und die Renaissance der NATO als Verteidigungsbündnis?

Mit dem Zerfall der Sowjetunion Anfang der 1990er Jahre wurden die ehemaligen Sowjetrepubliken, wie beispielsweise die baltischen Staaten, Georgien, Belarus und die Ukraine zu souveränen Staaten. Viele von ihnen strebten die Mitgliedschaft in EU und NATO an oder wurden über Partnerschaftsverträge assoziiert. Für die russische Außenpolitik war es hingegen selbstverständlich, Einfluss auf die neu entstandenen Staaten zu behalten. Russland musste jedoch hinnehmen, dass die baltischen Staaten Mitglied der NATO und der EU wurden.

Der Ukraine-Konflikt, beginnend mit den Protesten Ende 2013 in der Ukraine bis hin zur Annexion der Krim durch Russland im März 2014, die militärische Unterstützung der prorussischen Separatisten in der Ostukraine sowie der Angriffskrieg auf die Ukraine seit 2022 durch Russland, führte zur bisher schwersten Krise der Beziehungen zwischen Russland und dem Westen seit dem Ende des Kalten Krieges.

Aus der Sicht der NATO ist die Außenpolitik Russlands auf eine gewaltsame Veränderung der europäischen Nachkriegsgrenzen gerichtet. Russland fühlt sich wiederum angeblich durch die Ausdehnung der NATO und der EU an die Staatsgrenzen Russlands bedroht. Während einige Beobachter von einer **„Renaissance" der NATO** als klassisches Verteidigungsbündnis sprechen, bleibt die Gefahr eines neuen Kalten Krieges real – geprägt von Rüstung, gegenseitigem Misstrauen und dem Bemühen, militärische Risiken durch Abschreckung zu begrenzen.

M9 Droht der Zerfall der NATO?

Zwar bekräftigten noch 2016 die NATO und die EU ihre Absicht, weiterhin zu kooperieren, aber schon in Donald Trumps erster Amtszeit (2017–2021) war eine deutliche Skepsis seiner Regierung gegenüber dem Bündnis spürbar – verbunden mit der Forderung, die europäischen Partner müssten wesentlich höhere Verteidigungsausgaben leisten. Trump stellte wiederholt die Beistandsverpflichtung nach Artikel 5 infrage und zeigte Sympathien für den russischen Präsidenten Wladimir Putin. Ein Beispiel für die einseitige US-Vorgehensweise war, dass weder NATO-Partner noch die gewählte afghanische Regierung in die Verhandlungen über die Zukunft Afghanistans nach dem Abzug der US-Truppen einbezogen wurden.

Unter dem Transatlantiker Joe Biden erholte sich das Verhältnis der Verbündeten: Die USA leisteten umfangreiche Militärhilfe für die überfallene Ukraine, und mit dem neuen strategischen Konzept 2022 positionierte sich die NATO geschlossen – gestärkt auch durch die Beitritte Finnlands und Schwedens. Viele Beobachterinnen und Beobachter warnten bereits während Bidens Amtszeit, dass ein erneuter Wahlsieg Trumps die fragile NATO-Einheit erheblich gefährden könnte.

Nach Trumps Wiederwahl 2025 ist erneut ein Kurswechsel zu beobachten: Die republikanische Regierung knüpft ihre Sicherheitsgarantien an konkrete Bedingungen (› M7) und reduziert das politische Bekenntnis zur kollektiven Verteidigung. Zugleich scheint Washington stärker auf nationale Interessen zu setzen – mit spekulierten strategischen Annäherungen an Russland, um dessen Bindung an China zu schwächen.

Für die europäischen NATO-Staaten und die EU erwächst die riesige Herausforderung daraus, dass die USA sie nicht mehr verlässlich verteidigen, sie sich also in die Lage versetzen müssen, sich selbst vor Angriffen diverser Art (konventionellen, atomaren, informationstechnologischen, medialen, politischen) zu schützen.

Einige zeitgenössische Analysten wie der deutsche Philosoph Jürgen Habermas sehen die Politik Donald Trumps insofern in einer gewissen Kontinuitätslinie, als die USA auch vorher bereits aus der weltweiten Führung, was das Vertreten „westlicher" Werte (Menschenrechte, Freiheit, Demokratie, Rechtstaatlichkeit) betrifft, Stück für Stück zurückgezogen hätten.

Aufgaben

72003-619

1. Beschreiben Sie die zentralen Ziele und Grundprinzipien der NATO sowie ihre Entwicklung seit 1949 (**M1–M3**).
2. Erklären Sie anhand von Beispielen, wie sich die Aufgaben der NATO seit dem Ende des Kalten Krieges verändert haben (**M4, M5**).
3. Beurteilen Sie, inwiefern aktuelle geopolitische Entwicklungen – insbesondere das veränderte Verhältnis zwischen den USA und den europäischen NATO-Staaten seit 2017 – die Handlungsfähigkeit und den Zusammenhalt des Bündnisses beeinflussen (**M6–M9**).

Wie könnte sich das Verhältnis zwischen EU und NATO entwickeln?

M1 NATO und EU: drei Zukunftsszenarien für Europa

Bereits im Jahr 2019 entwarf die Politikwissenschaftlerin Claudia Major drei mögliche Entwicklungsszenarien für das Verhältnis der NATO und seiner europäischen Mitglieder bzw. der EU.

A

Option 1: Status quo Plus

In diesem Szenario bleibt das politische Bekenntnis der Staaten zur Nato stark. Es gibt aber weiterhin eine Diskrepanz zwischen der öffentlich bekundeten Bedeutung der Allianz einerseits und der geringen Bereitschaft andererseits, dieses Bekenntnis politisch und materiell zu unterfüttern. Die Staaten heben zwar langsam ihre Verteidigungsausgaben an und füllen die Fähigkeitslücken. Doch die großen Unterschiede zwischen den Ländern bestehen nach wie vor. Die Konflikte [um die Militärhaushalte] mit den USA setzen sich fort, bleiben jedoch auf politischer Ebene; die Arbeitsebene hingegen funktioniert weitgehend effizient und bringt die Transformation der Allianz voran. Die, obgleich langsame, Steigerung der Verteidigungshaushalte lässt den US-Präsidenten einlenken, da er sie als persönlichen Erfolg verbucht. Die Staaten stoßen schrittweise Verbesserungen an, etwa bei den Entscheidungsverfahren. Die beschriebenen Grenzen der Handlungsfähigkeit bleiben zum größten Teil erhalten.

B

Option 2: Reduzierung der US-Rolle, Verfall der NATO, europäische Spaltung

Die USA entschließen sich, ihre politische und militärische Rolle in der Nato zu reduzieren. Einige Staaten, vor allem aus Mittel- und Osteuropa, setzen daraufhin auf bilaterale Beziehungen zu den USA als „Lebensversicherung" und schränken ihre Nato-Beiträge ein. Es entsteht eine Art Koalition der Willigen unter US-Führung außerhalb der Nato. Andere europäische Staaten versuchen infolgedessen, unter dem Leitmotiv „strategische Autonomie" die militärische Handlungsfähigkeit der EU auszubauen. Unter Führung Frankreichs und Deutschlands stärken sie die militärischen und politischen Strukturen der EU und überführen Funktionen der Nato in die EU. Die nukleare Abschreckung sichern Frankreich und Großbritannien über ein separates Format außerhalb der EU ab, weil es in der EU allzu große Meinungsverschiedenheiten gibt. Die Entscheidungskompetenz bleibt national, Großbritannien und Frankreich binden jedoch ausgewählte Staaten, wie zum Beispiel Deutschland, in ihre Planungen ein.

Claudia Major ist eine deutsche Politikwissenschaftlerin. Sie beschäftigt sich mit dem Themenfeld Sicherheits- und Verteidigungspolitik.

Politisch setzen die europäischen Staaten auf ein Kerneuropa der politisch und militärisch engagierten Staaten. Durch Fortschritte in Teilformaten steigern sie ihre Einsatzfähigkeit und treiben die politische Integration voran.

Die Nato verliert an Bedeutung, da die politischen Entscheidungen in anderen Formaten getroffen werden (in der neuen Kern-EU und den US-geführten Koalitionen der Willigen).

Die Sicherheitssituation hat sich in Europa damit verschlechtert: Die Handlungsunfähigkeit der Nato verstehen Europas Feinde als „permissiveness" [= Nachgiebigkeit]. Im Konfliktfall gelingt es den Europäern kaum, ihr Handeln zu koordinieren, teilweise hemmen sie sich gegenseitig. Als Folge dieser Unfähigkeit, Absprachen zu treffen, finden sich alle in einer schwierigeren Situation wieder.

C

Option 3: Reduzierung der US-Rolle, Europäisierung der NATO

Die USA entschließen sich, ihre politische und militärische Rolle in der Nato zu reduzieren. Trotz großer politischer Differenzen gelingt es den europäischen Staaten, in der Nato weiter zusammenzuarbeiten.

Politisch übernehmen Frankreich, Deutschland und Großbritannien die Führung. Die mittel- und osteuropäischen Staaten fügen sich dem nur widerwillig, erkennen aber an, dass eine ausschließliche Fokussierung auf bilaterale Beziehungen mit den USA zu unsicher wäre und auf Kosten der Beziehungen zu ihren europäischen Nachbarn (auch in der EU) ginge. Militärisch legen die europäischen Staaten ein neues, deutlich geringeres Ambitionsniveau fest [...]: Die Europäer müssen in der Lage sein, die Leistungen selbst zu erbringen, die für das Erreichen des Ambitionsniveaus nötig sind. Allerdings sind die USA an Planungen und Beschlüssen beteiligt und könnten jederzeit entscheiden, selbst dazu beizutragen.

Frankreich und Großbritannien übernehmen die nukleare Abschreckung, gewähren aber weniger Beteiligung. Wegen des starken Engagements der Osteuropäer in der Nato verlieren die EU-Entwicklungen an Dynamik.

Zwei Entwicklungen in den genannten Szenarien sind am wahrscheinlichsten: eine langsame Verbesserung des Status quo und der allmähliche Rückzug der USA aus der Nato. Sollten die USA tatsächlich ihr Engagement in der Nato reduzieren, bleibt abzuwarten, ob es den Europäern gelingt, weiterhin in dem Bündnis zusammenzuarbeiten, oder ob sie sich – zerstritten – auf verschiedene Formate aufteilen: die EU, Koalitionen der Willigen, bilaterale Formate mit den USA. Denkbar wäre auch eine Kombination der drei Formate. Von einem solchen Moment der Schwäche oder Neuaufstellung würden jedoch vor allem Europas Feinde profitieren.

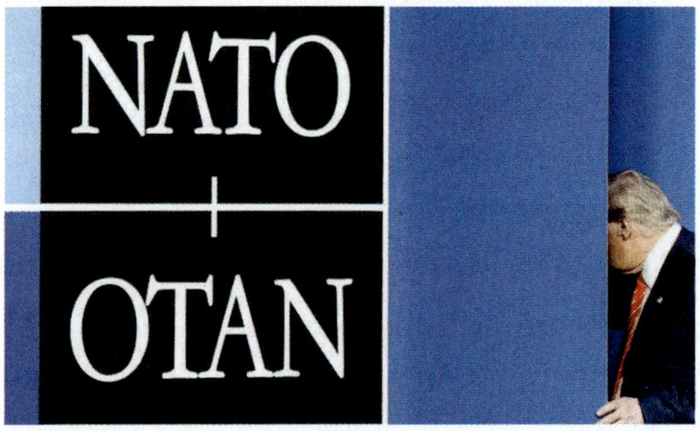

US-Präsident Donald Trump verlässt die Pressekonferenz nach dem NATO-Gipfel in Den Haag im Juni 2025. Welche Rolle nehmen die USA in der NATO zukünftig ein?

Major, Claudia: Die Rolle der Nato für Europas Verteidigung. Stand und Optionen zur Weiterentwicklung aus deutscher Perspektive. In: SWP-Studie 25/2019, 15.11.2019

Aufgaben

72003-620

1. Fassen Sie die drei Entwicklungsszenarien zusammen (**M1**).
2. Arbeiten Sie heraus, in welche Richtung sich das Verhältnis NATO – EU seit dem russischen Angriffskrieg gegen die Ukraine entwickelt hat (**M1**).
3. Beurteilen Sie, welches der Entwicklungsszenarien für die NATO Stand jetzt am Wahrscheinlichsten ist (**M1**). Sie können auch ein Szenario angesichts der heutigen Situation modifizieren.

6.3.3 Deutschland in den internationalen Beziehungen

Leitfragen

- Welche Ziele verfolgt Deutschland in den internationalen Beziehungen?
- Was sind die Grundlagen deutscher Außen-und Sicherheitspolitik?
- Welche Bedeutung hat die Bundeswehr?

M1 Deutschlands Ziele in den internationalen Beziehungen

Deutschland verfolgt in den internationalen Beziehungen vor allem das Ziel, **globale Stabilität, Frieden und Wohlstand** zu fördern. Als Mitglied der Europäischen Union und der Vereinten Nationen engagiert sich Deutschland für multilaterale Zusammenarbeit und die Einhaltung des Völkerrechts. Ein zentrales Anliegen ist die Sicherung der eigenen Freiheit und Sicherheit durch Bündnisse wie die NATO. Zudem setzt sich Deutschland für Menschenrechte, Demokratie und nachhaltige Entwicklung weltweit ein. Wirtschaftlich strebt es den Schutz offener Märkte und fairen Handel sowie den Schutz seiner Exportorientierung an. Die Bekämpfung globaler Herausforderungen wie Klimawandel, Terrorismus und Migration gehört ebenfalls zu den Zielsetzungen.

Diese Zielorientierungen schreibt die Bundesregierung auch offiziell in ihrer **Nationalen Sicherheitsstrategie** aus dem Jahr 2023 nieder. Sie dient gleichsam als Standortbestimmung Deutschlands in den internationalen Beziehungen.

> „Übergeordnetes Leitbild des Handelns der Bundesregierung ist der Schutz unseres Landes, dessen freiheitlicher demokratischer Grundordnung und unserer Werte. Unsere Außen- und Sicherheitspolitik ist einer freien internationalen Ordnung auf Grundlage des Völkerrechts und der Charta der Vereinten Nationen verpflichtet. Mit unserem Nachbarn Frankreich verbindet uns eine tiefe, durch die Überwindung historischer Feindbilder geprägte Freundschaft, der wir wesentliche Schritte der für uns unverzichtbaren europäischen Einigung verdanken. Zugleich sind wir fest in der transatlantischen Allianz verwurzelt [...].“

Auswärtiges Amt (Hg.): Wehrhaft, Resilient. Nachhaltig. Integrierte Sicherheit für Deutschland. Nationale Sicherheitsstrategie. Berlin 2023, S. 11

M2 Was sind die Instrumente deutscher Außen- und Sicherheitspolitik?

Deutschland setzt in der Außen- und Sicherheitspolitik vielfältige Instrumente ein. **Diplomatische Mittel** stehen dabei im Vordergrund: Verhandlungen, bilaterale und multilaterale Zusammenarbeit sowie die Mitarbeit in internationalen Organisationen wie EU, UN und NATO. Daneben befindet sich das **Militär** als ein zweites klassisches Instrument der Außen- und Sicherheitspolitik im Repertoire: Die Bundesregierung setzt die Bundeswehr in internationalen Friedens- und Sicherheitsmissionen ein. Deutschland agiert dabei in der Regel in Zusammenarbeit mit anderen Staaten innerhalb einer internationalen Organisation (z. B. Vereinte Nationen, NATO, EU).

Neben den klassischen Instrumenten Diplomatie und Militär wirkt Deutschland in weiteren Bereichen mit, die außen- und sicherheitspolitisch relevant sind.

- **Außenwirtschaftsbeziehungen**: Deutschland ist stark mit der Weltwirtschaft verflochten. Etwa jeder dritte Euro wird im Export von Waren und Dienstleistungen verdient, mehr als jeder vierte Arbeitsplatz hängt vom Außenhandel ab. Der Export von Waren und Dienstleistungen ist deshalb ein zentraler Faktor der deutschen Konjunktur. Es ist Aufgabe der deutschen Außenpolitik, deutsche Wirtschaftsinteressen zu fördern und zur weiteren Entwicklung einer gerechten und nachhaltigen globalen Wirtschaftskooperation beizutragen. Die Entwicklungszusammenarbeit ist in diesem Sinne ebenfalls ein wichtiges außen- und sicherheitspolitisches Instrument.

- **Internationale Rechtsbeziehungen**: Hierzu zählen etwa die Mitgliedschaft Deutschlands in internationalen Gerichtshöfen und die Unterzeichnung völkerrechtlicher Verträge.
- **Auswärtige Bildungs- und Kulturpolitik**: Sie soll die kulturellen Beziehungen zwischen Deutschland und anderen Staaten stärken und die internationale Zusammenarbeit im Bereich Forschung und Hochschule fördern. Akteure der auswärtigen Kultur- und Bildungspolitik sind insbesondere die Goethe-Institute und die deutschen Auslandsschulen. Ein Schwerpunkt ist die Vermittlung und Förderung der deutschen Sprache im Ausland. Überwiegend kritisch gesehen wurde in diesem Zusammenhang die Entscheidung der sog. Ampel-Regierung (2021-2025), u. a. in Frankreich zwei und in Italien drei Goethe-Institute zu schließen und dafür neue u. a. in Polen und den USA zu eröffnen.

Insgesamt verfolgt Deutschland einen integrierten Ansatz, der politische, wirtschaftliche, rechtliche und militärische Mittel kombiniert und auf multilateralen Prinzipien basiert.

M3 Welche Bedingungen bestimmen die deutsche Außen- und Sicherheitspolitik?

Die Rolle Deutschlands ist geprägt durch Bedingungen, die sich aus seiner Lage, Größe und seinen historischen Erfahrungen ergeben. Deutschland ist mit ca. 83 Millionen Einwohnern das bevölkerungsreichste Land Europas und liegt in dessen Zentrum. Diese **geopolitische Lage** ermöglicht Sicherheit, erfordert aber Engagement für die Stabilität des europäischen Umfelds.

Historische Erfahrungen spielen eine zentrale Rolle: Deutschland hat in der ersten Hälfte des 20. Jahrhunderts durch seine nationalistische Kriegs-, Vernichtungs- und Vertreibungspolitik ein Höchstmaß an Unglück über die Welt gebracht. Diese Negativerfahrungen wirken bis heute nach und begründen Deutschlands Zurückhaltung gegenüber Alleingängen in der internationalen Politik. Aus diesen Lehren entstand ein klares Bekenntnis zu Multilateralismus, Völkerrecht und friedlicher Konfliktlösung.

Dies schlägt sich in den **verfassungsrechtlichen Grundlagen** nieder. Artikel 26 GG verbietet Angriffskriege, Artikel 24 GG ermöglicht die Übertragung von Hoheitsrechten auf internationale Organisationen, und Artikel 87a GG regelt den Einsatz der Bundeswehr. Das Bundesverfassungsgericht stellte 1994 klar, dass Auslandseinsätze der Bundeswehr möglich seien, aber der Zustimmung des Bundestages bedürfen. Zusätzlich bestimmt das Grundgesetz, dass Bundestag und Bundesrat bei internationalen Abkommen beteiligt werden müssen, zudem existieren klare Vor-

Was gibt das Grundgesetz vor?

Art. 1 Abs. 2: Das Deutsche Volk bekennt sich [...] zu unverletzlichen und unveräußerlichen Menschenrechten als Grundlage jeder menschlichen Gemeinschaft, des Friedens und der Gerechtigkeit in der Welt.

Art. 24 Abs. 2: Der Bund kann sich zur Wahrung des Friedens einem System gegenseitiger kollektiver Sicherheit einordnen; er wird hierbei in die Beschränkungen seiner Hoheitsrechte einwilligen, die eine friedliche und dauerhafte Ordnung in Europa und zwischen den Völkern der Welt herbeiführen und sichern.

Art. 25: Die allgemeinen Regeln des Völkerrechtes sind Bestandteil des Bundesrechtes. Sie gehen den Gesetzen vor und erzeugen Rechte und Pflichten unmittelbar für die Bewohner des Bundesgebietes.

Art. 26 Abs. 1: Handlungen, die geeignet sind und in der Absicht vorgenommen werden, das friedliche Zusammenleben der Völker zu stören, insbesondere die Führung eines Angriffskrieges vorzubereiten, sind verfassungswidrig.

Art 87a Abs. 1: Der Bund stellt Streitkräfte zur Verteidigung auf.

Art. 87a Abs. 2: Außer zur Verteidigung dürfen die Streitkräfte nur eingesetzt werden, soweit dieses Grundgesetz es ausdrücklich zulässt.

© C.C. Buchner Verlag

schriften zur parlamentarischen Kontrolle der Bundeswehr-Einsätze.

Die historischen und verfassungsrechtlichen Bedingungen beeinflussen zudem die **gesellschaftlichen Erwartungen** an die Politik. Die deutsche Bevölkerung ist mehrheitlich für ein kooperatives Handeln im internationalen Umfeld und zeigt sich zurückhaltend bei militärischen Interventionen. Eine zivile Konfliktbearbeitung wird bevorzugt. Zudem beeinflussen mediale Diskurse und Meinungsumfragen regelmäßig politische Prioritäten, insbesondere hinsichtlich humanitärer Aspekte und internationaler Einsatzbeteiligungen.

Deutschland wirtschaftliche Stärke ist zu einem bedeuten Teil das Ergebnis der wirtschaftlichen Verflechtung. Als Exportnation einerseits und rohstoffarmes Land andererseits ist Deutschland auf stabile Handelsbeziehungen angewiesen. Krisen, Handelskonflikte oder Energieengpässe können daher direkte sicherheitspolitische Auswirkungen haben. Außerdem erhöhen globale Lieferketten die Anfälligkeit für außenwirtschaftliche Schocks, welche sicherheitspolitische Anpassungen und Diversifizierungsstrategien notwendig machen können. So wirkt der enge ökonomische Austausch einerseits als stabilisierender Faktor, er schafft andererseits gegenseitige Abhängigkeiten und damit zusätzliche politische Herausforderungen.

Internationale Verpflichtungen: Durch die Vereinigung der beiden deutschen Staaten 1990 und das Ende der bipolaren Weltordnung veränderten sich Deutschlands Rolle sowohl im europäischen als auch globalen Kontext. Deutschland wurde zur größten europäischen Regionalmacht. Innerhalb internationaler Organisationen, z. B. EU, NATO, Vereine Nationen wuchsen die Erwartungen, dass Deutschland außen- und sicherheitspolitisch mehr Verantwortung übernimmt. Schließlich führen multilaterale Abkommen und gemeinsame Verteidigungsstrukturen zu koordinierungsintensiven Verfahren, die nationale Entscheidungsprozesse strukturell beeinflussen.

M4 Wer macht in Deutschland Außen- und Sicherheitspolitik?

Die Verantwortung für Außen- und Sicherheitspolitik in Deutschland liegt sowohl bei der **Bundesregierung** als auch beim **Bundestag** und **Bundesrat**. Der Bundeskanzler legt die politischen Leitlinien fest, während das Auswärtige Amt die diplomatischen Beziehungen steuert. Daneben sind viele Aktivitäten anderer Ministerien wie etwa des Verteidigungsministeriums oder des Bundesministeriums für wirtschaftliche Zusammenarbeit und Entwicklung Teil der Außenpolitik. Im Bundestag werden außenpolitische Themen häufig debattiert. Eine wichtige Rolle kommt dem Bundestag durch seine Kontrollfunktion gegenüber der Regierung zu, diese erstreckt sich ebenso auf außenpolitische Aspekte. Mit Blick auf die Entscheidungskompetenzen in der Außenpolitik ist der Bundestag jedoch auf das Haushaltsrecht, d.h. die Verabschiedung des Bundeshaushalts, sowie bei notwendigen Zustimmungen zu Auslandseinsätzen der Bundeswehr und zu internationalen Verträgen (Art. 59 GG) begrenzt.

Neben dem Bundestag wirkt auch der Bundesrat mit, hier insbesondere bei Angelegenheiten der Europäischen Union.

Nicht-staatliche Akteure wie Nichtregierungsorganisationen, Medien und Verbände können indirekt auf die deutsche Außenpolitik wirken, indem sie die politische Debatte beeinflussen.

M5 Warum wird die Bundeswehr als Parlamentsarmee bezeichnet?

Mit dem Ende des Kalten Kriegs und der Wiedererlangung der vollen Souveränität wurde von Deutschland mehr Engagement in der internationalen Sicherheitspolitik erwartet. Damit verbunden war auch die Beteiligung der Bundeswehr an internationalen Friedenseinsätzen. Diese vorsichtige Neuorientierung löste heftige Debatten in Deutschland aus, wurde jedoch 1994 vom Bundesverfassungsgericht bestätigt, sofern diese mit Zustimmung des Bundestages stattfinden. Wenn sehr rasches Handeln der Bundeswehr geboten ist, kann diese Genehmigung auch kurze Zeit im Nachhinein vom Bundestag beschlossen werden. Rein humanitäre Missionen hingegen bedürfen auch weiterhin keiner Billigung durch das Parlament. Dieses Grundsatzurteil des Bundesverfassungsgerichts bekräftigte den Charakter der Bundeswehr als einer „Parlamentsarmee“

M6 Wie wandelte sich die Rolle der Bundeswehr nach 1990?

Seit Ende des Kalten Krieges erlebte die Bundeswehr nahezu drei Jahrzehnte die Transformation von einer Verteidigungsarmee zu einem außen- und sicherheitspolitischen Instrument. Damit wandelte sich das **Selbstbild der Streitkräfte**, da die Fähigkeiten zur Abschreckung eines militärischen Angriffs auf Deutschland in den Hintergrund traten. Seit 1990 sank der Anteil der Verteidigungsausgaben am Bruttoinlandsprodukt auf weniger als die Hälfte, zu einen wegen der veränderten Bedrohungslage, zum anderen aufgrund neuer finanzieller Prioritäten im Bundeshaushalt nach der Wiedervereinigung. Außerdem verließ sich die jeweilige Bundesregierung stets sehr darauf, von der NATO und insbesondere den USA im Zweifelsfall verteidigt zu werden und unterließ notwendige Wehrreformen und Erneuerung der Ausstattung. So kam das vereinte Deutschland bis 2022 niemals seiner auf dem NATO-Gipfel in Wales eingegangenen Verpflichtung nach, den Wehretat auf mindestens zwei Prozent des Bruttoinlandsprodukts anzuheben, was regelmäßig von den unterschiedlichen US-Präsidenten kritisiert wurde.

Während die Truppenstärke der Bundeswehr in den 1980er Jahren noch bei fast 500.000 Mann lag, sind es aktuell ca. 183.000 Soldatinnen und Soldaten (Stand: Januar 2025). Bis 2027 soll die Zahl der kämpfenden Truppe auf 203.000 steigen. Durch die Aussetzung der Wehrpflicht, die mit einfacher Mehrheit im Bundestag wieder eingeführt werden kann, ist die Personalrekrutierung aber derzeit erschwert. Auch deshalb haben Debatten um eine **allgemeine Dienstpflicht** nach dem russischen Angriff auf die Ukraine wieder

Eckdaten zur Geschichte der Bundeswehr

1955	Gründung
1956	Einführung der allgemeinen Wehrpflicht
1962	Bundeswehr im Einsatz bei der großen Sturmflut in Hamburg
1968	Grundgesetzänderung: Bundeswehr darf bei Katastrophen im Innern eingesetzt werden
1994	Bundesverfassungsgericht: Bundeswehreinsätze im Ausland im Rahmen von Bündnissen zulässig
1999	Beteiligung im Kosovo-Krieg
2000	Frauen dürfen nach einem Urteil des EUGh auch Dienst an der Waffe ausüben
2001	Beteiligung am Einsatz in Afghanistan
2011	Aussetzung der Wehrpflicht
2022	Sondervermögen Bundeswehr: 100 Mrd. Euro für die Finanzierung von Aufrüstungsvorhaben

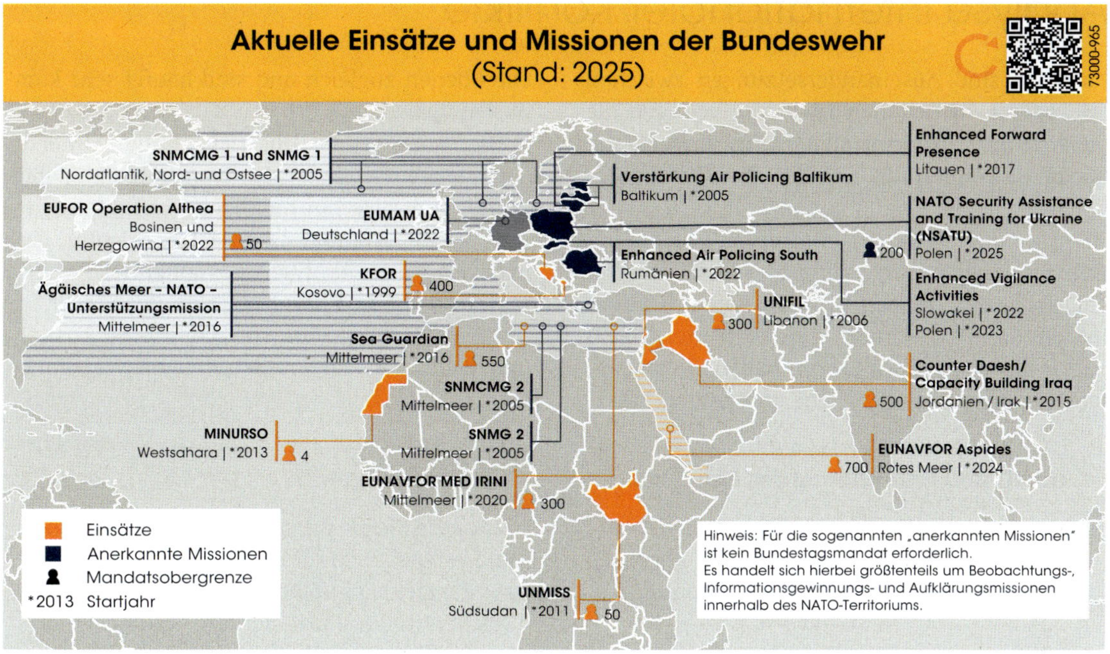

© C.C. Buchner Verlag, aktuelle Daten nach: Bundeswehr (Datenerhebung: 2025; Grafikerstellung: 2025)

Fahrt aufgenommen. Zukünftig sollen zudem mobile Einheiten mit bis zu 10.000 Soldaten gleichzeitig im Ausland aktiv sein können. Bis 2027 soll die Bundeswehr unter NATO-Flagge eine 5.000 Personen starke Brigade in Litauen aufgestellt haben, um die östliche Flanke vor russischen Angriffen zu schützen bzw. Abschreckung zu leisten.

Die partiell bereits ab 2014 begonnene strategische Neuausrichtung der Bundeswehr auf die Landes- und Bündnisverteidigung beschleunigte sich 2022 nach dem russischen Angriffskrieg gegen die Ukraine. Durch den massiven außen- und sicherheitspolitischen Richtungswechsel der USA unter Präsident Donald Trump ab 2025 weg von der über 75-jährigen transatlantischen Partnerschaft sah sich insbesondere Deutschland dazu gezwungen, viel mehr finanzielle Mittel für seine Landesverteidigung bereitzustellen. Dazu wurden vorher nicht vorstellbare, schuldenfinanzierte Sondervermögen von 100 (2022) und 400 Milliarden Euro (2025) vom Bundestag zur Modernisierung der Armee und für Waffenkäufe (auch für die Ukraine) beschlossen.

Der Wandel der Bundeswehr von Auslandseinsätzen hin zur Landesverteidigung lässt sich auch an den Zahlen der Bundeswehrsoldatinnen und -soldaten in Auslandseinsätzen ablesen. Waren am 1. Januar 2015 2.785 Personen exterritorial eingesetzt, so sind es am 1. März 2025 noch 1.114.

Aufgaben

72003-621

1. Legen Sie die zentralen Ziele und sicherheitspolitischen Interessen Deutschlands in den internationalen Beziehungen dar (**M1**, **M3**).
2. Erklären Sie, inwieweit der deutschen Außen- und Sicherheitspolitik der erweiterte Sicherheitsbegriff (› Kap. 6.1.1) zu Grunde liegt (**M1**, **M2**, **M4**).
3. Arbeiten Sie heraus, welche innen- und außenpolitischen Einflussfaktoren die deutsche Außen- und Sicherheitspolitik prägen, und stellen Sie dar, wie sich diese Faktoren in der Praxis auf Entscheidungsprozesse auswirken (**M3**, **M4**).
4. Beurteilen Sie die Sondervermögen für die Bundeswehr 2022 (100 Milliarden Euro) und 2025 (400 Milliarden Euro) (**M6**).

Analyse internationaler Konflikte

Konflikte sind Auseinandersetzungen zwischen zwei oder mehr Personen bzw. Gruppierungen, die unvereinbare Perspektiven auf einen Gegenstand haben. So können z. B. Konflikte darüber entstehen, wie knappe Ressourcen verteilt werden oder wie gegebene Ziele realisiert werden sollen. Aber auch die Auseinandersetzung über die Legitimität von konkreten Werten kann zu einem Konflikt führen. Konflikte können regional begrenzt sein oder weltweite Auswirkungen haben. Sie betreffen politische, wirtschaftliche und gesellschaftliche Ebenen zugleich und sind häufig sehr komplex aufgebaut.

Die vorliegende Übersicht zeigt Untersuchungsbereiche und Leitfragen auf, mit denen inner- und zwischenstaatliche Konflikte analysiert werden können. Dabei ist es wichtig, dass man sich bei der Analyse eines konkreten Konfliktes auf die für die Untersuchungsaufgabe relevanten Aspekte fokussiert und damit eine Auswahl und Reduktion der Fragestellungen vornehmen kann.

1. Inhalt und Entwicklung des Konflikts

Beschreiben Sie die aktuelle Situation. Beschreiben Sie zudem, wie sich der Konflikt bisher entwickelte (Entstehung, Phasen).

Leitfragen:
- Worum geht es in dem Konflikt?
- Welche aktuellen (tagespolitischen) Bezüge sind vorhanden?
- Wie entwickelte sich der Konflikt (Anlass, Verlauf)?
- Wer ist in welcher Weise von dem Konflikt betroffen?

2. Konfliktstrukturen

Erklären Sie, welche Parteien sich gegenüberstehen und erläutern Sie, welche Interessen und Ziele diese verfolgen. Untersuchen Sie, welche Rolle internationale Organisationen spielen.

Leitfragen:
- Wer sind die Konfliktparteien?
- Welche Interessen spielen in dem Konflikt eine Rolle?
- Wie verhalten sich die internationalen Hauptakteure?
- Welche strukturellen Ursachen hat der Konflikt?

3. Beurteilungen

Erläutern Sie die unterschiedlichen Positionen und Perspektiven zur Beurteilung des Konflikts aus der Sicht des Völkerrechts, aus der Sicht der Machtverteilung und der Sicherheit. Beurteilen Sie dann den Konflikt aus Ihrer persönlichen Sicht. Ermitteln Sie die Präsenz des Konfliktes in den Medien und beurteilen Sie die mediale Darstellung des Konflikts.

Leitfragen:
- Wie ist der Konflikt zu beurteilen?
  Mögliche Beurteilungskriterien:
  rechtlich: Internationales Recht/Völkerrecht
  Stabilität: stabile Staaten-/Weltordnung
- Wie gestaltet sich die mediale Darstellung des Konflikts?

4. Lösungsmöglichkeiten, Handlungsoptionen

Beschreiben Sie Szenarien, wie sich der Konflikt lösen bzw. weiterentwickeln könnte. Erläutern Sie die Handlungsoptionen der Beteiligten. Beurteilen Sie Möglichkeiten der Konfliktlösung.

Leitfragen:
- Gibt es Möglichkeiten der Konfliktlösung?
- Welche Handlungsoptionen haben die Konfliktparteien?
- Wer kann zur Konfliktlösung beitragen?
- Wer ist an einer Konfliktlösung interessiert bzw. profitiert davon?

M 1 Der russische Angriffskrieg gegen Ukraine: Vorgeschichte und Konfliktverlauf

1991-2004

01. Dezember 1991

Erfolgreiches Referendum über die Unabhängigkeit von der Sowjetunion und damit souveräne Republik Ukraine.

2004

Wahl des tendenziell westlich und reformorientierten Politikers Wiktor Juschtschenko; nach Manipulationen und einer wiederholten Stichwahl wurde dieses Ergebnis in der friedlichen „orangenen Revolution" bestätigt.

5. Dezember 1994

Mit dem „Budapester Memorandum" gibt die Ukraine alle aus der Sowjetzeit stammenden Atomwaffen ab. Im Gegenzug erhält sie von den USA, Russland und Großbritannien die Zusicherung der Unverletzlichkeit ihrer Grenzen und eines Gewaltverzichts.

2008-2010

2008

Von Russland provozierter „Georgienkrieg", bei dem Russland auf der Seite der international nicht anerkannten Republiken Südossetien und Abchasien gegen die georgische Armee kämpfte; EU-Friedensplan und Rückzug der russischen Truppen, aber Anerkennung der Unabhängigkeit von Südossetien und Abchasien durch Russland.

2008

Auf dem Gipfeltreffen in Bukarest werden der Ukraine und Georgien ein Beitritt zum westlichen Verteidigungsbündnis NATO in Aussicht gestellt, allerdings ohne einen konkreten Plan oder Zeitrahmen.

2010

Wahl des tendenziell pro-russischen und reformkritischen Wiktor Janukowitsch zum Präsidenten der Ukraine; Abwendung von der Europäischen Union und Plan, der von Russland dominierten Eurasischen Wirtschaftsunion (weitere Mitglieder: Armenien, Belarus, Kasachstan, Kirgisistan) beizutreten.

2013/2014

2013/ 14

Prowestliche Massenproteste „Euromaidan" mit der Kernforderung der Korruptionsbekämpfung entzündeten sich an der überraschenden Nicht-Unterzeichnung des EU-Assoziierungsabkommens durch Präsident Janukowitsch; die zunächst friedlichen Proteste eskalieren als Janukowitsch Gewalt gegen die Protestierenden anwendet. Ein international verhandelter Kompromiss scheitert, als Janukowitsch sich nach Russland absetzt.

ab Februar 2014

Unruhen in den südöstlichen Regionen Donezk und und Luhansk, Aufständische werden von Russland militärisch unterstützt; Einmarsch russischer Sondereinheiten ohne Hoheitsabzeichen auf der Krim.

März 2014

Völkerrechtswidriges Scheinreferendum auf der Halbinsel Krim zum Anschluss an Russland unter massivem Einsatz russischen Militärs; der russische Präsident Putin erklärt im Anschluss die Krim und die Stadt Sewastopol zu russischem Staatsgebiet.

Juni 2014

Wahl des tendenziell pro-westlichen Politikers Petro Poroschenko zum ukrainischen Präsidenten.

September 2014/ März 2015

Waffenstillstandsvereinbarungen von Minsk („Minsk I und II"); u. a. über Waffenstillstand, Abzug aller schweren Waffen, Vereinbarung einer Verfassungsänderung in der Ukraine mit mehr Autonomierechten für die Regionen Donezk und Luhansk. Das Abkommen wurde nicht umgesetzt, die Kämpfe flammten bis 2021 immer wieder auf; v. a. die USA leistet finanzielle Beihilfe beim Ausbau und der Modernisierung der ukrainischen Armee.

Mai 2018

Russland nimmt eine Brücke von seinem Festland auf die Krim in Betrieb und kontrolliert damit faktisch und gegen internationales Seerecht verstoßend den Zugang der Ukraine zum Asowschen Meer.

24. Februar 2022

Beginn des großangelegten Angriffkriegs Russlands gegen die gesamte Ukraine.

30. September 2022

Nach dem Scheitern des schnellen Regierungssturzes annektiert Russland nach wiederum völkerrechtswidrigen Scheinreferenden die Regionen Luhansk, Donezk, Saporischschja und Cherson im Süden und Osten der Ukraine und gliedert die besetzten Teile dieser Regionen damit faktisch ins russische Staatsgebiet ein.

Bearbeiter

2014/2015

2018/2019

2022/2025

2014/15

Andauernde Kämpfe zwischen der ukrainischen Armee und den von Russland unterstützten Aufständischen im Südosten der Ukraine.

01. Januar 2016

Freihandelsabkommen zwischen der Ukraine und der Europäischen Union tritt in Kraft.

2019

Wahl des tendenziell pro-westlichen Wolodymyr Selenskyj zum ukrainischen Präsidenten; weiterhin US-amerikanische Militärbeihilfe.

Seit Februar 2022

Wirtschaftssanktionen der EU-Staaten und der USA gegen Russland (u. a. Ausschluss von Banken aus internationalem Zahlungssystem, Lieferverbote u. a. für Computerchips und Flugzeugteile, Fertigstellung von Nord Stream II-Pipeline gestoppt, Einfrieren russischer Guthaben); allerdings zunächst keine Einschränkungen des Handels mit Erdgas; Lieferung von (schweren) Waffen aus den USA, vielen EU-Staaten und anderen Staaten an die Ukraine.

Februar 2025

Die neue US-Regierung unter Donald Trump setzt die Waffenlieferungen der USA an die Ukraine aus und verhandelt ohne Ukraine und Europäische Union mit der russischen Regierung über einen Waffenstillstand in der Ukraine. Erhebliche Gebietsverluste der und fehlende Sicherheitsgarantien für die Ukraine werden befürchtet.

März 2025

Als Reaktion auf die neu ausgerichtete US-Außen- und Sicherheitspolitik beschließt die Europäische Union (mit Ausnahme Ungarns), 800 Milliarden Euro für neue Rüstungsgüter bereitzustellen, von denen ein Teil auch für die Ukraine bestimmt sein soll. Auch Großbritannien verpflichtet sich, die Ukraine weiter zu unterstützen.

M2 Die Interessen wesentlicher Akteure

1. Ukraine

Nach der Westorientierung der Ukraine spätestens seit 2013/14 haben die wesentlichen politischen und zivilgesellschaftlichen Kräfte in der Ukraine die Interessen, in die Europäische Union und ggf. sogar in die NATO aufgenommen zu werden. Von einem EU-Beitritt versprechen sie sich nicht nur eine weitere Stabilisierung des demokratischen Systems, sondern auch wirtschaftliche Vorteile. Außerdem hat sich die Ukraine zu einem stabilen, selbstbewussten Staat mit einer kritischen Öffentlichkeit entwickelt, der seine Grenzen und die Sicherheit seiner Bevölkerung sowie seine demokratischen Errungenschaften erhalten möchte. Dabei beruft sich die Ukraine auf das Völkerrecht, das ihr die Unverletzlichkeit seiner anerkannten Grenzen und seine staatliche Souveränität zusichert.

2. Russische Föderation

In den Jahren nach Auflösung des Warschauer Paktes als militärischem Gegenbündnis zur NATO (1988/1991) hat Russland deutlich weltpolitischen Einfluss eingebüßt. Die EU und die NATO wurden um Staaten erweitert, die zuvor zum sowjetischen Einflussbereich gehörten. Die russische Führung sieht sowohl die Ausweitung der NATO (mit entsprechender militärischer Präsenz, etwa im Baltikum) und der EU nach Mittel-Osteuropa sowie westliche Kooperationen mit osteuropäischen Staaten (Ukraine, Georgien) als unangemessenen Eingriff in die eigene Einflusssphäre.

Die russische Regierung ist der Überzeugung, dass die Krim-Halbinsel legitimerweise durch Volksabstimmungen ins russische Staatsgebiet integriert worden ist. Außerdem betrachtet sie Gebiete im Süden und Osten der Ukraine als russisch und unterstützt die dortigen Aufständischen militärisch und logistisch. Russland wird alles dafür tun, seine Angriffspläne auf die Ukraine nicht durch die UNO aufhalten zu lassen.

Für die russische Regierung unter Wladimir Putin hängen Innen- und Außenpolitik eng zusammen. Potenzielle innenpolitische Destabilisationsfaktoren (z. B. wirtschaftliche Strukturprobleme, Arbeitslosigkeit, Inflation) werden nicht nur durch Verfolgung politischer Gegnerinnen und Gegner und Ausschalten der freien Presse bekämpft, sondern auch durch eine aggressive, neo-imperialistische Außenpolitik.

3. USA

In den Jahren nach der Auflösung des Warschauer Paktes (1989/1990) und dem Ende der Blockkonfrontation haben die USA massiv weltpolitischen Einfluss gewonnen. Sie gelten als die derzeit einzig verbliebene militärische, politische und wirtschaftliche Weltmacht. Allerdings ist diese Position fragiler geworden: Die Kampfeinsätze in Afghanistan und im Irak haben die USA finanziell und militärisch stark belastet und der Aufstieg Chinas bedroht die Vormachtstellung der USA im pazifischen Raum. Um ihren Machteinfluss zu sichern, unterstützen die USA u. a. die mittelosteuropäischen NATO-Partnern, deren Aufnahme in die NATO sie vorangetrieben hatten. Der Ukraine haben die USA seit 2014 bereits Waffen und militärisch relevante Informationen geliefert.

Seit der Wiederwahl Donald Trumps hat sich die Außen- und Sicherheitspolitik der USA drastisch verändert. Die US-Regierung sucht die Nähe zum russischen Putin-Regime (ohne die Ukraine oder die EU einzubeziehen) und schränkt die militärische Unterstützung für die Ukraine ein. Mittlerweile steht sogar infrage, ob die USA ihren europäischen NATO-Partnerinnen und -Partnern im Falle eines russischen Angriffs Beistand leisten würden, schränkt die militärische Unterstützung für die Ukraine ein.

4. **China**

China ist das Land mit der zweitgrößten Bevölkerung und hat seinen weltpolitischen Einfluss durch seine wirtschaftliche Stärke erheblich steigern können. In internationalen Verhandlungen versucht China, den weltpolitischen Einfluss der USA und der EU zu begrenzen, sie aber gleichzeitig als wichtige Handelspartner zu halten.

Nicht zuletzt aufgrund des eigenen Umgangs mit politischer Opposition und religiösen Minderheiten verfolgt China außenpolitische Doktrin der Nichteinmischung in innere Angelegenheiten souveräner Staaten. Die chinesische Regierung unter dem de facto Alleinherrscher Xi Jinping hält sich die Möglichkeit offen, Taiwan ggf. mit militärischen Mitteln zu integrieren. Gleichzeitig ist China – auch aus wirtschaftlichen Gründen – an guten Beziehungen zu seinem Nachbarstaat Russland interessiert, zu dem das Verhältnis allerdings nicht immer konfliktfrei ist. China ist das wichtigste Exportziel für russische Waren und ein bedeutender Abnehmer günstiger russischer Öl- und Gaslieferungen.

5. **Deutschland**

Deutschland hat sich energiepolitisch lange Zeit in eine Abhängigkeit von russischen Erdgaslieferungen begeben, was sich trotz der völkerrechtswidrigen Annexion der ukrainischen Halbinsel Krim durch Russland im Jahr 2014 nicht änderte. Jedoch gelang es Deutschland nach dem russischen Angriff auf die Ukraine 2022 sehr schnell, sich aus der energiepolitischen Abhängigkeit von Russland zu lösen. Zugleich steht Deutschland politisch und militärisch an der Seite der angegriffenen Ukraine. Deutsche Politikerinnen und Politiker begrüßen überwiegend den geplanten Beitritt der Ukraine in die Europäische Union und Deutschland ist der europäische Hauptwaffenlieferant für das sich verteidigende Land. Außerdem hat Deutschland über 1,27 Millionen ukrainische Flüchtlinge aufgenommen (Stand: Juni 2025). Deutschland ist das bevölkerungsreichste und wirtschaftsstärkste Land in Europa und stark an friedlichen, stabilen Zuständen in (Mittel-Ost-)Europa interessiert. Es profitiert wirtschaftlich sehr stark vom Europäischen Binnenmarkt.

6. **Großbritannien**

Großbritannien ist Gründungsmitglied von UNO und NATO und – wie alle anderen Sicherheitsratsmitglieder auch – Atommacht. Wie auch die USA bildete Großbritannien bereits seit 2014 ukrainische Soldaten aus, warnte vergleichsweise früh vor einem russischen Angriff und lieferte auch vor der Invasion Russlands schon Waffen in die Ukraine. Trotz der Tatsache, dass superreiche Russen häufig Wohnsitze in London unterhalten und dort auch Geld anlegen, steht die britische Regierung Russland skeptisch gegenüber, auch weil bereits auf mehrere russische Regimekritiker bzw. übergelaufene Spione in England Anschläge verübt worden sind. Großbritannien ist traditionell – seit dem Austritt aus der Europäischen Union noch einmal verstärkt – der engste sicherheitspolitische Verbündete der USA.

Aufgabe

72003-622

Analysieren Sie den Krieg gegen die Ukraine. Gehen Sie dabei so vor, wie auf der Methodenseite beschrieben und recherchieren Sie ggf. die Interessen weiterer Akteure (Frankreich, Nordkorea, Türkei, ...).

6.4 Globale Sicherheit, Armut und Entwicklung

Leitfragen

- Wie hängen Armut, Entwicklung und Sicherheit weltweit zusammen?
- Woran lässt sich der Entwicklungsstand von Staaten messen und welche Ursachen hat Unterentwicklung?
- Mit welchen Zielen, Akteuren und Strategien kann Entwicklungspolitik globale Ungleichheit verringern?
- Vor welchen Herausforderungen und Kritikpunkten steht die internationale Entwicklungszusammenarbeit heute?

M1 Globale Ungleichheit, Armut und Sicherheit – worum geht es?

Armut und Sicherheit hängen enger zusammen, als es auf den ersten Blick erscheint. Fehlende wirtschaftliche Perspektiven, Hunger und politische Instabilität können nicht nur das Leben der Menschen unmittelbar beeinträchtigen, sondern auch langfristig Konflikte, Flucht und Migration auslösen. Der starke Zustrom von Geflüchteten nach Europa 2015 verdeutlichte, dass Unterentwicklung eine wesentliche Fluchtursache darstellt. Hinzu kommen verschärfende Faktoren wie Gewaltkonflikte, Unterdrückung von Minderheiten, der Zerfall staatlicher Strukturen (failing states) oder Naturkatastrophen (› Kap. 6.2).

In der Entwicklungsforschung wird zwischen absoluter und relativer Armut unterschieden. **Absolute Armut** bedeutet, dass Menschen keinen gesicherten Zugang zu lebensnotwendigen Gütern haben (Wasser, Nahrung, Unterkunft, medizinische Versorgung) haben. **Relative Armut** hingegen liegt vor, wenn das physische Überleben zwar gesichert ist, der Lebensstandard jedoch deutlich unter dem gesellschaftlichen Durchschnitt liegt. Während relative Armut vor allem ein Problem in Industrieländern ist (laut UN-Definition stehen weniger als 50 Prozent, laut EU-Definition weniger als 60 Prozent des durchschnittlichen Einkommens des jeweiligen Landes zur Verfügung), sind viele Menschen in Entwicklungsländern vor allem von absoluter Armut betroffen. Dort besteht eine enge Wechselwirkung zwischen Hunger und Armut. Für UNO und Weltbank gelten Menschen als absolut arm, wenn sie weniger als den Gegenwert von 1,90 US-Dollar am Tag zur Verfügung haben. Nach dieser Definition wären etwa zehn Prozent der Weltbevölkerung absolut gesehen arm (Stand: 2019). Allerdings wird auch von der UNO Armut heute weiter gefasst. Der **Multidimensional Poverty Index** umfasst beispielsweise zehn Kriterien, die in die drei Dimensionen **Gesundheit, Bildung und Lebensstandard** eingruppiert sind. Nach diesem Index waren im Jahr 2023 1,1 Milliarden Menschen als arm zu bezeichnen. Weltweit gesehen sind dabei 27,9 Prozent der Kinder und Jugendlichen unter 18 Jahren arm. Der größte Teil der Armen lebt in Subsahara-Afrika und in ländlichen Gebieten. Die Gefahr, in Konfliktgebieten arm zu sein, ist dreimal so hoch wie in friedlichen Zonen.

Die globalen Verteilungsunterschiede zwischen dem „Globalen Norden“ – den industrialisierten Staaten – und dem „Globalen Süden“ – den Entwicklungs- und Schwellenländern – werden als Nord-Süd-Gefälle bezeichnet.

Lebensbedingungen in verschiedenen Regionen der Welt

73000-966

M2 Merkmale und Messung von Entwicklung

Gemeinhin kann als Charakteristikum für Entwicklungsländer gelten, dass diese nicht in der Lage sind, für große Teile ihrer Bevölkerung grundlegende Existenzbedürfnisse zu befriedigen. Eine allgemein gültige Definition ist umstritten. Entwicklungsländer weisen aber bestimmte Merkmale auf, die in unterschiedlicher Ausprägung vorkommen, dazu zählen u. a.:

- hohes Bevölkerungswachstum und Verjüngung des Bevölkerungsaufbaus,
- Unter- bzw. Mangelernährung in weiten Teilen der Bevölkerung,
- starke Disparitäten zwischen Stadt und Land, umfangreiche Wanderungsbewegung, unkontrollierte Verstädterungsprozesse und Slumbildung,

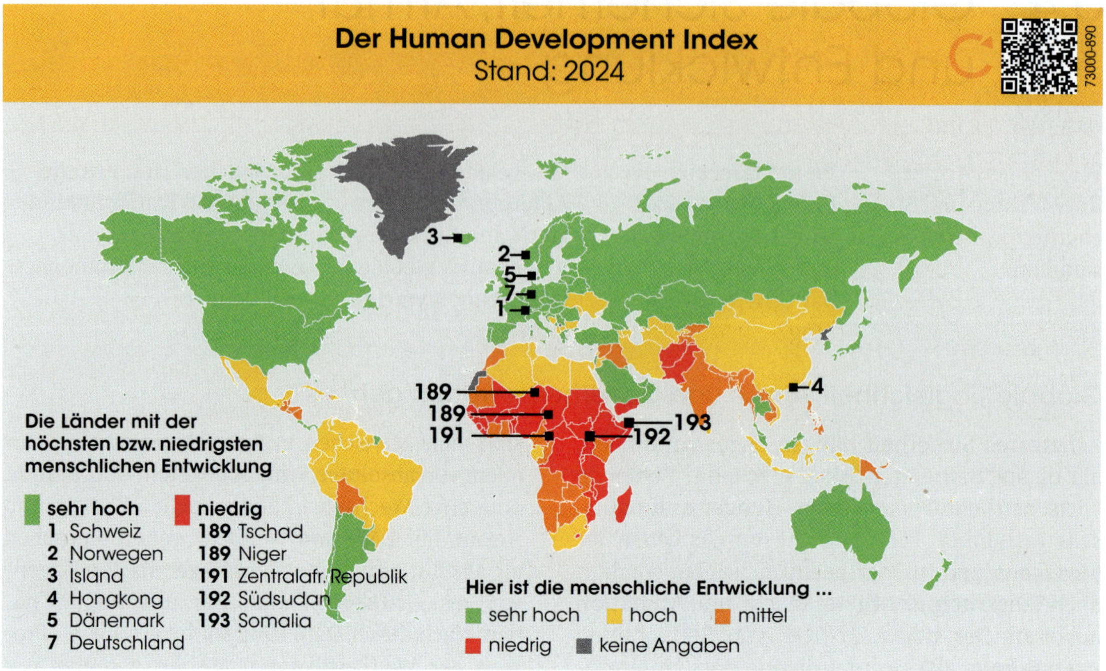

© C.C. Buchner Verlag, aktuelle Daten nach: UN (Datenerhebung: 2024; Grafikerstellung: 2024)

- schlechte medizinische Versorgung, hohe Säuglingssterblichkeit,
- niedrige Lebenserwartung,
- relativ hohe Analphabetenquote,
- ungleiche Vermögens- und Einkommensverhältnisse,
- geringes Pro-Kopf-Einkommen,
- geringe Arbeitsproduktivität,
- einseitige Produktionsstruktur,
- hohes Maß an agrarischer Selbstversorgung,
- hohe Auslandsverschuldung.

Zur Messung von Entwicklung dienen verschiedene Indikatoren. Der wichtigste ist der **HDI (Human Development Index)**, der drei Dimensionen kombiniert: Gesundheit (Lebenserwartung), Bildung (mittlere und erwartete Schulbesuchsdauer), Lebensstandard (Bruttonationaleinkommen pro Kopf in Kaufkraftparitäten) (› Kap. 2.7.4).

Der HDI-Wert liegt zwischen 0 (sehr niedrig) und 1 (sehr hoch) und ermöglicht den Vergleich zwischen Ländern sowie deren Einteilung in vier Entwicklungsstufen. Er verknüpft ökonomische und soziale Aspekte – im Gegensatz zu rein wirtschaftlichen Indikatoren wie dem Bruttoinlandsprodukt. Neben dem HDI werden alternative und erweiterte Konzepte entwickelt, um Entwicklung umfassender zu erfassen. Dazu zählen ökologische Indikatoren wie der **ökologische Fußabdruck**, der misst, wie sehr ein Land mit seinem Ressourcenverbrauch die Umwelt belastet. Kulturelle und politische Dimensionen – etwa die Teilhabe an Gesellschaft und Fragen der Rechtsstaatlichkeit – werden von Wissenschaftlerinnen und Wissenschaftlern zunehmend als Entwicklungsfaktoren diskutiert. Kritikerinnen und Kritiker weisen darauf hin, dass die starke HDI-Korrelation mit dem Bruttonationaleinkommen kompliziertere Lebensrealitäten überdeckt. So werden beispielsweise ökologische Belastungen, kulturelle Unterschiede, politische Teilhabe, soziale Ungleichheiten, Zugang zu Rechtsstaatlichkeit oder gesellschaftliche Diskriminierung nicht separat berücksichtigt. Ein alternativer Ansatz, der in diesem Sinne als Ergänzung zum HDI dienen kann, ist der **Multidimensionale Armutsindex (MPI)**. Dieser misst Armut anhand von zehn Indikatoren in den Bereichen Gesundheit, Bildung und Lebensstandard. Der MPI identifiziert Menschen als arm, wenn sie in mindestens einem Drittel der Indikatoren Defizite haben.

Statistische Vergleiche machen deutlich: Viele ostasiatische Schwellenländer konnten in den letzten Jahrzehnten erhebliche Fortschritte erzielen, während in Teilen Afrikas südlich der Sahara die Entwicklung oft stockt oder sich sogar verschlechtert.

M3 Was sind die Ursachen von Unterentwicklung?

Die Ursachen von Armut und Unterentwicklung sind komplex und oft miteinander verflochten. Sie lassen sich in im Allgemeinen in natürliche, interne und externe Faktoren einteilen:

- **Natürliche Faktoren** wie Rohstoffvorkommen und klimatische Bedingungen haben Einfluss auf die Produktion von Gütern. Ungünstiges Klima, Naturkatastrophen, Hitze- und Dürreperioden oder Überschwemmungen können Ernten vernichten. Ein Mangel oder Nichtvorhandensein von Rohstoffen ist ein Faktor für Unterentwicklung.
- **Interne Faktoren** beziehen sich auf die Bedingungen in den Entwicklungsländern. Politische Instabilität, Kriege, Korruption, „Bad Governance", mangelnde Bildung, hohes Bevölkerungswachstum, soziale Ungleichheit sowie Diskriminierung – etwa gegenüber Frauen – behindern gesellschaftliche und wirtschaftliche Entwicklung.
- **Externe Faktoren** sind Einflüsse von außen. So kann etwa die Ausbeutung von Rohstoffen durch externe Akteure Nachteile zeitigen, wenn Entwicklungsländer nicht an den Gewinnen beteiligt werden. Auch ungleiche Handelsbedingungen stellen Hindernisse für die Entwicklung dar, etwa wenn Industriestaaten ihre heimischen Märkte gegen Produkte aus Entwicklungsländern abschotten. Zum einen führen Zöllen auf Produkte mit hohen Verarbeitungsgrad in Industriestaaten dazu, dass Entwicklungsländer vielfach allein vom Export von Rohstoffen abhängig sind. Zum anderen subventionieren Industriestaaten teilweise ihre eigene Wirtschaft zum Nachteil der Entwicklungsländer.

Aus unterschiedlichen Erklärungsansätzen für Unterentwicklung entstanden verschiedene Theorien und Lösungsmodelle. Große Bedeutung kommen der Dependenztheorie und der Modernisierungstheorie zu.

Ursachen	Theorien	Maßnahmen / Strategien
interne Ursachen	*Modernisierungstheorie*: Erklärt Entwicklungsrückstände durch Modernisierungsdefizite der Entwicklungsländer (z. B. im Bereich Infrastruktur, Bildung, Mentalität); Tribalismus: von traditionellen Stammesstrukturen beherrschtes politisch-gesellschaftliches System mit wenig individuellen Entscheidungsspielräumen und hohem innerstaatlichem Konfliktpotenzial.	Weltmarktintegration, Abhilfe durch Infrastruktur, Bildung, Industrialisierung
externe Ursachen	*Dependenztheorie*: Entwicklungsrückstände erklären sich durch ökonomische Abhängigkeiten der Entwicklungsländer von den Industrieländern. Historisch aufgrund des Kolonialismus, heute aufgrund ungleichen Handels, bei dem die stärkeren Industrieländer mit ihren transnationalen Unternehmen dank ihrer Marktmacht den schwächeren Entwicklungsländern Preisstrukturen und Lieferbedingungen diktieren können – häufig auch mithilfe protektionistischer Methoden. Große Abhängigkeiten von Rohstoff-Weltmarktpreisen.	größere Eigenständigkeit und Abkopplung vom Weltmarkt
natürliche Ursachen	*Geodeterminismus*: Forschungsansatz aus der Geographie. Ursachen der Unterentwicklung sind in erster Linie durch die natürliche Ausstattung des Wirtschaftsraums bestimmt.	Handlungsspielräume sind durch physische Bedingungen begrenzt, können aber gestaltet werden.

M4 Wie wirkt sich die Globalisierung auf Entwicklungsländer aus?

Mit Blick auf die Auswirkungen der Globalisierung auf Entwicklungsländer ergibt sich ein ambivalentes Bild.

Internationale Institutionen wie etwa der Internationale Währungsfonds, Regierungen der Industrieländer und die Mehrheit der Wirtschaftsfachleute betonen die Vorzüge für alle beteiligten Länder; Globalisierungskritikerinnen und -kritiker sehen hingegen als Ergebnis eine wachsende Kluft zwischen den Ländern des Globalen Nordens und Ländern des Globalen Südens.

Chancen durch Globalisierung ergeben sich vor allem durch größere Absatzmärkte, den Zugang zu ausländischen Investitionen, Technologietransfer und internationale Arbeitsteilung. Staaten wie Südkorea, Singapur oder China nutzten in den letzten Jahrzehnten die Öffnung zum Weltmarkt, um Exportindustrien aufzubauen, enorme Wachstumsraten zu erzielen und eine breite Mittelschicht zu entwickeln. Auch Direktinvestitionen von Unternehmen in ärmeren Ländern können zur Schaffung von Arbeitsplätzen und Infrastruktur beitragen. Im Idealfall wirken Globalisierungseffekte also als Motor für Modernisierung, Wohlstand und Armutsreduktion.

Risiken und Probleme ergeben sich jedoch ebenso deutlich: Länder ohne wettbewerbsfähige Produkte oder stabile Institutionen profitieren oft nicht oder nur in sehr begrenztem Umfang. Insbesondere viele Staaten in Afrika südlich der Sahara sind weiterhin in den Export weniger Rohstoffe eingebunden und daher stark von Preisschwankungen abhängig. Kommen politische Instabilität oder „Bad Governance“ hinzu, können Globalisierungsprozesse sogar bestehende Ungleichheiten vertiefen. Ein weiteres Problem ist die zunehmend ungleiche Verteilung der Globalisierungsgewinne – sowohl zwischen verschiedenen Staaten als auch innerhalb einzelner Gesellschaften. Während kleine Eliten von Exportorientierung profitieren, bleiben breite Bevölkerungsschichten zum Teil in Armut zurück.

Wie stark ein Entwicklungsland von der Globalisierung profitieren kann, hängt wesentlich von politischer Steuerung ab. Eine funktionierende Verwaltung, ein verlässliches Bildungssystem, Investitionen in Infrastruktur sowie Rechtsstaatlichkeit sind entscheidend, um Chancen nutzbar zu machen. Dort, wo diese Voraussetzungen nicht gegeben sind, führt die Globalisierung häufig zu Abhängigkeiten, wachsender Verschuldung und vertieften sozialen Gegensätzen.

M5 Welche Motive, Ziele, Akteure und Strategien prägen Entwicklungspolitik?

Motive: Entwicklungspolitik steht im Spannungsfeld zwischen Menschlichkeit, historischer Verantwortung und eigenen nationalen Interessen. Dahinter stehen vielfältige Motive: Viele Staaten und internationale Organisationen handeln aus humanitärer Verpflichtung heraus, das globale Wohlstandsgefälle zu verringern und die Würde aller Menschen zu schützen. Zugleich entstammt Entwicklungszusammenarbeit der Erkenntnis, dass die politischen und wirtschaftlichen Folgen der Kolonialzeit maßgeblich zur Ungleichheit zwischen Nord und Süd beitrugen – und damit eine besondere historische Verantwortung der Industrieländer gegenüber den ehemaligen Kolonien besteht.

Nicht zuletzt verfolgen Industrieländer eigene Interessen mit Entwicklungspolitik. So spielen wirtschaftliche Motive eine Rolle, da inzwischen erfolgreiche Schwellenländer gerade aus Asien für die Industrieländer nicht nur zu Konkurrenten geworden sind, sondern sich auch zu wichtigen Absatzmärkten entwickeln. Gleichzeitig soll mithilfe von Entwicklungspolitik den zunehmenden Migrationsbewegungen durch verbesserte Lebensbedingungen in den Heimatländern entgegengewirkt werden, um so den Zuwanderungsdruck beispielsweise auf die EU abzumildern.

Entwicklungspolitik hat darüber hinaus eine sicherheitspolitische Komponente: Die Verbesserung von Lebensbedingungen in Entwicklungsländern wird in als ein Beitrag zur Verhinderung von innerstaatlichen und zwischenstaatlichen Konflikten betrachtet. Dahinter steht die Überzeugung, dass die Ursachen von Konflikten in sozioökonomischen Ungleichheiten und damit verbunden in schwachen staatlichen Strukturen liegen.

Ziele: Die Ziele der internationalen Entwicklungszusammenarbeit sind entsprechend breit gefasst. Im Vordergrund steht nach wie vor die Bekämpfung von Armut und die Förderung sozialer

Gerechtigkeit. Gleichzeitig rücken wirtschaftliche Leistungsfähigkeit, politischer Frieden, Demokratie, Rechtsstaatlichkeit und eine nachhaltige, ressourcenschonende Entwicklung mehr und mehr in den Mittelpunkt.

Die Agenda 2030 der Vereinten Nationen bringt diese Herausforderungen als 17 nachhaltige Entwicklungsziele (Sustainable Development Goals, SDGs) auf den Punkt. Dabei sind die drei Dimensionen der Nachhaltigkeit – Soziales, Umwelt, Wirtschaft – berücksichtigt: Die SDGs umfassen Ziele in den Bereichen soziale Sicherheit, Bildung, Gesundheit, Wachstum, Gleichstellung, Klimaschutz und globale Partnerschaften – und machen deutlich, dass Fortschritt in einem Bereich immer auch die Entwicklung in anderen beeinflusst.

Akteure: Um diese Ziele zu erreichen, arbeiten unterschiedliche Akteure zusammen. Neben bilateralen Partnerschaften zwischen Geber- und Empfängerstaaten engagieren sich internationale Organisationen wie die Vereinten Nationen, die Weltbank, der Internationale Währungsfonds und die Europäische Union. Zunehmend wichtig werden zudem zivilgesellschaftliche Initiativen: Kirchen, Stiftungen und Nichtregierungsorganisationen, die innovative Projekte für Gesundheit, Bildung oder Frauenrechte starten.

Strategien: Die Strategien haben sich im Laufe der Jahrzehnte gewandelt. In den 1950er und 60er Jahren herrschte die Idee der Modernisierung vor: Entwicklungsländer sollten durch Marktöffnung, Exportorientierung und Strukturanpassungen an das Niveau der Industriestaaten herangeführt werden. In den 1970er und 80er Jahren entstand die Gegenbewegung der Dependenztheorie, die die Abhängigkeit vom Weltmarkt problematisierte und eine stärkere eigenständige Entwicklung einforderte. Heute setzt sich zunehmend das Prinzip der „Hilfe zur Selbsthilfe“ durch: Entwicklungszusammenarbeit soll lokale Strukturen stärken, demokratische Teilhabe fördern und nachhaltige Entwicklung unterstützen – getragen von den fünf Leitprinzipien „People, Planet, Prosperity, Peace and Partnership“. So wird Entwicklungspolitik zu einer Gemeinschaftsaufgabe, bei der ökonomische Effizienz, soziale Verantwortung und ökologische Tragfähigkeit zusammengedacht werden.

Ziele für nachhaltige Entwicklung (Sustainable Development Goals)

Nach: Bundesvereinigung Nachhaltigkeit e.V.

M6 Welche Kritik gibt es an Entwicklungspolitik und vor welchen Herausforderungen steht sie?

Trotz jahrzehntelanger Bemühungen stößt internationale Entwicklungspolitik oft an Grenzen und erfährt immer wieder Kritik. Eines der zentralen Probleme bleibt die unzureichende **Finanzierung**. Die meisten Industrieländer halten ihre Zusagen nicht ein, jährlich 0,7 Prozent des Bruttonationaleinkommens in Entwicklungshilfe zu investieren. Dadurch fehlen wichtige Mittel, um langfristige Verbesserungen in den ärmeren Ländern zu erreichen.

Hinzu kommt, dass reiche Staaten ihre Märkte vielfach abschotten und durch Subventionen oder hohe **Einfuhrzölle** den Zugang für verarbeitete Produkte aus Entwicklungsländern erschweren. Am Beispiel von Milch(-Pulver) aus der Europäischen Union lässt sich die Wirkung von Subventionen erläutern: Die europäischen (Milch-)Bauern werden von der EU hoch subventioniert, wodurch der Milchpreis auf europäischen und internationalen Märkten künstlich gesenkt wird. Dadurch ist europäisches Milchpulver auf afrikanischen Märkten oft günstiger als regionale Milch, wodurch der Absatz der lokalen Erzeuger sinkt (Einkommensverluste). Wer Arme lediglich als Rohstofflieferanten braucht, fördert Abhängigkeit und macht Fortschritt schwer. So bleibt vielen Ländern des globalen Südens oftmals nichts anderes übrig, als ihre Rohstoffe billig zu exportieren und sich mit den Schwankungen der Weltmarktpreise abzufinden.

Ein weiteres Problem stellen **Umsetzung und Wirksamkeit** der Entwicklungshilfe dar. Korruption, Missmanagement oder fehlende politische Teilhabe führen dazu, dass Hilfsgelder nicht bei den Bedürftigen ankommen oder Projekte im Sande verlaufen. Entwicklung kann zudem nicht „übergestülpt" werden – sie braucht funktionierende Strukturen, Bildung, eine engagierte Bevölkerung und verlässliche **Institutionen**. Doch gerade politische Instabilität oder kurzfristige Denkmuster erschweren oft nachhaltigen Wandel. Vielfach lassen sich Erfolge erst nach vielen Jahren erkennen, während Politik und Öffentlichkeit schnelle Ergebnisse erwarten.

Eine weitere Herausforderung liegt in der **Fragmentierung der Akteure** und Ziele der Entwicklungspolitik. Unterschiedliche Geberländer verfolgen zum Teil divergierende Strategien, was eine koordinierte und nachhaltige Umsetzung hemmt. Zudem geraten entwicklungspolitische Maßnahmen durch geopolitische Rivalitäten zunehmend unter Spannungen.

Neue Herausforderungen verschärfen die Situation zusätzlich: Der Klimawandel trifft viele Entwicklungsländer besonders hart, Bevölkerungswachstum sorgt für steigenden Druck auf Ressourcen und Infrastruktur. In dieser Lage fordern Kritikerinnen und Kritiker einen Paradigmenwechsel. Statt einseitiger Hilfsgelder und Abhängigkeiten müsse Entwicklungspolitik endlich gerechtere Handelsbedingungen schaffen, lokale Eigeninitiative fördern und nachhaltige Verbesserungen ermöglichen. Entwicklung kann gelingen – wenn Eigenständigkeit, Partnerschaft und globale Verantwortung im Mittelpunkt stehen.

Aufgaben

72003-623

1. Beschreiben Sie, wie sich absolute von relativer Armut unterscheidet und welche Merkmale ein Entwicklungsland aufweist (**M1, M2**).
2. Erklären Sie, wie natürliche, interne und externe Faktoren gemeinsam zur Unterentwicklung in vielen Staaten des Globalen Südens führen können (**M3**).
3. Analysieren Sie, in welcher Weise die Globalisierung Chancen und Risiken für Entwicklungsländer bereithält (**M4**).
4. Diskutieren Sie, wie Entwicklungspolitik gestaltet sein müsste, um langfristig Armut abzubauen und globale Stabilität zu fördern (**M5, M6**). Berücksichtigen Sie dabei die im Kapitel genannten Ziele, Akteure, Strategien sowie die Herausforderungen und Kritikpunkte.

Deutsche Entwicklungszusammenarbeit: Zwischen Wirtschaftsinteressen und solidarischer Hilfe

M1 Wirtschaftsverbände fordern Neuausrichtung deutscher Entwicklungspolitik

Mit Entwicklungspolitik wird Stimmung gemacht. Vergangenes Jahr wurde mit dem Beispiel polemisiert, dass Deutschland – angeblich mit hohen Millionenbeträgen – Radwege in Peru finanziere. Die genannten Zahlen wurden widerlegt, das Interesse Deutschlands am Klimaschutz erklärt. Dennoch gibt es viele Menschen, die es grundsätzlich ablehnen, mit deutschen Steuergeldern ärmeren Ländern in Afrika, Asien oder Lateinamerika zu helfen, ihren Wohlstand zu mehren oder das Klima zu schützen. [...] Dabei gibt es gute Gründe, warum 1961 ein Entwicklungshilfeministerium ins Leben gerufen wurde. [...] Entwicklungshilfe war nie nur uneigennützig, sondern es standen entweder internationale Vereinbarungen oder Interessen deutscher Politik und Wirtschaft dahinter. [...]

Laut Haushaltsentwurf bekommt das Entwicklungsministerium 2025 mit 10,3 Milliarden Euro acht Prozent weniger Jahresbudget als im Jahr zuvor – eine Reduzierung um eine weitere Milliarde, nachdem schon von 2023 auf 2024 eine Milliarde gestrichen worden war. [...]

Wirtschaftsverbände und Unternehmen dringen seit Jahren darauf, die Entwicklungspolitik strategischer auf die wirtschaftlichen Interessen Deutschlands auszurichten. [...] Der Bundesverband der Deutschen Industrie (BDI) legte ein umfangreiches Papier vor, worin er eine Neuausrichtung der Entwicklungspolitik forderte. Der Tenor: mehr Wirtschaft und weniger Bürokratie. Länder wie China, aber auch [...] Japan und Südkorea würden Entwicklungsfinanzierung und Außenwirtschaftsförderung clever verzahnen, so der BDI. Sprich, Entwicklungshilfe dient dazu, dass heimische Unternehmen vor Ort Aufträge bekommen. Dies wünscht sich der BDI auch für Deutschland. [...] Auch müsse Deutschland Entwicklungspolitik strategisch nutzen, um Zugang zu kritischen Rohstoffen zu bekommen. [...] „Stärkerer Konkurrenzdruck durch mehr Ausschreibungen und Wettbewerb bei Vergaben und Beauftragungen würde die Kosteneffizienz und Innovationskraft in der Entwicklungspolitik steigern", meint der BDI. [...]

Die Experten für Entwicklungspolitik beim Kiel Institut für Weltwirtschaft (IfW) warnen hingegen vor einer reinen Ausrichtung auf deutsche Eigeninteressen: „Die stärkere Betonung der Eigeninteressen birgt das Risiko, dass die EZ in der Zukunft nicht wirksamer wird, sondern wie im Kalten Krieg primär außenpolitischen Zwecken dient und damit teils sogar schlechte Regierungsführung in den Empfängerländern verfestigt." Die Professoren halten es für sinnvoll, dass die Politik sich auch an den Erfordernissen der Empfängerländer orientiere, und führen wissenschaftliche Evidenz an: „Wenn EZ nicht von den Empfängerregierungen voll unterstützt wird, weist sie eine niedrigere Wirksamkeit auf". Es brauche immer einen Konsens gemeinsamer Interessen („mutual interest"). „Wenn nun EZ-Gelder gekürzt werden, sollte dies vor allem dort erfolgen, wo ihre Wirksamkeit gering oder nicht nachweisbar sei. Wie bei allen öffentlichen Ausgaben, braucht es kritische Wirkungsanalysen", so das Resümee der IfW-Experten.

Balk, Sabine: Wohin steuert die deutsche Entwicklungshilfe? In: Frankfurter Allgemeine Zeitung, 23.05.2025, S. 18.

Aufgaben

72003-624

1. Fassen Sie die Forderung des Bundesverbandes der Deutschen Industrie (BDI) zur Neuausrichtung der deutschen Entwicklungszusammenarbeit und die Gegenposition der Experten vom Kiel Institut für Weltwirtschaft (IfW) zusammen (**M1**).
2. Bewerten Sie die Kontroverse zwischen der Forderung nach einer stärkeren wirtschaftlichen Verzahnung der deutschen Entwicklungspolitik und der Warnung vor einer ausschließlichen Priorisierung deutscher Eigeninteressen (**M1**).

6.5 Global Governance – Idee und Realität

Leitfragen

- Was wird unter Global Governance verstanden?
- Wer sind die Akteure von Global Governance?
- Vor welchen Herausforderungen steht die Umsetzung von Global Governance?

M 1 Was bedeutet Global Governance?

In einer zunehmend vernetzten Welt reichen die Handlungsmöglichkeiten von einzelnen Nationalstaaten nicht mehr aus, um zentrale gesellschaftliche, wirtschaftliche und ökologische Probleme effektiv zu lösen. Globale Herausforderungen wie der Klimawandel, die weltweite Migration, internationale Terrornetzwerke und die Bekämpfung von Pandemien verdeutlichen, dass viele Probleme nicht an Landesgrenzen haltmachen.

An diesem Punkt setzt das Konzept der Global Governance an. Global Governance bedeutet frei übersetzt: **„Globale Steuerung“** oder **„Weltordnungspolitik“**. Anders als eine Weltregierung ist damit aber kein zentraler, alleingültiger Akteur gemeint, sondern vielmehr ein vielschichtiger Prozess: Eine Vielzahl verschiedener Akteure – dazu gehören Staaten, internationale Organisationen, Unternehmen und zivilgesellschaftliche Gruppen – arbeitet freiwillig, situativ und teilweise informell in gemeinsamen Strukturen zusammen. Ziel ist es, Regelwerke und Entscheidungsmechanismen zu entwickeln, die dazu dienen, globale Herausforderungen zu bewältigen.

Das Konzept ist von der Idee geprägt, dass die Politik sich „globalisieren“ muss, also globale Strukturen schaffen muss, um globalen Problemen gerecht zu werden. Im Zentrum der Global Governance-Architektur stehen dabei internationale Organisationen wie die Vereinten Nationen, die EU oder die Welthandelsorganisation (WTO, › Kap. 2.5). Darüber hinaus gewinnen unterhalb einer festen Organisationsform stabile und dynamische multilaterale Abkommen und Konferenzen (internationale Regime), Netzwerke und internationale Ordnungsprinzipien (wie das Völkerrecht) zunehmend an Bedeutung. Diese Institutionen führen zu einer stärkeren Verhaltensverlässlichkeit der Staaten. In Form von Verträgen

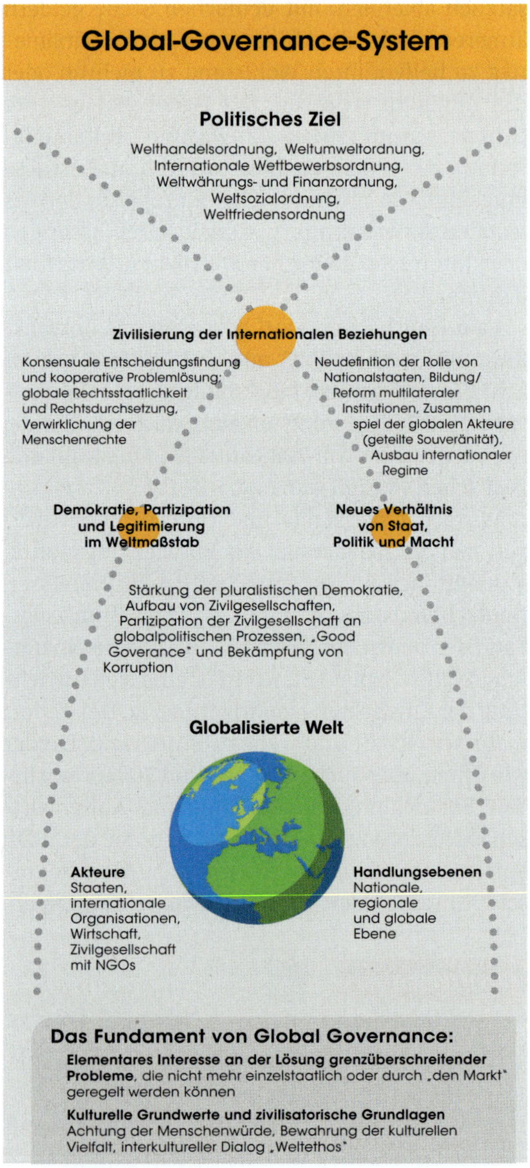

© C.C. Buchner Verlag

oder allgemeinen Normen stellen sie **notwendige Regeln für die Zusammenarbeit von Staaten** bereit. So können sie helfen, Kooperationshindernisse zu überwinden und den Konfliktaustrag zwischen Staaten zu zivilisieren.

Ein wichtiger Gedanke ist das so genannte **Subsidiaritätsprinzip**: Problemlösungen sollen jeweils auf der Ebene erfolgen, auf der sie am effektivsten realisiert werden können – manchmal lokal, häufig aber gemeinsam mit weiteren Staaten. Gleichzeitig sollen internationale Regelungen Mindeststandards und Prinzipien wie Menschenrechte, Nachhaltigkeit und Transparenz gewährleisten.

Auch wenn das System der Global Governance nicht perfekt ist und immer wieder an seine Grenzen stößt, ermöglicht es doch überhaupt erst die internationale Zusammenarbeit, ohne dabei die vollständige Souveränität einzelner Staaten aufzugeben.

M2 Wer gestaltet globale Politik? – Akteure von Global Governance

Zentral bleiben die Nationalstaaten. Sie verfügen über die politische Legitimation ihrer Bevölkerungen und über Souveränität. Nationalstaaten setzen die internationale Zusammenarbeit in Gang, unterzeichnen Verträge und bestimmen die Leitlinien für globale Regelwerke. Allerdings handeln Staaten in der globalisierten Welt nicht mehr allein.

- **Internationale Organisationen** wurden im Laufe der Jahre für immer mehr grenzüberschreitende Probleme gegründet: von der Internationalen Atomenergieagentur IAEA bis zu den UN-Unterorganisationen für Entwicklung, Bildungsförderung oder Kinderhilfe in Armutsregionen. Ihre Tätigkeit gilt heute bei vielen Akteuren als unverzichtbar. Daneben entstanden regionale Organisationen, an die Souveränitätsrechte von den beteiligten Nationalstaaten abgetreten wurden und die heute – wie vor allem die EU, aber auch die Afrikanische Union (AU) – als Akteure der internationalen Politik auftreten.

- Wichtige Akteure sind auch **Nichtregierungsorganisationen** (NGOs: Non-Governmental-Organization), die Einfluss auf Entscheidungsprozesse nehmen (wollen). Ihr Spektrum reicht von weltweit agierenden Organisationen wie Greenpeace oder Amnesty International bis zu lokalen Umweltgruppen. NGOs spielen eine wichtige Rolle im Bereich der Interessenartikulation und sind durch ihren oft niedrigen Organisationsgrad und ihre Verankerung in der Zivilgesellschaft für viele Hoffnungsträger einer mehr bürgerorientierten, demokratischeren Weltgesellschaft.

- Als institutioneller Rahmen für die Zusammenarbeit von Nationalstaaten wurden **internationale Netzwerke** geschaffen. Ein besonders bekanntes Beispiel ist der alljährlich stattfindende Weltwirtschaftsgipfel der G7-Staaten (früher G8) – der weltweit sieben wichtigsten Industriestaaten –, bei dem im informellen Meinungsaustausch weltwirtschaftliche Probleme und drängende Sicherheitsfragen thematisiert werden. Ein Beispiel für ein Netzwerk von NGOs ist das Weltsozialforum, das mit seinen Aktivitäten versucht, die Öffentlichkeit in den Industriestaaten für die Probleme des armen Teils der Welt zu sensibilisieren.

- Ein weiterer Schritt auf dem Weg zu Global Governance ist die Weiterentwicklung der **internationalen Gerichtsbarkeit** sowie eine Stärkung der sie vertretenden Akteure (› Kap. 6.1.3).

- Durch den gestiegenen internationalen Handel mit Waren und Dienstleistungen und die Möglichkeiten einer modularen Produktionsweise hat sich in den vergangenen Jahrzehnten auch die Zahl und Bedeutung **multinationaler Unternehmen (MNU)** stark erhöht. 2024 gab es schätzungsweise über 65.000 MNU mit mehr als 850.000 Tochtergesellschaften. Über sie laufen etwas zwei Drittel der weltweiten Warenströme und sie sind so zu wichtigen Akteuren im Prozess der Globalisierung geworden. Das umsatzstärkste deutsche MNU ist Volkswagen mit Platz 11 im Ranking der Unternehmen weltweit nach Umsatz.

M3 Welche Rolle spielen NGOs?

Nichtregierungsorganisationen – kurz NGOs – sind maßgebliche Akteure der Global Governance. Sie setzen konkrete Themen auf die internationale Agenda, informieren die Öffentlichkeit und überwachen die Einhaltung internationaler Standards. Oft agieren NGOs als kritische Gegengewichte zu Regierungen und Unternehmen, indem sie Informationen sammeln, Missstände aufdecken und für Transparenz sorgen. Ihre Rolle als „Watchdogs" verschafft ihnen Zugang zu internationalen Konferenzen, Ausschüssen und bei der Entwicklung neuer Abkommen. NGOs besitzen jedoch keine formale Entscheidungsgewalt, sondern nehmen Einfluss durch Beratung, öffentliche Kampagnen und Protestaktionen. Gerade bei Klima-, Umwelt- und Menschenrechtsthemen haben NGOs in den letzten Jahrzehnten viel bewegt und sind für die Einbindung gesellschaftlicher Interessen in globale Prozesse unverzichtbar geworden.

M4 Wie wirken Globale Clubs in der Weltpolitik?

Nach: picture alliance/dpa infografik 108080; Quelle: G20.org

Globale Clubs wie die G7, die G8 (bis 2014 mit Russland) oder die G20 sind lose Zusammenschlüsse wirtschaftlich und politisch bedeutender Staaten. Ihr Ziel ist es, in kleiner Runde auf freiwilliger Basis ökonomische, ökologische, sicherheitspolitische oder andere staatenübergreifende Probleme offen zu diskutieren, Positionen abzustimmen und gemeinsame Impulse für die Weltpolitik zu setzen. Anders als die Vereinten Nationen, denen fast alle Staaten der Erde angehören, sind Clubs exklusiv und entscheiden selbst über ihre Mitglieder. Weil sie informell, flexibel und ohne bindende Beschlüsse arbeiten, können sie auf Krisen und Entwicklungen häufig schneller reagieren. Sie sind jedoch auch Gegenstand von Kritik, da sie ohne demokratische Legitimation über globale Weichenstellungen beraten.

Insbesondere die G20, in der auch Schwellenländer vertreten sind, ist heute ein zentrales Forum für Fragen der Weltwirtschaft, der Finanzmärkte und zunehmend auch der Klimapolitik und globalen Gesundheit. Die Mitgliedsstaaten der G20 vereinen auf sich ca. zwei Drittel der Weltbevölkerung, 80% des Welthandels sowie 90% des Weltbruttoinlandsprodukts.

M5 Was sind die Grenzen von Global Governance?

Bei der Abstimmung im UN-Sicherheitsrat stimmen die Vertreter Chinas und Algeriens am 22.03.2024 gegen einen von den USA eingebrachten Resolutionsentwurf für eine sofortige Waffenruhe im Gazastreifen. Neben China legte auch Russland als ständiges Mitglied des Sicherheitsrats ein Veto ein.

Global Governance stößt in der Praxis regelmäßig an ihre Grenzen. Zentrale Herausforderungen ergeben sich aus der unterschiedlichen Interessenlage der Staaten. Großmächte wie die USA, China oder Russland setzen oft eigene Akzente und blockieren multilaterale Einigungen, wie etwa im UN-Sicherheitsrat. Entscheidungen auf Basis von Konsens führen häufig zu Kompromissen, die wenig verbindlich oder schwer umsetzbar sind. Hinzu kommt, dass viele Schwellen- und Entwicklungsländer die bestehenden Strukturen als einseitig westlich geprägt empfinden. Forderungen nach mehr Mitsprache und fairerer Lastenteilung – etwa bei Klimaschutz oder Welthandel – stoßen oft auf Widerstand etablierter Industriestaaten. Auch regionale Organisationen wie die Afrikanische Union oder ASEAN versuchen, eigene Lösungsansätze einzubringen, die jedoch nicht immer mit globalen Regelwerken kompatibel sind. So entsteht ein Flickenteppich paralleler Regelwerke, der Koordinationsprobleme und Kompetenzüberschneidungen verstärkt.

Ein weiteres Problem ist das fehlende internationale Gewaltmonopol: Internationale Organisationen besitzen keine eigenen Sanktionsmöglichkeiten, um Regelverstöße effektiv zu bestrafen. Abkommen sind meist freiwillig und ihre Durchsetzung hängt von der Bereitschaft der Staaten ab.

Auch legitimatorische Defizite werfen Fragen auf – insbesondere, da zivilgesellschaftliche Akteure zwar beteiligt sind, aber selten demokratisch legitimiert und nicht repräsentativ für ganze Bevölkerungen handeln. In einer fragmentierten Welt mit neuen Machtzentren und Wirtschaftsbündnissen wird es zudem immer schwieriger, einheitliche und globale Standards einzuführen. Dennoch bleibt Global Governance angesichts komplexer Problemlagen eine unverzichtbare politische Perspektive.

Aufgaben

72003-625

1. Beschreiben Sie, was unter „Global Governance“ verstanden wird und warum sie in der heutigen Welt notwendig ist (**M1**).
2. Erläutern Sie, welche Akteure an der Global Governance beteiligt sind und wie sie jeweils zur Lösung globaler Probleme beitragen (**M2–M4**).
3. Diskutieren Sie die Möglichkeiten und Probleme von Global Governance (**M1–M5**).

Zwischen Reform und Rückbau: Die Zukunft der Global Governance

M1 Rettung durch Rückbau?

Die Wahl Donald Trumps zum US-Präsidenten bedroht, neben vielem anderen, auch das, was man die Liberale Internationale Ordnung, kurz LIO, nennen kann. Gemeint ist damit das nach dem Zweiten Weltkrieg gewachsene Geflecht aus internationalen Organisationen und Regeln, wie der Welthandelsorganisation (WTO), dem Internationalen Währungsfonds (IWF), den Vereinten Nationen und weltweiten Abkommen. Während seiner ersten Amtszeit hatte Trump unter anderem die Nato, den IWF und die WTO heftig attackiert, aus dem Pariser Klimaabkommen und der Weltgesundheitsorganisation waren die USA unter seiner Präsidentschaft sogar ausgetreten. Trumps Ankündigungen im Wahlkampf und sein inoffizielles Programm – das Project 2025 – lassen befürchten, dass er sich in seiner zweiten Amtszeit erneut aus Kerninstitutionen der LIO zurückziehen und illiberale Politiken entgegen ihren Grundwerten verfolgen wird. [...]

Die Liberale Internationale Ordnung ist nur durch gezielten Rückbau zu retten, durch eine neue liberale Zurückhaltung. Statt immer neue Ambitionen zu verfolgen, müssen die multilateralen Institutionen so reformiert werden, dass mächtige Staaten wie die USA bei wichtigen Entscheidungen wieder (mehr) Handlungsspielraum haben. Trump – und andere Kritiker aus wichtigen europäischen, aber auch nicht westlichen Mitgliedsstaaten – müssen auf internationaler Ebene unliebsame Entscheidungen verhindern oder zumindest ihren Auswirkungen ausweichen können, ohne gleich internationale Institutionen grundsätzlich untergraben oder verlassen zu müssen. [...]

Das Kernproblem der LIO ist, dass sie zu weit gegangen ist. [...] Die wichtigsten multilateralen Institutionen durften im Verlauf der vergangenen Jahrzehnte immer mehr entscheiden, sie wurden für immer mehr Themen zuständig und immer mächtiger gegenüber ihren Mitgliedsstaaten. So hat beispielsweise die WTO seit ihrer Gründung 1995 ihre Zuständigkeiten über den reinen Warenhandel hinaus auf Dienstleistungen, geistiges Eigentum und öffentliche Investitionen ausgedehnt. An die Stelle offener, diplomatischer Ver-

Blick auf das Gebäude der Welthandelsorganisation in Genf. Die USA blockieren die Ernennung neuer Richterinnen und Richter für das WTO-Streitbeilegungsverfahren.

handlungen über Handelsstreitigkeiten trat ein unabhängiger, überstaatlicher Streitbeilegungsmechanismus, der zum großen Missfallen der USA verbindliche Urteile auch gegen sie fällte. [...]

Diese Ausweitung der Zuständigkeiten und der Entscheidungsmacht von multilateralen Institutionen zulasten der Verhinderungsmacht der Staaten führte dazu, dass die Interessen (auch) großer Mitgliedsstaaten und deren Bevölkerungen aus deren Sicht nicht mehr ausreichend Berücksichtigung finden. Selbst die USA und andere mächtige Länder können auf internationaler Ebene kaum mehr gewünschte Politiken durchsetzen. Mehr noch: Oft können sie nicht einmal unerwünschte Entscheidungen verhindern. [...]

Wo die USA aber über wenige oder gar keine Verhinderungsmacht mehr verfügten, eskalierte die Trump-Administration ihre Angriffe auf multilaterale Institutionen. So sahen die USA sich von den Entscheidungen des WTO-Streitbeilegungsverfahrens benachteiligt, konnten diese aber nicht verhindern. Daher blockierten sie die Ernennung neuer Richter und legten dadurch das gesamte Streitschlichtungsverfahren lahm. [...] Aus dem Pariser Abkommen zum Klimaschutz stieg [die US-Regierung unter Trump] aus, da sie dessen als unfair empfundenen Regelungen nicht allein verhindern oder gar verändern konnte.

Die Tugenden der LIO – ihr inklusiver, liberaler und regelbasierter Charakter – sind so zur Triebfeder ihrer Kritik geworden. Multilaterale Institutionen wie die UN, die WTO und der IWF wurden geschaffen, um internationale Zusammenarbeit zu erleichtern und liberale Politiken weltweit zu fördern. Aber ihr Erfolg hängt letztlich davon ab, dass die mächtigsten Staaten der Welt ihre Entscheidungen mittragen. Wenn diese Staaten sich in ihrer nationalen Souveränität zu sehr eingeengt fühlen, wächst die Wahrscheinlichkeit, dass sie die Kerninstitutionen der LIO infrage stellen, untergraben oder gänzlich aufgeben. Man mag diesen Mechanismus beklagen, aber man sollte ihn nicht ignorieren. [...]

Die LIO kann also nur fortbestehen, wenn ihre Institutionen sich verändern. Die wichtigsten Mitgliedsstaaten brauchen wieder mehr Verhinderungsmacht in den zentralen multilateralen Institutionen. Sie könnten spezielle Vetorechte erhalten oder Anrecht auf bestimmte Posten haben. [...] Gleichzeitig muss es sich wieder mehr lohnen, Mitglied in diesen Organisationen zu bleiben oder zu werden. Es muss klar sein, dass man in den Genuss der Vorteile von Vereinbarungen und Institutionen nur kommt, wenn man auch richtig dazugehört. Privilegien – wie Handelsvorteile oder Sicherheitsgarantien – sollten noch expliziter an die fortgesetzte Mitgliedschaft in multilateralen Institutionen und die Einhaltung ihrer Regeln geknüpft werden. Zugleich sollten die Regelwerke internationaler Institutionen dahingehend überarbeitet werden, dass sie möglichst nur für willige Mitglieder Pflichten und andere kostenverursachende Effekte nach sich ziehen. Im Falle des Pariser Klimaabkommens könnten westliche Staaten etwa mit besonderen Vorteilen im Rahmen von Klimafonds gelockt werden, um die Teilnahme attraktiv zu machen.

Aber wäre ein solcher Rückbau der Liberalen Internationalen Ordnung nicht „Selbstmord aus Angst vor dem Tod"? Es ist richtig, dass stärkere Vetorechte Entscheidungen erschweren und verlangsamen. Und wenn die Geltung dieser Entscheidungen dann noch strenger auf den Kreis der gewillten Mitglieder beschränkt ist, könnte es zu globalen Regelungslücken kommen. Zudem würden besondere Privilegien für mächtige Mitgliedsstaaten liberalen Gleichheits- und Fairnessnormen widersprechen und so die Legitimität multilateraler Institutionen schwächen. [...] [Aber] das oberste Ziel muss sein, dass multilaterale Institutionen überleben. Dass sie auch Zeiten des erstarkenden autoritären Nationalismus und des verschärften geopolitischen Wettbewerbs überstehen. [...] Weniger, aber dafür von allen getragene Regeln können letztlich sogar wirksamer sein als ambitioniertere, aber zutiefst umstrittene Vorgaben.

So wünschenswert auch uns das Fernziel globaler, demokratisch legitimierter und von den Weltbürgerinnen und Weltbürgern akzeptierter Mehrheitsentscheidungen scheint – es zeichnen sich selbst in den meisten Gesellschaften Europas mittelfristig keine Mehrheiten dafür ab, noch mehr nationale Souveränität an globale Institutionen abzugeben. Vielmehr ist der Aufstieg des autoritären Populismus in vielen Gesellschaften nachweislich auch auf den Machtzugewinn nicht demokratischer internationaler Institutionen zurückzuführen. Schon in den weitgehend liberalen Gesellschaften innerhalb der Europäischen Union (EU) treffen Mehrheitsentscheidungen der EU gegen die eigenen Interessen regelmäßig auf Widerstand. [...]

Die Zukunft der LIO liegt also in den Händen ihrer Befürworterinnen und Befürworter. Anstatt in Schockstarre zu verfallen, sollten liberale Regierungen und multilaterale Institutionen die aktuelle Krise nutzen, um die Grundlagen der Liberalen Internationalen Ordnung – das, worauf es wirklich ankommt – durch einen kontrollierten Rückbau zu erneuern und so für die Zukunft zu bewahren.

Daßler, Benjamin / Heinkelmann-Wild, Tim / Kruck, Andreas: Wer die internationale Ordnung retten will, muss sie jetzt zurückbauen. In: www.zeit.de, 14.11.2024

Aufgaben

72003-626

1. Fassen Sie die zentrale Kritik am Zustand der internationalen Ordnung zusammen (**M1**).
2. Erklären Sie, warum die Autoren des Textes einen Rückbau multilateraler Institutionen für nötig halten (**M1**).
3. Diskutieren Sie die Argumente für und gegen den im Text vorgeschlagenen „Rückbau" der globalen Ordnung (**M1**).

Register

E

F

G

M

N

O

P

Q

R

S

T

U

V

W

Z

Erläuterungen zu den Operatoren

Anforderungsbereich I (Reproduktion)

Operatorenliste für Ihr Bundesland

72003-003

Er verlangt in erster Linie das Wiedergeben und Darstellen von fachspezifischen Sachverhalten aus einem abgegrenzten Gebiet und im gelernten Zusammenhang unter reproduktivem Benutzen geübter Arbeitstechniken.

Operator(en)	Definition
aufzählen / nennen / wiedergeben / zusammenfassen	Kenntnisse (Fachbegriffe, Daten, Fakten, Modelle) und Aussagen in komprimierter Form unkommentiert darstellen
benennen / bezeichnen	Sachverhalte, Strukturen und Prozesse begrifflich präzise aufführen
beschreiben / darlegen / darstellen	Wesentliche Aspekte eines Sachverhaltes im logischen Zusammenhang unter Verwendung der Fachsprache wiedergeben

Anforderungsbereich II (Reorganisation und Transfer)

Er fordert das selbstständige Erklären, Bearbeiten und Ordnen bekannter fachspezifischer Inhalte und das angemessene Anwenden gelernter Inhalte und Methoden auf andere Sachverhalte.

Operator(en)	Definition
analysieren	Materialien und Sachverhalte kriterienorientiert oder aspektgeleitet erschließen, in systematische Zusammenhänge einordnen und Hintergründe und Beziehungen herausarbeiten
auswerten	Daten und Einzelergebnisse zu einer abschließenden Gesamtaussage zusammenführen
charakterisieren	Sachverhalte in ihren Eigenarten beschreiben und diese dann unter einem bestimmten Gesichtspunkt zusammenführen
einordnen	Eine Position zuordnen oder einen Sachverhalt in einen Zusammenhang stellen
erklären	Sachverhalte durch Wissen und Einsichten in einen Zusammenhang (Theorie, Modell, Regel, Gesetz, Funktionszusammenhang) einordnen und deuten
erläutern	Wie erklären, aber durch zusätzliche Informationen und Beispiele verdeutlichen
herausarbeiten / ermitteln / erschließen	Aus Materialien bestimmte Sachverhalte herausfinden, auch wenn sie nicht explizit genannt werden, und Zusammenhänge zwischen ihnen herstellen
interpretieren	Sinnzusammenhänge aus Materialien erschließen
vergleichen	Sachverhalte gegenüberstellen, um Gemeinsamkeiten, Ähnlichkeiten und Unterschiede herauszufinden
widerlegen	Argumente anführen, dass Daten, eine Behauptung, ein Konzept oder eine Position nicht haltbar sind

Anforderungsbereich III (Reflexion und Problemlösung)

Er umfasst den reflexiven Umgang mit neuen Problemstellungen, den eingesetzten Methoden und gewonnenen Erkenntnissen, um zu Begründungen, Folgerungen, Beurteilungen und Handlungsoptionen zu gelangen.

Operator(en)	Definition
begründen	Zu einem Sachverhalt komplexe Grundgedanken unter dem Aspekt der Kausalität argumentativ und schlüssig entwickeln
beurteilen	Den Stellenwert von Sachverhalten oder Prozessen in einem Zusammenhang bestimmen, um kriterienorientiert zu einem begründeten Sachurteil zu gelangen
bewerten / Stellung nehmen	Wie beurteilen, aber zusätzlich mit Reflexion individueller und politischer Wertmaßstäbe, die Pluralität gewährleisten und zu einem begründeten eigenen Werturteil führen
entwerfen	Ein Konzept in seinen wesentlichen Zügen erstellen
entwickeln	Zu einem Sachverhalt oder zu einer Problemstellung ein konkretes Lösungsmodell, eine Gegenposition, ein Lösungskonzept oder einen Regelungsentwurf begründend skizzieren
erörtern	Zu einer vorgegebenen Problemstellung eine reflektierte, kontroverse Auseinandersetzung führen und zu einer abschließenden, begründeten Bewertung gelangen
gestalten	Produktorientierte Bearbeitung von Aufgabenstellungen. Dazu zählen unter anderem das Entwerfen von eigenen Reden, Strategien, Beratungsskizzen, Karikaturen, Szenarien, Spots und von anderen medialen Produkten sowie das Entwickeln von eigenen Handlungsvorschlägen und Modellen
problematisieren	Widersprüche herausarbeiten, Positionen oder Theorien begründend hinterfragen
prüfen / überprüfen	Inhalte, Sachverhalte, Vermutungen oder Hypothesen auf der Grundlage eigener Kenntnisse oder mithilfe zusätzlicher Materialien auf ihre sachliche Richtigkeit bzw. auf ihre innere Logik hin untersuchen
sich auseinandersetzen / diskutieren	Zu einem Sachverhalt, zu einem Konzept, zu einer Problemstellung oder zu einer These etc. eine Argumentation entwickeln, die zu einer begründeten Bewertung führt

Bildnachweis

AdobeStock / ArTo – Cover; - / spuno – S. 324; Alamy Stock Photo / ART Collection – S. 297, 495; - / FALKENSTEINFOTO – S. 300; - / Pictorial Press Ltd – S. 298; - / WENN Rights Ltd – S. 493; Bergmoser + Höller Verlag, Aachen – S. 284, 330, 335, 399, 471; Bundeszentrale für politische Bildung – S. 102; - / bpb.de/nato, Lizenz: cc by-nc-nd/4.0/deed.de – S. 557, 558; - / www.bpb.de, 2014, CC BY-NC-ND 3.0, Bonn – S. 364; DER SPIEGEL 33/2021 – S. 53; - / Hegelich / Konrad-Adenauer-Stiftung – S. 367; Deutscher Bundestag / photothek, Xander Heinl – S. 233, 357; - / Marc-Steffen Unger – S. 338; Die Bundesregierung – S. 577; Anno Dittmer – S. 408; DIZ / Süddeutscher Verlag, Bilderdienst, S. M. Süddeutsche Zeitung Photo – S. 127; European Union 2022 - Source : EP – S. 453; Europäische Union, CC BY 4.0 – S. 285; FiscalFuture – S. 233; Martin Fuchs, www.martin-fuchs.org – S. 370; Getty Images Plus / Digital Vision – S. 55; - / iStock Editorial, thehague – S. 108; - / iStockphoto, Nazan Akpolat – S. 86; - / iStockphoto, AlexRaths – S. 27; - / iStockphoto, AlxeyPnferov – S. 4; - / iStockphoto, AmberLaneRoberts – S. 9; - / iStockphoto, AndreyPopov – S. 8, 9; - / iStockphoto, Barabasa – S. 28; - / iStockphoto, blacklight_trace – S. 5; - / iStockphoto, C_Fernandes – S. 85; - / iStockphoto, Feodora Chiosea – S. 90; - / iStockphoto, claffra – S. 124; - / iStockphoto, Dragos Condrea – S. 277; - / iStockphoto, FamVeld – S. 8, 49; - / iStockphoto, fizkes – S. 151; - / iStockphoto, flowgraph – S. 571; - / iStockphoto, howtogoto – S. 3; - / iStockphoto, Jacek_Sopotnicki – S. 104; - / iStockphoto, LanaStock – S. 13; - / iStockphoto, lantapix – S. 572; - / iStockphoto, LemonTreeImages – S. 14; - / iStockphoto, mehmetbuma – S. 572; - / iStockphoto, monkeybusinessimages – S. 99; - / iStockphoto, naphtalina – S. 5; - / iStockphoto, nastinka – S. 4; - / iStockphoto, Pakorn_Khantiyaporn – S. 131; - / iStockphoto, pcess609 – S. 270; - / iStockphoto, Rawf8 – S. 110; - / iStockphoto, riderfoot – S. 11; - / iStockphoto, Stadtratte – S. 110, 111, 266; - / iStockphoto, Suphanat Khumsap – S. 111; - / iStockphoto, tacktack – S. 571; - / iStockphoto, thitivong – S. 184; - / iStockphoto, Thomas_EyeDesign – S. 119; - / iStockphoto, tinnakorn – S. 572; - / iStockphoto, utah778 – S. 133; - / iStockphoto, vchal – S. 290; - / iStockphoto, Waldemarus – S. 224; - / iStockphoto, wildpixel – S. 200; - / iStockphoto, Wiyada Arunwaikit – S. 3; - / iStockphoto, Drazen Zigic – S. 18; - / iStockphoto, Zinkevych – S. 54; - / Photos.com – S. 301; - / The Image Bank, Michael Blann – S. 107; Dr. Tobias Hentze, Institut der deutschen Wirtschaft Köln e.V. – S. 223; Dr. Johannes Hillje Politikberatung – S. 370 (2); imago images / ABACAPRESS – S. 507; - / Anadolu Agency – S. 485; - / Eventpress – S. 47; - / Everett Collection – S. 228; - / Future Image – S. 253, 401, 561; - / Jürgen Heinrich – S. 211, 288; - / imagebroker – S. 9, 70; - / IPON – S. 221, 322, 323; - / ITAR-TASS – S. 60; - / Kyodo News – S. 484; - / Lem – S. 428; - / Middle East Images – S. 309; - / Müller-Stauffenberg – S. 20, 60; - / Pacific Press Agency – S. 583; - / Panama Pictures – S. 29, 52; - / PCN Photography – S. 515; - / penofoto – S. 323; - / photothek – S. 40, 323; - / Political-Moments – S. 348, 421; - / Metodi Popow – S. 477; - / Winfried Rothermel – S. 322; - / Guido Schiefer – S. 371; - / Shotshop – S. 485; - / SNA – S. 320; - / Steinach – S. 249, 345; - / teutopress – S. 93; - / United Archives – S. 72; - / UPI Photo – S. 60, 529, 532; - / xcitepress – S. 241; - / ZUMA Press – S. 311; - / ZUMA Press Wire – S. 484, 485; iStockphoto / Floortje – S. 428; - / GAPS – S. 509; Mauritius Images / Alamy Stock Photo, IanDagnall Computing – S. 298; - / United Archives, TopFoto – S. 303; nelcartoons.de – S. 502; © Susanne Nickel und Katerina Kepka – S. 66; picture-alliance / 91050, United_Archives, TopFoto – S. 146; - / ABBfoto – S. 149; - / akg-images – S. 114, 126, 195, 299, 306; - / akg-images, Guenay Ulutuncok – S. 522; - / ANP, Ramon van Flymen – S. 562; - / AP Photo, Ivan Sekretarev – S. 498; - / AP Photo, Justin Tang – S. 250; - / ASSOCIATED PRESS – S. 277; - / ASSOCIATED PRESS, Peter Dejong – S. 283; - / Jörg Carstensen – S. 392; - / CHROMORANGE, Michael Bihlmayer – S. 15; - / dpa – S. 295; - / dpa-Grafik, dpa-infografik GmbH – S. 343, 582; - / dpa-infografik – S. 426, 548; - / dpa, dpa-infografik GmbH – S. 436, 445; - / dpa, dpaweb, Ingo Wagner – S. 500; - / dpa, Uli Deck – S. 405; - / dpa, epa Albadri – S. 521; - / dpa, epa Pat Benic, Pool – S. 293; - / dpa, Christophe Gateau – S. 362; - / dpa, Christian Johner – S. 182; - / dpa, Sebastian Kahnert – S. 258; - / dpa, Mikhail Klimentyev, ria Novosti, kremlin Pool – S. 71; - / dpa, Daniel Maurer – S. 36; - / dpa, Milton_&_Rose_D._Friedman_Foundation/Ho – S. 146; - / dpa, Marijan Murat – S. 180; - / dpa, Frank May – S. 72; - / dpa, Christine Pfund – S. 19; - / dpa, Annette Riedl – S. 308; - / dpa, Ringier – S. 433; - / dpa, Russian Defence Ministry, Vadim Savitsky – S. 292, 293; - /